제4판

한국행정법론

鄭 南 哲 著

法 文 社

제4판 머리말

작년에 제3판이 출간된 후 일부 법령의 개정이 있었고, 본문의 내용 중에도 수정 · 보완할 부분이 있어 제4판을 출간하게 되었다. 근래에 '행정소송규칙'(대법원규칙)이 제정되었는데, 여기에는 그동안 판례에서 확립된 사항, 통일적 기준이나 절차 규정 등이 필요한 사항 등을 포함하고 있다. 예컨대 처분사유의 추가·변경, 집행정지의 종기, 당사자소송의 대상 등이 그러하다. 그러나 이에 대해서는 학계의 논의가 필요한 부분도 있고, 행정소송법의 개정을 통해 실현해야 할 사항도 있다. '환경분쟁조정법'의 전부개정이 있었는데, 이를 미리 반영하였다. 이번 개정판에서는 국가배상법과 손실보상법의 내용을 보완하고, 일부 목차를 일목요연(一目瞭然)하게 정리하였다. 그 밖에 용어나 법령 조문의 오류를 바로잡았고, 행정법의 이론과 쟁점을 정확히 기술하도록 노력하였다. 본서의 목적은 행정법 이론의 체계화를 통해 행정법 도그마틱의 완결성을 높이는 것이다. 제4판에서도 그러한 목적을 향해 조금씩 나아갈 수 있게 되어 다행으로 여긴다.

힘든 일정 속에서 큰 버팀목이 되어 준 사랑하는 가족들에게 고마운 마음을 전한다. 그리고 기후변화로 인한 장마와 혹서(酷暑)에도 불구하고 한결같은 마음으로 제4판의 출간에 힘써 주신 편집부의 노윤정 차장님과 기획영업부의 유진걸 과장님께도 깊이 감사드린다.

2024년 7월

저 자 씀

제3판 머리말

독자들의 호응과 관심 덕분에 제2판의 증쇄에 이어 제3판을 출간하게 되었다. 제2판을 출간한 후 2년의 세월이 흘렀다. 그 사이에 주요 법령의 개정이 있었다. 특히 행정절차법이 일부 개정되어 확약, 위반사실 등의 공표, 행정계획 등에 관한 규정이 도입되었다. 이러한 내용은 본래 행정기본법의 제정 과정에서 논의되었던 사항인데, 이후에 다시 행정절차법에 포함된 것이다. 행정절차법에 이러한 실체법적 규정을 마련한 것을 만시지탄(晩時之歎)의 일로 여길 수도 있지만, 이를 행정절차법 개혁의 초석으로 이해하여 관련 규정의 보완작업을 착실히 추진해야 한다. 대규모 공공사업(고속도로·고속전철·공항·원자력발전소 등 건설)과 관련된 계획확정절차(또는 계획책정절차) 규정을 정비하는 것은 중요한 국가적 현안이다. 행정절차법과 행정기본법에는 서로 중복된 규정이나 해석상 경합이 발생할 수 있는 규정들이 있다. 이러한 문제도 앞으로 해결해야 할 난제이다. 저자는 행정기본법의 제정뿐만 아니라 행정절차법의 개정에 참여한 경험을 바탕으로 관련된 쟁점과 문제점을 새로이 정리하였다. 특히 2023년 3월 14일에는 개인정보보호법이 대폭 개정되었다. 정보행정법의 발전은 눈부시며, ChatGPT의 등장은 새로운 시대적 변화를 예고하고 있다. 앞으로 디지털 전환이 급속히 진행될 것이며, 이러한 변화는 행정법학에도 적지 않은 영향을 미칠 것이다.

제3판에서는 교재의 기본체계를 유지하면서도 부분적으로 세부 목차를 정비하였다. 본문의 내용 중 오해의 소지가 있거나 부정확한 용어 등을 다듬어 교재를 쉽고 명료하게 기술하려고 노력하였다. 본서에는 다른 교재와 구별되는 내용을 일부 포함하고 있다. 관련된 주요 쟁점에 대해 새로운 주장을 한 부분도 있고, 종전의 구조나 체계를 독자적으로 고친 부분도 있다. 당초에 행정법 교과서를 집필할 의도는 없었고, 깊이 있는 연구서를 통해 이러한 교과서의 역할을 대체하고 싶었다. 그러한 의도로 『행정구제의 기본원리』(행정법연구 1), 『현대행정의 작용형식』(행정법연구 2), 『행정법의 특수문제』(행정법연구 3)를 출간하였다. 3권의 연구서는 행정법의 체계에 맞추어 집필된 것이다. 그러나 법학교육의 현실과 이상의 괴리를 절감하였고, 무엇보다 초학자인 수강생들의 어려움을 덜어주기 위해 이해하기 쉬운 교재가 필요하다는 사실을 알게 되었다. 그러나 교과서만으로 행정법의 주요한 쟁점과 깊이 있는 지식을 충분히 전달한다는 것은 쉽지 않다. 독일이나 일본의 행정법 교과서는 비교적 분량이 적고 쉽게 기술되어 있으며, 보다 수준 높은 내용에 대해서는 주석서나 체계적 이론서 등을 참고하고 있다. 저자는 교과서인 기본서가 이러한 깊이 있는 연구서와 연결고리가 되기를 기대한다. 교과서에 언급된 주요 쟁점에 대해서는 앞에서 언급한 연구서를 함께 참고해 주시길 바란다. 이러한 연구서는 언젠가 행정법 이해의 지평을 넓히는 데에 도움을 줄 것이다. 작년에 출간한 『헌법재판과 행정소송』은 실무적 관점에서 저술된 것이며, 여기에는 교과서에서 소홀히 다룰 수 있는 현안을 다룬 다수의 논문이 수록되어 있다. 책을 쓴다는 것은 인내심이 필요한 고뇌의 작업이다. 어느 시인은 시작(詩作)을 "온몸으로 밀고 나가는 것"이라고 표현하였는데, 글을 쓰는 일은 이처럼 온몸으로 실천하는 열정일 것이다.

마지막으로 제3판의 출간에 도움을 주신 분들이 있다. 작년에 일본의 고베(神戸)대학교에서 박사학위를 취득한 서누리 박사는 귀중한 자료와 논문을 보내주었다. 특히 서 박사는 작년 12월에 고베대학교가 주최한 학술세미나에서 발표한 논문을 번역하고, 또 이를 일본의 학술지(行政法研究)에 게재할 때 큰 도움을 주었다. 또한 작년에 숙명여자대학교에서 법학박사학위를 취득한 신호은 박사(숙명여대, 성신여대 강사)는 대학에 출강하면서 귀중한 시간을 할애하여 본서를 일독(一讀)해 주었다. 어려운 여건 속에서 학문의 길을 묵묵히 걷고 있는 신진학자들에게 깊은 감사와 격려의 뜻을 전한다. 개정판을 출간할 수 있는 원동력은 가족의 사랑이라는 것을 실감하며, 곁에서 늘 힘든 작업을 조용히 감내(堪耐)해 준 가족들에게 고마운 마음을 전한다. 제3판의 출간을 위해 한결같은 모습으로 도움을 주신 편집부 노윤정 차장님과 기획영업부의 유진걸 과장께도 깊이 감사드린다.

2023년 7월

저 자 씀

제2판 머리말

본서는 작년에 초판을 출간한 이후에 오·탈자의 수정뿐만 아니라 이론적 설명을 자세히 보완하였다. 교재의 기본체계는 유지하면서도 복잡한 부분은 간결하게 정리하였다. 법령의 빈번한 개정과 자구수정 등으로 보정(補訂)이 불가피한 부분도 적지 않았다. 최근에 제정된 「행정기본법」의 내용을 충실히 반영하였고, 인허가의제의 특수문제에 관한 부분을 별도로 추가하였다. 역동적으로 발전하고 있는 「개인정보 보호법」, 「공공기관의 정보공개에 관한 법률」, 「행정절차법」 등의 개정 내용도 반영하였다. 또한 행정심판법과 행정소송법에 관한 부분을 충실히 보완하고, 초학자들과 실무자에게도 유용할 수 있도록 판례의 배경과 특징을 언급하였다.

특히 제2판에는 행정조직법(제6편)과 특별행정법론(제7편)을 추가하였다. 지방자치법 부분에서는 전면 개정된 후 2022년 1월 13일부터 시행되는 법령을 반영하였다. '급부행정법'은 시대적 변화를 반영하여 삭제하고, '공물법'은 공무원법과 함께 행정조직법에서 다루었다. 부동산공법 분야와 관련하여 「도시 및 주거환경정비법」에 의한 재건축·재개발, 부동산공시가격과 감정평가 등에 관한 부분을 국토행정법에서 자세히 언급하였다.

인공지능(AI)과 제4차 산업혁명 등으로 인해 행정법은 새로운 도전에 직면하고 있다. 법치국가원리의 관점에서 개인의 권리와 기본권이 침해될 가능성은 커지고 있으며, 디지털 기술의 발달로 인해 의회주권과 민주주의가 위협받고 있다. 이러한 시대적 변곡점(變曲點)에서 행정법 패러다임의 변화가 필요하다.

본서를 출간하면서 한결같은 모습으로 큰 힘이 되어 주시는 은사(恩師) 이상규(李尙圭) 선생님(법무법인 세아 고문변호사)께 깊이 감사드린다. 또한 원고를 모두 읽고 교정과 조언을 해 준 아내(李善雅)와 사랑하는 아들(宰珉)에게도 고마운 마음을 전한다. 특히 폭서(暴暑)에도 불구하고 마지막까지 세심한 교정과 편집을 맡아 주신 법문사 편집부의 노윤정 차장님과 어려운 여건 속에서도 제2판 출간을 도와준 기획영업부 유진걸 선생께도 감사의 말씀을 드린다.

2021년 7월
북한산이 보이는 우거(寓居)에서

머리말

본서는 행정법의 기초이론서이자 강의용 교재이다. 지금까지 행정법이론서인 행정법연구 시리즈(행정구제의 기본원리, 현대행정의 작용형식, 행정법의 특수문제)를 계속해서 출간하였으나 초학자들에게는 부담이 적지 않았다. 이에 행정법의 입문자들이나 초학자들도 행정법을 쉽게 이해할 수 있는 교재를 출간하고 싶었다. 행정법의 기본이론은 충실히 담으려고 노력하였고, 기존의 행정법 교재가 채택하던 구조와 체계는 대체로 유지하면서도 권위주의 시대의 낡은 이론에 대해서는 비판적으로 검토하였다. 19세기의 고전적인 행정법학에만 계속 정향(定向)될 수는 없다. 행정법의 기초이론을 쉽게 전달하려고 노력하면서 그 이론적 배경이나 근거 등에 대한 설명이 필요한 부분에서는 상론하였다. 행정법학에 있어서 법학방법론은 매우 중요하다. 해석법학과 입법정책론, 법제사 및 비교법론, 그리고 학제적 연구의 중요성이 강조되고 있다. 해석법학의 연원인 독일의 공법학계에서도 새로운 법학방법론이 시도되고 있다. 이러한 새로운 변화는 행정법학이 발전할 수 있는 동인(動因)이며, 이러한 변화를 수용하지 않고 과거에 얽매이는 것은 학문의 발전을 기약할 수 없다.

행정법학의 역사가 비교적 짧은 우리의 법현실 속에서 외국의 행정법 이론은 학계는 물론이고, 행정실무나 법원의 판결에도 적지 않은 영향력을 미치고 있다. 비교법적 연구는 행정법학의 발전에 필수적인 자양분이지만 독창적인 이론으로 승화되지 못할 경우에는 학문적 공허함을 줄 수 있다. 한국의 근대 행정법학은 한말 개화기에 처음 도입되었으나 학문으로서의 행정법학은 광복 직후부터 시작되었다고 볼 수 있다. 19세기 초부터 행정법학이 발전된 서구의 행정법 역사에 비하면 한국 행정법학의 형성과 발전은 후발적이다. 그럼에도 불구하고 한국 행정법학은 매우 역동적으로 발전되어 왔고, 그 정체성을 찾는 작업은 한국 행정법학계의 과제이다. 다각적으로 수행된 비교법연구는 한국 행정법학의 비약적 성장에 큰 기여를 하였으나, 외국의 이론들을 충분히 검증하지 않고 피상적으로 소개하는 일은 이제 지양되어야 한다. 실무와 이론이 괴리된 경우도 적지 않다. 판례의 내용과 흐름을 정확히 소개하고 필요한 부분에 있어서는 판례의 문제점을 비판하였다.

행정법을 전공한지 어언 30년에 가까운 세월이 흘렀다. 우여곡절(迂餘曲折)의 세월이지만, 제자의 부족함을 늘 따뜻하게 감싸주시는 은사님(법무법인 세아 李尙圭 고문변호사)께 깊이 감사드린다. 또한 연구에 매진할 수 있도록 배려해 준 아내(善雅)와 아들(宰珉)에게도 고마운 마음을 전한다. 본서의 출간에 도움을 주신 법문사의 관계자분들의 노고가 적지 않았다. 어려운 여건 속에서도 한결같이 훌륭한 편집과 기획을 도맡아 애써 주시는 편집부 노윤정 차장님과 기획영업부 유진걸 선생께도 감사의 말씀을 드린다.

2020년 새해를 맞이하여
효창공원 옆 연구실 창가에서
저 자 씀

차 례

제1편 행정법의 기초이론

제1장 행정과 행정법 ··· 3

제1절 행 정 ··· 3

Ⅰ. 행정의 개념 ··· 3

Ⅱ. 통치행위 ··· 5

1. 통치행위의 의의 / 5
2. 판례의 입장 / 6
3. 검 토 / 7

Ⅲ. 행정의 유형 ··· 8

1. 행정의 대상에 따른 유형 / 8
2. 행정의 임무에 따른 유형 / 8
3. 시민에 대한 법적 효과에 따른 유형 / 9
4. 행정의 법형식에 따른 유형 / 9
5. 법률의 구속 정도에 따른 유형 / 10

제2절 행 정 법 ··· 10

Ⅰ. 행정법의 형성과 발전 ··· 10

Ⅱ. 행정법의 기본구조와 특징 ··· 12

1. 행정법의 개념과 구조 / 12
2. '공법'의 일부로서의 행정법 / 13
3. 사법(私法) 규정의 적용 / 14

Ⅲ. 행정법의 법원 ··· 15

1. 법원, 법규 및 법규범 / 15
2. 성문법원 / 16
3. 불문법원 / 20

제3절 행정법의 일반원칙 ······ 21

Ⅰ. 비례의 원칙 ······ 21

Ⅱ. 신뢰보호의 원칙 ······ 22
1. 신뢰보호원칙의 의의 및 법적 근거 / 22
2. 신뢰보호원칙의 성립요건 / 23
3. 신뢰보호원칙의 한계 / 24
4. 신뢰보호원칙의 위반 효과 / 25

Ⅲ. 평등원칙과 행정의 자기구속 ······ 25
1. 평등원칙 / 25
2. 행정의 자기구속 / 26

Ⅳ. 부당결부금지의 원칙 ······ 28

제4절 헌법원리와 법치행정 ······ 29

Ⅰ. 행정법에 투영된 헌법원리 ······ 29
1. 법치국가원리 / 29
2. 민주주의원리 / 30
3. 사회국가원리 / 31

Ⅱ. 행정의 법률적합성의 원칙 ······ 32
1. 법률우위의 원칙 / 32
2. 법률유보의 원칙 / 32

제2장 행정상의 법률관계(행정법관계) ······ 36

제1절 총 설 ······ 36

Ⅰ. 행정법관계의 의의 ······ 36

Ⅱ. 행정법관계의 종류 ······ 36
1. 행정조직법의 관계 / 36
2. 행정작용법의 관계 / 37

Ⅲ. 행정법관계의 특징 ······ 37
1. 행정결정의 특수한 효력 / 37
2. 적용법리의 특수성 / 38
3. 권리구제수단의 특수성 / 39
4. 행정상 강제수단의 특수성 / 39

제2절 행정법관계의 당사자 ······ 39

Ⅰ. 행정주체 ······ 39

1. 국 가 / 40 2. 공공단체 / 40
3. 공무수탁사인 / 42

Ⅱ. 행정객체 ······ 42

제3절 공권과 공의무 ······ 42

Ⅰ. 서 설 ······ 42

Ⅱ. 주관적 공권 ······ 43

1. 주관적 공권의 개념 및 제도적 기능 / 43
2. 주관적 공권의 특수성 / 44
3. 주관적 공권의 성립요건 / 45
4. 주관적 공권과 기본권 / 46

Ⅲ. 특수한 공권 ······ 47

1. 무하자재량행사청구권 / 47 2. 행정개입청구권 / 52

제4절 특별권력관계 ······ 54

Ⅰ. 특별권력관계의 역사적 전개와 변화 ······ 54

Ⅱ. 특별권력관계의 종류 ······ 54

1. 공법상의 근무관계 / 55 2. 공법상의 영조물이용관계 / 55
3. 공법상의 특별감독관계 / 56 4. 공법상의 사단관계 / 56

Ⅲ. 특별권력관계의 허용 여부 ······ 56

1. 비판론의 등장과 학설의 변화 / 56
2. 판례의 현황 / 57
3. 이른바 '특별명령'의 문제 / 58

제3장 행정법의 법률요건과 법률사실 ······ 59

제1절 총 설 ······ 59

제2절 공법상의 사건 ········ 60

Ⅰ. 시간의 경과 ········ 60

1. 기간의 계산 / 60
2. 소멸시효 / 61
3. 제척기간 / 62
4. 실 효 / 63

Ⅱ. 공법상의 주소 및 거소 ········ 64

1. 주 소 / 64
2. 거 소 / 65

Ⅲ. 공법상의 부당이득 ········ 65

1. 의의 및 법적 성질 / 65
2. 선결문제 / 66
3. 관련청구의 병합 / 66

제3절 공법상의 행위 ········ 67

Ⅰ. 사인의 공법행위 ········ 67

1. 의 의 / 67
2. 종 류 / 68
3. 적용법규의 판단 / 68
4. 효 과 / 69

Ⅱ. 공법상의 사무관리 ········ 71

1. 의의 및 연혁 / 71
2. 유 형 / 72
3. 손해전보청구권 / 73

제2편 행정의 작용형식

서론: 행정작용의 기초 ········ 77

제1장 집행권의 법제정작용(행정입법) ········ 79

제1절 법규명령 ········ 79

Ⅰ. 법규명령의 의의 및 특징 ········ 79

Ⅱ. 법규명령의 종류 80
1. 수권의 범위와 효력에 의한 분류 / 80
2. 권한의 소재와 법형식에 의한 분류 / 82
Ⅲ. 법규명령의 제정범위와 한계 84
1. 긴급재정·경제명령 및 긴급명령의 범위와 한계 / 84
2. 위임명령의 범위와 한계 / 85
3. 집행명령의 범위와 한계 / 87
Ⅳ. 법규명령의 성립요건 및 효력발생요건 87
1. 형식적 요건 / 87 2. 실질적 요건 / 88
3. 효력발생 / 89
Ⅴ. 법규명령의 하자와 소멸 89
1. 법규명령의 하자와 법적 효과 / 89
2. 법규명령의 소멸 / 90
Ⅵ. 법규명령에 대한 통제와 권리구제 91
1. 입법적 통제 / 91 2. 사법적 통제 / 93
3. 행정적 통제 / 97

제2절 행정규칙 98

Ⅰ. 행정규칙의 의의 및 성질 98
Ⅱ. 행정규칙의 종류 99
1. 내용에 의한 분류 / 99 2. 형식에 의한 분류 / 100
Ⅲ. 행정규칙의 효력 101
1. 내부적 효력 / 101 2. 외부적 효력(간접적 효력) / 101
Ⅳ. 행정규칙의 성립요건 및 소멸 104
1. 행정규칙의 성립요건 / 104 2. 행정규칙의 소멸 / 105
Ⅴ. 위법한 행정규칙에 대한 권리구제 105
Ⅵ. 특수한 경우 106
1. 법령보충적 행정규칙 / 106
2. 법규명령 형식의 행정규칙(제재적 처분기준을 정한 부령) / 108

제3절 자치입법 110

제2장 행정행위 111

제1절 행정행위의 의의 및 특징 111

I. 행정행위의 연혁 111

II. 행정행위의 개념적 징표 112

1. 행정청 / 112
2. 법적 규율 / 113
3. 고권적 조치 / 113
4. 개별사건에 대한 규율 / 113
5. 직접적 외부효 / 115

III. 행정행위의 특수한 경우 115

1. 일반처분 / 115
2. 확 약 / 117
3. 예비결정(사전결정) / 118
4. 잠정적(임시적) 행정행위 / 119
5. 부분허가 / 120

IV. 행정행위의 특징 및 기능 120

1. 행정행위의 특징 / 120
2. 행정행위의 기능 / 121

제2절 행정행위의 종류 122

I. 서 설 122

II. 명령적 행정행위 123

1. 하 명 / 123
2. 허 가 / 124
3. 면 제 / 127

III. 형성적 행정행위 127

1. 특 허 / 128
2. 인 가 / 128
3. 대 리 / 129

IV. 확인적 행정행위 130

제3절 행정재량과 판단여지 131

I. 서 설 131

1. 행정의 법적용 / 131　　2. 행정법원의 통제 / 131

Ⅱ. 행정재량 ………… 132

1. 개념 및 유형 / 132　　2. 기속행위와 재량행위의 구분 / 133
3. 재량의 하자 / 135　　4. 재량의 감축 / 136

Ⅲ. 불확정법개념과 판단여지 ………… 137

1. 불확정법개념의 의의 / 137　　2. 판단여지론 / 137
3. 교차영역의 등장 / 140

제4절 행정행위의 부관 ………… 141

Ⅰ. 부관의 의의 및 제도적 기능 ………… 141

Ⅱ. 부관의 종류 ………… 142

1. 기 한 / 142　　2. 조 건 / 143
3. 부 담 / 143　　4. 철회권의 유보 / 144
5. 사후부담의 유보 / 144　　6. 법률효과의 일부배제 / 145
7. 수정부담 / 145

Ⅲ. 부관의 허용성과 한계 ………… 146

1. 부관의 허용성 / 146　　2. 부관의 한계 / 147
3. 부관의 사후부가(시간적 한계) / 147

Ⅳ. 부관의 하자와 행정쟁송 ………… 148

1. 무효인 부관이 붙은 행정행위의 효력 / 148
2. 위법한 부관에 대한 행정쟁송 / 148

제5절 행정행위의 성립요건 및 효력발생요건 ………… 152

Ⅰ. 행정행위의 성립요건 ………… 152

1. 주요한 심사기준 / 152　　2. 형식적 요건 / 153
3. 실질적 요건 / 154

Ⅱ. 행정행위의 효력발생요건 ………… 155

1. 개념의 이해 / 155　　2. 대외적 표시와 도달 / 156

제6절 행정행위의 효력 ………… 156

Ⅰ. 서 설 156
1. 문제의 상황 / 156　2. 협의의 구속력 / 157
3. 공정력 / 157
Ⅱ. 존속력 160
1. 존속력의 의의 / 160　2. 불가쟁력(형식적 존속력) / 161
3. 불가변력(실질적 존속력) / 163　4. 불가쟁력과 불가변력의 관계 / 164
Ⅲ. 구성요건적 효력 164
1. 의의 및 근거 / 164　2. 구성요건적 효력과 선결문제 / 165

제7절 행정행위의 하자 169

Ⅰ. 하자의 일반론 169
1. 하자의 법적 의미 / 169　2. 행정행위의 부존재와의 구별 / 169
3. 개별적 하자의 효과 / 170
Ⅱ. 행정행위의 무효와 취소 170
1. 의 의 / 170　2. 무효와 취소의 구별필요성 / 171
3. 무효와 취소의 구별기준 / 172　4. 행정행위의 취소 / 175
Ⅲ. 구체적 사례의 검토 178
1. 주체에 관한 하자 / 178　2. 절차에 관한 하자 / 180
3. 형식에 관한 하자 / 182　4. 내용에 관한 하자 / 183
Ⅳ. 하자 있는 행정행위의 치유 및 전환 184
1. 문제의 소재 / 184　2. 하자의 치유 / 184
3. 하자 있는 행정행위의 전환 / 186
Ⅴ. 행정행위의 하자승계 187
1. 문제의 상황 / 187　2. 하자승계론 / 188
3. 후행행위에 대한 선행행위의 규준력의 관점 / 191
4. 비판 및 평가 / 193

제8절 행정행위의 철회 193

Ⅰ. 철회의 의의 193
Ⅱ. 철회의 근거와 사유 194

1. 철회권자 및 철회의 근거 / 194 2. 철회의 사유 / 195

Ⅲ. 철회권의 제한 ……… 196

Ⅳ. 철회의 절차 및 효과 ……… 197

1. 철회의 절차와 이유제시 / 197 2. 철회의 효과 / 197
3. 하자 있는 철회의 효과 / 197

제9절 행정행위의 실효 ……… 198

제10절 인허가의제의 특수문제 ……… 198

Ⅰ. 인허가의제의 의의 및 특징 ……… 198

1. 인허가의제의 의의 / 198 2. 인허가의제의 특징 / 199

Ⅱ. 인허가의제의 절차 ……… 199

Ⅲ. 인허가의제의 효력 ……… 200

1. 인허가의제의 사항적 효력범위 / 200
2. 인허가의제의 시간적 효력범위 / 201

Ⅳ. 인허가의제의 하자 ……… 202

Ⅴ. 의제된 인허가에 대한 행정쟁송 ……… 203

제3장 행정계획 ……… 204

제1절 행정계획의 의의 및 특징 ……… 204

Ⅰ. 행정계획의 개념 및 제도적 기능 ……… 204

Ⅱ. 행정계획의 종류 ……… 206

1. 대상에 의한 구분 / 206 2. 대상지역에 의한 구분 / 206
3. 계획기간에 의한 구분 / 207 4. 계획의 수준에 의한 구분 / 207
5. 구체화의 정도에 의한 구분 / 207 6. 법형식에 의한 구분 / 208
7. 대상범위에 의한 구분 / 208 8. 구속효에 따른 구분 / 209

Ⅲ. 행정계획의 법적 성질 ……… 209

제2절 계획재량과 사법적 통제 ……… 210

Ⅰ. 계획재량(계획의 형성적 자유) ······ 210

Ⅱ. 형량명령과 형량하자 ······ 211

1. 형량명령의 내용 및 특징 / 211 2. 형량하자론 / 212

Ⅲ. 행정계획에 대한 권리구제 ······ 214

1. 행정쟁송 / 214 2. 손해전보 / 214

Ⅳ. 계획보장청구권 ······ 215

Ⅴ. 계획변경청구권 ······ 216

1. 계획변경청구권의 허용여부 / 216 2. 분석 및 비판 / 218

제4장 공법상 계약 ······ 220

Ⅰ. 공법상 계약의 의의 및 기능 ······ 220

1. 공법상 계약의 연혁 및 기능 / 220
2. 공법상 계약의 현안 및 문제점 / 222
3. 독일의 입법례 / 223

Ⅱ. 공법상 계약의 종류 ······ 223

1. 주체에 의한 구분 / 223
2. 체결당사자의 관계에 의한 구분 / 224
3. 규율대상에 의한 구분 / 224
4. 기타 유형 / 224

Ⅲ. 공법상 계약과 사법상 계약의 구별 ······ 225

Ⅳ. 공법상 계약과 행정행위의 구별 ······ 226

1. 문제의 소재 / 226 2. 판례의 검토 / 227
3. 구별기준 / 228

Ⅴ. 공법상 계약의 하자 ······ 229

제5장 기타 행정작용 ······ 231

제1절 단순행정작용(단순고권작용) ······ 231

Ⅰ. 사실행위 ······ 231
1. 사실행위의 의의 및 특징 / 231 2. 사실행위의 종류 / 232
3. 사실행위의 근거와 한계 / 233 4. 사실행위의 처분성 / 233
5. 위법성 및 권리구제 / 234

Ⅱ. 공법상의 경고 ······ 235

Ⅲ. 비공식적 행정작용 ······ 236
1. 의의 및 문제점 / 236 2. 유형 및 법적 판단 / 236

제2절 행정지도 ······ 237

Ⅰ. 행정지도의 의의 및 문제점 ······ 237

Ⅱ. 행정지도의 종류 ······ 237
1. 법령의 근거에 의한 분류 / 237 2. 기능에 의한 분류 / 238

Ⅲ. 행정지도의 법적 근거와 한계 ······ 239
1. 행정지도의 법적 근거 / 239 2. 행정지도의 절차 및 형식 / 239
3. 행정지도의 한계 / 239

Ⅳ. 행정지도와 권리구제 ······ 240
1. 행정소송 / 240 2. 행정상 손해전보 / 240
3. 헌법소원 / 241

제3절 행정자동결정 ······ 241

Ⅰ. 행정자동화의 현황과 쟁점 ······ 241

Ⅱ. 행정자동결정의 법적 성질 ······ 242

Ⅲ. 행정자동결정의 하자와 권리구제 ······ 243

제4절 사법(私法) 형식의 행정활동 ······ 243

Ⅰ. 의의 및 특징 ······ 243

Ⅱ. 양태(樣態) ······ 244

제3편 행정절차와 정보행정

제1장 행정절차 249

제1절 행정절차의 기초 249

Ⅰ. 행정절차의 개념 및 헌법적 근거 249

1. 행정절차의 개념 / 249
2. 행정절차의 헌법적 근거 및 제도적 기능 / 249

Ⅱ. 비교법적 고찰 250

1. 독일의 행정절차법 / 250
2. 영국의 행정절차법 / 251
3. 미국의 행정절차법 / 252
4. 일본의 행정절차법 / 252

제2절 행정절차법의 특징 및 주요내용 253

Ⅰ. 행정절차법의 연혁 253

Ⅱ. 행정절차법의 특징 253

1. 기본원칙의 천명과 실체규정의 포함 / 253
2. 문서주의의 원칙 및 전자매체에 의한 행정 / 254
3. 규율범위의 제한성 / 254
4. 약식청문중심 / 254

Ⅲ. 행정절차법의 적용범위 255

Ⅳ. 행정절차법의 주요내용 255

1. 처분절차 / 255
2. 신고절차 / 262
3. 행정상 입법예고절차 / 266
4. 행정예고절차 / 267
5. 행정지도절차 / 267
6. 국민참여의 확대와 온라인 정책토론 / 268

Ⅴ. 행정절차법의 문제점 및 개선방안 268

1. 행정계획 확정절차의 도입 / 269
2. 행정입법절차의 개선 / 269
3. 공법상 계약에 관한 일반규정의 명문화 / 270

제3절 절차상 하자와 그 치유 ······ 270

Ⅰ. 절차상 하자 있는 행정행위의 효력 ······ 270

Ⅱ. 하자의 치유와 사후추완 ······ 271

제2장 정보행정 ······ 273

제1절 행정조사 ······ 273

Ⅰ. 서 설 ······ 273

Ⅱ. 행정조사의 의의 및 유형 ······ 274

1. 행정조사의 의의 / 274
2. 행정조사의 종류 / 275

Ⅲ. 행정조사의 기본원칙 ······ 275

1. 기본원칙의 설정필요성 / 275
2. 행정조사의 기본원칙 / 276

Ⅳ. 행정조사의 한계 ······ 277

1. 행정조사의 실체적 한계 / 277
2. 행정조사의 절차적 한계(영장주의) / 277
3. 행정조사의 수단적 한계 / 278

Ⅴ. 행정조사에 대한 권리구제 ······ 278

1. 적법한 행정조사의 경우 / 278
2. 위법한 행정조사의 경우 / 279
3. 기타의 권리구제수단 / 279

제2절 개인정보보호 ······ 279

Ⅰ. 서 설 ······ 279

1. 개인정보보호의 법적 문제 및 최근 동향 / 279
2. 개인정보보호법제의 현황 및 특징 / 282
3. 개인정보보호법의 개정 경과 / 283

Ⅱ. 헌법적 준거로서의 개인정보자기결정권 ······ 287

1. 개인정보자기결정권의 법리와 내용 / 287
2. 개인정보자기결정권의 헌법적 근거 / 288

Ⅲ. 개인정보보호법의 주요내용 ········ 290
1. 개인정보의 보호원칙과 정보주체의 권리보장 / 290
2. 개인정보의 처리와 정보주체의 동의 / 291
3. 개인정보의 처리제한 / 292
4. 개인정보의 안전한 관리 / 295
5. 제재수단으로서 과징금제도의 도입 / 295
Ⅳ. 개인정보보호와 권리구제 ········ 296
1. 문제의 상황 / 296
2. 개인정보 분쟁조정제도 / 297
3. 개인정보 단체소송 / 298
4. 손해배상 / 299
5. 행정쟁송 / 301
제3절 정보공개제도 ········ 302
Ⅰ. 서 설 ········ 302
1. 정보공개법의 의의 및 연혁 / 302
2. 정보공개청구권의 헌법적 근거(헌법상 알권리) / 303
Ⅱ. 정보공개법의 주요내용 ········ 304
1. 개념과 적용범위 / 304
2. 정보의 보유주체 – 공공기관 / 305
3. 정보공개청구권자 / 305
4. 정보공개의 절차 / 306
Ⅲ. 정보공개청구권의 비공개대상 ········ 308
1. 법령에 의해 비공개대상으로 규정된 정보 / 308
2. 국가의 중대한 이익에 관한 정보 / 309
3. 국민의 생명·신체 및 재산에 관한 정보 / 310
4. 진행 중인 재판 또는 형사절차에 관한 정보 / 311
5. 행정내부과정에 관한 정보 / 312
6. 사생활의 비밀 또는 자유에 관한 정보 / 313
7. 영업상 비밀에 관한 정보 / 315
8. 특정인에게 이익 또는 불이익을 줄 우려가 있는 정보 / 316
Ⅳ. 정보공개거부와 권리구제 ········ 317
1. 이의신청 / 317
2. 행정심판 / 317
3. 행정소송 / 318

제4편 행정의 실효성확보수단

서론: 행정강제의 기초 321

제1장 행정상 강제집행 322

제1절 행정상 강제집행의 의의 및 근거 322

Ⅰ. 행정상 강제집행의 의의 322

Ⅱ. 행정상 강제집행의 근거 322

제2절 행정상 강제집행의 종류 323

Ⅰ. 행정대집행 323

1. 대집행의 의의 / 323
2. 대집행의 법률관계 / 323
3. 대집행의 요건 / 324
4. 대집행의 절차 / 326
5. 대집행의 한계 / 327
6. 대집행에 대한 불복 / 328

Ⅱ. 이행강제금 328

1. 이행강제금의 의의 및 법적 성질 / 328
2. 이행강제금의 부과절차 / 329

Ⅲ. 직접강제 330

1. 직접강제의 의의 및 법적 근거 / 330
2. 직접강제의 수단 / 331
3. 직접강제의 한계 / 331

Ⅳ. 행정상 강제징수 331

1. 행정상 강제징수의 의의 및 근거 / 331
2. 행정상 강제징수의 절차 / 332
3. 행정상 강제징수에 대한 불복수단 / 337

제2장 행정상 즉시강제 338

Ⅰ. 행정상 즉시강제의 의의 338

1. 행정상 즉시강제의 개념 / 338 2. 행정상 즉시강제의 근거 / 338

Ⅱ. 행정상 즉시강제의 수단 ······ 339

1. 대인적 강제 / 339 2. 대물적 강제 / 339
3. 대가택강제 / 340

Ⅲ. 행정상 즉시강제의 한계 ······ 340

1. 비례의 원칙 / 340 2. 영장주의 / 340

Ⅳ. 행정상 즉시강제에 대한 권리구제 ······ 341

1. 적법한 즉시강제에 대한 구제수단 / 341
2. 위법한 즉시강제에 대한 구제수단 / 342

제3장 행정벌 ······ 343

Ⅰ. 서 설 ······ 343

1. 행정벌의 의의 / 343 2. 행정벌의 성질 / 343
3. 행정벌의 근거 / 344

Ⅱ. 행정벌의 종류 ······ 344

1. 행정형벌 / 344 2. 행정질서벌 / 345

Ⅲ. 행정형벌 ······ 345

1. 행정형벌과 형법총칙 / 345 2. 행정형벌의 특수성 / 345
3. 행정형벌의 과벌절차 / 347

Ⅳ. 행정질서벌 ······ 348

1. 행정질서벌의 의의 / 348 2. 행정질서벌의 성립 / 349
3. 행정질서벌의 부과절차 / 351

제4장 행정의 새로운 실효성확보수단 ······ 353

Ⅰ. 새로운 금전적 제재수단 ······ 353

1. 과징금 / 353 2. 가산금 / 354

Ⅱ. 공급거부 ······ 354

1. 공급거부의 의의 / 354 2. 공급거부의 법적 근거 / 355
3. 공급거부의 한계 / 355 4. 공급거부에 대한 권리구제 / 355

Ⅲ. 공 표 ······ 356
1. 공표의 의의 / 356 2. 공표의 법적 근거 / 356
3. 공표의 절차 / 356
4. 위법한 공표에 대한 권리구제 / 357
Ⅳ. 관허사업의 제한 ······ 358
1. 일반적인 관허사업의 제한 / 358 2. 특정한 관허사업의 제한 / 358

제5편 행정구제법

제1부 국가책임법 ······ 361

서론: 국가책임법의 기초 ······ 361

제1장 국가배상 ······ 363

제1절 총 설 ······ 363
Ⅰ. 국가배상의 의의 및 연혁 ······ 363
1. 국가배상의 의의 및 법적 성질 / 363
2. 국가배상의 연혁 / 363
Ⅱ. 국가배상의 헌법적 근거 ······ 365
1. 국가배상청구권의 법적 근거 / 365
2. 헌법 제29조의 법적 성격 / 366
Ⅲ. 손실보상 및 기타 유사제도와의 구분 ······ 366

제2절 공무원의 직무상 불법행위로 인한 손해배상 ······ 367
Ⅰ. 배상책임의 성립요건 ······ 367
1. 공무원 / 367 2. 직무행위 / 368

3. 직무행위의 위법성 / 376　　4. 책　임 / 380
5. 타인에 대한 손해발생 / 383

Ⅱ. 손해배상의 범위 ……………………………………………… 384
1. 배상기준의 의의 / 384　　2. 구체적 배상기준 / 384
3. 손해배상액의 공제 / 385

Ⅲ. 배상책임 ……………………………………………… 386
1. 배상책임자 / 386　　2. 배상책임의 성질 / 386

Ⅳ. 공무원의 배상책임과 구상권 행사 ……………………………………………… 392
1. 문제의 소재 / 392　　2. 공무원에 대한 구상권 행사 / 392
3. 공무원의 선임·감독자와 비용부담자가 다른 경우 / 394
4. 공무원의 직접적 배상책임 여부 — 청구권경합의 문제 / 395
5. 배상청구권의 소멸시효 / 397　　6. 양도·압류 등 금지 / 397

제3절 영조물의 설치·관리상의 하자로 인한 손해배상 ……………………………………………… 397

Ⅰ. 제도적 의의 및 특징 ……………………………………………… 397

Ⅱ. 배상책임의 성립요건 ……………………………………………… 398
1. 영조물 / 399　　2. 설치·관리상의 하자 / 399
3. 타인에게 손해가 발생할 것 / 403　　4. 면책사유 / 403
5. 국가배상법 제2조와 제5조의 관계 / 405

Ⅲ. 배상책임과 배상범위 ……………………………………………… 406
1. 배상책임자 / 406　　2. 구상권 / 406
3. 배상범위 등 / 407

Ⅳ. 배상이 청구절차 ……………………………………………… 407
1. 임의적 결정전치제도 / 407　　2. 배상심의회 / 407
3. 결정절차 / 408　　4. 재심신청 / 409
5. 배상결정의 효력 / 409

제2장 손실보상 ……………………………………………… 410

제1절 총　설 ……………………………………………… 410

Ⅰ. 재산권에 대한 공권적 침해와 손실보상 ······ 410

Ⅱ. 비교법적 고찰 ······ 411

1. 독일의 입법례 / 411 2. 미국의 입법례 / 413
3. 일본의 입법례 / 415

제2절 공용수용의 요건과 한계 ······ 415

Ⅰ. 논의의 출발점으로서 존속보장 ······ 415

Ⅱ. 공용수용의 요건 ······ 416

1. 고권적 법률행위에 의한 재산권침해 / 416
2. 재산권의 전면적 또는 부분적 박탈 / 420
3. 공적 과제의 목적(공공필요성) / 422
4. 보상의 판단기준으로서 '특별한 희생'의 해석문제 / 424

Ⅲ. 보상부 공용제한의 해석 ······ 425

Ⅳ. 공용수용의 한계(허용성) ······ 428

1. 적법성 / 428 2. 공익성 / 429
3. 비례성 / 431

Ⅴ. 사인(사기업)을 위한 공용수용 ······ 431

Ⅵ. 조정적 보상부 내용한계 ······ 435

제3절 손실보상의 구체적 내용 ······ 437

Ⅰ. 손실보상의 의의 ······ 437

1. 손실보상의 개념 / 437 2. 손실보상의 법적 근거 / 438
3. 손실보상청구권의 법적 성질 / 438

Ⅱ. 손실보상과 불가분조항 ······ 439

1. 불가분조항의 의의 및 기능 / 439 2. 공용제한과 불가분조항 / 440
3. 보상규정의 흠결과 권리구제 / 441

Ⅲ. 손실보상의 기준 및 범위 ······ 443

1. 손실보상의 기준 / 443 2. 손실보상의 대상 및 범위 / 444
3. 손실보상의 유형과 방법 / 453

Ⅳ. 손실보상에 대한 불복과 권리구제 ··· 455
1. 협의취득에 대한 권리구제 / 455
2. 토지수용위원회의 재결에 대한 권리구제 / 456

제4절 수용유사적 침해와 수용적 침해 ··· 457

Ⅰ. 수용유사적 침해 ··· 457
1. 수용유사적 침해의 의의 / 457
2. 수용유사적 침해의 성립요건 / 460
3. 손실보상 / 461
4. 수용유사적 침해이론의 도입 여부 / 462

Ⅱ. 수용적 침해 ··· 464
1. 수용적 침해의 의의 / 464
2. 수용적 침해의 성립요건 / 465
3. 수용적 침해와 조정적 보상부 내용한계의 관계 / 465
4. 수용적 침해의 도입여부 / 466

제3장 기타 손해전보제도 ··· 468

제1절 위험책임 ··· 468

Ⅰ. 위험책임의 의의 및 연혁 ··· 468

Ⅱ. 위험책임의 요건 ··· 469

Ⅲ. 검 토 ··· 470

제2절 희생보상청구권 ··· 470

Ⅰ. 희생보상청구권의 의의 및 근거 ··· 470

Ⅱ. 희생보상청구권의 적용범위 ··· 471

Ⅲ. 희생보상청구권의 성립요건 ··· 472

Ⅳ. 보상의 기준과 방법 ··· 472

제3절 결과제거청구권 ··· 473

Ⅰ. 결과제거청구권의 의의 ··· 473

Ⅱ. 결과제거청구권의 법적 근거 ······ 473

Ⅲ. 결과제거청구권의 요건 및 한계 ······ 474

Ⅳ. 결과제거청구권의 실현방식(소송형식) ······ 475

제2부 행정쟁송법 ······ 476

서론: 행정쟁송법의 기초 ······ 476

Ⅰ. 행정쟁송의 의의 및 기능 ······ 476

Ⅱ. 행정통제의 유형 ······ 476

Ⅲ. 행정쟁송의 헌법적 보장 및 법치행정의 원리 ······ 477

Ⅳ. 행정소송과 행정심판의 구별 ······ 478

1. 유사점 / 478
2. 차이점 / 478

제1장 행정심판 ······ 480

제1절 총　설 ······ 480

Ⅰ. 행정심판의 의의 및 근거 ······ 480

1. 행정심판의 의의 / 480
2. 행정심판의 헌법적 근거 및 특성 / 484
3. 행정심판제도의 연혁 / 485

Ⅱ. 행정심판의 필요성 및 문제점 ······ 486

1. 행정심판의 필요성 / 486
2. 행정심판의 제도적 문제점 / 487

Ⅲ. 행정심판제도의 역사적 발전 ······ 490

1. 대륙법계 행정심판제도 / 490
2. 영미법계 행정심판제도 / 490

Ⅳ. 행정심판의 종류 ······ 492

1. 취소심판 / 492
2. 무효등확인심판 / 492
3. 의무이행심판 / 493

제2절 행정심판의 대상 ······ 494
Ⅰ. 서 설 ······ 494
Ⅱ. 행정청의 공권력행사 ······ 494
1. 행정청 / 494 2. 공권력행사 / 495
3. 그 밖에 이에 준하는 행정작용 / 496
Ⅲ. 부작위 ······ 496
1. 부작위의 의의 / 496 2. 부작위의 성립요건 / 497
Ⅳ. 제외사항 ······ 497
1. 대통령의 처분 또는 부작위 / 498
2. 행정심판의 재결 / 498

제3절 행정심판의 당사자 및 이해관계인 ······ 498
Ⅰ. 청구인 ······ 498
1. 청구인의 의의 / 498 2. 취소심판의 청구인적격 / 498
3. 무효등확인심판의 청구인적격 / 499
4. 의무이행심판의 청구인적격 / 500
5. 청구인의 지위승계 / 500 6. 선정대표자 / 501
Ⅱ. 피청구인 ······ 501
1. 피청구인의 의의 / 501 2. 피청구인의 경정 / 501
Ⅲ. 행정심판의 이해관계인 ······ 502
1. 행정심판의 참가인 / 502 2. 행정심판의 대리인 / 502

제4절 행정심판위원회 ······ 503
Ⅰ. 행정심판위원회의 의의 및 연혁 ······ 503
Ⅱ. 행정심판위원회의 설치 및 구성 ······ 504
1. 행정심판위원회의 설치 / 504 2. 행정심판위원회의 구성 / 505
Ⅲ. 행정심판위원회의 운영 ······ 506
1. 행정심판위원회의 회의 및 운영 / 506
2. 위원 등의 제척 · 기피 · 회피 / 508

Ⅳ. 행정심판위원회의 권한 509
1. 행정심판위원회의 권한 내용 / 509
2. 행정심판위원회의 권한 승계 / 512
3. 행정심판위원회의 권한 위임 / 512

제5절 행정심판의 청구 512

Ⅰ. 심판청구의 요건 512
1. 청구인 / 512
2. 심판청구사항 / 513
3. 심판청구기간 / 513
4. 심판청구의 방식 / 514
5. 심판청구의 절차 / 514

Ⅱ. 심판청구의 변경·취하 517
1. 심판청구의 변경 / 517
2. 심판청구의 취하 / 518

Ⅲ. 심판청구의 효과 518
1. 행정심판위원회에 대한 효과 / 518
2. 처분에 대한 효과 / 518

제6절 행정심판의 심리 522

Ⅰ. 심리의 의의 및 특징 522
1. 심리의 개념 / 522
2. 심리절차의 사법절차화 / 522

Ⅱ. 심리의 내용과 범위 523
1. 심리의 내용 / 523
2. 심리의 범위 / 524

Ⅲ. 심리의 절차 524
1. 심리절차의 기본원칙 / 524
2. 당사자의 절차적 권리 / 526
3. 주장과 증거조사 / 527
4. 심리의 병합과 분리 / 528

제7절 행정심판의 재결 528

Ⅰ. 서 설 528
1. 재결의 의의 / 528
2. 재결의 종류와 내용 / 529
3. 재결의 범위와 한계 / 531
4. 조 정 / 532

Ⅱ. 재결의 절차와 형식 534

1. 재결기간 / 534 2. 재결의 방식(재결서) / 534
3. 재결의 송달 / 534

Ⅲ. 재결의 효력 ······ 535
1. 기속력 / 535 2. 형성력 / 538
3. 존속력 / 538

Ⅳ. 재결에 대한 불복 ······ 539
1. 행정심판 재청구의 금지 / 539 2. 재결에 대한 행정소송 / 540

제8절 고지제도(행정심판의 불복고지) ······ 540

Ⅰ. 고지제도의 의의와 필요성 ······ 540
1. 고지제도의 의의 및 성질 / 540 2. 고지제도의 필요성 / 541
3. 고지제도의 종류 / 541

Ⅱ. 불고지(不告知)와 오고지(誤告知)의 효과 ······ 542
1. 고지하지 아니한 경우 / 542 2. 잘못 고지한 경우 / 542

제9절 특별행정심판 ······ 543

Ⅰ. 서 설 ······ 543

Ⅱ. 공무원의 신분상 불이익처분에 대한 행정심판 ······ 543
1. 소청의 의의 및 대상 / 543 2. 소청의 절차 / 544
3. 소청의 심사 및 결정 / 545
4. 소청심사위원회의 결정에 대한 불복 / 545

Ⅲ. 교원의 신분상 불이익처분에 대한 행정심판 ······ 546
1. 교원의 신분보장 / 546 2. 교원소청심사위원회 / 546
3. 심사청구 / 547 4. 심리와 결정 / 547
5. 소청심사결정에 대한 불복 / 548

Ⅳ. 조세부과처분에 대한 행정심판(조세불복절차) ······ 548
1. 조세불복절차의 의의 / 548 2. 이의신청 / 549
3. 심사청구 / 550 4. 심판청구 / 551

제2장 행정소송 554

제1절 총 설 554

Ⅰ. 행정소송의 의의 및 특성 554

1. 행정소송의 개념과 기능 / 554 2. 행정소송의 특성 / 554

Ⅱ. 행정소송의 연혁 557

1. 행정소송법의 제정 및 개정 / 557
2. 행정소송법의 개정논의와 주요내용 / 559

Ⅲ. 외국의 입법례 561

1. 독일의 행정소송제도 / 561 2. 프랑스의 행정소송제도 / 562
3. 영국의 행정소송제도 / 563 4. 미국의 행정소송제도 / 563
5. 일본의 행정소송제도 / 564

Ⅳ. 행정소송의 한계 565

1. 사법의 본질에 의한 한계 / 565 2. 권력분립원리에 의한 한계 / 567

제2절 행정소송의 종류 570

Ⅰ. 성질에 의한 분류 570

1. 형성의 소 / 570 2. 이행의 소 / 570
3. 확인의 소 / 570

Ⅱ. 내용에 의한 분류 570

1. 항고소송 / 570 2. 당사자소송 / 573
3. 민중소송과 기관소송 / 577

제3절 행정소송의 대상 578

Ⅰ. 항고소송의 대상 578

1. 의 의 / 578
2. 처분 개념의 혼란과 판례의 문제점 / 580
3. 쟁송법상 '처분' 개념의 구성 / 581
4. 구체적 유형에 관한 고찰 / 584

Ⅱ. 당사자소송의 대상 ······ 596
Ⅲ. 민중소송과 기관소송의 대상 ······ 597
1. 민중소송의 대상 / 597　2. 기관소송의 대상 / 597

제4절 행정소송의 재판관할 ······ 598
Ⅰ. 행정소송의 관할법원 ······ 598
1. 항고소송의 관할법원 / 598　2. 당사자소송의 관할법원 / 598
3. 민중소송과 기관소송의 관할법원 / 599
Ⅱ. 사건의 이송 ······ 599
1. 의의 및 제도적 기능 / 599　2. 관할위반으로 인한 이송 / 600
3. 관련청구소송의 이송 / 600

제5절 행정소송의 당사자 ······ 600
Ⅰ. 서 설 ······ 600
1. 당사자의 의의 / 600　2. 당사자능력과 당사자적격 / 601
Ⅱ. 원 고 ······ 601
1. 항고소송의 원고적격 / 601　2. 당사자소송의 원고적격 / 611
3. 민중소송의 원고적격 / 612　4. 기관소송의 원고적격 / 612
Ⅲ. 피 고 ······ 612
1. 항고소송의 피고적격 / 612　2. 당사자소송의 피고적격 / 613
3. 민중소송 및 기관소송의 피고적격 / 613
4. 피고경정 / 613
Ⅳ. 행정소송의 참가인 ······ 616
1. 소송참가의 의의 / 616　2. 소송참가의 형태 / 616
Ⅴ. 행정소송의 대리인 ······ 621

제6절 행정소송의 제기 ······ 621
Ⅰ. 행정소송의 제기요건 ······ 621
1. 당사자 / 622　2. 행정소송사항 / 622
3. 제소기간 / 622　4. 제소절차 / 624

5. 제소형식 / 626

Ⅱ. 관련청구의 병합과 이송 ······ 626

1. 관련청구의 병합 / 626 2. 관련청구의 이송 / 630

Ⅲ. 소의 변경 ······ 632

1. 의 의 / 632

2. 행정소송법에 의한 소의 변경 / 632

3. 민사소송법에 의한 소의 변경 / 633

Ⅳ. 행정소송 제기의 효과 ······ 633

1. 절차법적 효과 / 634 2. 실체법적 효과 / 634

Ⅴ. 행정소송법상의 가구제 ······ 634

1. 가구제의 의의 및 필요성 / 634 2. 가구제의 성질 및 내용 / 635

3. 집행정지제도 / 635 4. 가처분 / 642

제7절 행정소송의 심리와 판결 ······ 642

Ⅰ. 행정소송의 심리 ······ 642

1. 심리의 내용 / 643 2. 심리의 범위 / 644

3. 심리의 절차 / 645 4. 주장책임 / 648

5. 입증책임(증명책임) / 648 6. 위법판단의 기준시 / 651

7. 처분사유의 추가 · 변경 / 652

Ⅱ. 행정소송의 판결 ······ 654

1. 판결의 의의 및 유형 / 654 2. 판결의 형식 및 절차 / 656

3. 판결의 효력 / 657

Ⅲ. 상소 및 제3자에 의한 재심청구 ······ 669

1. 상 소 / 669 2. 항고와 재항고 / 670

3. 제3자에 의한 재심청구 / 671

Ⅳ. 행정소송의 종료 ······ 672

1. 종국판결의 확정 / 672 2. 당사자의 행위에 의한 종료 / 672

3. 기타 종료사유 / 673

Ⅴ. 소송비용 ······ 674

제6편 행정조직법

제1장 행정조직법의 기초 ······ 677

제1절 총 설 ······ 677

Ⅰ. 행정조직법의 의의 ······ 677

Ⅱ. 행정조직의 유형 및 특성 ······ 678

1. 행정조직의 유형 / 678
2. 행정조직의 특성 / 679

제2절 행정조직의 기본원리 ······ 680

Ⅰ. 행정조직과 민주주의원리 ······ 680

Ⅱ. 행정조직과 법치국가원리 ······ 681

제3절 행정기관 ······ 682

Ⅰ. 행정기관의 의의 및 특징 ······ 682

Ⅱ. 행정기관의 종류 ······ 683

1. 행정청 / 684
2. 보조기관 · 보좌기관 / 684
3. 자문기관 / 685
4. 의결기관 / 685
5. 감사기관 / 685
6. 부속기관 / 685

제4절 행정청의 권한 ······ 686

Ⅰ. 권한의 내용과 특징 ······ 686

1. 권한의 의의 / 686
2. 권한의 한계 / 686
3. 권한 행사의 효과 / 687

Ⅱ. 권한의 대리 ······ 687

1. 대리의 의의 / 687
2. 대리의 종류 / 689
3. 대리권의 소멸 / 691

Ⅲ. 권한의 위임 ······ 691

1. 권한 위임의 의의 / 691
2. 권한 위임의 법적 근거 및 한계 / 693
3. 권한 위임의 유형 / 693
4. 권한 위임에 따른 비용부담 / 695
5. 권한 위임의 효과와 위임관청의 지휘 · 감독권 / 695
6. 권한 위임의 종료 / 696

Ⅳ. 행정청 상호간의 관계 696
1. 상 · 하 행정청간의 관계(위임과 감독) / 696
2. 대등행정청간의 관계 / 700

제2장 국가행정조직법 702

제1절 직접국가행정조직 702

Ⅰ. 중앙행정조직 702
1. 중앙행정조직의 의의 및 기본구조 / 702
2. 대통령 / 703
3. 대통령 직속 중앙행정기관 / 703
4. 국무회의 / 706
5. 국무총리 / 706
6. 행정각부 / 707

Ⅱ. 지방행정조직 709

제2절 간접국가행정조직(공공단체) 710

Ⅰ. 공공단체의 의의 및 특징 710

Ⅱ. 공공단체의 종류 710
1. 지방자치단체 / 710
2. 공공조합 / 711
3. 영조물법인 / 711
4. 공법상의 재단(공재단) / 711

제3장 공무원법 712

제1절 총 설 712

Ⅰ. 공무원의 개념 및 종류 712

1. 공무원의 개념 / 712　　2. 공무원의 종류 / 713

Ⅱ. 공무원제도의 발전 및 특징 714

Ⅲ. 공무원제도의 헌법적 근거 715

1. 민주적 공무원제 / 715　　2. 직업공무원제 / 716

3. 공무담임권 / 716

제2절 공무원관계의 변동 717

Ⅰ. 공무원관계의 성립 717

1. 임명의 의의 / 717　　2. 임명의 법적 성질 / 717

3. 임명의 요건 / 718　　4. 임명권자 / 718

5. 임명절차 / 719

Ⅱ. 공무원관계의 변경 719

1. 승 진 / 720　　2. 전보 · 전직 · 강임 / 720

3. 휴직 · 복직 / 722　　4. 직위해제 / 722

5. 정직 · 감봉 / 723　　6. 인사교류 · 겸임 · 파견근무 / 724

Ⅲ. 공무원관계의 소멸 724

1. (당연)퇴직 / 724　　2. 면 직 / 725

Ⅳ. 불이익처분에 대한 권리구제 726

1. 고충심사 / 726　　2. 소 청 / 728

3. 행정소송 / 729

제3절 공무원의 권리 730

Ⅰ. 신분상의 권리 730

1. 신분 및 직위보유권 / 730　　2. 직무집행권 / 730

3. 고충심사청구권 및 행정쟁송권 / 730

4. 노동에 관한 권리 / 731

5. 공무원직장협의회를 설립 · 운영할 수 있는 권리 / 732

Ⅱ. 재산상의 권리 732

1. 보수청구권 / 732　　2. 연금청구권 / 733

3. 실비변상청구권 등 / 735

제4절 공무원의 의무 ······ 735

Ⅰ. 서 설 ······ 735

Ⅱ. 직무충실의 기본의무 ······ 738

1. 성실의무 / 738
2. 법령준수의 의무 / 738

Ⅲ. 공무원의 직무수행과 관련된 의무 ······ 739

1. 복종의무 / 739
2. 비밀엄수의무 / 739
3. 직장이탈금지의 의무 / 740
4. 친절·공정의 의무 / 740
5. 종교중립의 의무 / 741

Ⅳ. 공무원의 신분과 관련된 의무 ······ 741

1. 영리업무 및 겸직의 금지 / 741
2. 품위유지의무 / 741
3. 청렴의무 / 742
4. 정치운동금지의 의무 / 743
5. 집단행동금지의 의무 / 744

제5절 공무원의 책임 ······ 745

Ⅰ. 징계책임 ······ 745

1. 징계의 의의 및 특징 / 745
2. 징계의 사유 / 746
3. 징계의 종류와 효력 / 747
4. 징계권자 / 748
5. 징계의 절차 / 749

Ⅱ. 변상책임 ······ 750

Ⅲ. 형사상의 책임 ······ 751

Ⅳ. 민사상의 책임 ······ 751

제4장 공물법 ······ 753

제1절 총 설 ······ 753

Ⅰ. 공물의 개념과 본질 ······ 753

1. 공물의 개념 / 753
2. 공물의 개념적 특징 / 754

Ⅱ. 공물의 종류 ······ 755

1. 인공공물 · 자연공물 / 755
2. 국유공물 · 공유공물 · 사유공물 / 756
3. 공공용물 · 공용물 · 보존공물 / 756
4. 자유공물 · 타유공물 / 757

제2절 공물의 성립과 소멸 757

Ⅰ. 공물의 성립 757
1. 공공용물의 성립 / 757 2. 공용물의 성립 / 759
3. 보존공물의 성립 / 759

Ⅱ. 공물의 소멸 759
1. 공공용물의 소멸 / 759 2. 공용물의 소멸 / 760
3. 보존공물의 소멸 / 761

제3절 공물의 특수성 761

Ⅰ. 공물의 법체계 761

Ⅱ. 공물의 특징 762
1. 융통성의 제한 / 763 2. 공물의 시효취득 제한 / 763
3. 강제집행의 제한 / 764 4. 공용수용의 제한 / 764

Ⅲ. 공물의 범위 결정 및 상린관계 765
1. 공물의 범위 결정 / 765 2. 공물과 상린관계 / 765

Ⅳ. 공물관리권의 의의 및 내용 766
1. 공물관리권의 의의 / 766 2. 공물의 관리자 및 비용부담 / 767
3. 공물경찰권과의 구별 / 767

제4절 공물의 사용관계 768

Ⅰ. 공물의 보통사용 768
1. 공공용물의 보통사용 / 768 2. 공용물의 보통사용 / 770

Ⅱ. 공물의 허가사용 770
1. 공공용물의 허가사용 / 770 2. 공용물의 허가사용 / 771
3. 보존공물의 허가사용 / 771

Ⅲ. 공물의 특허사용 ······ 771
1. 의 의 / 771
2. 특허사용의 법률관계 / 772
3. 특허사용권의 종료 / 773
Ⅳ. 기타 공물의 사용관계 ······ 773

제7편 특별행정법론

제1장 지방자치법 ······ 777

제1절 총 설 ······ 777

Ⅰ. 지방자치의 의의 및 연혁 ······ 777
Ⅱ. 지방자치의 본질 및 법적 성격 ······ 779
1. 지방자치권의 본질 / 779
2. 지방자치제의 법적 성격 / 780
Ⅲ. 지방자치의 헌법적 보장 ······ 781
Ⅳ. 지방자치단체의 특징 ······ 782
1. 지방자치단체의 성질 / 782
2. 지방자치단체의 종류 / 783
3. 지방자치단체의 관할구역 / 784

제2절 지방자치단체의 사무 ······ 790

Ⅰ. 지방자치단체 사무의 의의 및 범위 ······ 790
Ⅱ. 지방자치단체의 종류별 사무배분기준 ······ 790
1. 공통사무 / 790
2. 시·도의 사무 / 790
3. 시·군 및 자치구의 사무 / 791
Ⅲ. 지방자치단체의 사무처리 ······ 791
1. 사무처리의 기본원칙 / 791
2. 사무처리의 제한(국가사무의 처리제한) / 791

Ⅳ. 지방자치단체의 사무구분 ……… 792
1. 사무의 종류 / 792
2. 사무구분의 필요성 / 792

제3절 지방자치단체의 권한 ……… 793

Ⅰ. 자치조직권 ……… 793

Ⅱ. 자치행정권 ……… 794

Ⅲ. 자치입법권 ……… 795
1. 조례제정권 / 795
2. 규칙제정권 / 804

Ⅳ. 자치재정권(재정자주권) ……… 805
1. 의 의 / 805
2. 지방재정운영의 기본원칙 / 806
3. 지방자치단체의 수입 / 807
4. 지방자치단체의 예산과 결산 / 810

제4절 지방자치단체의 기관 ……… 812

Ⅰ. 지방의회 ……… 812
1. 지방의회의 의의 / 812
2. 지방의회의 법적 지위 / 812
3. 지방의회의 구성 / 814
4. 지방의회 의원 / 815
5. 지방의회의 권한 / 817
6. 지방의회의 회의 / 818

Ⅱ. 집행기관 ……… 819
1. 지방자치단체의 장 / 819
2. 지방자치단체의 장의 보조기관 및 행정기구 / 822
3. 지방자치단체의 소속 행정기관 / 823
4. 하부행정기관 / 824

Ⅲ. 지방교육자치기관 ……… 824
1. 의 의 / 824
2. 교육감 / 825
3. 교육감의 보조기관 / 826

제5절 지방자치단체의 주민 ……… 827

Ⅰ. 주민의 의의 ……… 827

Ⅱ. 주민의 권리 ……… 827
1. 참정권 / 828
2. 공공시설의 이용권 / 828

3. 행정의 균등한 수혜권 / 829
4. 조례의 제정 · 개정 · 폐지 청구권 / 829
5. 주민투표권 / 829
6. 주민의 감사청구권 / 832
7. 주민소송청구권 / 834
8. 주민소환권 / 836
9. 청원권 / 840
10. 규칙의 제정 · 개정 · 폐지 의견제출권 / 840

Ⅲ. 주민의 의무 ······ 841

제6절 지방자치단체 상호간의 관계 ······ 841

Ⅰ. 협력관계 ······ 841
1. 사무의 위탁 / 842
2. 행정협의회의 구성에 의한 공동처리 / 842
3. 전국적 협의체 · 지방자치단체 연합체 등의 설립 / 843
4. 지방자치단체조합에 의한 공동처리 / 843

Ⅱ. 분쟁조정 ······ 843

제7절 지방자치단체에 대한 감독 ······ 844

Ⅰ. 문제의 상황 ······ 844

Ⅱ. 행정기관에 의한 감독 ······ 845
1. 일반적인 감독수단 / 845
2. 시정명령 및 취소 · 정지 / 846
3. 직무이행명령 / 846
4. 감사권 / 849
5. 지방의회의결의 재의요구 / 850

제8절 지방자치단체의 권리구제 ······ 850
1. 국가기관(감독청)의 감독처분에 대한 행정소송 / 851
2. 헌법소송 / 853

제2장 경찰행정법 ······ 856

제1절 총 설 ······ 856

Ⅰ. 경찰의 개념 및 종류 ······ 856

1. 경찰개념의 형성 및 역사적 발전 / 856
2. 경찰개념의 다양성 / 859 3. 경찰의 종류 / 860
4. 국가경찰과 자치경찰 / 862

Ⅱ. 경찰의 조직 863
1. 경찰조직의 의의 및 특징 / 863 2. 일반(보통)경찰기관 / 864
3. 특별(비상)경찰기관 / 867

제2절 경찰작용의 근거와 한계 868

Ⅰ. 경찰작용의 법적 근거 868
1. 경찰작용과 법률유보의 원칙 / 868
2. 개괄적 수권조항에 의한 경찰작용 / 869
3. 개별적 수권조항에 의한 경찰작용 / 873

Ⅱ. 경찰작용의 한계 877
1. 의 의 / 877 2. 경찰비례의 원칙 / 877

Ⅲ. 경찰책임 878
1. 경찰책임의 의의 / 878 2. 경찰책임의 종류 / 878
3. 경찰책임의 승계 / 880
4. 경찰비책임자에 대한 경찰권 행사 / 880

제3절 경찰작용의 행위형식 881

Ⅰ. 서 설 881

Ⅱ. 경찰상의 행정행위 883
1. 개념상의 혼란과 비판 / 883 2. 적법성요건 / 885
3. 효 과 / 886

Ⅲ. 경찰명령(경찰상의 법규명령) 887
1. 경찰명령의 의의 및 적용영역 / 887
2. 경찰명령의 적법성요건 / 888 3. 경찰명령의 효과 / 889

Ⅳ. 경찰상의 사실행위 889

제4절 경찰작용에 대한 권리구제 890

Ⅰ. 국가배상 ……………………………………………… 891

Ⅱ. 손실보상 ……………………………………………… 891

Ⅲ. 행정쟁송 ……………………………………………… 893

제3장 국토행정법 ……………………………………………… 894

제1절 총 설 ……………………………………………… 894

Ⅰ. 국토행정의 의의 및 연혁 ……………………………………………… 894

1. 국토행정의 의의 및 특징 / 894 2. 국토행정의 연혁 / 894

Ⅱ. 국토행정의 특징 ……………………………………………… 895

1. 국토행정의 도구 / 895 2. 국토행정의 기능 / 896

제2절 국토계획의 체계와 구조 ……………………………………………… 897

Ⅰ. 서 설 ……………………………………………… 897

1. 국토계획의 법체계 / 897
2. 국토기본법 및 국토계획법의 제정 / 897

Ⅱ. 국토계획 ……………………………………………… 898

1. 국토계획의 의의 및 종류 / 898 2. 국토계획의 상호관계 / 899
3. 지방자치단체의 계획고권 / 899

Ⅲ. 도시계획 ……………………………………………… 900

1. 광역도시계획 / 900 2. 도시·군기본계획 / 902
3. 도시·군관리계획 / 903

Ⅳ. 개발행위의 허가 ……………………………………………… 909

1. 의의 및 법적 성질 / 909 2. 개발행위허가의 절차 / 910

제3절 공용수용 ……………………………………………… 911

Ⅰ. 공용수용의 의의 및 근거 ……………………………………………… 911

Ⅱ. 공용수용의 주체 및 대상 ……………………………………………… 911

1. 공용수용의 주체 / 911 2. 공용수용의 대상 / 912

Ⅲ. 공용수용의 절차 913
1. 사업인정 / 913
2. 토지조서 및 물건조서의 작성 / 915
3. 협의 및 협의성립의 확인 / 916 4. 재 결 / 916
5. 화 해 / 919 6. 약식절차 / 919

Ⅳ. 손실보상 920
1. 손실보상의 의의 및 산정기준 / 920
2. 손실보상의 원칙 / 921 3. 손실보상의 내용 / 922

Ⅴ. 환매권 924
1. 환매권의 의의 및 법적 성질 / 924
2. 환매권의 요건 / 924
3. 환매권의 소멸과 공익사업의 전환 / 925

제4절 공용환지와 공용환권 926

Ⅰ. 서 설 926

Ⅱ. 도시개발법에 의한 공용환지 927
1. 도시개발구역의 지정 / 927 2. 시행자 / 927
3. 환지계획 / 928 4. 환지처분 / 929

Ⅲ. 도시 및 주거환경정비법에 의한 공용환권 930
1. 의의 및 현황 / 930 2. 정비사업의 유형 / 931
3. 도시·주거환경정비 기본계획 및 정비구역의 지정 / 933
4. 정비사업의 시행 / 934

제5절 개발이익의 환수 941

Ⅰ. 개발이익환수제도의 의의 및 연혁 941

Ⅱ. 개발이익환수의 방식(개발부담금) 941
1. 개발부담금의 의의 및 대상 / 941
2. 개발부담금의 부과기준 및 산정 / 942
3. 개발부담금의 부과·징수 / 942

제6절 부동산가격공시 및 감정평가 943

Ⅰ. 의의 및 연혁－지가체계의 일원화 ……… 943

Ⅱ. 표준지공시지가 ……… 944

1. 표준지공시지가의 의의 / 944 2. 지가의 조사 · 평가 및 공시 / 944
3. 표준지공시지가의 열람 등 / 945 4. 이의신청 / 945
5. 표준지공시지가의 법적 성질 / 946

Ⅲ. 개별공시지가 ……… 946

1. 개별공시지가의 의의 및 법적 성질 / 946
2. 개별공시지가의 결정 · 공시 / 947
3. 개별공시지가결정에 대한 불복수단 / 947

Ⅳ. 주택공시가격 ……… 948

1. 표준주택가격의 조사 · 산정 및 공시 / 948
2. 개별주택가격의 결정 · 공시 / 948
3. 공동주택가격의 조사 · 산정 및 공시 / 949

Ⅴ. 비주거용 부동산가격의 공시 ……… 949

1. 비주거용 표준부동산가격의 조사 · 산정 및 공시 등 / 949
2. 비주거용 개별부동산가격의 결정 · 공시 / 950
3. 비주거용 집합부동산가격의 조사 · 산정 및 공시 / 950
4. 비주거용 부동산가격공시의 효력 / 950

제 4 장 환경행정법 ……… 952

제 1 절 총 설 ……… 952

Ⅰ. 환경문제의 등장과 환경법의 발전 ……… 952

Ⅱ. 환경법의 국제적 동향 ……… 953

1. UN인간환경회의 / 953 2. 지구환경회의 / 953
3. 기후변화협약 / 954

Ⅲ. 환경법의 대상으로서 환경 ……… 956

1. 환경개념의 다의성 / 956 2. 규범적 환경개념 / 957
3. 소 결 / 957

Ⅳ. 환경권의 법적 근거 958
1. 환경권의 헌법적 근거 / 958
2. 환경정책기본법 및 개별법의 제정 / 959

Ⅴ. 환경행정의 특징 959
1. 환경계획과 사전배려 / 959
2. 개발이익과 환경이익의 충돌 · 조정 / 960
3. 환경행정 수단의 다양성 / 961

제2절 환경법의 기본원리 961

Ⅰ. 사전배려의 원리 961

Ⅱ. 원인자책임의 원리 962

Ⅲ. 협동의 원리 963

Ⅳ. 지속가능성의 원리 965

제3절 환경행정의 수단 966

Ⅰ. 환경계획 966
1. 환경보전을 위한 종합계획 / 966
2. 환경보전을 위한 전문계획 / 966
3. 환경보전을 위한 국토계획 / 967

Ⅱ. 환경기준 968
1. 환경기준의 의의 및 법형식 / 968
2. 지역환경기준의 허용과 한계 / 969

Ⅲ. 직접적 행위조종의 수단 969
1. 배출규제조치 / 970
2. 인 · 허가제 / 970
3. 신고제 / 971

Ⅳ. 간접적 행위조종의 수단 971
1. 환경부과금(배출부과금) / 972
2. 과징금 / 972
3. 자금조성(자금지원) / 973
4. 배출권거래제 / 974
5. 배출상쇄제 / 975
6. 환경심사제 / 975
7. 정보작용 및 비공식적 행정작용 / 975

제4절 환경영향평가제도 976

Ⅰ. 환경영향평가의 의의 및 연혁 976

Ⅱ. 환경영향평가제도의 내용 및 특징 977

1. 환경영향평가의 기본원칙 / 977 2. 환경영향평가의 대상사업 / 978
3. 환경영향평가의 제도적 기능 및 문제점 / 978

Ⅲ. 환경영향평가의 절차 979

1. 환경영향평가서의 작성 및 주민 등의 의견수렴 / 979
2. 환경영향평가서의 협의 및 검토 / 980
3. 협의내용의 통보 / 980 4. 평가서의 재협의 / 981
5. 협의내용의 관리 · 감독 / 981

Ⅳ. 환경영향평가와 행정소송 982

1. 주민의 원고적격 / 982 2. 환경영향평가의 하자 / 982

제5절 환경구제 984

Ⅰ. 환경분쟁과 지역이기주의 984

Ⅱ. 환경분쟁의 특징 985

1. 환경오염원인의 복잡다양성 · 불명료성 / 985
2. 피해의 광역성 / 985
3. 소송의 지연 및 승소의 불확실성 / 986

Ⅲ. 민사소송에 의한 환경분쟁해결 986

1. 민사상 손해배상 / 986 2. 민사상 유지청구 / 989

Ⅳ. 행정소송에 의한 환경분쟁해결 989

1. 환경분쟁의 구조 및 특징 / 989 2. 환경소송과 원고적격 / 990
3. 환경소송과 제3자 보호 / 992

Ⅴ. 손해전보를 통한 권리구제 994

1. 국가배상 / 994 2. 손실보상 / 994

Ⅵ. 환경분쟁조정제도 995

1. 환경분쟁조정제도의 의의 / 995 2. 환경분쟁조정의 수단 / 997
3. 다수인관련분쟁의 조정 / 1000

제5장 경제행정법 ······ 1004

제1절 총 설 ······ 1004

Ⅰ. 국가와 경제 ······ 1004

1. 경제질서의 역사적 변천 / 1004
2. 헌법상의 경제질서와 경제헌법 / 1006

Ⅱ. 경제활동의 기본권 보호 ······ 1007

1. 법치국가적 요청과 비례의 원칙 / 1007
2. 기업의 자유 및 직업의 자유 / 1007
3. 재산권 보장 / 1008

Ⅲ. 경제법과 경제행정법 ······ 1009

제2절 경제행정의 내용 ······ 1010

Ⅰ. 경제행정의 조직 ······ 1010

1. 국 가 / 1010
2. 지방자치단체 / 1011
3. 사인에 의한 경제행정 / 1011

Ⅱ. 경제행정의 임무 ······ 1012

1. 경제감독 / 1012
2. 경제유도 / 1013
3. 경제후원 / 1014

Ⅲ. 경제행정의 수단 ······ 1014

1. 집행권의 법제정 / 1014
2. 행정행위 / 1014
3. 행정계획 / 1015
4. 공법상 계약 / 1016
5. 비권력적 행정작용 / 1016

■ 사항색인 ······ 1019

참고문헌

1. 국내문헌

[교과서]

김남진, 행정법 I·II, 제7판, 법문사, 2003.

김남진·김연태, 행정법 I·II, 제27판, 법문사, 2023.

김도창, 일반행정법론(상)·(하), 제4전정판, 청운사, 1992.

김동희, 행정법 I·II, 제25판, 박영사, 2019.

김민호, 행정법, 제3개정판, 박영사, 2022.

김성수, 일반행정법, 제7판, 홍문사, 2014.

김중권, 행정법, 제5판, 법문사, 2023.

김철용, 행정법 I(제12판)·행정법 II(제9판), 박영사, 2009.

_____, 행정법, 전면개정 제12판, 고시계, 2023.

류지태·박종수, 행정법신론, 제18판, 박영사, 2021.

박균성, 행정법론(상)·(하), 제22판, 박영사, 2023.

박윤흔, 최신행정법강의(상)·(하), 개정29판, 박영사, 2004.

변재옥, 행정법강의(I), 박영사, 1989.

서원우, 현대행정법론(상), 수정판, 박영사, 1983.

석종현, 일반행정법(상), 삼영사, 제11판, 2005.

이광윤, 일반행정법, 전면개정판, 법문사, 2012.

이상규, 신행정법론(상)·(하), 신판, 법문사, 1997.

이일세, 행정법총론, 법문사, 제2판, 2022.

정하중·김광수, 행정법개론, 법문사, 제17판, 2023.

정형근, 행정법, 제11판, 정독, 2023.

최정일, 행정법의 정석(행정법 I), 박영사, 2009.

홍정선, 행정법원론(상)·(하), 제31판, 박영사, 2023.

홍준형, 행정법, 법문사, 2011.

[단행본 및 실무지침서]

김남진, 행정법의 기본문제, 신판, 법문사, 1994.

김중권, 행정법기본연구 Ⅰ(2008)·Ⅱ(2009)·Ⅲ(2010)·Ⅳ(2013), 법문사.

_____, 행정법의 현대화와 개혁, 법문사, 2021.

_____, 행정판례의 분석과 비판, 법문사, 2019.

______, EU행정법연구, 법문사, 2018.
김철용(편), 행정절차와 행정소송, 피앤씨미디어, 2017.
김철용 · 최광률(편집대표), 주석 행정소송법, 박영사, 2004.
박정훈(朴正勳), 행정법의 체계와 방법론, 박영사, 2005.
______, 행정소송의 구조와 기능, 박영사, 2006.
선정원, 행정법의 작용형식, 경인문화사, 2019.
______, 행정법의 개혁, 경인문화사, 2020.
이상규, 행정쟁송법, 제5판, 법문사, 2000.
______, 영미행정법, 법문사, 2000.
정남철, 행정구제의 기본원리(행정법연구 1), 법문사, 제1전정판, 2015.
______, 현대행정의 작용형식(행정법연구 2), 법문사, 2016.
______, 행정법의 특수문제(행정법연구 3), 법문사, 2018.
______, 헌법재판과 행정소송(행정법연구 4), 법문사, 2022.
홍준형 · 김성수 · 김유환, 행정절차법제정연구, 법문사, 1996.
한국행정판례연구회(편), 행정판례평선, 개정판, 박영사, 2016.
헌법재판소, 헌법재판실무제요, 제3개정판, 2023.
법원행정처, 법원실무제요: 행정, 2016.
서울고등법원, 행정소송실무편람, 제2판, 한국사법행정학회, 2003.
서울행정법원, 행정소송의 이론과 실제, 개정판, 사법발전재단, 2013.

2. 독일문헌

Achterberg, Allgemeines Verwaltungsrecht, 2. Aufl., 1986.
Battis, Allgemeines Verwaltungsrecht, 3. Aufl., 2002.
Bull, Allgemeines Verwaltungsrecht, 5. Aufl., 1997.
Detterbeck, Allgemeines Verwaltungsrecht, 13. Aufl., 2015.
Erichsen(Hg.), Allgemeines Verwaltungsrecht, 11. Aufl., 1998.
Ehlers/Pünder(Hg.), Allgemeines Verwaltungsrecht, 15. Aufl., 2015.
Forsthoff, Ernst: Lehrbuch des Verwaltungsrechts, 10. Aufl., 1973.
Hendler, Allgemeines Verwaltungsrecht, 3. Aufl., 2001.
Hoffmann-Riem/Schmidt-Aßmann/Voßkuhle(Hg.), Grundlagen des Verwaltungsrechts, Bd. I, 2006; Bd. II, 2008; Bd. III, 2009.
Jarass/Pieroth, Grundgesetz, Kommentar, 10. Aufl., 2012.
Jellinek, W., Verwaltungsrecht, Neudruck der 3. Aufl., mit Nachtrag 1950 und Vorwort von Bachof, 1966.

Kopp/Raumsauer, Verwaltungsverfahrensgesetz, Kommentar, 13. Aufl., 2012.
Maurer/Waldhoff, Allgemeines Verwaltungsrecht, 19. Aufl., 2017.
Mayer, Otto, Deutsches Verwaltungsrecht, 2 Bde., 1. Aufl., 1895/1896, 3. Aufl., 1924.
Ossenbühl, Staatshaftungsrecht, 5. Aufl., 1998.
Schmidt-Aßmann, E., Das allgemeine Verwaltungsrecht als Ordnungsidee, 2. Aufl., 2006.
_____, Verwaltungsrechtliche Dogmatik, 2013.
Schmitt Glaeser/Horn, Verwaltungsprozeßrecht, 15. Aufl., 2000.
Schoch(Hg.), Besonderes Verwaltungsrecht, 15. Aufl., 2012.
Schoch(Hg.), Besonderes Verwaltungsrecht, 2018.
Schoch/Schmidt-Aßmann/Pietzner(Hg.), Verwaltungsgerichtsordnung, Kommentar, 2003.
Schuppert, G. F., Verwaltungswissenschaft: Verwaltung, Verwaltungsrecht, Verwaltungslehre, 2000.
Stelkens/Bonk/Sachs, VwVfG, Kommentar, 9. Aufl., 2018.
Rupp, H. H., Grundfragen der heutigen Verwaltungsrechtslehre, 2. Aufl., 1991.
Ule/Laubinger, Verwaltungsverfahrensrecht, 4. neubearbeitete Aufl., 1995.
Voßkuhle/Eifert/Möllers(Hg.), Grundlagen des Verwaltungsrechts, Bd. I · II, 3. Aufl., 2022.
Wolff/Bachof/Stober, Verwaltungsrecht, Bd. I, 10. Aufl., 2000; Bd. II, 5. Aufl., 1987; Bd. III, 5. Aufl., 2004.
Wolff/Bachof/Stober/Kluth, Verwaltungsrecht, Bd. I, 13. Aufl., 2017; Bd. II, 8. Aufl., 2023.

3. 영미문헌

Alfred C. Aman, Jr. & William T. Mayton, Administrative Law (2nd ed. 2001).
Craig, P. P., Administrative Law, 7th edn. (London, 2012).
Cane, P., An Introduction to Administrative Law, 3rd edn. (Oxford, 1996).
Davis, K.C., Administrative Law Treatise (2nd ed. 1978).
Pierce, Richard J., Jr./Shapiro, Sidney A./Verkuil, Paul R., Administrative Law and Process (4th ed. 2004).
Wade, H.W.R & Forsyth, C. F. Administrative Law (8th ed. 2000).

4. 일본문헌

田中二郎, 新版行政法上卷, 全訂第二版, 弘文堂, 1971.
兼子 仁, 行政法學, 岩波書店, 1997.
塩野 宏, 行政法 I, 第6版, 有斐閣, 2015; 行政法 II, 第6版, 2019; 行政法 III, 第5版, 2021.
小早川光郎, 行政法(上), 有斐閣, 1999.
原田尙彦, 行政法要論, 學陽書房, 1994.
宇賀克也, 國家補償法, 有斐閣, 1997.
高木 光, 行政訴訟論, 有斐閣, 2005.
大橋洋一, 行政法 I(現代行政過程論), 第2版, 有斐閣, 2013.
磯部 力·小早川光郎·芝池義一 (編), 行政法の新構想 I·II·III, 有斐閣, 2008.

제 1 편

행정법의 기초이론

제1장 행정과 행정법
제2장 행정상의 법률관계(행정법관계)
제3장 행정법의 법률요건과 법률사실

제1장 행정과 행정법

제1절 행 정

Ⅰ. 행정의 개념

행정법은 전통적으로 법실증주의, 특히 '해석법학'을 중심으로 발전하여 왔다. 해석법학으로서의 행정법학은 법학방법론의 관점에서 여전히 중요한 의미를 가진다. 행정법의 영역에서도 해석론 외에 입법정책론, 비교법연구 및 법제사연구 등이 수행되고 있다. 그러나 근래에는 "법제정을 지향하는 행위학 내지 조종학(操縱學)"으로서의 행정법학이 강조되고 있다.[1] 이처럼 행정법은 '행정'을 주된 연구의 대상으로 삼고 있다. 그러나 행정의 개념은 다의적이며, 그 의미를 파악하기가 쉽지 않다. 행정법학의 대상인 '행정'은 주로 '공(公)'행정이다. 행정은 경제 분야나 사회 분야와 같이 사적인 영역에서도 존재할 수 있다. 그러나 공행정은 "조직적, 기능적 그리고 법적으로 그 자체가 하나의 완전한 통일"을 이루고 있으며, 이러한 점에서 다른 영역의 행정과 구별되고 있다.[2] 행정법학은 오래 전부터 넓은 의미의 국가행정을 중심으로 논의되어 왔다. 그러나 근래에는 공법의 사화(私化)로 인해 행정법의 도그마틱에 중대한 변화가 생기고 있다. 독일의 대표적 행정법학자인 슈미트 아쓰만(Schmidt-Aßmann) 교수는 행정법의 개혁에 있어서 중추적인 것은 바로 "행정법 도그마틱(Dogmatik)의 개혁"이라고 강조한 바 있다.[3]

행정의 개념은 다의적이지만, 독일의 행정법학에서는 이를 이론적 측면에서

---

1) 졸저, 현대행정의 작용형식, 법문사, 2016, 3면 이하.
2) Maurer/Waldhoff, Allgemeines Verwaltungsrecht, 19. Aufl., § 1 Rn. 1.
3) Schmidt-Aßmann, Verwaltungsrechtliche Dogmatik, 2003, S. 3.

몇 가지 유형으로 구분하고 있다. 독일의 학설은 행정의 개념을 조직적 의미의 행정, 형식적 의미의 행정, 그리고 실질적 의미의 행정으로 구분하고 있다. 조직적 의미의 행정이란 행정조직을 중심으로 파악하여 "행정주체, 행정기관 기타 시설의 총체"를, 형식적 의미의 행정은 그 실질적인 내용과 관계 없이 "행정청이 행하는 모든 활동"을, 그리고 실질적 의미의 행정은 "행정사무의 실행을 대상으로 하는 행정활동"을 의미한다.[4] 형식적 의미의 행정 개념에 의할 경우 본질에 있어서 입법이나 사법에 속하는 행정입법이나 행정심판도 모두 행정에 속하게 된다. 그러나 오늘날에는 집행권의 행정조직이 아닌 국가기관(의회나 사법부)에서도 행정이 이루어지는 경우가 적지 않다. 가장 논란이 되고, 실제에 있어서 중요한 것은 실질적 의미의 행정 개념이다.

실질적 의미의 행정 개념을 가장 간명하게 이해하는 방법은 소극적으로 파악하는 것이다. 독일 행정법의 국부(國父)인 오토 마이어(Otto Mayer)는 행정을 "사법(司法) 외에 국가의 법질서 아래에서 자신의 목적을 실현시키기 위한 국가의 활동"이라고 정의하고 있다.[5] 이를 '공제설(Substraktionstheorie)'이라고 부른다. 그러나 이러한 소극설은 권력분립과 국가 활동의 유기적 체계 등을 고려하여 행정을 파악할 수 있다는 점에서 한계를 가진다. 그러한 이유에서 독일에서도 행정의 개념을 적극적으로 정의내리기 위한 노력이 있었다. 이러한 수많은 노력에도 불구하고 행정의 개념을 명쾌하게 정의하기는 여전히 쉽지 않다.[6] 최근에는 '정제된 공제설(verfeinerte Substraktionsformel)'이 유력하다. 즉 입법이나 사법을 제외한 실질적 의미의 (공)행정으로서 통치나 군사도 아닌 국가 활동을 의미하는 것으로 파악하고 있다. 그러나 이러한 견해도 행정의 임무나 목적에 따른, 다양한 행정유형의 분류를 통해 소극적 의미의 행정개념이 보완될 수 있

4) Maurer/Waldhoff, a.a.O., § 1 Rn. 2 ff. 참조.

5) Otto Mayer, Deutsches Verwaltungsrecht, Bd. I, 1. Aufl., 1895/1896, 3. Aufl., 1924, S. 13. 한편, 오토 마이어(Otto Mayer)의 견해를 '목적실현설'로 소개하는 문헌도 있다(김도창, 일반행정법론(상), 제4전정판, 57면). 그러나 독일의 학설은 오토 마이어의 견해를 소극설로 분류하고 있다(Maurer/Waldhoff, a.a.O., § 1 Rn. 6). 다만, 오토 마이어는 기본적으로 입법이나 사법이 아닌 국가의 활동을 행정이라고 보면서도, 그 활동 전부가 행정은 아니라고 보고 있다(Otto Mayer, a.a.O., S. 7 f.).

6) 한편, 제2차 대전 후 서독의 대표적인 행정법학자인 한스 볼프(Hans J. Wolff) 교수는 행정에 대해 복잡하면서도 다양한 특징을 담은 정의를 내리고 있다. 즉 "실질적 의미에서의 (공)행정은 공동체 및 그 구성원의 사무를 다면적·조건적·목적설정적이고, 또한 외부결정적이고 부분계획적이며 자기참여적으로 결정하여 집행적·형성적으로 실행하는 것"이라고 정의하고 있다(Wolff/Bachof, Verwaltungsrecht I, 9. Aufl., § 2 Ⅲ).

음을 강조하고 있다.[7)]

국내에서도 적극설과 소극설을 절충해서, 소극적 한계설정 뿐만 아니라 적극적 표지의 명명을 통해서 행정을 정의하고 있다. 예컨대 행정활동의 특징을 고려하여 양태설(樣態說)에 따라 "국가목적 또는 공익을 실현하기 위하여 행하는 능동적이고 적극적인 활동"으로 정의하면서 그 개념이 상대적으로 명확한 입법·사법과의 관계를 고려하는 견해가 그러하다.[8)] 그럼에도 불구하고 지금까지 행정의 개념을 정의하기 위한 수많은 노력은 아직 만족스러운 결과를 가져오지 못했다. 그러나 이러한 학문적 노력이 결코 무용지물이라고 볼 수 없다. 현대행정은 복잡다양하고, 이러한 과제를 수행하기 위해서는 새로운 영역이 늘 등장하며, 또 행정과제는 확대될 수 있기 때문이다.

또한 행정의 패러다임이나 행정과제의 수행형식도 변화하기 마련이다. 그러한 이유에서 "행정의 개념정의에 관한 노력은 결코 만족스럽기 어려우며 불가능하다"[9)]는 평가는 매우 설득력이 있다. 이미 1950년대에 포르스트호프(Ernst Forsthoff)는 자신의 행정법 저서에서 "행정은 정의(定義)될 수 없고, 묘사될 수 있을 뿐이다"[10)]라고 설파하였다. 이는 행정의 개념정의가 쉽지 않음을 보여주는 것이다. 따라서 행정의 개념을 파악하기 위해서는 적어도 그 개념적 징표를 통해 그 윤곽을 그려볼 수 있다. 이와 관련하여 독일의 유력설은 행정의 개념적 징표로 "사회적 형성", "공익실현성", "미래지향성", 그리고 "개별사례의 규율이나 특정한 사업계획안의 실현을 위한 구체적 조치" 등을 제시하고 있다.[11)] 요컨대 행정은 "입법·사법 외에 국가의 법질서 아래에서 공익의 실현을 목적으로 하는 집행적·형성적 성격의 작용"이라고 간략히 정의될 수 있다.[12)]

Ⅱ. 통치행위

1. 통치행위의 의의

행정과 구별되는 것으로서 '통치행위'가 있다. 흔히 통치행위(統治行爲)란 고

---

7) Battis, Allgemeines Verwaltungsrecht, 3. Aufl., S. 2 f.
8) 이상규, 신행정법론(상), 신판, 61면.
9) Maurer/Waldhoff, a.a.O., § 1 Rn. 8.
10) Forsthoff, Lehrbuch des Verwaltungsrechts, Bd. I, 10. Aufl., S. 1.
11) Maurer/Waldhoff, a.a.O., § 1 Rn. 8.
12) 행정법학의 공익개념에 대해서는 졸저, 현대행정의 작용형식, 44면 이하 참조.

도의 정치적 행위로서 사법적 통제가 배제되는 것을 말한다. 대부분의 국가에서는 행정소송의 개괄주의를 채택하고 있으므로 통치행위에 대한 사법심사가 제한 또는 배제될 수 있는지가 문제되고 있다. 이러한 통치행위의 개념, 근거 및 범위는 각국의 사정에 따라 다르다. 통치행위의 개념을 인정하는지에 대해 견해가 대립하고 있다. 부정설은 권력분립주의와 법치국가원리, 그리고 국민의 기본권 보장을 위해 고도의 정치성을 띤 국가행위라 하더라도 원칙적으로 사법심사의 대상이 된다고 본다.[13] 그러나 다수설은 여전히 통치행위의 개념을 인정하고 있다. 통치행위의 개념을 인정하는 근거에 관한 학설로는 사법자제설(司法自制說), 재량행위설, 내재적 한계설(권력분립설) 및 대권행위(大權行爲)설 등이 있다.

2. 판례의 입장

대법원이 대통령의 계엄선포나 긴급조치 등에 대하여 사법권의 내재적인 본질적 한계를 이유로 통치행위를 인정한 사례가 있다.[14] 헌법재판소도 대통령의 긴급재정·경제명령과 관련하여 고도의 정치적 결단에 의한 행위로서 그 결단을 가급적 존중하여야 할 필요성이 있다는 취지로 통치행위의 개념을 인정하고 있다. 헌법재판소는 이라크파병결정의 위헌확인사건에서 외국에의 파병결정이 국방 및 외교에 관련된 고도의 정치적 결단을 요하는 통치행위로 보고 있다.[15] 또한 이러한 파병결정이 헌법과 법률이 정한 절차를 준수한 것이 명백하므로 대통령과 국회의 판단은 존중되어야 하며, 사법적 기준만으로 이를 심판하는 것은 자제되어야 한다고 결정하였다. 헌법재판소는 "법원 스스로 사법심사권의 행사를 억제하여"라고 표현하고 있어, 사법자제설의 입장에 서 있는 것으로 보인다. 그러나 판례는 통치행위라고 할지라도 사법심사의 대상이 될 수 있음을 인정하고 있다.[16] 즉 헌법재판소는 긴급재정·경제명령에 대한 위헌확인 결정에서 통치행위라 할지라도 국민의 기본권 침해와 직접 관련되는 경우에는 헌법재판소의 심판대상이 된다고 결정하였다.[17] 또한 대법원도 남북정상회담에 따른 대북송금사건에서 사법심사의 가능성을 열어 놓고 있다.[18] 나아가 대법원은 유신

13) 김철용, 행정법 I, 제12판, 박영사, 9-10면; 김철수, 헌법학개론, 제17전정신판, 1392면.
14) 대법원 1979. 12. 7. 선고 79초70 판결; 대법원 1978. 5. 23. 선고 78도813 판결.
15) 헌재 2004. 4. 29. 2003헌마814, 판례집 16-1, 601.
16) 학설 가운데에도 계엄선포의 당·부당에 대해서는 심사하지 못하지만, 그 요건의 구비여부에 대하여서는 법원의 심사가 가능하다고 보는 견해도 있다(김남진·김연태, 행정법 I, 11면).
17) 헌재 1996. 2. 29. 93헌마186.

헌법 제53조에 근거한 긴급조치에 대해 통치행위를 인정하면서도, 이에 대한 사법심사가 가능하다고 보고 있다. 특히 긴급조치 제1호가 헌법에 위반되어 무효라고 판시하고 있다.[19]

3. 검 토

오늘날 재량행위도 사법심사의 대상이 된다는 점에서 '재량행위설'을 인정하기는 어렵다. 또한 역사적 경험에 비추어 시대상황에 따라 사법부가 재판을 고의적으로 회피하거나 포기하는 경우도 적지 않아, '사법자제설'을 통치행위의 인정근거로 보기도 어렵다. 고도의 정치적 행위에 대해 권력분립의 원칙상 사법심사를 제한하는 통치행위를 인정하면서, 사법심사의 대상이 된다고 보는 것은 법리적으로 모순이다. 이러한 입장은 사법적극주의와 연결될 수 있어, 권력분립주의와 민주주의의 원리에 위배될 수 있다. 이라크파병 결정과 같이 대통령의 고도의 정치적 판단에 의하고 국회의 동의를 거친 사안에 대해서도 사법심사가 가능하다고 보는 것은 현실적으로 무리이다. 헌법재판소와 법원은 대통령이나 국회와 달리 민주적 정당성을 부여받은 기관도 아니다. 따라서 권력분립의 원칙에 비추어 고도의 정치적 판단이 존중되고, 그 성질상 사법심사의 대상으로 삼기에 일정한 내재적 한계가 있는 영역에 대해서는 통치행위를 인정하는 것이 타당하다(권력분립설 내지 내재적 한계설). 통치행위에 대한 판단은 국민에 의한 정치적 비판의 대상으로 남겨 두어야 하지만, 위헌적인 통치행위의 사법심사가 문제이다. 다만, 통치행위는 매우 제한된 영역에서만 인정되어야 하고, 그 범위를 좁게 파악하는 것이 각국의 경향임은 물론이다.

---

18) "남북정상회담의 개최는 고도의 정치적 성격을 지니고 있는 행위라 할 것이므로 특별한 사정이 없는 한 그 당부를 심판하는 것은 사법권의 내재적·본질적 한계를 넘어서는 것이 되어 적절하지 못하지만……남북정상회담의 개최과정에서 위 피고인들이 공모하여 재정경제부장관에게 신고하지 아니하거나 통일부장관의 협력사업 승인을 얻지 아니한 채 위와 같이 북한측에 사업권의 대가명목으로 4억 5,000만 달러를 송금한 행위 자체는 헌법상 법치국가의 원리와 법 앞에 평등원칙 등에 비추어 볼 때 사법심사의 대상이 된다."(대법원 2004. 3. 26. 선고 2003도7878 판결)

19) 대법원 2010. 12. 16. 선고 2010도5986 전원합의체 판결.

Ⅲ. 행정의 유형

1. 행정의 대상에 따른 유형

행정의 대상이나 분야에 따라 건축행정, 교육행정, 재무행정, 군사행정, 산림행정 등으로 분류되고 있다.

2. 행정의 임무에 따른 유형

(1) 질서행정

질서행정은 공공의 안녕 및 질서유지에 기여하는 행정을 말한다. 위험방지를 특징으로 하는 경찰법분야가 그 중심을 이루고 있다. 예컨대 경찰허가나 경찰하명(철거명령) 등이 여기에 속한다. 오늘날에는 위험배려가 환경법분야에서 중요한 역할을 하고 있으며, 이는 위험가능성을 미리 예방하는 것을 특징으로 한다.

(2) 급부행정

급부(給付)행정(Leistungsverwaltung)은 개인에게 사회부조금이나 연구비를 지원하거나, 공공시설의 설치(교통 및 보호시설의 운영, 유치원 · 학교 · 병원 등의 설치 · 운영)를 통해 국민의 생활조건을 보장하고 개선하는 것을 의미한다. 복지행정이나 사회기반시설 등과 관련된 영역이 급부행정에 속한다.

(3) 유도행정

유도(誘導)행정은 사회 전 분야에 걸친 육성 및 조정을 목적으로 한다. 이를 '조정'행정이라고도 부른다. 즉 국토정비, 구조적 취약지역의 지원, 문화적 장려사업(연극, 영화 등) 등이 그에 해당한다. 유도행정의 전형적인 행정도구는 계획, 보조금지원 등이 있다.

(4) 공과행정

공과(公課)행정은 국가에 필요한 재정을 조세나 공과금(수수료, 부담금 등)을 통해 금전적 수단을 창출하는 것을 말한다. 예컨대 과세처분이 여기에 해당한다.

(5) 조달행정

조달행정은 행정임무를 수행하는데 필요한 인적 · 물적 자원을 확보하고 관리하는 것을 말한다(건물 · 사무실 등). 각종 공무원법이나 재무법규(예산회계법 · 국유재산법 등) 등이 그 법적 근거를 제공한다.

(6) 계획행정

현대국가의 특성상 계획행정이 강조되고 있다. 국토의 공간계획이나 도시계획 등이 대부분 여기에 속한다. 국토기본법, 국토의 계획 및 이용에 관한 법률 등이 중요한 법적 근거가 된다. 이러한 영역에서는 공익과 공익, 공익과 사익 간의 '형량'이 중요한 의미를 가진다.

(7) 보장행정

최근에는 독일 및 일본 등의 영향에 의해 현대국가의 특성으로 보장국가, 보장행정 등이 강조되고 있다. 보장행정(Gewährleistungsverwaltung)에서는 공적 과제의 민영화(민간화)에 따라 사인이 이를 수행하고, 국가의 역할은 종래의 일방적 규제가 아니라 자율규제를 전제로 하여 '조종(Steuerung)'하는 것이라고 이해된다.[20] 독일에서는 '급부행정'에서 '보장행정'으로의 전환이 부각되고 있다.[21]

3. 시민에 대한 법적 효과에 따른 유형

이러한 분류방식은 전통적인 방식인데, 침해행정과 급부행정으로 구분된다. 침해(규제)행정에서는 행정이 시민의 법영역에 간섭하여 시민의 자유나 재산을 제한하거나 시민에게 의무나 부담을 부과하는 것이 문제된다(도로교통의 제한, 수용 등). 이에 반하여 급부행정은 시민에게 재정적 지원(지급)이나 그 밖의 수익을 주는 것과 관련이 있다(보조금지급, 사회보장 등).

4. 행정의 법형식에 따른 유형

행정은 대체로 고권적(高權的)이며, 자신의 행정권에 따라 공법적으로 활동한다. 이를 고권행정(Hoheitsverwaltung)이라 한다. 하지만 경우에 따라 사법(私法)

---

20) Maurer/Waldhoff, a.a.O., § 1 Rn. 18.
21) 이에 대한 상세는 졸저, 현대행정의 작용형식, 75면 이하.

의 법형식을 사용하기도 한다. 나아가 공법과 사법이 혼재하는 행정사법(行政私法)(Verwaltungsprivatrecht)의 영역도 존재한다.

5. 법률의 구속 정도에 따른 유형

법률에 대한 행정의 기속 정도에는 차이가 있다. 법률에 기속된 행정은 법률에서 행정의 독자적 판단권을 부여하지 않고 강행규정으로 규율하는 경우이다. 법률로부터 완전히 자유로운 행정은 법치국가에서 허용되기 어렵다. 다만, 특정한 경우에 행정청에 어느 정도의 범위에서 자유로운 선택의 영역이 인정되기도 한다. 이를 흔히 "법률로부터 자유로운 행정"으로 부르고 있는데, 행정의 독자적 영역이라고 볼 수 있다. 이와 같이 행정의 자유로운 영역이 인정되는 경우로는 재량행위, 판단여지 및 계획재량 등이 있다. 예컨대 법령에서 일정한 행정활동을 하는지, 또는 여러 가지 수단 중에서 어느 하나를 선택할 것인지 등은 재량과 관련이 있다. 또한 공무원 승진심사나 시험평정 등과 같이 전문적·기술적 영역에서 불확정법개념이 사용되는데, 그 해석은 주로 '판단여지'와 관련이 있다. 그 밖에도 고권적 계획작용에서 행정청에 이른바 계획재량(계획의 형성적 자유)이 인정된다. 이는 행정재량(법효과재량)과 달리 목적프로그램으로 구성되어 있으며, 법이론적으로 포섭이 아닌 형량에 기초하고 있다.

제2절 행 정 법

Ⅰ. 행정법의 형성과 발전

역사적으로 행정법의 성립은 사법(私法)에 비해 늦은 것이 사실이다. 행정의 관념은 권력분립주의의 전제 속에서 탄생된 것이지만, 행정이 반드시 행정법의 관념을 전제로 한 것은 아니다. 그러나 행정법의 성립을 위한 전제조건으로서 일반적으로 법치국가사상과 행정제도의 발달을 들고 있다.[22] 근대초기에 프랑스, 독일 등 대륙법계 국가에서는 자유주의적 법치국가사상이 지배하였다. 즉

22) 이상규, 전게서(상), 81면.

국민의 자유와 권리를 보호하기 위해 집행권을 의회가 제정한 법률에 기속시키는 법치국가사상이 발달하였다. 특히 독일에서는 행정의 법률적합성의 원칙이 확립되어, 행정권을 입법권에 기속시킬 수 있게 되었다. 이러한 법원칙이 이후 행정법의 중요한 근간이 되었음은 물론이다. 당시 절대왕권의 강화로 인하여 중앙집권적인 행정제도가 발전하였다. 행정제도의 발달과 행정권의 독립은 프랑스에서 확연하였는데, 이는 다른 유럽국가에도 큰 영향을 주었다. 특히 프랑스에서는 사법제도에 대한 불신으로 국참사원(國參事院)(Conseil d'Etat)이 탄생하였고, 독일에서는 연방헌법재판소 외에 행정법원이 설치되어 행정법 발전의 견인차 역할을 하고 있다. 보통법(common law)과 법의 지배(rule of law)의 전통을 가진 영국과 미국에서는 대륙법계국가들과 달리 20세기 초까지 독자적인 행정법이 성립되지 못하였고, 절차법 중심으로 발전하였다. 특히 미국에서는 1946년에 행정절차법(APA)이 제정되어 행정법의 중요한 법적 근거를 마련하고 있으며, 지금은 미합중국법전(U.S.Code) 제5편에 편입되어 있다. 일본행정법은 메이지유신(明治維新) 이후 프로이센의 헌정제도를 도입하였고, 1890년에는 행정재판소(行政裁判所)를 설치하였다. 그러나 당시 행정재판소는 단심이고 열기주의를 채택하여 큰 영향을 주지 못하였다. 제2차 세계대전 후 일본에서는 행정재판소가 폐지되고 일반법원이 행정사건을 심사하고 있다.

한편, 한국에서도 근대적 의미의 법학 교육은 한말 개화기에 해당하는 1895년 3월 고종의 칙령(勅令) 제49호에 근거하여 설립된 대한제국의 '법관양성소'에서 시작되었다. 행정법은 1905년 1월에 설립된 사립전문학교인 한성법학교와 9월에 설립된 보성전문학교 등에서 교육과정의 하나로 개설되었다. 1908년경에는 안국선(安國善)의 『行政法』(상)(하)와 장헌식(張憲植)의 『行政法大意』가 출간되었다. 장헌식의 저서는 최초의 행정법 교재이지만, 독자적인 이론을 토대로 작성된 것으로 보기는 어렵다. 1910년 이후 일제의 강제점령기에는 행정법학의 암흑기였고, 행정법학은 일본제국주의에 의한 식민지 지배이념의 도구로 전락하였다. 당시에는 근대적 의미의 행정법도 일본에 수용된 서구이론이 주를 이루고 있었다. 광복 후에도 일본에 유학을 다녀왔거나 일본 학자들로부터 교육을 받은 학자 및 실무가들이 다수를 차지하였다. 그러나 광복 후에 행정법 교과서가 출간되기 시작하였는데, 오늘날 행정법학의 이론적 토대가 형성되던 시기였다고 볼 수 있다. 법제처의 황동준(黃東駿) 행정법제국장은 1947년 12월 30일에 『韓國行政法總論』을 출간하였고, 1949년에는 『韓國行政法 中卷(公務員法, 行政救濟

法, 警察法)』을 간행하였다. 황동준의 저서는 광복 직후에 발간된 최초의 행정법 저서이다.[23] 또한 1949년 5월에 고려대학교의 윤세창(尹世昌) 교수가 『行政法要論』을 출간하였고, 같은 해에 서울대학교의 한태연(韓泰淵) 교수가 『行政法』을 출간하였다.[24] 바야흐로 이러한 저서들은 광복 직후 제1세대 한국 행정법학의 출범을 알리는 신호탄이었다. 이후 1960년대와 1970년대를 거치면서 행정법에 관한 저술서가 많이 출간되었고, 한국의 행정법학은 명실상부하게 비약적인 발전을 거듭하였다. 1951년 8월 24일 제정된 행정소송법은 매우 간단한 조문으로 구성되어 있어서 사실상 기능하지 못하는 상태였으나, 1984년 행정소송법의 전면개정을 통해 행정소송의 기본체계가 구축되었다. 또한 1996년 12월 31일 행정절차법이 제정·공포되어 행정절차의 틀이 마련되었다.

Ⅱ. 행정법의 기본구조와 특징

1. 행정법의 개념과 구조

행정법이란 흔히 "행정의 조직과 활동, 행정절차 및 행정구제 등을 규율하는 법"을 말한다. 또한 행정법은 행정상의 법률관계에 관한 법이다. 행정법에서는 국가·지방자치단체 등 행정주체 또는 그 기관인 행정청과 개인(사인)과의 법률관계가 중심을 이룬다. 그러나 오늘날에는 국가나 공공단체의 내부도 행정법의 주요한 관심사가 되고 있다. 이를 '내부법'이라고 한다. 행정주체와 사인 사이의 법률관계는 '외부법'의 영역이다. 행정법 분야에는 통칙적인 법전이 없다. 행정절차에 관한 행정절차법, 행정쟁송에 관한 행정심판법 및 행정소송법이 중요한 근거법이다. 다만, 행정에 관한 일반법으로서 '행정기본법'이 2021년 3월 23일 제정되었다.[25]

행정법은 총론과 각론으로 구성되는 것이 일반적이었다. 그러나 행정법각론의 대상은 확대되고 있으며 유동적이다. 따라서 오늘날에는 이를 '일반행정법'과 '특별행정법'으로 구분하는 것이 유력해지고 있다. 그 구별기준은 규율의 대상이다. 일반행정법은 대체로 개념이나 원칙, 법제도 등을 다룬다. 일반행정법의 대

---

23) 이에 대한 상세는 졸고, "한국 행정법학의 형성과 전개: 개화기말부터 광복직후까지의 행정법학을 중심으로", 저스티스 통권 제172호(2019. 5), 142-166면 참조.

24) 김도창, "행정법학의 회고와 전망(Ⅰ)", 사법행정 제26권 5호(1985. 5), 33면.

25) 졸고, "행정기본법의 제정의미와 주요내용", 법제 통권 제693호(2012. 6), 45-69면.

상은 행정법의 일반이론을 비롯해서 행정작용법, 행정절차법 및 행정강제법 등이다. 특별행정법은 행정의 개별법 영역을 말한다. 지방자치법, 경찰행정법, 국토계획법, 환경행정법 및 경제행정법 등이 여기에 속한다. 독일에서는 행정구제 중 국가배상과 손실보상도 일반행정법에서 다루고 있다.

2. '공법'의 일부로서의 행정법

행정법은 헌법과 더불어 공법(公法)의 하나로 다루어지고 있다. 따라서 사적자치를 근간으로 하는 사법(私法)과는 구별된다. 그러나 공법과 사법은 적용할 법리뿐만 아니라 권리구제의 수단에 있어서도 차이가 있다. 특히 행정법원이 있는 국가에서는 공법과 사법의 구별이 중요하다. 이러한 구별은 행정절차법의 적용 여부, 사법상 계약과 공법상 계약의 구분, 권리구제를 위한 소송형식의 선택 등에 있어서 문제된다.

공법과 사법의 구별기준으로 이익설, 주체설(종속설, 상하관계설), 귀속설(新주체설, 수정주체설) 등이 있다. 오늘날에는 법규를 통해 권리 · 의무가 있는 주체가 단지 고권력(高權力)의 주체인 경우만을 공법으로 보는 귀속설이 다수설이며, 법규가 모든 사람에 대해 권리 · 의무를 부여하는 경우에는 사법의 구성요소로서 판단한다.[26] 그러나 이러한 학설에 의하는 경우에도 실제 공법과 사법의 구별은 쉽지 않다. 또한 학설에 의해 공법으로 볼 수 있는 경우에도 실무상 민사소송으로 소를 제기하는 경우도 있다. 예컨대 국가배상청구권과 손실보상청구권이 그러하다. 행정소송의 실무에서는 오히려 '소송물'을 기준으로 공법과 사법을 구분하고 있다.

이와 관련하여 공법과 사법의 구별이 현실적으로 문제되는 몇 가지 사례만 간략히 살펴보도록 한다. 행정행위와 공법상 계약, 공법상 계약과 사법상 계약의 구별이 현실적으로 문제되는 경우가 적지 않다. 판례는 공용수용의 절차에서 사업인정을 받은 사업시행자와 소유권자 사이의 협의취득을 사법상 계약으로 보고 있으나, 학설 중에는 이를 공법상 계약으로 보아야 한다는 견해가 유력하다.[27] 국내에서는 양자의 구별에 관한 기준이 확립되어 있지 않다. 한편, 손실보상청구권에 대해서는 사권설이 다수설이지만, 소송실무에서는 보상금소송을

26) Wolff/Bachof/Stober, Verwaltungsrecht I, § 22 Rn. 27; Maurer/Waldhoff, a.a.O., § 3 Rn. 18; Hendler, Allgemeines Verwaltungsrecht, 2. Aufl. S. 10 f.

27) 이에 대해서는 졸저, 현대행정의 작용형식, 399면 이하 참조.

행정소송으로 제기하는 경우가 적지 않다. 특히 토지수용위원회의 재결에 대한 소송은 대부분 항고소송이다. 또한 잔여지수용청구와 관련된 보상금증감청구소송은 공법상 당사자소송(소위 형식적 당사자소송)에 해당한다.[28] 특히 대법원은 하천구역 편입토지에 대한 손실보상청구권의 법적 성질을 공법상 권리라고 보아, 손실보상청구·민사소송이 아닌 공법상 당사자소송을 제기해야 한다고 판시한 바 있다.[29] 수용의 목적물이 공익사업의 폐지·변경 등으로 인해 불필요하게 된 경우 피수용자가 보상금을 돌려주고 원소유권을 회복하는 환매권에 대해 대법원[30]과 헌법재판소[31]는 사법상 권리로 보고 있다. 다만, 수차례 진행된 행정소송법의 개정안에는 손실보상청구권과 국가배상청구권을 공법상 당사자소송으로 제기해야 한다고 규정하고 있다.

3. 사법(私法) 규정의 적용

행정에서도 사법(私法)이 적용되는 영역이 있다. 예컨대 행정에 필요한 물자를 조달하는 경우 국가나 지방자치단체의 재정을 확보하기 위한 영리활동 등이 그러하다. 이러한 경우에 행정은 사경제의 주체가 된다. 나아가 행정의 임무를 사법의 형식으로 수행하는 경우가 있다. 국가의 공적 과제를 민영화 내지 사화(私化)(Privatisierung)하는 경우가 증가하고 있다. 전기·가스·수도 등 공공서비스 내지 생존배려의 영역에서 그러하다.

공법상의 규정이 흠결된 경우에 그 보완을 위해 사법의 규정이 적용될 수 있는지는 어려운 문제이다. 또한 공법 규정의 흠결에 대하여 사법규정이 유추적용된다면 어느 범위에서 적용될 수 있는지도 중요한 쟁점이다. 행정주체의 사경제작용에는 사법 규정이 적용될 수 있지만, 권력적 성격의 작용에 사법 규정을 그대로 적용하는 것은 문제가 있다. 관리작용(공물)의 경우에도 민영화(특히 민관협력)로 인해 사법의 법리를 그대로 적용하는 것이 타당한지에 대해 논의가 필요하다. 개별법에 준용규정이 있는 경우에는 사법의 규정이 적용될 수 있다. 개별법에 준용규정이 없는 경우에도 유사한 사안에서 사법의 규정을 유추적용하는 것을 고려할 수 있다. 그러나 오늘날에는 공법(행정법)의 고유한 법리가 발전하

28) 대법원 2010. 8. 19. 선고 2008두822 판결.
29) 대법원 2006. 5. 18. 선고 2004다6207 판결.
30) 대법원 1992. 4. 24. 선고 92다 4763 판결.
31) 헌재 1994. 2. 24. 92헌마283.

여 이를 우선적으로 고려하고 있다. 신의성실의 원칙이나 신뢰보호의 원칙 등도 행정절차법을 비롯해서 개별법에 규정이 되어 있을 뿐만 아니라, 오늘날에는 공법의 법리로서 독자적인 위상을 차지하고 있다. 공법의 특수성을 감안하여 사법의 법리를 그대로 적용하기보다는 공법에 적합한 독자적인 법리를 발전시켜 적용하는 것이 바람직하다.

Ⅲ. 행정법의 법원

1. 법원, 법규 및 법규범

(1) 법원의 개념

행정법의 법원(法源)은 방대한 법규범으로 구성되어 있다. 여기에는 헌법, 법률, 법규명령 및 조례 등 성문법원이 중심을 이룬다. 그 외에 조약, 관습법, 관행 및 행정법의 일반원칙 등이 거론되기도 한다. 개인의 권리를 침해하는 행정작용은 법률에 근거가 있어야 한다. 의회가 제정한 법률은 이러한 행정작용의 한계를 설정한다. 법원(source of law, Rechtsquelle)은 다양하게 이해되고 있다. 법원을 법창출 내지 법의 제정근거로 이해하는 견해, 법질서에 대한 척도를 제시하는 법의 평가근거로 보는 견해 등이 있지만, 오늘날에는 "(실정)법으로서 무엇인가를 인식하는 것"으로 보는 견해가 유력하다(A. Ross).

(2) 법규와 법규범

법규범(Rechtsnormen)은 '법규'개념과 관련하여 이해하여야 한다. 법규범과 법규는 동일한 의미로 사용되기도 하나, 오늘날에는 양자를 구별하는 견해도 있다. 종전에 법규(Rechtssatz)는 "시민의 자유와 재산에 관여하거나 제약하는 규율"로 이해되었다. 당시 후기입헌주의 국법학자들은 법규를 "독자적인 의사영역 내지 법주체들 사이의 한계설정"이라고 보았다. 이러한 입장에 의하면 행정주체 내부에는 법이 침투할 수 없고, 독자적인 법주체 사이의 한계 설정은 어렵다. 행정규칙은 법규개념에서 제외된다. 그러나 행정규칙을 법규로 이해하려는 견해가 등장하고 있다. 대표적으로 독일의 오쎈뷜(Ossenbühl) 교수는 역사적·관습적 법규개념과 법이론적 법규 개념으로 구별하고 있다. 역사적·관습적 법규 개념은 종전의 전통적인 법규 개념을 의미하며, 후기입헌주의 국법학자들이 주장한 법규개념에 상응한다. 이러한 개념에 의하면 법규범과 법규는 대체로 일치한다.[32] 그러나 법이론적 법규 개념은 행정규칙을 더 이상 비법(非法)(Nicht-Recht)으로 낙인찍을 수 없다고 보고 있다. 법이론적 법규개념은 행정규칙을 포함하여 내·외부법을 망라하고 있다고 볼 수 있다. 즉 "주관적 공권과 의무의 근거가 되는, 사전에 설정된 성립요건 또는 일정한 권리·의무와 관련된 성립요건을 정하고 있는 규정"을 말한다. 이러한 법이론적 법규 개념에 의하면, 법규의 개념은 법규범의 개념보다 넓다. 따라서 행정규칙은 설사 법규일 수 있지만 법규범은 아니다. 법규는 국민의 권리·의무에 영향을 미치는 것과 밀접한 관련을 가지나, 법규범은 재판규범성을 가지며 성문법원이 대체로 여기에 속한다.

2. 성문법원

성문법원에는 헌법, 법률, 법규명령 및 조례 등이 있다. 그 밖에 조약이나 국제법규 등이 성문법원으로 거론되고 있다. 한편, 이러한 성문법원에 행정규칙이 포함되는지, 행정규칙의 대외적 구속력이 인정되는지 등이 다투어지고 있다.

(1) 헌법

헌법은 규범구조의 체계에서 근간(根幹)이 되는 법규범이다. 또한 개별 법률은 헌법적 근거를 바탕으로 제정되는 경우도 적지 않고, 헌법은 법령 해석에 중요한 척도를 제시한다. 오토 마이어(Otto Mayer)는 1924년에 출간된 『독일 행정법』(Deutsches Verwaltungsrecht) 제3판 서문에서 "헌법은 사라져도 행정법은 존재한다"라고 기술하고 있다. 이 내용에 대한 오해가 적지 않지만, 독일에서는 헌정이 불안정한 당시의 상황에서 행정법이 헌법에 비해 비교적 정치적 영향을 덜 받았다는 것을 표현한 것으로 이해되고 있다. 특히 1918년 혁명 후에 헌법은 근본적인 변화를 경험하였지만, 행정법은 이에 비해 비교적 안정적이었다는 것을 강조하고 있을 뿐이다. 전(前) 독일 연방행정법원장 프리츠 베르너(Fritz Werner)는 헌법과 행정법의 관계를 설명하면서 "구체화된 헌법으로서의 행정법(Verwaltungsrecht als konkretisiertes Verfassungsrecht)"이라는 점을 강조하고 있다. 이와 같이 행정법과 헌법은 매우 밀접한 관계를 가지고 상호작용을 하고 있다.

---

32) Ossenbühl, in: Erichsen/Ehlers(Hg.), Allgemeines Verwaltungsrecht, 12. Aufl., § 5 Rn. 7 ff.

(2) 법률

법률의 개념은 다의적이지만, 형식적 의미의 법률과 실질적 의미의 법률로 구분된다. 형식적 의미의 법률은 규범의 내용과 관계없이 헌법이 정하고 있는 법률제정의 절차에 따라 입법기관이 제정한 것을 의미한다. 이에 반해 내용적으로 파악하여 국민의 권리·의무에 영향을 미치는 모든 법규를 실질적 의미의 법률이라고 한다. 여기에는 의회가 제정한 법률 외에 법규명령, 조례, 관습법 등도 포함하고 있다.

헌법은 법률에 대해 효력우위를 가지지만, 구체적 사안에서는 개별 법률이 적용되는 경우가 적지 않다(적용우위). 대부분의 행정소송에서는 헌법이 아니라 개별 법률의 규정에 근거하여 주관적 공권을 도출하거나 법률관계를 형성하고 있다. 법률에 근거가 없는 경우에 헌법이 적용될 수 있는지도 중요한 문제이다. 예컨대 환경권을 비롯해서 재산권 및 직업의 자유 등 기본권이 침해되는 경우가 그러하다.

(3) 조약·국제법규

헌법에 의하여 체결·공포된 조약과 일반적으로 승인된 국제법규는 국내법과 같은 효력을 가진다(헌법 제6조 제1항). 이러한 조약이나 국제법규에 국내의 행정에 관한 사항이 포함된 경우는 법원이 될 수 있다. 대법원은 일제 강제동원 피해자가 일본기업을 상대로 제기한 손해배상청구 사건에서 1965년 6월 22일 체결된 '대한민국과 일본국 간의 기본관계에 관한 조약'과 그 부속협정인 '대한민국과 일본국 간의 재산 및 청구권에 관한 문제의 해결과 경제협력에 관한 협정'(조약 제172호, 이하 '청구권협정'이라 한다)이 국내법과 같은 효력을 가진다고 보고 있다.[33] 해당 청구권협정은 1965년 8월 14일 대한민국 국회에서 비준·동의되어 1965년 12월 18일 조약 제172호로 공포되었다. 이러한 청구권협정의 의미·내용과 적용 범위는 법령을 최종적으로 해석할 권한을 가진 대법원에 의하여 판단된다고 보고 있다. 그러나 대법원은 양심적 병역거부와 관련된 사건에서 유럽연합과 유럽인권법원의 입장이 일반적으로 승인된 국제법규 또는 국제관습법에 해당하지 않는다고 보고 있다.[34] 학설은 대체로 이러한 조약이나 국제법규

33) 대법원 2018. 10. 30. 선고 2013다61381 전원합의체 판결.
34) 대법원 2018. 11. 1. 선고 2016도10912 전원합의체 판결.

의 효력이 헌법보다 하위에 있으며, 법률과 같은 효력으로 보고 있다.[35] 그러나 조약·국제법규가 국내법과 충돌하는 경우에는 이를 개별적으로 판단하여야 하나, 법률 상호간의 경합·충돌과 같이 신법우선의 원칙이나 특별법우선의 원칙이 적용될 수밖에 없다.

(4) 법규명령

권력분립원리에 비추어 법제정권력(입법권)은 원칙적으로 의회에 속하지만, 전문적·기술적 내용의 규율 필요성이나 입법부의 부담 경감 등을 이유로 법규명령의 제정 필요성이 있다. 입법절차에 장기간이 소요되어 탄력적인 법제정이 요구되는 경우에는 행정부에 입법권의 일부를 이양하는 것을 헌법적으로 허용하고 있다. 이를 '위임입법'이라고 한다. 그러나 이러한 입법권의 위임은 개별적이고 구체적으로 이루어져야 하며, 포괄적 위임은 허용되지 아니한다. 입법자의 책임회피 내지 입법권의 방기(放棄)가 되어서는 아니 된다. 헌법 제75조에는 "법률에서 구체적으로 범위를 정하여 위임받은 사항"을 대통령령으로 정하도록 규정하고 있다. 독일 기본법 제80조 제1항 제2문에도 법률에 규정된 수권(授權)의 내용, 목적 및 범위는 명확하여야 한다고 규정하고 있다. 법규명령은 법률대위적 법규명령과 법률기속적 법규명령으로 구분된다. 후자에는 위임명령과 집행명령이 속한다(헌법 제75조 및 제95조). 전자에는 대통령의 긴급재정·경제명령 및 긴급명령이 해당한다(헌법 제76조). 법규명령제정권은 각 해당기관에 전속하고, 명령제정권 자체의 위임은 허용되지 아니한다.

(5) 자치법규

자치법규는 지방자치단체의 '조례(교육조례 포함)'가 대표적이다. 지방자치단체의 장이 정하는 '규칙'은 다양하여, 그 법적 성질을 확정하기가 쉽지 않다. 일반적으로 자치법규란 "지방자치단체가 자치입법권에 의거하여 법령의 범위 안에서 정립한 자치에 관한 법규" 내지 "지방자치단체(광역자치단체 및 기초자치단체)가 법령의 범위 안에서 제정하는 자치에 관한 규정" 등으로 이해되고 있다. 따라서 법규적 성질을 가지는 지방자치단체의 규칙은 일응 자치법규로 볼 수 있지만, 법원(法源)에 속한다고 단정할 수 없다.

조례제정권은 헌법에 직접 규정되어 있지만(헌법 제117조 제1항), 개별 법률에

---

35) 이상규, 전게서(상), 138면.

서 위임된 경우가 대부분이다. 자치(Autonomie)는 내부질서의 확립뿐만 아니라 국가로부터 독자적인 행정통일체의 임무를 수행하기 위해서도 필요하다. 조례는 법령을 위반하여서는 아니 되며, 법률의 범위 내에서 허용된다. 이와 관련하여 자치법규가 시원적(始原的) 법원인지 또는 파생적 법원인지 여부가 다투어지고 있다. 일부견해는 조례제정권을 시원적인 권리, 즉 법률의 위임을 필요로 하지 않고 자주적으로 규율할 수 있는 권리로 파악하고 있으나, 독일의 문헌은 이를 대체로 법률상 수권의 문제로 다루고 있다. 지방자치단체의 자치법규권 내지 조례제정권이 무제한적으로 보장되는 것은 아니고, 헌법 제117조의 규정과 같이 "법령의 범위 안에서" 보장된다. 자치법규는 법규명령과 마찬가지로 파생된 법원이며, 실질적 의미의 법률이다. 그러나 법규명령은 자치법규와 구별되어야 한다. 법규명령은 수직적인 계층제에서 집행권의 일부이며, 이는 권력집중의 분산을 의미한다. 이에 반해 지방자치단체의 조례는 탈(脫)중앙집권 또는 지방분권을 의미한다.

(6) 행정규칙의 법원성 여부

행정규칙은 일반적으로 "행정조직 내부에서 상급기관이 하급기관에 대하여 발급하는 일반적 · 추상적 규정"을 말한다. 행정규칙에는 법규명령과 달리 법률의 수권이 필요하지 않다. 행정규칙은 상위법이나 상급행정규칙에 위반되지 않는 한도 내에서 허용된다. 행정규칙의 수범자(受範者)는 행정조직 내의 그 기관 또는 구성원이다. 공무원이 행정규칙을 위반하면 징계원인이 되는 것이 보통이다(국가공무원법 제57조, 제58조; 지방공무원법 제49조, 제69조). 그러나 행정규칙을 위반하는 행정처분은 바로 위법이 되지 아니하며, 평등원칙의 위반을 매개하여 간접적으로 위법이 될 수 있을 뿐이다(소위 행정의 자기구속). 다만, 헌법재판소는 행정규칙이 헌법소원의 대상이 된다고 보면서, 예외적으로 행정규칙의 법규성을 인정하고 있다.[36] 그러나 행정의 자기구속은 행정규칙의 비법규성을 전제하는 것이다. 또한 법령보충적 행정규칙에 대해 법규적 효력을 인정하고 있지만, 후술하는 바와 같이 그 법적 성질에 대해서는 다양한 견해가 있다.

---

36) "이른바 행정규칙은 일반적으로 대외적 구속력을 갖는 것이 아니며, 다만 행정규칙이 법령의 규정에 의하여 행정관청에 법령의 구체적 내용을 보충할 권한을 부여한 경우 또는 평등의 원칙이나 신뢰보호의 원칙에 따라 행정기관이 규칙에 따라야 할 자기구속을 당하는 경우에는 대외적 구속력을 가지게 된다."(헌재 1990. 9. 3. 90헌마13)

3. 불문법원

(1) 관습법

관습법이 성립하기 위해서는 첫째, 장기간 관행에 의해 사용되고, 둘째, 관행의 적법성에 대한 참여자의 확신이 있어야 하며, 마지막으로 관행이 법규로서 형식화될 수 있어야 한다. 즉 법적 규범으로 승인되기에 이르러야 하며, 전체 법질서에 반하지 아니하여야 한다.[37] 따라서 모든 법규범과 마찬가지로 관습법도 그 내용이 명확하여야 한다.

(2) 판례의 법원성 여부

행정사건에 대한 법원의 판결은 구체적 사건에 대하여 추상적인 법령을 해석·적용함으로써 분쟁해결을 목적으로 하며, 동종사건에 대한 중요한 준거가 된다. 그러한 이유에서 판례가 행정법의 법원이 될 수 있는지가 문제된다. 이에 대하여 영미법국가에서는 일반적으로 판례법주의에 기초하고 있기 때문에, 선례구속성의 원리(doctrine of stare decisis)에 따라 상급법원의 판결은 장래에 발생하는 동일한 성질의 하급법원의 판결을 구속하는 법적 효력을 가진다고 보고 있다. 판례 그 자체로서 행정법의 법원이 된다는 것이다. 이를 "판례법" 또는 "법관법"이라고 부른다. 그러나 성문법주의를 채택하는 대륙법계국가에서는 상급법원의 판결이 당해 사건 이외에는 하급법원에 대하여 법적 구속력을 가지지 아니하므로 판례 그 자체의 법원성을 인정할 수 없다고 본다.

한편, 학설 중에는 판례의 법원성(法源性)을 인정하는 견해도 유력하다. 즉 법원조직법 제8조에는 상급법원의 판결에 있어서 내린 판단이 당해 사건에 관하여 하급심을 기속한다고 규정하고 있고, 법원조직법 제7조 제1항 제3호에서도 대법원이 종전에 판시한 법령의 해석을 변경하려면 대법관 전원의 3분의 2 이상이 참석하는 전원합의체에서 해야 하므로 하급법원은 대법원의 판례에 사

---

37) "관습법이란 사회의 거듭된 관행으로 생성한 사회생활규범이 사회의 법적 확신과 인식에 의하여 법적 규범으로 승인·강행되기에 이른 것을 말하고, 그러한 관습법은 법원(法源)으로서 법령에 저촉되지 아니하는 한 법칙으로서의 효력이 있는 것이고, 또 사회의 거듭된 관행으로 생성한 어떤 사회생활규범이 법적 규범으로 승인되기에 이르렀다고 하기 위하여는 헌법을 최상위 규범으로 하는 전체 법질서에 반하지 아니하는 것으로서 정당성과 합리성이 있다고 인정될 수 있는 것이어야 하고, 그렇지 아니한 사회생활규범은 비록 그것이 사회의 거듭된 관행으로 생성된 것이라고 할지라도 이를 법적 규범으로 삼아 관습법으로서의 효력을 인정할 수 없다." (대법원 2005. 7. 21. 선고 2002다1178 전원합의체 판결)

실상 기속된다고 본다.[38]

생각건대 우리나라는 성문법주의를 채택하고 있고, 법관은 법창출을 하는 것이 아니라 법적용을 할 뿐이다. 따라서 판례'법'이라는 명칭은 적절하지 않다. 나아가 판례를 행정법의 일반법원칙과 동등하게 취급해서는 아니 된다. 판례는 법률 규정의 범위 내에서 형성되어야 하며, 법관은 의회가 제정한 법률을 자의적으로 변경하여 그 해석·적용을 할 수는 없다. 권력분립원칙이나 민주주의원리에 비추어도 보아도 이러한 한계는 정당하다.

제3절 행정법의 일반원칙

행정법의 일반원칙은 종래에 '조리(條理)'로 이해되었다. 조리란 그 자체 타당한 것을 의미하는 것이 보통이다. 성문법의 발전이 충분하지 않은 영역에서 조리는 법의 공백을 메워주는 중요한 역할을 하였다. 독일에서는 '사물의 본성(Natur der Sache)' 내지 '사물의 본질적인 법칙' 등으로 이해된다. 그러나 근년에 들어와서는 이를 행정법의 일반원칙으로 보고 있다. 이러한 행정법의 일반원칙의 내용으로 소개되는 것에는 비례의 원칙, 신의성실의 원칙, 평등원칙 및 신뢰보호의 원칙 등이 있다. 근래에는 부당결부금지의 원칙이나 보충성의 원칙 등도 소개된다. 그러나 행정법의 일반원칙은 헌법이나 법률에 그 근거를 두는 경우가 적지 않다. 예컨대 평등원칙은 헌법 제11조에서, 신뢰보호의 원칙은 국세기본법(제18조 제3항), 그리고 비례의 원칙은 헌법 제37조 및 경찰관직무집행법 제1조·제10조의4 등에 규정되어 있다. 특히 2021년 3월 23일 제정된 '행정기본법' 제2장에는 '행정의 법 원칙'으로 법치행정의 원칙, 평등의 원칙, 비례의 원칙, 신뢰보호의 원칙, 부당결부금지의 원칙 등을 규정하고 있다.

Ⅰ. 비례의 원칙

비례의 원칙이란 행정기관이 구체적인 집행작용을 할 때 그 목적과 수단 사이에 합리적인 비례관계가 유지되어야 한다는 것을 말한다. 이러한 비례의 원칙

38) 이상규, 전게서(상), 146면.

은 법치국가원리의 내용으로 파악된다. 넓은 의미의 비례의 원칙(과잉금지의 원칙)은 적합성의 원칙, 필요성의 원칙 및 상당성의 원칙으로 세분된다. 적합성의 원칙이란 행정청이 선택한 수단이 그 의도하는 목적을 달성하는 데 적합하여야 함을 의미한다. 필요성의 원칙이란 설정된 행정목적을 달성하기 위한 수단 중에서 필요하며 가장 적은 부담을 주는 수단을 선택해야 된다는 것이다. 이를 '최소침해의 원칙'이라고도 한다. 상당성의 원칙은 설정된 목적달성과 수단이 적절한 비례관계에 있어야 한다는 원칙이며, 좁은 의미의 비례원칙이라 한다. 비례의 원칙은 초창기에 경찰질서법에서 태동하여 행정법의 일반원칙으로 발전하였고, 근년에 들어와서는 헌법의 일반원칙으로서 기본권침해의 제한원리로 기능하고 있다. 헌법 제37조 제2항에서는 "국민의 자유와 권리는 국가안전보장·질서유지 또는 공공복리를 위하여 필요한 경우에 한하여 법률로써 제한할 수 있으며, 제한하는 경우에도 자유와 권리의 본질적인 내용을 침해할 수 없다"라고 규정하고 있다. 또한 이는 과잉금지의 원칙에 대한 헌법적 근거로 이해되고 있다. 행정기본법 제10조도 비례의 원칙을 명시하고 있다. 그 외에도 경찰관직무집행법 제1조 제2항 및 제10조의4 등도 비례의 원칙을 반영하고 있다.

Ⅱ. 신뢰보호의 원칙

1. 신뢰보호원칙의 의의 및 법적 근거

신뢰보호의 원칙이란 행정기관의 일정한 견해표명에 대해 상대방의 정당한 신뢰를 법적으로 보호해야 한다는 법원칙을 말한다. 신뢰보호의 원칙은 헌법상 법치국가원리의 파생원칙으로 이해되고 있다.[39] 국가작용에 대한 예측가능성과 신뢰보호의 원칙, 그리고 이를 통한 법적 안정성의 요청은 법치국가원리의 본질적 요소이다. 신뢰보호의 원칙의 이론적 근거에 관한 학설로는 신의칙설, 법적 안정성설, 기본권설 및 사회국가원리설 등이 있다. 국내 다수설은 대체로 법치국가원리에 내포된 '법적 안정성'에서 찾고 있다.[40]

---

39) 헌재 1995. 10. 26. 94헌바12; 헌재 1997. 7. 16. 97헌마38.

40) 김도창, 일반행정법론(상), 제4전정판, 161면. 이에 대하여 독일의 학설을 근거로 신뢰보호원칙은 법치국가원리의 독자적인 요소가 아니라, 법치국가원리의 요소를 구성하는 법적 안정성의 요청으로부터 나오는 파생효과(Reflexwirkung)라는 견해도 있다(이에 대한 상세는 류지태/박종수, 행정법신론, 제14판, 141면).

행정기본법 제12조 제1항은 신뢰보호의 원칙을 규정하고 있다. 즉 "행정청은 공익 또는 제3자의 이익을 현저히 해칠 우려가 있는 경우를 제외하고는 행정에 대한 국민의 정당하고 합리적인 신뢰를 보호하여야 한다"라고 규정하고 있다. 또한 신뢰보호의 원칙은 행정절차법에서도 그 근거를 찾을 수 있다. 행정절차법 제4조 제2항에서 "행정청은 법령 등의 해석 또는 행정청의 관행이 일반적으로 국민들에게 받아들여진 때에는 공익 또는 제3자의 정당한 이익을 현저히 해할 우려가 있는 경우를 제외하고는 새로운 해석 또는 관행에 의하여 소급하여 불리하게 처리하여서는 아니 된다"라고 규정하고 있다. 신뢰보호의 원칙은 조세법 분야에서도 중요한 역할을 하고 있다(국세기본법 제18조 제3항 참조). 대법원도 다수의 판례에서 신뢰보호원칙을 적용하고 있다.[41] 신뢰보호의 원칙은 주로 수익처분의 취소 · 철회, 확약 등에서 문제된다. 또한 신뢰보호의 원칙은 행정계획의 영역에서도 중요한 문제로서 부상한다. 특히 독일에서는 행정계획 분야를 "신뢰보호의 전형적 사례"[42]로 다루고 있다. 왜냐하면 계획은 미래지향적 목표설정을 그 내용으로 하는 국가 활동으로서, 이 계획을 신뢰하는 계획의 수범자에 대하여 중요한 영향을 미치기 때문이다. 계획은 법치국가원리에 상응하는 연속성과 가변성을 모두 가진다. 이와 같이 신뢰보호원칙은 행정법의 일반원칙으로서 행정법의 모든 분야에 걸쳐 적용될 수 있다.

2. 신뢰보호원칙의 성립요건

신뢰보호의 원칙을 적용하기 위해서는 일정한 요건을 충족하여야 한다. 첫째, 신뢰의 대상인 행정기관의 선행조치로서 공적인 견해표명이 있어야 한다. 그러한 선행조치에는 행정행위(행정처분) 등 고권적 조치 이외에도 확약 · 행정지도 등도 포함된다. 그 밖에 사실행위 · 행정계획 등도 이러한 선행조치에 포함된다. 여기에는 명시적 · 적극적인 언동 뿐만 아니라, 묵시적인 언동도 망라된다.[43]

둘째, 선행조치의 존속에 대한 신뢰와 그 신뢰의 보호가치성이 있어야 한다. 상대방이 행정기관의 선행조치에 대한 정당성이나 존속을 사실상 신뢰하여야 하며, 또한 행정기관의 선행조치에 대한 신뢰가 보호받을 만한 가치가 있어야

---

41) 대법원 1996. 1. 23. 선고 95누13746 판결; 대법원 2002. 10. 25. 선고 2001두1253 판결; 대법원 2002. 11. 08. 선고 2001두1512 판결; 대법원 2003. 6. 27. 선고 2002두6965 판결.

42) Blanke, Vertrauensschutz im deutschen und europäischen Verwaltungsrecht, 2000, S. 278.

43) 대법원 1984. 12. 26. 선고 81누266 판결.

한다. 만약 상대방이 선행조치의 하자를 알았거나 중대한 과실로 알지 못한 경우에는 신뢰이익을 주장할 수 없다.[44)]

셋째, 신뢰에 기초한 상대방의 일정한 행위가 있어야 한다. 개인이 신뢰보호의 원칙을 통해 보호받기 위해서는 행정기관의 선행조치를 믿고 상대방이 영업의 개시, 건축의 착수 등 일정한 행위를 하여야 한다. 이와 같이 행정기관의 선행조치에 대한 신뢰와 상대방의 일정한 행위 사이에는 '인과관계'가 있어야 하는 것이다.

마지막으로 선행조치에 반하는 행정조치가 있어야 한다. 행정기관이 종전의 선행조치에 반하는 행위를 하고, 또 이를 신뢰하여 일정한 행위를 행한 상대방에게 불이익이 발생하여야 한다.

3. 신뢰보호원칙의 한계

신뢰보호의 원칙은 그 요건이 충족되더라도 행정의 법률적합성이나 공익적 요청 등과 관련하여 일정한 한계를 가진다. 첫째, 신뢰보호의 원칙을 적용한 결과가 법령의 내용과 충돌하는 경우에도 이를 인정할 수 있는지가 문제된다. 즉 신뢰보호원칙과 행정의 법률적합성의 원칙 사이에 충돌이 있는 경우에 대하여 견해의 대립이 있을 수 있다. 일부견해는 개별적인 사례에 있어서 이익조정을 통해 해결할 수 있다고 보나, 신뢰보호의 원칙을 법령의 규정보다 우선시하는 것은 타당하지 않다고 보는 견해가 타당하다. 둘째, 이러한 신뢰보호의 요건이 충족되면 상대방의 신뢰이익(사익)과 공익 사이의 형량(衡量)을 하여야 한다. 이와 같이 형량을 한 결과 신뢰이익이 공익에 대하여 우위에 있어야 개인의 신뢰이익이 보호될 수 있다.[45)] 이 문제는 결국 신뢰보호의 한계 문제와 밀접한 관련이 있다.

한편, 대법원은 도시계획변경결정 취소청구사건에서 계획변경과 신뢰보호원칙을 심사하고 있다.[46)] 그러나 판례는 법이론적인 오류를 범하고 있다. 우선 신

---

44) 대법원 2002. 11. 8. 선고 2001두1512 판결.

45) 대법원 2008. 10. 9. 선고 2008두6127 판결.

46) "원심은 그 채용 증거를 종합하여 그 판시 사실을 인정한 다음, 피고가 이 사건 토지들을 포함한 성남시 분당구 동원동 85 일원 21필지에 대하여 용도지역을 자연녹지지역으로 결정한 것만으로는 위 결정 후 이 사건 토지들의 소유권을 취득한 원고들에게 이 사건 토지들에 대하여 용도지역을 종래와 같이 자연녹지지역으로 유지하거나 보전녹지지역으로 변경하지 않겠다는 취지의 공적인 견해표명을 한 것이라고 볼 수 없고, 피고가 위와 같은 공적인 견해표명

뢰보호원칙이 적용되기 위해서는 행정청이 개인에 대해 신뢰의 대상이 되는 공적인 견해표명(행정청의 선행조치)이 있어야 한다. 이와 관련하여 대법원은 행정청이 용도지역을 자연녹지에서 규제가 보다 엄한 보전녹지로 변경을 결정한 경우에 행정청이 용도지역을 자연녹지지역으로 유지하거나 보전녹지지역으로 변경하지 않겠다는 취지의 공적인 견해표명을 한 것으로 볼 수 없다고 판단하였다. 그러나 피고 행정청의 애초의 계획결정, 즉 용도지역을 자연녹지지역으로 결정한 것은 행정청의 선행조치로 보기에 충분한 것으로 보인다. 당해 사안은 신뢰보호원칙의 요건을 충족하고 있지만 원고의 신뢰이익과 공익 사이의 형량이 문제될 뿐이다. 이 사건의 핵심은 신뢰보호원칙의 한계에 있다.[47]

4. 신뢰보호원칙의 위반 효과

신뢰보호의 원칙은 행정법의 일반원칙이지만, 행정기본법 제12조 및 행정절차법 제42조 제2항에서도 규정하고 있다. 따라서 신뢰보호의 원칙을 위반한 행정처분은 위법한 것으로 취소될 수 있다. 대법원은 종교법인이 도시계획구역 내 생산녹지로 답(畓)인 토지에 대하여 종교회관 건립을 이용목적으로 하는 토지거래계약의 허가를 받으면서 담당공무원이 관련 법규상 허용된다고 하여 이를 신뢰하고 건축 준비를 하였으나 그 후 당해 지방자치단체장이 다른 사유를 들어 토지형질변경허가신청을 불허한 것이 신뢰보호의 원칙에 반한다고 판시하였다.[48]

Ⅲ. 평등원칙과 행정의 자기구속

1. 평등원칙

평등원칙은 행정청이 행정작용을 함에 있어 특별한 합리적 이유가 없이 상

을 한 것으로 볼 수 없는 이상 원고들이 이 사건 토지들 지상에 물류창고를 건축하기 위한 준비행위를 하였더라도 그와 같은 사정만으로는 이 사건 토지들에 대한 용도지역을 자연녹지지역에서 보전녹지지역으로 변경하는 내용의 이 사건 성남도시계획변경(재정비)결정(이하 '이 사건 결정'이라 한다)이 행정청의 공적인 견해표명에 반하는 처분을 함으로써 그 견해표명을 신뢰한 개인의 이익이 침해되는 결과가 초래된 것이라고도 볼 수 없으며, 나아가 이 사건 결정에 신뢰보호의 원칙을 적용하게 되면 공익을 해할 우려가 있다."(대법원 2005. 3. 10. 선고 2002두5474 판결)

47) 이에 대하여 졸고, "도시계획변경결정의 위법성판단 및 사법적 통제기준", 법률신문 제3460호(2006. 5. 22.), 13면 참조.

48) 대법원 1997. 9. 12. 선고 96누18380 판결.

대방을 차별하여서는 아니 된다는 것을 의미한다. 평등원칙은 헌법차원의 법원칙으로서, 헌법 제11조에서 도출될 수 있다. 행정기본법 제9조에서도 "행정청은 합리적 이유 없이 국민을 차별하여서는 아니 된다"라고 규정하고 있다. 이러한 평등원칙은 행정의 모든 분야에서 중요한 역할을 수행하나, 행정규칙(특히 재량준칙이나 재량지침 등)과 관련하여 특별한 의미를 가진다. 행정규칙은 원칙적으로 대외적 효력을 가지지 않지만, 평등원칙을 매개로 행정의 자기구속의 법리에 따라 그 효력이 외부화되는 경우가 있다. 예를 들어 관할 행정청이 벤처기업 X에 대해서 국가보조금지급을 결정하는 반면, 동일한 조건의 벤처기업인 Y에 대해서는 지급을 거부하는 경우를 생각할 수 있다. 이때 A행정청이 행정내부의 재량준칙에 따라 거부처분을 한 것이 위법인지가 문제된다.

2. 행정의 자기구속

(1) 의의

행정의 자기구속(Selbstbindung der Verwaltung)이란 행정청이 일정한 기간 동안에 재량준칙을 적용하면서 행정관행 또는 선례가 형성되고 이에 대해 행정청이 스스로 구속을 당하는 것을 말한다. 특히 재량준칙(행정규칙)이 원칙적으로 직접적인 대외적 구속력을 갖는 것은 아니지만, 행정청의 재량권 행사를 통해 일정한 행정선례가 형성된 경우에 평등원칙을 매개로 해당 처분의 위법성이 인정될 수 있다.

한편, 규범해석규칙에 대해서도 행정의 자기구속이 인정되는지가 문제이다. 그러나 판단여지론은 전문적·기술적 영역에서 제한적으로 적용되며, 규범해석규칙에서는 재량준칙과 달리 반복해서 관행이나 선례가 형성되는 것이 쉽지 않다. 규범해석규칙은 법령의 해석을 벗어나기 어려워 독자적 판단영역이 매우 협소하다.

(2) 적용범위

행정의 자기구속은 평등원칙만 관련된다는 견해가 다수설이지만, 행정규칙이 공표된 경우에는 신뢰보호의 원칙에도 인정될 수 있다고 보는 견해도 있다. 그러나 행정규칙은 행정청만을 수범자로 하여 일정한 의무를 부과하기 때문에 상대방에 대해 신뢰존속의 요건을 결하고 있다는 비판이 제기되고 있다.[49]

---

49) Maurer/Waldhoff, a.a.O., § 24 Rn. 30.

한편, 헌법재판소는 평등원칙뿐만 아니라 신뢰보호의 원칙과 관련하여서도 행정의 자기구속이 인정된다고 보고 있다.[50] 대법원은 동일한 입장을 취하고 있지만, 신규건조저장시설사업자 인정신청반려처분 취소소송에서 행정의 자기구속의 법리를 보다 구체적이고 명확하게 밝히고 있다.[51]

(3) 선례의 필요 여부

행정의 자기구속이 인정되기 위해서는 일정한 '선례'가 존재해야 하는지가 문제된다. 따라서 행정선례가 명확히 존재하지 않음에도 불구하고 행정규칙 그 자체만으로 행정의 자기구속을 위반하였다는 근거로 볼 수 있는지가 검토될 필요가 있다. 이 경우에 최초의 선례가 없는 경우에도 예기된 관행만으로 평등원칙의 위반 여부를 판단할 수 있는지가 논의되고 있다. 국내 학설은 선례불요설과 선례필요설이 대립하고 있다. 선례필요설도 1회의 선례만으로 충분하다는 견해[52]와 대체로 선례가 되풀이 되어 행정관행이 성립된 경우에 한하여 인정된다고 보는 견해로 구분된다. 판례는 재량준칙에 따라 되풀이 되는 행정선례가 존재할 것을 요구하고 있다.

한편, 독일 연방행정법원은 장래에도 예견될 수 있는 사례의 경우, 즉 예기된 행정관행(antizipierte Verwaltungspraxis)이 있는 경우에도 평등원칙 위반을 인정한 바 있다.[53] 학설도 이러한 최초의 사례가 단순히 1회성에 그치는 것이 아니라 행정실무를 형성할 수 있다는 것이 법적으로 소명된 후에는 소위 예기관행이론을 인정할 수 있다고 본다.[54] 평등원칙은 원칙적으로 비교할 수 있는 2개의 유사한 사례를 전제로 하며, 독일의 판례나 일부학설이 주장하는 바와 같이 최초의 선례를 예기된 행정관행으로 인정하기 위해서는 장래에도 되풀이해서

50) "행정규칙이 법령의 규정에 의하여 행정관청에 법령의 구체적 내용을 보충할 권한을 부여한 경우, 또는 재량권행사의 준칙인 규칙이 그 정한 바에 따라 되풀이 시행되어 행정관행이 이루어지게 되면, 평등의 원칙이나 신뢰보호의 원칙에 따라 행정관청은 그 상대방에게 대한 관계에서 그 규칙에 따라야 할 자기구속을 당하게 되고, 그러한 경우에는 대외적인 구속력을 가지게 된다 할 것이다."(헌재 1990. 9. 3. 90헌마13)

51) "재량권 행사의 준칙인 행정규칙이 그 정한 바에 따라 되풀이 시행되어 행정관행이 이루어지게 되면 평등의 원칙이나 신뢰보호의 원칙에 따라 행정기관은 그 상대방에 대한 관계에서 그 규칙에 따라야 할 자기구속을 받게 되므로, 이러한 경우에는 특별한 사정이 없는 한 그를 위반하는 처분은 평등의 원칙이나 신뢰보호의 원칙에 위배되어 재량권을 일탈·남용한 위법한 처분이 된다."(대법원 2009. 12. 24. 선고 2009두7967 판결)

52) 상세는 박균성, 행정법론(상), 53면.

53) BVerwGE 52, 193/199.

54) Maurer/Waldhoff, a.a.O., § 24 Rn. 28.

행정관행이 될 수 있다는 법적 판단이 필요하다. 따라서 1회의 선례도 형성되지 아니한 상태에서 이를 예기된 행정관행으로 판단하기는 쉽지 않다. 예기된 행정관행을 인정하기 위해서는 최소한 1회의 선례가 관행으로 현실화될 수 있을 것을 예견할 수 있어야 한다. 신뢰보호의 원칙에 대해서도 행정의 자기구속이 인정된다고 보는 견해에 의하면, 되풀이해서 시행된 행정선례가 존재하여야 한다.

(4) 한계

재량준칙에 규정된 사안이나 행정관행이 성립된 사안과 동일한 사안의 경우에도 새로운 사정변경으로 다른 결정을 해야 할 높은 공익적 요청이 있는 경우에는 행정의 자기구속은 인정되지 아니한다.[55] 독일의 유력설도 재량준칙 내지 사무처리준칙 등 행정규칙이 존재한다고 하더라도 행정청이 반드시 동일한 조치를 할 필요는 없으며, 불평등한 취급을 할 이유가 있다면 경우에 따라서는 차별적인 조치가 허용될 수 있다고 보고 있다.[56]

Ⅳ. 부당결부금지의 원칙

부당결부금지(Koppelungsverbot)의 원칙이라 함은 행정기관의 고권적 조치에 사항적 관련성이 없는 반대급부를 결부시켜서는 아니 된다는 것을 의미한다. 예컨대 관할 행정청이 사업자에게 대기환경보전법상의 시설개선명령을 내리면서 그 의무이행을 강제하기 위해 전기나 가스의 공급을 중단하는 것이 여기에 해당한다. 부당결부금지의 원칙은 부관, 공법상 계약 등에서 주로 활용되고 있다.[57] 행정기본법 제13조도 “해당 행정작용과 실질적인 관련이 없는 의무”를 부과해서는 아니 된다고 규정하고 있다. 한편, 대법원은 주택사업계획승인을 함에 있어서 그 주택사업과 관련이 없는 토지에 대해 기부채납을 하도록 하는 부관을 붙인 것이 부당결부금지의 원칙에 위배된다고 판시하였다.[58] 그러나 부관이

55) 박균성, 전게서(상), 54면.
56) Gusy, Der Gleichheitssatz, NJW 1988, S. 2509.
57) Gurlit, in: Ehlers/Pünder(Hg.), Allgemeines Verwaltungsrecht, 15. Aufl., § 32 Rn. 12.
58) “원고의 이 사건 토지 중 2,791㎡는 자동차전용도로로 도시계획시설결정이 된 광1류 6호선에 편입된 토지이므로, 그 위에 도로개설을 하기 위하여는 소유자인 원고에게 보상금을 지급하고 소유권을 취득하여야 할 것임에도 불구하고, 소외 인천시장은 원고에게 주택사업계획승인을 하게 됨을 기화로 그 주택사업과는 아무런 관련이 없는 토지인 위 2,791㎡를 기부채납하도록

나 반대급부의 결부는 법치국가원리(법적안정성 및 예측가능성)와 기본권보장 등의 관점에서 일정한 한계를 가진다.[59] 반대급부는 고권적 조치와 사항적 관련성(Sachliche Zusammenhang)이 있는 범위 내에서만 허용된다. 여기서 말하는 '사항적 관련성'은 법적으로 허용된 고권적 조치의 요건과 같은 반대급부가 있는 때에 인정된다.[60]

제4절 헌법원리와 법치행정

Ⅰ. 행정법에 투영된 헌법원리

행정법의 영역에서 적용되는 헌법원리에는 법치국가원리, 민주주의원리 및 사회국가원리 등이 있다. 법치국가원리는 행정법의 전반에 걸쳐 적용되는 중요한 헌법원리이다. 민주주의원리는 상대적으로 소홀히 취급되었으나, 행정절차와 지방자치 등에서 강조되고 있다. 사회국가원리는 급부행정에서 중추적 헌법원리이다. 그 밖에 문화국가원리를 비롯한 새로운 헌법원리도 강조되고 있으며, 협력국가나 보장국가 등 새로운 국가상이 등장하고 있다.

1. 법치국가원리

대륙법계국가에서는 법률의 지배(Herrschaft des Gesetzes)로 구현되었고, 영미법계국가에서는 다이시(A. V. Dicey)의 영향으로 법의 지배(rule of law)로 발전되어 왔다. 특히 독일 기본법 제28조 제1항에는 법치국가원리가 직접 명시되어 있고, 동법 제20조 제3항에서는 그 내용이 보다 구체적으로 규정되어 있다. 이와 달리 대한민국 헌법에는 법치국가원리에 관한 명문의 규정이 없다. 그러나 법치국가원리가 대한민국 헌법의 기본원리임에 대해서는 의문의 여지가 없다. 법치국가원리의 핵심적 요소는 헌법과 법률의 우위이다. 행정작용은 민주적 정

하는 부관을 위 주택사업계획승인에 붙인 사실이 인정되므로, 위 부관은 부당결부금지의 원칙에 위반되어 위법하다고 할 것이다."(대법원 1997. 3. 11. 선고 96다49650 판결)

59) Breuer, Das rechtsstaatliche Koppelungsverbot, NVwZ 2017, S. 112 ff.

60) Wolff/Bachof/Stober, Verwaltungsrecht, Bd. I, 10. Aufl., § 30 Rn. 10.

당성을 가진 의회가 민주적 방식과 절차에 따라 제정한 법률에 기속되어야 한다. 오늘날의 법치국가원리는 서구의 역사적 경험을 통한 합법적 불법(不法)국가(legaler Unrechtsstaat)가 아니라, 정의(Gerechtigkeit)의 이념에 바탕을 둔 실질적 법치국가원리에 기초하고 있어야 한다.[61]

독일 연방헌법재판소는 법치국가원리를 독일 기본법상의 기본원리 내지 지도원리 중의 하나로 보고 있다.[62] 그러나 법치국가원리의 내용에 대해 다양한 의견이 제시되고 있다. 오토 마이어(Otto Mayer)의 영향으로 '법률의 지배'의 구성요소인 법률의 법규창조력(rechtssatzschaffende Kraft des Gesetzes), 법률의 우위(Vorrang des Gesetzes) 및 법률의 유보(Vorbehalt des Gesetzes)가 강조되고 있다.[63] 또한 법치국가원리에는 다양한 파생원칙이 있다. 한국 헌법재판소는 신뢰보호의 원칙을 헌법상 법치국가원리의 파생원칙으로 보고 있다.[64] 또한 과잉금지(Übermaßverbot)의 원칙 내지 광의의 비례원칙도 법치국가원리의 내용으로 파악되기도 한다.[65] 독일 연방헌법재판소장이었던 콘라드 헤세(Konrad Hesse) 교수는 법치국가원리가 국가작용의 수범자(Adressat)에 대해 법적 명확성 내지 법적 안정성을 창출하는 데에 기여해야 함을 강조하고 있다.[66] 이와 같이 국가작용에 대한 예측가능성과 신뢰보호의 원칙, 그리고 이를 통한 법적 안정성의 요청은 법치국가원리의 본질적인 요소에 해당한다.

2. 민주주의원리

민주주의(Demokratie)의 개념은 다의적이다. 민주주의원리도 헌법의 기본원리로서 행정법의 영역에서 점차 강조되고 있다. 종래에는 법치국가원리에 기초한 행정의 법률적합성이 강조되었으나, 근래에는 민주주의원리의 중요성이 인식되

61) 계희열, 헌법학(상), 신정판, 304면 이하.
62) BVerfGE 20, 323/331.
63) Otto Mayer, Deutsches Verwaltungsrecht, Bd. I, 1923, S. 65. 그러나 오늘날 독일의 행정법교재에는 법률우위의 원칙과 법률유보의 원칙만을 언급하는 것이 보통이다(Wolff/Bachof/Stober, Verwaltungsrecht I, 10. Aufl., § 30 Rn. 5 ff.; Ossenbühl, in: Erichsen/Martens (Hg.), Allgemeines Verwaltungsrecht, 9. Aufl., § 5 Rn. 7; Maurer/Waldhoff, a.a.O., § 6 Rn. 1 ff.).
64) 헌재 1997. 7. 16, 97헌마38.
65) 장영수, "헌법의 기본원리로서의 법치주의", 안암법학 제2집, 1994, 162면 이하 참조.
66) Konrad Hesse, Grundzüge des Verfassungsrechts der Bundesrepublik Deutschland, 20. Aufl., Rn. 189 ff. 여기에서 헤세(Hesse)는 법치주의의 기능으로 정당성을 통한 정치적 통일, 안정화, 합리화 및 국가권력의 제한 등을 강조하고 있다.

고 있다. 민주주의원리가 구현되는 대표적인 영역으로는 행정절차와 지방자치 등이 있다. 행정절차는 참여와 협력을 핵심적인 요소로 하고 있다. 지방자치의 영역에서도 민주주의원리가 중요한 의미를 가진다. 지방자치는 "민주주의의 훈련장"으로 민주적 정당성이 중추적 기능을 하고 있다. 또한 오늘날 '참여민주주의' 내지 '숙의민주주의'가 많이 강조되고 있다. 국민이 행정절차에 참여함으로써 민의를 전달하고 이를 정책에 반영함으로써 합의에 의한 정책결정과 집행을 할 수 있다. 수많은 개별 법률에는 청문이나 공청회 등 의견수렴에 관한 규정이 있고, 행정절차법에도 이러한 의견수렴에 관한 상세한 규정을 두고 있다.

3. 사회국가원리

사회국가(Sozialstaat)란 흔히 "사회적·경제적 약자와 소외계층, 특히 산업사회가 성립하면서 대량으로 발생한 무산근로대중의 생존을 보호하고 정의로운 사회·경제 질서를 확립하려는 국가",[67] "자유주의 내지 시장경제원리로 인해 파생된 모순과 폐단을 시정하고, 나아가서는 모든 사람이 인간다운 생활을 할 수 있는 경제적·사회적 정의를 적극적으로 실현함을 지향하는 국가체제"[68] 등으로 이해된다. 대한민국 헌법에는 독일과 달리 '사회국가원리'에 대한 명문의 규정이 없지만, 사회국가원리가 헌법의 기본원리 중 하나라는 점은 인정되고 있다. 헌법재판소는 현행 헌법이 사회국가원리를 수용하고 있다고 결정한 바 있다.[69] 그 법적 근거는 헌법 제34조(인간다운 생활을 할 권리)와 경제헌법조항(제9장) 등에서 찾고 있다.

한편, 사회국가와 유사한 개념으로는 복지국가(welfare state)가 있다. 그러나 복지국가의 개념이 사회국가의 개념과 완전히 일치하는 것은 아니다. 그 이유는 역사적·문화적·사회적 배경, 정치적 이념 등에 있어서 차이가 있기 때문이다. 복지국가는 주로 영미법계국가에 기원하고 있는 반면, 사회국가의 개념은 대체로 독일·프랑스 등 대륙법계국가에 그 배경을 두고 있다.[70] 또 다른 견해는

67) 계희열, 전게서(상), 353면.
68) 김남진, 전게서(Ⅰ), 41면.
69) "우리 헌법은 자유시장 경제질서를 기본으로 하면서 사회국가원리를 수용하여 실질적인 자유와 평등을 아울러 달성하려는 것을 근본이념으로 하고 있는 것이다."(헌재 19987. 5. 28. 96헌가4 등)
70) 일부학설은 사회국가는 원칙으로 개인의 생활을 스스로 설계 형성하는 반면, 복지국가는 이러한 책임을 국가가 진다는 점에서 차이를 찾기도 한다. 계희열, 전게서(상), 359면.

'사회복지국가'라는 용어를 사용하기도 한다.[71] 그러나 사회국가는 사회주의국가(공산주의국가)의 개념과 구별되어야 한다.

Ⅱ. 행정의 법률적합성의 원칙

행정의 법률적합성의 원칙이란 행정을 입법자의 규율(법률)에 기속시키고, 동시에 행정에 대한 재판가능성(행정사법성)이라는 통제하에 두는 것이다. 여기에는 법률우위의 원칙과 법률유보의 원칙이 있다.

1. 법률우위의 원칙

법률우위의 원칙은 행정이 법률에 기속되며, 법률에 위배되는 행정작용이 허용되지 아니 한다는 것을 의미한다. 권력분립원칙에 의하면, 행정과 사법은 때때로 긴장관계를 형성한다. 행정에 대한 사법적 통제에 있어서 법률우위의 원칙은 중요한 심사척도가 된다. 이러한 법률우위의 원칙은 행정의 전 영역에서 적용된다. 법률우위의 원칙은 형식적 의미의 법률이 행정작용보다 우선함을 의미한다.

2. 법률유보의 원칙

(1) 의의

법률유보의 원칙은 행정작용을 함에 있어서 법률에 그 근거가 있어야 한다는 것을 의미한다. 즉 행정작용에는 법률의 수권이 필요하다. 법률유보의 원칙은 국민의 권리를 제한하거나 침해하는 행정작용에 있어서 중요한 의미를 가진다. 법률우위의 원칙은 현행 법령에 대한 위반이나 충돌을 금지하는 소극적 의미를 가지는 반면, 법률유보의 원칙은 행정활동에 대한 법률의 근거(수권)를 요구하는 적극적 의미를 가진다.

(2) 법적 근거

법률유보의 원칙은 헌법 제37조 제2항에서 헌법적 근거를 가진다. 한편, 독일에서는 법률유보에 관한 헌법적 근거를 "집행권은 법률과 법에 기속된다"라

71) 김철수, 헌법학개론, 201면; 헌재 1993. 3. 11. 92헌바33 등.

고 규정한 독일 기본법 제20조 제3항에서 도출하는 것이 다수설이다.[72] 이에 대하여 설득력 있는 반론이 있다. 왜냐하면 독일 기본법 제20조 제3항은 행정의 법률에 대한 구속을 정의하고 있을 뿐이기 때문에 법률유보원칙을 명확히 규정하고 있지 않다는 이의가 제기되고 있다. 이 견해에 따르면 법률유보원칙은 의회민주주의·법치국가원리 및 기본권에서 나올 수 있고, 이러한 폭넓은 근거에서 법률유보의 의미가 설명될 수 있다고 본다.[73] 즉 민주주의원리는 시민에 의해 선출되어 민주적 정당성을 가진 의회가 공동체의 중요한 결정을 하고, 시민에게 의미 있는 규율을 제정할 것을 요청하고 있다는 것이다. 또한 법치국가원리에 의하면 국가와 시민간의 법률관계는 법률이 규율하며, 이를 통해 시민의 자유와 재산을 광범위하게 보호하는 기본권이 중요한 의미를 가지게 된다. 종전에는 법률유보의 원칙에서 말하는 '법률'에 형식적 의미의 법률 이외에 법규명령을 포함하는 견해도 있었으나, 근래에는 형식적 의미의 법률에 제한된다고 보는 견해가 유력하다. 의회유보(議會留保)의 원칙(Parlamentsvorbehalt)에서는 의회의 결정이 중요하며, 법률의 형식에 제한되지 아니한다. 또한 형식적 의미의 법률 외에 법규명령을 포함하는 것을 법규(法規)유보(Rechtssatzvorbehalt)라고 부르고 있다.[74]

(3) 법률유보의 유효범위와 규율밀도

법률우위의 원칙은 행정의 전 영역에 대해 적용되지만, 법률유보의 원칙의 적용범위에 대해서는 논란이 있다. 19세기에 입헌주의의 헌법적 도구로서 발전한 법률유보의 원칙은 초기에 침해행정에 국한되었다(침해유보설). 이는 군주제에 대해 시민과 사회를 보호하고, 필요한 권리의 제한이나 침해를 시민대표의 동의를 통해 할 수 있도록 행정작용을 구속하는 기능을 하였다. 당시의 헌법정책적인 요청과 시대사상에 따라 법률유보의 원칙은 시민의 재산이나 자유에 대한 침해에 국한하였다. 이와 달리 행정내부의 영역, 소위 특별권력관계에서는 행정 자체의 규율에 맡겨두었다. 이러한 전통적인 침해유보설이 종전에는 지배적 견해이었으나, 이제는 침해행정에 국한되는 법률유보이론은 시대착오적이고 진부한 이론이라는 비판이 제기되었다. 그 후 민주주의원리가 강조되면서 모든

---

72) Ossenbühl, in: Erichsen/Martens(Hg.), Allgemeines Verwaltungsrecht, § 5 Rn. 7.
73) Maurer/Waldhoff, a.a.O., § 6 Rn. 6 ff.
74) Maurer/Waldhoff, a.a.O., § 6 Rn. 9.

국가작용은 시민의 대표기관인 의회가 제정한 법률에 근거가 있어야 한다는 견해가 등장하였다(전부유보설). 그러나 모든 행정작용에 법률의 수권을 요구하는 것은 현실적으로 불가능할 뿐 아니라, 행정의 탄력성을 저해할 우려도 제기되었다. 또한 19세기에는 급부행정(給付行政)이 그다지 중요하지 않았고, 관심의 대상도 아니었다. 그러나 20세기에 들어오면서 전통적인 침해행정의 영역 이외에 급부행정(사회행정)의 영역에도 법률유보의 원칙이 적용되어야 한다는 견해가 등장하였다(사회유보설). 그러나 점증하는 급부행정의 의미와 모든 국가영역의 헌법적 관철이라는 의회민주주의의 발전은 법률을 통한 확대를 요구하고 있다. 어떤 영역과 사안이 법률유보의 문제로 파악되어져야 하고, 법규명령의 제정권자에게 무엇이 위임될 수 있으며, 법률의 규정이 어느 정도 명확해야 하는지는 여전히 어려운 문제로 남아 있다.

근년에는 독일 연방헌법재판소가 발전시킨 본질사항유보설(Wesentlichkeitstheorie)이 유력하다. 한국 헌법재판소는 한국방송공사법 제35조 등 위헌소원사건에서 텔레비전 방송수신료 금액의 결정을 본질적인 사항으로 국회가 스스로 결정해야 한다고 보고 있다(의회유보원칙).[75] 그러나 무엇이 '본질적'인가에 대해서는 여전히 불명확한 점이 남아있고, 본질사항유보설에 대해 '공허한 공식'이라는 비판이 제기되었다. 이에 대해 독일 연방헌법재판소는 '본질적'이라는 의미를 "기본권 실현에 있어서 본질적인"이라는 의미로 이해하고 있다.[76]

(4) 개별분야

a) 침해행정

시민의 자유와 재산은 법률에 근거하여 제한될 수 있다. 이는 전통적인 법률유보론에서 연유하는 것이 아니라, 헌법이 정하고 있는 기본권이론에서 도출될 수 있다. 기본권의 법률유보(grundrechtliche Gesetzesvorbehalt)는 침해행정의 분야에서 일반적인 법률유보이론과 거의 일치한다. 행정의 침해 권한은 법률에서 그 내용, 대상, 목적 및 범위에 대해 충분히 정해지고, 이로 인해 그 한계가 설정되며, 나아가 그 제한이 예견가능해야 한다.

b) 급부행정

법률유보가 어느 정도까지 급부행정에 영향을 미치느냐 하는 문제는 여전히

---

75) 헌재 1999. 5. 27. 98헌바70.

76) BVerfGE 47, 46/79.

다투어지고 있다. 그러나 오늘날 많은 영역이 법률상 규율되고 있어 이러한 논의의 실익은 적어지고 있다. 급부행정에 법률의 규정이 필요한지가 헌법적으로 요청되는 원칙적인 문제이지만, 국가의 급부를 법률의 수권 없이도 할 수 있는지에 관한 현실적 문제는 여전히 남아 있다. 자금조성(자금지원)의 보장이나 이와 유사한 국가의 재정적 급부에서 이러한 문제가 발생한다. 부분적으로 법률에 의해 규율되어져 왔지만, 판례나 일부 학설은 자금조성에 법률상 수권이 필요하지 않다고 본다. 즉 보조금지급에 필요한 수단을 마련하는, 예산과 같은 의회의 의사표시로서 충분하다는 것이다.[77] 다만, 이 경우에도 일정한 제한이 있을 수 있다. 제3자의 기본권 영역을 침해하는 경우에는 예외적으로 법률의 수권이 있어야 한다.

c) 특별권력관계(특수신분관계)

특별권력관계는 국가와 시민 사이의 특별히 긴밀한 관계에서 발생한다. 예컨대 공무원관계, 국·공립대학의 학사관계, 수형(受刑)관계 및 영조물관계 등이 여기에 속한다. 이러한 이론에 따르면 특별권력관계에 있는 공무원, 국·공립학생, 수형자 등에 대해서는 법률유보의 원칙이 적용되지 않는다고 보고 있다. 특별권력관계에서는 행정규칙(특히 영조물규칙)을 통해 규율되는 경우가 적지 않다. 특별권력관계이론은 법치국가원리의 관점에서 신랄한 비판을 받고 있다.

d) 행정조직 및 행정절차

법률유보의 원칙은 국가와 시민 사이의 실체법적 관계뿐만 아니라, 행정조직이나 행정절차에도 확대되고 있다. 오늘날 행정의 조직이나 구조, 행정청의 관할 및 행정절차 등의 형성은 의회가 제정한 법률을 통해 확정되고 있다. 나아가 조직과 절차를 통한 기본권보호도 강조되고 있다.

---

77) BVerwGE 6, 282/287 f.

제2장 행정상의 법률관계(행정법관계)

제1절 총 설

Ⅰ. 행정법관계의 의의

행정상의 법률관계(행정법관계)는 크게 내부법과 외부법의 관계로 구분된다. 내부법은 행정주체 내부의 영역으로서 이른바 '특별권력관계'로 다루어왔다. 이에 반해 외부법 관계는 전통적인 공법관계로서 국가와 시민(사인)의 관계이며, 이를 '일반권력관계'로 부르고 있다. 행정법관계는 행정조직법의 관계와 행정작용법의 관계로 구분되는 것이 보통이다. 행정조직법의 관계는 행정주체의 대내관계(내부법관계)와 행정주체(국가 · 지방자치단체 등) 사이의 관계로 구분할 수 있다. 행정주체의 대내관계는 특별권력관계와 관련이 있다. 행정작용법의 관계는 사인에 대한 국가의 관계를 전제로 하므로 일반권력관계의 문제이다. 행정작용법의 관계는 다시 권력관계와 관리관계 및 국고관계로 구분된다. 오늘날 국고관계는 대체로 사법관계로 분류된다.

Ⅱ. 행정법관계의 종류

1. 행정조직법의 관계

(1) 행정조직 내부관계

행정조직 내부관계는 상급기관과 하급기관의 관계, 대등기관 사이의 관계를 말한다. 이는 법률유보의 원칙이 적용되지 않는 내부법의 영역에 속하며, 훈령 · 예규 등 행정규칙이 중요한 기능을 하고 있다.

(2) 행정주체 간의 관계

국가와 지방자치단체 사이의 관계가 여기에 해당한다. 오늘날 국가와 지방자치단체 간, 지방자치단체 간, 그리고 국가와 공공단체 등 행정주체 간의 권한충돌이 증가하고 있다. 이에 대한 사법적(司法的) 분쟁해결수단으로 권한쟁의심판이 고려될 수 있지만, 그 가능성은 매우 제한적이다. 따라서 이를 해결할 공법상 권리구제수단에 관한 연구가 필요하다.

2. 행정작용법의 관계

(1) 권력관계

행정권의 주체가 사인에 대해 명령・강제하는 관계를 말한다. 이러한 행정권의 권력작용에는 존속력, 구성요건적 효력, 집행력 등 특수한 효력이 발생한다.

(2) 관리관계

행정주체가 사업이나 재산의 관리주체로서 사인과 법률관계를 형성하는 경우를 말한다. 예컨대 공물의 관리, 공기업의 경영 등이 여기에 해당한다.

(3) 국고관계

행정주체가 사인과 대등한 지위에서 계약을 체결하는 경우 등이 여기에 해당한다. 예컨대 건물임대차계약, 물품매매계약(부동산, 차량 등) 등이 그러하다. 국고관계는 대체로 사법(私法)관계로 이해되고 있다. 판례도 국유재산 중 일반재산(구 잡종재산)을 대부하는 행위를 행정처분이 아니라 사법상의 계약으로 보고 있다.[1)]

Ⅲ. 행정법관계의 특징

1. 행정결정의 특수한 효력

행정법관계에서 공익목적의 실현을 위한 행정주체의 의사에는 특수한 효력이 인정되고 있으며, 이러한 점은 사법관계와 구별되는 점이다. 이러한 특수한 효

---

1) 대법원 1995. 5. 12. 선고 94누5281 판결.

력에는 공정력, 존속력, 구성요건적 효력 등이 거론되고 있다. 행정결정에 공정력이 인정된다고 보는 견해가 일반적이다. 즉 행정주체의 의사는 비록 그 성립에 하자가 있을지라도 그 하자가 중대·명백하여 무효가 되지 않는 한 권한 있는 행정기관이나 법원에 의하여 취소될 때까지 유효한 행위로서 잠정적 통용력을 가진다고 본다. 이를 '공정력'이라고 한다. 그러나 행정행위의 '공정력' 개념은 관권국가적 사고에 기초한 것으로서 이미 시대착오적 개념이다. 이러한 공정력의 개념은 '존속력'의 개념을 통해 대체될 수 있다고 본다.

보다 중요한 것은 법적 안정성을 고려한 행정결정의 특수한 효력이다. 대표적으로 행정결정의 존속력(Bestandskraft)이 여기에 해당한다. 존속력 대신에 확정력(Rechtskraft)이라는 용어도 사용된다. 그러나 확정력은 판결의 효력을 의미하는 것이 보통이므로 행정행위의 효력인 존속력과 구별해서 이를 사용하는 것이 바람직하다. 존속력에는 '불가쟁력'과 '불가변력'이 있다. 불가쟁력은 쟁송제기기간이 경과하여 더 이상 쟁송으로 다툴 수 없는 것을 의미한다. 이를 '형식적 존속력'이라고 한다. 이에 반해 불가변력은 행정청의 결정을 임의적으로 변경하거나 소멸시킬 수 없는 것을 의미한다. 이를 '실질적 존속력'이라고 부른다. 행정기관의 준사법적(準司法的) 판단이나 개인에게 이익을 부여하는 행위 등이 대표적이지만, 일반적인 행정청의 결정(처분)에도 불가변력이 인정된다.

그 밖에 행정주체(행정기관)의 의사가 유효하게 존재하는 이상 다른 국가기관은 그 사실요건에 대한 판단을 존중하며 스스로의 판단의 기초 내지 구성요건으로 삼아야 하는 구속을 받는다. 예컨대 甲에 대한 법무부장관(B)의 귀화허가에 대해 A 구청장이 이를 존중하고 판단의 기초로 삼는 것이 여기에 해당한다. 이를 '구성요건적 효력'이라고도 부른다. 이에 대해서는 행정작용편에서 상론하기로 한다.

2. 적용법리의 특수성

행정법은 '공법'의 일부이므로 사법(私法)과는 다른 법리가 적용되는 경우가 적지 않다. 사법의 영역에서도 법령을 위반하는 것은 허용되지 아니하지만, 대체로 '사적 자치의 원칙'이 적용되고 있다. 그러나 행정법의 영역에서는 '행정의 법률적합성의 원칙'이 중요한 역할을 수행한다. 법률유보의 원칙이 적용되는 범위에 대해서는 견해대립이 있으나 적어도 국민의 권리나 기본권을 침해하거나 제한하는 경우에는 법률의 수권이 있어야 한다. 신뢰보호의 원칙, 비례의 원칙,

행정의 자기구속의 법리, 부당결부금지의 원칙 등은 행정법의 영역에서 중요한 일반원칙이다.

3. 권리구제수단의 특수성

행정법상의 법률관계는 민사소송과 달리 행정소송을 통해 다툴 수 있다. 위법한 행정처분에 대해서는 항고소송을 제기할 수 있고, 공법상 법률관계에 대해서는 당사자소송을 통해 권리구제를 받을 수 있다. 또한 적법한 재산권 침해에 대해서는 손실보상을 청구할 수 있다. 학설은 대체로 손실보상청구권을 사권설로 설명하고 있으나, 전술한 바와 같이 재결에 의한 보상금소송은 항고소송으로, 그리고 보상금증감청구소송은 공법상 당사자소송으로 다투고 있다. 그리고 공무원의 위법한 직무행위에 의한 손해에 대해서는 국가배상을 청구할 수 있다. 국가배상청구권은 본질적으로 공법적 성질을 가지고 있지만, 소송실무에 있어서는 민사소송으로 제기하고 있다.

4. 행정상 강제수단의 특수성

행정주체는 집행명의가 없이도 스스로 행정상 의무이행을 강제할 수 있다. 이를 '자력집행력'이라고 한다. 행정주체가 개인에게 행정상 의무를 부과하였으나 이를 이행하지 않는 경우에는 별도의 집행명의가 없어도 법률이 정한 절차나 범위 내에서 행정상 강제수단을 사용할 수 있다. 행정상 강제수단에도 행정상 강제집행, 즉시강제와 같은 직접적인 실효성확보수단 외에 행정벌(행정형벌·행정질서벌)과 같은 간접적인 실효성확보수단도 있다. 근래에는 과징금, 공표, 관허사업의 제한 등 새로운 실효성확보수단이 등장하고 있다.

제2절 행정법관계의 당사자

Ⅰ. 행정주체

행정상 법률관계에는 권리·의무의 귀속주체가 필요하다. 행정주체에는 국가, 공공단체 및 공무수탁사인이 있다.

1. 국 가

전통적인 공법이론에 의하면, 국가는 시원적인 행정권을 가진 행정주체로서 법인격을 가진다고 보고 있다. 즉 독일의 국가법인설에 의하면 국가도 '공법인'의 하나로 이해된다. 따라서 국가는 그 기관에 해당하는 행정청과 구별된다.

2. 공공단체

공공단체에는 지방자치단체, 공공조합, 영조물법인 및 공법상 재단(공재단)이 있다. 이를 구분하여 설명하면 아래와 같다.

(1) 지방자치단체

지방자치단체는 대체로 "일정한 구역과 그 주민을 구성요소로 하는 공공단체"이다. 지방자치단체는 국가 영토의 일부를 구성요소로 하고 그 구역 내의 주민에 대하여 지배권을 가진 단체를 말한다. 지방자치단체는 관할 구역 내에서 지배권(지역적 지배권)을 가진 공공단체의 하나라는 점에서, 다른 공공단체와 구별된다. 지방자치단체는 구성 및 권한의 일반성 여부에 따라 보통지방자치단체(특별시·광역시·특별자치시·도·특별자치도, 시·군·자치구)와 특별지방자치단체로 구분되고 있다(지방자치법 제2조 참조). 지방자치는 칼 슈미트(C. Schmitt)의 영향으로 제도적 보장으로 보는 견해가 지배적이나, 오늘날에는 지방자치단체의 주관적 권리가 점차 강조되고 있다. 또한 지방자치단체는 주민의 복리에 관한 사무를 처리하고 재산을 관리하며 자치에 관한 규정을 제정하는 등 자치행정권·재정자주권 및 자치입법권을 가진다. 이와 같이 지방자치단체는 지역공동체의 사무에 대해 전(全)권한성(Allzuständigkeit)과 자기책임성을 가진다.[2)]

(2) 공공조합(공법상 사단법인)

공공조합이란 특정한 국가적 목적을 위하여 결합된 인적 단체이며, 자치권이 인정된다. 이를 '공법상 사단법인'이라고 한다. 지방자치단체가 지역적 지배권을 가진 공공단체(지역단체)인데 반하여, 공공조합은 인적 단체라고 볼 수 있다. 공

---

2) 졸저, 현대행정의 작용형식, 409-410면.

공조합은 국가의 공적 과제를 실현하는 것을 목적으로 한다는 점에서 사법상의 사단법인과 구별된다.[3] 공공조합은 구성원을 가지며 가입이 강제되는 경우가 대부분이다. 여기에는 상공회의소, 주택재건축정비사업조합,[4] 농지개량조합, 변호사회[5] 등이 있다.

(3) 영조물법인

영조물법인은 공영조물이 법인격을 취득한 공공단체이다. 특히 오토 마이어(Otto Mayer)는 공영조물(öffentliche Anstalt)을 "공행정주체에 소속되어 특정한 공적 목적에 계속해서 기여하도록 정한 인적 · 물적 수단"이라고 정의하였다.[6] 공법상 영조물법인에는 공공조합과 달리 구성원(예컨대 조합원)은 없고, 이용자만 있는 경우가 대부분이다. 영조물의 이용자가 영조물의 구성원은 아니다. 영조물법인에 해당하는 것으로 한국방송공사(KBS), 한국은행, 서울대학교병원 등이 있다. 이러한 행정주체의 하나인 영조물법인의 공권력 행사와 관련된 법률관계는 공법관계로 파악되지만, 채용 등에서 사법상 법률관계로 본 경우도 있다. 즉 판례는 한국방송공사(KBS)의 직원채용을 사법(私法)상의 법률관계로 보고 있다.[7] 한편, 공사 · 공단 등의 특수법인도 넓은 의미의 '영조물'에 해당한다(예컨대 한국토지주택공사, 한국도로공사, 한국교통안전공단 등).

(4) 공법상 재단(공재단)

공법상 재단(공재단)이란 일정한 목적을 위해 출연된 재산을 관리하기 위해 설립된 공공단체이다. 공재단에는 공공조합의 구성원이나 영조물법인의 이용자는 없고, 수혜자만 있다. 공재단에는 한국연구재단 · 한국학중앙연구원 등이 속한다. 한국학중앙연구원육성법 제1조에 따르면 '한국학중앙연구원'은 재단법인이다.

---

3) 판례는 농지개량조합의 직원에 대한 징계처분을 공법상 특별권력관계의 문제로서 행정소송사항에 해당한다고 보나(대법원 1995. 6. 9. 선고 94누10870 판결), 한국토지신탁 내부의 고용관계에 관한 사항은 사법관계로 보아 헌법소원의 대상이 되지 않는다고 보고 있다(헌재 2003. 3. 28. 2001헌마464).

4) 대법원 2009. 9. 17. 선고 2007다2428 판결.

5) 대법원은 대한변호사협회를 "변호사법에 의해 설립된 공법인"으로 이해하고 있다(대법원 2021. 1. 28. 선고 2019다260197 판결). 하급심 중에는 지방변호사회가 행정주체의 하나인 공공조합에 해당한다고 판시한 사례가 있다(서울행정법원 2003. 4. 16. 선고 2002구합32964 판결).

6) Otto Mayer, Deutsches Verwaltungsrecht, Bd. Ⅱ, 3. Aufl., S. 268.

7) 헌재 2006. 11. 30. 2005헌마855.

3. 공무수탁사인

사인이 행정사무에 관한 권한을 위탁받아 수행하는 경우가 있다. 이를 '공무수탁사인(Beliehne)'이라고 한다. 예컨대 공익사업과 관련하여 사인(사기업)이 사업시행자로서 토지수용을 하는 경우가 여기에 해당한다. 공무수탁사인은 원칙적으로 사법상 자연인 또는 법인이다.[8] 이러한 공무수탁사인은 공법상 권리·의무의 귀속주체가 되며, 단순히 행정업무를 보조하는 행정보조인과 구별된다. 종전에는 공무수탁사인이 행정주체라는 점이 강조되었으나, 오늘날에는 행정기관 내지 행정청의 지위도 인정될 수 있다고 보고 있다.[9]

Ⅱ. 행정객체

행정객체는 행정상 법률관계에서 행정주체에 상응하는 개념이다. 행정객체는 사인, 즉 개인(자연인) 또는 사법상 법인인 경우가 대부분이다. 그러나 납세의무와 같은 공법상 의무를 부담하는 지위를 가지는 경우에 공법인이나 국가기관도 행정객체가 될 수 있다. 공공단체의 기관도 이러한 행정객체의 지위를 가지는지가 다투어지고 있다. 이러한 문제는 항고소송의 원고적격이 인정되는지와 관련이 있다.

제3절 공권과 공의무

Ⅰ. 서 설

행정법관계는 공권과 공의무로 구성되어 있다. 전통적인 행정법관계에서는 국가와 시민의 수직적 법률관계가 중심을 이루고 있었으나, 오늘날에는 도시계

8) Maurer/Waldhoff, Allgemeines Verwalungsrecht, 19. Aufl., § 23 Rn. 56. 한편, 국내 학설 중에는 법인격 없는 단체도 공무수탁사인에 포함시키는 견해가 있다(박균성, 전게서(상), 109면). 그러나 공무수탁사인의 특성상 법인격 없는 단체를 여기에 포함시키는 것은 타당하지 않다.

9) 졸저, 현대행정의 작용형식, 447면.

획법 및 환경법분야에서 다면적(다원적·다극적) 법률관계가 강조되고 있다. 허가를 신청하는 사업시행자와 그 심사를 통해 허가를 발급할 수 있는 행정청, 그리고 이러한 허가의 발급으로 이해관계를 가지는 인근주민이라는 법률관계가 형성된다. 이러한 전형적인 삼각관계(행정청-사업시행자-제3자)는 다원적 법률관계의 핵심을 이루고 있다. 후술하는 바와 같이 행정법관계는 행정소송에서 중요한 의미를 가진다.

공의무는 주관적 공권에 상응하는 개념이다. 공의무는 그 내용에 따라 작위의무, 부작위의무, 수인의무 및 급부의무로 구분된다. 공의무는 법령이나 행정주체의 고권적 작용에 의해 부과되는 것이 보통이며, 상대방이 이를 이행하지 않을 경우에는 자기집행력에 근거하여 행정강제의 수단이 사용된다. 공의무도 일신전속적 성질을 가지는 경우가 대부분이며, 그 이전이나 포기가 제한된다. 이와 관련하여 제재처분의 승계가 문제된다. 자연인의 사망, 법인의 합병 등에 의해 당사자 사이에 지위의 승계가 이루어진다(행정절차법 제10조 참조). 그러나 당사자 사이의 지위승계에 있어서 양도인에게 발생한 행정상 제재가 양수인에게 이전되는지가 논란이 된다. 대법원은 등록영업인 석유판매업의 양도가 이루어진 경우에 양도인에게 발생한 제재사유가 양수인에게 승계된다고 판시하고 있다.[10)]

Ⅱ. 주관적 공권

1. 주관적 공권의 개념 및 제도적 기능

주관적 공권(subjektive öffentliche Rechte)에 관한 이론은 독일의 공법학자 게오르크 옐리네크(Georg Jellinek)[11)]와 뷜러(O. Bühler)[12)] 등에 의해 기초되었고, 오토 바호프(Otto Bachof)[13)]에 의해 괄목할 만한 발전을 이루었다. 주관적 공권이란 흔히 국가와 시민의 관계에서 시민이 자신의 이익을 위해 국가에 일정한

10) 대법원 2003. 10. 23. 선고 2003두8005 판결.
11) G. Jellinek, System der subjektiven öffentlichen Rechte, 2. Aufl., 1905, herausgegeben und eingeleitet von Jens Kersten, S. 41 ff.
12) Bühler, Die subjektiven öffentlichen Rechte und ihr Schutz in der deutschen Verwaltungsrechtsprechung, 1914, S. 21, 223 ff.
13) Bachof, Begriff und Wesen des sozialen Rechtsstaates, VVDStRL 12(1954), S. 72 ff.; ders., Reflexwirkungen und subjektive Rechte, GS für Walter Jellinek, 1955, S. 287 ff.

행위를 요구할 수 있는 법적인 힘(Rechtsmacht)을 의미한다. 이러한 주관적 공권은 국가와 시민 사이의 관계뿐만 아니라, 공법상 법인격 사이의 관계에 있어서도 적용된다. 전술한 지방자치단체의 주관적 공권이 그러하다. 그러나 주관적 공권은 후술하는 바와 같이 기본권과 구별된다. 독일에서는 주관적 공권이 인간의 존엄과 인격권이 적용된 것이며(독일 기본법 제1조 제1항, 제2조 제1항), 그 보장은 자유민주주의적 · 사회적 법치국가를 지향하는 국체의 기본조건이라고 보고 있다.[14] 주관적 공권의 실천적 의미는 사법적 실현가능성에 있다는 점을 간과해서는 아니된다. 독일에서는 기본법 제19조 제4항의 포괄적 권리구제에 의해 이러한 주관적 공권이 보장되고 있다. 국가의 공권력에 의해 시민의 주관적 공권이 침해된 경우에는 권리구제의 길이 열려 있다. 이에 따라 위법한 행정작용에 의해 시민의 주관적 공권이 침해된 경우에는 법원에 권리구제를 요청할 수 있다. 독일 행정법원법에는 취소소송이나 의무이행소송 외에 일반이행소송, 일반확인소송 및 계속확인소송 등 다양한 소송형식이 보장되어 있다. 이러한 소송형식은 법률에 규정된 경우도 있지만 해석을 통해 인정되는 경우도 있다. 다만, 독일에서는 주관적 공권을 도출하기 위해 해당 법규가 사익보호성을 목적으로 하여야 한다. 이를 '보호규범론(Schutznormtheorie)'이라고 한다.

2. 주관적 공권의 특수성

주관적 공권은 몇 가지 특수성을 가지고 있다. 우선 주관적 공권은 '불융통성'을 가진다. 주관적 공권은 그 이전이 제한되는 경우가 대부분이다(이전의 제한). 사권(私權)은 일신전속적인 것을 제외하고 원칙적으로 이전될 수 있지만, 주관적 공권은 법령에 의해 양도나 상속 등이 부인되고 있다. 국가배상법상의 배상받을 권리의 양도금지, 공무원연금법상의 연금청구권의 양도금지 등이 그러하다. 또한 압류가 제한되는 경우가 있다(민사집행법 제246조 제1항 제4호의 급여채권의 압류제한). 한편, 선거권과 같은 공권은 공익적 성격이 강하므로 이를 임의로 포기할 수 없다(포기의 제한). 그러나 선거권(공권)의 포기와 선거의 불행사는 서로 구별되어야 한다. 둘째, 주관적 공권은 원칙적으로 '일신전속적' 성격을 가지므로 그 위임 또는 대리가 허용되지 않는다(비대체성). 선거권의 대리나 위임이 허용되지 않는 경우가 여기에 속한다. 셋째, 주관적 공권을 보호하기 위한

---

14) BVerwGE 1, 159.

권리구제절차는 '공법소송'에 의한다(권리구제의 특수성). 사권(私權)을 보호하기 위한 민사소송과는 달리 주관적 공권의 권리구제는 행정소송(항고소송, 당사자소송) 또는 헌법소송의 형식으로 이루어진다.

한편, 주관적 공권에 대한 비판적 견해도 있다. 일본 행정법학계의 주류인 공·사법 일원론은 공권의 특수성을 비판하고 있다.[15] 예컨대 공권의 불융통성이나 비대체성은 근대국가의 특수성(신분사회)에서 발생한 것이며 선험적인 것이 아니라고 비판하고 있다. 이 문제는 기본적으로 공법과 사법의 구별에 관한 문제의 연장선상에 서 있다. 다만, 한국의 공법은 일본과 달리 공·사법 이원론에 기초하고 있음을 간과해서는 아니된다. 공권의 특수성 문제는 개별법 규정의 목적이나 근거 등에 비추어 구체적으로 판단되어야 한다.

3. 주관적 공권의 성립요건

법논리적으로 주관적 공권은 객관적 법규에 근거하여 이에 상응하는 상대방의 의무를 요건으로 하고 있다. 공법에서 주관적 공권이 성립하기 위해서는 강행법규가 공익뿐만 아니라 시민의 이익에도 기여할 수 있어야 한다. 해당 법규정이 시민에게 단순히 이익을 가져다주고 주관적 권리의 근거를 제공하지 못하는 경우에는 반사적 이익(Rechtsreflex)에 해당할 뿐이다. 뷜러(Ottmar Bühler)는 공권의 성립에 있어서 3요소론을 강조하였다. 즉 법령상 강행법규, 사익보호성 및 의사력(Willensmacht)과 같은 세 가지 요건을 충족하여야 한다는 것이다.[16] 이 중에서 사익보호성은 주관적 공권의 판단에 있어서 핵심적 요소이다.[17]

한편, 주관적 공권은 사법적(司法的) 권리구제와 밀접한 관련이 있지만, 주관적 공권이 행정소송에 있어서 원고적격과 완전히 일치하는 것은 아니다. 독일에서는 권리(공권)의 침해를 원고적격 내지 제소권의 요건으로 보고 있다는 점에서 양자가 일치할 수 있지만, 한국의 행정소송에서는 양자가 구별된다. 행정소송법 제12조에서는 "법률상 이익"을 가진 자에 대해 원고적격을 인정하고 있다. 원고적격은 소송입구의 문제이지만, 주관적 공권은 본안판단의 문제로 다루어진다. 본안판단에서는 공권에 상응하는 (공)의무의 존재가 중요하다. 이 경우 법규범의 해석에 의해 행정주체가 일정한 행위를 할 의무가 있는지가 도출되어야

---

15) 塩野 宏, 行政法 I, 제6판, 28면 이하.
16) Bühler, a.a.O., S. 21.
17) Maurer/Waldhoff, a.a.O, § 8 Rn. 8 f.

한다. 나아가 해당 법규범이 공익만을 지향하는 것이 아니라, 개인의 사익보호에 기여하는지가 검토되어야 한다. 모든 법규범으로부터 사익보호성이 도출되는 것은 아니라는 점에 주의해야 한다. 판례는 사익보호성을 확대해서 종전에 반사적 이익으로 보던 것을 공권(법률상 이익)으로 인정하고 있다. 참고로 독일 행정법원법 제42조의 '권리(Recht)'는 "법질서에 의해 보호할 가치가 있는 것으로 인정되는 모든 개인적 이익(사익)"을 의미한다. 단순히 보호가치성의 문제가 아니라, 법규를 통해 사익이 보호되는지 여부가 중요하다. 즉 법규가 공익뿐만 아니라 원고의 사익 보호에도 봉사하여야 한다는 것이다.[18] 이에 반해 대법원은 관계 법규정의 목적에 대한 해석을 통해서 원고적격을 인정하고 있다. 그 대표적인 사례가 인근주민이 연탄공장 설치허가의 취소를 다툰 사건이다(소위 "연탄공장" 사건). 이 사건은 강학상 허가임에도 불구하고 제3자의 원고적격을 인정한 것이다. 이 사건의 원심인 서울고등법원은 해당 건축법상 허가의 취소를 구하는 것을 반사적 이익으로 보았으나, 상고심인 대법원은 이를 법률상 이익으로 판단하였다.[19]

이 문제는 후술하는 바와 같이 행정소송법의 원고적격과 관련하여 상세히 논의될 수 있다. 특히 환경법의 영역에서 원고적격의 확대 경향은 더욱 두드러지고 있다. 대법원은 환경영향평가제도의 취지가 단순히 환경공익을 보호하려는 데 있는 것이 아니라고 보면서, 환경영향평가 대상지역 안의 주민들의 이익을 반사적 이익이 아니라 직접적·구체적 이익으로 판단하였다. 이후 이러한 대법원 판례의 입장은 환경소송에서 계속 유지되고 있다.[20]

4. 주관적 공권과 기본권

독일에서는 법률상 보호된 이익으로서 주관적 공권이 개별법에 근거해서 도

18) Schmitt Glaeser/Horn, Verwaltungsprozeßrecht, 15. Aufl., Rn. 158 참조.

19) "도시계획법과 건축법의 규정취지에 비추어 볼 때 이 법률 등이 주거지역에서의 일정한 건축을 금지하고 또는 제한하고 있는 것은 도시계획법이 추구하는 공공복리의 증진을 도모하고자 하는데 그 목적이 있는 동시에 한편으로는 주거지역내에 거주하는 사람의 주거의 안녕과 생활환경을 보호하고자 하는데도 그 목적이 있는 것으로 해석된다. 그러므로 주거지역 내에 거주하는 사람이 받는 위와 같은 보호이익은 단순한 반사적 이익이나 사실상의 이익이 아니라 바로 법률에 의하여 보호되는 이익이라고 할 것이다."(대법원 1975. 5. 13. 선고 73누96·97 판결)

20) 대법원 1998. 9. 22. 선고 97누19571 판결; 대법원 2006. 3. 16. 선고 2006두330 전원합의체 판결 등.

출되어야 하며 단순한 사실적인 관련성은 근거가 될 수 없다고 보는 견해가 다수설이다. 그러나 이에 대해 다수설의 입장이 협소하며 헌법적인 측면을 충분히 고려하지 못하는 점이 있다고 보는 견해도 있다.[21] 기본권과 주관적 공권은 반드시 일치하지 않는다. 특히 공법인의 기본권 주체성에서 이러한 차이점은 여실히 드러난다. 기본권은 원칙적으로 국가의 고권적 작용이나 조치 등에 대한 방어권을 의미한다. 주관적 공권은 개별 법률에 근거하는 경우가 대부분이다. 헌법을 구체화하고 있는 개별 법률은 적용의 우위를 가진다. 그러나 개별 법률에서 공권의 근거를 도출하기 어려운 경우에 기본권으로부터 공권의 근거를 도출할 수 있는지가 문제이다. 독일의 판례에서는 특별한 기본권이 관련되지 않고 헌법질서에 반하지 않는 경우에 독일 기본법 제2조 제1항의 인격의 자유로운 발현권이 주관적 공권의 근거가 될 수 있다고 보고 있다.[22] 입법자는 주관적 권리가 어느 정도의 범위에서 보장되는지를 결정하여야 한다. 이 경우에 헌법에 보장된 기본권을 고려하여야 한다. 행정소송법 제12조에는 "법률상 이익"이라고 규정하고 있어, '법률'이 아닌 헌법의 기본권규정에서 공권을 인정하는 것에 반대할 수 있다. 그러나 '법률'을 실질적 의미의 법률로 이해하는 경우에는 이러한 문제를 해결할 수 있다. 다만, 기본권 규정에 근거해서 공권을 도출하는 경우에는 다원적인 법률관계에서 상대방의 기본권 보호와 충돌할 가능성도 적지 않다. 사인인 상대방이나 제3자는 모두 기본권의 주체가 될 수 있고, 교호적 관계에서 있는 것이다. 제3자의 기본권 보호를 지나치게 강조하는 경우에는 상대방의 기본권(재산권, 직업의 자유 등)이 제한될 수 있다.

Ⅲ. 특수한 공권

1. 무하자재량행사청구권

(1) 의의 및 법적 성질

주관적 공권은 헌법의 영역에서 기본권의 본질과 함께 논의되었다. 전통적으로 기본권의 소극적(방어적) 성격이 강조되었고, 그러한 의미에서 주관적 공권은 국가에 대한 방어권으로 이해되어 왔다.[23] 이와 관련하여 특수한 공권으로 무하자

21) Maurer/Waldhoff, a.a.O., §8 Rn. 10.
22) BVerfGE 9, 83/88; 19, 253/257; 29, 402/408; BVerwGE 30, 191/198.

자재량행사청구권과 행정개입청구권 등이 논의되고 있다. 무하자재량행사청구권은 다음과 같은 경우에 인정된다. 즉 공로(公路)에 건물 주차장의 출입 편의를 위해 도로점용허가(특허)를 신청한 경우에 점용허가의 발급여부는 행정청의 재량에 맡겨져 있고, 신청자는 허가의 발급을 청구할 수는 없고 하자 없는 결정을 요구할 수 있다. 행정청은 재량의 하자 없는 결정을 해야 하고, 재량감축의 경우에 유일하게 남아있는 하자 없는 재량결정을 할 의무가 있다. 이에 상응해서 사인은 소위 무하자재량행사청구권(Anspruch auf fehlerfreie Ermessensausübung)을 행사할 수 있다. 이 경우 사인은 재량을 수권하고 있는 법규범이 공익뿐만 아니라 사익에 봉사하는 경우에 일정한 결정(도로점용허가의 발급)을 청구할 수 있다(사익보호성). 그러나 이러한 무하자재량행사청구권의 법리는 독일 법학의 산물(産物)로서 재량의 자의를 방지하기 위해 1914년 뷜러(Bühler)에 의해 창안된 것이다. 그는 당시에 이를 재량의 "정당한 행사청구권"(Anspruch auf die richtige Ausübung)이라고 표현하였다. 오늘날의 "무하자재량행사청구권"이라는 표현은 오토 바호프(Otto Bachof) 교수에 의해 명명된 것이다.[24] 무하자재량행사청구권은 '형식적 권리'로 이해되며, 일정한 급부나 행위를 요구할 수 있는 실체적 권리와는 구별된다. 또한 절차와 관련된 것이라기보다는 행정결정의 내용에 관련된 것이다.

(2) 무하자재량행사청구권의 허용여부

a) 학설

학설은 무하자재량행사청구권의 허용 여부를 둘러싸고 대립하고 있다. 무하자재량행사청구권은 독일에서 유래된 제도이다. 이를 도입한 초기에 무하자재량행사청구권은 절차적 권리(절차권)로 이해되기도 하였으나, 오늘날에는 대체로

---

23) 법실증주의자인 켈젠(Kelsen)은 "국가로부터의 자유" 또는 "국가의 부작위"를 요구할 수 있는 법적인 권리를 부정하였다. 즉 국민의 자유권은 법률유보를 전제로 한 보장일 뿐이었다. 그러나 국가에 대한 국민의 주관적 공권을 인정하고 이를 체계적으로 분류하는 데에 결정적 기여를 한 것은 옐리네크(Georg Jellinek)의 지위이론이었다. 그는 국민의 국가권력에 대한 지위를 수동적 지위(의무), 소극적 지위(자유권), 적극적 지위(청구권·수익권) 및 능동적 지위(참정권)로 구분하였다. 그러나 옐리네크(G. Jellinek)도 기본권의 주관적 공권성을 인정하지만, 이 권리는 국가의 은총에 기초하고 있으며 언제든지 회수할 수 있다고 보는 점에서 한계를 가진다(이에 대한 상세한 내용은 계희열, 헌법학(중), 보정판, 27면 이하; 허영, 한국헌법론, 제3판, 206면 참조).

24) Bachof, Die verwaltungsgerichtliche Klage auf Vornahme einer Amtshandlung, 1951, S. 68 ff.

'형식적' 권리로 파악되고 있다. 무하자재량행사청구권의 내용에 대하여 서로 이해를 달리하는 부분도 있으나, 일반적인 무하자재량행사청구권은 부인되고 있다. 즉 행정청이 법규상 재량권을 가진 경우에도 그 행사에 일정한 법적 한계를 준수해야 한다는 점에서 무하자재량행사청구권을 인정할 수 있지만, 이 경우에도 공권의 성립요건을 충족해야 한다는 것이다. 이러한 비판에 대하여 무하자재량행사청구권은 광의로는 개인이 행정청에 대하여 재량권의 하자 없는 행사를 청구할 수 있는 공법상 형식적 권리로서 이해될 수 있으나, 협의로는 결정재량권은 없고 선택재량권만 있는 경우로 보고 협의의 무하자재량행사청구권을 강조하는 견해도 있다.[25] 그러나 부정설은 재량권의 하자 있는 행사란 결국 위법한 행사를 의미하고, 실체적 측면에서 권리침해를 인정할 수 있으며, 하자 없는 재량권의 행사를 청구할 수 있는 것은 원고적격을 부당하게 넓혀 실질적으로 민중소송화(民衆訴訟化)할 우려가 있다고 비판하고 있다.[26]

b) 판례

판례가 무하자재량행사청구권을 인정하고 있는지 여부의 해석에 대해서도 학설은 대립하고 있다. 일부견해는 검사임용거부처분 취소소송에서 판례가 무하자재량행사청구권의 법리를 인정하고 있다고 주장한다. 사법시험을 합격하고 소정의 과정을 이수한 원고(A)가 법무부장관(B)을 피고로 임용거부처분에 대한 취소를 구한 사건이다. 대법원은 "임용여부에 대한 응답여부는 임용권자의 자유재량에 속하며, 재량권의 일탈・남용이 없는 위법하지 않은 응답을 할 의무가 임용권자에게 있으며, 이에 상응하여 원고로서도 재량권의 한계・일탈이나 남용이 없는 적법한 응답을 요구할 권리가 있다"라고 판시하고 있다.[27] 이에 따라 A는 이러한 "응답신청권"에 기하여 재량권을 남용한 위법한 거부처분에 대한 취소

25) 김남진, 행정법의 기본문제, 신판, 152면.

26) 이상규, 신행정법론(상), 200면.

27) "검사의 임용에 있어서 임용권자가 임용여부에 관하여 어떠한 내용의 응답을 할 것인지는 임용권자의 자유재량에 속하므로 일단 임용거부라는 응답을 한 이상 설사 그 응답내용이 부당하다고 하여도 사법심사의 대상으로 삼을 수 없는 것이 원칙이나, 적어도 재량권의 한계 일탈이나 남용이 없는 위법하지 않은 응답을 할 의무가 임용권자에게 있고 이에 대응하여 임용신청자로서도 재량권의 한계 일탈이나 남용이 없는 적법한 응답을 요구할 권리가 있다고 할 것이며, 이러한 응답신청권에 기하여 재량권 남용의 위법한 거부처분에 대하여는 항고소송으로서 그 취소를 구할 수 있다고 보아야 하므로 임용신청자가 임용거부처분이 재량권을 남용한 위법한 처분이라고 주장하면서 그 취소를 구하는 경우에는 법원은 재량권남용 여부를 심리하여 본안에 관한 판단으로서 청구의 인용 여부를 가려야 한다."(대법원 1991. 2. 12. 선고 90누5825 판결)

소송을 제기할 수 있다고 보고 있다. 원심(서울고법)은 국민의 신청에 대한 거부처분이 되려면 행정청에 대하여 그 신청에 따른 행정행위를 해줄 것을 요구할 수 있는 법규상 또는 조리상의 권리가 있어야 하나, 당해 사안에서 원고에게는 이러한 권리가 없다고 보아 부적법각하를 하였다. 그러나 대법원은 검사지원자 중 한정된 수의 임용대상자에 대한 임용결정은 그 임용대상에서 제외한 자에 대한 임용거부결정이라는 양면성을 지니는 것이므로 임용대상자에 대한 임용의 의사표시는 동시에 임용대상에서 제외한 자에 대한 임용'거부'의 소극적 의사표시를 포함한 것으로 볼 수 있다고 보고 있다. 또한 이러한 임용거부의 의사표시는 본인에게 직접 고지되지 않았다고 하여도 본인이 이를 알았거나 알 수 있었을 때에 그 효력이 발생한 것으로 보아야 할 것이라고 판단하였다. 대법원은 원고가 법규상 또는 조리상의 권리를 가지고 있지 않아 법무부장관이 아무런 응답을 하지 않은 것을 '부작위'로 본 것은 법리를 오해한 것이라고 하여 원심을 파기환송하였다.

c) 구체적인 쟁송수단

무하자재량행사청구권을 행사하였으나 거부처분(소극적 거부처분도 포함)이 내려진 경우에는 이에 대해 취소소송을 제기할 수 있다(행정소송법 제30조 제2항, 제3항). 원고가 이러한 취소소송에서 승소하여 처분이 취소되면, 처분청은 판결의 취지에 따라 그 위법사유를 시정하고 다시 신청한 처분을 하여야 한다. 그러나 절차상 하자의 경우에는 피고 행정청이 다시 적법한 절차를 거쳐 동일한 처분을 하더라도 위법한 처분이 되지 아니한다(행정소송법 제30조 제2항, 제3항).

한편, 독일 행정법원법에는 당사자의 신청이 거부되거나 방치(不作爲)된 경우에 효과적으로 대처할 수 있는 소송형식이 보장되어 있다. 이 경우 의무이행소송의 하위유형에 속하는 적정재량결정소송(適正裁量決定訴訟, Bescheidungsklage)[28)]

28) 이러한 소송유형을 일본 학설의 영향으로 '지령소송(指令訴訟)'으로 부르고 있다. 그러나 이러한 용어는 소송의 본질에 부합하지 않는 번역용어이다. 이 소송은 행정청에 재량행위나 판단여지가 부여된 경우, 사건의 성숙성 요건을 충족하지 않아 사안이 판결을 내리기에 적합하지 않은 경우 또는 원고가 무하자재량행사청구를 요구하는 경우에 행정청의 독자적 판단 존중과 권력분립원칙을 고려하여 행정부가 사법부의 판결취지에 따라 재량행사를 적정하게 해 줄 것을 요구하는 소송이다. 이에 대한 상세는 Schoch/Scmidt-Aßmann/Pietzner, VwGO, §42 Rn. 93 참조. 최근에는 이러한 취지를 반영하여 국내학설도 "재량행위요구소송"또는 "재결정명령(소송)"등으로 부르기도 한다. 그러나 이러한 소송이 단순히 재량행위를 다시 요구하는 것은 아니며, 행정청은 취소판결의 기속력에 의해 기속·재량행위를 불문하고 모두 재결정을 내려야 한다는 점에서 일정한 한계가 있다. 따라서 본서에서는 이러한 소송유형을 '적정재량

을 통해 이행강제를 고려할 수 있기 때문이다(독일 행정법원법 제41조 및 제113조 제4항 참조). 그러나 한국 행정소송법에는 이러한 소송유형에 대한 명문의 규정이 없고, 거부처분 취소소송이나 부작위위법확인소송만이 규정되어 있을 뿐이다(행정소송법 제38조 제2항, 제30조). 이와 관련하여 2012년에 입법예고가 된 법무부의 행정소송법 개정안에는 "행정청이 그 처분을 하지 않는 것이 재량권의 한계를 넘거나 그 남용이 있다고 인정하는 경우에는 행정청에게 판결의 취지를 존중하여 처분을 이행하도록 선고"할 것을 규정한 바 있다(개정안 제44조 제2호).

d) **검토**

무하자재량행사청구권은 행정청의 독자적 판단을 존중하면서 하자 없는 재량행사를 구하는 특수한 공권의 하나이다. 무하자재량행사청구권이 허용되기 위해서는 이를 실현할 수 있는 소송형식이 보장되어야 한다. 이러한 소송형식이 없는 경우에 무하자재량행사청구권을 인정하는 것은 실익이 없다. 다만, 행정소송법의 개정을 통해 독일의 적정재량결정소송과 같은 소송형식을 도입하는 경우에는 이러한 무하자재량행사청구권을 인정할 수 있다. 공권이 성립하기 위해서는 강행법규에 의한 작위의무가 있어야 한다. 재량규정도 이러한 작위의무의 근거규정이 될 수 있다. 여기서 나오는 주관적 공권이 바로 무하자재량행사청구권이다.[29] 예컨대 행정청의 재량행사의 자유에 상응해서 자신의 권리를 침해당한 사인은 무하자재량행사청구권을 가진다. 이러한 무하자재량행사청구권은 기속행정의 영역에서 내용상 특정한 행정결정에 대한 실체적 권리에 대응하는 것이다. 이러한 무하자재량행사청구권은 사인이 자신의 권리침해와 관련되어야 한다. 그 재량 규정은 단순히 공익에만 봉사하지 않아야 한다. 그런 점에서 무하자재량행사청구권이 무한정으로 보장되고 만인소송이 될 수 있다는 비판은 적절하지 않다는 견해가 유력하다.[30]

한편, 판례는 부작위를 인정하기 위한 성립요건인 신청권을 법규상의 권리뿐만 아니라 조리상의 권리에 기초하여 도출하고 있으나, 이는 법리적으로 타당하지 않다. 행정소송법 제27조에는 재량의 일탈 내지 남용에 의한 위법한 처분에 대해 취소소송이 가능하도록 보장하고 있다. 즉 하자 있는 재량행사는 위법한 처분에 해당하여 취소쟁송 등을 통하여 다툴 수 있다. 따라서 특별히 무하자재

결정소송(適正裁量決定訴訟)'으로 부르기로 한다.

29) Erichsen, in: Erichsen/Ehlers(Hg.), Allgemeines Verwaltungsrecht, 12. Aufl., § 11 Rn. 31.

30) Kopp/Ramsauer, VwVfG, § 40 Rn. 32 f.

량행사청구권의 법리를 채택할 이유는 없다. 무하자재량행사청구권은 재량의 자의적 행사를 방지하기 위해 창안되었다. 독일에서는 실제 행정공무원에게 광범한 재량이 보장되어 있기 때문에 이러한 재량통제의 법리가 필요하다. 무하자재량행사청구권의 법리는 재량통제를 위해 유용하지만, 이를 효과적으로 실현할 수 있는 소송형식이 마련되어야 한다.

2. 행정개입청구권

(1) 의의 및 근거

행정개입청구권은 행정청의 부작위로 권리나 이익을 침해당한 자가 타인(제3자)에 대한 행정청의 권한 행사를 요구하는 특수한 공권이다. 그러나 제3자가 아니라 상대방 자신에 대해서도 행정권의 발동을 요구할 수 있다는 견해도 있다.[31)] 행정개입청구권은 형식적 · 절차적 권리가 아니라 실체적 권리라고 보고 있다. 행정개입청구권은 독일의 경찰질서법에서 기원하고 있으며, 경찰법문헌에서는 "경찰개입청구권(Anspruch auf polizeiliches Einschreiten)"이라고 부르고 있다.[32)] 이러한 행정개입청구권은 경찰행정법을 비롯한 안전법이나 환경법 등의 영역에서 문제되고 있다.

(2) 성립요건

일반적으로 행정개입청구권의 요건으로 다음과 같은 것을 열거할 수 있다. 행정개입청구권도 공권으로서의 의미를 가지므로 강행법규상 작위의무의 존재 및 사익보호성의 요건을 충족하여야 한다. 첫째, 행정개입의 의무가 발생하여야 한다. 공권이 성립하기 위해서는 마찬가지로 강행법규에 의해 행정청의 개입의무를 도출하여야 한다. 예컨대 행정청(경찰청)이 (결정)재량을 가지는 경우에는 원칙적으로 특정한 방식의 경찰작용에 대한 청구권이 성립하기 어렵다. 행정개입의 의무는 행정권의 발동 여부(Ob)에 관한 결정재량만을 감축하게 된다. 행정기관의 재량이 감축되면 객관적인 개입의무가 발생한다. 이러한 행정개입청구권은 주로 시민의 생명 · 신체에 대한 중대한 위험 또는 재산상 손해의 현저한 위험이 있는 경우에 고려된다.[33)] 독일 연방행정법원은 이러한 상황을 "특별히

31) 김남진, 전게서(I), 122면.
32) Gusy, Polizeirecht, 4. Aufl., §6 Rn. 310.
33) Götz, Allgemeines Polizei- und Ordnungsrecht, §13 Rn. 354.

높은 정도의 장해 또는 위험성"[34] 또는 "특히 중대한 위험상황"[35]이라고 표현하고 있다. 행정개입청구권은 개별적 상황에서 목적의 급박한 위험방지를 위해 고려되어야 한다. 이 문제는 보충성의 원칙과 관련하여 논의되고 있다. 대체적인 보호가능성이 없을 정도로 긴급한 경우에 행정기관의 개입의무가 인정된다. 특히 독일의 일부 주(란트) 경찰질서법에는 이러한 보충성의 원칙을 명시하고 있다(노르트라인 베스트팔렌 주 경찰질서법 제1조 제2항 참조). 둘째 사익보호성 또는 사익의 위험성이 있어야 한다. 행정개입청구권도 공권이므로 해당 법규정은 공익뿐만 아니라 사익에도 봉사하여야 한다. 여기서 보호하는 사인의 주관적 권리는 일정한 관계 법령의 요건 하에 그것이 주관적 공권이든 주관적 사권이든 모두 경찰의 보호재이다. 이러한 사익보호성의 문제는 독일에서 주로 보호규범이론과 관련하여 검토되고 있다.

(3) 청구권의 실행방법

행정개입청구권은 당사자가 행정기관에 대하여 행정권을 발동해 줄 것을 내용으로 하고 있다. 이러한 청구가 받아들여지지 않는 경우에 해당 행정청의 부작위에 대해서는 의무이행심판이나 부작위위법확인소송을 제기할 수 있다. 그러나 신속한 행정권의 발동이 요구되는 사안이므로 행정쟁송의 수단으로 그 실효성을 기대하기 어렵다. 보다 효과적인 것은 행정상 손해배상(국가배상)을 고려하는 것이다. 행정기관의 개입의무가 존재함에도 이를 방치함으로써 개인에게 손해가 발생한 경우에는 국가배상을 청구할 수 있다.[36] 이 경우 행정쟁송에 의해 행정작용의 위법성이 인정되는 경우에는 후소인 국가배상소송에 대해 선결적 효력을 미칠 수 있다. 이러한 문제는 취소판결의 기판력과 관련하여 논의되고 있다.

---

34) BVerwGE 11, 95/97.

35) BVerwG, DVBl. 1969, S. 586.

36) 대법원은 무장공비에 의해 생명의 위협받고 있는 청년의 가족이 인근 파출소에 구조요청을 했음에도 경찰이 출동하지 않아 그 청년이 희생된 사건에서 국가의 배상책임을 인정한 바 있다(대법원 1971. 4. 6. 선고 71다124 판결).

제4절 특별권력관계

Ⅰ. 특별권력관계의 역사적 전개와 변화

과거에 특별권력관계는 법률유보의 원칙과 관련하여 법치주의의 사각지대로서 인정되어 왔으나, 근래에는 이를 비판하는 견해가 적지 않다. 기본권보호를 강조하는 시민적·민주적 법치국가에서 이러한 과거의 법제도를 존속시키는 것이 오늘날에도 유용한지에 대해서는 충분히 고민할 필요가 있다. 현대사회에서 법치국가원리의 강조와 더불어 일반권력관계와 특별권력관계는 상대화되어 가고 있음을 부인하기는 어렵다. 특별권력관계는 19세기 파울 라반트(Paul Laband)나 오토 마이어(Otto Mayer) 등 입헌주의적(立憲主義的) 국법학자에 의해 주장되었다. 공무원관계나 수형관계의 법률관계는 법적으로는 자유로운 영역으로 간주되었고, 이러한 영역에서는 법률유보의 원칙이 적용되지 않고 기본권침해가 이루어질 수 있었다. 특별권력관계는 전제국가의 소산 내지 유물로 이해되고 있으며, 이러한 영역에서는 일반권력관계에서는 볼 수 없는 가중된 권리와 의무를 가진다고 보고 있다.[37] 특별권력관계에서는 그 목적과 양립하지 않는 범위에서 기본권의 제한도 불가피하며, 질서유지를 위한 기본권 제한에 대해서는 사법심사도 어렵다고 이해되었다.[38] 그러나 법규 개념의 동요로 인하여 내부법의 영역에도 법이 침투할 수 있고, 법률유보원칙의 적용과 기본권보호 및 사법심사 등이 가능해졌다. 독일 연방헌법재판소는 후술하는 바와 같이 수형관계와 국·공립학생의 재학관계에도 법률유보의 원칙이 적용되어야 한다고 결정하였다.

Ⅱ. 특별권력관계의 종류

특별권력관계의 유형에는 공법상의 근무관계(공무원관계), 공법상의 영조물이용관계(수형관계, 국립대학 재학관계), 공법상의 특별감독관계(특허기업자) 및 공법상의 사단관계(공공조합)가 있다.

---

37) 한태연, 헌법학, 법문사, 1983, 967-969면.
38) 한태연, 전게서, 969-971면.

1. 공법상의 근무관계

국가와 국가공무원의 관계, 지방자치단체와 지방공무원의 관계 및 군인의 군복무관계 등이 여기에 속한다. 공법상의 근무관계에서는 공무원이나 군인에 대한 징계처분 또는 불이익처분 등이 주로 문제된다.

2. 공법상의 영조물이용관계

국·공립학교 학생의 재학관계, 수형자의 재소관계, 전염병환자의 국·공립병원 입원관계 등이 여기에 해당한다. 독일 연방헌법재판소에서는 수형관계와 국·공립학교의 재학관계에서 법률유보의 원칙이 적용되는지 여부가 문제되었다. 수형자(受刑者) A는 교도소장과 교도관리 등을 모욕하고 교도소의 내부행정에 대해 비판적인 내용을 기술한 편지를 썼다. 이에 A의 서신은 통제되었고, 그의 모욕적인 내용의 서신은 결국 압류되었다. 서신의 통제 및 압류는 교도소의 '근무규칙'에 따른 것이었다. 이러한 근무규칙은 영조물규칙에 해당한다. A는 이에 대해 해당 관할 주(란트) 고등법원(OLG)에 제소하였다. 주 고등법원은 "수형자의 기본권은 처음부터 영조물의 목적에 필요한 범위 내에서 제한될 수 있다. 법률상 수권은 필요하지 않다"고 판시하였다. 하지만 독일 연방헌법재판소는 기본권이 형집행에 있어서도 여전히 인정될 뿐만 아니라 형식적 의미의 법률이나 이에 근거해서만 인정될 수 있다고 하여, 근거로 제시한 특별권력관계이론을 부인하였다.[39]

입법자는 법치국가원리와 민주주의원리에 비추어 학사영역에 있어서도 중요한 결정을 내려야 한다. 독일에서는 학사문제를 입법자 스스로 규율해야 하는지, 아니면 법규명령에 위임해야 하는지 등이 논의되었다. 또한 이러한 내용을 법률에 얼마나 상세하게 규율해야 하는지 등이 검토되고 있다. 이와 관련하여 독일 연방헌법재판소는 본질사항유보설 내지 본질성설에 따라 결정해야 한다고 보았다. 즉 독일 연방헌법재판소는 학사문제의 본질적인 결정은 입법자가 스스로 결정하여야 하며 학사행정의 담당자에게 이 결정권을 넘겨서는 아니 된다고 결정한 것이다.[40] 입법자는 학생과 그 부모의 기본권과 관련되는 한, 그 학사문

39) BVerfGE 33, 1.
40) BVerfGE 58, 257/268.

제를 직접 규율해야 한다는 것이다. 다만, '본질적인' 것이 무엇을 의미하는지가 문제이다. 이에 대해 독일에서도 본질사항유보설의 내용이 일반적이고 불확정적이라는 비판이 제기되고 있다.[41] 이와 관련하여 독일 연방헌법재판소는, '본질적'이란 기본권의 실현에 대해 본질적이어야 한다는 의미를 담고 있다고 보고 있다.[42]

3. 공법상의 특별감독관계

공법상의 특별감독관계에는 국가와 공공조합(공공단체)의 관계를 들 수 있다. 공공조합 또는 국가로부터 공적 과제의 위임을 받은 자(공무수탁사인) 등은 국가의 특별한 지휘·감독을 받는 경우가 대부분이다.

4. 공법상의 사단관계

공공조합과 그 조합원의 관계가 여기에 해당한다. 공법상 사단관계는 공법상 특별감독관계와 달리 공공조합 내부의 법률관계이다. 판례는 전술한 바와 같이 농지개량조합과 그 직원의 관계를 사법상의 근로관계가 아니라 공법상의 특별권력관계라고 보고, 그 조합의 직원에 대한 징계처분의 취소를 다투는 소송은 행정소송이라고 판결하였다.[43]

Ⅲ. 특별권력관계의 허용 여부

1. 비판론의 등장과 학설의 변화

법치주의의 사각지대를 형성하는 특별권력관계론은 존립위기에 직면하고 있으며, 이를 비판하는 견해가 유력하다. 종전에 특별권력관계로 다루어지는 법률관계를 개별적으로 검토하여 관리관계나 일반적인 권력관계로 분해하여 귀속시킬 것을 주장하는 견해도 있다.[44] 특별권력관계는 점차 일반권력관계와 상대화되고 있다. 예컨대 국·공립학교와 사립학교의 학생의 신분이나 법적 지위를

41) 상세는 Maurer/Waldhoff, a.a.O., § 6 Rn. 13 f. 참조.
42) BVerfGE 47, 46/79.
43) 대법원 1995. 6. 9. 선고 94누10870 판결.
44) 이상규, 전게서(상), 214-215면.

고려하면, 이러한 점은 충분히 수긍할 수 있다. 그러나 공무원관계나 수형관계에서 일반권력관계와 비교하여 기본권제한의 정도나 법적 근거, 사법심사의 방식 등에 있어서 다소 차이가 있음을 부인할 수 없다. 국·공립대학교의 학생에 대한 징계처분에 대해서는 곧바로 행정소송을 제기할 수 있지만, 사립대학교의 학생에 대한 징계처분은 항고소송의 대상이 아니므로 이를 민사소송으로 다투어야 한다.

기본권의 본질적인 부분이 침해되는 경우에 특별권력관계에서도 법률유보의 원칙이 적용될 수 있는지 여부가 문제된다(본질사항유보설). 특별권력관계의 허용여부에 관하여 견해 대립이 있다. 특별권력관계에서 법치주의가 전면적으로 부인된다고 보는 견해는 오늘날 타당하지 않다. 그러나 특별권력관계와 일반권력관계가 점차 상대화되고 있음을 부인하기는 어렵다. 법치국가원리나 민주주의 원리 등에 비추어 특별권력관계의 영역에서도 법률유보원칙을 적용하고 사법심사를 확대하는 방향으로 수정해야 한다.

한편, 울레(C. H. Ule) 교수는 기본관계와 운영관계로 구분하고 있다. 이 중에서 운영관계(Betriebsverhältnis)는 공무원의 지위, 학교나 국·공립대학 학생의 지위 등과 관련된 것이다. 이러한 공무원의 지위나 학생의 지위는 법적인 규율을 담고 있지 않아 행정행위가 되지 않는다고 본다. 이에 반해 기본관계는 공무원의 임명이나 해임, 국·공립대학 학생의 입학허가 및 퇴학처분 등과 관련된 것인데, 이러한 작용은 행정행위에 해당한다는 것이다.45) 이러한 '기본관계'에 대해서는 법률유보의 원칙이 적용되고 사법심사를 할 수 있게 된다. 울레 교수의 견해가 특별권력관계를 세분화하여 그 일부를 일반권력관계와 마찬가지로 구성하려고 노력한 점은 긍정적으로 평가될 수 있다. 그러나 업무수행관계나 운영관계에 있어서도 징계처분이나 불이익처분을 받을 수 있고, 기본권 침해의 문제도 여전히 남아 있다.

2. 판례의 현황

판례는 여전히 특별권력관계를 인정하고 있다. 대법원은 농지개량조합과 조합원의 관계를 공법상 특별권력관계로 판단하였다.46) 또한 대법원은 육군3사관

---

45) Ule/Laubinger, Verwaltungsverfahrensrecht, 4. neubearb. Aufl., §48 Rn. 6.

46) "피고 조합과 그 직원과의 관계가 단순한 사법상의 근로계약관계가 아니라 공법상의 특별권력관계이다."(대법원 1998. 10. 9. 선고 97누1198 판결)

학교의 사관생도에 대해서도 특별권력관계를 인정하고 있다. 이 판결에서는 특별권력관계라는 용어 대신에 '특수한 신분관계'라는 표현을 사용하고 있다. 그러나 특별권력관계에 있어서 기본권은 일반권력관계보다 더 제한될 수 있지만, 법률유보의 원칙이나 과잉금지의 원칙 등 기본권 제한에 대한 헌법원칙을 준수해야 한다고 보고 있다.[47] 다만, 한국조폐공사 직원의 근무관계는 사법관계에 속하고 그 직원의 파면행위도 사법상의 행위라고 보았다.[48]

3. 이른바 '특별명령'의 문제

전통적인 특별권력관계이론이 비판에 직면한 후 독일에서는 이른바 '특별명령(Sonderverordnung)' 이론이 등장하였다. 이러한 이론에 의하면 특별권력관계를 규율하기 위해 집행부가 제정한 영조물규칙은 법규범으로 이해되고 있다. 그러나 독일에서도 이러한 특별명령이 법규성을 가지는지가 다투어지고 있다. 특별명령에 관한 논의는 내부법의 영역에서 제정된 영조물규칙에 대해서도 법규성을 인정하기 위해 등장하였다. 그러나 독일에서도 여전히 논란이 있다는 점에서 이러한 이론을 일반화하기는 어렵다고 판단된다.[49]

---

47) "사관생도는 군 장교를 배출하기 위하여 국가가 모든 재정을 부담하는 특수교육기관인 육군3사관학교의 구성원으로서, 학교에 입학한 날에 육군 사관생도의 병적에 편입하고 준사관에 준하는 대우를 받는 특수한 신분관계에 있다(육군3사관학교 설치법 시행령 제3조). 따라서 그 존립 목적을 달성하기 위하여 필요한 한도 내에서 일반 국민보다 상대적으로 기본권이 더 제한될 수 있으나, 그러한 경우에도 법률유보원칙, 과잉금지원칙 등 기본권 제한의 헌법상 원칙들을 지켜야 한다."(대법원 2018. 8. 30. 선고 2016두60591 판결)

48) 대법원 1978. 4. 25. 선고 78다414 판결.

49) Erichsen, Besonderes Gewaltverhältnis und Sonderverordnung, FS für Hans J. Wolff, 1973, S. 219 ff. 참조.

제3장 행정법의 법률요건과 법률사실

제1절 총 설

법률요건이란 법률관계가 변동하는 원인이 되는 것을 말한다. 즉 법률요건은 법률관계가 발생·변경 또는 소멸하는 원인되는 것을 의미하며, 이러한 법률요건의 결과로서 법률관계의 변동인 법률효과가 발생하게 된다.[1] 이러한 법률요건은 민법의 이론에서 차용된 것이다. 행정법관계에서도 이러한 사정은 마찬가지이다. 행정법상의 법률요건이란 행정법관계의 변동을 야기하는 원인을 말한다. 이러한 법률요건을 이루는 개개의 요소(因素)가 '법률사실'이다. 이러한 법률요건에는 정신작용을 요소로 하지 않는 공법상의 '사건'과, 정신작용을 요소로 하는 공법상의 '용태'가 있다. 공법상의 사건이란 사람의 정신작용을 요소로 하지 않는 법률사실을 말한다. 여기에는 사람의 출생이나 사망, 시간의 경과, 일정 연령에의 도달 등이 해당한다. 용태(容態)란 사람의 정신작용을 요소로 하는 법률사실을 말한다. 여기에는 고의나 과실, 선의 등 내부적인 의지에 해당하는 것과 작위·부작위 등과 같은 외부적인 행위가 있다. 후자를 외부적 용태라고 하고, 전자를 내부적 용태라고 한다.

1) 곽윤직·김재형, 민법총칙, 제9판, 2016, 243면.

제2절 공법상의 사건

Ⅰ. 시간의 경과

1. 기간의 계산

행정법관계에서도 기간의 계산이 문제이다. 특히 행정심판 청구기간이 그 대표적 사례이다. 즉 행정심판 청구기간은 원칙적으로 처분이 있음을 알게 된 날부터 90일 이내이다. 이러한 기간계산은 특별한 규정이 없는 한 민법의 규정을 준용하거나 유추적용하는 것이 보통이다. 즉 기간을 일·주·월·연으로 정한 때에는 오전 영시로부터 시작하는 경우를 제외하고 기간의 초일은 산입하지 아니한다(민법 제157조). 기간의 역산에도 동일한 원칙이 적용된다. 예컨대 "선거일전 7일까지"로 규정한 경우 초일은 산입하지 않고 선거일 전일을 기준으로 7일째 되는 날까지이다. 또한 기간말일의 종료로 기간이 만료하지만(민법 제159조), 그 말일이 토요일 또는 공휴일에 해당하는 때에는 그 익일로 만료한다(민법 제161조). 그러나 행정기본법의 제정으로 국민의 권익이 제한되거나 의무가 지속되는 기간의 계산은 그 기간을 일, 주, 월 또는 연으로 정한 경우에는 첫날을 산입하고, 기간의 말일이 토요일 또는 공휴일인 경우에도 기간은 그 날로 만료한다(행정기본법 제6조 제2항). 한편, 법령상 나이는 민법에 따라 '만(滿) 나이'로 계산하는 것이 원칙이자 확립된 판례이지만, 일상생활이나 의료·사회복지 등에서 나이 계산 및 표시 방식의 혼선으로 사회적 불편이 적지 않았다. 이에 나이 계산 및 표시 방식에 대한 법적·사회적 기준을 통일할 필요성이 제기되었고, 2022년 12월 27일 행정기본법의 개정을 통해 제7조의2가 신설되었다. 여기서 행정에 관한 나이는 다른 법령 등에 특별한 규정이 있는 경우를 제외하고 출생일을 산입하여 만(滿) 나이로 계산하고, 연수(年數)로 표시하도록 규정하고 있다. 다만, 1세에 이르지 아니한 경우에는 월수(月數)로 표시할 수 있도록 하였다.

2. 소멸시효

(1) 금전채권의 시효

민법에서 채권은 10년간, 채권 및 소유권 이외의 재산권은 20년간 행사되지 아니하면 소멸시효가 완성된다(민법 제162조). 이와 달리 행정법의 개별 법령에는 별도로 소멸시효에 관한 기간을 두고 있다. 즉 국가나 지방자치단체가 당사자가 되는 금전채권은 다른 법률에 특별한 규정이 없는 한 5년 동안 행사하지 아니하면 소멸한다(국가재정법 제96조, 지방재정법 제82조). 여기에서 말하는 금전채권에는 공법상의 금전채권 이외에 사법상의 금전채권도 포함된다.[2] 또한 법령의 규정에 의한 납입고지는 시효중단의 효력이 있다(국가재정법 제96조 제4항, 지방재정법 제84조). 소멸시효의 중단, 정지 등에 관하여도 민법의 규정을 준용한다(국가재정법 제96조 제3항, 지방재정법 제83조). 소멸시효기간이 경과하면 해당 권리가 당연히 소멸하는지가 문제된다. 이를 긍정하는 견해(절대적 소멸설)와 시효의 이익을 받을 자가 원용할 경우에만 권리가 소멸한다고 보는 견해(상대적 소멸설)가 대립하고 있다. 판례는 절대적 소멸설을 취하고 있다. 즉 "조세에 관한 소멸시효가 완성되면 국가의 조세부과권과 납세의무자의 납세의무는 당연히 소멸한다"고 보고 있다.[3] 그러나 시효의 이익은 당사자가 원용하여야 하고, 법원이 직권으로 이를 고려하는 것은 아니다.[4]

(2) 공물의 시효취득

공물은 행정주체(또는 학설에 따라서는 관습법)에 의해 직접 공적 목적에 제공된 물건으로서 융통성의 제한, 공용수용의 제한 및 시효취득의 제한 등의 특징을 갖는다. 공물이 취득시효의 대상이 되는지 여부에 관하여 학설은 대립하고 있다. 즉 ① 완전시효취득설은 공물이 법정기간 중 평온·공연하게 공물의 목적과 달리 사적 목적으로 점유되었다면 묵시적인 공용폐지가 있는 것으로 볼 수 있으므로 공물에 대해서도 완전한 시효취득이 인정된다고 보고 있다. 또한 ② 제한적 취득시효설은 공물의 융통성이 인정되고 공적 목적에 지장이 없는 범위 내에서 취득시효의 대상이 될 수 있다고 보지만, 이 경우에도 시효취득자는 공

---

2) 대법원 1974. 7. 26. 선고 74다703 판결.
3) 대법원 1985. 5. 14. 선고 83누655 판결.
4) 대법원 1969. 8. 30. 선고 68다1089 판결.

적 목적의 제한을 받는 공물의 소유권을 취득하게 된다고 보고 있다. 그러나 ③ 부정설은 공물이 공적 목적을 위하여 제공된다는 점에서 취득시효의 대상이 되지 않는다고 보고 있다.

완전시효취득설은 묵시적 공용폐지를 인정하여 취득시효의 가능성을 시사하고 있다는 점에서 역설적으로 부정설과의 차이는 상대적이다. 또한 영리활동이 보장되고 사법상 거래의 대상이 되는 일반재산(구 잡종재산)은 취득시효가 가능하며, 공물법의 논의에서 배제된다고 볼 수 있다. 그러나 행정재산 및 보존재산은 공물이므로 그 목적에 부합하는 한도 내에서 그 관리 및 처분에 관하여 공법적 규율이 적용된다. 따라서 행정재산은 사적 거래의 대상에서 제외되고 사권의 설정이 금지된다고 보는 견해가 현행법의 해석상 타당하다(국유재산법 제27조 참조). 대법원은 원칙적으로 부정설의 입장에 서 있으나, 제한적으로 소위 '묵시적' 공용폐지를 인정하고 있어 다소 탄력적 운영이 가능한 것으로 보인다.[5)]

한편, 독일의 입법례는 법치국가원리(법률유보의 원칙)에 근거하여 법적 행위로서 '공용지정' 내지 '공용폐지'를 공물의 성립요건 및 소멸요건으로 보고 있으며, 행정재산의 경우에 공용폐지를 전제하지 않고는 취득시효를 인정하지 않는다. 또한 '공용지정'의 법형식을 (물적) 행정행위에 한정하는 것은 일본 입법례의 영향으로 보인다. 그러나 법적 명확성과 법적 안정성을 고려하면 독일 입법례와 같이 다양한 법적 행위(법률, 법규명령, 행정행위 및 관습법 등)에 의하여 공물의 성립 또는 소멸을 인정하는 것이 타당하다. 그 밖에 국·공유재산의 시효취득을 부정하는 '국유재산법'과 '공유재산 및 물품관리법'의 관련규정이 위헌소지가 있다는 주장도 제기되고 있다. 그러나 판례에 의하면 비록 제한적이기는 하지만 묵시적 공용폐지를 통한 해결이 가능하다. 따라서 국유재산법 및 공유재산법의 관련 규정을 위헌으로 보기는 어렵다.[6)]

3. 제척기간

제척기간이라 함은 일정한 권리에 대하여 법률이 예정한 기간을 말한다. 제척기간의 제도는 법률관계를 신속히 확정하여 법적 안정성을 도모하기 위해 인정된다. 이러한 제척기간이 종료되면 그 권리는 당연히 소멸한다. 제척기간은

5) 대법원 1983. 6. 14. 선고 83다카181 판결.
6) 이에 대한 상론은 졸고, "행정재산의 시효취득가능성", 행정판례평선(한국행정판례연구회 편), 개정판, 1136-1137면 참조.

소멸시효와 구별된다. 첫째, 소멸시효의 완성으로 권리가 소멸한다고 보는 입장에서는 양자의 차이가 없으나, 소멸시효의 완성을 주장하는 경우에 권리가 소멸한다고 보는 견해에 따르면 양자 사이에는 차이가 있다. 둘째, 제척기간에 의한 권리소멸은 기간이 경과한 때로부터 발생하나(장래효), 소멸시효에 의한 권리소멸은 소급하여 발생한다(소급효). 셋째, 제척기간은 조속히 법률관계를 확정하기 위한 제도이며, 소멸시효와 달리 중단이나 정지라는 제도가 없다. 마지막으로 위에서 언급한 바와 같이 변론주의의 원칙상 소멸시효의 완성은 소멸시효의 이익을 받을 자가 공격방어방법에서 제출하지 않으면 법원이 이를 고려하지 않지만, 제척기간은 당사자가 공격방어방법에서 제출하지 않더라도 직권으로 고려하여야 한다. 제척기간의 구체적 사례로는 행정심판 청구기간(행정심판법 제18조), 행정소송의 제소기간(행정소송법 제20조), 사업인정의 실효(공익사업을 위한 토지 등의 취득 및 보상에 관한 법률 제23조) 등이 있다.

한편, 행정기본법 제23조는 제재처분의 제척기간을 규정하고 있다. 즉 행정청은 법령 등의 위반행위가 종료된 날부터 5년이 지나면 해당 위반행위에 대하여 제재처분(인허가의 정지 · 취소 · 철회, 등록 말소, 영업소 폐쇄와 정지를 갈음하는 과징금 부과를 말한다)을 할 수 없다(동조 제1항). 그러나 행정심판의 재결이나 법원의 판결에 따라 제재처분이 취소 · 철회된 경우에는 그 재결이나 판결이 확정된 날부터 1년(합의제행정기관 2년)이 지나기 전까지는 그 취지에 따른 새로운 제재처분을 할 수 있다(동조 제3항). 이는 제재처분의 제척기간으로 인해 행정청이 재처분의 기회를 상실하지 않도록 하기 위해 마련된 규정이다. 다른 법률에서 제1항 및 제3항의 제척기간보다 짧거나 긴 기간을 규정하고 있으면 그 법률에서 정하는 바에 따른다(동조 제4항).

4. 실 효

공법상의 권리를 장기간 행사하지 않고 방치하는 경우에는 실권의 법리가 적용된다. 독일 행정절차법 제48조 제4항에는 이를 명문화하고 있다. 대법원 판례는 실효제도가 신의성실의 원칙에서 파생된 것으로 보고 있다.[7] 실효의 법리는 행정소송의 실무에서 충분히 활용되지 못하고 있으나, 공법상 권리의 불행사나 방치 등의 경우에 이를 적극적으로 활용할 필요가 있다. 다행스럽게도 행정

7) 대법원 1988. 4. 27. 선고 87누915 판결.

기본법 제12조 제2항은 신뢰보호의 원칙과 관련하여 '실효'의 법리를 인정하고 있다. 즉 "행정청은 권한 행사의 기회가 있음에도 불구하고 장기간 권한을 행사하지 아니하여 국민이 권한이 행사되지 아니할 것으로 믿을 만한 정당한 사유가 있는 경우에는 그 권한을 행사하여서는 아니 된다"고 규정하고 있다.

Ⅱ. 공법상의 주소 및 거소

1. 주 소

민법에서는 "생활의 근거가 되는 곳"을 자연인의 주소를 보아, 실질주의를 취하고 있다(제18조 제1항). 그러나 공법관계에서는 다른 법률에 특별한 규정이 없는 한 '주민등록지'를 주소로 보고 있다(주민등록법 제23조 제1항). 법인의 주소와 관련하여, 민법에서는 주된 사무소의 소재지를 기준으로 하는데(민법 제36조), 공법관계에서도 동일하다고 볼 수 있다. 이와 관련하여 대법원도 주민등록지가 공법관계뿐만 아니라 주민의 일상생활에도 중요한 영향을 미치므로 전입신고자의 실제 거주지와 일치되어야 한다고 보고 있다.[8] 또한 대법원은 전원합의체 판결을 통해 주민등록 전입신고의 심사범위를 제한적으로 보고 있다. 전입신고 반려처분 사건에서 전입신고의 심사대상은 전입신고자가 30일 이상 생활의 근거로서 거주할 목적으로 거주지를 옮기는지 여부에 제한된다고 판단하였다. 따라서 거주의 목적 이외에 다른 이해관계에 관한 의도를 가지고 있는지 여부, 무허가 건축물의 관리, 전입신고를 수리함으로써 당해 지방자치단체에 미치는 영향 등과 같은 사유는 주민등록법이 아닌 다른 법률에 의하여 규율되어야 하고, 주민등록 전입신고의 수리 여부를 심사하는 단계에서는 고려 대상이 될 수 없다고 보고 있다. 이러한 관점에서 무허가 건축물을 실제 생활의 근거지로 삼아 10년 이상 거주해 온 사람의 주민등록 전입신고를 거부한 사건에서, 투기나 이주대책 요구 등을 방지할 목적으로 주민등록 전입신고를 거부하는 것은 주민등록법의 입법 목적과 취지 등에 비추어 허용될 수 없다고 판시하였다.[9]

---

8) 대법원 2009. 7. 9. 선고 2008두19048 판결.
9) 대법원 2009. 6. 18. 선고 2008두10997 전원합의체 판결.

2. 거 소

공법관계에서도 주소를 알 수 없는 경우에는 거소를 주소로 본다는 민법 제19조의 규정을 유추해서 적용할 수 있다. 거소란 대체로 "어느 정도의 기간 계속해서 거주하는 곳으로서 그 장소의 밀접도가 주소만 못한 곳"을 말한다.[10] 거소는 주민등록 전입신고와 관련하여 중요한 의미를 가진다.

Ⅲ. 공법상의 부당이득

1. 의의 및 법적 성질

공법상의 부당이득은 행정법상의 '사건'에 해당한다. 공법상 부당이득반환청구권은 사무관리와 마찬가지로 사법(私法)에서 유래된 제도이다. 즉 법률상의 원인 없이 부당하게 재산적 이익을 얻고, 이로 말미암아 타인에게 손해를 준 자에 대하여 그 이득의 반환을 요구하도록 하는 것이다(민법 제741조 참조). 사무관리와 달리 공법의 영역에서는 부당이득에 관한 사례가 적지 않다. 조세분야에는 이에 관한 근거규정을 두고 있는 경우도 있다. 즉 납세의무자가 국세·가산금 또는 체납처분비로서 납부한 금액 중 잘못 납부하거나 초과하여 납부한 경우가 부당이득에 해당한다(국세기본법 제51조 참조).

부당이득반환청구권의 법적 성질과 관련하여, 공권설과 사권설이 대립하고 있다. 대법원은 조세부과처분이 무효임을 전제로 하여 이미 납부한 세금의 반환을 청구하는 소송에서 사권설의 입장을 취하고 있으며, 이에 대해 행정소송이 아니라 민사소송으로 청구하여야 한다고 판시하였다.[11] 그러나 대법원은 국가에 대한 납세의무자의 부가가치세 환급세액청구사건에서 이러한 청구를 민사소송이 아니라 공법상 당사자소송에 의해야 한다고 판시하였다.[12] 다만, 대법원은 부가가치세 환급세액청구의 법적 성질을 부당이득반환의무가 아니라, 부가가치세 법령에 의하여 그 존부나 범위가 구체적으로 확정되고 조세정책적 관점에서 특별히 인정되는 공법상 의무라고 판단하였다.[13]

---

10) 곽윤직·김재형, 전게서, 141면.

11) 대법원 1984. 12. 26. 선고 82누344 판결; 대법원 1991. 2. 6. 선고 90프2 판결; 대법원 2004. 3. 25. 선고 2003다64435 판결 등.

12) 대법원 2013. 3. 21. 선고 2011다95564 전원합의체 판결.

2. 선결문제

행정행위 이외의 행정작용(예컨대 권원 없는 도로의 점유나 사용)에 대해서는 법령에 특별한 규정이 없는 한, 부당이득반환청구를 할 수 있다.[14] 그러나 부당이득이 행정행위로 인하여 발생한 경우에 당해 행정행위가 무효이거나 취소되지 않는 한 그 행정행위의 효력은 지속된다(구성요건적 효력). 이러한 경우는 "법률상 원인이 없는 이익"에 해당하지 않아 부당이득이 성립될 수 없다.

3. 관련청구의 병합

당해 처분 등과 관련되는 손해배상 · 부당이득반환 · 원상회복 등의 청구소송은 당해 처분 등과 관련되는 다른 취소소송에 병합하여 제기될 수 있다(행정소송법 제10조 제2항, 제38조). 대법원은 소를 제기하면서 관련 청구로 병합된 부당이득반환소송을 그 처분의 취소를 전제로 인용 여부를 판단하지 않고 처분의 취소가 확정되지 않았다는 이유로 기각한 것이 위법하다고 판시한 바 있다.[15] 즉 보험료부과처분의 취소를 구하는 소송에서 당해 처분의 취소를 선결문제로 하는 부당이득반환소송이 행정법원에 병합된 경우, 부당이득반환소송이 인용되기 위해서는 그 소송절차에서 판결에 의해 당해 처분이 취소되면 충분하고 그 처분의 취소가 확정되어야 하는 것은 아니라고 보고 있다.

이 판결은 민사법원의 선결문제와 달리 행정법원에 보험료부과처분의 취소소송과 부당이득반환소송이 병합된 것이며, 행정소송에 있어서 관련청구병합을 확대하였다는 점에서 의미를 찾을 수 있다. 예컨대 민사법원에 부당이득반환소송이 제기된 경우, 행정행위가 유효하게 존재하면 법률상 원인 없이 부당이득을 한 것이 되지 않는다. 따라서 처분의 존재를 전제로 한 부당이득반환소송은 인용될 수 없다. 대법원도 조세과오납금반환청구소송에서 과세처분이 당연무효인 경우에만 판단할 수 있고 취소사유에 불과한 때에는 수소법원인 민사법원이 그 과세처분의 효력을 부인할 수 없다고 판시하고 있다.[16] 이와 같이 부당이득반환

13) 졸고, "공법상 당사자소송의 발전과 과제", 행정판례연구 제19집 제1호, 2014. 6, 304-305면 참조.
14) 대법원 1980. 7. 8. 선고 80다790 판결.
15) 대법원 2009. 4. 9. 선고 2008두23153 판결.
16) 대법원 1973. 7. 10. 선고 70다1439 판결.

소송의 선결문제에서 행정행위의 효력은 부인되기 어렵다. 따라서 취소소송에 관련청구를 병합하여 해결하는 것이 보다 효과적이다(행정소송법 제10조 제1항 참조). 그 동안 행정소송에서 관련청구소송의 병합이 충분히 활용되지 못한 측면이 없지 않지만, 보험료부과처분사건은 그 활성화의 계기를 마련할 수 있을 것으로 보인다.[17)]

제3절 공법상의 행위

공법상의 행위는 행정주체의 공법행위와 사인의 공법행위로 구분될 수 있다. 전자에는 행정행위, 행정계획 및 공법상 계약 등 행정작용이 주로 속한다. 이러한 행정주체의 공법행위는 다양한 행위형식을 통해 구현된다. 또한 행정주체의 공법행위에는 존속력, 구성요건적 효력 등 특수한 효력이 인정되고 있다. 이에 대해서는 행정작용에서 상론하기로 한다. 사인의 공법행위에는 신고, 등록 및 선거 등이 있다. 그 밖의 공법상의 행위에는 공법상의 사무관리가 있다.

Ⅰ. 사인의 공법행위

1. 의 의

사인의 공법행위란 '사인'이 공법적 효과를 목적으로 행하는 행위를 말한다. 이러한 사인의 공법행위에는 구속력, 존속력 및 구성요건적 효력 등 특수한 효력이 인정되지 않는다. 또한 사인의 공법행위는 '공법적 효과'를 목적으로 하는 행위라는 점에서 공법적 규제를 받을 뿐만 아니라 법령에 따라 그 효과가 정해진다는 점에서 '사법행위(私法行爲)'와 구별된다. 사인이 행정의 의사결정에 참여할 수 있고 행정주체와 협력할 수 있다는 점에서 제도적 의의를 찾을 수 있다. 이러한 사인의 공법행위는 국민의 지위 향상으로 민주주의원리와 국민주권원리 등이 투영된 결과이다.

---

17) 졸고, "국가배상소송과 선결문제", 저스티스 통권 제116호, 2010. 4, 127-128면 참조.

2. 종 류

사인의 공법행위는 그 기준에 따라 다양하게 분류된다. 첫째, 국가·지방자치단체 등 행정주체의 기관으로서의 행위와 행정주체의 상대방으로서의 행위로 구분된다. 전자에는 공직선거에의 투표·서명 등이 있고, 후자에는 각종 신고·신청 등이 속한다. 그러나 국가를 구성하는 국민의 지위에서 공직선거를 하는 것은 현대민주국가에서 민주적 의사의 표시를 통해 참여와 협력을 하는 것이며, 행정주체의 기관으로 보는 것은 적절하지 않다. 둘째, 단독행위와 합성행위로 구분된다. 전자에는 신고, 등록 등이 해당한다. 합성행위에는 선거나 서명 등이 있다. 셋째, 단독행위와 쌍방행위로 구분되기도 한다. 단독행위는 전술한 바와 같고, 후자에는 공법상 계약의 청약이 해당한다.

3. 적용법규의 판단

사인의 공법행위에 관한 일반적인 통칙규정은 없다. 따라서 개별법에 특별한 규정이 없는 한, 민법의 법률행위에 관한 규정이나 법원칙이 적용될 수 있다. '의사능력'이 없이 행한 사인의 공법행위는 사법상의 법률행위와 마찬가지로 무효로 보는 것이 보통이다. '행위능력'에 관하여도 개별법에 특별한 규정이 없으면 민법규정이 적용된다.

사인의 공법행위에 특별히 '대리'를 금지하는 규정을 둔 경우도 있다(공직선거법 제157조 제1항). 그러나 행정심판의 청구와 같이 이를 허용하는 경우도 있다(행정심판법 제14조). 대리의 경우에도 개별법에 특별한 규정이 없는 한, 민법의 규정이 유추적용될 것이다. 또한 사인의 공법행위가 반드시 요식행위인 것은 아니지만, 관계 법령에서 서면주의를 규정한 경우에는 이에 따라야 한다. 예컨대 행정심판의 청구(행정심판법 제19조), 민원의 신청(민원 처리에 관한 법률 제8조) 등이 그러하다. 그리고 법률에 특별한 규정이 없는 한, 원칙적으로 도달주의에 의한다. 예컨대 국세기본법 제5조의2에는 우편신고와 관련하여 발신주의를 규정하고 있다.

사인의 의사표시에 하자가 있는 경우에는 먼저 공법행위의 성질이 고려되어야 할 것이다. 공법행위의 성질에 반하지 않는 한, 민법의 규정이 준용되거나 유추적용될 수 있다. 사인의 공법행위는 그 법적 효과가 완성되기 전에 철회·

변경되거나 보완될 수 있다. 예컨대 행정심판청구의 취하, 사직원의 철회, 신청의 보완 등이 그러하다. 행정절차법 제17조 제8항은 처분의 신청과 관련하여 신청인이 처분 전에 그 신청내용을 보완하거나 변경 또는 취하할 수 있다고 규정하고 있다. 그러나 다른 법령의 규정이나 그 신청의 성질상 보완·변경하거나 또는 취하할 수 없는 경우에는 허용되지 않는다. 사인의 공법행위에는 행정행위와 달리 부관을 붙일 수 없다.

4. 효 과

사인의 공법행위는 그 행위의 유형에 따라 다른 효과를 발생시킨다. 학설은 이를 '자기완결적 행위'와 '행위요건적 행위'로 구분하고 있다. 후자에서는 행정청의 수리가 필요하지만, 전자에서는 행정청의 수리가 필요하지 않는다. 자기완결적 행위는 상대방에게 도달함으로써 상대방의 수리여부와 관계없이 일정한 효과를 발생시킨다. 종래 판례는 건축법 제9조 제1항에 의하여 차고의 증축에 관한 신고는 피고의 수리 여부와 관계 없이 차고의 증축을 할 수 있어, 그 신고의 수리를 행정처분으로 보지 않았다.[18] 그러나 대법원은 전원합의체 판결로 건축신고의 반려행위를 항고소송의 대상이 되는 행정처분으로 판시하였다.[19] 또한 대법원은 인·허가의제의 효과를 가진 건축신고에 대해 수리가 필요한 신고로 판단하였다.[20] 이와 같이 신고의 반려 또는 거부를 처분으로 보는 것이 타당한지 여부가 중요한 쟁점이다. 또한 신고의 반려를 거부처분으로 보는 경우에 허가와의 구별을 어렵게 할 수 있다는 우려도 있다. 나아가 대법원은 구 평생교육법상 전통 민간요법인 침·뜸행위를 온라인을 통해 교육할 목적으로 인터넷 학습센터의 설립을 평생교육시설로 신고한 것을 관할 행정청이 반려한 사건에서, 해당 수리거부처분이 위법하다고 판단하였다.[21] 판례는 이 사건 신고가 관계 법령에 의하여 "행정청으로서는 신고서 기재사항에 흠결이 없고 정해진 서류가 구비된 때에는 이를 수리하여야 하고"라고 하여, 해당 신고를 수리가 필요하지 않는 신고(자기완결적 신고)로 파악하였다. 또한 이 경우 행정청은 형식적 심사에 제한된다고 보고 있다. 그러나 신고의 반려가 필요하지 않음에도 불구하

18) 대법원 1999. 10. 22. 선고 98두18435 판결.
19) 대법원 2010. 11. 18. 선고 2008두167 전원합의체 판결.
20) 대법원 2011. 1. 20. 선고 2010두14954 전원합의체 판결.
21) 대법원 2011. 7. 28. 선고 2005두11784 판결.

고, 이를 행정처분으로 본 것은 법리적으로 모순이다. 관계 법령에는 거부처분의 근거도 없다. 이러한 문제는 신고의 성질과도 밀접한 관련이 있다.

한편, 수리를 요하는 신고(행위요건적 신고)의 법적효과는 행정청의 수리에 의하여 발생된다. 예컨대 영업양도의 지위승계신고의 경우 허가관청의 수리에 의하여 영업허가자의 변경이라는 법률효과가 발생한다.[22] 판례는 이러한 신고의 수리거부를 행정처분으로 보는 입장이다. 대법원은 수리가 필요한지에 따라 신고의 효과를 다르게 판단하고 있다. 즉 수리가 필요하지 않는 신고에 있어서 행정청의 심사는 형식적 요건에 제한되며, 수리의 반려를 거부처분이 아니라고 보고 있다. 반면 수리가 필요한 신고에 관하여는 행정청의 심사가 실체적 요건에 대해서도 가능하고, 신고에 대해 거부처분을 할 수 있다고 보고 있다. 그러나 관계 법령에서 수리가 필요한지를 판단하기도 쉽지 않고, 신고에 의제적 효과만 부여된다고 하여 수리가 필요한 신고라고 판단하는 것도 문제이다. 또한 행정청의 심사를 형식적 요건의 심사와 실체적 요건의 심사로 구분하는 것도 명확하지 않고, 법치국가원리의 관점에서 수리가 필요하지 않은 신고에 대해서 행정청의 실질적 심사를 배제하는 것은 납득하기가 어렵다. 수리가 필요하지 않은 신고에 대해서는 행정청의 실질적 심사는 '유보'되어야 하고, 심사의 강도는 완화되어 있다고 보는 것이 타당하다. 근본적으로는 해석을 통해 수리 여부를 인정하기보다 법령 개정을 통해 금지(중지) 또는 거부처분의 근거를 마련하는 것이 보다 분명할 것이다. 또한 행정청의 심사와 관련하여, 일정한 '심사기간(숙려기간)'을 두는 것이 필요하다. 숙려기간 동안에 심사를 엄격히 하는 것이 아니라 특별한 문제가 없으면 그 기간의 경과로 인해 신고의 효과가 발생하도록 하여야 한다. 다만, 법치행정의 원리에 비추어, 법령에서 위법한 내용을 담고 있거나 공익상의 요청에 반하는 경우에는 금지(중지)처분 또는 거부처분을 할 수 있도록 하고, 경미한 사항의 하자에 대해서는 이를 반려하기보다 그 보완을 요청할 수 있도록 해야 한다.

---

22) 대법원 1995. 2. 24. 선고 94누9146 판결.

Ⅱ. 공법상의 사무관리

1. 의의 및 연혁

사무관리란 민법에서 유래된 제도로서, 법률상의 의무 없이 타인을 위하여 그의 사무를 처리하는 것을 말한다(민법 제734조 제1항 참조). 공법관계에서도 사무관리가 인정되는지 여부가 문제된다. 행정의 법률적합성의 원칙에 비추어 행정은 법률에서 정한 바에 의하고 이에 기속되므로, 공법의 영역에서 사무관리를 부인하는 견해가 있다. 대표적으로 발터 옐리네크(W. Jellinek)는 공법분야에서 '사무관리(Geschäftsführung ohne Auftrag)'가 공법상의 의무에 의한 것이므로 인정되기 어렵다고 보고 있다.[23] 이에 대해 이러한 의무는 피관리자에 대한 것이 아니라 국가에 대한 것이라는 이유로 공법상의 사무관리를 긍정하는 견해가 있으며, 행려병자나 사망자에 대한 공공단체의 보호 등을 예시하고 있다.[24] 한편, 공법상의 사무관리 그 자체를 긍정하면서도 경찰관직무집행법 제4조에 직접 법령상 의무가 규정되었다는 것을 이유로 경찰에 의한 행려병자의 보호에 대한 공법상 사무관리에 의문을 제기하기도 한다.[25] 그러나 경찰관의 보호조치에 의한 경우가 아니라면, 공법상의 사무관리는 인정될 수 있다.

국내문헌에서 공법상의 사무관리에 관한 적절한 사례를 찾기는 쉽지 않다. 다만, 대법원은 허베이 스피리트호 사건과 관련하여 사무관리를 인정한 바 있다. 즉 B 주식회사 소유의 유조선에서 원유가 유출되는 사고가 발생하자 A 주식회사는 해양경찰의 직접적인 지휘를 받아 방제작업을 보조하였는데, A는 사무관리를 이유로 민법 제734조 및 제739조에 근거하여 국가에 방제비용을 청구하였다.[26] 이 사건은 사인이 국가의 사무를 처리한 경우에 해당하며, 사무관리가 성립할 수 있다고 보고 있다. 한편, 독일에서도 사무관리의 허용성에 대하여 논란이 있으나, 대체로 긍정적인 입장이 유력하다. 특히 독일 연방헌법재판소 및 연방행정법원도 사무관리에 관한 민법의 규정이 공법에도 적용될 수 있다고

---

23) W. Jellinek, Verwaltungsrecht, Neudruck der 3. Aufl., mit Nachtrag 1950 und Vorwort von Bachof, 1966, S. 239.
24) 이상규, 신행정법론, 237면.
25) 김남진 · 김연태, 행정법 I, 780면.
26) 대법원 2014. 12. 11. 선고 2012다15602 판결.

보고 있다.[27] 이에 관한 사례는 많지 않지만, 건축주가 긴급한 경우에 지방자치단체를 위해 일정한 시설을 설치하는 경우, 공공단체나 공법인을 위해 옹벽을 설치하는 경우 등이 여기에 해당한다.[28]

2. 유 형

공법상의 사무관리는 주체를 기준으로 분류할 수 있다. 즉 공법상 사무관리는 ① 행정주체가 사인을 위해 사무를 처리하는 경우, ② 행정주체가 다른 행정주체를 위해 사무를 처리하는 경우, ③ 사인이 행정주체를 위해 사무를 처리하는 경우로 구분할 수 있다. 첫째, 행정주체가 사인을 위해 사무를 처리하는 경우이다. 법률에서 직접 규율하고 있지 않은 경우에 행정주체가 사인을 위해 사무를 처리하는 경우가 있을 수 있다. 이러한 경우에 대체로 사무는 공익에 기초하고 있다. 행정주체가 사인의 사무를 돌보지만, 공익적 관점에서 필요한 경우가 여기에 해당한다. 예컨대 장기간 외유 중인 甲의 가옥이 폭우로 붕괴될 위험이 있고 그 붕괴로 인해 인근 가옥에 2차적 피해를 발생시킬 수 있는 경우에 인근주민(乙)의 신고를 받은 관할 지방자치단체는 위험방지를 위한 시설을 긴급히 설치하거나 수리할 수 있다. 둘째, 행정주체가 다른 행정주체를 위해 사무를 처리하는 경우이다. 예컨대 지방자치단체가 긴급한 재난상황으로 피해복구를 스스로 할 수 없는 경우에 국가나 다른 지방자치단체가 그 피해시설을 임시로 관리해 주는 경우이다. 물론 행정응원을 통해서 지원할 수도 있으나, 이에 관한 법적 근거가 없는 경우에는 공법상의 사무관리의 법리가 적용될 수 있다. 마지막으로 사인이 행정주체를 위해 사무를 처리해 주는 경우이다. 독일의 사례에 본 것과 같이, 건축주가 긴급한 상황에서 행정주체를 위해 일정한 시설물을 설치하는 사례를 들 수 있다. 위에서 본 바와 같이 소위 허베이 스피리트호 사건에서 A 주식회사가 해양경찰의 직접적인 지휘를 받아 방제작업을 보조한 경우도 공법상 사무관리라고 볼 수 있다. 이 사건도 사인이 국가의 사무를 처리한 경우에 해당하여 공법상의 사무관리로 파악할 수 있다.

---

27) BVerfGE 18, 429, 436; BVerwGE 48, 279, 285.

28) Maurer, Allgemeines Verwaltungsrecht, 18. Aufl., §29 Rn. 11. 참조. 그러나 이후 공저로 출간된 개정판에서는 매우 제한적으로 해석하고 있다(Maurer/Waldhoff, a.a.O., §29 Rn. 17).

3. 손해전보청구권

공법상의 사무관리가 인정되는 경우, 관리자는 그 사무의 주체(사인이나 행정주체)에 대하여 비용상환을 청구할 수 있다. 이에 관하여 공법에는 특별한 규정이 없기 때문에 민법의 규정(제739조)이 유추적용될 수 있다. 또한 관리자가 사무관리를 함에 있어서 허용되지 않는 방식으로 하거나 하자 있는 사무관리를 함으로써 그 사무의 주체에게 손해를 입힌 경우에도 그 손해전보를 요구할 수 있는지가 문제된다. 이 경우에 독일에서는 독일 민법 제678조의 규정을 유추적용하여 금전보상을 요구할 수 있다.[29] 예컨대 차량사고로 전복된 유조차가 상당량의 기름을 바닥에 유출하고 있어 소방관이 차량으로 해당 유조차를 다른 곳으로 이동시켜야 하는 경우가 그러하다. 이 경우 행정주체에 대한 개인의 손해전보청구는 통상법원에 하도록 하고 있다(행정법원법 제40조 제2항 제1문 참조).

29) Maurer/Waldhoff, a.a.O., § 29 Rn. 21 ff.

제 2 편

행정의 작용형식

제1장 집행권의 법제정작용(행정입법)
제2장 행정행위
제3장 행정계획
제4장 공법상 계약
제5장 기타 행정작용

서론 행정작용의 기초

행정작용의 종류와 형식은 복잡다양해지고 있다. 법적 구속력을 가지는 대표적인 행정작용으로는 행정행위, 집행권의 법제정작용(행정입법), 행정계획, 행정계약 등이 있다. 행정행위는 학문적 의미의 용어이며, 실무에서는 오히려 '처분'이라는 용어가 일반적이다. 그러나 '처분'이라는 용어는 쟁송법상 또는 실정법상의 개념이며, 학문적 의미의 행정행위의 개념보다는 넓다. 이러한 처분 개념에 포함되는 행정작용의 범위에 대해서는 학설의 대립이 있다. 실무에서는 이러한 행정행위(행정처분)와 다른 행정작용(행정입법, 공법상 계약 등)의 구별이 문제되는 경우도 있다. 이러한 구분이 문제인 것은 적용되는 법리뿐만 아니라 소송의 형식이나 권리구제의 방식 등에서 차이가 있기 때문이다.

독일의 슈미트 아쓰만(Schmidt-Aßmann) 교수는 "행정법의 개혁은 처음부터 행정법 도그마틱(Dogmatik)의 개혁이다"라고 설파한 바 있다.[1] 행정행위는 행정법 도그마틱의 핵심적 요소이며, 포기할 수 없는 도구이다. 위임입법의 증가로 인해 집행부의 법제정작용도 중요한 기능을 수행하고 있다. 법규명령과 조례는 이러한 위임입법과 관련하여 중요한 작용형식이다. 조례는 자치입법권의 하나로서, 그 제정범위와 한계가 문제된다. 조례제정의 문제는 특별행정법에 속하는 '지방자치법'에서 상론한다. 행정규칙은 본래 행정조직 내부의 지침이나 기준을 의미하는 것이었지만, 오늘날 법규적 성격이 인정되는지에 대해 논의가 있다.

대규모공공사업과 행정계획의 중요성이 증가하고 있다. 행정계획은 독자적인 행위형식의 하나이지만, 그 법적 성질은 다양하다. 실무에서는 처분적 성격의 행정계획이 주로 문제이다. 공법상 계약의 허용 여부에 대해 논란이 있었으나, 점차 활용되는 추세이다. 다만, 공법상 계약과 사법상 계약의 구별, 공법상 계약과 행정행위의 구별 등이 실무상 문제되고 있다. 행정조직 내부의 지시·명령, 계획수립 및 조치 외에, 대외적으로 법적 구속력을 가지지 않는 사실적 의

---

1) Schmidt-Aßmann, Verwaltungsrechtliche Dogmatik, S. 3.

사표현이나 사실행위 등도 있다. 이러한 사실행위도 점차 법적 범주에 포함되어, 공법상 손해배상의 대상이 되고 있다.

권력적 사실행위도 항고소송의 대상에 포함되거나 헌법소원의 대상이 되는 경우도 있다. 이러한 현상에 대해 비판도 있으나, 소송형식의 제한성으로 인해 소송실무에서는 이를 허용하고 있다. 현대국가에서 행정법관계의 패러다임은 수직적 법률관계에서 점차 다면적 법률관계로 변하고 있다. 이러한 구조적 변화에 적합한 새로운 행위형식이 등장하고 있어, 새로운 변화에 상응하는 행정법 이론을 발전시킬 필요가 있다.

제1장 집행권의 법제정작용(행정입법)

제1절 법규명령

Ⅰ. 법규명령의 의의 및 특징

입법권은 전통적으로 의회에 있음이 원칙이다. 특히 19세기에 들어와서는 의회가 제정한 형식적 의미의 법률에 우월적 지위를 부여하였고, 영국의 의회주권(議會主權)이나 미국의 권력분립사상에 근거하여 행정입법을 금지하고 있었다. 즉 국민에 의해 위임받은 입법권은 다른 기관에 재위임할 수 없다는 권한위임금지 내지 복위임금지의 원칙(delegata potestas non potest delegari)이 이러한 사상을 반영하고 있다. 그러나 20세기에 들어와서 행정국가의 등장과 더불어 행정기능이 점차 전문화·기술화됨에 따라 행정입법의 필요성이 강조되고 있다. 행정부의 전문지식과 경험을 활용할 수 있으며 입법부의 부담경감에 기여할 수 있다는 점에 행정입법의 제도적 장점이 있다. 그러나 바이마르헌법 제48조에 기초한 수권법(Ermächtigungsgesetz)의 사례에서 보는 바와 같이 전체주의적 성격을 가진 정치권력이 이를 남용하는 경우에는 국가의 위기를 가져온다는 역사적 교훈을 준 바 있다.

법규명령이란 흔히 "집행권이 정립하는 일반적·추상적 규율로서의 법규의 성질을 가지는 것"으로 이해되었다. 그러나 여기서 말하는 "법규(法規)"는 19세기 후기입헌주의시대의 역사적·관습적 의미의 법규(좁은 의미의 법규개념)를 말한다. 그러나 법이론적 법규개념에 비추어보면, 고권적인 일반적·추상적 규율로 파악하므로, 행정내부법의 영역에 속하는 행정규칙도 법규로 파악하게 된다.[1] 그러나 행정규칙은 원칙적으로 국민에 대하여 대외적 효력을 미치지 않으므로 법규범의 성격을 가지는 법규명령과 구별된다. 요컨대 법규명령이란 집행부의 기관(행정기관)에 의해 국가사무의 규율을 위하여 발령되는 법규범을 말한다. 법규명령은 직접적 외부효(외부적 구속력)를 가진 일반적·추상적 규율로서 실질적 의미의 법률에 속한다. 법규명령에는 법규적 사항을 일정한 요건 하에 위임할 수 있지만, 행정규칙에는 원칙적으로 법규적 사항을 위임할 수 없다. 다만, 예외적으로 법령보충적 행정규칙의 허용이 문제되고 있다.

Ⅱ. 법규명령의 종류

1. 수권의 범위와 효력에 의한 분류

법규명령은 수권의 범위나 효력 등을 기준으로 헌법대위명령(비상명령), 법률대위명령, 그리고 법률종속명령으로 구분된다. 헌법대위명령은 행정권이 발하는 명령이면서도 헌법 일부규정의 효력을 정지시키는 것과 같이 헌법적 효력을 가지는 경우를 말한다. 1972년 10월 17일 초헌법적 긴급권으로 발령된 대통령의 비상조치가 대표적 사례이다. 또한 이른바 유신헌법(1972년) 제53조에 따라 대통령령으로 발령된 긴급조치가 여기에 해당한다.[2] 법률대위명령은 법률과 대등한 효력을 지니는 명령을 말하며, 헌법 제76조의 긴급재정·경제명령 및 긴급명령이 여기에 해당한다. 일반적인 법규명령은 대체로 '법률종속명령'에 해당한다. 법률종속명령에는 법률이 위임한 범위 안에서 법규적 사항을 정하는 명령인 '위임명령'과 단순히 법률을 집행하는 내용을 정하는 명령인 '집행명령'이 있다. 헌법은 내용을 기준으로 하여 법규명령을 위임명령과 집행명령으로 구분하고 있다(헌법 제75조). 위임명령은 입법사항에 관하여 법률에서 구체적으로 위임한 사항을 규정하는 것인 반면, 집행명령은 법률 또는 상위명령의 범위 내에서 그 법규의 시행에 관하여 필요한 세부적인 사항(주로 절차 및 형식 등)을 규정한다.[3]

---

1) 다수의 국내문헌은 여전히 협의의 법규개념에 기초하고 있다. 그러나 최근 독일에서는 법규개념이 확대되어 행정조직의 내부영역, 즉 행정내부법관계를 법규개념에 포함하는 견해가 유력하다(Wolff/Bachof/Stober, Verwaltungsrecht I, 10. Aufl., §24 Rn. 9 ff.; Ossenbühl, in: Erichsen/Ehlers, Allgemeines Verwaltungsrecht, 12. Aufl., §5 Rn. 7 ff.).

2) 그러나 근래에는 유신헌법 제53조에 근거한 긴급조치의 위헌성이 인정된다(대법원 2010. 12. 26. 선고 2010도5986 전원합의체 판결).

3) 유진오 박사도 집행명령을 "법률에서 위임을 받지 않고 법률을 시행하기 위하여 필요한 사항을 규정하는 명령"으로 해석하고, 위임명령과 달리 국민의 권리의무에 관한 사항을 정할 수 없다고 보고 있다. 또한 집행명령은 영미국가에는 존재하지 않으며 바이마르헌법 제77조 등에

그러나 이러한 구분이 실무상 항상 명확한 것은 아니다.[4] 특히 위임입법의 경우에 일반적이고 포괄적인 위임은 의회입법원칙을 위반하는 것이므로 허용되지 아니한다(포괄위임금지의 원칙). 또한 헌법 제95조의 총리령 및 부령 제정과 관련하여 '직권'이라는 표현을 사용하고 있는데, 이것이 무엇을 의미하는지가 문제이다. 이러한 표현과 관련하여 대부분의 행정법문헌에서는 '직권명령'이라는 유형을 제시하고 있다. 직권명령이 국민의 권리 · 의무에 관한 사항, 이른바 입법(법규)사항을 규정할 수 있느냐가 문제이다. 이와 관련하여 직권명령은 협의의 행정명령뿐만 아니라 법규명령으로서의 집행명령도 포함한다는 견해와 이를 부인하는 견해가 서로 대립하고 있다. 그 밖에 직권명령을 법률 또는 상위명령의 구체적 · 개별적 위임을 근거로 하는 것이 아니라 법령에 의한 소관사무를 수행하기 위하여 직권으로 제정하는 법규명령이라고 파악하고, 여기에 독립명령과 집행명령이 포함된다고 보는 견해도 있다.[5] 그러나 이른바 독립명령은 법률대위적 성격을 가지는 법규명령이며, 전술한 대통령의 긴급재정 · 경제명령 및 긴급명령(헌법 제76조) 등을 의미하는 것이 보통이다. 생각건대 법률대위적 법규명령은 예외적인 경우에 대통령령을 통해서만 발령될 수 있고, 총리령이나 부령에는 이에 대한 명문의 규정이 없는 것으로 해석된다. 오히려 이러한 직권명령은 소관사무와 관련하여 그 권한의 범위내에서 법률 또는 대통령령을 집행하기 위하여 직권으로 발령되며, 새로이 국민의 권리 · 의무에 관한 규정을 제정할 수 없다.[6] 이는 대통령령인 집행명령과 유사한 것으로 이해하여야 한다.

한편, 법규명령에는 헌법 또는 법률 기타 상위명령의 근거가 필요하다. 긴급명령이나 긴급재정 · 경제명령과 같은 법률대위명령은 헌법에 정한 요건을 충족할 때에 발할 수 있다. 위임명령은 법률에서 개별적 수권의 규정이 있을 때에 한하여 제정될 수 있지만, 집행명령은 반드시 법률에 명시적 수권규정이 없더라도 직권으로 제정될 수 있다.

서 그 기원을 찾고 있다(俞鎭午, 新稿 憲法解義, 196면).

4) 이상규, 신행정법론(상), 293면.

5) 이상규, 전게서(상), 291면.

6) 유진오, 전게서, 239면.

2. 권한의 소재와 법형식에 의한 분류

(1) 헌법이 규정하고 있는 법규명령

헌법이 명시하고 있는 명령에는 대통령령 · 총리령 · 부령 등이 있다. 헌법 제76조에 근거하여 대통령이 정하는 긴급재정 · 경제명령 및 긴급명령, 헌법 제75조에 근거하여 대통령령이 정하는 위임명령과 집행명령이 이에 속한다. 전자는 법률대위명령에 속하는 반면, 후자는 법률종속명령에 해당한다. 헌법 제95조에 근거하여 국무총리 및 각부장관이 정하는 총리령 및 부령도 여기에 해당한다. 통상적으로 법률에서 위임한 사항을 정하는 대통령령을 '시행령'이라고 하고, 총리령 · 부령을 '시행규칙'이라고 부른다. 한편, 헌법 제114조 제6항에 근거하여 중앙선거관리위원회는 법령의 범위 안에서 선거관리 · 국민투표관리 또는 정당사무에 관한 규칙을 제정할 수 있으며, 법률에 저촉되지 아니하는 범위 안에서 내부규율에 관한 규칙을 정할 수 있게 되어 있다. 이러한 중앙선거관리위원회규칙은 흔히 위임명령과 집행명령의 성격을 가진다고 설명되고 있지만, 독립된 헌법기관이 제정하는 '독자적인 법형식(법규범)'으로 보는 것이 타당하다.

한편, 총리령과 부령의 관계에 대하여 총리령 우위설과 동위설이 대립한다. 국무총리는 헌법상 행정각부를 통할하는 지위에 있으므로, 총리령과 부령이 내용적으로 저촉되는 경우에는 총리령이 우월하다고 보아야 할 것이다. 국무위원으로 보하는 국무총리의 직속기관(법제처, 식품의약품안전처 등)도 독자적으로 법규명령을 정할 수 있는지가 논의되지만, 부정적으로 해석하여야 한다.

(2) 법률이 규정하고 있는 경우

감사원규칙은 헌법에 명문의 규정을 가지고 있지 않지만, 그 법적 성질이 문제되고 있다. 감사원법 제52조에는 "감사원은 감사에 관한 절차, 감사원의 내부규율과 감사사무처리에 관한 규칙을 제정할 수 있다"라고 규정하고 있다. 이에 근거하여 제정된 감사원규칙의 법적 성질에 대해 학설상 견해가 대립하고 있다. 법규명령설[7]은 법률이 의회의 의결을 거쳐 제정된 것으로서 민주적 정당성을 가지는 것이므로, 법률에 종속하는 하위규범으로서의 법규명령의 창설도 가능한

7) 이상규, 전게서(상), 294면; 김동희, 행정법 I, 제25판, 146면; 박윤흔, 최신행정법강의(상), 246면 이하.

것으로 보고 있다. 다른 한편, 행정규칙설[8]은 감사원법과 같은 법률이 법률내용의 구체적 · 한정적 위임을 할 수 있어도 "입법의 형식" 그 자체를 창설할 수는 없다는 것을 그 근거로 삼는다. 헌법에 명시되어 있는 명령만이 법규명령의 성질을 가진다고 보는 것이다. 이론적으로는 행정규칙설이 타당하다. 다만, 감사원 업무의 독립성을 감안할 때에는 감사원규칙에 대해 자율적 법규범으로서의 성격을 부여하는 것이 바람직하다. 감사원의 권한과 구성 등에 대해 명문의 규정을 두고 있지만, 감사원규칙에 법규적 성격을 부여하기 위해서는 감사원의 독립성을 강화하고, 헌법에 이에 관한 근거를 마련하여야 한다.

한편, 행정부 내의 독립기관이라고 할지라도 법률에 근거한 경우는 별도로 판단되어야 한다. 독점규제 및 공정거래에 관한 법률(제48조 제2항), 노동위원회법(제25조), 방송법(제31조) 등에도 '규칙'을 제정할 수 있는 근거를 마련하고 있다. 예컨대 독점규제 및 공정거래에 관한 법률 제48조 제2항에는 '공정거래위원회의 운영 등에 관하여 필요한 사항'을 공정거래위원회규칙으로 정하도록 하고 있다. 중앙노동위원회규칙, 방송위원회규칙도 여기에 해당한다. 이러한 규칙에 국민의 권리나 의무 등 '법규적 사항'을 규율할 수 있는지가 문제이다. 법규명령의 제정은 의회입법의 원칙에 대한 예외이므로 헌법 스스로 명문으로 정한 경우에 한하여 인정될 수 있다. 법률이 이를 창설할 수는 없다고 보아야 한다. 그러나 국회규칙, 대법원규칙, 헌법재판소규칙, 중앙선거관리위원회규칙 등 헌법에서 보장하는 독립된 헌법기관의 '규칙'은 독자적인 법규범 내지 자율적 규범으로 보는 것이 타당하다(헌법 제64조 제1항, 제108조, 제113조 제3항, 제114조).[9] 이를 법규명령으로 보는 견해가 일반적이지만, 법규명령은 행정부 내의 기관(대통령, 총리 및 행정각부의 장)이 제정할 수 있기 때문에 이러한 규칙을 법규명령으로 보는 것은 부적절하다. 요컨대 행정부의 기관 중에서 독립성을 가지고 '법률'에 의해 설치된 중앙노동위원회, 방송위원회 등의 규칙에 대해 법규명령의 성질을 인정하기는 어렵다. 따라서 국민의 권리 · 의무에 관한 법규적 사항은 법률에서 직접 규정하는 것이 바람직하다.

---

8) 김도창, 일반행정법론(상), 311면; 김남진 · 김연태, 행정법 I, 171면.
9) 이에 관하여는 졸고, "자체감사의 활성화와 감사원의 합리적 지원방안 연구", 공법연구 제46집 제2호(2017. 12), 26-27면 참조.

Ⅲ. 법규명령의 제정범위와 한계

1. 긴급재정 · 경제명령 및 긴급명령의 범위와 한계

법률대위명령에 해당하는 긴급재정 · 경제명령 및 긴급명령은 헌법 제76조가 정한 요건을 충족한 경우에 발급될 수 있다(헌법 제76조 참조). 긴급재정 · 경제명령은 내우 · 외환 · 천재 · 지변 또는 중대한 재정 · 경제상의 위기에 있어서 국가의 안전보장 또는 공공의 안녕질서를 유지하기 위하여 긴급한 조치가 필요하고 국회의 집회를 기다릴 여유가 없을 때에 발해질 수 있다(동조 제1항). 또한 대통령은 국가의 안위에 관계되는 중대한 교전상태에 있어서 국가를 보위하기 위하여 긴급한 조치가 필요하고 국회의 집회가 불가능한 때에 한하여 긴급명령을 발할 수 있다(동조 제2항). 긴급재정 · 경제명령과 긴급명령은 모두 법률의 효력이 있는 법규명령이다. 대통령이 긴급재정 · 경제명령과 긴급명령을 발한 때에는 지체 없이 국회에 보고하여 그 승인을 얻어야 한다(동조 제3항).

한편, 금융실명제와 관련하여 긴급재정 · 경제명령이 발해진 바 있는데, 긴급재정 · 경제명령이 헌법에 규정된 요건을 충족하지 못하는 경우에는 '위헌' 여부가 문제될 수 있다.[10] 대법원은 소위 유신헌법 제53조에 근거한 '대통령 긴급조치'가 위헌법률심사의 대상이 되는지 여부에 대해 부정적으로 해석하고 긴급조치의 위헌 여부에 대한 심사권이 최종적으로 대법원에 속한다고 판단하였다. 그러나 대법원은 위헌심사의 대상이 되는 법률이 원칙적으로 국회의 의결을 거친 형식적 의미의 법률이나 이러한 형식적 의미의 법률이 아닌 때에도 그와 동일한 효력을 인정하기 위해 국회의 승인이나 동의가 필요하는 등 국회의 입법권 행사라고 평가할 수 있는 실질을 갖추어야 한다고 보고 있다.[11] 이러한 판례의 입장에 의하면, 법률의 효력을 가지고 국회의 승인을 얻어야 하는 대통령의 긴급재정 · 경제명령이나 긴급명령은 위헌법률심판제청의 대상이 될 수 있다.[12] 또

---

10) "금융실명거래및비밀보장에관한긴급재정경제명령(이하 긴급명령이라 한다)은 그 발동 당시 헌법 제76조 제1항에서 정한 긴급재정 · 경제명령의 발동요건이 갖추어져 있었다고 보이고 국회의 승인을 얻었으므로 헌법상의 긴급재정 · 경제명령으로서 유효하게 성립하였다고 할 것이고, 위와 같이 긴급명령이 유효하게 성립한 이상 가사 그 발동의 원인이 된 '내우 · 외환 · 천재 · 지변 또는 중대한 재정 · 경제상의 위기'가 사라졌다고 하여 곧바로 그 효력이 상실되는 것이라고는 할 수 없다."(대법원 1997. 6. 27. 선고 95도1964 판결)

11) 대법원 2010. 12. 16. 선고 2010도5986 전원합의체 판결.

한 헌법재판소는 대통령의 긴급재정·경제명령에 대해 통치행위의 성질을 인정하면서도 헌법소원의 대상을 인정하고 있다.[13)]

2. 위임명령의 범위와 한계

법규명령은 포괄적 위임이 금지되며, 상위법령으로부터 구체적으로 범위를 정하여 위임받은 사항에 대하여서만 정할 수 있다. 국회전속사항은 위임이 허용되지 아니한다. 개별적으로 문제가 되는 사항을 검토하면 아래와 같다.

(1) 일반적·포괄적 위임의 금지

일반적·포괄적 위임은 허용되지 아니한다. 헌법은 "법률에서 구체적으로 범위를 정하여 위임받은 사항"에 관하여 대통령령을 제정할 수 있음을 규정하고 있다(제75조). 여기서 "구체적으로 범위를 정하여"라는 부분은 그 수권규정에서 위임명령의 규율 대상·범위 등을 명확히 하여야 함을 의미한다. 이와 관련하여 구체성과 명확성이라는 척도는 위임입법의 범위의 유월 여부에 대한 사법적 심사에 있어 중요한 기준으로 작용한다.[14)] 판례는 포괄위임금지원칙에 위배되는지 여부에 있어서 예견가능성 내지 예측가능성의 공식을 적용하고 있다.[15)] 헌법재판소도 동일한 입장이다.[16)]

---

12) 헌법재판소, 헌법재판실무제요, 제2개정판, 128면.

13) 헌재 1996. 2. 29. 93헌마186, 판례집 8-1, 111.

14) "법률의 위임이 있는지 여부를 판단함에 있어서는 직접적인 위임규정의 형식과 내용 외에 당해 법률의 전반적인 체계와 취지·목적 등도 아울러 고려하여야 하고, 규율대상의 종류와 성격에 따라서는 요구되는 구체성의 정도 또한 달라질 수 있으나, 국민의 기본권을 제한하거나 침해할 소지가 있는 사항에 관한 위임에 있어서는 위와 같은 구체성 내지 명확성이 보다 엄격하게 요구된다."(대법원 2000. 10. 19. 선고 98두6265 판결)

15) "위임명령은 법률이나 상위명령에서 구체적으로 범위를 정한 개별적인 위임이 있는 때에 가능하고, 여기에서 구체적인 위임의 범위는 규제하고자 하는 대상의 종류와 성격에 따라 달라지는 것이어서 일률적 기준을 정할 수는 없지만, 적어도 위임명령에 규정될 내용 및 범위의 기본사항이 구체적으로 규정되어 있어서 누구라도 당해 법률이나 상위명령으로부터 위임명령에 규정될 내용의 대강을 예측할 수 있어야 하나, 이 경우 그 예측가능성의 유무는 당해 위임조항 하나만을 가지고 판단할 것이 아니라 그 위임조항이 속한 법률이나 상위명령의 전반적인 체계와 취지·목적, 당해 위임조항의 규정 형식과 내용 및 관련법규를 유기적·체계적으로 종합판단하여야 하고, 나아가 각 규제대상의 성질에 따라 구체적·개별적으로 검토함을 요한다."(대법원 2002. 8. 23. 선고 2001두5651 판결)

16) 헌재 2004. 7. 15. 2002헌바47, 판례집 16-2(상), 43. 이에 대한 상세는 졸고, "명확성원칙의 판단기준과 사법심사의 한계", 법조 통권 제624호(2008. 9), 108면 이하; 졸저, 현대행정의 작용형식(행정법연구 2), 134면 이하.

(2) 법률유보사항의 위임금지

헌법에서 법률로 정하도록 한 사항에 대해서는 위임명령만으로 정할 수 없다. 이와 관련하여 헌법은 국적취득요건(제2조 제1항), 통신·방송의 시설기준(제21조 제3항), 공용수용 및 보상(제23조 제3항), 행정각부의 설치·조직 및 직무범위(제96조), 지방의회의 조직·권한(제117조 제1항) 등을 법률로 정하도록 하고 있다. 또한 헌법은 죄형법정주의(제13조 제1항)와 조세법률주의(제59조)를 규정하고 있다. 처벌규정의 위임이 허용되는지는 죄형법정주의와 관련하여 문제되고 있다. 모법에서 처벌의 대상인 행위가 무엇인지를 예측할 수 있을 정도로 범죄구성요건을 구체적으로 정하여야 하며, 형벌의 종류와 상한을 정하여 위임하는 것은 허용된다.[17] 다만, 이러한 입법사항이 전적으로 법률로 규율되어야 하는 것은 아니라고 하더라도 그 본질적 내용은 법률로 정해져야 함을 의미한다. 따라서 그 세부적 사항에 관하여 구체적으로 범위를 정하여 법규명령에 위임하는 것은 허용된다. 여기서 중요한 문제는 해당 헌법규정이 어느 정도의 골격과 기준을 법률로써 정하도록 하고 있느냐를 규명하는 것이다. 그 범위가 객관적으로 밝혀지는 경우, 이에 관하여는 반드시 법률로 정해야 한다. 이와 같이 법률유보원칙의 관점에서 기본권의 실현과 관련된 본질적 사항은 위임이 금지된다.

(3) 재위임의 허용과 한계

법령에 의하여 위임받은 사항을 전혀 규정하지 않고 다시 하위명령에 위임하는 재위임(subdelegation, Untermächtigung)은 실질적으로 수권법의 내용을 권한 없이 변경하는 것이 되기 때문에 허용되지 않는다. 다만 위임받은 사항에 관한 대강의 사항을 정하고 세부적인 내용을 하위법령에 재위임하는 것은 허용된다고 판시하고 있다.[18] 한편, 대법원은 X군 가축사육제한지역의 지정·고시와

---

17) "형벌법규에 대하여도 특히 긴급한 필요가 있거나 미리 법률로써 자세히 정할 수 없는 부득이한 사정이 있는 경우에 한하여 수권법률(위임법률)이 구성요건의 점에서는 처벌대상인 행위가 어떠한 것일거라고 이를 예측할 수 있을 정도로 구체적으로 정하고, 형벌의 점에서는 형벌의 종류 및 그 상한과 폭을 명확히 규정하는 것을 조건으로 위임입법이 허용되며 이러한 위임입법은 죄형법정주의에 반하지 않는다."(헌재 1996. 2. 29. 94헌마213)

18) "법률에서 위임받은 사항을 전혀 규정하지 않고 재위임하는 것은 위임금지의 법리에 반할 뿐 아니라 수권법의 내용변경을 초래하는 것이 되고, 부령의 제정·개정절차가 대통령령에 비하여 보다 용이한 점을 고려할 때 재위임에 의한 부령의 경우에도 위임에 의한 대통령령에 가해지는 헌법상의 제한이 당연히 적용되어야 할 것이므로, 법률에서 위임받은 사항을 전혀 규정하지 아니하고 그대로 재위임하는 것은 허용되지 않으며 위임받은 사항에 관하여 대강을 정

관련하여 주민의 권리제한이나 의무부과에 관한 사항을 법률로부터 위임을 받아 조례로 정하고, 이를 다시 지방자치단체의 장이 정하는 규칙이나 고시 등에 재위임하는 경우에도 포괄위임금지의 원칙이나 복위임금지의 원칙에 위배되지 않는다고 판시하고 있다.[19] 그러나 지방자치단체의 규칙이나 고시를 법규범으로 볼 수 있는지는 의문일 뿐만 아니라, 이러한 경우에 재위임의 법리를 확대하는 것은 법률유보의 원칙에 비추어 바람직하지 않다.

3. 집행명령의 범위와 한계

집행명령은 상위법령을 집행하기 위하여 필요한 세부적·구체적 사항만을 정하는 것이다. 따라서 집행명령은 상위법령의 범위 내에서 그 시행에 필요한 구체적인 절차·형식 등을 규정할 수 있을 뿐, 법규적 사항을 정할 수 없다. 예컨대 허가를 얻기 위한 시설기준이나 요건을 법률에 근거하지 않고 집행명령으로 정하는 것은 허용되지 아니한다.

Ⅳ. 법규명령의 성립요건 및 효력발생요건

법규명령이 적법하게 성립하여 그 효력을 발생하기 위해서는 다음의 요건을 갖추어야 한다. 이하에서는 이를 형식적 요건과 실질적 요건으로 구분하여 설명하기로 한다. 형식적 요건에서는 주로 관할, 절차 및 형식이, 실질적 요건에서는 법규명령의 내용이 문제된다.

1. 형식적 요건

법규명령은 대통령·국무총리·행정각부의 장 등 정당한 권한을 가진 기관에 의해 제정되어야 한다. 이를 강학상 '명령제정권자'라고 한다. 또한 대통령령안은 법제처의 심사와 국무회의의 심의를, 총리령과 부령은 법제처의 심사 등의 '절차'를 거쳐야 한다(헌법 제89조 제3호, 정부조직법 제21조 제1항 참조).[20] 그리고

하고 그 중의 특정사항을 범위를 정하여 하위법령에 다시 위임하는 경우에만 재위임이 허용된다."(헌재 1996. 2. 29. 94헌마213)

19) 대법원 2015. 1. 15. 선고 2013두14238 판결. 이 판결에 대한 상세한 내용 및 비판에 대해서는 졸고, "재위임의 허용범위 및 한계에 관한 소고", 행정법학 제11호(2016. 9), 135-145면 참조.

20) 그러나 실무상으로는 이러한 법규명령의 절차상 요건을 회피하기 위하여 행정규칙(국무총리훈

법령 등을 제정·개정 또는 폐지하려는 경우 해당 입법안을 마련한 행정청은 이를 예고하여야 한다(행정절차법 제41조). 법규명령의 입법안은 관보 및 법제처장이 구축·제공하는 정보시스템(법제정보시스템)을 통해 공고하여야 한다(행정절차법 제42조 제1항 제1호). 행정상 입법예고제도는 1983년 5월에 공포된 법령안 입법예고에 관한 규정(대통령령 제1113호)에 의해 도입되었다. 현재는 행정절차법과 법제업무운영규정(대통령령)에서 이를 규정하고 있다. 법규명령은 조문형식으로 하고, 그 밖에 일정한 형식을 갖추어야만 한다(형식). 특히 대통령령 공포문의 전문에는 국무회의의 심의를 거친 뜻을 기재하여야 하며, 대통령이 서명한 후 대통령인을 찍고 그 일자를 명기하여 국무총리와 관계국무위원이 부서한다(법령 등 공포에 관한 법률 제7조). 총리령과 부령에는 그 일자를 명기하고 각각 총리인과 장관인을 찍고 서명날인을 한다(동법 제9조). 대통령령·총리령 및 부령은 각각 그 번호를 붙여서 공포한다(동법 제10조).

2. 실질적 요건

법규명령에는 법률유보원칙과 법률우위원칙이 적용된다. 따라서 법규명령은 상위법에 근거하여야 하고, 그 수권범위 내에서 제정되어야 한다. 또한 법규명령은 상위법령에 직·간접으로 저촉되는 내용을 포함해서는 아니 된다. 법규명령의 내용은 명확하고, 그 실현가능성이 있어야 한다. 그러나 법규명령이 상위법령을 위반하는지 여부는 법적 안정성의 관점에서 쉽게 판단되어서는 아니 된다.[21] 상위법령의 근거 없이 과세요건에 관한 사항을 규정하는 것은 조세법률주의에 위배된다.[22]

령 등)의 형식으로 제정되고 있다. 이에 대해서는 후술하기로 한다.

21) "어느 시행령의 규정이 모법에 저촉되는지의 여부가 명백하지 아니하는 경우에는 모법과 시행령의 다른 규정들과 그 입법취지, 연혁 등을 종합적으로 살펴 모법에 합치된다는 해석도 가능한 경우라면 그 규정을 모법위반으로 무효라고 선언하여서는 안 된다. 이러한 법리는 국가의 법체계는 그 자체 통일체를 이루고 있는 것이므로 상·하규범 사이의 충돌은 최대한 배제되어야 한다는 원칙과 더불어, 민주법치국가에서의 규범은 일반적으로 상위규범에 합치할 것이라는 추정원칙에 근거하고 있을 뿐만 아니라, 실제적으로도 하위규범이 상위규범에 저촉되어 무효라고 선언되는 경우에는 그로 인한 법적 불안정은 물론, 그에 대체되는 새로운 규범이 제정될 때까지의 법적 공백과 법적 방황은 상당히 심각할 것이므로 이러한 폐해를 회피하기 위해서도 필요하다."(대법원 2001. 8. 24. 선고 2000두2716 판결)

22) "구 소득세법시행규칙 제82조 제2항은 소득세법이나 그로부터 위임받은 소득세법 시행령에 아무런 위임근거도 없이 과세요건에 관한 사항을 규정한 것이어서 조세법률주의의 원칙에 위반되어 무효이다."(대법원 1993. 1. 19. 선고 92누6983 판결)

3. 효력발생

법규명령은 그 내용을 외부에 표시함으로써 유효하게 성립한다. 이와 같은 법규명령의 대외적 표시절차를 '공포'라고 하며, 공포는 관보에 게재하는 것을 통해 이루어진다. 이 경우 공포일은 그 법규명령을 게재한 관보가 발행된 날이 된다(법령 등 공포에 관한 법률 제11조, 제12조 참조).[23] 관보는 종이로 발행되는 관보(종이관보)와 전자적인 형태로 발행되는 관보(전자관보)로 구성된다(동법 제11조 제3항).

법규명령의 효력은 특별한 규정이 없는 한 공포한 날부터 20일을 경과함으로써 발생한다(법령 등 공포에 관한 법률 제13조). 또한 국민의 권리제한 또는 의무부과와 직접 관련되는 법규명령은 긴급히 시행해야 할 특별한 사유가 있는 경우를 제외하고 공포일부터 적어도 30일이 경과한 날부터 시행되도록 규정하고 있다(동법 제13조의2).

한편, 행정기본법에는 법령 등 시행일의 기간 계산에 관한 특별한 규정을 두고 있다. 즉 법령 등을 공포한 날부터 일정 기간이 경과한 날부터 시행하는 경우에는 법령 등을 공포한 날을 첫날에 산입하지 아니한다고 규정하고 있다(제7조 제1호 및 제2호). 또한 공포한 날부터 일정한 기간이 경과한 날부터 시행하는 경우에 그 기간의 말일이 토요일 또는 공휴일인 때에는 그 말일로 기간이 만료한다(동조 제3호).

Ⅴ. 법규명령의 하자와 소멸

1. 법규명령의 하자와 법적 효과

법규명령은 법률상 수권근거가 없거나 형식적 하자가 있으면 위법하다. 또한 내용상 수권법률이나 기타 상위법과 일치하지 아니하는 경우에도 위법하다. 위법한 법규명령은 원칙적으로 무효이다.[24] 이와 같이 법규명령은 행정행위와 달리 하자가 있는 경우에는 무효일 수 있으나 취소될 수 없다. 이에 대해 법규명령에 대한 취소소송을 입법론으로 주장하는 견해도 있다.[25] 법규명령과 처분은

23) 대법원 1969. 11. 25. 선고 69누129 판결.
24) 대법원 1966. 12. 6. 선고 63누197 판결; 대법원 1983. 7. 12. 선고 82누148 판결.

구별될 뿐만 아니라, 처분을 항고소송의 대상으로 보는 현행 행정소송법의 구조와 체계에서 이러한 주장은 허용되기 어렵다.

한편, 헌법 제107조 제2항의 해석과 관련하여, 구체적 규범통제만 인정되고 추상적 규범통제는 허용되지 않는다고 보는 것이 다수의 견해이다. 법규명령의 위법성을 바로 다툴 수는 없고, 법규명령에 근거한 개별적·구체적인 처분에 대해 취소소송을 제기 하면서, 그 선결문제로서 법규명령의 위법성을 다툴 수 있다. 이 경우 부수적 심사를 통해 해당 법규명령의 위헌·위법이 인정될 경우에 당연무효를 선언할 수 있는지가 다투어지고 있다. 이에 대해 부정적 견해가 다수설 및 판례의 입장이다. 즉 위법성이 인정되는 법규명령은 해당 사건에 대해서만 적용될 수 없다고 보는 견해가 지배적이며, 판례의 입장도 그러하다.[26] 법률하위규범에 대한 사법적 통제의 한계는 추상적 또는 주위적 규범통제가 보장되지 못한 것에서 연유하고 있다.

2. 법규명령의 소멸

법규명령은 폐지, 종기의 도래 또는 해제조건의 성취, 그 밖에 근거법령의 소멸 등으로 소멸된다. 첫째, 법규명령의 폐지란 행정권이 법규명령의 효력을 장래에 향하여 소멸시키는 것을 직접적이고 명시적으로 표시하는 것을 말한다. 이러한 폐지는 그 대상인 법규명령과 동일한 형식의 법규명령 또는 상위법령에서 규정되는 방식으로 이루어져야 한다. 폐지의 의사표시는 명시적으로 하거나, 또는 해당 법규명령과 내용상 충돌되는 상위법령의 제정처럼 묵시적으로 행해질 수 있다. 둘째, 시행기간 또는 해제조건이 붙은 법규명령은 각각 종기의 도래, 해제조건의 성취에 의하여 소멸된다. 그 밖에 법규명령은 상위 또는 동위의 법령에 근거하여 제정되는 것이므로, 근거법령이 소멸된 경우에는 특별한 규정이 없는 한 해당 법규명령도 함께 소멸된다고 해석하는 것이 원칙이다. 다만, 대법원은 집행명령에 대하여 일정한 요건 아래에서 그 예외를 허용하고 있다.[27]

25) 박균성, 행정법론(상), 246면.

26) 대법원 1994. 4. 26. 자 93부32 결정.

27) "상위법령의 시행에 필요한 세부적 사항을 정하기 위하여 행정관청이 일반적 직권에 의하여 제정하는 이른바 집행명령은 근거법령인 상위법령이 폐지되면 특별한 규정이 없는 이상 실효되는 것이나 상위법령이 개정됨에 그친 경우에는 개정법령과 성질상 모순, 저촉되지 아니하고 개정된 상위법령의 시행에 필요한 사항을 규정하고 있는 이상 그 집행명령은 상위법령의 개정에도 불구하고 당연히 실효되지 아니하고 개정법령의 집행을 위한 집행명령이 제정·발효될 때까지는 여전히 그 효력을 유지한다."(대법원 1989. 9. 12. 선고 88누6962 판결)

Ⅵ. 법규명령에 대한 통제와 권리구제

행정기능의 확대와 행정의 전문화·기술화로 인하여 법규명령이 양적으로 증가하고 질적으로 중요해짐에 따라 법규명령이 국민의 생활관계에 미치는 영향은 날로 커져가고 있다. 이에 따라 국민의 권익보호라는 관점에서 법규명령의 남용방지 및 그에 대한 효과적인 통제가 중요한 과제로 등장하고 있다. 법규명령에 대한 통제는 입법적 통제, 사법적 통제 및 행정적 통제로 구분된다. 그 밖에 국민이나 언론 등에 의한 통제가 있다. 법규명령의 제정시에 공청회·청문이나 매스컴, 시민단체(NGO)의 활동 등 여론을 통하여 행정입법의 적법성을 확보하는 방법이 여기에 해당한다. 이를 "민중통제"[28]라고도 부른다. 오늘날에는 시민의 참여와 협력이 강조되고 있으며, 전통적인 수직적 법률관계로부터 수평적인 법률관계로의 패러다임 변화가 생기고 있다.

1. 입법적 통제

(1) 간접적 통제

국회가 법규명령의 성립이나 효력발생에 직접적으로 관여하는 것이 아니라, 국회가 행정부에 대하여 가지는 국정감사권의 행사에 의하여 간접적으로 법규명령의 적법·타당성을 확보하는 것을 말한다. 헌법상 인정되고 있는 간접통제의 방법으로는 국정감사·조사(제61조), 국무총리 등에 대한 질문(제62조), 국무총리 또는 국무위원의 해임건의(제63조) 및 대통령 등에 대한 탄핵소추(제65조) 등을 들 수 있다. 또한 국회는 법규명령의 제정에 관한 수권을 제한·철회하거나 법규명령과 내용상 상충되는 법률을 제정함으로써 법규명령의 효력을 상실케 할 수 있다.

(2) 직접적 통제

법규명령의 성립·발효에 대한 동의 또는 승인권이나, 일단 유효하게 성립한 법규명령의 효력을 소멸시키는 권한을 의회에 유보하는 방법에 의한 통제를 말한다. 그 대표적인 예로는 영국의 의회제출절차(laying process), 미국의 입법적

28) 김도창, 전게서(상), 320면.

거부(legistlative veto)[29] 및 독일의 동의권유보(Zustimmungsvorbehalt)를 들 수 있다. 헌법에서는 대통령이 긴급재정·경제명령이나 긴급명령을 발한 때에는 지체없이 국회에 보고하여 그 승인을 얻도록 하고, 만일 승인을 얻지 못한 때에는 그때부터 그 효력을 상실하도록 하고 있다(제76조 제3항, 제4항). 이는 제출절차의 한 형태로 볼 수 있지만, 사전동의가 아니라 사후동의의 성격을 가진다. 다만, 구 국회법 제98조의2에는 중앙행정기관의 장은 법률에서 위임한 사항이나 법률을 집행하기 위하여 필요한 사항을 규정한 대통령령·총리령·부령·훈령·예규·고시 등이 제정·개정 또는 폐지된 때에는 10일 이내에 이를 국회 소관 상임위원회에 제출하도록 하고, 상임위원회는 위원회 또는 상설소위원회를 정기적으로 개회하여 그 소관 중앙행정기관이 제출한 대통령령·총리령 및 부령에 대하여 법률에의 위반여부 등을 검토하여 당해 대통령령 등이 법률의 취지 또는 내용에 합치되지 아니하다고 판단되는 경우에는 소관 중앙행정기관의 장에게 그 내용을 통보할 수 있었다(제1항, 제3항). 이와 관련하여 국회가 행정입법의 수정요구권 내지 수정요청권을 가지는지 여부가 다투어진 바 있다. 생각건대 행정입법은 국회가 제정한 의회에서 파생된 법원이므로 국회가 행정입법의 수정(변경)요구권을 가지는 것이 헌법에 위반된다고 볼 수 없다. 이에 대한 최종적인 판단권은 사법부에 있다. 그러나 향후 보다 바람직한 것은 의회와 행정부의 협력에 의해 법제정을 실현하도록 노력하는 것이다.[30]

한편, 2020년 2월 18일에 국회법 제98조의2의 개정이 있었다. 즉 상임위원회가 대통령령 또는 총리령의 법률 위반 여부를 검토하여 법률의 취지나 내용에 합치되지 아니한다고 판단되는 경우에는 '본회의 의결'로 처리하여 정부에 송부하도록 하고 있다(국회법 제98조의2 제5항). 종전에는 소관 상임위원회가 곧바로 중앙행정기관의 장에게 통보하던 것을 상임위원회로 하여금 검토결과보고서를 국회의장에게 제출하고 이를 본회의에 보고하여 본회의 의결로 처리하여 정부에 송부하도록 변경된 것이다. 이 경우 정부는 송부받은 검토결과에 대한 처리여부를 검토한 후 그 처리결과를 국회에 제출하도록 하였다(동조 제6항). 정부가 송부받은 검토결과에 따르지 못하는 경우에는 그 사유를 포함하도록 하였

29) 김대현, 행정입법에 대한 의회통제에 관한 연수 - 미국의 경우를 중심으로 -, 중앙대학교 박사학위논문, 2010.

30) 이에 대해서는 졸고, "행정입법에 대한 행정적·입법적 통제: 특히 협력적 규범제정의 구축방안을 위한 모색을 중심으로", 공법연구 제44집 제4호(2016. 6), 69-98면; 졸저, 현대행정의 작용형식, 213-218면.

다. 그러나 부령의 경우에는 상임위원회가 소관 중앙행정기관의 장에게 그 내용을 통보할 수 있도록 규정하고 있다(동조 제7항). 이러한 검토내용을 통보받은 중앙행정기관의 장은 그 처리 계획과 그 결과를 지체 없이 소관 상임위원회에 보고하도록 있다(동조 제8항).

2. 사법적 통제

(1) 부수적 규범통제

법규명령에 대한 가장 강력한 통제수단은 사법적 통제이다. 다만, 우리나라에는 법원과 헌법재판소가 병렬적으로 존재하고 있어, 규범통제권의 관할을 둘러싸고 다툼이 있다. 헌법 제107조 제2항에서는 "명령·규칙 또는 처분이 헌법이나 법률에 위반되는 여부가 재판의 전제가 된 경우에는 대법원은 이를 최종적으로 심사할 권한을 가진다"라고 규정하고 있다. 이 조항의 해석과 관련하여, 다수설 및 판례는 '구체적' 규범통제제도라고 이해하고 있다. 행정소송법은 항고소송의 대상을 처분에 제한하고 있다(제19조, 제38조). 헌법 제107조 제2항의 해석과 관련하여, 헌법재판소는 구체적인 사건에 있어서 법규명령의 위헌·위법성이 재판의 전제가 되는 경우에 한하여 그 사건의 심판을 위한 선결문제로서 다루어질 수 있을 뿐, 독립하여 법규명령의 효력을 소송에 의해 다투는 것이 허용되지 않는다고 보고 있다.[31] 대법원도 헌법 제107조 제2항의 의미를 부수적 규범통제의 의미로 이해하고 있다.[32] 이 경우 위헌(위법)으로 판정된 명령·규칙의 효력에 대해 당해 사건 외에는 폐지되기 전까지는 유효하다는 견해와 일반적으로 무효가 된다는 견해가 대립하고 있다. 판례는 전자의 입장이다.[33] 다만, 행정소송법 제6조에는 법규명령에 대한 위헌·위법 판결이 확정되면 행정안전부장관에게 통보하고, 행정안전부장관은 이를 관보에 게재하도록 규정하고 있다.

31) 헌재 1990. 10. 15. 89헌마178, 판례집2, 365; 헌재 1998. 5. 28. 91헌마98 등, 판례집 10-1, 660.

32) "헌법 제107조 제2항의 규정에 따르면 행정입법의 심사는 일반적인 재판절차에 의하여 구체적 규범통제의 방법에 의하도록 명시하고 있으므로, 당사자는 구체적 사건의 심판을 위한 선결문제로서 행정입법의 위법성을 주장하여 법원에 대하여 당해 사건에 대한 적용 여부의 판단을 구할 수 있을 뿐 행정입법 자체의 합법성의 심사를 목적으로 하는 독립한 신청을 제기할 수는 없다."(대법원 1994. 4. 26. 자 93부32 결정)

33) 대법원 1983. 7. 12. 선고 82누148 판결.

이에 대해 명령·규칙을 행정소송(항고소송)으로 실현할 수 있다는 주장도 있다.[34] 특히 2003년 대법원 행정소송법 개정안과 관련하여, 명령·규칙을 행정소송의 대상으로 하는 것에 대해 위헌이라는 주장이 있었다.[35] 우선 헌법 제107조 제2항 중 "재판의 전제성"의 해석에 관하여 견해 대립이 있다. 이를 민·형사사건의 선결문제로서 제한적으로 이해하는 견해도 있으나, 헌법 제107조의 전체적인 구조에 비추어 타당하지 않다. 판례는 위에서 본 바와 같이 재판의 전제성을 "재판의 대상이 된 경우"로 보고, 이를 선결문제로 좁게 이해하고 있다. 이에 대해 명령이나 규칙도 구체적 사건성을 갖추어 직접 항고소송의 대상이 되면 그 위헌·위법 여부는 본안사유로서 재판의 전제가 될 수 있다고 보고, 헌법 제107조 제2항을 구체적 규범통제만이 아니라 행정소송 전반을 의미하는 것으로 보는 해석도 있다.[36]

생각건대 재판의 전제성은 '구체적 사건성'을 의미하는 것으로 이해할 수 있고, 이를 선결문제로 좁게 제한해서 이해할 필요는 없다. 헌법은 명령·규칙에 대한 추상적 규범통제를 명확히 규정하고 있지 않다. 법률하위규범에 대한 규범통제의 문제는 현행법의 체계에서는 입법적 공백으로 남아 있다. 법원은 부수적 규범통제를 할 수 있을 뿐이다. 헌법재판소는 이에 대해 헌법소원의 방식 외에 주위적 규범통제를 할 수는 없다. 명령·규칙에 대한 행정소송을 위헌으로 단정하는 것은 타당하지 않다. 입법정책적으로는 개헌을 통해 주위적 규범통제제도를 도입하고, 규범통제권을 헌법재판소와 법원이 기능적으로 분할하는 것이 바람직하다. 이 경우 행정소송법의 개정을 통해 법률하위규범에 대한 규범통제권을 규정하는 방안이 가능하다. 과거의 판례 중에는 법규명령이 "처분"의 성질을 가지는 경우에는 그 처분적 명령에 대한 항고소송이 가능하다고 보고 있다.[37] 또한 조례의 경우에도 구체적인 처분 없이 직접 대외적 효력을 미친다고 보아 이를 항고소송의 대상으로 보고 있다(처분적 조례).[38] 이러한 대법원 판례

34) 행정입법도 '구체성'의 요건을 충족할 수 있어, 항고소송의 대상인 처분에 해당할 수 있다는 견해도 있다(朴正勳, 행정소송의 구조와 기능, 72면).

35) 김하열, "행정소송법 개정안에 관한 의견", 2004 행정소송법 개정안 공청회 자료집(2004), 170-172면; 동인, 헌법재판주요선례연구, 명령·규칙에 대한 헌법소원, 헌법재판소 헌법재판연구원, 406-407면.

36) 박정훈, 전게서, 176면.

37) 대법원 1953. 8. 19. 선고 4286행상37 판결.

38) "조례(경기도 두밀분교통폐합에 관한 조례)가 집행행위의 개입없이 그 자체로서 직접 국민의 구체적인 권리의무나 법적 이익에 영향을 미치는 등의 법률상 효과를 발생하는 경우 그 조례는 항고소송의 대상이 되는 행정처분에 해당한다."(대법원 1996. 9. 20. 선고 95누8003 판결)

의 입장은 타당하지 않다. 개별적 · 구체적인 집행행위를 매개하지 않고 그 자체로 대외적 구속력을 가지는 이른바 '집행규범'에 대해서는 법리적으로 항고소송을 제기할 수 없다.[39)]

(2) 헌법소원

규범통제권은 헌법소원제도와 구별되어야 한다. 헌법은 명령 · 규칙에 대한 위헌 · 위법심사권을 법원에 부여하고 있다(헌법 제107조 제2항). 다른 한편 법률이 정하는 헌법소원에 대한 심판권은 헌법재판소에 부여하고 있다(헌법 제111조 제1항 제5호). 법규명령의 위헌성 여부에 대해 헌법소원이 제기된 경우에 헌법재판소가 위헌심판권을 가지는지가 문제된다. 헌법재판소는 법무사법시행규칙(대법원규칙)에 대한 헌법소원에서 해당 규칙이 위헌임을 결정한 바 있다.[40)] 그 후 헌법재판소는 구 체육시설의 설치 · 이용에 관한 법률 시행규칙 제5조, 구 교육법 시행령 제71조 등을 헌법소원의 심판대상으로 인정하고 있다.[41)] 이와 관련하여 재판의 전제성이 없는 경우에 명령 · 규칙을 직접 헌법소원의 대상으로 볼 수 있는지가 다루어졌다. 적극설[42)]은 헌법재판소법 제68조 제1항의 공권력의 행사 또는 불행사에 대한 헌법소원에 명령 · 규칙이 당연히 포함된다고 보고 있다. 소극설[43)]은 법률에 대한 위헌심판권이 헌법재판소에, 명령 · 규칙에 대한 위

---

39) 독일에서는 이에 대해 항고소송이 아니라 '확인소송'으로 다투고 있다(이에 대해서는 Schenke, Rechtsschutz bei normativem Unrecht, NJW 2017, S. 1062 참조). 이에 대한 상론은 졸고, "명령 · 규칙 등의 부진정행정입법부작위에 대한 법원의 규범통제: 특히 독일의 규범보충소송을 중심으로", 행정판례와 공익(청담최송화교수희수기념논문집), 박영사, 2018, 617면.

40) "헌법 제107조 제2항이 규정한 명령 · 규칙에 대한 대법원의 최종심사권이란 구체적인 소송사건에서 명령 · 규칙의 위헌여부가 재판의 전제가 되었을 경우 법률의 경우와는 달리 헌법재판소에 제청할 것 없이 대법원이 최종적으로 심사할 수 있다는 의미이며, 명령 · 규칙 그 자체에 의하여 직접 기본권이 침해되었음으로 이유로 하여 헌법소원심판을 청구하는 것은 위 헌법규정과는 아무런 상관이 없는 문제이다. 따라서 입법부 · 행정부 · 사법부에서 제정한 규칙이 별도의 집행행위를 기다리지 않고 직접 기본권을 침해하는 것일 때에는 모두 헌법소원심판의 대상이 될 수 있는 것이다. 이 사건에서 심판청구의 대상으로 하는 것은 법원행정처장의 법무사시험 불실시 즉 공권력의 불행사가 아니라 법원행정처장으로 하여금 그 재량에 따라 법무사시험을 실시하지 아니해도 괜찮다고 규정한 법무사법시행규칙 제3조 제1항이다. 법령자체에 의한 직접적인 기본권침해 여부가 문제되었을 경우 그 법령의 효력을 직접 다투는 것을 소송물로 하여 일반 법원에 구제를 구할 수 있는 절차는 존재하지 아니하므로 이 사건에서는 다른 구제절차를 거칠 것 없이 바로 헌법소원심판을 청구할 수 있는 것이다."(헌재 1990. 10. 15. 89헌마178)

41) 헌재 1993. 5. 13. 92헌마80; 헌재 1995. 2. 23. 91헌마204.

42) 김남진, 행정법의 기본문제, 889면; 이석연, "명령 · 규칙에 대한 헌법재판소의 위헌여부심사법", 저스티스 제23권 제2호, 193면.

43) 이상규, "명령 · 규칙의 위헌심사권", 인권과 정의 제172호(1990. 11), 63-67면; 이상규, "명

헌심판권이 대법원에 있음을 강조한다. 생각건대 규범통제권이 인정된다고 하여 헌법소원이 부인되는 것은 아니다. 규범통제권과 헌법소원의 문제는 독립적으로 고찰될 필요가 있다. 다만, 헌법재판소법은 '법률'에 한하여 위헌심사형 헌법소원(소위 '위헌소원')을 인정하고 있다(헌법재판소법 제68조 제2항 참조).

(3) 행정입법부작위에 대한 사법적 통제

행정입법부작위에 대한 사법적 통제수단에 관해서는 견해가 대립하고 있다. 헌법재판소는 행정입법부작위에 대해 헌법소원을 인정하고 있다.[44] 그러나 행정입법 제정의무의 존부(存否)에 관한 판단은 헌법문제가 아니라 행정소송의 문제라고 보는 것이 독일의 지배적 견해이다.[45] 국내에서는 행정입법부작위에 대한 적법한 소송형식으로 항고소송설[46]과 당사자소송설[47]이 대립하고 있다. 그러나 입법부작위를 처분의 부작위로 해석할 수 없다는 점에서 항고소송설은 타당하지 않다. 또한 일설은 당사자소송설에 대하여 "규범제정과 같은 권력적 행위는 당사자소송의 대상이 될 수 없다"고 비판하고 있다.[48] 그러나 당사자소송에서는 집행부가 헌법이나 법률에 의해 규범(법률하위규범)을 제정할 의무가 있고, 이에 상응해서 원고가 집행부에 규범의 제정을 요구할 권리(공권)이 있다는 것을 확인하는 것을 그 내용으로 하고 있다. 따라서 당사자소송설은 권력적 행위와 무관하며, 공법상 법률관계에서 시행령이나 시행규칙의 제정의무와 이에 상응하는 권리가 있다는 것을 확인하는 것이 일차적이다. 나아가 이러한 내용의 소송이 정립되고 당사자소송이 보다 활성화되면, 이러한 공권에 바탕을 두고 그 이행을 요구하는 소송도 적극적으로 고려해 볼 수 있다.[49]

령 · 규칙의 위헌심사권", 저스티스 제24권 제1호(1991), 229-238면; 박일환, "법규범에 대한 헌법소원과 제소요건", 인권과 정의 제174호(1991), 45-69면.

44) 헌재 1998. 7. 16. 96헌마246, 판례집 10-2, 283.

45) Schmitt Glaeser/Horn, Verwaltungsprozeßrecht, 15. Aufl., Rn. 332; Thomas Würtenberger, Verwaltungsprozessrecht, 3. Aufl., §39 Rn. 701; Hufen, Verwaltungsprozessrecht, 7. Aufl., § 20 Rn. 4 등.

46) 박균성, "행정입법부작위에 관한 소송", 인권과 정의 제224호(1995. 5), 67-82면; 박정훈, "행정입법부작위에 대한 행정소송: 독일법과 우리법의 비교, 특히 처분개념을 중심으로", 판례실무연구 Ⅵ, 박영사, 2003. 8, 192-193면.

47) 졸고, "행정입법부작위에 대한 사법적 통제: 당사자소송에 의한 규범제정요구소송의 실현가능성을 중심으로", 저스티스 통권 제110호(2009. 4), 194-217면; 졸저, 행정구제의 기본원리, 제1전정판, 468면 이하.

48) 박균성, 전게서(상), 236면.

49) 한편, 독일에서는 규범제정요구소송(Normerlaßklage)을 헌법소송이 아니라 행정소송으로 다투고 있다. 다만, 이를 실현하는 소송의 유형으로 확인소송설, 일반이행소송설, 독일 행정법원법

3. 행정적 통제

(1) 행정감독권에 의한 통제

행정청은 계층적으로 상·하 구조를 이루고 있으며, 상급행정청은 하급행정청의 적법·타당한 권한행사와 통일성 있는 행정을 위하여 지휘·감독권을 행사할 수 있다. 따라서 상급행정청은 하급행정청의 행정입법권의 행사에 대하여 그 기준과 범위를 정할 수 있고, 수권을 철회하거나 위법한 법규명령의 폐지를 명령할 수도 있다. 또한 행정입법의 권한에 관하여 행정청 사이에 분쟁이 있을 때에는 상급행정청이 주관쟁의결정권의 행사에 의해 주관행정청을 결정할 수 있다.

(2) 절차적 통제

절차적 통제는 법규명령의 제정에 있어서 일정한 절차를 거치도록 하여 법규명령의 적법성을 확보하는 것이다. 법규명령의 제정절차에는 법규명령안의 사전통지, 이해관계인의 청문, 관계기관과의 협의 및 공포 등을 들 수 있다. 이에 대한 통칙규정은 없다. 그러나 국무회의의 심의(헌법 제89조 제3호), 법제처에 의한 심사(행정조직법 제24조 제1항)가 있고, 그 밖에 행정상 입법예고제를 통해 "절차적 통제"가 강조되고 있다.

(3) 기타 행정적 통제

국민권익위원회는 법률·대통령령·총리령·부령 및 그 위임에 따른 훈령·예규·고시·공고와 조례·규칙의 부패유발요인을 분석·검토하여 그 법령 등의 소관 기관의 장에게 그 개선을 위하여 필요한 사항을 권고할 수 있다(부패방지 및 국민권익위원회의 설치 및 운영에 관한 법률 제28조). 국민권익위원회의 법령 개선 권고는 법제처의 심사와 충돌·경합할 우려가 있지만, 주로 부패영향평가 등의 관점에서 이루어진다는 점에서 차이가 있다. 또한 행정심판법 제59조에는 중앙행정심판위원회가 심판청구를 심리·재결할 때에 처분 또는 부작위의 근거가 되는 명령 등이 법령에 근거가 없거나 상위 법령에 위배되거나 국민에게 과도한 부담을 주는 등 크게 불합리하면 관계 행정기관에 그 명령 등의 개정·폐

제47조의 유추적용에 의한 독자적소송설 등이 있다. 종전에는 확인소송설이 지배적이었으나, 근래에는 일반이행소송설이 유력하다(상세는 졸저, 행정구제의 기본원리, 488-490면 참조).

지 등 적절한 시정조치를 요청할 수 있도록 규정하고 있다. 이 경우 중앙행정심판위원회는 시정조치를 요청한 사실을 법제처장에게 통보하여야 한다. 나아가 행정기본법 제39조는 정부가 권한 있는 기관에 의하여 위헌으로 결정되어 법령이 헌법에 위반되거나 법률에 위반되는 것이 명백한 경우 등 대통령령으로 정하는 경우에 해당 법령을 개선하도록 규정하고 있다(동조 제1항).

제2절 행정규칙

Ⅰ. 행정규칙의 의의 및 성질

행정규칙이라 함은 대체로 "행정조직의 내부에서 상급기관이 하급기관에 대하여 정하는 일반적·추상적 규정"을 말한다. 행정규칙은 법규명령과 달리 원칙적으로 법률의 수권을 요하지 아니한다. 따라서 행정규칙은 상위법이나 상급행정규칙에 위반되지 않는 한도 내에서 허용된다. 행정규칙은 행정조직 내의 기관 또는 그 구성원을 구속한다. 공무원이 행정규칙을 위반하면 징계원인이 되는 것이 보통이다(국가공무원법 제57조 및 제58조, 지방공무원법 제49조 및 제69조). 또한 행정규칙을 위반하는 행정처분은 바로 위법이 되지 아니하며, 평등원칙이나 신뢰보호원칙 위반 등을 매개로 하여 해당 처분이 위법할 수 있다.

헌법재판소는 법령보충적 행정규칙에 대해서도 헌법소원의 대상성을 인정하고 있다.[50] 그러나 행정의 자기구속을 근거로 행정규칙의 대외적 구속력을 가진다고 보는 것은 법리적으로 타당하지 않다. 독일의 학설[51] 및 판례[52]도 행정규칙에 대해 헌법소원을 인정하고 있지 않다. 행정규칙도 법규(법이론적 법규개념으

50) "이른바 행정규칙은 일반적으로 대외적 구속력을 갖는 것이 아니며, 다만 행정규칙이 법령의 규정에 의하여 행정관청에 법령의 구체적 내용을 보충할 권한을 부여한 경우 또는 평등의 원칙이나 신뢰보호의 원칙에 따라 행정기관이 규칙에 따라야 할 자기구속을 당하는 경우에는 대외적 구속력을 가지게 된다."(헌재 1990. 9. 3. 90헌마13)

51) 이에 대해서는 Lechner/Zuck, BVerfGG, 7. Aufl., §90 Rn. 125; Schlaich/Korioth, Das Bundesverfassungsgericht, 9. Aufl., Rn. 213; Ruppert, in: Umbach/Clemens/Dollinger(Hg.), Bundesverfassungsgerichtsgesetz, 2. Aufl., 2005, §90 Rn. 54 참조. 그러나 이에 대한 반대 견해도 있다. 이러한 견해는 행정규칙 그 자체의 법규범성을 주장하는 소수설이다(Sauerland, Die Verwaltungsvorschrift im System der Rechtsquellen, 2005, S. 439 f.).

52) BVerfGE 1, 82; 2, 238/242; 12, 370; 41, 88/105.

로 이해하는 경우)라고 보는 견해도 있지만, 행정규칙은 법규범(Rechtsnorm)이 아니라고 보는 견해가 지배적이다. 행정규칙에 대한 사법적 통제는 실무뿐만 아니라 학계의 어려운 과제로 남아 있다.

한편, 상급기관은 하급기관에 대하여 지휘・감독권을 가지고 있으며, 행정규칙에 대한 감독권도 여기에 포함된다. 정부내 법제전문기관인 법제처는 대통령훈령 및 국무총리훈령에 대하여 법령과 마찬가지로 사전심사를 하고 있으나, 기타 훈령・예규 등에 대해서는 사후심사를 하고 있다. 근래에는 행정규칙 입안의 적법성통제를 강화되고 있다. 행정규칙의 명칭, 성질 및 효력 등을 둘러싸고 학계 및 실무에서는 논란이 있는 것이 사실이다. 이러한 방만한 행정규칙은 통일적 정비가 필요하다. 일본에서는 행정수속법의 개정을 통해 '행정입법수속(行政立法手續)' 제도를 도입하여 행정규칙에 대한 절차적 통제가 강조되고 있다.

Ⅱ. 행정규칙의 종류

1. 내용에 의한 분류

행정규칙은 그 내용에 따라 조직규칙, 재량준칙, 규범해석규칙, 간소화지침 및 규범구체화 행정규칙 등으로 분류되고 있다. 그 밖에 후술하는 바와 같이 예외적으로 법규성이 인정되는 법령보충적 행정규칙이 있다.

(1) 조직규칙

조직규칙은 행정기관의 조직・설치 및 권한배분 등에 관한 행정규칙을 말한다. 예컨대 행정청 내부의 직제, 사무분장규정 등이 여기에 해당한다. 즉 '경찰청 사무분장 규칙'(경찰청훈령)이나 '국세청 사무분장 규정'(국세청훈령) 등이 그러하다. 그러나 근래에는 조직규칙을 법규명령으로 제정하는 경우가 늘고 있다. 예컨대 '법제처 직제', '대통령비서실 직제', '경찰청과 그 소속기관 직제'는 대통령령으로 제정되고 있다.

(2) 재량준칙

재량준칙은 행정재량권의 행사기준이나 방식 등을 정하는 행정규칙이다. 재량준칙은 법률의 법효과 측면과 관련이 있다. 예컨대 과징금의 산정과 부과에 관한 재량권 행사의 기준이 여기에 해당한다.

(3) 규범해석규칙(해석지침)

규범해석규칙(해석지침)은 법령해석의 통일을 위하여 제정하는 행정규칙으로서, 하급기관의 법령해석에 있어서는 중요한 준거가 된다.

(4) 간소화지침

간소화지침은 대량적 행정행위를 발급하는 경우에 통일적인 처분기준을 설정하는 행정규칙을 말한다. 조세부과처분을 함에 있어 소득표준율을 정하는 경우가 여기에 해당한다.

(5) 규범구체화행정규칙

독일에서는 규범구체화행정규칙(normkonkretisierende Verwaltungsvorschriften)이라는 행정규칙의 유형을 인정하고 있다. 이러한 행정규칙은 1985년 12월 19일 독일 연방행정법원의 뷜(Whyl) 원자력발전소의 판결에서 연유하고 있다. 연방행정법원은 연방임미시온방지법 제48조에 근거하여 제정된 연방내무장관의 행정규칙인 '배출공기 또는 지표수를 통한 방사성물질유출에 있어서 방사선노출에 대한 일반적 산정기준(Allgemeine Berechnungsgrundlage für Strahlenexposition bei radioaktiven Ableitungen mit der Abluft oder im Oberflächengewässer)'에 대해 예외적으로 대외적 효력을 인정하였다.[53] 규범구체화행정규칙이 직접적 외부효를 가지는지도 다투어지고 있다. 연방행정법원과 독일의 학설은 이를 긍정하고 있다.[54]

2. 형식에 의한 분류

행정규칙은 형식에 의해 훈령, 예규, 지시 및 일일명령으로 분류되고 있다. (협의의) 훈령은 상급기관이 하급기관에 대하여 장기간에 걸쳐 권한 행사를 지휘·감독하기 위하여 발하는 명령을 말한다.[55] 지시는 상급기관이 하급기관에 대하여 직권이나, 또는 하급기관의 문의나 신청에 의해 개별적·구체적으로 발하는 명령을 말한다. 예규(例規)는 법규문서 이외의 행정사무의 통일적인 처리를

53) Maurer/Waldhoff, a.a.O., § 24 Rn. 12.
54) BVerwGE 122, 264. 한편, 이에 대해 규범구체화행정규칙이 간접적 외부효만 가진다고 보는 견해도 있다(Maurer/Waldhoff, a.a.O., § 24 Rn. 32).
55) 대법원 1983. 6. 14. 선고 83누54 판결.

위하여 그 기준을 제시하는 규정이다. 여기에는 대법원행정예규 제309호(법조경력 7년 미만 판사에 대한 단독재판허가에 관한 지침)가 해당된다. 또한 일일명령은 당직·출장·시간외근무·휴가 등을 말한다. 형식에 의한 분류는 행정 효율과 협업 촉진에 관한 규정 제4조 제2호에 의한 것이다. 종래에는 이러한 내용이 구 사무관리규정(제7조 제2호) 및 구 사무관리규정 시행규칙(제3조 제2호)에 규정되어 있었다. 훈령·지시·예규·일일명령은 공문서의 하나인 '지시문서'의 일종으로 규정되어 있다(행정업무의 운영 및 혁신에 관한 규정 제4조 제2호 참조). 그러나 이를 행정규칙의 유형으로 분류하는 것은 타당하지 않다. 이러한 유형 중 지시와 일일명령은 개별성과 구체성을 가진다는 점에서 행정규칙의 유형에 포함시키기 곤란하다. 따라서 형식에 의한 분류는 재고될 필요가 있다.

Ⅲ. 행정규칙의 효력

1. 내부적 효력

행정규칙은 일반적·추상적 규정의 형식으로 제정되지만, 시민에 대해 직접적인 대외적 구속력을 가지지 아니한다. 행정규칙은 원칙적으로 행정조직의 내부에서만 구속력을 가진다(내부적 구속력). 이와 같이 행정규칙은 내부적 효력만을 가진다고 보는 것이 종래의 다수설이다. 따라서 행정규칙은 시민의 주관적 공권에 대한 근거가 될 수 없을 뿐만 아니라 기본권 침해를 정당화할 수도 없다.[56] 이러한 행정규칙은 애초에 사법심사의 대상도 되지 아니한다고 보는 것이 지배적이다. 행정규칙은 대외적 구속력이 없어 규범통제의 대상도 되지 아니 하며, 이를 위반한 처분도 곧바로 위법이 되지 아니한다.

2. 외부적 효력(간접적 효력)

(1) 학설

행정규칙은 원래 행정조직의 내부에 구속력을 가지는 것이 원칙이나, 행정기관의 행정처분에 의해 사인에 대해서도 효력을 미치는지가 문제된다. 예컨대 재량준칙에 따라 영업허가의 정지 또는 철회 등의 행정처분을 하는 경우에 그 재

56) Maurer/Waldhoff, a.a.O., § 24 Rn. 22.

량준칙의 효과가 행정 영역 외의 국민에게도 미치는지가 논의된다. 행정규칙의 법규설을 주장하는 견해도 있다.[57] 그러나 행정규칙은 원래 내부법관계를 규율하기 위해 제정되며, 행정기관이 행정규칙이 정한 바에 따라 사무를 집행하여 그 효과가 외부(국민)에 미치더라도 그 효과는 사실적·간접적인 것에 지나지 않는다. 예컨대 행정기관이 재량준칙에 따라 일정한 행정처분을 하여 甲이 乙과 비교하여 불리한 처분을 받고 해당 처분이 평등원칙에 위반된다고 다툴 수 있다. 그러나 해당 처분이 위법이라고 하더라도 재량준칙 그 자체가 일반 국민에 직접 영향을 미치는 것이 아니라, 해당 처분이 평등원칙을 위반한 것일 뿐이다.

한편, 독일에서도 행정규칙이 직접적 외부효를 가지는지가 다투어지고 있다. 통설은 행정규칙에 원칙적으로 대외적 구속력이 없고 내부적 효력만 있다고 보고 있다.[58] 그러나 이에 대해 행정규칙의 직접적 외부효를 주장하는 견해가 있다(대외적·직접적 구속력설). 이러한 견해를 주장하는 대표적 학자는 오쎈뷜(Fritz Ossenbühl) 교수이다. 그는 법규명령과 행정규칙의 이원론을 비판하고, 행정규칙의 구속효(Bindungswirkung)를 주장한다. 행정규칙의 제정권은 입법부에서 파생된 것이 아니며, 시원적 집행권(originäres Exekutivrecht)에 근거하고 있다고 보고 있다.[59] 그러나 이에 대해 법률유보의 원칙, 독일 기본법 제80조 제1항 제2문의 본질성공식 등을 근거로 행정부는 입법부와 구별된다고 비판하는 견해가 유력하다.[60]

(2) 판례

판례는 원칙적으로 행정규칙에 국민이나 법원에 대한 대외적 구속력이 없으며 행정규칙의 법규성이 부인된다고 본다.[61] 그러나 후술하는 '법령보충적 행정규칙'의 법리를 적용하여 예외적으로 행정규칙의 대외적 구속력을 인정하고 있다. 즉 상위법령인 수권법과 결합하여 대외적 구속력을 가지는 경우가 있다고 보고 있다. 그 효시는 국세청장의 훈령으로서 발령된 재산제세사무처리규정에 관한 사건이다.[62] 종래에 대법원은 행정관청에 법령의 구체적 내용을 보충할 권

57) 대표적으로 최정일, 행정법의 정석 I, 147면.
58) Maurer/Waldhoff, a.a.O., § 24 Rn. 22 ff.
59) Ossenbühl, in: Erichsen/Ehlers(Hg.), Allgemeines Verwaltungsrecht, 12. Aufl., S. 158.
60) Maurer/Waldhoff, a.a.O., § 24 Rn. 38.
61) 대법원 1983. 6. 14. 선고 83누54 판결, 대법원 1984. 2. 28. 선고 83누551 판결 등.
62) "행정규칙은 일반적으로 행정조직 내부에서만 효력을 가질 뿐 대외적인 구속력을 갖는 것은 아니지만, 법령의 규정이 특정 행정기관에게 그 법령내용의 구체적 사항을 정할 수 있는 권한

한을 부여한 경우, 또는 평등의 원칙이나 신뢰보호의 원칙에 따라 행정기관이 규칙에 따라야 할 자기구속을 당하는 경우에는 대외적 구속력을 가진다고 보고 있었다.[63] 그러나 이후에 이러한 대법원 판결은 수정되었다.[64]

대법원은 육군3사관학교 사관생도의 음주로 인한 징계(퇴학처분)사건에서 행정예규에 근거한 해당 금주조항이 사관생도의 일반적 행동자유권, 사생활의 비밀과 자유 등 기본권을 과도하게 제한하는 것으로서 무효라고 판단하고 있다.[65] 한편, 헌법재판소도 행정규칙이 원칙적으로 행정조직 내부에서만 효력을 가지며 대외적인 구속력을 가지지 아니하므로 헌법소원의 대상이 될 수 없다고 보고 있다.[66] 그러나 재량준칙이 그 정한 바에 따라 일정한 관행이 확립되면 평등원칙이나 신뢰보호원칙을 매개로 대외적인 구속력을 가진다고 결정하고 있다.[67]

(3) 검토

행정규칙은 원칙적으로 재판규범성이 인정되지 않으므로 행정소송에 있어서 위법성심사의 척도가 될 수 없다. 일반적인 행정규칙은 규범통제의 대상이 될 수 없다. 독일에서도 규범구체화 행정규칙에 대해서만 예외적으로 규범통제를 할 수 있을 뿐이다.[68] 이와 관련하여 '법령보충적 행정규칙'은 법규적 효력이 인정되므로 구체적 규범통제의 대상이 되는지가 문제된다. 이러한 법령보충적 행정규칙을 법규명령으로 보는 경우에는 구체적 규범통제의 대상이 되며, 선결문제에서 그 위법 여부를 다툴 수 있다. 판례의 입장도 그러하다. 법원은 처분의

을 부여하면서 그 권한행사의 절차나 방법을 특정하고 있지 아니한 관계로 수임행정기관이 행정규칙의 형식으로 그 법령의 내용이 될 사항을 구체적으로 정하고 있다면, 그와 같은 행정규칙, 규정은 행정규칙이 갖는 일반적 효력으로서가 아니라, 행정기관에 법령의 구체적 내용을 보충할 권한을 부여한 법령규정의 효력에 의하여 법령의 구체적 내용을 보충하는 기능을 갖게 된다 할 것이므로, 이와 같은 행정규칙, 규정은 당해 법령의 수임한계를 벗어나지 아니하는 한 그것들과 결합하여 대외적인 구속력이 있는 법규명령으로서의 효력을 갖게 된다."(대법원 1987. 9. 29. 선고 86누484 판결)

63) 대법원 1987. 9. 29. 선고 86누484 판결; 대법원 1994. 4. 26. 선고 93누21668 판결; 대법원 1994. 3. 8. 선고 92누1728 판결.

64) 대법원 2009. 12. 24. 선고 2009두7967 판결.

65) 대법원 2018. 8. 30. 선고 2016두60591 판결.

66) 헌재 1991. 7. 8. 91헌마42.

67) "이른바 행정규칙은 일반적으로는 대외적 구속력을 갖는 것이 아니며, 다만 행정규칙이 행정관청에 법령의 구체적 내용을 보충할 권한을 부여한 경우 또는 평등의 원칙이나 신뢰보호의 원칙에 따라 행정기관이 규칙에 따라야 할 자기구속을 당하는 경우에는 대외적 구속력을 갖게 된다."(헌재 1990. 9. 3. 90헌마13)

68) Maurer/Waldhoff, a.a.O., § 24 Rn. 56.

근거인 행정규칙에 대해서도 적극적으로 사법심사를 하고 있다. 일반적인 행정규칙이 상위법령을 위반한 경우에 위법이라고 판단할 수 있으나, 법규적 효력이 없는 행정규칙에 대해 무효를 선언하는 것은 타당하지 않다. 행정규칙에 법규적 사항을 규정하는 것 자체는 법률유보의 원칙에 비추어 위법이며, 법원은 이에 대해 위법을 선언하여 행정부가 이를 상위법령에 적합하게 개정하도록 유도해야 한다. 이른바 '행정의 자기구속'은 행정규칙의 비법규성을 전제로 하므로 이를 근거로 행정규칙의 대외적 구속력과 헌법소원 대상성을 인정하는 것은 이론적으로 타당하지 않다. 법령보충적 행정규칙은 제한된 범위에서 허용되어야 한다.

Ⅳ. 행정규칙의 성립요건 및 소멸

1. 행정규칙의 성립요건

(1) 형식적 요건

행정규칙은 정당한 권한을 가진 행정기관에 의해 그 권한의 범위 내에서 제정될 수 있다. 따라서 대통령이 국무총리훈령을 발령하는 것은 허용되지 아니한다. 행정규칙은 원칙적으로 불요식(不要式)행위이지만, 법조문의 형식을 가지고 문서로 제정하는 것이 보통이다. 다만, '행정업무의 운영 및 혁신에 관한 규정'(이하 "행정업무규정"이라 한다)에는 고시·훈령 등의 서식에 관한 규정을 두고 있다. 또한 "행정기관에서 장기간에 걸쳐 반복적으로 사용하는 문서로서 정형화할 수 있는 문서는 특별한 사유가 없으면 서식으로 정하여 사용"하도록 하고 있다(행정업무규정 제26조). 훈령도 지시문서의 형식으로 하도록 규정하고 있고(행정업무규정 제4조 제2호), 장기간에 걸쳐 반복적으로 사용한다는 점에 서식의 방식으로 발령된다.

한편, 행정규칙은 대외적 구속력이 없으므로 법규명령과 달리 원칙적으로 공포절차가 필요하지 않다. 그러나 이러한 공포절차는 효력 요건이 아니며 법치국가적 관점에서 필요하다는 견해도 있다.[69] 또한 행정규칙은 절차규정을 고려하지 않고 신속하고 간이하게 제정될 수 있으나 다른 기관이나 위원회의 협력, 자문 청취 등이 필요한 경우도 있다. 이러한 절차는 개별법에 따라 다양하다. 오늘날에는 행정규칙의 적법성을 확보하기 위해 행정규칙을 발령함에 있어서 소

69) Maurer/Waldhoff, a.a.O., § 24 Rn. 53.

정의 절차를 거치도록 하고 있다. 예컨대 대통령훈령 및 국무총리훈령의 발령은 '법제에 관한 사무'에 속하며, 법제처의 심사를 거쳐야 한다(정부조직법 제24조 및 법제업무 운영규정 제23조 참조). 또한 훈령·예규·고시 등을 법제정보시스템에 등재하도록 하고 있으며, 중앙행정기관의 장은 규제개혁위원회에 훈령·예규 등의 발령안에 대하여 규제심사를 요청하는 경우에 법제처장에게 이에 대해 검토를 요청하여야 한다(법제업무 운영규정 제24조의3 제2항 및 제24조의3 제1항).

(2) 실질적 요건

행정규칙은 법규명령과 달리 원칙적으로 법률상 수권을 요하지 아니한다. 이러한 행정규칙은 헌법상 행정부의 집행권에 근거하고 있다.[70] 헌법 제66조 제4항에서 "행정권은 대통령을 수반으로 하는 정부에 속한다"라고 규정하고 있다. 행정부의 조직권력에 의해 행정부의 권한은 분배된다. 행정규칙은 법률우위의 원칙에 따라 상위법령 또는 상급감독기관의 행정규칙을 위반하여서는 아니 된다.

2. 행정규칙의 소멸

행정규칙이 영원히 존속하는 것은 아니며, 상위법령의 개폐에 의해 영향을 받는 경우가 적지 않다. 행정규칙은 명시적·묵시적 폐지, 종기의 도래, 해제조건의 성취 등에 의하여 효력을 상실한다. 행정규제의 완화와 관련하여 이른바 행정규칙의 일몰제가 시행되고 있으나, 행정규칙의 특성 및 본래적 기능을 고려할 때에 이러한 제도의 유용성에 의문이 있다.

Ⅴ. 위법한 행정규칙에 대한 권리구제

행정규칙은 전통적인 법규개념에 의하면 대외적 구속력을 가지지 아니하며 재판규범도 아니다. 법원은 재판에 있어 행정규칙에 구속되지 않는다. 다만, 위법한 행정규칙에 근거한 처분에 대한 취소소송에서 그 근거인 행정규칙이 위법하냐는 것을 심사할 수 있다. 법원은 이러한 심사를 통해 행정규칙이 상위법령을 위반한 경우에는 무효를 선언하고 있다.[71] 그러나 행정규칙은 대외적 구속력이 없으므로 무효를 선언하는 것은 이론적으로 타당하지 않다. 따라서 행정법원

---

70) Maurer/Waldhoff, a.a.O., § 24 Rn. 50.

71) 대법원 1991. 8. 27. 선고 91누1738 판결.

이 해당 행정규칙의 위법을 인정하면, 행정청은 이러한 행정규칙을 상위법령에 적합하게 수정해야 한다. 다만, 후술하는 바와 같이 법규적 효력이 인정되는 법령보충적 행정규칙에 대해서는 법규명령과 마찬가지로 심사를 하게 된다. 대법원은 조례가 지방자치법 제22조 단서에 따라 주민의 권리제한 또는 의무부과에 관한 사항을 법률로부터 위임받은 후 다시 지방자치단체장이 정하는 규칙이나 고시 등에 재위임되는 것을 허용하고 있다. 이 경우에 고시는 일종의 '법령보충적 행정규칙'에 해당한다고 보고 있다. 이러한 고시가 위임의 범위를 넘어 제정된 경우에는 포괄위임금지의 원칙을 위반하게 된다는 것이다.[72] 그러나 법률유보원칙이나 권력분립원칙 등에 비추어 법규적 사항은 법률이나 법규명령에서 규정하는 것이 바람직하다.

Ⅵ. 특수한 경우

1. 법령보충적 행정규칙

(1) 의의

행정규칙의 형식으로 제정되었으나 그 내용이 대외적 구속력(이른바 법규성)을 가질 수 있는지가 논해지고 있다. 이를 소위 "행정규칙 형식의 법규명령"의 문제로 접근하고 있다. 여기에는 법령이 행정기관에 대하여 그 법령내용의 구체적인 사항을 정할 수 있도록 권한을 부여하면서 그 권한행사의 절차나 방법을 특정하지 않아 수임행정기관이 행정규칙의 형식으로 그 법령의 내용을 정하고 있는 경우가 해당된다. 이를 '법령보충적 행정규칙'이라고 한다.

(2) 학설 및 판례

법령보충적 행정규칙의 법적 성질에 대하여 견해가 대립하고 있다. ① 법규명령설은 비록 행정규칙 형식으로 발령되었으나 법령을 보충하여 국민에 대하여 대외적 구속력을 발한다고 주장한다.[73] 그러나 ② 행정규칙설은 의회입법에 대한 예외는 헌법에 근거가 있어야 된다고 주장하며, 이를 여전히 행정규칙으로 본다.[74] ③ 규범구체화 행정규칙설은 독일연방행정법원의 뷜(Whyl) 판결에서 유

72) 대법원 2015. 1. 15. 선고 2013두14238 판결.
73) 이상규, 전게서(상), 295면; 김동희, 전게서(Ⅰ), 175면; 박윤흔, 전게서(상), 248-249면.
74) 김남진, 전게서(Ⅰ), 204면.

래된 것으로, 예외적으로 행정규칙의 직접적・대외적 구속력을 인정하고 있다. ④ 위헌무효설은 법령보충적 행정규칙의 법적 성질을 학설상 논의할 문제가 아니며 헌법적 근거가 없는 위임입법으로서 위헌이라고 본다.[75]

한편, 대법원은 국세청훈령인 재산제세사무처리규정(財產諸稅事務處理規程)에 대하여 수권법령과 결합하여 대외적 효력을 발한다는 취지로 판시하였고, 이러한 취지의 판례를 계속해서 확대하여 왔다.[76] 이와 같은 유형을 '법령보충적 행정규칙'으로 분류하고 있다. 판례가 법규명령설의 입장이라고 보는 견해도 있다. 즉 대법원은 재산제세사무처리규정과 같은 국세청훈령이나 식품제조영업허가기준과 같은 보건사회부고시는 비록 행정규칙의 형식이나, 실질적으로는 대외적 구속력을 가지는 법규명령으로서의 '효력'을 가진 것으로 보고 있다. 그 해석을 두고 학설은 전술한 바와 같이 견해가 대립하고 있는 것이다.

(3) 검토 및 판단

행정규칙 형식의 법규명령의 법적 성질은 형식적 기준에 의할 것인가, 아니면 실질적 기준에 의할 것인가에 달려 있다. 이미 언급한 바와 같이 법규명령은 헌법상 규정(제75조, 제95조)에 근거하여 엄격한 요건과 절차에 의해 제정되므로, 이러한 부담을 경감하기 위하여 실무상 법규명령으로 정하여야 할 사항을 행정규칙의 형식으로 정하고 있는 것이다.[77] 그러나 이는 국민의 권익구제를 위하여 엄격한 형식과 절차를 요하도록 하고 있는 헌법의 기본이념에 반하는 것이다. 판례가 법령보충적 행정규칙에 대하여 법규명령으로서의 효력을 가진다고 하여, 해당 행정규칙이 법규명령으로 전환되는 것은 아니다. 다만, 현실적으로 법적 안정성의 관점에서 법령보충적 행정규칙을 모두 폐지하기는 어렵고, 기술안전법이나 환경법 등 특수한 영역에서 예외적으로 법규적 효력을 인정할 필요성이 있다. 따라서 법규적 효력이 예외적으로 허용되는 법령보충적 행정규칙은 제한된 영역에서만 인정해야 한다.

75) 석종현, 일반행정법론(상), 제11판, 185면.
76) 대법원 1988. 3. 22. 선고 87누654 판결; 대법원 1987. 9. 29. 선고. 86누484 판결; 대법원 1994. 4. 26. 선고 93누21668 판결.
77) 유상현, "행정처분기준의 법규성", 공법연구 제31집 제1호(2002. 11), 517면.

2. 법규명령 형식의 행정규칙(제재적 처분기준을 정한 부령)

(1) 의의

행정규칙 형식의 법규명령과 구별되어야 할 것은 법규명령 형식의 행정규칙이다. 행정규칙으로 제정하여야 할 사항은 훈령·예규 등의 형식으로 제정되는 것이 원칙이지만, 실무적으로는 시행령(대통령령)이나 시행규칙(총리령, 부령) 등 법규명령의 형식으로 제정되기도 한다. 이는 "형식의 과잉"이라 표현되기도 하나, 그 법적 성질에 대해서 논란이 있는 것이 사실이다.

(2) 학설 및 판례

이러한 제재적 처분기준을 정한 부령에 대해 실질적 기준(내용에 의한 기준)에 따라 행정규칙으로 보는 견해와 형식적 기준에 따라 법규명령으로 보는 견해가 대립한다. 상위법령의 수권여부에 따라 국민의 기본권을 제한하는 사항을 법령의 위임이 없이 고시나 훈령으로 발급하는 경우는 행정규칙의 성질을 가지며, 위임이 있는 경우에는 법규명령이 된다고 보는 견해도 있다(소위 수권여부기준설).[78]

한편, 대법원은 부령과 대통령령을 구분하여 판단하고 있다. 즉 부령 형식의 경우에는 사무처리준칙으로 보아 대외적 효력을 부인하고 행정규칙으로 보면서, 대통령령 형식의 경우에는 법규명령으로 판시하고 있다. 판례는 구 식품위생법 시행규칙 제53조 [별표 15]의 법규성을 부인하고 있다.[79] 그러나 주택건설촉진법 제7조 제2항에 근거하여 대통령령으로 제정된 주택건설촉진법 시행령 제10조의3 제1항 [별표 1]에 대하여는 그 대외적 구속력을 인정하고 있다.[80] 대법원은 소위 '가중적' 제재처분기준을 부령(部令)으로 정한 사건[81]에서, 그 제재처분기준의 법적 성질을 명확히 밝히고 있지 않았다. 다만, 종래에는 이를 행정규칙으로 판단하여 소익을 부인하였으나, 이 사건에서는 종래의 입장을 변경하여(협의의) 소익을 인정하였다. 이 사건의 별개의견은 "다수의견이 위와 같은 경우 선행처분의 취소를 구할 법률상 이익을 긍정하는 결론에는 찬성하지만, 그 이유에 있어서는 부령인 제재적 처분기준의 법규성을 인정하는 이론적 기초 위에서

---

78) 홍정선, 행정법원론(상), 312면.
79) 대법원 1994. 3. 8. 선고 93누21958 판결.
80) 대법원 1997. 12. 26. 선고 97누15418 판결; 대법원 2001. 3. 9. 선고 99두5207 판결.
81) 대법원 2006. 6. 22. 선고 2003두1684 판결.

그 법률상 이익을 긍정하는 것이 법리적으로는 더욱 합당하다"고 밝히면서, 위 부령에 규정된 제재처분기준을 법규명령으로 보고 있다. 매우 적절하고 타당한 지적이다. 그 밖에 판례는 시외버스운송사업의 사업계획변경기준 등에 관한 구 여객자동차운수사업법 시행규칙 제31조 제2항 제1호, 제2호 및 제6호의 법적 성질을 형식적 기준에 따라 '법규명령'으로 판시한 바 있다.[82] 다만, 이 사례는 제재적 처분기준이 아니라는 점이 특징이다.

(3) 검토 및 판단

실질적 기준에 의해 부령에 정한 제재적 처분기준을 행정규칙으로 보는 견해에는 동의하기 어렵다. 개별 조항별로 그 법적 성질을 판단하는 것은 현실적으로 쉽지 않다. 부령의 조항별로 다른 법적 성격을 부여하는 것은 미시적이다. 따라서 형식적 기준에 의해 판단하는 '법규명령설'이 타당하다. 수권여부기준설은 상위법령의 수권 여부에 따라 법규명령의 성질을 인정할 수 있다고 보지만, 부령 형식의 제재처분은 그 자체 법률의 위임에 의해 제정되는 것이 보통이다. 이러한 위임 없이 제정된 법규명령(부령)은 위법하며, 이를 행정규칙으로 볼 수는 없다. 집행명령은 그 성질상 위임 없이 제정되지만, 이러한 집행명령도 법규명령의 일종이다. 수권여부기준설은 법규명령 형식의 행정규칙이 아니라 법령보충적 행정규칙과 관련하여 논하는 것이 오히려 설득력을 가진다.

대법원이 합리적 논거를 제시함이 없이 시행령인 대통령령 형식에 대해서만 대외적 구속력을 인정하는 것은 납득하기 어렵다. 행정규칙 형식으로 정하는 것만으로 충분한 사항을 엄격한 요건과 절차를 필요로 하는 법규명령으로 제정하는 것은 실무적으로 바람직하지 않다. 그러나 법규명령 형식으로 제정된 경우에 행정조직 내부의 관계 공무원은 법령준수의무에 따라 이를 준수하여야 하고 그 기준에 따라 처분을 해야 한다. 또한 이를 통하여 구체적으로 권익을 침해당한 사인은 개별 처분에 대한 취소쟁송을 통해 간접적으로 법규명령의 위법성을 다투거나 일정한 요건하에 직접 법규명령에 대한 헌법소원을 제기할 수 있다.

82) "구 여객자동차 운수사업법 시행규칙(2000. 8. 23. 건설교통부령 제259호로 개정되기 전의 것) 제31조 제2항 제1호, 제2호, 제6호는 구 여객자동차 운수사업법(2000. 1. 28. 법률 제6240호로 개정되기 전의 것) 제11조 제4항의 위임에 따라 시외버스운송사업의 사업계획변경에 관한 절차, 인가기준 등을 구체적으로 규정한 것으로서, 대외적인 구속력이 있는 법규명령이라고 할 것이고, 그것을 행정청 내부의 사무처리준칙을 규정한 행정규칙에 불과하다고 할 수는 없다."(대법원 2006. 6. 27. 선고 2003두4355 판결)

제3절 자치입법

지방자치단체가 제정하는 자치입법에는 조례, 규칙 및 교육규칙이 있다. 조례는 지방자치단체가 법령의 범위 내에서 그 사무에 관하여 지방의회의 의결을 거쳐 제정하는 법규범이다(헌법 제117조, 지방자치법 제28조). 규칙은 지방자치단체의 장에 의해 법령 또는 조례의 범위에서 그의 권한에 속하는 사무에 관하여 제정되고 있다(지방자치법 제29조). 규칙의 법적 성질에 대해서는 논의의 여지가 있으며, 규칙을 법규범으로 볼 수 있는지는 어려운 쟁점이다. 이 문제는 조례와 규칙의 관계를 개별적으로 검토해서 판단하는 것이 합리적이다. 생각건대 규칙에는 조례의 집행과 관련된 사항만 정하고, 주민의 권리나 의무에 관련된 법규적 사항은 조례에서 정하는 것이 바람직하다. 지방자치법 제29조에서도 "법령이나 조례가 위임한 범위에서 그 권한에 속하는 사무에 관하여" 규칙을 제정할 수 있다고 규정하고 있을 뿐, 주민의 권리제한이나 의무부과에 관한 사항을 직접 규정하고 있지 않다. 이러한 점은 조례의 제정에 관한 지방자치법 제28조 단서와 비교되는 부분이다. 지방자치법 제28조 단서에는 "주민의 권리 제한 또는 의무 부과에 관한 사항이나 벌칙을 정할 때에는 법률의 위임이 있어야 한다"고 규정하고 있다. 이 조항은 주민의 권리제한이나 의무부과에 관한 조례제정에 있어서 법률유보의 원칙이 적용된다는 점을 규정한 것이다.[83] 또한 교육규칙은 교육감이 법령 또는 조례의 범위 안에서 그 권한에 속하는 사무에 관하여 제정하고 있다(지방교육자치에 관한 법률 제28조 참조).

---

83) 조례제정의 범위와 한계에 대한 상론은 졸저, 현대행정의 작용형식, 402면 이하 참조.

제2장 행정행위

제1절 행정행위의 의의 및 특징

Ⅰ. 행정행위의 연혁

행정작용 중 대표적인 행위형식은 '행정행위'이다. 행정행위는 일상생활에서도 자주 접하게 된다. 예컨대 경찰의 교통신호, 건축허가, 영업금지, 핵발전소설치 허가 등은 모두 행정행위에 속한다. 한국과 일본의 행정행위 개념에 가장 큰 영향을 미친 것은 독일의 행정행위 개념이다. 독일의 행정행위(Verwaltungsakt) 개념은 19세기 행정법학의 산물이다. 특히 오토 마이어(Otto Mayer)는 행정행위의 형성에 결정적 기여를 하였다. 그는 행정행위를 "개별적 사례에 있어서 신민(臣民)에 대하여 타당한(적법한) 것을 결정하는 행정당국의 의사표현(ein der Verwaltung zugehöriger obrigkeitlicher Ausspruch, der dem Unterthanen gegenüber im Einzelfall bestimmt, was für ihn Rechtens sein soll)"[1]으로 정의하였다. 이러한 행정행위의 개념은 이후 독일의 학계 및 실무계에 큰 영향을 미쳤다. 독일에서 실정법상의 행정행위의 개념은 이미 오래 전부터 처분·결정·허가·면제 등으로 나타났지만, 1945년 이후에서야 비로소 통일적이고 완전한 개념으로 부상하였다. 제2차 세계대전 이후에는 모든 행정행위에 대한 권리구제를 보장하는 독일의 행정법원법(VwGO: Verwaltungsgerichtsordnung)이 1960년에 제정되었고, 실정법상의 행정행위 개념은 1977년 1월 1일 발효된 독일 행정절차법(VwVfG: Verwaltungsverfahrensgesetz)에 처음 규정되었다.[2] 독일 행정절차법 제35조 제1항에는 행정행위를 "행정청이 공

---

1) Otto Mayer, Deutsches Verwaltungsrecht, 3. Aufl., 1924, Bd. I, S. 93.
2) 이에 대해서는 Maurer/Waldhoff, Allgemeines Verwaltungsrecht, 19. Aufl., §9 Rn. 3 f.

법 분야의 개별 사례에 적용되고 외부에 직접적 법효과를 목적으로 하는 모든 처분, 결정이나 기타 고권적 조치"라고 정의내리고 있다. 이러한 개념정의는 언어적으로 매우 협소하게 파악되고 있다. 강학상 행정행위는 대체로 "행정청을 통한 직접적 외부효를 가진 개별 사례의 고권적 규율"이라고 이해되고 있다.[3] 독일 행정절차법상 행정행위 개념의 개개의 표지(예컨대 규율, 고권적, 개별사례, 행정청 및 외부적 효력)는 적극적 내용을 담고 있어 다른 국가작용과의 구별에 큰 도움을 주고 있다. 한국에서는 실무상 '처분' 개념이 일반적이다. 다수설은 행정절차법(제2조 제2호), 행정심판법(제2조 제1호) 및 행정소송법(제2조 제1호)의 처분 개념이 강학상의 '행정행위' 개념보다는 넓다고 보고 있다. 행정절차법에는 '행정행위'를 정의하고 있지 않다. 이하에서는 행정행위의 개념적 징표를 중심으로 고찰하도록 한다.

Ⅱ. 행정행위의 개념적 징표

1. 행정청

행정청은 대체로 "행정주체의 의사를 대외적으로 표시할 수 있는 권한을 가진 기관"을 말한다. 행정절차법 제2조 제1호에 규정된 행정청 개념에는 행정에 관한 의사를 결정하여 표시하는 국가 또는 지방자치단체의 기관뿐만 아니라, 법령 또는 자치법규에 의하여 행정권한을 가지고 있거나, 위임 또는 위탁받은 공공단체나 그 기관 또는 사인(私人)이 망라된다. 독일 행정절차법 제1조 제4항에서는 행정청을 "공행정의 과제를 수행하는 모든 지위"라고 규정하고 있다.

행정청의 개념은 비교적 넓게 이해된다. 행정절차법 제2조 제1항에 의한 행정청의 개념에는 국가나 지방자치단체의 행정기관이 대표적이다. 대통령뿐만 아니라 행정기관의 장은 대부분 행정청에 속한다. 단독기관(행정자치부장관)이 원칙이지만 합의제기관(토지수용위원회 등)도 행정청에 해당한다. 또한 위탁받은 공공단체 또는 그 기관도 행정청에 해당한다. 공공단체는 그 자체로 행정주체의 지위를 가지면서도 국가로부터 공적 과제를 위임 또는 위탁받아 수행하는 경우에 행정청의 지위를 가진다. 행정청은 실질적 의미의 행정을 행하는 모든 고권

3) 이에 대해서는 Maurer/Waldhoff, a.a.O., §9 Rn. 5. 또한 독일의 실정법상 행정행위 개념은 '고권적'이라는 표현 대신에 '행정법적으로'라는 표현으로 축소되어야 하고, 공법상 계약과의 구별을 위해 행정행위의 '일방적' 발급이라는 내용이 보완되어야 한다고 지적하고 있다.

적 주체를 의미하며, 사인도 고권적 권한을 위임받는 경우에 행정기관의 지위를 가질 수 있다. 이러한 사인을 '공무수탁사인'이라고 부르고 있다. 공무수탁사인은 사법상의 자연인이나 법인이어야 한다. 행정절차법 제2조 제1항의 '사인'은 공무수탁사인을 의미한다. 공무수탁사인은 본래 행정주체의 지위를 가지지만, 공적 과제를 위탁받아 수행하는 경우에는 행정청의 지위를 가질 수도 있다.

2. 법적 규율

행정행위는 규율(Regelung)의 성격을 가지고 있다. 규율이란 구속력을 가진 명령이며, 일정한 법효과를 목적으로 하는 의사표시이다. 따라서 행정행위는 권리·의무의 창설이나 변경, 취소 또는 확정을 가져오는 것이 보통이다. 예컨대 면허, 승인, 허가취소 등이 여기에 해당한다. 규율은 행정행위를 발급하는 '활동'을 의미할 뿐만 아니라 그러한 활동의 결과물을 말하는 경우도 있다. 이러한 규율의 개념은 행정행위와 사실행위를 구분하는 중요한 징표이다. 경찰에 의한 교통방해물의 제거, 시영야외수영장의 관리 등은 사실행위에 속한다. 그러나 사실행위는 법적 효과가 아니라 사실적인 결과만을 목적으로 하는 고권력 주체의 행위이다.

3. 고권적 조치

행정행위는 고권적(高權的) 조치에 해당하여야 하고, 이러한 행정행위의 규율은 고권적(hoheitlich)이어야 한다. 행정행위는 고권적이므로 공법규정을 집행한다. 주차금지, 철거하명 등과 같이 상대방에게 특정한 행위를 명령하거나 금지하는 행정행위가 여기에 해당한다. 행정행위는 일방적이고, 명령·강제적 성격을 가지는 경우가 적지 않다. 행정행위는 고권적 조치를 대상으로 하므로 사법적(私法的) 활동이나 사법(私法)작용은 제외된다. 따라서 공법과 사법의 구별은 현안문제가 될 수 있다.

4. 개별사건에 대한 규율

행정행위는 개별사건에 대해 규율하고 있다. 개별사건에 대한 규율은 법규범(法規範)과 구별하기 위한 것이다. 법규범이란 일반적·추상적 규율을 말한다. 여기서 추상적이란 불특정다수의 사안을 말하고, 일반적이란 불특정다수인을 의미한다. 이와 달리 행정행위는 원칙적으로 개별적 · 구체적 규율을 말한다.

(1) 개별적 · 구체적 규율

행정행위는 법규범과 달리 구체적 사안과 관계가 있으며, 특정한 사람이나 사안에 대해 발급된다. 행정행위는 개별적 · 구체적 규율이다. 개별적 성격이란 개별적으로 특정되거나 특정될 수 있는 인적 범위를 의미한다. 개별적인 것과 일반적인 것의 구별은 수(數)에 의한 것이 아니라, 수범자의 범위가 규율이 만들어진 시점에 객관적으로 특정되는지, 또는 폐쇄적인지 공개적이고 확대가능한지 여부에 따라 확정될 수 있다. 규율의 법적 성질을 결정하는 기준이 무엇인지가 중요하다. 수범자의 '개별성'으로 보아야 한다는 견해와 규율의 '구체성'을 기준으로 해야 한다는 견해가 대립하고 있다. 수범자의 개별성은 특정한 사람이나 행정행위를 발급하는 시점까지로 한정된 인적 범위를 판단하는 것이므로 비교적 쉽게 확정될 수 있는 장점을 가지고 있다.

(2) 일반적 · 구체적 규율

규율은 구체적 사안과 관련되지만, 불특정다수인에 대해 규율하거나 공중(公衆)의 이용에 제공되는 물건에 대해 규율하는 것도 있다. 이러한 일반적 · 구체적 성격을 가지는 규율을 '일반처분'이라고 부르고 있다. 이에 대해서는 후술하기로 한다.

(3) 개별적 · 추상적 규율

특수한 경우로서 개별적 · 추상적 규율이 문제된다. 특정한 개인에 대한 규율이지만, 반복해서 되풀이되는 사안의 경우가 그러하다. 예컨대 시장 乙이 甲에게 甲의 주택 앞에 빙판이 생길 때마다 이를 제거할 것을 명령하는 경우가 여기에 해당한다. 특정인 甲에 대한 규율이라는 점에서 개별적이지만, 빙판이 생길 때마다 제거하므로 추상적 규율이다. 그러나 이를 자세히 관찰하면 빙판이 생길 때마다 구체적 행위의무가 부과되는 것이다. 따라서 이는 구체적 규율이다. 이러한 경우는 개별적 · 구체적 규율의 특수한 경우에 해당하는 것이다. 한편, 독일에서도 개별적 · 추상적 규율이 문제되었다. 위에 언급한 사례와 같이 甲에 대해 집 앞에 빙판길이 생길 때마다 이를 제거할 것을 명하는 규정이나 丙에 대해 수위가 범람하는 경우에 제방을 열 것을 명령하는 규정 등이 여기에

해당한다고 보고 있다.[4)]

5. 직접적 외부효

행정행위는 개인이나 다른 법인격 등 상대방에 대한 권리를 설정하거나 의무를 부과하는 규율이다. 행정행위 역시 법규범처럼 외부법에 속한다. 행정내부의 근무지침은 외부적 효력이 없으므로 행정행위가 아니다. 또한 다단계행정행위에서 다른 행정청의 동의는 외부효를 가지지 아니한다.

Ⅲ. 행정행위의 특수한 경우

1. 일반처분

행정절차법에는 일반적・구체적 규율을 내용으로 하는 '일반처분'에 관한 별도의 규정이 없다. 이에 반해 독일 행정절차법 제35조 제2문에는 행정행위의 하위개념으로 '일반처분(Allgemeinverfügung)'을 별도로 규율하고 있다. 이에 의하면 "일반적 표지에 따라 특정되거나 특정될 수 있는 인적 범위에 대해 발급되거나, 또는 사물의 공법적 성질이나 일반 공중의 이용과 관련된 행정행위"라고 정의되어 있다. 이러한 정의에 의하면 불특정다수인에 대해 규율하는 행정행위, 사물이 공법적 성질을 가진 행정행위, 그리고 일반 공중의 이용과 관련된 행정행위가 일반처분에 해당한다. 불특정다수인에 대한 규율은 수범자와 관련된 일반처분이다. 일반 공중의 이용과 관련된 것도 대부분 수범자와 관련된 일반처분의 하위유형에 속한다.[5)] 독일 행정절차법 제35조 제2문에는 사물과 관련된 일반처분을 규정하고 있다. 그 대표적 사례는 도로법상 공용지정이다. 사물이 공법적 성질을 가진 행정행위는 이른바 '물적(物的) 행정행위(dinglicher Verwaltungsakt)'를 의미한다. 이러한 물적 행정행위는 특별한 '법형상'으로서 발전되어 독일의 판례에서 인정된 것이다. 그러나 물적 행정행위의 개념 및 근거, 적용영역, 법효과 등과 관련하여 논란이 있으며, 물적 행정행위에 대해 회의적인 견해나 부정적 견해도 적지 않다. 이러한 물적 행정행위는 사물에 대한 것이지만 그 내용은 부분적으로 '사람'의 행위나 법적 지위와 관련된 경우가 대부분이다. 특정한

4) Wolff/Bachof/Stober, Verwaltungsrecht I, §45 Rn. 79.
5) Maurer/Waldhoff, a.a.O., §9 Rn. 33.

도로에서의 차량의 운행금지도 사물(차량)에 대한 행정행위이지만 실제로는 운전자에 대한 규율이며, 특정한 토지의 건축허가도 토지에 대한 것이 아니라 건축주에 대한 규율을 내용으로 하고 있다.[6)]

행정처분은 대체로 인적 일반처분과 물적 일반처분으로 구분된다. 예컨대 인적 일반처분에는 예정된 집회 금지가 해당되며, 사물과 관련된 물적 일반처분에는 도로법상 공용지정이 있다.[7)] 독일에서는 교통표지 형식의 교통신호의 법적 성질에 대해 견해대립이 있고(과속제한, 추월금지, 일방통행 등), 이를 일반처분으로 보는 것이 지배적이다.[8)] 실무상 새로운 행정작용들의 법적 성질을 파악하는 것은 쉽지 않다. 독일에서 그 법적 성질이 문제되고 있는 것 중에는 스모그경고(Smog-Alarm)의 '통지'가 있다. 그 법적 근거는 연방임미시온방지법 제40조, 제49조 제2항에 근거한 스모그명령(Smog-Verordnung)에서 찾을 수 있었다. 이 스모그명령은 거의 모든 주(란트)에서 주정부에 의해 내려진다. 이와 관련하여 학설상 다양한 의견이 제시되었다. 일반처분의 형성에 있는 행정행위로 보는 견해,[9)] 법규명령설,[10)] 법적 사실설,[11)] 객관적 사안확정설[12)] 등이 그러하다. 스모그경보는 "환기가 부족한 기상상태(austauscharmer Wetterlage)"에서 임미시온(Immission)과 관련이 있는 시설을 운영하거나 차량을 운행하는 것을 금지하는 경우에 문제된다. 특히 차량의 운행금지는 경찰에 의해 상응하는 교통표지를 설치한 후에야 가능하다. 그럼에도 불구하고 스모그경보명령에 따라 확정된 의무나 제한은 스모그가 발생한 경우에 바로 나타나는 것이 아니고, 주의 관할 장관이 호환이 부족한 기상상태를 방송으로 '통지'하거나 내지 '공표'하는 경우를 전제로 한다. 이러한 스모그경보의 통지는 규율을 담고 있지 않고 사실의 존재를 확정할 뿐이다. 따라서 이러한 통지를 구속적 사안의 확정으로 보는 것이 타당하다.[13)] 또한 독일 연방임미시온방지법 제40a조와 관련하여 제40b조 제1항에 근거한 경찰관

6) 이에 대한 상론은 Maurer/Waldhoff, a.a.O., §9 Rn. 57 참조.
7) 다만 일반처분과 관련하여 물적 행정행위와 구별하는 견해도 있다. 그러한 견해에 의하면, 물적 행정행위(dinglicher Verwaltungsakt)란 예컨대 행정청이 일정한 도로구간을 주차금지구역으로 정하는 경우나 공물의 공용지정이 여기에 해당한다. 즉 그 규율의 대상이 일정한 물건(공물, 공공시설 등)인 경우를 말한다.
8) BVerfGE 27, 181; BVerGE 59, 221.
9) Jarass, BImSchG, §40 Rn. 13.
10) Ehlers, Die Rechtsnatur der Bekanntgabe von Smog-Alarm, DVBl. 1987, S. 972 ff.
11) Hansmann, in: Landmann/Rohmer, Umweltrecht I, §40 Rn. 28.
12) Kluth, Der Smog-Alarm zwischen Regelung und Realakt, NVwZ 1987, S. 960 f.
13) Maurer/Waldhoff, a.a.O., §9 Rn. 22.

의 교통금지의 통지는 일반처분으로 파악될 수 있다. 지금은 논란이 되었던 연방임미시온방지법 제40조의 "환기가 부족한 기상상태" 통지에 관한 규정이 삭제되었다.

2. 확 약

확약(Zusicherung)은 "일정한 행정행위의 발급 또는 불발급에 대한 행정청의 구속적 약속"을 말한다. 다만, 확언(Zusage)의 대상은 행정행위에 한정하지 않는다는 점에서 '확약'과 구별하여야 한다. 확약은 그 대상을 행정행위에 한정하며, 확언의 하위개념이다.[14] 한편, 개정된 행정절차법 제40조의2 제1항은 확약을 "행정청이 당사자의 신청에 따라 장래에 어떤 처분을 하거나 하지 아니할 것을 내용으로 하는 의사표시"라고 규정하고 있다. 독일 행정절차법 제38조 제1항은 일정한 행정행위를 장래에 발급하거나 또는 발급하지 않는다는 관할 행정청의 확약에 대해서만 규정하고 있다. 이 규정에 의하면, 확약의 유효성은 서면의 형식으로 발급된 경우에 인정된다. 확약은 실무상으로 내인가, 내허가 등의 이름으로 불리고 있다.

확약의 법적 성질에 대하여 논란이 있다. 독일 행정절차법 제38조는 이에 대해 명확히 규정하고 있지 않으나, 행정행위에 대한 규정을 확약에 대해서도 적용할 수 있다고 규정하고 있다. 이를 이유로 독일의 다수설은 확약을 행정행위로 보고 있다.[15] 국내학설 가운데에도 확약의 처분성을 인정하는 견해가 다수설이다.[16] 그러나 대법원은 확약의 처분성을 부정하고 있다.[17] 확약은 행정관청의 의사표시 중의 하나인 정보제공(Auskunft)과 구별된다. 확약은 행정청의 법적 자기구속 의무를 표시하는 데 반해, 정보제공은 단순한 정보를 제공하는 행위의 성격을 가질 뿐이다. 이처럼 정보제공은 확약과 달리 자기구속의 의지가 없다는

---

14) Hendler, Allgemeines Verwaltungsrecht, S. 23.

15) Hendler, a.a.O., S. 23, Knack, VwVfG §38 Rn. 3. 연방행정법원의 판례 가운데에는 확약의 법적성질을 행정행위로 본 경우도 있다(BVerwG, DVBl. 1986, S. 681).

16) 김도창, 일반행정법론(상), 429면; 이상규, 신행정법론(상), 393면.

17) "어업면허에 선행하는 우선순위결정은 행정청이 우선권자로 결정된 자의 신청이 있으면 어업권면허처분을 하겠다는 것을 약속하는 행위로서, 강학상 확약에 불과하고 행정처분은 아니므로, 공정력이나 불가쟁력과 같은 효력은 인정되지 아니하며, 따라서 우선순위결정이 잘못되었다는 이유로 종전의 어업면허처분이 취소되면 행정청은 종전의 우선순위결정을 무시하고 다시 우선순위를 결정한 다음 새로운 우선순위결정에 기하여 새로운 어업면허를 할 수 있다고 할 것이다."(대법원 1995. 1. 20. 선고 94누6529 판결)

점에서 차이가 있다. 정보제공은 비구속적인 법률견해의 표명이다. 사실이나 법률관계의 순수한 정보를 제공하는 것은 법률행위나 행정행위가 아니다. 따라서 위법한 정보제공에 대해서는 행정쟁송을 제기할 수 없고 손해배상청구를 고려할 수 있다. 양자의 구분은 개별 사례의 해석에 달려 있다. 나아가 확언은 일면성을 가지므로 양 당사자의 의사합치를 전제로 하는 계약과 구별된다.

생각건대 행정행위를 대상으로 하는 확약은 그에 대한 종국적인 규율이 확약 그 자체에 의해 발생하는 것이 아니라, 확약의 상대방에 대하여 행정청이 고권적으로 이행을 약속한 행정행위에 의해 발생한다. 또한 독일과 같이 연방 행정절차법에 명문규정을 가지고 있음에도 불구하고, 행정행위에 "상응해서" 적용할 것을 규정하고 있을 뿐이다. 엄밀한 의미에서 확약은 행정행위가 아니라 행정법상의 의사표시라고 보는 것이 타당하다.[18] 행정절차법 제40조의2 제1항도 그런 점에서 확약을 '의사표시'라고 규정하고 있다. 독일의 유력설은 확약 자체가 행정행위로 볼 수 있는지는 너무 지나치며, 독일 입법자가 이 문제에 대해 미정(未定)의 상태로 남겨두려고 하였음을 지적하고 있다.[19] 한편, 독일 행정절차법 제38조 제3항은 사후적으로 사실 및 법적 기초가 변경된 경우에 일정한 요건 아래에서 확약의 구속적 효력이 소멸될 수 있다고 규정하고 있다.

3. 예비결정(사전결정)

예비결정(Vorbescheid)이란 전체 프로젝트에서 개별적인 허가요건에 대해 미리 구속적인 결정하는 것을 말한다. 이를 '사전결정'이라고도 한다. 예비결정은 최종적인 규율을 포함하고 있지 않다. 여기서 문제가 되는 것은 예비결정을 규율로 볼 수 있는지 여부이다. 이러한 예비결정의 대표적 사례는 독일 연방임미시온방지법 제9조의 규정이다. 즉 "신청에 대해 계획된 시설의 영향(효과)이 충분하다고 판단될 수 있고 예비결정의 발급에 대한 정당한 이익이 있는 한, 개별 허가요건이나 시설의 입장에 대해 예비결정이 내려질 수 있다"고 규정하고 있다. 이와 같이 예비결정 내지 사전결정은 다단계행정절차의 시설허가에서 인정되는 경우가 적지 않다. 원자력안전법 제10조 제3항에 의하면 발전용원자로 및 관계시설을 건설하려는 자는 건설허가신청 전에 부지에 관한 사전승인을 신청

---

18) Erichsen, in: Erichsen/Ehlers(Hg.), Allgemeines Verwaltungsrecht, § 12 Rn. 33.

19) Battis, Allgemeines Verwaltungsrecht, 3. Aufl., S. 115.

하면 원자력안전위원회가 이를 검토한 후에 승인할 수 있다. 이러한 사전승인도 예비결정이나 사전결정에 해당한다.

4. 잠정적(임시적) 행정행위

잠정적(임시적) 행정행위(Vorläufiger Verwaltungsakt)는 조세법 분야에서 인정된 것이며, 사후심사의 유보 하에 조세를 확정하거나 잠정적이고 임시적인 조세의 확정, 영업심사가 남아 있는 경우 등이 여기에 해당한다. 잠정적 행정행위는 '가(假)행정행위'라고 부르기도 한다. 이러한 잠정적 행정행위는 이후 최종적인 결정까지 유효하고, 잠정적 행정행위에 상치(相馳)되는 최종결정에 의해 취소되는 것이 아니라 대체되고 종결되는 것이다.[20]

한편, 서울행정법원은 법학전문대학원의 '예비인가'에 대하여 처분성을 인정하고 있다.[21] 그러나 법학전문대학원의 예비인가가 예비결정 내지 사전결정에 해당하는지, 아니면 잠정적(임시적) 행정행위 내지 가행정행위에 해당하는지가 명확하지 않다. 법학전문대학원 설치·운영에 관한 법률 제5조 제2항에는 "공립 또는 사립대학의 설립·경영자가 법학전문대학원을 두고자 하는 경우에는 교육부장관의 인가를 받아야 한다"고 규정하고 있을 뿐, 예비인가에 대한 법적 근거를 두고 있지 않다. 이 사건의 항소심 판례에 의하면 법학전문대학원의 '예비인가처분'과 본인가에 해당하는 최종 '설치인가처분'은 서로 유기적으로 밀접한 관련을 가지며, 동일한 행정목적을 달성하기 위한 일련의 절차이다. 또한 예비인가를 받은 대학만이 법학전문대학원의 개원을 위한 준비작업에 착수할 수 있고, 최종 설치인가를 위한 이행점검이나 현지조사 등을 통해 최종 설치인가를 받을 기회를 부여받을 수 있다. 그러한 이유로 항소심인 서울고등법원은 예비인가처분과 최종 설치인가처분 사이의 하자승계를 인정하고 있다.[22] 따라서 예비인가는 후속절차의 심사를 통해 최종 설치인가처분이 남아 있다는 점에서 잠정

---

20) Maurer/Waldhoff, a.a.O., §9 Rn. 66.

21) "법학전문대학원의 예비인가를 받은 대학만이 본인가를 받을 기회를 부여받는 등 후속절차를 거칠 수 있는 권리와 지위를 부여받는 데 비하여 예비인가를 받지 못한 대학은 그 후의 후속절차에서 완전히 배제되므로, 법학전문대학원의 예비인가는 본인가를 위한 준비단계의 행위가 아니라 별도로 독립한 처분이고, 교육과학기술부장관이 법학전문대학원의 예비인가를 하면서 법학전문대학원 설치인가 신청대학을 그 선정 대상에서 제외한 행위는 예비인가 거부의사를 분명히 한 것으로서 거부처분에 해당한다."(서울행정법원 2008. 8. 20. 선고 2008구합5889 판결)

22) 서울고등법원 2009. 4. 30. 선고 2008누26857 판결.

적 행정행위 내지 가행정행위의 성질을 가진다. 상고심인 대법원에서는 이를 특별히 논하고 있지 않다.[23] 예비인가를 받은 25개 대학들은 예비인가와 동일한 내용으로 최종 설치인가를 받았다.

5. 부분허가

개별허가요건에 대해서 뿐만 아니라, 신청한 전체 프로젝트의 사실상의 일부에 대해 부분허가(Teilgenehmigung)가 결정될 수 있다. 부분허가는 비록 '일부'이지만 구속적 결정이라는 점에서 행정행위로 볼 수 있다. 사전결정과 달리 프로젝트의 허가된 부분에 대해 건축을 시작할 수 있다는 점에서 의미가 있다(예컨대 독일 연방임미시온방지법 제8조 참조). 한편, 판례는 구 원자력법 제11조 제3항(현행 원자력안전법 제10조 제3항)에 근거한 원자로 및 관계 시설의 부지사전승인처분이 '사전적 부분 건설허가'의 성격을 가진다고 보고 있다.[24] 부지사전승인처분을 받은 자가 설계도서를 관계 행정기관의 장에게 제출한 때에 건축허가를 받은 것으로 의제된다. 이를 건축허가의 일부에 대해 발급하는 부분허가로 보기는 어렵고, 전술한 바와 같이 예비결정 내지 사전결정으로 보는 것이 타당하다.

Ⅳ. 행정행위의 특징 및 기능

1. 행정행위의 특징

(1) 행정행위의 법률적합성

행정행위는 법치행정의 원리에 비추어 법에 적합하여야 하며 법적으로 타당하여야 한다. 법령에서 정한 실질적·형식적 요건을 충족하지 않는 경우에는 하자 있는 행정행위가 된다. 사법(私法)행위에서는 사적 자치나 자유로운 의사의 합치 등이 강조되고 있으나, 행정행위는 법률유보원칙이나 법률우위원칙 등 행정의 법률적합성의 원칙을 준수하여야 한다.

(2) 존속력

행정청이 행정행위를 발급한 경우에 이를 쉽고 빈번하게 취소·변경하는 것

23) 대법원 2009. 12. 10. 선고 2009두8359 판결.
24) 대법원 1998. 9. 4. 선고 97누19588 판결.

은 법적 안전성을 침해할 수 있다. 이와 관련하여 종전에는 '공정력(公定力)'을 행정행위의 특성으로 강조하여 왔다. 공정력은 행정행위가 비록 하자가 있어도 그것이 중대·명백한 하자로 무효가 되지 않으면 권한 있는 기관에 의해 취소되기 전까지 상대방은 물론 행정청과 제3자를 구속하는 잠정적인 통용력 내지 유효성을 가지는 것을 의미한다. 그러나 이러한 공정력 개념은 관헌국가적 이론이며, 현대민주국가의 이론으로는 적합하지 않다. 오늘날에는 행정행위의 효력이 세분화되고 있으며, 행정행위의 존속력을 통해 법적 안정성의 기능을 충분히 대체하고 있다. 행정행위는 무효인 경우를 제외하고 일정한 쟁송기간을 경과하거나 기타 사유로 상대방이 행정행위의 효력을 더 이상 다툴 수 없게 되는 불가쟁력(형식적 존속력)과 처분청이라 할지라도 일단 행한 행정행위는 임의로 이를 취소·변경시키지 못하는 불가변력(실질적 존속력)을 가진다. 이를 '확정력'이라고 부르는 견해도 있으나, 실질적 확정력은 법원 판결의 효력(기판력)과 관련된 것으로 보는 것이 지배적이다.

(3) 자력집행력(강제력)

행정행위를 발급한 행정청은 이를 스스로 집행될 수 있다. 행정행위에 의해 부과된 일정한 의무를 이행하지 않는 경우에는 행정주체는 직접 그 의무의 이행을 강제시키거나(행정상의 강제집행), 또는 간접적인 재제를 가하는 방식으로(행정벌) 이를 강제할 수 있다.

(4) 권리구제의 특수성

위법 또는 부당한 행정행위로 인하여 권익을 침해당한 자는 행정심판법이나 행정소송법이 정하는 절차에 따라 구제를 받을 수 있다. 그 밖에도 적법한 재산권침해에 대해서는 손실보상을, 그리고 위법한 행정작용으로 인한 손해를 받은 자는 국가배상을 통해 권리구제를 받을 수 있다.

2. 행정행위의 기능

행정행위는 여러 가지 중요한 기능을 수행하고 있다. 독일에서는 행정행위의 기능으로 실체법적 규율기능, 행정절차적 기능, 집행명의의 기능 및 소송법적 기능을 강조하고 있다.[25] 첫째, 행정행위는 실체법적 규율기능을 수행한다. 일정

---

25) Battis, a.a.O., S. 105.

한 작위나 부작위(금지)의 의무를 부과하는 경우 상대방은 그러한 행정행위에 일정한 작위의무나 금지의무를 이행해야 할 규율을 받게 된다. 또한 행정행위를 통해 개인에게 법률상 허용되지 않는 의무를 명하는 경우 그 행정행위는 위법하더라도 무효가 아닌 한 취소될 때까지 여전히 유효하다. 위법한 행정행위에 대해서는 취소쟁송을 제기할 수 있고, 집행정지신청을 통해 위법한 행정행위의 유효성을 막을 수 있다. 둘째, 행정행위가 발령되면 행정절차법의 규정이 적용된다. 부담적 행정행위를 발급할 경우에는 사전통지, 의견제출 및 청문, 이유제시 등의 규정이 적용된다. 셋째, 행정행위는 집행명의의 기능도 가진다. 행정행위를 통해 일정한 의무를 부과한 후 이를 이행하지 않는 경우 행정청은 별도의 집행명의 없이 강제적으로 이를 집행할 수 있다. 이러한 점이 사법행위와 구별되는 것이다. 마지막으로 행정행위의 위법은 행정소송법상 특별한 소송형식(무효확인소송 또는 취소소송)을 통해 다투어질 수 있다.

제2절 행정행위의 종류

Ⅰ. 서 설

행정행위의 종류는 그 기준에 따라 다양하게 분류될 수 있다. 종래의 학설은 민법의 법률행위론을 차용하여 효과의사의 관점에서 법률행위적(法律行爲的) 행정행위와 준(準)법률행위적 행정행위로 구분하고 있다. 즉 '의사표시'의 유무를 기준으로 법률행위적 행정행위와 준법률행위적 행정행위로 구분하고 있는 것이다. 다행히 판례는 이러한 구분보다는 행정쟁송법상 처분에 해당하는지 여부에 대해서만 판단하고 있다. 그러나 준법률행위적 행정행위는 불명확하고 애매모호한 측면이 적지 않고, 처분성 판단에 어려움을 주고 있다. 예컨대 관념의 통지에 해당하는지, 아니면 준법률행위적 행정행위로서의 통지에 해당하는지를 구분하는 것은 쉽지 않다. 통지(通知)란 특정인이나 불특정다수인에게 일정한 사항을 알리는 행위이다. 준법률행위적 행정행위로서의 통지행위에는 대집행(代執行)의 계고(戒告), 납세의 독촉 등이 속한다. 그러나 행정행위의 효력발생요건으로서 통지는 독자적 행정행위가 아니라는 점에서, 여기에서 말하는 통지행위와 구별된다. 내용상 대집행의 계고는 일종의 '작위하명'으로, 납세의 독촉은 '급부하명'의 성질을 가진다는 견해가 있다.[26] 다수설 및 판례는 수리를 요하는 신고에 있어서 '수리'가 처분의 성격을 가진다고 보고 있다. 그러나 수리를 요하는 신고와 수리를 요하지 않는 신고의 구분은 명확하지 않고, 수리 그 자체는 사실행위로서의 성격을 가진다고 보는 것이 타당하다.

행정행위는 그 규율의 내용에 따라 다음과 같이 구분된다. 명령적 행정행위는 일정한 명령이나 금지를 그 내용으로 한다. 예컨대 경찰하명, 집회금지 등이 여기에 해당한다. 형성적 행정행위는 일정한 법률관계를 발생·변경 또는 소멸시키는 것을 목적으로 하는 것을 말한다. 대표적으로 국적취득, 공무원의 임명 및 등록, 특허 등이 그러하다. 그리고 확인적 행정행위는 사인의 권리나 법적으로 중요한 성질을 확정하는 것을 담고 있다. 예컨대, 복수국적의 확인이나 선거권의 존부 확인 등이 여기에 해당한다. 이하에서는 행정행위를 전술한 기능적 관점에서 명령적 행정행위, 형성적 행정행위 및 확인적 행정행위로 분류하여 검토하고자 한다.

Ⅱ. 명령적 행정행위

명령적 행정행위란 행정기관이 개인에 대하여 일정한 의무를 부과하거나 이를 해제하는 행위를 말한다. 명령적 행정행위에는 하명이 대표적이다. 그 밖에 국내문헌은 허가와 면제를 명령적 행정행위에 포함하고 있다.

1. 하 명

(1) 하명의 개념 및 종류

하명(下命)이란 행정청이 개인에게 작위(시설개수명령), 부작위(야간영업금지), 급부(납세고지) 및 수인(강제접종결정)의 의무를 명령하는 행위를 말한다. 이 중 부작위의무를 명령하는 것을 '금지'라 한다. 하명은 그 내용에 따라 작위하명·부작위하명·수인하명·급부하명으로 구분되며, 그 적용분야에 따라서는 질서하명·재정하명·조직하명·군정하명 등으로 나눌 수 있다. 또한 그 대상에 따라 대인하명·대물하명·혼합하명으로 구분되기도 한다.

---

26) 김남진·김연태, 행정법 I, 282면.

(2) 하명의 성질 및 대상

하명은 새로운 의무를 부과하는 것이 보통이므로 부담적 행정행위에 속한다는 점에서 법령의 근거를 요한다. 또한 하명은 특별한 사정이 없는 한 '기속행위'에 해당한다. 하명은 주로 사실상의 행위(건물철거)에 대해 행해지나, 법률상의 행위(물품의 매매계약)에 대해서도 행하는 경우가 있다.

(3) 하명위반의 효과

하명에 의해 부과된 의무를 이행하지 않는 경우에는 행정상의 강제집행이나 행정벌이 부과되는 것이 보통이다. 그러나 하명을 위반한 사법상의 법률행위가 반드시 무효가 되는 것은 아니다.[27]

2. 허 가

(1) 허가의 의의 및 성질

허가란 법령에 의한 일반적 금지를 특정한 경우에 해제하여 적법하게 일정한 행위를 할 수 있게 하는 행정행위를 말한다. 이를 "통제허가(Kontrollerlaubnis)"라고 한다. 예컨대 영업허가 · 건축허가 등이 여기에 속한다. 허가는 실정법상으로는 면허, 인허, 인가, 승인, 등록 등의 용어가 사용되고 있다.[28] 허가는 예방적 금지를 해제하여 자연적 자유를 회복시켜준다는 점에서, 억제적 금지의 해제를 내용을 하는 이른바 '예외적 승인'과 구별되기도 한다.[29] 예방적 금지는 처음부터 허가의 발급을 유보하고 있는데, 이를 허가유보부 예방적 금지(präventives Verbot mit Erlaubnisvorbehalt)라고 부르고 있다.[30] 이와 달리 예외적 승인(Ausnahmebewilligung)은 입법자가 일반적으로(원칙적으로) 사회에 유해한 행태를 금지시키고 예외적인 경우에 이러한 억제적 금지로부터 면제시켜주는 것을 말한다. 또한 허가유보부 예방적 금지는 금지유보부 허가(Erlaubnis mit Ver-

---

27) 대법원 1954. 3. 30. 선고 4282민상80 판결.

28) "한의사면허는 경찰금지를 해제하는 명령적 행위(강학상 허가)에 해당하고, 한약조제시험을 통하여 약사에게 한약조제권을 인정함으로써 한의사인 원고들의 영업상 이익이 감소되었다고 하더라도 이러한 이익은 사실상의 이익에 불과하고 약사법이나 의료법 등의 법률에 의하여 보호되는 이익이라고 볼 수 없다."(대법원 1998. 3. 10. 선고 97누4289 판결)

29) 판례는 '예외적 허가'라 부르고 있다. 대표적으로 개발제한구역 내의 개발행위허가가 여기에 해당한다(대법원 2004. 3. 25. 선고 2003두12837 판결).

30) Maurer/Waldhoff, a.a.O., §9 Rn. 52.

botsvorbehalt)와 구별되어야 한다. 금지유보부 허가는 일정한 요건 아래에 허가로부터 자유로운 행위가 금지될 수 있다. 예컨대 폐쇄된 공간에서의 집회는 원칙적으로 허용되지만, 일정한 경우 독일 집회법(Versammlungsgesetz) 제5조에 따라 금지될 수 있다.[31)]

허가는 예방적 금지를 해제하여 자연적 자유를 회복시켜 주는 명령적 행위라고 보는 것이 통설 · 판례의 입장이다.[32)] 그러나 허가와 특허의 구분은 상대화되고 있다. 허가의 경우에 상대방이나 제3자에 대해 반사적 이익만을 인정하던 것을 환경법이나 도시계획법 등의 분야에서는 법률상 이익을 인정하고 있다. 또한 허가는 기속행위 내지 기속재량행위에 속한다고 보는 것이 종래의 통설적 견해이다. 그러나 기속재량과 자유재량의 구분은 비판되고 있다. 허가는 일반적으로 '기속행위'의 성질을 가진다. 허가는 그 요건이 충족될 경우에 결과적으로 수익적이지만 실제에 있어서 금지되었던 자연적 자유와 권리를 회복시켜줄 뿐이다. 허가는 설권적 행위가 아니다. 대법원도 건축허가[33)]나 대중음식점영업허가[34)] 등과 같은 사건에서 이러한 취지의 판시를 하고 있다. 허가도 재량행위일 수 있다는 견해가 있다(예: 개인택시사업면허).[35)] 그러나 개인택시사업면허는 강학상 허가가 아니라 설권적 처분으로서 강학상 '특허'의 성질을 가진다고 보는 것이 타당하다. 판례도 자동차운수사업법상 개인택시운송사업의 면허를 설권적 행위로 파악하여 재량행위로 보고 있다.[36)]

(2) 허가의 종류

허가는 그 영역에 따라 경찰허가 · 재정허가 · 군정허가 등으로 구별되며, 그

---

31) Maurer/Waldhoff, a.a.O., §9 Rn. 55.
32) 대법원 1963. 8. 31. 선고 63누101 판결; 대법원 1985. 2. 8. 선고 84누369 판결.
33) "건축허가신청이 법정요건에 합치하는 경우에는 특별한 사정이 없는 한 이를 허가하여야 하며, 공익상 필요가 없음에도 불구하고 요건을 갖춘 자에 대한 허가를 건축법 · 도시계획법 등 관계법규에서 정한 제한사유 이외의 사유를 들어 거부할 수는 없다."(대법원 1992. 12. 11. 선고 92누3038 판결)
34) "식품위생법상 대중음식점영업허가는 성질상 일반적 금지에 대한 해제에 불과하므로 허가권자는 허가신청이 법에서 정한 요건을 구비한 때에는 허가하여야 하고, 관계법규에서 정하는 제한사유 이외의 사유를 들어 허가신청을 거부할 수 없다."(대법원 1993. 5. 27. 선고 93누2216 판결)
35) 김남진, 행정법의 기본문제, 162면.
36) "자동차운수사업법에 의한 개인택시운송사업의 면허는 특정인에게 권리나 이익을 부여하는 행정청의 재량행위이고 위 법과 그 시행규칙의 범위 내에서 면허를 위하여 필요한 기준을 정하는 것 역시 행정청의 재량에 속한다."(대법원 1998. 4. 14. 선고 98두984 판결)

대상에 따라 대인적 허가(운전면허), 대물적 허가(차량검사합격처분) 및 혼합적 허가(주유소영업허가, 전당포영업허가)로 구분된다. 대상에 따른 구분에서는 허가 효과의 이전성이 중요하다. 대인적 허가는 원칙적으로 그 이전이나 양도가 금지되며, 대물적 허가의 경우에는 그 이전성이 인정된다. 혼합적 허가는 통상적으로 허가대상의 물적 기준뿐만 아니라 허가출원자의 인적 결격사유가 규정되어 있으므로 그 이전성이 인정되지 아니한다. 그러나 대법원은 석유판매업(주유업)허가를 대물적 허가의 성질을 가진 것으로 보아 그 사업의 양도가 가능하며 허가의 효과가 양수인에게 승계된다고 보고 있다.[37)]

(3) 허가의 요건

허가는 출원이나 신청에 의해 발급되는 것이 보통이다. 그러나 출원이 허가의 필요요건인지에 대해서는 견해가 대립하고 있다. 긍정설은 신청이 허가의 필요요건이므로 신청이 없는 허가는 무효이며 수정허가도 인정되지 않는다고 본다. 이에 반해 부정설은 특별한 규정이 없는 한 신청이 허가의 필요요건은 아니며 신청 없는 허가 또는 신청과 다른 내용의 허가도 당연 무효는 아니라고 보고 있다. 대법원도 신청과 다른 내용의 허가에 대해 당연무효가 아니라고 판시하고 있다.[38)] 허가는 보통 특정인에게 발급되지만 불특정다수인에 대한 일반처분의 형식도 가능하다. 허가도 처분의 일종이므로 문서로 하는 것이 원칙이다(행정절차법 제24조).

(4) 허가의 효과

허가는 일반적·상대적 금지를 해제하는 것이다. 허가는 일정한 권리·권리능력·포괄적 법률관계를 설정하는 특허와 구별되며, 제3자의 법률적 행위를 보충하여 그 법률상 효과를 완성시켜 주는 인가와도 구분된다. 따라서 경쟁업체인 제3자와의 관계에서 신청자인 甲이 허가에 의해 얻는 이익은 자연적 자유를 회복함으로써 얻는 반사적 이익이라고 보는 것이 일반적이다.[39)]

---

37) 대법원 1986. 7. 22. 선고 86누203 판결.

38) "개축허가신청에 대하여 행정청이 착오로 대수선 및 용도변경허가를 하였다 하더라도 취소 등 적법한 조치없이 그 효력을 부인할 수 없음은 물론, 이를 다른 처분으로 볼 근거도 없다."(대법원 1985. 11. 26. 선고 85누382 판결)

39) "공중목욕장업영업허가는 사업경영의 권리를 설정하는 형성적 행위가 아니라 경찰금지를 해제하는 명령적 행위로 인한 영업자유의 회복에 불과하므로, 원고가 본건 허가행정처분에 의하여 사실상 목욕장업에 의한 이익이 감소된다 하여도 원고의 이 영업상 이익은 단순한 사실상의

일반적으로 허가로 간주되는 사업(예컨대 주유소영업 등)이 법률에서 거리제한 등에 의해 보호되고 있는 경우, 해당 허가를 허가와 특허의 성질을 공유하고 있다고 설명하기도 한다. 대법원은 약종상허가에 대해 제3자(기존업자)도 그 허가의 취소를 구할 법률상 이익이 있다고 판시하였다.[40] 거리제한 등으로 허가받은 지역에서 독점적 이익을 누리도록 법률이 보장하고 있으므로 그 명칭에도 불구하고 이를 강학상의 "특허" 또는 "허가와 특허의 성질을 공유하는 합체행위"로 보는 것이 타당하다는 견해도 있다.[41] 대법원은 거리제한이 있는 담배소매업의 기존업자가 신규업자에 대해 가지는 이익을 법률상 보호되는 이익이라고 판단한 바 있다.[42]

3. 면 제

면제(Dispens)란 법령에 의해 정해진 작위·급부·수인 등의 의무를 특정한 경우에 해제하는 행위이다. 면제는 의무의 해제(특히 금지의 해제)라는 점에서 허가와 유사하다. 그러나 허가는 예방적 금지의 목적 아래에 잠정적으로 제한되었던 자연적 자유가 일정한 요건이 충족되면 회복시키지만, 면제는 행위 자체의 유해성으로 인하여 법률상 원칙적으로 금지된 행위(억제적 금지)를 예외적으로 허용함으로써 시민의 권리영역을 확장하는 것이다. 그런 점에서 허가와 면제는 그 내용에 있어서 수익적 행정행위에 해당한다고 볼 수 있다. 면제는 재량행위의 성질을 가진다. 독일에서는 억제적 금지를 해제하는 해제하는 예외적 승인을 면제라고 본다.

Ⅲ. 형성적 행정행위

형성적 행정행위란 행정기관이 사인에 대하여 새로운 권리나 능력 등의 법

반사적 이익에 불과하고, 법률에 의하여 보호되는 이익이라 할 수 없다."(대법원 1963. 8. 22. 선고 63누97 판결; 동지판례: 대법원 1985. 2. 8. 선고 84누369 판결; 대법원 1983. 9. 13. 선고 83누211 판결)

40) "甲이 적법한 약종상허가를 받아 허가지역내에서 약종상영업을 경영하고 있음에도 불구하고 행정청이 구 약사법시행규칙을 위배하여 같은 약종상인 乙에게 乙의 영업허가구역이 아닌 甲의 영업구역내로 영업소를 이전하도록 허가하였다면, 甲으로서는 이로 인하여 기존업자의 법률상 이익을 침해받았음이 분명하므로 甲에게는 행정관청의 영업소이전허가처분의 취소를 구할 이익이 있다."(대법원 1988. 6. 14. 선고 87누873 판결)

41) 김남진, 전게서(Ⅰ), 263면.

42) 대법원 2008. 3. 27. 선고 2007두23811 판결.

적 지위를 설정·변경·박탈하는 행위를 말한다. 이러한 형성적 행정행위는 주로 상대방의 자유의 제한 또는 그 해제를 목적으로 하는 명령적 행위와 구분된다. 여기에는 ① 직접 상대방의 권리 등을 설정·변경·박탈하는 행위(특허), ② 제3자의 법률적 행위를 보충하여 그 효력을 완성하는 행위(인가), 그리고 ③ 제3자를 대신하여 하는 행위(대리)로 구분된다.

1. 특 허

특허는 설권행위로서 특정인을 위해 새로운 법률상의 힘을 부여하는 행정행위이다. 강학상의 특허는 실정법상으로 면허·허가·인가 등으로 불리기도 한다. 특허는 행정청의 재량행위로 보는 것이 보통이나, 관계법규의 해석에 의해 판단하여야 한다. 공유수면매립면허,[43] 도로점용허가[44] 등이 강학상 특허에 해당한다. 또한 대법원은 종전에 강학상 인가로 보았던 도시 및 주거환경정비법 등 관계 법령에 의하여 행하는 조합설립인가처분에 대하여 주택재건축사업을 시행할 수 있는 권한을 갖는 행정주체(공법인)으로서의 지위를 부여하는 일종의 '설권적 처분'의 성격을 갖는다고 판시하였다.[45] 특허는 상대방의 출원이나 신청을 요하는 것이 원칙이다(다수설). 공법인의 설립과 같은 경우에는 성질상 상대방의 출원을 기다릴 필요가 없다는 것을 이유로 출원이 불필요하다는 견해가 있다. 그러나 이는 법률에 의한 특허(소위 법규특허)로서, 행정행위로서의 특허와 구별되어야 한다. 특허는 특정인에 대해 서면으로 발급되는 것이 보통이다. 특허의 효과는 상대방에 대하여 일정한 권리·능력 등 법률상의 힘을 부여하는 데 있다. 따라서 특허를 받은 자는 제3자에게 대항할 수 있다. 한편 특허의 효과는 해당 특허가 일신전속적 성질을 가지지 않는 한 특허의 전제가 된 물건이나 권리의 이전과 함께 당연히 또는 일정한 제한 하에 타인에게 이전된다.

2. 인 가

인가란 제3자의 법률적 행위를 보충하여 그 행위의 효력을 완성시켜 주는 행정행위이다. 이를 '보충행위'라고 한다. 예컨대 사업양도의 인가, 공공조합설

---

43) "공유수면매립면허는 설권행위인 특허의 성질을 갖는 것이므로 원칙적으로 행정청의 자유재량에 속한다."(대법원 1989. 9. 12. 선고 88누9206 판결)

44) 대법원 2002. 10. 25. 선고 2002두5795 판결.

45) 대법원 2009. 9. 24. 선고 2008다60568 판결.

립의 인가, 사립대학의 설립에 관한 교육부장관의 인가(고등교육법 제4조 제2항), 학교법인 임원에 대한 감독청의 취임승인(사립학교법 제20조 제2항) 등이 여기에 해당한다. 그 중 사립대학 설립의 인가의 경우 그 설립행위가 기본행위가 된다.

인가의 대상은 제3자에 대한 행위로서 반드시 법률행위이어야 한다. 그 법률행위는 공법행위(공공조합의 설립행위)일 수도 있고, 사법행위(비영리법인의 설립)일 수도 있다. 인가는 그 대상이 되는 법률행위를 하려는 당사자의 출원(신청)이 있는 경우에만 행해지며 수정인가는 허용되지 아니한다. 인가는 반드시 구체적인 처분으로 행해지며 원칙적으로 불요식행위이다. 인가가 행해지면 비로소 제3자의 법률행위의 효과가 완성된다. 인가의 효과는 타인에게 이전하지 않는 것이 원칙이다. 무인가행위는 무효이며 강제집행이나 처벌의 문제는 발생하지 않는다. 인가는 제3자의 법률행위 효과를 완성시켜 주는 보충행위에 불과하다. 따라서 비록 인가가 유효하더라도 기본행위가 불성립 또는 무효인 경우에는 인가도 무효이다.[46] 또한 기본행위에 취소원인이 있는 경우에는 인가가 있은 후에도 그 기본행위를 취소할 수 있다.[47]

3. 대 리

대리란 행정청이 제3자를 위해 대신하여 행하고 제3자가 행한 것과 같은 법률효과를 발생시키는 행정행위이다. 예컨대 국세의 강제징수과정에서 한국자산관리공사가 행하는 압류재산 공매처분의 대행이 여기에 해당한다(국세징수법 제61조 제5항 참조). 이 경우 공매처분은 세무서장이 한 것으로 본다.

---

46) "사립학교법 제20조 제2항에 의한 학교법인의 임원에 대한 감독청의 취임승인은 학교법인의 임원선임행위를 보충하여 그 법률상의 효력을 완성케하는 보충적 행정행위로서 성질상 기본행위를 떠나 승인처분 그 자체만으로는 법률상 아무런 효력도 발생할 수 없으므로 기본행위인 학교법인의 임원선임행위가 불성립 또는 무효인 경우에는 비록 그에 대한 감독청의 취임승인이 있었다 하여도 이로써 무효인 그 선임행위가 유효한 것으로 될 수는 없다."(대법원 1987. 8. 18. 선고 86누152 판결)

47) "인가는 기본행위인 재단법인의 정관변경에 대한 법률상의 효력을 완성시키는 보충행위로서, 그 기본이 되는 정관변경 결의에 하자가 있을 때에는 그에 대한 인가(認可)가 있었다 하여도 기본행위인 정관변경 결의가 유효한 것으로 될 수 없으므로 기본행위인 정관변경 결의가 적법 유효하고 보충행위인 인가처분 자체에만 하자가 있다면 그 인가처분의 무효나 취소를 주장할 수 있지만, 인가처분에 하자가 없다면 기본행위에 하자가 있다 하더라도 따로 그 기본행위의 하자를 다투는 것은 별론으로 하고 기본행위의 무효를 내세워 바로 그에 대한 행정청의 인가처분의 취소 또는 무효확인을 소구할 법률상의 이익이 없다."(대법원 1996. 5. 16. 선고 95누4810 판결)

Ⅳ. 확인적 행정행위

확인적 행정행위는 사인의 권리 존부나 법적으로 중요한 사실을 확정하는 것을 말한다.[48] 확인이란 일정한 사실관계나 법률관계의 존부 또는 그 타당성 등에 대해 의문이나 분쟁이 있는 경우에 이를 공적으로 확정하는 행위이다.[49] 예컨대 도로구역의 확인결정, 교과서의 검정합격결정, 국가시험의 합격자 확인결정 및 행정심판의 확인재결 등이 여기에 해당한다. 교과서검정 합격결정이나 국가시험의 합격자 확인결정 등은 불확정법개념과 관련하여 판단여지가 인정될 수 있다. 판례는 공무원에 대한 의원면직처분을 '확인적' 행정행위로 보고 있다.[50]

한편, 이러한 확인적 행정행위와 구별되는 공증적(증명적) 행정행위도 있다. 종전의 공증이 여기에 속한다. 즉 공증은 특정한 사실관계나 법률관계의 존재를 공적으로 증명하는 행위를 말한다. 예컨대 등기·등록의 확인증(등·초본)이나 증명서의 발급 등이 여기에 해당한다. 확인은 의문이나 분쟁을 전제로 하는 것이 보통이지만, 공증은 이러한 전제 없이 일정한 사실이나 법률관계에 관한 인식행위로서의 의미를 가진다. 따라서 공증은 원칙적으로 문서로 행해진다는 점에서 요식행위이다. 그러나 공증에 의해 증명된 사실도 공증의 취소를 기다릴 것 없이 반증(反證)에 의해 그 증거가치가 번복될 수 있다.

---

48) 포르스트호프(Forsthoff) 교수는 확인적 행정행위와 증명적(공증적) 행정행위를 구별하고 있다(Forsthoff. Lehrbuch des Verwalfungsrecht I, 10. Aufl., S. 209 f.).

49) 한편, 일본에서는 과제처분과 관련하여 세액의 확정이나 건축기준법상 건축확인 등을 '확정행위(確定行爲)'로 부르고 있다(塩野 宏, 行政法 I, 제6판, 134면). 그러나 확인적 행위와 확정행위는 동일한 개념이 아니다.

50) "행정청의 공무원에 대한 의원면직처분은 공무원의 사직의사를 수리하는 소극적 행정행위에 불과하고, 당해 공무원의 사직의사를 확인하는 확인적 행정행위의 성격이 강하며 재량의 여지가 거의 없기 때문에 의원면직처분에서의 행정청의 권한유월 행위를 다른 일반적인 행정행위에서의 그것과 반드시 같이 보아야 할 것은 아니다."(대법원 2007. 7. 26. 선고 2005두15748 판결)

제3절 행정재량과 판단여지

I. 서 설

1. 행정의 법적용

법적용의 영역에서는 재량과 불확정개념이 중요하다. 법률규정이 명확하여야 하지만, 법률의 규정으로 현실세계를 세부 영역까지 모두 상세히 규율하기는 불가능하다. 그러한 의미에서 법률규정은 일정한 정도 추상적일 수밖에 없다. 따라서 구체적인 사안을 해결하기 위해서는 추상적인 규범을 해석·적용하는 것이 필요하다. 법규범은 대체로 조건적으로 규정된 명령이다(조건명제). 구체적 사실관계가 법률에서 정한 구성요건(성립요건)을 충족하면 법률에서 예견하고 있는 법효과를 적용하게 된다. 이 경우 법효과가 선택적으로 규율된 경우에는 법률의 범위 내에서 행정청이 선택한 법효과가 발생하게 된다. 법규범은 이와 같이 구성요건과 법효과로 구성되어 있는 것이 보통이다. 법적용은 대체로 4단계의 절차에 의해 실현된다. ① 사안의 조사와 확정, ② 법률에서 정한 구성요건 내용의 해석과 확정, ③ 포섭(Subsumtion) 및 ④ 법효과의 확정으로 구분된다.

2. 행정법원의 통제

행정이 입법자가 정한 범위의 한계를 넘는 경우에는 사법적 통제를 받게 된다. 행정법원은 행정청의 행정작용이 법률적합성을 준수하였는지 여부를 심사한다. 따라서 행정은 행정작용의 범위를 규정한 '입법'과 그 한계를 넘는 행정작용을 통제하는 '사법(司法)' 사이에 놓여 있다. 법률을 집행하는 행정청뿐만 아니라 사법적 통제를 하는 법원도 법적용을 한다. 행정법원은 행정의 법적용을 사후집행하고, 그 정당성을 사후적으로 심사하는 것이다. 그럼에도 불구하고 행정청의 법적용이 우선적이고 원칙적이다. 행정법원의 법적용은 이에 대해 사후적으로 반응하는 것이다.

행정에 대한 법구속은 엄격하지만, 일정한 경우 완화될 수도 있다. 재량을 통해 행정에 고유한 행동여지를 부여하거나 불확정법개념의 확정을 통해 판단여지가 인정된다. 이러한 문제는 행정의 독자적 판단과 관련된 것이다. 판단여지의 인정 여부에 대하여 국내에서는 견해가 대립하고 있으나, 독일에서는 이미 입법을 통해 판단여지가 인정되고 있다. 행정에 재량이나 판단여지가 인정되면, 전문적 지식과 경험을 가진 행정청은 제1차적으로는 최종결정권을 가진다. 그러나 재량이나 판단여지에 대해 사법적 통제가 배제된다는 의미는 아니다.

Ⅱ. 행정재량

1. 개념 및 유형

행정청이 법률에서 정한 요건을 충족하고 행정에 부여된 여러 가지 행위유형 중에서 하나를 선택할 수 있는 행정행위를 '재량행위'라 한다. 이에 반해 '기속행위'란 법에서 정한 요건을 충족하면 특정한 법적 효과를 가진 행위를 해야 하는 행정행위를 말한다. 종전에는 재량행위를 자유재량(공익재량, 편의재량)과 기속재량(법규재량)으로 구분하는 것이 일반적이었다.[51] 그러나 오늘날 독일에서는 이러한 고전적인 유형 구분 대신에 재량행위를 결정재량(Entschließungsermessen)과 선택재량(Auswahlermessen)으로 구별하고 있다. 결정재량은 행정에 허용된 특정한 행정행위를 하는지 여부(Ob)와 관련이 있지만, 선택재량은 여러 가지 허용된 행정행위 중에서 어느 하나를 선택할 수 있는 경우(Wie)를 말한다. 하나의 행정행위에 결정재량과 선택재량이 모두 포함된 경우도 있으나, 어느 하나(특히 결정재량)만 인정된 경우도 있을 수 있다. 그러나 최근 대법원은 자유재량과 기속재량의 구분 대신에 '재량행위'라는 상위개념만으로 판단하는 경향에 있다.[52] 독일에서는 통상적인 행정재량을 법효과재량(Rechtsfolgenermessen)으로 표현하기도 한다. 이는 후술하는 바와 같이 성립요건에 불확정법개념이 사용된 경우의 행정청의 판단여지(또는 평가특권)나, 포섭이 아닌 형량을 통해 해결되는 이른바 계획재량(계획의 형성적 자유)과도 구별된다.

---

51) 대법원 2001. 2. 9. 선고 98두17593 판결. 최근에도 기속행위 내지 기속재량행위와 재량행위 내지 자유재량행위로 구분하여 사법심사의 방식을 달리한 판례가 나타나고 있다(대법원 2018. 10. 4. 선고 2014두37702 판결). 그러나 이러한 재량행위의 구분은 낙후된 것으로서 재고될 필요가 있다.

52) 대법원 2012. 7. 5. 선고 2011두19239 전원합의체 판결.

2. 기속행위와 재량행위의 구분

(1) 구별의 필요성

기속행위와 재량행위의 구별 필요성은 몇 가지 측면에서 찾을 수 있다. 첫째, 양자의 구분은 사법심사의 방식과 관련하여 의미가 있다. 재량행위를 행정소송의 대상에서 제외시키는 입법례도 있었으나, 근래에는 재량행위도 사법심사의 대상이 된다. 행정소송법 제27조에는 "행정청의 재량에 속하는 처분이라도 재량권의 한계를 넘거나 그 남용이 있는 때에는 법원은 이를 취소할 수 있다"라고 하여, 재량의 하자에 대한 사법적 통제를 규정하고 있다. 재량행위도 사법심사의 대상이 된다는 점에서 양자의 차이는 상대적이지만, 사법심사의 방식에 있어서는 차이가 있다. 기속행위는 행정청이 법령에서 정한 사항을 이행하지 않으면 곧바로 위법이 되지만, 재량행위는 법령에서 허용한 선택수단을 사용하여도 위법이 될 수 있다. 즉 행정청이 재량을 남용하거나 비례의 원칙이나 평등원칙 등을 위반하여 재량권을 행사하는 경우가 그러하다. 그 밖에 재량행위에 대해서는 적정재량결정소송(Bescheidungsklage)과 같은 소송형식이 고려된다.

둘째, 기속행위와 재량행위는 주관적 '공권'의 성립과 관련하여 서로 구분된다. 기속행위의 경우에는 행정청이 특정한 행위를 해야 할 의무를 부담하며, 상대방은 행정청에 대하여 그 특정한 행위를 행해 줄 것을 요구할 공법상의 권리를 가진다. 그러나 재량행위의 경우에는 행정청에 일정한 선택의 여지가 인정되므로 상대방에 대해 곧바로 청구권이 발생하지 않는다. 긴급한 상황이나 중대한 위험이 발생한 경우에는 행정청의 재량이 감축되고 재량행위가 기속행위로 전환되어 비로소 공권이 발생할 수 있다(행정개입청구권). 이 경우 부작위로 인한 국가배상의 문제가 발생한다.

셋째, 부관을 붙일 수 있는지 여부와 관련하여 양자는 구별된다. 통설은 재량행위에만 부관을 붙일 수 있고, 기속행위에는 부관을 붙일 수 없다고 보았다. 기속행위는 일정한 요건이 충족되면 법에 엄격히 기속되어 기계적으로 집행하는데 그치므로, 행정청이 법규가 정한 효과를 임의로 제한할 수 없다는 것을 그 근거로 하고 있다. 이에 대해 유력한 반론이 있다. 부관은 주된 행정행위에 대한 효과의 제한만이 아니라 '보충'의 기능도 가진다고 보고 있다. 기속행위에 대해서도 장래에 있어 법률요건의 충족을 확보할 필요가 있다고 판단되는 때에는 부관을 붙일 수 있다는 것이다.[53] 그러나 판례는 기속행위에 부관을 붙이는 것이 무효라고 보고 있다.[54]

(2) 구별기준

종전에는 기속행위와 재량행위의 구별에 관하여 다양한 이론이 제시되었다. 일정한 사실이 법에서 정한 요건에 해당하는가 여부의 판단에 재량이 있다고 보는 '요건재량설' 내지 '법규재량설'이 있다. 예컨대 경찰관직무집행법 제10조의4 무기사용의 요건 중 하나인 "범인의 체포 · 도주의 방지를 위하여 필요하다고 인정되는 상당한 이유가 있을 때"를 사례로 든다. 이 경우에 구성요건의 판단에 재량이 존재할 수 있다는 것이다. 이러한 견해는 행정요건에 행정행위의 종국목적(공익개념)만을 규정하고 있는 경우에는 재량이 인정되고, 종국목적 외에 중간목적도 규정하고 있는 경우에는 기속행위라고 주장한다. 그러나 중간목적과 종국목적의 구별이 불분명하고, 법률의 문제인 요건인정을 재량의 문제로 오해하고 있다는 비판이 있다. 오늘날에는 재량이 어떠한 법률효과를 발생시킬 것인가의 선택으로 보는 '효과재량설'이 지배적이다.

그러나 앞에서 언급한 학설에 의할 경우에는 재량행위를 판별하는 것은 쉽지 않다. 법치행정의 원리에 비추어 행정청의 재량 여부는 입법자가 결정한다. 입법기술적인 측면에서 보면, 재량의 수권은 암시되는 것이 보통이다. 재량행위는 대체로 법규정에서 "……할 수 있다", "……해도 좋다", "……할 권한이 있다" 등의 표현을 사용하는 경우에 추론된다. 반면에 법문에서 "……해야 한다", "……해서는 아니 된다" 등의 강행규정(금지규정)을 포함한 것은 기속행위에 해당한다. 이와 관련하여 대법원은 종전에 기속행위와 재량행위의 중간영역에 당위규정이 있는 경우를 상정하고, 행정청이 일정한 성립요건 하에 특정한 행정행위(처분)를 반드시 해야 된다고 보고 있다.[55] 그러나 이러한 중간영역을 인정하

53) 김남진, 전게서(Ⅰ), 223면.

54) "기속행위 내지 기속적 재량행위 행정처분에 부담인 부관을 붙인 경우 일반적으로 그 부관은 무효이다."(대법원 1998. 12. 22. 선고 98다51305 판결)

55) "행정행위가 그 재량성의 유무 및 범위와 관련하여 이른바 기속행위 내지 기속재량행위와 재량행위 내지 자유재량행위로 구분된다고 할 때, 그 구분은 당해 행위의 근거가 된 법규의 체재 · 형식과 그 문언, 당해 행위가 속하는 행정 분야의 주된 목적과 특성, 당해 행위 자체의 개별적 성질과 유형 등을 모두 고려하여 판단하여야 하고, 이렇게 구분되는 양자에 대한 사법심사는, 전자의 경우 그 법규에 대한 원칙적인 기속성으로 인하여 법원이 사실인정과 관련 법규의 해석 · 적용을 통하여 일정한 결론을 도출한 후 그 결론에 비추어 행정청이 한 판단의 적법 여부를 독자의 입장에서 판정하는 방식에 의하게 되나, 후자의 경우 행정청의 재량에 기

는 것이 필요한지는 의문이다.

한편, 독일에서는 이른바 '의도된 재량(intendiertes Ermessen)'에 관한 논의가 있다. 이러한 의도된 재량은 연방행정법원에 의해 인정된 것인데, 학설은 대체로 부정적이다. 의도된 재량이란 법률에서 재량활동의 방향이 제시되고 예외적으로만 여기에서 제외될 수 있는 경우를 말한다. 의도된 재량의 경우에는 행정청이 법률(입법자)의 의도에 따라 특별한 재량행사나 이유제시를 할 수 없다. 행정청이 개별사례에서 이러한 입법자의 의도를 따를 경우에는 대체로 당위규정에 상응하는 결과를 가져올 수 있게 된다. 이러한 의도된 재량은 판례에서 과도하게 인정될 뿐만 아니라 혼란을 야기한다는 비판도 있다.[56)]

3. 재량의 하자

재량은 행정의 자유나 임의성을 나타내지 않으며, 법으로부터 자유로운 재량도 아니다. 재량의 행사는 법률의 한계를 준수해야 하며, 수권목적의 범위 내에서 허용된다. 독일 행정절차법 제40조에는 행정청이 수권목적에 적합한 재량과 재량의 법률상 한계를 유지해야 한다는 점을 명확히 규정하고 있다. 기속행위를 그르치면 법령에 따라 그 적법성 여부를 법원이 심사할 수 있으므로, 기속행위의 한계에 대한 논의는 무의미하다. 그러나 재량행위의 경우에는 행정청이 제1차적인 판단을 하고, 법원은 행정청이 재량의 한계를 넘거나 재량을 남용한 경우 또는 비례의 원칙이나 평등원칙 등에 비추어 그 위법 여부를 심사하게 된다. 재량의 하자(Ermessensfehler)는 다음과 같이 분류할 수 있다.

(1) 재량의 유월(또는 일탈)

재량의 유월(Ermessenüberschreitung)이란 행정청이 재량규정의 영역에서 더 이상 존재하지 않는 법효과를 선택한 경우를 말한다. 이를 재량의 '일탈'이라고도 한다. 예컨대 A, B 또는 C의 선택가능성이 있는 경우에, 해당 행정청이 D나 E를 선택하는 경우를 말한다. 식품위생법 제58조는 유해식품을 판매한 영업장에 대해 영업허가를 취소하거나 6월 이내의 영입징지처분을 내릴 수 있도록

한 공익판단의 여지를 감안하여 법원은 독자의 결론을 도출함이 없이 당해 행위에 재량권의 일탈·남용이 있는지 여부만을 심사하게 되고, 이러한 재량권의 일탈·남용 여부에 대한 심사는 사실오인, 비례·평등의 원칙 위배, 당해 행위의 목적 위반이나 동기의 부정 유무 등을 그 판단 대상으로 한다."(대법원 2001. 2. 9. 선고 98두17593 판결)

56) 의도된 재량에 대해서는 Maurer/Waldhoff, a.a.O., §7 Rn. 12.

규정하고 있는데, 행정청이 해당 영업장에 대해 1년의 영업정지를 내린 경우가 여기에 해당한다.

(2) 재량의 불행사(또는 해태)

재량의 불행사(Ermessensnichtsgebrauch) 또는 재량의 해태(Ermessensunterschreitung)란 행정청이 자신에게 부여된 재량권을 부주의나 과실로 전혀 행사하지 않은 경우를 말한다. 예컨대 행정청에 A, B, C 중 어느 하나를 선택할 수 있는 재량권을 부여하였는데, A만 해야 하는 것으로 오인하여 제반 재량의 요소를 고려하지 않아 사안에 적합한 판단(처분)을 하지 못한 경우가 여기에 해당한다.[57)]

(3) 재량의 남용(또는 오용)

재량의 남용(Ermessensmißbrauch) 또는 오용(Ermessensfehlgebrauch)이란 행정청이 재량규정의 취지나 목적에 따르지 않은 경우를 말한다. 행정청이 재량권을 수권한 법률의 목적에 위배하여 행사하는 경우가 여기에 해당한다. 판례나 학설은 재량행위가 평등원칙 및 비례의 원칙 등을 위반한 경우도 여기에 해당한다고 보고 있다. 그러나 이는 재량의 남용 그 자체에 의한 것이 아닐 뿐만 아니라 헌법 또는 행정법의 일반원칙에서 비롯되는 것이므로 구별하는 것이 타당하다. 그러나 대법원은 명확한 구별기준의 제시나 설명이 없이 재량남용과 헌법의 일반원칙을 결합하여 판시하고 있다.

(4) 기본권과 행정법 일반원칙의 위반

재량권의 행사는 법치국가원리에 기초하는 기본권이나 비례의 원칙(과잉금지의 원칙)에 구속되며, 평등원칙을 준수하여야 한다.

4. 재량의 감축

재량이란 행정이 여러 가지 행위수단 중에서 어떤 수단을 선택하는 것을 말한다. 개별사례에서는 대안에 대한 선택가능성이 줄어들 수 있다. 이 경우 행정청은 남은 결정을 선택해야 하는 의무를 부담하게 되는데, 이를 "재량의 영으로의 감축(Ermessensreduzierung auf Null)" 또는 "재량수축(Ermessensschrumpfung)"이라

57) 재외동포에 대한 입국금지결정이 있는 경우에 행정청이 이에 구속되어 아무런 재량을 행사하지 않고 사증발급 거부처분을 한 것이 위법이라고 판시한 사례가 있다(대법원 2019. 7. 11. 선고 2017두38874 판결).

고 부른다.[58] 재량의 영으로의 감축은 특별히 보호할 가치 있는 법익에 대한 긴박한 위험상황에서 경찰이 원칙적으로 결정재량을 가지고 있음에도 불구하고 개입할 의무가 발생하는 것이다. 재량의 영으로의 감축은 기본권과 그 밖의 헌법원칙 등의 발전을 통해 발생할 수 있다.[59] 이러한 이론은 행정기관의 부작위에 대한 국가배상청구권에서도 고려될 수 있다.

Ⅲ. 불확정법개념과 판단여지

1. 불확정법개념의 의의

재량문제는 법효과 측면에서 나타나는 반면, 불확정법개념과 판단여지는 법률상 구성요건의 문제이다. 법률상 구성요건표지는 내용상 다양한 규정성을 가지고 있다. 법률에 사용된 개념을 수치로 매긴다면 그 내용에 따라 명확성의 정도가 등락한다. 구성요건표지는 대체로 사물 그 자체에 의해서건, 장소·시간 또는 법률이나 판례에 의한 한계설정 때문에 법적으로도 명확할 수 있다. 예컨대 물건(민법 제98조), 소유권(민법 제99조), 영업, 병역 등이 그러하다. 그러나 구성요건표지가 명확하지 않아 구체적 사례에서 판단될 수 있는 경우도 있다. 예컨대 "여명이 밝아올 때", "밀폐된 곳" 등이 그러하다. 개념적으로는 통용되는 "불확정법개념"이라는 표현보다 "불확정법률개념(unbestimmte Gesetzesbegriffe)"이라는 표현이 더 정확하다. 하지만 '불확정법개념'이라는 표현이 통용되므로 본서에서도 이를 그대로 사용하기로 한다. 구체적 사례에는 공익, 공공복리, 공공필요, 중요한 근거, 교통이익, 신뢰성, 적성 등이 있다.

2. 판단여지론

(1) 판단여지론의 연혁

판단여지론은 1955년 독일에서 바호프(Otto Bachof) 교수가 처음으로 주장하여 발전된 것이다. 행정청이 특정한 영역에서 불확정법개념의 사용을 통해 판단여지(Beurteilungsspielraum)를 가지게 된다는 것이다. 즉 독자적인 고유한 영역 중에서 더 이상 심사할 수 없는 가치평가나 결정이 있다는 것이다. 법원은 다만

58) BVerwGE 11, 95/96 f.
59) Di Fabio, Die Ermessensreduzierung, VerwArch. Bd. 86, 1995, 214 ff.

그 고유한 영역의 한계가 고려되었는지 여부만 심사할 수 있을 뿐이다. 또한 동시대의 대표적 공법학자인 울레(C. H. Ule) 교수에 의해 발전된 '주장가능성론' 내지 '대체가능성설(Vertretbarkeitslehre)'[60]은 "한계적 사례에서(in Grenzenfällen) 여러 가지 해결책이 주장될 수 있을 때(vertreten)", 행정청이 주장할 수 있다고 여겨지는 결정을 적법하다고 본다는 것이다. 그리고 볼프(Hans J. Wolff) 교수는 행정청에 평가특권(Einschätzungsprärogative)이 있다고 본다. 불확정법개념에 대해 평가특권이 필요하다면, 행정청에 이러한 평가(Einschätzung)가 귀속되고 법원은 사후집행이나 사후심사를 할 수 없게 된다. 결국 '판단여지'라는 개념적 징표로 파악되는 이러한 3가지 학설은 동일한 사고에서 출발한다. 입법자가 불확정법개념의 사용을 통해 행정의 독자적인 책임 하에, 법원에 의해 제한적으로 심사될 수 있는 결정을 수권한 것이다. 왜냐하면 행정청은 오랜 행정경험과 전문지식을 가지고 있으므로, 불확정법개념에 대한 여러 가지 가치판단이 어려울 때 이에 대한 옳은 판단을 할 수 있다. 독일의 학설은 판단여지에 전적으로 동조하고 있다.

독일에서는 헌법적으로 요청되는 행정에 대한 법원의 통제 범위가 기본법의 제정 이후 계속해서 다투어져왔다. 그러나 근래에는 법원이 원칙적으로 '제한된' 사법통제권을 가진다고 보는 견해가 유력하게 되었다. 예컨대, 울레(Ule) 교수의 주장가능성론, 판단여지론 및 평가특권론 등이 그러하다. 나아가 연방행정법원의 새로운 판례에 근거해서 행정법원의 통제에 대한 모든 제한에는 법률의 수권이 필요하다는 주장이 지지를 받게 되었다.[61] 이와 관련하여 독일에서는 이른바 규범적 수권론(sog. normative Ermächtigungslehre)이 주장된다. 규범적 수권론(規範的 授權論)에 의하면 입법자는 스스로 행정에 예외적으로 사법심사가 제한되는 평가특권을 인정하는지 여부를 결정해야 한다.[62] 규범적 수권론은 입법자가 헌법상의 근거에 의하여 행정에 이를 이양한 경우에 그 최종적인 결정권한이 행정에 있다고 보고 있다.[63] 그러나 이러한 견해에 대하여 사법적 통제의

60) Ule의 이론을 대체가능성이 있을 때 행정청의 판단이 존중되어야 한다는 의미에서 '대체가능성설'이라고 주장하는 견해가 있다(김동희, 행정법 I, 281면).
61) BVerwG, NVwZ 1991, 568.
62) 상세한 내용 및 참고문헌은 김철용 · 홍준형 · 송석윤, 위임입법의 한계에 관한 연구, 헌법재판연구 제8권, 1996, 61면.
63) Maunz/Dürig, GG, Art. 19 Abs. 4, Rn. 185; Schmidt-Aßmann/Groß, NJW 1993, S. 617; Schulze-Fielitz, Neue Kriterien für dei verwaltungsgerichtliche Kontrolldichte, JZ 1993, S. 772; Maurer/Waldhoff, a.a.O., §7 Rn. 34 ff.

본질을 제대로 이해하지 못하고 있음을 지적하는 비판적 견해가 있다.[64)]

한편, 헌법재판소는 구 택지개발촉진법 위헌소원사건에서 명확성원칙의 위반 여부를 심사하면서 규범적 수권론을 도입하고 있다.[65)] 여기서 "법률은 행정행위의 요건을 규정함에 있어 추상적·불확정적 개념을 사용하거나"라는 부분은 판단여지를 말한 것으로 볼 수 있다.[66)]

(2) 판단여지의 적용영역

독일의 판례는 다음과 같은 경우에 판단여지를 인정하고 있다. 예컨대 대학입학시험이나 국가고시 등 시험평가, 학교의 진급결정과 같은 시험유사평가결정, 공무원법상의 평가(인사고과), 전문감정가 및 이익대표로 구성된 위원회의 평가결정(예: 청소년위원회의 결정, 토지감정평가), 환경법 및 경제법 분야에 있어서의 예측결정 및 위험판단, 그리고 행정정책적 성질과 관련된 결정 등이 그러하다.[67)]

시험법과 관련된 판단여지론은 연방행정법원의 대표적인 판례[68)]에 의하여 발전되어 왔다. 왜냐하면 학교분야에서 교육적 판단과 같이 전문지식이 문제되고, 시험에 대한 평가결정을 번복하기 곤란하며, 법원의 사후심사에 있어서 비교평가가 어렵기 때문이다. 시험유사결정과 공무원의 근무평정에서도 필요한 변경(mutatis mutandis)이 이루어지므로 전문분야의 정당성통제가 연결되기 어려운 점이 있다. 그러한 이유에서 독립적이고 복수로 구성된 위원회의 결정에 대해서는 판단여지를 인정할 필요가 있는 것이다.[69)]

(3) 국내 판례의 입장

대법원은 판단여지의 적용영역에 해당하는 교과서 검정,[70)] 공무원임용의 면접전형[71)] 및 국가고시의 시험출제[72)] 등을 재량에 의해 심사하고 있다. 그러나

---

64) 상세는 Kopp/Ramsauer, VwVfG, §40 Rn. 8.
65) 헌재 2007. 10. 4. 2006헌바91.
66) 이에 대해서는 졸고, "명확성원칙의 판단기준과 사법심사의 한계", 법조 통권 제624호(2008. 9), 108-134면; 졸저, 현대행정의 작용형식, 115면 이하.
67) 이를 비대체적 결정, 구속적 가치평가, 예측결정, 형성적 결정으로 구체적으로 유형화하고 있는 견해도 있다(김남진, 전게서(Ⅰ), 246-248면).
68) BVerwGE 8, 272.
69) Maurer/Waldhoff, a.a.O., §7 Rn. 43 ff.
70) 대법원 1992. 4. 24. 선고 91누6634 판결.
71) "공무원 임용을 위한 면접전형에 있어서 임용신청자의 능력이나 적격성 등에 관한 판단은 면

이러한 사례에서는 대부분 재량의 일탈·남용을 심사하기가 쉽지 않다. 한편 독일 연방행정법원은 초기에 여러 가지 불확정법개념을 제한적으로나마 심사하였다. 그러나 곧이어 몇 가지 예외적인 경우를 제외하고 행정에 판단여지를 인정하지 않고 불확정법개념을 전부 심사할 수 있다는 해석에 이르렀다.[73] 독일 연방행정법원은 기본권제한을 이유로 예외사항의 범위를 좁게 보고 있다. 또한 불확정법개념의 사용이나 구체화가 문제인 경우에 원칙적으로 행정의 결정이나 판단을 사실적·법적 관점에서 제한 없이 심사해야 할 의무가 있다고 강조하고 있다. 특히 규율대상의 복잡성과 특별한 유동성 때문에 불확정법개념은 애매모호하고 행정결정의 사후집행시에 그 구체화가 어렵다. 따라서 사법심사가 기능적 한계에 부딪칠 경우에는 행정에 제한된 결정여지가 고려될 수 있다.[74]

3. 교차영역의 등장

불확정법개념과 재량수권이 교차하는 영역이 있다. 이러한 교차영역을 어떻게 판단할 것인지가 문제된다. 이러한 논의는 판단여지의 독자성 인정과 밀접한 관련을 가진다. 구성요건에는 불확정법개념이, 그리고 법효과에는 재량의 수권을 포함하고 있는 결합규정(Koppelungsvorschriften)이 적지 않다. 일정한 법규정에서는 구성요건의 불확정법개념이 현실적으로 재량에 귀속되는 경우도 있다. 또한 불확정법개념을 사용하는 경우에 이미 재량사용에 대한 모든 중요한 관점들이 고려되어 행정청에 재량이 더 이상 남지 않는 경우가 있다. 이를 재량소멸(Ermessensschwund)이라고 한다.[75] 이러한 경우는 결과적으로 가능규정이 당위규정으로 전환되는 것이다. 재량개념을 불확정법개념과 법효과재량을 포괄하는 것으로 이해하는 견해는 양자의 구분을 부정한다. 즉 행정청의 판단여지와 재량행위에서의 재량권을 구별할 실익이 없다는 견해가 그러하다.[76] 포괄적으로 양자를 포함한 재량개념을 주장하는 학설에 의해 부인될 뿐만 아니라, 결과에 있어서는 동일한 효과를 가져온다는 점을 이유로 양자의 구별을 상대화하려고 한

접위원의 고도의 교양과 학식, 경험에 기초한 자율적 판단에 의존하는 것으로서 오로지 면접위원의 자유재량에 속하고, 그와 같은 판단이 현저하게 재량권을 일탈 내지 남용한 것이 아니라면 이를 위법하다고 할 수 없다."(대법원 1997. 11. 28. 선고 97누11911 판결)

72) 대법원 2001. 4. 10. 선고 99다33960 판결.

73) BVerwGE 15, 207/208; 24, 60/63 f.

74) BVerfGE 84, 34/50.

75) Maurer/Waldhoff, a.a.O., § 7 Rn. 48.

76) 김동희, 전게서(I), 282-283면.

다. 독일 연방 행정절차법 제35a조에는 완전자동화(전자동화) 행정행위의 발급(vollständig automatisierter Erlass eines Verwaltungsaktes)을 규정하면서, 법률의 규정이 허용한 경우와 재량이나 판단여지가 없는 경우에 한하여 이를 허용한다고 규정하고 있다. 이러한 규정은 완전자동화 결정에 대해 행정행위의 법적 성격을 부여한 것 외에도 '판단여지'를 명문으로 인정한 것이다. 요컨대 교차영역의 존재를 판단여지의 이론을 부인하는 결정적 논거로 볼 수는 없다. 재량과 판단여지는 서로 이질적인 요소이므로 이를 이론적으로 구별하는 것이 타당하다.

제4절 행정행위의 부관

Ⅰ. 부관의 의의 및 제도적 기능

부관(Nebenbestimmung)은 종전에 "행정행위의 효력 또는 효과를 제한하기 위하여 주된 의사표시에 부과된 종된 의사표시"[77]라고 정의되었다. 그러나 "행정행위의 효과를 제한 또는 보충하기 위한 종된 규율(부대적 규율)"[78] 또는 "행정행위의 효과를 제한 또는 보충하기 위한 부가적 규율"[79] 등으로 정의하는 견해가 있다. 일부 견해는 준법률행위적 행정행위에도 부관을 붙일 수 있다고 보고 있다.[80] 그러한 구체적 사례로 여권에 붙여진 유효기한과 같이 공증의 경우에도 기한이라는 부관을 붙이는 경우가 있다는 점을 들고 있다. 또한 일정한 법적·사실적 이유로 말미암아 단순히 허가를 거부하기 보다는 일정한 조건을 부가하여 법적·사실적 장애요인을 제거함으로써 허가를 부여한다는 점에서 국민에게 유리할 뿐만 아니라 탄력적인 행정에 기여할 수 있다고 보고 있다.[81]

모든 행정행위는 개념의 본질상 하나의 규율을 가지고 있는 것이 원칙이지만, 위에서 언급한 바와 같이 주된 규율은 부가적 규정인 부관을 통해 보충하거나 제한될 수 있다. 여기에는 조건, 기한, 철회권의 유보, 부담 및 사후부담의 유보

77) 이상규, 신행정법론(상), 378면.
78) 김남진, 전게서(Ⅰ), 284면.
79) 홍준형, 행정법, 165면.
80) 김남진, 전게서(Ⅰ), 292-293면.
81) 김동희, 전게서(Ⅰ), 311면.

(사후변경의 유보, 부담유보) 등이 있다. 부관은 행정실무에서 중요한 역할을 하고 있다. 특히 부관은 영업허가나 건축허가와 관련하여 중요한 기능을 수행하며, 법적·사실적 장애를 제거하기 위한 것을 목적으로 한다. 행정청은 무제한적인 허가에 대해 이의가 있으면 허가신청을 거부하는 것이 아니라, 일정한 유보하에 이를 발급해 준다. 즉 행정청은 단호하게 허가를 거부(Nein)하는 것보다는 부관이 붙은 허가를 발급해 주는 것이 행정의 탄력성에 기여할 수 있다.[82] 그러나 행정행위의 부관은 행정청 스스로의 의사에 따라 붙여지는 것이므로, 법령이 행정행위의 조건·기한 등을 정하는 이른바 '법정부관'(예컨대 광업권의 존속기간에 관한 광업법 제14조)과는 구별되어야 한다.

Ⅱ. 부관의 종류

1. 기 한

행정행위 효과의 발생 또는 소멸을 장래에 도래가 확실한 일정한 시점에 의존시키는 부관을 기한이라 한다. 이러한 기한에는 시기(始期)와 종기(終期)가 있다. 예컨대 "○월○일부터 허가한다" 또는 "○월○일까지 허가한다"라는 식으로 특정일을 정한 경우가 여기에 해당한다. 그러나 경우에 따라서는 "사망할 때"와 같이 도래는 확실하나 그 시기가 확정되지는 않은 불확정기한도 가능하다. 종기의 도래로 행정행위의 효력이 절대적으로 소멸하느냐가 문제이지만, 일반적으로는 종기의 도래로 행정행위의 효력이 소멸한다.[83] 그러나 판례는 기한이 행정행위의 성질상 부당하게 짧은 경우에 행정행위(허가 또는 특허)의 조건에 대한 존속기간을 정한 것으로 보고 있다.[84] 특히 문제가 되는 것은 행정재산의

---

82) Maurer/Waldhoff, a.a.O., §12 Rn. 2.

83) "일반적으로 행정처분에 효력기간이 정하여져 있는 경우에는 그 기간의 경과로 그 행정처분의 효력은 상실되고, 다만 허가에 붙은 기한이 그 허가된 사업의 성질상 부당하게 짧은 경우에는 이를 그 허가 자체의 존속기간이 아니라 그 허가조건의 존속기간으로 보아 그 기한이 도래함으로써 그 조건의 개정을 고려한다는 뜻으로 해석할 수는 있지만, 그와 같은 경우라 하더라도 그 허가기간이 연장되기 위하여는 그 종기가 도래하기 전에 그 허가기간의 연장에 관한 신청이 있어야 하며, 만일 그러한 연장신청이 없는 상태에서 허가기간이 만료하였다면 그 허가의 효력은 상실된다."(대법원 2007. 10. 11. 선고 2005두12404 판결)

84) "행정행위인 허가 또는 특허에 붙인 조항으로서 종료의 기한을 정한 경우 종기인 기한에 관하여는 일률적으로 기한이 왔다고 하여 당연히 그 행정행위의 효력이 상실된다고 할 것이 아니고 그 기한이 그 허가 또는 특허된 사업의 성질상 부당하게 짧은 기한을 정한 경우에 있어서는 그 기한은 그 허가 또는 특허의 조건의 존속기간을 정한 것이며 그 기한이 도래함으로써

사용 · 수익허가[85)]의 기한이 도래한 경우에 갱신신청을 하는 것이다.

2. 조 건

조건(Bedingung)이란 행정행위 효과의 발생 또는 소멸을 장래의 불확실한 사실(사건)에 의존시키는 부관을 말한다. 여기에는 정지조건과 해제조건이 있다. 정지조건의 경우 행정행위가 일정한 요건을 충족하면 그 효력이 발생하지만, 해제조건의 경우 행정행위의 효력이 먼저 발생하나 일정한 조건이 충족되면 그 효력이 상실된다. 예컨대 진입로 설치를 조건으로 효력이 발생하는 주택사업승인은 정기조건에 해당하나, 일정한 기간 내에 공사착수를 하지 않으면 그 효력이 소멸된다는 조건으로 하는 공유수면매립면허는 후자에 해당한다. 조건과 기한은 행정행위의 시간적 유효영역(내부효력)을 정한다는 점에서 유사하다. 그러나 조건의 경우에는 행정행위 효력의 개시와 종료가 일정한 결과에 따라 나타나는 반면, 기한은 행정행위 효력의 개시와 종료를 일정한 시점에 확정한다는 점에서 차이가 있다.

3. 부 담

부담(Auflage)은 조건이나 기한과 달리 독자적인 규율을 특징으로 한다. 부담은 수익자에게 일정한 작위, 수인 또는 부작위의 의무를 부과하며, 주로 허가 · 특허 등 수익적 행정행위에 붙여진다. 그 때문에 부담은 행정행위의 구성요소가 아니라 추가적(부가적) 의무이며, 그 자체가 행정행위의 성질을 가진다. 그럼에도 불구하고 부담도 부관의 일종이다. 왜냐하면 부관은 본체인 행정행위와 관련이 있으며, 부담의 존속과 실현도 본체인 행정행위의 효력에 달려 있기 때문이다. 이러한 부담에는 도로점용허가를 주면서 도로점용료납부의무를 부과하거나 유흥주점영업허가를 주면서 각종 행위제한을 부과하는 경우 등이 해당한다.

부담과 정지조건은 구별되어야 한다. 정지조건의 효력은 일정한 사실의 성취 내지 실현에 의해 발생하지만, 부담은 처음부터 효력을 발생한다는 점에서 차이가 있다. 다만, 부담부 행정행위의 상대방이 부담의무를 이행하지 아니할 경우

그 조건의 개정을 고려한다는 뜻으로 해석하여야 할 것이다."(대법원 1995. 11. 10. 선고 94누11866 판결)

85) 행정재산의 사용수익허가의 법적 행위는 강학상 '특허'에 해당한다(대법원 2006. 3. 9. 선고 2004다31074 판결).

에는 처분청이 해당 처분을 철회할 수 있다.[86] 부담은 의무이며, 이를 이행하지 아니하면 강제집행이 가능하다. 반면 정지조건은 의무가 아니므로 강제집행의 대상이 될 수 없다.

4. 철회권의 유보

철회권의 유보(Widerrufsvorbehalt)는 일정한 경우에 행정행위를 철회하여 그 효력을 소멸하는 것을 정한 부관이다. 철회권의 유보는 해제조건의 특별한 경우에 해당한다. 그러나 해제조건의 경우 일정한 사실이 발생하면 행정행위의 효력이 자동적으로 소멸하지만, 철회권 유보의 경우에 행정행위의 효력을 소멸시키는 유보된 사실이 발생하더라도 행정청의 철회의 의사표시가 필요하다. 철회권의 유보는 수범자에게 이후의 철회가능성을 의미한다. 그러나 이러한 철회의 의사표시가 항상 자유로운 것은 아니며, 철회의 일반원칙에 따라야 한다.[87]

5. 사후부담의 유보

사후부담의 유보(Auflagenvorbehalt)는 행정청이 행정행위를 발급하면서 사후에 부관을 붙일 수 있거나, 또는 기존의 부담을 사후에 보충 · 변경할 수 있는 권한을 유보하는 내용의 부관이다.[88] 사후부담의 유보는 법적으로 중요한 통지이며, 이후에 경우에 따라서는 부담이 발생하거나 현존하는 부담을 변경하기도 한다. 이러한 사후부담의 유보는 행정행위의 발급시점에 일정한 효력이 발생하지만, 아직 명확히 결정되지 않았거나 행정청이 그 가능성을 열어두고 사실상태의 사후변경에 반응할 수 있는 경우에 고려된다. 이와 같이 사후부담의 유보는 사회적 · 경제적 상황의 급속한 변화로 인해 예측가능성을 담보하지 못하는 리스크를 줄일 수 있는 장점이 있다. 그러나 사후부담의 유보도 철회권의 유보처럼 보호가치 있는 신뢰가 발생한 경우에는 일정한 제한을 받는다.

---

86) 대법원 1989. 10. 24. 선고 89누2431 판결.

87) "취소(철회)권을 유보한 경우에 있어서도 무조건으로 취소권을 행사할 수 있는 것이 아니고, 취소를 필요로 할 만한 공익상의 필요가 있는 경우에 한하여 취소권을 행사할 수 있다."(대법원 1964. 6. 9. 선고 63누40 등 판결)

88) 이를 '사후변경의 유보' 또는 '부담유보(負擔留保)'라고 표현한다.

6. 법률효과의 일부배제

학설은 "법률이 행정행위에 부여하는 효과의 일부를 배제하는 내용의 부관"을 법률효과의 일부배제라 부르고 있다.[89] 예컨대 택시의 영업허가를 발급하면서 격일제운행을 부관으로 붙이는 경우가 여기에 해당한다고 본다. 이러한 부관은 조건 또는 부담 등으로 분류될 수 있다. 따라서 이러한 법률효과의 일부배제를 부관의 독자적인 유형으로 보기는 어렵다.

7. 수정부담

수정부담(modifizierende Auflage)이란 통상적인 부담처럼 새로운 부차적 이행의무를 부과하는 것이 아니라("Ja, aber"), 상대방이 신청한 것과는 달리 새로운 행정행위의 내용을 정하는 것이다. 즉 "본래의 허가를 성질상 변경하거나, 수정하는 것"을 말한다. 다시 말하면 본래 신청된 허가를 질적으로 수정하는 것이다("Nein, aber"). 이러한 수정부담은 독일 연방행정법원의 판례에서 사용된 용어로서 지금은 임미시온(Immissionen)과 관련된 현실문제에서 많이 논의되고 있다. 콘크리트구조물에 대한 도로점용허가의 신청에 대해 일정한 소음수준을 넘지 않아야 한다는 수정부담을 붙인 새로운 도로점용허가의 발급이 여기에 해당한다. 원고가 신청한 도로점용허가는 거부하되, 방음조치를 부담으로 한 도로점용허가의 발급이 문제된다. 이러한 특별한 성격 때문에 수정부담에 대해 독립적으로 취소를 청구하거나 직권취소를 하지 못한다. 수정부담은 부담의 문제가 아니라 행정행위의 내용에 대한 제한 또는 변경의 문제이다. 행정행위의 상대방은 자신이 신청한 것을 얻는 것이 아니라 새로운 종류의 행정처분을 발급받는 것이다. 즉 이는 수정부담이 아니라, 신청한 것을 고려한 이른바 '수정허가(modifizierende Genehmigung)'로 보는 견해가 유력하다.[90] 실무적으로 행정청이 상대방의 신청을 회피하기 위하여 규율내용을 적극적 또는 소극적으로 바꾸는 일이 종종 있다. 이를 통해 신청한 내용보다 불충분하거나 다른 처분을 하게 된다. 그러나 이는 행정행위의 부관의 문제가 아니라, 행정행위의 내용결정의 문제이다. 그러한 이유에서 독일의 학설은 수정부담에 대해 조심스러운 접근을 하

---

89) 김남진, 전게서(Ⅰ), 289면.
90) Maurer/Waldhoff, a.a.O., §12 Rn. 16.

고 있으며, 근년에는 부관으로서의 성격이 철저히 거부되고 있다.

Ⅲ. 부관의 허용성과 한계

1. 부관의 허용성

행정절차법에는 부관에 관한 통칙규정이 없지만, 행정기본법 제17조에는 부관에 관한 일반 규정을 두고 있다. 식품위생법 제30조의 영업제한과 같이 개별법에 부관을 규정하는 경우도 있다. 참고로 독일에는 부관이 허용된다고 언급한 다수의 특별규정이 있다. 예컨대 일반법에 해당하는 연방의 행정절차법 제36조뿐만 아니라 외국인법 제14조, 연방임미시온방지법 제17조 등 개별법에서도 부관에 관한 규정을 두고 있다. 이러한 경우에는 해당 규정에 근거하여 부관을 붙일 수 있다. 문제는 이러한 명문의 규정이 없는 경우이다. 이와 관련하여 문제가 되는 것은 준법률행위적 행정행위와 기속행위의 경우이다.

(1) 준법률행위적 행정행위

법률행위적 행정행위(수익적 행정행위)에는 부관을 붙일 수 있지만, 준법률행위적 행정행위(확인 · 공증 · 통지 · 수리)는 부관에 친숙하지 않다고 보는 것이 다수설이었다. 그러나 귀화허가는 부관과 친숙하지 않으며, 공증의 성질을 가지는 여권에는 유효기간을 붙일 수 있다는 점이 지적되고 있다.[91] 준법률행위적 행정행위의 분류 그 자체에 문제가 있음은 전술한 바와 같다.

(2) 기속행위

특별규정이 없는 한 재량행위에만 부관을 붙일 수 있고,[92] 기속행위의 경우

---

91) 김남진, 전게서(Ⅰ), 293면.

92) "개발제한구역 내에서는 구역지정의 목적상 건축물의 건축 및 공작물의 설치 등 개발행위가 원칙적으로 금지되고, 다만 구체적인 경우에 이러한 구역지정의 목적에 위배되지 아니할 경우 예외적으로 허가에 의하여 그러한 행위를 할 수 있게 되어 있음이 그 규정의 체제와 문언상 분명하고, 이러한 예외적인 개발행위의 허가는 상대방에게 수익적인 것이 틀림이 없으므로 그 법률적 성질은 재량행위 내지 자유재량행위에 속하는 것이고, 이러한 재량행위에 있어서는 관계 법령에 명시적인 금지규정이 없는 한 행정목적을 달성하기 위하여 조건이나 기한, 부담 등의 부관을 붙일 수 있고, 그 부관의 내용이 이행 가능하고 비례의 원칙 및 평등의 원칙에 적합하며 행정처분의 본질적 효력을 저해하지 아니하는 이상 위법하다고 할 수 없다."(대법원 2004. 3. 25. 선고 2003두12837 판결)

에는 원칙적으로 허용되지 아니한다. 이에 대해 기속행위에도 부관을 붙일 수 있다고 주장하는 견해가 있다. 즉 "기속행위에 대해서도 장래에 있어서의 법률요건의 충족을 확보할 필요가 있다고 판단되는 때"에는 부관을 붙일 수 있다고 한다.[93] 그러나 판례는 기속행위에는 부관을 붙일 수 없고 이를 붙였다 하더라도 무효라고 보고 있다.[94] 한편, 행정기본법 제17조 제2항은 처분에 재량이 없는 경우에도 법률의 근거가 있으면 부관을 붙일 수 있다고 규정하고 있다.

2. 부관의 한계

부관이 법령에 위반되지 않아야 함은 당연하다. 판례도 부관의 내용이 적법하고, 그 이행이 가능하여야 한다고 보고 있다.[95] 일반적 재량규정(법률목적, 사실적 정당성, 상이한 이해관계와 형량 등의 고려)은 여기에도 적용된다. 또한 모든 부관은 사실관계에 있어서 주된 규율과 관련성이 있어야 하므로 행정행위의 목적에 위배되지 않아야 한다. 독일 행정절차법 제36조 제3항에는 부관이 행정행위의 목적에 반해서는 아니 된다는 점을 명확히 규정하고 있다. 그 밖에 평등원칙, 비례의 원칙 및 행정권한의 부당결부금지의 원칙 등 행정법의 일반원칙을 위반하여 부관을 붙일 수 없다.[96] 행정기본법은 부관의 한계와 관련하여 해당 처분의 목적에 위배되지 아니하고, 실질적인 관련이 있어야 하며, 해당 처분의 목적을 달성하기 위하여 필요한 최소한의 범위일 것을 규정하고 있다(제17조 제4항).

3. 부관의 사후부가(시간적 한계)

본체인 행정행위를 발급한 후 사후에 부관을 붙일 수 있는가에 대하여 학설상 견해가 대립하고 있다. 원칙적으로 사후부관은 불가하나 부담에 한해서만 사후적으로 가능하다는 견해[97]와 법령이 이를 허용하거나 행정행위를 발급할 당시 예상했거나 상대방의 동의가 있는 경우에는 사후적인 부관이 제한적으로 가능하다는 견해(제한적 긍정설)가 대립하고 있다. 제한적 긍정설이 다수설이다. 판례는 제한적 긍정설에 따르고 있다.[98] 생각건대 부관의 사후부가는 본체인 행정

93) 김남진, 전게서(Ⅰ), 294면.
94) 대법원 1988. 4. 27. 선고 87누1107 판결; 대법원 1993. 7. 27. 선고 92누13998 판결; 대법원 1995. 6. 13. 선고 94다56883 판결.
95) 대법원 1985. 2. 6. 선고 83누625 판결.
96) 대법원 1997. 3. 11. 선고 96다49650 판결.
97) 이상규, 신행정법론(상), 388면.

행위의 부분적인 변경을 의미하므로 원칙적으로 허용되지 아니한다. 다만, 법률에 근거가 있거나 예정된 경우 등과 같이 제한된 경우에 한하여 예외적으로 이를 허용하는 것이 타당하다. 행정기본법은 제한적 긍정설의 따라 해당 처분을 한 후에도 일정한 경우에 부관을 새로 붙이거나 종전의 부관을 변경할 수 있다고 규정하고 있다. 즉 ① 법률에 근거가 있는 경우, ② 당사자의 동의가 있는 경우, ③ 사정이 변경되어 부관을 새로 붙이거나 종전의 부관을 변경하지 아니하면 해당 처분의 목적을 달성할 수 없다고 인정되는 경우가 그러하다(행정기본법 제17조 제3항).

Ⅳ. 부관의 하자와 행정쟁송

1. 무효인 부관이 붙은 행정행위의 효력

무효인 부관이 붙은 행정행위의 경우에 부관만이 무효라는 설, 부관이 붙은 행정행위 전체가 무효라는 설 등이 주장되었다. 근래에는 해당 부관이 본체인 행정행위에 중요한(본질적인) 요소를 이루는 경우, 즉 부관이 없게 되면 본체인 행정행위를 하지 않았을 것이라고 판단되는 경우에 본체인 행정행위가 무효라는 설이 유력하다(제3설). 제3설이 다수설이다. 그러나 이러한 해석은 상대방에게 예측할 수 없는 중대한 불이익을 주므로 원칙적으로 해당 부관만이 무효라고 보는 것이 타당하다.

2. 위법한 부관에 대한 행정쟁송

(1) 문제의 소재

위법한 부관만을 본체인 행정행위에서 분리하여 별도로 항고소송을 제기할 수 있는지에 대한 논의가 있다. 부관에 하자가 있어 위법하게 되는 경우에 당사자는 위법한 부관에 대한 행정쟁송을 통하여 권리구제를 받을 수 있는지가 문

---

98) "행정처분에 이미 부담이 부가되어 있는 상태에서 그 의무의 범위 또는 내용 등을 변경하는 부관의 사후변경은, 법률에 명문의 규정이 있거나 그 변경이 미리 유보되어 있는 경우 또는 상대방의 동의가 있는 경우에 한하여 허용되는 것이 원칙이지만, 사정변경으로 인하여 당초에 부담을 부가한 목적을 달성할 수 없게 된 경우에도 그 목적달성에 필요한 범위 내에서 예외적으로 허용된다."(대법원 1997. 5. 30. 선고 97누2627 판결; 대법원 2006. 9. 22. 선고 2004두13325 판결)

제된다. 이 경우에 하자 있는 부관에 대하여만 행정쟁송을 제기할 것인지, 아니면 부관부 행정행위 전체에 대하여 취소쟁송을 제기할 것인지가 중요한 쟁점이다. 이와 관련하여 국내학설은 대체로 부관의 '독립쟁송가능성(독립가쟁성)'의 문제와 부관의 '독립취소가능성'의 문제로 구분하여 논의하고 있다. 전자는 소의 적법성과 관련된 것이며, 후자는 본안판단에서 부관만의 일부 취소가 문제되고 있다.

부관의 독립쟁송가능성(독립가쟁성)에 대하여 견해대립이 있다. 첫째, 부관 중 독립적 성격을 가지는 '부담'에 대해서는 항고소송을 제기할 수 있다는 견해가 있다(부담만의 독립쟁송가능성설). 부담은 형식적으로는 본체인 행정행위에 부가되어 있으나, 그 자체로 독자적 규율성과 처분성이 인정되므로 행정쟁송의 대상이 될 수 있다고 보고 있다. 다수설의 입장이다.[99] 이 견해에 의하면 부담에 대한 취소소송의 형식은 '진정일부취소소송'이지만, 그 밖의 부관(조건이나 기한 등)에 대해서는 본체인 행정행위와 부관 전체에 대하여 소송을 제기하면서 부관의 위법성을 다투는 '부진정일부취소소송'의 형식을 취하게 된다. 판례도 부담만의 독립적인 쟁송가능성을 인정하고 있다. 즉 행정행위의 부관은 원칙적으로 '부종성'으로 인해 독립의 쟁송대상이 될 수 없지만, 부담의 경우에는 예외적으로 항고소송의 대상이 된다고 보고 있다.[100]

둘째, 모든 부관에 대해 항고소송을 제기할 수 있다는 견해가 있다(전(全)부관독립가쟁성설). 즉 적극적으로 소의 이익이 인정되는 한 모든 부관에 대한 독립쟁송가능성을 인정하는 견해,[101] 또는 모든 부관에 위법성이 존재하는 한 그 종류를 불문하고 모두 인정된다는 견해[102] 등이 그러하다. 이에 대하여 부담만의 독립가쟁성을 인정하는 입장은 "부담 이외의 다른 부관에 대하여 행정소송으로

99) 이상규, 전게서, 391면; 김도창, 일반행정법론(상), 427면; 박윤흔, 행정법강의(상), 401면.

100) "행정행위의 부관은 행정행위의 일반적인 효력이나 효과를 제한하기 위하여 의사표시의 주된 내용에 부가되는 종된 의사표시이지 그 자체로서 직접 법적 효과를 발생하는 독립된 처분이 아니므로 현행 행정쟁송제도 아래서는 부관 그 자체만을 독립된 쟁송의 대상으로 할 수 없는 것이 원칙이나 행정행위의 부관 중에서도 행정행위에 부수하여 그 행정행위의 상대방에게 일정한 의무를 부과하는 행정청의 의사표시인 부담의 경우에는 다른 부관과는 달리 행정행위의 불가분적인 요소가 아니고 그 존속이 본체인 행정행위의 존재를 전제로 하는 것일 뿐이므로 부담 그 자체로서 행정쟁송의 대상이 될 수 있다."(대법원 1992. 1. 21. 선고 91누1264 판결)

101) 정하중, 행정법개론, 2019, 223면. 그러나 이 견해는 부관의 종류에 따라 부담에 대해서는 진정일부취소쟁송으로, 기타 부관에 대해서는 부진정일부취소쟁송으로 다툴 수 있다고 보고 있다.

102) 이일세, "행정행위의 부관과 행정쟁송", 공법학의 현대적 지평(계희열교수화갑기념논문집), 1995, 655면.

서의 처분성이 인정되지 아니한다는 점을 간과하고 있다"고 비판하고 있다.[103)]

셋째, 부관이 본체인 행정행위와 분리가능한 경우에는 독립쟁송을 인정할 수 있다는 견해가 있다(분리가능성설). 독일 학설의 영향으로 부관의 독립쟁송가능성이 법원에 의한 부관의 독자적인 취소가능성의 전제조건으로서의 성격을 갖는다고 보고, 부관만의 독립취소가 법원에 의하여 인정될 정도의 독자성(본체인 행정행위와의 분리가능성)이 있는지에 따라 판단해야 한다는 견해가 있다.[104)] 이에 대해 분리가능성설 역시 부담과 본체인 행정행위의 가분성(분리가능성) 여부에 따라 독립쟁송가능성을 판단하나, 이는 본안심사에서 판단된다는 비판이 있다.[105)]

생각건대 행정소송법의 해석상 부담 이외의 다른 부관(조건이나 기한 등)에 대해서는 처분성이 인정되지 아니하므로 독립해서 행정쟁송을 제기할 수 없다. 부담과 다른 부관의 구분이 어려우므로 실제 부담만을 독립하여 행정소송을 제기하는 것도 쉽지 않다. 따라서 실무에 있어서는 부관을 포함한 행정행위 전체를 취소소송이나 무효등확인소송을 통해서 해결하는 것이 보통이다. 그러나 이론적으로는 부담의 처분성이 인정되므로 부담의 성격이 명확한 경우에는 독립하여 행정쟁송을 제기할 수 있음은 물론이다. '부담' 이외의 부관에 대하여는 부관부 행정행위 전체를 대상으로 소를 제기하면서 본안심사에서 그 일부의 취소를 논할 수 있을 뿐이다. 따라서 부관만의 독립쟁송가능성에 관한 논의는 실무상 큰 실익이 없다. 이하에서는 부관의 독립취소가능성에 대하여 상세히 검토하기로 한다.

(2) 부관의 독립취소가능성(부관만의 일부취소가능성)

부관의 독립취소가능성은 부관에 대한 취소소송이 허용되는 경우에 본안에서 해당 부관만을 본체인 행정행위와 독립하여 취소할 수 있는지의 문제이다. 이와 관련하여 재량행위와 기속행위로 구분하는 견해와 분리가능성에 의해 부관의 독립취소(일부취소)를 주장하는 견해가 대립하고 있다.

첫째, 재량행위 · 기속행위로 구분하는 견해는 본체인 행정행위가 기속행위인 경우에는 그에 부과된 부관은 위법한 것으로 당연히 독립적으로 취소될 수 있지만, 재량행위의 경우에는 제한적으로 허용된다고 보고 있다. 즉 재량행위의

103) 김동희, 전게서(I), 320면.
104) 류지태, 행정법신론, 제12판, 172면 이하.
105) 김남진, 전게서(I), 299-300면.

경우에는 부관만을 취소하는 것이 부관 없이는 본체인 행정행위를 하지 않았을 것으로 보이는 행위를 행정청에게 강제하는 결과로 될 수 있어 권력분립원칙의 관점에서 부관만의 독립적 취소는 원칙적으로 인정되지 않는다는 입장이다.[106]

둘째, 분리가능성에 의해 부관의 독립취소를 주장하는 견해가 있다. 이 견해는 위법한 부관만의 일부취소를 제한 없이 인정할 수 있다고 보고 있다. 부관만의 독립된 취소가능성을 인정하면서, 그 기준으로 행정행위의 일부취소 후에 남은 잔여 행정행위가 독자적으로 존속할 수 있는지 여부에 달려 있다고 본다.[107] 이와 관련하여 "행정청이 부관 없이는 본체인 행정행위를 발급하지 않았을 것이라고 인정되거나, 부관의 취소로 주된 행정행위가 위법하게 될 정도로 부관이 중요요소를 이루거나, 그 밖에 주된 행정행위와 부관이 일체적 재량결정을 이루는 경우" 등에는 분리가능성이 없다는 견해도 있다.[108]

이론적으로는 본체인 행정행위로부터 분리가능한 부관에 대해 일부취소가 가능하다고 보는 견해가 타당하다. 그러나 부관의 일부취소를 인정하는 것은 현실적으로 허용되기 어려운 경우가 적지 않다. 예컨대 부관 없이는 본체인 행정행위를 발급하기 어려운 경우, 부관과 본체인 행정행위가 긴밀한 관련성을 가지고 있고 부관이 공익을 위해 반드시 필요한 경우 등이 그러하다. 기속행위와 재량행위를 구분하는 견해에 의하면, 재량행위의 경우에는 부관만을 취소하는 것은 부관 없이는 본체인 행정행위를 하지 않았을 것으로 보이는 행위를 사실상 행정청에 강제하는 결과가 될 수 있다고 본다. 이러한 재량행위의 경우에는 부관만의 독립적 취소가 원칙적으로 인정되지 않는다는 것이다. 그러나 이러한 주장은 모든 재량행위에 타당한 것은 아니고 본체인 행정행위와 부관이 일체적 재량결정을 이루는 경우에 한하여 의미가 있다. 기속행위와 재량행위를 구분하는 견해는 독일에서 유래되었는데, 독일에서는 취소소송이 아니라 '의무이행소송'을 통해 이 문제를 해결하려고 하고 있다.

요컨대 이론적으로는 분리가능성에 의해 구분하는 입장이 타당하지만, 분리가능성 여부에 따라 독립취소가능성 여부를 판단하는 것은 현실적으로 쉽지 않다. 부관은 본체인 행정행위에 대해 부종성을 가지지만, 본체인 행정행위와 원칙적으로 구분된다. 부관의 부종성도 본체인 행정행위의 효력을 제한하는 기능

---

106) 김동희, 전게서(Ⅰ), 313-315면.
107) 정하중, 전게서, 226면.
108) 김남진, 전게서(Ⅰ), 302면.

과 관련된 것이 대부분이다(조건, 기한 등). 부담은 상대적으로 독립성이 강하지만, 이를 이행하지 않는 경우에도 본체인 행정행위의 효력에 영향을 미친다. 부담에 대한 일부취소는 이론적으로 문제될 것이 전혀 없다. 그러나 부관부 행정행위는 본체인 행정행위가 수익적 성격을 가지므로 부관 없이 이러한 본체인 행정행위를 발급하기 어려운 경우가 대부분이다. 독립성을 가지는 부담도 사실상 본체인 행정행위의 중요한 부분을 구성하거나 일체적 재량결정을 이루는 경우가 적지 않고, 부담 없이 수익적 행정행위만을 발급하는 것은 현실적으로 어렵다.

그러한 이유에서 실무상으로는 부관만의 일부취소보다는 부관부 행정행위의 전체를 취소하는 방식이 선호될 수 있다. 이러한 방식은 행정청의 독자적 판단을 존중하는 의미도 가진다. 부관 없이는 수익적 내용의 본체인 행정행위를 발급하지 않는 경우에 부관에 대해서만 일부취소를 하는 것은 행정청에 부담을 줄 수 있기 때문이다.

제5절 행정행위의 성립요건 및 효력발생요건

Ⅰ. 행정행위의 성립요건

행정행위가 적법하게 성립하기 위해서는 일정한 요건을 충족하여야 한다. 대다수의 행정법 문헌에서는 행정행위의 성립요건을 주체, 내용, 절차 및 형식으로 구분하고 있다. 이하에서는 형식적 요건(절차, 형식 및 관할)과 실질적 요건(내용)으로 구분하여 설명하기로 한다.

1. 주요한 심사기준

행정행위는 법질서가 요구하는 모든 요건을 충족하는 한 적법하다. 만약 행정행위가 이러한 현행법의 요건과 일치하지 않으면 하자 있는 것으로서 위법하게 된다. 행정행위는 다음과 같은 법적 요건을 충족해야 적법하다. 첫째, 구체적 사례에서 행정청은 행정행위의 발급에 관한 권한을 가지고 있어야 한다. 둘째, 중요한 절차 및 형식 규정이 준수되어야 한다. 셋째, 행정행위는 내용상 현행법과 일치하여야 하며, 이러한 법적 요건을 충족하면 적법하게 된다. 행정행위의 위법판단 시점은 행정행위의 발급시인 '처분시'이다.

2. 형식적 요건

(1) 관할

행정행위는 관할 행정청에 의해 명문의 절차규정에 따른 형식으로 발급되어야 한다. 행정행위는 사항적·지역적으로 권한 또는 관할(Zuständigkeit)이 있는 행정청에 의해 발급되어야 한다. 이러한 관할은 '주체'에 관한 요건으로 다루어지고 있다. 관할권이 없는 행정청이 발급한 행정행위는 무효 또는 취소의 사유가 된다. 행정조직의 외부에 있는 사람들이 관할권을 가진 행정청을 판단하기는 쉽지 않다. 수익적 행정행위를 신청하는 경우에 해당 행정청은 그 관할에 속하지 아니하는 사안을 접수하거나 이송받을 수 있다. 이러한 경우에 그 행정청은 지체 없이 이를 관할 행정청에 이송하여야 하고 그 사실을 신청인에게 통지하여야 한다(행정절차법 제6조 제1항). 행정청이 접수하거나 이송받은 후 관할이 변경된 경우에도 마찬가지로 그 사실을 신청인에게 통지하여야 한다.

(2) 절차

행정절차법 제2장에는 '처분'의 절차에 관한 규정을 두고 있다. 특히 사전통지(제21조), 의견청취(제22조) 등에 관한 규정을 두고 있다. 한편, 독일의 행정절차법에서는 무형식의 원칙을 채택하고 있고, 그 행정절차의 형식은 원칙적으로 행정청에 맡겨져 있다(독일 행정절차법 제10조 참조). 그럼에도 불구하고 일련의 절차규정, 행정행위의 적법성에 대하여 고려하고 있다. 여기에는 신청, 관계자의 의견청취(청문·공청회·의견제출) 및 다른 행정청의 협력 등이 규정되어 있다.

(3) 형식

구 행정절차법 제24조 제1항에 의하면, 처분에 대해서는 다른 법령에 특별한 규정이 없는 한 문서주의를 원칙으로 한다. 전자문서로 하는 경우에는 당사자 등의 동의가 있어야 한다. 그러나 2022년 1월 11일 개정된 행정절차법에서는 당사자의 동의가 있는 경우뿐만 아니라 당사자가 전자문서로 처분을 신청한 경우에도 전자문서로 처분을 할 수 있다. 문서주의는 신청과 처분의 존재를 객관적으로 명확히 하는 장점을 가진다. 또한 행정행위의 적법한 형식에는 원칙적으로 이유제시(Begründung)를 포함하여야 한다. 행정절차법 제23조에는 일정한 예외사유를 제외하고 처분시에 원칙적으로 이유제시를 하여야 한다고 규정하고 있다. 개별법에도 이를 규정하고 있는 경우가 적지 않다. 예컨대 공무원의 징계 처분시에는 처분의 사유를 기재한 설명서를 교부하여야 한다(국가공무원법 제75조). 부담적 행정행위에 있어서 이유제시는 상대방에 대한 해명기능을 가지고 있을 뿐만 아니라 권리구제와 관련하여서도 중요한 의미를 가진다. 한편, 독일에서는 행정행위를 서면, 구두 그 밖의 방식으로 발급할 수 있다(독일 행정절차법 제37조 제2항 제1호 참조). 이를 '형식자유의 원칙'이라고 한다. 그러나 구두에 의한 행정행위는 정당한 이해관계 있는 자의 요구가 있으면 서면으로 행해져야 한다. 개정된 행정절차법 제27조 제2항에서는 공공의 안전 또는 복리를 위하여 긴급히 처분을 할 필요가 있거나 사안이 경미한 경우에는 말, 전화, 휴대전화를 이용한 문자전송, 팩스 또는 전자우편 등 문서가 아닌 방법으로도 처분을 할 수 있다고 규정하고 있다.

3. 실질적 요건

실질적 요건은 행정행위의 내용과 관련이 있고, 아래의 법적 요건이 고려된다.

(1) 행정행위의 법률적합성

행정행위의 내용이 법률 및 법원칙에 적합하여야 한다. 이는 법치행정의 원리 내지 행정의 법률적합성의 원칙에서 연유한다. 행정행위는 법률유보의 원칙이 미치는 한 법률에 의한 수권근거가 있어야 한다. 특히 부담적 행정행위에서 이러한 수권근거는 개인의 권익구제를 위해 매우 중요한 의미를 가진다. 행정행위의 근거인 법규범(수권법률)이 상위법과 충돌하면 위법하거나 위헌이 된다. 이에 근거하여 발령된 행정행위는 무효 또는 취소가 될 수 있다.

(2) 재량의 무하자성

행정청은 법률에 의해 재량이 부여될 경우 일정한 행위나 결정 등을 할 때 선택의 여지(餘地)를 가지지만, 재량의 한계를 일탈하거나 재량을 남용하여서는 아니 된다. 재량의 무하자성(無瑕疵性)이라는 요건을 구비해야 한다. 행정청은 법률상 수권의 목적에 상응하여 이러한 재량권을 행사하여야 한다. 이러한 재량의 구속을 준수하지 않으면, 해당 행정행위는 재량권행사에 하자가 있는 것으로서 위법하게 된다. 행정소송법 제27조에서도 재량권의 일탈·남용에 대한 사법적 통제를 규정하고 있다.

(3) 비례의 원칙

비례의 원칙은 부담적(침익적) 행정행위를 발급하는 경우에 문제된다. 일정한 행정목적을 실현하기 위해 투입되는 수단으로서의 처분은 비례의 원칙에 일치하여야 한다. 수단은 도달하고자 하는 목적에 적합하여야 하고(적합성의 원칙), 이해관계자나 공중에게 최소한의 침해를 주는 수단이 필요하며(필요성의 원칙 내지 최소침해의 원칙), 이러한 필요한 수단이 달성하고자 하는 목적과 상당한 비례관계에 있어야 한다(상당성의 원칙). 이러한 비례의 원칙은 법치국가원리에서 도출된다.

(4) 명확성의 원칙

행정행위의 내용은 충분히 명확하여야 한다. 독일 행정절차법 제37조 제1항에는 행정행위의 명확성원칙을 규정하고 있다. 이는 수범자가 행정청이 무엇을 하려고 하는지, 그리고 행정청이 스스로 의심의 여지없는 타당한 결정을 하는 것을 충족하는지를 명확히 인식할 수 있어야 한다. 이러한 명확성원칙은 일반적·추상적 법규범을 개별적 사례에 적용하여야 하는 것을 확정하여야 하는 행정행위의 기능에서 도출되는 것으로 보고 있다.[109]

(5) 기타 법률적합성의 요건

그 밖의 법률적합성의 요건은 법논리와 사실성의 한계에서 나온다. 따라서 행정행위는 사실상·법률상 실현가능하여야 한다. 사실적으로나 법률적으로 실현불가능한 행정행위는 무효이다.

Ⅱ. 행정행위의 효력발생요건

1. 개념의 이해

행정행위의 법적 효력을 이해하기 위해서는 법률용어의 개념을 정확히 파악하여야 한다. 우선 적법과 위법, 유효와 무효를 구분하여야 한다. 전자는 현행법과의 일치여부가 문제되는 것으로서 행정행위의 성립요건(구성요건)과 관련이

---

109) Maurer/Waldhoff, a.a.O., §10 Rn. 52.

있으나, 후자는 성립요건이 의도한 법효과에 관한 것이다. 행정행위가 의도한 법효과에 대한 내용을 실현한다면 그 행정행위는 유효하다.

2. 대외적 표시와 도달

행정행위의 효력은 중대·명백한 하자로 인해 무효가 아닌 한 원칙적으로 통지에 의해 발생한다. 송달은 다른 법령 등에 특별한 규정이 없는 한 송달받을 자에게 도달됨으로써 그 효력이 발생한다(행정절차법 제15조 제1항). 이처럼 행정절차법은 도달주의를 채택하고 있다. 여기서 '도달'이라 함은 상대방이 직접 수령해야 되는 것은 아니며, 적어도 상대방이 이를 알 수 있는 상태에 있어야 함을 의미한다.[110]

한편, 정보통신망을 이용한 송달도 가능하다. 이는 송달받을 자가 동의하는 경우에만 허용되고, 송달받을 자는 송달받을 전자우편주소 등을 지정하여야 한다(행정절차법 제14조 제3항). 또한 이에 따라 정보통신망을 이용하여 전자문서로 송달하는 경우에는 송달받을 자가 지정한 컴퓨터 등에 입력된 때에 도달된 것으로 본다(행정절차법 제15조 제2항).

제6절 행정행위의 효력

Ⅰ. 서 설

1. 문제의 상황

행정행위의 효력은 일정한 성립(적법)요건을 충족할 때 발생한다. 이러한 행정행위의 효력으로는 전통적으로 구속력·공정력·존속력·강제력 등이 거론된다. 그 외에도 독일법의 영향으로 구성요건적 효력이 소개되고 있다. 한편, 일정한 성립요건을 충족한 경우에 발생하는 것을 행정행위의 효력(Wirksamkeit)이라고 하고, 유효한 행정행위가 그 내용이나 대상에 따라 상이하게 발생하는 것을 행정행위의 구속효(Verbindlichkeit, Bindungswirkung)로 보는 견해도 있

110) 대법원 1991. 3. 22. 선고 91도223 판결; 대법원 1996. 12. 20. 선고 96누9799 판결.

다.[111] 그러나 고전적인 행정행위의 효력론은 재구성이 필요하다. 특히 공정력 개념은 권위주의적 국가론에 기초한 것으로서 폐기되어야 하며, 후술하는 '존속력'에 의해 대체될 수 있다. 협의의 구속력(구속효)도 존속력(불가변력)에 포함될 수 있다. 고전적 행정법이론과 달리 행정행위의 효력도 세분화되고 있다. 다만, 본서에서는 공정력 개념을 비판적 관점에서 고찰하기로 한다.

한편, 행정행위의 강제력도 행정행위의 효력으로 다루는 것이 보통이다. 행정행위의 강제력 내지 자력집행력이란 행정행위에 부과된 의무를 상대방이 이행하지 않을 때에 행정청이 스스로 이를 실현시킬 수 있는 힘을 말한다. 그러나 모든 행정행위에 강제력이 인정되는 것은 아니고, 대체로 하명의 경우에 인정된다. 하명의 집행을 위한 법적 근거로는 행정대집행법과 국세징수법이 있다. 또한 행정행위에 의해 부과된 의무(주로 부작위의무)를 위반하는 경우 행정벌(행정형벌·행정질서벌)을 부과하는 경우도 있다. 이를 행정행위의 '제재력'이라고 부르고 있으나, 그 자체를 행정행위의 효력으로 보는 것에 의문을 제기하는 견해도 있다.[112] 이러한 강제력은 행정행위 그 자체의 효력이 아니라 이를 위반한 경우 법령에 의해 발생되는 것이다.

2. 협의의 구속력

적법·유효하게 성립한 행정행위는 그 내용에 따라 당사자(처분청 및 이해관계인)를 구속하게 된다. 이를 협의의 구속력(구속효)이라고 한다. 그러나 행정행위의 구속효는 누구에 대하여 미치는지가 중요하다(구속력의 상대방). 행정행위가 발급될 경우 당사자나 이해관계인뿐만 아니라 이를 발급한 처분행정청도 이에 구속된다. 독일에서 이러한 구속효는 행정행위의 존속력 중 실질적 존속력(불가변력)의 내용으로 다루어지고 있는데, 이에 대해서는 후술하기로 한다.

3. 공정력

(1) 공정력의 개념 및 재구성

전통적(통설적)인 견해에 의하면, 공정력이란 "설혹 행정행위가 하자가 있을지라도 중대·명백한 하자로 인하여 당연무효인 경우를 제외하고는 권한 있는

---

111) 김남진, 전개서(I), 308면.
112) 김남진, 전게서(I), 307면.

기관(처분행정청 또는 상급감독청이나 행정소송의 수소법원)에 의하여 취소될 때까지는 일응 적법한 것으로 추정되어, 상대방은 물론 관계 행정청 및 제3자에 대해서도 가지는 유효하게 통용되는 효력"[113]을 의미하였다. 학자에 따라서는 공정력이라는 개념 대신에 프랑스의 입법례에 따라 '예선적 효력(豫先的 效力)'이라는 표현을 사용하기도 한다.[114] 이러한 공정력은 실체법적으로 적법하다는 것을 추정시키는 것이 아니라, 단지 잠정적으로 행정행위의 효력을 가지는 절차법적 · 사실적 효력이라는 것이다. 또한 공정력이 취소소송에서 입증책임에 영향을 미치는지가 문제된다. 이에 대하여 과거에는 다나카 지로(田中二郎)의 영향으로 공정력을 적법성의 추정으로 이해하여 행정행위의 하자를 주장하는 원고에게 입증책임이 있다는 견해(원고책임설)가 주장되었다. 그러나 근래에는 공정력이 단지 절차적 효과, 즉 취소소송제도의 반사적 효과만 가진다고 보는 견해가 지배적이다.[115] 따라서 공정력과 입증책임은 무관하다.[116]

공정력의 개념과 관련하여 전통적인 입장에 대한 유력한 반론이 제기된다. 통설적 의미의 '공정력' 개념은 행정행위의 직접 상대방에 대한 구속력과 제3의 국가기관(처분청 이외의 행정기관 및 취소소송의 수소법원 이외의 법원)에 대한 구속력을 구별해야 하며, 공정력은 행정쟁송제도의 반사적 효과에 불과한 것이므로 진정한 의미의 구속력으로 볼 수 없다는 견해가 그러하다.[117] 근래에 공정력은 대체로 "행정행위가 무효가 아닌 한, 권한 있는 기관(처분청, 법원 등)에 의해 취소될 때까지 인정되는 행정행위의 잠정적 효력" 정도로 이해된다.

공정력에 대한 대법원 판례를 보면, 공정력과 존속력의 개념을 명확히 구별하지 않고 사용하는 경우가 있다. 대법원도 전통적인 공정력의 개념 이해에 기초하고 있다.[118] 생각건대 종전의 '공정력' 개념은 권위주의적 사고의 소산이며, 오늘날에는 후술하는 '존속력' 개념에 의해 대체될 수 있다. 이러한 공정력 개념

113) 이상규, 신행정법론(상), 402면.
114) 김도창, 일반행정법론(상), 제4전정판, 228면.
115) 상론은 졸저, 행정구제의 기본원리, 4-7면.
116) 대법원 1966. 10. 18. 선고 66누134 판결.
117) 이하의 내용은 김남진, 전게서(Ⅰ), 310면.
118) "행정처분이 아무리 위법하다고 하여도 그 하자가 중대하고 명백하여 당연무효라고 보아야 할 사유가 있는 경우를 제외하고는 아무도 그 하자를 이유로 무단히 그 효과를 부정하지 못하는 것으로, 이러한 행정행위의 공정력은 판결의 기판력과 같은 효력은 아니지만 그 공정력의 객관적 범위에 속하는 행정행위의 하자가 취소사유에 불과한 때에는 그 처분이 취소되지 않는 한 처분의 효력을 부정하여 그로 인한 이득을 법률상 원인 없는 이득이라고 말할 수 없는 것이다."(대법원 1994. 11. 11. 선고 94다28000 판결)

은 일본의 이론을 계수하여 발전시킨 것이다. 행정행위의 존속력 개념을 통해 행정행위 효력론은 재구성될 필요가 있다. 공정력 개념은 무엇보다 매우 포괄적인 효력을 담고 있다. 그러나 행정행위의 효력은 세분화되고 있다. 특히 실질적 존속력은 행정청 자신은 물론, 상대방에 대한 '구속적 효력(구속효)' 뿐만 아니라 법적 안정성을 위한 '제한된 폐지가능성'을 망라한다. 따라서 당사자와 이해관계인, 그리고 처분권한을 가진 행정청에 대해 구속력을 갖는다. 이러한 실질적 존속력은 내용적 구속력(협의의 구속력)은 물론, 공정력의 내용 중 상당 부분을 포함하고 있다.[119] 종전의 학설 및 판례는 선결문제를 공정력의 문제와 관련하여 이해하는 것이 보통이었다. 그러나 공정력 개념 그 자체에 대해 비판하는 견해는 이러한 문제를 구성요건적 효력의 문제로 보고 있다.

(2) 공정력의 이론적 근거에 관한 논의 및 비판

독일 행정법학의 국부(國父)인 오토 마이어(Otto Mayer)는 법률행위와 행정행위를 구별하면서 자기확인설(自己確認說)을 주장하였다. 즉 법률행위는 적법성을 입증하지 못하는 한 효력이 없지만, 관할 행정당국(행정청)은 자신의 (행정)행위가 특별한 유효요건을 충족하고 있음을 스스로 확인(증명)한다고 보았다. 나아가 그러한 '자기확인(Selbstbezeugung)' 및 행위의 효력은 보다 강한 권한을 가진 상급기관에 의해서만 극복된다고 보았다.[120] 반면, 포르스트호프(E. Forsthoff)는 행정행위가 국가권위의 표명이며, 그 자체로서 주의를 요한다고 보았다(국가권위설).[121] 이와 같이 독일의 전통적 견해는 행정권의 우월적 사고에서 비롯하고 있으며, 이러한 이론이 일본의 공정력 개념의 바탕을 이루고 있다.

그러나 오늘날에는 공정력의 이론적 근거를 대체로 법적 안정성에서 찾고 있다. 즉 행정목적의 실효성, 행정법관계의 안정성 및 상대방의 신뢰보호 등을 보장하기 위해서 인정된 것으로 보고 있다. 또한 공정력에 관한 실정법적 근거는 없지만, 공정력의 근거를 간접적으로 행정쟁송제도 및 그 제기기간 등을 정하고 있는 행정심판법이나 행정소송법 등에서 찾는 견해가 있다.[122] 그러나 이

---

119) 이에 대한 상세는 졸고, "국가배상과 선결문제: 특히 구성요건적 효력, 기판력, 그리고 위법개념을 중심으로", 저스티스 제116호, 2010. 4, 102-132면; 졸저, 행정구제의 기본원리, 제1전정판, 3-12면.

120) Otto Mayer, Deutsches Verwaltungsrecht, Bd. I, 1923, S. 95 f.

121) Forsthoff, Lehrbuch des Verwaltungsrechts, Bd. I, S. 224.

122) 김남진, 전게서(I), 311면.

러한 규정은 쟁송제기기간에 관한 것이며 공정력의 직접적 근거로 볼 수 없다. 독일 고전학자들의 주장은 행정행위의 효력과 관련하여 그 특수성을 언급한 것 뿐이다. 앞에서 언급한 바와 같이 권위주의적 행정법학의 산물인 공정력 개념을 계속 유지하는 것은 시대착오이며, 이러한 개념은 향후 법적 안정성을 위한 제도적 장치인 '존속력(특히 불가변력)' 개념에 의해 대체되어야 한다. 행정기본법 제15조는 처분의 효력과 관련하여 공정력을 연상시키는 규정을 두고 있다. 즉 "처분은 권한이 있는 기관이 취소 또는 철회하거나 기간의 경과 등으로 소멸되기 전까지는 유효한 것으로 통용된다"라고 규정하고 있다. 그러나 해당 규정은 "효력이 있다", "유효하다" 등으로 수정하고, 그 내용의 해석에 대해서는 학설에 맡기는 것이 바람직하다.

Ⅱ. 존속력

1. 존속력의 의의

행정행위의 존속력(Bestandskraft)이란 독일 행정절차법 제43조에서 유래된 개념으로서 매우 다의적이고, 그 내용과 관련하여 다소 논란도 있는 것도 사실이다. 그러나 한국 행정절차법에는 존속력에 관한 명문규정이 없다. 존속력은 주로 행정행위의 효력이나 취소가능성과 관련된 사례에서 논의된다. 존속력의 기본적인 사고는 행정행위가 구속적이고 지속적인 고권적 규율이라는 점에 있다. 즉 행정행위가 일단 발급되면 이에 근거하여 행정상 법률관계가 형성되며, 가능하면 이러한 행정행위의 효력을 지속시키는 것이 신뢰보호 및 법률생활의 안정에 기여할 수 있다. 독일에서는 존속력의 개념을 형식적 존속력과 실질적 존속력으로 구분하고 있으며, 후자에는 구속력과 제한된 취소가능성이 속한다고 보고 있다.

한편, 종래에는 존속력의 개념 대신에 확정력(Rechtskraft)이라는 표현이 사용되었다.[123] 그러나 이는 판결의 소송법적 효력에 관한 것이므로 행정행위의 독자성을 고려하여 '존속력'이라는 개념이 보다 바람직하다. 소송법에서는 형식적 확정력과 실체적 확정력이 구분되고 있다. 종국판결에 대하여 당사자의 불복상소로도 다툴 수 없게 된 상태에 이를 때에 판결이 확정되는 효력이 발생하게

---

123) 김도창, 전게서(상), 443면.

되는데, 이를 '형식적 확정력'이라고 한다. 실체적(실질적) 확정력은 당사자와 법원에 대해 발생하는 것으로서 동일사항에 대해 되풀이해서 다투거나 모순·저촉되는 판단을 해서는 아니된다는 효력을 말한다(불가쟁, 불가반).[124)]

2. 불가쟁력(형식적 존속력)

행정행위에 대한 쟁송제기기간이 도과하거나 쟁송수단을 모두 거친 후에는 상대방 또는 이해관계인이 더 이상 그 효력을 다툴 수 없다. 이를 불가쟁력(不可爭力)(Unanfechtbarkeit) 또는 형식적 존속력(形式的 存續力)이라 한다. 이러한 불가쟁력은 상대방과 이해관계인에 대해서만 영향을 미치므로, 처분청은 불가쟁력이 발생한 후에도 해당 행정행위를 취소·변경할 수 있다. 상대방이 불가쟁력이 발생한 행정행위에 대하여 취소심판이나 취소소송을 제기하면 부적법 각하된다. 다만, 무효인 행정행위는 쟁송기간의 제한을 받지 않으므로 불가쟁력이 발생하지 않는다.

한편, 불가쟁력이 발생한 행정행위의 '재심사(Wiederaufgreifen)'가 가능한지가 문제이다. 불가쟁력의 발생으로 위법한 행정행위에 대해 더 이상 다툴 수 없게 되면, 법적 안정성과 행정의 능률성에는 기여하나 행정의 법률적합성의 원칙에는 위배될 수 있다. 이와 달리 재판은 행정행위보다 그 판단의 객관성과 중립성이 보장되는 사법기관(법원)에 의한 것임에도 불구하고 재심의 기회가 열려있다(민사소송법 제451조). 독일 행정절차법 제51조에는 불가쟁력이 발생한 행정행위의 재심사를 명시하고 있다. 재심사의 허용요건으로는 첫째, 행정행위의 당사자가 관할 행정청에 신청을 하여야 하고, 둘째, 행정행위에 불가쟁력이 발생하여야 하며, 셋째, 당사자가 중대한 과실 없이 제외된 사실을 설명하여야 하며, 마지막으로 재심사의 이유를 알게 된 때로부터 3개월 이내에 제기하여야 한다. 재심사 사유로는 행정행위가 근거하고 있는 사실적·법적 상태가 사후적으로 당사자에게 유리하게 변경되어야 한다. 또한 당사자에게 유리한 결정을 가져올 새로운 증거를 제시해야 한다. 마지막으로 독일 민사소송법 제580조에 상응하는 재심사유가 있어야 한다.[125)]

이러한 독일법의 영향으로 1987년 행정절차법안(제33조)에도 재심사제도가

124) 이시윤, 신민사소송법, 제12판, 625-627면.
125) 상세한 소개는 Maurer/Waldhoff, a.a.O., § 11 Rn. 83.

도입된 바 있다. 1987년 행정절차법안에는 다음과 같은 재심사 사유를 제시하고 있다. 즉 ① 행정처분의 근거가 되는 사실관계 또는 법률관계가 당사자 등에게 유리하게 변경된 경우, ② 당사자에게 유리한 결정을 초래할 만한 새로운 증거가 있는 경우 및 ③ 민사소송법의 재심사유(민사소송법 제451조)가 발생한 경우이다.

한편, 2021년 3월 23일 제정 · 시행되는 행정기본법 제37조에는 처분의 재심사에 관한 규정을 도입하고 있다. 즉 당사자는 처분(제재처분 및 행정상 강제는 제외함)이 행정심판, 행정소송 및 그 밖의 쟁송을 통하여 다툴 수 없게 된 경우(법원의 확정판결이 있는 경우는 제외한다)라도 다음과 같은 경우에는 해당 처분청에 처분을 취소 · 철회하거나 변경하여 줄 것을 신청할 수 있다. 즉 ① 처분의 근거가 된 사실관계 또는 법률관계가 추후에 당사자에게 유리하게 바뀐 경우, ② 당사자에게 유리한 결정을 가져다주었을 새로운 증거가 있는 경우, ③ 민사소송법 제451조에 따른 재심사유에 준하는 사유가 발생한 경우 등 대통령령으로 정하는 경우에는 재심사를 청구할 수 있다(동조 제1항). 이러한 재심사의 사유는 대체로 1987년 행정절차법안에 규정된 내용과 대체로 유사하다.

재심사 신청은 해당 처분의 절차, 행정심판, 행정소송 및 그 밖의 쟁송에서 당사자가 중대한 과실 없이 위 사유를 주장하지 못한 경우에만 할 수 있다(동조 제2항). 재심사의 신청은 그 사유를 안 날부터 60일 이내에 하여야 하며, 처분이 있은 날부터 5년이 지나면 신청할 수 없다(동조 제3항). 이러한 신청을 받은 행정청은 특별한 사정이 없으면 신청을 받은 날부터 90일(합의제행정기관은 180일) 이내에 처분의 재심사 결과를 신청인에게 통지하여야 한다(동조 제4항 본문). 이러한 재심사 결과에는 재심사 여부와 처분의 유지 · 취소 · 철회 · 변경 등에 대한 결정을 포함한다.

처분의 재심사 결과 중 처분을 유지하는 결과에 대하여 행정쟁송 등을 통해 불복할 수 없다(동조 제5항). 그러나 행정청의 취소와 철회는 처분의 재심사에 의하여 영향을 받지 않는다(동조 제6항). 즉 행정청은 처분의 재심사 절차와 관계없이 해당 처분을 취소하거나 철회할 수 있다. 처분의 재심사에 관한 행정기본법 제37조의 규정은 공무원 인사 관계 법령에 따른 징계 등 처분에 관한 사항, 진정에 대한 국가인권위원회의 결정, 노동위원회의 의결을 거쳐 행하는 사항, 형사 · 행형 및 보안처분 관계 법령에 따라 행하는 사항, 외국인의 출입국 · 난민인정 · 귀화 · 국적회복에 관한 사항, 과태료 부과 및 징수에 관한 사항에 관하여는 적용되지 아니 한다(동조 제8항).

3. 불가변력(실질적 존속력)

(1) 의의

하자(흠) 있는 행정행위는 취소·변경되거나 행정행위를 존속시킬 수 없는 새로운 사유가 발생한 경우에 철회되기도 한다. 이러한 행정행위의 취소·철회는 하자 있는 행정행위를 시정할 수 있다는 점에서 법치행정의 원칙에 기여할 수 있다. 그러나 발급된 행정행위는 당사자나 이해관계인을 구속할 뿐만 아니라, 법적 안정성을 위해 행정청에 의한 행정행위의 취소·철회가 제한된다. 행정행위에 하자가 있는 경우에도 그 (직권)취소나 철회가 제한될 수 있다. 이를 행정행위의 '불가변력' 또는 '실질적 존속력'이라 한다.

(2) 내용

불가변력이 인정되는 행정행위는 재결과 같은 준사법적(準司法的) 행정행위에 제한된다고 보는 견해가 일반적이지만, 준사법적 행정행위에 제한될 이유는 없다. 독일에서는 통상적인 행정행위에 대해서도 이러한 불가변력을 인정하고 있다. 또한 독일에서는 불가변력(실질적 존속력)에 (협의의)구속력뿐만 아니라 행정행위의 제한된 취소가능성도 포함된다고 보고 있다.[126] 그러한 점에서 불가변력의 내용에 대해서도 재조명이 필요하다.

a) 행정행위의 구속효

행정행위는 당사자나 이해관계인뿐만 아니라 이를 발급한 처분청도 구속한다. 행정청은 행정행위를 발급하지만, 이러한 행정행위에 스스로 구속된다. 독일에서는 이러한 행정행위의 구속효도 불가변력의 내용으로 다루고 있다.

b) 제한된 취소가능성

행정행위는 사인에 의해 취소될 수 있는 것이 아니라, 행정청이 스스로 이를 취소·철회하여 폐기될 수 있다. 그러나 일단 발급된 행정행위의 취소 또는 철회는 법적 안정성을 위해 일정한 제한이 수반된다. 이러한 제한된 취소가능성은 제3자의 보호나 법적 안정성을 위한 것이다. 그러한 점에서 불가변력(실질적 존

126) 이에 대해서는 졸저, 행정구제의 기본원리, 제1전정판, 8-9면 참조.

속력)은 공정력이 수행하는 기능의 상당한 부분을 대체할 수 있다.

(3) 범위와 한계

불가변력(실질적 존속력)의 범위와 한계에 관한 논의는 많지 않다. 다만, 독일에서는 실질적 존속력의 범위와 한계가 논의되고 있다. 여기에는 실질적 존속력의 사항적 한계, 인적 한계, 그리고 시간적 한계가 소개되고 있다. 통지된 행정행위의 결정대상 또는 규율대상의 해석을 통해 실질적 존속력의 범위가 정해진다(사항적 한계). 또한 행정행위에서 결정된 규율은 원칙적으로 행정청과 당사자를 구속한다(인적 한계). 행정행위의 구속력은 일정한 요건 하에 양수인·상속인 등 권리승계인에게도 미칠 수 있다. 실질적 존속력의 시간적 한계는 행정행위의 결정 시점의 사실적·법적 상태(Sach-und Rechtslage)이다.127)

4. 불가쟁력과 불가변력의 관계

불가쟁력은 행정행위의 상대방 및 이해관계인에 대한 구속력인데 반하여, 불가변력은 주로 처분청 등 행정기관에 대한 구속력이다. 전자는 절차법적 효력인데 반하여, 후자는 실체법적 효력에 속한다. 이와 같이 불가변력과 불가쟁력은 서로 다른 내용의 것이다. 비록 불가변력이 발생하였다 하더라도 당사자나 이해관계인은 쟁송제기기간이 경과하기 전에는 그 효력을 다툴 수 있고, 해당 행정행위에 불가쟁력이 발생하였다 하여도 제3자보호 등 불가변력이 문제되지 않으면 행정청에 의한 취소·변경은 가능하다고 보는 것이 일반적이다.128)

Ⅲ. 구성요건적 효력

1. 의의 및 근거

구성요건적(構成要件的) 효력(Tatbestandswirkung)이란 유효한 행정행위가 존속할 때에 다른 국가기관(행정기관이나 법원 등)이 그 행정행위의 존재를 존중하고 이를 주어진 사실로서 결정의 기초로 삼아야 한다는 것을 말한다. 구성요건적 효력이라는 용어는 그 의미에 적합하지 않은 측면이 있다. 그 내용에 비추어

---

127) 이에 대해서는 Sachs, in: Stelkens/Bonk/Sachs, VwVfG, 9. Aufl., § 43 Rn. 56 ff.
128) 이상규, 전게서(상), 413면; 김남진, 전게서(Ⅰ), 306면.

‘요건소여효(要件所與效)’ 또는 ‘요건전제효(要件前提效)’ 정도로 번역하는 것이 바람직하다. 학자에 따라서는 공정력을 광의로 이해하고 협의의 공정력과 구성요건적 효력을 포함하는 견해도 있다.[129] 그러나 양자는 그 효력의 내용과 범위, 근거 등에서 구별된다. 구성요건적 효력을 인정하는 견해는 국가기관이 권한, 직무 또는 관할을 달리하므로 다른 국가기관의 권한을 존중해야 한다고 보고 있다(권한분배의 체계).[130] 한편, 확정효(Feststellungswirkung)는 행정행위를 통해서 뿐만 아니라, 그 이유제시에서 법적·사실적으로 확정된 사실에 대해 구속되는 것을 말한다.

2. 구성요건적 효력과 선결문제

(1) 민사사건과 선결문제

민사사건의 심리에 있어 행정행위의 위법 여부가 선결문제가 된 경우에 수소법원인 민사법원이 그 행정행위의 위법을 심사할 수 있는지가 문제된다. 예컨대 행정청의 철거명령으로 인하여 집을 철거당한 사람이 그 철거명령의 위법을 이유로 국가배상을 청구한 사례에서 관할법원인 민사법원이 그 철거명령의 위법을 스스로 심사할 수 있는지 여부이다. 이에 대하여 부정설의 논거는 다음과 같다. 첫째, 행정소송의 배타성으로 인해 민사법원과 다른 심리의 특수성이 인정되므로 독립된 행정법원에서 이를 심판하며, 둘째, 무효가 아닌 한 권한 있는 기관에 의해 취소될 때까지는 행정행위의 공정력이 인정된다는 점 등을 그 근거로 제시하고 있다.[131]

이에 반해 긍정설은 배상사건에 있어서 민사법원도 선결문제로서 행정행위의 위법 여부를 판단할 수 있다고 본다. 여기에는 다양한 주장이 있다. 구성요건적 효력을 인정하는 입장에서는 “법원이 행정처분의 효력 자체를 부인(취소)하는 것은 아니므로 행정처분의 구성요건적 효력에 저촉되는 것은 아니다”라고 보는 견해,[132] 그리고 구성요건적 효력을 인정하지는 않고 공정력을 주장하는 입장에서도 “권한 있는 기관에 의하여 취소되기 전이라도 그 효력을 직접 부정하는 것이 아니면 민사소송이나 공법상 당사자소송에서 선결문제로서 행정행위의 위

129) 박윤흔, 최신행정법강의(상), 125면.
130) 김남진, 전게서(Ⅰ), 314면.
131) 이상규, 전게서(상), 408면.
132) 석종현, 일반행정법(상), 318면.

법은 인정될 수 있다"라고 보는 견해[133] 등이 있다. 긍정설이 다수설이다.[134]

한편, 판례는 국가배상소송에서 선결문제로서 행정행위의 위법 여부를 판단할 수 있다고 본다.[135] 수소법원인 민사법원이 처분의 위법 여부를 심사하는 경우에도 책임의 문제가 별도로 판단됨은 물론이다. 그러나 부당이득반환소송과 같이 행정행위의 존재여부나 효력유무가 문제인 경우에는 당연무효가 아닌 한 민사법원은 해당 행정행위의 효력유무를 판단할 수 없다고 보고 있다.[136]

생각건대 민사법원이 선결문제인 행정처분의 위법을 심사할 수 있다고 하더라도 그 범위는 제한적이다(제한적 긍정설). 민사법원은 행정처분이 발급된 후 그 수권근거인 법규범(법률, 법규명령 등)이 헌법재판소에 의해 위헌으로 결정된 경우, 법령에 규정된 절차 규정을 명백히 위반한 경우, 또는 선례에 의해 행정처분의 위법이 확정적인 경우 등에 제한되어야 한다.

(2) 형사사건과 선결문제

형사사건에서 행정행위의 위법 여부 또는 효력 여부가 해당 범죄구성요건의 충족 여부를 판단함에 있어서 선결문제가 된 경우에 수소법원(형사법원)이 독자적으로 그 행정행위의 위법 여부를 판단할 수 있는지가 문제된다. 이에 대해서도 학설상의 견해대립이 있다. 긍정설이 다수설이다. 그러나 부정설은 행정행위의 위법 여부에 관한 문제가 형사재판에서 선결문제로 된 경우에도 당연무효가 아니면 법원이 그에 대한 심리·판단권을 가지지 아니한다고 보고 있다.[137] 행정처분(하명)을 위반하여 기소된 때에 형사사건의 선결문제가 되는 행정처분이 당연무효가 아니더라도 위법하면 그 행정처분을 위반하여도 범죄의 구성요건을 충족하지 않게 된다. 따라서 수소법원인 형사법원은 이에 대해 무죄를 선고하여야 한다.[138] 형사사건에서는 처분의 위법 여부가 범죄의 구성요건 성립과 밀접

---

133) 박윤흔, 전게서(상), 131면.
134) 졸저, 행정구제의 기본원리, 제1전정판, 3면 이하.
135) "위법한 행정대집행이 완료되면 그 처분의 무효확인 또는 취소를 구할 소의 이익은 없다 하더라도, 미리 그 행정처분의 취소판결이 있어야만 그 행정처분의 위법임을 이유로 한 손해배상 청구를 할 수 있는 것은 아니다."(대법원 1972. 4. 28. 선고 72다337 판결)
136) "과세처분이 당연무효라고 볼 수 없는 한 과세처분에 취소할 수 있는 위법사유가 있다 하더라도 그 과세처분은 행정행위의 공정력 또는 집행력에 의하여 그것이 적법하게 취소되기 전까지는 유효하다 할 것이므로, 민사소송절차에서 위 과세처분의 효력을 부인할 수 없다."(대법원 1999. 8. 20. 선고 99다20179 판결)
137) 이상규, 전게서(상), 409면.
138) 서울고등법원, 행정소송실무편람, 제2판, 256면.

한 관련이 있다. 만약 행정처분의 위반을 범죄의 구성요건으로 규정하고 있는 때에 수소법원(형사법원)이 이를 심사하지 않으면, 수소법원은 해당 피고인에 대해 유죄를 선고해야 한다.

한편, 대법원은 온천법(제15조)에 따라 X구청장이 내린 시설개선명령(하명)의 적법 여부가 형사재판에서 선결문제가 된 사건에서 그 하명의 위법 여부를 심사하고 있다. 대법원은 X구청장의 시설개선명령이 "온천수의 효율적인 수급으로 온천의 적절한 보호를 도모하기 위한 조치로서 위 온천법 제15조가 정하는 온천의 이용증진을 위하여 특히 필요한 명령"이라고 판단하고 있다.[139] 이 판결에서 대법원은 계량기가 달린 양수기를 설치·사용하라는 시설개선명령이 공익을 위해 필요하며, 이를 위반한 것이 온천법 제26조 제1호, 제15조의 구성요건을 충족한다고 본 것이다. 다만, 이 사건에서 수소법원이 하명의 실체적·절차적 위법 여부를 면밀히 심사하고 있다고 여겨지지는 않는다.

이에 대해 부정설이 논거로 드는 판례도 있다. 즉 대법원은 사위(詐僞)의 방법으로 연령미달임에도 불구하고 발급받은 운전면허가 비록 '위법'이라고 하더라도 취소되지 않는 한 그 효력이 인정되므로 위법한 운전면허에 의한 운전행위를 무면허운전행위라고 할 수 없다고 판시한 바 있다.[140] 이에 대하여 행정행위의 존재(무효) 여부에 관한 것으로 보는 견해도 있다.[141]

형사소송절차에서는 행정처분(하명)을 위반한 행위가 범죄의 구성요건을 충족하는 경우에 그 처분의 위법성을 심사할 수 있는지에 대해서는 쉽게 판단하기가 어렵다. 행정행위가 위법한 경우에는 선결문제 판단권을 인정하지만, 형사법원이 그 효력유무에 관해서 심리할 수 없음은 물론이다. 수소법원인 형사법원이 행정처분의 실체적·절차적 위법을 전문적으로 심사하는 것은 쉽지 않고, 무효 또는 취소를 판단할 수도 없다. 그러나 해당 행정처분의 위반이 범죄구성요건을 이루고 있고, 그 행정처분이 법령에 규정된 절차적 요건을 중대하게 위

139) "온천수를 사용하는 여관 또는 목욕탕에서 계량기가 달린 양수기를 설치 사용하라는 시설개선명령은 온천수의 효율적인 수급으로 온천의 적절한 보호를 도모하기 위한 조치로서 온천법 제15조가 정하는 온천의 이용증진을 위하여 특히 필요한 명령이라 할 것이므로 이에 위반한 소위는 온천법 제26조 제1호, 제15조의 구성요건을 충족한다."(대법원 1986. 1. 28. 선고 85도2489 판결)

140) "허위의 방법으로 연령을 속여 발급받는 운전면허는 비록 위법하다고 하더라도 도로교통법 제65조 제3호의 허위 기타 부정한 수단으로 운전면허를 받은 경우에 해당함에 불과하여 취소되지 않는 한 그 효력이 있는 것이라 할 것이므로 그러한 운전면허에 의한 운전행위는 무면허운전이라 할 수 없다."(대법원 1982. 2. 8. 선고 80도2646 판결)

141) 김남진, 전게서(Ⅰ), 318면.

반하거나 법령에서 정한 재량권의 범위를 명백히 일탈한 경우 등에 한하여 선결문제인 처분의 위법심사를 허용하여야 한다. 이러한 경우에는 수소법원(형사법원)이 그 하자가 무효인지 여부와 관계 없이 그 처분의 위법 정도를 심사할 수 있다. 이를 허용하지 않으면, 피고인은 불이익을 감수해야 한다. 또한 피고인은 별도의 행정소송에서 그 행정처분의 위법을 다투지 아니하면 범죄구성요건을 충족하여 유죄를 선고받아야 하기 때문이다.

판례에도 그러한 입장에 가깝게 판단한 사례가 있다. 대법원은 행정청이 시정명령을 위반한 자를 처벌하기 위해서는 시정명령 자체가 적법해야 하는데, 이러한 시정명령이 비록 당연무효가 아니지만 위법으로 인정되면 해당 법령의 위반죄가 성립하지 않는다고 판시하고 있다. 즉 개발제한구역의 지정 및 관리에 관한 특별조치법 제30조 제1항에 의하여 행정청으로부터 시정명령을 받은 자가 이를 위반한 경우 형사처벌을 하기 위해서는 시정명령이 적법하여야 하는데, 시정명령이 당연무효는 아니지만 위법한 것으로 인정되는 때에는 같은 법 제32조 제2호 위반죄가 성립하지 않는다는 것이다.[142] 이 사건에서 A시장은 침익적 행정처분인 시정명령을 하면서 사전통지나 의견제출 등의 절차적 요건을 흠결하였는데, 이러한 처분의 위법성은 형사처벌의 전제가 되기 때문에 대법원이 그 위법 여부를 심리·판단한 것이다. 그러나 이 사건의 원심은 부정설의 입장에서 처분의 위법 여부를 심사하지 않고 피고인의 유죄를 인정하였다.[143]

형사사건에서 수소법원(형사법원)은 선결문제인 행정처분의 위법을 제한적으로 심리·판단할 수 있다(제한적 긍정설). 법령에서 규정한 중요한 절차적 요건을 명백하게 위반하여 선결문제가 된 해당 행정처분의 위법을 쉽게 인식할 수 있는 경우에는 형사법원도 그 위법을 심리·판단할 수 있다. 그러나 행정절차

---

142) "개발제한구역의 지정 및 관리에 관한 특별조치법(이하 '개발제한구역법'이라 한다) 제30조 제1항에 의하여 행정청으로부터 시정명령을 받은 자가 이를 위반한 경우, 그로 인하여 개발제한구역법 제32조 제2호에 정한 처벌을 하기 위하여는 시정명령이 적법한 것이라야 하고, 시정명령이 당연무효가 아니더라도 위법한 것으로 인정되는 한 개발제한구역법 제32조 제2호 위반죄가 성립될 수 없다."(대법원 2017. 9. 21. 선고 2017도7321 판결)

143) 한편, 이 사건의 원심은 부정설의 입장에서 처분의 취소사유에 불과하다는 점을 이유로 그 위법 여부를 심사하고 있지 않다. 즉 "피고인의 주장과 같이 이 사건 원상복구의 시정명령이 내려지기 이전에 피고인에게 행정절차법에서 정한 사전통지나 의견제출기회의 부여가 이루어지지 않았다고 하더라도 그러한 절차상의 하자가 위 시정명령을 당연무효로 할 만큼 중대하다고 단정하기 어렵고, 더욱이나 관련 행정심판절차에서 침익적 행정처분 이전의 사전통지 및 의견제출기회 부여를 생략할 수 있게 하는 공공복리상의 긴급성이 있었는지 여부에 관하여 심리가 이루어지고 있어 위 절차상 하자가 명백하다고 만연히 인정할 수도 없어 위 시정명령의 효력을 부정할 수는 없다."(수원지방법원 2017. 4. 26. 선고 2016노9006 판결)

법의 위반 여부, 행정처분의 절차상 하자나 그 치유 등이 해석상 다투어질 때 형사법원이 그 행정처분의 위법을 적극적으로 심사하는 것은 바람직하지 않다. 이는 행정법원의 관할권을 침해할 수 있다. 형사법원은 원칙적으로 선결문제인 행정처분의 실체적 위법성을 심리·판단해서는 아니 된다. 재량하자론이나 형량하자론, 행정법의 일반원칙 등을 통해 행정처분의 실체적 위법성을 심사하는 것은 전문법원인 행정법원의 관할 사항이다.

제7절 행정행위의 하자

Ⅰ. 하자의 일반론

1. 하자의 법적 의미

행정행위가 완전한 효력을 발생하기 위해서는 적법요건(주체, 내용, 절차 및 형식)을 충족하여야 한다. 행정행위가 이러한 요건들을 충족하지 못한 경우에는 하자(흠) 있는 행정행위가 된다. 독일에서 '하자 있는(fehlerhaft)' 행정행위는 '위법한(rechtswidrig)' 행정행위로 이해되고 있다.[144] 위법과 부당의 구별을 전제로 넓은 의미의 하자는 부당한 경우를 포함하는 것으로 보는 견해도 있다.[145] 한편, 오기·오산 등은 당사자의 신청이나 행정청의 직권으로 정정(訂正)할 수 있는 것이므로 행정행위의 하자와 구별하여야 한다(행정절차법 제25조 참조). 하자 있는 행정행위는 하자(흠)의 정도나 효과에 따라 '무효'인 행정행위와 '취소'할 수 있는 행정행위로 구별된다.

2. 행정행위의 부존재와의 구별

행정행위의 부존재란 행정청의 행위가 사실상 존재하지 않는 경우를 말한다. 즉 일정한 성립요건을 충족하지 못해 행정행위로서 인정될 수 없는 것을 말하며, 행정행위의 하자와는 구별하여야 한다. 행정행위의 부존재와 무효인 행정행

---

144) Maurer/Waldhoff, a.a.O., §10 Rn. 2.
145) 김남진, 전게서(Ⅰ), 328면.

위의 구별을 부인하는 견해도 있으나, 현행법상 무효확인소송과 부존재확인소송이 구별되고 있으므로 이를 긍정하는 견해가 다수설이다. 독일의 경우에는 효력유무나 존재여부를 확정하는 확인의 소(Feststellungsklage)를 통해 법률문제를 해결하고 있다(독일 행정법원법 제43조 제1항 참조).

3. 개별적 하자의 효과

행정행위의 하자에 관한 일반법은 없다. 다만, 행정기본법에는 처분의 무효, 취소 및 철회 등에 관한 일부 규정이 있다(동법 제15조 단서, 제18조 및 제19조). 개별 법률에 특별한 규정이 없는 한, 행정행위의 하자에 대한 판단은 판례와 학설에 맡겨져 있다. 행정행위의 하자의 효과는 일률적으로 설명할 수 없으나, 하자의 유형에 따라 다음과 같이 분류될 수 있다. ① 중대 · 명백한 하자가 있는 행정행위는 처음부터 무효이다. ② 무효에 해당하지 아니하는 위법한 행정행위는 취소될 수 있다. 그러나 이것은 행정절차법에 의해서가 아니고 행정쟁송법에 의한다. ③ 절차상 하자가 이후에 치유가 되는 때에 해당 행정행위는 위법하지 않게 된다. 독일에서는 이를 '불고려(不考慮)'의 문제로 보고 있다. ④ 적법한 행정행위는 일정한 조건 하에서 행정청에 의해 '철회'될 수 있다. 이러한 철회는 장래효를 가진다. ⑤ 무효인 행정행위는 일정한 요건 하에 적법한 행정행위로 전환될 수 있다(독일 행정절차법 제47조 참조). ⑥ 명백히 부당한 행정행위는 언제나 바로 시정될 수 있다.

Ⅱ. 행정행위의 무효와 취소

1. 의 의

행정행위의 무효는 행정행위의 외형은 있으나 아무런 효력이 없는 것을 말한다. 이에 반해 행정행위의 취소는 하자가 있음에도 불구하고 권한 있는 기관의 결정에 의해 그 효력을 상실하는 것을 말한다. 행정행위의 취소에는 법원에 의한 취소와 행정청에 의한 취소가 있다.

2. 무효와 취소의 구별필요성

(1) 선결문제의 판단

민·형사사건에서 그 재판의 전제가 되는 행정행위의 위법 여부를 심사할 수 있다고 보는 것이 다수설 및 판례의 입장이다. 해당 수소법원이 당연무효인 행정행위를 심사할 수 있다는 점에는 이의가 없다. 그러나 단순히 위법사유가 있는 행정행위에는 구성요건적 효력(또는 공정력)이 인정되므로 수소법원(민·형사법원)이 이를 취소할 수 없다고 보는 것이 지배적이다. 그러한 점에서 무효와 취소의 구별실익이 있다.

(2) 구성요건적 효력 및 불가쟁력

구성요건적 효력이나 공정력은 취소할 수 있는 행정행위에 대해서만 인정되고, 무효인 행정행위에는 인정되지 아니한다. 무효인 행정행위는 쟁송제기기간의 제한을 받지 아니하나, 취소할 수 있는 행정행위에는 쟁송제기기간의 경과로 불가쟁력이 발생한다. 이른바 하자승계의 문제(또는 선행행정행위의 후행행정행위에 대한 규준력)는 선행처분에 불가쟁력이 발생한 것을 전제로 하므로, 취소할 수 있는 행정행위와 관련하여 논의된다.

(3) 쟁송형태와의 관계

취소할 수 있는 행정행위에 대해서는 취소심판 또는 취소소송으로 다투나, 무효인 행정행위에 대해서는 무효확인심판 또는 무효확인소송의 형식으로 다툴 수 있다.

(4) 사정판결과 사정재결과의 관계

행정행위가 무효인 경우에 존속시킬 유효한 행정행위가 없다. 따라서 무효확인심판이나 무효확인소송에는 사정재결이나 사정판결의 규정이 준용되지 않는다.

(5) 하자의 치유·전환의 문제

취소할 수 있는 행정행위의 하자는 사후보완을 통해 치유될 수 있지만, 무효인 행정행위는 치유될 수 없다는 것이 일반적이다. 무효인 행정행위는 다른 행정행위로의 전환(치환)이 인정되고 있다. 이에 대해 무효인 행정행위에 전환을 인정한다면, 그 보다 경미한 하자인 취소할 수 있는 행정행위의 경우에도 다른 행정행위로의 전환을 인정할 수 있다는 견해가 있다.[146]

3. 무효와 취소의 구별기준

(1) 문제의 소재

현실적으로 무효와 취소의 구별은 쉽지 않다. 무효와 취소의 구별에 관한 기준으로 켈젠(H. Kelsen)이 창건한 법이론의 빈(Wien) 학파에 의해 주장된 논리적 견해나 하자의 다양성을 전제로 한 목적론적 견해 등 고전적 구분이론이 있다. 그 외에 중대명백설(명백설), 명백성보충요건설 등이 소개되고 있다. 현재는 중대명백설이 통설·판례의 입장이다. 행정절차법에는 무효에 관한 명문의 규정이 없다. 다만, 해석에 의해 행정행위의 무효를 판단하고 있다. 이하에서는 대표적인 학설을 중심으로 검토하기로 한다.

(2) 학설

a) 개념적 견해(중대설)

이 견해는 행정행위에 중대한 하자가 있으면 그것이 명백하지 않아도 무효가 된다고 보고, 법령을 강행규정과 비강행규정 또는 명령규정과 능력규정으로 구분하여 강행규정이나 명령규정에 위반하는 행위는 무효로 본다.[147]

b) 중대명백설(명백설, 외견상 일견명백설)

이 견해는 하자가 중대하고 명백한 경우에는 무효인 행정행위가 되며, 그 이외의 경우는 취소할 수 있는 행정행위로 본다. 여기서 하자의 '중대성'이란 행정행위가 법률요건을 위반하여 그 하자가 행정행위의 내용에 있어 중요한 경우를 말한다. 그 구체적인 판단은 관계 법령의 목적, 의미 및 기능을 종합적으로 고려하고 구체적인 사정을 감안하여 이루어진다. 이와 같이 법규의 중요한 부분을 위반한 경우에 하자의 중대성이 인정된다. 또한 하자의 '명백성'이란 행정행위의 하자를 통상적인 합리적 사고를 가진 일반인이 이를 객관적으로 판단할 수 있을 정도에 인정된다.[148] 그러나 특정한 법률관계나 사실관계에 대하여 법령의

---

146) 김남진, 전게서(Ⅰ), 332면.
147) 이상규, 신행정법론(상), 424-425면. 이를 '중대설'로 표현하는 견해도 있다(김동희, 행정법 Ⅰ, 341면).
148) 이상규, 전게서(상), 428면.

규정을 적용할 수 없다는 법리가 명백히 밝혀지지 아니하여 해석에 다툼의 여지가 있을 때 행정청이 이를 잘못 해석하여 행정처분을 하였더라도 그 하자가 명백하다고 볼 수 없다.

c) 조사의무설

일본에서는 명백성요건을 완화하기 위해 조사의무설이 주장되고 있다. 조사의무설은 "명백성의 요건을 완화하여 하자가 외관상 일견하여 인정될 수 있는 경우뿐만 아니라, 공무원이 직무를 성실히 수행함에 있어서 당연히 요구되는 조사를 통해 판명되는 사실관계에 비추어 당해 처분의 위법성이 명백하게 인정될 수 있는 경우에도 하자의 명백성요건이 충족된다"고 본다.[149)]

d) 명백성보충요건설

명백성보충요건설은 하자의 중대성을 기본으로 하면서, 명백성의 요건을 완화하자는 견해이다. 판례는 후술하는 바와 같이 하자의 중대성과 명백성 요건을 모두 충족해야 한다는 입장이다. 이러한 기준은 매우 엄격하여 행정행위의 무효를 인정하기가 쉽지 않다. 그러한 이유에서 이 견해는 '명백성' 요건을 법적 안정성이나 국민의 신뢰보호 등의 요구가 있는 경우에만 인정하자고 주장한다.[150)]

(3) 판례의 입장

대법원은 일관되게 '중대명백설'을 취하고 있다.[151)] 특히 명백성의 판단에 있어서 일정한 기준을 제시하고 있다. 즉 특정한 법률관계나 사실관계에 대하여 법적용을 할 수 없다는 법리가 명확함에 불구하고 처분을 한 경우, 법률관계나 사실관계가 전혀 없는 사람에게 처분을 한 경우에 중대·명백한 하자로 판단하고 있다.[152)] 그러나 명백성을 인정하기는 쉽지 않다. 다만, 대법원 1995. 7. 11.

---

149) 이에 대해서는 김동희, 전게서(I), 349면.

150) 김남진, 전게서(I), 340면.

151) "하자 있는 행정처분이 당연무효가 되기 위하여는 그 하자가 법규의 중요한 부분을 위반한 중대한 것으로서 객관적으로 명백한 것이어야 하며 하자가 중대하고 명백한 것인지 여부를 판별함에 있어서는 그 법규의 목적, 의미, 기능 등을 목적론적으로 고찰함과 동시에 구체적 사안 자체의 특수성에 관하여도 합리적으로 고찰함을 요한다."(대법원 1995. 7. 11. 선고 94누4615 전원합의체 판결; 동지판례: 대법원 1993. 12. 7. 선고 93누11432 판결)

152) "하자 있는 행정처분이 당연무효가 되기 위하여는 그 하자가 법규의 중요한 부분을 위반한 중대한 것으로서 객관적으로 명백한 것이어야 하며, 하자가 중대하고 명백한지 여부를 판별할 때에는 그 법규의 목적, 의미, 기능 등을 목적론적으로 고찰함과 동시에 구체적 사안 자체의 특수성에 관하여도 합리적으로 고찰함을 요한다. 행정청이 어느 법률관계나 사실관계에 대하여 어느 법률의 규정을 적용하여 행정처분을 한 경우에 그 법률관계나 사실관계에 대하여는

선고 94누4615 판결의 반대의견은 명백성보충요건설을 따르고 있다. 즉 “행정행위의 무효사유를 판단하는 기준으로서의 명백성은 행정처분의 법적 안정성 확보를 통하여 행정의 원활한 수행을 도모하는 한편 그 행정처분을 유효한 것으로 믿은 제3자나 공공의 신뢰를 보호하여야 할 필요가 있는 경우에 보충적으로 요구되는 것으로서, 그와 같은 필요가 없거나 하자가 워낙 중대하여 그와 같은 필요에 비하여 처분 상대방의 권익을 구제하고 위법한 결과를 시정할 필요가 훨씬 더 큰 경우라면 그 하자가 명백하지 않더라도 그와 같이 중대한 하자를 가진 행정처분은 당연무효라고 보아야 한다”고 보고 있다.

한편, 헌법재판소는 원칙적으로 중대명백설을 취하나, 법적 안정성과 권익구제를 고려하여 중대명백설의 예외를 인정하고 있다.[153] 이후에 대법원은 취득세 부과처분 무효확인소송에서 국민의 권리구제에 미흡하다는 비판을 받아들여, 제한적이기는 하나 명백성보충요건설을 채택하고 있다.[154] 다만, 이 사건은 사인의 공법행위에 해당하는 취득세 신고행위의 하자에 관한 것이다.

그 법률의 규정을 적용할 수 없다는 법리가 명백히 밝혀져 그 해석에 다툼의 여지가 없음에도 행정청이 위 규정을 적용하여 처분을 한 때에는 그 하자가 중대하고도 명백하다고 할 것이나, 그 법률관계나 사실관계에 대하여 그 법률의 규정을 적용할 수 없다는 법리가 명백히 밝혀지지 아니하여 그 해석에 다툼의 여지가 있는 때에는 행정관청이 이를 잘못 해석하여 행정처분을 하였더라도 이는 그 처분 요건사실을 오인한 것에 불과하여 그 하자가 명백하다고 할 수 없다.”(대법원 2009. 9. 24. 선고 2009두2825 판결)

153) “행정처분의 집행이 이미 종료되었고 그것이 번복될 경우 법적 안정성을 크게 해치게 되는 경우에는 후에 행정처분의 근거가 된 법규가 헌법재판소에서 위헌으로 선고된다고 하더라도 그 행정처분이 당연무효가 되지는 않음이 원칙이라고 할 것이나, 행정처분 자체의 효력이 쟁송기간 경과 후에도 존속 중인 경우, 특히 그 처분이 위헌법률에 근거하여 내려진 것이고 그 행정처분의 목적달성을 위하여서는 후행행정처분이 필요한데 후행행정처분은 아직 이루어지지 않은 경우와 같이 그 행정처분을 무효로 하더라도 법적 안정성을 크게 해치지 않는 반면에 그 하자가 중대하여 그 구제가 필요한 경우에 대하여서는 그 예외를 인정하여 이를 당연무효사유로 보아서 쟁송기간 경과 후에라도 무효확인을 구할 수 있는 것이라고 봐야 할 것이다.”(헌재 1994. 6. 30. 92헌바23, 판례집 6-1, 592-593)

154) “취득세 신고행위는 납세의무자와 과세관청 사이에 이루어지는 것으로서 취득세 신고행위의 존재를 신뢰하는 제3자의 보호가 특별히 문제되지 않아 그 신고행위를 당연무효로 보더라도 법적 안정성이 크게 저해되지 않는 반면, 과세요건 등에 관한 중대한 하자가 있고 그 법적 구제수단이 국세에 비하여 상대적으로 미비함에도 위법한 결과를 시정하지 않고 납세의무자에게 그 신고행위로 인한 불이익을 감수시키는 것이 과세행정의 안정과 그 원활한 운영의 요청을 참작하더라도 납세의무자의 권익구제 등의 측면에서 현저하게 부당하다고 볼 만한 특별한 사정이 있는 때에는 예외적으로 이와 같은 하자 있는 신고행위가 당연무효라고 함이 타당하다.”(대법원 2009. 2. 12. 선고 2008두11716 판결)

(4) 소결

행정행위의 하자가 중대하고 객관적으로 명백한 경우에는 원칙적으로 무효이다. 다만, 법적 안정성의 확보 및 제3자의 신뢰보호에 비하여 행정행위의 침해로부터 상대방을 보호할 필요가 강하게 요구되는 경우에는 예외적으로 하자가 중대할 경우에만 무효로 보는 견해도 상대방의 권리구제를 위해 경청할 가치가 있다. 무효확인소송을 통한 권리구제가 협소한 것은 사실이다. 그러나 이러한 예외를 허용하면 무효의 판단이 사안에 따라 달라질 수 있고, 이를 원칙으로 적용하면 개인의 권리구제를 위해 법적 안정성이나 제3자의 신뢰보호가 후퇴될 수 있는 문제점도 있다.

4. 행정행위의 취소

(1) 의의 및 종류

종전에는 위법한 행정행위(특히 수익적 행정행위)가 행정의 법률적합성의 원칙에 비추어 취소될 수 있다는 법원칙이 적용되었다. 이러한 위법성이 취소의 근거였지만, 1950년대 중반에 들어와서 독일에서는 판례에 근본적인 변화가 생기기 시작하였다. 즉 신뢰보호의 관점에서 수익적 행정행위의 취소를 제한하기에 이르렀다. 수익적 행정행위의 취소는 행정의 법률적합성의 원칙뿐만 아니라 신뢰보호의 원칙에 근거하고 있는 것이다. 이와 같이 위법한 수익적 행정행위의 취소는 충돌하는 원칙과의 조화가 요청된다.[155)]

취소의 종류에는 취소의 주체에 따라 법원에 의한 취소와 행정청에 의한 취소가 있다. 전자는 쟁송취소이지만, 후자는 직권취소와 쟁송취소(행정심판)를 포함한다. 또한 취소의 대상인 행정행위의 종류에 따라 수익적 행정행위의 취소와 부담적 행정행위의 취소가 있다. 이러한 구분은 취소권의 제한과 관련하여 의미를 가진다. 나아가 행정행위 전체를 취소하는 전부취소와 일부취소로 나눌 수 있다. 취소는 위법한 행정행위에 관한 것으로 그 행정행위의 교정을 목적으로 하나, 철회는 적법하게 성립한 행정행위가 그 기초가 된 사실 및 법상태의 변화로 이를 더 이상 존치시킬 필요성이 없게 됨으로써 이를 장래에 향하여 제거하는 것을 말한다. 그러나 최근에는 양자의 유사성이 오히려 강조되고 있다.

---

155) 이에 대해서는 Maurer/Waldhoff, a.a.O., § 11 Rn. 21 f.

한편, 취소에는 '쟁송취소'와 '직권취소'가 있다. 법원에 의한 쟁송취소는 위법한 경우에 제한되나, 행정청에 의한 직권취소는 위법한 경우뿐만 아니라 부당한 경우도 포함한다. 또한 쟁송취소는 쟁송제기기간의 제한이 있으나, 직권취소는 그러한 제한이 없다. 쟁송취소는 쟁송절차에 의하나, 직권취소는 개별법의 규정에 따라 다르다. 쟁송취소는 회고적으로 적법성을 확보하려는 것이므로 소급효를 가지나, 직권취소는 상대방에게 귀책사유가 있는 경우를 제외하고 원칙적으로 취소의 효과가 소급되지 않는다.

(2) 취소의 근거 및 사유

법령에 취소권자와 취소의 근거가 명시된 경우에는 그에 의하면 된다. 그러한 법적 근거가 없어도 처분청이 행정행위를 취소할 수 있음에 이론(異論)이 없다. 한편, 감독청이 법적 근거 없이 취소권을 행사할 수 있는지가 문제된다. 이에 대해서는 견해가 대립하고 있으나, 개별법에 명문의 규정이 있는 경우도 있다(지방자치법 제157조, 정부조직법 제11조 및 제18조 등). 중대명백설에 의하면 행정행위의 하자가 중대하고 명백한 경우를 제외하고는 취소의 대상이 된다. 학설 또는 판례에 의하면 대체로 권한의 초과, 행위능력의 결여, 사기·강박·증뢰 등 부정행위에 의한 경우, 선량한 풍속·사회질서 등에 위배되는 경우 등이 취소의 사유로 보고 있다.

(3) 취소권의 한계

종전에는 행정행위에 하자가 있는 경우에 행정청이 이를 자유로이 취소할 수 있다고 보는 것이 유력하였다. 그러나 근래에는 행정의 법률적합성의 원칙만을 우선하기보다는 신뢰보호의 원칙 및 법적 안정성 등이 강조되고 있다. 부담적 행정행위의 취소는 비교적 자유롭지만, 수익적 행정행위의 경우에는 관련된 제 이익을 형량하여 취소를 결정하여야 한다.

행정기본법 제18조 제2항은 이러한 처분을 취소하려는 경우에 취소로 인하여 당사자가 입게 될 불이익을 취소로 달성되는 공익과 비교·형량하여야 한다고 규정하면서, 거짓이나 그 밖의 부정한 방법으로 처분을 받거나 당사자가 처분의 위법성을 알고 있었거나 중대한 과실로 알지 못한 경우에는 취소의 제한사유를 인정하고 있다. 그러나 행정기본법 제18조 제2항의 본문과 단서는 부조화를 이루고 있다. 행정기본법 제18조 제2항 단서는 위법 또는 부당한 처분을 취소할 때에 형량을 하지 않아도 되는 예외적인 경우를 규정한 것으로 오해할 수 있다. 이 규정은 독일 행정절차법 제48조 제2항을 참고한 것이지만, 그 내용이 부적절하다. 생각건대 행정기본법 제18조 제2항 본문에서 "당사자가 입게 될 불이익"을 "당사자의 신뢰이익"으로 변경하고, 동조의 단서규정도 "다만, 다음 각호의 어느 하나에 해당하는 경우에는 신뢰이익이 인정되지 아니한다"로 수정하는 것이 바람직하다.

(4) 취소의 절차

행정행위의 직권취소는 개별법에 특별한 규정이 있는 경우에는 그에 의한다. 개별법에 특별한 규정이 없는 경우에도 수익적 행정행위의 취소는 부담적 행정행위의 성질을 가질 수 있다. 따라서 행정절차법에 규정된 행정행위의 사전통지(제21조), 의견청취(제22조) 및 처분의 이유제시(제23조) 등의 규정을 준수하여야 한다.

(5) 취소의 효과

쟁송취소의 효과는 소급되는 것이 원칙이다. 직권취소는 일률적으로 판단하기는 어렵지만, 쟁송취소와 달리 원칙적으로 그 효과가 소급되지 않는다.[156] 다만, 상대방의 귀책사유가 없음에도 불구하고 수익적 행정행위를 취소하는 경우에는 제3자에게 예측하지 못한 손해를 가져올 수 있다. 이러한 경우에는 당사자 등에게 원상회복, 손실보상 그 밖에 필요한 조치를 고려하여야 한다. 한편, 행정기본법 제18조 제1항은 위법 또는 부당한 처분을 소급하여 취소하는 것을 원칙으로 하면서도, 당사자의 신뢰를 보호할 가치가 있는 등 정당한 사유가 있는 경우에는 장래를 향하여 취소할 수 있다고 규정하고 있다.

(6) 하자 있는 취소의 취소

직권취소에 중대하고 명백한 하자가 있으면 그 취소처분은 무효이며, 그에 따라 원행정행위는 그대로 존속하게 된다. 직권취소에 취소사유의 하자가 있을 때에 이를 다시 직권으로 취소할 수 있는지에 대해 학설상 견해 대립이 있다. 직권취소처분도 행정행위의 일종이므로 그에 하자가 있으면 행정행위의 취소에

---

156) 다만, 대법원은 도로관리청이 도로점용허가 중 특별사용의 필요가 없는 부분을 소급적으로 직권취소한 경우, 이미 징수한 점용료 중 취소된 부분의 점용면적에 해당하는 점용료를 반환하여야 한다고 판시하고 있다(대법원 2019. 1. 17. 선고 2016두56721, 56738 판결).

관한 일반원칙에 따라 이를 취소될 수 있다는 견해가 지배적이다.

Ⅲ. 구체적 사례의 검토

현행법에는 행정행위의 무효와 취소 원인에 대한 명확한 규정이 없다. 학설이 제시하는 유형을 개별적으로 분류하면 아래과 같다. 하자가 중대하고 명백한 경우에는 해당 행정행위는 무효가 된다. 그러나 행정행위의 하자가 그 정도에 이르지 아니할 때에는 취소할 수 있는 행위에 그친다. 따라서 구체적인 사례를 통해 행정행위의 무효사유에 해당하는지를 검토하는 것이 필요하다. 이러한 무효사유에 해당하지 않는 행정행위의 하자는 취소사유에 해당하게 된다.

1. 주체에 관한 하자

(1) 무권한의 행위

행정권한은 사항적·지역적으로 한정되어 있다. 그 중에서 사항적 무권한(경찰관청이 조세를 부과하는 경우)은 원칙적으로 무효인데 반하여, 지역적 무권한(서울특별시장이 관할구역 외에서의 영업허가를 하는 경우)은 반드시 무효가 아니라는 것이 일반적인 견해이다. 대법원 판례는 일정하지 않으나, 대체로 무효로 보고 있다.[157] 행정기관의 대리권이 없는 자가 대리행위를 한 경우에는 원칙적으로 무효이다.[158] 그러나 행정조직상의 권한분배는 사실상 외부인이 인식하기 어려운 경우가 많다. 무권한의 행위일지라도 구체적 사정에 따라 효력을 유지해야 할 경우가 있을 수 있다. 따라서 정당한 대리권이 없는 자의 행위는 원칙으로 무효이지만, 정당한 대리권자라고 신뢰할 만한 상당한 이유가 있을 때에는 민법상의 '표현대리(表見代理)'의 법리에 따라 그 행위의 효력을 인정할 수밖에 없는 경우도 있다. 판례에서는 수납기관이 아닌 자의 양곡대금수납행위, 세금징수관 보조원의 수납행위에 대하여 표현대리가 인정된 바 있다. 행정권한의 위임과 관련하여서도 유사한 문제가 발생한다.[159]

---

157) "행정기관의 권한에는 지역적·대인적으로 한계가 있으므로, 이러한 권한의 범위를 넘어서는 무권한의 행위는 원칙적으로 무효이다."(대법원 1996. 6. 28. 선고 96누4374 판결)

158) 대법원 1957. 5. 16. 선고 4290민상72 판결; 대법원 1967. 1. 29. 선고 67다1694 판결.

159) "체납취득세에 대한 압류처분권한은 도지사로부터 시장에게 권한위임된 것이고, 시장으로부터 압류처분권한을 내부위임을 받은 데 불과한 피고로서는 시장 명의로 압류처분을 대행처리할 수 있을 뿐이고 자신의 명의로 이를 할 수 없다 할 것이므로 이 사건 압류처분은 권한없는

(2) 구성에 하자가 있는 합의제행정기관의 행위

합의제행정기관의 구성에 하자가 있는 경우가 문제된다. 적법하게 소집되지 않는 경우, 의사정족수 또는 의결정족수를 흠결한 경우, 또는 결격자를 참가시킨 경우에 그 합의제행정기관의 행위는 원칙적으로 무효이다.

(3) 행정기관의 하자 있는 의사에 의한 행위

공무원의 심신상실 중의 행위나 저항할 수 없을 정도의 강박에 의한 행위는 무효이다. 또한 의사결정에 하자가 있는 행위가 문제이다. 착오에 의한 행정재산의 매각처분,[160] 착오에 의한 양도소득세 부과처분[161]은 무효로 판시된 바 있다. 대법원은 과세대상을 오인한 과세처분,[162] 착오에 의한 국유림의 불하(拂下)처분[163] 등을 취소원인으로 보고 있다. 그러나 행정행위의 요소에 착오가 있다고 하여 무조건 해당 행정행위를 취소할 수 있는 것은 아니다.[164] 상대방의 사기·강박·증뢰 등의 부정수단에 의해 행정청이 발급한 행정행위는 상대방의 신뢰를 보호할 필요가 없으므로 취소할 수 있다. 판례는 사위(詐僞)로 받은 한지(限地)의사 면허처분을 취소원인으로 보고 있다.[165] 그 밖에 미성년자도 공무원이 될 수 있으며, 그 행위의 효력도 적법·유효하다(공무원임용시험령 제16조 참조).

(4) 공무원이 아닌 자의 행위

공무원으로 적법하게 선임되지 아니하였거나, 또는 적법하게 선임되었다 하더라도 행위 당시에 공무원의 지위에 있지 않는 자가 행한 행정행위는 원칙적으로 무효이다. 예컨대 무효인 선거나 임명에 의하여 공무원이 된 자나 정직 중인 공무원이 발급한 행정처분은 무효이다. 그러나 외부에서 공무원인지 여부를 식별하는 것은 용이하지 않으므로, 상대방의 신뢰보호와 법적 안정성을 위하여 '사실상의 공무원(de facto Beamten)'의 법리를 인정하자는 견해도 있다.[166]

자에 의하여 행하여진 위법무효의 처분이다."(대법원 1993. 5. 27. 선고 93누6621 판결)

160) 대법원 1996. 5. 28. 선고 95다52383 판결.

161) 대법원 1980. 12. 23. 선고 80누393 판결.

162) 대법원 1981. 11. 24. 선고 81누225 판결; 대법원 1998. 6. 26. 선고 96누12634 판결.

163) 대법원 1968. 11. 26. 선고 68다1685 판결.

164) "행정행위는 그 요소에 착오가 있다고 해서 그것만을 이유로 취소할 수 없는 것이고, 그 행정행위의 절차와 내용의 위법만이 문제가 되는 것이다."(대법원 1976. 6. 26. 선고 79누43 판결)

165) 대법원 1975. 12. 9. 선고 75누123 판결.

2. 절차에 관한 하자

일반적으로 절차를 정한 취지나 목적이 상호 대립하는 당사자 사이의 이해나 의견충돌의 조정인 경우나 이해관계인의 권익보호인 경우에는 그 절차를 흠결하면 무효의 원인이 된다. 그러나 절차의 취지나 목적이 단순히 행정의 원활한 운영과 같이 행정상의 편의를 위한 것일 때에는 대체로 그 절차를 흠결한 행위가 반드시 무효인 것은 아니라고 보고 있다.

(1) 다른 기관의 협의 · 승인 등이 없는 행위

행정청이 행정행위를 함에 있어서 다른 기관의 의결 · 협의 · 승인 등을 거치도록 규정한 경우에 이러한 절차를 흠결하는 것은 하자의 정도에 따라 무효 또는 취소의 원인이 된다.[167] 이 경우에 '협의'가 동의의 성질을 가지는지가 문제되기도 한다. 대법원은 교육감이 자율형 사립고등학교(자사고)의 지정취소를 함에 있어서 교육부장관과의 사전협의가 적법한 사전동의를 의미한다고 보고, 이러한 사전동의를 얻지 아니한 교육감의 지정취소는 위법하다고 판시하였다.[168]

(2) 상대방의 신청이나 동의가 없는 행위

법령이 일정한 행정행위에 대하여 상대방의 신청 또는 동의를 필요적 절차로 규정하고 있는 경우에 상대방의 신청 또는 동의를 흠결하는 행위는 무효이다. 예컨대 상대방의 신청이 없는 귀화허가나 상대방의 동의가 없는 공무원임명 등이 그러하다.

(3) 공고나 통지를 흠결한 행위

공고나 통지 등은 당사자의 방어권보장이나 권리구제를 위한 중요한 절차이다. 따라서 일정한 공고 또는 통지를 흠결한 행정행위는 원칙적으로 무효이

166) 류지태, 행정법신론, 207면.

167) "자동차운송사업계획변경(기점연장)인가처분과 자동차운송사업계획변경(노선 및 운행시간)인가처분을 함에 있어 그 내용이 2 이상의 시 · 도에 걸치는 노선업종에 있어서의 노선신설이나 변경 또는 오손과 관련되는 사업계획변경의 인가 등에 관한 사항이므로 미리 관계도지사와 협의하여야 함에도 불구하고 이를 하지 아니한 하자가 있으나, 그와 같은 사정만으로는 자동차운송사업계획변경(기점연장)인가처분과 자동차운송사업계획변경(노선 및 운행시간)인가처분이 모두 당연무효의 처분이라고 할 수 없다."(대법원 1995. 11. 7. 선고 95누9730 판결)

168) 대법원 2018. 7. 12. 선고 2014추33 판결.

다.[169] 예컨대 토지수용에 있어서의 토지세목의 공고, 독촉 등을 하지 않거나 통지 없이 행한 토지수용의 재결 등이 그러하다. 그러나 근래에는 이를 취소원인으로 보는 경향이 있다.[170]

(4) 필요한 청문을 흠결한 행위

행정행위를 하면서 법령에 규정된 소정의 청문이나 의견진술의 기회를 주지 않는 경우, 해당 행정행위는 원칙적으로 무효이다. 그러나 소송경제적인 측면에서 청문과 같은 절차의 흠결은 사후추완을 통한 치유도 고려될 수 있다. 한편, 개별 법률에 소청심사나 징계의결 등에 있어서 청문의 흠결을 무효로 규정하고 있는 경우도 있다(국가공무원법 제13조 제2항 및 제81조 제3항). 대법원판례는 종전에 청문·공청회 등을 결한 경우를 무효로 보았으나, 근래에는 취소사유로 보고 있다.[171] 또한 대법원은 도시계획의 수립에 있어서 공청회를 개최하지 아니한 경우를 취소사유로 판시하고 있다.[172]

(5) 필요한 이해관계인의 참여나 협의가 없는 행위

법령에서는 이해관계인의 권리보호를 위해 참여나 협의 등을 보장하고 있다. 이러한 절차가 흠결된 행정행위는 무효 또는 취소의 원인이 된다. 예컨대 사전에 토지소유자 또는 관계인과 협의를 거치지 않고 행한 토지수용위원회의 재결이 그에 해당한다. 이해관계인의 협의(토지수용의 협의)가 없는 행정행위는 원칙적으로 무효이다.

169) 대법원 1973. 1. 19. 선고 71나1901 판결.

170) "이 사건 처분이 주민등록법 제17조의 2에 규정한 최고, 공고의 절차를 거치지 아니하였다 하더라도 그러한 하자는 중대하고 명백한 것이라고 할 수 없어 처분의 당연무효사유에 해당하는 것이라고 할 수 없다."(대법원 1994. 8. 26. 선고 94누3223 판결)

171) "행정청이 영업허가취소 등의 처분을 하려면 반드시 사전에 청문절차를 거쳐야 하고, 설사 식품위생법 제26조 제1항 소정의 사유가 분명히 존재하는 경우라 할지라도 해당 영업자가 청문을 포기한 경우가 아닌 한, 청문절차를 거치지 않고 한 영업소폐쇄명령은 위법하여 취소사유에 해당된다."(대법원 1983. 6. 14. 선고 83누14 판결)

172) "도시계획수립에 있어 도시계획법 제16조의 2 소정의 공청회를 열지 아니하고 공공용지의 취득 및 손실보상에 관한 특례법 제8조 소정의 입주대책을 수립하지 아니하였다 하더라도 이는 절차상 위법으로서 취소사유에 불과하다."(대법원 1990. 1. 23. 선고 87누947 판결)

3. 형식에 관한 하자

(1) 문서에 의하지 아니한 행위

법령상 문서로 하도록 되어 있는 경우에 구두에 의한 행정행위는 무효라고 보는 것이 일반적이었다.[173] 대법원은 이러한 문서주의가 처분의 명확성을 확보하고 처분의 존부에 관한 분쟁을 방지하여 처분상대방의 권익을 보호하기 위한 것으로 보고 있다.[174] 부담적 행정처분에 있어서 이러한 형식적 하자는 무효로 보고 있다. 그러나 판례는 적법하게 성립한 운전면허정지처분이 관계 규정의 문서주의에 위반되는 방식으로 통지 또는 송달되었다고 하더라도 그 자체로 당연히 무효로 되는 것이 아니라고 보고 있다.[175] 다만, 면허정지사실을 구두로 알리는 것과 같이 그 하자가 해당 규정의 중요한 부분인 문서주의를 위반할 정도로 중대하고 객관적으로 명백한 경우에는 운전면허정지처분의 효력이 없다고 보고 있다. 한편, 행정절차법 제24조 제2항은 일정한 경우 말, 전화 등 문서가 아닌 방법으로 처분을 할 수 있다고 규정하고 있다.

(2) 이유제시를 흠결한 행위

법률상 처분의 근거와 이유를 제시하여야 한다(행정절차법 제23조 제1항). 이유제시를 흠결한 행정행위는 원칙적으로 무효이지만, 이를 취소사유로 본 경우도 있다.[176] 그러나 판례는 처분서를 전체적으로 판단하여 행정처분의 근거와 이유를 알 수 있는 때에는 위법이 아니라고 보고 있다.[177] 대법원은 업무정지처

---

173) "예비군대원의 교육훈련을 위한 소집은 당해경찰서장이 발부하는 소집통지서에 의하므로, 경찰서장이 임의로 구두 또는 타종 기타 방법으로 훈련을 위한 소집을 할 수 없다."(대법원 1970. 3. 24. 선고 69누7240 판결)

174) 대법원 2019. 7. 11. 선고 2017두38874 판결.

175) 대법원 1997. 5. 16. 선고 97누2313 판결.

176) "국세징수법 제9조 제1항은 단순히 세무행정상의 편의를 위한 훈시규정이 아니라 조세행정에 있어 자의를 배제하고 신중하고 합리적인 처분을 행하게 함으로써 공정을 기함과 동시에 납세의무자에게 부과처분의 내용을 상세히 알려 불복여부의 결정과 불복신청에 편의를 제공하려는 데서 나온 강행규정이므로 세액의 산출근거가 기재되지 아니한 납세고지서에 의한 부과처분은 위법한 것으로 취소의 대상이 된다."(대법원 1984. 5. 9. 선고 84누116 판결)

177) "행정절차법 제23조 제1항은 행정청은 처분을 하는 때에는 당사자에게 그 근거와 이유를 제시하여야 한다고 규정하고 있는바, 일반적으로 당사자가 근거규정 등을 명시하여 신청하는 인·허가 등을 거부하는 처분을 함에 있어 당사자가 그 근거를 알 수 있을 정도로 상당한 이유를 제시한 경우에는 당해 처분의 근거 및 이유를 구체적 조항 및 내용까지 명시하지 않았더라도 그로 말미암아 그 처분이 위법한 것이 된다고 할 수 없다."(대법원 2002. 5. 17. 선고

분 취소소송에서 처분서를 전체적으로 판단할 때 당사자가 행정처분의 근거와 이유를 알 수 있는 경우에는 위법이 아니라고 판시하고 있다.[178)]

(3) 서명 · 날인이 없는 행위

정당한 권한이 있는 행정청에 의한 행정처분임을 명백히 하기 위하여 행정청의 서명 · 날인이 필요한 경우에 이를 흠결한 행정처분은 원칙적으로 무효이다.

4. 내용에 관한 하자

(1) 내용의 실현이 불능인 행위

행정행위 내용의 실현이 사실상 불능인 경우와 법률상 불능인 경우가 있다. 사자(死者)를 상대방으로 하는 과세처분[179)]은 전자의 사례인 반면, 법률상 인정되지 않는 의무를 부과하는 행위는 후자의 사례이다. 이러한 불능을 내용으로 하는 행정행위는 원칙적으로 무효이지만, 행정행위 내용의 위법 외에 불능의 개념을 특별히 인정하는 것이 타당한지에 대해서는 이론(異論)이 있다.

(2) 선량한 풍속 · 사회질서 등에 반하는 행위

선량한 풍속이나 기타 사회질서 등에 반하는 행정행위의 효력에 대해서는 민법 제103조와 달리 취소의 원인이 된다고 보는 견해도 있으나, 민법 제103조를 유추적용하여 무효로 보는 것이 타당하다. 독일 행정절차법에는 선량한 풍속(gute Sitten)에 반하는 행위를 절대적 무효사유로 규정하고 있다(제44조 제2항). 한편, 판례는 수익적 행정처분과 관련된 증여계약이 반사회질서에 해당하는 경우에는 이를 무효로 보고 있다. 즉 대법원은 지방자치단체가 골프장사업계획승인과 관련하여 사업자로부터 기부금을 지급받기로 한 증여계약이 공무수행과 결부된 금전적 대가로서 그 조건이나 동기가 사회질서에 반하므로 민법 제103조에 의해 무효라고 판시한 바 있다.[180)]

2000두8912 판결)

178) 대법원 2013. 11. 14. 선고 2011두18571 판결.

179) "사망자에게 대한 행정처분은 무효이고 그 무효의 행정처분이 그 상속인에게 송달되었다 하여서 그 무효의 행정처분이 유효화 될 리 없다."(대법원 1969. 1. 21. 선고 68누190 판결)

180) 대법원 2009. 12. 10. 선고 2007다63966 판결.

(3) 내용이 불명확한 행위

행정행위의 내용이 사회통념상 인식할 수 없을 정도로 불명확하거나 확정되지 아니한 경우에는 소기의 법적 효과가 발생할 수 없으므로 원칙적으로 무효이다.[181] 다만, 이후의 절차를 통해 대상이나 범위 등 처분의 내용이 특정되는 경우, 그 하자가 치유될 수 있다.[182]

Ⅳ. 하자 있는 행정행위의 치유 및 전환

1. 문제의 소재

하자 있는 행정행위를 행정법의 일반원칙(행정의 법률적합성의 원칙, 비례의 원칙 등)에 따라 위법(무효 또는 취소)으로 판단하면, 상대방 또는 제3자에게 예측하지 못하는 중대한 불이익을 주는 경우가 발생할 수 있다. 이러한 경우와 같이 하자 있는 행정행위라도 일정한 요건 하에 그 효력을 유지함으로써, 관련된 이익과의 조화에 기여할 수 있다. 이러한 법리는 사법(私法)에서 유래하고 있다. 사법에서는 취소할 수 있는 법률행위의 추인(민법 제143조, 제145조 등)이나 무효인 법률행위의 전환(민법 제138조) 등이 인정되고 있다. 독일 행정절차법에는 절차상 또는 형식상 하자의 치유(제45조), 하자 있는 행정행위의 전환(제47조)을 규정하고 있다. 행정행위의 전환에 대해서는 독일에서도 학설상 논란이 있으며, 어떠한 경우에 무효인 행정행위가 전환될 수 있는지가 다투어지고 있다.

2. 하자의 치유

(1) 의의

행정행위의 하자 치유란 성립 당시에 적법한 요건을 갖추지 못해 하자(흠)가

---

181) "행정처분은 그 유효요건으로서 그 처분의 목적물이 특정되어 있어야 할 것이고, 이것이 특정되어 있지 아니한다 할 것 같으면 그 행정처분은 무효임을 면할 수 없다."(대법원 1964. 5. 26. 선고 63누136 판결)

182) "대집행의 계고를 함에 있어서는 의무자가 이행하여야 할 행위와 그 불이행시 대집행할 행위의 내용 및 범위가 구체적으로 특정되어야 할 것이지만, 그 행위의 내용과 범위는 반드시 철거명령서나 대집행계고서에 의하여서만 특정되어야 하는 것은 아니고, 그 처분 후에 송달된 문서나 기타 사정을 종합하여 이를 특정할 수 있으면 족하다 할 것이다."(대법원 1990. 1. 25. 선고 89누4543 판결)

있는 행정행위를 존속시키면서 사후에 하자의 원인이 된 적법요건을 추완하거나 보충하는 것을 말한다. 하자의 치유는 상대방의 신뢰보호, 법적 안정성 및 불필요한 절차의 반복가능성 회피 등의 이유에서 인정된다.[183] 하자의 치유 중에서 대표적인 것은 처분이유의 추완(追完)이다. 즉 처분이유의 추완(Nachholung der Begründung)이란 행정절차에서 처음부터 이유제시가 흠결된 행정행위가 위법하게 되는 경우에 추후에 흠결한 요건을 보충하는 것을 말한다. 그러나 처분이유의 추완과 처분사유의 추가·변경은 구별되어야 한다. 처분사유의 추가·변경(Nachschieben der Gründe)은 행정소송에서 행정청이 행정행위의 처분사유를 추가하거나 변경하는 것을 말한다. 독일의 학설은 직권탐지주의의 원칙, 소송경제 및 실체법적·법치국가적 관점 등에서 처분사유의 추가·변경을 인정하고 있다.[184] 요컨대 처분이유의 추완은 행정절차에서, 처분사유의 추가·변경은 행정소송에서 문제된다.[185]

(2) 무효인 행정행위의 치유 여부

일반적으로 행정행위의 치유는 취소할 수 있는 행정행위의 하자에 제한된다고 본다. 무효인 행정행위의 치유가 인정될 수 있는지가 문제이다. 참고로 독일 행정절차법 제45조 제1항에는 행정행위를 무효로 만들지 않는 절차 및 형식규정에 대한 위반이라고 규정하여, 무효인 행정행위의 치유를 부인하고 있다. 생각건대 행정행위의 하자 치유는 취소할 수 있는 행정행위에만 제한적으로 인정하는 것이 타당하다. 판례의 입장도 동일하다.[186]

(3) 치유의 시간적 한계

행정행위의 하자의 치유가 언제까지 가능한지에 대하여 다툼이 있다. 종래 다수의 학설은 쟁소제기 전까지는 치유가 가능하다고 본다(쟁송제기전 치유가능성설). 판례도 동일한 입장이다.[187] 그러나 독일 행정절차법 제45조 제2항에서는

---

183) "하자 있는 행정행위의 치유나 전환은 법치주의의 관점에서 볼 때 원칙적으로 허용될 수는 없는 것이지만, 행정행위의 무용한 반복을 피하고 당사자의 법적 안정성을 위해 이를 허용하는 때에도 국민의 권리와 이익을 침해하지 않는 범위에서 구체적 사정에 따라 합목적적으로 인정해야 할 것이다."(대법원 1983. 7. 26. 선고 82누420 판결; 동지판례: 대법원 1991. 5. 28. 선고 90누1359 판결)

184) Schmitt Glaeser/Horn, Verwaltungsprozeßrecht, 15. Aufl., § 13 Rn. 532.

185) 양자의 구별에 대한 상론은 졸저, 현대행정의 작용형식, 24-25면.

186) 대법원 2012. 8. 23. 선고 2010두13463 판결.

187) 대법원 1983. 7. 26. 선고 82누420 판결; 대법원 1984. 4. 10. 선고 83누393 판결.

"행정소송의 최종 사실심의 종료시까지" 사후추완을 할 수 있다고 규정하고 있다. 따라서 독일 연방행정법원의 상고심에서는 하자의 치유를 할 수 없다.[188] 이러한 명문의 규정이 없는 한국 행정소송법에서는 원칙적으로 행정심판절차가 제기되기 전 또는 행정심판을 거치지 아니하고 곧바로 행정소송을 제기하는 경우에는 소제기 전에 하자를 치유할 수 있다는 견해가 타당하다.[189] 다만, 처분사유의 추가·변경은 기본적 사실관계의 동일성이 인정되는 한도에서 사실심의 변론종결 전까지 허용될 수 있다.[190]

3. 하자 있는 행정행위의 전환

(1) 의의 및 법적 성질

하자 있는 행정행위의 '전환(Umdeutung)'이란 하자 있는 행정행위가 다른 행정행위의 요건을 충족한 것으로 인정되는 때에 그 하자 있는 행정행위가 다른 행정행위로서의 효력을 발생시키는 것을 말한다. 예컨대 사망한 사람(A)에 대한 과세처분을 그 상속인(B)에 대한 처분으로서의 효력을 발생시키는 경우가 그러하다. 종전의 다수설은 행정행위의 전환이 무효인 행정행위에 제한되는 것으로 보았지만, 독일 행정절차법 제47조에서 무효가 아닌 하자 있는(fehlerhaft) 행정행위의 전환을 인정하고 있음을 근거로 취소할 수 있는 행위도 포함된다는 견해도 있다.[191] 독일의 유력설도 취소할 수 있는 행정행위도 다른 행정행위로 전환될 수 있다고 보고 있다.[192] 그러나 취소할 수 있는 행정행위의 경우 행정행위의 효력이 발생하고 있기 때문에 상대방 또는 제3자의 신뢰보호와 법적 안정성을 침해할 수 있다.

하자 있는 행정행위의 전환이 행정행위에 해당하는지가 문제된다. 독일에서는 행정행위로 보는 견해와 공법적 의사표시로 보는 견해가 대립하고 있다.[193] 국내에서는 하자(흠) 있는 행정행위의 전환도 하나의 독립된 행정행위로서의 성질을 가진다고 보는 견해가 유력하다.[194] 이러한 견해에 의하면 그 전환에 대해서도 일정한 범위 내에서 행정절차법이 적용될 수 있다.

---

188) Kopp/Ramsauer, VwVfG, 19. Aufl., § 45 Rn. 36.
189) 정하중, 행정법총론, 289면.
190) 대법원 1995. 10. 12. 선고 95누4704 판결; 대법원 2000. 3. 28. 선고 98두16682 판결 참조.
191) 김남진, 전게서(Ⅰ), 354면.
192) Maurer/Waldhoff, a.a.O., § 10 Rn. 94.
193) Kopp/Ramsauer, a.a.O., § 47 Rn. 8.
194) 김남진, 전게서(Ⅰ), 354-355면.

(2) 요건

독일의 유력설은 연방 행정절차법 제47조를 근거로 하자 있는 행정행위의 전환이 인정되기 위해 아래와 같은 요건을 충족하여야 한다고 보고 있다. 즉 전환하려고 하는 새로운 행정행위가 원행정행위와 동일한 목적을 지향하고 있어야 한다. 또한 원행정행위를 발급한 행정청(처분청)이 절차나 형식에 있어서 적법하게 발급할 수 있어야 하고, 행정행위의 발급 요건을 충족하여야 한다. 그리고 인식할 수 있는 행정청의 의도에 반하지 않아야 하며, 그 법효과가 당사자에게 불리하지 않아야 한다. 나아가 원행정행위가 취소될 수 있어야 하며, 당사자의 의견을 청취하여야 한다.[195]

한편, 국내 학설 중에도 이와 유사한 요건을 제시하는 견해가 있다. 첫째, 하자 있는 행정행위와 전환하려고 하는 다른 행정행위 사이에 그 요건·목적·효과에 있어서 실질적 공통성이 있고, 둘째, 전환될 행정행위의 성립·효력 요건을 갖추어야 한다. 셋째, 하자 있는 행정행위를 한 행정청의 의도에 반하지 아니함과 동시에 당사자가 그 전환을 의도해야 되며, 넷째, 제3자의 이익을 침해하지 않아야 된다. 마지막으로 행위의 중복을 회피하는 의미가 있을 것 등이다.[196]

(3) 한계

하자 있는 행정행위의 전환은 무제한으로 인정될 수 없다. 이와 관련하여 독일 행정절차법 제47조 제2항에는 하자 있는 행정행위의 전환이 허용되지 않는 경우를 규정하고 있다. 즉 ① 행정행위의 전환이 행정청의 의도에 명확히 반하는 경우, ② 당사자에게 원행정행위보다 불이익하게 되는 경우, 그리고 ③ 하자 있는 행정행위의 취소가 허용되지 않는 경우 등을 제시하고 있다. 그 밖에 ④ 기속행위를 재량행위로 전환하는 것은 금지된다(동조 제3항).

Ⅴ. 행정행위의 하자승계

1. 문제의 상황

둘 이상의 행정행위가 연속적으로 행해지고 선행행위가 불가쟁력을 발생할

195) Maurer/Waldhoff, a.a.O., § 10 Rn. 95.
196) 김남진, 전게서(Ⅰ), 354면.

경우에 선행행위의 하자를 가지고 후행행위의 효력을 다툴 수 있는지가 문제이다. 이러한 문제는 종래부터 행정행위의 하자승계의 문제로 다루고 있다. 이러한 하자승계론은 일본의 위법성 승계와 유사하다. 그러나 일본의 위법성 승계이론은 행정소송과 관련하여 논의될 뿐, 행정행위의 효력과는 무관하다. 이에 반해 독일법의 영향으로 행정행위의 구속력(선행행위의 후행행위에 대한 규준력)이라는 관점에서 고찰하는 견해도 있다. 본래 독일에서의 논의는 행정행위의 효력(특히 존속력)과 관련된 것이다. 행정행위의 하자승계론은 당사자의 권리구제를 확대하기 위해 불가쟁력이 발생한 선행행위의 하자를 이유로 후행행위의 효력을 다투는 것이다. 이에 반해 규준력이론은 불가쟁력이 발생한 선행행위의 후행행위에 대한 구속력(규준력)을 인정하는 것이므로 법적 안정성을 강조하는 것이다. 이와 같이 행정행위의 하자승계론과 규준력이론은 태생적으로 다른 배경 아래에서 만들어진 이론들이다.[197] 이하에서는 하자승계론과 규준력이론을 구별하여 검토하기로 한다.

2. 하자승계론

(1) 의의

전통적인 견해는 둘 이상의 행정행위가 연속적으로 행해지는 경우에 후행행위 자체에는 하자가 없어도 선행행위에 하자가 있으면 그 선행행위의 하자를 이유로 후행행위의 효력을 다툴 수 있다고 보고 있다. 즉 선행행위의 불가쟁력이 발생한 뒤에도 그 선행행위의 하자 승계를 이유로 후행행위의 효력을 다툴 수 있는 실익이 있고, 이를 통해 법적 안정성과 권익보호의 조화를 얻을 수 있다고 파악하였다.

종전의 통설은 선행행위와 후행행위가 결합하여 하나의 효과를 완성하는 경우(예컨대, 조세체납처분의 절차에 있어서 독촉・압류・매각・충당의 각 행위 사이 또는 행정대집행의 절차에서 계고・대집행영장의 통지・대집행・대집행비용의 납부명령의 각 행위 사이)에는 선행행위의 하자가 후행행위에 승계된다고 본다. 그러나 선행행위와 후행행위가 서로 독립하여 별개의 효과를 발생시키는 경우(예컨대 건물철거명령과 대집행계고처분 사이 등)에 선행행위가 당연무효가 되지 않는 한, 그 하자가 후행행위에 승계되지 않는다고 보고 있다. 선행행위가 부존재이거나 무효

197) 이에 대한 상세한 고찰은 졸저, 현대행정의 작용형식, 231면 이하.

인 경우에는 그 하자는 당연히 후행행위에 승계되어 후행행위도 무효로 된다. 예컨대 권한 없는 자의 원상복구명령이 당연무효이면 후행처분인 계고처분도 무효이다.[198]

대법원판례는 전통적인 하자승계론의 입장에서 이를 검토하고 있다. 이를 분류하면 다음과 같다. 학설은 대체로 하자승계가 부정되는 경우와 긍정되는 경우를 구별하고 있다. 그러나 결론은 동일하더라도 예외적으로 하자승계가 긍정되는 경우가 있어 이를 별도로 구분하여 설명하는 것이 바람직하다.

(2) 선행행위와 후행행위가 독립한 경우

a) 원칙(하자승계의 부정)

선행행위와 후행행위가 서로 독립하여 각각 별개의 효과를 목적으로 하는 경우에는 하자승계가 부정된다. 예컨대 과세처분과 조세체납처분 사이에는 선행행위가 당연무효일 경우에만 하자의 승계가 인정되고, 그러하지 아니한 경우에는 하자의 승계가 인정되지 아니한다.

판례에서 하자승계가 부정된 사례이다. 즉 과세처분과 조세체납처분(대법원 1987. 9. 22. 선고 87누383 등 판결), 공무원의 직위해제처분과 면직처분(대법원 1984. 9. 11. 선고 84누191 판결), 변상판정과 변상명령(대법원 1963. 7. 25. 선고 63누65 판결), 도시계획결정과 수용재결처분(대법원 1990. 1. 23. 선고 87누947 판결), 액화석유가스판매사업 허가처분과 사업개시신고반려처분(대법원 1991. 4. 23. 선고 90누8756 판결), 도시계획사업의 실시계획인가고시와 수용재결처분(대법원 1991. 11. 26. 선고 90누9971 판결), 택지개발계획의 승인과 수용재결처분(대법원 1996. 4. 26. 선고 95누13241 판결), 건물철거명령과 대집행계고처분(대법원 1998. 9. 8. 선고 97누20502 판결), 사업계획승인처분과 지적승인고시처분(대법원 2000. 9. 5. 선고 99두9889 판결), 표준지공시지가결정과 개별토지가격결정,[199] 표준지공시지가결정과 과세처분(토지초과이득세),[200] 사업인정과 수용재결(대법원 1993. 6.

---

198) 대법원 1996. 6. 28. 선고 96누4374 판결.

199) "표준지로 선정된 토지의 공시지가에 대하여 불복하기 위하여는 구 지가공시및토지등의평가에관한법률 제8조 제1항 소정의 이의절차를 거쳐 처분청을 상대로 그 공시지가결정의 취소를 구하는 행정소송을 제기하여야 하고, 그러한 절차를 밟지 아니한 채 개별토지가격결정의 효력을 다투는 소송에서 그 개별토지가격 산정의 기초가 된 표준지 공시지가의 위법성을 다툴 수는 없다."(대법원 1996. 9. 20. 선고 95누11931 판결)

200) "개별토지가격에 대한 불복방법과는 달리 표준지의 공시지가에 대한 불복방법을 지가공시및토지의평가등에관한법률 제8조 제1항 소정의 절차를 거쳐 처분청을 상대로 다툴 수 있을 뿐 그

29. 선고 91누2342 판결) 등이 그러하다.

b) 예외(하자승계의 긍정)

대법원은 선행처분과 후행처분이 서로 독립하여 별개의 법률효과를 목적으로 하는 경우에도 예외적으로 수인가능성을 이유로 하자승계를 인정하고 있다. 판례는 개별공시지가결정과 과세처분은 별개의 법률효과를 목적으로 하는 서로 독립된 행정처분이라고 보면서도, 개별공시지가결정의 위법을 주장할 수 없도록 하는 것은 수인한도를 넘는 불이익을 강요하는 것이라는 이유로 예외적으로 하자승계를 긍정한 바 있다.[201)]

또한 대법원은 비교표준지공시지가결정과 수용재결(처분)은 서로 별개의 독립된 행정행위이지만, 수인가능성을 이유로 하자승계를 인정한 바 있다.[202)] 수

러한 절차를 밟지 아니한 채 조세소송에서 그 공시지가결정의 위법성을 다툴 수 없도록 제한하고 있는 것은 표준지의 공시지가와 개별토지가격은 그 목적 · 대상 · 결정기관 · 결정절차 · 금액 등 여러 가지면에서 서로 다른 성질의 것이라는 점을 고려한 것이므로, 이러한 차이점에 근거하여 표준지의 공시지가에 대한 불복방법을 개별토지가격에 대한 불복방법과 달리 인정한다고 하여 그것이 헌법상 평등의 원칙, 재판권 보장의 원칙에 위반된다고 볼 수는 없다."(대법원 1997. 9. 26. 선고 96누7649 판결)

201) "개별공시지가결정은 이를 기초로 한 과세처분 등과는 별개의 독립된 처분으로서 서로 독립하여 별개의 법률효과를 목적으로 하는 것이나, 개별공시지가는 이를 토지소유자나 이해관계인에게 개별적으로 고지하도록 되어 있는 것이 아니어서 토지소유자 등이 개별공시지가결정 내용을 알고 있었다고 전제하기도 곤란할 뿐만 아니라 결정된 개별공시지가가 자신에게 유리하게 작용될 것인지 또는 불이익하게 작용될 것인지 여부를 쉽사리 예견할 수 있는 것도 아니며, 더욱이 장차 어떠한 과세처분 등 구체적인 불이익이 현실적으로 나타나게 되었을 경우에 비로소 권리구제의 길을 찾는 것이 우리 국민의 권리의식임을 감안하여 볼 때 토지소유자 등으로 하여금 결정된 개별공시지가를 기초로 하여 장차 과세처분 등이 이루어질 것에 대비하여 항상 토지의 가격을 주시하고 개별공시지가결정이 잘못된 경우 정해진 시정절차를 통하여 이를 시정하도록 요구하는 것은 부당하게 높은 주의의무를 지우는 것이라고 아니할 수 없고, 위법한 개별공시지가결정에 대하여 그 정해진 시정절차를 통하여 시정하도록 요구하지 아니하였다는 이유로 위법한 개별공시지가를 기초로 한 과세처분 등 후행 행정처분에서 개별공시지가결정의 위법을 주장할 수 없도록 하는 것은 수인한도를 넘는 불이익을 강요하는 것으로서 국민의 재산권과 재판받을 권리를 보장한 헌법의 이념에도 부합하는 것이 아니라고 할 것이므로, 개별공시지가결정에 위법이 있는 경우에는 그 자체를 행정소송의 대상이 되는 행정처분으로 보아 그 위법 여부를 다툴 수 있음은 물론 이를 기초로 한 과세처분 등 행정처분의 취소를 구하는 행정소송에서도 선행처분인 개별공시지가결정의 위법을 독립된 위법사유로 주장할 수 있다고 해석함이 타당하다."(대법원 1994. 1. 25. 선고 93누8542 판결)

202) "표준지공시지가결정은 이를 기초로 한 수용재결 등과는 별개의 독립된 처분으로서 서로 독립하여 별개의 법률효과를 목적으로 하지만, 표준지공시지가는 이를 인근 토지의 소유자나 기타 이해관계인에게 개별적으로 고지하도록 되어 있는 것이 아니어서 인근 토지의 소유자 등이 표준지공시지가결정 내용을 알고 있었다고 전제하기가 곤란할 뿐만 아니라, 결정된 표준지공시지가가 공시될 당시 보상금 산정의 기준이 되는 표준지의 인근 토지를 함께 공시하는 것이 아니어서 인근 토지 소유자는 보상금 산정의 기준이 되는 표준지가 어느 토지인지를 알 수

용보상금의 증액을 구하는 소송에서 선행처분으로서 그 수용대상인 토지가격 산정의 기초가 된 비교표준지공시지가결정의 위법을 독립한 사유로 주장할 수 있는지 여부가 문제된 사례이다. 대법원은 수용보상금의 증액을 구하는 소송에서도 선행처분으로서 그 수용대상 토지 가격 산정의 기초가 된 비교표준지공시지가결정의 위법을 독립한 사유로 주장할 수 있다고 판시하고 있다. 이와 같이 판례는 선행처분과 후행처분이 서로 독립된 처분인 경우에도 예외적으로 하자승계를 인정하고 있다.

(3) 선행행위와 후행행위가 결합하여 하나의 효과를 완성하는 경우(하자승계의 긍정)

선행행위와 후행행위가 서로 결합하여 하나의 효과를 완성하는 경우에는 하자의 승계를 인정할 수 있다. 예컨대, 조세체납처분의 절차에서 독촉 · 압류 · 매각 · 충당의 각 행위 사이, 또는 행정대집행의 절차에서 계고와 대집행영장발부통보처분 사이에는 하자의 승계가 인정되고 있다.[203] 그 밖에 하자승계를 긍정한 구체적 사례를 살펴보면 다음과 같다. 즉 한지의사시험자격인정과 한지의사면허처분(대법원 1975. 1. 9. 선고 75누123 판결), 국세체납에 따른 독촉과 가산금 · 중가산금징수처분(대법원 1986. 10. 28. 선고 86누147 판결) 등이 그러하다.

3. 후행행위에 대한 선행행위의 규준력의 관점

(1) 규준력의 근거

이러한 하자승계론에 대하여 "불가쟁력이 발생한 선행행위의 후행행위에 대한 규준력"의 문제로서 파악하는 견해도 있다. 이 견해는 하자승계를 인정하면, 행정행위의 불가쟁력을 인정하는 제도가 무의미해지며, 행정의 실효성이나 법률생활의 안정성이 크게 손상될 수 있다고 지적한다.[204] 신국제공항이나 고속전철

없으므로, 인근 토지 소유자가 표준지의 공시지가가 확정되기 전에 이를 다투는 것은 불가능하다."(대법원 2008. 8. 21. 선고 2007두13845 판결)

203) "선행처분인 계고처분이 하자가 있는 위법한 처분이라면, 비록 그 하자가 중대하고도 명백한 것이 아니어서 당연무효의 처분이라고 볼 수 없고 행정소송으로 효력이 다투어지지도 아니하여 이미 불가쟁력이 생겼으며, 후행처분인 대집행영장발부통보처분 자체에는 아무런 하자가 없다고 하더라도, 후행처분인 대집행영장발부통보처분의 취소를 청구하는 소송에서 청구원인으로 선행처분인 계고처분이 위법한 것이기 때문에 그 계고처분을 전제로 행하여진 대집행영장발보통보처분도 위법한 것이라는 주장을 할 수 있다고 보아야 할 것이다."(대법원 1996. 2. 9. 선고 95누12507 판결)

등과 같은 대형국책사업과 관련하여 다단계행정절차로 수행하는 경우가 적지 않다. 이러한 경우에 하자의 승계이론에 따라 이미 불가쟁력이 발생한 선행행위의 하자를 이유로 후행행위의 취소를 인정하면 법적 안정성이 훼손될 수 있다. 규준력 이론에 의하면, 선행행위의 불가쟁력이 발생한 후에 선행행위의 그러한 효력이 일정한 요건 하에 후행행위에도 미친다고 본다.

(2) 규준력의 한계

행정행위가 연속적으로 행해지는 경우에 있어서 불가쟁력이 발생한 선행행위의 규준력의 한계를 어떠한 기준에 의해 정할 것인지에 대하여 다음과 같은 기준이 제시되고 있다.[205] 첫째, 선행행위의 규준력이 후행행위에 미치기 위해서는 '규율대상'의 법적 효과가 일치하여야 한다(사항적 한계). 둘째, 수범자가 일치하여야 한다(대인적 한계). 셋째, 선행처분의 기초가 되는 사실 및 법상태가 동일하여야 한다(시간적 한계). 그 밖에 추가적 요건으로서 '예측가능성' 내지 '수인가능성'이 고려된다.

한편, 대법원은 위에서 언급한 바와 같이 개별공시지가결정과 후행 과세처분에 대하여 예측가능성 내지 수인가능성의 요건을 적용하고 있다. 이에 대하여 하자승계를 주장하는 전통적 입장에서는 행정법의 일반원칙으로서 예측가능성 내지 수인가능성의 법리가 적용된 것으로 보고 있다.[206] 그 밖에 규준력이론에 따라 예측가능성이 없다는 점을 논거로 하여 선행행위인 직위해제처분의 위법을 이유로 한 직권면직처분의 취소청구가 허용될 필요가 있다는 견해가 있다.[207] 그러나 대법원은 수인가능성 내지 예측가능성의 요건을 엄격히 해석하고 있으며, 귀책사유가 있는 경우에는 수인가능성과 예측가능성의 요건을 인정하지 않고 있다.[208]

---

204) 김남진, 행쟁법의 기본문제, 289면.
205) 이하의 내용은 김남진, 전게서(I), 360-361면.
206) 김동희, 행정법 I, 357면.
207) 김남진, 행정법의 기본문제, 977면.
208) "원고가 이 사건 토지를 매도한 이후에 그 양도소득세 산정의 기초가 되는 1993년도 개별공시지가 결정에 대하여 한 재조사청구에 따른 조정결정을 통지받고서도 더 이상 다투지 아니한 경우까지 선행처분인 개별공시지가 결정의 불가쟁력이나 구속력이 수인한도를 넘는 가혹한 것이거나 예측불가능하다고 볼 수 없어, 위 개별공시지가 결정의 위법을 이 사건 과세처분의 위법사유로 주장할 수 없다."(대법원 1998. 3. 13. 선고 96누6059 판결)

4. 비판 및 평가

판례는 본래의 하자승계론과 규준력이론이 절충되어 있어, 논리의 일관성을 상실하고 있다. 모호한 개념인 "일련의 절차", "법률효과의 동일성" 등의 요건을 유연하게 해석하여 하자승계를 인정하는 것이 바람직하다. 예컨대 사업인정과 수용재결의 경우가 그러하다. 하자승계론은 이미 불가쟁력이 발생한 선행행위의 하자를 근거로 후행행위의 취소를 구한다는 점에서 권리구제에는 도움이 되나 법적 안정성을 후퇴시키는 이론이다. 그런 점에서 하자승계론은 예외적으로 인정되는 것이다. 그럼에도 불구하고 판례는 개별공시지가결정과 과세처분, 비교표준지공시지가결정과 수용재결 등과 같이 선행행위와 후행행위가 서로 독립하여 별개의 효과를 목적으로 하는 경우에도 예외적으로 하자승계를 인정하고 있다. 즉 예외적 현상에 대해 다시 예외를 인정하고 있는 것이다. 따라서 수인가능성 내지 예측가능성의 요건은 하자승계론에서 제외해야 한다. 규준력이론은 행정행위의 존속력과 밀접한 관련을 가지며, 불가쟁력이나 제소기간 운영 등을 소홀히 취급하는 것을 경고하고 있다는 점에서 의미가 있다.[209]

제8절 행정행위의 철회

Ⅰ. 철회의 의의

행정행위의 철회라 함은 '적법'하게 성립한 행정행위가 그 효력을 존속시킬 수 없는 새로운 사정이 발생하였음을 이유로 이를 장래에 향하여 그 효력을 소멸시키는 행정행위를 말한다. 실정법에서 철회를 '취소'라고 규정하는 경우도 있다. 취소는 위법한 행정행위의 시정을 목적으로 하나, 철회는 적법하게 성립한 행정행위를 그 기초가 되는 사실 및 법상태의 변경으로 더 이상 존속하기가 곤란한 경우에 이를 제거하는 것을 목적으로 하는 것이라는 점에서 구별된다. 또한 철회는 직권취소와 달리 처분청만이 할 수 있고, 장래에 대해서만 효과를 발

209) 하자승계론에 대해서는 졸저, 현대행정의 작용형식, 231면 이하 참조.

생하며(ex nunc), 철회원인이 적법하게 성립한 행정행위가 새로운 사정에 기인하고 있다.

이미 언급한 바와 같이 행정행위는 존속력을 가진다. 행정행위가 일단 발령되면, 고권적 규율로서 구속적이며 지속적이어야 한다. 그러나 이러한 행정행위에 하자가 있으면 행정의 법률적법성의 원칙에 따라 제거되어야 한다. 여기에는 먼저 이해관계인이 법원에 해당 행정행위의 제거를 구하기 위한 소를 제기할 수 있으며, 행정청이 스스로 이러한 하자 있는 행정행위를 폐지할 수 있다. 전자는 쟁송가능성(Anfechtbarkeit)의 문제이고, 후자는 폐지가능성(Aufhebbarkeit)의 문제이다. 쟁송가능성은 사인의 입장에서 판단하여 위법한 행정행위에 대한 권리구제수단(이의신청이나 취소소송 등)을 강구하는 것이고, 폐지가능성은 행정청 또는 행정법원의 입장에서 그 법적 효력을 제거하고 위법한 행정행위를 폐지하는 것을 말한다. 쟁송취소는 결국 행정행위의 효력을 제거하는 폐지를 목적으로 한다.[210] 이러한 폐지가능성의 수단으로는 쟁송취소와 직권취소, 그리고 철회가 있다. 쟁송취소와 직권취소(Rücknahme)는 위법한 행정행위를 대상으로 하는 반면, 철회(Widerruf)는 적법한 행정행위를 그 대상으로 한다. 직권취소와 철회는 법원의 결정에 의한 쟁송취소와 달리 행정청 스스로가 자신의 처분을 취소 내지 제거하는 것을 의미한다. 행정심판의 경우에는 행정청에 의한 쟁송취소가 가능하다. 요컨대, 이러한 취소(쟁송취소와 직권취소 포함)와 철회의 상위개념은 행정행위의 폐지(Aufhebung)이다.

Ⅱ. 철회의 근거와 사유

1. 철회권자 및 철회의 근거

행정행위의 철회는 처분청만이 할 수 있으며, 감독청의 철회는 법령의 근거가 있어야만 가능하다. 행정행위의 철회사유가 있는 경우에 처분청이 수익적 행정행위를 법률의 근거 없이 철회할 수 있는지가 문제된다. 이에 대해 소극설과 적극설이 대립하고 있다. 소극설(철회자유설)은 행정행위의 철회가 적법하게 성립한 후에 새로운 사실 및 법상태의 변화로 인하여 요청되는 것이므로 원행정행위에 수권규정이 있으면 이것으로 충분하며 행정의 공익적합성 등의 취지에

210) Maurer/Waldhoff, a.a.O., § 11 Rn. 6.

비추어 법적 근거가 필요하지 않다고 본다.[211] 이러한 견해가 종래의 다수설이었다. 그러나 근년에는 적극설(철회제한설)이 부각되고 있다. 수익적 행정행위의 철회의 경우에도 법령에 철회의 근거규정이 있어야 한다는 것이다. 적극설에서는 중대한 공익상의 필요가 있는 경우, 상대방의 귀책사유에 기인하는 경우, 또는 처음부터 철회권이 유보된 경우를 제외하고는 법적 근거가 필요하다고 본다.[212]

한편, 대법원판례는 소극설(철회자유설)의 입장에 서 있다.[213] 그러나 철회권의 남용에 대해 신중한 입장을 보인 판례도 있다.[214] 수익적 행정행위의 철회에는 법치행정의 원리, 기본권보장 및 신뢰보호의 원칙 등이 고려되어야 한다. 또한 중대한 공익상의 필요는 불확정개념일 뿐만 아니라, 상대방이나 제3자 보호, 철회권의 남용 등의 측면에서 철회권의 행사는 신중할 필요가 있다. 생각건대 상대방에 귀책사유가 있거나 철회권이 처음부터 유보된 경우 등을 제외하고는 법령의 근거가 필요하다는 적극설이 타당하다.

2. 철회의 사유

행정행위의 철회는 행정행위가 적법·유효하게 성립한 이후에 새로운 사정의 발생으로 인한 것이라는 점에서, 성립 당시의 하자를 이유로 하는 취소와는 구별된다. 행정행위의 철회사유에는 ① 사실관계의 변화 내지 사정변경(예컨대 구제역의 발생으로 통행금지처분을 한 후 구제역이 완전히 퇴치된 경우), ② 철회권이 유보된 사실의 발생(대법원 1984. 11. 13. 선고 84누269 판결), ③ 부담의 불이행(대법원 1989. 10. 24. 선고 86누2431 판결), ④ 중대한 공익상의 요청(대법원 1995. 2. 28. 선고 94누7713 판결), ⑤ 법령에 명시된 철회사유의 발생, ⑥ 근거법령의 개폐로 인해 더 이상 행정행위를 존속시킬 수 없는 경우 등이 있다.

---

211) 김도창, 일반행정법론(상), 504면; 김동희, 행정법 I, 372면.

212) 이상규, 신행정법론(상), 459면; 김남진, 전게서(I), 313면.

213) "행정행위를 한 행정청은 그 취소(철회)사유가 법령에 규정되어 있는 경우뿐만 아니라 의무위반이 있는 사정변경이 있는 경우, 좁은 의미의 취소(철회)권이 유보된 경우, 또는 중대한 공익상의 필요가 발생한 경우 등에는 그 행정처분을 취소(철회)할 수 있는 것이다."(대법원 1984. 11. 13. 선고 84누269 판결; 대법원 1992. 1. 17. 선고 91누3130 판결)

214) "행정청이 일단 행정처분을 한 경우에는 행정처분을 한 행정청이라도 법령에 규정이 있는 때, 행정처분에 하자가 있는 때, 행정처분의 존속이 공익에 위반되는 때, 또는 상대방의 동의가 있는 때 등의 특별한 사유가 있는 경우를 제외하고는 행정처분을 자의로 취소할 수 없다."(대법원 1990. 2. 23. 선고 89누7061 판결)

한편, 행정기본법 제19조 제1항에서는 철회의 사유로 법률에서 정한 철회 사유에 해당하게 된 경우, 법령 등의 변경이나 사정변경으로 처분을 더 이상 존속시킬 필요가 없게 된 경우, 중대한 공익을 위하여 필요한 경우만을 규정하고 있다.

Ⅲ. 철회권의 제한

철회권의 제한이 문제되는 것은 주로 수익적 행정행위이다. 수익적 행정행위의 철회는 상대방의 신뢰보호와 법적 안정성을 해칠 수 있기 때문이다. 수익적 행정행위를 철회하는 경우에는 철회가 필요한 공익적 요청, 상대방의 신뢰 또는 기득권보호, 법적 안정성 등 관련된 모든 이익을 형량하여야 한다.[215] 또한 행정기본법 제19조 제2항은 "처분을 철회하려는 경우에는 철회로 인하여 당사자가 입게 될 불이익을 철회로 달성되는 공익과 비교·형량하여야 한다"라고 규정하고 있다. 이에 반해 부담적 행정행위의 철회는 원칙적으로 상대방에게 이익을 주는 것이므로 제한을 받지 않는 것이 원칙이지만, 일정한 경우에는 이러한 철회도 제한을 받는다. 이와 관련하여 독일 행정절차법 제49조 제1항에는 동일한 내용의 행정행위를 새로이 발급해야 되는 경우(예컨대 법적으로 기속행위이고, 그 발급요건이 여전히 존재하는 경우) 또는 다른 이유로 철회가 허용되지 않는 경우(예컨대 유사한 선례에서 행정의 자기구속에 따라 철회가 배제되는 경우, 근거 법령의 의미와 목적, 행정행위의 특성 등에 의해 철회가 인정되지 않는 경우)에 철회가 제한을 받는다고 규정하고 있다.[216] 그 밖에 제3자효 행정행위의 경우에는 부담적 행정행위라고 하더라도 제3자의 보호를 위해 철회가 제한될 수 있다.

---

215) "면허청이 상대방에게 면허권을 주는 행정처분을 하였을 때에는 비록 법규상의 취소권(철회권)발동사유가 발생하더라도 수익자에게 실제로 취소권(철회권)을 발동시키는 데에 취소(철회)하여야 할 공익상의 필요와 취소(철회)로 인하여 당사자가 입을 불이익 등을 형량하여 취소(철회) 여부를 결정하여야 하고 이것이 잘못되었을 경우에는 기속재량권의 남용이나 그 범위의 일탈에 해당하여 취소(철회)처분이 위법함을 면할 수 없다."(대법원 1990. 6. 26. 선고 89누5713 판결)

216) Maurer/Waldhoff, a.a.O., § 11 Rn. 76.

Ⅳ. 철회의 절차 및 효과

1. 철회의 절차와 이유제시

행정행위의 철회절차에 관한 명문규정이 있으면 이에 따르면 될 것이다. 그러나 그러한 규정이 없는 경우에도 수익적 행정행위의 철회의 경우에는 청문이나 의견진술의 기회를 주고 이유제시를 하도록 하는 것이 상대방의 권리보호와 절차의 적정성 확보를 위해 바람직하다(행정절차법 제22조, 제23조 및 제27조 등 참조).

2. 철회의 효과

행정행위가 철회되면 장래에 대하여 그 효력이 소멸된다. 그러한 점에서 행정행위의 쟁송취소가 소급효를 미치는 것과 차이가 있다. 다만, 직권취소의 경우에는 장래효를 미치는 것이 일반적이다. 그러나 행정기본법 제18조 제1항은 "행정청은 위법 또는 부당한 처분의 전부나 일부를 소급하여 취소할 수 있다. 다만, 당사자의 신뢰를 보호할 가치가 있는 등 정당한 사유가 있는 경우에는 장래를 향하여 취소할 수 있다"라고 규정하고 있다. 즉 행정청의 직권취소도 원칙적으로 소급효를 가지지만, 제3자의 신뢰보호가 문제될 때에는 예외적으로 장래효를 가질 수 있다고 규정하고 있다. 상대방에 귀책사유가 없는 행정행위의 철회로 인하여 상대방이 입는 손실에 대하여 행정청은 그 손실을 보상하여야 한다. 이러한 경우에는 법령에 보상규정이 마련되어 있어야 한다. 사용허가의 철회로 인한 보상(국유재산법 제28조 제3항), 감독처분으로 인한 손실보상(하천법 제77조 등) 등이 그러한 예에 속한다.

3. 하자 있는 철회의 효과

행정행위의 철회도 행정행위의 성질을 가지므로 행정행위의 적법요건을 구비하여야 한다. 철회의 요건에 하자가 있으면 행정행위의 하자의 일반원칙에 따라 무효 또는 취소될 수 있다.

제9절 행정행위의 실효

행정행위의 실효(失效)란 아무런 하자없이 성립한 행정행위가 일정한 사실의 발생에 의하여 당연히 그 효력이 소멸하는 것을 말한다. 행정행위의 실효는 행정행위의 대상 소멸(예컨대 사람의 사망이나 물건의 소멸), 해제조건의 성취 및 종기의 도래, 그리고 목적의 달성 등의 경우에 인정된다. 행정행위의 실효사유가 발생하면 행정청의 특별한 의사표시를 기다릴 것 없이 그때부터 장래에 향하여 당연히 행정행위의 효력이 소멸된다.

판례에서 행정행위의 실효가 인정된 사례가 있다. 즉 대법원은 "사업인정의 고시가 있은 날로부터 1년 이내에 재결신청을 하지 않는 것으로 되었다면 사업인정도 역시 효력을 상실하여 결국 그 수용절차 일체가 백지상태로 환원된다"고 판시한 바 있다.[217] 또한 대법원은 행정청의 확약 또는 공적인 의사표명이 그 자체에서 정한 유효기간을 경과한 이후에는 당연 실효된다고 보고 있다.[218]

제10절 인허가의제의 특수문제

Ⅰ. 인허가의제의 의의 및 특징

1. 인허가의제의 의의

개별 법령에는 인허가의제에 관한 규정이 적지 않다. 인허가의제는 1973년 12월 24일 제정된 '산업기지 개발 촉진법'에서 처음 도입되었다. 인허가의제는 절차간소화 차원에서 도입된 제도이지만, 여러 가지 법적 문제를 발생시키고 있다. 인허가의제란 특정한 법률의 인허가 등을 받은 경우에 다른 법률의 인허가 등을 받은 것으로 보는 것을 말한다. 행정기본법 제24조 이하에도 인허가의제 제도에 관한 규정을 명시하고 있다. 즉 인허가의제란 "하나의 인허가를 받으면

217) 대법원 1987. 3. 10. 선고 84누158 판결.
218) 대법원 1996. 8. 20. 선고 95누10877 판결.

법률로 정하는 바에 따라 그와 관련된 여러 인허가를 받은 것으로 보는 것"이라고 규정하고 있다(행정기본법 제24조 제1항). 후자를 "관련 인허가"라 하고, 전자를 "주된 인허가"라 한다. 의제는 물리적으로 실체가 없지만 법률적 기술로 규범적 현실을 창출하는 것이다.

한편, 독일에서도 의제적 행정행위(fiktiver Verwaltungsakt)를 인정하고 있다. 독일 행정절차법 제42a조는 이를 반영하여 허가의제(Genehmigungsfiktion)를 규정하고 있다. 일정한 행정행위를 신청한 후에 소정의 기간이 지나도 행정청의 응답이 없으면 법률의 규정에 따라 행정행위가 발급된 것으로 보는 제도이다.[219)]

2. 인허가의제의 특징

개별 법령에 규정된 인허가의제는 다양한 유형이 있지만, 대체로 아래와 같은 특징을 가진다. 첫째, 인허가의제는 법령에 따라 특정한 허가나 개발행위의 승인을 얻으면 관계 법령의 인허가를 받은 것으로 본다. 이에 반해 허가의제는 특정한 허가를 신청한 후에 소정의 기간 내에 행정청의 응답이 없으면 그 근거 법률에 따라 신청한 허가가 발급된 것으로 본다. 그런 점에서 인허가의제는 허가의제에 비해 포괄적인 효력을 가진다.

둘째, 인허가의제는 행정처분(행정행위)의 성격을 가지는 특수한 행정계획결정에 제한되지 아니하며, 독일의 집중효(Konzentrationswirkung) 제도와 구별되어야 한다. 독일의 집중효 제도는 대규모공공사업과 관련된 전문계획을 수립할 때에 절차의 신속화와 간소화를 위해 도입된 것으로서 계획확정결정(Planfeststellungs-beschluss)의 특수한 효력이다. 여기서 말하는 집중효는 인허가의 의제가 아니라 다른 법률의 인허가를 대체하는 것이며, 절차나 관할의 통합을 의미하는 '형식적' 집중효를 의미한다.[220)]

Ⅱ. 인허가의제의 절차

실무상 관계 행정청과의 협의를 통해 인허가의제가 이루어지는 경우가 적지 않다. 행정기본법은 인허가의제에 관한 절차를 자세히 규정하고 있다. 관련 인

---

219) Kopp/Ramsauer, VwVfG, Kommentar, § 35 Rn. 64; Maurer/Waldhoff, a.a.O., § 9 Rn. 11.
220) 졸저, 현대행정의 작용형식, 496면.

허가의 의제를 받으려면 주된 인허가를 신청할 때 관련 인허가에 필요한 서류를 함께 제출해야 한다(행정기본법 제24조 제2항). 다만, 불가피한 사유로 이를 함께 제출할 수 없는 경우에는 주된 인허가 행정청이 별도로 정하는 기한까지 제출할 수 있다. 주된 인허가 행정청은 주된 인허가를 하기 전에 관련 인허가에 관하여 미리 관련 인허가 행정청과 '협의'하도록 규정하고 있다(동조 제3항). 이러한 협의성립은 '동의'의 의미를 가진다. 또한 이러한 협의 요청을 받은 관련 인허가 행정청은 그 요청을 받은 날부터 20일 이내에 의견을 제출하여야 하며, 그 기간 내에 의견을 제출하지 아니하면 협의가 된 것으로 본다(동조 제4항). 독일에서도 다른 행정청과의 협의기간을 설정하고, 이러한 기간이 경과하면 별도의 이견(異見)이 없는 것으로 간주하는데, 이를 '동의의제(Zustimmungsfiktion)'라고 한다. 그러나 협의를 요청받은 관련 인허가 행정청이 해당 법령을 위반하여 협의에 응할 필요는 없다(동조 제5항). 관련 인허가 절차에 심의나 의견 청취 등이 필요한 경우에 이를 별도로 거쳐야 하는지는 명확하지 않았다. 이와 관련하여 행정기본법 제24조 제5항 단서는 법률에 인허가의제 시에도 해당 절차를 거친다는 명시적인 규정이 있는 경우에만 이를 거친다고 규정하고 있다. 따라서 해당 법률에 이러한 절차를 거쳐야 한다는 특별한 규정이 없으면 이를 생략할 수 있다.

Ⅲ. 인허가의제의 효력

인허가의제의 효력 범위에 관한 분쟁이 적지 않다. 주된 인허가의 효력이 어느 범위까지 미치는지가 다투어지고 있다. 주된 인허가를 얻으면 관련 인허가의 해당 법률에 따른 모든 효력이 인정되는지, 아니면 단순히 인허가의 절차 통합이나 관할 통합을 의미하는지가 모호하다. 또한 관련 인허가의 효력이 시간적으로는 언제까지 미치는지도 실무상 쟁점이 되고 있다. 이를 구분하여 간단히 설명하기로 한다.

1. 인허가의제의 사항적 효력범위

특정한 법률에서 주된 인허가를 얻으면 의제되는 관련 인허가의 법률 규정이 모두 적용되는지가 명확하지 않다. 행정기본법은 협의가 성립된 사항에 대하여 주된 인허가를 받았을 때에 관련 인허가를 받은 것으로 보며, 이러한 인허가 의제의 효과는 주된 인허가의 해당 법률에 규정된 관련 인허가에 한정한다고 규정하고 있다(제25조 제1항 및 제2항). 인허가의제의 효과 대상이 해당 법률에 규정된 관련 인허가에 미치는 것은 너무 당연하다. 그러나 의제되는 인허가의 법률 규정이 모두 적용되는지에 관한 문제, 즉 인허가의제의 사항적 효력범위 문제는 여전히 모호하다. 인허가의제 제도의 취지는 절차의 간소화나 신속화를 위해 주된 인허가를 얻으면 관련 인허가의 절차를 생략하는 것에 있으며, 의제되는 관련 인허가의 법률 규정이 모두 적용된다고 보기는 어렵다.

판례는 인허가의제의 사항적 효력 범위에 대하여 의제되는 관련 인허가의 근거 법률의 규정이 당연히 적용된다고 보지 않는다. 구 건축법 제8조 제4항에는 건축허가를 받으면 구 도시계획법 제25조의 규정에 따라 도시계획사업 실시계획의 인가를 받은 것으로 의제한다고 규정하고 있을 뿐, 새로이 설치한 공공시설의 무상귀속을 규정하고 있는 구 도시계획법 제83조 제2항을 준용한다는 규정을 두고 있지 않았다. 대법원은 구 건축법 제8조 제4항에 따른 건축허가를 받아 새로이 공공시설을 설치하였다고 하더라도 그 공공시설의 귀속에 관하여 구 도시계획법 제83조 제2항이 적용되지 않는다고 판시하였다.[221)]

2. 인허가의제의 시간적 효력범위

협의가 성립된 사항에 대해서는 주된 인허가를 받았을 때 관련 인허가를 받은 것으로 본다(행정기본법 제25조 제1항). 이 규정은 의제된 인허가의 효력발생 시점과 관련이 있다. 또한 개발사업의 실시계획승인이나 변경승인 등을 받으면 도로법에 의한 도로점용허가를 받은 것으로 의제되는 경우에 의제되는 도로점용허가는 택지개발사업이 완료된 후에도 그대로 효력을 가지는지가 문제된다. 이에 대해 행정기본법은 아무런 규정을 두고 있지 않다. 이와 관련하여 의제되는 인허가의 효력은 주된 인허가가 그 목적을 달성한 경우에 원칙적으로 함께 소멸한다고 보는 견해, 적법한 인허가에 의해 의제된 이상 그 의제된 인허가의 효력은 계속 유지된다고 보는 견해 등이 대립할 수 있다. 인허가의제 제도의 본질상 원칙적으로 전자의 입장이 타당하다. 인허가의제의 효력은 법률에 별도의 특별한 규정이 없으면 주된 인허가의 목적이 달성된 때에 원칙적으로 소멸한다.

---

221) 대법원 2004. 7. 22. 선고 2004다19715 판결.

그러나 이러한 입장을 따르더라도 주된 인허가가 적법한 절차에 의해 발급되었다면 의제되는 관련 인허가의 효력 소멸에 대해서는 절차규정을 마련하는 것이 바람직하다. 한편, 대법원은 한국전력공사가 택지개발사업과 관련하여 도로예정지 등에 전력관을 매설하고 사업시행 완료 후 이를 유지·관리하기 위하여 도로를 점용한 것에 대하여 도로관리청이 무단점용을 이유로 변상금을 부과한 사건에서, 한국전력공사가 변상금 부과처분을 할 때까지 그 사용·수익을 정당화할 수 있는 법적 지위를 가지고 있었다고 보아 해당 변상금 부과처분이 위법하다고 판시하였다.[222)]

Ⅳ. 인허가의제의 하자

주된 인허가의 하자에 대해서는 행정행위의 하자에 관한 규정이 그대로 적용된다. 인허가의제의 특성상 주된 인허가를 신청할 때에 관련 인허가에 필요한 서류를 함께 제출한다(행정기본법 제24조 제2항). 이때에 관련 인허가도 형식적·실체적 요건을 모두 갖추어야 하는지가 문제다.

인허가의제 제도의 특성에 비추어보면, 다른 법률에 특별한 규정이 없는 한 절차적 요건을 별도로 충족할 필요는 없다(행정기본법 제24조 제5항 참조). 관계 행정청과 협의를 거치지 아니하거나 다른 의견을 제출한 관계 행정청의 의견을 무시하고 주된 인허가를 발급하는 경우 절차상 하자가 인정되는지가 문제될 수 있다. 관련 인허가 행정청과의 협의절차를 거치지 아니하고 주된 인허가가 발급되면, 의제되는 인허가는 절차상 하자로서 위법하다(행정기본법 제24조 제3항 참조). 관련 인허가 행정청과의 협의를 거쳤으나 서로 의견이 일치하지 않을 때도 있다. 이러한 협의가 실질적으로 '동의'의 의미를 가질 때에는 관련 인허가 행정청의 동의가 없는 것으로 보아 절차상 하자가 있는 것으로 판단하여야 한다.

의제되는 관련 인허가의 실체적 요건을 위반하는 사항에 대해서는 주된 인허가를 심사할 때 함께 고려해야 한다. 독일 연방행정법원은 포괄적 사법구제를 규정하고 있는 기본법 제19조 제4항과 관련하여 의제되는 행정행위에 대해서도 실체적 위법성 여부를 심사할 수 있다고 보고 있다.[223)] 의제되는 인허가에 대한 감독권은 관련 인허가 행정청에 있다(행정기본법 제26조 제1항).

222) 대법원 2010. 4. 29. 선고 2009두18547 판결.
223) BVerwGE 105, 6/15 f.

V. 의제된 인허가에 대한 행정쟁송

주된 인허가뿐만 아니라 의제된 인허가의 하자에 대해서는 무효, 취소 또는 철회가 인정될 수 있다. 의제된 행정행위는 그 실체가 없으므로 주된 인허가를 신청할 때에 제출한 서류 등을 기준으로 그 하자를 판단해야 한다. 주된 인허가가 취소되면 의제된 인허가도 함께 취소된다고 보아야 한다. 예컨대 건축법상 건축허가의 발급으로 국토의 계획 및 이용에 관한 법률에 따른 개발행위허가가 의제된 때에 주된 인허가인 건축허가가 취소되면 개발행위허가도 취소된다고 해석하는 것이 바람직하다. 물론 의제된 행정행위 그 자체의 하자에 대해서는 별도로 다툴 수 있음은 물론이다. 이 경우 의제된 행정행위의 하자로 인해 취소되더라도 주된 인허가가 당연히 취소된다고 보기는 어렵다. 대법원은 주된 인허가인 사업계획의 승인은 그대로 유지하면서 의제된 인허가의 효력만을 소멸시킬 수 있다고 보고 있다.[224)]

주된 인허가는 처분성이 인정되므로 항고소송의 대상이 될 수 있음은 물론이지만, 의제된 인허가도 항고소송의 대상이 될 수 있는지가 문제될 수 있다. 독일에서는 의제된 행정행위도 행정행위의 성질을 가진다고 보고 있다.[225)] 그러나 의제된 행정행위는 그 실체가 없고 법률에 의해 인정되므로 제3자의 권리구제와 관련된 제소기간 산정이나 집행정지 등이 문제가 되고 있다.[226)]

---

224) 대법원 2018. 7. 12. 선고 2017두48734 판결.
225) BVerwGE 91, 7/9.
226) 졸고, “행정기본법상 인허가의제 제도의 법적 쟁점과 개선방안”, 행정법학 제21호(2021. 9), 1-32면.

제3장 행정계획

제1절 행정계획의 의의 및 특징

Ⅰ. 행정계획의 개념 및 제도적 기능

현대행정에 있어 행정계획은 중요한 도구가 되고 있다. 대규모공공사업은 계획행정청의 고권적 계획을 통해 실현되고, 이러한 계획작용은 국민의 기본권(재산권)이나 자유를 제약할 수 있다. 계획의 정당성을 통한 개발이익의 추구와 환경보호는 서로 상충하고 대립하는 것이 보통이다. 이러한 문제들은 국가에 대한 개인의 권리구제와 밀접한 관련이 있다. 계획작용은 행정행위(처분)나 사실행위와 같이 단기간에 끝나는 것이 아니라, 단계적이고 장기에 걸쳐 이루어지는 특징을 가지고 있다. 사전계획의 수립 단계에서부터 당사자 또는 이해관계인이 조기에 절차에 참여하여 사전적 이익조정의 과정을 거치는 것은 민주주의원리의 관점에서도 바람직하지만, 사전적 권리구제라는 법치국가원리의 측면에서도 효율적이고도 합리적인 결론을 도출할 수 있다. 또한 계획행정청에는 광범위한 형성의 자유가 부여되는 것이 보통이다. 이러한 형성의 자유는 목적프로그램에 기초하고 있기 때문에, 이를 사법적으로 통제하는 것은 개인의 권익구제와 관련하여 중요한 의미를 가진다. 독일에서 도입된 형량명령(衡量命令)의 법리는 행정주체의 계획활동을 통한 다원적 법률관계에서 그 이익조정을 위해 대단히 중요한 의미를 가지고 있으며, 그러한 이유에서 현대국가를 "형량국가(衡量國家)"라고 부르기도 한다.[1] 또한 형량하자론(衡量瑕疵論)을 통한 계획의 형성적 자유에 대

1) Thomas Würtenberger, Rechtliche Optimierungsgebote und Rahmensetzungen für das Verwaltungshandeln?, VVDStRL 58 (1999), S. 141.

한 통제는 사후적인 권리구제수단으로서의 기능을 하고 있다. 근래에는 계획활동에 대한 사법적 통제가 더욱 강조되고 있는 것이 사실이다.

계획의 다차원성 내지 다면성으로 인해 그 개념을 명쾌하게 정의하기가 쉽지 않다. 학자에 따라서는 계획을 "예견적(豫見的)인 목표설정(目標設定)과 그 실현을 위해 필요한 행동양식의 사고적 선취(先取)",[2] "목표 내지 목적지향적인 자유로운 형성"[3] 또는 "행정주체가 일정한 행정활동을 위한 목표를 설정하고, 상호관련성 있는 행정수단의 조정과 종합화의 과정을 통하여, 그 목표로 정한 장래의 시점에 있어서의 보다 좋은 질서를 실현하는 것을 목적으로 하는 활동기준 또는 그 설정행위"[4] 등으로 정의하기도 한다. 그러나 기능적 관점에서 계획의 본질을 살펴본다면, 미래예견적 목표설정을 통하여 사전에 리스크(risk, Risiko)를 방지하거나 회피하는 데 있다고 볼 수 있다.[5] 환경보호의 관점에서 이러한 계획작용은 사전배려의 원칙과도 밀접한 관련이 있다. 독일에서 이러한 사전배려의 원칙은 환경계획분야에 있어서 "현대환경보호의 중심적이고 실체적인 지도형상(모범)"[6]으로 파악되고 있다.

일찍이 카이저(Joseph H. Kaiser)는 계획[7]의 본질을 "우리 시대의 위대한 견인차"[8]라고 설파(說破)한 바 있지만, 계획은 결코 우리 시대의 새로운 현상이 아니라 인간활동의 중심적 범주를 이루고 있다.[9] 그러한 의미에서 계획은 현대국가에 있어서 "포기할 수 없는 국가작용의 도구"[10]로서, 오늘날 중요한 국가과제를 수행하고 있다. 고권적 계획작용은 권력분립의 관점에서, 계획의 분야·영역에 따라 국가유도계획(國家誘導計劃)(staatsleitende Planung)과 행정계획(行政計

---

2) Wolff/Bachof/Stober, Verwaltungsrecht I, 10. Aufl., § 56 Rn. 6.
3) F. Ossenbühl, Abwägung im Verfassungsrecht, DVBl. 1995, S. 904.
4) 김도창, 일반행정법론(상), 336면.
5) G. Roellecke, Ein Rechtsbegriff der Planung, DÖV 1994, S. 1025.
6) Hoppe/Beckmann/Kauch, Umweltrecht, § 1 Rn. 127.
7) 계획의 개념은 그 다양성으로 인해 이론적으로 명쾌하게 정의를 내리기가 쉽지 않다. 우선 계획의 용어사용과 관련하여, 언어논리적으로는 계획활동으로서의 계획(Planung)과 그 결과로서의 계획(Plan)으로 구분한다. 그러나 독일에서는 계획의 다차원성(Mehrdimensionalität)을 이유로 이러한 양자의 구분이 타당하지 않다는 견해도 있다. 즉 결과로서의 계획(Plan)이 결코 통계나 최종적인 것은 아니기 때문에, 양자는 동의어로 사용될 수 있다는 것이다(W. Hoppe, Grundfragen des Planungsrechts, Ausgewälte Veröffentlichungen, Beiträge zur Raumplanung und zum Siedlungs- und Wohnungswesen, Bd. 182, 1998, S. 5 참조).
8) Joseph H. Kaiser, Planung I, 1965, S. 7.
9) Thomas Würtenberger, Staatsrechtliche Probleme politischer Planung, 1979, S. 19.
10) Hoppe, in: Isensee/Kirchhof, Handbuch des Staatsrechts, Bd. Ⅲ, S. 654 f.

劃)으로 나눌 수 있다. 국가유도계획은 정책계획(政策計劃)으로서, 행정계획과 달리 원칙적으로 국가의 목표설정이나 행정작용에 대한 지침, 그리고 정책의 예견적 구상 등과 밀접한 관련이 있다. 이러한 정책계획은 의회와 정부 사이의 계획기능의 분산과 관련이 있는데, 그 권한의 귀속문제가 논의의 대상이 되고 있다. 이러한 의미에서 정책계획은 종종 의회와 정부 사이의 긴장관계에 놓여 있다.[11] 이에 반해 행정계획은 주로 전문분야에 대한 계획으로서 대규모산업시설이나 도로계획 등과 관련이 있는 것이 보통이다.[12]

Ⅱ. 행정계획의 종류

행정계획의 유형은 다양하게 분류될 수 있다.[13] 이하에서는 계획의 대상, 대상지역, 계획기간, 계획의 수준, 구체화 정도, 법형식, 대상범위 및 구속효에 따라 분류하기로 한다.

1. 대상에 의한 구분

계획의 대상에 따라 경제계획, 사회계획, 재정계획, 국토계획, 방재계획 등으로 분류될 수 있다.

2. 대상지역에 의한 구분

대상지역을 기준으로 국토종합계획, 수도권정비계획, 도종합계획(道綜合計劃),

11) 이에 대해서는 Ernst-Wolfgang Böckenförde, Planung zwischen Regierung und Parlament, Der Staat (1972), S. 429 ff.; F. Ossenbühl, Welche normativen Anforderungen stellt der Verfassungsgrundsatz des demokratischen Rechtsstaates an die planende staatliche Tätigkeit, dargestellt am Beispiel der Entwicklungsplanung?, Gutachten B zum 50. DJT. 1974, S. B26.

12) 정책계획과 행정계획의 구분에 대한 상세는 Hoppe, in: Isensee/Kirchhof, Handbuch des Staatsrechts, Bd. Ⅲ, § 71 Rn. 7.

13) 호페(W. Hoppe)는 ① 계획의 수위에 따라 국가유도계획(정치계획)과 행정법상의 계획으로 구분하고 있고, ② 계획의 유형에 따라 i) 임무계획과 자원계획, ii) 종합계획과 전문계획, iii) 프로그램계획과 처분계획, iv) 질서계획과 발전계획 등으로 세분하고 있다. 또한 ③ 시간적 요소에 따라 단기계획(1-2년), 중기계획(3-7년), 장기계획(8-15년)으로 구분한다. 그리고 ④ 법형식에 따라 법률, 법규명령, 조례(자치법규) 또는 행정행위 등에 의한 계획으로 구분한다. 나아가 ⑤ 그 효력방식에 따라 지시적 계획(indikative Pläne), 유도적 계획(influenzierende Pläne) 및 명령적 계획(imperative Pläne)으로 구분한다. 이에 대한 상세는 Hoppe, in: Isensee/Kirchhof, Handbuch des Staatsrechts, Bd. Ⅲ, § 71 Rn. 6 ff.

시 · 군종합계획(市 · 郡綜合計劃), 지역계획 등으로 분류될 수 있다(국토기본법 제6조, 수도권정비계획법 제2조 참조). 한편, 독일의 계획유형으로는 ① 연방, 주 및 게마인데(Gemeinde)의 예산안, ② 국토공간계획(Raumplanung), ③ 개발 및 조달계획(Entwicklungs- und Bedarfspläne), ④ 연방고속도로 수요계획(FStrAbG) 및 ⑤ 기타 지방풍치계획, 공기정화계획, 소음감소계획, 폐수처리계획 등이 있다. 또한 독일의 국토공간계획에서는 후술하는 바와 같이 종합계획(Gesamtplanung)과 전문계획(Fachplanung)의 구분이 중요하다. 종합계획(綜合計劃)은 특정한 '지역'의 종합발전과 관련이 있으며, 연방공간정서법(ROG)의 지침 및 관할 연방장관에 따라 만들어진 공간발전청사진에 의해 충족되고 구체화되고 있다. 반면 계획확정결정의 근거가 되는 전문계획(專門計劃)은 일정한 공간이 필요한 시설(예컨대 도로, 공항, 폐기물처리 시설 등)의 건설과 관련된 것이다.

3. 계획기간에 의한 구분

계획의 기간에 따라 장기계획 · 중기계획 · 단기계획 · 연도계획 등으로 나뉜다. 일반적으로 장기계획은 20년, 중기계획은 10년, 단기계획은 5년, 연도계획은 1년 단위의 계획을 의미한다.

4. 계획의 수준에 의한 구분

계획은 단계적으로 이루어진다. 따라서 특정한 계획이 다른 계획의 기준이 되는지 여부에 따라 상위계획과 하위계획이 구별된다. 예컨대 도시 · 군기본계획은 상위계획인 광역도시계획의 지침을 수용하고 발전시켜 도시의 장기적인 발전방향 및 미래상을 제시하는 하위계획이다.

5. 구체화의 정도에 의한 구분

물적 · 경제적 · 사회적 측면을 종합한 '기본계획'과 이것을 개별적으로 시행하기 위한 세부계획인 '집행계획'으로 구분될 수 있다. 후자는 행정행위의 성질을 가지는 경우가 대부분이다. 이에 반해 전자는 대부분 대외적 구속력을 가지지 않는다.

6. 법형식에 의한 구분

법률형식에 의한 계획, 예산의 형식에 의한 계획, 명령 또는 조례에 의한 계획, 행정행위에 의한 계획 등이 이에 속한다. 특히 독일에서 예산은 법률의 형식으로 수립되고, 지방자치단체(Gemeinde)의 도시건설계획(Bebauungsplan)은 조례에 의해 수립된다. 후술하는 바와 같이 형식에 의한 분류는 권리구제와 관련하여 중요한 의미를 가진다.

7. 대상범위에 의한 구분

계획은 대상범위에 따라 종합계획(master plan, Gesamtplanung)과 전문계획(Fachplanung)으로 구분될 수 있다. 전자에는 국토종합계획, 도종합계획 등이 속한다. 후자에는 도시·군관리계획으로서 도로 등 기반시설의 설치계획 등이 속한다고 볼 수 있다. 다만, 도시·군관리계획에는 기반시설의 설치계획 이외에 용도지역에 관한 계획(지역·지구·구역의 지정 또는 변경에 관한 계획), 사업계획(도시개발사업·재개발사업)이 포함되므로(국토의 계획 및 이용에 관한 법률 제2조 참조), 이를 종합계획 또는 전문계획 중 어느 하나로 귀속시키기 어렵다. 사회기반시설과 관련하여 개별법에서 규율하는 '실시계획'이 이러한 전문계획에 가깝다.

독일의 건축법 및 도시계획법 실무에서는 전문계획과 종합계획의 구분이 중요하며, 전문계획법과 독일 건설법전 등 실정법을 근거로 하여 논의되고 있다. 특히 국토공간계획(Raumplanung)은 양자를 포괄하는 상위개념으로서, 모든 차원 및 분야에 걸친 국가의 공간적 계획을 의미한다. 전문계획은 주로 프로젝트사업과 관련된 계획으로서, 분야별 과제나 문제영역의 계획적 공공갈등극복에 기여한다. 한편, 종합계획은 일정한 공간 내지 지역과 밀접한 관련이 있고, 공간적으로 중요한 모든 요소를 파악하고 조정하는 초분야적(超分野的) 계획이다.[14] 전문계획은 대체로 사회기반시설계획과 관련하여 계획확정절차(Planfeststellungsverfahren)를 통해 실현된다(예컨대 연방원거리도로법 제17조). 그러한 의미에서 계획확정의 제도는 "전문계획(專門計劃)의 전형(典型)"[15]으로 파악되고 있다. 계획확정절차(計劃確定節次)에 대한 일반적 절차규정은 독일행정절차법 제72조 이하 및 각 전문

---

14) Hoppe/Grotefels, Öffentliches Baurecht, § 1 Rn. 3 ff.
15) Dürr, in: Knack(Hg.), VwVfG, 7. Aufl., 2000, Vor § 72 Rn. 3.

계획법에서 발견할 수 있다.

8. 구속효에 따른 구분

일반적으로는 지시적, 유도적, 명령적 계획으로 구분한다. 첫째, 지시적·정보제공적 계획(indikative od informative Pläne)은 데이터(data)와 사전예상 등을 담고 있다. 이는 국가기관과 경우에 따라서는 사인에게 그 당시의 기대되는 관계에 대해 정보를 주고, 이를 판단 및 처분의 근거자료로 제공한다. 지시적 계획은 정보제공의 일종이며 사실행위의 성질을 가진다. 둘째, 명령적·규범적 계획(imperative od. normative Pläne)은 당해 수범자에 대해 법적 구속력을 가진다. 공행정에 대해서만 구속효가 인정되는지, 또는 사인도 포함되는지, 그리고 이것이 의무적인지에 따라 구별될 수 있다. 일정한 목적과 우선권을 확정하고 있는 영향적 계획이 수범자에게 명령이 아니라 다른 국가적 유도수단을 사용해서 이를 실현시키는 것과 달리, 명령적·규범적 계획은 조례 형식의 도시건설계획(Bebauungsplan)처럼 이해관계자의 행위를 직접적으로 구속한다. 명령적·규범적 계획은 법적 분석에 있어서 경계선상에 있다. 그 밖에 연방 및 주의 예산안은 법률의 형식을 통해 확정되고, 게마인데(Gemeinde)의 예산안은 조례를 통해 확정된다. 셋째, 유도적 또는 영향적 계획(influenzierende Pläne)은 지시적 계획과 명령적 계획의 중간영역에 속한다. 여기에는 자금조성, 조세감면, 도로건설, 공장부지의 증명을 통한 사회기반시설의 개선 등이 해당한다. 영향적 계획은 법적으로 파악되기가 대단히 어렵고, 지시적 계획과 영향적 계획의 경계설정도 논란이 있다.

Ⅲ. 행정계획의 법적 성질

행정계획을 독립된 작용형식의 하나로 보는 것에 대해 부정적인 견해도 있다.[16] 그러나 이러한 견해는 행위형식(Handlungsform)과 법형식(Rechtsform)을 구별하지 못하고 있다.[17] 행정계획은 오늘날 독자적인 행위형식으로 파악된다(다수설).[18] 다만, 행정계획은 다양한 법형식을 가지고 실현된다. 행정의 행위형

16) Maurer/Waldhoff, Allgemeines Verwaltungsrecht, 19. Aufl., § 16 Rn. 13.
17) Battis, Allgemeines Verwaltungsrecht, 3. Aufl., S. 258.
18) Wolff/Bachof/Stober, Verwaltungsrecht I, 10. Aufl., § 56 Rn. 1 ff.; Forsthoff, Lehrbuch

식은 다양하며, 복잡다원화된 현대행정을 엄격하게 제한된 고전적 카테고리에 담으려는 것은 무리이다. 행정계획은 특정한 법형식에 구애됨이 없이 다양한 법형식의 옷을 입고 그 모습을 드러내는 것이 특징이다. 독일의 입법자는 개별법 분야에서 계획의 법형식을 구체적으로, 그리고 다양하게 규정하고 있다. 행정계획은 국가작용의 독자적인 법형식을 가지지 않고, 전통적으로 내려오는 다양한 법형식을 통해 나타난다(예컨대 형식적 법률, 법규명령, 조례, 내각의 결정, 수상이나 연방장관의 지침, 행정규칙, 행정행위, 개별지시 그리고 사실행위 등). 권리구제를 위한 소송유형도 행정계획의 법형식에 따라 다르다. 독일에서는 조례 형식의 도시건설계획에 대해서는 행정법원법 제47조 제1항에 따른 (추상적) 규범통제의 방식으로 다투고, 행정행위의 성질을 가지는 계획확정결정에 대해서는 취소쟁송이나 의무이행소송을 제기할 수 있다.

제2절 계획재량과 사법적 통제

Ⅰ. 계획재량(계획의 형성적 자유)

계획재량(Planungsermessen)은 규범이론 내지 규범구조적인 관점에서 법효과재량과 근본적인 차이를 가진다. 법효과재량은 포섭(Subsumtion)의 문제로서 조건프로그램의 특징을 가지지만, 계획재량은 목적프로그램의 구조를 가지며 미래지향적이다. 포섭을 통해 일정한 사실이 법률의 구성요건에 해당하는 경우에는 자동적으로 법효과가 발생한다. 이 경우 법효과 부분에 선택이 규정된 경우 행정청은 그 선택의 범위 내에서 재량권을 행사하게 된다. 이에 반해 계획재량의 경우에는 형량(Abwägung)이 주로 문제된다. 계획재량을 통상의 법효과재량과 구별하기 위해 '계획의 형성적 자유'라는 표현이 사용된다. 일반적인 법효과재량으로서 행정재량과 계획재량을 동일한 것으로 보는 견해는 이러한 차이점을 간과한 것이다. 계획재량은 조건프로그램(Konditionalprogramm)이나 가언(假言)명제의 정식(Wenn-Dann-Schema)이 아니라, 목적프로그램(Finalprogramm) 및 형량명령과 관련이 있다.

---

des Verwaltungsrechts, Bd. I, 10. Aufl., S. 303; Battis, a.a.O., S. 258

Ⅱ. 형량명령과 형량하자

1. 형량명령의 내용 및 특징

다원화된 현대사회에서 대규모공공사업(Großprojekt), 예컨대 신공항·고속전철·고속도로 및 폐기물처리시설 등과 관련하여 종종 사익간 또는 공익간, 그리고 사익과 공익 사이에서 갈등과 이익충돌이 발생하고 있다. 건축법·도시계획법 및 환경법 등의 분야에서 이러한 이익갈등을 해결하기 위한 수단으로서 독일에서는 오래 전부터 형량명령(Abwägungsgebot)이 중요한 역할을 하여 왔다. 이와 관련하여 독일의 건축법 및 도시계획법 분야에 있어서의 대표적 학자인 호페(W. Hoppe)는 일찍이 이러한 형량을 모든 계획의 '본질적 요소'로 파악하였다.[19] 오늘날 대규모공공사업은 국가의 계획행정을 통하여 실현되고 있다. 대규모공공사업에서는 현실적으로 많은 이익갈등 중에서 개발이익과 환경이익이 충돌하고 있다. 특히 국토계획행정에서는 계획정당성(Planrechtfertigung)이라는 공익과 환경보호의 이익이 상호 충돌하고 있다. 이러한 이익갈등문제는 중요한 사회적 문제로 대두되고 있다.

우리나라에서도 '새만금 간척사업'을 둘러싸고, 개발이익과 환경이익이 첨예하게 대립한 바 있다.[20] 그러나 이러한 현실적인 문제점에도 불구하고, 한국의 법제에서는 이에 대한 법적 근거가 여전히 미흡하다. 이에 반해 독일에서는 이러한 논의와 관련하여 각 개별법에서 형량명령(衡量命令)을 규정하고 있다. 예컨대 연방원거리도로법(FStrG) 제17조 제1항 제2문, 독일 건설법전(BauGB) 제1조 제7항 등이 그러하다. 연방행정법원의 수많은 판결들을 통해 그 이론을 체계화한 바 있다. 이러한 형량명령은 한국에서도 이미 1980년대를 전후해서 소개되었고,[21] 그 이후 이와 관련된 다수의 논문들이 계속해서 형량명령을 논하고 있다.[22] 다행스럽게도 2022년 1월 11일 개정된 행정절차법 제40조의4에는 행정계

19) W. Hoppe, Die Bedeutung von Optimierungsgeboten im Planungsrecht, DVBl. 1992, S. 853.

20) 졸저, 행정구제의 기본원리, 제1전정판, 325면 이하.

21) 김남진, 행정법의 기본문제, 1994, 293면 이하; 서원우, "계획재량에 대한 법적 통제"(Ⅰ·Ⅱ·Ⅲ), 월간고시, 1981. 8, 57면 이하; 석종현, "계획재량과 형량명령", 고시계, 1980. 10, 33면 이하; 신봉기, "계획재량과 형량이론에 대한 재검토", 고시연구, 1989. 12, 174면 이하.

22) 강현호, "형량과정과 형량결과의 법적 의미", 공법연구 제26집 제1호, 245면 이하; 김현준,

획에 관한 규정을 도입하면서, 형량명령에 관한 내용을 포함하고 있다.

2. 형량하자론

계획재량 내지 계획의 형성적 자유의 보장은 초창기에 사법적 통제의 한계로서 논의되었으나, 오늘날에는 이에 대한 사법적 통제를 오히려 강조하고 있다. 그러나 주의해야 할 것은 계획재량의 본질상 이러한 행정의 형성적 기능을 간과해서는 아니 되며, 사법의 권한은 행정에 부여된 계획의 형성여지가 하자 있는 경우에 제한되어야 한다. 독일의 판례 및 학설에서는 형량하자론을 3단계 내지 4단계로 구성하고 있다. 형량의 과정과 결과는 서로 구별되는 것이 타당하다. 4단계로는 형량불행사(Abwägungsausfall), 형량의 흠결(Abwägungsdefizit), 오형량(Fehlgewichtung) 및 형량불비례(Abwägungsdisproportionalität)로 구분된다. 형량의 불행사란 형량을 전혀 하지 않는 것을 말하며, 형량의 흠결은 제반 상황에 비추어 고려되어야 할 이익요소가 형량에서 누락된 경우를 의미한다. 오형량은 관련된 공·사익을 잘못 평가한 경우를 말하며, 이를 "형량상의 평가과오"라고 부르기도 한다. 형량불비례는 관련된 이익조정이 개별 이익의 객관적 중요성에 비해 비례하지 않는 방식으로 행해진 경우에 인정된다. 이를 "형량의 불균형"이라고도 부른다.[23] 대법원 판례는 오형량(誤衡量)과 형량불비례를 통합하여 3단계로 구분하고 있다.

한국의 행정법이 과거에 비해 눈부신 발전을 거듭하고 있음에도 불구하고, 규범이론적인 논의에 있어서는 아직도 답보상태(踏步狀態)에 있다. 종전에 대법원은 계획규범을 도입함에 있어서 목적프로그램으로서의 성격을 인정하고 있음에도 불구하고, 규범이론적인 측면에서 여전히 포섭(Subsumtion)과 형량(Abwägung)의 구별을 간과하고 있었다. 또한 형량하자의 유형은 일견 외형상으로 재량하자론(Ermessensfehlerlehre)과 유사하다. 그러나 포섭과 형량은 규범이론적으로 서로 구별된다고 보는 것이 독일의 다수설이다. 행정재량과 계획재량의 양적 차이를 강조하는 견해도 있으나, 이러한 주장은 타당하지 않다. 일련의 대법원판결이 계획재량을 인정하고 있음에도 불구하고, 재량하자론에 따라 사안을 해결한 사례도 있다.

"계획법에서의 형량명령", 공법연구 제30집 제2호, 357면 이하.

23) 졸저, 현대행정의 작용형식, 299면 이하.

한편, 대법원의 도시계획시설결정처분 무효확인사건은 이른바 계획재량(계획의 형성자유)과 형량명령에 관한 대표적인 판례이다.[24] 이 판결은 무엇보다 행정계획의 특성과 개념정의에 대한 내용 등을 담고 있다. 그 동안 주로 행정재량(법효과재량)에만 의존했던 것과는 달리, 계획규범과 형량명령에 관하여 중요한 시사점을 던져 주었다. 특히 대법원은 위 판결에서 "행정주체가 구체적인 행정계획을 입안·결정함에 있어서 비교적 광범위한 형성의 자유를 가진다"라고 하여, 계획규범의 본질 중의 하나인 계획상 '형성의 자유'라는 표현을 직접 사용하고 있다. 나아가 이러한 광범위한 계획의 형성적 자유가 무제한적인 것이 아니라, 일정한 한계를 가진다는 점을 인식하고 있다. 이 판결에서 계획규범의 특수성을 인정하고 있는 점은 의미가 있다. 무엇보다 이 판결은 독일 연방행정법원의 판례로부터 영향을 받은 것으로서 대법원판례의 진일보(進一步)함을 엿볼 수 있다. 그러나 대법원이 계획행정청의 형성적 자유에 대한 사법통제와 관련하여 형량명령에 대한 진지한 논구(論究)를 포기하고 종전의 이익형량의 원칙을 통해서, 또는 재량하자론에 따라 도시계획시설결정의 위법을 검토하는 것은 논리적 일관성을 흠결한 것이다. 이러한 판례는 대법원의 후속 판결에도 계속해서 영향을 미친 바 있다.[25] 그러나 다행스럽게도 대법원판례에 큰 변화가 생겼다. 즉 종전의 판례에서는 "행정계획결정은 재량권을 일탈·남용한 것으로 위법하다"라고 하여 행정재량과 계획재량을 명확히 구분하지 못하였으나,[26] 울산도시계획시설(학교)결정취소소송에서 형량하자론을 보완하고 있다. 즉 대법원은 "형량에 하자가 있어 위법"하다고 보고, 재량하자가 아닌 '형량하자'로 도시계획결정의 위법성을 판단하고 있다.[27] 이러한 판례의 변화는 통상의 재량(법효과재량)과 계

---

24) 대법원 1996. 11. 29. 선고 96누8567 판결.

25) 대법원 1997. 6. 24. 선고 96누1313 판결; 대법원 1997. 9. 26. 선고 96누10096 판결; 대법원 1998. 4. 24. 선고 97누1501 판결; 대법원 2000. 3. 23. 선고 98두2768 판결.

26) 대법원 2005. 3. 10. 선고 2002두5474 판결.

27) "행정계획이라 함은 행정에 관한 전문적·기술적 판단을 기초로 하여 도시의 건설·정비·개량 등과 같은 특정한 행정목표를 달성하기 위하여 서로 관련되는 행정수단을 종합·조정함으로써 장래의 일정한 시점에 있어서 일정한 질서를 실현하기 위한 활동기준으로 설정된 것으로서, 구 도시계획법(2000. 1. 28. 법률 제6243호로 전문 개정되기 전의 것) 등 관계 법령에는 추상적인 행정목표와 절차만이 규정되어 있을 뿐 행정계획의 내용에 관하여는 별다른 규정을 두고 있지 아니하므로 행정주체는 구체적인 행정계획을 입안·결정함에 있어서 비교적 광범위한 형성의 자유를 가지는 것이지만, 행정주체가 가지는 이와 같은 형성의 자유는 무제한적인 것이 아니라 그 행정계획에 관련되는 자들의 이익을 공익과 사익 사이에서는 물론이고 공익 상호간과 사익 상호간에도 정당하게 비교교량하여야 한다는 제한이 있으므로, 행정주체가 행정계획을 입안·결정함에 있어서 이익형량을 전혀 행하지 아니하거나 이익형량의 고려 대

획재량을 명확히 구별한 것이며, 계획법제의 큰 발전을 반영한 것이다.

Ⅲ. 행정계획에 대한 권리구제

1. 행정쟁송

고권적 계획결정 또는 그 변경(소멸 포함) 등으로 인한 권리와 이익을 침해받은 자에게 어떠한 구제방법이 강구될 수 있는지가 중요한 문제이다. 처분성을 가지는 위법 또는 부당한 계획결정으로 인하여 자신의 법률상 이익을 침해받은 자는 일단 해당 행정계획(도시계획 등)에 대한 취소쟁송을 제기할 수 있다(행정심판법 제9조, 행정소송법 제12조 등 참조).

이러한 행정계획의 위법·부당성의 심사에 있어서는 단순히 성문법규의 저촉 여부만이 아니라 전술한 형량명령의 위반 여부, 절차의 준수 여부 등이 검토된다.[28] 다만, 행정쟁송을 통한 권리구제에는 많은 어려움이 따른다. 행정계획의 처분성 인정 여부, 사건의 성숙성 여부가 종종 문제된다. 전자는 현행 행정소송법이 취소쟁송 위주로 구성되어 있음에 기인한다. 위법한 도시계획조례에 대해서는 부수적 규범통제에 의하거나, 일정한 요건 하에 헌법소원을 제기할 수 있다. 또한 계획행정청에는 소위 계획재량(계획의 형성적 자유)이 부여되어 있으므로, 이에 대해 계획실행을 요구할 청구권을 행사하기가 곤란한 측면이 있다. 그러나 근년에 들어와서 계획의 형성적 자유가 인정되는 도시계획결정에 대해서도 형량하자 여부를 통하여 사법적 통제를 강화하고 있다.

2. 손해전보

행정계획의 수립·결정 등에 관여하는 공무원의 직무상 불법행위가 있는 경우에 국가배상을 청구할 수 있음은 물론이다(헌법 제29조, 국가배상법 제2조 참

상에 마땅히 포함시켜야 할 사항을 누락한 경우 또는 이익형량을 하였으나 정당성과 객관성이 결여된 경우에는 위법하다."(대법원 2006. 9. 8. 선고 2003두5426 판결)

28) "학교재산의 매도 또는 담보제공을 금하는 사립학교법 제28조 제2항의 규정이 있다고 하여 학교재산에 대한 도시계획시설결정이 언제나 당연무효가 되는 것은 아니며, 그 위법 여부는 현재 그 학교재산이 제공되고 있는 용도, 위치 등 구체적 시설의 공익성과 도시계획시설결정의 공익성과의 대소경중을 종합적으로 비교형량하여 가려야 하고, 또 가사 도시계획시설결정이 위법하다고 하더라도 그 위법이 반드시 중대·명백한 것이어서 언제나 당연무효사유가 된다고도 볼 수 없다."(대법원 1984. 9. 25. 선고 83누500 판결)

조). 그러나 현실적으로는 국가배상책임의 요건이 충족되기가 쉽지 않다. 또한 도시계획의 실행으로 인하여 재산권을 제약하는 경우가 발생할 수 있다. 토지이용이 현저히 제한되거나, 상업지역으로 지정되었던 토지가 주거지역으로 변경되어 지가가 현저히 내려가는 경우가 그러하다. 이 경우 해당 토지소유자는 공공필요에 의한 재산권침해로 인하여 손실보상이 문제될 수 있다.

Ⅳ. 계획보장청구권

계획은 본질적으로 안정성과 탄력성의 긴장관계에 서 있다. 계획은 계획수범자에게 일정한 행태(처분이나 투자 등)를 유인하는 목적을 가지고 있고, 계획의 존속에 대해 신뢰가 발생한다(신뢰보호의 문제). 다른 한편, 계획이 변경되거나 처음부터 잘못 평가되면, 계획을 수정하거나 조정해야 한다(계획변경의 문제). 이러한 긴장관계에서 계획보장(Plangewährleistung)이 문제된다. 즉 계획의 취소, 변경 또는 백지화의 경우에 계획수립자와 계획수범자 사이에 리스크(Risiko, risk)의 분산이 고려된다.[29] 계획보장의 창시자는 입센(H. P. Ipsen)[30]이다. 계획보장의 문제는 이미 1950년대 초반부터 독일에서 신뢰보호와 관련하여 학문적 논의의 대상이 되어 왔고, 특히 1970년대에 들어와서는 사회민주당(SPD)과 자유민주당(FDP)의 연정 아래에서 실무상 계획의 절정기를 맞았다.[31]

계획보장의 문제는 계획의 취소·변경에 대한 계획의 지속이나 유지를 그 내용으로 하는 계획수범자의 계획존속청구권(Anspruch auf Planfortbestand)과 계획의 존중 내지 집행과 관련된 계획준수청구권(Planbefolgungsanspruch)이 인정되는지와 관련이 있다. 또는 이러한 청구권이 인정되지 않는다면, 적어도 손해조정과 관련된 손해배상청구권 내지 손실보상청구권이 허용되는지가 문제 된다. 계획보장청구권(Plangewährleistungsanspruch)은 흔히 손해배상청구권 내지 손실보상청구권에 의해 해결된다.[32] 여기서는 대체로 계획수범자의 계획존속에 대한

29) Maurer/Waldhoff, a.a.O., § 16 Rn. 26.

30) H. P. Ipsen, Rechtsfragen der Wirtschaftsplanung, in: Joseph H. Kaiser(Hg.), Planung Ⅲ, 1966, S. 63(107 f.).

31) Hermann-Josef Blanke, Vertrauensschutz im deutschen und europäischen Verwaltungsrecht, 2000, S. 278.

32) F. Ossenbühl, Staatshaftungsrecht, 5. Aufl., 1998, S. 384. 포르스트호프(E. Forsthoff) 역시 계획보장청구권을 계획의 불변과 존속에 대한 청구권이 아니라, 손해배상이나 손실보상청구권으로서 이해하고 있다(E. Forsthoff, Über Mittel und Methoden moderner Planung, in: J.

신뢰보호와 정치적·경제적·사회적 영역에 있어서의 상황변화에 따른 계획변경의 양 측면을 고려해야 한다. 이 경우에 신뢰보호의 이익이 계획변경의 공익에 대하여 일방적인 우위에 있지 않다면, 이러한 일반적인 계획존속청구권은 인정되지 않는다고 보는 것이 보통이다.[33] 결국 이 문제는 계획과 이해관계가 있는 자의 상태의 지속 내지 유지에 대한 이익이 형량과정에서 고려되었는지에 대한 개별적 검토를 통해서 해결되어야 한다. 또한 계획변경에 대한 법률상 규정이 있는 경우에는 이를 고려하였는지를 심사해야 한다. 예컨대 독일 건설법전 제13조에는 지방자치단체의 도시건설계획(도시계획조례)의 경미한 변경에 대하여 특별한 규정을 두고 있다. 결론적으로 계획보장의 핵심문제는 계획과 관련된 시민의 신뢰가 법적 보호를 받을 수 있는지, 또 그 법적 보호를 받을 수 있다면 어느 정도의 범위에서 이를 인정할 수 있는지에 달려 있다.[34]

Ⅴ. 계획변경청구권

1. 계획변경청구권의 허용여부

(1) 원칙적 부정

대법원은 원칙적으로 계획변경청구권을 부정하고 있으며, 또한 사인에게 행정계획의 변경신청권이 인정되지 아니하므로 행정계획변경신청에 대한 거부행위가 행정처분이 아니라고 보고 있다. 즉 도시계획과 같이 장기성·종합성이 요구되는 행정계획에 있어서 그 계획이 일단 확정된 후에 어떤 사정의 변동이 있다고 하여 지역주민에게 일일이 그 계획의 변경 또는 폐지를 청구할 권리를 인정해 줄 수도 없다고 판시하고 있다.[35]

(2) 계획변경신청권의 예외적 인정

그러나 판례는 예외적으로 행정계획의 변경'신청'권을 인정하고 있다. 이를 유형별로 정리하면 아래와 같다.

H. Kaiser, Planung Ⅲ, 1968, S. 28).
33) Maurer/Waldhoff, a.a.O., § 16 Rn. 29.
34) Hermann-Josef Blanke, a.a.O., S. 279.
35) 대법원 2002. 11. 26. 선고 2001두1192 판결.

a) 변경신청거부가 사실상 수익처분의 거부에 해당하는 경우

대법원은 변경신청의 거부가 사실상 수익처분의 거부에 해당하는 경우에 처분성을 인정하고 있다. 즉 "장래 일정한 기간 내에 관계 법령이 규정하는 시설 등을 갖추어 일정한 행정처분을 구하는 신청을 할 수 있는 법률상 지위에 있는 자의 국토이용계획변경신청을 거부하는 것이 실질적으로 당해 행정처분 자체를 거부하는 결과가 되는 경우에는 예외적으로 그 신청인에게 국토이용계획변경을 신청할 권리가 인정된다고 봄이 상당하므로, 이러한 신청에 대한 거부행위는 항고소송의 대상이 되는 행정처분에 해당한다"라고 판시하고 있다.[36)]

b) 도시계획입안제안권에 근거한 경우

대법원은 도시계획입안제안권에 근거한 도시계획변경신청권을 인정하고 있다. 즉 "도시계획구역 내 토지 등을 소유하고 있는 주민으로서는 입안권자에게 도시계획입안을 요구할 수 있는 법규상 또는 조리상의 신청권이 있다고 할 것이고, 이러한 신청에 대한 거부행위는 항고소송의 대상이 되는 행정처분에 해당한다"라고 판시하고 있다.[37)] 국토의 계획 및 이용에 관한 법률 제26조에 따른 주민의 도시관리계획변경에 대한 입안의 거부행위가 위 규정에 따라 주민에게 법규상 신청권이 인정되기 때문에 행정처분에 해당한다고 보고 있다. 또한 대법원은 도시관리계획 구역 내의 토지 등을 소유하고 있는 주민의 납골시설에 대한 도시관리계획의 입안제안을 반려한 군수의 처분은 항고소송의 대상이 대는 행정처분에 해당한다고 판단하였다.[38)]

c) 도시계획결정의 지정해제 신청에 대한 거부회신의 경우

대법원은 헌법상 개인의 재산권 보장의 취지에 비추어 보면, 문화재보호구역 내에 있는 토지소유자 등으로서는 위 보호구역의 지정해제를 요구할 수 있는 법규상 또는 조리상의 신청권이 있다고 할 것이고, 이러한 신청에 대한 거부행위는 항고소송의 대상이 되는 행정처분에 해당한다고 판시하였다.[39)] 나아가 완충녹지지정의 해제신청 거부처분에 대한 취소소송에서도, 거부회신의 처분성을 인정하면서 그 위법성에 대하여 형량명령의 법리를 적용하여 통제할 수 있음을

36) 대법원 2003. 9. 23. 선고 2001두10936 판결.
37) 대법원 2004. 4. 28. 선고 2003두1806 판결.
38) 대법원 2010. 7. 22. 선고 2010두5745 판결.
39) 대법원 2004. 4. 27. 선고 2003두8821 판결.

밝히고 있다.[40] 그러나 거부처분에 형량명령의 법리를 적용하는 것은 타당하지 않다. 이후의 다른 판결에서는 재량권의 일탈·남용의 판단기준을 적용하고 있다.[41]

d) 장기미집행의 도시계획시설의 경우

일부학설 중에는 장기미집행 도시계획시설의 경우에 대하여도 신청권을 인정할 수 있다고 보는 견해가 있다.[42] 대법원은 "도시계획시설구역 내 토지 등을 소유하고 있는 주민이 장기간 집행되지 아니한 도시계획시설의 결정권자에 대하여 도시계획시설의 변경을 신청하고, 그 결정권자가 이러한 신청을 받아들여 도시계획시설을 변경할 것인지 여부를 결정함에 있어서도 동일하게 적용된다" 라고 판시하고 있다.[43]

2. 분석 및 비판

계획변경신청권을 허용하는 것은 그 거부시에 취소쟁송을 가능하게 할 수 있어 신청권자에게 권리구제의 기회를 마련해 줄 수 있다. 그러나 행정계획은 전통적인 일면적 법률관계와 달리, 다각적인 법률관계(행정청-사업시행자-제3자)를 내용으로 한다. 따라서 사인인 일방당사자의 계획변경을 허용하는 것은 다른 당사자에게 예기치 못한 불이익을 줄 수 있다. 또한 행정계획은 이해당사자가 많고 공익적 성격이 강하기 때문에 행정청에 독자적인 판단권이 부여되어 있다. 사인의 도시계획변경신청권을 허용하는 것은 적지 않은 문제점을 발생시킬 수 있다. 따라서 계획변경의 신청이라는 우회적인 방법보다는 도시계획결정 그 자체를 다투는 것이 바람직하다. 만약 도시계획결정의 위법성을 다툴 쟁송제기기한을 도과하여 불가쟁력이 발생하면, 손해보전수단에 의해 권리구제를 도모할 수도 있다. 판례는 당사자의 권리구제를 위해 도시계획변경신청권을 예외적으로 허용하고 있으나, 이는 행정계획의 본질 및 특성 등에 비추어 법리적으로 타당하지 않다.

이와 같이 도시계획결정 그 자체의 하자를 다툴 수 있는 기회가 있음에도 불구하고, 쟁송제기기간을 도과한 후 개인의 권익침해를 이유로 도시계획결정의

40) 대법원 2012. 1. 12. 선고 2010두5806 판결.
41) 대법원 2020. 9. 3. 선고 2020두34346 판결.
42) 김종보, 건축법의 이해, 박영사, 2008, 564-569면.
43) 대법원 2012. 1. 12. 선고 2010두5806 판결.

수립 및 변경을 요구하는 것은 옳지 않다. 계획의 수립권 및 변경권을 사인에 의해 좌우하게 하는 것은 도시계획결정에 수반되는 공익적 요소를 배제할 수 있다. 이는 행정계획의 본질을 간과한 것으로서 행정청의 독자적 판단권을 침해하여 권력분립원칙을 위반할 우려도 있다. 결론적으로 도시계획결정 그 자체의 위법성을 주장하는 것이 올바른 길이다. 사회사정의 변화에 따라 계획변경청구권이나 계획보장청구권이 문제되어 재산권의 침해가 발생한다면, 이에 대한 손해전보(손실보상, 국가배상)의 방법을 통해 권리구제를 강구하는 것이 바람직하다.

제4장 공법상 계약

Ⅰ. 공법상 계약의 의의 및 기능

1. 공법상 계약의 연혁 및 기능

오늘날 공법상 계약의 형식은 서구의 국가에서도 매우 보편적으로 사용되고 있다. 프랑스에서는 행정행위로 볼 수 있는 공기업특허나 공물사용특허 등에 대해서도 행정계약(contrat administratif)으로 파악하고 있고, 공·사법의 구별이 없는 영미의 국가에서도 표준조항(standard terms and conditions)을 통해 정부계약(government contract)의 형식이 활발하게 사용되고 있다.[1] 독일에서는 오랫동안 논란이 있었다. 오토 마이어(Otto Mayer)는 계약이 사법의 영역이고, 공법의 영역에서 대등한 당사자를 전제로 하는 국가의 계약은 불가하다고 보았다.[2] 즉 "국가는 계약하지 않는다(Der Staat paktiert nicht)"라는 사고가 지배하였다. 이러한 오토 마이어의 사상은 오랫동안 독일 행정법에 영향을 주었으나, 19세기부터 뢰닝(Loening), 슈텡엘(Stengel) 등을 비롯한 일부 학자들뿐만 아니라 실무에서도 공법상 계약의 필요성이 제기되었다. 그 후 1976년에 비로소 공법상 계약은 독일 행정절차법에 명문으로 규정되었다.[3] 그러나 이미 1966년 행정절차법 초안에 계약규정이 포함되어 있었고, 연방행정법원도 공법상 계약의 필요성을 적극적으로 인정하고 있었다.[4] 공법상 계약의 허용성 여부에 대해서는 독일의

1) 김도창, 일반행정법론(상), 제4전정판, 513면; 이상규, 신행정법론(상), 신판, 470-471면. 행정계약의 용어 및 유형에 관한 외국 입법례는 김대인, 행정계약법의 이해, 경인문화사(2007), 17면 이하 참조.

2) Otto Mayer, Zur Lehre vom öffentlichen Vertrage, AöR, Bd. 3 (1988), S. 42; Bauer, in: Hoffmann-Riem/Schmidt-Aßmann/Voßkuhle, Grundlagen des Verwaltungsrechts, Bd. Ⅱ, §36 Rn. 1. 참조.

3) 독일 행정계약의 연혁과 발전에 대해서는 Maurer, Allgemeines Verwaltungsrecht, 18. Aufl., §14 Rn. 21.

4) BVerwGE 23, 213; Maurer, a.a.O., § 14 Rn. 22 f.

학계에서도 상당한 논란이 있었고, 이에 대해 여전히 부정적인 견해도 있다.[5] 그러나 그 허용성 문제는 입법자에 의해 종결되었다고 평가되고 있다.[6] 오늘날 독일에서는 사회급부나 공과금, 도시계획 등의 분야에서 공법상 계약이 많이 활용되고 있다.[7] 나아가 대량행정(Massenverwaltung)에도 공법상 계약이 사용되고 있다. 즉 사회보장행정에서 일자리를 구하는 사람들을 위해 미리 취업능력이 있는 원호대상자와 필요한 급부(이행)의 편입에 대해 협약해야 하는 것을 정하는 경우가 있다. 이러한 계약을 소위 편입계약(Eingliederungsvereinbarung)이라고 한다.[8] 그럼에도 불구하고 행정법학에서는 행정행위가 주된 지위를 차지하고 있고, 공법상 계약은 실무에 있어서 그림자와 같은 존재(Schattendasein)로 보고 있다.[9]

근래에 행정법학의 구조변화와 더불어 공법상 계약은 점차 중요한 행정작용의 하나로 다루어지고 있다. 또한 공법상 계약은 행정행위가 인정되는 영역에 제한되지 아니하고 이를 넘어서 확대되는 추세이다. 이러한 공법상 계약은 입법적 흠결의 경우에도 활용가능성이 있어 행정의 탄력성이나 효율성에 크게 기여할 수 있다고 보는 것이 일반적이다.[10] 점차 협력적 행정이 강조되고 있고, 공법상 계약은 합의적 도구로서 중요한 의미를 가진다.[11] 그러한 의미에서 공법상 계약은 협력적 행정에 있어서 중요한 '법형식'의 하나로 이해되고 있다.[12] 예컨대 공사협력 내지 민관협력(PPP)의 분야에서 대부분 계약의 형식으로 이루어지고 있는 것도 그러한 이유에서 연유한다.[13] 행정기본법 제27조에도 공법상 계

---

5) 이에 대한 상세는 Bleckmann, Verfassungsrechtliche Probleme des Verwaltungsvertrages, NVwZ 1990, S. 604 ff. 참조. 여기에서 블레크만(Bleckmann) 교수는 공법상 계약을 반대하는 논거로서 제3자의 기본권 침해나 계약당사자인 사인의 기본권 침해 등 법치국가적 보장이 침해받고, 공익실현이 위태롭게 될 수 있으며, 나아가 평등원칙이 침해될 수 있다는 점을 제시하고 있다.

6) Battis, Allgemeines Verwaltungsrecht, 3. Aufl., S. 211.

7) K. Hoffmann, Städtebauliche Verträge und Vergaberecht, LKV 2008, S. 487 ff.; M. Burgi, Der Verwaltungsvertrag im Vergaberecht, NZBau 2002, S. 57 ff.

8) Bauer, in: Hoffmann-Riem/Schmidt-Aßmann/Voßkuhle, a.a.O., Bd. Ⅱ, §36 Rn. 37.

9) Battis, a.a.O., S. 211.

10) 박균성, 행정법론(상), 548면.

11) Schmidt-Aßmann, Das allgemeine Verwaltungsrecht als Ordnungsidee, 2. Aufl., 2006, S. 341.

12) Schmidt-Aßmann, a.a.O., S. 342.

13) Bauer, in: Hoffmann-Riem/Schmidt-Aßmann/Voßkuhle, a.a.O., Bd. Ⅱ, §36 Rn. 42; 김해룡, "행정계약의 법리와 그 활용을 위한 법제개선 연구", 토지공법연구 제48집(2010. 2), 429면 이하 등.

약에 관한 규정을 두고 있다. 즉 행정청은 법령 등을 위반하지 아니하는 범위에서 행정목적을 달성하기 위하여 필요한 경우에 공법상 계약을 체결할 수 있다(동조 제1항). 공법상 계약도 행정의 법률적합성의 원칙을 위반하여서는 아니된다. 또한 공법상 계약을 체결할 때 계약의 목적 및 내용을 명확하게 적은 계약서를 작성하도록 규정하고 있다(서면주의). 그리고 공법상 계약의 특성을 고려하여, 행정청이 공법상 계약의 상대방을 선정하고 계약 내용을 정할 때 공법상 계약의 공공성과 제3자의 이해관계를 고려하도록 규정하고 있다(동조 제2항).

2. 공법상 계약의 현안 및 문제점

공법상 계약의 주요한 법적 문제는 행정의 법률적합성의 원칙이다. 사법의 분야에서는 사적 자치(私的 自治)(Privatautonomie)가 지배하고 있으므로 자유로운 의사에 기초한 계약이 허용되지만, 행정법에 있어서는 행정의 법률적합성의 원칙이 지배하고 있다. 이와 관련하여 행정행위를 통해 실현해야 할 행정의 목적을 법률상 수권 없이 공법상 계약으로 대체할 수 있는지가 문제된다. 기속행위의 경우에도 법에 의해 금지되지 않으면 공법상 계약이 허용될 뿐만 아니라 재량행위의 경우에도 그 재량권의 범위에서 공법상 계약을 긍정적으로 고려할 수 있다는 견해가 있다.[14)]

독일의 연방 및 주(란트) 행정절차법에 공법상 계약이 도입될 때까지 그 합헌성 여부는 독일 학계에서 치열하게 다투어진 바 있다.[15)] 행정행위의 공백을 메워주거나 근거가 없는 경우에 행정목적을 달성할 수 있는 등 행정의 탄력성과 효율성을 도모하는 것은 공법상 계약의 장점으로 볼 수 있으나, 그 법적 근거나 불명확성 등은 법치국가원리의 관점에서 공법상 계약의 한계를 여실히 보여 주고 있다. 공법상 계약으로 행정행위를 갈음할 수 있는지가 다투어지고 있다. 독일에서 대등계약은 행정행위에 의해 대체될 수 없다고 보고 있다.[16)] 이와 관련하여 국내학설 중에도 협의에 의한 행정이 타당하지 않고 공권력적으로 규율되어야 할 영역에서는 법적 근거가 없는 한 이를 부정적으로 해석하는 견해가 있다.[17)] 예컨대 조세법의 경우에는 행정의 법률적합성의 원칙(조세법률주의)

14) 김남진 · 김연태, 행정법 I, 420면.
15) Bleckmann, a.a.O., S. 601 ff. 한편, 독일 행정절차법 제59조의 위헌성 논쟁에 관한 상세한 소개는 정하중, “법치행정의 원리와 공법상 계약”, 서강법학 제11권 1호(2009. 6), 191면 이하 참조.
16) Maurer/Waldhoff, Allgemeines Verwaltungsrecht, 19. Aufl., § 14 Rn. 17.
17) 박균성, 전게서(상), 551면.

이나 평등원칙 등이 엄격히 적용되어야 할 것이다.[18] 공법상 계약도 법률우위의 원칙에 따라 법률을 위반하여서는 아니되며, 또 행정청은 법률에서 확정된 활동 여지를 계약상의 합의를 통해 확대해서는 아니 된다.[19] 오늘날 공법상 계약은 실무에서 여러 가지 법적 문제를 야기하고 있다. 가장 중요한 현안은 행정행위와 공법상 계약의 구분이다. 이러한 문제는 소송형식과도 밀접한 관련이 있다. 예컨대 대법원은 정보화지원사업의 참여제한처분에 관한 무효확인소송에서, 협약의 해지 및 그에 따른 환수통보가 행정처분에 해당하지 아니한다고 보고 있다.[20]

3. 독일의 입법례

독일에서는 공법상 계약을 국제법상의 계약, 헌법상 계약 및 행정계약으로 구분하고 있다. 국제법상의 계약으로는 국가간의 영토변경계약이 여기에 해당한다. 헌법상의 계약으로는 독일의 통일조약(統一條約)(Vereinigungsvertrag)이 있다.[21] 공법상 계약을 행정절차법에 규정하고 있는 독일의 입법례는 참고할 만하다. 독일 행정절차법 제54조 이하에서 이를 규정하고 있다. 이에 의하면 공법상 계약은 행정법분야에서의 법률관계를 창설, 변경 또는 폐지하는 계약을 말한다. 그러나 행정계약과 공법상 계약은 구별하여야 한다. 행정계약은 행정주체가 당사자의 일방이 되어 행정활동의 수단으로 사용되는 법형식으로서의 계약을 의미하므로, 공법상 계약과 행정의 사법상 계약을 포함한다.[22]

Ⅱ. 공법상 계약의 종류

행정청의 행정활동으로서의 공법상 계약에는 다음과 같은 종류가 있다.

1. 주체에 의한 구분

국내에서는 주체를 기준으로 행정주체 상호간의 공법상 계약(공공단체 상호간의 사무위탁, 도로 등 공공시설의 관리 및 경비부담에 관한 협의 등), 국가 및 공공단

18) Wolff/Bachof/Stober, Verwaltungsrecht, 10. Aufl., 1994, §54 Rn. 7.
19) Maurer/Waldhoff, a.a.O., §14 Rn. 20.
20) 대법원 2015. 8. 27. 선고 2015두41449 판결.
21) BVerfGE 94, 297/310.
22) Maurer/Waldhoff, a.a.O., § 14 Rn. 10 ff.

체와 사인간의 공법상 계약(행정사무의 위탁, 보조금지급에 관한 계약 등) 등이 있다. 그리고 공무수탁사인과 사인간의 공법상 계약도 있다. 예컨대 공익사업을 위한 토지 등의 취득 및 보상에 관한 법률 제16조에 의한 사업시행자로서의 사인과 토지소유자 및 이해관계인 간의 협의취득도 여기에 해당한다. 판례는 이러한 협의취득을 사법상 계약으로 보고 있다.[23] 그러나 후술하는 바와 같이 사업인정 후에는 이를 공법상 계약으로 보는 것이 타당하다.

2. 체결당사자의 관계에 의한 구분

행정계약을 체결하는 당사자의 관계를 기준으로 대등계약(Koordinationsrechtliche Verträge)과 종속계약(Subordinationsrechtliche Verträge)으로 구분된다. 대등계약은 원칙적으로 동등한 계약당사자 사이에 체결되는 계약이며, 종속계약은 주종관계에 있는 당사자 사이의 계약이다. 대등계약의 대표적 사례로는 지방자치단체(Gemeinde) 사이의 구역 변경에 관한 계약이 있다. 종속계약의 사례에는 건설법전 제11조의 도시건설계약(städtebauliche Verträge)이 속한다. 또한 개발계약(Erschließungsvertrag), 손실보상의 협의에 관한 보상계약(Entschädigungsverträge) 등과 같이 독일 건설법전에는 계약에 관한 규정이 적지 않다(독일 건설법전 제124조, 제110조). 나아가 경찰청과 경찰의무자 사이에 경찰의무의 이행에 관한 계약도 종속계약에 속한다.

3. 규율대상에 의한 구분

민사법에서 주로 인정되는 유형구분으로서 그 규율의 대상에 따라 분류하는 것이다. 여기에는 의무이행계약(Verpflichtungsverträge)과 처분계약(Verfügungsverträge)이 있다. 의무이행계약은 특정한 이행에 관하여 합의하는 것인 반면, 처분계약은 계약상의 이행을 하면서도 법률이나 기타 근거에 따른 의무이행을 하고 직접적인 권리변경을 수반하는 것이다.

4. 기타 유형

독일 행정절차법에는 특별한 공법상 계약의 유형으로서 화해계약(Vergleichsverträge)과 교환계약(Austauschverträge)을 규정하고 있다(제55조 및 제56조). 화해

---

23) 대법원 2012. 2. 23. 선고 2010다91206 판결.

계약은 사안이나 법상태를 합리적으로 판단할 경우 현존하는 불확실성을 양보를 통해 제거하는 계약이고, 교환계약은 반대급부의 의무이행을 내용으로 하는 계약이다.[24] 그 밖에 "행정계약에는 정원(numerus clausus)이 없다"는 표현처럼 새로운 유형의 계약이 등장하고 있다. 근래에는 협력계약(Kooperationsvertrag)이 강조되고 있고, 이를 행정절차법에 도입하려는 시도가 있는 것이 사실이다. 이러한 협력계약은 행정과 사기업이 공적 과제의 수행을 위해 협력하는 것을 내용으로 하며, 이러한 협력계약은 기능적 민영화에 주로 사용되고 있다.[25] 나아가 도시계획계약이나 주택건설과 관련된 계약 등도 협력계약으로 보고 있다.[26]

Ⅲ. 공법상 계약과 사법상 계약의 구별

행정과제의 민영화(Privatisierung) 내지 사화(私化)로 인하여 공법과 사법이 교착하고 있는 것이 현실이다. 이러한 현상은 공법과 사법의 구별을 어렵게 하고 있다. 공법상 계약과 사법상 계약을 구별함에 있어서 근거 법률이 매우 중요하다. 독일에서는 계약당사자의 법적 지위가 중요하지 않고, 계약의 대상에 따라 양자를 구별하고 있다. 이를 '대상설(Gegenstandstheorie)'이라고 하는데, 현재 독일 학계의 다수설이다.[27] 실무에서는 '소송물'의 전제가 되는 법률관계를 기준으로 하며, 부당이득반환청구소송이나 손실보상청구권, 국가배상청구소송 등을 사권(私權)으로 이해하여 민사소송으로 다루고 있다. 그러나 이러한 입장은 점차 변하고 있다. 위에서 열거한 청구권들의 경우에도 대부분 소송물의 전제가 되는 '법률관계'는 공법관계임이 분명하다. 근래에 법무부 행정소송법의 개정안에는 이러한 청구권들을 공법상 권리로 보고 당사자소송으로 다투어야 한다는 점을 명확히 한 바 있다.[28] 또한 판례에서도 구 하천법 부칙조항에 의한 하천구역 편입에 대한 보상금소송,[29] 주거이전비보상에 관한 소송,[30] 부가가치세로 인한 환

---

24) 이에 대해서는 Maurer/Waldhoff, a.a.O., § 14 Rn. 17 ff.
25) Maurer/Waldhoff, a.a.O., § 14 Rn. 23.
26) Battis, a.a.O., S. 211.
27) Battis, a.a.O., S. 213; Erichsen, in: Erichsen/Ehlers(Hg.), Allgemeines Verwaltungsrecht, 12. Aufl., § 24 Rn. 2.
28) 이에 대해서는 졸고, "공법상 당사자소송의 발전과 과제", 행정판례연구 제19집 1호(2014), 279면 참조.
29) 대법원 2006. 5. 18. 선고 2004다6207 판결.
30) 대법원 2008. 5. 29. 선고 2007다8129 판결.

급세액청구[31] 등에 대해 공법상 당사자소송을 인정하고 있다.

한편, 대법원은 사업시행자와 토지소유자 사이의 '협의취득'을 사법상 계약으로 보고 있다.[32] 이러한 입장은 '공익사업을 위한 토지 등의 취득 및 보상에 관한 법률'이 제정되기 이전부터 유지되어 오던 것이다.[33] 그러나 사업시행자는 국토교통부장관으로부터 사업인정을 받아 수용권을 부여받는다. 이러한 수용권을 부여받는 경우에 한하여 사업시행자는 토지소유자나 이해관계인과 보상협의를 하고, 이러한 협의가 이루어지면 협의취득이 성립하게 되는 것이다. 그 원인은 사업인정이라는 공권력행사(처분)에 의한 것이다. 사업인정 전후에 협의가 모두 가능하나, 사업인정 이후에는 공권적 성격이 보다 확연하다고 볼 수 있다. 따라서 적어도 사업인정 이후에 이루어지는 협의취득은 공무수탁사인인 사업시행자와 사인 사이에 체결되는 공법상 계약이라고 보아야 한다.[34]

Ⅳ. 공법상 계약과 행정행위의 구별

1. 문제의 소재

실무에서는 공법상 계약과 행정처분의 구별이 문제되고 있다. 앞에서 언급한 바와 같이 협약의 해지와 이에 따른 환수통보나 후속조치 기타 징계요구 등의 법적 성질이 다투어지고 있다. 한국산업단지공단과의 입주계약 해지를 처분으로 본 경우도 있으나, 근래에는 협약해지의 '통보'나 그 후속조치 등에 대하여 항고소송의 대상이 되는 행정처분에 해당하지 아니한다고 보고 있다. 그러나 또 다른 사건에서 건축협의의 취소에 대해서는 처분을 인정하고 있어, 공법상 계약과 행정처분(행정행위)의 구분은 더욱 어려워지고 있는 것이 사실이다. 판례는 대체로 행정청이 대등한 당사자의 지위에서 하는 의사표시인지, 아니면 행정청이 우월한 지위에서 행하는 공권력의 행사인지에 따라 판단하고 있다. 그러나 그 구별기준이 명확하다고 보기는 어렵다. 실제 행정처분의 기준에 대해서도 구체적으로 설시하고 있지 않아, 처분성 판단도 여전히 미로(迷路)의 상태이다. 쟁송법

31) 대법원 2013. 3. 21. 선고 2011다95564 전원합의체 판결.

32) 대법원 2012. 2. 23. 선고 2010다91206 판결.

33) 대법원 2000. 9. 8. 선고 99다26924 판결; 대법원 1998. 5. 22. 선고 98다2242, 2259 판결.

34) 이에 대해서는 졸고, "잔여지수용청구의 소송법적 쟁점", 인권과정의 제397호(2009. 9), 30-31면; 졸저, 행정구제의 기본원리, 제1전정판, 301-302면 참조.

상의 처분개념을 확대하는 경우에도 그 개념적 표지를 확립하거나 그 핵심적 요소를 검토하는 것이 필요하다.

공법상 계약을 동의가 필요한 행정행위(zustimmungsbedürftiger Verwaltungsakt)나 협력(協力)이 필요한 행정행위(mitwirkungsbedürftiger Verwaltungsakt), 또는 부관이 붙은 행정행위와 구별하는 것은 현실적으로 쉽지 않다. 예컨대 공무원의 임명은 동의가 필요한 행정행위로 분류될 수 있지만, 임기제 공무원의 경우에는 공법상 계약을 체결하는 것이 대부분이다. 도로점용허가의 경우에도 도로점용료 납부와 같은 부관(부담)을 붙일 수도 있고, 도로사용에 관한 공법상 계약을 체결할 수도 있다. 공법상 계약과 행정행위의 구분과 관련하여 판례의 내용을 검토하기로 한다.

2. 판례의 검토

대법원은 일련의 사건에서 행정청과의 협약에서 파생되는 환수통보나 징계요구 등의 후속조치에 대해 행정처분을 부인하거나, 공법상 계약에 따라 행정청이 대등한 당사자의 지위에서 하는 의사표시로 파악하고 있다. 2단계 BK21 사업 처분취소를 다투는 사건에서 해당 사업의 협약을 해지하고 연구팀장에 대한 대학 자체의 징계를 요구한 것에 대해 법률상 구속력이 없는 권유 또는 사실상의 통지로 파악하고 있다.[35] 나아가 정보화지원사업 참여제한처분 무효확인을 구하는 사건에서는 중소기업기술정보진흥원장이 주관연구기관과의 협약을 해지하고 이에 따라 정부지원금의 반환을 요구하는 환수통보를 행정처분이 아니라 공법상 계약에 따른 의사표시로 파악하고 있다.[36] 이러한 판례는 종전의 판례와 다른 입장을 보이고 있다. 예컨대 지식경제부장관으로부터 국가산업단지의 관리업무를 위탁받은 공법인인 한국산업단지공단이 Y주식회사와 입주계약을 체결한 후 계약해지를 통보하였는데, 대법원은 이러한 해지통보를 행정처분으로 판단하였다.[37] 그러나 해당 판례에서 논거로 드는 것은 입주계약의 해지 후에 발급되는 일정한 하명(사업중지)을 위반하는 경우에 부과되는 벌금이나 이행강제금 등이며, 이를 해지통보 그 자체의 법률상 효과라고 보기는 어렵다. 실제 공법상 계약에서 정한 의무를 이행하지 않는 경우에 개별법에서 행정강제를 규정하는

35) 대법원 2014. 12. 11. 선고 2012두28704 판결.
36) 대법원 2015. 8. 27. 선고 2015두41449 판결.
37) 대법원 2011. 6. 30. 선고 2010두23859 판결.

경우도 있다.

그 밖에 대법원은 지방자치단체 사이의 건축협약 취소를 행정처분으로 판단하고 있다.[38] 그러나 건축협의의 법적 근거가 되는 구 건축법 제29조 제1항에서는 국가나 지방자치단체 등이 건축물을 건축하려는 경우 등에는 건축물의 소재지를 관할하는 허가권자인 지방자치단체의 장과 건축협의를 하도록 하고 있다. 이러한 건축협의가 있는 경우에는 허가의제를 인정하고 있다(동조 제2항). 그러나 의제조항에 의한 건축협의가 있어 건축허가가 발급된 것으로 간주되더라도 건축협의 자체가 건축허가는 아니다. 또한 이 사건에서는 서울특별시와 강원도 양양군수 사이에 체결된 건축협의를 대등한 당사자의 지위에서 이루어진 공법상 계약으로 보아야 한다. 따라서 이 사건의 '협의취소'는 공법상 계약의 체결 전이므로 일종의 계약체결상의 과실(culpa in contrahendo)의 법리를 적용하는 것이 타당하다.[39] 계약이 원시적 불능인 경우에는 민법 제535조가 유추적용될 수 있다. 또한 계약이 성립된 경우에는 계약의 '해지'에 관한 법리를 적용할 수 있다. 건축허가의 의제효를 주장하는 경우에는 의제된 행정행위의 취소를 주장해야 한다. 이에 관한 논증을 매개하지 않고 곧바로 건축협의의 취소를 행정처분으로 판단한 것은 논리의 비약(飛躍)일 뿐만 아니라 무리(無理)한 주장이다.

3. 구별기준

공법상 계약과 행정행위의 구별은 쉽지 않다. 그러나 공법상 계약의 법률효과는 양 당사자 사이에 의사의 합치에 따라 발생하지만, 행정행위의 효과는 법률의 규정에 따른 행정주체의 일방적 규율로 발생한다는 점에서 차이가 있다. 공법상 계약과 행정행위의 구별에 있어서는 당사자의 의사가 중요하다. 이와 관련하여 공법상 계약에 있어서 상대방의 의사는 존재요건에 해당하지만, 행정행위에서는 적법요건에 해당한다고 보는 견해가 있다.[40]

이와 관련하여 독일에서는 행정행위와 공법상 계약의 구별기준으로, '명칭'이나 '표시', 규율성립의 절차나 그 밖의 상황 등을 모두 고려해야 한다는 견해가 유력하다.[41] 독일 연방행정법원도 이러한 입장에 서 있다.[42] 실제 행정행위의

38) 대법원 2014. 2. 27. 선고 2012두22980 판결.
39) 이에 대해서는 Wolff/Bachof/Stober, a.a.O., § 55 Rn. 49 참조.
40) Maurer/Waldhoff, a.a.O., § 14 Rn. 25.
41) Kopp/Ramsauer, VwVfG, Kommentar, 13. Aufl., § 54 Rn. 22.
42) BVerwGE 60, 210.

경우에는 처분서의 형식이나 내용 등이 중요한 근거가 된다. 예컨대 행정처분의 법적 근거나 이유, 불복절차 등을 제시하는 경우가 그러하다. 반면 공법상 계약은 계약의 형식을 가지거나 계약서의 양식을 갖춘 경우가 적지 않을 것이며, 계약의 불이행시 해지조항 등을 담고 있을 수 있다. 행정기본법 제27조 제1항 단서에서도 공법상 계약의 체결시 계약의 목적 및 내용을 명확하게 적은 계약서를 작성하도록 하고 있다. 한편, 일부 학설은 공법상 계약과 행정행위의 차이점을 법률상 수권의 존재여부, 하자의 효과 및 쟁송형식, 그리고 법적·사실적 상황 변경시 철회가능성 여부 등에서 찾고 있다.[43] 그러나 법률상 수권의 존부에 대해서 학설상 다툼이 있으며, 법적 또는 사실적 상황변경시에 공법상 계약의 해지가 가능하다는 점에서 여전히 구별의 어려움은 남는다.

근래에 대법원 판례에서 협약을 공법상 계약으로 적극적으로 판단한 것은 적절하다. 종래 항고소송의 대상인 처분의 기준을 구체적으로 설시하지 않으면서, 항고소송 확대론의 일환으로 모든 행정작용을 적극적으로 행정처분으로 보는 경우가 없지 않았다. 이러한 해석은 오히려 행정법 도그마틱의 근간을 이루는 행정작용론의 체계와 유형구분을 뒤흔드는 결과를 초래하며, 쟁송법상 처분개념의 핵심적 지주인 행정행위의 독자성을 위협할 수도 있다. 대법원이 산업단지 입주계약의 해지를 행정처분으로 본 것은 그러한 점에서 이론적으로 타당하지 않다.

V. 공법상 계약의 하자

행정절차법에는 공법상 계약에 관한 규정을 두고 있지 않아, 그 하자에 관한 판단은 해석에 달려 있다. 행정기본법에도 공법상 계약의 하자에 대해서는 침묵하고 있다. 이 경우 사법상 계약의 무효사유는 중요한 준거가 될 수 있다. 예컨대 반사회질서의 법률행위(민법 제103조), 불공정한 법률행위(민법 제104조), 강행규정에 위반하는 법률행위 등이 그러하다.[44] 공법상 계약의 하자도 행정행위의 하자에 준하여 판단할 수 있다. 그러나 공법상 계약에 하자가 있는 경우에 이를 취소할 수는 없고, 무효 여부에 대한 판단을 할 수 있을 뿐이다. 독일 행정절차법 제59조 제2항에는 공법상 계약의 특별한 무효사유를 규정하고 있다. 즉 상

43) 박균성, 전게서(상), 502면.
44) 곽윤직·김재형, 민법총칙, 제7판, 274면 이하 참조.

응하는 내용을 가진 행정행위가 무효인 경우(제1호), 상응하는 내용을 가진 행정행위가 독일 행정절차법 제46조에 의한 행정행위의 절차나 형식의 하자로 인한 위법뿐만이 아니고, 그러한 사실을 공법상 계약의 당사자들이 알고 있는 경우(제2호), 화해계약의 체결 요건이 흠결되고, 이에 상응하는 내용을 가진 행정행위가 독일 행정절차법 제46조의 절차나 형식의 하자로 인한 위법이 아닌 경우(제3호), 행정청이 제56조에 따라 허용되지 않는 반대급부를 약속한 경우(제4호)가 그러하다. 그리고 민법규정의 적용에 상응해서 무효사유가 인정되면 그 공법상 계약은 무효이다(독일 행정절차법 제59조 제1항).

생각건대 공법상 계약이 실체법적 요건을 위반하면 위법하게 된다. 전술한 민법의 무효사유가 대체로 여기에 해당한다. 공법상 계약은 형식적 요건(관할, 절차 및 형식)을 충족하지 못하면 위법하다고 볼 수 있다. 그러나 절차 및 형식의 하자가 경미한 경우에도 모두 무효로 판단해야 하는지가 어려운 문제이다. 행정행위의 절차상 하자에 대한 치유가능성이 인정되므로, 이러한 하자에 대해서는 곧바로 무효를 선언하기 어렵다. 독일 행정절차법 제59조 제2항에도 경미한 절차 또는 절차의 하자로 인한 위법은 무효사유가 되지 아니한다고 규정하고 있다. 공법상 계약의 일부가 무효이고 그 무효부분이 없이 계약이 체결될 수 없을 때에 그 공법상 계약은 전부무효가 된다. 무효인 계약의 경우에는 법효과가 발생하지 못하며, 무효인 계약에 따라 이루어진 행위는 공법상 손해배상의 문제가 될 수 있을 뿐이다.

제5장 기타 행정작용

제1절 단순행정작용(단순고권작용)

Ⅰ. 사실행위

1. 사실행위의 의의 및 특징

사실행위는 사실상의 효과만을 목적으로 하는 모든 행정조치를 의미하며, 독일에서는 이를 '단순행정작용(Schlichtes Verwaltungshandeln)'이라고 부르기도 한다.[1] 그 밖에 단순고권작용(Schlicht-hoheitliches Handeln),[2] 단순고권적 행정작용(Schlicht-hoheitliches Verwaltungshandeln)[3] 등도 사용되고 있다. 이러한 개념들이 사실행위와 동일한 개념으로 사용되기도 하지만,[4] 반드시 일치하는 것은 아니다. 이러한 단순행정작용 내지 단순고권작용은 사실행위나 비공식적 행정작용, 경고·권고 그 밖의 정보작용 등을 망라한다. 사실행위는 비록 법적 효과의 발생을 가져오는 것은 아니지만, 여러 가지 법적 문제를 일으키고 있다. 이러한 사실행위는 학자에 따라 "직접적으로 일정한 사실상의 결과를 조성시키는 행정주체의 행위",[5] "행정기관의 행위 가운데 직접적으로는 사실상의 효과만을 발생하는 일체의 행위형식"[6] 등으로 다양하게 정의되고 있다. 이러한 사실행위는 사실상의 효과만을 발생시키므로 법적 효과를 발생하는 행정행위나 법규명령과

1) Maurer/Waldhoff, Allgemeines Verwaltungsrecht, 19. Aufl., § 15 Rn. 1.
2) Schmitz, in: Sachs(Hg.), VwVfG, Kommentar, 9. Aufl., § 1 Rn. 98.
3) Battis, Allgemeines Verwaltungsrecht, 3. Aufl., 247.
4) Erichsen, in: Erichsen/Ehlers(Hg.), Allgemeines Verwaltungsrecht, 12. Aufl., § 30 Rn. 1.
5) 이상규, 신행정법론(상), 503면.
6) 김남진·김연태, 행정법 I, 427면.

구별된다. 그러한 이유로 위법한 사실행위에 대한 권리구제수단이 논의되고 있다. 위법한 사실행위로 인하여 손해가 발생한 경우에는 공법상 손해배상이 인정된다. 적법한 사실행위로 인한 재산권 침해에 대해 손실보상이 인정되는지가 문제된다. 종전에는 수용유사적 침해이론 또는 수용적 침해이론을 통해 손실보상을 인정하는 견해가 유력하였다. 그러나 근래에는 이러한 사실행위가 공용수용의 요건 중 '고권적 법률행위'에 속하지 아니하여 사실행위에 의한 토지이용제한은 재산권의 내용한계에 해당하며, 손실보상청구권의 대상이 되지 않는다고 보고 있다.[7] 또한 사실행위는 원칙적으로 항고소송의 대상이 되지 아니하나, 권력적 사실행위의 일부에 대해서는 예외적으로 항고소송의 대상이 인정되는 경우가 있다(세무조사, 권고 등).

2. 사실행위의 종류

(1) 정신적 사실행위와 물리적 사실행위

정신적 요소에 의한 것인지, 아니면 물리적 요소에 의한 것인지에 따라 구분하는 것이다. 정신적 사실행위에는 행정지도가 속한다. 이에 반해 물리적 사실행위에는 경찰공무원의 순찰행위, 도로의 공사, 대집행의 실행 등이 여기에 속한다.

(2) 집행적 사실행위와 독립적 사실행위

사실행위의 독립성이 인정되는지 여부를 기준으로 집행적 사실행위와 독립적 사실행위로 구분된다. 후자에는 행정조사, 행정지도 등이 속한다. 이에 반해 집행적 사실행위에는 경찰관의 무기사용, 대집행의 실행, 강제징수 등이 해당된다.

(3) 권력적 사실행위와 비권력적 사실행위

사실행위의 권력적 성질 여부에 따라 권력적 사실행위와 비권력적 사실행위로 구분된다. 후자에는 행정지도가 속하고, 전자에는 대집행의 실행이 속한다. 권력적 사실행위와 비권력적 사실행위의 구분은 항고소송의 대상적격 여부와 관련하여 중요한 의미를 가진다. 그러나 이러한 구분은 상대적이며, 유동적이다. 종래 비권력적 사실행위에 속하던 건축물대장의 직권말소,[8] 불문경고,[9] 세

---

7) 상론은 졸저, 행정구제의 기본원리, 제1전정판, 92-93면.
8) 대법원 2010. 5. 27. 선고 2008두22655 판결.

무조사[10] 등도 오늘날 권력적 사실행위로서 행정처분으로 이해되고 있다.

(4) 내부적 사실행위와 외부적 사실행위

사실행위가 행정조직의 내부에서 이루어지는 것인지, 아니면 행정청과 국민에 대한 관계에서 이루어지는 것인지 등에 따라 내부적 사실행위와 외부적 사실행위로 구분된다. 외부적 사실행위에는 대민업무와 관련된 문서접수나 교통정리 등이 여기에 속한다. 내부적 사실행위에는 공무원의 준비행위나 문서정리 등이 해당한다.

(5) 공법적 사실행위와 사법적 사실행위

사실행위가 공법적 성질을 가지는 것인지, 아니면 단순히 사법(私法)의 규율대상인지에 따른 것이다. 행정상 강제집행과 관련된 것은 공법적 성질을 가진다(예컨대 대집행의 실행). 공법적 사실행위에 대해서는 행정소송이나 공법상 손해배상 등의 공법적 권리구제수단이 고려된다.

3. 사실행위의 근거와 한계

행정상의 사실행위에는 법적 효과가 발생하지 아니하므로 법률유보의 원칙이 적용되는지가 문제된다. 모든 사실행위에 법적 근거가 필요한 것은 아니다. 그러나 집행행위의 성질을 가지는 사실행위(집행적 사실행위)나 개인의 기본권을 직접적으로 침해할 수 있는 사실행위에는 법률의 근거가 있어야 한다는 견해도 있다.[11] 행정상의 사실행위도 행정작용의 일부이므로 헌법 및 행정법상의 일반원칙인 비례의 원칙, 평등원칙 및 신뢰보호의 원칙 등이 이에 적용됨은 물론이다. 이러한 사실행위의 한계는 사실행위의 위법을 판단하는 데에 도움을 줄 수 있다.

4. 사실행위의 처분성

사람의 수용, 물건의 영치 등과 같은 이른바 권력적 사실행위가 행정쟁송의 대상이 되는지 여부가 문제인데, 이를 인정하는 것이 지배적 견해이다. 이에 대

---

9) 대법원 2002. 7. 26. 선고 2001두3532 판결.
10) 대법원 2011. 3. 10. 선고 2009두23617, 23624 판결.
11) 이상규, 전게서(상), 505면.

해 종래 처분 개념을 좁게 이해하는 견해는 권력적 사실행위를 단수조치 등과 같이 수인하명과 물리적 사실행위가 결합된 합성처분으로 파악하고, 취소쟁송의 대상이 되는 것은 그 '수인하명'만이라고 해석한 바 있다.[12] 권력적 사실행위에 대해 항고소송의 대상을 분명히 하는 점은 유익하다. 그러나 오늘날 권력적 사실행위를 행정쟁송의 대상으로 보는 입장에 의하면, 이러한 논의는 큰 실익이 없다. 쟁송법상 처분 개념에 의할 경우에도 "그 밖에 이에 준하는 행정작용"에는 권력적 사실행위가 포함된다. 한편, 유력설은 행정소송법안의 기초과정에서 각계의견으로 권력적 사실행위를 명시하는 것이 논의되었으나, 행정청의 '공권력행사'에 이른바 처분적 행위뿐만 아니라 권력적 사실행위가 포함된다고 보아 그대로 두었다고 한다.[13]

5. 위법성 및 권리구제

(1) 사실행위와 손해전보

직무행위와 밀접한 관련이 있는 사실행위는 행정상 손해배상의 요건을 충족할 수 있다(헌법 제29조, 국가배상법 제2조). 종전에는 적법한 행정상의 사실행위로 인하여 재산상 손실이 발생한 경우 헌법 제23조 제3항에 따라 손실보상을 고려할 수 있다는 견해가 일반적이었다. 그러나 사실행위는 공용수용의 요건에 해당하지 아니하며 원칙적으로 손실보상의 대상이 아니라는 견해가 유력하다.[14] 특히 사실행위의 근거법률에 보상규정이 없는 경우가 적지 않은데, 이 경우 헌법에 근거하여 유추적용에 의한 손실보상을 청구할 수 있는지가 문제된다. 그러나 헌법의 규정에서도 보상의 기준이나 방법 등을 규정하고 있지 않다는 점에서 직접 헌법 제23조를 근거로 하여 손실보상을 청구할 수는 없다.

(2) 사실행위와 행정쟁송

적어도 집행적 성격의 권력적 사실행위는 처분의 개념에 포함될 수 있고, 또한 행정쟁송의 대상이 된다. 그러나 사실행위는 비교적 단기간에 목적을 달성하고 종료하는 것이 특징이므로, 그 취소나 변경을 구하기 위해 행정쟁송의 대상으로 삼기에는 어려운 점이 있다. 다만, 계속적 성질을 가지는 권력적 사실행위

12) 김남진, 전게서(Ⅰ), 430면.
13) 이상규, 전게서(상), 506-507면.
14) 이에 대해서는 졸저, 행정구제의 기본원리, 제1전정판, 93면.

는 행정쟁송의 대상인 처분에 포함시킬 수 있다.

한편, 판례 중에는 권력적 사실행위 중에 처분성을 인정한 사례가 있다. 즉 지적공부의 지목변경,[15] 불문경고[16] 등에 대해서는 처분성을 인정하였다. 또한 대법원은 세무조사결정에 대해서도 처분성을 인정하였다.[17] 사실행위의 개념을 확대하기보다는 행정소송의 유형을 다양화시키는 것이 바람직하다. 독일에서는 사실행위에 대해 취소소송이 아니라 일반이행의 소(allgemeine Leistungsklage)를 제기할 수 있다.

Ⅱ. 공법상의 경고

전술한 권력적 사실행위 이외에도 공법상의 경고(öffentliche Warnungen)나 권고(Empfehlungen) 등과 같은 사실행위도 처분에 해당하는지가 문제된다. 공법상의 경고의 종류는 그 대상, 사안의 긴급성, 기타 매체, 생산품의 위험성의 수위 등에 따라 다양하다. 독일에서는 공법상의 경고를 사실행위의 개념에 포함시키지 않는 것이 보통이다. 이에 반해 국내에서는 이러한 경고[18]나 권고[19] 등에 대해서도 처분성을 인정하는 경향이 있다. 또한 공법상의 경고의 허용성이 문제되고 있다. 이와 관련하여 관할, 법적 근거 및 기본권 관련성 등이 함께 논의되고 있다.

---

15) 대법원 2004. 4. 22. 선고 2003두9015 전원합의체 판결.

16) 대법원 2002. 7. 26. 선고 2001두3532 판결.

17) "부과처분을 위한 과세관청의 질문조사권이 행해지는 세무조사결정이 있는 경우 납세의무자는 세무공무원의 과세자료 수집을 위한 질문에 대답하고 검사를 수인하여야 할 법적 의무를 부담하게 되는 점, 세무조사는 기본적으로 적정하고 공평한 과세의 실현을 위하여 필요한 최소한의 범위 안에서 행하여져야 하고, 더욱이 동일한 세목 및 과세기간에 대한 재조사는 납세자의 영업의 자유 등 권익을 심각하게 침해할 뿐만 아니라 과세관청에 의한 자의적인 세무조사의 위험마저 있으므로 조세공평의 원칙에 현저히 반하는 예외적인 경우를 제외하고는 금지될 필요가 있는 점, 납세의무자로 하여금 개개의 과태료 처분에 대하여 불복하거나 조사 종료 후의 과세처분에 대하여만 다툴 수 있도록 하는 것보다는 그에 앞서 세무조사결정에 대하여 다툼으로써 분쟁을 조기에 근본적으로 해결할 수 있는 점 등을 종합하면, 세무조사결정은 납세의무자의 권리·의무에 직접 영향을 미치는 공권력의 행사에 따른 행정작용으로서 항고소송의 대상이 된다."(대법원 2011. 03. 10. 선고 2009두23617 판결)

18) 대법원은 문책경고가 아무런 법률상의 근거 없이 행하여진 것으로서 위법하다고 보고 있다(대법원 2005. 2. 17. 선고 2003두14765 판결).

19) 대법원은 국가인권위원회의 성희롱결정 및 시정조치권고에 대해 처분성을 인정한 바 있다(대법원 2005. 7. 8. 선고 2005두487 판결).

Ⅲ. 비공식적 행정작용

1. 의의 및 문제점

오늘날 행정법의 문헌에서는 비공식적 행정작용이 논의되고 있다. 이를 "비공식적 협상", "비정식적 행정작용(非正式的 行政作用)" 또는 "비공식적 고권작용(非公式的 高權作用)" 등으로 부르기도 한다. 비공식적 행정작용은 협상(Absprachen), 행정과 시민 사이의 접촉 등과 같이 행정청의 결정 이전에 주로 문제된다. 여기에 협력적 행정작용뿐만 아니라 일방적 고권작용(경고 등)도 포함된다고 보는 견해도 있다. 이러한 비공식적 행정작용은 시간·비용 등의 측면에서 행정의 효율성을 가져올 수 있는 장점을 가지는 반면, 법치국가적 관점에서 불명확성의 문제점을 가진다.

2. 유형 및 법적 판단

행정에 있어서 협상은 규범대체적 협상과 규범집행적 협상으로 구분된다. 후자는 행정결정의 내용이 법적으로 규율된 절차에서 논의되는 것으로 사전 또는 법적 절차와 병행하여 진행되는 비공식적 절차에서 문제된다. 예컨대 행정절차 이전이나 행정절차의 진행 중에 행정기관과 사인 사이의 사전절충이나 조정, 비구속적 합의 등이 여기에 속한다. 반면, 규범대체적 협상은 개별기업 내지 사업단체가 자발적인 조치를 취하겠다는 약속에 대응하여 행정주체가 법규로 규율하는 것을 잠정적으로 고려하지 않는 것을 말한다. 예컨대 A기업이 대기오염물질의 50%를 감축하는 약속을 하는 경우에 B행정청이 환경규제를 잠정적으로 보류하는 것 등이 그 대표적 사례이다. 비공식적 협상은 불허되는 것이 아니지만, 어느 정도의 법적 근거 내지 한계를 가져야 한다. 비공식적 협상은 법적으로 구속력이 없다. 그러나 이러한 비공식적 협상도 실체법적 또는 절차법적으로 일정한 한계를 가질 수 있음은 물론이다.

제2절 행정지도

Ⅰ. 행정지도의 의의 및 문제점

행정지도는 “행정주체가 일정한 행정질서를 형성하기 위하여 행정객체를 일정한 방향에로 유도할 의도 아래 하는 비권력적 사실행위”,[20] “행정주체가 스스로 의도하는 바를 실현하기 위하여 상대편의 임의적 협력을 기대하여 행하는 비권력적인 사실행위”[21] 등으로 정의되고 있다. 행정절차법에서는 행정지도를 “행정기관이 그 소관사무의 범위에서 일정한 행정목적을 실현하기 위하여 특정인에게 일정한 행위를 하거나 하지 아니하도록 지도, 권고, 조언 등을 하는 행정작용”이라고 규정하고 있다(제2조 제3호). 행정지도의 특징으로는 비권력적 성질이 강조되고 있다. 이러한 행정지도는 비권력적 사실행위의 일종으로 볼 수 있다. 행정지도는 국가의 정책을 집행하기 위해 상대방을 일정한 방향으로 유도하는 특성을 가진다. 이러한 행정지도는 임의적 협력을 전제로 하고 있어 효율적이고 탄력적인 행정운영에 도움을 줄 수 있다. 그러나 행정지도는 사실상 규제적이고 강제성을 띄는 경우가 적지 않다. 행정지도는 반드시 법적 근거를 가지고 있어야 하는 것은 아니기 때문에, 그 기준과 한계는 불분명하다. 그리고 행정지도는 원칙적으로 비권력적 사실행위에 해당하므로 행정쟁송의 대상이 아니다. 따라서 위법한 행정지도에 대한 권리구제가 문제된다. 이에 대해서는 후술하기로 한다.

Ⅱ. 행정지도의 종류

1. 법령의 근거에 의한 분류

(1) 법령의 직접적 근거에 의한 행정지도

법령에 지도나 권고 등 행정지도에 관한 명문규정을 두고 있는 경우가 이러

20) 이상규, 전게서(상), 479면.
21) 김도창, 일반행정법론(상), 제4전정판, 523면.

한 유형에 속한다. 예컨대 어업지도에 대해서는 수산진흥법 제3조, 새 과학기술의 보급지도에 대해서는 과학기술진흥법 제2조가 그러하다.

(2) 법령의 간접적 근거에 의한 행정지도

법령이 일정한 행정지도에 관한 명문의 규정을 두고 있지는 않지만, 당해 사항에 관하여 일정한 행정행위(하명 · 허가 · 인가 등)를 할 수 있는 근거가 있는 경우가 있다. 이러한 경우에 우선적으로 비권력적이고 임의적인 작용으로서 행정지도를 행하는 것을 고려해 볼 수 있다.

(3) 법령의 근거가 전혀 없는 행정지도

본래적 의미의 행정지도에 속하는 것으로서 법령의 근거 없이 행하는 경우가 그러하다. 행정지도의 근거가 전혀 없는 경우에 해당한다. 예컨대 법령의 근거없이 규제적 성격의 행정지도가 행해지는 경우에 법치국가원리의 관점에서 문제될 수 있다.

2. 기능에 의한 분류

(1) 규제적 행정지도

일정한 행위를 예방 내지 억제하기 위한 행정지도를 말한다. 예컨대 온실가스감축목표 이행을 위한 행정지도(기후위기 대응을 위한 탄소중립 · 녹색성장 기본법 제26조 제1항), 물가억제를 위한 행정지도, 금융기관의 부실채권 정리에 관한 행정지도 등이 여기에 해당한다.

(2) 조정적 행정지도

과열경쟁으로 인한 불건전한 경제질서를 조성하거나 행정목적의 달성에 지장을 초래할 수 있는 경우에 이해충돌의 조정을 위한 행정지도 등이 여기에 속한다. 예컨대 중소벤처기업부장관의 사업조정에 관한 권고(대 · 중소기업 상생협력 촉진에 관한 법률 제33조 제2항)는 그 대표적 사례이다. 즉 중소벤처기업부장관은 사업조정 신청을 받은 경우 해당 업종 중소기업의 사업활동 기회를 확보하기 위해 소정의 절차를 거쳐 대기업 등에 대하여 사업이양, 사업철수 및 확장자제 등을 권고할 수 있다.

(3) 조성적 행정지도

일정한 행정질서의 형성을 촉진 또는 장려하기 위한 행정지도를 말한다. 여기에는 생활지도, 기술지도 또는 기업지도 등이 속한다. 예컨대 중소기업 기술혁신 촉진법 제16조 경영 및 기술지도도 여기에 해당한다.

Ⅲ. 행정지도의 법적 근거와 한계

1. 행정지도의 법적 근거

법률유보의 원칙이 행정지도에 적용되는지 여부가 문제된다. 규제적 행정지도에 법률의 근거가 필요한지에 대해 견해대립이 있으나, 소극적으로 보는 견해가 다수설이다. 행정지도는 상대방의 임의적·자발적 협력을 전제로 하고, 그 자체로서는 직접적인 법적 효과가 발생하지 아니하는 사실행위에 불과하다. 따라서 행정지도를 행함에 있어서 반드시 개별적·구체적인 법률적 근거가 필요한 것은 아니다.

2. 행정지도의 절차 및 형식

행정지도의 방식에 관하여는 행정절차법 제49조에서 자세히 규정하고 있다. 즉 행정지도를 행하는 자는 그 상대방에게 당해 행정지도의 취지·내용 및 신분을 밝혀야 한다(제1항). 또한 행정지도가 구술로 이루어지는 경우에 상대방이 서면 교부를 요구하면 당해 행정지도를 행하는 자는 직무수행에 특별한 지장이 없는 한 이를 교부하여야 한다(제2항).

3. 행정지도의 한계

행정기관의 상호임무나 권한 존중의 취지에서 조직법상의 권한의 범위 내에서 행정지도를 행하여야 한다. 각 개별법이나 행정절차법의 규정을 준수하여야 함은 물론이고, 비례의 원칙, 평등원칙 및 신뢰보호의 원칙 등 행정법의 일반원칙을 고려하여야 한다. 행정절차법 제48조에 "행정지도는 그 목적 달성에 필요한 최소한도에 그쳐야 하며, 행정지도의 상대방의 의사에 반하여 부당하게 강요하여서는 아니 된다"고 규정하고 있다. 이러한 규정은 행정지도에 있어서 비례의 원칙(특히 최소침해의 원칙)을 특별히 규정한 것으로 해석할 수 있다.

Ⅳ. 행정지도와 권리구제

1. 행정소송

행정지도 그 자체는 처분성이 인정되지 아니하므로 항고소송의 대상이 될 수 없다는 것이 확고한 판례의 입장이다.[22] 근래에는 규제적 성격의 행정지도가 사실상 강제적으로 이루어지거나 상대방의 권리를 제약하는 경우가 적지 않다. 권력적 사실행위에 대한 항고소송이 인정된다는 점에서 규제적 행정지도의 처분성을 적극적으로 고려할 필요가 있다. 다만, 행정지도는 어느 정도의 지속성을 가져야 소익이 인정된다. 예컨대 소정의 기간 동안 이루어지는 행정지도에 대해서만 항고소송을 제기할 실익이 있는 것이다. 행정절차법에는 행정지도에 관한 일반적 규정이 있다.

2. 행정상 손해전보

행정지도는 상대방의 임의적 동의 내지 협력을 전제로 하므로 공법상 손해배상청구권은 성립되기 어렵다. 즉 "동의는 불법행위의 성립을 조각한다"는 법언과 같이 상대방의 동의에 의해 행해진 행정지도에 대해서는 손해배상청구권을 인정하기 어렵다는 것이다. 그러나 규제적 행정지도에 대하여 국가·지방자치단체 등에 배상책임이 성립될 수 있다는 견해가 있다.[23] 즉 사실상 강제성을 가지거나 비자발적인 경우에는 이러한 위법성 조각을 인정하기 어렵고, 행정지도가 법령을 위반하거나 행정법의 일반원칙을 위반하는 경우에는 그 위법을 인정할 수 있다는 것이다. 종전에는 적법한 행정지도에 의하여 상대방이 특별한 손실을 입은 경우에 손실보상이 가능하다는 주장이 있었다. 수용유사적 침해이론이나 수용적 침해이론 등을 근거로 유추적용에 의한 손실보상이 가능하다는 견해가 그러하다. 그러나 오늘날에는 행정지도에 의한 재산권 침해는 공용수용에 해당하기 어렵고, 법률에 특별한 보상규정이 없는 한 손실보상은 어렵다고

---

22) 대법원 1967. 6. 27. 선고 67누44 판결; 대법원 1980. 10. 27. 선고 80누395 판결; 대법원 1993. 10. 26. 선고 93누6331 판결.
23) 김동희, 행정법 I, 222-223면.

보는 것이 타당하다.

3. 헌법소원

행정지도는 처분에 해당하지 아니하여 항고소송의 대상이 되지 아니한다. 이와 관련하여 행정지도에 대해 헌법소원을 제기할 수 있는지가 문제된다. 비권력적 사실행위에 해당하는 행정지도는 공권력의 행사에 해당하기 어렵다는 점에서 원칙적으로 헌법소원의 대상이 될 수 없다. 그러나 헌법재판소는 규제적·구속적 성격을 가지는 행정지도에 대해 헌법소원의 대상을 인정한 바 있다.[24] 또한 대학총장들에 대한 교육인적자원부장관의 학칙시정요구에 대해서도 행정지도의 일종으로 보고, "단순한 행정지도로서의 한계를 넘어 규제적·구속적 성격을 상당히 강하게 갖는 것으로서 헌법소원의 대상이 되는 공권력의 행사라고 볼 수 있다"고 결정하고 있다.[25]

제3절 행정자동결정

Ⅰ. 행정자동화의 현황과 쟁점

정보통신기술(ICT), 인공지능(AI) 등 현대과학기술의 눈부신 발전은 인간의 공간적·시간적 한계를 초월하게 만들고 있다. 또한 인류는 인터넷망을 비롯한 스마트기기의 어플리케이션(application)이나 구글(Google) 등 검색엔진을 통해 수많은 정보를 손쉽게 얻을 수 있게 되었다. 그리고 비디오를 공유하는 웹사이트인 유튜브(YouTube)를 비롯하여 페이스북(Facebook), 트위터(Twitter) 등 소셜네트워크(SNS)를 통하여 전 지구적인 커뮤니케이션이 가능하게 되었다. 이러한 전자매체를 통해 정치적 여론을 형성할 수도 있을 뿐만 아니라, 이를 정치적 의사결정에 반영할 수도 있게 된 것이다. 바야흐로 전자정부(e-government)의 시대에 살고 있는 것이다. 특히 전자데이터처리(EDV)는 행정법 분야에서도 새로운 법적 문제를 야기하고 있다. 행정자동장치를 통한 결정(행정자동결정)이 어떠

24) 헌재 2008. 10. 30. 2006헌마1401 등, 판례집 20-2상, 1115.
25) 헌재 2003. 6. 26. 2002헌마337 등, 판례집 15-1, 772.

한 법적 의미를 가지는지가 문제이다. 이러한 행정자동결정은 대체로 조세부과처분이나 연금결정 등과 같이 대량으로 이루어지는 행정의 영역에서 행해지고 있다. 전자데이터처리장치는 인격권이나 프라이버시 등 개인의 기본권을 침해할 수 있다. 독일 연방헌법재판소는 언제, 그리고 어느 범위에서 자신의 사생활이 공개되어야 하는지를 원칙적으로 스스로 결정할 권한, 즉 개인정보자기결정권(Recht auf informationelle Selbstbestimmung)을 인정하고 있다.[26] 이를 "자기정보결정권" 내지 "정보상 자기결정권"이라고 부르기도 한다. 유럽연합에서는 개인정보의 중요성이 강조되고 있으며, 근래에는 데이터보호기본령(GDPR, DS-GVO; Datenschutz-Grundverordnung)이 제정되었다.[27]

Ⅱ. 행정자동결정의 법적 성질

행정자동결정이 행정행위로서 파악될 수 있는지 여부는 개인의 권리구제와 관련하여 중요한 의미를 가진다. 이러한 문제에 대해서는 행정자동결정의 유형과 단계별로 판단하는 것이 바람직하다. 행정자동장치의 프로그램은 행정규칙이나 내부지침의 성격을 가지는 것이 보통이다. 이러한 프로그램은 원칙적으로 외부효를 가지지 못한다. 그러나 일정한 프로그램에 근거한 행정자동결정은 개별 사례에 따라 행정행위에 해당하는지 여부를 판단하여야 한다. 예컨대 신호등에 따라 운행하던 중 사고가 난 경우에 그 신호등의 청신호는 일종의 '일반처분'의 성격을 가진다고 보는 견해가 지배적이다. 단순한 행정처리, 전자자료처리장치에 의한 단순한 행정사무의 처리는 행정처분으로 보기 어렵다. 이러한 작용들은 대체로 사실행위에 해당한다. 그러나 이를 개인에게 통지하여 고권적 구속력을 가지는 때에는 권력적 사실행위 내지 행정처분으로 볼 수 있다. 한편, 독일 행정절차법 제35a조에는 완전자동화(전자동화) 행정행위(vollautomatisierter Verwaltungsakt)에 관한 규정이 도입되었고, 독일의 문헌에서도 전자적 행정행위(elektronischer Verwaltungsakt)를 논의하고 있다.[28] 이러한 영향으로 행정기본법 제20조는 자동적 처분을 규정하고 있다. 즉 "행정청은 법률로 정하는 바에 따라 완전히 자동화된 시스템(인공지능 기술을 적용한 시스템을 포함한다)으로 처분을 할 수 있다."

---

26) BVerfGE 80, 367/373.
27) 상론은 졸저, 행정법의 특수문제, 162면 이하 참조.
28) Maurer/Waldhoff, a.a.O., § 18 Rn. 5 ff.

그러나 자동적 처분에 인공지능시스템을 포함한 것은 문제가 있다.[29)]

Ⅲ. 행정자동결정의 하자와 권리구제

행정자동결정의 위법성은 행정행위의 하자에 관한 일반원칙에 따라 결정된다. 위법한 행정자동결정은 다른 모든 행정행위와 마찬가지로 취소가능성이 있으며, 독일 행정절차법 제44조의 일정한 요건 아래에서 무효가 될 수 있다.[30)] 독일에서는 완전자동화 행정행위의 도입이 민주주의원리나 법치국가원리의 관점에서 문제되고 있다. 예컨대 행정의 효율성을 위해 자동화시설 내지 자동화장치의 도움을 받아 발급된 행정행위의 경우에는 청문, 서명, 이유제시 등이 생략될 수 있다. 이러한 경우에 절차적 통제나 사전적 권리구제의 측면에서는 취약할 수 있다(독일 행정절차법 제28조 제2항 제4호, 제37조 제5항 및 제39조 제2항 제3호 참조). 독일의 학설은 대체로 이러한 규정이 완전자동화 행정행위의 경우에도 적용될 수 있다고 보고 있다.[31)]

제4절 사법(私法) 형식의 행정활동

Ⅰ. 의의 및 특징

현대국가에 들어와서 행정의 사법(私法)적 활동(사법형식의 행정작용)이 점차 늘고 있다. 사법의 영역에서는 사적 자치(Privatautonomie)의 원칙이 지배하고 있어 행정법의 규제를 피해 사법(私法)으로의 도피(Flucht ins Privatrecht)를 시도할 수도 있다. 이러한 문제점을 일찍이 인식하고 등장한 것이 이른바 '행정사법(Verwaltungsprivatrecht)' 이론이라 할 수 있다. 행정사법(行政私法)의 개념은 한스 볼프(Hans J. Wolff) 교수가 창안하였다. 사법 형식의 행정활동은 사적 자치의 원리만이 아니라 공법적 규율에 기속된다는 것을 특징으로 한다. 공적 과제

29) 졸고, "인공지능 시대의 도래와 디지털화에 따른 행정자동결정의 법적 쟁점", 공법연구 제50집 제2호(2021. 12), 231-252면.
30) Maurer/Waldhoff, a.a.O., § 18 Rn. 11 f.; Stelkens/Bonk/Sachs(Hg.), VwVfG, § 35a Rn. 55.
31) Kopp/Ramsauer, VwVfG, 19. Aufl., § 35a Rn. 15 ff.

의 수행을 위해 사법상의 법률관계에 들어서면 이는 더 이상 국고작용(Fiskus)의 문제가 아니라 '행정사법'의 문제라는 것이다. 교통을 비롯하여 전기・가스・수도 공급 등 급부행정, 특히 생존배려와 관련된 분야가 대부분 여기에 해당한다. 이러한 영역은 기본권에 기속되며, 평등원칙이나 과잉금지원칙(자의금지) 등이 문제된다.[32] 사법 형식의 행정활동에 대한 기본권 기속성은 독일 기본법 제1조 제3항에서 연원하고 있다. 행정사법에 있어서는 사법의 규정도 수정과 보완을 하게 된다. 이러한 행정사법의 영역에도 행정절차법이 적용되는지에 대해 견해 대립이 있을 뿐만 아니라, 공적 과제를 사법의 형식으로 수행하는 경우에 행정법원이 아니라 통상법원의 관할로 보고 있다.[33]

Ⅱ. 양태(樣態)

종전에는 사법형식의 행정활동을 넓은 의미의 국고작용(國庫作用) 또는 국고행정에 속하는 것으로 보았다. 이를 행정의 사법상 보조적 작용, 행정의 영리적 활동 및 사법 형식에 의한 행정과제의 직접적 수행으로 분류하고, 마지막 유형만을 행정사법으로 보는 견해도 있다.[34] 첫 번째 유형은 물자를 조달하는 행정이다. 즉 행정기관이 필요로 하는 물자(사무용품, 자동차, 토지・건물 등)를 사법형식에 의해 조달하는 행정활동인데, 국가를 당사자로 하는 계약에 관한 법률(이하 '국가계약법'이라 한다)에 따른 조달계약이 여기에 속한다. 판례는 "요청조달계약에 적용되는 국가계약법의 조항은 국가가 사경제 주체로서 국민과 대등한 관계에 있음을 전제로 한 사법(私法)관계에 관한 규정에 한정된다"고 보고 있다.[35] 두 번째 유형은 국가・지방자치단체 등 행정주체가 직접 영업활동을 하는 경우이다. 여기에는 행정주체가 공기업을 직접 설립하여 기업활동을 하거나 주식회사・유한회사 등을 설립하여 영리활동을 하는 경우가 그러하다(형식적 민영화). 예컨대 한국가스공사, 서울교통공사 및 서울도시주택공사 등이 여기에 속한다고 볼 수 있다. 한편, 한국전력공사의 경우에는 민간투자를 49% 정도까지 허용하는 민관협력(PPP)의 구조를 채택하고 있다(한국전력공사법 제4조 참조). 헌법재판

---

32) 이에 대해서는 Wolff/Bachof/Stober, Verwaltungsrecht I, 10. Aufl., § 23 Rn. 29 ff.
33) Wolff/Bachof/Stober, a.a.O., § 23 Rn. 33 f.
34) 김남진, 전게서(I), 453면.
35) 대법원 2017. 6. 29. 선고 2014두14389 판결.

소도 이러한 한국전력공사를 '공사혼합기업'으로 이해하고 있다.[36] 이러한 구조는 기능적 민영화에 해당한다. 이러한 영리활동에는 민법, 상법 또는 독점규제 및 공정거래에 관한 법률 등이 적용된다.[37] 그리고 세 번째 유형은 행정주체가 '사법(私法)'의 형식으로 공적 과제를 수행하는 것이다. 지방자치단체가 자신의 인적 조직(공무원)이나 시설을 통해 급부작용(수도·전기·가스 등의 공급, 교통 등)을 사법(私法)의 형식으로 수행하는 경우이다.[38] 독일에서는 이러한 경우가 주로 '행정사법'의 문제로 다루어지고 있다.

36) 헌재 2005. 2. 4. 2001헌바71.
37) Maurer/Waldhoff, a.a.O., § 3 Rn. 24; 김남진, 전게서(Ⅰ), 452면.
38) Ehlers, in: Ehlers/Pünder(Hg.), Allgemeines Verwaltungsrecht, 15. Aufl. § 3 Rn. 82.

제 3 편

행정절차와 정보행정

제1장 행정절차
제2장 정보행정

제1장 행정절차

제1절 행정절차의 기초

Ⅰ. 행정절차의 개념 및 헌법적 근거

1. 행정절차의 개념

광의의 행정절차란 행정의사의 결정과 집행에 관련된 일체의 절차를 말한다. 여기에는 행정결정의 발급절차・행정심판절차 및 그 집행절차(행정강제・행정벌 등)가 모두 포함된다. 즉 행정권행사의 사전절차와 사후절차를 모두 포함하는 개념으로 사용된다. 1925년 제정된 오스트리아의 '일반 행정절차법'이 이러한 입법례를 취하고 있다. 협의의 행정절차는 행정입법・행정계획・행정처분・행정지도 등 행정작용의 발령절차를 의미한다. 1996년 말에 제정・공포된 현행 행정절차법은 협의의 행정절차 개념에 근거하고 있다. 또한 독일이나 일본의 입법례가 그러하다. 그러나 각국의 사정에 따라 규율하는 행정작용에는 차이가 있다. 최협의의 행정절차는 행정행위(행정처분)의 사전절차를 의미한다. 1989년에 국무총리훈령으로 제정된 '행정절차운영지침'이 여기에 해당된다.

2. 행정절차의 헌법적 근거 및 제도적 기능

행정절차의 헌법적 근거에 대해서는 견해대립이 있다. 헌법재판소는 헌법 제12조에서 규정하고 있는 적법절차조항을 행정절차의 헌법적 근거로 보고 있다. 이는 미국 수정헌법 제5조 및 제14조에 기초한 적법절차(due process of law)의 영향을 받은 것으로 볼 수 있다.[1] 독일에서는 행정절차의 헌법적 근거에 관한

1) "헌법 제12조 제3항 본문은 동조 제1항과 함께 적법절차원리의 일반조항에 해당하는 것으로

직접적인 명시적 규정은 없으나, 법치국가원리, 민주주의원리 및 독일 기본법 제103조 제1항(법적 청문권) 등을 유추적용하고 있다. 이러한 독일 학설의 영향을 받은 국내의 일부학설도 민주국가원리, 법치국가원리 및 인간의 존엄에 관한 헌법 제10조 등에서 행정절차의 헌법적 근거를 찾고 있다.[2] 대법원은 청문절차를 불문법원리로 보기도 한다.[3] 그러나 행정절차의 일반법인 행정절차법에 청문규정을 두고 있을 뿐만 아니라 각 개별법에서도 청문절차에 대한 규정을 두고 있다는 점에서 이러한 입장은 더 이상 타당하지 아니하다.

헌법 제12조 제1항의 적법절차조항은 형사절차(사법절차)를 목적으로 하고 있다. 행정절차는 참여를 통한 사전적 권리구제의 측면에서는 '법치국가원리'와 관련이 있는 반면, 민의의 전달이라는 측면에서는 '민주주의원리'와 밀접한 관련이 있다. 이와 같이 행정절차는 참여를 통하여 민주주의원리의 실현기능을 가질 뿐만 아니라, 행정의 투명성·예측가능성을 담보하여 사전구제절차로서의 기능을 통해 법치국가원리의 의미도 가진다(행정절차법 제5조 참조). 이러한 "절차권을 통한 기본권보호"는 영미법계국가뿐만 아니라 대륙법계국가에서도 점차 강조되고 있다. 행정절차의 참여는 다원적인 행정결정에 있어서 미리 이익조정을 함으로써 행정의 능률성(효율성)에 기여하는 측면도 있다. 그 밖에 행정절차는 실체법의 실현에 기여한다는 점에서 실체법의 보조적 기능도 가진다.

Ⅱ. 비교법적 고찰

1. 독일의 행정절차법

독일은 오랜 연구 끝에 1977년에 연방의 행정절차법(Verwaltungsverfahrensgesetz)을 제정하였다. 독일의 행정절차법은 그 명칭에도 불구하고 실체법적 요소를 많이 포함하고 있다. 즉 행정행위(Verwaltungsakt)의 개념(제35조), 부관(제36조), 확약(제38조), 재량(제40조), 행정행위의 무효·취소·철회(제43조-제53조), 공법상 계약(제54조 이하) 등이 그러한 예이다. 근래에는 전자정부(E-Government)의

서, 형사절차상의 영역에 한정되지 않고 입법·행정 등 국가의 모든 공권력의 작용에는 절차상의 적법성뿐만 아니라 법률의 실제적 내용도 합리성과 정당성을 갖춘 실체적인 적법성이 있어야 한다는 적법절차의 원칙을 헌법의 기본원리로 명시한 것이다."(헌재 1992. 12. 24. 92헌마78)

2) 김남진·김연태, 행정법 I, 460-461면.

3) 대법원 1994. 8. 9. 선고 94누3414 판결.

등장으로 전자적 행정행위(elektronischer Verwaltungsakt)가 강조되고 있다. 또한 독일 행정절차법 제35a조에는 '완전자동화 행정행위(vollständig automatisierter Erlass eines Verwaltungsaktes)'가 도입되었다.

독일 행정절차법의 특징은 다음과 같다. 행정절차는 무형식을 원칙으로 하고 있으며, 형식적 행정절차는 독일 행정절차법 제63조 이하에서 규정하고 있다. 특히 전문계획(국제공항건설, 연방원거리도로건설 및 폐기물처리장의 설치 등)과 관련하여 계획확정절차(Planfeststellungsverfahren)에 대한 규정을 두고 있다(제72조 이하). 행정처분의 적법성 및 합목적성 심사에 대한 권리구제절차를 두고 있다. 그리고 허가절차촉진법(GenBeschlG) 등과 같이 절차의 신속화·간소화 등이 강조되고 있다. 이러한 점은 통독 후의 고권적 계획작용과 관련이 있다. 그 밖에 이해관계인의 절차권으로는 청문권(제28조), 문서열람권(제29조), 비밀유지청구권(제30조) 및 조언 및 정보제공권(제25조) 등이 규정되어 있다.

2. 영국의 행정절차법

영국 행정절차법의 사상적 배경은 편견배제와 변명의 기회부여를 그 내용으로 하는 자연적 정의(natural justice)에 기초하고 있다. 이러한 자연적 정의는 대심주의(adversary system)와 밀접한 관련을 가진다. 따라서 자연적 정의는 공정한 재판을 위해 양 당사자가 자신의 주장을 개진하도록 하고, 제3자가 이를 경청하고 객관적으로 판단하는 것을 내용으로 한다.[4] 이와 관련하여 불이익을 주는 경우에는 적절한 통지와 더불어 청문의 기회가 주어져야 하고, 심판관은 불편부당하여야 한다(nemo judex in causa sua: No one shall be a judge in his own case). 또한 청문과 관련하여 다른 상대방의 의견을 경청하여야 한다(audi alteram partem; listen to the other side).[5] 행정절차에 관한 대표적인 법률에는 1958년에 제정·공포된 '심판소 및 심문에 관한 법률(Tribunals and Inquiries Act)'이 있다.[6]

---

4) Cane, P., An Introduction to Administrative Law, 3rd edn(Oxford, 1996), 163-165.
5) Craig, P. P., Administrative Law, 7th edn(London, 2012), 339.
6) 이상규, 영미행정법, 272면 이하.

3. 미국의 행정절차법

미국의 행정절차는 수정헌법 제5조와 제14조의 적법절차(due process of law)의 법리를 통해 발전하였다. 수정헌법 제5조는 "누구든지……적법절차에 의하지 아니하고는 개인의 생명·자유 또는 재산을 박탈당하지 아니 한다"고 규정하고 있다. 또한 수정헌법 제14조에서 "주(州)는 ……적법절차에 의하지 아니하고는 개인의 생명·자유 또는 재산을 박탈당하지 아니 한다"라고 하여, 주(州) 차원에서도 적법절차를 보장하고 있다. 그 연원은 영국의 자연적 정의에서 유래하고 있다. 행정절차의 일반법을 제정하려는 노력은 1946년 행정절차법(APA)의 제정으로 결실을 보게 되었다. 이 법률은 20여년의 산고 끝에 탄생한 행정절차의 통칙입법으로서, 행정절차에 관한 대표적인 입법례이다. 전문 12개조로 구성된 이 법률은 현재 미합중국법전 제5편에 편입되어 있다(제551조-제559조, 제701조-제706조, 제1305조 등). 또한 1966년에는 정보공개법(FOIA: Freedom of Information Act)이 제정되었으며, 1990년에는 교섭에 의한 규칙제정법(Negotiated Rulemaking Act)이 마련되었다.[7)]

4. 일본의 행정절차법

일본에서는 청문제도가 제2차 대전 후 미군의 점령 하에서 처음 도입되었다. 그러나 이러한 행정절차제도는 형식적으로 운용되어 오다가, 기본권보호의 차원에서 점차 행정절차에 대한 중요성이 인식되기 시작하였다. 1993년 11월에 행정수속법(行政手續法)이 제정·공포되어, 1994년 10월부터 시행되고 있다. 일본 행정수속법의 내용을 살펴보면, 행정처분(신청에 대한 처분과 불이익처분)·행정지도·계출(屆出)에 대한 절차에 관해서만 규정하고 있고, 행정계획·행정계약·행정조사 등에 관한 절차에 대해서는 규정하고 있지 않다. 다만, 행정수속법의 개정을 통해 명령 등의 제정에 있어서 '의견공모절차'를 도입하고 있다. 일본 행정절차법은 주로 불이익처분 등에 의하여 규제를 받는 자의 권리와 자유를 보호하는 데에 관심을 집중하고 있다.

7) Aman & Mayton, Administrative Law, 46-48 (2nd. 2001).

제2절 행정절차법의 특징 및 주요내용

Ⅰ. 행정절차법의 연혁

우리나라에도 행정절차의 필요성을 일찍이 절감하고 오래 전부터 각 개별법에 청문제도를 도입하기 시작하였다. 그러나 행정절차법의 제정 노력은 1980년대 초반부터 시작되었고, 1989년에는 행정절차운영지침(국무총리훈령)이 제정되어 시행되다가 1996년 12월 31일에 비로소 행정절차법이 제정·공포되었다. 1987년에 입법예고된 행정절차법안에는 확약, 행정계획의 확정절차, 행정처분의 재심사 등 참신한 내용들이 많이 포함되어 있었으나, 우여곡절 끝에 법률로서 성립되지는 못하였다. 그러나 2022년 1월 11일 행정절차법 개정에 의해 확약, 위반사실 등의 공표, 행정계획 등에 관한 규정이 추가로 도입되었다.

Ⅱ. 행정절차법의 특징

행정절차법은 행정의 공정성·투명성 및 신뢰성을 확보하여 국민의 권익을 보호함을 목적으로 하고 있다(제1조). 이 법률은 행정절차에 관한 일반법으로서 총칙 외에 처분절차, 신고·확약 및 위반사실 등의 공표 절차 등, 행정상 입법예고절차, 행정예고절차, 행정지도절차, 국민참여의 확대 및 보칙으로 구성되어 있다. 이 중에서 처분에 관한 규정은 행정절차법의 중심을 이루고 있다. 행정절차법의 특징을 개관하면 다음과 같다.

1. 기본원칙의 천명과 실체규정의 포함

행정절차법에는 신의성실 및 신뢰보호의 원칙(제4조), 행정작용의 투명성 요구(제5조) 및 행정지도의 원칙(제48조) 등을 규정하여, 행정작용 및 행정절차와 관련된 기본원칙을 천명하고 있다. 행정절차법은 절차에 관한 규정을 두는 것이 원칙이나, 입법례에 따라서는 실체법적인 규정을 두는 경우도 있다. 후자에는 독일의 행정절차법이, 전자에는 미국의 행정절차법이 대표적이다. 한국 행정절차법은 원칙적으로 절차규정을 중심으로 이루어져 있으나, 실체법적 규정이 제한적으로 포함되어 있다. 예컨대 처분의 정의규정(제2조 제2호), 행정지도의 정의규정(제2조 제3호), 행정계획(제40조의4) 및 확약(제40조의2) 등이 그러하다. 전술한 신의성실 및 신뢰보호의 원칙은 실체규정과 밀접한 관련을 가진다.

2. 문서주의의 원칙 및 전자매체에 의한 행정

행정절차법은 신청과 처분의 내용 등을 객관적으로 명확히 하기 위하여 문서주의의 원칙을 채택하고 있다(제17조 제1항, 제24조 제1항 전단). 또한 전자매체에 의한 행정을 허용하고 있다. 2002년 12월 30일 행정절차법의 개정으로 인터넷 등을 통한 전자매체에 의한 신청이나 당사자 등의 동의를 조건으로 한 전자문서에 의한 처분도 인정하고 있다(제17조 제2항, 제24조 제1항 후단). 그러나 2022년 1월 11일 개정으로 당사자가 전자문서로 신청한 경우에도 전자문서로 처분을 할 수 있다. 정보통신망을 통한 온라인공청회의 개최도 가능하다(제38조의2). 그 밖에 국민참여의 확대를 위해 온라인 정책토론을 실시할 수 있는 규정을 두고 있다(제53조).

3. 규율범위의 제한성

행정절차법의 적용범위는 처분, 신고, 행정상 입법예고, 행정예고 및 행정지도의 일반절차에 제한되어 있었다. '처분절차'에 관한 것이 중심을 이루고 있으나, 현대행정의 다양성에 비추어 행정입법·행정계약·행정계획의 확정절차 등에 관한 규정을 적극적으로 도입하는 것이 필요하다. 한편, 2022년 1월 11일 개정에 의해 '행정계획'에 관한 규정이 신설되었다(행정절차법 제40조의4). 그러나 이러한 규정만으로는 대규모공공사업의 문제를 효과적으로 대응할 수 없다.

4. 약식청문중심

행정절차법은 약식청문이 중심을 이루고 있으며, 정식청문이나 공청회는 다른 법령에서 청문이나 공청회를 개최하도록 규정한 경우나 해당 행정청이 청문이나 공청회의 개최가 필요하다고 인정하는 경우 등에만 개최할 수 있었다(제22조 제1항 내지 제3항). 그러나 2019년 12월 10일 개정된 행정절차법에서는 국민생활에 큰 영향을 미치는 처분으로서 대통령령으로 정하는 처분에 대하여 대통령령으로 정하는 수(30명) 이상의 당사자 등이 공청회를 요구하는 경우에도 행정청이 공청회를 개최하도록 하고 있다(제22조 제2항 제3호).

Ⅲ. 행정절차법의 적용범위

처분, 신고, 확약, 위반사실 등의 공표, 행정계획, 행정상 입법예고, 행정예고 및 행정지도의 절차(이하 "행정절차"라 한다)에 관하여 다른 법률에 특별한 규정이 있는 경우를 제외하고는 행정절차법에서 정하는 바에 따른다(제3조 제1항). 다만, 행정절차법 제3조 제2항에서는 적용제외사항을 열거하고 있다.[8] 행정절차법의 적용제외 대상 중에서 문제가 되는 것은 제9호에 규정된 "공무원 인사 관계 법령에 따른 징계와 그 밖의 처분"이다. 판례는 군인사법상 보직해임처분에 대하여 처분의 근거와 이유 제시 등 행정절차법의 규정이 적용되지 않는다는 입장이다.[9] 또한 대법원은 국가공무원법상 직위해제처분에도 처분의 사전통지 및 의견청취 등에 관한 행정절차법의 규정이 적용되지 않는다고 판단하였다.[10] 이러한 판결은 모두 행정절차법 제3조 제2항 제9호 및 같은 법 시행령 제2조 제3호에 근거한 것이다.

Ⅳ. 행정절차법의 주요내용

1. 처분절차

처분절차는 신청에 의한 처분절차인 수익적 처분절차와 당사자에게 의무를 부과하거나 권익을 제한하는 침익적(침해적) 처분절차로 구분된다. 본서에서는

8) ① 국회 또는 지방의회의 의결을 거치거나 동의 또는 승인을 받아 행하는 사항, ② 법원 또는 군사법원의 재판에 의하거나 그 집행으로 행하는 사항, ③ 헌법재판소의 심판을 거쳐 행하는 사항, ④ 각급 선거관리위원회의 의결을 거쳐 행하는 사항, ⑤ 감사원이 감사위원회의의 결정을 거쳐 행하는 사항, ⑥ 형사(刑事), 행형(行刑) 및 보안처분 관계 법령에 따라 행하는 사항, ⑦ 국가안전보장 · 국방 · 외교 또는 통일에 관한 사항 중 행정절차를 거칠 경우 국가의 중대한 이익을 현저히 해칠 우려가 있는 사항, ⑧ 심사청구, 해양안전심판, 조세심판, 특허심판, 행정심판, 그 밖의 불복절차에 따른 사항, ⑨ 병역법에 따른 징집 · 소집, 외국인의 출입국 · 난민인정 · 귀화, 공무원 인사 관계 법령에 따른 징계와 그 밖의 처분, 이해 조정을 목적으로 하는 법령에 따른 알선 · 조정 · 중재 · 재정 또는 그 밖의 처분 등 해당 행정작용의 성질상 행정절차를 거치기 곤란하거나 거칠 필요가 없다고 인정되는 사항과 행정절차에 준하는 절차를 거친 사항으로서 대통령령으로 정하는 사항.

9) 대법원 2014. 10. 15. 선고 2012두5756 판결.

10) 대법원 2014. 5. 16. 선고 2012두26180 판결.

편의상 양 절차의 공통사항을 먼저 설명하고, 이어서 이를 구분하여 그 처분절차를 검토하도록 한다.

(1) 공통사항

a) 직권주의에 의한 절차의 개시 및 종료

행정청은 직권 또는 당사자의 신청이 있는 경우에 행정절차를 개시할 의무를 진다. 여기에는 행정청의 직권에 의하여 절차개시를 하는 직권주의, 절차개시가 행정청의 재량에 맡겨져 있는 편의주의, 당사자의 신청에 의하여 절차를 개시하는 처분주의 등이 있다. 행정절차법에서는 당사자의 신청에 의한 경우도 있지만, 대체로 행정청이 행정절차의 진행을 주도하도록 규정하고 있다. 예컨대 청문주재자가 청문을 개시하는데, 행정청의 소속 직원이 청문주재자를 맡을 수 있다(제28조, 제31조). 다만, 2019년 12월 10일 개정에 의해 대통령령으로 정하는 자격을 가진 사람도 청문주재자가 될 수 있다. 청문주재자는 당사자가 신청한 경우 외에도 직권으로 증거조사를 할 수도 있다(제33조). 또한 해당 사안에 대하여 당사자 등의 의견진술, 증거조사 등이 충분히 이루어졌다고 인정하는 경우에 청문을 종료할 수 있다(제35조). 이러한 모든 사정을 종합적으로 고려하면, 행정절차는 직권주의에 기초하고 있다고 볼 수 있다.

b) 처분기준의 설정·공표

행정청은 필요한 처분기준을 해당 처분의 성질에 비추어 될 수 있는 한 구체적으로 설정하여 공표하여야 한다(제20조 제1항). 한편, 2022년 1월 11일 개정으로 인허가의제의 경우에는 관련 인허가 행정청이 관련 인허가의 처분기준을 주된 인허가 행정청에 제출하여야 하고, 주된 인허가 행정청은 그 처분기준을 통합하여 공표하여야 한다(동조 제2항). 처분기준을 공표하는 것이 해당 처분의 성질상 현저히 곤란하거나 공공의 안전 또는 복리를 현저히 해하는 것으로 인정될 만한 상당한 이유가 있는 경우에는 이를 공표하지 아니할 수 있다(동조 제3항). 이러한 처분기준은 행정실무에 있어서 재량준칙이나 규범해석규칙 등에 해당되는 것이 보통이며, 곧바로 법적 구속력을 갖는 것은 아니다. 그러나 재량준칙의 경우에는 행정처분의 발급 후 평등원칙과 관련하여 간접적으로 영향을 미칠 수 있다(행정의 자기구속). 당사자 등은 공표된 처분기준이 불명확한 경우 해당 행정청에 대하여 그 해석 또는 설명을 요청할 수 있다(제20조 제4항).

c) **처분의 이유제시**

행정청은 처분을 하는 때에 원칙적으로 당사자에게 그 근거와 이유를 제시하여야 한다. 처분의 이유제시가 생략되는 경우는 ① 신청내용을 모두 그대로 인정하는 처분인 경우, ② 단순·반복적인 처분 또는 경미한 처분으로서 당사자가 그 이유를 명백히 알 수 있는 경우, ③ 긴급을 요하는 경우이다. 그러나 ②와 ③의 경우에도 처분 후에 당사자가 요청하는 때에는 그 근거와 이유를 제시하여야 한다(제23조).

d) **처분의 방식**

행정청의 처분방식은 문서주의를 원칙으로 하고 있다. 즉 다른 법령 등에 특별한 규정이 있는 경우를 제외하고는 행정청이 처분을 하는 때에는 문서로 하여야 한다. 당사자 등의 동의가 있거나 당사자가 전자문서로 처분을 신청한 경우에는 전자문서로 처분을 할 수 있다(제24조 제1항). 제1항에도 불구하고 공공의 안전 또는 복리를 위하여 긴급히 처분을 할 필요가 있거나 사안이 경미한 경우에는 구술(말), 전화, 휴대전화를 이용한 문자발송, 팩스 또는 전자우편 등 문서가 아닌 방법으로 처분을 할 수 있다. 이 경우 당사자가 요청하면 지체 없이 처분에 관한 문서를 주어야 한다. 행정청은 처분에 오기·오산 그 밖에 이에 준하는 명백한 잘못이 있는 때에는 직권 또는 신청에 의하여 지체 없이 정정하고 이를 당사자에게 통지하여야 한다(제25조).

(2) 수익적 처분의 절차

행정절차법상 수익적 처분의 절차는 신청, 신청의 심사 및 처분의 결정으로 구성되어 있다. 이를 분설하면 아래와 같다.

a) **처분의 신청**

사인의 허가·인가 등의 신청은 원칙적으로 문서로 하여야 한다(제17조 제1항). 처분의 신청을 전자문서로 하는 경우에는 행정청의 컴퓨터 등에 입력된 때에 신청한 것으로 간주한다(동조 제2항). 한편 행정청은 신청에 필요한 구비서류·제출기관·처리기관 그 밖에 필요한 사항을 게시(인터넷 등을 통한 게시를 포함한다)하거나 이에 대한 편람을 갖추어 두고 열람할 수 있도록 하여야 한다(동조 제3항). 행정청은 신청에 구비서류의 미비 등 하자가 있는 경우에는 상당한 기간을 정하여 지체 없이 신청인에게 보완을 요구하여야 하며, 이를 이행하지 아니하는 경우에는 반려할 수 있다(동조 제5항 및 제6항). 또한 신청인은 처분 있기 전까지는 그 신청의 내용을 보완 · 변경 또는 취하할 수 있다(동조 제8항). 그 밖에 행정청은 다수의 행정청이 관여하는 처분을 구하는 신청을 접수한 경우에는 관계 행정청과의 신속한 협조를 통하여 해당 처분이 지연되지 아니하도록 하여야 한다(제18조).

b) 처리기간의 설정 · 공표

행정절차법 제19조에서는 신청인의 편의를 도모하고 신청에 대한 처분의 처리지연으로 인한 신청인의 불이익을 방지하기 위하여 처리기간의 설정 · 공표 의무를 규정하고 있다. 행정청은 부득이한 사유로 처리기간 내에 해당 처분을 처리하기 곤란한 경우에 처분의 처리기간 범위 내에서 1회에 한하여 그 기간을 연장할 수 있고, 그 처리기간을 연장하는 때에도 처리기간의 연장 사유와 처리 예정기한을 지체없이 신청인에게 통지하여야 한다(동조 제2항 및 제3항). 이는 행정청의 결정에 대한 상대방의 신뢰보호와 예견가능성을 보장해 줄 수 있다.

c) 의견청취

수익적 처분에 있어서도 행정청은 의견청취를 할 수 있다. 행정청은 처분을 할 때 ① 다른 법령 등에서 특별히 규정하고 있는 경우, ② 행정청이 필요하다고 인정하는 경우, ③ 인허가 등의 취소, 신분 · 자격 등의 박탈, 법인이나 조합 등의 설립허가 취소의 처분시에 당사자 등의 신청이 있는 경우에는 청문을 한다(제22조 제1항). 또한 다른 법령 등에서 공청회를 하도록 규정하거나 해당 처분의 영향이 광범위하여 널리 의견을 수렴할 필요가 있다고 인정하는 경우 또는 국민생활에 큰 영향을 미치는 처분으로서 대통령령으로 정하는 처분에 대하여 대통령령으로 정하는 수(30명) 이상의 당사자 등이 공청회 개최를 요구하는 경우에는 공청회를 개최한다(제22조 제2항 제2호). 의견청취는 주로 침익적 처분과 관련하여 중요하지만, 수익적 처분에 있어서도 제3자 보호와 관련하여 의미가 있다.

d) 거부처분의 이유제시

행정청은 신청이 있는 때에는 다른 법령 등에 특별한 규정이 있는 경우를 제외하고는 그 접수를 보류 또는 거부하거나 부당하게 되돌려 보내서는 아니된다(제17조 제4항). 행정청이 상대방의 신청을 거부하는 경우에는 그 근거와 이유를 제시하여야 한다(제23조 참조). 그러나 행정청은 그 신청에 형식상의 하자가 있는 경우에는 보완에 필요한 상당한 기간을 정하여 신청인에게 보정·보완을 요청하여야 하고, 신청인이 만약 당해 기간 내에 신청서류의 보완하지 아니한 때에는 그 이유를 명시하여 접수된 신청을 반려할 수 있다.

(3) 침익적 처분의 절차

a) 처분의 사전통지

행정의 사전절차는 침익적 처분에서 그 본연의 제도적 기능을 가진다. 처분의 사전통지(prior notice)란 당사자 등에 대한 침익적 처분에 있어서 반드시 거쳐야 하는 절차이다. 이는 행정청이 조사한 사실들을 미리 당사자에게 알림으로써 당사자 등이 의견청취절차에서 관련 자료에 대한 의견·주장 등의 진술에 의하여 자신의 권익을 보호할 수 있게 하기 위한 것이다. 행정청이 침익적 처분을 하는 경우에는 미리 당사자 등에게 처분의 제목, 당사자의 성명 또는 명칭과 주소, 처분을 하고자 하는 원인이 되는 사실과 처분의 내용 및 법적 근거, 이에 대하여 의견을 제출할 수 있다는 뜻과 의견을 제출하지 아니하는 경우의 처리방법, 의견제출기관의 명칭과 주소, 의견제출 기한, 그 밖에 필요한 사항을 당사자 등에게 통지하여야 한다(제21조 제1항). 행정청은 청문을 실시하고자 하는 경우에 청문이 시작되는 날부터 10일 전까지 위의 사항을 당사자 등에게 통지하여야 한다(동조 제2항). 의견제출의 기간은 의견제출에 필요한 상당한 기간을 고려하여 정하도록 하고 있었으나, 2019년 12월 10일 개정된 행정절차법에서는 "필요한 기간을 10일 이상으로" 규정하고 있다(동조 제3항). 사전통지를 생략할 수 있는 예외적인 경우도 있다. ① 공공의 안전 또는 복리를 위하여 긴급히 처분을 할 필요가 있는 경우, ② 법령 등에서 요구된 자격이 없거나 없어지게 되면 반드시 일정한 처분을 하여야 하는 경우에 그 자격이 없거나 없어지게 된 사실이 법원의 재판 등에 의하여 객관적으로 증명될 때, ③ 해당 처분의 성질상 의견청취가 현저히 곤란하거나 명백히 불필요하다고 인정될 만한 상당한 이유가 있는 경우이다(동조 제4항).

한편, 대법원은 행정처분의 상대방에 대한 청문통지서가 반송되었거나 그 상대방이 청문시에 불출석하였다는 이유만으로 청문을 실시하지 아니하고 발급한 침익적 행정처분을 위법하다고 판시한 바 있다.[11] 또한 청문을 실시하지 않을 수 있는 사유 중 "의견청취가 현저히 곤란하거나 명백히 불필요하다고 인정될

---

11) 대법원 2001. 4. 13. 선고 2000두3337 판결.

만한 상당한 이유가 있는 경우"는 해당 행정처분의 성질에 비추어 판단하여야 하며, 청문통지서의 반송여부나 청문통지의 방법 여부에 따라 판단할 것은 아니라고 보고 있다. 사전 통지의 경우에 위 ③의 예외사항에 대해서도 이러한 점이 고려될 수 있다.

b) 의견청취

행정청이 침익적 처분을 하는 경우에는 의견청취(청문·공청회·의견제출)를 하여야 한다.

1) 청문

청문이란 행정청이 일정한 처분을 하기 전에 당사자 또는 이해관계인으로 하여금 자신에게 유리한 정보를 제출하고, 의견을 진술하게 함으로써 사실조사를 하는 절차를 말한다(제2조 제5호). 청문은 다른 법령 등에서 청문을 실시하도록 규정하고 있는 경우, 행정청이 필요하다고 인정하는 경우, 인허가 등의 취소, 신분·자격의 박탈, 법인·조합 등의 설립허가 취소의 처분시에 실시한다(제22조 제1항).

행정청은 소속 직원 또는 대통령령으로 정하는 자격을 가진 사람 중에서 청문주재자를 공정하게 선정하여야 한다(제28조 제1항). 다수 국민의 이해가 상충되는 처분, 다수 국민에게 불편이나 부담을 주는 처분, 그 밖에 전문적이고 공정한 청문을 위하여 청문주재자를 2명 이상으로 선정할 수 있다(동조 제2항). 다만, 이 경우 선정된 청문주재자 중 1명이 청문주재자를 대표한다. 청문주재자는 제척·기피·회피의 사유가 없어야 한다(제29조). 청문주재자는 당사자의 신청이 있는 경우뿐만 아니라 직권에 의하여도 필요한 조사를 할 수 있으며, 당사자 등이 주장하지 아니한 사실에 대하여도 조사할 수 있다(직권조사주의). 또한 청문주재자는 필요하다고 인정할 때에는 관계 행정청에 대하여 필요한 문서의 제출 또는 의견의 진술을 요구할 수 있다(제33조 제1항·제3항). 청문은 당사자의 공개신청이 있거나 청문주재자가 필요하다고 인정하는 경우 공개될 수 있다. 다만, 공익 또는 제3자의 정당한 이익을 현저히 해칠 우려가 있는 경우에는 공개하여서는 아니 된다(제30조).

청문주재자는 해당 사항에 대하여 당사자 등의 의견 진술, 증거 조사가 충분히 이루어졌다고 인정되는 경우에는 청문을 마칠 수 있으며, 청문을 마쳤을 때에는 지체없이 청문조서 그 밖의 관계 서류 등을 행정청에게 제출하여야 한다

(제35조 제1항 및 제4항). 청문주재자는 당사자등의 전부 또는 일부가 청문기일에 출석하지 못하거나 의견서를 제출하지 못한 경우에는 10일 이상의 기간을 정하여 이들에게 의견진술 및 증거제출을 요구하여야 한다(동조 제3항). 행정청은 처분을 할 때까지 새로운 사정이 발견되어 청문을 재개할 필요가 있다고 인정하는 경우에는 청문조서 등을 되돌려 보내고 청문의 재개를 명할 수 있다(제36조). 당사자 등은 청문의 통지가 있는 날부터 청문이 끝날 때까지 행정청에 대하여 사안의 조사결과에 관한 문서 그 밖에 해당 처분과 관련되는 문서의 열람 또는 복사를 요청할 수 있다(제37조).

2) 공청회

공청회는 행정청이 공개적인 토론을 통하여 어떠한 행정작용에 대하여 당사자 등, 전문지식과 경험을 가진 사람, 그 밖의 일반인으로부터 의견을 널리 수렴하는 절차를 말한다(제2조 제6호). 공청회에는 청문과 달리, 당사자 또는 이해관계인뿐만 아니라 전문가나 일반인도 참가할 수 있다. 행정청은 다른 법령 등에서 공청회의 개최를 규정하고 있는 경우, 해당 처분의 영향이 광범위하여 널리 의견을 수렴할 필요가 있다고 행정청이 인정하는 경우에 공청회를 개최할 수 있다(제22조 제2항). 또한 2019년 12월 10일 행정절차법의 일부 개정을 통해 당사자 등이 공청회 개최를 요구할 수 있게 되었다. 즉 "국민생활에 큰 영향을 미치는 처분으로서 대통령령으로 정하는 처분에 대하여 대통령령으로 정하는 수 이상의 당사자 등이 공청회 개최를 요구하는 경우"에도 공청회를 개최할 수 있다. 여기에서 말하는 "대통령령으로 정하는 처분" 이란 ① 국민 다수의 생명, 안전 및 건강에 큰 영향을 미치는 처분, ② 소음 및 악취 등 국민의 일상생활과 관계되는 환경에 큰 영향을 미치는 처분을 말한다(행정절차법 시행령 제13조의3 제1항). 또한 "대통령령으로 정하는 수"는 30명을 말한다(동조 제3항). 행정청이 공청회를 개최하고자 하는 경우에는 14일 전까지 제목·일시 및 장소·주요내용 등을 당사자 등에게 통지하고, 관보·공보 또는 일간신문 등에 공고하는 등의 방법으로 널리 알려야 한다(행정절차법 제38조). 2022년 1월 11일 행정절차법의 개정으로 ① 국민의 생명·신체·재산의 보호 등 국민의 안전 또는 권익보호 등의 이유로 제38조에 따른 공청회를 개최하기 어려운 경우, ② 제38조에 따른 공청회가 행정청이 책임질 수 없는 사유로 개최되지 못하거나 개최는 되었으나 정상적으로 진행되지 못하고 무산된 횟수가 3회 이상인 경우, ③ 행정청이 널리 의견을 수렴하기 위하여 온라인공청회를 단독으로 개최할 필요가 있다고 인정하는 경우(다만, 제22조 제2항 제1호 또는 제3호에 따라 공청회를 실시하는 경우는 제외) 정보통신망을 이용한 '온라인공청회'를 단독으로 개최할 수 있다(동법 제38조의2).

2019년 12월 10일 행정절차법의 일부개정에 의해 행정청은 해당 공청회의 사안과 관련된 분야에 전문적 지식이 있거나 그 분야에 종사한 경험이 있는 사람으로 대통령령으로 자격을 가진 사람 중에서 공청회의 주재자를 선정한다(제38조의3 제1항). 공청회의 주재자는 공청회를 공정하게 진행하여야 하며, 그 원활한 진행을 위해 발표 내용을 제한할 수 있고, 질서유지를 위하여 발언중지 및 퇴장명령 등 행정안전부장관이 정하는 필요한 조치를 할 수 있다(제39조 제1항). 또한 행정청은 처분을 함에 있어서 공청회, 온라인공청회 및 정보통신망을 통하여 제시된 사실 및 의견이 상당한 이유가 있다고 인정되는 경우에 이를 반영하도록 하고 있다(제39조의2). 2019년 12월 10일 행정절차법의 일부개정에 의해 공청회의 '재개최'에 관한 규정이 도입되었다(제39조의3). 행정청은 공청회를 마친 후 처분을 할 때까지 새로운 사정이 발견되어 공청회를 다시 개최할 필요가 있다고 인정할 때에는 공청회를 다시 개최할 수 있다.

3) 의견제출

의견제출이란 행정청이 주로 침익적 처분을 하는 경우에 있어서 당사자 등에게 의견을 제시할 기회를 주는 절차로서, 청문이나 공청회에 해당하지 아니하는 절차를 말한다(제2조 제7호, 제22조 제3항 참조). 당사자 등은 처분 전에 그 처분에 대해 관할 행정청에 서면이나 말로 또는 정보통신망을 이용하여 의견제출을 할 수 있다(제27조 제1항). 당사자 등은 의견제출을 하는 경우 그 주장을 입증하기 위한 증거자료 등을 첨부할 수 있다(동조 제2항). 또한 행정청은 당사자 등이 말로 의견제출을 한 때에 서면으로 그 진술의 요지와 진술자를 기록하여야 한다(동조 제3항). 만약 당사자 등이 정당한 이유 없이 기한 내에 의견제출을 하지 아니한 경우에는 의견이 없는 것으로 본다(동조 제4항).

2. 신고절차

(1) 제도적 의의

행정절차법상의 신고절차란 법령 등에서 사인을 대상으로 행정청에 대하여 일정한 사항을 통지하도록 신고의무의 부과를 규정하고 있는 경우에 신고의무의 이행과 관련된 절차를 말한다. 신고는 허가와 달리 특정한 사실관계 및 법률관계의 존부 및 그 내용을 행정청에 통보하면 그것으로 종료하므로 행정청의 별도의 의사표시가 필요하지 않다. 신고에 관한 규정은 일본 행정수속법의 '계출(屆出)'을 참조한 것이다. 근래에 정부는 행정규제의 완화정책 및 절차간소화의 일환으로 허가사항을 대폭적으로 신고사항으로 전환하고 있다.

(2) 신고의 종류

신고의 유형구분은 학자에 따라 각양각색이다. 자체완성적 공법행위로서의 신고와 행정요건적 신고로 구분하는 견해가 일반적이지만, (예방적) 금지해제적 신고와 정보제공적 신고로 구분하는 견해[12]도 있다. 그러나 문제가 되는 것은 신고의 수리 여부에 따라 수리가 필요 없는 신고(자기완결적 신고)와 수리가 필요한 신고이다. 실무에서도 그러한 구분에 의하고 있다.

정보제공적 신고란 단순히 사실을 통지하는 행위로써 아무런 법적 효과를 발생시키지 아니한다. 예컨대 소방법에 의한 화재신고, 도로교통법에 의한 교통사고의 신고 등이 여기에 속한다. 이러한 신고는 행정법적으로 큰 의미가 없다. 본연의 신고는 사인의 신고에 의해 법적 효력이 발생되는 것이며, 그런 점에서 수리를 요하지 않는 신고라고 하겠다. 이러한 신고는 '자기완결적 신고' 또는 '자체완성적 신고'라고도 부른다. 즉 사인이 행정청에 일정한 사항을 통지함으로써 그 행정법상의 의무를 이행하는 신고이며, 수리가 필요하지 않을 뿐만 아니라 신고만으로 그 효과가 발생한다. 식품위생법 제37조 제4항에 의한 영업신고가 여기에 속한다. 구 건축법 제9조(현행법 제14조)에 의한 건축신고도 종전에는 이러한 유형에 속하는 것으로 파악하였으나, 후술하는 바와 같이 대법원 판례의 변경이 있었다. 이에 대해 해석상 논란이 있다. 수리가 필요한 신고란 행정청에 대하여 일정한 사항을 통지하고 행정청이 이를 수리함으로써 법적 효과가 발생하는 신고를 말한다. 외국환거래법 제18조의 외국환거래신고가 여기에 해당한다.

한편, 종전에는 건축신고를 '수리를 요하지 않는 신고' 내지 '자기완결적 신고'로 보는 것이 다수설 및 판례[13]의 입장이었다. 그러나 건축신고가 실정법을

12) 김중권, 행정법, 제5판, 294면 이하.
13) 대법원 1967. 9. 19. 선고 67누71 판결; 대법원 1995. 3. 14. 선고 94누9962 판결; 대법원 1998. 9. 22. 선고 98두10189 판결; 대법원 1999. 10. 22. 선고 98두18435 판결; 대법원 2000. 9. 5. 선고 99두8800 판결.

위반하여 반려하는 경우에 건축감독권을 행사할 수 없었고, 건축주는 건축신고 반려행위의 처분성이 인정되지 않아 이를 사전에 다투지 못하여 사후의 행정제재(시정명령, 이행강제금 및 벌금 등)를 걱정하는 불안정한 상태에 있게 되었다. 대법원은 이러한 문제점을 인식하여 건축신고불허처분 취소소송에서 종전의 판례를 변경하고, 건축신고의 반려행위 또는 수리거부행위의 처분성을 인정하였다.[14] 해당 건축신고가 수리가 필요한 신고에 해당하는지에 모호한 점이 있었다. 그러나 대법원은 인·허가의제의 효과를 수반하는 건축신고를 일반적인 건축신고와 달리 특별한 사정이 없는 한 행정청이 그 실체적 요건에 관한 심사를 한 후 수리하여야 하는 이른바 '수리가 필요한 신고'로 보아야 한다고 판시하고 있다.[15]

이러한 판례들은 건축신고의 문제점을 고려한, 법원의 고심 끝에 나온 것이지만, 신고제도의 본질을 간과하고 허가와 신고의 구별을 유명무실하게 한다는 비판을 받고 있다. 향후 대법원 판례가 모든 신고의 반려행위를 처분으로 볼 것인지 여부는 미지수이지만, 건축신고에 관한 규정을 전면적으로 개정하여 신고제도의 본질에 부합하게 개선할 필요가 있다. 이와 관련하여 최근 개별법에서 신고의 수리 여부에 대해 '통지'의무를 부과하는 법령 개정이 대폭적으로 이루어지고 있다. 대표적으로 건축법 제14조 제3항에서도 "특별자치시장·특별자치도지사 또는 시장·군수·구청장은 제1항에 따른 신고를 받은 날부터 5일 이내에 신고수리 여부 또는 민원처리 관련 법령에 따른 처리기간의 연장 여부를 신고인에게 통지하여야 한다"고 규정하고 있다. 또한 행정기본법 제34조도 수리가 필요한 신고를 규정하고 있다.[16] 행정청에 수리 여부의 통지의무를 부과한 것은 국민의 권익보호 차원에서 타당하지만, 신고의 '수리'를 일반화하여 '수리가 필요한 신고'를 정형화시키고 있는 것은 문제라고 하지 않을 수 없다. 수리제도의 본질에 비추어 수리가 필요한 신고 제도는 차제에 폐지되어야 한다. 신고의 숙려기간을 설정하거나 절차간소화 제도를 개혁할 필요가 있다.

---

14) 대법원 2010. 11. 18. 선고 2008두167 판결. 이 판례의 의미에 대해 "신고제에 관한 패러다임의 교체를 시사한다"고 평가하는 견해도 있다(김중권, 행정법기본연구 Ⅲ, 331면).

15) 대법원 2011. 1. 20. 선고 2010두14954 판결.

16) 이처럼 신고제도가 행정기본법과 행정절차법에 이원적으로 규정됨으로써 해석상 어려움이 발생하고 있다. 행정기본법에 규정된 "수리를 요하는 신고"에 관한 규정은 삭제되는 것이 바람직하다. 이러한 문제점에 대해서는 졸고, "행정절차법과 행정기본법의 관계 재정립", 행정법학 제23호(2022. 9), 73-100면 참조.

(3) 구체적 내용

신고제도는 행정의 효율성을 위하여 필요한 것으로서, 신고를 관장하는 행정청은 신고에 필요한 구비서류와 접수기관 그 밖에 법령 등에 따른 신고에 필요한 사항을 게시(인터넷 등을 통한 게시를 포함한다)하거나 이에 대한 편람을 비치하여 누구나 열람할 수 있도록 하여야 한다(행정절차법 제40조 제1항). 신고는 사인의 공법행위로서 일정한 형식상의 요건을 갖추면, 신고서가 접수기관에 도달된 때에 신고의 의무가 이행된 것으로 본다(동조 제2항). 이러한 형식상의 요건으로서 ① 신고서의 기재사항에 흠이 없을 것, ② 필요한 구비서류가 첨부되어 있을 것, ③ 그 밖에 법령 등에 규정된 형식상의 요건에 적합할 것이 요구된다. 이러한 형식상의 요건을 갖추지 못한 신고서가 제출된 경우 행정청은 지체없이 상당한 기간을 정하여 신고인에게 보완을 요구하여야 한다(동조 제3항). 만약 신고인이 이 기간 내에 보완하지 아니한 때에는 행정청이 그 이유를 명시하여 해당 신고서를 반려해야 한다(동조 제4항). 이 경우 신고서의 반려행위를 거부처분으로 보는 견해도 있으나, 사인의 신고 자체로 법적 절차가 완료되기 때문에 수리거부라는 행정청의 처분이 개입할 여지가 없다. 또한 행정청이 접수를 거부하더라도 신고가 형식적 요건을 갖추면 신고의 효력이 발생하며, 이러한 거부행위는 별도의 법적 의미를 가지지 못한다.[17]

한편, 개별법에 신고의 수리 여부에 대한 '통지' 규정을 도입하는 사례가 늘고 있다. 이 경우 신고에 대해 관할청은 소정의 기한 내에 수리 여부를 '통지'하여야 한다. 이러한 신고를 수리하지 않는 것이 거부처분에 해당하는지가 문제된다. 이를 항고소송의 대상인 거부처분으로 볼 가능성은 높고, 이러한 신고를 일응 '수리를 요하는 신고'로 이해할 수 있다. 그러나 수리 여부에 의해 신고의 유형을 구분하는 것은 법적 명확성과 예측가능성의 관점에서 문제이다.[18] 향후 판례가 이러한 통지의무에 관한 규정이 없는 신고에 대해 수리가 필요한 신고로 판단하는 경우에는 원래의 입법 의도와 달리 신고의 유형구분이 무의미해질 수도 있다. 그러한 점에서 이러한 규정에 대해 법원이 어떠한 해석을 할지는 판

---

17) "차고의 증축은 건축법 제9조 제1항에 규정된 신고사항에 해당하여 건축주인 참가인이 건축법에 의한 신고를 한 이상 참가인은 피고의 수리 여부에 관계없이 이 사건 토지상에 차고를 증축할 수 있으므로, 피고가 참가인의 증축신고를 수리한 행위가 행정처분이라고 할 수 없다."(대법원 1999. 10. 22. 선고 98두18435 판결)

18) 졸저, 현대행정의 작용형식, 502면 이하.

례의 추이를 지켜보는 수밖에 없다.

3. 행정상 입법예고절차

(1) 입법예고의 원칙

국민의 권리·의무 또는 일상생활과 밀접한 관련이 있는 법령 등을 제정·개정 또는 폐지하고자 할 때에는 해당 입법안의 제안을 주관하는 행정청은 원칙적으로 이를 예고하여야 한다. 다만, ① 신속한 국민의 권리보호 또는 예측 곤란한 특별한 사정의 발생 등으로 예외적으로 입법이 긴급을 요하는 경우, ② 상위 법령 등의 단순한 집행을 위한 경우, ③ 입법내용이 국민의 권리·의무 또는 일상생활과 관련이 없는 경우, ④ 단순한 표현·자구를 변경하는 경우 등 입법내용의 성질상 예고의 필요가 없거나 곤란하다고 판단되는 경우, ⑤ 예고함이 공공의 안전 또는 복리에 현저히 불리한 영향을 미치는 경우에는 이를 하지 아니할 수 있다(제41조 제1항 단서).

(2) 예고방법 및 기간

행정청은 입법안의 취지, 주요 내용 또는 전문(全文)을 공고하여야 한다. 종전에는 관보·공보나 인터넷·신문·방송 등을 통해 하도록 하였으나, 2019년 12월 10일 개정된 행정절차법에는 법령과 자치법규를 구분하여 공고하도록 하고 있다. 즉 법령의 입법안을 입법예고하는 경우에는 관보 및 법제처장이 구축·제공하는 '법제정보시스템'을 통한 공고를 하여야 하고, 자치법규의 입법안을 입법예고하는 경우에는 '공보'를 통해 공고하여야 한다(제42조 제1항). 또한 추가로 인터넷, 신문 또는 방송 등을 통하여 공고할 수 있다. 행정청은 대통령령을 입법예고하는 경우 국회 소관 상임위원회에 이를 제출하여야 한다(동조 제2항).

입법예고기간은 특별한 사정이 없는 한 40일 이상으로 하여야 하고, 자치법규는 20일 이상으로 하고 있다(제43조). 종전에는 법령의 입법예고기간을 20일 이상으로 하고 있었으나, 이를 40일로 확대하였다.

(3) 의견제출 및 공청회

누구든지 예고된 입법안에 대하여 그 의견을 제출할 수 있다. 행정청은 해당 입법안에 대한 의견이 제출된 경우 특별한 사유가 없는 한 이를 존중하여 처리하여야 하며, 의견을 제출한 자에게 그 제출된 의견의 처리결과를 통지하여야 한다(제44조). 또한 행정청은 입법안에 대한 공청회를 개최할 수 있다(제45조). 나아가 행정청은 예고된 입법안에 대하여 온라인공청회 등을 통하여 널리 의견을 수렴할 수 있다(제42조 제4항).

4. 행정예고절차

(1) 행정예고의 의의 및 대상

행정작용이 국민의 법적 생활에 중요한 의미를 갖는 경우에 이를 시행 또는 변경하기 전에 예고할 필요가 있는 데, 이는 행정작용에 대한 당사자의 예측가능성과 법적 안정성을 확보하기 위한 것이다. 행정청은 원칙적으로 정책, 제도 및 계획을 수립·시행하거나 변경하려는 경우에 이를 예고하여야 한다(제46조 제1항 본문). 다만, 일정한 경우에는 예고를 하지 아니할 수 있다. 즉 ① 신속하게 국민의 권리를 보호하여야 하거나 예측에 특별한 사정이 발생하는 등 긴급한 사유로 예고가 현저히 곤란한 경우, ② 법령 등의 단순한 집행을 위한 경우, ③ 정책 등의 내용이 국민의 권리·의무 또는 일상생활과 관련이 없는 경우, ④ 정책 등의 예고가 공공의 안전 또는 복리를 현저히 해칠 우려가 상당한 경우가 여기에 해당한다.

(2) 행정예고의 방법 및 기간

행정예고의 기간은 예고 내용의 성격 등을 고려하여 정하되, 특별한 사정이 없으면 20일 이상으로 하고 있다(제46조 제3항). 행정청은 정책 등의 안(案)의 취지, 주요 내용 등을 관보·공보나 인터넷·신문·방송 등을 통하여 공고하여야 한다(제47조).

5. 행정지도절차

(1) 행정지도의 의의

비권력적 행정작용으로서의 행정지도는 한국의 행정실무에서 널리 사용되고 있으며, 일본 행정수속법(行政手續法)의 영향으로 한국의 행정절차법에 도입되었다. 그러나 행정지도는 행정의 탄력성이라는 점에서 제도적 의의를 가지나 행정작용의 명확성·투명성 등과 같은 법치행정의 관점에서는 행정지도에 문제점도 있다.

(2) 행정지도의 원칙

행정지도는 그 목적달성에 필요한 최소한도에 그쳐야 하며, 행정지도의 상대방의 의사에 반하여 부당하게 강요하여서는 아니 된다(제48조 제1항). 또한 행정기관은 행정지도의 상대방이 행정지도에 응하지 아니하였다는 것을 이유로 불이익한 조치를 하여서는 아니 된다(동조 제2항).

(3) 행정지도의 방식

행정절차법에서는 책임소재나 내용 등의 불명확성이 행정지도의 문제점의 하나로 지적된다는 점을 감안하여, 상대방에게 행정지도를 함에 있어서 그 취지·내용 및 신분을 밝히도록 하고 있다(제49조 제1항). 또한 구술(말)로 행정지도를 하는 경우에 상대방이 이러한 사항을 기재한 문서의 교부를 요구하면 그 행정지도를 하는 자는 직무수행상 특별한 지장이 없는 한 이를 교부하여야 한다(동조 제2항). 한편, 다수인을 대상으로 하는 행정지도에 관한 규정도 두고 있다. 즉 행정기관이 동일한 행정목적을 실현하기 위하여 많은 상대방에게 행정지도를 하고자 하는 때에는 특별한 사정이 없는 한 행정지도에 공통적인 내용이 되는 사항을 공표하여야 한다(제51조). 그 밖에 행정지도의 상대방은 당해 행정지도의 방식·내용 등에 대하여 행정기관에 의견을 제출할 수 있다(제50조).

6. 국민참여의 확대와 온라인 정책토론

행정절차법 제52조에는 참여민주주의와 숙의민주주의의 부상으로 국민참여 활성화에 관한 규정을 마련하고 있다. 또한 정보통신기술의 발전과 전자정부의 등장으로 전자적 의사소통이 강조되고 있다. 행정절차법 제53조에는 정보통신망을 이용한 정책토론(온라인 정책토론)에 관한 규정을 마련하고 있다.

Ⅴ. 행정절차법의 문제점 및 개선방안

행정절차법의 주요 내용은 위에서 상술한 바와 같다. 그러나 행정절차법의 내용에 대해서는 적용범위의 제한, 자료열람 등의 제한 및 청문주재자의 객관성 결여 등이 비판되고 있다.[19] 그 밖에 다음과 같은 문제점이 있다.

1. 행정계획 확정절차의 도입

행정절차법은 '처분절차'를 중심으로 구성되어 있다. 그러나 현대행정의 복잡다양성으로 인해 새로운 작용형식에 관한 규정을 적극적으로 도입해야 한다. 특히 대규모공공사업을 둘러싼 다원적인 이익충돌과 대립을 해결함에 있어 행정계획에 관한 표준적인 모델을 행정절차법에 도입할 필요가 있다.[20] 행정계획(특히 전문계획)과 관련된 계획확정제도(행정계획의 확정절차)는 독일의 입법례를 참고한 것으로서 1987년 행정절차법안에 포함되었으나, 우여곡절 끝에 최종안에서 누락되었다. 이러한 제도는 행정의 효율성과 신속성, 사전적인 권리구제보장 등에 기여할 수 있다. 독일에서는 이러한 제도가 일반법의 차원에서 연방 및 각 주(란트)의 행정절차법에서도 규정되어 있을 뿐만 아니라 다수의 개별법에도 이를 규정하고 있다. 또한 이와 관련된 수많은 연방행정법원의 판례가 나오고 있다(독일 행정절차법 제72조 이하, 독일 연방원거리도로법 제17조 등 참조). 다행히 개정된 행정절차법 제40조의4에 '행정계획'에 관한 조항이 도입되었다. 그러나 행정계획의 절차규정이 추가적으로 정비되어야 한다.

2. 행정입법절차의 개선

현대행정의 전문기술성과 복잡다양성으로 인하여 행정입법의 비중이 점증하고 있다. 한국 행정절차법은 행정상 입법예고절차와 임의적인 의견제출에 제한되어 있어 매우 소극적이라는 비판이 제기되고 있다.[21] 미국의 행정절차법에는 행정입법(rulemaking)에 관한 규율이 포함되어 있으며, 일본 행정수속법에도 행정입법에 관한 절차로서 '의견공모수속(意見公募手續)'이 도입되어 있다.[22] 여기에는 의견 등의 제출, 결과공표, 이유제시 및 공청회절차 등이 고려되고 있다.[23]

근래에 법령의 잦은 개정과 개편으로 인해 법률의 체계와 구조가 쉽게 변하는 경우가 적지 않다. 이러한 현상은 국민의 예측가능성과 법률관계의 안정을

---

19) 이상규, 신행정법론(상), 272-274면 이하.
20) 이와 관련하여 행정절차법에 도입할 행정계획의 모델에 대해서는 정남철・정태용・강현호(공동연구), "대규모공공사업 실시계획의 확정절차에 관한 최초시안(행정절차법 개정안)", 행정법학 제7호 (2014. 9), 153-196면 참조.
21) 이상규, 행정쟁송법, 제5판, 225면.
22) 南 博方/原田尚彦/田村悅一(編), 行政法(1), 제3판, 1996, 167면.
23) 졸고, "행정입법에 대한 민주적 통제", 공법연구 제49집 제2호(2020. 12), 87면 이하.

위해서도 바람직하지 않다. 이와 관련하여 행정상 입법예고에 있어서 단순히 입법안의 취지나 주요 내용 또는 전문(全文)만을 알릴 것이 아니라, 그 입법이유서를 반드시 구체적으로 작성해서 공개할 필요가 있다.

3. 공법상 계약에 관한 일반규정의 명문화

행정절차법에는 공법상 계약에 관한 일반적인 규정이 없지만, 오늘날 공법상 계약은 새로운 행정의 작용형식의 하나로 인정되고 있다. 공법상 계약에 관한 일반적인 규정이 없어 행정처분과 공법상 계약의 구분이 어려운 경우가 적지 않다. 또한 공법상 계약으로 판단해야 할 경우에도 이러한 실정법의 규정이 없어 행정처분으로 무리하게 판단하는 경우도 있다. 적어도 공법상 계약의 특징, 공법상 계약의 해제·해지, 공법상 계약의 무효 등에 관한 규정을 도입할 필요가 있다. 다만, 행정기본법 제27조에 공법상 계약에 관한 일반규정을 도입하고 있다.

제3절 절차상 하자와 그 치유

Ⅰ. 절차상 하자 있는 행정행위의 효력

행정행위에 실체법상 위법사유가 있는 경우에 그 위법성은 해당 행위의 취소 또는 무효의 원인이 된다. 행정행위의 절차나 형식에 있어서 그 하자가 중대·명백한 경우에는 무효가 되나, 그 정도에 이르지 아니한 경우에도 독자적 취소사유가 되는지가 문제된다. 적극설은 절차상의 하자가 있는 행정행위를 그 자체만으로 무효로 보거나 취소할 수 있다고 보고 있다. 즉 절차규정 내지 절차에 관한 불문법원리는 실체적 결정의 적정성을 확보하기 위한 것이므로, 적법절차에 따라야 된다는 것이다. 이에 반하여 소극설은 절차상의 하자만으로 해당 행정행위를 무효로 보거나 취소할 수 없다고 본다. 이 견해는 행정행위의 절차규정을 실체법적으로 적정한 행정결정을 확보하기 위한 수단에 불과하다고 보고 있다. 판례의 입장은 일관되어 있지 아니하나 행정절차의 하자에 대하여 개별적으로 판단하고 있으며, 비교적 엄격한 태도를 보이고 있다는 점에서 적극설에 가깝다. 판례에서 문제가 되는 것은 주로 청문,[24] 공람 및 공고 절차,[25] 이유제시[26] 등의 하자 등이다. 특히 청문절차를 거치지 아니한 처분에 대해서는 대체로 위법하다고 보지만,[27] 개별법에서 이러한 청문절차를 규정하지 않음을 이유로 해당 처분이 위법하지 않다고 판단한 사례도 있다.[28] 처분의 근거와 이유를 제시하지 않은 처분(예컨대 과세처분)에 대해서는 취소사유로 보고 있지만, 처분의 상대방이 처분 당시에 그 취지를 알고 있었다거나 그 후에 알게 되었다고 하여도 그 하자가 치유될 수 없다고 보고 있다.[29]

한편, 대법원은 환경영향평가를 거친 경우에 비록 그 환경영향평가의 내용이 다소 부실하다고 하더라도 해당 처분이 위법한 것은 아니라고 보고 있다. 즉 그 부실의 정도가 환경영향평가제도를 둔 입법취지를 달성할 수 없을 정도이어서 환경영향평가를 하지 아니한 것과 다를 바 없는 정도의 것이 아닌 이상 그 부실로 인하여 당연히 해당 승인 등 처분이 위법하게 되는 것은 아니라고 판시하고 있다.[30]

Ⅱ. 하자의 치유와 사후추완

성립 당시의 행정행위의 하자가 사후추완(Nachholung) 또는 사후보완을 통해 제거되는 것을 행정행위의 하자 치유라고 한다. 국내의 학설 및 판례는 절차상 하자에 대해 대체로 엄격한 입장을 취하고 있으나, 근래에는 전술한 바와 같이

24) "식품위생법 제64조, 같은 법 시행령 제37조 제1항 소정의 청문절차를 전혀 거치지 아니하거나 거쳤다고 하여도 그 절차적 요건을 제대로 준수하지 아니한 경우에는 가사 영업정지사유 등 위 법 제58조 등 소정사유가 인정된다고 하더라도 그 처분은 위법하여 취소를 면할 수 없다."(대법원 1984. 5. 9. 선고 84누116 판결)

25) "도시계획법 제16조의2 제2항과 같은 법 시행령 제14조의2 제6항 내지 제8항의 규정을 종합하여 보면 도시계획의 입안에 있어 해당 도시계획안의 내용을 공고 및 공람하게 한 것은 다수 이해관계자의 이익을 합리적으로 조정하여 국민의 권리자유에 대한 부당한 침해를 방지하고 행정의 민주화와 신뢰를 확보하기 위하여 국민의 의사를 그 과정에 반영시키는데 있는 것이므로 이러한 공고 및 공람절차에 하자가 있는 도시계획결정은 위법하다."(대법원 2000. 3. 23. 선고 98두2768 판결)

26) "과세처분에 과세표준, 세율 등 그 산출근거가 명시되지 아니하였을 경우에 그 과세처분은 무효가 되는 것이 아니라 취소할 수 있는 사유에 해당된다."(대법원 1985. 2. 8. 선고 84누84 판결)

27) 대법원 1983. 6. 14. 선고 83누14 판결; 대법원 1992. 2. 11. 선고 91누11575 판결 등.

28) 대법원 1994. 3. 22. 선고 93누18969 판결.

29) 대법원 2013. 11. 14. 선고 2011두18571 판결; 대법원 2014. 9. 4. 선고 2012두12570 판결.

30) 대법원 2006. 3. 16. 선고 2006두330 판결.

유연한 입장을 보이고 있다. 행정행위의 하자 치유를 인정하는 근거는 대체로 무용한 행정행위의 반복금지, 법적 안정성의 보장, 공공복리의 도모 등에서 찾고 있다.[31] 판례는 원칙적으로 하자의 치유를 인정할 수 없지만, 행정행위의 반복을 피하기 위해 예외적으로 하자 치유를 허용하는 경우에도 이를 '제한적'으로 인정할 수 있다고 보고 있다.[32] 이와 관련하여 독일 행정절차법 제45조에는 무효가 아닌, 절차적 하자 및 형식적 하자의 치유에 관한 규정을 두고 있다. 즉 ① 행정행위의 발급에 필요한 신청이 사후적으로 제출된 때, ② 필요한 이유제시가 사후적으로 행하여진 때, ③ 필요한 관계인의 청문이 사후적으로 행하여진 때, ④ 행정행위의 발급에 필요한 위원회의 의결이 사후적으로 행하여진 때, ⑤ 필요한 다른 행정청의 협력이 사후적으로 행하여진 때이다. 이러한 절차 및 형식의 하자에 대한 치유 규정은 행정의 능률성 확보와 무용의 행정행위 반복 회피 등의 관점에서 필요하다. 독일 행정절차법 제45조 제1항 제2호에는 행정행위의 이유제시의 사후추완(Nachholung der Begründung)에 관해 규정하고 있다. 이러한 이유제시의 '사후추완'은 행정절차에 있어서 흠결된 처분이유를 추가적으로 보완하는 것이므로 행정소송상 처분사유의 추가 · 변경(Nachschieben der Gründe)과 구별해야 한다.[33] 절차상 하자의 치유에 있어서 시간적 한계는 '쟁송제기 전'으로 보는 견해가 지배적이다. 독일에서는 절차 및 형식을 추완하는 행위는 종전에 사전절차 내지 전심절차(Vorverfahren)의 종결시나 행정소송의 제기 전까지로 허용하였다. 그러나 허가절차촉진법의 영향으로 1996년 행정법원법 개정에 의해 '행정소송의 종결시'까지로 추완시점을 확대하고 있다(독일 행정절차법 제45조 제2항 참조).

---

31) 김남진, 전게서(Ⅰ), 330-331면.

32) "하자 있는 행정행위의 치유는 행정행위의 성질이나 법치주의의 관점에서 볼 때 원칙적으로 허용될 수 없는 것이고, 예외적으로 행정행위의 무용한 반복을 피하고 당사자의 법적 안정성을 위해 이를 허용하는 때에도 국민의 권리나 이익을 침해하지 않는 범위에서 구체적 사정에 따라 합목적적으로 인정하여야 한다."(대법원 2002. 7. 9. 선고 2001두10684 판결)

33) 상론은 졸저, 현대행정의 작용형식, 24-25면.

제2장 정보행정

제1절 행정조사

Ⅰ. 서 설

행정에 있어서 조사활동은 오래 전부터 널리 활용되어 왔으며, 근래에도 행정청의 결정(특히 행정처분)을 위해 정보나 자료 등을 수집하거나 조사할 필요성이 인정되고 있다. 행정조사는 주로 관계 공무원의 현장검증이나 질문・검사 등을 통해 이루어지고 있다. 이러한 조사작용은 행정결정을 위한 기초자료일 뿐만 아니라 중요한 준거가 된다. 행정조사는 행정의 효율성을 위해 필요한 작용이지만, 개인의 사생활보호뿐만 아니라 재산권・영업의 자유 등 기본권을 중대하게 침해할 우려도 있다. 행정조사는 법적 행위가 아니라 사실행위로 파악되어 큰 주목을 받지 못하였고, 즉시강제의 일종으로 다루어져 왔다. 그러나 최근에는 '정보행정'의 중요성이 부각되어 독자적 행정작용의 하나로 다루어지고 있다.

이러한 행정조사도 법치국가원리의 관점에서 접근할 필요성이 인식되고 있다. 모든 행정작용에 법률의 수권이 필요하다는 전부유보설에 입각하지 않는 한, 사실행위에 해당하는 행정조사에 언제나 법률의 수권이 필요하다고 볼 수는 없다. 그러나 프라이버시와 관련된 개인정보의 수집에는 당사자의 동의가 필요하다. 본질사항유보설에 의하면 행정조사가 기본권의 본질적인 내용에 관련된 경우에는 법률상 수권이 있어야 한다. 다수의 개별법에도 행정조사에 관한 근거규정이 있다(예컨대 통계법 제5조의3, 식품위생법 제22조, 경찰관직무집행법 제3조 등). 개인정보보호법 제23조 제1항에는 '민감정보'의 처리를 제한하는 규정을 두고 있다. 즉 사상・신념, 노동조합・정당의 가입・탈퇴, 정치적 견해, 건강, 성생활 등에 관한 정보, 그 밖에 정보주체의 사생활을 현저히 침해할 우려가 있는 개인정보로서 대통령령으로 정하는 정보의 처리를 금지하고 있다.

한편, 2007년 5월 17일 행정조사에 관한 일반법에 해당하는 '행정조사기본법'이 동아시아에서 처음으로 제정되었다. 종래에 행정기관이 실시하는 행정조사가 방만하고 포괄적이어서 조사의 투명성과 예측가능성이 낮아 조사대상이 되는 기업 등에게 적지 않은 부담을 준 것이 사실이었다. 이에 행정조사에 관한 원칙, 방법 및 절차 등에 관한 기본적인 사항을 정함으로써 절차적 정의를 실현하고, 행정조사의 공정성·투명성 및 효율성을 확보하기 위해 '행정조사기본법'이 제정되었다. 행정조사기본법 제5조에서 조사대상자의 자발적 협조를 얻어 실시하는 경우를 제외하고는 법령 등에서 규정하고 있는 경우에 한하여 행정조사를 실시할 수 있다고 규정하고 있다. 이러한 규정은 행정조사법정주의를 규정한 것으로 볼 수 있으나, 행정조사의 비권력적 특성을 간과하고 지나치게 엄격한 법률유보원칙을 적용하고 있는 것이다.

Ⅱ. 행정조사의 의의 및 유형

1. 행정조사의 의의

행정조사는 대체로 "행정기관이 행정목적의 달성을 위해 필요한 정보나 자료 등을 수집하거나 조사하는 활동"을 의미한다. 행정조사는 원칙적으로 실력행사를 수반하지 않는다는 점에서 행정상의 강제집행이나 행정상의 즉시강제와 구분된다. 이러한 행정조사는 정책결정이나 직무수행 등을 위한 준비적·보조적 활동인 경우가 대부분이다. 종전에는 행정조사를 권력적 조사작용에 제한하였으나, 오늘날에는 비권력적 성질을 가진다는 점이 강조되고 있다.

한편, 행정조사기본법 제2조 제1항에는 행정조사를 "행정기관이 정책을 결정하거나 직무를 수행하는 데 필요한 정보나 자료를 수집하기 위하여 현장조사·문서열람·시료채취 등을 하거나 조사대상자에게 보고요구·자료제출요구 및 출석·진술요구를 행하는 활동"이라고 정의하고 있다. 이러한 개념정의는 행정조사의 과정과 관련된 모든 활동을 망라하는 것이다. 이전에는 행정조사를 행정상의 즉시강제에 포함시켜 설명하였으나, 근래에는 행정조사를 독자적 행정작용의 하나로 파악하고 있다. 행정상의 즉시강제는 긴박한 상황에 상대방에 행정상의 의무를 부과하지 아니하고 상대방의 신체·재산 등에 실력을 행사하여 행정목적을 실현하는 작용이다. 이에 반하여 행정조사는 행정목적을 위하여 정보나 자료 등을 수집하는 준비적·보조적 작용이고 실력행사를 반드시 수반하는 것은 아니라는 점에서 구별된다. 본서에서는 행정조사를 '정보행정'의 일종으로 다루고 있다.

2. 행정조사의 종류

행정조사의 종류는 다양하다. 행정조사는 그 성질·대상 등에 따라 아래와 같이 구분된다.

(1) 성질에 의한 구분

행정조사는 성질을 기준으로 권력적 행정조사와 비권력적 행정조사로 구분할 수 있다. 이 중에서 전자는 즉시강제적 성격을 가질 수 있으며, 그 한도에서 즉시강제의 법리가 적용될 수 있다.

(2) 대상에 의한 구분

인구, 물가, 여론, 위생 등 그 대상에 따라 다양하게 구분된다. 통상적으로 대상을 일반화하여 이를 대인적 조사, 대물적 조사 및 대가택조사로 구분하고 있다.

(3) 기타 유형구분

그 밖에 행정조사는 개별적 조사와 집단적 조사, 구두에 의한 조사와 문서에 의한 조사 등으로 구분될 수 있다.

Ⅲ. 행정조사의 기본원칙

1. 기본원칙의 설정필요성

공공기관이 규제하는 영역이 확대됨에 따라 각종 행정기관이 기업을 대상으로 다양한 행정조사를 실시하고 있다. 그러나 행정조사에 대한 기본원칙이 없어 행정편의에 따라 행정조사가 이루어짐으로써 대기업·중소기업 등에 부담을 주는 경우가 적지 않았다. 이에 행정조사기본법에서는 조사범위의 최소화, 조사목적의 적합성, 중복조사의 제한 등 행정조사를 위한 기본적 사항을 규정하였다. 행정조사에 대한 기본원칙을 규정한 것은 행정편의에 따른 행정조사를 예방하고 행정조사의 대상이 되는 기업 등에 부담을 경감시키기 위함이다.

2. 행정조사의 기본원칙

(1) 비례의 원칙 및 권한남용금지의 원칙

행정조사는 행정목적을 달성하기 위해 적합하고 필요하며, 또한 상당하여야 한다. 즉 행정조사는 조사목적에 적합하도록 조사대상자를 선정하여야 하며, 조사목적을 달성하는 데 필요한 최소한의 범위 안에서 실시하여야 하고, 다른 목적 등을 위하여 조사권을 남용하여서는 아니 된다(행정조사기본법 제4조 제1항 및 제2항 참조). 비례의 원칙은 행정조사의 남용을 통제하는 중요한 장치이다.

(2) 투명성 · 예측가능성의 원칙

행정기관이 출석 · 자료제출 등을 요구하거나 현장조사를 하는 경우에 조사의 사유 · 대상 · 내용 등을 사전에 통지하지 아니하여 자의적인 행정조사가 이루어지거나 조사대상자도 행정조사의 내용을 예측하기 어려운 문제가 발생할 수 있다. 따라서 사전에 행정조사에 대해 통지하고 구체적인 행정조사 방법 등을 알릴 필요가 있다. 행정기관이 조사대상자에게 출석 · 보고 · 자료제출 등을 요구하거나 현장조사를 실시하는 경우에는 반드시 조사의 목적이나 범위 등이 기재된 출석요구서 등을 조사개시 7일전까지 조사대상자에게 서면으로 통지해야 한다(행정조사기본법 제9조 내지 제11조, 제17조 등).

(3) 비밀누설금지의 원칙 및 목적외 활용금지의 원칙

행정기관은 다른 법률에 따르지 아니하고는 행정조사의 대상자 또는 행정조사의 내용을 공표하거나 직무상 알게 된 비밀을 누설하여서는 아니된다(행정조사기본법 제4조 제5항). 또한 행정조사를 통해 얻은 정보를 다른 법률에 따라 내부에서 이용하거나 다른 기관에 제공하는 경우를 제외하고는 원래의 조사목적 이외의 용도로 이용하거나 타인에게 제공하여서는 아니된다(행정조사기본법 제4조 제6항).

(4) 중복조사금지의 원칙

여러 행정기관의 행정조사가 중첩되는 경우에는 중복조사로 인한 조사대상자의 부담이 가중될 수 있다. 따라서 유사하거나 동일한 사안에 대하여 공동조사를 실시하여 행정조사가 중복되지 않도록 하고 있다(행정조사기본법 제4조 제3항). 또한 정기조사 또는 수시조사를 실시한 행정기관의 장은 동일사안에 대하여 동일한 조사대상자를 상대로 재조사를 하여서는 아니 된다(동법 제15조 제1항 본문). 다만 행정기관이 이미 조사를 받은 조사대상자에 대하여 위법행위가 의심되는 새로운 증거를 확보한 경우에는 그러하지 아니하다.

Ⅳ. 행정조사의 한계

1. 행정조사의 실체적 한계

행정조사는 조사대상자에게 부담을 주거나 권익을 침해할 수 있다는 점에서 일정한 한계가 존재한다. 따라서 행정조사는 법령을 준수하여야 할 뿐만 아니라 비례의 원칙이나 평등원칙 등 행정법상의 일반원칙을 위반하여서는 아니된다. 이를 위반한 공무원의 행정조사는 위법하다.

위법한 행정조사에 기초하여 행정결정이 내려진 경우에 그 행정결정이 위법한지가 문제된다. 법이 요구하는 요건을 간과하여 행정조사로 볼 수 없을 정도의 위법한 행정조사가 이루어진 경우에 이에 근거한 행정처분은 위법하다.

2. 행정조사의 절차적 한계(영장주의)

행정조사에 영장이 필요한지가 문제된다. 헌법 제12조 제3항에는 압수・수색 등을 할 때에는 법관이 발부한 영장을 제시하도록 규정하고 있다. 따라서 행정조사를 위해 압수・수색 등이 필요한 때에는 법원이 발부한 영장의 제시가 있어야 할 것이다(조세범처벌절차법 제9조). 그러나 통상적인 행정조사의 경우에는 증표의 제시만으로 충분하다. 호구조사, 위생검사, 제품검사 등 행정기관의 일상적인 행정조사를 위해서도 증표의 휴대와 제시라는 방법을 통해 업무를 수행하고 있다(식품위생법 제22조 제3항, 국세기본법 제76조 제3항 등). 현장조사를 하는 조사원은 그 권한을 나타내는 증표를 지니고 이를 조사대상자에게 내보여야 한다(행정조사기본법 제11조 제3항).

3. 행정조사의 수단적 한계

행정조사를 위한 공무원의 장부검사나 위생검사 등을 상대방이 거부하는 경우에 관계공무원이 실력을 행사하여 이를 강행할 수 있는지가 문제이다. 이를 긍정하는 견해도 있을 수 있다. 그러나 실정법이 이에 대해 직접적 강제수단을 규정하지 않고 영업허가의 철회 · 벌칙 등의 규정을 마련하고 있는 경우에는 이를 간접적으로 강제할 수 있을 뿐이다. 따라서 상대방의 신체나 재산에 대한 직접적인 실력행사는 허용되지 않는다고 보는 것이 타당하다.[1]

Ⅴ. 행정조사에 대한 권리구제

1. 적법한 행정조사의 경우

적법한 행정조사로 인하여 손실을 입은 자는 손실보상청구권을 고려할 수 있다. 개별법에 손실보상을 규정한 경우도 적지 않다(행정조사기본법 제12조, 전기사업법 제90조, 국토의 계획 및 이용에 관한 법률 제131조 등). 그러나 이러한 측량 · 조사 등과 관련하여 개별 법령에 보상규정이 없는 경우도 있다. 이러한 경우에 손실보상을 청구할 수 있는지가 문제된다. 헌법 제23조 제3항에 직접 근거하여 손실보상을 청구할 수 있다는 견해(직접적용설), 헌법 제23조 제3항 및 헌법 제11조(평등원칙) 등을 근거로 유추적용설을 주장하는 견해(간접적용설), 해당 법률이 위헌무효라는 견해 등이 대립하고 있다. 조사에 관한 규정을 모두 헌법 제23조 제3항의 공용수용 또는 공용제한으로 보기는 어렵다. 통상적으로 공공필요를 위한 측량 · 조사 등은 법령에 의해 재산권이 제한되는 경우로 볼 수 있다. 이러한 측량 · 조사는 재산권의 내용한계에 해당한다. 그러나 경험칙에 비추어 재산권의 이용을 수인할 수 없을 정도로 심각하게 제한할 우려가 있는 경우에는 예외적으로 입법자가 개별법에 보상규정을 마련하도록 해야 한다. 이러

---

1) "경찰관 이삼우는 본건에 있어서 피고인에 대하여 임의동행을 요구하다가 거절당하자 무리하게도 피고인을 잡아끄는 등 강제로 인지하려고만 하였을 뿐 피고인을 현행범으로 체포할 요건도 갖추어지지 않았거니와 현행범으로 체포하려 한 것도 아닌 것이니 적법한 공무집행행위가 있었다고 볼 수 없고 따라서 피고인이 위 이삼우의 현행범체포의 공무집행을 방해하였다는 공소사실은 그 증명이 없음에 귀착된다."(대법원 1972. 10. 31. 선고 72도2005 판결)

한 보상규정은 소위 '조정적 보상부 내용한계'의 문제에 해당한다.

2. 위법한 행정조사의 경우

(1) 행정소송

비권력적 사실행위는 항고소송의 대상이 되지 아니한다. 권력적 사실행위는 처분성이 인정될 수 있다. 수인하명을 포함한 행정조사(권력적 사실행위)의 상태가 계속되는 경우(물건의 압수 등)에 취소쟁송을 통한 권리구제가 가능하다는 견해도 있다.[2] 대법원은 세무조사결정에 대해 항고소송의 대상을 인정한 바 있다.[3]

(2) 국가배상

공무원의 위법한 행정조사에 의해 상대방에게 손해가 발생한 경우에는 국가배상법 제2조에 근거하여 국가배상청구를 할 수 있다. 국가배상법 제2조의 직무행위는 행정처분에 제한되지 아니하며, 행정조사는 '직무행위'에 해당한다.

3. 기타의 권리구제수단

즉시강제와 관련하여 행정조사에 대해 정당방위, 긴급피난 및 청원 등의 권리구제수단을 고려할 수 있다.

제2절 개인정보보호

Ⅰ. 서 설

1. 개인정보보호의 법적 문제 및 최근 동향

오늘날 우리는 빅 데이터(Big data) 시대에 살고 있다. 정보통신기술(ICT)의 비약적인 발전으로 인해 시·공을 초월하여 대량의 정보를 빠르게 조사·수집할 수 있게 되었다. 이러한 방식으로 수집된 방대한 정보를 통해 새로운 가치를

2) 김남진·김연태, 행정법 Ⅰ, 515면.
3) 대법원 2011. 3. 10. 선고 2009두23617 판결.

창출하고 다원화된 현대사회를 예측하기도 하지만, 정보통신기술은 개인의 정보(Informationen)나 사생활 등을 침해할 수 있다. 근래에 페이스북(Facebook), 트위터(Twitter), 카카오톡(Kakao Talk) 등 SNS(Social Network Service)가 폭넓게 사용되면서, 사이버 공간에서도 개인정보의 유출과 사생활침해의 문제가 늘어나고 있다.[4] 국가는 공적 목적을 위해 주민등록번호 · 가족관계 · 부동산보유현황 및 세무자료 등 개인의 신상정보를 방대하게 수집 · 관리하고 있다. 이렇게 수집된 정보들은 개인의 인격권이나 사생활의 비밀과 자유 등 기본권을 중대하게 침해할 수 있다. 개인정보보호의 문제는 주로 공법의 영역에서 다루어졌다. 전통적으로 개인정보보호의 문제는 국가와 사인 사이의 대립구도로 이해되었고, 개인정보가 침해된 경우에 사인이 국가에 대해 기본권(인격권이나 프라이버시권 등)의 침해를 주장한다는 점에서 '방어권'의 관점에서 다루어져 왔다.[5] 그러나 오늘날에는 민간주체(사인)에 의해 개인정보가 침해되는 사례가 증가하고 있는데, 기본권의 하나인 개인정보자기결정권이 사인 사이의 법적 영역에 대해서도 적용될 수 있는지가 문제된다. 이와 관련하여 독일에서는 국가의 기본권 보호의무(grundrechtliche Schutzpflicht)나 기본권의 제3자효 등을 통해 설명하고 있다.[6] 그러나 최근에는 금융기관이나 통신업체 기타 기업체 등이 보유 · 관리하는 개인정보가 유출되어 개인이 재산상의 피해를 입는 경우가 늘고 있다.

한편, 정보통신기술의 혁명과 정보화사회로의 진입에 따라 주요 선진국에서도 오래 전부터 개인정보를 보호하기 위한 입법을 발전시켜왔다. 개인정보보호와 관련하여 미국의 입법례가 가장 선구적인데, 이미 1974년에 프라이버시보호법(Privacy Act)이 제정되었다. 이러한 미국의 입법례에서는 공 · 사법의 구별을 전제로 하고 있지 않다. 독일에서는 1977년 1월 27일 연방 차원에서 처음으로 연방데이터보호법(Bundesdatenschutzgesetz)이 제정되었으나,[7] 1983년 12월 15일 연방헌법재판소의 인구조사판결(Volkszählungsurteil)[8]에서 헌법적 요건을 충족하

---

4) 졸고, "개인정보보호법제의 법적 문제점 및 개선과제", 법조 제700호(2015. 1), 136-174면 참조.

5) 독일 연방헌법재판소도 개인정보보호의 문제를 국가-시민(사인)의 구도로 파악하고 있었다. 이에 대한 상세는 Johannes Masing, Herausforderungen des Datenschutzes, NJW 2012, S. 2306.

6) Büllesbach, Das neue Bundesdatenschutzgesetz, NJW 1991, S. 2095; Masing, a.a.O., S. 2306. 한편 대법원 판례도 간접효력설을 따르고 있다(대법원 2011. 1. 27. 선고 2009다19864 판결).

7) BGBl. I S. 201.

8) BVerfGE 65, 1/41 ff.

지 못하였음을 이유로 하여 위헌판결을 받았다.[9] 이 판결에서 경찰에 의한 개인정보의 조사·수집에는 법률상 수권이 필요하다는 점이 강조되었고, 이에 따라 1990년에는 연방데이터보호법을 새로이 제정하게 되었다. 특히 근래에 대형마트 리들(Lidl) 스캔들과 은행정보의 유출과 관련된 베를린(Berlin) 스캔들 등이 발생하여 개인정보보호의 문제가 심각한 사회문제로 등장하게 되었다. 이에 2009년 연방데이터보호법은 동시에 세 차례 개정을 하였고, 2010년부터 발효중이다.[10] 초기의 연방데이터보호법은 주로 공공부문의 문서만을 규율하였으나, 지금은 공공부문과 비공공부문을 모두 포괄하고 있다. 일본에서는 1998년에 '行政機關이 保有하는 電子計算處理에 관한 個人情報의 保護에 관한 法律'이 제정된 후 2003년(平成15年)에는 법률 제58호로 '行政機關이 保有하는 個人情報保護에 관한 法律(行政機關保有個人情報保護法)'을 제정하여 공공부문의 개인정보보호에 관한 법제를 정비하였다. 그리고 2003년에 법률 제57호로 민간부문과 공공부문을 통합한 '個人情報保護法'을 제정하였다.[11] 유럽연합 차원에서도 개인정보가 중요한 문제로 부상하고 있다. 1995년에 유럽공동체 데이터보호지침(EG-Datenschutzrichtlinie)[12]이 제정되었다. 유럽공동체법 제286조에 개인정보보호에 관한 규정을 두고 있었으며, 2001년에는 유럽공동체 데이터보호령(EG-Datenschutzverordnung)[13]을 제정하였다.[14] 그 밖에 유럽연합 기본권헌장 제8조 제1항뿐만 아니라, 유럽연합법 제39조에서도 개인정보보호에 관한 규정을 두고

---

9) Büllesbach, a.a.O., S. 2593 ff.

10) 이에 대해서는 Jürgen Kühling, Zur Zukunft des Datenschutzrechts: Nach der Reform ist vor der Reform, JZ 2010, S. 600 ff.

11) 이러한 일본의 입법례는 입법의 형식 및 명칭 등에서 우리나라의 입법에도 적지 않은 영향을 주었으나, 정보주체의 동의 없이도 개인정보의 처리가 가능하며, 이러한 입법으로 인해 개인정보에 관한 취급이 너무 신중해서 일본국민들은 오히려 불편하다는 반응을 보이고 있다고 한다(일본의 개인정보보호법제의 내용 및 반향에 대한 상세한 내용은 김주영·손형섭, 개인정보보호법의 이해, 법문사, 2012, 97-109면 참조).

12) RL 95/46/EG des Europäischen Parlaments und des Rates vom 24. 10. 1995 zum Schutz natürlicher Personen bei der Verarbeitung personenbezogener Daten und zum freien Datenverkehr, ABl. EGNr. L281/31.

13) VO(EG) Nr. 45/2001 des Europäischen Parlaments und des Rates vom 18. 12. 2000 zum Schutz natürlicher Personen bei der Verarbeitung personenbezogener Daten durch die Organe und Einrichtungen der Gemeinschaft und zum freien Datenverkehr, ABl. EG 2001, Nr. L8, S. 1.

14) Albers, in: Hoffmann-Riem/Schmidt-Aßmann/Voßkuhle, Grundlagen des Verwaltungsrechts, Band Ⅱ, S. 129 f. 그 밖에도 유럽연합에는 개인정보보호와 관련된 지침과 명령이 제정되어 있다. 이에 대한 상세는 新保史生, EUの個人情報保護制度, Jurist 1464号, 2014. 03, 40頁 참조.

있다. 최근에는 개인정보보호를 유럽연합의 기본권으로 선언하려는 유럽의회의 활동 및 유럽사법재판소의 판례가 두드러지고 있다. 특히 2016년 4월 27일에 유럽연합은 데이터보호기본령(DS-GVO: Datenschutz-Grundverordnung)[15]을 제정·공포하였다.[16]

2. 개인정보보호법제의 현황 및 특징

개인정보의 보호와 관련된 법령에는 개인정보보호법, 신용정보의 이용 및 보호에 관한 법률(이하 '신용정보법'이라 한다), 정보통신망 이용촉진 및 정보보호 등에 관한 법률(이하 '정보통신망법'이라 한다) 등이 제정되어 있다. 신용정보법은 '신용정보업'을 규율하면서 신용정보 및 사생활의 비밀 등을 보호하는 것을 목적으로 제정되었고, 정보통신망법은 정보통신의 이용과 관련된 이용자의 개인정보를 보호하는 것을 목적으로 제정되었다. 개인정보보호법은 개인정보보호에 관한 일반법으로서의 지위를 가지고 있다. 개인정보보호법의 제정 전에는 '공공기관의 개인정보보호에 관한 법률'이 있었다. 즉 1994년 1월 7일에 제정된 '공공기관의 개인정보보호에 관한 법률'은 "공공기관의 컴퓨터에 의하여 처리되는 개인정보의 보호를 위하여 그 취급에 관하여 필요한 사항을 정함으로써 공공업무의 적정한 수행을 도모함과 아울러 국민의 권리와 이익을 보호함"을 목적으로 하고 있다. 이 법률은 공공부문의 개인정보만을 규율하고 있었다. 그 후 공공기관 이외에 민간부문에 대해서도 개인정보보호를 확대하기 위해 2011년 3월 29일 '개인정보보호법'이 제정되었다. 개인정보보호법은 개인정보의 유출, 오·남용 등 피해 사례가 증가함에 따라 공공부문과 민간부문을 망라하여 국가사회 전반을 규율하는 개인정보 보호원칙과 처리기준 등을 마련하고, 개인정보 침해로 인한 국민의 피해구제를 강화하여 국민의 사생활의 비밀과 자유를 보호하기 위해 제정되었다.

2011년 개인정보보호법의 주요내용은 아래와 같다. ① 개인정보 보호범위의 확대(제2조), ② 개인정보 보호위원회의 설치(제7조), ③ 개인정보의 수집·이용·제공 등 단계별 보호기준의 마련(제15조~제22조), ④ 민감정보·고유식별정보 등 개인정보의 처리제한(제23조~제24조), ⑤ 영상정보처리기기의 설치·운영

15) 이 법률의 영문약칭명은 GDPR(General Data Protection Regulation)이다.
16) 상론은 졸저, 행정법의 특수문제, 162면 이하.

제한(제25조), ⑥ 개인정보 영향평가제도의 도입(제33조), ⑦ 열람청구권 · 정정 · 삭제청구권 및 처리정지요구권 등 정보주체의 권리보장(제35조~제39조), ⑧ 개인정보 분쟁조정위원회의 설치 및 집단분쟁조정제도의 도입(제40조~제50조), ⑨ 단체소송의 도입(제51조~제57조) 등이다. 이 가운데에서 개인정보의 열람, 정정 · 삭제 및 처리정지 등의 권리는 개인정보자기결정권을 구현한 것으로 볼 수 있다. 특히 개인정보보호법에서는 개인정보처리자에게 안전조치의무를 부과하고 있으며, 정보주체에게는 개인정보의 열람청구권(제35조), 정정 · 삭제청구권(제36조),[17] 처리정지요구권(제37조) 등을 보장하고 있다. 이는 정보주체의 권리를 명확히 규정함으로써 자신에 관한 정보를 관리하고 외부로 공개함에 있어서 정보주체 스스로 결정할 수 있는 개인정보자기결정권을 구현하고 있다고 볼 수 있다.

3. 개인정보보호법의 개정 경과

(1) 개인정보보호법은 괄목할 만한 발전을 보여주고 있으며, 수차례의 개정과정을 거쳤다. 개인정보보호법이 제정된 후에도 금융기관이나 통신회사 등에 의해 개인정보유출이 잇따라 발생하고 대량의 주민등록번호 유출 및 악용이 빈번하였다. 이로 인해 국민들의 불안이 가중되자 정부는 2013년 8월 6일 법률 제11990호로 개인정보보호법을 개정하였다. 그 주요내용은 다음과 같다. 즉 ① 개인정보처리자는 정보주체의 동의를 받아 개인정보를 수집하는 경우에 개인정보 수집에 동의하지 아니할 수 있다는 사실을 구체적으로 알려야 한다(제16조 제2항). ② 개인정보보호법 제18조의 제목을 "개인정보의 이용 · 제공 제한"에서 "개인정보의 목적 외 이용 · 제공 제한"으로 변경하였다. ③ 일정한 경우를 제외

17) 최근 유럽사법재판소(ECJ)는 소위 잊힐 권리(right to be forgotten)를 인정한 바 있다. 페이스북(facebook)이나 구글(google) 등 대규모 인터넷기업에 의해 개인정보의 수집 및 유포가 광범위하게 이루어지고, 이로 인해 인격권 내지 프라이버시권이 심각하게 침해될 수 있다는 점에서 유럽사법재판소의 판결은 매우 의미 있다. 프라이버시의 보호를 위해 잊힐 권리를 보장하는 것에 찬성하는 견해가 있으나, 이러한 권리를 인정하는 것은 오히려 표현의 자유나 알 권리를 제약할 수 있다는 비판도 있다. 무분별한 개인정보의 공개와 유출을 방지하기 위해 프라이버시보호의 차원에서 잊힐 권리를 보장할 필요성이 대두될 수 있으나, 이를 무분별하게 확대할 경우에 오히려 표현의 자유를 중대하게 제한할 수도 있다. 그러한 의미에서 '잊힐 권리'는 프라이버시권과 표현의 자유 사이의 경계선에 서 있다. 잊힐 권리의 문제는 그 자체의 허용 여부보다는 그 허용범위가 관건(關鍵)이다. 다만, 잊힐 권리가 개인정보자기결정권, 특히 개인정보의 삭제청구권만으로 보호될 수 있는지, 아니면 이를 구현하기 위해서는 새롭게 법제화해야 하는지 등의 난제(難題)가 남아 있다.

하고는 원칙적으로 '주민등록번호'의 처리를 제한하였다(제24조의2). ④ 행정자치부장관(현 행정안전부장관)은 개인정보처리자가 처리하는 주민등록번호가 분실·도난·유출·변조·훼손된 경우에 5억원 이하의 '과징금'을 부과·징수할 수 있도록 하였다(제34조의2). ⑤ 개인정보 보호와 관련된 법규의 위반행위가 있다고 인정될 만한 상당한 이유가 있을 때에는 대표자 또는 책임 있는 임원을 징계할 것을 해당 개인정보처리자에게 권고하도록 하였다(제65조 제2항).

(2) 개정 법률은 2014년 8월 7일부터 시행되고 있는데, 주민등록번호의 처리제한을 통해 그 유출에 대한 기업체와 그 임원 등의 책임을 대폭 강화하고 있다. 그 밖에 주민등록번호 처리 제한에 관한 경과조치로 개인정보보호법 시행 당시 주민등록번호를 처리하고 있는 개인정보처리자는 시행일부터 2년 이내에 보유하고 있는 주민등록번호를 파기하여야 하고, 이를 파기하지 아니한 경우에는 개인정보보호법 제24조의2 제1항 개정규정을 위반한 것으로 보고 있다. 그러나 2014년 1월 다시 신용카드 3사의 대규모 고객정보 유출로 인하여 심각한 사회문제로 비화(飛火)하게 되자 정부는 유출된 정보가 무분별하게 상업적으로 이용되거나 각종 범죄에 악용되는 등 2차 피해가 발생하는 것을 방지하기 위해 서둘러 개인정보보호법을 다시 개정하였다. 즉 2014년 3월 24일 개인정보보호법을 법률 제12504호로 개정하여 2016년 1월 1일 시행하였는데, 그 내용 중의 핵심은 법률 제11990호 일부개정법률 중 주민등록번호 처리의 제한에 관하여 신설된 제24조의2 제2항에 주민등록번호의 '암호화' 조치를 추가하고 있다. 신설조항에는 "주민등록번호가 분실·도난·유출·변조 또는 훼손되지 아니하도록 암호화조치를 통하여 안전하게 보관하여야 한다"라고 규정하고 있다. 암호화 적용 대상 및 대상별 적용 시기 등에 관하여 필요한 사항은 시행령에 위임하고 있다. 그러나 위 조항의 "변조" 부분은 2015년 7월 14일 개정으로 위조를 추가하여 "위조·변조"로 변경되었다.

(3) 그 후 2015년 7월 24일 개정을 통해 일부 내용이 보완되었다. 즉 ① 개인정보 보호위원회에 정책·제도 개선권고권 및 이행점검권, 자료제출요구권, 개인정보 분쟁조정위원 위촉권을 부여하는 등 개인정보 보호위원회의 기능을 강화하였다(제8조 제4항·제5항, 제8조의2, 제11조 제1항, 제40조 제3항·제4항 및 제63조 제4항). ② '징벌적' 손해배상제 및 법정손해배상제를 도입하여 개인정보 유출 등에 따른 피해구제를 강화하고 있다(제39조 제3항·제4항 및 제39조의2 신설). ③ 개인정보 보호 인증기관의 지정 및 지정취소의 법적 근거를 명확히 하였다

(제32조의2 신설). ④ 부정한 수단이나 방법으로 취득한 개인정보를 영리 또는 부정한 목적으로 제3자에게 제공한 자에게 10년 이하의 징역 또는 1억원 이하의 벌금에 처하도록 하고, 개인정보 불법 유통 등으로 인한 범죄수익은 몰수·추징할 수 있도록 하는 등 제재수준을 강화하고 있다(제70조 및 제74조의2 신설).

(4) 나아가 2016년 3월 29일 개정으로 개인정보처리자가 '민감정보'를 처리하는 경우에도 안전성 확보에 필요한 조치를 하도록 의무화하였다. 이에 행정안전부장관은 고유식별정보를 처리하는 개인정보처리자가 안전성 확보 조치를 하였는지 정기적으로 조사하도록 하는 등 개인정보 처리시 안전성 확보를 위한 규정을 강화하고 있다. 즉 ① 대통령령으로 정하는 기준에 해당하는 개인정보처리자가 정보주체 이외로부터 개인정보를 수집하여 처리하는 때에는 정보주체에게 수집 출처·처리 목적 등을 고지하도록 하고 있다(제20조 제2항부터 제4항까지). ② 개인정보처리자가 민감정보를 처리하는 경우에 그 민감정보가 분실·도난·유출·위조·변조 또는 훼손되지 않도록 안전성 확보에 필요한 조치를 하도록 하고 있다(제23조 제2항). ③ 행정안전부장관은 대통령령으로 정하는 기준에 해당하는 개인정보처리자가 고유식별정보를 처리하는 경우에 안전성 확보에 필요한 조치를 취하였는지에 관하여 정기적으로 조사하도록 하고 있다(제24조 제4항). ④ 주민등록번호를 수집할 수 있는 법령의 범위를 법률·대통령령·국회규칙·대법원규칙·헌법재판소규칙·중앙선거관리위원회규칙 및 감사원규칙으로 한정하고 있다(제24조의2 제1항 제1호).

(5) 한편, 2020년 1월 9일 제374회 국회(임시회)에서 소위 '데이터 3법(개인정보보호법·정보통신망법·신용정보법)' 개정안이 제2차 본회의를 통과하였다. 이에 따라 개인정보보호법도 대폭 개정되어 시행을 앞두고 있다. 개인정보의 개념을 개인정보·가명정보·익명정보로 구분하고, 가명정보는 통계작성이나 과학적 연구, 또는 공익적 기록보존의 목적으로 처리할 수 있도록 하고 있다. 또한 가명정보의 처리에 대한 안전성을 확보하는 조치를 강화하고 있다. 그리고 '개인정보 보호위원회'를 국무총리 소속의 중앙행정기관으로 격상하고, 현행법상 행정안전부 및 방송통신위원회의 개인정보보호 관련 기능을 '개인정보 보호위원회'로 이관하여 개인정보 보호체계를 일원화하고 있다.

(6) 2023년 3월 14일 개인정보보호법이 또다시 대폭 개정되었다. 고정형 영상정보처리기(예컨대 CCTV)뿐만 아니라 자율주행자동차 등을 이용한 이동형 영상정보처리기기에 대한 정의 규정을 마련하였다(동법 제2조 제7호, 제7호의2). 또

한 이동형 영상정보처리기기의 운영기준을 도입하였다(동법 제25조의2 신설). 즉 이동형 영상정보처리기기로 공개된 장소에서 업무를 목적으로 사람 또는 그 사람과 관련된 사물의 영상을 원칙적으로 촬영할 수 없도록 규정하였다. 다만, 예외적으로 정보주체의 동의가 있는 경우, 촬영 사실을 명확히 표시하여 정보주체가 촬영 사실을 알 수 있도록 하였음에도 불구하고 촬영 거부 의사를 밝히지 아니한 경우(이 경우 정보주체의 권리를 부당하게 침해할 우려가 없고 합리적인 범위를 초과하지 아니하는 경우로 한정한다) 등에는 허용될 수 있다.

또한 정보주체가 인공지능 기술을 적용한 시스템을 포함하는 자동화된 시스템으로 개인정보를 처리하여 이루어지는 결정이 자신의 권리 또는 의무에 중대한 영향을 미치는 경우에는 해당 결정을 거부하거나 해당 결정에 대한 설명 등을 요구할 수 있도록 하였다(동법 제4조 제6호, 제37조의2 제1항 및 제2항). 종전에는 개인정보처리자가 정보주체와 계약 체결 및 이행을 위하여 불가피하게 필요한 경우에만 개인정보를 수집할 수 있도록 하였다. 그러나 정보주체와 체결한 계약을 이행하거나 계약을 체결하는 과정에서 정보주체의 요청에 따른 조치를 이행하기 위하여 필요한 경우, 명백히 정보주체 또는 제3자의 급박한 생명 · 신체 · 재산의 이익을 위하여 필요한 경우, 공중위생 등 공공의 안전과 안녕을 위하여 긴급히 필요한 경우에 개인정보를 수집할 수 있도록 하였다(동법 제15조 제1항 제4호 및 제5호, 같은 항 제7호 신설). 나아가 종전에는 정보주체의 별도 동의가 있는 경우에만 개인정보의 국외 이전을 허용하였으나 앞으로는 개인정보가 이전되는 국가 또는 국제기구가 이 법에 따른 개인정보 보호 수준과 실질적으로 동등한 수준을 갖추었다고 보호위원회가 인정하는 경우 등에도 개인정보의 국외이전을 허용하고 있다(동법 제28조의8). 또한 개인정보처리자가 이 법을 위반하여 개인정보를 국외로 이전하는 경우 등에는 해당 개인정보처리자에게 국외 이전을 중지할 것을 명할 수 있도록 하였다(동법 제28조의9). 개인정보처리자의 고의 또는 중대한 과실로 인하여 개인정보가 분실 · 도난 · 유출 · 위조 · 변조 또는 훼손된 경우 손해배상책임의 한도액을 종전 손해액의 3배에서 5배로 상향하였다(동법 제39조 제3항).

Ⅱ. 헌법적 준거로서의 개인정보자기결정권

1. 개인정보자기결정권의 법리와 내용

개인정보보호에 관한 권리가 헌법상 하나의 '기본권' 내지 '공권'으로서 보장될 수 있는지가 문제된다. 이러한 '개인정보보호권'이 헌법상 기본권 차원에서 인정되고, 이러한 기본권이 침해되는 경우에 사법적 권리구제수단이 보장될 수 있는지가 논의될 필요가 있다. 이와 관련하여 학설 및 판례는 개인정보보호에 관한 헌법적 근거로서 개인정보자기결정권(Recht auf informationelle Selbstbestimmung)을 들고 있다. 개인정보자기결정권은 "자기정보결정권", "자기정보통제권", "정보상 자기결정권" 또는 "정보의 자기결정권" 등으로 불리고 있다. 개인정보자기결정권은 독일의 입법례에서 유래하고 있다. 개인정보자기결정권은 독일연방헌법재판소의 인구조사판결(Volkszählungsurteil)[18]과 관련하여 큰 주목을 받았다. 독일 연방헌법재판소는 1983년 12월 15일 인구조사판결에서 개인정보자기결정권의 보호영역이 "개인정보의 사용과 포기에 대해 스스로 결정할" 권한임을 밝히고 있다.[19] 즉 개인은 자신에 관한 정보를 관리하고 그 공개에 있어서 스스로 결정할 수 있고, 이에 대한 제한은 중대한 공익을 위해 허용될 뿐만 아니라 헌법상 명확성의 요청에 상응하는 법률상 수권이 있어야 한다는 것이다. 따라서 개인정보자기결정권의 제한을 위해서는 과잉금지의 원칙 또는 비례의 원칙을 준수하여야 한다.

이후 독일 연방헌법재판소는 일관되게 개인정보자기결정권을 독일 기본법 제1조 제1항 인간의 존엄권, 독일 기본법 제2조 제1항의 일반적 인격권에 근거하고 있다고 보면서, 개인정보자기결정권의 독자적 성격을 강조하고 있다.[20] 인구조사판결은 경찰의 개인정보수집 및 처리에 적지 않은 영향을 주었다. 종래에는 경찰작용에 의한 개인정보의 수집 및 처리가 일반적으로 위험방지를 위한 것으로서 개인의 권리를 침해하는 것이 아닌 것으로 여겨졌고, '직무규범'에 근거하여서도 이러한 개인정보의 수립·처리가 가능하다고 보았다. 반면 강제수단이

18) BVerfGE 65, 1.

19) Trute, Der Schutz personenbezogener Informationen in der Informationsgesellschaft, JZ 1998, S. 825.

20) BVerfGE 118, 168/183; 106, 28/39; Jarass/Pieroth, GG, Art. 2 Rn. 38 m.w.N.

동원되는 정보의 수집은 '권한규범'이 요구되었고, 개별적 수권조항 내지 개괄적 수권조항이 강조되었다. 그러나 인구조사판결에 의해 경찰의 정보수집은 더 이상 개인의 기본권을 침해하지 않는 작용으로 여겨지지 않게 되었고, 이에 대해 헌법에 따른 법률적 근거를 요구하기에 이르렀다.[21] 미국에서는 개인정보보호를 프라이버시(Privacy)권의 문제로 접근하고 있다.

2. 개인정보자기결정권의 헌법적 근거

개인정보자기결정권은 헌법에 직접 명시되지 않아, 그 헌법적 근거에 대해서는 학설상 다툼이 있다. 헌법 제10조의 인간의 존엄과 가치에서 찾는 견해,[22] 헌법 제17조에 규정된 사생활의 비밀과 자유 내지 프라이버시권의 일부분으로 보는 견해[23] 등이 있다. 나아가 정보의 자기결정권에 관한 이론적 근거를 프라이버시권으로 이해하면서, 그 헌법적 근거로 헌법 제10조의 인간의 존엄과 가치, 헌법 제16조의 주거의 자유, 헌법 제18조의 통신의 자유 등의 규정에 의해 보장되는 포괄적 권리라고 이해하는 견해도 있다.[24]

한편, 헌법재판소와 대법원의 입장에는 다소 차이가 있다. 대법원은 개인정보보호의 헌법적 근거를 헌법 제17조뿐만 아니라 헌법 제10조(인간의 존엄과 가치 및 행복추구권)에서 찾고 있다.[25] 여기에서 개인정보자기결정권이라는 표현을 명시적으로 사용하고 있지 않지만, 헌법 제10조 및 헌법 제17조에 근거하여 이를 "자신에 대한 정보를 자율적으로 통제할 수 있는 적극적인 권리"라고 이해하고 있다. 이에 반해 헌법재판소는 개인정보자기결정권을 기본권의 하나로 이해하고 있다.[26] 즉 헌법재판소는 개인정보자기결정권의 보호대상을 "개인의 신체, 신념, 사회적 지위, 신분 등과 같이 개인의 인격주체성을 특징짓는 사항으로서 그 개인의 동일성을 식별할 수 있게 하는 일체의 정보"라고 보고, 사적인 영역에 속하는 정보뿐만 아니라 공적 생활에서 형성되었거나 이미 공개된 개인정보도 망라하여 이해하고 있다.[27] 그러나 개인정보자기결정권의 헌법적 근거에

21) 이에 대해서는 Götz, Allgemeines Polizei- und Ordnungsrecht, 15. Aufl., § 7 Rn. 9.
22) 김철수, 헌법학개론, 2005, 407면. 한편, 헌법 제10조의 한 내용으로서 일반적 인격권에서 찾는 견해도 대체로 여기에 속한다(한수웅, 헌법학, 제2판, 541-542면).
23) 계희열, 헌법학(중), 신정판, 390면; 박윤흔, 최신행정법강의(상), 537면.
24) 김동희, 행정법 I, 제18판, 429면.
25) 대법원 1998. 7. 24. 선고 96다42789 판결.
26) 헌재 2011. 12. 29. 2010헌마293, 판례집 23-2하, 879.
27) 헌재 2005. 5. 26. 99헌마513, 2004헌마190(병합). 또한 헌법재판소는 검사의 '혐의없음' 불기

관하여 헌법재판소의 입장은 일관되어 있지 않다. 서울특별시 교육감 등이 졸업생의 성명, 생년월일 및 졸업일자 정보를 교육정보시스템(NEIS)에 보유하는 행위가 법률유보의 원칙과 개인정보자기결정권을 침해하는지가 문제된 사건에서는 개인정보자기결정권을 인간의 존엄과 가치, 행복추구권을 규정한 헌법 제10조 제1문에서 도출되는 일반적 인격권과 헌법 제17조의 사생활의 비밀과 자유에 의하여 보장되는 것으로 파악하고 있다.[28] 이러한 입장은 최근 구치소장이 검사의 요청에 따라 청구인과 배우자의 접견녹음파일을 제공한 행위가 청구인의 개인정보자기결정권을 침해하였는지가 문제된 사건에서도 유지되고 있다.[29] 그러나 일부 결정에서는 이와 다른 입장을 보이고 있다. 헌법재판소는 지문날인제도의 위헌성과 관련된 주민등록법 제17조의8 등 위헌소원에서는 개인정보자기결정권을 독자적 기본권으로 이해하고 있다. 즉 헌법상 근거를 특정한 기본권에 국한시키는 것은 바람직하지 않고 이를 이념적 기초로 하는 독자적 기본권으로서 "헌법에 명시되지 아니한 기본권"이라고 보고 있다.[30]

생각건대 개인정보자기결정권의 헌법적 근거를 헌법 제10조에서만 도출하는 것은 너무 포괄적이며, 또한 헌법 제17조 사생활의 비밀과 자유에서만 도출하기에는 그 근거가 약하다. 따라서 개인정보자기결정권의 헌법적 근거를 헌법 제10조의 인간의 존엄과 가치와 헌법 제17조의 사생활의 비밀과 자유에서 찾는 것이 타당하다. 개인정보자기결정권은 헌법재판소가 적절히 언급하고 있는 바와 같이 "개인의 신체, 신념, 사회적 지위, 신분 등과 같이 개인의 인격주체성을 특징짓는 사항"으로서 인격의 자유로운 발현과 밀접한 관련을 가진다. 나아가

소처분 등에 관한 수사경력자료의 보존 및 보존기간을 정한 구 '형의 실효 등에 관한 법률'(2005. 7. 29. 법률 제7624호로 개정되고, 2008. 3. 14. 법률 제8891호로 개정되기 이전의 것, 이하 '법'이라고 한다.) 제8조의2 제1항 제1호 중 검사의 '혐의없음'의 불기소처분이 있는 경우에 관한 부분 및 제2항 제2호(이하 '이 사건 법률조항'이라 한다.)가 청구인의 개인정보자기결정권을 제한하는지가 문제된 사건에서도 이러한 입장을 취하고 있다(헌재 2009. 10. 29. 2008헌마257, 판례집 21-2하, 372).

28) 헌재 2005. 7. 21. 2003헌마282·425(병합).

29) 헌재 2012. 12. 27. 2012헌바60, 판례집 24-2(하), 537면.

30) "개인정보자기결정권의 헌법상 근거로는 헌법 제17조의 사생활의 비밀과 자유, 헌법 제10조 제1문의 인간의 존엄과 가치 및 행복추구권에 근거를 둔 일반적 인격권 또는 위 조문들과 동시에 우리 헌법의 자유민주적 기본질서 규정 또는 국민주권원리와 민주주의원리 등을 고려할 수 있으나, 개인정보자기결정권으로 보호하려는 내용을 위 각 기본권들 및 헌법원리들 중 일부에 완전히 포섭시키는 것은 불가능하다고 할 것이므로, 그 헌법적 근거를 굳이 어느 한 두개에 국한시키는 것은 바람직하지 않은 것으로 보이고, 오히려 개인정보자기결정권은 이들을 이념적 기초로 하는 독자적 기본권으로서 헌법에 명시되지 아니한 기본권이라고 보아야 할 것이다."(헌재 2005. 5. 26. 99헌마513등, 판례집 17-1, 668)

개인정보(특히 민감정보)의 유출로 인한 개인정보자기결정권의 침해는 곧바로 사생활의 비밀과 자유의 침해로 이어진다는 점에서 헌법 제17조도 함께 헌법적 근거로 보아야 한다.

Ⅲ. 개인정보보호법의 주요내용

1. 개인정보의 보호원칙과 정보주체의 권리보장

개인정보보호법은 "개인정보의 처리 및 보호에 관한 사항을 정함으로써 개인의 자유와 권리를 보호"하고, "개인의 존엄과 가치를 구현"함을 목적으로 하고 있다. 이러한 입법목적은 개인정보자기결정권이 헌법 제10조의 인간의 존엄과 가치 및 헌법 제17조의 사생활의 비밀과 자유에 근거하고 있다는 점을 투영한 것이다. 개인정보보호법 제3조에는 개인정보의 보호원칙을 규정하고 있다. 이에 의하면 첫째, 개인정보의 처리 목적을 명확하게 하고 그 목적에 필요한 범위에서 최소한의 개인정보만을 적법하고 정당하게 수집하며, 이를 적합하게 처리하여야 한다(제3조 제1항 및 제2항). 또한 이 경우에 개인정보의 정확성, 완전성 및 최신성이 보장되도록 하고 있다(동조 제3항). 둘째, 정보주체의 권리가 침해받을 가능성과 그 위험 정도를 고려하여 개인정보의 안전한 관리를 하도록 하고 있다(동조 제4항). 이와 관련하여 개인정보처리자로 하여금 개인정보 처리방침 등 개인정보의 처리에 관한 사항을 공개하도록 하여 투명성을 확보하도록 하고 있다(동조 제5항 전단부). 셋째, 정보주체의 권리를 보장하고 사생활침해를 최소화하도록 하고 있다(동조 제5항 후단부 및 제6항).

한편, 개인정보보호법에는 정보주체의 권리를 보장하고 있다. 정보주체란 처리되는 정보에 의하여 알아볼 수 있는 사람으로서 그 정보의 주체가 되는 사람을 말한다(제2조 제3호). 보장되는 정보주체의 권리에는 ① 개인정보의 처리에 관한 정보를 제공받을 권리, ② 개인정보의 처리에 관한 동의 여부나 동의 범위 등을 선택하고 결정할 권리, ③ 개인정보의 처리 여부의 확인 및 열람을 요구할 권리, ④ 개인정보의 처리 정지, 정정·삭제 및 파기를 요구할 권리, ⑤ 개인정보의 처리로 인하여 발생한 피해를 신속하고 공정한 절차에 따라 구제받을 권리, ⑥ 완전히 자동화된 개인정보 처리에 따른 결정을 거부하거나 그에 대한 설명 등을 요구할 권리가 있다(제4조). 이러한 정보주체의 권리는 헌법상의 개인정보자기결정권을 구체화한 것이다.

2. 개인정보의 처리와 정보주체의 동의

개인정보보호법은 개인정보를 수집·이용하거나 제3자에게 제공할 경우에는 정보주체의 동의 등을 얻도록 하고, 개인정보의 수집·이용 목적의 달성 등으로 불필요하게 된 때에는 지체 없이 개인정보를 파기하도록 하고 있다(개인정보보호법 제15조 제1항 제1호, 제17조 제1항 제1호, 제21조 참조). 독일 연방헌법재판소의 인구조사판결에서 인정하고 있는 바와 같이, 개인정보자기결정권은 "개인정보의 사용과 포기에 대해 스스로 결정할" 권한을 보장하고 있는 것이다. 따라서 개인정보자기결정권의 핵심적 요소는 정보주체의 '동의'라고 볼 수 있다.

개인정보처리자는 다음과 같은 경우에 개인정보를 수집할 수 있으며, 그 수집 목적의 범위에서 이용할 수 있다(개인정보보호법 제15조 제1항). 즉 개인정보처리자가 개인정보를 수집할 수 있는 것은 ① 정보주체의 동의를 받은 경우, ② 법률에 특별한 규정이 있거나 법령상 의무를 준수하기 위하여 불가피한 경우, ③ 공공기관이 법령 등에서 정하는 소관 업무의 수행을 위하여 불가피한 경우, ④ 정보주체와 체결한 계약을 이행하거나 계약을 체결하는 과정에서 정보주체의 요청에 따른 조치를 이행하기 위하여 필요한 경우, ⑤ 명백히 정보주체 또는 제3자의 급박한 생명, 신체, 재산의 이익을 위하여 필요하다고 인정되는 경우, ⑥ 개인정보처리자의 정당한 이익을 달성하기 위하여 필요한 경우로서 명백하게 정보주체의 권리보다 우선하는 경우, ⑦ 공중위생 등 공공의 안전과 안녕을 위하여 긴급히 필요한 경우이다. 개인정보처리자는 위에서 언급한 ①의 경우와 같이 정보주체의 동의를 받을 때에는 개인정보의 수집·이용목적, 수집하려는 개인정보의 항목, 개인정보의 보유 및 이용기간, 동의거부권 및 동의거부의 불이익 내용 등을 정보주체에 고지하도록 하고 있다(개인정보보호법 제15조 제2항).

④의 경우에 종전에는 "정보주체와의 계약의 체결 및 이행을 위하여 불가피하게 필요한 경우"라고 규정하고 있었다. 그러나 이 경우에 계약체결을 이유로 정보주체의 동의를 요구하는 경우가 적지 않으며, 동의거부를 이유로 계약체결을 거부할 수도 있다. 이러한 문제점을 인식하고 2023년 3월 14일 개정 법률에서 "정보주체와 체결한 계약을 이행하거나 계약을 체결하는 과정에서 정보주체의 요청에 따른 조치를 이행하기 위하여 필요한 경우"라고 수정하였다. 또한 ⑥

의 경우에는 '정당한 이익'이라는 불확정개념을 사용하고 있는데, 개인정보처리자의 정당한 이익이 반드시 중대한 공익에 국한되지 않을 수도 있다. 나아가 개인정보보호법은 개인정보의 수집·이용·제공 등 단계별로 보호기준을 마련하고 있으며, 개인정보의 수집단계에서는 정보주체의 '동의'를 요건으로 하고 있다. 그러나 실제 금융기관, 통신회사 및 의료기관 등에서 제공하는 서비스를 제공받기 위해서는 정보주체가 동의를 하지 않을 수 없도록 되어 있는 경우가 적지 않다. 다만, 이와 관련하여 개인정보보호법 제16조 제3항에는 정보주체가 필요한 최소한의 정보 이외의 개인정보 수집에 동의하지 아니하였음을 이유로 정보주체에게 재화 또는 서비스의 제공을 거부하지 않도록 하는 규정을 두고 있다. 또한 개인정보보호법 제22조에는 정보주체의 동의를 받는 방법을 상세히 규정하고 있다. 즉 정보주체의 동의를 받을 때에는 정보주체가 각각의 동의사항을 명확히 인지할 수 있도록 알리도록 하고 있다(동조 제1항). 또한 2017년 4월 18일 개인정보보호법의 개정을 통해 문서 등으로 정보주체의 동의를 받을 때에는 정보의 수집·이용목적, 수집·이용하려는 개인정보의 항목 등 대통령령으로 정하는 중요한 내용을 개인정보 보호위원회가 고시로 정하는 방법에 따라 명확히 표시하도록 하였다(동조 제2항).

한편, 2020년 2월 4일 개인정보보호법의 개정에 의하여, 개인정보처리자는 당초 수집 목적과 합리적으로 관련된 범위에서 정보주체에게 불이익이 발생하는지 여부, 암호화 등 안전성 확보에 필요한 조치를 하였는지 여부 등을 고려하여 대통령령으로 정하는 바에 따라 정보주체의 동의 없이 개인정보를 이용할 수 있게 되었다(개인정보보호법 제15조 제3항). 또한 개인정보처리자는 통계작성, 과학적 연구, 공익적 기록보존 등을 위하여 정보주체의 동의 없이 '가명정보'를 처리할 수 있다(동법 제28조의2 제1항).

3. 개인정보의 처리제한

(1) 개인정보의 수집 제한 및 개인정보의 제공

개인정보의 수집은 그 목적에 필요한 최소한에 한하며, 개인정보의 목적 외의 이용·제공은 제한된다(개인정보보호법 제16조 제1항 및 제18조 참조). 개인정보처리자는 정보주체의 동의를 받거나 개인정보보호법 제15조 제1항 제2호·제3호 및 제5호부터 제7호까지에 따라 개인정보를 수집한 목적 범위에서 개인정보를 제공하는 경우에 정보주체의 개인정보를 제3자에게 제공할 수 있다(동법 제17조 제1항). 다만, 정보주체가 별도의 동의를 한 경우, 다른 법률에 특별한 규정이 있는 경우 등에는 개인정보를 목적 외의 용도로 이용하거나 이를 제3자에게 제공할 수 있도록 하고 있다(동법 제18조 제2항 참조).

(2) 민감정보 및 고유식별정보의 처리제한

개인정보처리자는 민감정보나 고유식별정보를 처리하여서는 아니 된다(개인정보보호법 제23조 제1항 및 제24조 제1항). 민감정보란 "사상 · 신념, 노동조합 · 정당의 가입 · 탈퇴, 정치적 견해, 건강, 성생활 등에 관한 정보, 그 밖에 정보주체의 사생활을 현저히 침해할 우려가 있는 개인정보로서 대통령령으로 정하는 정보"를 말한다. 민감정보는 개인정보 중의 핵심적 요소라고 볼 수 있다. 고유식별정보란 "법령에 따라 개인을 고유하게 구별하기 위하여 부여된 식별정보"를 말한다. 그러나 정보주체로부터 별도의 동의를 받은 경우나 법령에서 그 처리를 요구하거나 허용하는 경우에는 이를 처리할 수 있다.

이처럼 개인정보처리자가 민감정보를 처리하는 경우에는 그 민감정보가 분실 · 도난 · 유출 · 위조 · 변조 또는 훼손되지 아니하도록 제29조에 따른 안전성 확보에 필요한 조치를 하여야 한다(제23조 제2항). 또한 2023월 3월 14일 개정으로 동조 제3항이 신설되었다. 이에 따라 개인정보처리자는 재화 또는 서비스를 제공하는 과정에서 공개되는 정보에 정보주체의 민감정보가 포함됨으로써 사생활 침해의 위험성이 있다고 판단하는 때에는 재화 또는 서비스의 제공 전에 민감정보의 공개 가능성 및 비공개를 선택하는 방법을 정보주체가 알아보기 쉽게 알려야 한다.

한편, 2015년 7월 24일 개정을 통해 제24조 제3항은 "개인정보처리자가 제1항 각 호에 따라 고유식별정보를 처리하는 경우에는 그 고유식별정보가 분실 · 도난 · 유출 · 위조 · 변조 또는 훼손되지 아니하도록 대통령령으로 정하는 바에 따라 암호화 등 안전성 확보에 필요한 조치를 하여야 한다"고 규정하고 있다. 그러나 암호화에 관한 필요한 조치는 대통령령에 위임되어 있다.

(3) 주민등록번호의 처리제한

인터넷 사용과 관련하여 필수불가결하게 요구되고, 개인정보유출과 이로 인한 2차 피해에 있어서 문제가 되는 것은 '주민등록번호'의 보호이다. 이에 2013년

8월 6일 개인정보보호법의 개정을 통해 '주민등록번호 처리의 제한'에 관한 규정을 도입하였다. 그러나 예외적으로 주민등록번호의 처리를 할 수 있는 경우를 규정하고 있다. 즉 ① 법률·대통령령·국회규칙·대법원규칙·헌법재판소규칙·중앙선거관리위원회규칙 및 감사원규칙에서 구체적으로 주민등록번호의 처리를 요구하거나 허용한 경우, ② 정보주체 또는 제3자의 급박한 생명·신체·재산의 이익을 위하여 명백히 필요하다고 인정되는 경우, 또는 ③ 이에 준하여 주민등록번호 처리가 불가피한 경우로서 개인정보 보호위원회가 고시로 정하는 경우가 그러하다(개인정보보호법 제24조의2 제1항).[31] 또한 정보주체가 인터넷 홈페이지를 통하여 회원으로 가입하는 단계에서 주민등록번호를 사용하지 아니하고도 회원으로 가입할 수 있는 방법을 제공하여야 하도록 규정하였다(동조 제3항).

한편, 2014년 3월 24일 개인정보보호법의 개정을 통해 개인정보처리자에게 주민등록번호의 '암호화' 조치를 취하도록 하고 있다. 즉 "개인정보처리자는 제24조 제3항에도 불구하고 주민등록번호가 분실·도난·유출·변조 또는 훼손되지 아니하도록 암호화조치를 통하여 안전하게 보관하여야 한다"고 규정하고 있다(제24조의2 제2항). 그리고 암호화의 적용대상 및 대상별 적용시기 등에 관한 사항은 모두 대통령령에 위임하고 있다(동조 제2문). 주민등록번호의 수집을 제한 내지 금지함에 따라 정부는 주민등록번호의 유출과 오·남용을 방지하기 위해 '아이핀'(I-Pin: Internet Personal Identification Number) 제도를 적극적으로 권장하고 있다. 그러나 그 가입에도 개인정보를 제공해야 하고, 분실의 경우에는 재발급을 받아야 하는 등의 문제점이 여전히 남아 있다.

(4) 가명정보에 대한 안전조치

전술한 바와 같이 개인정보처리자는 통계작성, 과학적 연구, 공익적 기록보존 등을 위하여 정보주체의 동의 없이 가명정보를 처리할 수 있다. 개인정보보호법 제28조의4에는 가명정보에 대한 안전조치의무를 규정하고 있다. 즉 개인정보처리자는 제28조의2 또는 제28조의3에 따라 가명정보를 처리하는 경우에는

31) 한편, 정보통신망 이용촉진 및 정보보호 등에 관한 법률 제23조의2 제1항 제3호에서는 주민등록번호의 수집 또는 이용이 가능한 경우로서 "영업상 목적을 위하여 이용자의 주민등록번호 수집·이용이 불가피한 정보통신서비스 제공자로서 방송통신위원회가 고시하는 경우"를 규정하고 있다. 이 경우 행정각부의 장이 아니라 독립된 행정위원회가 제정하는 '고시'의 법적 성질에 대하여 학설상 논란이 있을 수 있으나, 원칙적으로 법규성이 없다고 보아야 한다. 따라서 '고시'에 규정된 정보통신서비스 제공자에 의해 주민등록번호의 수집이나 사용이 가능하게 된다는 점에서 문제가 있다.

원래의 상태로 복원하기 위한 추가 정보를 별도로 분리하여 보관·관리하는 등 해당 정보가 분실·도난·유출·위조·변조 또는 훼손되지 않도록 대통령령으로 정하는 바에 따라 안전성 확보에 필요한 기술적·관리적 및 물리적 조치를 하여야 한다(동조 제1항). 2023년 3월 14일 개인정보보호법의 개정으로 가명정보의 안전조치의무를 강화하고 있다. 즉 개인정보처리자가 가명정보를 처리하는 경우 처리목적 등을 고려하여 가명정보의 처리 기간을 별도로 정할 수 있다(동조 제2항). 그리고 개인정보처리자는 제28조의2 또는 제28조의3에 따라 가명정보를 처리하고자 하는 경우에는 가명정보의 처리 목적, 제3자 제공시 제공받는 자, 가명정보의 처리 기간(제2항에 따라 처리 기간을 별도로 정한 경우에 한한다) 등 가명정보의 처리 내용을 관리하기 위하여 대통령령으로 정하는 사항에 대한 관련 기록을 작성하여 보관하여야 하며, 가명정보를 파기한 경우에는 파기한 날부터 3년 이상 보관하여야 한다(동조 제3항).

4. 개인정보의 안전한 관리

개인정보보호법은 개인정보처리자에게 개인정보보호를 위한 '안전조치의무'를 부과하고 있다. 즉 개인정보처리자는 내부 관리계획 수립, 접속기록 보관 등 대통령령으로 정하는 바에 따라 안전성 확보에 필요한 기술적·관리적 및 물리적 조치를 하여야 한다(개인정보보호법 제29조). 또한 개인정보처리자는 개인정보 보호책임자를 지정하여야 한다(동법 제31조). 그리고 공공기관의 장이 개인정보파일을 운용하는 경우에는 소정의 사항을 개인정보 보호위원회에 등록하여야 한다(동법 제32조 제1항).

5. 제재수단으로서 과징금제도의 도입

개인정보보호법에는 개인정보처리자에 대한 제재수단으로서 과징금 제도를 도입하고 있다. 종전에 개인정보 보호위원회는 개인정보처리자가 처리하는 주민등록번호가 분실·도난·유출·변조·훼손된 경우에 개인정보처리자에 대해 5억원 이하의 과징금을 부과·징수할 수 있었다(구 개인정보보호법 제34조의2). 정부는 정보유출에 따른 여론 등을 의식하여 사후적 제재수단을 강화하면서, 징벌적 과징금을 도입하려고 하였다. 그러나 과징금은 행정상 의무위반에 대하여 부과하는 금전적 제재이다. 또한 과징금은 본래 그 위반자에게 일정한 경제적

이득이 발생하는 경우에 부과되는 제재수단이다.[32] 과징금제도는 1980년 12월 31일 '독점규제 및 공정거래에 관한 법률'을 통해 도입된 것으로서, 행정상 제재뿐만 아니라 부당이익환수적 요소가 부가된 것이다.[33] 그 후에 과징금제도는 환경법이나 경제법 등 분야에 도입되어 있는데, 허가취소나 영업정지에 갈음하는 변형된 형태의 과징금도 늘고 있다(예컨대 대기환경보전법 제37조, 수질 및 수생태계 보전에 관한 법률 제43조 등). 과징금의 성격에 대하여 부당이득세·제재로서의 성격, 과태료로서의 성격, 속죄금으로서의 성격, 그리고 재원확보금으로서의 성격 등이 논해지고 있다.[34] 그러나 개인정보보호법에 도입된 과징금은 이러한 유형에 해당한다고 보기도 어려울 뿐만 아니라 변형과징금에 해당한다고 볼 수도 없다. 과도한 과징금을 부과하는 것은 비례의 원칙(과잉금지원칙)이나 부당결부금지의 원칙에 비추어 바람직하지 않다. 한편, 2020년 2월 4일 개정으로 특정 개인을 알아보기 위한 목적으로 가명정보를 처리한 경우에도 전체 매출액의 100분의 3이하에 해당하는 금액을 과징금으로 부과할 수 있게 되었다(구 개인정보보호법 제28조의6 제1항). 그러나 2023년 3월 14일 개인정보보호법의 개정으로 이 조항들이 삭제되고, 제64조의2를 신설하여 과징금을 부과할 수 있는 경우를 통합하여 규정하고 있다. 다만, 위반행위에 대한 과징금의 상한액을 전체 매출액의 100분의 3 이하에 해당하는 금액으로 하되, 전체 매출액에서 위반행위와 관련이 없는 매출액을 제외한 금액을 기준으로 과징금을 산정하도록 하고 있다.

Ⅳ. 개인정보보호와 권리구제

1. 문제의 상황

개인정보가 유출된 경우 행정제재(과징금제도)보다는 개인정보유출로 인해 피해를 입은 자의 권리구제수단을 강화하는 것이 바람직하다. 개인정보보호법에는 개인정보 분쟁조정제도, 개인정보 단체소송 및 손해배상 등에 관한 권리구제수

---

32) 이상규, 신행정법론(상), 신판, 522면.

33) 박영도·김호정, 과징금제도의 운용실태 및 개선방안, 한국법제연구원, 2002, 5면. 헌법재판소도 부당내부거래에 대한 과징금이 "행정상의 제재금으로서의 기본적 성격에 부당이득환수적 요소도 부가되어 있는 것"이라고 보고 있다(헌재 2003. 7. 24. 2001헌가25).

34) 이에 대해서는 박영도·김호정, 앞의 보고서, 14면 이하.

단이 규정되어 있다. 그러나 공법과 사법의 영역이 구별되지 않아, 개인정보보호와 관련된 공법적 권리구제수단이 흠결되어 있거나 명확히 규율되어 있지 않다. 또한 공공부문에 속하는 개인정보처리자의 위법행위로 손해가 발생한 경우에도 민사상 손해배상을 청구할 것인지, 아니면 국가배상을 청구할 수 있는지도 모호하다. 나아가 공공부문에서 개인정보가 유출된 경우에 행정쟁송을 할 수 있는지 여부도 분명하지 않다. 이러한 점들은 법리적 혼란을 줄 뿐만 아니라 권리구제수단의 선택에 있어서 어려움을 주고 있는 것이 사실이다. 이하에서는 개별적 권리구제수단과 그 법적 문제점을 함께 검토하기로 한다.

2. 개인정보 분쟁조정제도

종전에는 개인정보처리자로부터 권리나 이익을 침해받은 자가 행정안전부장관에게 그 침해사실을 신고할 수 있었고, 행정안전부장관은 신고접수 및 업무처리 지원을 위해 '개인정보 침해신고센터'를 설치·운영하도록 하고 있었다. 이를 위해 전문기관을 지정할 수 있는데, '한국인터넷진흥원'에서 이를 설치·운영하고 있었다. 그러나 2020년 2월 4일 개정으로 개인정보 보호위원회에 그 침해사실을 신고할 수 있게 되었고, 전문기관을 지정하여 해당 전문기관이 '개인정보침해 신고센터'를 설치·운영하도록 규정하고 있다(개인정보보호법 제62조). 개인정보의 유출에 따른 피해구제를 위한 가장 쉬운 수단은 개인정보 분쟁조정제도이다. 개인정보에 관한 분쟁조정 업무를 신속하고 공정하게 처리하기 위하여 개인정보 분쟁조정위원회(이하 '분쟁조정위원회'라 한다)를 두고 있다. 분쟁조정위원회는 종전에 그 위원을 행정안전부장관이 임명하거나 위촉하고 행정안전부에 소속된 위원회라는 점에서 일종의 '행정형 ADR'이라고 볼 수 있었다. 지금은 개인정보 보호위원회의 위원장이 당연직위원이 아닌 위원을 위촉한다(개인정보보호법 제40조 제3항).

분쟁조정위원회는 분쟁조정 신청을 받은 경우 조정 전 합의를 권고할 수도 있다. 이 경우 분쟁조정위원회는 조정안을 작성할 수 있는데, 조정안에는 조사대상 침해행위의 중지, 원상회복, 손해배상 기타 필요한 구제조치 등을 포함하고 있다(개인정보보호법 제47조 제1항). 조정은 재판상 화해와 동일한 효력을 가지고 있다(동조 제5항). 그러나 민사소송법상 재판상 화해는 확정판결과 동일한 효력이 인정되므로 조정결정에 의해 재판청구권이 배제될 수도 있다(민사소송법

제220조). 이와 같이 재판상 화해 자체는 아니지만, 그 효력에 관하여 재판상 화해의 효력이 있는 것으로 보는 것을 "화해간주(和解看做)" 내지 "의제화해(擬制和解)"라고 부르고 있다.[35] 또한 개인정보의 피해가 대부분 소액사건인 점을 고려하여 일괄적인 분쟁조정제도가 필요하다. 이러한 일괄적 분쟁조정을 위해서 개인정보보호법에서는 '집단분쟁조정'제도를 도입하고 있다(개인정보보호법 제49조). 그러나 조정결과의 수락이 현실적으로 쉽지 않아 집단분쟁의 활용도가 높지 않다는 지적도 있다.[36]

2023년 3월 14일 개인정보보호법의 개정으로 개인정보에 관한 분쟁조정제도가 개선되었다. 즉 분쟁조정의 통지를 받은 경우 특별한 사유가 없는 한 분쟁조정에 참여하여야 한다(동법 제43조 제3항). 또한 분쟁조정에 참여하여야 하는 대상을 공공기관에서 모든 개인정보처리자로 확대하였다(동법 제45조 제2항부터 제4항까지 신설). 종전에는 분쟁조정의 당사자가 개인정보 분쟁조정위원회로부터 조정안을 제시받은 날부터 15일 이내에 수락 여부를 알리지 아니하면 조정을 거부한 것으로 보았으나, 개정안에는 조정을 수락한 것으로 간주하도록 수정하고 있다(동법 제47조 제3항). 개인정보 분쟁조정위원회는 분쟁의 조정을 위하여 사실 확인이 필요한 경우에 분쟁조정위원회의 위원 또는 대통령령으로 정하는 사무기구의 소속 공무원이 사건과 관련된 장소에 출입하여 관련 자료를 조사하거나 열람하게 할 수 있고, 관계 기관 등에 자료 또는 의견의 제출 등 필요한 협조를 요청할 수 있다(동법 제45조 제2항 및 제4항).

3. 개인정보 단체소송

개인정보보호법에서는 개인정보처리자에게 개인정보의 수입·이용·제공 등에 대한 준법정신과 경각심을 높이고, 동일하거나 유사한 개인정보 소송에 따른 사회적 비용을 줄이기 위해 개인정보 단체소송제도를 도입하였다. 그러나 단체소송이 남용되는 것을 방지하기 위해 집단분쟁조정제도를 거치도록 하고 권리침해행위의 금지·중지 청구소송으로 제한하고 있다(제51조). 이러한 소송은 매우 소극적인 형태의 구제수단이라고 볼 수 있다. 실제 단체소송의 원고도 개인정보보호법 제51조 제1호 및 제2호 소정의 요건을 갖춘 '소비자단체' 또는 '비

35) 이시윤, 신민사소송법, 제12판, 604면.
36) 이성엽, "행정ADR로서 개인정보분쟁조정의 법적 쟁점과 개선과제", 행정법연구 제36호(2013. 7), 134면.

영리민간단체'에 제한된다는 점에서 실질적인 피해구제와는 다소 차이가 있다.[37] 그리고 개인정보보호법 제52조에서는 단체소송의 전속관할은 피고의 주된 사무소 또는 영업소가 있는 곳, 주된 사무소나 영업소가 없는 경우에는 주된 업무담당자의 주소가 있는 곳의 지방법원 본원 합의부로 하고 있다. 형식적으로는 피고인 '개인정보처리자'에 공공기관도 포함되나, 이러한 규정이 공공부문에도 그대로 적용될 수 있는지 여부는 불분명하다. 특히 개인정보보호법 제57조는 단체소송에 관하여 특별한 규정이 없는 경우에 원칙적으로 민사소송법을 준용하고 있다. 그 밖에 소비자기본법에는 이와 유사한 단체소송제도를 두고 있는데(제70조 내지 제76조), 개인정보유출의 경우에도 '소비자기본법'의 적용을 받을 수 있는지가 문제 된다. 물론 개인정보유출의 피해자도 고객이라는 점에서 소비자의 지위를 가지고 소비자기본법의 적용을 받을 수 있다.

4. 손해배상

개인정보보호법 제39조에서는 정보주체가 개인정보처리자의 위법한 행위로 손해를 입은 경우에 개인정보처리자에게 손해배상을 청구할 수 있다고 규정하고 있다. 또한 신용정보의 이용 및 보호에 관한 법률 제43조 제1항, 구 정보통신망 이용촉진 및 정보보호 등에 관한 법률 제32조에서도 대체로 유사한 규정을 두고 있다. 하급심판례 중에는 개인정보유출과 관련하여 위자료청구를 한 사례가 적지 않다.[38] 서울중앙지방법원은 정보통신서비스제공자가 서비스이용자들에게 전자메일을 발송하는 과정에서 실수로 이용자들의 성명·주민등록번호·전자메일주소 등 개인정보를 수록한 텍스트 파일을 첨부한 사안에서 개인정보보호에 관한 주의의무 위반을 이유로 개인정보가 누출된 이용자들에 대한 위자료 지급책임을 인정한 바 있다.[39]

한편, 개인정보보호법 제39조는 무과실책임을 규정한 것은 아니지만, 후문에서 고의 또는 과실의 입증책임을 개인정보처리자에게 부담시키고 있다. 개인정보유출에 따른 피해가 발생한 경우에 공무원의 과실이 일응 추정(prima facie)되고, 피고가 반증(反證)에 의해 이를 번복하지 못하면 배상책임을 지는 구조와

37) 김재광, "「개인정보보호법」에 관한 새로운 법적 문제", 강원법학 제36권(2012. 6), 116면.
38) 실제 개인정보유출사고로 인한 손해배상은 위자료를 청구하는 형식이 대부분이라고 한다(이에 대해서는 허성욱, "개인정보유출소송의 현황과 법적 과제: 법관의 법발견 방법론을 중심으로", 저스티스 110호, 2009, 302면 이하).
39) 서울중앙지법 2007. 2. 8. 선고 2006가합33062 판결.

유사하다.[40] 다만, 구 개인정보보호법 제39조 제2항에서는 개인정보처리자가 이 법에 따른 의무를 준수하고 상당한 주의와 감독을 게을리하지 아니한 경우에 개인정보의 분실·도난·유출·변조 또는 훼손으로 인한 손해배상책임을 감경할 수 있도록 규정하고 있었다. 여기에서 상당한 주의와 감독을 태만하지 않은 경우는 책임감경의 고려요소로 이해할 수 있지만, 어느 정도의 과실로 보아야 할지가 명확하지 않았다. 과실이 없으면 손해배상책임을 물을 수 없는데, 위 규정에 의하면 '경과실'에 의한 경우는 손해배상책임을 감경받을 수 있다고 해석할 수 있다. 그런 점에서 국가배상법의 면책규정과 관련하여 검토가 필요하였으나 이 조항은 삭제되었다.

지난 2015년 7월 24일 개정에 의해 개인정보보호법 제39조 제2항은 삭제되고, 징벌적 손해배상 및 법정손해배상에 관한 규정이 도입되었다. 즉 개인정보처리자의 고의 또는 중대한 과실로 인하여 개인정보가 분실·도난·유출·위조·변조 또는 훼손된 경우로서 정보주체에게 손해가 발생한 때에 법원은 그 손해액의 3배를 넘지 아니하는 범위에서 손해배상을 정할 수 있었다(제39조 제3항). 그러나 2023년 3월 14일 개정으로 손해액의 3배에서 5배로 상향되었다. 다만, 개인정보처리자가 고의 또는 중대한 과실이 없음을 증명한 경우에는 그러하지 아니하다. 이러한 규정에도 불구하고 정보주체는 개인정보처리자의 고의 또는 과실로 인하여 개인정보가 분실·도난·유출·위조·변조 또는 훼손된 경우에는 300만원 이하의 범위에서 상당한 금액을 손해액으로 하여 배상을 청구할 수 있다(제39조의2 제1항).

개인정보보호법 제39조의 손해배상에 관한 규정은 민사상 손해배상에 제한된 것인지가 명확하지 않다. 이 경우 국가배상법의 규정과 어떠한 관련을 가지는지가 문제된다. 예컨대 국가배상법 제2조 제2항에는 공무원의 경과실 면책규정이 있다. 이러한 문제는 공공부문과 민간부문을 통합하여 규정한 것에서 기인한다. 다만, 개인정보보호법 제2조 제5호에 의하면, 개인정보처리자에는 '공공기관'도 포함될 수 있다. 공공기관(특히 국가기관이나 중앙행정기관 및 지방자치단체 등)에 소속된 공무원이 위법한 직무행위로 개인정보를 유출하여 손해가 발생한 경우에 정보주체는 국가배상법 제2조에 따라 국가배상청구권을 주장할 수 있다.

40) 실제 2008년 SK브로드밴드가 고객정보를 유출하여 고객들이 위자료청구를 한 사건에서, 개인정보 수집의 동의를 피고가 입증하지 않아 원고의 일부승소판결이 내려진 바 있다(이에 대해서는 김주영·손형섭, 개인정보보호법의 이해, 법문사, 2012, 213면 참조).

또한 공공기관인 개인정보처리자가 제3자(사인)에게 개인정보의 처리업무를 위탁한 경우에 그 업무를 위탁받아 처리하는 자는 소위 '공무수탁사인'이 될 수 있다(개인정보보호법 제26조). 그러나 국가배상법에 의해 국가배상청구권을 주장할 경우에는 공무원의 유책 여부를 입증할 부담을 진다는 점에서 권리구제의 측면에서 피해자는 개인정보보호법에 의한 손해배상청구가 다소 유리할 수 있다. 다만, 공무원의 경과실로 인한 경우에는 국가배상법 제2조 제2항에 따라 면책이 가능하다.

그 밖에 행정기관이 보유하고 있는 전산장비의 설치·관리상의 하자로 인하여 개인정보가 다량으로 유출된 경우 국가배상법 제5조에 의한 국가배상청구도 가능하다. 특히 국가배상법 제5조는 과실을 배상책임의 요건으로 하지 않는 무과실책임을 규정하고 있으며, 판례의 주류는 원칙적으로 영조물의 설치·관리의 하자를 "영조물이 통상적으로 갖추어야 할 안정성의 결여"[41]라고 보고 있다.

5. 행정쟁송

구 공공기관의 개인정보보호에 관한 법률 제15조 제1항에서는 "제12조 제1항 및 제14조 제1항에 따른 청구에 대하여 공공기관의 장이 행한 처분 또는 부작위로 인하여 권리 또는 이익의 침해를 받은 자는 행정심판법으로 정하는 바에 따라 행정심판을 청구하거나 행정소송법으로 정하는 바에 따라 행정소송을 제기할 수 있다"라고 규정하고 있었다. 그러나 현행 개인정보보호법에는 종전의 공공기관의 개인정보보호에 관한 법률과 달리 행정쟁송에 관한 규정을 두고 있지 않다. 해석상 행정쟁송의 가능성은 열려 있다. 예컨대 정보주체가 행정기관인 개인정보처리자에게 개인정보의 열람청구나 정정·삭제 청구를 하였으나, 이를 거절하거나 방치하는 경우에 행정심판이나 행정소송을 제기할 수 있다.[42] 이와 관련하여 일본에서는 '행정기관보유개인정보보호법(行政機關保有個人情報保護法)'에 의한 개인의 개시청구(開示請求), 정정청구 및 이용정지청구권에 불복하는 경우에 이 법률에 의한 불복신청 외에 행정사건소송법(行政事件訴訟法)에 의하여

41) 대법원 1998. 10. 23. 선고 98다17381 판결; 대법원 1997. 5. 16. 선고 96다54102 판결. 다만, 학설 가운데에는 주관적 요소(손해발생의 예견가능성 내지 회피가능성 등)를 기준으로 판단하자는 견해가 있다. 특히 대법원판례(대법원 2000. 2. 25. 선고 99다54004 판결)도 그러한 주관설의 입장이라고 주장한다. 그러나 이 판례는 기본적으로는 객관설의 입장에 서 있으면서도 책임제한을 위해 주관적 요소를 넣은 것으로 판단된다.

42) 김재광, 전게논문, 114면.

취소소송, 의무이행소송 및 금지소송(差止訴訟)이 인정된다고 보고 있다.[43]

한편, 입법예고가 되었던 법무부의 행정소송법 개정안에는 의무이행소송이 규정되어 있다. 그러나 위 개정안에는 거부처분에 대해 의무이행소송을 도입하면서 취소소송도 제기할 수 있고, 소변경도 가능하도록 하였다(행정소송법 개정안 제43조 참조). 이 경우 의무이행소송이 기각될 경우에 취소소송을 예비적으로 제기하는 장점이 있지만, 그 실효성에 대하여는 여전히 의문이다. 독일은 거부처분에 대해 원칙적으로 취소소송을 제기할 수 없고 의무이행소송만 제기할 수 있다(독일 행정법원법 제42조 제1항 후단부 참조). 다만, 예외적으로 수익처분의 거부처분에 대해 거부의 효력만을 제거하는, 소위 분리된 취소소송(isolierte Anfechtungsklage)을 제기할 수 있는지가 학설상 다투어지고 있다.[44] 앞으로 개인정보보호와 관련하여서도 다양한 공법상 권리구제수단이 논의될 것으로 보인다.

제3절 정보공개제도

Ⅰ. 서 설

1. 정보공개법의 의의 및 연혁

전통적으로 대의민주주의가 시민적 · 민주적 법치국가의 토대를 이루고 있지만, 대의민주주의도 일정한 한계를 노정하고 있다. 이에 시민들이 자신들의 대표를 의회에 보내 민주주의를 실현하는 것보다 직접 행정에 참여하여 민주적 정당성을 확보하는 방안이 강조되고 있다. 오늘날에는 절차적 정당성이 강조되고 있는 것이다. 이러한 행정의 민주적 정당성을 확보하기 위해 행정기관이 보유하는 정보나 자료 등에 접근할 기회를 보장하는 것이 중요하다. 헌법적 차원에서 국민의 알권리가 부각되고 있으나, 국민의 알권리는 사생활의 비밀과 자유, 공무원의 비밀유지의무 등과 충돌할 수 있다.

---

43) 鹽野 宏, 行政法 I, 第6版, 有斐閣, 2013, 387면.

44) 독일에서는 거부처분에 대해 분리된 취소소송이 예외적으로 허용되는지 여부가 다투어지고 있으며(Hufen, Verwaltungsprozessrecht, 7. Aufl., § 14 Rn. 19 f. 참조), 권리보호필요(소익)나 소송경제적 관점에서 부정적인 견해가 유력하다(Würtenberger, Verwaltungsprozessrecht, 2. Aufl., 329; Schenke, Verwaltungsprozessrecht, 12. Aufl., § 6 Rn. 278 f. 등).

일반법으로 '공공기관의 정보공개에 관한 법률'이 제정되기 전에도 법규명령이나 조례에서 정보공개청구권을 규정하고 있었다. 이러한 정보공개청구권이 법률로 규정되기 전에도 개별법이나 구 사무관리규정에서 문서열람권을 규정하고 있었다. 예컨대 국토의 계획 및 이용에 관한 법률 제16조 제4항에 의하면, 국토교통부장관으로부터 광역도시계획의 승인을 받은 경우에 시·도지사는 이를 공고하고 일반이 열람할 수 있도록 하여야 한다. 공익사업을 위한 토지 등의 취득 및 보상에 관한 법률 제31조 제1항에서는 토지수용위원회가 재결신청서를 접수한 때에 지체없이 이를 공고하고 공고한 날부터 14일 이상 관계 서류의 사본을 일반이 열람할 수 있도록 하여야 한다고 규정하고 있다. 또한 대통령령인 구 사무관리규정에서 "행정기관은 행정기관이 아닌 자가 당해 행정기관에서 보존하고 있는 문서의 열람 또는 복사를 요청하는 때에는 특별한 사유가 있는 경우를 제외하고는 이를 허가할 수 있다"(제33조 제2항)고 규정하고 있었다.

한편, 지방자치단체의 조례에도 행정정보공개에 관한 규정을 두고 있었다. 다만, 법률의 근거 없이 지방자치단체가 독자적으로 정보공개조례를 제정할 수 있는지가 문제되었다. 특히 청주시의회가 입안한 청주시행정정보공개조례안이 위법한지 여부가 다투어졌다. 청주시의회에서 재의결된 조례안에 대하여 시장은 구 지방자치법 제159조에 근거하여 대법원에 제소하였다. 이에 대해 대법원은 모법(母法)의 근거 없이 제정된 정보공개조례가 법령의 범위를 일탈하여 위법하다는 원고(청주시장)의 주장을 기각하였다. 즉 주민의 권리를 제한하거나 의무를 부과하는 조례가 아닌 한, 그 제정에 반드시 법률의 개별적 위임이 별도로 필요한 것은 아니라고 보고 있다.[45] 이후 1996년 12월 31일 '공공기관의 정보공개에 관한 법률'(이하 '정보공개법'이라 한다)이 제정되어 1998년 1월 1일부터 시행되고 있다.

2. 정보공개청구권의 헌법적 근거(헌법상 알권리)

행정의 정보공개와 그에 대응한 국민의 문서열람권의 헌법적 근거는 헌법상 알권리에서 찾고 있다. 다만, 알권리가 헌법에 명시되어 있지 않은 관계로 그

45) "이 사건 정보공개조례안은 행정에 대한 주민의 알 권리의 실현을 그 근본내용으로 하면서도 이로 인한 개인의 권익침해 가능성을 배제하고 있으므로 이를 들어 주민의 권리를 제한하거나 의무를 부과하는 조례라고는 단정할 수 없고, 따라서 그 제정이 있어 반드시 법률의 개별적 위임이 따로 필요한 것은 아니다."(대법원 1992. 6. 23. 선고 92추17 판결)

구체적인 근거에 관하여 견해가 대립하고 있다. 즉 인간의 존엄과 가치 및 행복추구권에 관한 제10조에서 찾는 견해, 언론의 자유(내지 표현의 자유)에 관한 제21조에서 찾는 견해, 헌법의 특정조항이 아니라 제21조 제1항(표현의 자유), 제1조(국민주권의 원리), 제10조 및 제34조 제1항(인간다운 생활을 할 권리) 등에서 찾는 견해 등이 있다.

한편, 대법원은 아무런 법적 근거도 제시함이 없이 "일반국민이 공문서의 열람 · 복사권"을 가지고 있다고 판시하고 있다.[46] 법률이 아닌 대통령령(긴급명령 제외)인 '정부공문서규정'에 근거하여 공문서열람권이 인정될 수 있는 것인지는 의문이다. 헌법재판소는 정보공개청구권의 헌법적 근거를 헌법 제21조에 근거한 알권리에서 찾고 있다.[47]

Ⅱ. 정보공개법의 주요내용

1. 개념과 적용범위

정보공개법 제2조는 이 법률의 보호대상인 '정보'를 "공공기관이 직무상 작성 또는 취득하여 관리하고 있는 문서(전자문서를 포함) 및 전자매체를 비롯한 모든 형태의 매체 등에 기록된 사항"이라고 정의하고 있다(제1호). 또한 정보의 '공개'라 함은 "공공기관이 이 법의 규정에 의하여 정보를 열람하게 하거나 그 사본 또는 복제물을 제공하는 것 또는 전자정부법 제2조 제10호에 따른 정보통신망을 통하여 정보를 제공하는 것"을 말한다(제2호). 또한 정보공개법은 정보공개의 원칙을 천명하고 있다(제3조).

한편, 정보공개와 관련하여 다른 법률에 규정이 있는 경우를 제외하고는 이 법이 정하는 바에 의한다. 지방자치단체는 그 소관사무에 관하여 법령의 범위에서 정보공개에 관한 조례를 제정할 수 있다. 다만, 국가안전보장에 관련되는 정

---

46) "일반적으로 국민은 국가기관에 대하여 기밀에 관한 사항 등 특별한 경우 이외에는 보관하고 있는 문서의 열람 및 복사를 청구할 수 있고, 정부공문서규정 제36조 제2항(현행 사무관리규정 제87조 제4항)의 규정도 행정기관으로 하여금 일반국민의 문서열람 및 복사신청에 대하여 기밀 등의 특별한 사유가 없는 한 이에 응하도록 하고 있으므로 그 신청을 거부한 것이 위법하다고 한 원심판단은 정당하다."(대법원 1989. 10. 24. 선고 88누9312 판결)

47) "청구인에게 정당한 이해관계있는 정부보유정보(임야조서)의 개시요청에 대해 이해관계인인지 여부 및 타인의 사생활 등 공익을 침해할 소지 여부에 대해 아무런 검토없이 불허하였다면 이는 헌법 제21조에 의하여 보장되는 청구인의 '알 권리'를 침해한 것으로 위헌이다."(헌재 1989. 9. 4. 88헌마22)

보 및 보안업무를 관장하는 기관에서 국가안전보장과 관련된 정보 분석을 목적으로 수집하거나 작성된 정보에 대하여는 이 법을 적용하지 아니한다(정보공개법 제4조 참조).

2. 정보의 보유주체 – 공공기관

정보의 보유주체를 '공공기관'이라고 규정하고 있다. 여기서 말하는 '공공기관'이란 "국가기관, 지방자치단체, 공공기관의 운영에 관한 법률 제2조에 따른 공공기관, 지방공기업법에 따른 지방공사 및 지방공단 그 밖에 대통령령으로 정하는 기관"이다. 여기서 국가기관이란 ① 국회, 법원, 헌법재판소, 중앙선거관리위원회, ② 중앙행정기관(대통령 소속 기관과 국무총리 소속 기관을 포함한다) 및 그 소속기관, ③ 행정기관 소속 위원회의 설치·운영에 관한 법률 제2조에 따른 공공기관을 말한다. 또한 "그 밖에 대통령령으로 정하는 기관" 중에는 "특별법에 의하여 설립된 특수법인"이 있다(동법 시행령 제2조 제4호). 판례는 그 판단과 관련하여 공익관련성을 강조하고 있다.[48] 이와 관련하여 '한국방송공사(KBS)'와 '한국증권업협회'가 이러한 '특수법인'에 해당하는지가 문제되었다. 대법원은 전자(한국방송공사)에 대해서는 이를 긍정하였으나,[49] 후자(한국증권업협회)에 대해서는 부정하였다.[50]

3. 정보공개청구권자

정보공개청구권은 "만인(萬人)의 청구권"이라고 한다. 즉 모든 사람이 원칙적으로 정보공개청구권을 가진다. 이는 행정절차법상의 문서열람청구권이 이해관

---

48) "정보를 공개할 의무가 있는 '특별법에 의하여 설립된 특수법인'에 해당하는가는, 국민의 알권리를 보장하고 국정에 대한 국민의 참여와 국정운영의 투명성을 확보하고자 하는 위 법의 입법 목적을 염두에 두고, 당해 법인에게 부여된 업무가 국가행정업무이거나, 이에 해당하지 않더라도 그 업무 수행으로써 추구하는 이익이 당해 법인 내부의 이익에 그치지 않고 공동체 전체의 이익에 해당하는 공익적 성격을 갖는지 여부를 중심으로 개별적으로 판단하되, 당해 법인의 설립근거가 되는 법률이 법인의 조직구성과 활동에 대한 행정적 관리·감독 등에서 민법이나 상법 등에 의하여 설립된 일반 법인과 달리 규율한 취지, 국가나 지방자치단체의 당해 법인에 대한 재정적 지원·보조의 유무와 그 정도, 당해 법인의 공공적 업무와 관련하여 국가기관·지방자치단체 등 다른 공공기관에 대한 정보공개청구와는 별도로 당해 법인에 대하여 직접 정보공개청구를 구할 필요성이 있는지 여부 등을 종합적으로 고려하여야 한다." (대법원 2010. 4. 29. 선고 2008두5643 판결)

49) 대법원 2010. 12. 23. 선고 2008두13392 판결.

50) 대법원 2010. 4. 29. 선고 2008두5643 판결.

계인에 제한되는 것과 구별된다. 모든 국민은 정보공개청구권을 가질 수 있으나, 외국인의 정보공개청구에 관하여는 대통령령으로 정한다(정보공개법 제5조). 이에 따르면 외국인은 국내에 일정한 주소를 두고 거주하거나 학술·연구를 위하여 일시적으로 체류하는 사람이거나 국내에 사무소를 두고 있는 법인 또는 단체인 경우에도 정보공개청구권자가 될 수 있다(정보공개법 시행령 제3조).

4. 정보공개의 절차

(1) 정보공개의 청구방법 및 정보공개 여부의 결정

정보공개를 청구하는 자(이하 '청구인'이라 한다)는 해당 정보를 보유하거나 관리하고 있는 공공기관에 청구인의 이름·생년월일·주소 및 연락처(전화번호·전자우편주소 등)와 공개를 청구하는 정보의 내용 및 공개방법을 기재한 정보공개청구서를 제출하거나 말로써 정보의 공개를 청구할 수 있다(정보공개법 제10조 제1항). 2020년 12월 22일 개정에 의해 주민등록번호 대신 생년월일을 제출하되, 본인임을 확인하고 공개 여부를 결정할 필요가 있는 경우에만 주민등록번호를 제출하도록 하였다. 공공기관은 정보공개법 제8조의 규정에 따른 정보공개의 청구가 있는 때에는 청구를 받은 날부터 10일 이내에 공개여부를 결정하여야 한다(정보공개법 제11조 제1항). 공공기관은 부득이한 사유로 제1항에 규정된 기간 내에 공개여부를 결정할 수 없는 때에는 그 기간의 만료일 다음 날부터 기산하여 10일의 범위 내에서 공개여부 결정기간을 연장할 수 있다(동조 제2항). 2013년 8월 6일 개정에 의해 종래 15일로 규정된 정보공개기간을 10일로 단축하였다. 이러한 개정은 신속한 정보공개결정을 위한 것으로 보인다. 이 경우 공공기관은 연장이유를 청구인에게 지체없이 문서로 통지하여야 한다. 공공기관은 공개대상이 된 정보의 전부 또는 일부가 제3자와 관련이 있다고 인정되는 때에는 공개청구된 사실을 제3자에게 지체없이 통지하여야 하며, 필요한 경우에는 그의 의견을 청취할 수 있다(동조 제3항). 종전에는 정보공개를 청구한 날부터 20일 이내에 공공기관이 공개 여부를 결정하지 아니한 때에는 비공개의 결정이 있는 것으로 보는 비공개결정의 간주에 관한 규정을 두고 있었다. 그러나 2014년 11월 19일 개정으로 정보공개법 제11조 제5항은 삭제되었다. 반복청구에 대해서는 종결처리를 할 수 있다(정보공개법 제11조의2).

한편, 공개청구한 정보가 정보공개법 제9조 제1항 각 호의 1에 해당하는 부분과 공개가 가능한 부분이 혼합되어 있는 경우에는 공개청구의 취지에 어긋나지 아니하는 범위 안에서 양 부분을 분리할 수 있는 때에는 정보공개법 제9조 제1항 각 호의 1에 해당하는 비공개대상 부분을 제외하고 공개하여야 한다(정보공개법 제14조). 그 밖에 홍보자료, 즉시 또는 구술처리가 가능한 정보 등에 대하여는 제11조의 규정에 의한 절차를 거치지 아니하고 공개하여야 한다(정보공개법 제16조).

(2) 정보공개심의회

국가기관, 지방자치단체 및 공공기관의 운영에 관한 법률 제5조에 따른 공기업 및 준정부기관, 지방공기업법에 따른 지방공사 및 지방공단은 정보공개법 제9조의 규정에 의한 정보공개여부를 심의하기 위하여 정보공개심의회를 설치·운영한다(정보공개법 제12조). 2020년 12월 22일 개정에 의해 준정부기관, 지방공사·지방공단도 정보공개심의회를 설치하도록 하였다. 정보공개심의회(이하 "심의회"라 한다)의 구성·운영 및 기능 등에 관하여 필요한 사항은 국회규칙·대법원규칙·헌법재판소규칙·중앙선거관리위원회규칙 및 대통령령으로 정한다. 심의회는 위원장 1명을 포함하여 5명 이상 7명 이하의 위원으로 구성되어 있다. 심의회의 위원은 소속 공무원, 임직원 또는 외부전문가로 지명하거나 위촉하되, 그 중 3분의 2는 해당 국가기관 등의 업무 또는 정보공개의 업무에 관한 지식을 가진 외부전문가로 위촉하여야 한다(정보공개법 제12조 제3항). 2020년 12월 22일 개정으로 위원장은 위원 중에서 국가기관 등의 장이 지명하거나 위촉하게 되었고, 외부전문가는 2분의 1에서 3분의 2로 확대되었다. 다만, 정보공개법 제9조 제1항 제2호 및 제4호에 해당하는 업무를 주로 하는 국가기관은 외부전문가의 위촉비율을 따로 정하되, 최소한 3분의 1 이상은 외부전문가로 위촉하여야 한다.

(3) 정보공개여부의 통지

공공기관은 정보공개법 제9조의 규정에 의하여 정보의 공개를 결정한 때에는 공개의 일시 및 장소 등을 분명히 밝혀 청구인에게 통지하여야 한다(정보공개법 제13조). 공공기관은 청구인이 사본 또는 복제물의 교부를 원하는 경우에 이를 교부하여야 하고, 공개 대상인 정보의 양이 너무 많아 업무수행에 현저한 지장을 초래할 우려가 있는 경우에는 해당 정보를 일정한 기간별로 나누어 제공하거나 사본·복제물의 교부 또는 열람과 병행하여 제공할 수 있다(동조 제2항 및 제3항). 공공기관은 제1항의 규정에 의하여 정보를 공개함에 있어 해당 정보의 원본이 오손 또는 파손될 우려가 있거나 그 밖에 상당한 이유가 있다고 인정될 때에는 그 정보의 사본·복제물을 공개할 수 있다(동조 제4항). 공공기관은 제11조의 규정에 의하여 정보의 비공개결정을 한 때에는 그 사실을 청구인에게 지체 없이 문서로 통지하여야 한다. 이 경우 어느 규정에 해당하는 비공개 대상 정보인지를 포함한 비공개 이유와 불복의 방법 및 절차를 구체적으로 밝혀야 한다(동조 제5항).

(4) 비용부담

정보의 공개 및 우송 등에 소요되는 비용은 실비의 범위 안에서 청구인의 부담으로 한다(정보공개법 제17조). 공개를 청구하는 정보의 사용목적이 공공복리의 유지·증진을 위하여 필요하다고 인정되는 경우에는 제1항의 규정에 의한 비용을 감면할 수 있다. 제15조 제1항의 규정에 의한 비용 및 징수 등에 관하여 필요한 사항은 국회규칙·대법원규칙·헌법재판소규칙·중앙선거관리위원회규칙 및 대통령령으로 정한다.

Ⅲ. 정보공개청구권의 비공개대상

정보공개법 제9조에서 규정한 비공개대상은 아래와 같다. 다만, 공공기관은 정보공개법 제9조 제1항 각 호의 1에 해당하는 정보가 기간의 경과 등으로 인하여 비공개의 필요성이 없어진 경우에는 그 정보를 공개대상으로 하여야 한다(동조 제2항). 공공기관은 비공개대상 정보의 범위에 관한 세부기준을 수립하고 이를 정보통신망을 활용한 정보공개시스템 등을 통하여 공개하여야 한다(동조 제3항).

1. 법령에 의해 비공개대상으로 규정된 정보

우선 "다른 법률 또는 법률이 위임한 명령(국회규칙·대법원규칙·헌법재판소규칙·중앙선거관리위원회규칙·대통령령 및 조례로 한정한다)에 의하여 비밀 또는 비공개 사항으로 규정된 정보"는 공개되지 아니할 수 있다(정보공개법 제9조 제1항 제1호). 여기에서 '법률이 위임한 명령'은 "정보의 공개에 관하여 법률의 구체적인 위임 아래 제정된 법규명령(위임명령)"으로 엄격하게 해석하는 견해가 있다.[51] 엄격한 해석에는 동의하지만, 국회규칙 · 대법원규칙 · 헌법재판소규칙 · 중앙선거관리위원회규칙을 법규명령으로 보는 것은 타당하지 않다. 이러한 규칙은 법규적 성질을 가진 헌법기관의 독자적 법규범에 해당한다. 그런 점에서 "법률에서 위임한 명령(국회규칙 · 대법원규칙 · 헌법재판소규칙 · 중앙선거관리위원회규칙 · 대통령령 및 조례로 한정한다)에 따라 비밀이나 비공개 사항으로 규정된 정보"는 "법률에서 위임한 명령, 규칙(국회규칙 · 대법원규칙 · 헌법재판소규칙 · 중앙선거관리위원회규칙으로 한정한다) 또는 조례에 따라 비밀이나 비공개 사항으로 규정된 정보"로 개정되어야 한다. 대법원은 검찰청법 제11조에 근거하여 법무부령으로 제정된 '검찰보존사무규칙'을 법규적 효력이 없는, 행정기관 내부의 사무처리준칙으로 보아 '법률이 위임한 명령'에 해당하지 않는다고 판시하였다.[52]

한편, 대법원은 국가정보원이 직원에게 지급하는 현금급여 및 월초수당에 관한 정보가 '다른 법률에 의하여 비공개 사항으로 규정된 정보'에 해당한다고 판시하였다.[53] 또한 학교폭력과 관련된 자치위원회의 회의록은 비공개대상에 해당한다.[54]

2. 국가의 중대한 이익에 관한 정보

정보공개법 제9조 제1항 제2호는 "국가안전보장 · 국방 · 통일 · 외교관계 등에 관한 사항으로서 공개될 경우 국가의 중대한 이익을 현저히 해할 우려가 있다고 인정되는 정보"를 비공개대상으로 규정하고 있다. 이와 관련하여 보안관찰법 소정의 보안관찰 관련 통계자료가 구 정보공개법 제7조 제1항 제2호, 제3호 소정의 비공개대상정보에 해당하는지 여부가 중요한 쟁점이었는데, 대법원은 전원합의체 판결에서 이를 긍정하였다.[55]

---

51) 김남진, 전게서(Ⅰ), 546면.

52) 대법원 2006. 5. 25. 선고 2006두3049 판결.

53) 대법원 2010. 12. 23. 선고 2010두14800 판결.

54) "(학교폭력법) 위 각 규정들의 내용, 학교폭력법의 목적, 입법 취지, 특히 학교폭력법 제21조 제3항이 자치위원회의 회의를 공개하지 못하도록 규정하고 있는 점 등에 비추어, 자치위원회가 피해학생의 보호를 위한 조치, 가해학생에 대한 조치, 학교폭력과 관련된 분쟁의 조정 등에 관하여 심의한 결과를 기재한 회의록은 정보공개법 제9조 제1항 제1호의 '다른 법률 또는 법률이 위임한 명령에 의하여 비밀 또는 비공개 사항으로 규정된 정보'에 해당한다."(대법원 2010. 6. 10. 선고 2010두2913 판결)

55) "그 통계자료의 분석에 의하여 대남공작활동이 유리한 지역으로 보안관찰처분대상자가 많은 지역을 선택하는 등으로 위 정보가 북한정보기관에 의한 간첩의 파견, 포섭, 선전선동을 위한

이 사건에서 다수의견과 소수의견의 첨예한 의견대립이 있었다. 다수의견은 보안관찰 관련 통계자료를 비공개대상으로 보았으나, 반대의견은 이를 부인하고 있다. 반대의견은 "위 정보의 투명한 공개를 통한 보안관찰제도의 민주적 통제야말로 법집행의 투명성과 공정성을 확보함과 동시에 공공의 안전과 이익에 도움이 되고, 인권국가로서의 우리 나라의 국제적 위상을 제고하는 측면도 있음을 가벼이 여겨서는 안 될 것이라는 등의 이유로, 위 정보는 공공기관의 정보공개에 관한 법률 제7조 제1항 제2호 또는 제3호 소정의 비공개대상정보에 해당하지 아니한다"고 보았다.

하급심 가운데에는 한일회담 문서 중 일부가 정보공개법의 비공개대상정보에 해당하지 아니한다고 판시한 사례도 있다.[56] 또한 서울행정법원은 KAL 858 비행기 폭파 사건과 관련된 정보 중 외교관계 등 국가의 중대한 이익을 해할 우려가 있거나 검거된 남파 간첩들의 안전을 현저히 해할 우려가 있는 등의 정보를 제외한 나머지 정보는 원칙적으로 공개거부사유에 해당되지 않는다고 판시한 바 있다.[57]

3. 국민의 생명 · 신체 및 재산에 관한 정보

정보공개법 제9조 제1항 제3호에는 "공개될 경우 국민의 생명 · 신체 및 재산의 보호에 현저한 지장을 초래할 우려가 있다고 인정되는 정보"를 비공개대상으로 규정하고 있다. 이는 공공의 안전과 이익에 현저한 지장을 초래할 우려가 있는 정보를 말한다. 전술한 바와 같이 대법원은 보안관찰법 소정의 보안관

교두보의 확보 등 북한의 대남전략에 있어 매우 유용한 자료로 악용될 우려가 없다고 할 수 없으므로, 위 정보는 공공기관의 정보공개에 관한 법률 제7조 제1항 제2호 소정의 공개될 경우 국가안전보장 · 국방 · 통일 · 외교관계 등 국가의 중대한 이익을 해할 우려가 있는 정보, 또는 제3호 소정의 공개될 경우 국민의 생명 · 신체 및 재산의 보호 기타 공공의 안전과 이익을 현저히 해할 우려가 있다고 인정되는 정보에 해당한다."(대법원 2004. 3. 18. 선고 2001두8254 전원합의체 판결)

56) 서울행정법원은 한일회담 문서 중 일부가 공공기관의 정보공개에 관한 법률 제7조 제1항 제2호 소정의 비공개대상정보에 해당하지 아니한다고 판시하였다. 즉 "한일회담 문서 중 일부가 공공기관의 정보공개에 관한 법률(2004. 1. 29. 법률 제7127호로 전문 개정되기 전의 것) 제7조 제1항 제2호 소정의 비공개대상정보에 해당하지 아니한다."(서울행정법원 2004. 2. 13. 선고 2002구합33943 판결)

57) "KAL 858 비행기 폭파 사건과 관련된 정보 중 외교관계 등 국가의 중대한 이익을 해할 우려가 있거나 검거된 남파 간첩들의 안전을 현저히 해할 우려가 있는 등의 정보를 제외한 나머지 정보는 원칙적으로 공개거부사유에 해당되지 않는다."(서울행정법원 2004. 2. 3. 선고 2002구합24499 판결)

찰 관련 통계자료가 공개될 경우 국민의 생명·신체 및 재산의 보호에 현저한 지장을 초래할 우려가 있다고 인정되는 정보에 해당한다고 판단하였다.

4. 진행 중인 재판 또는 형사절차에 관한 정보

정보공개법 제9조 제1항 제4호에서 비공개대상정보로 정하는 "진행 중인 재판에 관련된 정보"를 진행 중인 재판과 관련된 모든 정보를 의미하는 것인지, 아니면 재판 자체에 구체적인 영향을 미치는 정보에 한정할 것인지가 문제이다. 특히 정보공개법 제9조 제1항 제4호는 "진행 중인 재판에 관련된 정보"와 "범죄의 예방, 수사, 공소(公訴)의 제기 및 유지, 형의 집행, 교정, 보안처분에 관한 사항"을 병렬적으로 규정하고 있다. 전자의 '정보'는 해석상 오해의 소지가 있으므로 후자와 마찬가지로 '사항'으로 규정하는 것이 바람직하다. 즉 '진행 중인 재판에 관련된 사항'으로 수정하여야 한다.

한편, 대법원은 정보공개법 제9조 제1항 제4호에서 비공개대상으로 규정한 '형의 집행, 교정에 관한 사항으로서 공개될 경우 그 직무수행을 현저히 곤란하게 하는 정보'란 "당해 정보가 공개될 경우 재소자들의 관리 및 질서유지, 수용시설의 안전, 재소자들에 대한 적정한 처우 및 교정·교화에 관한 직무의 공정하고 효율적인 수행에 직접적이고 구체적으로 장애를 줄 고도의 개연성이 있고, 그 정도가 현저한 경우"를 의미한다고 보고 있다.[58] 이 조항은 '형사사법(刑事司法)'의 공정한 집행에 장애를 초래할 수 있는 정보와 밀접한 관련이 있다. 이와 관련하여, 일부견해는 "형사사법의 정의실현에 지장을 초래하는 정보"를 비공개대상으로 규정한 것으로 보고 있다.[59] 진행 중인 재판의 내용과 관련된 모든 정보를 비공개대상으로 보는 것은 정보공개법의 취지와 기능에 반할 수 있다. 정보공개제도의 본질과 기능, 법문의 구조 등을 종합적으로 고려할 때, 해당 정보가 공개될 경우 진행 중인 재판의 심리 또는 재판 결과에 직접(구체적으로) 영향을 미칠 위험성이 있는 경우로 제한하는 해석이 타당하다. 지금까지 이에 관한 선례나 학설이 없었지만, 대법원은 소위 '론스타'사건에서 "진행 중인 재판의 심리 또는 재판결과에 구체적으로 영향을 미칠 위험이 있는 정보에 한정된다"고 판시하고 있다.[60]

---

58) 대법원 2009. 12. 10. 선고 2009두12785 판결.
59) 경 건, 정보공개청구제도에 관한 연구, 서울대학교 박사학위논문, 1998, 267면.
60) 대법원 2011. 11. 24. 선고 2009두19021 판결.

5. 행정내부과정에 관한 정보

정보공개법 제9조 제1항 제5호에는 "감사 · 감독 · 검사 · 시험 · 규제 · 입찰 · 계약 · 기술개발 · 인사관리에 관한 사항이나 의사결정과정 또는 내부검토과정 등에 관한 사항으로서 공개될 경우 업무의 공정한 수행에 현저한 지장을 초래한다고 인정할 만한 상당한 이유가 있는 정보"를 비공개대상으로 규정하고 있다. 2020년 12월 22일 정보공개법의 개정에 의하여, 이를 이유로 비공개할 경우에는 통지시에 의사결정과정 또는 내부검토과정의 단계 및 종료예정일을 함께 안내하여야 하며, 의사결정과정 및 내부검토과정이 종료되면 청구인에게 이를 통지하도록 하였다(정보공개법 제9조 제1항 제5호 단서). 정보공개법 제9조 제1항 제5호 본문에 규정된 '공개될 경우 업무의 공정한 수행에 현저한 지장을 초래한다고 인정할 만한 상당한 이유가 있는 정보'란 "공개될 경우 업무의 공정한 수행이 객관적으로 현저하게 지장을 받을 것이라는 고도의 개연성이 존재하는 경우"를 말한다.[61)]

해당 정보가 공개되어 업무의 공정한 수행에 현저한 지장을 초래한다고 인정할 만한 상당한 이유가 있는 정보인지가 중요하다. 이러한 정보에 해당하는지는 정보공개법의 입법취지, 해당 시험 및 그에 대한 평가행위의 성격과 내용, 공개의 내용과 공개로 인한 업무의 증가, 공개로 인한 파급효과 등을 종합하여 개별적으로 판단해야 한다.[62)] 나아가 업무의 공정한 수행이 객관적으로 현저하게 지장을 받을 것이라는 고도의 개연성이 존재하는지 여부는 비공개에 의하여 보호되는 업무수행 공정의 이익과 공개에 의하여 보호되는 국민의 알권리의 보장, 국정에 대한 국민의 참여 및 국정운영의 투명성 확보 등의 이익을 비교 · 교량하여 구체적 사안에 따라 신중하게 판단되어야 한다.[63)]

한편, 대법원은 연구목적으로 정보공개가 청구된 경우에 '2002학년도부터 2005학년도까지의 대학수학능력시험 원데이터'가 비공개대상정보에 해당하지 않는다고 판시하였다.[64)] 또한 사법시험 제2차 시험의 답안지 열람도 시험문항에

---

61) 대법원 2006. 1. 13. 선고 2004두12629 판결.

62) "시험정보로서 공개될 경우 업무의 공정한 수행에 현저한 지장을 초래하는지 여부는 같은 법 및 시험정보를 공개하지 아니할 수 있도록 하고 있는 입법취지, 당해 시험 및 그에 대한 평가행위의 성격과 내용, 공개의 내용과 공개로 인한 업무의 증가, 공개로 인한 파급효과 등을 종합하여 개별적으로 판단되어야 한다."(대법원 2007. 6. 15. 선고 2006두15936 판결)

63) 대법원 2008. 11. 27. 선고 2005두15694 판결; 대법원 2011. 11. 24. 선고 2009두19021 판결.

대한 채점위원별 채점 결과의 열람과 달리 사법시험업무의 수행에 현저한 지장을 초래한다고 볼 수 없다고 보았다.[65] 그러나 대법원은 치과의사 국가시험의 시험문제를 공개하는 것은 시험업무의 공정한 수행이나 연구·개발에 현저한 지장을 초래한다고 인정할 만한 상당한 이유가 있는 경우에 해당하여 비공개대상에 해당한다고 판시하였다.[66]

미국에는 '회의공개법'(Government in the Sunshine Act, 1976)[67]이 별도로 제정되어 있다. 행정과정의 공개와 관련하여 합의체의 회의 공개는 특별한 의미를 가진다. 회의의 공정성을 확보하는 동시에 외부에 대한 정보공개의 기능도 아울러 가지기 때문이다. 정보공개는 기록의 공개를 목적으로 하지만, 회의의 공개는 행정기관 또는 공공기관의 의사결정과정 자체를 공개하는 것을 목적으로 하는 것이다.

6. 사생활의 비밀 또는 자유에 관한 정보

해당 정보에 포함되어 있는 성명·주민등록번호 등 개인정보보호법 제2조 제1호에 따른 개인정보에 관한 사항으로서 개인의 사생활의 비밀 또는 자유(프라이버시)를 침해할 우려가 있다고 인정되는 정보는 비공개대상이다. 다만, ① 법령에서 정하는 바에 따라 열람할 수 있는 정보, ② 공공기관이 공표를 목적으

---

64) "'2002년도 및 2003년도 국가 수준 학업성취도평가 자료'는 표본조사 방식으로 이루어졌을 뿐만 아니라 학교식별정보 등도 포함되어 있어서 그 원자료 전부가 그대로 공개될 경우 학업성취도평가 업무의 공정한 수행이 객관적으로 현저하게 지장을 받을 것이라는 고도의 개연성이 존재한다고 볼 여지가 있어 공공기관의 정보공개에 관한 법률 제9조 제1항 제5호에서 정한 비공개대상정보에 해당하는 부분이 있으나, '2002학년도부터 2005학년도까지의 대학수학능력시험 원데이터'는 연구 목적으로 그 정보의 공개를 청구하는 경우, 공개로 인하여 초래될 부작용이 공개로 얻을 수 있는 이익보다 더 클 것이라고 단정하기 어려우므로 그 공개로 대학수학능력시험 업무의 공정한 수행이 객관적으로 현저하게 지장을 받을 것이라는 고도의 개연성이 존재한다고 볼 수 없어 위 조항의 비공개대상정보에 해당하지 않는다."(대법원 2010. 2. 25. 선고 2007두9877 판결)

65) "답안지는 응시자의 시험문제에 대한 답안이 기재되어 있을 뿐 평가자의 평가기준이나 평가결과가 반영되어 있는 것은 아니므로 응시자가 자신의 답안지를 열람한다고 하더라도 시험문항에 대한 채점위원별 채점 결과가 열람되는 경우와 달리 평가자가 시험에 대한 평가업무를 수행함에 있어서 지장을 초래할 가능성이 적은 점, 답안지에 대한 열람이 허용된다고 하더라도 답안지를 상호 비교함으로써 생기는 부작용이 생길 가능성이 희박하고, 열람업무의 폭증이 예상된다고 볼만한 자료도 없는 점 등을 종합적으로 고려하면, 답안지의 열람으로 인하여 시험업무의 수행에 현저한 지장을 초래한다고 볼 수 없다."(대법원 2003. 3. 14. 선고 2000두6114 판결)

66) 대법원 2007. 6. 15. 선고 2006두15936 판결.

67) 흔히 이를 직역해서 "정부일조법(政府日照法)"이라고 부르기도 한다.

로 작성하거나 취득한 정보로서 사생활의 비밀과 자유를 부당하게 침해하지 않는 정보, ③ 공공기관이 작성하거나 취득한 정보로서 공개하는 것이 공익이나 개인의 권리구제를 위하여 필요하다고 인정되는 정보, ④ 직무를 수행한 공무원의 성명·직위, ⑤ 공개하는 것이 공익을 위하여 필요한 경우로서 법령에 따라 국가 또는 지방자치단체가 업무의 일부를 위탁 또는 위촉한 개인의 성명·직업은 예외로 한다(정보공개법 제9조 제1항 제6호).

정보공개법 제9조 제1항 제6호 단서의 요건은 비교적 명확하게 규정되어 있으며, 여기에 해당하면 공개대상이 된다. 그러나 제6호 단서 중 (마)목에서 규정하는, "공개하는 것이 공익을 위하여 필요한 경우"는 추상적이며 불확정개념이다. 이에 해당하는지 여부는 비공개에 의하여 보호되는 개인의 사생활 보호 등의 이익과 공개에 의하여 보호되는 국정운영의 투명성 확보 등의 공익을 비교·교량하여 구체적 사안에 따라 신중히 판단하여야 한다.[68] 또한 (다)목에서 "공개하는 것이 개인의 권리구제를 위하여 필요하다고 인정되는 정보"에 해당하면, 프라이버시에 관한 정보도 공개대상이 될 수 있다. 하지만 이러한 요건도 막연하다. 개인(청구인)의 권리구제를 위해 필요하다고 인정되는 정보가 무엇인지가 불분명하다. 소송을 제기한 것인지, 소송을 준비 중인 경우를 포함하는지도 논란의 여지가 있다. 결국 정보공개법 제9조 제1항 제6호 단서 중 (다)목과 (마)목의 요건은 개별 사건에서 '형량'을 통해 그 공개 여부가 결정될 수 있다. 개인정보로서 공개될 경우 사생활의 비밀 또는 자유를 침해할 수 있는 정보에 해당하더라도 이를 공개할 필요성이 높은 공익이 인정되거나 법령에서 열람을 정하는 경우, 또는 청구인의 권리구제가 긴급하고 중요한 경우에는 이러한 정보를 공개할 수 있다.

한편, 고소인 자신이 고소하였다가 불기소처분된 사건기록의 피의자신문 조서·진술조서 등에 대한 피의자 등 개인의 인적사항을 제외한 부분의 정보공개청구가 거부(비공개결정)된 사건에서, 비공개정보의 범위에 대한 해석이 쟁점이 되었다. 대법원의 다수의견은 '개인식별정보'뿐만 아니라 '개인에 관한 사항의 공개로 개인의 내밀한 내용의 비밀 등이 알려지게 되고, 그 결과 인격적·정신적 내면생활에 지장을 초래하거나 자유로운 사생활을 영위할 수 없게 될 위험성이 있는 정보'도 포함된다고 보고 있다.[69] 이에 대하여 별개의견(대법관 전수

68) 대법원 2006. 12. 7. 선고 2005두241 판결.
69) 대법원 2012. 6. 18. 선고 2011두2361 전원합의체 판결.

안, 대법관 이인복, 대법관 이상훈, 대법관 박보영)은 구 정보공개법 제7조 제1항 제6호 본문의 '개인식별정보'와 동일한 것으로 파악하고 있다.

이러한 판결의 배경을 살펴볼 필요가 있다. 구 정보공개법 제7조 제1항 제6호 본문에서는 "당해 정보에 포함되어 있는 이름·주민등록번호 등에 의하여 특정인을 식별할 수 있는 정보"를 규정하고 있었다. 그러나 2004년 1월 29일 법률 제7127호로 개정된 정보공개법 제9조 제1항 제6호 본문은 "당해 정보에 포함되어 있는 이름·주민등록번호 등 개인에 관한 사항으로서 공개될 경우 개인의 사생활의 비밀 또는 자유를 침해할 우려가 있다고 인정되는 정보"로 개정되었고, 여기서 '특정인을 식별할 수 있는 정보'가 제외되었다. 별개의견은 비공개대상의 범위를 '개인식별정보'에 제한하고 있지만 다수의견은 개인식별정보 외에 실질적으로 "개인의 사생활의 비밀과 자유를 침해할 우려가 있는 정보"로 확대하고 있다. 그러나 2020년 12월 22일 개정에 의해 '성명·주민등록번호 등 개인에 관한 사항'은 개인정보보호법상의 개인정보로 규정되었다.

7. 영업상 비밀에 관한 정보

정보공개법 제9조 제1항 제7호는 '경영상·영업상 비밀에 관한 정보'를 비공개대상으로 규정하고 있다. 여기에서 말하는 영업상 비밀은 '타인에게 알려지지 아니함이 유리한 사업활동에 관한 일체의 정보' 또는 '사업활동에 관한 일체의 비밀사항'을 말한다.[70] 그러나 비공개대상으로서 '영업상 비밀'이 되기 위해서는 공개로 인해 법인 등의 '정당한 이익'을 현저히 해할 우려가 있어야 한다. 여기에서 말하는 '정당한 이익'이 무엇을 의미하는지가 문제된다. 정당한 이익의 개념 역시 불확정개념이다. 이와 관련하여 "법인 등이 보유하는 생산기술이나 영업상의 정보, 경영방침, 신용, 경리, 인사 등의 사업활동을 하는데 내부관리에 속하는 사항" 등을 구체적 사례로 제시하는 견해가 있다.[71] 판례는 정보공개법의 입법취지에 비추어 정당한 이익이 있는지 여부를 엄격히 해석하고 있다. 특히 다른 법인 등에 비해 국민에 의한 감시의 필요성이 크고 이를 감수하여야 하는 측면이 강한 공익법인에 대해서는 정당한 이익이 있는지를 소극적으로 해석하고 있다.

---

70) 대법원 2008. 10. 23. 선고 2007두1798 판결.
71) 김의환, "비공개대상정보의 범위", 행정소송 II(편집대표: 조해현), 한국사법행정학회, 233면.

대법원은 한국방송공사의 '수시집행 접대성 경비의 건별 집행서류 일체'가 경영·영업상 비밀에는 해당하나 피고의 정당한 이익을 현저히 해할 우려가 없다고 보아 정보공개법 제9조 제1항 제7호의 비공개대상정보에 해당하지 않는다고 판시하였다.[72] 또한 판례는 대한주택공사가 이미 분양이 종료된 아파트의 분양원가 산출내역에 관한 자료가 공개될 경우에 정당한 이익을 현저히 해할 우려가 있다고 보기 어렵다고 보았다.[73] 그러나 대법원은 법인 등이 거래하는 금융기관의 '계좌번호'에 관한 정보는 법인 등의 영업상 비밀에 관한 사항으로서 비공개대상에 해당한다고 판시하고 있다.[74] 대법원은 론스타와 관련된 정보공개청구사건에서 "정당한 이익이 있는지는 정보공개법의 입법취지에 비추어 엄격하게 판단"해야 한다고 보면서도, 해당 정보가 비공개대상정보에 해당하지 않는다고 판시하고 있다.[75]

8. 특정인에게 이익 또는 불이익을 줄 우려가 있는 정보

공개될 경우 특정인에게 부동산 투기·매점매석 등으로 이익 또는 불이익을 줄 우려가 있는 정보는 비공개대상이다(정보공개법 제9조 제1항 제8호). 하급심 판결 가운데에는 임차인대표회의가 주택공사에게 공개를 청구한 해당 임대아파트에 관한 건설원가 등과 관련된 정보는 완성된 아파트에 대한 건설원가의 산출내역에 관한 자료에 불과하여, 정보공개법 제9조 제1항 제8호에 정한 비공개대상 정보에 해당하지 않는다고 한 사례가 있다.[76]

---

72) 대법원 2008. 10. 23. 선고 2007두1798 판결.
73) 대법원 2007. 6. 1. 선고 2006두20587 판결.
74) 대법원 2003. 4. 22. 선고 2002두9391 판결.
75) "론스타나 테마섹 홀딩스의 사업활동에 관한 비밀정보가 일부 포함되어 있기는 하나, 대체로 위 각 정보는 론스타 또는 테마섹 홀딩스의 설립에 관한 개괄사항이나 외환은행 또는 하나은행 주식취득과 관련한 일반사항 등을 내용으로 하는 것이고 정보 작성시점으로부터 이미 상당한 기간이 경과한 점에 비추어보면 그것이 공개될 경우에 론스타 또는 테마섹 홀딩스 등의 정당한 이익을 현저히 해할 우려가 있다고 볼 수 없어 비공개대상정보에 해당하지 않는다." (대법원 2011. 11. 24. 선고 2009두19021 판결)
76) "이 사건 정보는 완성된 아파트의 건설원가의 산출내역에 관한 자료로서 그 공개에 의하여 분양가격이 실제보다 과다하게 책정이 될 수 있는 부당한 결과를 방지하는 순기능을 수행할 가능성이 큰 것이지, 분양가격을 적정한 가격 이하로 책정되도록 강요하는 수단으로서 작용하는 것은 아니므로 그 시세차익을 노린 부동산투기가 과열될 우려나 가능성은 이 사건 정보의 공개와 직접적인 관계가 있다고 할 수 없다. 따라서 이 사건 정보는 위 법조 소정의 '공개될 경우 부동산 투기·매점매석 등으로 특정인에게 이익 또는 불이익을 줄 우려가 있다고 인정되는 정보'에 해당한다고 볼 수도 없다."(서울행정법원 2007. 10. 9. 선고 2007구합6342 판결)

Ⅳ. 정보공개거부와 권리구제

1. 이의신청

청구인이 정보공개와 관련하여 공공기관의 처분(비공개결정 또는 부분공개결정) 또는 부작위로 인하여 권리 또는 이익의 침해를 받은 때에는 공공기관으로부터 정보공개 여부의 결정통지를 받은 날 또는 정보공개 청구 후 20일이 경과한 날부터 30일 이내에 해당 공공기관에 문서로 이의신청을 할 수 있다(정보공개법 제18조 제1항). 국가기관 등은 제1항에 따른 이의신청이 있는 경우에는 심의회를 개최하여야 한다(제2항). 다만, 심의회의 심의를 이미 거친 사항, 단순·반복적인 청구, 법령에 따라 비밀로 규정된 정보에 대한 청구에 해당하는 경우에는 심의회를 개최하지 아니할 수 있다. 공공기관은 이의신청을 받은 날부터 7일 이내에 그 이의신청에 대하여 결정하고 그 결과를 청구인에게 지체 없이 문서로 통지하여야 한다(동조 제3항). 공공기관은 이의신청을 각하하거나 기각하는 결정을 한 경우에 청구인에게 행정심판 또는 행정소송을 제기할 수 있다는 취지를 정보공개법 제18조 제3항의 규정에 따른 결과통지와 함께 통지하여야 한다.

한편, 정보공개법 제11조 제3항의 규정에 의하여 공개청구된 사실을 통지받은 제3자는 통지받은 날부터 3일 이내에 당해 공공기관에 공개하지 아니할 것을 요청할 수 있다(정보공개법 제21조 제1항). 제1항의 규정에 의한 비공개요청을 받은 공공기관이 제3자의 의사에 반하여 공개하고자 하는 경우에는 공개사유를 명시하여 문서로 통지하여야 하며, 공개통지를 받은 제3자는 해당 공공기관에 문서로 이의신청을 하거나 행정심판 또는 행정소송을 제기할 수 있다. 이 경우 이의신청은 통지를 받은 날부터 7일 이내에 하여야 한다.

2. 행정심판

청구인이 정보공개와 관련하여 공공기관의 처분 또는 부작위로 인하여 권리 또는 이익의 침해를 받은 때에는 행정심판법이 정하는 바에 따라 행정심판을 청구할 수 있다(정보공개법 제19조). 이 경우 국가 및 지방자치단체 외의 공공기관의 처분 또는 부작위에 대한 감독행정기관은 관계 중앙행정기관의 장 또는 지방자치단체의 장으로 한다. 청구인은 정보공개법 제16조의 규정에 의한 이의

신청 절차를 거치지 아니하고 행정심판을 청구할 수 있다(동조 제2항). 행정심판위원회의 위원 중 정보공개여부에 관한 행정심판에 관여하는 위원은 재직 중은 물론 퇴직 후에도 그 직무상 알게 된 비밀을 누설하여서는 아니 된다(동조 제3항). 제3항의 위원은 형법이나 그 밖의 법률에 따른 벌칙적용에 있어서 이를 공무원으로 본다.

3. 행정소송

청구인이 정보공개와 관련하여 공공기관의 처분 또는 부작위로 인하여 권리 또는 이익의 침해를 받은 때에는 행정소송법이 정하는 바에 따라 행정소송을 제기할 수 있다(정보공개법 제20조). 재판장은 필요하다고 인정되는 때에는 당사자를 참여시키지 아니하고 제출된 공개청구정보를 비공개로 열람·심사할 수 있다(동조 제2항). 또한 재판장은 재판의 대상이 정보공개법 제9조 제1항 제2호에 따른 정보 중 국가안전보장·국방 또는 외교관계에 관한 정보의 비공개 또는 부분공개 결정처분인 경우에 공공기관이 그 정보에 대한 비밀지정의 절차, 비밀의 등급·종류 및 성질과 이를 비밀로 취급하게 된 실질적인 이유 및 공개가 불가능한 사유 등을 입증하는 때에는 해당 정보를 제출하지 아니하게 할 수 있다(동조 제3항).

제 4 편

행정의 실효성확보수단

제1장 행정상 강제집행
제2장 행정상 즉시강제
제3장 행정벌
제4장 행정의 새로운 실효성확보수단

서론 행정강제의 기초

행정강제론은 종래 "'행정강제와 행정벌"이라는 제목으로 논하였으나, 오늘날에는 "행정상의 의무이행강제", "행정상의 의무이행확보수단" 또는 "행정의 실효성확보수단" 등으로 다루고 있다. 여기에는 전통적인 행정강제수단과 행정벌이 주된 대상이지만, 그 외에도 새로운 종류의 실효성확보수단이 등장하고 있다. 전통적으로 행정강제에는 행정상의 강제집행과 행정상 즉시강제가 있다. 행정상의 강제집행이란 행정주체가 행정법상 의무의 불이행과 관련하여 의무자의 신체 또는 재산에 실력을 행사하여 장래에 향하여 그 의무를 이행시키거나 이행이 있었던 것과 같은 상태를 실현하는 작용을 의미한다. 이에 반해 행정상의 즉시강제란 목전의 긴박한 장해를 제거하기 위하여, 또는 그 성질상 의무를 명령하는 것이 본래의 목적을 달성하기 어려운 경우에 사람의 신체·재산에 실력을 행사하여 행정상 필요한 상태를 실현하기 위하여 행하는 작용을 말한다. 한편, 독일에서는 1953년 4월 27일 연방 행정집행법(VwVG: Verwaltungs-Vollstreckungsgesetz)이 제정되었다. 이에 따라 각 주(란트)에서도 행정집행법이 제정되어 있다. 또한 1961년 3월 10일 연방의 집행공무원의 공권력 행사를 통한 직접강제에 대한 법률(UZwG)도 제정되었다.[1)]

오늘날 사회현상이 복잡다기해짐에 따라 새로운 실효성확보수단이 등장하고 있다. 행정의 실효성확보수단의 유형은 다양하게 분류될 수 있으나, 대체로 다음과 같이 구분할 수 있다. 즉 직접적인 행정강제의 수단은 행정상 강제집행과 행정상 즉시강제로 구분한다. 행정상 강제집행의 수단에는 비금전적 의무의 강제이행수단으로 대집행, 이행강제금(집행벌), 직접강제 및 강제징수가 있다. 또한 간접적인 행정강제의 수단으로 행정벌이 있다. 행정벌은 행정형벌과 행정질서벌로 구분된다. 그 밖에 새로운 실효성확보수단으로 공급거부, 위반사실의 공표, 관허사업의 제한 및 과징금 등이 있다.

1) Maurer/Waldhoff, Allgemeines Verwaltungsrecht, 19. Aufl., § 20 Rn. 4.

제1장 행정상 강제집행

제1절 행정상 강제집행의 의의 및 근거

Ⅰ. 행정상 강제집행의 의의

행정상의 강제집행이란 대체로 "행정주체가 의무자의 신체 또는 재산에 실력을 행사하여 행정법상의 의무를 이행시키거나 그 이행이 있는 것과 같은 상태를 실현하는 행정작용"을 말한다.[1] 행정법상의 의무는 원칙적으로 행정행위(특히 하명)에 의해 부과되는 것이 보통이다. 행정상 강제집행과 민사상 강제집행은 국가의 강제력을 통해 권리주체의 청구권을 만족시킨다는 점에서 유사하나, 행정상의 강제집행은 청구권의 주체가 동시에 집행권자인 '자기집행'의 제도라는 점에서 차이가 있다.[2]

행정상 강제집행은 의무의 존재와 그 불이행을 전제로 하고 있으나, 행정상 즉시강제는 이를 전제로 하지 않는다. 행정상 강제집행과 행정벌은 모두 행정법상의 의무이행을 확보하기 위한 강제수단인 점에서 공통성을 가진다. 그러나 행정벌은 과거의 의무위반에 대한 제재를 의미하지만, 행정상 강제집행은 장래에 향하여 행정법상의 의무이행을 강제하는 것을 내용으로 하고 있다.

Ⅱ. 행정상 강제집행의 근거

행정주체의 명령권이 행정상 강제집행의 근거가 될 수 있는지가 문제된다.

1) 이상규, 신행정법론(상), 신판, 531면.
2) 김남진 · 김연태, 행정법 Ⅰ, 533면.

과거에는 행정권의 명령권에 강제집행권이 포함되므로 그 명령권 자체에 법적 근거가 있으면 강제집행권에 별도의 근거가 필요하지 않다고 보았다. 그러나 오늘날에는 행정법상 의무를 부과하는 행위는 물론이고, 그 의무이행을 강제하는 경우에도 법적 근거가 필요하다는 견해가 지배적이다.[3] 행정상 강제집행의 근거 법률은 대집행에 관한 일반법으로서의 '행정대집행법'과 금전징수에 관한 일반법으로서의 '국세징수법'이 있다. 그 밖의 강제집행수단인 직접강제와 이행강제금(집행벌)에 대해서는 후술하는 바와 같이 개별법에서 규율하고 있다.

제2절 행정상 강제집행의 종류

Ⅰ. 행정대집행

1. 대집행의 의의

행정대집행은 대체적 작위의무에 대한 강제수단이다. 이러한 행정대집행은 의무자가 대체적 작위의무를 이행하지 않은 경우에 행정청이 상대방의 의무를 직접 행하거나, 또는 제3자로 하여금 그 이행이 있었던 것과 같은 상태를 실현시키는 것을 말한다. 독일에서는 제3자가 행하는 경우를 타자집행(Fremdvornahme)이라고 하고, 행정청 스스로 그 의무를 행하는 경우를 자기집행(Selbstvornahme)이라고 부르고 있다. 한국 행정대집행법에서는 타자집행뿐만 아니라 자기집행을 모두 규정하고 있다(행정대집행법 제2조 참조). 한편, 독일에서는 연방 행정집행법(Verwaltungsvollstreckungsgesetz)에서 타자집행만을 규정하고 있는 반면, 일부 주(란트)에서는 재정상의 이유로 자기집행도 규정하고 있다.

2. 대집행의 법률관계

자기집행의 경우에는 대집행의 법률관계가 공법관계로서의 성질을 가진다고 보는 것이 일반적이다. 대집행의 비용징수는 국세징수법에 의하고(행정대집행법 제6조), 대집행에 대하여 불복이 있는 자는 행정심판 및 행정소송을 제기할 수

3) 이상규, 전게서(상), 532면.

있기 때문이다(동법 제7조, 제8조). 그러나 '타자집행'의 경우에는 ① 행정청과 제3자의 관계와, ② 제3자와 의무자의 관계, 그리고 ③ 행정청과 의무자의 관계로 나누어 그 법률관계를 살펴보아야 한다. 이 가운데 ①은 사법상 계약(도급계약)에 의한 사법상 법률관계의 성질을 가지나, ②의 경우에는 아무런 법률관계가 존재하지 않는다. ③의 경우에서 행정청과 의무자의 관계는 여전히 공법관계의 성질을 가진다.[4)]

3. 대집행의 요건

(1) 대집행의 주체

행정대집행법 제2조에는 행정대집행의 주체를 '당해 행정청'으로 규정하고 있다. 즉 당해 행정청은 스스로 의무자가 하여야 할 행위를 하거나 또는 제3자로 하여금 이를 하게 하고, 그 비용을 의무자로부터 징수할 수 있다. 타자집행의 경우에 행정청과 사법상 계약을 체결하여 대집행을 실행하는 제3자는 대집행의 주체가 될 수 없다. 이러한 경우에 제3자의 법적 지위는 다양하며, 제3자는 공무수탁사인, 행정보조인, 또는 단순한 사인일 수 있다.

(2) 대체적 작위의무의 불이행

먼저 대집행이 성립하기 위해서는 "타인이 대신하여 행할 수 있는" 의무, 즉 대체적 작위의무의 불이행이 있어야 한다(의무의 대체성). 따라서 타인이 대신하여 행할 수 없는 의무는 대집행의 대상이 되지 않는다. 부작위의무나 수인의무가 그러하다. 부작위(금지)의무의 위반이 대집행의 대상이 될 수 있는지가 문제된다. 이에 대해 판례는 부정적이다.[5)] 한편, 토지나 가옥의 명도가 대체적 작위의무에 해당하는지가 문제되나 부정적으로 보는 것이 타당하다.[6)]

---

4) Maurer/Waldhoff, a.a.O., § 20 Rn. 13.

5) "주택건설촉진법 제38조 2항은 사업계획에 따른 용도 이외에 사용하는 행위 등을 금지하고 그 위반행위에 대하여 1천만원 이하의 벌금에 처하도록 하는 벌칙규정만을 두고 있을 뿐, 건축법 제69조 등과 같은 부작위의무위반행위에 대하여 대체적 작위의무로 전환하는 규정을 두고 있지 아니하므로, 위 금지규정으로부터 그 위반결과의 시정을 명하는 원상복구명령을 할 수 있는 권한이 도출되는 것은 아니다."(대법원 1996. 6. 28. 선고 96누4374 판결)

6) "이 사건 계고처분의 목적이 된 의무는 그 주된 목적이 매점의 원형을 보존하기 위하여 원고가 설치한 불법 시설물을 철거하고자 하는 것이 아니라, 위 매점에 대한 원고의 점유를 배제하고 그 점유이전을 받는데 있다고 할 것인데, 이러한 의무는 그것을 강제적으로 실현함에 있어 직접적인 실력행사가 필요한 것이지 대체적 작위의무에 해당하는 것은 아니어서 직접강제의 방법에 의하는 것은 별론으로 하고 행정대집행법에 의한 대집행의 대상이 되는 것은 아니

둘째, 대집행은 다른 수단으로써 그 이행을 확보하기가 곤란하여야 한다. 이 규정은 과잉금지원칙(광의의 비례원칙)의 요소로서의 최소침해의 원칙(필요성의 원칙)을 명문화한 것으로 보는 견해도 있다.[7] 대체가능한 다른 강제수단이 없는 경우를 의미하는 것으로 최후수단성 내지 보충성의 원칙으로 볼 수도 있다. 대집행의 남용과 관련하여 중요한 요건이라고 하지 않을 수 없다.

셋째, 불이행을 방치함이 심히 공익을 해할 것으로 인정되어야 한다. 개별사례의 판단에 있어서는 공익적 요소와 상대방의 이익을 형량하여야 할 것이다. 그러나 단순한 공익이 아니라 "심히 공익을 해할 것"이라고 규정하고 있다는 점에서 '공익을 중대하게 해치는 경우' 또는 '중대한 공익을 침해하는 경우' 등의 의미로 해석될 수 있다. 이와 관련하여 무허가 증축부분이 큰 경우에 공익의 침해로 판단한 사례도 있으나,[8] 건축허가면적보다 경미하게 초과한 경우에 대집행 계고처분이 위법하다고 판단한 사례도 있다.[9]

(3) 대집행의 법적 성질

대집행의 요건이 충족된 경우에 대집행의 실행을 결정하는 것이 기속행위에 해당하는지, 아니면 재량행위에 해당하는지에 대해 견해가 대립하고 있다. 기속행위로 보는 견해, "그 불이행을 방치함이 심히 공익을 해할 것으로 인정된 때에"라는 규정을 근거로 판단여지로 보는 견해 등이 있다. 이 조항은 요건부분의 불확정법개념과 효과부분의 재량규정이 결합된 일종의 '결합규정'으로도 이해할 수 있다. 이 경우에도 행정청의 재량은 중대한 공익상 이유가 있거나 긴급할 때에 감축될 수 있음은 물론이다. 또한 결정재량이 없다고 하더라도 여전히 선택재량은 남아있다고 보는 것이 타당하다.

다."(대법원 1998. 10. 23. 선고 97누157 판결)

7) 김남진, 전게서(Ⅰ), 577면.

8) "무허가 증축부분이 상당히 큰 데다가 도로쪽 정면으로 돌출되어 있어 이를 그대로 방치한다면 불법건축물을 단속하는 당국의 권능은 무력화되어 건축행정의 원활한 수행을 위태롭게 하고, 건축법 소정의 제한규정이나 도시계획구역 안에서의 토지의 경제적이고 효율적인 이용을 회피하는 것을 사전에 예방하지 못하게 되어 이는 더 큰 공익을 해하는 것이 된다고 할 것이다."(대법원 1992. 8. 14. 선고 92누3885 판결)

9) "건축허가면적보다 0.02m 정도 초과하여 이웃의 대지를 침범한 경우에, 이 정도의 위반만으로는 주위의 미관을 해할 우려가 없을 뿐 아니라 이를 철거할 경우 많은 비용이 드는 반면, 공익에는 별 도움이 되지 아니하고, 도로교통·방화·보안·위생·도시미관·공해예방 등의 공익을 크게 해친다고 볼 수 없기 때문에, 철거를 위한 계고처분은 그 요건을 갖추지 못한 것으로서 위법하며 취소를 면할 수 없다."(대법원 1992. 3. 12. 선고 90누10070 판결)

4. 대집행의 절차

대집행의 절차는 계고, 대집행영장의 통지, 대집행의 실행 및 비용징수의 4단계로 진행된다. 그러나 긴급한 경우에는 일부절차를 생략할 수 있다(행정대집행법 제3조 제3항 참조).

(1) 계고

대집행을 하기 위해서는 상당한 이행기간을 정하여 그 기한까지 이행하지 않을 때에는 대집행을 한다는 뜻을 문서로써 계고한다(행정대집행법 제3조 제1항). 종전의 통설은 계고를 준법률행위적 행정행위(통지행위)로 보지만, 그의 효과(내용)를 기준으로 하여 작위의무를 부과하는 '하명'으로 분류하는 유력설도 있다.10) 계고는 처분의 성질을 가지므로 그 내용이 명확하여야 한다. 따라서 대집행의 계고에서 이행하여야 할 행위와 그 행위의 의무불이행시에 대집행할 행위의 내용·범위 등이 구체적으로 특정되어야 한다. 그러나 판례는 선행행위나 대집행계고서에 의해서만 특정되는 것은 아니고, 그 처분 전후에 송달된 문서나 그 밖의 사정을 종합하여 특정할 수 있으면 충분하다고 보고 있다.11)

(2) 대집행영장의 통지

의무자가 계고를 받고도 지정기한까지 그 의무를 이행하지 않을 경우에 당해 행정청은 대집행영장을 통지하여야 한다. 통지하는 대집행영장에는 대집행을 할 시기, 대집행책임자의 성명 및 대집행비용의 개산액이 포함되어야 한다(행정대집행법 제3조 제2항). 한편, 비상시 또는 위험이 절박한 경우에 있어서 대집행의 급속한 실시를 요하며 계고를 할 여유가 없을 때에는 계고절차와 대집행영장통지절차를 거치지 아니하고 대집행을 할 수 있다(행정대집행법 제3조 제3항).

(3) 대집행의 실행

대집행은 파견되는 현장의 집행책임자에 의하여 실행된다. 집행책임자는 그가 집행책임자라는 것을 표시한 증표를 휴대하여 이해관계인에게 제시하여야 한다(행정대집행법 제4조 제3항). 대집행의 실행은 권력적 사실행위의 성질을 가

---

10) 김남진, 전게서(Ⅰ), 579면.
11) 대법원 1990. 1. 25. 선고 89누4543 판결.

지고, 의무자는 이러한 대집행실행에 대하여 수인의무를 진다. 그런데 의무자가 대집행의 실행에 저항할 경우에는 실력으로 이를 배제하는 것도 대집행의 실행수단으로 인정되는지가 문제되고 있다. 형법상 공무집행방해죄의 성립을 별론으로 하고, 경찰관직무집행법에 의한 즉시강제가 고려될 수 있다.[12] 이러한 실력행사는 심각한 인권침해뿐만 아니라 사람의 신체·재산 등에 중대한 피해를 줄 우려가 있으므로 법률에 그 근거와 절차를 구체적으로 규정하는 것이 타당하다.

(4) 비용의 징수

대집행에 소요된 비용에 대해서는 납기일을 정하여 의무자에게 문서로써 그 납부를 명하고, 이를 납부하지 않을 때에는 국세징수법의 예에 따라 강제징수를 할 수 있다(행정대집행법 제5조 및 제6조 제1항).

5. 대집행의 한계

행정대집행은 무제한적으로 허용되는 것이 아니며, 상대방(의무자)의 신체나 재산을 중대하게 침해할 수 있다. 그러한 점에서 대집행은 일정한 한계가 존재한다. 전술한 절차적 요건은 중요한 의미를 가지며, 실체법적으로도 행정대집행은 비례의 원칙이나 평등원칙 등을 준수하여야 한다. 행정대집행에 의한 인권침해가 사회적 문제가 되는 경우가 적지 않았다. 이와 관련하여 행정대집행의 개정이 있었다. 2015년 5월 18일 행정대집행법의 개정을 통해 심야·새벽 시간의 행정대집행을 제한하고 있다. 즉 행정대집행법 제4조의 표제를 "집행책임자의 증표제시"에서 "대집행의 실행"으로 변경하고, 본문을 제3항으로 이전하면서 제1항 및 제2항을 신설하였다. 즉 행정대집행법 제4조에서는 "해가 뜨기 전이나 해가 진 후"에는 대집행이 허용되지 아니한다고 규정하고 있다. 다만, ① 의무자가 동의하거나, ② 해가 지기 전에 대집행을 착수하거나, ③ 해가 뜬 후부터 해가 지기 전까지 대집행을 하는 경우에 대집행의 목적 달성이 불가능하거나, ④ 그 밖에 비상시 또는 위험이 절박한 경우에는 예외이다. 이러한 예외사유는 유명무실하게 운영될 우려가 적지 않다. 왜냐하면 해가 지기 전에 대집행을 착수한 경우에는 사실상 심야에 대집행을 허용하는 결과를 초래하기 때문이다. 또한 해가 뜬 후에 대집행을 착수해서 해가 진 후까지 대집행을 종료하지 못하는

12) 이상규, 전게서(상), 538면.

경우는 적지 않다. 이 경우에도 대집행의 지연에 의해 심야에도 대집행이 이루어질 수 있다. 한편, 대집행의 과정에서 생명·신체나 재산 등을 침해할 우려가 높아 현장에 긴급 의료장비나 시설을 갖추는 등 안전확보를 위해 필요한 조치를 취하도록 하고 있다(동법 제4조 제2항).

6. 대집행에 대한 불복

행정대집행법 제7조에는 "대집행에 대하여는 행정심판을 제기할 수 있다"고 규정하고 있다. 또한 제8조에는 "전조의 규정은 법원에 대한 출소(出訴)의 권리를 방해하지 아니한다"라고 규정하고 있다. 종전의 '행정심판전치주의'가 폐지되고 행정심판은 임의절차로 변경되었다. 따라서 대집행에 대하여 불복이 있는 사람은 행정심판을 거치지 아니하고 곧바로 행정소송을 제기할 수 있다.

Ⅱ. 이행강제금

1. 이행강제금의 의의 및 법적 성질

이행강제금은 "의무자가 행정상 의무를 이행하지 아니하는 경우 행정청이 적절한 이행기간을 부여하고, 그 기한까지 행정상 의무를 이행하지 아니하면 금전급부의무를 부과하는 것"을 말한다(행정기본법 제30조 제1항 제2호). 이행강제금은 과거에 집행벌(Exekutivstrafe)이라고 부르기도 하였다. 그러나 오늘날에는 독일법의 영향으로 이행강제금(Zwangsgeld)이라는 용어가 일반적으로 사용되고 있다. 이행강제금(집행벌)제도는 대체적 작위의무의 간접적 강제수단으로 활용되고 있다(예컨대 건축법 제80조).[13] 이행강제금은 대체할 수 없는 작위의무, 수인의무 및 부작위의무의 경우에도 부과되지만, 대체가능한 작위의무에 대해 대집행이 행해지지 않는 경우에도 허용된다.[14] 이행강제금은 형벌이 아니라 장래의 이행을 강제하기 위한 수단이다. 의무자가 이행하지 않고 저항하는 경우에 이행강제금은 되풀이해서 부과될 수 있으며, 행정벌인 형벌이나 질서벌과 병과될 수도

---

13) "이행강제금은 행정법상의 부작위의무 또는 비대체적 작위의무를 이행하지 않은 경우에 '일정한 기한까지 의무를 이행하지 않을 때에는 일정한 금전적 부담을 과할 뜻'을 미리 '계고'함으로써 의무자에게 심리적 압박을 주어 장래를 향하여 의무의 이행을 확보하려는 간접적인 행정상 강제집행 수단이다."(대법원 2015. 6. 24. 선고 2011두2170 판결)

14) Maurer/Waldhoff, a.a.O., § 20 Rn. 15; 헌재 2004. 2. 26. 2001헌바80등.

있다.

2. 이행강제금의 부과절차

(1) 행정기본법상의 이행강제금 부과절차

이행강제금의 부과 근거가 되는 법률에는 부과·징수 주체, 부과 요건, 부과 금액, 부과 금액 산정기준, 연간 부과 횟수나 횟수의 상한을 명확하게 규정하여야 한다(동법 제31조 제1항). 행정청은 의무 불이행의 동기·목적 및 결과, 의무 불이행의 정도 및 상습성, 그 밖에 행정목적을 달성하는 데 필요하다고 인정되는 사유를 고려하여 이행강제금의 부과 금액을 가중하거나 감경할 수 있다(동조 제2항). 행정청은 이행강제금을 부과하기 전에 미리 의무자에게 적절한 이행기간을 정하여 그 기한까지 행정상 의무를 이행하지 아니하면 이행강제금을 부과한다는 뜻을 문서로 계고(戒告)하여야 한다(동조 제3항). 행정청은 계고에서 정한 기한까지 행정상 의무를 이행하지 아니하면 이행강제금의 부과 금액·사유·시기를 문서로 명확하게 적어 의무자에게 통지하여야 한다(동조 제4항). 행정청은 행정상 의무를 이행할 때까지 이행강제금을 반복하여 부과할 수 있다. 다만, 의무자가 의무를 하면 새로운 이행강제금의 부과를 즉시 중지하되, 이미 부과한 이행강제금은 징수하여야 한다(동조 제5항). 이행강제금을 정한 기한까지 납부하지 아니하면 국세강제징수의 예 또는 '지방행정제재·부과금의 징수 등에 관한 법률'에 따라 징수한다(동조 제6항).

(2) 건축법상의 이행강제금 부과절차

이행강제금은 허가권자에 의해 건축법상 위반건축물에 대하여 같은 법 제79조 제1항에 따라 시정명령을 받은 후 시정기간 내에 이를 이행하지 아니한 건축주 등에 대하여 부과된다(건축법 제80조 제1항). 허가권자는 이러한 이행강제금을 부과하기 전에 이행강제금을 부과·징수한다는 뜻을 미리 문서로써 계고하여야 한다(동조 제3항). 그 문서에는 그 금액, 부과 사유, 납부기한, 수납기관, 이의제기 방법 및 이의제기 기관 등을 구체적으로 밝혀야 한다(동조 제4항). 이행강제금은 최초의 시정명령이 있었던 날을 기준으로 하여 1년에 2회 이내의 범위에서 해당 지방자치단체의 '조례'로 정하는 횟수만큼 그 시정명령이 이행될 때까지 반복하여 부과·징수될 수 있다(동조 제5항).

한편, 이행강제금은 가중되거나 감경될 수 있다. 건축법상 허가권자는 영리 목적을 위한 위반이나 상습적 위반 등 대통령령으로 정하는 경우에 제1항에 따른 금액을 100분의 100의 범위에서 가중할 수 있다(건축법 제80조 제2항). 이행강제금은 일정한 경우에 감경될 수도 있다. 즉 축사 등 농업용·어업용 시설로서 500제곱미터(수도권정비계획법 제2조 제1호에 따른 수도권 외의 지역에서는 1천제곱미터) 이하인 경우는 5분의 1을 감경할 수 있다. 그 밖에 위반 동기, 위반 범위 및 위반 시기 등을 고려하여 대통령령으로 정하는 경우(제80조 제2항에 해당하는 경우는 제외한다)에는 2분의 1의 범위에서 대통령령으로 정하는 비율을 감경할 수 있도록 하고 있다(건축법 제80조의2).

허가권자는 건축법 제79조 제1항에 따라 시정명령을 받은 자가 이를 이행하는 경우에 새로운 이행강제금의 부과를 즉시 중지하여야 한다. 그러나 이미 부과된 이행강제금은 징수되어야 한다(건축법 제80조 제6항). 허가권자는 이행강제금 부과처분을 받은 자가 이행강제금을 납부기한까지 내지 아니하면 '지방세외수입금의 징수 등에 관한 법률'에 따라 징수한다(동조 제7항). 종전에는 이행강제금을 부과받은 자가 이의를 제기한 경우에 당해 부과권자가 지체없이 관할법원에 그 사실을 통보하여야 하며 그 통보를 받은 관할법원은 비송사건절차법에 의한 재판을 하였다. 이에 따라 대법원은 이행강제금 부과처분을 행정소송의 대상이 되는 행정처분이라고 볼 수 없다고 보았다.[15] 그러나 지금은 비송사건절차법에 의하도록 한 구 건축법 제83조 제6항의 규정이 삭제되었고, 이행강제금 부과처분에 대해서도 행정심판이나 행정소송을 제기할 수 있다. 이와 같이 개별법에 권리구제에 관한 특별한 규정이 없는 경우에는 이행강제금 부과처분에 대해 행정쟁송을 제기할 수 있고, 이행강제금 부과처분은 항고소송의 대상이 된다.[16]

Ⅲ. 직접강제

1. 직접강제의 의의 및 법적 근거

직접강제란 행정상의 의무 불이행이 있는 경우에 의무자의 신체·재산에 직

15) 대법원 2000. 9. 22. 선고 2000두5722 판결.
16) 대법원 2017. 8. 23. 선고 2017두42453 판결. 한편, 농지법 제63조 제7항에는 이행강제금 부과처분에 대한 불복절차를 비송사건절차법에 따른 재판으로 한다고 규정하고 있다(대법원 2019. 4. 11. 선고 2018두42955 판결 참조).

접 실력을 행사하여 의무의 이행이 있었던 것과 같은 상태를 실현하는 강제집행의 수단이다. 직접강제는 행정대집행이나 이행강제금 부과의 방법으로 행정상 의무 이행을 확보할 수 없거나 그 실현이 불가능한 경우에 실시하여야 한다(행정기본법 제32조 제1항). 행정기본법 제3조에 직접강제에 관한 일반조항을 두고 있으며, 개별법(식품위생법 제62조 등)에서도 직접강제를 규정하고 있다. 행정기본법에는 직접강제의 절차에 관한 규정을 마련하고 있다(제32조 제2항 및 제3항). 직접강제는 대체적 작위의무뿐만 아니라 비대체적 작위의무·부작위의무 또는 수인의무 등의 의무불이행에 대해서도 행할 수 있다. 그러한 점은 대체적 작위의무의 강제수단인 행정대집행과 구별된다. 직접강제는 행정위반의 상태를 야기하고 있는 재산 자체를 배제한다는 점에서 금전적 급부의무의 이행강제수단인 강제징수와도 구별된다. 그리고 직접강제는 의무의 부과와 그 불이행을 전제로 하지만, 행정상 즉시강제는 이를 요건으로 하지 않는다.

2. 직접강제의 수단

직접강제는 개별법에 예외적으로 인정되었으나, 점차 증가하고 있는 추세이다. 직접강제의 수단에는 영업소폐쇄, 폐기처분이나 폐기명령 등이 있다. 직접강제수단은 대체로 위생, 안전, 환경 등의 분야에서 규정하고 있다(공중위생관리법 제11조, 식품위생법 제72조, 약사법 제71조 제2항, 폐기물관리법 제47조 제2항 등).

3. 직접강제의 한계

직접강제는 강제집행수단 중 개인의 기본권을 중대하게 침해할 수 있다. 따라서 이러한 직접강제의 수단을 사용함에 있어서는 법령에서 정한 적법한 절차를 준수할 뿐만 아니라, 실체적으로도 비례의 원칙을 준수하여야 한다.

Ⅳ. 행정상 강제징수

1. 행정상 강제징수의 의의 및 근거

행정상 강제징수란 대체로 "행정법상의 금전급부의 불이행이 있는 경우에 의무자의 재산에 실력을 행사하여 의무의 이행이 있었던 것과 같은 상태를 실현하는 작용"을 말한다. 강제징수는 작위·부작위 또는 수인의 의무를 강제하기 위한 것으로서 주로 금전급부의 불이행에 대한 강제수단이다.

국세의 강제징수에 관한 중요한 근거 법률로는 국세징수법이 있다. 다만, 지방세법이나 보조금의 예산 및 관리에 관한 법률 등 개별법에서도 국세체납처분의 예에 따라 강제징수를 하도록 규정하고 있다. 이와 같이 국세징수법은 행정상 강제징수에 관하여 실질적으로 일반법의 지위를 가진다.

2. 행정상 강제징수의 절차

국세징수법상의 강제징수절차는 종래 독촉 및 체납처분으로 이해되었다. 또한 체납처분은 다시 재산의 압류, 압류재산의 매각, 청산의 3단계로 구분되었다. 그러나 2020년 12월 29일 국세징수법의 개정에 의해 '체납처분'이라는 용어는 '강제징수'로 변경되었다(국세징수법 제3조, 제24조 등).

(1) 독촉

국세를 지정납부기한까지 완납하지 아니한 때에는 지정납부기한이 지난 후 10일 이내에 독촉장을 발급하여야 한다(국세징수법 제10조 제1항). 독촉장을 발급할 때에는 독촉을 하는 날부터 20일 이내의 범위에서 기한을 정하여 한다(동조 제3항).

독촉이란 상당한 이행기간을 정하여 국세 등의 납부의무 이행을 최고하고, 그 의무가 이행되지 않을 경우에는 강제징수(체납처분)를 한다는 의미의 '통지' 행위로서 준법률행위적 행정행위로 보는 것이 일반적이다. 그러나 그 효과(내용)를 기준으로 할 경우에는 대집행의 계고와 마찬가지로 금전급부의무를 부과하는 하명(급부하명)으로 보는 견해가 유력하다.[17] 앞에서 언급한 바와 같이 법률행위적 행정행위와 준법률행위적 행정행위의 구분은 폐지하는 것이 바람직하다.

(2) 재산의 압류

a) 압류의 의의 및 요건

압류란 의무자의 재산에 대해 사실상 또는 법률상의 처분을 금지시키고 그 의무자의 재산을 확보하는 강제보전행위를 말한다. 세무서장(또는 지방국세청장)은 의무자가 독촉을 받고도 납부기한까지 자신의 의무를 이행하지 아니한 때에는 의무자의 재산을 압류한다. 즉 의무자가 독촉장을 받고 지정된 기한까지 국

17) 김남진, 전게서(Ⅰ), 593면.

세와 가산금을 완납하지 아니한 때, 또는 납기전징수의 경우에는 납부고지를 받고 지정된 기한까지 완납하지 아니한 때에는 의무자의 재산을 압류한다(국세징수법 제31조 제1항). 한편 체납처분이나 강제집행의 시작 등 납기전징수에 해당하는 사유가 있어 국세가 확정된 후에 해당 국세를 징수할 수 없다고 인정되는 때에는 국세로 확정되리라고 추정되는 금액의 한도 안에서 납세자의 재산을 압류할 수 있다(동조 제2항).

b) 압류대상재산 및 압류의 방법

의무자의 소유로서 금전적 가치가 있고 양도할 수 있는 재산은 모두 압류대상이 된다. 부동산 · 동산 및 무체재산권을 불문한다. 그러나 의무자의 생활필수품에 대한 압류는 금지되고, 급료 · 연금 · 임금 · 봉급 등 이와 비슷한 성질을 가진 급여채권에 대하여는 그 총액의 2분의 1에 해당하는 금액을 압류하지 못한다(국세징수법 제41조 및 제43조 제1항).

압류의 방법은 그 대상에 따라 구별된다. 동산 또는 유가증권의 압류는 세무공무원이 점유함으로써 하고, 유가증권의 압류는 금전채권의 추심 방식으로 한다(국세징수법 제48조 및 제50조 제1항). 부동산 등의 압류는 관할 세무서장이 압류조서를 첨부하여 압류등기를 소관 등기소에 촉탁한다(국세징수법 제45조). 권리의 변동에 등기 또는 등록이 필요한 그 밖의 재산권을 압류하는 경우에는 관할 세무서장이 그 사실을 체납자에게 통지하고, 그 압류의 등기 또는 등록을 관계 등기소 등에 촉탁하여야 한다(국세징수법 제55조). 재산을 압류할 때에는 세무공무원이 그 권한을 표시하는 증표를 휴대하고 관계인의 요구가 있으면 이를 제시하여야 하고, 체납자의 재산을 압류한 때에는 압류조서를 작성하여야 한다(국세징수법 제38조 및 제34조).

c) 압류의 효력 및 해제

압류에 의해서 체납자의 특정재산에 관한 법률상 · 사실상의 처분이 금지된다.[18] 질권이 설정된 동산 또는 유가증권을 압류하는 경우에는 그 동산 또는 유가증권의 질권자에게 압류조서의 등본을 내주어야 한다(국세징수법 제34조 제4항). 압류의 효력은 압류재산으로부터 생기는 천연과실 또는 법정과실에도 미친다(국세징수법 제44조). 재판상의 가압류 · 가처분, 또는 납세자의 사망이나 법인 합병에 의해서도 압류의 효력은 영향을 받지 않는다(국세징수법 제26조, 제27조).

18) 임승순, 조세법, 제19판, 박영사, 2019, 261면.

d) 압류의 해제

국세징수법 제57조 제1항에는 압류를 해제하는 경우를 규정하고 있다. 즉 ① 압류와 관계되는 체납액의 전부가 납부 또는 충당(국세환급금, 그 밖에 관할 세무서장이 세법상 납세자에게 지급할 의무가 있는 금전을 체납액과 대등액에서 소멸시키는 것을 말한다)되거나, ② 국세 부과의 전부를 취소하거나, ③ 여러 재산을 한꺼번에 공매(公賣)하는 경우로서 일부 재산의 공매대금으로 체납액 전부를 징수하거나, ④ 총 재산의 추산(推算)가액이 강제징수비(압류에 관계되는 국세에 우선하는 국세기본법 제35조 제1항 제3호에 따른 채권 금액이 있는 경우 이를 포함한다)를 징수하면 남을 여지가 없어 강제징수를 종료할 필요가 있거나, ⑤ 그 밖에 제1호부터 제4호까지의 규정에 준하는 사유로 압류할 필요가 없게 된 경우에는 압류를 해제할 수 있다. 다만, ④의 경우에 제59조에 따른 교부청구 또는 제61조에 따른 참가압류가 있는 경우로서 교부청구 또는 참가압류와 관계된 체납액을 기준으로 할 경우 남을 여지가 있는 경우는 제외한다. 또한 압류 후 재산가격의 변동 기타의 사유로 그 가격이 징수할 체납액의 전액을 현저히 초과한 경우, 압류에 관계되는 체납액의 일부가 납부되거나 충당된 경우, 국세 부과의 일부를 취소한 경우, 체납자가 압류할 수 있는 다른 재산을 제공하여 그 재산을 압류한 경우에는 압류재산의 전부 또는 일부에 대해 압류를 해제할 수 있다(동법 제57조 제2항).

e) 교부청구와 참가압류

체납자가 강제징수 또는 체납처분 · 강제집행 · 파산선고를 받거나 경매가 개시되거나 체납자인 법인이 해산하는 등 납기전 징수의 사유가 발생한 때에 세무서장은 해당 집행기관(해당 관할 세무서장, 지방자치단체의 장, 공공기관의 장, 지방공사 또는 지방공단의 장, 집행법원, 집행공무원, 강제관리인, 파산관재인 또는 청산인)에 체납액의 교부를 청구하여야 한다(국세징수법 제59조). 교부청구는 민사소송법상의 배당요구에 해당하는 것이다(민사소송법 제552조 내지 제554조). 세무서장은 압류하고자 하는 재산이 이미 다른 기관에서 압류하고 있는 재산인 때에는 교부청구에 갈음하여 그 압류에 참가할 수 있다(국세징수법 제61조). 이를 '참가압류'라 한다.

(3) 압류재산의 매각

a) 매각의 의의 및 요건

매각은 체납자의 압류재산을 금전으로 환가하는 것이다. 매각의 요건으로는 우선 압류한 재산이어야 하고 조세채권이 확정되어야 한다(국세징수법 제66조 제3항). 국세기본법상의 이의신청, 심사청구, 심판청구 또는 감사원법에 따른 심판청구 절차, 행정소송 등이 계속 중에 있지 않아야 한다(동조 제4항). 다만, 부패・변질 또는 감량되기 쉬운 재산으로서 속히 매각하지 아니하면 그 재산가액이 줄어들 우려가 있는 경우는 예외이다(국세징수법 제62조 제1항 제2호 참조).

b) 매각의 방법과 절차

매각은 공매(입찰 또는 경매)를 원칙으로 하며, 일정한 경우에는 예외적으로 수의계약의 방식으로 할 수도 있다(국세징수법 제65조 제1항, 제66조 및 제67조 참조). 관할 세무서장은 압류한 재산의 공매 등에 전문지식이 필요하거나 그 밖에 직접 공매 등을 하기에 적당하지 아니하다고 인정되는 때에 한국자산관리공사에 공매 등을 대행하게 할 수 있다. 그러나 이 경우의 공매는 세무서장이 한 것으로 본다(국세징수법 제103조 제1항). 재산을 공매에 붙여도 매수신청자가 없거나 매수신청가격이 공매예정가격 미만인 때에는 재공매에 붙인다(국세징수법 제87조). 대법원은 '공매'를 행정처분으로 보고 있다.[19] 그러나 공매통지는 행정처분이 아니다. 체납자 등에 대한 공매통지는 국가의 강제력에 의하여 진행되는 공매에서 체납자 등의 권리 내지 재산상의 이익을 보호하기 위하여 법률로 규정한 절차적 요건이다. 대법원은 한국자산관리공사가 공매처분을 하면서 체납자 등에게 공매통지를 하지 않았거나 공매통지를 하였더라도 그것이 적법하지 아니한 경우에는 절차상의 하자가 있어 해당 공매처분이 위법하다고 보고 있다.[20]

c) 매각결정과 그 취소

관할 세무서장은 매각결정을 한 때에 매수대금의 납부기한을 정하여 매각결정통지서를 교부하여야 한다(국세징수법 제84조 제3항). 매각결정의 효력은 매각결정 기일에 매각결정을 한 때에 발생한다(동조 제2항). 매수인이 최고를 받고도 매수대금을 지정된 기일까지 납부하지 아니한 때에는 세무서장이 매각결정을

19) 대법원 1984. 9. 25. 선고 84누201 판결.
20) 대법원 2008. 11. 20. 선고 2007두18154 전원합의체 판결.

취소한다. 전술한 바와 같이 매수인이 매수대금을 납부하기 전에 체납자가 체납액을 납부하고 매각결정의 취소를 신청하는 경우에도 매각결정은 취소될 수 있다(국세징수법 제86조 제2항).

(4) 청산

청산이라 함은 체납처분에 의하여 수령한 금전을 압류재산에 관계되는 체납액, 교부청구를 받은 체납액 · 지방세 또는 공과금, 담보채권 및 체납자에게 배분하는 것을 말한다. 배분하는 금전에는 압류한 금전, 채권 · 유가증권 · 무체재산권 등의 압류로 인하여 체납자 또는 제3채무자로부터 받은 금전, 압류재산의 매각대금 및 그 매각대금의 예치이자, 교부청구에 의하여 받은 금전이 해당한다(국세징수법 제94조).

배분의 방법은 국세징수법 제96조에 상세히 규정되어 있다. 채권 · 유가증권 · 그 밖의 재산권의 압류로 인하여 체납자 또는 제3채무자로부터 받은 금전, 압류재산의 매각대금 및 그 매각대금의 예치이자의 금전은 압류재산에 관계되는 체납액, 교부청구를 받은 체납액 · 지방세 또는 공과금, 압류재산에 관계되는 전세권 · 질권 또는 저당권에 의하여 담보된 채권 등에 배분한다(국제징수법 제96조 제1항). 압류재산과 관계되는 체납액의 금전과 우선변제권이 있는 임차보증금반환채권의 금전은 각각 그 압류 또는 교부청구에 관계되는 체납액에 충당된다(동조 제2항). 매각대금이 국세징수법 제96조 제1항 각 호의 체납액과 채권의 총액보다 적을 때에는, 민법이나 그 밖의 법령에 따라 배분할 순위와 금액을 정하여 배분하여야 한다(국세징수법 제96조 제4항).

관할 세무서장은 금전을 배분할 때에는 배분계산서를 작성하고, 체납자 등은 세무서장에게 교부청구서, 감정평가서, 채권신고서, 배분요구서, 배분계산서 원안 등 배분금액 산정의 근거가 되는 서류의 열람 또는 복사를 신청할 수 있다(국세징수법 제98조 제1항 및 제2항). 이 경우 국세와 관계된 채권인 국세 · 가산금 또는 체납처분비는 다른 공과금 기타 채권에 우선한다(국세기본법 제35조). 또한 압류된 국세관계채권은 교부청구된 다른 국세관계채권이나 지방세에 우선한다(동법 제36조). 한편 체납액의 징수순위는 강제징수비, 국세, 가산세의 순이다(국세징수법 제3조). 2018년 12월 31일 국세징수법의 개정에 의해 체납액을 징수할 때 가산세보다 국세가 먼저 징수되는 것으로 체납액의 징수순위를 명확하게 규정하였고, '가산금'은 폐지되어 '가산세'로 변경되었다.

(5) 압류・매각의 유예

관할 세무서장은 체납자가 ① 국세청장이 성실납세자로 인정하는 기준에 해당하는 경우, ② 재산의 압류나 압류재산의 매각을 유예함으로써 체납자가 사업을 정상적으로 운영할 수 있게 되어 체납액의 징수가 가능하게 될 것이라고 관할세무서장이 인정하는 경우에는 강제징수에 의한 재산의 압류나 압류재산의 매각을 유예할 수 있다(국세징수법 제105조 제1항).

3. 행정상 강제징수에 대한 불복수단

독촉・체납처분 등의 강제징수조치가 위법 또는 부당하다고 인정되는 경우에 의무자는 행정쟁송절차에 의하여 그 취소 또는 변경을 청구할 수 있다. 그러나 국세기본법 제55조에는 행정심판법과 별도로 특별행정심판절차를 규정하고 있다. 즉 처분에 대해 이의신청 외에 심사청구 또는 심판청구를 제기할 수 있다. 대법원은 정당한 사유 없이 전심절차를 거치지 아니한 채 과세처분의 취소를 청구하는 행정소송을 제기하는 것은 부적법하다고 보고 있다.[21]

한편, 조세부과처분에 대한 제소기간을 도과한 후에 체납처분(독촉처분이나 압류처분 등)을 대상으로 취소소송을 제기하면서 선행행위인 조세부과처분의 위법을 주장할 수 있는지가 문제된다. 무효사유가 아닌 취소사유에 해당하는 선행행위(과세처분)의 하자는 승계될 수 없다.[22] 그러나 과세처분에 중대하고 명백한 하자가 있어 무효인 경우에는 그 집행절차인 체납처분도 무효이다.[23] 그리고 과세처분 이후 조세부과처분의 근거가 되었던 법률규정에 대하여 위헌결정이 내려진 경우, 그 조세채권의 집행을 위한 체납처분의 효력이 문제된다. 이에 대해 대법원은 위헌결정의 기속력에 근거하여 해당 체납처분(압류처분)이 당연무효라고 판시하였다.[24]

---

21) 대법원 2014. 12. 11. 선고 2012두20618 판결.
22) 대법원 1987. 9. 22. 선고 87누383 판결.
23) 대법원 1961. 10. 19. 선고 1961행상61 판결.
24) 대법원 2012. 2. 16. 선고 2010두10907 전원합의체 판결. 이 판례의 문제점에 대해서는 졸저, 현대행정의 작용형식, 260면 이하 참조.

제2장 행정상 즉시강제

Ⅰ. 행정상 즉시강제의 의의

1. 행정상 즉시강제의 개념

행정상 즉시강제는 대체로 "현재의 급박한 행정상의 장해를 제거하기 위하여 필요한 경우나 미리 행정상의 의무를 명하는 것으로는 행정의 목적을 달성할 수 없는 경우에 개인의 신체나 재산에 실력을 행사하여 행정상 필요한 상태를 실현시키는 행정작용"을 말한다.[1] 즉시강제는 현재의 급박한 장해를 제거하기 위한 경우, 또는 이러한 급박한 사정과 관계없이 그 성질상 상대방에게 미리 행정상의 의무를 명하기가 어려운 경우에 인정된다(행정기본법 제30조 제1항 제5호 참조). 특히 후자의 경우를 "직접시행" 또는 "광의의 즉시강제"로 부르는 것이 타당하다는 견해도 있다.[2]

행정상 즉시강제는 행정목적을 달성하기 위한 행정강제의 수단이라는 점에서는 행정상 강제집행과 공통점을 가진다. 그러나 즉시강제는 개별적·구체적인 의무의 불이행을 전제하지 않고 급박한 경우에 행해지는 점에서 행정상 강제집행과 구별된다. 또한 행정조사는 즉시강제의 수단으로 파악되기도 하지만, 정보나 자료를 수집하기 위한 비권력적 수단이라는 점이 강조되고 있다. 오늘날 행정조사는 독립된 행정작용으로 다루어지고 있으며, 전술한 바와 같이 본서에서는 행정조사를 '정보행정'의 하나로 다루고 있다.

2. 행정상 즉시강제의 근거

과거에는 행정상 즉시강제의 이론적 근거를 국가의 일반긴급권에서 찾는 견

1) 이상규, 신행정법론(상), 546면.
2) 김남진·김연태, 행정법 Ⅰ, 559면.

해도 있었으나, 시민적 · 민주적 법치국가에서 이러한 이론을 수용하기 어렵다. 특히 긴급권의 행사라는 미명하에 개인의 인권을 중대하게 침해할 수도 있다. 행정상 즉시강제를 하기 위해서는 법률의 근거가 있어야 한다. 개인의 인권을 침해할 소지가 많은 경찰권의 직무행사에 있어서는 더욱 그러하다. 경찰관직무집행법에는 경찰관의 직무집행과 관련된 즉시강제에 대한 근거규정을 두고 있다.

Ⅱ. 행정상 즉시강제의 수단

행정상 즉시강제는 그 대상에 따라 대인적 강제, 대물적 강제 및 대가택강제로 구별된다. 이를 경찰관직무집행법의 수단과 개별법의 수단을 중심으로 설명하도록 한다.

1. 대인적 강제

대인적 강제란 사람의 신체에 실력을 행사하여 행정목적을 실현하는 행정작용을 말한다. 이러한 대인적 강제수단은 경찰관직무집행법에 다수 규정되어 있다. 예컨대 흉기의 조사(제3조 제3항), 억류 · 피난(제5조 제1항), 범죄의 제지(제6조), 경찰장비의 사용(제10조) 및 무기의 사용(제10조의4) 등이 그러하다. 개별법에도 대인적 강제수단이 규정되어 있다. 강제입원 및 격리(감염병의 예방 및 관리에 관한 법률 제47조 제3호), 치료보호(마약류 관리에 관한 법률 제40조), 강제퇴거(출입국관리법 제46조) 등이 그러하다.

2. 대물적 강제

대물적 강제란 물건에 대해 실력을 행사하여 행정목적을 실현하는 경우를 말한다. 경찰관직무집행법에 규정된 대물적 강제수단에는 물건 등의 임시영치(제4조 제3항)나 위험발생의 방지(제5조 제1항) 등이 있다. 한편, 개별법에 규정되어 있는 대물적 강제수단으로서는 물건의 폐기(식품위생법 제72조, 약사법 제71조), 영업소의 폐쇄조치 등(식품위생법 제79조), 교통장애물의 제거(도로교통법 제71조) 등이 있다.

3. 대가택강제

대가택강제란 흔히 소유자나 점유자·관리인의 의사에 관계없이 타인의 가택이나 영업소 등에 대하여 실력을 행사하여 행정목적을 실현하는 작용을 말한다. 예컨대 경찰관직무집행법 제7조 제1항에 따른 위험방지를 위한 가택출입이 여기에 해당한다. 종래에 대가택강제에 해당하였던 것은 오늘날 대부분 행정조사의 영역에서 논의되고 있다.

Ⅲ. 행정상 즉시강제의 한계

1. 비례의 원칙

행정상 즉시강제는 목적의 급박한 장해를 제거하기 위해 개인의 신체나 재산 등에 실력을 행사하는 행정작용이므로 인권침해의 소지가 높다. 이러한 행정상 즉시강제수단을 사용함에 있어서는 비례의 원칙을 준수해야 한다. 즉시강제가 행정목적에 적합하고 필요한 수단인지, 즉시강제의 수단과 달성하고자 하는 행정목적이 상당한지 등이 검토되어야 한다. 대표적으로 경찰관직무집행법 제10조의4에 사용된 무기사용이 그러하다. 경찰관직무집행법 제10조의4 제1항에는 "범인의 체포, 범인의 도주 방지, 자신이나 다른 사람의 생명·신체의 방어 및 보호, 공무집행에 대한 항거의 제지를 위하여 필요하다고 인정되는 상당한 이유가 있을 때에는 그 사태를 합리적으로 판단하여 필요한 한도에서 무기를 사용할 수 있다"라고 규정하고 있다. 경찰관은 이러한 요건에 해당하는 경우에 무기를 사용할 수 있다. 그러나 이러한 무기사용을 하는 경우에도 상대방에게 가장 피해를 적게 주는 수단이 있는 경우에는 그러한 수단을 사용하여야 한다(최소침해의 원칙 내지 필요성의 원칙). 행정기본법 제33조 제1항에도 "즉시강제는 다른 수단으로는 행정목적을 달성할 수 없는 경우에만 허용되며, 이 경우에도 최소한으로만 실시하여야 한다"라고 규정하고 있다.

2. 영장주의

헌법 제12조에는 신체의 자유와 관련하여, 그리고 헌법 제16조에는 주거의 자유와 관련하여 영장주의를 규정하고 있다. 행정상 즉시강제의 절차적 한계와 관련하여 영장이 필요한지에 대해 견해대립이 있다. 헌법의 규정에 비추어 행정상 즉시강제에도 영장주의가 고려되어야 한다. 헌법 제12조의 영장주의는 원칙적으로 형사절차와 관련된 것이다. 이 조항을 행정절차에 모두 적용해야 하는지가 문제이다. 형사절차와 관련되거나 개인의 자유나 재산을 중대하게 제한하는 경우에는 영장주의가 필요하지만, 통상적인 행정조사의 일환으로 이루어지는 흉기의 조사나 가택출입 등에는 이러한 영장주의를 엄격히 적용하기가 어렵다. 이러한 경우에는 증표의 제시만으로 충분하다. 절충설(제한적 긍정설)이 오늘날 다수설의 입장이다. 행정기본법 제33조 제2항에도 "즉시강제를 실시하기 위하여 현장에 파견되는 집행책임자는 그가 집행책임자임을 표시하는 증표를 보여주어야 하며, 즉시강제의 이유와 내용을 고지하여야 한다"라고 규정하고 있다.

Ⅳ. 행정상 즉시강제에 대한 권리구제

행정상의 즉시강제로 인해 개인의 권리가 침해될 수 있다. 이하에서는 적법한 즉시강제에 대한 구제수단과 위법한 즉시강제에 대한 구제수단으로 구분하여 설명하도록 한다.

1. 적법한 즉시강제에 대한 구제수단

행정상 즉시강제가 법률에 근거하여 적법하게 행하여졌으나 이로 인해 재산상 손실을 입은 경우에는 손실보상을 고려할 수 있다. 이와 관련하여 학설은 대체로 상대방(장해발생자 또는 제3자)에게 수인의 한도를 넘는 '특별한 희생'이 발생한 경우에 손실보상이 고려될 수 있다고 보고 있다. 그러나 이러한 기준은 모호하다. 이 문제는 보상규정의 유무를 살펴보아야 한다. 우선 법률에 보상규정이 있는 때에는 그에 따라 보상을 청구할 수 있다(소방기본법 제49조의2). 경찰관 집무집행법 제11조의2에도 손실보상에 관한 규정을 두고 있다. 즉 손실발생의 원인에 대하여 책임이 없는 자가 재산상의 손실을 입은 경우(손실발생의 원인에 대하여 책임이 없는 자가 경찰관의 직무집행에 자발적으로 협조하거나 물건을 제공하여 재산상의 손실을 입은 경우를 포함한다), 손실발생의 원인에 대하여 책임이 있는 자가 자신의 책임에 상응하는 정도를 초과하는 재산상의 손실을 입은 경우에 손실보상청구권을 인정하고 있다. 다만, 손실발생의 원인에 대하여 책임이 있는 자(경찰책임자)에 대해서도 손실보상을 인정하는 것은 법리적으로 문제가 있다.[3] 한편, 근거 법률에 보상규정이 없는 경우에도 손실보상을 인정할 것인지에 대해서는 견해대립이 있다. 헌법 제23조 제3항에 근거하여 손실보상을 인정하여야 한다는 견해도 있다(직접효력설).[4] 그러나 헌법 제23조 제3항에는 보상의 기준과 범위, 보상방법 등에 대해 아무런 규정이 없다. 공용수용의 요건에 해당하는지를 판단하는 것이 중요하다. 결국 헌법소송에 의하여 결정될 문제이며, 즉시강제의 근거 법률에 보상규정이 없는 한 손실보상은 현실적으로 어렵다. 이론적으로는 위헌무효설의 관점이 타당하다.

2. 위법한 즉시강제에 대한 구제수단

위법 또는 부당한 즉시강제로 인하여 권리를 침해당한 경우에 행정심판이나 행정소송을 제기할 수 있다. 그러나 즉시강제는 급박한 경우에 취해지는 사실행위일 뿐만 아니라 대부분 행위가 완료되어 행정쟁송을 제기하는 것이 쉽지 않다. 권력적 사실행위의 성질을 가지면서 어느 정도 계속성을 가지는 경우에는 행정쟁송을 고려할 수 있으나, 그 권리구제의 실익은 낮다. 현실적으로는 손해배상의 청구가 가장 효과적인 권리구제수단이다.[5] 즉시강제가 국가배상법 제2조에 따른 공무원의 직무상 불법행위를 구성하는 경우, 이로 인해 피해를 입은 사인은 국가나 지방자치단체에 대해 손해배상을 청구할 수 있다. 그 밖에 공무원의 즉시강제가 위법하게 행해지는 경우에는 형사상의 자력구제를 고려할 수 있다. 판례는 위법한 즉시강제에 대한 항거가 공무집행방해죄를 구성하지 않는다고 보고 있다.[6]

---

3) 이에 대해서는 졸저, 행정법의 특수문제, 98면 이하.
4) 김동희, 행정법 I, 507면.
5) "행정상의 즉시강제 또는 행정대집행과 같은 사실행위는 그 실행이 완료된 이후에 있어서는 그 행위의 위법을 이유로 하는 손해배상 또는 원상회복의 청구를 하는 것은 몰라도 그 사실행위의 취소를 구하는 것은 권리보호의 이익이 없다."(대법원 1965. 5. 31. 선고 65누25 판결)
6) 대법원 1992. 2. 11. 선고 91누2797 판결.

제3장 행정벌

Ⅰ. 서 설

1. 행정벌의 의의

행정벌이란 대체로 "행정법상의 의무위반에 대해 통치권에 근거하여 부과하는 제재"라고 이해하고 있다. 행정상 강제집행이나 즉시강제는 행정상의 의무이행을 확보하기 위한 직접적 강제수단이지만, 행정벌은 과거의 비행에 대한 제재수단이며 간접적으로 실효성을 확보하는 효과를 가진다. 그러한 점에서 행정벌은 '간접적' 의무이행강제의 수단으로 다루어진다.[1] 또한 행정벌이 부과되는 과거의 비행이나 의무위반은 '행정범(行政犯)'이라고 한다. 행정벌에는 행정형벌과 행정질서벌이 있다. 이러한 행정벌은 형사벌, 집행벌(이행강제금) 및 징계벌 등과 구별된다.

2. 행정벌의 성질

(1) 행정벌과 형사벌의 구별

행정벌 중 행정형벌은 형법상의 형을 그 제재의 내용으로 한다는 점에서 형사벌과 유사하다. 양자의 구별을 부정하는 견해도 있으나, 이론적으로 구별될 수 있다. 행정벌은 행정질서의 유지를 위해 특정한 명령·금지의 행정법규 위반에 대한 제재인 반면, 형사벌은 반윤리성 내지 반사회성이 인정되는 범죄행위에 대한 제재이다. 형사범은 자연범의 성격을 가진다. 그러나 행정형벌과 형사벌의 구별은 점차 상대화되고 있는 추세이다.

---

1) 이상규, 신행정법론(상), 545면.

(2) 행정벌과 징계벌의 구별

징계벌은 특별권력관계(특별신분관계)의 질서를 유지하기 위하여 그 내부의 질서위반자에 대한 특별권력에 근거하여 부과하는 제재이지만, 행정벌은 일반권력관계에 있어서 일반국민에 대해 통치권에 근거하여 부과하는 제재이다. 양자는 그 이론적 기초나 근거, 대상 등에 있어서 구별될 수 있어 병과를 할 수 있다.

(3) 행정벌과 집행벌의 구별

행정벌은 과거의 비행이나 의무위반에 대한 제재의 성격을 가지지만, 집행벌(이행강제금)은 장래의 의무이행을 강제하기 위한 수단이다. 행정벌도 행정법규의 준수 내지 의무이행을 간접적으로 촉진하는 효과를 가진다.

3. 행정벌의 근거

죄형법정주의의 원칙은 행정벌에도 적용되며, 법률에 의하지 아니하고는 행정벌을 부과할 수 없다. 다만, 행정벌의 제정을 법규명령에 위임할 수 있으나, 행정벌의 기준이나 최고한도 등을 구체적으로 정하여 위임하여야 한다. 한편 지방자치단체는 조례위반행위에 대하여 조례로써 1천만원 이하의 과태료를 정할 수 있다(지방자치법 제34조 제1항). 또한 사기나 그 밖의 부정한 방법으로 사용료·수수료 또는 분담금의 징수를 면한 자에 대하여는 그 징수를 면한 금액의 5배 이내의 과태료를, 공공시설을 부정사용한 자에 대하여는 50만원 이하의 과태료를 부과하는 규정을 조례로 정할 수 있다(지방자치법 제156조 제2항).

Ⅱ. 행정벌의 종류

1. 행정형벌

행정형벌은 행정법규의 의무위반에 대하여 형법 제41조에 정하여져 있는 형(사형·징역·금고·자격상실·자격정지·벌금·구류·과료 및 몰수)을 부과하는 행정벌을 말한다. 이러한 행정형벌에 대해서는 형법총칙의 규정이 적용되며, 그 과벌절차는 원칙적으로 형사소송절차에 의한다. 그러나 예외적으로 즉결심판절차나 통고처분절차(조세범처벌절차법 제15조, 도로교통법 제163조 등)에 의하는 경우도 있다.

2. 행정질서벌

행정질서벌이란 행정법규의 의무위반에 대하여 과태료를 부과하는 행정벌을 말한다. 행정질서벌은 주로 신고·등록·서류비치 등의 행정법상의 의무를 태만히 한 경우에 부과된다. 행정질서벌에 대해서는 형법총칙의 규정이 적용되지 않으며, 그 과벌절차는 질서위반행위규제법과 행정질서벌을 규정하고 있는 개별법의 규정에 의한다.

Ⅲ. 행정형벌

1. 행정형벌과 형법총칙

행정벌 중에서 행정형벌에 대해서는 형법총칙의 규정이 적용된다. 형법 제8조에서는 "본법 총칙은 타법령에 정한 죄에 적용한다. 단, 그 법령에 특별한 규정이 있을 때에는 예외로 한다"고 규정하고 있다. 따라서 다른 법령에 특별한 규정이 없는 한, 행정범에 대해서는 형법총칙의 규정이 적용된다.

2. 행정형벌의 특수성

행정형벌에 대해서는 특별한 규정에 의해 형법총칙의 적용이 배제되거나 변형될 수 있다. 그 구체적인 내용은 다음과 같다.

(1) 범의

형사범에 있어서 범의(犯意)가 없는 행위는 처벌하지 아니하며, 과실범은 법률에 특별한 규정이 있는 경우에 예외적으로 처벌할 수 있다(형법 제13조 및 제14조 참조). 이러한 형법의 규정은 행정형벌에도 적용될 수 있다. 예컨대 행정법규에는 과실에 의한 의무위반을 처벌하는 규정이 있다. 과실로 인해 부정수표를 발행하거나(부정수표단속법 제2조 제3항), 차 또는 노면전차의 운전자가 업무상 필요한 주의를 게을리하거나 중대한 과실로 다른 사람의 건조물이나 그 밖의 재물을 손괴한 경우(도로교통법 제151조) 등이 그러하다.

행정범의 범의 성립에도 죄가 되는 사실의 인식 이외에 위법성의 인식이 있어야 하는지가 문제된다. 형법 제16조에는 “자기의 행위가 법령에 의하여 죄가 되지 아니하는 것으로 오인한 행위는 그 오인에 정당한 이유가 있는 때에 한하여 벌하지 아니한다”라고 규정하고 있다. 형사범에 있어서는 위법성의 인식이 있어야 한다. 그러나 행정범의 경우에는 형사범과 달리 구체적인 행정법규를 인식하지 못하는 경우가 적지 않다. 그러한 이유에서 형법 제16조를 행정범에 대하여 그대로 적용하는 것은 타당하지 않다.

(2) 책임능력

형사범에 있어서 심신장애와 농아자의 행위는 벌하지 아니하거나, 그 형이 감경된다(형법 제10조 및 제11조). 또한 14세 미만의 형사미성년자의 행위는 벌하지 아니한다(동법 제9조). 그러나 행정형벌의 부과에 있어서 이에 대한 예외를 규정하는 경우가 있다(담배사업법 제31조).

(3) 법인의 책임

형사범에 있어서 법인은 범죄능력을 가지지 않는다고 보나, 행정범에 있어서는 행위자 외에 법인을 처벌하는 경우가 있다. 법인의 대표자 또는 법인의 대리인·사용인 기타 종업원이 법인의 업무에 관하여 의무를 위반한 경우에 행위자뿐만 아니라 법인에 대해서도 처벌하는 경우가 있다(소방기본법 제55조, 도로교통법 제159조 등). 이와 같이 행정범에 있어서 법인을 처벌하는 규정이 있는 경우에는 법인도 책임능력을 갖는다고 보는 것이 다수설이다. 법인을 처벌하는 형벌은 자유형이 아니라 그 성질상 벌금·과료 및 몰수 등의 금전벌이 대부분이다.

한편, 국가나 지방자치단체도 공법인이므로 책임능력이 있는지가 문제된다. 국가는 법집행을 하는 형벌권의 주체이므로 형벌을 부과할 수 있는 법인에 해당하지 아니한다. 지방자치단체는 국가기관의 일부로서 기관위임사무를 처리하는 경우에 행정벌의 처벌대상이 될 수 없지만, 자치사무를 수행하는 경우에 양벌규정에 따른 처벌대상이 될 수 있다.[2)]

(4) 공범

행정범에 대하여 공동정범(형법 제30조)·교사범(형법 제31조) 및 종범(형법 제32조 등)에 관한 규정을 적용하지 않는 경우가 있다(선박법 제39조). 또한 종범에

---

2) 대법원 2005. 11. 10. 선고 2004도2657 판결.

대한 감경규정(형법 제32조 제2항)을 배제하는 경우도 있다(담배사업법 31조).

(5) 타인의 행위에 대한 책임(사업주 · 영업주 등의 관리 · 감독 책임)

형사범에 있어서는 행위자를 처벌하지만, 행정범의 경우에는 행정법상 의무를 부담하는 자가 책임을 지는 경우도 있다. 예컨대 미성년자나 피성년후견인의 위법행위에 대하여 법정대리인을 처벌하거나, 양벌규정을 두어 행위자 외에 사업주나 영업주 등을 처벌하는 경우가 그러하다. 이 경우의 책임은 타인에 대신하여 책임을 지는 대위책임이 아니라 자신의 감독업무를 게을리 한 것에 대한 일종의 '과실책임'으로 볼 수 있다. 그리고 이러한 책임은 법률의 근거가 있는 경우에만 물을 수 있다. 한편, 헌법재판소는 행위자(종업원)뿐만 아니라 고용한 종업원 등의 업무와 관련된 위반행위에 대해 영업주를 처벌하는 양벌주의에 대하여 '자기책임주의'에 반한다는 이유로 위헌결정을 내린 바 있다.[3] 이러한 자기책임주의는 법치국가원리 및 죄형법정주의에서 도출된다고 보고 있다.

(6) 경합범 · 작량감경

형사범에 있어서는 작량감경을 하거나(형법 제53조), 경합범의 경우에 벌금의 다액을 합산한 액수를 초과할 수 없는 제한이 있다(형법 제38조 제1항 제2호). 그러나 행정범에 있어서는 경합범, 작량감경의 적용을 배제하는 특별한 규정을 두는 경우가 있다(담배사업법 제31조 참조).

3. 행정형벌의 과벌절차

행정형벌은 형사소송법상의 절차에 따라 과벌(科罰)하는 것이 원칙이지만, 예외적으로 특별한 절차가 규정되어 있다.

(1) 통고처분절차

조세범, 관세범, 출입국관리사범 및 교통법규위반사범 등에 대해서는 형사소송절차를 대신하여 행정청이 벌금 또는 과료에 상당하는 금액의 납부를 명할 수 있다. 이를 '통고처분'이라 한다. 이러한 통고처분에 따라 국고 등에 납부해야 하는 금전을 '범칙금'이라고 한다(도로교통법 제162조 제3항, 경범죄처벌법 제7조 등 참조). 한편, 지방국세청장 또는 세무서장은 조세범칙행위의 확증을 얻었을

3) 헌재 2009. 7. 30. 2008헌가10; 헌재 2010. 9. 30. 2010헌가52등.

때에는 그 대상이 되는 사람에게 그 이유를 구체적으로 밝히고 소정의 금액이나 물품을 납부할 것을 통고하여야 한다(조세범처벌절차법 제15조 제1항). 통고처분을 받은 자가 법정기간 내에 통고된 내용에 따라 이행한 때에는 일사부재리의 원칙의 적용을 받아 다시 소추할 수 없다. 즉 통고처분을 받은 자가 통고대로 이행하였을 때에는 동일한 사건에 대하여 다시 조세범칙조사를 받거나 처벌받지 아니한다(조세범처벌절차법 제15조 제3항). 만약 통고처분을 받은 자가 법정기간 내에 통고된 내용을 이행하지 않으면 해당 통고처분은 당연히 효력을 상실하고 관계 기관장의 고발에 의하여 형사소송절차로 이행하게 된다(조세범처벌절차법 제17조 제2항 참조). 이러한 통고처분은 항고소송의 대상이 되지 않는다.[4] 이러한 통고처분제도가 국민의 재판청구권을 침해하는지가 문제되었으나, 헌법재판소는 합헌으로 보고 있다.[5]

(2) 즉결심판절차

20만원 이하의 벌금·구류 또는 과료의 행정벌은 '즉결심판에 관한 절차법'에 따라 과벌되며, 경찰서장의 청구에 의하여 지방법원, 지원 또는 시·군법원의 판사가 피고인에게 벌금 등을 과한다(동법 제2조 및 제3조 참조). 즉결심판에 불복이 있는 피고인은 즉결심판의 선고·고지를 받은 날로부터 7일 이내에 정식재판을 청구할 수 있다(법원조직법 제35조). 이 경우 피고인은 정식재판청구서를 경찰서장에게 제출하고, 이를 받은 경찰서장은 지체 없이 이를 판사에게 송부하여야 한다(즉별심판에 관한 절차법 제14조).

Ⅳ. 행정질서벌

1. 행정질서벌의 의의

행정질서벌에는 형법총칙이 적용되지 않는다. 종전에는 행정질서벌에 관한 통칙적 규정이 없어 그 해석·적용에 어려움이 없지 않았다. 행정질서벌은 주관적 요소(고의·과실)를 묻지 않고 객관적 법규위반만으로 처벌하는 것이 보통이었다.[6] 그 후 2007년 12월 21일에 '질서위반행위규제법'이 제정되었다. 과태

---

4) 대법원 1995. 6. 29. 선고 95누4674 판결.

5) 헌재 2003. 10. 30. 2002헌마275.

6) "이 사건 과태료와 같은 행정질서벌은 행정질서유지를 위하여 행정법규위반이라는 객관적 사

료의 부과·징수, 재판 및 집행 등의 절차와 관련하여 다른 법률이 질서위반행위규제법에 저촉되는 경우에는 질서위반행위규제법이 적용된다(질서위반행위규제법 제5조). 따라서 질서위반행위규제법은 과태료의 부과·징수에 관한 일반법이라고 볼 수 있다. 질서위반행위규제법 제6조에는 질서위반행위 법정주의를 규정하고 있다. 질서위반행위로 인한 과태료부과에는 법률에 근거가 있어야 한다. 과태료 부과처분에 대해서는 항고소송의 대상을 부정하는 것이 판례의 확고한 입장이다.[7] 그러나 근래에는 과태료 부과처분의 처분성을 인정하고, 이에 대한 불복수단으로 행정심판 또는 행정소송을 제기할 수 있어야 한다는 견해가 있다.[8] 한편, 행정형벌과 행정질서벌은 모두 '행정벌'에 해당하므로 동일한 행정범에 대해 양자를 병과할 수는 없다. 그러나 행정처분(운행정지처분)과 행정질서벌의 병과는 가능하다.[9]

2. 행정질서벌의 성립

(1) 고의 또는 과실

앞에서 언급한 바와 같이 종전에는 행정질서벌의 대상이 되는 행위에 고의 또는 과실을 요건으로 하지 않았으나, 새로이 제정된 질서위반행위규제법은 고의 또는 과실이 없는 질서위반행위에 대해 과태료를 부과하지 아니한다고 규정하고 있다(제7조).

(2) 위법성의 착오에 정당한 사유가 없을 것

위반자가 자신의 행위가 위법하지 아니한 것으로 오인하고 행한 질서위반행위는 그 오인에 정당한 이유가 있는 경우에는 행정질서벌을 부과할 수 없다(질서위반행위규제법 제8조). 대법원도 위반자가 그 의무를 알지 못하는 것에 정당한

실에 대하여 과하는 제재이므로 반드시 현실적인 행위자가 아니라도 법령상 책임자로 규정된 자에게 부과되고 또한 특별한 규정이 없는 한 원칙적으로 위반자의 고의·과실을 요하지 않는다."(대법원 1994. 8. 26. 선고 94누6949 판결)

7) 대법원 2012. 10. 11. 선고 2011두19369 판결.

8) 졸고, "과태료 제도의 현안과 「질서위반행위규제법」의 개정방안", 법조 제71집 제1호(2022. 2), 356-384면; 동인, "과태료의 부과 및 징수 절차에 대한 개선방안: 특히 「질서위반행위규제법」의 문제점을 중심으로", 법조 제70권 제2호(통권 제746호), 2021. 04, 228-262면.

9) 운행정지처분의 이유가 된 사실관계로 자동차운송사업자가 이미 형사처벌을 받은 바 있다 하여 피고(서울특별시장)의 자동차운송사업법 제31조를 근거로 한 운행정지처분이 일사부재리의 원칙에 위반된다 할 수 없다."(대법원 1983. 6. 14. 선고 82누439 판결)

사유가 있을 때, 또는 그 의무의 이행을 당사자에게 기대하는 것이 무리라고 하는 사정이 있는 때에는 과태료를 부과할 수 없다고 보고 있다.[10)]

(3) 책임능력

질서위반행위규제법에는 형사미성년자와 심신장애인의 책임능력에 관한 규정을 두고 있다. 즉 다른 법률에 특별한 규정이 없는 한, 형사미성년자인 14세가 되지 아니한 자의 질서위반행위는 과태료에 처하지 아니한다(질서위반행위규제법 제9조). 또한 심신장애로 인하여 판단능력이 없거나 그 능력이 미약한 자의 질서위반행위에 대해서도 과태료를 면제하거나 경감할 수 있다(동법 제10조).

(4) 법인 등의 책임

법인의 대표자, 법인 또는 개인의 대리인·사용인 그 밖의 종업원이 업무에 관하여 법인 또는 그 개인에게 부과된 법률상의 의무를 위반한 때에는 법인 또는 그 개인에게 과태료를 부과한다(질서위반행위규제법 제11조).

(5) 다수인의 질서위반행위에 대한 책임

2인 이상이 질서위반행위에 가담한 때에는 각자가 질서위반행위를 한 것으로 본다(질서위반행위규제법 제12조 제1항). 또한 신분에 의하여 성립하는 질서위반행위에 신분이 없는 자가 가담한 때에는 신분이 없는 자에 대하여도 질서위반행위가 성립한 것으로 본다(동조 제2항). 그러나 신분에 의하여 과태료를 감경 또는 가중하거나 과태료에 처하지 아니하는 때에는 그 신분의 효과가 신분이 없는 자에게 미치지 아니한다(동조 제3항).

(6) 수개의 질서위반행위에 대한 과태료

하나의 행위가 2이상의 질서위반행위에 해당하는 경우에는 각 질서위반행위에 대하여 정한 과태료 중 가장 중한 과태료를 부과한다(질서위반행위규제법 제13조 제1항). 이러한 경우를 제외하고 2이상의 질서위반행위가 경합하는 경우에는 다른 법령에 특별한 규정이 있는 경우가 아닌 한 각 질서위반행위에 대하여 정한 과태료에 각각 부과한다(동조 제2항).

---

10) 대법원 2000. 5. 26. 선고 98두5972 판결.

3. 행정질서벌의 부과절차

(1) 법률에 의한 행정질서벌

종전에는 행정질서벌을 부과하는 절차가 통일되어 있지 않았다. 대체로 비송사건절차법에 따라 부과·징수하는 방식, 행정청이 과태료를 부과한 후 상대방의 이의신청이 있으면 법원이 결정하는 방식으로 구분되어 있었다. 전자의 경우에는 행정청이 위반사실을 적발하여 통보하면, 과태료를 부과받을 자의 주소지를 관할하는 지방법원이 비송사건절차법에 따라 결정으로써 과태료를 부과한다(비송사건절차법 제247조, 제248조). 후자의 경우에는 일차적으로 주무 행정관청이 과태료를 직접 부과·징수하고, 과태료부과처분을 받은 자가 일정한 기간 내에 해당 처분청에 이의신청을 할 수 있다. 이 경우 해당 처분청은 관할법원에 그 사실을 통보함으로써 비송사건절차법에 의한 절차로 이행하게 된다. 그러나 질서위반행위규제법의 제정에 의해 과태료부과절차는 통일되었다. 즉 행정청이 일차적으로 과태료를 부과·징수하고, 당사자의 이의제기에 의해 해당 행정청은 그 사실을 관할 법원에 통보한다. 또한 그 통보를 받은 법원은 비송사건절차에 따라 재판을 한 후 검사가 이를 집행하는 것으로 일원화되어 있다.

한편, 행정청은 미리 당사자에게 통지한 후 10일 이상의 의견 제출의 기회를 부여하고, 의견제출 절차의 종료 후에 과태료 부과처분을 서면으로 한다(질서위반행위규제법 제17조). 또한 행정청의 과태료부과처분에 대해서는 그 통지를 받은 날부터 60일 이내에 서면으로 이의제기를 할 수 있고, 이의제기가 있는 경우에 해당 과태료 부과처분은 그 효력을 상실한다(동법 제20조). 이의제기를 받은 행정청은 이의제기를 받은 날부터 14일 이내에 관할 법원에 통보하여야 하고(동법 제21조), 행정청으로부터 이의제기 사실을 통보받은 법원은 이를 즉시 검사에게 통지하여야 한다(동법 제30조). 법원은 심문기일을 열어 당사자의 진술을 들어야 하며, 검사의 의견을 구하여야 한다(동법 제31조). 또한 법원은 행정청의 참여가 필요하다고 인정하는 경우에 행정청으로 하여금 심문기일에 출석하여 의견을 진술하도록 할 수 있다(동법 제32조).

재판은 약식재판으로 할 수도 있으나, 당사자 또는 검사의 적법한 이의신청이 있는 경우에는 정식재판절차로 이행하게 된다(질서위반행위규제법 제44조·제50조). 과태료재판은 이유를 붙인 결정으로써 하고(동법 제36조), 당사자와 검사에게 고지함으로써 효력이 생긴다(동법 제37조). 당사자와 검사는 과태료재판에 대하여 즉시항고를 할 수 있다(동법 제38조). 과태료재판은 검사의 명령으로써 집행하나, 과태료를 최초 부과한 행정청에 대하여 과태료 재판의 집행을 위탁할 수도 있다(동법 제43조 제1항). 위탁을 받은 행정청은 국세 또는 지방세 체납처분의 예에 따라 집행한다. 지방자치단체의 장이 집행을 위탁받은 경우에는 그 집행한 금원은 지방자치단체의 수입이 된다(동법 제43조 제2항).

(2) 지방자치단체의 조례에 의한 행정질서벌

지방자치단체는 조례로써 조례위반행위에 대하여 1천만원 이하의 과태료를 정할 수 있으며, 이에 의한 과태료는 해당 지방자치단체의 조례가 정하는 바에 따라 해당 지방자치단체의 장 또는 그 관할구역안의 지방자치단체의 장이 부과 · 징수한다(지방자치법 제34조 제1항 및 제2항).

지방자치단체는 사기나 그 밖의 부정한 방법으로 사용료 · 수수료 · 분담금의 징수를 면한 자에 대하여서는 그 징수를 면한 액의 5배 이내의 과태료를, 공공시설을 부정사용한 자에 대하여는 50만원 이하의 과태료를 부과하는 규정을 조례로써 제정할 수 있다(지방자치법 제156조 제2항). 이에 따른 과태료의 부과 · 징수, 재판 및 집행 등의 절차에 관한 사항은 질서위반행위규제법에 따른다(동조 제3항).

제4장 행정의 새로운 실효성확보수단

Ⅰ. 새로운 금전적 제재수단

새로운 실효성확보수단으로 금전적 제재가 활용되고 있다. 행정법규의 위반자에게 금전적 제재를 부과하여 간접적으로 행정상 의무를 이행하도록 하는 것이다. 대표적으로 과징금, 가산금 등이 여기에 해당한다. 그 밖에 가산세, 부당이득세 등도 새로운 금전적 제재수단으로 소개되고 있다. 그러나 가산세나 부당이득세는 전통적인 제재수단으로서 '조세'의 유형에 속한다.

1. 과징금

과징금은 행정법상의 의무위반자에 대하여 과하는 금전벌의 일종이다. 과징금제도는 본래 행정법규의 위반자에게 경제적 이익이 발생한 경우에 그 이익을 박탈함으로써 간접적으로 행정법상의 의무를 이행시키는 제도이다. 과징금은 1980년 말에 독점규제 및 공정거래에 관한 법률(이하 '공정거래법'이라 한다)을 통해 처음으로 도입되었다. 예컨대 시장지배적 사업자가 남용행위(가격을 부당하게 결정하는 행위 등)를 한 경우에 당해 사업자에 대하여 대통령령이 정하는 매출액(대통령령이 정하는 사업자의 경우에는 영업수익)에 100분의 3을 곱한 금액을 초과하지 아니하는 범위 안에서 과징금을 부과·징수할 수 있다(공정거래법 제6조).

근래에는 이러한 경제적 이익의 박탈이 아니라 국가공동체에 중대한 영향을 미치거나 다중이 빈번하게 이용하는 사업 등에 대해서도 과징금제도를 도입하고 있다(여객자동차운수사업법, 도시가스사업법, 전기사업법, 식품위생법 등). 이러한 과징금제도는 교통·전기·가스 등과 관련된 사업허가의 취소·정지 등으로 인해 일반 공중이 일상생활에 불편을 주는 것을 피할 수 있는 장점을 가진다. 이에 허가취소나 정지 등을 대체하여 과징금제도를 도입하고 있는 것이다. 이러한 과징금을 '변형과징금'이라고 한다. 근래에는 환경법 분야에서도 이러한 과징금제도를 도입하고 있다(대기환경보전법 제37조, 화학물질관리법 제36조).

행정기본법 제28조 이하에는 과징금에 관한 근거 조항을 마련하고 있다. 과징금의 부과대상자로 "법령 등에 따른 의무를 위반한 자"만을 규정하고 있다(행정기본법 제28조 제1항). 그러나 과징금의 특성이 반영된 내용을 규정하는 것이 바람직하다. 과징금의 근거가 되는 법률에는 부과·징수 주체, 부과사유, 상한액, 가산금을 징수하려는 경우 그 사항, 과징금 또는 가산금 체납시 강제징수를 하려는 경우 그 사항을 명확하게 규정하도록 규정하고 있다(동조 제2항). 과징금은 일시불을 원칙으로 하지만, 분할 납부를 할 수 있는 예외를 규정하고 있다(동조 제3항).

2. 가산금

가산금은 행정법상의 지급의무를 이행하지 않은 것에 대해서 부과하는 금전상의 제재이다. 금전적 제재라는 점에서는 과징금과 유사하지만, 가산금은 행정법규에 의한 지급의무를 전제조건으로 하고 있다는 점에서 차이가 있다. 예컨대 배출부과금을 납부기한까지 내지 않는 경우에 가산금이 부과된다(대기환경보전법 제35조 제5항). 구 국세징수법 제21조에도 '가산금'제도가 있었으나, 2018년 12월 31일 국세징수법의 일부 개정에 의하여 2020년부터 국세징수법에 따른 가산금과 국세기본법에 따른 납부불성실가산세를 '납부지연가산세'로 통합하고 가산금제도를 폐지하였다. 지방세기본법 제2조 제24호에는 '가산금'을 "지방세를 납부기한까지 납부하지 아니할 때에 이 법 또는 지방세관계법에 따라 고지세액에 가산하여 징수하는 금액과 납부기한이 지난 후 일정기한까지 납부하지 아니할 때에 그 금액에 다시 가산하여 징수하는 금액"이라고 정의하고 있다. 그러나 이 규정은 2020년 12월 29일 지방세기본법의 개정으로 삭제되었다.

Ⅱ. 공급거부

1. 공급거부의 의의

공급거부란 "행정법상의 의무를 위반하거나 불이행한 자에 대하여 일정한 행정서비스나 재화 공급을 거부하는 것"을 말한다. 행정이 제공하는 서비스나 재화는 급부행정과 관련된 것으로서 국민의 일상생활에 필수불가결한 것이 대부분이다(예컨대 수도 · 전기 · 통신 · 가스 등). 그러나 이러한 제재수단은 남용될 우려가 있고 국민의 생존권적 기본권과 밀접한 관련이 있어 그 근거와 한계를 법률에 명확히 규정할 필요가 있다. 더불어 이러한 공급거부에 대한 권리구제에 대해 살펴보도록 한다.

2. 공급거부의 법적 근거

공급거부는 국민의 권익에 중대한 영향을 미치는 것이므로 법적 근거가 필요하다. 구 건축법 제69조 제2항에는 건축법에 따른 명령이나 처분에 위반하여 건축물의 건축 또는 대수선을 하였을 때에 해당 건축물에 대한 전기 · 전화 · 수도의 설치 · 공급의 중지를 요청할 수 있다고 규정하고 있었다. 구 대기환경보전법에도 배출시설의 폐쇄명령을 받고 이행하지 아니한 사업장에 대하여 환경부장관이 전기 · 수도의 설치나 공급을 중단하도록 관계기관의 장에게 요청할 수 있는 규정을 두고 있었다. 그러나 부당결부금지원칙의 위반, 기본권 보호 등이 문제되어, 지금은 해당 조항이 모두 삭제되었다.

3. 공급거부의 한계

행정상의 서비스나 재화에 대한 공급거부는 국민의 일상생활에 중대한 영향을 미치므로 행정상 의무위반이나 불이행이 제재수단인 공급거부와 실질적 관련성을 가진 경우에만 허용된다. 이러한 실질적 관련성이 없는 경우에 공급거부를 하는 것은 부당결부금지원칙에 위배된다고 볼 수 있다. 또한 공급거부는 국민의 생존권적 기본권과 관계되므로 과잉금지의 원칙을 준수하여야 한다.

4. 공급거부에 대한 권리구제

대법원은 전기 · 전화 공급을 하지 말 것을 요청한 행위는 권고적 성격의 행위에 불과하여 항고소송의 대상이 되는 행정처분이 아니라고 보고 있다.[1)] 이에 반해 단수조치는 항고소송의 대상이 된다고 판시하고 있다.[2)] 공급거부에 대해서는 공법적 성질뿐만 아니라, 사법적 성질의 것이 있을 수 있다는 견해도 있다.[3)]

---

1) 대법원 1996. 3. 22. 선고 96누433.
2) 대법원 1979. 12. 28. 선고 79누218 판결.
3) 이상규, 신행정법론(상), 신판, 526면.

Ⅲ. 공 표

1. 공표의 의의

공표(公表)라 함은 행정법상의 의무위반이 있는 경우에 그 위반한 사람의 성명이나 위반사실 등을 적시하여 일반 공중에게 알리는 행위를 말한다. 개정된 행정절차법 제40조의3은 법령에 따른 의무를 위반한 자의 성명·법인명, 위반사실, 의무 위반을 이유로 한 처분사실 등을 일반에게 공표할 수 있도록 규정하고 있다. 예컨대 고액조세체납자나 환경오염물질 배출업소의 명단공표 등이 그러하다. 공표는 일정한 사실을 국민에게 알리는 사실행위에 지나지 않으며, 그 자체로서는 아무런 법적 효과가 발생하지 않는다. 이러한 공표행위는 위반한 사람의 명예나 신용 등이 실추될 수 있어 간접적으로 강제하는 수단이 될 수 있다. 공표는 국민의 '알권리'와 밀접한 관련을 가진다. 식품위생이나 식품안전 등과 관련된 경우에 공표제도는 중요한 역할을 수행한다. 그러나 이러한 공표는 사생활의 비밀과 자유, 영업의 자유 및 재산권 등을 침해할 수 있다.

2. 공표의 법적 근거

행정법상의 의무위반자의 명단을 공표하기 위해서 반드시 법적 근거가 필요한지가 문제된다. 공표 그 자체는 직접적으로 아무런 법적 효과도 발생하지 아니하고 단지 일정한 사실을 국민에게 알리는 사실행위에 지나지 않지만, 위에서 언급한 바와 같이 국민의 기본권을 침해할 수도 있다. 따라서 프라이버시권, 영업의 자유 등과 같이 상대방의 기본권을 중대하게 침해하거나 침해할 우려가 높은 경우에는 원칙적으로 법적 근거가 필요하다. 이와 관련하여 2022년 1월 11일 개정된 행정절차법은 공표를 하기 전에 사실과 다른 공표로 인하여 당사자의 명예·신용 등이 훼손되지 아니하도록 객관적이고 타당한 근거가 있는지를 확인하도록 하고 있다(제40조의3 제2항).

3. 공표의 절차

개정된 행정절차법은 위반사실 등의 공표 절차에 관한 규정을 마련하고 있다. 위반사실 등의 공표는 관보, 공보 또는 인터넷 홈페이지 등을 통하여 한다

(제40조의3 제6항). 이러한 공표행위는 전술한 바와 같이 상대방의 명예나 신용 등을 중대하게 침해할 수 있으므로 사전통지나 의견제출의 절차를 보장할 필요가 있다. 이에 개정된 행정절차법은 행정청이 위반사실 등의 공표를 할 때에는 일정한 경우를 제외하고 미리 당사자에게 그 사실을 통지하고 의견제출의 기회를 주어야 한다(제40조의3 제3항). 공공의 안전 또는 복리를 위하여 긴급히 공표를 할 필요가 있는 경우, 해당 공표의 성질상 의견청취가 현저히 곤란하거나 명백히 불필요하다고 인정될 만한 타당한 이유가 있는 경우, 당사자가 의견진술의 기회를 포기한다는 뜻을 명백히 밝힌 경우에는 이러한 통지나 의견제출의 절차를 생략할 수 있다.

의견제출의 기회를 받은 당사자는 공표 전에 관할 행정청에 서면이나 말 또는 정보통신망을 이용하여 의견을 제출할 수 있다(동조 제4항). 행정청은 당사자가 공표와 관련된 의무의 이행, 원상회복, 손해배상 등의 조치를 마친 경우에는 위반사실 등의 공표를 하지 아니할 수 있다(동조 제7항). 또한 행정청은 공표된 내용이 사실과 다른 것으로 밝혀지거나 공표에 포함된 처분이 취소된 경우에는 그 내용을 정정하여, 정정한 내용을 지체 없이 해당 공표와 같은 방법으로 공표된 기간 이상 공표하여야 한다(동조 제8항). 다만, 당사자가 원하지 아니하면 공표하지 아니할 수 있다.

4. 위법한 공표에 대한 권리구제

위법한 공표로 인하여 명예를 훼손당하거나 재산적 손해를 받은 사람은 손해배상을 청구할 수 있다. 또한 공표에 대한 취소소송을 제기할 수 있는지에 대해 견해가 대립하고 있다. 공표는 전술한 바와 같이 비권력적 사실행위에 해당하며, 처분성을 인정하기 어렵다는 점에서 부정적으로 해석해야 한다. 다만, 공표행위 이전의 행정청의 결정에 대해서는 처분성을 인정할 수 있다. 이러한 고액·상습체납자의 명단공표가 상당한 기간 동안에 계속되는 경우에 이를 권력적 사실행위로 해석하여 항고소송의 대상을 인정하는 하급심 판례도 있다.[4] 또한 대법원은 명확한 논거를 제시하지 않고 원심의 판결을 그대로 받아들여 '공표'의 처분성을 인정하는 것처럼 판시한 바 있다.[5] 그러나 공표를 함과 동시에 그 행정목적을 달성하는 것이 대부분이다. 이러한 공표에 대해 행정소송을 제기

4) 서울행정법원 2011. 10. 21. 선고 2011구합16933 판결.
5) 대법원 2019. 8. 30. 선고 2019두38342, 38366 판결.

하는 것은 권리구제의 실익이 적을 뿐만 아니라 소익을 인정하기도 어렵다. 공표 이전의 행정청의 결정을 대상으로 한 취소소송을 제기하면서 '집행정지'를 함께 신청하는 것이 효과적이다. 또한 처분이 소멸된 경우에는 회복되는 법률상 이익이 있음을 이유로 취소소송을 제기할 수 있다(행정소송법 제12조 후문). 예컨대 공표한 후 일정한 기간 동안 게시하는 결정을 한 경우에 그 기간이 지나면 해당 처분도 소멸한다. 그 밖에 공표에 의해 명예가 훼손된 경우에는 민사상 '정정공고'를 요청하거나, 형법상 명예훼손죄 · 피의사실공표죄 · 공무상비밀누설죄 등을 권리구제수단으로서 고려할 수 있다.

Ⅳ. 관허사업의 제한

1. 일반적인 관허사업의 제한

국세징수법에는 관허사업의 제한에 관한 일반적인 규정을 두고 있다. 세무서장은 납세자가 대통령령이 정하는 사유 없이 국세를 체납한 때에는 허가 · 인가 · 면허 및 등록 등과 그 갱신이 필요한 사업의 주무관청에 당해 납세자에 대하여 그 허가 등을 하지 아니할 것을 요구할 수 있다(국세징수법 제112조 제1항). 또한 관할 세무서장은 허가 등을 받아 사업을 경영하는 자가 해당사업과 관련된 소득세, 법인세 및 부가가치세를 3회 이상 체납한 경우로써 그 체납액이 500만원 이상일 때에는 그 주무관청에 사업의 정지 또는 허가의 취소를 요구할 수 있다(동조 제2항). 이러한 세무서장의 요구가 있을 때에는 당해 주무관청은 정당한 사유가 없는 한 이에 응하여야 한다(동조 제4항).

2. 특정한 관허사업의 제한

개별 법령에 규정된 특정한 행정법상의 의무를 위반한 경우에 당해 법령에 의한 기존의 인 · 허가를 철회 또는 정지하도록 하는 규정이 있다(약사법 제76조). 또는 건축법이나 건축법에 의하여 발하는 명령이나 처분에 위반하여 건축물의 건축 또는 대수선을 하였을 때에는 당해 건축물을 사용하여 행할 다른 법령에 의한 영업 기타 행위를 허가할 수 없도록 규정하고 있다(건축법 제79조 제2항). 이와 같이 건축법 제79조 제2항에서는 위법건축물을 이용한 관허사업을 제한하고 있는 것이다.

제 5 편

행정구제법

제1부 국가책임법
제1장 국가배상
제2장 손실보상
제3장 기타 손해전보제도
제2부 행정쟁송법
제1장 행정심판
제2장 행정소송

제1부 국가책임법

서론: 국가책임법의 기초

행정구제라 함은 행정기관의 작용으로 인하여 개인의 권리나 이익이 침해된 경우에 사전에 절차에 참여함으로써 미연에 권리침해를 방지하거나, 또는 사후에 법원에 원상회복이나 손해전보, 행정처분의 취소를 구하는 행정쟁송 등을 통하여 권리구제를 강구하는 것을 총칭하는 것이다. 이와 같이 행정구제는 크게 사전적 권리구제수단과 사후적 권리구제수단으로 구별할 수 있다. 사전적 권리구제수단에는 행정절차, 청원 및 옴부즈만(Ombudsman)제도 등이 있다. 이 중에서 행정절차는 사전적 권리구제수단으로서 매우 중요한 역할을 수행한다. 이에 반해 사후적 권리구제수단으로는 행정상의 손해전보(손실보상 및 국가배상)나 행정상의 쟁송(행정심판 및 행정소송) 등이 있다. 행정구제와 관련하여 독일에서는 다양한 유형의 권리구제수단이 논해지고 있다. 예컨대 손해전보(손해배상·손실보상), 조정청구권 및 원상회복청구권 등이 그러하다. 손해전보는 국가책임의 문제로 다루어지고 있다. 이러한 권리구제수단이 한국의 법제에서도 실현될 수 있는지가 문제된다.

현대행정은 복잡성과 다양성을 특징으로 한다. 국가의 고권적 작용으로 인한 국민의 권익이 침해될 가능성은 점차 높아지고 있다. 예컨대 국가의 공권력으로 인한 국민의 생명 및 신체에 대한 침해라든가, 대규모공공사업(신공항건설 내지 고속도로의 건설 등)을 위한 토지수용에 의한 재산권침해나 영업상 손실 등이 발생할 수 있다.

국가작용으로 사인에게 피해를 입힌 경우에 이에 대한 국가책임의 이론적 근거는 '법치국가원리'에서 찾고 있다.[1] 이러한 피해에 대해 어떠한 방식으로 전보(塡補)할 것인지는 각국의 사회적 상황과 역사적 배경에 따라 다양한 방식으로 전개되고 있다. 이와 관련하여 독일에서는 "국가책임", "공법상 손해배상

1) Maurer/Waldhoff, Allgemeines Verwaltungsrecht, 19. Aufl., § 26 Rn. 6.

및 손실보상법", "국가작용의 책임" 등 다양한 명칭으로 논의되어 왔다. 여기에는 일반적으로 공무원의 위법·유책한 행위에 대한 손해배상(국가배상)과 적법한 재산권의 침해에 대한 손실보상이 중심을 이루고 있다. 그러나 독일에서는 직무책임과 손실보상 외에 양자의 간극을 메울 수 있는 수용유사적 침해이론, 수용적 침해이론, 위험책임 및 희생보상청구권 등 다양한 이론들이 소개되고 있다. 또한 일본의 문헌에서도 오래 전부터 국가배상과 손실보상의 이분론(二分論)을 전제로 하여, 양자를 포괄하는 개념으로 '국가보상법(國家補償法)'이라는 용어를 사용하고 있다.[2] 즉 위법한 활동에 대해서는 국가배상으로, 토지수용을 중심으로 하는 적법한 재산권 박탈에 대해서는 손실보상으로 접근하는 이원적 구조로 발전되어 왔다.[3] 특히 국가배상책임에서는 위법한 국가활동으로 인하여 사인에게 손해가 발생한 경우에 누구에게, 또 어떠한 요건하에 책임을 물을 것인가 하는 것이 중요한 문제가 되고 있다.[4] 역사적으로 국가무책임사상(國家無責任思想)이 지배하던 시절도 있었으나, 오늘날에는 국가책임을 인정하는 입법례가 대부분이다.

---

2) 일본의 학계에서는 1957년 今村成和 박사의 저서 '國家補償法'이 출간된 후, 대부분의 문헌에서는 이러한 표현이 정착된 것으로 보고 있다. 그러나 '國家補償'이라는 용어는 田中二郎 교수가 처음 사용한 것으로 보고 있다. 이 개념의 유래에 대해서는 小幡純子, "國家補償の體系の意義", 行政法の新構想 Ⅲ(磯部 力·小早川光郎·芝池義一 編), 279면 참조.

3) 塩野 宏, 行政法 Ⅱ, 第六版, 有斐閣, 303면 이하 참조.

4) 한편, 우리나라에서도 "行政上의 損失補塡"(이상규, 신행정법론(상), 신판, 580면 이하), "行政上의 損害塡補"(김도창, 일반행정법론(상), 제4전정판, 606면 이하; 김철용, 행정법 I, 제12판, 김동희, 행정법 I, 556면 이하), 또는 "國家責任法"(홍정선, 행정법원론(상), 제31판, 816면 이하) 등의 제하(題下)에 국가배상과 손실보상의 문제를 논하고 있다.

제1장 국가배상

제1절 총 설

Ⅰ. 국가배상의 의의 및 연혁

1. 국가배상의 의의 및 법적 성질

행정상 손해배상(국가배상)은 공무원의 위법한 직무행위로 인하여 발생한 손해에 대하여 국가·지방자치단체 등 행정주체가 배상하는 제도를 말한다.[1] 국가배상의 법적 근거는 헌법 제29조와 국가배상법에서 찾을 수 있다. 국가배상청구권의 법적 성질에 대해 공권설과 사권설이 서로 대립하고 있다. 대법원판례는 사권설의 입장이며, 국가배상법을 민사상 손해배상책임의 특별법으로 파악하고 있다.[2] 그러나 학설은 공권설이 지배적이다. 생각건대 국가배상청구권은 헌법에 의해 직접 효력이 인정되는 권리이며, 일반 사권과는 달리 일정한 경우에 양도나 압류의 대상이 되지 않는다(국가배상법 제4조). 또한 그 주체가 외국인인 경우에는 상호보증주의에 따른 제한이 있다. 따라서 국가배상청구권은 그 본질상 '공권설'의 입장이 타당하며, 국가배상에 관한 소송은 공법상의 당사자소송으로서 행정소송법의 적용을 받는다고 보아야 한다.

2. 국가배상의 연혁

공무원의 직무행위로 인한 손해에 대하여 국가 또는 공공단체가 책임을 지느냐는 각국의 입법례에 따라 차이가 있다. 프랑스에서는 국참사원(國參事院, Conseil

1) 국가배상법의 현안과 과제에 대해서는 졸저. 헌법재판과 행정소송, 553면 이하 참조.
2) 대법원 1972. 10. 10. 선고 69다701 판결.

d'État)의 판례를 중심으로 국가책임제도가 확립되었다. 특히 블랑코(Blanco)판결[3] 이후 민사상의 배상책임과 결별하고 행정상의 배상책임제도가 발달하였다. 독일에서는 국가의 사경제적 작용에 대해서만 국가책임을 인정하였으나, 1919년 바이마르 헌법에서 국가의 대위책임을 명시하기에 이르렀다(제131조). 이러한 대륙법계국가와 달리 영미법계국가에서는 전통적으로 국가가 책임을 지지 않는다는 것을 원칙으로 하였다. 즉 "국왕은 악(불법)을 행할 수 없다"(The King can do no wrong)라는 표현이 이러한 사실을 웅변으로 말해 주고 있다. 그러나 영국에서는 1947년 국왕소추법(Crown Proceedings Act), 미국에서는 1946년 연방손해배상법(Federal Tort Claims Act)에 의해 일정한 범위에서 국가책임이 인정되고 있다. 1949년에 제정된 독일 기본법 제34조에서는 공무원의 불법행위를 원칙적으로 국가가 배상하도록 규정하고 있다. 그러나 독일의 국가책임은 직접책임이 아니라 대위책임에 기초하고 있다. 즉 독일 민법 제839조를 매개로 한 간접책임이다. 독일에서는 1981년에 국가책임법(Staatshaftungsgesetz)이 제정되었으나, 1982년 10월 9일 독일 기본법 제70조(입법권의 관할규정)에 근거하여 연방에는 입법권한이 없다는 점을 이유로 연방헌법재판소에 의해 전부 무효판결을 받았다.

한편, 한국의 국가배상법은 1951년 9월 8일 법률 제231호로 제정되었으나, 전문이 5개조로 된 간단한 법률이었다. 그 제정이유는 헌법에 규정된 국가배상청구권을 보장하기 위한 것이었다. 1948년 제헌헌법 제27조에서는 "공무원의 직무상 불법행위로 인하여 손해를 받은 자는 국가 또는 공공단체에 대하여 배상을 청구할 수 있다. 단 공무원 자신의 민사상이나 형사상의 책임이 면제되는 것은 아니다"라고 규정하고 있다. 이에 근거하여 국가배상법이 제정되었다. 국가배상법 제2조에서는 "공무원이 그 직무를 행함에 당하여 고의 또는 과실로 법령에 위반하여 타인에게 손해를 가하였을 때에는 국가 또는 공공단체는 그 손해를 배상할 책임이 있다"라고 규정하고 있다. 1951년 국가배상법에서는 배상책임의 주체를 헌법과 동일하게 국가 또는 공공단체로 규정하였고,[4] "고의 또

3) 블랑코(Agnes Blanco)라는 소녀가 국영 담배공장의 운반차에 치여 민사법원에 국가를 상대로 한 배상청구소송을 제기하였으나, 그 관할권이 문제되었다. 이 사건은 결국 국참사원의 관할에 속하게 되었다.

4) 한편, 유진오 박사가 사법부 법전편찬위원회에 제출한 헌법초안의 제26조에서는 "공무원의 직무상 불법행위로 인하야 손해를 받은 자는 國會 또는 公共團體에 대하야 배상을 청구할 수가 있다"라고 규정하여, 국회를 배상책임의 주체로 규정하고 있는 점이 특징이다. 그러나 행정연

는 과실"이라는 요건을 규정함으로써 과실책임주의(유책주의)를 인정하였다. 당시 국가배상법에는 국가에 대한 손해배상금의 청구절차가 없었기 때문에, 이를 규정하기 위해 1962년 12월 24일 '국가배상금청구에 관한 절차법'이 제정되었다. 그 후에 국가 또는 지방자치단체의 손해배상책임과 그 배상절차를 통합하여 규정하기 위해 구법을 폐지하고, 1967년 3월 3일 법률 제1889호로 국가배상법을 새로이 제정하였다.

Ⅱ. 국가배상의 헌법적 근거

1. 국가배상청구권의 법적 근거

헌법 제29조 제1항에는 국가배상청구권의 헌법적 근거가 마련되어 있다. 즉 "공무원의 직무상 불법행위로 손해를 받은 국민은 법률이 정하는 바에 의하여 국가 또는 공공단체에 정당한 배상을 청구할 수 있다"고 규정하고 있다. 이 규정은 국가배상청구권을 청구권적 기본권의 하나로 보장하고 있는 것이다. 이에 근거하여 국가배상법은 제2조에서 '공무원의 직무상 불법행위'로 인한 국가배상책임을 규정하고 있으며, 제5조에서는 '영조물의 설치·관리상의 하자'로 인한 국가배상책임을 규정하고 있다. 다만, 헌법 제29조에는 국가배상법 제5조의 영조물의 설치·관리상의 하자를 규정하고 있지 않다.

국가배상법 제2조는 공무원의 고의·과실을 기초로 한 주관적 책임구조(과실책임주의)로 구성되어 있으나, 국가배상법 제5조에는 영조물의 설치·관리상의 하자와 관련된 무과실책임을 규정하고 있다. 그러나 헌법 제29조 제1항에는 주관적 배상책임요건(고의 또는 과실)을 규정하고 있지 않다. 또한 헌법 제29조 제1항 단서에는 "이 경우 공무원 자신의 책임은 면제되지 아니한다"고 규정하고 있다. 그러나 국가배상법 제2조 제2항에는 "제1항 본문의 경우에 공무원에게 고의 또는 중대한 과실이 있으면 국가나 지방자치단체는 그 공무원에게 구상할 수 있다"고 규정하고 있다. 국가배상법에 의하면 공무원이 경과실로 타인의 권리를 침해한 경우에는 면책될 수 있다.

구회의 토의를 거쳐 국회헌법기초위원회에 제출된 헌법초안에는 국회를 국가로 변경하였다. 이에 대해서는 유진오, 헌법기초회고록, 일조각, 1981, 부록 184, 211면 참조.

2. 헌법 제29조의 법적 성격

헌법 제29조에는 국가배상청구권을 기본권의 하나로서 보장하고 있다. 과거에는 이 조항이 직접효력규정인지, 아니면 방침규정인지에 대하여 논란이 있었다. 그러나 오늘날에는 국가배상법이 제정되어 있으므로 이러한 논의는 실익이 적다고 볼 수 있다. 다만, 헌법 제29조 제2항에는 "군인·군무원·경찰공무원 기타 법률이 정하는 자가 전투·훈련 등 직무집행과 관련하여 받은 손해에 대하여는 정하는 보상 외에 국가 또는 공공단체에 공무원의 직무상 불법행위로 인한 배상은 청구할 수 없다"라고 규정하고 있다. 이 조항은 1972년 11월 24일 유신헌법에 의해 신설된 것인데, 동일한 내용의 국가배상법 제2조 제1항 단서의 위헌론을 봉쇄하기 위하여 도입되었다. 헌법재판소[5]와 대법원[6]은 헌법 제29조 제2항 및 국가배상법 제2조 제1항 단서를 합헌으로 보고 있다. 그럼에도 불구하고 이 조항은 기본권내재적 가치체계에 비추어 위헌이라는 비판이 계속해서 제기되고 있다.[7]

Ⅲ. 손실보상 및 기타 유사제도와의 구분

국가배상은 개인주의사상을 기초로 하고 있으나, 손실보상은 사유재산의 절대성을 전제로 하고 단체주의사상을 배경으로 한다. 또한 국가배상은 위법한 행위로 발생한 손해에 대한 국가책임제도이지만, 손실보상은 적법한 행위로 인한 재산권 침해에 대한 손해전보에 관한 것이다. 이러한 고전적 논의는 시대의 변화와 함께 새로운 국면에 직면하고 있다. 국가배상과 손실보상의 차이는 상대화되고 있으며, 양자의 중간영역을 메우기 위한 이론들이 등장하고 있다. 국가배상의 영역에서는 위험책임 내지 무과실책임 등이 강조되거나 법률에 명문화되고 있다. 이에 반해 손실보상의 영역에서는 위법한 재산권 침해에 대해서도 수용유사적 침해이론이 주장되고 있으며, 근래에는 무보상이 원칙이지만 예외적으로 보상이 인정되는 조정적 보상부 내용한계에 관한 이론도 등장하고 있다.

---

5) 헌재 2001. 2. 22. 2000헌바38.
6) 대법원 1996. 12. 20. 선고 96다42178 판결.
7) 이상철, "국가배상법 제2조 제1항 단서의 위헌성", 안암법학 창간호, 1993. 9. 274면 참조.

제2절 공무원의 직무상 불법행위로 인한 손해배상

Ⅰ. 배상책임의 성립요건

1. 공무원

행정상의 손해배상청구권이 성립하기 위해서는 공무원의 직무상 위법한 행위로 인하여 타인에게 손해가 발생하여야 한다(국가배상법 제2조 제1항). 국가배상법상 공무원은 광의로 파악되며, 국가공무원법 및 지방공무원법상의 공무원, 그리고 공무수탁사인(Beliehene)을 망라한다.[8] 2009년 10월 21일 개정법률에 의하면 공무원 이외에 "공무를 위탁받은 사인"을 별도로 규정하고 있다. 물론 종전에도 공무를 위탁받은 사인의 위법행위로 인한 손해에 대해 해석상 국가나 지방자치단체의 배상책임을 인정하였다. 그러나 손해배상책임을 보다 명확히 하기 위해 공무를 위탁받은 사인의 위법행위로 인한 손해도 이 법에 따라 국가나 지방자치단체가 배상하여야 한다는 것을 명시적으로 규정한 것이다. 대법원은 소집중인 향토예비군·미군부대 카튜사·시(市)청소차운전수·통장을 공무원 개념에 포함시켰으나, 시영버스운전사나 의용소방대원[9]은 제외하고 있다. 또한 서울특별시 강서구가 '교통할아버지 봉사활동'계획을 수립한 다음 '교통할아버지' 봉사원을 선정하고 공무를 위탁하여 집행한 경우에 국가배상법 제2조에 규정된 '공무원'이라고 판단한 바 있다.[10] 그러나 강서구 교통할아버지 봉사원은 위탁의 근거가 없어 공무수탁사인으로 보기 어렵다.[11] 공무원은 특정될 필요는 없다고 보는 것이 일반적이며, 대법원은 시위대에 대한 전투경찰의 과도한 최루탄 사용이나 그 밖의 과도한 시위진압으로 인하여 시위참가자를 사망에 이르게 한 사건에서 관계 공무원을 특정하지 아니한 채 국가의 배상책임을 인정하고 있다.[12]

---

8) 대법원 1970. 11. 24. 선고 70다2253 판결.
9) 대법원 1978. 7. 11. 선고 78다584 판결. 한편, 독일에서는 의용소방대원을 공무수탁사인으로 보고 있으나, 우리나라에서도 위탁에 관한 법적 근거는 없어 의용소방대원을 행정보조인으로 볼 수 있다. 이러한 행정보조인도 국가배상법상의 공무원에 해당함은 물론이다(졸저, 행정구제의 기본원리, 72면 참조).
10) 대법원 2001. 1. 5. 선고 98다39060 판결.
11) 졸저, 행정구제의 기본원리, 78-79면.
12) 대법원 1995. 11. 10. 선고 95다23897 판결.

한편, 국가배상법은 2009년 10월 21일 일부개정을 통해 공무원 외에 '공무를 위탁받은 사인'을 별도로 규정하고 있다. 종전에는 공무수탁사인의 불법행위로 인한 손해에 대해 '해석상' 국가나 지방자치단체의 배상책임을 인정하였으나, 손해배상책임을 명확히 하기 위해 '공무수탁사인'의 불법행위로 인한 손해도 국가배상법에 따라 국가나 지방자치단체가 배상하여야 한다는 것을 명시적으로 규정한 것이다. 개정된 국가배상법에 따르면 적어도 공무수탁사인에 해당하는 자에 의한 직무행위에 대해 종전보다 명확히 국가배상책임을 물을 수 있게 되었다. 그러나 공무원 개념과 공무수탁사인은 별개로 규정되어 있어, 양 개념을 어떻게 해석해야 할지에 대해 의문이 남는다. 특히 '공무를 위탁받은 사인'에 해당하지 않는 '행정보조인'이나 '사기업' 등도 여전히 공무원개념에 포함되는 것으로 보아야 하는지가 문제다. 개정된 국가배상법 제2조 제1항의 규정은 법리적으로 문제가 있다. 개정된 국가배상법에 의하면 '공무를 위탁받은 사인'에는 공무수탁사인만 포함되고, 행정보조인 또는 공무를 위탁받지 않고 사법상 계약을 체결한 사기업은 배제될 수 있기 때문이다. 독일에서는 행정보조인이나 단순한 사인(사기업)의 행위로 인한 손해에 대해서도 '(수정된) 도구이론'을 근거로 국가책임(직무책임)을 인정하고 있다.[13)]

2. 직무행위

(1) 직무행위의 범위

직무행위의 범위와 관련하여 권력작용만 포함하는 견해(협의설), 권력작용과 관리작용을 포함하는 견해(광의설), 그리고 권력작용·관리작용 외에 사경제적 작용도 포함하는 견해(최광의설)가 대립한다. 광의설이 다수설이다. 이와 관련하여 대법원은 광의설을 따르는 입장[14)]과 최광의설을 따르는 입장[15)]으로 구분되어 있다. 이러한 견해의 대립은 국가배상의 법적 성격과도 밀접한 관련이 있다. 국가배상청구권을 사권으로 이해하는 입장은 최광의설을 따르고 있다. 이에 반해 다수설은 국가배상청구권을 공권으로 파악하므로 광의설을 따르고 있다. 이

13) 이에 대한 상세는 졸고, "대집행과 국가배상책임", 행정판례연구 제15집 제1호, 189면 이하 참조; 졸저, 행정구제의 기본원리, 64면 이하.

14) 대법원 2004. 4. 9. 선고 2002다10691 판결; 대법원 1999. 11. 26. 선고 98다47245 판결; 대법원 1979. 4. 22. 선고 78다225 판결.

15) 대법원 1972. 2. 22. 선고 71다1599 판결; 대법원 1974. 11. 12. 선고 74다997 판결 등.

러한 견해에 의하면 사경제적 작용은 일반적인 사법(私法) 규정에 따라야 한다. 판례의 주류는 '광의설'의 입장이다.[16] 국가배상법상 직무행위에는 행정행위뿐만 아니라 사실행위나 부작위도 포함된다. 그 밖에 사법상(司法上) 불법, 입법상(규범상) 불법이 논의되고 있다. 이하에서는 부작위에 의한 국가배상청구, 사법상 불법, 그리고 입법상(규범상) 불법에 대해 자세히 살펴보기로 한다.

(2) 부작위로 인한 국가배상

직무행위에는 부작위도 포함된다. 공무원이 자신의 권한 행사를 게을리하여 상대방에게 손해를 입힌 경우에 국가배상청구가 가능하다. 판례가 부작위로 인한 국가배상을 인정한 경우는 다음와 같다. 첫째, 법령 자체에 작위의무가 일의적으로 규정되었거나 해석될 수 있는 경우에는 비교적 쉽게 공무원의 부작위로 인한 국가배상이 인정될 수 있다. 둘째, 행정청(공무원)의 재량이 인정되는 경우에도 국민의 생명·신체 등에 위험이 발생하였거나 발생할 우려가 있는 경우에 재량의 영으로의 수축 내지 재량감축 등에 의하여 부작위의 위법성을 인정할 수 있다. 경찰행정청의 재량사항인 경우에 그 손해의 심각성과 절박성 등이 인정되면 재량이 영으로 수축되어 개입의무(작위의무)가 발생한다고 보아야 한다. 그러나 대법원은 이러한 행정개입청구권의 법리를 고려하지 않고, 일정한 조치를 하지 않은 것이 객관적 정당성을 상실하여 현저히 불합리한 경우에 부작위로 인한 국가배상을 인정할 수 있다고 보고 있다.[17]

그 밖에 대법원은 공무원의 직무상 의무를 게을리하여 이를 위반한 경우에도 국가배상책임을 인정하고 있다.[18] 그러나 '직무상 의무'의 개념 그 자체가 모

---

16) "국가배상청구의 요건인 '공무원의 직무'에는 권력적 작용만이 아니라 비권력적 작용도 포함되며 단지 행정주체가 사경제주체로서 하는 활동만 제외된다."(대법원 2001. 1. 5. 선고 98다39060 판결)

17) "범죄의 예방·진압 및 수사는 경찰관의 직무에 해당하며 그 직무행위의 구체적 내용이나 방법 등이 경찰관의 전문적 판단에 기한 합리적인 재량에 위임되어 있으므로, 경찰관이 구체적 상황하에서 그 인적·물적 능력의 범위 내에서의 적절한 조치라는 판단에 따라 범죄의 진압 및 수사에 관한 직무를 수행한 경우, 경찰관에게 그와 같은 권한을 부여한 취지와 목적, 경찰관이 다른 조치를 취하지 아니함으로 인하여 침해된 국민의 법익 또는 국민에게 발생한 손해의 심각성 내지 그 절박한 정도, 경찰관이 그와 같은 결과를 예견하여 그 결과를 회피하기 위한 조치를 취할 수 있는 가능성이 있는지 여부 등을 종합적으로 고려하여 볼 때, 그것이 객관적 정당성을 상실하여 현저하게 불합리하다고 인정되지 않는다면 그와 다른 조치를 취하지 아니한 부작위를 내세워 국가배상책임의 요건인 법령 위반에 해당한다고 할 수 없다."(대법원 2008. 4. 24. 선고 2006다32132 판결)

18) 대법원 2008. 4. 10. 선고 2005다48994 판결; 대법원 2016. 8. 25. 선고 2014다225083 판결.

호하며, 이러한 개념이 어디에서 도출되는지도 불명확하다. 그리고 대법원은 이러한 직무상 의무의 내용이 단순히 공익을 위한 것이 아니라 개인의 안전과 이익을 보호하기 위하여 설정된 것이어야 한다고 보고 있다.[19] 즉 직무상 의무의 해석에 있어서 '사익보호성'의 요건을 제시하고 있다. 그러나 사익보호성은 작위의무와 더불어 공권(행정개입청구권)의 성립요건에 해당한다. 이를 부작위에 대한 국가배상책임의 요건으로 인정하는 것은 적절하지 않다.[20]

이와 관련하여 '작위의무'의 해석이 문제된다. 국가배상법 제2조 제1항의 "법령을 위반하여"를 엄격하게 해석하여, 형식적 의미의 법령에 명시적으로 공무원의 작위의무가 규정된 경우에만 이러한 작위의무를 인정할 것인지가 다투어지고 있다. 학설은 긍정설과 부정설이 대립하고 있다. 판례는 법령에 명시적으로 규정된 경우 이외에도 일정한 경우에 위험방지를 위한 작위의무를 인정하여 부작위의 위법성을 인정하고 있다. 대법원이 조리상의 작위의무를 인정하는지는 명확하지 않다.[21] 그러나 법령에 명시적으로 공무원의 작위의무가 규정되어 있지 않은 경우에도, "침해된 국민의 법익이나 손해가 심각하고 절박한 경우", "국민의 생명 · 신체 · 재산 등에 절박하고 중대한 위험상태가 발생하였거나 발생할 우려가 있는 경우" 등에는 공무원의 부작위로 인한 국가배상을 인정할 수 있다고 보는 판례도 있다.[22] 생각건대 이 문제는 '법령위반'을 지나치게 확대해

19) 대법원 1998. 5. 8. 선고 97다36613 판결.
20) 이에 대한 상세한 내용은 졸저, 헌법재판과 행정소송, 577-578면.
21) "공무원의 부작위로 인한 국가배상책임을 인정하기 위하여는 공무원의 작위로 인한 국가배상책임을 인정하는 경우와 마찬가지로 '공무원이 그 직무를 집행함에 당하여 고의 또는 과실로 법령에 위반하여 타인에게 손해를 가한 때'라고 하는 국가배상법 제2조 제1항의 요건이 충족되어야 할 것인바, 여기서 '법령에 위반하여'라고 하는 것이 엄격하게 형식적 의미의 법령에 명시적으로 공무원의 작위의무가 규정되어 있는데도 이를 위반하는 경우만을 의미하는 것은 아니고, 국민의 생명, 신체, 재산 등에 대하여 절박하고 중대한 위험상태가 발생하였거나 발생할 우려가 있어서 국민의 생명, 신체, 재산 등을 보호하는 것을 본래적 사명으로 하는 국가가 초법규적, 일차적으로 그 위험 배제에 나서지 아니하면 국민의 생명, 신체, 재산 등을 보호할 수 없는 경우에는 형식적 의미의 법령에 근거가 없더라도 국가나 관련 공무원에 대하여 그러한 위험을 배제할 작위의무를 인정할 수 있을 것이나, 그와 같은 절박하고 중대한 위험상태가 발생하였거나 발생할 우려가 있는 경우가 아닌 한, 원칙적으로 공무원이 관련 법령대로만 직무를 수행하였다면 그와 같은 공무원의 부작위를 가지고 '고의 또는 과실로 법령에 위반'하였다고 할 수는 없을 것이므로, 공무원의 부작위로 인한 국가배상책임을 인정할 것인지 여부가 문제되는 경우에 관련 공무원에 대하여 작위의무를 명하는 법령의 규정이 없다면 공무원의 부작위로 인하여 침해된 국민의 법익 또는 국민에게 발생한 손해가 어느 정도 심각하고 절박한 것인지, 관련 공무원이 그와 같은 결과를 예견하여 그 결과를 회피하기 위한 조치를 취할 수 있는 가능성이 있는지 등을 종합적으로 고려하여 판단하여야 한다."(대법원 2001. 4. 24. 선고 2000다57856 판결)

석하지 않더라도 행정개입청구권을 인정하면 해결될 수 있다.

한편, 행정입법의 부작위로 인하여 손해가 발생한 경우에도 국가배상청구가 인정된다. 대법원은 법률이 군법무관 보수의 구체적 내용을 시행령에 위임하였음에도 불구하고 행정부가 정당한 이유 없이 시행령을 제정하지 않은 것이 불법행위에 해당한다고 보고 있다.[23] 그러나 공익법무관의 경우에는 이를 부인하였다.[24] 이 문제는 입법상(규범상) 불법의 문제에서 다시 상론하기로 한다.

(3) 사법상 불법

법원의 재판(사법작용)에 대해서도 국가배상이 인정될 수 있는지가 논의되고 있다. 재판은 확정력 있는 판결을 통한 분쟁의 종국적 결정을 의미하므로 국가배상의 허용에 대해 논란이 있다. 사법상 불법에 대한 국가책임의 문제는 이론 및 실무에 있어 등한시되어온 것이 사실이다. 현행법의 해석상 사법상 불법을 인정하기가 곤란하다고 보는 것이 일반적이다. 사법의 독립과 판결의 기판력 내지 실질적 확정력(Rechtskraft)의 확보는 법관에게 특권을 주고자 함이 아니다. 이는 권력분립원리와 법치주의의 실현에 그 기초를 두고 있기 때문이다. 독일에서는 법원의 재판도 헌법소원의 대상이 되고 있다(재판소원).

대법원은 사법상 불법과 관련하여 주목할 만한 판례를 내놓고 있다. 법관의 재판에 법령의 규정을 따르지 아니한 잘못이 있다고 하더라도 이로써 바로 그 재판상 직무행위가 국가배상법 제2조 제1항의 위법한 행위가 되는 것은 아니라고 보고 있다. 판례에 따라 사법상 불법에 대한 국가배상책임이 인정되기 위해서는 다음과 같은 요건이 충족되어야 한다. 첫째, 해당 법관이 위법 또는 부당한 목적을 가지고 재판을 하여야 한다. 둘째, 법이 법관의 직무수행상 준수할 것을 요구하고 있는 기준을 현저하게 위반하는 등 법관이 그에게 부여된 권한의 취지에 명백히 어긋나게 이를 행사하였다고 인정할 만한 특별한 사정이 있어야 한다. 셋째, 재판에 대하여 불복절차 내지 시정절차 자체가 없고 부당한 재판으로 인하여 불이익 내지 손해를 입은 사람이 국가배상 이외의 방법으로는 자신의 권리나 이익을 회복할 방법이 없어야 한다.[25] 법관의 재판(사법작용)에 대한

22) 대법원 2005. 6. 10. 선고 2002다53995 판결.
23) 대법원 2007. 11. 29. 선고 2006다3561 판결.
24) 대법원 2009. 4. 9. 선고 2006다45206 판결.
25) "법관의 재판에 법령을 규정을 따르지 아니한 잘못이 있다 하더라도 이로써 바로 그 재판상 직무행위가 국가배상법 제2조 제1항에서 말하는 위법한 행위로 되어 국가의 손해배상책임이

국가배상책임에 대해서 부정적인 견해가 압도적이었지만, 위 대법원 판례에서 보는 바와 같이 엄격한 요건 아래에서 이를 인정할 수 있는 길이 열려있다.

한편, 대법원은 청구기간 내에 제기된 헌법소원심판청구사건에서 헌법재판소 재판관이 청구기간을 오인하여 각하결정을 한 경우에 국가배상책임(위법성)이 인정된다고 판시하였다. 즉 본안판단을 하였더라도 어차피 청구가 기각되었을 것이라는 사정이 있어도, 잘못된 판단으로 인하여 헌법소원심판 청구인의 위와 같은 합리적인 기대를 침해한 것이고 이러한 기대는 인격적 이익으로서 보호할 가치가 있다고 보고 있다.[26]

(4) 규범상 불법

직무행위는 규범에 근거한 집행행위(Vollzugsakt)에 의해 이루어지는 것이 보통이지만, 국가배상법상의 직무행위에 '입법작용'이 포함될 수 있는지가 문제이다. 행정의 집행행위를 매개함이 없이 위헌적인 법률의 제정이나 위법한 입법부작위로 인하여 개인에게 직접 손해가 발생한 경우가 여기에 해당한다. 종전에는 "입법상 불법에 대한 국가책임"이라는 제목으로 의회가 제정한 형식적 의미의 법률에 의한 경우뿐만 아니라, 법률하위규범으로서 법규명령·조례 등에 의한 경우를 모두 포함하는 것이 보통이었다.[27] 전자를 입법상 불법(legislatives Unrecht), 후자를 규범상 불법(normatives Unrecht)이라고 부르는 견해도 있다.[28] 실제 독일의 학설 가운데에도 이러한 구분을 따르는 견해도 있다.[29] 그러나 언어논리적인

발생하는 것은 아니고, 그 국가배상책임이 인정되려면 당해 법관이 위법 또는 부당한 목적을 가지고 재판을 하였거나 법이 법관의 직무수행상 준수할 것을 요구하고 있는 기준을 현저하게 위반하는 등 법관이 그에게 부여된 권한의 취지에 명백히 어긋나게 이를 행사하였다고 인정할 만한 특별한 사정이 있어야 한다고 해석함이 상당하다."(대법원 2003. 7. 11. 선고 99다24218 판결; 대법원 2001. 3. 9. 선고 2000다29905 판결 등)

26) 대법원 2003. 7. 11. 선고 99다24218 판결.

27) 이덕연, "입법불법에 대한 국가책임", 사법행정, 1995. 6, 13면 이하. 오쎈뷜(Ossenbühl)은 행정규칙의 직접적 외부효를 주장하므로, 법률하위규범에 행정규칙도 포함해서 설명하고 있다(Ders., Staatshaftungsrecht, 5. Aufl., S. 104). 한편, 일부학설은 형식적 법률, 법규명령 및 조례 등을 포함한 개념을 최광의의 입법상 불법으로 보고, 법규명령과 조례를 제외한 "광의의 입법상 불법"의 개념을 사용하기도 한다. 또한 광의의 입법상 불법에는 처분적 법규에 의해 손해가 발생한 경우(협의의 입법상 불법)와 위헌법률에 근거한 집행행위를 포함하는 것으로 본다. 이에 대해서는 정하중, "입법상의 불법에 대한 국가책임의 문제", 사법행정(1993. 3), 5면 참조.

28) K. Boujong, Staatshaftung für legislatives und normatives Unrecht in der neueren Rechtsprechung des Bundesgerichtshofes, in: FS für Geiger, 1989, S. 430.

29) 예컨대 Maurer/Waldhoff, Allgemeines Verwaltungsrecht, § 26 Rn. 52.

관점에서 본다면, 이러한 개념구분은 타당하지 않다는 비판이 있다.[30] 이 견해에 의하면 입법상 불법은 직접 위헌 법률에 의하거나 위법한 입법부작위에 의해 손해가 발생한 경우에 제한된다.[31] 위헌인 법률뿐만 아니라 위헌·위법인 법규명령이나 조례 등 법률하위규범을 포함하는 상위개념으로는 '규범상 불법' 이라는 표현이 더 적합하다. 또한 엄밀한 의미에서 규범상 불법에 포함시킬 수는 없으나, 위헌·위법인 법규범에 근거하여 발급된 집행행위에 대한 국가책임도 함께 검토할 필요가 있다. 이러한 법률하위규범(법규명령이나 조례 등)이나 위헌·위법인 법규범에 근거한 집행행위는 입법작용이 아니라 행정작용(소위 행정입법)으로서의 성격을 가진다고 보는 견해도 있다.[32] 제정주체나 발급주체를 기준으로 본다면 법률하위규범은 행정청에 의한 작용으로 볼 수 있지만, 그 성질은 법규범 또는 법제정행위이다. 따라서 위법한 법률하위규범의 제정에 의해 손해가 발생한 경우에도 규범상 불법의 문제가 고려될 수 있다. 특히 행정기관이 고의적으로 법률의 위임범위를 벗어난 강제·금지 규정을 법규명령에 두어 사인에게 손해를 발생시키는 경우를 고려할 수 있다.

의회의 입법작용의 위법성을 이유로 국가에 대하여 배상책임을 묻기는 쉽지 않다. 전통적으로 학설은 '입법상 불법'에 대한 국가책임을 인정하는 것에 대하여 대단히 소극적이었다.[33] 특히 현대국가는 대의민주제를 기초로 하기 때문에 의회가 행사하는 국가권력은 주권의 행사로서 어떠한 구속으로부터도 자유로우며 자기지배적인 것으로 여겨져 왔다.[34] 또한 의회는 대(對)정부 통제기능을 수행하고 시민의 권익을 보호하는 대의기관으로서 각인되어 있기 때문에 의원의 입법행위가 불법행위가 될 수 있다는 것을 상정하는 것이 쉽지 않다. 특히 의원 개개인의 불법적인 입법행위에 대하여 과실을 입증하기가 사실상 불가능하다는 점도 지적된다.[35] 의회가 제정한 형식적 법률과 이에 근거한 법률하위규범(법규명령, 조례 등)은 일반적·추상적 규율로서 대외적인 구속력을 가진다. 그리고 특정인에 대한 개별적 규율이 아니라 불특정다수인을 수범자로 하기 때문에 개

---

30) Ossenbühl, a.a.O., S. 104.

31) R. Fetzer, Die Haftung des Staates für legislatives Unrecht, 1994, S. 1; H. Dohnold, Die Haftung des Staates für legislatives und normatives Unrecht in der neueren Rechtsprechung des Bundesgerichtshofes, DÖV 1991, S. 152.

32) 김남진, 행정법의 기본문제, 신판, 433면.

33) Wolff/Bachof, Verwaltungsrecht I, 9. Aufl., 1974, S. 562; Schack, DÖV 1971, S. 446 ff.

34) M. Oldiges, Die Staatshaftung bei legislativem Unrecht, Der Staat 1976, S. 384.

35) 김성수, 일반행정법, 2014, 홍문사, 646면.

인의 권익침해를 이유로 국가배상을 주장하기가 사실상 어렵고, 제3자 관련성을 인정하기도 쉽지 않다. 법규범에 대한 사법적 통제는 제도적으로 보장되어 있다. 위헌의 의심이 있는 법률에 대해서는 헌법재판소가 위헌법률심사권을 통하여 다툴 수 있다(헌법 제111조 제1항 제1호, 헌법재판소법 제41조 참조).[36] 위헌·위법인 명령 또는 규칙에 대해서는 구체적 규범통제를 통하여 법원에 의한 부수적 사법심사가 이루어지고 있다(헌법 제107조 제2항).

한편, 하급심판례 가운데에는 입법상의 불법에 대한 국가배상을 인정한 사례로 소개되는 판례가 있다. 즉 서울민사지방법원은 국가보위입법회의법(國家保衛立法會議法) 부칙 제4항에 근거하여 면직당한 국회사무처 및 국회도서관 직원의 국가배상청구를 인정하였다.[37] 그러나 이 사건에서는 수권법률인 국가보위입법회의법 부칙 제4항에 의하여 원고의 권리가 직접 침해당한 것이 아니라 헌법재판소에 의해 위헌판결을 받은 이 법률의 부칙조항에 근거한 '면직처분'으로 취로가 거부당해 원고의 권익침해가 발생한 것이다. 또한 서울민사지방법원의 판결은 법률에 근거한 행정청의 처분에 의하여 손해가 발생한 경우에 국가의 귀책사유(과실)를 인정하고 있을 뿐이다. 따라서 내용상 위법의 문제가 아니라 책임의 문제로 이해해야 한다.

대법원은 의원의 입법행위가 국가배상법상의 위법성 요건을 충족하는지에 대하여 입장을 밝히고 있다.[38] 이 판결은 일본 최고재판소의 판례[39]로부터 영향을 받은 것이다. 또한 위에서 언급한 판결에 대하여 국회의원의 입법행위는 국가배상법 제2조 제1항 소정의 위법행위에 해당되지 아니한다고 해석하는 견해도 있다.[40] 그러나 대법원의 입장이 이 문제에 대해 명확한 것은 아니다. 대법원은 입법상 불법에 대한 국가배상책임을 전면적으로 부인하지 않고 해당 의원의 법

---

36) 또한 1988년 출범한 헌법재판소는 1988. 9. 1.부터 2004. 2. 29.까지 처리한 437건의 위헌법률심판사건 중에서 위헌 85건, 헌법불합치 26건, 한정위헌이 15건이었다.

37) 서울민사지법 1992. 8. 28. 선고 91가합84035 판결.

38) "우리 헌법이 채택하고 있는 의회민주주의 하에서 국회는 다원적 의견이나 갖가지 이익을 반영시킨 토론과정을 거쳐 다수결의 원리에 따라 통일적인 국가의사를 형성하는 역할을 담당하는 국가기관으로서 그 과정에 참여한 국회의원은 입법에 관하여 원칙적으로 국민 전체에 대한 관계에서 정치적 책임을 질 뿐 국민 개개인의 권리에 대응하여 법적 의무를 지는 것은 아니므로, 국회의원의 입법행위는 그 입법 내용이 헌법의 문언에 명백히 위반됨에도 불구하고 국회가 굳이 당해 입법을 한 것과 같은 특수한 경우가 아닌 한 국가배상법 제2조 제1항 소정의 위법행위에 해당된다고 볼 수 없다."(대법원 1997. 6. 13. 선고 96다56115 판결)

39) 最判昭和 60(1985)·11·12 民集39卷7號 1512면, 行政判例百選 Ⅱ, 233事件. 塩野 宏, 行政法 Ⅱ, 第六版, 有斐閣, 2019, 336頁.

40) 김성수, 전게서, 586면 참조.

제정행위가 "헌법의 문언에 명백히 위반되는" 경우에 국가배상을 인정할 수 있는 여지를 남겨두고 있다. 해당 대법원 판결은 명백한 위헌의 소지가 있는 입법행위와 같이 매우 제한된 경우에 입법상 불법에 대한 국가책임이 허용될 수 있음을 전제하고 있다.

입법상의 불법에 대한 국가책임을 부정하는 것이 일반적이었지만, 근래에 들어와서는 국가책임이 인정될 수 있다는 견해가 유력하게 제기되고 있음은 이미 언급한 바와 같다. 국회의원은 국가기관인 의회의 구성원으로서 공무원으로서의 지위가 인정된다. 또한 국가배상법상의 공무원은 광의로 파악되고 있으며, 국가공무원법뿐만 아니라 지방공무원법상의 공무원, 그리고 공무수탁사인을 망라하고 있다.[41] 나아가 국회의원은 직무수행상 헌법상의 성문·불문법칙을 준수해야 할 의무가 인정되고 있으며, 이러한 의무를 이행함에 있어서는 헌법에 기속된다. 그밖에 제3자 관련성에 있어서도 기본권의 내용으로부터 국가의 보호의무가 인정되며, 이를 통하여 입법상의 불법에 대한 책임의 근거를 제공할 수 있다. 따라서 국가배상법 제2조의 공무원 직무행위에는 입법작용도 포함된다.[42] 현실적으로 가해공무원의 고의 또는 과실을 입증하는 것은 쉽지 않음이 사실이지만, 근래에는 '과실의 객관화' 또는 '위험책임론' 등을 통해 입증책임을 완화하려는 노력이 경주되고 있다. 나아가 국회의원은 일반공무원과 달리 헌법준수의무가 부여되어 있다(국회법 제24조, 국가공무원법 제56조 및 지방공무원법 제48조 참조). 그러한 이유에서 입법을 함에 있어서 법률의 합헌성 여부에 대한 고도의 주의의무가 요구된다. 다만, 이러한 입법상 불법에 대한 국가책임을 인정하는 것이 의원의 입법활동을 위축시킬 우려가 있을 수 있다는 견해도 있다. 그러나 오늘날에는 이해관계인의 로비(lobby)와 의회의 '통법부'화로 인한 졸속입법이 많이 이루어지고 있으며, 의회의 본연의 기능에 불신을 초래하는 일들이 많이 발생하고 있다. 무엇보다 입법상 불법에 대한 국가책임을 인정하는 것은 입법의 헌법기속성에 비추어 의원의 헌법준수의무를 강조하고, 의원의 입법활동을 신중하게 만들 수도 있다. 다만, 독일 연방통상법원(BGH)은 도시계획조례인 도시건설계획(Bebauungsplan)에 대하여 국가책임을 인정하고 있다.[43]

---

41) 대법원 1970. 11. 24. 선고 70다2253 판결.
42) 김도창, 일반행정법론(상), 622면.
43) BGH, JZ 1989, 1122(1124)

(5) 직무행위의 판단기준

국가배상법 제2조 제1항의 "직무를 집행함에 당하여"라고 함은 직무행위 자체뿐만 아니라, 객관적으로 직무의 범위에 속한다고 판단되는 행위와 직무에 밀접히 관련된 행위를 말한다. 국가배상법상 직무행위 여부는 행위자인 공무원의 주관적 의사가 아니라 객관적으로 직무행위로서의 외관을 갖추고 있는지 여부에 따라 판단해야 한다는 것이 통설・판례의 입장이다(객관설).[44]

3. 직무행위의 위법성

(1) 법령위반(위법)의 의미

국가배상법 제2조의 '법령'이란 법률이나 법률하위규범뿐만 아니라 조리 또는 법의 일반원칙을 포함한다고 보는 것이 통설이다. 이러한 통설에 의하면 '위법성'의 개념은 비교적 넓게 이해되고 있으며, 성문법뿐만 아니라 불문법도 포함된다고 본다. 법령에 행정규칙이 포함되는지도 논의된다. 이와 관련하여 국가배상법의 "법령위반"을 광의의 행위불법설에 기초하여 행정규칙의 법규성을 인정하는 경우는 물론, 행정규칙의 법규성을 부인하더라도 행정규칙을 합리적 사유없이 위반하여 특정인에게 불리한 처분을 한 행위는 본조의 법령위반에 해당한다고 보는 견해도 있다.[45] 그러나 행정규칙에는 원칙적으로 대외적 구속력이 없다. 행정규칙을 위반한 처분은 곧바로 위법이 되는 것이 아니라, 평등원칙이나 비례의 원칙을 위반하는 경우에 그 위법이 인정될 수 있다(소위 "행정의 자기구속"). 다만, 현실적으로 법령보충적 행정규칙(법령보충규칙)이 일정한 요건 하에 인정되고 있으므로, 이를 어떻게 판단해야 하는지가 논의되고 있다. 법령보충적 행정규칙은 독일의 '규범구체화행정규칙'과 같이 환경법이나 기술법 분야의 행정규칙의 경우에 한하여 제한적으로 인정되어야 한다. 행정규칙의 위반이 평등원칙이나 비례의 원칙 등을 위반하여 위법으로 되는 경우가 있다고 보는 견해도 있으나, 이는 행정규칙 그 자체의 위반이 아니라 행정규칙에 근거한 해

44) "공무원이 통상적으로 근무하는 근무지로 출근하기 위하여 자기 소유의 자동차를 운행하다가 자신의 과실로 교통사고를 일으킨 경우에는 특별한 사정이 없는 한 국가배상법 제2조 제1항 소정의 공무원이 '직무를 집행함에 당하여' 타인에게 불법행위를 한 것이라고 할 수 없으므로 그 공무원이 소속된 국가나 지방공공단체가 국가배상법상 책임을 부담하지 아니 한다."(대법원 1996. 5. 31. 선고 94다15271 판결)

45) 김동희, 행정법 I, 578면.

당 처분이 이러한 행정법상의 일반원칙을 위반하여 위법이 되는 것이다.

(2) 위법성의 판단기준

위법성 판단기준과 관련하여 행위불법설과 결과불법설 및 상대적 위법성설이 대립하고 있다. 결과불법설은 국가배상의 위법을 가해행위의 결과인 '손해의 불법'을 의미하는 것으로 보고 있다. 행위불법설은 행위 자체의 법령 위반으로 이해하는 협의의 행위불법설과, 위법을 엄격한 의미의 법령위반 이외에도 신의칙이나 인권존중 등의 조리 또는 행정법의 일반원칙에 위반되거나 공무원의 '직무상 손해방지의무'와 관련하여 행위의 양태(공권력행사의 방법 · 수단)도 위법성 판단의 대상이라고 보는 광의의 행위불법설로 구분된다. 상대적 위법성설은 국가배상법상의 위법개념을 행위 자체의 위법뿐만 아니라, 피침해이익의 성격과 침해의 정도 및 가해행위의 태양 등을 종합적으로 고려하여 해당 행위가 객관적으로 정당성을 결한 경우를 의미하는 것으로 보고 있다. 상대적 위법성설은 직무상 요구되는 주위의무를 충족하였는지를 기준으로 위법 여부를 판단하는 違法性一元說(위법성일원설, 직무행위기준설) 또는 違法性相對說(위법성상대설)에 연원하고 있다.[46] 이러한 입장이 일본의 통설 및 판례의 입장이다.

판례의 주류적 입장은 원칙적으로 '행위불법설'에 근거하고 있다. 다만, 협의의 행위불법설에 근거한 판례도 있다. 즉 대법원은 경찰관들의 시위진압에 대항하여 시위자들이 던진 화염병으로 발생한 화재로 인하여 손해를 입은 주민의 국가배상청구를 인정한 원심판결을 법리오해를 이유로 파기한 사례에서 그러한 입장을 취하고 있다.[47] 한편, 대법원은 교통법규 등을 위반하고 도주하는 차량을 순찰차로 추적하는 직무를 집행하는 중에 그 도주 차량의 주행에 의하여 제3자가 손해를 입은 경우, 행위태양 및 교통상황 등 개별적 · 구체적 상황을 고려하여 경찰관의 추적행위를 기준으로 위법성을 판단하고 있다.[48] 대법원은 또

---

46) 이에 대해서는 졸저, 헌법재판과 행정소송, 570면 이하 참조.

47) "국가배상책임은 공무원의 직무집행이 법령에 위반한 것임을 요건으로 하는 것으로서, 공무원의 직무집행이 법령이 정한 요건과 절차에 따라 이루어진 것이라면 특별한 사정이 없는 한 이는 법령에 적합한 것이고 그 과정에서 개인의 권리가 침해되는 일이 생긴다고 하여 그 법령적합성이 곧바로 부정되는 것은 아니다."(대법원 1997. 7. 25. 선고 94다2480 판결)

48) "경찰관은 수상한 거동 기타 주위의 사정을 합리적으로 판단하여 어떠한 죄를 범하였거나 범하려 하고 있다고 의심할 만한 상당한 이유가 있는 자 또는 이미 행하여진 범죄나 행하여지려고 하는 범죄행위에 관하여 그 사실을 안다고 인정되는 자를 정지시켜 질문할 수 있고(경찰관직무집행법 제3조 제1항), 또 범죄를 실행중이거나 실행 직후인 자는 현행범인으로, 누구임을 물음에 대하여 도망하려 하는 자는 준현행범인으로 각 체포할 수 있으며(형사소송법 제

다른 판결에서도 유사한 입장을 취하고 있다.[49] 이 판례를 근거로 대법원이 상대적 위법성설을 따르고 있다고 보는 견해도 있다. 그러나 이 판결에서는 오히려 위법과 별도로 '책임'의 문제를 판단하고 있을 뿐이다. 즉 어떠한 행정처분이 이후의 항고소송에서 취소된 사실만으로 해당 행정처분이 곧바로 공무원의 고의 또는 과실로 인한 것으로서 불법행위를 구성한다고 단정할 수 없다고 보고 있다. 다만, 대법원은 책임(과실)의 판단에 있어서 객관적 주의의무를 결하여 객관적 정당성을 상실하였는지 여부를 판단하기 위해 여러 가지 요소를 고려하고 있는 것이다. 위 판례는 공무원의 '과실' 유무의 판단에 관한 책임의 문제이며, 직무행위의 위법성 판단과는 구분하여야 한다. 대법원은 국가배상법에 있어서의 위법과 행정소송에 있어서의 위법을 동일한 개념으로 보고 있다고 판단된다.[50]

생각건대 국가배상법의 위법과 행정소송의 위법은 동일하다. 일본에서도 소위 '위법성동일설(違法性同一說)', 또는 위법과 과실을 구분하는 '위법성이원설(違法性二元說)'이 그러한 입장이다. 광의의 행위불법설에서 주장하는 신의칙·인권존중·정의(正義) 등의 기준은 모호하다. 국가배상법상 위법은 법령위반 외에 행정법의 일반원칙(비례의 원칙, 평등원칙 등)을 위반한 것으로 해석해야 한다.[51]

211조 제1항, 제2항 제4호, 제212조), 이와 같은 정지 조치나 질문 또는 체포 직무의 수행을 위하여 필요한 경우에는 대상자를 추적할 수도 있으므로, 경찰관이 교통법규 등을 위반하고 도주하는 차량을 순찰차로 추적하는 직무를 집행하는 중에 그 도주차량의 주행에 의하여 제3자가 손해를 입었다고 하더라도 그 추적이 당해 직무 목적을 수행하는 데에 불필요하다거나 또는 도주차량의 도주의 태양 및 도로교통상황 등으로부터 예측되는 피해발생의 구체적 위험성의 유무 및 내용에 비추어 추적의 개시·계속 혹은 추적의 방법이 상당하지 않다는 등의 특별한 사정이 없는 한 그 추적행위를 위법하다고 할 수는 없다."(대법원 2000. 11. 10. 선고 2000다26807, 26814 판결)

49) "어떠한 행정처분이 후에 항고소송에서 취소되었다고 할지라도 그 기판력에 의하여 당해 행정처분이 곧바로 공무원의 고의 또는 과실로 인한 것으로서 불법행위를 구성한다고 단정할 수는 없는 것이고, 그 행정처분의 담당공무원이 보통 일반의 공무원을 표준으로 하여 볼 때 객관적 주의의무를 결하여 그 행정처분이 객관적 정당성을 상실하였다고 인정될 정도에 이른 경우에 국가배상법 제2조 소정의 국가배상책임의 요건을 충족하였다고 봄이 상당할 것이며, 이때에 객관적 정당성을 상실하였는지 여부는 피침해이익의 종류 및 성질, 침해행위가 되는 행정처분의 태양 및 그 원인, 행정처분의 발동에 대한 피해자측의 관여의 유무, 정도 및 손해의 정도 등 제반 사정을 종합하여 손해의 전보책임을 국가 또는 지방자치단체에게 부담시켜야 할 실질적인 이유가 있는지 여부에 의하여 판단하여야 한다."(대법원 2000. 5. 12. 선고 99다70600 판결; 대법원 2007. 5. 10. 선고 2005다31828 판결)

50) 졸저, 행정구제의 기본원리, 28면.

51) 이에 대해서는 졸저, 헌법재판과 행정소송, 568-572면 참조.

(3) 선결문제로서의 행정행위의 위법 판단

법원이 국가배상사건을 심리함에 있어서 행정행위(처분)의 위법 여부가 재판의 전제가 된 경우에 그 국가배상사건의 수소법원인 민사법원이 행정행위의 위법 여부를 스스로 심판할 수 있는지가 문제 된다. 즉 건축허가의 취소와 더불어 철거명령을 한 후 일정한 기한 내에 해당 건축물을 철거하지 않으면 대집행계고를 한다. 이에 따라 대집행영장에 의해 철거가 이루어진 경우에 건축물의 소유주는 건축허가의 취소와 철거명령을 다투지 아니하고 곧바로 행정처분의 위법을 이유로 국가배상을 청구할 수 있다. 이 경우에 수소법원인 민사법원이 처분의 위법을 판단할 수 있는지는 선결문제(Vorfrage)에 해당한다. 또한 행정처분에 대한 취소소송이 제기되어 행정법원의 인용판결이 있는 경우에 이러한 인용판결이 수소법원(민사법원)의 선결문제에 대해 구속력을 가질 수 있는지가 문제다. 이 문제는 취소판결의 선결적 효력과 관련이 있다. 여기서 국가배상소송의 위법과 행정소송의 위법을 어떻게 보아야 하는지가 중요하다. 또한 선결문제에서 행정행위의 공정력을 이유로 이를 부정하는 견해도 있지만, 이를 긍정하는 견해가 다수설이다. 다만, 이러한 선결문제는 '공정력'과 관련하여 논의되어 왔으나, 근래에는 독일법의 영향으로 '구성요건적 효력(Tatbestandswirkung)'과 관련이 있다고 보는 견해가 유력하다. '공정력'개념은 종전에 사법심사에 있어서 해당 행정행위가 무효가 아닌 한 적법한 것으로 추정되는 것으로 보았다. 그러나 이러한 실체법적 공정력 개념은 더 이상 설득력을 가지지 못하고 절차법적 공정력 개념에 의해 압도되고 있다는 평가도 있다.[52] 공정력 개념 자체가 낙후된 내용이며, 전술한 바와 같이 선결문제는 다른 국가기관(특히 법원)에 대한 구속력이 문제되므로 구성요건적 효력과 밀접한 관계가 있다고 보는 것이 타당하다.[53]

국가배상소송에서 민사법원도 행정행위의 위법을 판단할 수 있는지 여부에 대해 소극설과 적극설이 대립하고 있으나, 제한적 범위에서 그 위법을 심사할 수 있다고 보는 것이 타당하다. 대법원은 적극설의 입장이다. 즉 행정처분의 하

52) 독일 행정절차법 제43조 제2항을 '실체적 공정력'으로 보고, 우리의 소위 절차법적 공정력개념을 '추정적 공정력'으로 표현하는 견해도 있다(박정훈, 행정소송의 구조와 기능, 392면). 다만, 독일 행정절차법 제43조 제2항에는 "행정행위는 취소, 철회 그 밖의 방식으로 폐지되거나, 또는 시간의 경과나 다른 방식으로 종료되지 않는 한, 효력을 가진다"고 규정하고 있으나, 당해 규정은 행정행위의 효력기간에 관한 것으로서 공정력이 아닌 '존속력'과 밀접한 관련이 있다.

53) 상론은 졸고, "국가배상청구와 선결문제-구성요건적 효력, 기판력 그리고 위법개념을 중심으로", 저스티스 제116호, 2010. 4, 102면 이하; 졸저, 행정구제의 기본원리, 3면 참조.

자가 당연무효인 경우에는 이를 전제로 국가배상소송의 위법을 판단할 수 있으나, 그 행정처분의 취소판결이 있어야만 그 위법임을 이유로 피고에게 배상청구를 할 수 있는 것은 아니라고 판시하고 있다.[54] 그러나 대법원은 행정행위의 하자가 단순히 취소사유에 그칠 때에도 민사법원이 그 효력을 부인할 수 없다고 보고 있다.[55] 이는 행정법원의 관할이다. 한편, 독일에서도 민사법원이 행정행위의 위법성과 국가배상요건의 충족 여부를 독자적으로 판단할 수 있다는 견해가 지배적이다.[56]

4. 책 임

(1) 고의 · 과실 – 과실의 객관화

고의나 과실을 요건으로 하고 있다는 점에서 국가배상법은 원칙적으로 '과실책임주의'를 취하고 있다. 이러한 점에서 무과실책임에 기초하는, 국가배상법 제5조의 영조물 설치 · 관리상의 하자와 구별된다. 국가배상법 제2조 제2항이 특별히 중과실을 요구하는 취지이므로 과실에는 경과실도 포함된다고 보는 것이 타당하다. 고의 · 과실의 입증책임은 원칙적으로 피해자인 원고에게 있다. 그러나 가해공무원의 고의나 과실을 입증하는 것은 쉽지 않다. 따라서 피해자에 대한 구제의 폭을 넓히기 위하여 과실개념을 객관화하려는 것이 오늘날의 경향이라고 볼 수 있다. '과실의 객관화'란 과실을 주관적인 심리상태가 아니라 객관적인 주의의무위반으로 파악하여 주의의무의 내용을 고도화하는 것을 의미한다. 또한 입증책임도 완화하여 피해자측에서 공무원의 위법한 직무행위로 손해가 발생하였음을 입증하면 공무원에게 과실이 있는 것으로 보아 일응추정(prima facie)의 법리를 적용한다. 또한 피고인 국가측이 반증에 의해 이를 번복하지 못하면 배상책임을 지도록 한다. 가해공무원의 특정이 반드시 필요한 것은 아니다. 대법원은 직무집행상의 과실을 "당해 직무를 담당하는 평균인이 보통 갖추어야 할 주의의무"의 결여로 보고 있다.[57]

54) 대법원 1971. 5. 24. 선고 71다744 판결; 대법원 1972. 4. 28. 선고 72다337 판결.
55) 대법원 1973. 7. 10. 선고 70다1439 판결.
56) Ossenbühl, Staatshaftungsrecht, 5. Aufl., S. 122.
57) 대법원 1987. 9. 22. 선고 87다카1164 판결.

(2) 위법과 책임의 관계

민사상 손해배상은 위법과 책임을 엄격히 구분하고 있다(민법 제750조). 그러나 헌법 제29조에서는 "공무원의 직무상 불법행위"만을 규정하고 있을 뿐, 공무원의 책임 여부를 명확히 규정하고 있지 않다. 국가배상법 제2조에서는 "고의 또는 과실로" 손해가 발생할 것을 규정하여, 주관적 책임요소를 추가하고 있다. 이러한 사정은 독일도 비슷하다. 그러나 독일 기본법에도 주관적 요소를 명시하지 않고 있으며, 독일 민법 제839조에서 고의 또는 과실을 규정하고 있을 뿐이다. 독일의 입법례는 본래 민법 제839조에 기초한 '공무원책임'에서 출발하여 '대위책임'으로 발전하였다. 과실책임주의에 기초한 공무원책임을 인정한 후 국가가 대위책임을 지도록 하는 구조이다. 이러한 구조에서는 주관적 책임요소를 요구하는 것이 당연하다. 그러나 '자기책임설'의 입장에 의하면, 법인인 국가의 주관적 책임요소(고의, 과실)를 엄격히 요구할 필요는 없다. 공무원의 유책성을 어느 정도 완화해서 해석할 필요가 있다.[58] 그럼에도 불구하고 자기책임설의 입장에서는 위법성과 책임의 관계를 어떻게 재정립해야 하는지가 여전히 난제(難題)이다. 양자를 통합적으로 판단하거나, 또는 위법성이 인정되면 책임이 추정되는 이론구성을 통해 책임요건을 완화할 수도 있다. 과실의 객관화, 일응추정의 법리를 통한 입증책임의 완화 등이 그러하다. 한편, 국가배상의 위법성 판단기준으로 거론되는 상대적 위법성설도 위법과 책임의 판단을 상대화하여, 그 판단기준을 완화한 것으로 볼 수 있다.

한편 취소판결이 후소인 국가배상소송에 대해 기판력이 미치는지가 문제이다. 대법원은 기판력에 의하여 "당해 행정처분이 곧바로 공무원의 고의 또는 과실로 인한 것으로서 불법행위를 구성한다고 단정할 수는 없다"고 판시하고 있다.[59] 이는 전소의 기판력을 부인한 것이라기보다는 '위법'과 '책임'의 문제를 준별하여 판단하고 있음을 의미한다.[60] 그러나 이미 언급한 바와 같이 항고소송의 기판력에 의해 국가배상소송의 위법이 인정되는 경우에 책임의 판단을 지나치게 엄격히 할 필요는 없다. 다만, 대법원은 공무원이 객관적 주의의무를 결하여

---

58) 서기석, 주석 민법[채권각칙(7)](편집대표 박준서), 제3판, 141-142면. 한편, 자기책임설의 입장에 서면, 가해공무원의 주관적 책임요소의 비중이 저감되어야 한다는 견해로는 김중권, "국가배상법상 과실책임주의의 이해전환을 위한 소고", 법조 제635권, 2009. 8, 75면 참조.

59) 대법원 2000. 5. 12. 선고 99다70600 판결.

60) 상세는 졸저, 행정구제의 기본원리, 15-22면 참조.

행정처분이 객관적 정당성을 상실하게 될 경우에 국가배상책임을 인정하고 있다.[61] 생각건대 과실판단에 의해 국가배상책임을 곧바로 인정하거나, 또는 과실이 위법을 인정하는 법리를 구성하는 것은 본말(本末)이 전도(顚倒)된 것이다. 주관적 책임구조의 문제점은 바로 여기에 있다. 과실개념을 객관화하는 것은 긍정적으로 볼 수 있지만, 대위책임설에 따르지 않는 한 과실이 위법을 견인하는 구조가 되어서는 아니 된다.

이러한 문제는 대통령 긴급조치의 발령·적용·집행으로 강제수사를 받거나 유죄판결을 선고받고 복역함으로써 개별 국민이 입은 손해에 대해 국가배상책임을 인정한 대법원 판결에서도 나타나고 있다. 대법원은 전원합의체 판결에서 대통령 긴급조치 제9호의 발령부터 적용·집행에 이르는 일련의 국가작용이 전체적으로 보아 공무원이 직무를 집행하면서 객관적 주의의무를 소홀히 하여 그 직무행위가 객관적 정당성을 상실한 것으로서 위법하다고 판시하고 있다.[62] 대법원이 유신헌법에 따라 발령된 긴급조치 제9호에 대해 법치국가원리와 기본권 보장 등을 근거로 국가배상책임을 인정한 것은 바람직하다. 그러나 그 논증 방식에 대해서는 의문이 든다. 먼저 위법과 책임의 구분이 불분명하다. 다만, 이 판결의 별개의견에서 소위 조직과실(Organisationsverschulden) 이론에 유사한 내용을 언급한 부분도 있다. 전체적으로 공무원의 과실이 인정된다는 다수의견은 설득력이 약하다. 또한 대통령의 긴급조치 발령에 따른 수사기관 등에 소속된 공무원의 행위와 법관의 재판작용은 구분되어야 한다. 대법원은 대통령의 긴급조치 발령에 대한 불법행위 성립을 자세히 검토하고 있지 않다. 긴급조치의 법

61) 대법원 2003. 12. 11. 선고 2001다65236 판결; 대법원 2003. 11. 27. 선고 2001다33789, 33796, 33802, 33819 판결.

62) "보통 일반의 공무원을 표준으로 공무원이 직무를 집행하면서 객관적 주의의무를 소홀히 하고 그로 말미암아 그 직무행위가 객관적 정당성을 잃었다고 볼 수 있는 때에 국가배상법 제2조가 정한 국가배상책임이 성립할 수 있다. 공무원의 직무행위가 객관적 정당성을 잃었는지는 행위의 양태와 목적, 피해자의 관여 여부와 정도, 침해된 이익의 종류와 손해의 정도 등 여러 사정을 종합하여 판단하되, 손해의 전보책임을 국가가 부담할 만한 실질적 이유가 있는지도 살펴보아야 한다. 구 국가안전과 공공질서의 수호를 위한 대통령긴급조치(1975. 5. 13. 대통령 긴급조치 제9호, 이하 '긴급조치 제9호'라고 한다)는 위헌·무효임이 명백하고 긴급조치 제9호 발령으로 인한 국민의 기본권 침해는 그에 따른 강제수사와 공소제기, 유죄판결의 선고를 통하여 현실화되었다. 이러한 경우 긴급조치 제9호의 발령부터 적용·집행에 이르는 일련의 국가작용은, 전체적으로 보아 공무원이 직무를 집행하면서 객관적 주의의무를 소홀히 하여 그 직무행위가 객관적 정당성을 상실한 것으로서 위법하다고 평가되고, 긴급조치 제9호의 적용·집행으로 강제수사를 받거나 유죄판결을 선고받고 복역함으로써 개별 국민이 입은 손해에 대해서는 국가배상책임이 인정될 수 있다."(대법원 2022. 8. 30. 선고 2018다212610 전원합의체 판결)

적 성질이 규명되는 것이 선행되어야 하지만, 대통령의 긴급조치 발령행위는 국민의 기본권을 중대하게 침해하고 헌법질서를 훼손하는 위헌적인 조치이다. 이에 대해 대법원이 '규범상 불법'의 문제로 접근하지 않은 것은 아쉽다. 규범상 불법은 전술한 바와 같이 위헌인 법률뿐만 아니라 위법한 법규하위규범에 의한 불법행위에 대해 국가책임을 의미한다. 그 밖에 법관의 재판행위에 대한 국가배상책임을 전면적으로 부정하는 견해에는 찬성하기 어렵다. 다만, 법관의 직무상 독립성을 고려하여 법관의 재판작용에 대한 국가배상책임은 제한적으로 인정되어야 할 뿐이다. 독일의 입법례에서는 범죄행위인 경우에만 법관의 재판작용으로 인한 불법행위에 대한 국가책임을 인정하고 있다(독일 민법 제839조 제2항 참조).[63]

5. 타인에 대한 손해발생

국가의 배상책임이 발생하기 위해서는 공무원의 직무상 불법행위로 인하여 '타인에게 손해가 발생'하여야 한다. 여기서 '손해'는 재산적 손해이든 정신적 손해이든, 혹은 적극적 손해이든 소극적 손해(기대이익)이든 불문한다. 그러나 반사적 이익의 침해나 공공일반의 이익 침해는 여기에 포함되지 아니한다. '타인'에는 가해자인 공무원과 그의 위법한 직무행위에 가담한 자 이외의 모든 사람이 포함된다. 직무상 불법행위와 손해발생 사이에는 인과관계가 있어야 한다. 대법원은 상당인과관계설에 따라 판단하고 있다.[64] 헌법 제29조 제2항에서는 군인, 군무원, 경찰공무원을 배제하고 있다(군인·군무원에 대한 특례규정). 이는 직무의 성질상 일정한 위험부담을 간직하고 있으며, 그 직무상 위험에 대한 사회보장적 의미에서 보상제도를 두는 것을 전제로 하고 있다. 그 보상과 내용적으로 경합하기 쉬운 손해배상을 배제하려는 취지의 표현이라고 볼 수 있다.[65] 하지만 국가배상법 제2조 제1항의 규정에 대한 위헌시비가 계속되었고, 대법원은 마침내 단서조항의 위헌을 판시한 바 있다.[66] 헌법재판소도 국가배상법 제2조 제1항 단서에 대해서 한정위헌결정과 단순합헌결정을 동시에 내린 바 있다.[67] 그러나 그 후 헌법재판소와 대법원은 국가배상법 제2조 제1항 단서규정

63) 이 판결에 대한 평석으로는 졸고, "긴급조치와 국가배상", 행정판례연구 제27집 제2호(2022. 12), 217면 이하 참조.
64) 대법원 2001. 10. 23. 선고 99다36280 판결.
65) 이상규, 신행정법론(상), 607면.
66) 대법원 1971. 6. 22. 선고 70다1010 판결.
67) 헌재 1994. 12. 29. 93헌바21; 헌재 1995. 12. 28. 95헌바3.

이 헌법 제29조 제2항에 직접 근거하고 실질적으로 그 내용을 같이 하는 것이므로 헌법에 위반되지 아니한다고 판단하였다.[68]

Ⅱ. 손해배상의 범위

1. 배상기준의 의의

헌법 제29조 제1항은 "공무원의 직무상 불법행위로 손해를 받은 국민은 법률이 정하는 바에 의하여 국가 또는 공공단체에 정당한 배상을 청구할 수 있다"라고 규정하고 있다. 정당한 배상이란 가해행위와 상당한 인과관계에 있는 모든 손해의 배상을 말한다. 국가배상법 제3조에서는 손해의 '배상기준'을 자세히 규정하고 있다. 이에 대하여 배상액의 상한을 규정한 제한규정으로 보는 견해도 유력하나,[69] 통설·판례는 이를 단순한 기준규정으로 보고 구체적 사안에 따라 배상액을 증감할 수 있다고 보고 있다.[70] 이 규정은 국가배상의 최소한의 기준이라고 보는 것이 타당하다.

2. 구체적 배상기준

(1) 타인이 사망한 경우

국가배상법 제3조 제1항의 배상기준에 의하면, 타인이 사망한 경우(타인의 신체에 해를 입혀 그로 인하여 사망하게 한 경우도 포함한다)에는 피해자의 상속인에게 '유족배상'과 대통령령으로 정하는 '장례비'를 배상한다. 유족배상금은 피해자가 사망할 당시(신체에 해를 입고 그로 인하여 사망한 신체에 해를 입은 당시를 말한다)의 월급액이나 월실수입액(月實收入額) 또는 평균임금에 장래의 취업가능기간을 곱한 금액으로 한다.

---

68) 헌재 2001. 2. 22. 2000헌바38; 대법원 1994. 12. 13. 선고 93다29969 판결; 대법원 1996. 12. 20. 선고 96다42178 판결.

69) 이상규, 전게서(상), 608면.

70) "국가배상법 제3조 제1항과 제3항의 손해배상기준은 배상심의회의 배상금지급기준을 정함에 있어서의 하나의 기준을 정한 것에 지나지 아니하는 것이고, 이로써 배상액의 상한을 제한한 것으로 볼 수는 없다 할 것이며, 따라서 법원이 국가배상법에 의한 손해배상액을 산정함에 있어서는 같은 법 제3조의 소정의 기준에 구애되는 것은 아니다."(대법원 1970. 1. 29. 선고 69다1203 판결; 대법원 1980. 12. 9. 선고 80다1820 판결)

(2) 타인의 신체에 상해를 입힌 경우

타인의 신체에 상해를 입힌 경우에는 피해자에게 요양비, 휴업배상금, 장해배상금을 지급한다(국가배상법 제3조 제2항 참조). 휴업배상금은 요양으로 인하여 월급액이나 월수입액 또는 평균임금의 수입에 손실이 있는 경우에 요양기간 중 그 수입의 손실액을 말한다. 또한 피해자가 완치 후 신체에 장해가 있는 경우에 지급하는 장해배상금은 그 장해로 인한 노동력 상실 정도에 따라 피해를 입은 당시의 월급액이나 월실수입액 또는 평균임금에 장래의 취업가능기간을 곱한 금액을 말한다. 취업가능기간과 장해의 등급 및 노동력 상실률은 대통령령에 위임되어 있다(동조 제6항).

(3) 물건의 멸실 · 훼손이 있는 경우

국가배상법 제3조 제3항은 타인의 생명 · 신체에 대한 피해 외에 물건의 멸실 · 훼손에 대한 배상기준을 정하고 있다. 이 경우 수리비와 수리로 인한 수입손실액(휴업배상)을 배상한다. 생명 · 신체에 대한 침해와 물건의 멸실 · 훼손으로 인한 손해 이외의 손해는 불법행위와 상당한 인과관계가 있는 범위에서 배상한다(국가배상법 제3조 제4항). 또한 사망하거나 상해를 입은 피해자들의 직계존속 · 직계비속 및 배우자, 신체의 해나 그 밖의 해를 입은 피해자에게는 정신적 고통에 대한 위자료를 배상하도록 규정하고 있다(동조 제5항). 그 위자료는 대통령령으로 정하는 기준 내에서 피해자의 사회적 지위, 과실(過失)의 정도, 생계상태, 손해배상액 등을 고려하여 정해진다. 그 밖에 피해자가 손해를 입은 동시에 이익을 얻은 경우에는 손해배상액에서 그 이익에 상당하는 금액을 공제해야 한다(국가배상법 제3조의2).

3. 손해배상액의 공제

국가배상법은 손해배상액의 공제를 규정하고 있다. 즉 피해자가 손해를 입은 동시에 이익을 얻은 경우에는 손해배상액에서 그 이익에 상당하는 금액을 공제해야 한다(동법 제3조의2 제1항). 이 경우 제3조 제1항의 유족배상과 같은 조 제2항의 장해배상 및 장래에 필요한 요양비 등을 한꺼번에 신청하는 경우에는 중간이자를 공제해야 한다(동조 제2항). 중간이자를 빼는 방식은 대통령령으로 정하고 있다(동조 제3항). 유족배상액을 산정함에 있어서는 월급액이나 월실수액 또는 평균임금에서 별표7에 의한 생활비를 공제하여야 한다(동법 시행령 제6조 제1항). 또한 물건의 훼손으로 인한 휴업배상액을 산정함에 있어서는 수리기간 중의 수입손실액에서 수리로 인하여 지출이 불필요하게된 비용 상당의 이익을 공제하여야 한다(동조 제2항). 국가배상법 제3조의2 제3항의 규정에 의한 중간이자 공제방식은 법정이율에 의한 단할인법인 호프만방식에 의한다(동조 제3항).

Ⅲ. 배상책임

1. 배상책임자

헌법 제29조는 배상책임자로 국가 또는 공공단체를 규정하고 있지만, 국가배상법 제2조 제1항은 국가 또는 지방자치단체를 규정하고 있다. 공공단체에는 지방자치단체, 공공조합 및 영조물법인 등이 포함되지만, 현행 국가배상법은 지방자치단체만을 규정하고 있다. 따라서 지방자치단체를 제외한 그 밖의 공공단체의 손해배상책임에 대해서는 이론적으로 국가배상법을 유추하여 적용하고, 국가배상법에 규정된 사항 외에는 민법의 규정에 의하여 배상책임의 의무를 진다(국가배상법 제8조, 민법 제750조).

공무원의 선임·감독과 공무원의 봉급·급여 기타의 비용을 부담하는 자가 서로 다른 경우에는 그 비용을 부담하는 자도 손해를 배상하여야 한다(국가배상법 제6조 제1항). 따라서 피해자는 양자에 대해 선택적으로 배상을 청구할 수 있다. 이 경우에 손해를 배상한 자는 "내부관계에서 그 손해를 배상할 책임이 있는 자"(공무원의 선임·감독자)에게 구상할 수 있다(동조 제2항).

2. 배상책임의 성질

(1) 학설

국가배상책임의 성질에 관하여 대위책임설, 자기책임설 및 중간설(절충설) 등이 대립하고 있다.

a) 대위책임설

이 설은 공무원의 위법한 직무행위로 인한 손해배상책임을 피해자 보호를 위해 국가가 가해공무원을 대신하여 부담하는 책임으로 이해한다. 즉 공무원의 위법행위는 국가 등의 대리인으로서 수권에 위반하여 행한 행위이므로 국가 등은 그 책임을 지지 않는다고 본다. 또한 국가배상법 제2조 제1항은 공무원 자신의 불법행위책임을 전제로 하고 있으며, 국가의 가해공무원에 대한 구상권이 인정된다는 점 등을 근거로 주장한다. 종래 행정법학자의 다수 견해이다.

b) 자기책임설(국가책임설)

이 설은 국가의 배상책임을 위험책임으로서 국가 자신의 행위에 대한 책임을 스스로 지는 것이라고 보는 견해이다. 즉 국가는 공무원을 통해서 행위를 하는 것이므로 그로 인한 효과는 위법·적법을 불문하고 국가에 귀속되어야 한다는 점(무과실책임)과, 헌법과 국가배상법에 "공무원에 대신하여……"라는 대위책임에 관한 규정이 없다는 점을 논거로 든다. 헌법학자들은 대체로 자기책임설을 따르고 있다. 후술하는 바와 같이 독일에서는 이를 '국가책임설'이라고 한다.

c) 중간설(절충설)

절충설은 고의·중과실과 경과실을 구분하여 배상책임을 이해한다. 즉 공무원의 고의·중과실에 대한 국가의 배상책임을 '대위책임'으로, 경과실에 대한 국가의 배상책임을 '자기책임'으로 보고 있다.[71)]

d) 제4설(신(新)자기책임설)

이 설은 경과실뿐만 아니라 고의·중과실의 경우에도 배상책임을 국가책임으로 보는 견해이다. 고의·중과실의 경우에는 공무원 자신의 책임이지만 해당 행위가 직무행위로서의 외형을 갖추고 있으면 피해자의 권리구제를 위해 국가가 책임을 진다고 본다.[72)] 이 견해는 고의·중과실의 경우에도 '자기책임'으로 본다는 점에서 위 중간설과 구분되며, 이를 "신(新)자기책임설"이라고 부르고 있다.[73)] 일부 학설은 위 대법원 전원합의체 판결이 신자기책임설에 가까운 것으로 보고 있다.[74)] 그러나 이는 해석의 문제다.

---

71) 이상규, 전게서(상), 612-613면.

72) 이를 중간설과 구분하여 "절충설"이라고 부르기도 하나, 신자기책임설도 자기책임설의 일종이므로 이를 절충설이라고 표현하는 것은 혼란만 가중시키는 것으로 보인다.

73) 박균성, 전게서(상), 631면.

74) 김동희, 행정법 I, 590면 이하; 박균성, 전게서(상), 853면. 종전에는 이 견해도 중간설(또는 절충설)로 분류되기도 하였으나, 후술하는 바와 같이 고의·중과실에 대한 국가배상책임을 자기책임으로 이해한다는 점에서 차이가 있다.

(2) 판례

판례는 중간설(절충설)의 입장이다.[75] 대법원은 전원합의체 판결에서 공무원의 경과실로 타인에게 손해를 입힌 경우에는 국가의 행위로 보아 국가 스스로 책임을 부담하지만, 공무원의 고의·중과실로 손해가 발생한 경우에는 이를 국가에 귀속시킬 수 없고 공무원 개인에게 손해배상책임을 부담시키되, 외관상 공무원의 직무행위로 보이면 국민을 두텁게 보호하기 위해 국가 등이 공무원 개인과 중첩적으로 배상책임을 부담한다고 판시하고 있다. 고의·중과실의 경우에 국가 등이 공무원 개인을 대신하여 책임을 지는 경우에는 책임이 있는 공무원 개인에게 구상할 수 있다고 보고 있다. 즉 공무원의 고의·중과실로 인해 손해가 발생한 경우에는 국가 등이 공무원을 대신하여 책임을 진다고 해석하고 있다.

(3) 검토 및 비판

구상이 가능한 고의·중과실의 경우에 대위책임으로 보고, 구상이 불가능한 경과실의 경우에는 자기책임의 성질을 가진다고 보는 중간설(中間說)은 이론적으로 매우 정치(精緻)하다. 그러나 구상권의 인정문제는 행정주체 내부의 문제이며, 배상책임의 성질과 반드시 일치하는 것은 아니다. 독일 기본법 제34조에도 고의·중과실에 의한 경우에만 구상권 규정을 두고 있지만, 민법 제839조와 관련하여 이를 고의·중과실과 경과실의 구분 없이 직무책임(대위책임)으로 보는 것이 지배적이다. 신(新)자기책임설은 공무원의 고의·중과실로 인한 위법행위인 경우에는 기관행위로서의 품격을 상실하였지만 직무와 무관하지 않는 한 직

---

75) "국가배상법의 입법취지가 국가 등에게 선임·감독상의 과실여부에 불구하고 손해부담책임을 부담시켜 국민의 재산권을 보장하되, 공무원이 직무를 수행함에 있어 경과실로 타인에게 손해를 입힌 경우에는 그 직무수행상 통상 예기할 수 있는 흠이 있는 것에 불과하므로 이러한 공무원의 행위는 여전히 국가 등의 행위로 보아 그로 인하여 발생한 손해에 대한 배상책임도 전적으로 국가 등에만 귀속시키고 공무원 개인에게 그로 인한 책임을 부담시키지 아니하고, 반면에 공무원의 위법행위가 고의·중과실에 기인한 경우에는 비록 그 행위가 그 직무와 관련된 것이라고 하더라도 위와 같은 행위는 그 본질에 있어 기관행위로서의 품격을 상실하여 국가 등에게 그 책임을 귀속시킬 수 없으므로 공무원 개인에게 불법행위로 인한 손해배상책임을 부담시키되, 다만 이러한 경우에도 그 행위의 외관을 객관적으로 관찰하여 공무원의 직무행위로 보여질 때에는 피해자인 국민을 두텁게 보호하기 위하여 국가 등이 공무원 개인과 중첩적으로 배상책임을 부담하되, 국가 등이 배상책임을 지는 경우에는 공무원 개인에게 구상할 수 있도록 함으로써 궁극적으로 그 책임이 공무원에게 귀속되도록 하려는 것이라고 봄이 합당하다."(대법원 1996. 2. 15. 선고 95다38677 전원합의체 판결)

무행위로서의 외형을 갖추고 있으므로 피해자와의 관계에서 해당 공무원의 행위도 국가기관의 행위로 인정하여 국가의 자기책임을 인정할 수 있다고 보고 있다. 이 견해는 고의·중과실의 경우에도 기관행위로 보는 '자기책임설'과 구별된다.[76] 이러한 해석은 대법원판례의 검토에 있어서도 마찬가지이다. 그러나 신(新)자기책임설은 고의·중과실이나 경과실로 인한 손해발생의 모든 경우를 자기책임으로 보면서, 고의·중과실로 인한 경우만 '기관책임'로서의 품격을 상실하여 원칙적으로 국가책임을 인정할 수 없지만 피해자를 두텁게 보호하기 위해 국가 등이 책임을 진다고 보고 있다. 고의·중과실 부분에 대한 신(新)자기책임설의 논증은 지나치게 자의적이고 국가무책임설(國家無責任說)에 근거하고 있다. 그러나 피해를 입은 국민의 입장에서는 공무원의 직무행위로 인한 손해는 고의·중과실이든 경과실이든 모두 '국가책임'(소위 "자기책임")이다. 또한 중과실과 경과실의 구분은 내부적 책임관계(구상권)의 문제이다.

생각건대 국가배상의 본질은 각국의 역사적 배경, 입법상황 등에 맡겨져 있다. 헌법 제29조 및 국가배상법 제2조는 독일입법례와 달리 '자기책임설'에 기초하고 있다.[77] 특히 국가배상법 제2조 제1항에도 "국가 또는 지방자치단체는 …… 그 손해를 배상하여야 한다"라고 규정하여, 국가책임(자기책임)을 보다 명확히 규정하고 있다. 독일 민법 제839조와 같이 공무원의 개인책임을 기초로 하고 있지 않다. 대위책임설을 도입한 독일에서는 그 이유로 손해를 입은 자의 두터운 보호, 경과실의 경우에 공무원 개인의 손해저감 방지와 결단력고양 등을 들고 있다.[78] 그러나 자기책임설에서도 비슷한 논거를 주장할 수 있다. 즉 공무원자신의 책임이나 공무원에 대한 구상은 공무원의 근무의욕의 고취나 사기저하방지 등을 고려한 법정책적 규정이라는 점에서도 국가가 직접 책임을 지는 것으로 봄이 타당하다고 판단된다. 이와 같이 한국의 국가책임법제는 '직무책임'에 기초한 국가책임, 즉 직무상 의무를 위반한 공무원책임을 대신 국가가 지는 대위책임에 근거하고 있는 독일법체계와 구별되어야 한다. 대위책임설(代位責任

---

76) 박균성, 전게서(상), 790면.

77) 제헌헌법 제27조 제2항에는 "공무원의 직무상 불법행위로 인하여 손해를 받은 자는 국가 또는 공공단체에 대하여 배상을 청구할 수 있다. 단 공무원 자신의 민사상이나 형사상의 책임이 면제되는 것은 아니다"고 규정하고 있었다. 또한 1951년 9월 8일 법률 제231호로 제정된 국가배상법 제2조에도 "공무원이 그 직무를 행함에 당하여 고의 또는 과실로 법령에 위반하여 타인에게 손해를 가하였을 때에는 국가 또는 공공단체는 그 손해를 배상할 책임이 있다"고 하여, 배상책임의 주체를 국가 외에 '공공단체'로 규정하고 있었다.

78) Ossenbühl, a.a.O., S. 41 f.

說)은 법치국가원리와 조화되기 어려운 국가무책임설(國家無責任說)에 기초하고 있다. 요컨대 '자기책임설'에 근거한 국가책임이론이 타당하다.

(4) 비교법적 고찰 – 독일의 국가배상제도와 책임모델

독일의 책임모델은 3가지로 구분된다. 여기에는 공무원책임(Beamtenhaftung), 국가책임(Staatshaftung), 그리고 직무책임(Amtshaftung)이 있다. 이 중 직무책임은 '대위책임' 내지 '간접책임'을 의미하는 반면, 국가책임은 '직접책임'을 의미한다. 이에 대해 공무원책임은 "자기책임(Eigenhaftung)" 내지 "개인책임(persönliche Haftung)"으로 표현되고 있다. 우리나라에서는 공무원책임에 관한 설명이 없고, 대부분 자기책임(국가책임)과 대위책임(직무책임)만을 논의하고 있을 뿐이다. 특히 국내 학설은 '자기책임'을 국가책임의 의미로 사용하고 있으나, 독일에서는 공무원책임의 의미로 사용하고 있다.[79] 시민적·민주적 법치국가에서는 '자기책임'이라는 표현 대신 '국가책임'이라는 표현을 사용하는 것이 보다 타당하다.

독일에서는 1981년 6월 26일 제정된 '국가책임법(Staatsahaftungsgesetz)'이 관할권 위반으로 위헌판결을 받았다.[80] 따라서 현재는 독일 기본법 제34조[81] 및 독일 민법 제839조[82]에 근거하여 국가배상을 청구할 수 있다. 독일 민법 제839조는 연혁적으로 '위임이론'에 근거한 공무원책임에 기초하고 있다. 이에 의하면 공무원에게는 적법행위에 대한 위임만 가능하고, 위법행위는 국가에 귀속시킬 수 없다. 따라서 그 위법행위로 인한 손해배상책임은 공무원이 부담해야 한다는 것이다. 그 후 국가책임의 시대적 요청으로 인해 주(란트)의 입법자들은 공무원책임을 국가에게 전가하는 입법을 하였고, 바이마르헌법 제131조는 모든 공무원에 대해 책임인수를 하는 대위책임을 구속적으로 규정하였다. 독일 기본법 제34조도 대위책임사상에 근거하고 있다.[83] 이와 같이 독일의 국가책임사상은 독

---

79) Maurer/Waldhoff, a.a.O., § 26 Rn. 1.

80) BVerfGE 61, 140.

81) 독일 기본법 제34조(직무의무위반에 있어서 책임) 위임받은 공적 직무를 수행하는 자가 제3자에 대한 직무상 의무를 위반하면, 국가 또는 그가 소속하는 공공단체가 원칙적으로 책임을 진다. 고의 또는 중대한 과실로 인한 경우에는 구상권이 유보되어 있다. 손해배상청구 및 구상권을 위해 통상법원의 권리구제가 배제되지 아니한다.

82) 독일 민법 제839조 ① 공무원이 고의 또는 과실로 제3자에 대한 직무상 의무를 위반하여 손해가 발생한 경우에, 그 공무원은 제3자에 대해 배상하여야 한다. 공무원에게 과실만 있는 경우에는 손해를 입은 자는 다른 방식으로 배상을 청구할 수 없는 경우에만 청구할 수 있다. ② - ③ (생략)

83) Maurer/Waldhoff, a.a.O., § 26 Rn. 2 ff.

일 민법 제839조에 의해 공무원 개인책임의 성립을 전제로 한 후, 독일 기본법 제34조에 의해 다시 이를 국가가 공무원을 대신하여 책임을 지는 구조로 되어 있다. 독일 민법 제839조는 독일 기본법 제34조 제1문의 귀속규범에 의해 수정되었다.[84)]

독일 기본법 제34조 제1문에는 "제3자에 대한 직무상 의무"를 위반하여 손해를 야기는 것에 대해 국가 또는 공공단체가 배상책임을 진다고 규정하고 있다. 이를 소위 '직무책임(Amtshaftung)'이라고 한다. 이러한 직무책임은 원칙적으로 이러한 책임을 우선 공무원이 부담하나, 국가가 대신 이를 떠 넘겨받아 간접적 또는 파생적으로 책임을 지는 것으로 설명되고 있다(대위책임설). 따라서 국민은 공무원에 대해 국가배상청구권을 주장할 수 없다. 다만, 공무원의 고의 또는 중과실이 있는 경우에 한하여 구상할 수 있고, 경과실의 경우에 공무원의 책임은 배제된다(독일 기본법 제34조 제2문). 실제 독일에서는 독일 기본법 제34조에 규정된 직무의무(Amtspflicht)의 의미와 관련하여 학설상 대립이 있다. 즉 국가와 공무원의 내부관계에 관한 직무상 의무로 보는 견해[85)]와 국가와 국민의 외부관계에서 법적 의무와 동일한 의미로 해석하는 견해[86)]가 있다. 후설이 다수설이다. 공무원이 재량지침을 위반하여 재량의 한계를 일탈하거나 유월한 경우에, 해당 행위는 직무상 위반이면서 위법할 수 있다. 그러나 공무원이 행정기관 내부의 지침이나 훈령을 위반해서 직무상 의무를 위반하였지만 위법이 아닌 경우가 존재할 수 있다. 또한 반대로 공무원의 직무행위가 직무상 의무를 위반하지는 않았지만 위법인 경우도 존재할 수 있기 때문에 '직무상 의무'의 해석에 관한 논란은 무의미하지 않다. 행정규칙의 법규성을 인정하면서, 직무상 의무의 위반이 외부관계에 직접적으로 영향을 줄 수 있다고 보는 견해도 있다.[87)] 그러나 이러한 견해는 소수설이며, 행정규칙의 본질에 적합하지 않은 해석이다.

---

84) Ossenbühl, a.a.O., S. 10.
85) Maurer/Waldhoff, a.a.O., § 26 Rn. 16.
86) Papier, in: Maunz/Dürig, GG, Art. 34 Rn. 18 ff.
87) Ossenbühl, a.a.O., S. 41 f.

Ⅳ. 공무원의 배상책임과 구상권 행사

1. 문제의 소재

구상권 행사 범위의 인정은 행정주체 내부관계의 문제이다. 선택적 청구의 허용은 손해를 입은 자의 권리구제를 두텁게 보호하기 위한 정책적 측면에서 인정되므로, 이를 배상책임의 본질과 연결해서 이해해서는 아니 된다.[88] 즉 구상권의 인정은 내부관계의 문제이며, 구상권의 인정이 바로 대위책임 또는 국가책임(소위 '자기책임')의 근거로 사용될 수 없다. 또한 선택적 청구가능성에 대해 학설이 대립하고 있다. 적어도 이론적으로는 대위책임설을 주장하면서 선택적 청구를 주장하는 견해[89]는 타당하지 않다. 대위책임설을 채택하고 있는 독일에서는 외부관계에서 공무원에 대한 배상청구를 할 수 없다고 보고 있다.[90] 자기책임설은 원칙적으로 국가가 책임을 지지만, "공무원 자신의 책임은 면제되지 아니한다"라는 헌법 제29조 제1항 단서 규정에 근거하여 공무원에 대한 배상청구를 할 수 있다고 볼 수 있다.

독일에서도 이와 비슷한 규정을 두고 있으나, 연혁적으로 독일의 국가책임법제는 공무원의 개인책임(또는 국가무책임사상)에서 출발하여 대위책임설로 발전된 것이다. 대위책임설에서는 공무원의 책임을 인정하고 이를 국가책임으로 전가하는 구조를 가졌기 때문에 공무원의 책임이 면제되지 않는다는 규정이 의미가 있다. 한국에서는 독일과 달리 민법에 의한 공무원책임이 아니라 헌법과 국가배상법에 따른 국가의 자기책임을 인정하고 있다. 독일에서는 직무책임에 관한 해석을 둘러싸고 학설상 논란이 있다. 대위책임에 관한 입법이 법리적인 어려움에 봉착하고 있고, 혹평을 받고 있는 것도 사실이다.[91]

2. 공무원에 대한 구상권 행사

공무원에게 고의 또는 중대한 과실이 있으면, 국가 또는 지방자치단체는 그 공무원에게 구상할 수 있다(국가배상법 제2조 제2항). 대위책임설(代位責任說)에 의

88) 계희열, 헌법학(중), 645면; 허 영, 한국헌법론 580면.
89) 김철수, 헌법학개론, 948면; 허 영, 전게서, 581면.
90) Ossenbühl, a.a.O., S. 118; Maurer/Waldhoff, a.a.O., § 26 Rn. 10.
91) 이에 대해서는 Ossenbühl, a.a.O., S. 6.

하면, 본래의 배상책임자인 해당 공무원에게 구상하는 것은 당연하다. 그러나 자기책임설(自己責任說)의 입장에서도 공무원이 그 근무관계에서 부담하는 의무를 위반하여 국가에 대하여 재산상 손해를 발생시키면 그 손해에 대하여 배상책임을 지는 것은 당연하다고 볼 수 있다. 이는 배상책임의 제재적 기능 내지 위법행위 억제기능과 관련이 있다.

한편, 민간인(甲)이 차량을 운행하던 중에 반대편에서 오던 군인 乙과 丙이 동승한 오토바이와 충돌한 사건에서 공동불법행위의 책임이 있는 군인(乙)의 부담부분에 대해 국가에 구상권을 행사할 수 있는지가 논의되고 있다. 즉 甲이 군인과의 공동불법행위로 다른 군인(丙)에게 공상을 입히고 그 피해를 입은 丙에게 귀책부분을 넘어서 손해를 배상한 경우, 甲이 丙과 동승하였던 공동불법행위자 군인(乙)의 부담부분에 관하여 국가에 구상권을 행사할 수 있는지가 다투어지고 있다. 이에 대해 대법원은 종전에 부정적인 입장을 취하고 있었다. 즉 국가배상법 제2조 제1항 단서를 이중배상금지를 규정한 것으로 보고, 국가에 대해 국가배상법 또는 민법상의 손해배상청구권을 절대적으로 배제하는 규정으로 보았다. 이에 의하면 군인·군무원 등이 직접 국가에 대하여 손해배상청구권을 청구할 수 없고, 국가와 공동불법행위의 책임이 있는 자가 그 배상채무를 이행하였으므로 국가에 대하여 구상권을 행사하는 것도 허용되지 않는다는 것이다.[92] 이에 반해 헌법재판소는 국가배상법 제2조 제1항 단서에 대해 공동불법행위자인 군인(乙)의 부담부분에 관하여 국가에 대한 구상권 행사를 허용하지 않는다고 해석하는 한 헌법에 위반된다고 결정하였다(한정위헌).[93] 그러나 대법원은 이후의 전원합의체 판결에서도 이러한 헌법재판소의 결정과 달리 국가에 대한 구상권을 인정하고 있지 않다.[94] 다만, 대법원은 민간인의 배상범위를 제

---

92) 대법원 1992. 2. 11. 선고 91다12738 판결.

93) 헌재 1994. 12. 29. 93헌바21.

94) "이와 같은 헌법 및 이에 따른 국가배상법 규정의 입법 취지는, 국가 또는 공공단체(이하 '국가 등'이라 한다)가 위험한 직무를 집행하는 군인·군무원·경찰공무원 또는 향토예비군대원(이하 '군인 등'이라 한다)에 대한 피해보상제도를 운영하여, 직무집행과 관련하여 피해를 입은 군인 등이 간편한 보상절차에 의하여 자신의 과실 유무나 그 정도와 관계없이 무자력의 위험부담이 없는 확실하고 통일된 피해보상을 받을 수 있도록 보장하는 대신에, 피해 군인 등이 국가 등에 대하여 공무원의 직무상 불법행위로 인한 손해배상을 청구할 수 없게 함으로써, 군인 등의 동일한 피해에 대하여 국가 등의 보상과 배상이 모두 이루어짐으로 인하여 발생할 수 있는 과다한 재정지출과 피해 군인 등 사이의 불균형을 방지하고, 또한 가해자인 군인 등과 피해자인 군인 등의 직무상 잘못을 따지는 쟁송이 가져올 폐해를 예방하려는 것이라고 할 것이다. 이러한 입법 취지를 관철하기 위하여는, 국가배상법 제2조 제1항 단서가 적용되는 공무원의 직무상 불법행위로 인하여 직무집행과 관련하여 피해를 입은 군인 등에 대하여 위 불

한하고 있다. 즉 "피해군인 등에 대하여 그 손해 중 국가 등이 민간인에 대한 구상의무를 부담한다면 그 내부적인 관계에서 부담하여야 할 부분을 제외한 나머지 자신의 부담부분에 한하여 손해배상의무를 부담한다"고 판시하고 있다. 이는 공동불법행위자 등이 부진정연대채무자로서 각자 피해자의 손해 전부를 배상할 의무를 부담하는 공동불법행위의 일반적인 경우와 차이가 있다. 그러나 이 사건의 반대의견은 "손해의 공평 · 타당한 부담 · 배분을 위해서는 군인 등의 손해를 배상한 민간인이 국가 등에 대하여 구상권을 행사할 수 있다"고 보고 있다. 대법원은 이 사건을 법률에 의해 국가보상청구권이 충분히 보장되는 예외적인 경우로 보고 있다. 법률에 의해 보장되는 국가보상청구권제도에 의해 피해자의 구제가 확실해 보이는 이 사건의 경우에만 예외적으로 국가에 대한 구상권 행사를 부정한 것이다. 또한 피해 군인이 입은 손해 중 일부에 대해 국가 등이 민간인에 대한 구상의무를 부담한다면, 민간인의 배상범위도 그 내부적인 관계에서 피해 군인 등이 부담하여야 할 부분을 제외한 나머지 자신의 부담 부분에 제한된다고 보고 있다.

3. 공무원의 선임 · 감독자와 비용부담자가 다른 경우

공무원의 선임 · 감독자와 비용부담자가 다른 경우에, 피해자는 양자 모두에 대하여 선택적으로 배상청구를 할 수 있다. 이 경우 손해를 배상한 자는 "내부관계에서 그 손해를 배상할 책임이 있는 자"에게 구상할 수 있다. 여기에서 "내부관계에서 그 손해를 배상할 책임이 있는 자"란 대체로 공무원의 선임 · 감독자를 의미한다(국가배상법 제6조 제2항). 공무원의 선임 · 감독에 있어서의 과실 유무는 묻지 아니한다. 한편, 대법원은 지방자치단체가 국가의 위임사무를 잘못 처리한 경우에 그 직무상 위법행위에 대한 배상책임을 지지 않으며, 위임자인 국가가 이에 대한 배상책임을 진다고 판시하고 있다.[95)]

법행위에 관련된 일반국민(법인을 포함한다. 이하 '민간인'이라 한다.)이 공동불법행위책임, 사용자책임, 자동차운행자책임 등에 의하여 그 손해를 자신의 귀책부분을 넘어서 배상한 경우에도, 국가 등은 피해 군인 등에 대한 국가배상책임을 면할 뿐만 아니라 나아가 민간인에 대한 국가의 귀책비율에 따른 구상의무도 부담하지 않는다고 하여야 할 것이다."(대법원 2001. 2. 15. 선고 96다42420 전원합의체 판결)

95) 대법원 1981. 11. 24. 선고 80다2303 판결 참조.

4. 공무원의 직접적 배상책임 여부 – 청구권경합의 문제

(1) 선택적청구긍정설

이 설은 국가·지방자치단체 등의 배상책임과 공무원 개인의 배상책임은 서로 별개이므로 피해자는 국가·지방자치단체 또는 공무원 개인에 대하여 배상을 선택하여 청구할 수 있다고 보고 있다. 대법원 판례 중에도 선택적 청구를 긍정한 사례가 있다. 즉 "국가배상법의 공무원 자신의 책임에 관한 규정 여하를 기다릴 것 없이 공무원 자신이 불법행위를 이유로 민사상의 손해배상을 져야 한다"고 보고 있다.[96)]

(2) 선택적청구부정설

이 설은 대위책임설의 입장에서 국가에 대해서만 배상청구가 가능하다는 입장이다. 즉 선택적 청구를 인정하는 것은 국가배상법의 대위책임적 구조에 반하고, 공무원의 직무집행을 위축시킬 우려가 있다는 점 등을 논거로 들고 있다. 종전의 대법원 판례 중에도 이러한 선택적 청구부정설을 따른 경우가 있다.[97)]

(3) 절충설

대법원은 전원합의체판결로 종전 판례를 변경하고 고의·중과실의 경우와 경과실의 경우를 구별하는 절충설의 입장을 따르고 있다. 즉 공무원이 직무수행 중 불법행위로 타인에게 손해를 입힌 경우에 국가 등이 국가배상책임을 부담하는 외에 공무원 개인도 고의 또는 중과실이 있는 경우에는 불법행위로 인한 손해배상책임을 부담하지만, 공무원에게 경과실뿐인 경우에는 공무원 개인은 손해배상책임을 부담하지 아니한다고 보고 있다.[98)] 다만, 이 판례에서는 공무원에게도 직접적인 배상책임을 물을 수 있는지 여부가 다투어졌다. 다수의견 외에 별개의견, 반대의견, 반대보충의견 등이 제시되어 있다.[99)]

---

96) 대법원 1972. 10. 10. 선고 69다701 판결.

97) "공무원의 직무상 불법행위로 인하여 손해를 받은 사람은 국가 또는 공공단체를 상대로 손해배상을 청구할 수 있고, 이 경우에 공무원에게 고의 또는 중대한 과실이 있는 때에는 국가 또는 공공단체는 그 공무원에게 구상할 수 있을 뿐, 피해자가 공무원 개인을 상대로 손해배상을 청구할 수는 없는 것이다."(대법원 1994. 4. 12. 선고 93다11807 판결)

98) 대법원 1996. 2. 15. 선고 95다38677 전원합의체 판결.

99) [다수의견]: "공무원이 직무수행 중 불법행위로 타인에게 손해를 입힌 경우에 국가 등이 국가배상책임을 부담하는 외에 공무원 개인도 고의 또는 중과실이 있는 경우에는 불법행위로 인한

(4) 평가

위 대법원 전원합의체 판결에서, 다수의견은 공무원의 고의·중과실로 인한 불법행위에 대해서만 손해배상청구가 가능하다고 보고 있다. 그러나 별개의견은 공무원의 경과실로 인한 경우에도 불법행위로 인한 손해배상청구가 가능하다고 본다. 반면, 반대의견은, 경과실 뿐만 아니라 고의·중과실의 경우에도 공무원은 피해자에 대해 손해배상책임을 지지 않고, 국가나 지방자치단체가 배상책임을 진다고 본다. 한편, 학설의 경우 헌법학자와 행정법학자가 서로 설명을 다르게 하고 있는 부분도 있다. 그러나 자기책임설이 선택적청구긍정설과, 대위책임설이 선택적청구부정설과 반드시 일치하는 것은 아니다.

이는 헌법 제29조 제1항 및 국가배상법 제2조의 해석에 관한 문제이다. 국가책임의 본질과 관련하여 자기책임설, 대위책임설 등이 다투어지나, 이미 언급한 바와 같이 '자기책임설'의 입장이 타당하다고 본다. 다만, "공무원 자신의 책임은 면제되지 아니한다"는 헌법 제29조 제1항 단서의 규정, 공무원의 고의·중과실에 대한 국가배상법 제2조 제2항의 구상권 규정은 공무원이 불법행위책임에서 면제된다는 것이 아님을 강조한 것이다. 또한 피해를 입은 국민이 공무원의 불법행위가 경과실에 의한 것인지, 또는 중과실에 의한 것인지를 입증하기는 쉽지 않다. 따라서 피해자인 개인의 권리구제를 두텁게 보호하기 위해 선택

손해배상책임을 진다고 할 것이지만, 공무원에게 경과실뿐인 경우에는 공무원 개인은 손해배상책임을 부담하지 아니한다고 해석하는 것이 헌법 제29조 제1항 본문과 단서 및 국가배상법 제2조의 입법취지에 조화되는 올바른 해석이다."

[별개의견]: "공무원의 직무상 경과실로 인한 불법행위의 경우에도 공무원 개인의 피해자에 대한 손해배상책임은 면제되지 아니한다고 해석하는 것이, 우리 헌법의 관계 규정의 연혁에 비추어 그 명문에 충실한 것일 뿐만 아니라 헌법의 기본권보장 정신과 법치주의의 이념에도 부응하는 해석이다."

[반대의견]: "공무원이 직무상 불법행위를 한 경우에 국가 또는 공공단체만이 피해자에 대하여 국가배상법에 의한 손해배상책임을 부담할 뿐, 공무원 개인은 고의 또는 중과실이 있는 경우에도 피해자에 대하여 손해배상책임을 부담하지 않는 것으로 보아야 한다."

[반대보충의견]: "주권을 가진 국민 전체에 대한 봉사자로서 공공이익을 위하여 성실히 근무해야 할 공무원이 공무수행 중 국민에게 손해를 가한 경우, 국민의 봉사자인 공무원이 봉사대상이 되는 피해자인 국민과 직접 소송으로 그 시비와 손해액을 가리도록 그 갈등관계를 방치하는 것보다는 국가가 나서서 공무원을 대위하여 그 손해배상책임을 지고, 국가가 다시 내부적으로 공무원의 직무상 의무의 불이행 내용에 따라 고의·중과실이 있는 경우에만 구상의 형태로 그 책임을 물어 공무원의 국민과 국가에 대한 성실의무와 직무상 의무의 이행을 제도적으로 확보하겠다는 것이, 헌법 제29조 제1항 단서와 국가배상법 제2조 제2항의 취지라고 해석함이 이를 가장 조화롭게 이해하는 길이 될 것이다."

적청구긍정설이 타당하다. 위 판례의 경우 별개의견이 적절히 지적하는 바와 같이 고의·중과실 이외에 공무원의 경과실의 경우에도 선택적 청구를 인정하는 것이 헌법 제29조 제1항 단서, 헌법의 기본권보장 및 법치주의의 정신에 부합하는 것이다. 다만, 내부관계에서 경과실의 경우에는 공무원의 직무수행의욕이나 사기를 위해 구상권을 제한하고, 고의나 중과실의 경우에만 구상권을 인정하는 것이 국가배상법 제2조 제2항의 취지라고 판단된다. 또한 반대의견은 헌법 제29조 제1항 단서조항의 의미를 지나치게 과소평가한 것으로 보인다.

5. 배상청구권의 소멸시효

국가배상청구권은 피해자나 그 법정대리인이 손해 및 가해자를 안 날로부터 3년간 이를 행사하지 아니하면 시효로 인하여 소멸한다(국가배상법 제8조, 민법 제766조 제1항). 이 경우 국가배상법 제12조에 따라 배상심의회에 손해배상지급신청을 하는 것은 시효중단사유인 민법 제168조 제1호의 '청구'에 해당한다. 따라서 그 신청에 대한 배상심의회의 결정이 있으면, 그 때부터 다시 시효기간이 진행된다(국가배상법 제13조 참조).

6. 양도·압류 등 금지

공무원의 직무상 불법행위로 인한 손해배상청구권 중 생명·신체의 침해로 인한 것은 양도하거나 압류할 수 없다(국가배상법 제4조). 이러한 국가배상청구권의 일신전속적 성질은 공권의 특성을 반영하는 것이다.

제3절 영조물의 설치·관리상의 하자로 인한 손해배상

Ⅰ. 제도적 의의 및 특징

헌법 제29조에는 공공시설의 설치·관리상의 하자로 인한 손해배상책임에 대한 규정이 없다. 국가배상법 제5조는 일본 국가배상법 제2조의 영향으로 도입된 것이다. 국가배상법 제5조 제1항에는 "도로·하천 기타 공공의 영조물의 설치 또는 관리에 하자가 있기 때문에 타인에게 손해를 발생하게 하였을 때에는 국가 또는 지방자치단체는 그 손해를 배상하여야 한다"라고 규정되어 있다. 국가배상법 제5조는 과실을 배상책임의 요건으로 하지 않는다는 점에서 '무과실책임'을 규정한 것으로 보고 있다(다수설).

한편, 국가배상법 제5조는 민법 제758조에 규정된 공작물 등의 점유의 배상책임에 상응하는 것이다. 소송실무는 국가배상청구소송을 민사소송으로 다루고 있으므로 양자의 관계를 검토할 필요가 있다. 판례도 양 조항의 혼용으로 법리가 다소 명확하지 않은 측면이 있다. 민법 제758조 제1항에는 점유자에 대한 면책이 인정되며, 국가배상법의 '영조물(공물)' 개념은 민법상의 '공작물' 개념보다 넓다. 이러한 차이에도 불구하고 판례에 양 조항이 혼용되고 있다. 국가배상법 제5조에는 배상책임의 주체를 '국가' 또는 '지방자치단체'에 한정하고 있다. 따라서 국가 또는 지방자치단체를 제외한 '기타 공공단체'에 대한 배상책임에 대해서도 국가배상법이 적용될 수 있는지가 문제 된다. 이에 대하여 국가 또는 지방자치단체를 제외한 기타 공공단체에 대해서는 민법 제758조의 규정이 적용될 수 있다는 견해와 국가배상법이 유추적용될 수 있다는 견해가 대립하고 있다. 국가배상청구를 공권으로 이해하는 입장에서는 후자의 견해가 타당하다. 그러나 국가배상소송을 민사법원에 제기하고 있어, 실무상으로는 양자를 모두 근거로 하여 소송을 제기하는 경우도 적지 않다. 민법 제758조에 의하면 소유자의 책임은 무과실책임이지만, 점유자는 입증에 의해 면책될 수 있다. 민법 제758조 제1항의 공작물의 '설치 · 보존의 하자'도 "공작물 자체가 그 용도에 따라 통상 갖추고 있어야 할 객관적 안전성"으로 이해하고 있다.[100] 민법 제758조 제1항의 배상책임자는 1차적으로 '점유자'이고, 제2차적으로 '소유자'이다.[101]

Ⅱ. 배상책임의 성립요건

국가 · 지방자치단체 등의 배상책임이 성립하기 위해서는 도로 · 하천 기타의 공공의 영조물의 설치 또는 관리에 하자로 인해 타인에게 손해가 발생하여야 한다. 하자의 입증책임은 원칙적으로 원고인 그 피해자에게 있다. 그러나 이러한

100) 곽윤직, 채권각론, 제6판, 423면; 주석민법(편집대표 박준서), 채권각칙(8), 제3판, 468-469면.
101) 민법학자들은 점유자의 책임을 입증책임을 전환할 '중간적 책임'으로, 소유자의 책임을 '무과실책임'으로 이해하고 있다(곽윤직, 전게서, 422면).

영조물의 설치·관리상의 하자를 입증하기는 쉽지 않다. 피해자의 권리구제를 위해 일응추정의 법리를 적용하는 것이 바람직하다. 즉 피해자가 영조물로 인하여 손해가 발생하였음을 입증하면 그 영조물의 설치·관리상의 하자가 있는 것으로 일응 추정된다고 보는 것이다. 이러한 입장이 현재의 다수설이다. 이하에서는 영조물, 설치·관리상의 하자 및 손해발생으로 구분하여 설명하기로 한다.

1. 영조물

통상 영조물이란 강학상으로 "인적·물적 시설의 종합체"를 의미한다. 그러나 국가배상법상의 '영조물'은 해석상 학문적 의미의 '공물(公物)'을 의미한다. 즉 행정주체가 직접 공적 목적을 달성하기 위해 제공한 유체물 및 관리할 수 있는 자연력을 의미한다.[102] 여기에는 인공공물(도로·상하수도·관공청사·교량 등), 자연공물(하천·호수 등) 및 동산(자동차·항공기·총기 등) 등이 포함된다.

대법원판례에서 국가배상의 원인이 되었던 영조물에는 공항(대법원 2005. 1. 27. 선고 2003다49566 판결), 군용비행장(대법원 2010. 11. 25. 선고 2007다74560 판결), 건널목경보기(대법원 1969. 12. 9. 선고 69다1386 판결), 하천(대법원 2007. 9. 21. 선고 2005다65678 판결), 도로(대법원 2000. 4. 25. 선고 99다54998 판결), 신호등(대법원 2001. 7. 27. 선고 2000다56822 판결) 등이 있다. 한편, 민법 제758조의 '공작물'은 통상적으로 "인공적 작업에 의하여 만들어진 물건"을 의미하는 것이 보통이다.[103] 그러나 국가배상법 제5조의 영조물은 공물로서 인공공물에 한정되지 아니한다.

2. 설치·관리상의 하자

(1) 학설의 입장

영조물의 설치·관리의 하자가 무엇인지에 대해 견해가 대립하고 있다. 국내

102) "국가배상법 제5조 제1항 소정의 '공공의 영조물'이라 함은 국가 또는 지방자치단체에 의하여 특정 공공의 목적에 공여된 유체물 내지 물적 설비를 말하며, 국가 또는 지방자치단체가 소유권, 임차권 그 밖의 권한에 기하여 관리하고 있는 경우뿐만 아니라 사실상의 관리를 하고 있는 경우도 포함된다. 이 사건 당시 설치하고 있는 옹벽은 아직 완성도 되지 아니하여 일반공중의 이용에 제공되지 않고 있었던 이상 국가배상법 제5조 제1항 소정의 영조물에 해당한다고 할 수 없고, 따라서 이 사건 사고를 영조물의 설치상의 하자로 인하여 발생한 것이라고 할 수 없다."(대법원 1998. 10. 23. 선고 98다17381 판결)

103) 곽윤직, 전게서, 691면.

학설은 대체로 객관설, 주관설, 절충설 등으로 구분되고 있다. 그 외에도 일본에서는 영조물하자설, 관리가능설, 의무위반설(안전확보의무위반설 내지 손해회피의무위반설) 등이 주장되고 있다. 이를 소개하면 다음과 같다.

a) 객관설

객관설은 하자의 유무는 영조물이 객관적으로 안전성을 결여하였는지 여부를 기준으로 판단하여야 한다는 견해이다. 즉 "영조물이 통상적으로 갖추어야 할 객관적 안전성의 결여"라고 보고 있다. 이 견해가 다수설이다. 이러한 견해에 의하면 설치·관리자의 작위의무나 부작위의무의 위반과 같은 주관적 요소는 문제가 되지 않는다.

b) 주관설(의무위반설)

국가배상법 제5조의 '하자'를 프랑스행정법의 '과실'개념을 원용하여 과실책임으로 보려는 주장에 의해 영향을 받았고, 근래에는 일본학설에 의해 강하게 영향을 받은 의무위반설이 그러한 입장에 서 있다. 주관설은 대체로 영조물의 설치·관리의 하자를 관리자의 영조물에 대한 '안전확보의무위반' 내지 '사고방지의무위반'에 기인한 물적 위험상태로 본다. 국가배상법 제5조에 근거한 배상책임은 무과실책임이 아니라, 하자의 존재를 그 요건으로 하고 있다는 점에서 관리자의 주관적 귀책사유가 있어야 한다는 것이다. 학설 가운데 "국가배상법 제5조상의 배상책임도 결과책임 또는 절대적 무과실책임이 아니고 보면, 그 배상책임의 요건으로서의 하자의 판단에 있어서는 관리자의 의무위반을 그 내용으로 하는 의무위반설적 이론구성이 동조상의 배상책임의 성격에 보다 부합하는 것으로 보인다"는 주장이 주관설에 해당한다.[104] 이를 "의무위반설"이라고도 부른다.

c) 절충설

하자의 유무를 판단함에 있어서 영조물 자체의 객관적 하자뿐만 아니라, 관리자의 안전의무위반이라는 주관적 요소를 함께 고려해야 된다는 견해이다. 이러한 절충설에 따르면, 공물과 관련하여 그 손해발생이 공물의 물적 결함에 의한 것인지 또는 관리자의 관리행위의 과오에 의한 것인지를 불문하고 국가배상법 제5조에 의하여 이러한 문제를 해결할 수 있다. 이러한 절충설의 입장을 찾기는 쉽지 않다는 견해도 있다. 다만, 후술하는 바와 같이 주관설로 소개되는

---

104) 김동희, 행정법 I, 595면.

대법원판례(대법원 2000. 2. 25. 선고 99다54004 판결)는 절충설의 입장에 가깝다.

d) 위법·무과실책임설

국가배상법 제5조에 의한 책임을 안전의무를 위반함으로써 발생한 손해에 대한 행정주체의 위법·무과실책임으로 보는 입장이다.[105] 이 설에 의하면 동조에 의한 영조물의 설치·관리의 하자책임을 순수한 물적 상태책임이 아니라 행위책임으로 이해하고 있으며, 그 성질을 위법·무과실책임으로 보고 있다.

(2) 판례

판례는 대체로 객관설의 입장에서 판단하고 있으나, 일부판례는 의무위반설의 입장에 가까운 경우도 있다. 이하에서는 대법원의 입장을 분석하도록 한다. 우선 대법원은 원칙적으로 객관설의 입장에 서 있다. 즉 "영조물설치의 하자라 함은 영조물의 축조에 불완전한 점이 있어 이 때문에 영조물 자체가 통상 갖추어야 할 안전성을 갖추지 못한 상태에 있음을 말한다고 할 것인 바, 영조물설치의 하자 유무는 객관적 견지에서 본 안전성의 문제이다"라는 입장이 그러하다.[106] 이후의 판례에서도 "영조물의 설치상의 하자라 함은 공공의 목적에 공용된 영조물이 그 용도에 따라 통상 갖추어야 할 안전성(安全性)을 갖추지 못한 상태에 있음을 말하는 것이다"라고 보고 있다.[107] 다만, 소음 피해와 관련하여 타인에게 위해를 끼칠 위험성이 있는 상태라 함은 영조물을 구성하는 물적 시설의 물리적·외형적 흠결이나 불비(不備)로 인한 경우뿐만 아니라 그 영조물의 이용상태 및 정도가 제3자에게 사회통념상 참을 수 없는 손해를 입히는 경우도 포함한다.[108]

한편, 판례 중에는 객관적 안전성 외의 주관적 요소를 고려하는 것도 있다. 이러한 판례들은 의무위반설(주관설)을 따르고 있는 것으로 소개되기도 한다. 즉 도로의 설치·관리상의 하자와 관련하여 "당해 도로의 구조, 장소적 환경과 이용상황 등 제반 사정을 종합하여 그와 같은 결함을 제거하여 원상으로 복구할 수 있는데도 이를 방치한 것인지 여부를 개별적·구체적으로 심리하여 판단하여야 한다"고 보는 것이다.[109] 특히 주관적 요소로서 방호조치의무나 손해발생

---

105) 정하중, 행정법의 이론과 실제, 법문사, 2012, 398면 이하.
106) 대법원 1967. 2. 21. 선고 66다1723 판결.
107) 대법원 1998. 10. 23. 선고 98다17381 판결; 대법원 1997. 5. 16. 선고 96다54102 판결 등.
108) 대법원 2004. 3. 12. 선고 2002다14242 판결; 대법원 2005. 1. 27. 선고 2003다49566 판결.
109) 대법원 1997. 4. 22. 선고 97다3194 판결.

의 예견가능성과 회피가능성을 이유로 영조물의 설치·관리상의 하자를 부인한 사례도 있다.[110)]

(3) 분석 및 평가

주관설(의무위반설)은 현행 국가배상법이 무과실책임의 원칙에 서 있다는 점을 간과하고 있으며, 객관적 안전성이 없는 영조물의 하자책임에 주관적 요소를 추가하여 설치관리자의 책임제한 내지 회피의 논거를 제공하는 점에서 당사자의 권리구제에 적합하지 않다. 이러한 비판에 대하여 의무위반설은 관리자의 안전확보의무를 고도화·객관화된 의무로 파악할 경우, 이러한 문제점들이 실질적으로 해소될 수 있다고 반론을 제기한다. 그러나 주관적(객관화된) 관리의무를 요구함으로써 피해자의 권리구제가 다른 입장보다 제한적으로 해석되어 당사자에게 불리하게 작용하는 것이 사실이다. 객관설은 설치·관리자의 과실유무와 상관없이 객관적인 안전성만을 기준으로 삼아 당사자의 권리구제를 넓게 보호할 수 있으나, 국가의 배상범위가 지나치게 확대될 수 있다. 또한 위법·무과실책임설은 기본적으로 무과실책임의 원칙을 취하고 있다는 점에서 객관설의 입장에 가까운 것으로 보인다. 그러나 여기에서 '위법'의 요건은 중요하지 않다.

대법원판례를 분석하면, 일부학설은 일련의 대법원의 판례를 예시하면서 의무위반설의 근거로 제시하고 있다. 그러나 대법원판례는 대체로 '객관설'의 입장을 원칙으로 하면서도, 그 책임의 제한을 위해 예견가능성과 회피가능성의 기준을 사용하고 있다고 판단된다. 이는 객관설의 입장이 대체로 무과실책임을 주장하고 있으므로, 그 책임을 무한대로 확대하지 않고 합리적으로 조정하기 위해 주관적 요소를 추가하고 있다. 따라서 의무위반설의 근거판례 중 앞에서 언급된 대법원 1997. 4. 22. 선고 97다3194 판결은 명확하지 않지만, 객관설의 입장을

110) "국가배상법 제5조 제1항 소정의 영조물의 설치 또는 관리의 하자라 함은 영조물이 그 용도에 따라 통상 갖추어야 할 안전성을 갖추지 못한 상태에 있음을 말하는 것으로서, 영조물이 완전무결한 상태에 있지 아니하고 그 기능상 어떠한 결함이 있다는 것만으로 영조물의 설치 또는 관리의 하자가 있다고 할 수 없는 것이고, 위와 같은 안정성의 구비여부를 판단함에 있어서는 당해 영조물의 용도, 그 설치장소의 현황 및 이용상황 등 제반 사정을 종합적으로 고려하여 설치 관리자가 그 영조물의 위험성에 비례하여 사회통념상 일반적으로 요구되는 정도의 방호조치의무를 다하였는지 여부를 그 기준으로 삼아야 할 것이며, 객관적으로 보아 시간적·장소적으로 영조물의 기능상 결함으로 인한 손해발생의 예견가능성과 회피가능성이 없는 경우, 즉 그 영조물의 결함이 영조물의 설치 관리자의 관리행위가 미칠 수 없는 상황 아래에 있는 경우에는 영조물의 설치·관리상의 하자를 인정할 수 없다."(대법원 2000. 2. 25. 선고 99다54004 판결)

취하고 있다. 또한 대법원 2000. 2. 25. 선고 99다54004 판결도 기본적으로는 객관설의 입장에 서 있으면서도 책임제한을 위해 주관적 요소를 고려한 것이다.

생각건대 국가배상법 제5조의 규정은 헌법에 근거한 것이 아니라는 점에서, 국가배상법 제2조에 따른 공무원의 직무상 불법행위로 인한 국가배상과 달리 보아야 할 것이다. 따라서 원칙적으로는 영조물이 갖추어야 할 객관적 안전성의 하자로 인한 책임으로 보는 것이 타당하다. 그러나 영조물의 설치 또는 관리책임의 귀속을 위해서는 해당 영조물의 용도, 그 설치장소의 여건 및 이용상황 등 제반사정 등을 고려하여 방호조치의무를 다하였는지를 살펴볼 필요가 있다. 이 경우 손해발생의 예견가능성과 회피가능성 등이 있었는지를 판단하여 어느 정도 면책사유를 허용하는 것이 '피해자의 권리구제'와 '국가의 배상책임의 적정한 제한'을 조화시킬 수 있는 합리적 방안이다.

3. 타인에게 손해가 발생할 것

영조물의 설치·관리의 하자로 인하여 타인에게 손해가 발생하여야 한다. 영조물의 설치·관리의 하자와 손해발생 사이에는 상당인과관계에 있어야 하며, 이는 원고(피해자)가 입증하여야 한다. 여기에서의 '타인'에는 영조물의 설치·관리의 하자로 손해를 입은 공무원도 포함된다. 다만, 군인 등의 일정한 공무원에 대해서는 국가배상법 제2조의 경우와 마찬가지로 특례가 인정되고 있다(국가배상법 제5조 제1항 후단). 또한 '손해'에는 공무원의 직무상 불법행위로 인한 손해와 마찬가지로 법익침해에 의한 불이익을 의미한다. 따라서 여기에는 재산적·정신적 손해 또는 적극적·소극적 손해를 모두 망라한다.

4. 면책사유

(1) 불가항력

국가배상법 제5조에는 면책조항이 규정되어 있지 않다. 대법원도 영조물의 설치·관리상의 하자로 인해 손해가 발생한 경우에 그 손해의 방지에 필요한 주의를 게을리하지 아니하였음을 이유로 면책을 주장할 수는 없다고 보고 있다.[111] 그러나 학설은 통상적으로 갖추어야 할 안전성을 구비하고 있음에도 불

111) "국가배상법 제5조 소정의 영조물의 설치·관리상의 하자로 인한 책임은 무과실책임이고 나아가 민법 제758조 소정의 공작물의 점유자의 책임과는 달리 면책사유도 규정되어 있지 않으

구하고 손해가 발생한 경우에 '불가항력'을 이유로 면책가능성을 논하고 있다. 예컨대 태풍 등 자연재해로 인하여 영조물이 훼손되고 그로 인하여 손해가 발생한 경우에 그 당시의 과학기술수준에 비추어 안전성이 갖추어져 있는 때에는 그 손해발생은 불가항력에 의한 것이라고 볼 수 있다. 대법원은 100년 발생빈도의 강우량을 기준으로 책정된 계획홍수위를 초과하여 600년 또는 1,000년 발생빈도의 강우량에 의한 하천범람을 예측가능성 및 회피가능성이 없는 불가항력으로 보고 있다.[112] 따라서 이 경우에 국가는 배상책임을 지지 않는다. 객관적 안전성뿐만 아니라, 손해발생의 예견가능성이나 기대가능성 등이 보충적인 기준으로 작용할 수 있다. 다만, 제방 등의 시설 자체에도 흠결이 있었던 경우에 국가는 배상책임을 져야 할 것이다.

한편, 대법원은 적설지대가 아닌 지역의 도로, 고속도로 등 특수목적의 도로가 아닌 '일반도로'에서 강설로 인하여 발생한 도로통행상의 위험을 즉시 배제하여 그 안전성을 확보할 의무가 도로의 설치·관리자에게 있는지에 대해 부정적으로 보고 있다.[113] 그러나 대법원은 폭설로 차량 운전자등이 '고속도로'에서 장시간 고립된 사건에서 고속도로에 대한 관리의 하자를 인정하고 있다.[114] 다

므로, 국가 또는 지방자치단체는 영조물의 설치·관리상의 하자로 인하여 타인에게 손해를 가한 경우에 그 손해의 방지에 필요한 주의를 해태하지 아니하였다 하여 면책을 주장할 수 없다."(대법원 1994. 11. 22. 선고 94다32924 판결)

112) 대법원 2003. 10. 23. 선고 2001다48057 판결.

113) "도로의 설치·관리상의 하자는 도로의 위치 등 장소적인 조건, 도로의 구조, 교통량, 사고시에 있어서의 교통 사정 등 도로의 이용 상황과 본래의 이용 목적 등 제반 사정과 물적 결함의 위치, 형상 등을 종합적으로 고려하여 사회통념에 따라 구체적으로 판단하여야 하는바, 특히 강설은 기본적 환경의 하나인 자연현상으로서 그것이 도로교통의 안전을 해치는 위험성의 정도나 그 시기를 예측하기 어렵고 통상 광범위한 지역에 걸쳐 일시에 나타나고 일정한 시간을 경과하면 소멸되는 일과성을 띠는 경우가 많은 점에 비하여, 이로 인하여 발생되는 도로상의 위험에 대처하기 위한 완벽한 방법으로서 도로 자체에 융설 설비를 갖추는 것은 현대의 과학기술의 수준이나 재정사정에 비추어 사실상 불가능하고, 가능한 방법으로 인위적으로 제설작업을 하거나 제설제를 살포하는 등의 방법을 택할 수밖에 없는데, 그러한 경우에 있어서도 적설지대에 속하는 지역의 도로라든가 최저속도의 제한이 있는 고속도로 등 특수 목적을 갖고 있는 도로가 아닌 일반 보통의 도로까지도 도로관리자에게 완전한 인적, 물적 설비를 갖추고 제설작업을 하여 도로통행상의 위험을 즉시 배제하여 그 안전성을 확보하도록 하는 관리의무를 부과하는 것은 도로의 안전성의 성질에 비추어 적당하지 않고, 오히려 그러한 경우의 도로통행의 안전성은 그와 같은 위험에 대면하여 도로를 이용하는 통행자 개개인의 책임으로 확보하여야 한다."(대법원 2000. 4. 25. 선고 99다54998 판결)

114) "강설에 대처하기 위하여 완벽한 방법으로 도로 자체에 융설 설비를 갖추는 것이 현대의 과학기술 수준이나 재정사정에 비추어 사실상 불가능하다고 하더라도, 최저 속도의 제한이 있는 고속도로의 경우에 있어서는 도로관리자가 도로의 구조, 기상예보 등을 고려하여 사전에 충분한 인적·물적 설비를 갖추어 강설시 신속한 제설작업을 하고 나아가 필요한 경우 제때에 교

만, 이 판결은 국가배상법 제5조가 아니라 민법 제758조에 근거하여 면책가능성을 부인하고 있다. 또한 대법원은 국도변 산비탈 부분이 약 308.5mm의 집중호우에 견디지 못하고 도로 위로 무너져 내려 차량의 통행을 방해함으로써 일어난 교통사고에 대하여 도로의 설치·관리상의 하자를 인정하고 있다.[115] 요컨대 대법원은 면책사유에서 불가항력의 사유를 매우 제한적으로 보고 있다.

(2) 재정적 제약(예산부족)

예산부족은 일반적으로 면책사유가 되지 않는다.[116] 대법원도 재정사정이 안전성을 요구하는 것에 대한 '정도' 문제로서의 참작사유는 될지라도 안전을 결정지을 수 있는 절대적 요건은 되지 못한다고 보고 있다. 이에 대해 도로나 교량 등의 경우와 달리 하천·호소(湖沼) 등 자연공물의 경우에 그 유지·관리에 사회통념상 예견가능성이 없는 막대한 예산이 소요된다는 점에서 이 원칙이 그대로 적용되는 것에 의문을 제기하는 견해도 있다.[117]

5. 국가배상법 제2조와 제5조의 관계

국가배상법 제2조와 제5조가 경합하는 경우 어느 조항을 적용해야 하는지가 문제 된다. 예컨대 관용차의 사고가 발생한 경우, 그 영조물(車)의 결함과 운전자의 과실이 경합한 경우에는 국가배상법 제2조와 제5조의 책임이 중복해서 적용된다. 이 경우 피해자에게 선택적 청구권이 인정된다. 그러나 피해자의 입장에서는 고의 또는 과실이라는 주관적 요건을 요구하는 국가배상법 제2조의 규정보다는 설치·관리의 하자만을 요구하는 국가배상법 제5조의 규정에 의한 배상책임을 주장하는 것이 유리하다.

통통제 조치를 취함으로써 고속도로로서의 기본적인 기능을 유지하거나 신속히 회복할 수 있도록 하는 관리의무가 있다."(대법원 2008. 3. 13. 선고 2007다29287, 29294 판결)

115) "이 사건 사고는 피고의 위 도로의 설치 또는 관리상의 하자로 인하여 일어난 것으로 보아야 한다. 매년 비가 많이 오는 장마철을 겪고 있는 우리나라와 같은 기후의 여건하에서 위와 같은 집중호우가 내렸다고 하여 전혀 예측할 수 없는 천재지변이라고 보기 어렵다."(대법원 1993. 6. 8. 선고 93다11678 판결)

116) 대법원 1967. 2. 21. 선고 66다1723 판결.

117) 김동희, 전게서(Ⅰ), 603-604면.

Ⅲ. 배상책임과 배상범위

1. 배상책임자

국가배상법 제5조의 배상책임자는 국가 또는 지방자치단체이다. 영조물의 설치·관리를 맡은 자와 비용을 부담하는 자가 일치하지 아니한 경우에는 비용부담자도 배상책임자가 된다(국가배상법 제5조 제1항 및 제6조 참조). 예컨대 국영공비(國營公費)의 공물인 도로나 하천이 그러하다. 국가가 도로나 하천을 운영·관리하고 지방자치단체가 비용을 부담하는 경우에 비용부담자인 지방자치단체도 배상책임의 주체가 될 수 있다. 피해자는 영조물의 설치·관리자 및 비용부담자에 대해 선택적으로 배상을 청구할 수 있다.

2. 구상권

(1) 설치·관리자와 비용부담자가 다른 경우의 구상

영조물의 설치·관리자와 비용부담자가 다른 경우에 피해자에게 손해를 배상한 자는 내부관계에서 그 손해를 배상할 책임이 있는 자에게 구상할 수 있다(국가배상법 제6조 제2항). 여기에서 "내부관계에서 그 손해를 배상할 책임이 있는 자"란 '영조물의 설치·관리자' 외에 비용부담자나 기여도가 있는 자 등이 거론되고 있다. 예컨대 교통신호기의 고장으로 인한 차량충돌사고로 손해가 발생한 경우 지방자치단체(X)가 피해자에게 배상한 후 교통신호기의 관리자인 Y 경찰서장이 소속한 국가에 대해 구상권을 행사할 수 있는지가 문제 된다. 대법원은 이를 부정적으로 해석하고 있다.[118)]

(2) 손해원인의 책임자에 대한 구상

국가·지방자치단체 등이 손해를 배상한 경우에 손해의 원인에 대하여 책임을 져야 하는 자가 별도로 있는 경우에 국가·지방자치단체 등은 그 손해원인

118) "원고(안산시)의 시장이 안산경찰서장에게 이 사건 신호기의 설치·관리에 관한 권한을 위임하고, 경찰서 소속 공무원이 그 관리업무를 담당하던 중 교통신호기가 고장난 채 방치되어 교통사고가 발생한 경우, 국가배상법 제2조 또는 제5조에 의한 배상책임을 부담하는 것은 경찰서장이 소속된 국가가 아니라, 그 권한을 위임한 지방자치단체장이 소속된 지방자치단체라고 할 것이다."(대법원 2001. 9. 25. 선고 2001다41866 판결)

의 책임자에 대해 구상할 수 있다(국가배상법 제5조 제2항). 예컨대 도급공사의 수급인, 도로를 파손한 자, 사고를 유발하는 공사를 한 자 등이 그러하다.

3. 배상범위 등

국가·지방자치단체 등은 영조물의 설치·관리상의 하자와 상당인과관계에 있는 모든 손해를 배상하여야 하며, 배상기준에 관한 국가배상법 제3조의 규정이 준용된다. 그 밖에 배상청구권의 양도·압류 등 금지(동법 제4조), 배상청구권의 소멸시효 등의 문제는 공무원의 직무상 위법행위로 인한 손해배상에 있어서와 같다.

Ⅳ. 배상의 청구절차

1. 임의적 결정전치제도

국가배상법 제9조에는 "이 법에 의한 손해배상의 소송은 배상심의회에 배상신청을 하지 아니하고도 이를 제기할 수 있다"라고 규정하고 있다. 2000년 12월 29일 법률의 개정 전에는 배상심의회를 반드시 거쳐야 하였으나, 지금은 임의적 결정전치제도로 변경되었다.

2. 배상심의회

배상심의회는 국가배상에 관하여 심의·결정하고 이를 신청인에게 송달하는 권한을 가진 합의제행정기관이다(국가배상법 제10조). 배상심의회에는 상급심의회인 본부심의회와 특별심의회, 하급심의회인 지구심의회가 있다. 본부심의회와 특별심의회, 그리고 지구심의회는 모두 법무부장관의 지휘를 받는다. 본부심의회는 법무부에 두며, 특별심의회는 군인·군무원이 타인에게 가한 배상결정을 심의하기 위하여 국방부에 둔다. 본부심의회와 특별심의회는 지구심의회로부터 송부받은 사건, 재심신청사건, 그 밖에 법령에 따라 그 소관에 속하는 사항을 심의·처리한다(동법 제11조). 또한 배상금의 개산액이 대통령령으로 정하는 가액인 5천만원 이상인 사건, 그 밖에 대통령령으로 본부심의회나 특별심의회에서 심의·결정하도록 하는 사건을 심의·처리한다(동법 제13조 제6항 참조). 지구심의회는 국가배상사건에 대한 제1차적 심의·결정기관으로서, 그 관할에 속하는 국가 또는 지방자치단체에 대한 배상금신청사건을 심의 · 처리한다. 본부심의회 소속 지구심의회는 고등검찰청 소재지에는 고등검찰청에, 그 외의 지역에는 지방검찰청에, 특별심의회 소속 지구심의회는 각 군부대에 둔다(동법 시행령 제8조 제1항 및 제2항).

3. 결정절차

(1) 배상신청

배상금의 지급을 받고자 하는 자는 그 주소지 · 소재지 또는 배상원인발생지를 관할하는 지구심의회에 대하여 배상신청을 하여야 한다(국가배상법 제12조 제1항). 심의회의 위원장은 배상신청이 부적법하지만 보정(補正)할 수 있다고 인정하는 경우에는 상당한 기간을 정하여 보정을 요구하여야 하고, 이에 따라 보정을 하였을 때에는 처음부터 적법하게 배상신청을 한 것으로 본다(동조 제3항, 제4항). 신청서에는 신청이유를 소명할 수 있는 증거자료를 첨부할 수 있다(동법 시행령 제17조 제2항).

(2) 심의와 결정

지구심의회가 배상신청을 받은 때에는 지체없이 증인심문 · 감정 · 검증 등 증거조사를 한 후 그 심의를 거쳐 4주일 이내에 배상금 지급, 기각 또는 각하의 결정(이하 '배상결정'이라 한다)을 하여야 한다(국가배상법 제13조 제1항). 지구심의회는 긴급한 사유가 있다고 인정할 때에는 장례비 · 요양비 및 수리비의 일부를 사전에 지급하도록 결정할 수 있다(동조 제2항). 지구심의회는 배상신청사건을 심의한 결과 배상금의 개산액이 대통령령으로 정하는 가액(5천만원) 이상인 사건 그 밖에 대통령령으로 본부심의회나 특별심의회에서 심의 · 결정하도록 한 사건인 때에는 지체 없이 사건기록에 심의기록을 첨부하여 본부심의회 또는 특별심의회에 송부하여야 한다(동조 제6항).

한편, 심의회는 배상결정을 한 때에 그 결정이 있은 날로부터 1주일 내에 그 결정정본을 신청인에게 송달하여야 한다(국가배상법 제14조 제1항). 이러한 송달은 민사소송법의 송달에 관한 규정을 준용한다(동조 제2항).

(3) 신청인의 동의와 배상금지급

배상결정을 받은 신청인은 지체없이 그 결정에 대한 동의서를 첨부하여 국가 또는 지방자치단체에 배상금지급을 신청하여야 한다(국가배상법 제15조 제1항). 배상결정을 받은 신청인이 배상금지급의 신청을 아니하거나 지방자치단체가 대통령령이 정한 기간 내에 배상금을 지급하지 아니한 때에는 그 결정에 동의하지 아니한 것으로 본다(동조 제3항).

4. 재심신청

지구심의회에서 배상신청이 기각(일부기각 포함) 또는 각하된 신청인은 결정정본이 송달된 날로부터 2주일 이내에 그 심의회를 거쳐 본부심의회 또는 특별심의회에 재심을 신청할 수 있다(국가배상법 제15조의2 제1항). 재심신청을 받은 지구심의회는 1주일 이내에 배상신청기록 일체를 본부심의회 또는 특별심의회에 송부하여야 하며, 본부심의회 또는 특별심의회는 이에 대하여 심의를 거쳐 4주일 이내에 다시 배상결정을 하여야 한다(동조 제2항 및 제3항).

5. 배상결정의 효력

1997년 말 국가배상법이 개정되기 이전에는 배상심의회의 배상결정은 신청인이 동의하거나 지방자치단체가 신청인의 청구에 따라 배상금을 지급한 때에 민사소송법에 의한 재판상 화해가 성립한 것으로 간주하였다(구 국가배상법 제16조). 그러나 헌법재판소는 구 국가배상법 제16조가 국민의 재판청구권을 침해하고 있다는 것을 이유로 위헌결정을 내렸다.[119] 이 조항은 1997년 12월 13일 삭제되었다.

---

119) 헌재 1995. 5. 25. 91헌가7, 판례집 7-1, 598.

제2장 손실보상

제1절 총 설

Ⅰ. 재산권에 대한 공권적 침해와 손실보상

손실보상은 종전부터 적법한 행위로 인한 재산권 침해에 대한 전보(塡補)제도로서 특정인에게 가해진 '특별한 희생'에 대하여 전체의 공평부담 견지에서 인정되는 것으로 이해되어 왔다(특별희생설). 대법원도 대체로 그러한 입장에 서 있다.[1] 재산권침해에 대한 손실보상의 헌법적 근거는 헌법 제23조 제3항이다. 헌법 제23조 제3항에는 "공공필요에 의한 재산권의 수용·사용 또는 제한 및 그에 대한 보상은 법률로써 하되, 정당한 보상을 지급하여야 한다"라고 규정하고 있다. 공공필요에 의한 재산권의 수용·사용 또는 제한을 "공용침해"라고 부르는 견해도 있다.[2] 또한 이러한 견해는 공용침해를 독일의 수용(Enteignung) 개념과 동일하게 보고 있다. 그러나 독일의 수용개념은 후술하는 바와 같이 역사적으로 많은 변천을 거쳤고, 오늘날에도 그 개념을 둘러싼 논의가 계속되고 있다. 독일의 수용 개념은 연방헌법재판소의 자갈채취결정 이후 매우 좁게 해석

1) "손실보상은 공공사업의 시행과 같이 적법한 공권력의 행사로 가하여진 재산상의 특별한 희생에 대하여 전체적인 공평부담의 견지에서 인정되는 것이므로, 공공사업의 시행으로 손해를 입었다고 주장하는 자가 보상을 받을 권리를 가졌는지의 여부는 해당 공공사업의 시행 당시를 기준으로 판단하여야 하고, 그와 같은 공공사업의 시행에 관한 실시계획 승인과 그에 따른 고시가 된 이상 그 이후에 영업을 위하여 이루어진 각종 허가나 신고는 위와 같은 공공사업의 시행에 따른 제한이 이미 확정되어 있는 상태에서 이루어진 것이므로 그 이후의 공공사업 시행으로 그 허가나 신고권자가 특별한 손실을 입게 되었다고는 볼 수 없다."(대법원 2014. 5. 29. 선고 2013두12478 판결; 동지판례: 대법원 1991. 1. 29. 선고 90다6781 판결; 대법원 2006. 11. 23. 선고 2004다65978 판결; 대법원 2009. 6. 23. 선고 2009두2672 판결 등 다수)

2) 권영성, 헌법학원론, 개정판, 법문사, 2005, 616면; 김남진·김연태, 행정법 Ⅰ, 727면.

되고 있다. 헌법재판소는 이러한 공용수용 또는 공용제한을 "공공필요에 의한 재산권의 공권력적·강제적 박탈 내지 제한"이라고 이해하고 있다.[3] 손실보상을 인정하기 위해서는 공용수용에 해당하는지를 검토해야 한다. 공용수용의 '요건'에 해당하는지를 판단하는 기준에 대해서는 견해 대립이 있다. 이에 대해서는 후술하기로 한다.

보상기준과 관련하여 헌법 제23조 제3항에서는 '정당한 보상'을 규정하고 있다. 이와 관련하여 완전보상설, 상당보상설 및 절충설 등이 대립하고 있으나, 헌법재판소는 완전보상으로 해석하고 있다.[4] 독일 기본법에서는 공익과 관계자의 이익을 형량하여 손실보상을 결정하도록 규정하고 있다(제14조 제3항 제3문). 공익사업을 위한 토지 등의 취득 및 보상에 관한 법률에 의하면 현금보상, 선불, 일시불 및 개별불이 원칙이다(제61조 내지 제65조). 또한 손실보상을 확대하기 위하여 수용유사적 침해이론, 수용적 침해이론 등이 거론되고 있다. 수용유사적 침해(enteignungsgleiche Eingriffe)는 위법한 재산권침해에 대한 보상을, 수용적 침해(enteignende Eingriffe)는 적법한 행정작용의 부수적 수용효과에 대한 보상을 의미한다. 이러한 이론들은 독일에서 손실보상의 확대를 위해 인정된 것이다. 미국에서는 규제적 수용(regulatory takings)이 인정되고 있다. 이에 대해서는 후술하기로 한다.

Ⅱ. 비교법적 고찰

1. 독일의 입법례

독일 기본법 제14조 제3항에는 "수용은 공공복리를 위해서만 허용된다. 수용은 보상의 종류와 범위를 정하고 있는 법률에 의하거나, 또는 그러한 법률에 근거하여서만 실현될 수 있다"라고 규정하고 있다. 독일에서 재산권침해에 대한 역사적 출발점은 1794년 프로이센일반국법 서문 제74조 및 제75조에 근거를 둔 희생보상청구권에서 찾을 수 있다.[5] 19세기 후반에 전통적인 수용 개념은 이러

3) 헌재 1998. 3. 26. 93헌바12, 판례집 10-1, 227, 243.

4) 헌재 1990. 6. 25. 89헌마107; 1991. 2. 11. 90헌바17 등(병합).

5) 즉 제74조는 "국가구성원 개인의 권리와 이익이 공공복리와 충돌하는 경우에 공공복리를 우위에 두어야 한다"고 하여, 사익에 비해 공익이 우선시되어야 함을 규정하고 있다. 또한 제75조에서는 "이에 반하여 국가는 공동체의 이익을 위해 그 특별한 권리와 이익의 희생이 요구되는 자에게 보상할 수 있다"고 하여 특별한 희생에 관한 보상규정을 두고 있다.

한 희생보상청구권에 바탕을 두고, 공공복리를 위해 보상 없이 수용할 수 있음을 규정하고 있는 주(란트) 헌법의 재산권보장에서 확정적이고 그 윤곽이 뚜렷하며 범위가 제한된 법제도로 발전하였다. 전통적 의미의 수용 개념은 매우 좁게 이해되었다. 그 후 1919년 바이마르헌법에서는 공공복리를 위한 수용을 허용하면서도 상당한 보상에 반하여 행해질 수 있었고, 수용은 넓게 해석되었다. 20세기 초에 들어와서 독일 연방통상법원(BGH)은 토지수용에 대한 일련의 판결을 통해 토지수용법 분야의 이론을 사실상 지배하였다. 연방헌법재판소의 자갈채취결정 이전까지 연방통상법원은 수용 개념을 계속 확대하였다. 보상부 공용수용의 인정기준은 특별희생설(Sonderopfertheorie)에 근거하고 있었다. 연방통상법원은 재산권의 사회적 제약과 공용수용을 서로 별개로 분리된 제도가 아니라 재산권침해의 정도와 형태에 따라 구별되는 것으로 이해하고 있다(경계이론).

그러나 연방헌법재판소는 자갈채취결정(Naßauskiesungsbeschluss)[6]에서 이러한 흐름에 중대한 변화를 가져오는 결정을 내렸다. 이 결정에서 독일 연방헌법재판소는 독일 연방통상법원과 달리 좁은 수용 개념을 채택한다. 독일 연방헌법재판소는 재산권의 사회적 제약과 공용수용을 명확하게 분리하고 침해의 형태 및 목적을 기준으로 수용 개념을 새롭게 파악하고 있다(분리이론). 즉 형태를 기준으로 침해조치가 일반적·추상적일 때에는 재산권의 사회적 제약으로, 개별적·구체적일 때에는 공용수용으로 본다. 또한 재산권의 사회적 제약은 재산권자의 권리와 의무를 미래를 향해서 객관법적으로 규율하는 것이 목적이지만, 공용수용의 목적은 침해를 통해서 재산권자의 법적 지위를 전면적 또는 부분적으로 박탈하는 것이라고 보고 있다. 이러한 독일 연방헌법재판소의 자갈채취결정은 이후 연방통상법원의 판결에 중대한 영향을 주었다. 특히 독일 기본법 제14조에 근거하고 있던 수용유사적 침해이론 및 수용적 침해이론은 그 법적 근거를 상실하였고, 프로이센일반국법 제74조 및 제75조의 희생보상사상으로 회귀하였다.[7]

---

6) 이 사건은 원고(K)가 자갈채굴작업을 위해 수법(水法)상의 허가신청을 하였으나, 행정청이 K의 토지가 상수도 보호구역에 있음을 이유로 그 신청을 거부한 것이다. 이에 K는 상급행정청의 이의신청을 제기하였으나 기각되자 행정소송을 제기하지 않고 곧바로 연방통상법원(BGH)에 수용적 침해로 인한 손실보상을 주장하는 소송을 제기하였다. 연방통상법원은 보상 없이 지하수이용을 배제하는 것을 허용하는 해당 법률을 위헌이라고 보고, 연방헌법재판소에 위헌법률심판을 제청하였다. 그러나 연방헌법재판소는 이러한 경우에 행정법원에 수용처분의 취소를 구할 수 있을 뿐 곧바로 보상을 청구할 수 없다고 결정하였다(BVerfGE 58, 300).

7) 상론은 졸저, 행정구제의 기본원리, 153면 이하.

2. 미국의 입법례

미국 수정헌법 제5조에는 수용조항(Takings-Clause)을 두고 있다.[8] 즉 여기에서 "사유재산은 공적 사용을 위해 정당한 보상 없이 박탈당하지 아니 한다(nor shall private property be taken for public use, without just compensation)"라고 규정하고 있다. 미국에서는 전통적인 수용의 유형으로서 점유권을 박탈하는 점유적(占有的) 수용(Possessory Takings)과 규제가 과도하여 수용으로 인정되는 규제적(規制的) 수용(Regulatory Takings)을 구별하는 견해가 유력하다.[9] 그러나 판례에는 그 외에도 사실적 수용, 부분적 수용 및 일시적 수용 등의 개념들이 등장하고 있다. 우선 점유적 수용은 매우 전통적인 수용의 유형으로서, 소유자의 재산을 몰수하거나 점유를 박탈・침해하는 경우를 말한다. 따라서 정부가 개인의 점유권을 박탈하는 점유적 수용에서는 물리적 점유(physical occupation) 또는 물리적 침해(physical invasion)라는 요건이 중요한 의미를 가진다. 또한 미연방대법원은 Pennsylvania Coal Co. v. Mahon 사건[10]에서 처음으로 규제적 수용[11]을 인정하였다.

---

8) 미국에서는 '수용권'을 "eminent domain"라고 표현하기도 한다. eminent domain라는 개념은 성경(로마서)에서 유래하였다고 보는 견해도 있으나(Robert R. Wright & Morton Gitelman, Land Use, 153 (2000)), 자연법 철학자인 그로티우스(Grotius)에서 연원한다고 보는 견해가 유력하다(Black's Law Dictionary, at 601 참조.). 그로티우스(Grotius)는 국왕이 형벌권과 수용권(eminent domain)에 의해 신민의 권리를 박탈할 수 있다고 보면서, 수용권에 의한 권리의 박탈은 공익을 위해서 허용되며 신민이 입은 피해에 대해 정당한 만족을 받아야 한다고 보았다(이에 대한 상세한 내용 및 문헌소개는 Joseph L. Sax, Takings and the Police Power, 74 Yale L. J. 36, 54 (1964).

9) Erwin Chemerinsky, Constitutional Law: Principles and Policies, 657 (4th ed. 2011).

10) 260 U.S. 393 (1922). 이 사건은 1921년에 제정된 Pennsylvania의 주법(소위 Kohler Act)이 지주를 제거하고 지반의 침하를 초래할 수 있는 석탄(무연탄)의 채굴을 금지함으로써 석탄회사의 채광권의 행사를 하지 못하게 하였는데, 이러한 금지가 수용에 해당하는지가 문제되었다. 이 사건에서 연방대법원은 정부가 사유재산을 몰수하거나, 점유 또는 파괴하지는 않았지만, 정부의 규제가 사유재산권의 사용을 "과도하게(too far)" 제한하는 경우에는 수용이 될 수 있다고 판결하였다. 특히 홈즈(Oliver Wendell Holmes) 대법관은 "사유재산이 어느 정도까지는 규제되지만, 그 규제가 과도한 경우에는 수용으로 인정될 수 있다(while property may be regulated to a certain extent, if regulation goes too far it will be recognized as a taking)"고 하여, 규제적 수용을 처음으로 인정하였다.

11) 한편, 규제적 수용을 '수용'의 일종이 아니라 수용의 법리에 따른 보상이 요구되는 '규제'라고 보는 견해도 유력하다. 즉 규제가 공적 규제의 정도를 벗어나서 정당한 보상이 지급될 뿐, 규제가 수용인 것은 아니라고 이해하고 있다. 이에 대해서는 김민호, "간접수용 법리의 합헌성 연구", 저스티스 통권 제96호 (2007. 2), 90면 참조.

공용수용의 대상은 사유재산권(private property rights)이다(미국 수정헌법 제5조 참조). 그러나 미연방헌법에는 '재산권'을 특별히 규정하고 있지 않기 때문에, 결국 법원의 해석에 의존할 수밖에 없다. 미연방대법원은 United States v. General Motors Corp. 사건에서 수용의 대상인 재산권을 "시민의 소유권에 내재된 권리의 총체"라고 판시하고 있다.[12] 공용수용이 허용되기 위해서는 사유재산을 '공적 목적'으로 사용하고 이에 대해 정당한 보상을 지급하여야 한다. 미국 수정헌법 제5조에는 공적 사용(public use)이라는 표현을 사용하고 있는데, 그 의미는 공용수용이 정당화되기 위해서는 특정인의 사유재산이 공적 목적(public purpose)에 사용되어야 한다는 것을 의미한다.[13] 따라서 특정인의 재산을 사익을 위해 수용하는 것은 무효가 된다. 한편, '공적 사용'의 개념과 관련하여 큰 논쟁을 불러일으킨 사례는 Kelo v. City of New London 사건[14]이다. 이 사건에서는 낙후된 도시의 재개발을 위해 비영리 민간기업(New London Development Corporation)의 공용수용이 허용될 수 있는지가 문제된 것이다. 미연방대법원은 5 대 4로 '합헌'결정을 내렸다.[15]

한편, 미국 수정 헌법 제5조는 정부가 공적 사용을 위해 사유재산을 수용하는 경우에 "정당한 보상(just compensation)"을 지급할 것을 규정하고 있다. 미연방헌법상의 중요한 보상기준은 수용시의 해당 재산의 공정한 시장가치(fair market value)이다.[16] 즉 수용자의 이익이 아니라, 피수용자의 '손해'로서 수용시에 소유권자가 잃은 시장적 가치(market value)가 보상의 기준이다.[17]

---

12) 323 U.S. 373 (1945).

13) 미연방대법원도 "(정당한) 보상을 지불할지라도 공적 목적을 정당화하지 않고 타인의 수익을 위해 일인의 재산을 수용하여서는 아니된다"라고 판시하여(Thompson v. Consolidated Gas Corp., 300 U.S. 55, 80 (1937)), 공용수용의 정당화요건으로서 '공적 목적'을 강조하고 있다. 이에 대한 상세한 내용 및 동일한 입장의 판례 소개에 대해서는 Chemerinsky, supra note 8, at 678-679. 한편, 독일 기본법 제14조 제3항에서는 "공공복리(Wohle der Allgemeinheit)"를, 우리 헌법 제23조 제3항에서는 "공공필요"라는 개념을 사용하고 있다. 이 개념의 해석과 관련하여서는 우리의 경우에도 학설상 다툼이 있다.

14) 545 U.S. 469 (2005). 이 사건에 대한 자세한 소개는 이인호, "역 로빈훗 방식의 수용권행사의 위헌성", 헌법실무연구 제10권 (2009), 537면 이하.

15) 상론은 졸저, 행정구제의 기본원리, 199면 이하 참조.

16) Robert R. Wright & Morton Gitelman, supra note 7, at 157.

17) 이에 관한 판례소개에 대해서는 Chemerinsky, supra note 8, at 681 참조. 이러한 원칙은 오래 전에 홈즈(Holmes) 대법관에 의해 확립된 것이다(Boston Chamber of Commerce v. Boston, 217 U.S. 189, 195 (1910)).

3. 일본의 입법례

일본 헌법 제29조 제3항은 "사유재산은 정당한 보상 하에 이를 공공을 위하여 사용할 수 있다"고 규정하고 있다. 일본에서도 "특별한 희생"에 해당하는지를 손실보상의 기준으로 보는 것이 압도적이나, 구체적인 내용에 대해서는 견해가 대립하고 있다.[18] 일본의 문헌 가운데에도 공용제한의 하나인 자연공원법상의 행위제한에 대해 보상규정이 있지만, 그 지역의 속성상 건축·개발행위를 인정하지 않는 것이 본래의 효용을 방해하는 것인가 하는 의문을 제기하거나, 제한의 양태에 따라 공용제한인지 또는 통상적인 경찰제한인지 여부가 불분명한 경우가 적지 않다고 지적한다.[19] 이와 관련하여 도시계획법, 건축기준법의 시가화구역(市街化區域), 지역(地域)·지구(地區) 등을 소개하고 있다. 한편, 해당 법률에 보상규정이 없는 경우와 관련하여 입법방침설(프로그램규정설), 위헌무효설 및 보상청구권발생설 등이 주장되고 있지만, 직접 헌법의 규정에 근거하여 주장할 수 있다고 보는 소위 '직접청구권설'이 통설·판례의 입장이다.[20] 또한 일본 헌법 제29조 제3항의 "공공을 위해 사용하다(公共のために用ひる)"라는 의미를 공용사용이 아니라, 공용수용으로 파악하고 있다.[21] 즉 "공적 목적을 위해 수용하는(to take for public use)" 것으로 이해하고 있는 것이다.[22]

제2절 공용수용의 요건과 한계

Ⅰ. 논의의 출발점으로서 존속보장

손실보상이 인정되기 위해서는 공공필요에 의한 재산권의 공권적 침해로 인하여 사인에게 재산상 손실이 발생하여야 한다. 이러한 공권적 침해는 법률에 근거하여 이루어져야 한다. 독일에서는 주로 '수용의 요건'에 대하여 설명하는

18) 塩野 宏, 行政法 Ⅱ(行政救濟法), 제6판, 385면.
19) 塩野 宏, 前揭書(Ⅱ), 388-389면.
20) 田中二郎, 新版行政法上卷, 全訂第二版, 213면; 塩野 宏, 前揭書(Ⅱ), 326면.
21) 芦部信喜, 憲法, 第四版, 岩波書店, 2007, 224면.
22) 今村成和, 損失補償制度の研究, 有斐閣, 220면.

것이 보통이나, 국내문헌에는 대체로 '보상의 요건'을 설명하고 있다. 전자는 존속보장에 치중하는 반면, 후자는 가치보장(Wertgarantie)에 비중을 두고 있다. 존속보장의 본질은 "방어하라, 그리고 청산하라(Wehre dich und liquidiere)"라는 법언에 적절히 나타나 있다. 이에 반해 가치보장은 "수인하라, 그리고 청산하라(Dulde und liquidiere)"라는 법언으로 표현된다. 이론적으로는 재산권의 존속보장을 원칙으로 하고, 이러한 존속보장이 실현되기 어려운 경우에 가치보장으로 전환하는 것이 타당하다. 따라서 존속보장을 우위에 두는 입장에서는 국민의 재산권침해에 대한 요건을 명확히 하는 것이 기본권보장을 위해 바람직하다.

공용수용의 성립요건(또는 구성요건)은 공용수용의 허용요건과 구별해야 한다는 견해도 있다.[23] 전자는 주로 공용수용의 개념과 관련이 있는 반면, 후자는 공용수용의 한계와 관련이 있다. 공용수용의 한계를 벗어나면 해당 공용수용은 위법하게 된다. 공용수용의 성립요건과 관련하여 헌법 제23조 및 공익사업을 위한 토지 등의 취득 및 보상에 관한 법률에는 공용수용의 개념에 대한 구체적인 정의규정이 없다. 학설은 손실보상의 요건만을 언급하는 경우가 대부분이다. 공용수용의 개념징표에 대하여 의견의 일치를 보지 못하고 있다. 다만, 헌법재판소는 공용수용의 요건으로 국민의 재산권을 그 의사에 반하여 강제적으로라도 취득해야 할 공익적 필요성이 있을 것(공익성), 법률에 의거할 것(적법성) 그리고 정당한 보상을 지급할 것을 제시하고 있다.[24] 이러한 요건은 불충분하며 더 구체화되어야 한다. 이하에서는 공용수용의 요건을 상세히 설명하도록 한다.[25]

Ⅱ. 공용수용의 요건

1. 고권적 법률행위에 의한 재산권침해

공용수용은 "공적 과제의 수행을 목적으로 고권적 법률행위로 행하는, 재산권에 대한 의도된 전면적·부분적 박탈행위"이다. 먼저 공용수용이 성립하기 위해서는 의도된 고권적 법률행위(hoheitlicher Rechtsakt)에 의한 재산권침해가

---

23) 박상희, 공용침해의 요건에 관한 연구, 고려대학교 박사학위논문, 71면 이하. 다만, 박상희 교수는 공용침해의 성립(구성)요건을 "재산권에 대한 침해"로 넓게 파악하고 있으며, 그 허용요건으로 ① 법률상의 수권, ② 공공필요 및 ③ 보상을 제시하고 있다.

24) 헌재 1998. 3. 26. 93헌바12, 판례집 10-1, 226, 243.

25) 상론은 졸저, 행정구제의 기본원리, 89면 이하 참조.

있어야 한다. 여기서 말하는 "고권적 법률행위"란 법적으로 중요하며 구속력이 있는 조치나 처분을 의미하며, 사실행위에 의한 재산권침해는 제외된다. 독일에서는 사실행위에 의한 재산권침해가 재산권의 내용한계에 속하는 것으로 보고 있다.[26] 공용수용은 그 법형식에 따라 직접 법률에 의한 수용인 입법수용(Legislativenteignung)[27]과 법률에 근거한 행정행위나 그 밖의 법률하위규범(법규명령 · 조례 등)에 의한 수용인 행정수용(Administrativenteignung)으로 구분된다.[28] 또한 이러한 고권적 법률행위는 의도적이고 목적지향적인 것이어야 하며, 우연에 의해 재산권이 제약된 경우는 공용수용에 해당되지 않는다. 따라서 공용수용은 적법한 재산권침해로 인한 비전형적이고 예상하지 못한 부수적 결과에 해당하는 수용적 침해(enteignender Eingriff)와도 구별된다. 독일에서는 보상부 공용수용(독일 기본법 제14조 제3항) 또는 무보상부 재산권의 사회적 기속(독일 기본법 제14조 제1항 제2문 및 제2항)에 모두 해당하지 않는 '한계'영역에 관심이 집중되고 있다. 즉 중대하고 감내할 수 없는 과도한 재산권침해를 재정적 조정을 통하여 해결하기 위해 이른바 조정적 보상부 내용한계규정(ausgleichspflichtige Inhalts- und Schrankenbestimmung)이 논의되고 있다.[29] 또한 이를 통한 수용적 침해이론의 대체도 고려되고 있다.

---

26) Jarass, Inhalts- und Schrankenbestimmung oder Enteignung?, NJW 2000, S. 2841 ff.

27) 독일연방헌법재판소의 일부판례와 학설은 입법수용(立法收用)에 해당하는 것을 'Legalenteignung'이라고 표현하고 있다(BVerfGE 58, 300/331; Papier, in: Maunz/Dürig, GG, Art. 14, Rn. 555 ff.; K. Hesse, Grundzüge des Verfassungsrechts der Bundesrepublik Deutschland, 20. Aufl., § 12 Rn. 451; Pieroth/Schrink, Grundrechte, 15. Aufl., 1999, Rn. 922). 그러나 이를 엄격하게 번역하면 "합법수용(合法收用)" 정도로 번역될 수 있다. 이에 대하여 마우러(Maurer) 교수는 법률에 의한 재산권침해는 법형식에 있어서 행정수용에 대응하는 개념이므로 입법수용(立法收用)에 해당하는 'Legislativenteignung'이라는 표현이 보다 적합하다고 주장한다. Maurer, Allgemeines Verwaltungsrecht, 12. Aufl., § 26 Rn. 51. 그러나 국내문헌은 이러한 구별 없이 "입법수용(立法收用)"이라고 표현하고 있으므로, 용어사용에 있어서 큰 문제는 없는 것으로 보인다.

28) 학설 가운데에는 입법작용으로 인한 손실보상을 제외하는 견해도 있으나(김도창, 일반행정법론(상), 654면), 비록 예외적으로 인정되는 것이기는 하나 '입법수용'을 인정하는 것이 근래의 추세이다. 예컨대 도로법 제49조는 비상재해시의 토지 등의 사용 · 수용을 규정하고 있다. 이는 수용의 보통절차에 의하지 아니하고, 직접 법률에 의해 공용수용권이 성립한다는 점에서 입법수용의 일종으로 볼 수 있다. 헌법재판소도 하천법 제2조 제1항 제2호 다목 위헌소원에서 입법수용을 인정한 바 있다(헌재 1998. 3. 26. 93헌바12).

29) 이를 "조정의무 있는 내용규정"이라고 표현하는 견해도 있다(김문현, "재산권의 사회적 구속성과 공용수용의 체계에 대한 검토", 공법연구 제32집 제4호, 7면). 한편, 조정적 보상부 내용한계규정을 비례의 원칙이 적용된 사례로 이해하는 견해도 있다(Hösch, Eigentum und Freiheit, 2000, S. 248).

공용수용의 대상은 헌법 제23조 제3항에서 보호하는 "재산적 가치가 있는 법적 지위"이다. 즉 공용수용이 성립하기 위해서는 재산적 가치가 있는 법적 지위가 침해되어야 한다. 따라서 이러한 재산권 관련성은 재산권의 소유, 사용 및 처분이 제약되어야 하는 것을 전제조건으로 한다. 일반적으로 헌법 제23조에서 보호하는 '재산권'은 사법상의 재산권보다는 넓은 의미를 가진 것으로 이해된다. 여기에는 물적 재산권(부동산 · 동산) 기타 재산적 가치 있는 권리가 포함될 수 있다. 따라서 헌법 제23조의 재산권이란 "재산적 가치가 있는 모든 사법상 · 공법상의 권리"를 말한다.[30] 다만, 단순한 기대이익이나 반사적 이익, 그리고 경제적 기회는 여기서 제외된다.[31] 한편, 무체재산권 내지 지식재산권이 헌법 제23조 제1항의 재산권에 포함될 수 있는지가 논의된다. 무체재산권도 원칙적으로 헌법 제23조 제1항에서 보장하는 재산권의 개념에 포함될 수 있다.[32] 그러나 헌법 제22조 제2항에는 학문과 예술의 자유와 관련하여 정신적 재산권의 하나로서 이를 별도로 보호하고 있다.[33] 공용수용의 대상으로는 토지소유권이 주된 목적물이지만, 광업권이나 어업권 등 그 밖의 재산권도 그 대상이 될 수 있다. 공익사업을 위한 토지 등의 취득 및 보상에 관한 법률 제3조에서는 ① 토지 및 이에 관한 소유권 외의 권리, ② 토지와 함께 공익사업을 위하여 필요로 하는 입목(立木), 건물 기타 토지에 정착한 물건 및 이에 관한 소유권 외의 권리, ③ 광업권 · 어업권 또는 물의 사용에 관한 권리 및 ④ 토지에 속한 흙 · 돌 · 모래 또는 자갈에 관한 권리를 토지수용의 대상으로 규정하고 있다. 이러한 구체적인 공용수용의 대상은 재산적 가치가 있는 권리의 내용을 파악하는 데 중요한 준거가 될 수 있다.

이와 관련하여 '영업권'이 헌법 제23조의 재산권보장에 포함될 수 있는지가 문제된다. 학설은 이 부분에 대하여 명확히 밝히고 있지 않지만, 영업활동의 자유를 대체로 직업(행사)의 자유의 내용으로 파악하고 있다.[34] 헌법재판소도 이러

30) 헌재 1992. 6. 26. 90헌바26. 상세한 국내 · 외 문헌의 소개는 계희열, 헌법학(중), 신정판, 534면 이하 참조.

31) 헌재 1998. 7. 16. 96헌마246, 판례집 10-2, 283(309).

32) 권영성, 헌법학원론, 개정판, 2004, 547면.

33) 계희열, 전게서(중), 536면; 김철수, 헌법학개론, 제10전정신판, 1998, 541-542면; 허 영, 한국헌법론, 456면.

34) 계희열, 전게서(중), 512면; 김철수, 전게서, 498면. 일부학설은 자연인과 법인을 구분하여, 자연인의 경우에는 "영업의 자유"가 "직업의 자유"의 내용에 속하지만 법인의 경우에는 "영업의 자유"가 바로 "직업의 자유"라고 주장한다(허 영, 전게서, 445면).

한 입장을 견지하고 있는 것으로 보인다.[35] 그러나 독일의 학설은 영업권을 독일 기본법 제14조의 재산권의 내용으로서 파악하고 있으며,[36] 독일 연방통상법원과 연방행정법원도 역시 이러한 입장에 서 있다.[37] 즉 농업, 임업 및 자유직(예컨대 변호사 · 의사 등)과 같이 이른바 '설립 · 운영되는 영업에 대한 권리(Recht am eingerichteten und ausgeübten Gewerbebetrieb)'도 독일 기본법 제14조의 재산권의 보호대상이 된다고 보고 있다.[38] 이에 대해 독일 연방헌법재판소는 유보적 입장을 취하고 있다.[39] 다만 독일 연방헌법재판소의 판례 가운데에도 영업의 사실적 · 법적 총체, 즉 방해받지 않는 경영(영업)조직의 기능은 재산권으로서 보호된다고 결정한 경우도 있다.[40] 독일의 유력설은 영업권을 기본적으로 재산권의 내용으로 파악하면서도, 단순한 영업의 존속문제가 아니라 영업활동의 정당한 권한문제는 독일 기본법 제14조(재산권보장)가 아닌 독일 기본법 제12조(직업의 자유)에 귀속된다고 보고 있다.[41] 다시 말하면, 이미 획득한 영업의 '존속'에 관한 문제는 헌법상 재산권보장과 관련된 것이지만, 영업의 '활동'에 대한 (결정 내지 선택의) 권한은 직업의 자유에 관한 문제로서 다루어지고 있다. 따라서 국내에서도 이러한 영업권을 단순히 직업행사의 자유로서 논의하기 보다는 이를 유형화하여 재산권의 문제로 검토할 필요성이 있다.

한편, 헌법재판소는 학교보건법 제6조 제1항 제11호 등 위헌소원사건[42]에서 학교환경위생정화구역 안에서 여관시설을 금지한 조항(초등학교에 관한 부분에 한정)이 직업의 자유와 재산권을 침해하지 않고 포괄위임금지원칙에 위배되지 않는 것으로 결정한 바 있다. 이와 같은 결정은 직업의 자유 외에도 재산권침해 여부를 심사하고 있다는 점에서 주목할 필요가 있다. 학교보건법 제6조 제2호 위헌제청사건[43]에서 직업의 자유를 침해하였는지만을 검토한 것과는 비교가 된

35) 헌재 2002. 11. 28. 2001헌마596; 헌재 2003. 3. 30. 99헌마143; 헌재 2004. 5. 27. 2003헌가1등.
36) Papier, in: Maunz/Dürig, GG, Art. 14 Rn. 95 참조.
37) BGHZ 23, 157/162f.; 92, 34/37; BVerwGE 62, 224/226. 이에 대한 상세한 소개는 정하중, "재산권의 보호대상으로서 개설된 영업: 독일연방민사법원(BGH)의 판례를 중심으로", 행정상 손실보상의 주요문제(박윤흔 편), 박영사, 1997, 209면 이하 참조.
38) BGHZ 81, 21/33; BVerwGE 40, 157/165.
39) BVerfGE 66, 116/145; 68, 193/222f.; 77, 84/118; 81, 208/227 f.
40) BVerfGE 1, 264/277; 13, 225/229.
41) Jarass, in; Jarass/Pieroth, GG, 5. Aufl., Art. 14 Rn. 10.
42) 헌재 2004. 10. 28. 2002헌바41, 판례집 16-2하, 138.
43) 헌재 2004. 5. 27. 2003헌가1등.

다. 다만, 이 사건의 소수의견은 재산적 가치를 인정할 수 있는 영업권을 헌법상의 재산권으로 파악하고 있다.

2. 재산권의 전면적 또는 부분적 박탈

공용수용은 재산권에 대한 전면적 또는 부분적인 박탈을 요건으로 한다. 특히 재산권의 박탈(Entziehung)이라는 개념적 징표는 공용수용의 핵심적 요소이다. 여기서 '박탈'이란 다른 권리주체에게 재산권을 이전하는 것을 의미한다. 부분적인 박탈이란 부동산의 일부로서 법적으로 독립성이 인정될 수 있어야 한다. 따라서 일반적 · 추상적 규율인 법률에 의해 단순히 재산권의 이용이나 처분을 제한하는 것은 여기에 속하지 아니 하며, 이는 재산권의 내용한계로 파악될 뿐이다. 경우에 따라서는 이른바 '조정적 보상부 내용한계'로 볼 수 있다.

헌법 제23조 제3항에는 독일 기본법 제14조와 달리 공용수용 이외에도 보상이 필요한 '공용사용'과 '공용제한'이 규정되어 있다. 이러한 공용사용과 공용제한은 헌법 제23조 제1항 제2문에 근거하는 재산권의 내용한계와의 구별을 어렵게 하고 있다. 헌법재판소는 구 도시계획법 제21조의 위헌여부에 대한 헌법소원사건[44]에서 개발제한구역을 지정하여 건축물의 건축 등을 제한하는 해당 조항을 토지재산권에 대한 권리와 의무를 일반적 · 추상적으로 확정하는 무보상부 재산권의 내용한계로 보고 있다(소위 '그린벨트' 사건). 그러나 이러한 개발제한구역의 지정으로 인하여 토지를 종래의 목적으로 사용할 수 없거나 더 이상 법적으로 허용된 토지이용의 방법이 없어 실질적으로 토지의 사용 또는 수익의 길이 없는 경우에는 수인해야 하는 사회적 제약의 한계를 넘는 것이라고 보고 있다. 또한 이 경우 아무런 보상 없이 이를 감수하도록 하는 것은 비례의 원칙에 위반되어 해당 토지소유자의 재산권을 과도하게 침해하는 것으로서 헌법에 위반된다고 결정하였다. 그러나 이 결정은 위헌결정이 아니라, 헌법불합치결정이라는 점을 주의할 필요가 있다. 위헌성이 있는 보상입법의 개선을 입법자에게 맡기고 있다. 즉 보상의 구체적 기준과 방법은 헌법재판소가 결정할 성질의 것이 아니라 광범위한 입법형성권을 가진 입법자가 입법정책적으로 정할 사항이라고 보고 있다. 이 결정에는 '조정적 보상부 내용한계'에 관한 법리가 처음으로 투영된 것이다. 한편, 개발제한구역의 지정 및 관리에 관한 특별조치법 제11조

---

44) 헌재 1998. 12. 24. 89헌마214등, 판례집 10-2, 927.

제1항 등에 관한 위헌소원[45]에서는 개발제한구역 내의 건축물의 건축 및 용도 변경 등의 행위를 제한하는 이 사건 특별조치법의 조항이 비례의 원칙을 위반하여 청구인들의 재산권을 과도하게 침해한 것은 아니라고 결정하고 있다.

구 도시계획법 제83조 제2항 전단부분 등에 관한 위헌제청사건에서는 공공시설의 '무상귀속'이 공용수용에 해당하는지가 중요한 쟁점이었다. 헌법재판소는 당해 공공시설의 무상귀속에 관한 조항을 헌법 제23조 제1항 제2문 및 제2항에 근거한 재산권의 내용한계로 보고 있다.[46] 헌법재판소는 그 대상이 된 토지 하나하나에 대한 제한의 효과를 개별적으로 분석할 것이 아니라, 전 토지에 걸친 제한의 효과를 종합적이고 유기적으로 파악하여 그 제한의 성격을 결정해야 된다고 강조한다. 그러나 이 사건의 소수의견은 해당 조항을 소유권의 박탈행위로서 입법수용으로 파악하고, 그 조항이 헌법 제23조 제3항의 불가분조항에 위반된다고 보고 있다.

이상의 헌법재판소의 판결을 종합적으로 검토해보면 구 도시계획법 제21조의 개발제한구역의 지정을 기본적으로 헌법 제23조 제1항 제2문에 근거한 재산권의 내용한계로 보고 있다. 다만, 예외적으로 사회적 제약의 범위를 넘는 가혹한 부담이 발생한 경우에 이를 감수하도록 하는 것은 비례의 원칙에 위반되어 토지소유자의 재산권을 과도하게 침해하는 것으로 본다. 그러한 점에서 '조정적 보상부 내용한계(調整的 補償附 內容限界)'와 관련이 있다. 이와 같이 헌법재판소는 원칙적으로 분리이론의 입장을 따르고 있다. 또한 개발제한구역의 지정 및 관리에 관한 특별조치법 제11조 제1항 등에 관한 위헌소원에서는 토지매수청구권과 같은 보상규정을 두고 있다는 점이 비례의 원칙의 심사에 중요한 준거가 되고 있다.

구 도시계획법 제83조 제2항 전단부분 등에 관한 위헌제청사건에서 헌법재판소는 이 사건조항이 헌법 제23조 제1항, 제2항에 근거한 재산권의 내용한계에 해당하는 것으로서, 가능한 최소한의 범위에서 재산권의 사회적 제약을 도모하는 법률조항이므로 과잉금지의 원칙에 위배되지 아니하는 것으로 결정하였다. 다만, 이 사건의 소수의견은 무보상부 사회적 제약과 보상부수용의 구별과 관련하여 중요한 시사점을 던져 주고 있다. 즉 헌법 제23조 제3항의 입법수용과 헌법 제23조 제1항의 재산권의 내용한계는 일반적·추상적 규율에 의한 재산권의

45) 헌재 2004. 2. 26. 2001헌바80등, 판례집 16-1, 202.
46) 헌재 2003. 8. 21. 2000헌가11등, 판례집 15-2상, 186.

제약이라는 점에서는 유사하다. 그러나 전자는 보상을 요하고 후자는 보상을 원칙적으로 필요로 하지 않는다는 점에서 차이가 있다. 따라서 이러한 구분에 따르면 구 도시계획법 제83조 제2항 전단의 규정에 의한 무상귀속은 소유권의 박탈로서 입법수용에 해당한다는 것이다. 그러나 이미 전술한 바와 같이 입법수용은 매우 제한된 범위 내에서 인정되는 것이다. 개별적인 행정수용이 적절한 시기 내에 이루어지기 어렵거나 입법수용이 없이는 강행적으로 요청되는 긴급한 조치의 실현이 지체될 수 있는 경우에 예외적으로 허용되는 것이다. 따라서 이를 입법수용으로 보기 보다는 재산권의 '내용한계'로 파악하는 것이 보다 더 타당하다. 이와 같이 법형식을 기준으로 (무보상부) 내용한계와 (보상부) 공용수용을 엄격히 구분하는 것은 입법수용과 재산권의 내용한계의 구별을 더욱 어렵게 한다. 그러한 이유에서 헌법재판소의 소수의견은 입법수용과 재산권의 내용한계의 구분에 대하여 재고할 수 있는 중요한 기회를 제공하였다.

3. 공적 과제의 목적(공공필요성)

공용수용이 성립하기 위해서는 공적 과제의 수행을 목적으로 하여야 한다. 공용수용은 사익을 위한 것이 아니라 공익에 기여하여야 한다. 헌법 제23조 제3항은 "공공필요에 의한 수용"이라고 규정하고 있다. 여기서 말하는 '공공필요'의 개념에 대해 헌법 제37조 제2항의 기본권제한의 한계요건으로서 '공공복리'와 동일한 개념으로 보는 견해,[47] 이보다 더 넓은 개념으로 파악하는 견해[48]가 대립하고 있다. 그러나 근년에 들어와서는 "공공필요"의 개념이 개별 사안에서 관련된 공익과 사익을 모두 형량함으로써 구체화된다는 견해도 있다. 즉 공적 임무의 수행이라는 목적지향성은 비례의 원칙(과잉금지의 원칙)을 통해 판단될 수 있다는 것이다.[49]

한편, 헌법재판소는 구 산업입지 및 개발에 관한 법률 제11조 제1항 등 위헌소원 사건에서 지역경제의 발전을 위해 사기업이 토지를 수용하는 것이 공공필요의 요건을 충족한다고 판단하였다.[50] 또한 국토의 계획 및 이용에 관한 법률 제2조 제6호 등 위헌소원 사건에서 회원제 골프장의 건설을 위한 도시계획시설

---

47) 김도창, 전게서(상), 652-653면.
48) 김철수, 전게서, 545-546면; 권영성, 전게서, 556면; 홍성방, 헌법학, 515-516면.
49) 허 영, 전게서, 470면; 성낙인, 헌법학, 제20판, 1597면; 류해웅, 토지공법론, 제4판, 삼영사, 209면.
50) 헌재 2009. 9. 24. 2007헌바114, 판례집 21-2상, 562.

사업이 공공필요성의 요건을 결하지 아니하였다고 보고 있다.[51] 그러나 헌법재판소는 지역균형개발 및 지방중소기업 육성에 관한 법률 제16조 제1항 제4호 등 위헌소원 사건[52]에서 공공필요성의 개념을 달리 해석하고 있다. 헌법재판소는 헌법 제23조 제3항의 공공필요성 개념이 '공익성'과 '필요성'으로 구성되어 있다고 보고, 공익성을 "공용수용을 허용하고 있는 개별법의 입법목적, 사업내용, 사업이 입법목적에 이바지 하는 정도"를 기준으로 판단하고 있다. 특히 그 사업이 대중을 상대로 하는 영업의 경우에 그 사업시설에 대한 대중의 이용가능성이나 접근가능성 등도 고려하고 있다. 또한 필요성은 재산권을 침해당하는 사익과의 형량을 통해 사인의 재산권침해를 정당화할 정도의 공익의 우월성이 인정되어야 한다고 보고 있다. 그러나 여기에서 언급하는 '필요성'은 비례의 원칙과 관련된 것이며, 공용수용의 한계에서 판단될 사항이다. 공익성과 비례성은 밀접한 관계를 가지지만, 서로 구별되어야 할 개념이다.[53]

생각건대 수용의 요건으로서 헌법 제23조 제3항에 규정된 '공공필요' 개념의 판단기준은 단순한 공익이나 공공복리의 개념보다는 중요한 공익적 필요성의 의미를 가져야 한다. 즉 수용에 의해 침해되는 사익보다 재산권을 박탈해야 할 '특별히 중요한 공익적 필요성'이 있어야 한다. 또한 사인을 위한 수용의 경우에는 일반적인 수용보다 높은 정도의 공익성이 보장되어야 한다. 사인(사기업)의 사익을 감안하더라도, 해당 사업에 있어서 "충분히 중대하고도 특별한 공익"이 인정되어야 한다. 지역경제의 개발을 이유로 민간기업에 의해 실시되는 공익사업은 수용권의 남용에 해당될 우려가 높다.[54]

나아가 공공필요 내지 공익의 개념은 입법자의 형성적 자유를 통해 개별법에 구체화될 것이 요구된다.[55] 공익사업을 위한 토지 등의 취득 및 보상에 관한 법률 제4조에서는 "공익사업"을 열거하고 있다. 이러한 공익사업의 범위는 점차 확대되는 추세에 있다. 이 법률에서 사용하는 "공익사업"의 개념은 헌법상 "공공필요"의 개념을 해석하는 데 중요한 척도가 될 수 있다.[56] 다만, 존속보장의

51) 헌재 2011. 6. 30. 2008헌바166등.

52) 헌재 2014. 10. 30. 2011헌바172등, 판례집 26-2상, 639.

53) 이에 대한 논의는 졸저, 현대행정의 작용형식, 70면.

54) 이에 대해서는 졸저, 헌법재판과 행정소송, 398-399면.

55) Ossenbühl, Staatshaftungsrecht, 5. Aufl., S. 204.

56) 실제 대법원은 구 토지수용법 제3조 제1항 제3호(현행 공익사업을 위한 토지 등의 취득 및 보상에 관한 법률 제4조 제3호)의 공익사업 중 "문화시설"에 해당함을 이유로 공용수용을 인정한 바 있다(대법원 1971. 10. 22. 선고 71다1716 판결 참조). 이러한 점에서 판례는 대체로

관점에서는 공익사업을 위한 토지 등의 취득 및 보상에 관한 법률의 이러한 포괄적인 규정은 재검토되어야 한다. 왜냐하면 공용수용의 요건을 완화하게 되면, 방어의 측면보다는 보상의 측면이 더욱 부각될 수 있기 때문이다.

4. 보상의 판단기준으로서 '특별한 희생'의 해석문제

(1) 의의

경계이론에 의하면 손실보상의 요건이 충족되기 위하여 타인의 재산권에 대한 공권적 침해로 인한 '특별한 희생'이 발생하여야 한다. 여기에서 특별한 희생이 무엇을 의미하는지에 대하여 견해가 대립하고 있다. 독일 학설의 영향으로 형식적 기준설과 실질적 기준설로 구분된다. "특별한 희생"의 개념과 관련된 학설을 상론하면 다음과 같다.

(2) 학설

형식적 기준설에는 개별행위설(個別行爲說)과 특별희생설이 있다. 이 가운데에서 개별행위설(Einzelakttheorie)은 행정기관의 개별적 행위에 의한 특정인의 재산권침해가 일반인에 비해 예기치 않은 희생이 되는 것을 평등의 원칙에 비추어 판단하는 견해이다.[57] 특별희생설은 개별행위설을 발전시킨 것으로서, 독일 연방통상법원이 종전에 택하고 있던 이론이다. 이에 의하면 특정 개인이나 집단을 다른 개인이나 집단과 비교하여 특별한 희생을 강요하는 재산권침해가 행해질 때를 기준으로 손실보상을 인정한다. 원래 개별행위설은 특정인에 대한 개별적 행정행위를 통해서 공용침해가 행해진 경우에 인정되었다. 그러나 후일 법률에 의한 수용, 즉 입법수용(立法收用)이 허용됨으로써 개별행위설이라는 명칭은 부적합하고, 견해에 따라서는 특별희생설과 동일하게 보기도 한다.

형식적 기준설은 특별한 희생이 무엇인지에 대하여 명확하게 설명해주지 못하고, 순환논법으로 그 내용을 공허하게 만들고 있다는 비판이 제기되었다. 이에 실질적 기준을 제시하여 특별한 희생과 (무보상부) 사회적 기속을 구분하고자 하였다. 이러한 견해를 통칭하여 '실질적 기준설'이라고 부르고 있다. 여기에는 보호가치성설, 수인가능성설, 목적위배설, 사적 효용설 및 중대성설 등 다양

"공공필요"의 개념을 넓게 이해하고 있는 것으로 보인다.

57) BGHZ 6, 270/280.

한 견해가 있다. 독일 연방행정법원은 '중대성설'을 따르고 있다.[58)]

(3) 비판

독일 연방통상법원(BGH)은 조리 내지 사물의 본성에 따라 판단하되, 특별희생의 개념을 포기하지 않고 실질적 기준을 고려하고 있다. 즉 재산권제한과 수용을 구분하기 위한 실질적 기준이 요구되었는데, 1945년 이후 많은 독일의 법원이 실제로 형식적 기준설인 개별행위설을 포기하고 양자를 구분하기 위한 실질적 기준을 적용하였다. 보상부 공용침해와 무보상부 사회적 기속을 구분하는 것은 입법자의 형성적 자유에 맡겨져 있다. 그러나 특정한 구분의 기준만으로 구별의 핵심적 내용인 '특별한 희생'에 해당하는지를 판단하기는 쉽지 않다. 그러한 이유로 학설은 대체로 법이론적 접근만으로 이를 해결하기보다는 여러 가지 실질적 기준을 모두 고려하여 구체적 사안에 따라 판단하고 있다. 학설은 절충설의 입장이다. 그러나 특별한 희생의 판단기준에 관한 제 학설은 결정적 기준을 제시하지 않고 있다. 따라서 분리이론의 입장과 같이 공용수용의 개념과 요건을 명확히 확정하고, 이에 해당하는 경우에는 보상부 공용수용이나 보상부 공용제한으로, 그 밖의 재산권제약행위에 대해서는 재산권의 내용한계로 이해하는 것이 타당하다.

Ⅲ. 보상부 공용제한의 해석

헌법 제23조 제3항에는 공용수용 외에 '공용사용'과 '공용제한'을 규정하고 있다. 공용사용과 공용제한에 대한 해석은 헌법 제23조 제1항 제2문에 근거하는 무보상부 재산권의 내용한계와 구별되어야 한다. 이러한 조항은 불가분조항의 인정 여부와 관련하여서도 학설상 논란의 대상이 되고 있다. 종래의 통설은 공용사용을 "재산권의 박탈에 이르지 아니한 일시적 · 강제적 사용"으로, 공용제한을 "소유권자 기타 권리자에 의한 사용 · 수익의 제한"을 의미하는 것으로 보는 것이 일반적이었다. 이러한 종래의 입장을 따르게 되면, 현행 헌법 제23조 제3항의 이른바 공용침해(공공필요에 의한 수용 · 사용 및 제한)의 개념은 독일의 수용개념보다도 넓게 해석된다.[59)] 또 다른 견해는 헌법 제23조 제3항의 공용사

58) BVerwGE 5, 143/145 f; 15, 1; 19, 94/98 f.

59) 김해룡, "헌법상 재산권 보장과 행정상 손실보상의 근거법리들에 관한 고찰", 고시계 2003. 9,

용과 공용제한을 좁게 해석하여, 부분적인 박탈의 의미로 파악하고 있다. 즉 공용사용은 "토지재산권 중 사용권의 부분적 박탈"로서, 공용제한은 "토지재산권 중 분리될 수 있는 다른 부분적 권리의 박탈이나 그 외의 제한"으로서 해석하고 있다.[60)]

공용수용은 공용사용이나 공용제한과 구별하는 것이 타당하다. 공용제한의 유형에는 계획제한·사용제한·공물제한 등이 속한다. 따라서 공용사용은 대체로 '공용제한'의 하나로 파악될 수 있다.[61)] 이러한 공용제한과 공용사용의 개념은 해석상 혼란을 가져오므로 개헌 논의에서 삭제하고 올바른 공용수용의 개념을 확립하는 것이 더 바람직하다. 실제 공용제한에 해당하는 것은 재산권의 내용한계와의 구별을 어렵게 할 뿐이다. 분리이론의 입장에서 헌법 제23조 제3항의 공용제한은 좁게 해석되어야 한다. 즉 공용제한은 재산권의 박탈에는 이르지 못하지만, 공용수용에 준하는 중대한 재산권의 침해에 해당하여야 한다. 공용제한은 재산권에 대한 제약행위로 인하여 그 효용이 현저히 상실 내지 감소하였거나, 사용·수익이 사실상 불가능하게 되는 경우를 말한다. 여기에 해당하는 사례는 많지 않다. 공익사업을 위한 토지 등의 취득 및 보상에 관한 법률 제73조의 '잔여지감가보상'이 여기에 속한다.

공용수용과 공용제한에 대해서는 헌법 제23조 제3항에 따라 법률로써 정당한 보상을 지급하여야 한다. 예컨대 국토의 계획 및 이용에 관한 법률 제95조, 도로법 제82조, 대기환경보전법 제5조 등의 경우에는 입법자가 개별적·구체적인 경우에 공적 과제의 수행을 위해 재산권의 박탈(수용) 또는 제한을 전제로 하면서 이에 대한 보상규정을 명시적으로 두고 있다. 특히 국토의 계획 및 이용에 관한 법률 제95조에서 도시계획시설사업의 시행자는 도시계획시설사업에 필요한 토지·건축물 또는 그 토지에 정착된 물건 그리고 이에 관한 소유권 외의 권리를 수용 또는 사용할 수 있다고 규정하면서, 같은 법 제96조에서는 공익사업을 위한 토지 등의 취득 및 보상에 관한 법률을 준용하도록 하고 있다. 이와 같이 입법자는 보상부 공용수용뿐만 아니라 보상부 공용제한에 관하여 개별법에 명문의 규정을 두고 있다. 요컨대 헌법 제23조 제3항은 보상부 공용수용과

34면.

60) 한수웅, "재산권의 내용을 새로이 형성하는 법규정의 헌법적 문제", 저스티스 제32권 제2호, 1996. 6, 35면.

61) 김철수, 전게서, 544면; 홍성방, 전게서, 516면.

보상부 공용제한으로 구성되어 있다. 그러나 이 조항의 핵심적 요소는 여전히 공용수용이며, 공용제한은 공용수용에 준하여 판단되어야 한다.

헌법재판소도 택지소유상한에 관한 법률 제2조 제1호 나목에 대한 위헌소원에서, 재산권의 내용한계와 공용수용·공용제한을 구별하고 있다. 즉 재산권의 내용한계는 "입법자가 장래에 있어서 추상적이고 일반적인 형식으로 재산권의 내용을 형성하고 확정하는 것"을 의미하고, 공용수용과 공용제한은 "국가가 구체적인 공적 과제를 수행하기 위하여 이미 형성된 구체적인 재산적 권리를 전면적 또는 부분적으로 박탈하거나 제한하는 것"으로 이해하고 있다.[62] 헌법 제23조 제1항 제2문의 재산권의 내용한계와 헌법 제23조 제3항의 공용사용·제한의 경계설정이 문제지만, 분리이론의 입장에서 양자는 침해의 형태(법형식)와 목적에 의해 구별될 수 있다. 이러한 문제는 공용제한의 하위유형으로 언급되는 계획제한(예컨대 국토의 계획 및 이용에 관한 법률의 지역·지구제)에서 부각(浮刻)될 수 있다. 이러한 계획제한은 입법자가 장래를 향하여 일반적·추상적으로 재산권의 내용을 형성하고 확정하는 것으로서 헌법 제23조 제1항 제2문의 재산권의 내용한계에 해당하는 것으로 보는 것이 헌법재판소의 일관된 판례이다.

한편, 헌법 제23조 제1항 제2문에 근거하고 있는 조정적 보상부 내용한계와 헌법 제23조 제3항의 보상부 공용제한의 구분은 구 도시계획법 제21조의 위헌소원사건에서 보는 바와 같이 쉽지 않다. 또한 헌법 제23조 제3항의 '수용보상(Enteignungsentschädigung)'과 헌법 제23조 제1항 제2문에 근거한 '조정적 보상(Ausgleich)'은 서로 구별되어야 한다.[63] 양자는 보상의 범위와 근거 및 기본취지 등에 있어서도 차이가 있다. 수용보상은 공평부담의 견지에서 재산권침해에 대한 완전보상 내지 상당보상이 이루어지도록 해야 하나, 후자는 실제로 실손보전의 의미를 가진다. 조정적 보상은 독일의 계획 및 환경법분야의 개별법률에서 인정되고 있다. 예컨대 독일 연방원거리도로의 계획 및 건설을 하는 경우에 적극적 소음방지처분에 드는 비용이 의도하는 목적과 비례관계에 있지 않으면, 연방임미시온방지법(BImSchG) 제41조 제2항에 근거하여 금전보상을 내용으로 하는 소극적 소음방지조치(passive Schallschutzmaßnahmen)가 고려된다. 이경우음

---

62) 헌재 1999. 4. 29. 94헌바37등. 또한 헌법재판소는 구(舊) 도시계획법 제83조 제2항 전단부분 등에 관한 위헌제청사건에서도 동일한 입장을 보이고 있다(헌재 2000. 8. 23. 2000헌가11등).

63) Jarass, Schutzmaßnahmen und Ausgleichsentschädigung bei Planfeststellungen, DÖV 2004, S. 633 ff.

벽의 설치에 대한 금전보상이 여기에 속한다. 이는 '계획상 손익조정의 원칙'으로서, 보상청구권의 범위는 실제 지출된 비용에 제한된다. 이러한 조정적 보상은 독일 기본법 제14조 제3항 및 수용법상의 손실보상청구권과는 구별되며,[64] 주로 조정적 보상부 내용한계의 문제에서 다루어지고 있다.[65] 이와 달리 일본의 학설은 이를 명확하게 구분하지 않고 있으며, 손실보상을 전체적인 공평부담의 차원에서 이루어지는 조절적 보상으로 이해하고 있다.[66] 헌법 제23조 제3항에는 독일 기본법과 달리 보상부 공용제한(공용사용을 포함)이 규정되어 있으므로 헌법 제23조 제1항 제2문에 기초하는 조정적 보상부 내용한계와의 구별은 개별 사례에서 해석상 새로운 쟁점으로 부상할 수 있다.

Ⅳ. 공용수용의 한계(허용성)

1. 적법성

행정의 법률적합성의 원칙에 따라 재산권을 침해하는 행위는 법률에 근거하여야 한다(적법성). 즉 공용수용은 직접 법률에 의하거나(입법수용) 또는 법률에 근거하여 법률하위규범이나 행정행위 등에 의하여(행정수용) 재산권을 침해하는 경우가 아니면 허용되지 아니한다.[67] 이와 같이 모든 수용행위는 형식적 법률에 귀착된다. 특히 공공필요를 위한 재산권침해(공용침해)에는 법률유보의 원칙이 고려된다. 행정행위가 아닌 법률하위규범(법규명령, 조례 등)에 의해 재산권을 침해하는 경우에 그 헌법적 근거가 문제일 수 있다. 독일에서는 법규명령의 법적 근거를 독일 기본법 제80조 제1항에서 찾을 수 있으며, 조례 내지 자치법규에 대해서는 독일 기본법 제28조 제2항이 고려될 수 있다. 우리나라에서도 법규명

64) BVerwGE 80, 184/191 f.
65) Ossenbühl, a.a.O., S. 184 f.
66) 田中二郎, 新版行政法上巻, 211면 참조.
67) 조례에 의한 공용수용이 허용되는가에 대하여 학설이 다투어지고 있다. 일설은 조례 역시 법률에 준하는 법규범이므로 공공필요로 말미암아 부득이한 경우에는 그 사용권만을 일정한 범위내에서 일시적으로 제한하는 것은 허용된다고 주장하나(권영성, 전게서, 558면; 유해웅, 전게서, 211면), 이를 부인하는 견해가 다수의 견해이다(김철수, 전게서, 534면; 허영, 전게서, 471면). 생각건대 조례에 의한 재산권침해의 가능성이 현실적으로 높고, 조례 역시 무한정보장되는 것이 아니라 법령의 범위 안에서 조례제정권이 인정된다는 점에서 법률유보의 원칙이 준수되어야 한다(헌법 제117조 제1항, 지방자치법 제15조 참조). 특히 지방자치법 제15조 단서에서 규정하고 있는 바와 같이 주민의 권리제한 또는 의무부과에 관한 사항이나 벌칙을 정할 때에는 법률의 위임이 있어야 한다.

령에 관한 헌법적 근거를 대통령령을 규정한 헌법 제75조와 총리령·부령을 규정한 헌법 제95조에서 찾을 수 있다.[68] 또한 조례의 헌법적 근거는 헌법 제117조 제1항에서 도출된다.

독일 기본법 제14조 제3항 제2문에서는 "(직접) 법률에 의해(durch Gesetz)" 또는 "법률에 근거하여(auf Grund eines Gesetzes)"라고 규정하고 있다. 해석상 후자는 행정수용, 전자는 입법수용을 의미한다. 독일에서는 행정수용이 원칙이지만, 예외적으로 입법수용이 허용된다. 그러나 헌법 제23조 제3항은 단순히 "법률로써"라고만 규정하고 있을 뿐이다. 생각건대 입법수용은 예외적으로 개별적인 행정수용이 적절한 시기 내에 이루어지기 어렵거나 입법수용이 없이는 강행적으로 요청되는 긴급한 조치의 실현이 지체될 수 있는 경우(홍수 등으로 인한 재난이 발생하여 제방시스템의 즉각적 조치를 위한 경우)와 같이 제한적인 경우에만 허용된다.[69] 따라서 헌법 제23조 제3항의 "법률로써"란 공용수용에 관한 법률상 수권을 의미하며, 행정수용뿐만 아니라 입법수용도 포함하는 것으로 해석하는 것이 타당하다. 그러한 이유에서 헌법 제23조 제3항에 규정된 "법률로써"의 의미를 형식적 법률에 의한 재산권의 제한만을 강조하는 해석[70]은 타당하지 않다.

2. 공익성

이미 언급한 바와 같이 공용수용이 성립하기 위해서는 수용행위가 공적 목적의 수행을 지향하여야 한다(공익성). 헌법 제23조 제3항에는 "공공필요"의 개념이 사용되고 있으나, 이는 대표적인 불확정법개념이다. 그러나 "공공필요"의 개념은 단순한 공익이나 공공복리와는 구별되어야 한다. 헌법상 공용수용을 허용하기 위해서는 '특별히 중요한 공익적 필요성'이 있어야 한다. 이러한 특별한 공익성이 인정되지 않으면 공용수용은 허용되지 아니한다. 헌법 제23조 제3항의 "공공필요"의 개념을 특정한 공익사업과 연관하여 특정인의 재산권침해가

68) 독일 기본법 제80조 제1항에서는 법규명령을 발급하는 경우에 수권의 내용, 목적 및 정도가 명확할 것을 규정하고 있다. 우리 헌법 제75조에서도 "법률에서 구체적으로 범위를 정하여 위임받은 사항"에 관하여 위임명령을 발할 수 있다고 하여, 수권규정에서 행정입법의 규율대상·범위 등을 명확히 할 것을 요구하고 있다. 대법원은 구체성과 명확성의 척도를 포괄적 위임입법에 대한 사법심사에서 고려하고 있다(대법원 2002. 8. 23. 선고 2001누5651 판결).

69) Papier, in: Maunz/Dürig, GG, Art. 14, Rn. 555; Wolfgang Rüfner, in: Erichsen/Ehlers, Allgemeines Verwaltungsrecht, § 48 Rn. 16. 독일에서는 1962년 함부르크(Hamburg)에서 발생한 대홍수(大洪水)로 인하여 입법수용(立法收用)이 실제로 문제된 바 있다(BVerfGE 24, 367/403).

70) 권영성, 전게서, 540면; 김철수, 전게서, 546면; 허 영, 전게서, 471면.

불가피한 고양(高揚)된 공익개념(qualifiziertes öffentliches Interesse)으로 이해하는 견해도 있다.[71] 헌법 제23조 제3항의 "공공필요"의 개념은 개별적 사례에 있어서 공용수용을 통해 추구하는 공익과 침해되는 토지소유권자의 재산적 이익을 서로 형량함으로써 비로소 구체화된다는 견해도 있다.[72] 해석상 공공필요의 개념은 보다 엄격해야 한다. 수용을 위해서는 '특별히 중요한 공익적 필요성'이 있어야 하며, 이러한 내용을 법률에 보다 구체적으로 정하는 것이 바람직하다. 또한 사업시행자가 사업인정을 받은 후 그 사업이 공익성을 상실하면, 사업인정에 따른 수용권의 행사는 수용권의 남용에 해당하여 허용될 수 없다(대법원 2011. 1. 27. 선고 2009두1051 판결).

한편, 해당 공익사업의 폐지·변경 등의 사유로 공적 임무를 수행하기 위해 토지를 수용한 사업계획안이 실현되지 않고 오랫동안 방치되고 있거나 해당 토지가 공익사업에 불필요하게 된 경우에, 피수용자(토지소유권자 또는 그 포괄승계인)는 환매권(還買權)을 행사할 수 있다. 독일 연방헌법재판소는 환매권이 헌법상 재산권보장 조항에서 직접 도출되므로 법률에 직접 규정될 필요가 없다고 보고 있다.[73] 한국 헌법재판소 역시 환매권은 헌법상 재산권보장으로부터 도출되며 헌법이 보장하는 재산권의 내용에 포함되는 권리라고 보고 있다.[74] 그러나 대법원은 환매권이 인정되기 위해서는 개별 법령에 의해 구체화되어야 한다고 판시하고 있다.[75] 한편, 공익사업을 위한 토지 등의 취득 및 보상에 관한 법률 제91조 제1항은 환매권을 구체적으로 규정하고 있다. 그러나 헌법재판소는 환매권의 발생기간을 제한하고 있는 공익사업을 위한 토지 등의 취득 및 보상에 관한 법률 제91조 제1항 중 '토지의 협의취득일 또는 수용의 개시일부터 10년 이내에' 부분이 헌법 제37조 제2항에 반하여 재산권을 침해하고 있다고 보면서, 헌법불합치 결정을 내렸다.[76] 환매권의 법률적 근거에 관한 논의는 큰 실익이

71) 김성수, 일반행정법, 641면.
72) 김남진, 행정법의 기본문제, 제4판, 465면 이하.
73) BVerfGE 38, 175. 여기에 대한 상세는 계희열, 전게서(중), 517면 참조.
74) "헌법 제23조의 근본취지에 비추어 볼 때, 일단 공용수용의 요건을 갖추어 수용절차가 종료되었다고 하더라도 그 후에 수용의 목적인 공공사업이 수행되지 아니하거나 또는 수용된 재산권이 당해 공공사업에 필요없게 되었다고 한다면, 수용의 헌법상 정당성과 공공필요에 의한 재산권 취득의 근거가 장래를 향하여 소멸한다고 보아야 한다. 따라서 수용된 토지 등이 공공사업에 필요없게 되었을 경우에는 피수용자가 그 토지 등의 소유권을 회복할 수 있는 권리 즉 환매권은 헌법이 보장하는 재산권의 내용에 포함되는 권리라고 보는 것이 상당하다."(헌재 1998. 12. 24. 97헌마87 등)
75) 대법원 1998. 4. 10. 선고 96다52359 판결.

없다. 헌법 제23조의 존속보장의 취지나 공평부담의 원칙에 비추어 개별 법령에 구체적인 규정이 없더라도 헌법상 재산권 보장조항으로부터 직접 환매권이 도출될 수 있다고 보는 견해가 타당하다.

3. 비례성

공용수용은 비례의 원칙을 준수하여야 한다. 따라서 수용행위는 공익 목적의 실현을 위해 적합하고, 또한 필요한 수단이어야 한다. 특히 수용행위는 재산권 보장의 헌법상의 취지에 비추어 보아 최후의 수단(ultima ratio)으로서 사용되어야 하며, 개인의 재산권을 침해하는 경우에도 가장 적은 피해를 주는 수단이 사용되어야 한다.[77] 독일 기본법 제14조 제3항에는 이를 명확히 규정하고 있지 않다. 다만, 같은 조항 제3문에서는 보상이 이해관계인의 이익과 공익을 서로 형량하여 결정해야 함을 규정하고 있을 뿐이다. 그러나 비례의 원칙(과잉금지의 원칙)은 대체로 법치국가적 요청에서 나온다고 보는 것이 일반적이므로, 공공필요의 개념을 해석함에 있어 비례의 원칙이 적용될 수 있다.[78] 헌법재판소는 다른 기본권의 제한과 마찬가지로 재산권제한의 경우에도 그 한계로서 비례의 원칙을 적용하고 있다.[79] 헌법재판소는 비례의 원칙의 헌법적 근거를 헌법 제37조 제2항에서 찾고 있다.[80] 그런 이유에서 헌법 제23조 제3항과 헌법 제37조 제2항의 관계가 학설상 논의의 대상이 되었다. 재산권의 사회적 기속과 관련된 헌법 제23조 제2항의 '공공복리' 개념과도 구별되어야 한다. 헌법 제23조 제3항의 "공공필요"의 개념은 개별적·구체적인 사안에서 관련된 제 이익을 형량함에 의해 더욱 분명하게 된다. 그런 점에서 비례성과 공익성은 밀접한 관계가 있다.[81]

V. 사인(사기업)을 위한 공용수용

공용수용의 수익자는 행정주체가 일반적이지만, 사기업(私企業)인 경우도 있

76) 헌재 2020. 11. 26. 2019헌바131.
77) Ossenbühl, a.a.O., S. 205.
78) 허 영, 전게서, 470면.
79) 헌재 1998. 12. 24. 89헌마214등, 판례집 10-2, 948.
80) 헌재 1994. 2. 24. 92헌바43; 헌재 1995. 5. 25. 91헌마67; 헌재 1995. 11. 30. 94헌가3.
81) 공익 개념은 다양하며, 행정법학에서 중요한 개념이다(이에 대해서는 졸저, 현대행정의 작용형식, 44면 이하).

다.[82] 즉 공익을 위한 수용이 동시에 사인(사기업)을 위한 경우가 바로 여기에 해당한다. 헌법재판소도 산업입지 및 개발에 관한 법률 제11조 제1항 등 위헌소원사건에서 민간기업의 산업단지 개발사업에 필요한 토지 등을 수용할 수 있도록 한 규정이 합헌이라고 결정하였다.[83] 이와 같이 사인을 위한 수용은 오늘날 허용될 수 있다고 보는 것이 일반적이다. 그러나 이러한 사인을 위한 수용은 사인만을 위한 수용과는 구별되어야 한다.[84] 이러한 논의는, 특히 독일에서 민영화(Privatisierung)의 물결과 더불어 사기업이 공기업의 임무를 수행하는 경우가 증가함에 따라, 사기업이 공공사업의 사업시행자가 되는 것과 무관하지 않다. 공익사업을 위한 토지 등의 취득 및 보상에 관한 법률 제19조에는 사업시행자가 공익사업의 수행을 위해 필요한 때에 토지 등을 수용하거나 사용할 수 있다고 규정하고 있다. 이러한 사업시행자에는 사기업도 포함된다. 그러나 사기업을 위한 도시재개발사업 등으로 인하여 개인의 재산권이 제약되지 않도록 주의하여야 한다.[85]

사인을 위한 수용의 경우에도 공용수용의 일반적인 허용요건을 준수하여야 함은 물론이다. 따라서 해당 사기업은 직접 법률에 의하거나 법률에 근거하여 공적 과제를 수행하기 위하여 수용을 행하여야 하며, 이러한 수용행위가 공공복리 내지 공익에도 기여하여야 한다. 예컨대, 에너지공급업체(사기업)를 위한 토지수용이 궁극적으로 국민에게 전기공급이라는 공익성을 지향하는 경우를 고려해 볼 수 있다.[86] 산업입지 및 개발에 관한 법률 제11조 제1항 등 위헌소원사건에서 사인을 위한 공용수용이 정당화되기 위해서는 심화된 입법적 조치가 수반되어야 한다는 반대의견(재판관 김종대)은 충분히 경청할 가치가 있다. 그러나 공익을 위한 토지의 사용이 기업의 대상 그 자체에서 나오는 것이 아니라, 기업의 활동으로 인한 간접적 결과로써 나오는 경우에는 사기업을 위한 수용은 허용되지 아니한다.[87] 공익사업을 위한 토지 등의 취득 및 보상에 관한 법률 제4

82) 일부견해는 공용침해의 허용여부가 공용침해의 주체 내지 수혜자가 아니라 공용침해의 목적이 공공필요에 의한 공익사업인가에 달려있다고 보고 있다. 이에 대해서는 정연주, "민간사업시행자의 토지수용권과 공공필요", 행정상 손실보상의 주요문제(박윤흔 편), 박영사, 1997, 48-49면 참조.

83) 헌재 2009. 9. 24. 2007헌바114.

84) 김남진, 행정법의 기본문제, 475면.

85) 김도창, 전게서(상), 653면.

86) BVerfGE 66, 248/257. 한편, 생존배려형 사기업과 경제적 사기업을 구별하여, 전기·가스·수도 등 급부행정과 관련된 생존배려형 사기업은 원칙적으로 허용되나 경제적 사기업의 경우에는 엄격한 요건 하에서만 허용된다고 보는 견해도 있다(김성수, 전게서, 643면).

조에서는 공익사업에 해당하는 사항을 열거하고 있으므로, 이를 근거로 사인(사기업)을 위한 공용수용의 허용여부가 판단될 수 있을 것이다.

한편, 헌법재판소는 산업입지 및 개발에 관한 법률 제11조 제1항 등 위헌소원 사건에서, 민간기업이 지역경제발전을 위해 사유재산권을 수용하는 것이 공익성('공공필요')의 요건을 충족한 것으로 보았다.[88] 사인(사기업)이 수용을 하는 것 자체가 위헌은 아니지만, 국가가 수용을 하는 경우에 비해 수용권의 남용이 발생하는 것을 경계해야 한다. 사기업에 의한 공용수용은 공익만을 위한 수용이 아니기 때문이다. 공용수용에 있어서 '공공필요'의 판단이 중요하다. 헌법재판소는 국토의 계획 및 이용에 관한 법률 제2조 제6호 등 위헌소원 등 사건에서, 회원제 골프장의 건설을 위한 도시계획시설사업도 '공공필요성'의 요건을 결여하거나 비례의 원칙(과잉금지원칙)을 위반하여 재산권을 침해한 것은 아니라고 결정하였다.[89] 이 사건에서 헌법재판소는 심판대상조항인 국토의 계획 및 이용에 관한 법률 제2조 제6호 (라)목 중 "체육시설" 부분이 포괄위임금지원칙에 위반된다고 결정하였을 뿐, 공공필요성의 요건을 엄격히 심사하고 있지 않다. 이 사건에서 수용요건의 하나인 '공공필요'의 개념을 좀 더 면밀히 검토하여, 포괄위임입법금지의 원칙 위반에 대한 심사가 아니라 재산권침해 내지 공용수용의 문제로서 위헌 결정을 하지 못한 것은 큰 아쉬움으로 남는다. 이 사건은 '사기업에 의한 공용수용'에 있어서 이정표(里程標)를 남길 수 있었으나, 우회적으로 포괄위임입법금지의 원칙 위반에 대한 심사를 택함으로써 그 기회를 놓쳤다. 다만, 반대의견(재판관 조대현)은 "회원제 골프장 건설사업은 '공공필요성'이 미약한 체육시설이므로 이러한 사업을 위해 토지수용권을 부여한 이 사건 수용조항은 헌법 제23조 제3항에 위반된다"고 보았다. 오늘날 '사인에 의한 공용수용' 그 자체는 허용되는 것이 일반적이지만, 그 허용범위와 한계는 논란이 있는 것이 사실이다. 이 사건에서도 후자의 관점이 논의의 핵심이며, 그 판단에 있어서 중요한 기준은 '공공필요'의 해석이다. 따라서 사인(사기업)을 위한 공용수용에 있어서는 공익성판단을 보다 엄격히 할 필요가 있으며, 그러한 의미에서 반대의견은 의미 있다.

사기업(민간기업)에 의한 수용의 위헌 여부와 관련하여, 각국의 사정에 따라

---

87) BVerfGE, 74, 264/284 ff.

88) 헌재 2009. 9. 24. 2007헌바114, 판례집 21-2(상), 562.

89) 헌재 2011. 6. 30. 2008헌바166등, 판례집 23-1(하), 288.

최고법원의 판단은 차이가 있는 것이 사실이다. 우선 미국에서도 낙후된 도시의 재개발을 위해 비영리 민간기업의 공용수용이 허용되는지가 문제되었는데, 연방대법원은 Kelo v. City of New London 사건[90]에서 5대 4로 '합헌'결정을 내린 바 있다. 이 사건의 다수의견은 '공적 사용'의 개념을 비교적 넓게 이해하여 정부의 행위가 일반 공중에 이익을 줄 것이라는 합리적 믿음에서 비롯된 것일 때에는 '공적 사용'을 위한 수용으로 볼 수 있다고 판단하였다. 그러나 반대의견은 이러한 판결이 '공적 사용'이라는 용어를 무의미하게 할 수 있음을 경고하였다.[91] 흥미로운 사실은 이 판결이 있은 후 많은 주(州)에서 오히려 반대의견의 입장에 따라 '공적 사용'의 개념을 엄격히 하는 입법들이 시도되었다는 점이다.[92] 결과적으로 다수의견에 따른 미연방대법원의 판단은 현실과 유리된 것이었다는 것이 드러난 셈이다.

한편, 독일에서도 경제구조가 취약한 지방자치단체에서 지역경제의 발전이나 고용창출을 위해 사기업에 의한 공용수용이 허용되는지가 문제되었다. 독일 연방헌법재판소는 복스베르크(Boxberg) 결정[93]에서 독일 연방건설법전의 관련 규정들이 이러한 수용의 충분한 법적 근거가 될 수 없다고 판결하였다. 또한 지역경제의 구조개선이나 고용창출을 위한 수용이 허용되기 위해서는, 입법자가 이를 정당화할 수 있는 구체적인 의무이행사항을 규율해야 한다고 보았다.[94] 독일 연방헌법재판소는 위 결정에서 보는 바와 같이 사기업에 의한 공용수용 그 자체가 허용된다고 보면서도, 사기업을 '위한' 공용수용을 매우 엄격하게 판단하였다. 이러한 독일 연방헌법재판소의 입장은 미연방대법원의 입장과 대비된다고 볼 수 있다.

미국이나 독일의 사례를 종합적으로 살펴보면, 사기업(민간기업)을 위한 공용수용에 있어서 '공공필요'의 개념을 일반적인 공용수용의 경우보다 신중히 검토할 필요가 있음을 알 수 있다. 이러한 민간기업에 의한 수용으로 인해 경제적 우위를 가진 사업시행자와 경제적 약자인 토지소유자의 관계가 형성될 수 있고, 대기업의 횡포로 자칫 거주민들이 생활의 터전을 잃거나 직업을 상실하거나 변

90) 545 U.S. 469 (2005).

91) 이 사건에 대해서는 Chemerinsky, Constitutional Law: Principles and Policies, 656 (4th ed. 2011); 졸고, "미연방헌법상의 수용과 규제", 토지공법연구 제59집, 94면 참조.

92) 이 사건 이후의 반향(反響)에 대해서는 Amanda W. Goodin, Rejecting the Return to Blight in Post-Kelo State Legislation, 82 N.Y.U. L. Rev. 177, 195 (2007) 참조.

93) BVerfGE 74, 264/287 ff.

94) 졸고, "사인을 위한 공용수용의 위헌성 판단", 헌법논총 제17집 (2006), 395면 참조

경해야 한다는 점에서 '공생'을 위한 제도적 개선방안을 신중히 검토할 필요가 있다.

헌법재판소는 지역균형개발 및 지방중소기업 육성에 관한 법률 제16조 제1항 제4호 등 위헌소원사건에서 고급골프장사업과 같이 공익성이 낮은 사업에 대해서까지 시행자인 민간사업시행자에게 수용권한을 부여하는 것은 헌법 제23조 제3항에 위반된다고 보고, 위헌결정으로 인한 법적 공백과 혼란을 방지하기 위하여 헌법에 합치되지 아니한다는 결정을 선고하였다.[95] 공공필요의 개념을 엄격하게 해석한 것은 타당하나, '공익성'과 '필요성'이 결합된 것으로 보는 것은 문제다. 공공필요의 개념은 그 자체 고유한 개념이다. 사인을 위한 공용수용의 경우에 공공필요의 개념은 이를 '충분히 중대하고도 특별한 공익'으로 해석되어야 한다.

Ⅵ. 조정적 보상부 내용한계

독일에서는 연방헌법재판소의 자갈채취판결 이후 보상부수용(독일 기본법 제14조 제3항)과 무보상부 내용한계규정(독일 기본법 제14조 제1항 제2문)에 해당하지 않는 영역이 인정되고 있다. 즉 중대하고 감내할 수 없는 과도한 재산권 침해를 재정적 조정을 통하여 해결하기 위해 이른바 '조정적 보상부 내용한계규정(ausgleichspflichtige Inhalts- und Schrankenbestimmung)'[96]이 논의되고 있다. 독일 기본법 제14조 제1항 제2문에는 "내용과 한계는 법률이 정한다"라고 규정하고 있다. 이러한 법률 또는 집행행위에 의한 재산권의 제한에 대해서 토지소유자는 보상을 요구할 수 없고 이를 수인하는 것이 원칙이다. 그러나 비전형적인 재산권침해로 인한 특별한 부담(손실)이 발생하는 예외적인 경우에는 조정적 보상이 필요하다.[97] 이러한 조정적 보상부 내용한계규정은 독일 기본법 제14조 제3항이 아니라 제14조 제1항 제2문에 근거하고 있다. 비례의 원칙이나 평등원칙에 비추어 과도한 부담이 발생하는 예외적인 경우에 이러한 재정적 조정

95) 헌재 2014. 10. 30. 2011헌바129 · 172(병합). 이에 대한 평석은 졸고, "민간기업에 의한 공용수용의 위헌성 판단과 '공공필요'의 개념해석", 법률신문 (2015. 4. 20), 12면.

96) 독일의 학설은 보상(Entschädigung)과 조정적 보상(Ausgleich)을 구별하고 있다. 전자는 기본법 제14조 제3항에, 후자는 기본법 제14조 제1항 제2문에 기초하고 있다고 본다. 이에 대한 상세는 Ossenbühl, a.a.O., 5. Aufl., S. 181 참조.

97) 조정적 보상부 내용한계에 대한 상론은 졸저, 행정구제의 기본원리, 162면 이하.

(finanzieller Ausgleich)이 요구된다.[98]

조정적 보상부 내용한계의 기원은 1981년 7월 14일에 내린 연방헌법재판소의 납본의무(Pflichtexemplar) 결정이다.[99] 즉 헤센(Hessen) 주(州)의 언론자유법 제9조는 모든 출판업자로 하여금 새로이 간행된 출판물견본 1부씩을 주(란트) 중앙도서관에 납본하는 것을 규정하고 있었다. 원고는 소량의 고가(高價) 출판물을 간행하는 출판업자인데, 무상으로 고액의 출판물을 납본하도록 하는 것은 독일 기본법 제14조 제3항에서 규정하는 보상규정에 충돌하는 것으로 보고 연방행정법원에 취소소송을 제기하였다. 이에 연방행정법원은 독일 기본법 제100조 제1항에 근거하여 이 사건에 대해 연방헌법재판소에 위헌법률심판을 제청하였다. 연방헌법재판소는 헤센 주 언론자유법 제9조의 납본의무가 독일 기본법 제14조 제1항 제2문에 따라 허용된 재산권의 내용한계이며, 동시에 그 재산권구속은 공공복리(공익)를 위해 정당화되는 재산권의 내용한계가 조정적 보상을 통해 완화되어야 하며, 비례의 원칙을 준수하여야 한다고 보았다. 따라서 재산권의 토지소유자에게 수인할 수 없는 과도한 재산적 부담을 가져오는 것은 허용되지 아니한다고 보아 해당 조항을 위헌이라고 결정하였다. 연방헌법재판소는 조정적 보상부 내용한계규정을 통해 보상부 공용수용과 무보상부 재산권의 내용한계의 엄격한 이분법에 기초하고 있던 종전의 판례를 수정・보완하였다.[100]

한편, 조정적 보상부 내용한계의 구체적 적용영역에는 토지개혁법, 자연 및 문화재보호법, 제방 및 하수보호법, 공법상 상린관계, 도시계획법 등이 있다. 재산법상의 조정청구권은 공법상의 상린관계에서 문제 된다. 즉 계획행정청으로부터 허가나 승인을 받아 고권적으로 운영하는 배출시설에서 나오는 심각한 임미시온(Immissionen)으로 인해 비례의 원칙에 반하는 재산상 손실이 발생하는 경우에 그러하다. 독일 연방임미시온방지법 제42조는 조정적 보상청구권의 법적 근거를 두고 있다. 즉 건축시설물의 토지소유권자는 건축책임자에 대하여 확정된 한계치를 넘는 공도로(公道路)나 전차궤도 등에서 방출되는 소음을 통해 피해를 입는 경우에 상당한 금전보상을 청구할 수 있다. 이는 이른바 '소극적' 소음방지의 문제다. 그 밖에도 독일 연방행정절차법 제74조 제2항 제3문에서도 계획확정절차에 있어 타인의 권리에 대한 부정적 영향을 회피하기 위한 보호조

---

98) Maurer/Waldhoff, a.a.O., § 27 Rn. 82 ff.

99) BVerfGE 58, 137.

100) Rozek, Die Unterscheidung von Eigentumsbindung und Enteignung, 1998, S. 76.

치와 같은 부관(수정부담)을 부과하여야 한다고 규정하고 있다. 만약 그러한 조치가 방치되거나 사업계획안(기업안)과 일치하지 않는다면, 당사자는 상당한 금전보상을 청구할 수 있다. 그러한 의미에서 이 규정은 재산법상에 근거한 조정적 보상의무로 파악되고 있다.[101] 이와 같이 연방통상법원과 연방행정법원은 일반적으로 자연 및 문화재보호법상의 이용제한을 재산권의 내용한계로 보았으나, 이를 계획법상의 영역에도 점차 확대해서 적용하고 있다. 즉 계획법상의 이용제한을 잠재적인 조정적 보상부 내용한계의 문제로 보고 있다.[102]

제3절 손실보상의 구체적 내용

Ⅰ. 손실보상의 의의

1. 손실보상의 개념

종전에 행정상 손실보상은 적법한 공권력의 행사에 의해 가해진 재산상의 특별한 희생에 대하여 사유재산권의 보장과 공평부담의 견지에서 행하는 조절적인 재산적 전보라고 이해되었다. 국가 · 지방자치단체 등 행정주체가 그 공적 임무를 수행함에 있어 개인의 특정한 재산을 취득 또는 사용하거나 그 이용방법을 제한할 필요가 있었다. 이러한 경우에 재산권의 박탈 또는 제한은 당사자의 귀책사유 없이 공익적 견지에서 부과된 것이므로 그로 인한 손실은 공평부담의 견지에서 전보되어야 한다고 보았다. 즉 국가공동체의 이익을 위해 개인의 사유재산권에 대한 공용수용은 공평부담의 차원에서 국가가 보상을 해야 한다는 것이다.

행정의 법률적합성의 원칙에 따라 수용행위도 형식적 법률에 근거해야 함은 이미 언급한 바와 같다. 또한 수권법률은 공용수용을 위해 보상규정을 마련하여야 한다. 헌법 제23조는 보상의 기준에 대하여 "정당한 보상"을 규정하고 있으며, 공익사업을 위한 토지 등의 취득 및 보상에 관한 법률 제61조 이하에서는

101) Ossenbühl, a.a.O., S. 185.
102) BVerwG, NJW 1996, S. 2807.

상세한 보상규정을 두고 있다. 그 외에도 개별법에 별도의 보상규정을 두고 있다(예컨대 도로법 제82조).

2. 손실보상의 법적 근거

행정상 손실보상이 인정되는 이론적 근거는 흔히 특별한 희생에 대한 조절적 보상에서 찾고 있다(특별희생설). 그러나 손실보상청구권은 헌법에 규정된 경우가 적지 않다. 우리나라에서도 1948년 제헌헌법에서부터 손실보상청구권을 규정하고 있다. 즉 제헌헌법 제15조 제3항에는 "공공필요에 의하여 국민의 재산권을 수용 또는 제한함은 법률이 정하는 바에 의하여 상당한 보상을 지급함으로써 행한다"라고 규정하였다. 현행 헌법은 1987년 제9차 개헌에 의해 규정된 것이다. 헌법 제23조 제3항에는 "공공필요에 의한 재산권의 수용·사용 또는 제한 및 그에 대한 보상은 법률로써 하되, 정당한 보상을 지급하여야 한다"라고 규정하고 있다. 여기서 "그에 대한 보상은 법률로써 하되"라고 규정한 것은 '보상법률주의'의 명문화라고 해석하여야 한다. 이러한 점은 1962년 헌법, 1972년 헌법과 비교하면, 그 의미를 분명히 이해할 수 있다.

1962년 헌법(제3공화국 헌법) 제20조 제3항에서는 "공공필요에 의한 재산권의 수용·사용 또는 제한은 법률로써 하되 정당한 보상을 지급하여야 한다"라고 규정하였다. 또한 1972년 유신헌법 제20조 제3항은 "공공필요에 의한 재산권의 수용·사용 또는 제한 및 그 보상의 기준과 방법은 법률로 정한다"라고 규정하고 있다. 1962년 헌법에서는 재산권의 침해에 대해서만 법률로써 할 것을 규정할 뿐, 보상에 대해서는 어떠한 법형식으로 정할 것인지를 밝혀 놓고 있지 않다. 또한 1972년 유신헌법에서도 보상의 기준과 방법만을 '법률'에 정한다고 규정할 뿐이다. 한편, 헌법 제23조 제3항에 의하면 손실보상에 관한 내용을 법률에서 구체적으로 정하여야 한다. 손실보상에 관한 일반법으로서 '공익사업을 위한 토지 등의 취득 및 보상에 관한 법률'이 2002년 2월 4일 법률 제6656호로 제정되었다. 이 법률은 "공익사업에 필요한 토지 등을 협의 또는 수용에 의하여 취득하거나 사용함에 따른 손실의 보상에 관한 사항을 규정"하고 있다(동법 제1조).

3. 손실보상청구권의 법적 성질

손실보상청구권의 법적 성질과 관련하여 공권설과 사권설이 대립하고 있다.

판례는 손실보상청구권을 사권설로 보고 있다.[103] 특히 손실보상청구권을 당사자의 의사에 의하거나 직접 법률의 규정에 의한 사법상의 채권·채무관계로 보아 민사소송에 의한다고 보고 있다.[104] 그러나 실무에서 보상금소송은 행정소송의 방식으로 제기되고 있다. 공법상 당사자소송(보상금증감청구소송 포함)으로 제기하는 경우뿐만 아니라, 토지수용위원회의 재결에 대해 항고소송을 제기하는 경우가 대부분이다. 손실보상청구권은 그 원인행위가 토지수용이나 징발 등 권력작용에서 비롯된 것이므로 공법상의 권리라고 보는 것이 타당하다. 대법원은 하천구역 편입토지에 대한 손실보상청구권의 법적 성질을 공법상의 권리라고 보고 행정소송절차(당사자소송)에 의하여야 한다고 판시하고 있다.[105] 이러한 하천구역의 편입은 법형식에 비추어 일종의 '입법수용'에 해당한다.

Ⅱ. 손실보상과 불가분조항

1. 불가분조항의 의의 및 기능

손실보상의 규정이 흠결된 공용수용의 효력이 문제다. 이 문제는 이른바 불가분조항[106]과 관련해서 논의되고 있다. 불가분조항(Junktimklausel)이란 공용수용의 수권법률에 침해규정과 더불어 보상규정을 두어야 말한다. 이러한 보상규정을 흠결하면 위헌·무효가 된다. 불가분조항의 제도적 기능으로 국민의 권리보호(권리보호적 기능), 입법부에 대한 경고(경고적 기능) 그리고 의회의 결정권한과 재정고권 보장(권한보장적 기능) 등이 거론되고 있다. 특히 입법자에 대한 경고를 통하여 법률제정을 하면서 사전에 보상을 요하는 공용수용 또는 공용제한에 해당하는 것인지, 아니면 무보상부 재산권의 내용한계에 해당하는지를 신중히 검토하도록 하는 것이다.[107]

독일의 지배적 견해는 독일 기본법 제14조 제3항과 관련하여 불가분조항(不可分條項)을 인정하고 있다.[108] 국내학설도 대체로 헌법 제23조 제3항의 해석과

103) 대법원 1998. 2. 27. 선고 97다46450 판결.
104) 대법원 1992. 10. 9. 선고 92다25533 판결; 대법원 2000. 5. 26. 선고 99다37382 판결.
105) 대법원 2006. 5. 18. 선고 2004다6207 판결.
106) 이를 "부대조항" 또는 "결합(결부)조항" 등으로 표현하기도 한다.
107) Nüßgens/Boujong, Eigentum, Sozialbindung, Enteignung, 1987, Rn. 372 f.
108) Papier, in: Maunz/Dürig, GG, Art. 14 Rn. 572; Jarass, in: Jarass/Pieroth, GG, Art. 14 Rn. 73; BVerfGE 58, 300/319.

관련하여 불가분조항을 인정하고 있다.[109] 이에 반해 한국 헌법 제23조 제3항의 내용이 독일 기본법상의 수용개념보다 넓다는 것을 이유로 이를 부인하는 견해도 있다.[110] 그러나 헌법 제23조 제3항이 바이마르(Weimar) 헌법 제153조와 유사하다는 점을 이유로 불가분조항을 부인하는 견해는 납득하기 어렵다. 바이마르 헌법은 사익에 비해 공익을 상대적으로 우위에 두고 있으며 무보상부 공용수용까지도 허용하고 있다는 점에서 헌법 제23조 제3항과 차이가 있다. 불가분조항에 대하여 소극적 태도를 보이는 견해는 헌법 제23조 제3항의 소위 '공용침해' 개념(수용 · 사용 · 제한 포함)이 독일의 '공용수용' 개념보다 넓다는 것을 논거로 제시한다.

한편, 대법원은 개발제한구역의 지정에 대한 규정을 두면서도 보상규정을 흠결하고 있었던 구 도시계획법 제21조에 대하여 합헌으로 보았다.[111] 그러나 헌법재판소는 이에 대해 헌법불합치결정을 내린 바 있다.[112] 대법원과 헌법재판소의 입장은 원칙적인 부분에 있어서 큰 차이가 있는 것은 아니다. 즉 개발제한구역으로 인한 재산권의 제약은 헌법 제23조 제1항 및 제2항에 근거한 재산권의 내용한계에 근거하고 있다는 점에서는 일치하고 있다. 다만, 헌법재판소는 구 도시계획법 제21조의 개발제한구역의 지정으로 인한 재산권의 제약이 예외적으로 비례의 원칙이나 평등원칙에 비추어 과도한 재산적 피해를 초래한 경우에 헌법 제23조 제1항에 기초한 '조정적 보상부 내용한계'의 문제로 파악하고 있다. 이는 공용수용과 재산권의 내용한계의 한계영역의 문제를 합리적으로 해결하고 있는 것이다.

2. 공용제한과 불가분조항

문제는 공용제한(공용사용 포함)에 대해서도 불가부조항이 적용될 수 있는지에 있다. 이미 언급한 바와 같이 공용사용은 공용제한의 유형의 하나로서 파악될 수 있으므로, 헌법 제23조 제3항은 크게 '공용수용'과 '공용제한'으로 구성되어 있다. 그러나 공용제한의 개념을 해석함에 있어서도 제한적으로 해석하는 것이 헌법 제23조의 구조와 재산권보장의 본질을 제대로 이해하는 것이다. 존속

109) 권영성, 전게서, 490면; 허 영, 전게서, 471면; 김해룡, 전게논문, 34면.
110) 강현호, "한국 헌법 제23조와 독일 기본법 제14조의 해석", 토지공법연구 제18집, 94면.
111) 대법원 1990. 5. 8. 자 89부2 결정.
112) 헌재 1998. 12. 24. 89헌마214등.

보장의 관점에서 공용수용은 엄격한 요건 아래에서 최후의 수단으로 강구되어야 하며, 재산권을 침해한 후 금전적 보상으로 해결하려는 가치보장을 우선시하는 접근방식은 재산권보장의 본질에 위배된다. 따라서 공용제한은 비록 재산권의 박탈에 이르지는 않았다 할지라도 공용수용에 준하는 중대한 재산권의 침해로서 보상을 요하는 경우로 좁게 해석되어야 한다. 이러한 해석은 적어도 독일 연방헌법재판소의 분리이론보다는 그 보상의 범위가 넓다고 여겨진다. 그 밖의 재산권에 대한 사회적 제약을 헌법 제23조 제1항 제2문의 재산권의 내용한계로서 파악하고 있다. 그러나 이러한 재산권의 내용한계가 개인에게 감내하기 힘든 재산권침해를 가져오는 경우에는 예외적으로 조정적 보상이 인정되어야 한다. 이 경우 현행법의 해석상 쟁점이 되는 재산권침해에 대한 손실보상의 문제를 탄력적으로 운영할 수 있다. 따라서 공용제한의 규정 그 자체가 불가분조항을 부인하는 논거가 되는 것은 부적절하며, 적어도 공용제한의 개념을 엄격하게 해석하는 한 공용제한에 대해서도 불가분조항을 인정할 수 있다.

3. 보상규정의 흠결과 권리구제

공용수용 또는 공용제한에 대한 보상규정이 없으면 어떤 권리구제수단을 강구할 수 있는지가 문제다. 이 경우 위헌무효설의 입장에서는 재산권침해의 수권법률이 위헌·무효가 되어, 해당 수용처분도 역시 위법하게 된다.[113] 만약 과실의 요건을 완화하여(예컨대 무과실책임의 법리나 위험책임의 이론을 통하여) 해당 공무원의 수용처분이 위법·유책의 요건을 충족하는 경우에는 행정상 손해배상을 고려할 수 있게 된다(헌법 제29조 및 국가배상법 제2조 등).[114] 이에 대하여 위법한 재산권침해를 하였으나 귀책사유가 없는 경우(위법·무책인 경우)에 수용유사적 침해이론의 도입을 주장하는 견해도 있다(유추적용설). 이 견해는 헌법 제23조 제1항과 제11조를 근거로 하면서 헌법 제23조 제3항 및 관계규정의 유추적용을 통하여 보상을 청구할 수 있다고 본다.[115] 이러한 해석은 보상규정이 흠결된 경우에 수용유사적 침해의 법리를 통하여 보상을 확대할 수 있다는 점에서 장점을 가진다. 그러나 수용유사적 침해이론은 독일 연방헌법재판소의 자갈채취결정 이후에 이미 그 법적 근거를 상실함으로써 프로이센일반국법 제74조 및 제

113) 김도창, 전게서(상), 657-658면; 이상규, 신행정법론(상), 643-645면.
114) 이상규, 전게서(상), 643-644면.
115) 김남진, 전게서(Ⅰ), 670면.

75조의 희생보상사상으로 복귀하였다. 현재 독일의 학설은 그 허용여부를 둘러싸고 여전히 다투고 있다.

한편, 독일 연방헌법재판소가 발전시킨 분리이론을 취하는 입장에서는 이 경우 바로 보상을 청구할 수는 없고 먼저 해당 수용처분의 취소를 다투어야 한다. 만약 쟁송기간을 도과하여 불가쟁력이 발생하면 더 이상 보상을 청구할 수 없게 된다. 즉 취소와 보상 사이의 선택권은 없다.[116] 이러한 경우에 보상의 범위가 협소하다는 비판이 제기될 수 있다. 다만, 조정적 보상부 내용한계의 법리에 따라 예외적으로 비례의 원칙이나 평등원칙을 위반하여 가혹한 부담을 주는 경우에는 조정적 보상이 충분히 고려될 수 있다. 이러한 조정적 보상부 내용한계에 대해서는 불가분조항을 엄격히 적용하지 않고, 소위 '구제적(포괄적) 보상조항'을 인정하고 있다. 이를 통해 조정적 보상을 청구할 여지를 남겨 놓고 있다.

일부학설은 보상규정이 없는 경우에 그 구제수단으로서 입법부작위에 대한 헌법소원을 해결책으로 제시하기도 한다.[117] 즉 재산권의 제한 그 자체는 합헌이나 그 제한이 의회의 판단과 달리 토지소유자에게 특별한 희생이 발생한 경우에 보상규정을 두지 아니한 입법부작위는 위헌이므로 입법부작위에 대한 헌법소원을 통하여 해결될 수 있다고 주장한다. 다만, 입법부작위(특히 진정입법부작위)에 대한 헌법소원의 방식은 권력분립의 원칙에 비추어 제한적으로 인정되고 있음에 주의해야 한다. 헌법에서 기본권보장을 위해 법령에 명시적인 입법위임을 하였음에도 입법자가 이를 이행하지 않거나, 헌법해석상 특정인에게 구체적인 기본권이 생겨 이를 보장하기 위한 국가의 행위의무 또는 보호의무가 발생하였음이 명백함에도 입법자가 아무런 입법조치를 취하고 있지 않은 경우에만 헌법소원의 대상이 된다.[118]

이와 같이 보상규정이 없는 재산권침해의 경우에 손실보상청구권이 인정되는지에 대해서는 여전히 견해가 첨예하게 대립하고 있으며, 완선한 법이론적 해결은 불가능해 보인다. 이러한 문제는 결국 입법자의 형성적 자유를 통해 명확하게 보상규정을 두어 해결하는 것이 바람직하다. 이와 관련하여 공익사업을 위한 토지 등의 취득 및 보상에 관한 법률 제61조 이하에서는 손실보상의 원칙뿐만

---

116) BVerfGE 58, 300.

117) 김문현, 전게논문, 17면.

118) 헌재 1989. 3. 17. 88헌마1 참조. 입법의무를 인정한 사례로는 조선철도(주) 주식의 보상금청구에 관한 헌법소원사건이 있다(헌재 1994. 12. 29. 89헌마2, 판례집 6-2, 395면 이하).

아니라 손실보상의 종류와 기준 등을 상세히 규정하고 있다. 개별법에서도 점차 보상규정이 늘고 있다. 이러한 사실은 이미 손실보상법의 분야에서 이룬 상당한 이론적 성과를 반영하고 있는 것이다. 헌법상 수용조항은 입법자를 구속하며, 보상도 법률로써 정해야 한다. 헌법의 해석상 보상규정은 입법자의 형성적 자유에 맡겨져 있다. 재산권에 대한 침해규정을 두면서 보상규정을 두지 않는 것은 소위 '불가분조항'에 위배된다고 보아야 하고, 해당 법률은 위헌・무효이다.

Ⅲ. 손실보상의 기준 및 범위

1. 손실보상의 기준

헌법 제23조 제3항은 재산권의 침해에 의해 발생한 손실에 대하여 '정당한 보상'을 지급할 것을 규정하고 있다. 그러나 일반적으로 손실보상의 기준에 대하여 완전보상설과 상당보상설이 대립하고 있다.

(1) 완전보상설

완전보상설은 미국 수정헌법 제5조의 "정당한 보상(just compensation)"에 대한 해석을 중심으로 발전하였다. 이 견해는 침해받는 재산권이 가지는 완전한 가치를 보상하여야 한다고 보고 있다.[119] 이러한 완전한 보상의 내용에 관한 견해에도 차이가 있다. 즉 피침해재산의 객관적 시장가치만을 보상하고 부대적 손실은 포함시키지 않는 견해, 재산권의 침해에 의해 직접적이고 필연적으로 발생한 손실의 전부에 대해 손실보상을 해야 하는 견해 등이 있다. 후자의 견해는 부대적 손실(영업손실・이전비용 등)도 포함시켜야 한다고 본다.

(2) 상당보상설

상당보상설은 손실보상을 사회국가원리에 근거를 둔 적정한 보상으로 이해하는 견해이다. 상당보상설은 독일의 입법례에서 연유하고 있다. 독일 기본법 제14조 제3항에서는 당사자의 이익을 공익과 정당하게 형량하여 보상하여야 한다고 규정하고 있다. 상당보상설은 손실보상을 "구체적 사정을 종합적으로 감안하여 사회의 통념이나 건전한 상식에 비추어 합리적으로 보상하는 것"으로 이해

119) 헌재 1995. 4. 20. 93헌바20등; 대법원 1993. 7. 13. 선고 93누2131 판결.

하고 있다.[120] 완전보상을 원칙으로 하지만 합리적인 이유가 있을 경우에는 완전보상을 하회할 수 있다고 보는 견해[121]도 상당보상설로 분류할 수 있다.

(3) 소결

헌법 제23조의 제3항에서 규정하고 있는 "정당한 보상"의 의미를 부대적 손실을 포함한 완전한 보상으로 보는 것이 다수의 견해이다. 여기에는 생활보상도 포함된다고 보는 견해도 있지만, 이는 옳지 않다. 이에 대해서는 후술하기로 한다. 공익사업을 위한 토지 등의 취득 및 보상에 관한 법률에는 원칙적으로 공시지가에 의한 토지보상을 원칙으로 하면서도, 부대적 손실도 규정하고 있다. 그러나 보상의 기준과 범위는 원칙적으로 법률에서 구체적으로 규정되어야 한다. 보상의 기준과 수준, 보상 범위 등은 개별 사례에서 법관에 의해 판단되는 것은 적절하지 않으며, 입법자가 이를 법률에 규정하는 것이 바람직하다.

2. 손실보상의 대상 및 범위

손실보상은 역사적으로 대인적 보상[122]에서 대물적 보상[123]으로, 대물적 보상에서 '생활보상'으로 발전하여 왔다. 최근에는 공공사업의 실시나 완성 후의 시설이 사업시행지 외의 '사업손실보상'도 주요한 내용으로 다루어지고 있다. 이에 대한 개별법으로는 '공익사업을 위한 토지 등의 취득 및 보상에 관한 법률' 및 '부동산 가격공시에 관한 법률'이 있다.

(1) 재산권보상

재산권보상은 재산적 손실에 대한 보상을 말하며, 토지보상과 토지 이외의 재산권에 대한 보상을 그 내용으로 한다. 공익사업을 위한 토지 등의 취득 및 보상에 관한 법률 및 같은 법 시행령에는 토지 이외에 지상물건, 농업, 토지에 관한 소유권 이외의 권리, 영업, 잔여지 등에 관한 손실보상이 규정되어 있다.

협의에 의한 경우에는 협의 성립당시의 가격이, 재결에 의한 경우에는 수용

120) 田中二郎, 新版行政法上卷, 218면.
121) 김도창, 전게서(상), 663면.
122) 피수용자의 수용목적물에 대한 주관적 가치를 기준으로 행해지는 경우가 대인적 보상의 예이다. 영국의 1845년 토지조항정리법(Land Clause Consolidation Act)이 여기에 해당한다.
123) 대물적 보상은 수용목적물의 객관적 시장가치를 기준으로 보상하는 것을 말한다. 1961년 토지보상법(Land Compensation Act)이 여기에 해당한다.

또는 사용의 재결당시를 산정시기로 하여 해당 토지의 거래가격이 산정기준이 된다(공익사업을 위한 토지 등의 취득 및 보상에 관한 법률 제67조 제1항). 보상액의 산정에 있어서는 공익사업의 시행으로 인해 발생하는 개발이익을 배제한 토지가격으로 하기 위하여 부동산가격공시에 관한 법률에 따른 '공시지가'를 기준으로 하고 있다(동법 제70조 제1항).

구 국토이용관리법에 의한 보상가격 산정기준으로서 기준지가, 토지시가, 과세시가표준액 등이 규정되어 있었다. 그러나 '지가공시 및 토지 등의 평가에 관한 법률'(이하 '지가공시법'이라 한다)의 제정(1989. 4. 1, 법률 제4120호)으로 국토이용관리법상의 관련조항이 폐지되고, 지가공시법이 정하는 지가공시제로 다원화된 지가조사체계를 일원화시켰다. 그러나 이 법률은 2005년 1월 14일 다시 전면 개정되어 '부동산가격공시 및 감정평가에 관한 법률'로 변경되었다. 이 법률의 목적은 공시지가제도 외에 토지와 건물의 적정가격을 통합·평가하여 공시하는 "주택가격공시제도"를 도입하고, 각 중앙기관별로 분산된 부동산가격 평가체계를 일원화하는데 있었다.

이후 '부동산가격공시 및 감정평가에 관한 법률'에도 큰 변화가 생겼다. 2016년 1월 19일 법률의 개정에 의하여 '부동산 가격공시'와 '감정평가 및 감정평가사'의 업무에 관한 사항이 분리되었다. 즉 부동산 가격공시는 '부동산 가격공시에 관한 법률'에서, 감정평가 및 감정평가사의 업무에 관한 사항은 '감정평가 및 감정평가사에 관한 법률'에서 규율하고 있다. 이에 따라 부동산 가격공시에 관한 법률(이하 '부동산공시법'이라 한다)은 표준주택가격의 조사·산정 및 개별주택가격의 검증업무를 '한국부동산원'에 의뢰하도록 규정하고 있다(제16조 제4항 및 제17조 제6항). 종전의 한국감정원은 현재 '한국부동산원'으로 그 명칭이 변경되었다. 또한 표준지공시지가를 조사·평가하는 경우에 지가 변동이 미미한 지역에서는 1인의 감정평가업자에게 의뢰할 수 있도록 하였다(동법 제3조 제5항 단서). 그 밖에 비주거용 부동산에 대한 가격공시제도를 도입하였다. 감정평가 및 감정평가사에 관한 법률은 전문자격사 제도의 하나인 감정평가사에 관한 법적 근거를 마련하였다. 특히 국가, 지방자치단체, 공공기관, 금융회사 등이 감정평가를 의뢰하는 경우에 '한국감정평가사협회'에 감정평가업자의 추천을 요청할 수 있도록 하고 있다(동조 제5조 제3항).

토지의 공시지가는 '표준지공시지가'와 '개별공시지가'로 구분된다. 표준지공시지가는 부동산공시법의 규정에 따라 국토교통부장관이 조사·평가하여 공시한 표준지의 단위면적당 가격을 말하는 것이다(부동산공시법 제3조 제1항). 이러한 표준지공시지가는 일반적인 토지거래의 지표가 된다. 개별공시지가는 시장·군수 또는 구청장이 산정한 개별토지의 단위면적당 가격을 말한다(동법 제10조 제1항).

일반적으로는 공시지가에 의해 보상가액을 결정하나, 구체적으로 해당 토지에 대한 공법상 제한이 있거나 공익사업의 시행으로 인한 지가상승 등의 사정이 있는 경우에는 보상금액의 산정에 있어서 이러한 사정이 고려되어야 한다. 그러나 공공사업의 시행에 따르는 개발이익은 배제된다. 개발이익은 개발사업시행자 또는 토지소유자가 공익사업을 시행함을 통하여 얻게 되는 토지가격의 증가분에서 정상지가상승분이나 개발비용 등을 공제한 '개발부담금'의 형태로 환수하게 된다(개발이익 환수에 관한 법률 제3조). 헌법재판소는 개발이익을 배제하는 것이 정당보상의 원리에 위배되지 않는다고 보고 있다.[124] 종전에는 개발이익이 토지초과이득세의 형태로 환수되었으나, 그 근거 법률인 토지초과이득세법은 조세법률주의에 위배된다는 이유로 헌법재판소에 의해 헌법불합치결정을 받았다.[125]

(2) 생활보상

a) 생활보상의 의의

생활보상의 개념은 다의적으로 사용되고 있으나, 다수설은 대체로 대물적 보상을 보완하는 유형으로서 '생활보상'이라는 용어를 사용하고 있다.[126] 생활보상은 20세기의 후반에 등장한 개념으로, 피수용자의 생활안정을 도모하기 위해 도입된 것으로 이해되고 있다.[127] 일본의 문헌에서는 생활재건보상을 내용으로 한 '생활권보상'이라는 용어를 보편적으로 사용하고 있다.[128] 즉 댐건설에 의해 수몰된 농지의 농민, 공유수면의 매립에 의한 연안어업권을 상실한 어민들과 같이 생활기반을 상실함으로써 금전적 보상만으로 충분하지 않은 경우에 행해지는 생활재건을 위한 보상을 '생활권보상'으로 보고 있다.[129] 그러나 다수설이 말하는 '생활보상'은 실제 '생활권보상'과 대동소이(大同小異)하며, 생활보상과 생활

124) 헌재 1990. 6. 25. 89헌바107.
125) 헌재 1994. 7. 29. 92헌바49등.
126) 김도창, 전게서(상), 348면; 김남진, 전게서(Ⅰ), 566면.
127) 이상규, 전게서(상), 647면.
128) 塩野 宏, 行政法Ⅱ(行政救濟法), 제4판, 341면; 芝池義一, 行政救濟法講義, 제3판, 有斐閣, 217면 이하.
129) 南 博方·原田尙彦·田村悅一(編), 行政法(2), 제3판, 43면.

권보상의 개념을 혼용해서 사용하고 있다.[130] 다만, 국내 학설 중에는 생활보상과 생활권보상을 구별하는 견해도 있다. 즉 생활보상은 "보상의 내용이나 방법"에 관한 것으로서, 생활권보상은 재산권보상에 대립되는 개념으로서 "보상의 범위 내지 대상"에 관한 것으로 보고 있다. 이 견해는 생활보상을 "금전 등 재산에 의한 손실보상에 대응하는 개념으로 피수용자가 종전과 같은 생활상태를 유지하도록 하는 것을 실질적으로 보장하는 보상"으로 보는 반면, 생활권보상을 "피수용자가 당해 지역에서 누렸던 생활상 이익의 상실(생활기초의 박탈)에 대한 보상"이라고 정의하고 있다.[131] 양 개념은 엄밀히 말하면, 다소 차이점을 가질 수 있다. 그러나 모두 "종전 생활의 유지·확보를 위한 보상"을 내용으로 하고 있다는 점에서 유사하고, 그 구별의 실익은 크지 않다. 따라서 본서에서는 통설적 의미의 '생활보상' 개념을 사용하기로 한다.[132]

b) 생활보상의 범위 및 내용

국내의 학설은 생활보상(생활권보상)의 내용과 범위를 둘러싸고 복잡하게 대립하고 있다. 생활보상을 광의로 이해하는 입장과 협의로 이해하는 입장으로 구분된다. 전자가 다수설이다. 광의설에는 주거의 총체가치의 보상, 영업상 손실의 보상, 이전료보상, 소수잔존자보상 등을 생활보상으로 보는 견해,[133] 이주정착금, 주거이전비, 이농비·이어비, 세입자에 대한 주거대책비 등을 협의의 생활보상으로, 생활재건조치(이주대책)를 포함하는 것을 광의의 생활보상으로 구분하는 견해[134] 등이 있다. 또한 생활권보상과 생활보상을 구분하면서, 소수잔존자보상, 이주정착금의 지급, 주거대책비보상, 이농비·이어비 등을 생활권보상으로 보는 반면, 이주대책은 생활보상의 하나로서 재산권보상과 생활권보상을 모두 포함하고 있다고 보는 견해[135]도 생활(권)보상을 넓게 이해하고 있다는 점에서 광의설로 볼 수 있다. 반면, 협의설에는 소수잔존자보상, 이직자보상, 생활재건조치 및 사업손실보상을 재산권보장으로 보면서 협의의 생활권보상(이농비·이어비 등의 생활비보상, 주거이전비보상, 특산물보상 등)만을 생활권보상으로 인

130) 김동희, 행정법 I, 632면 이하.
131) 박균성, 행정법론(상), 1062면.
132) 상론은 졸저, 행정구제의 기본원리, 253면 이하.
133) 이상규, 전게서(상), 650면 이하; 석종현, 일반행정법론(상), 제11판, 684면; 홍정선, 행정법원론(상), 제31판, 905-906면.
134) 김동희, 전게서(I), 632면 이하.
135) 박균성, 전게서(상), 1066면.

정하는 견해,[136] 간접보상과 이주대책 등을 내용으로 하는 견해[137] 등이 있다.[138] 한편, 일본에서는 생활권보상을 종전 생활의 유지·확보를 내용으로 하고 있으며, 협의의 생활권보상(생활비보상, 특산물보상 등), 생활재건조치(직업전환대책, 생활재건을 위한 융자·조성 등) 등을 망라하는 것으로 이해하고 있다.[139]

생각건대 소수잔존자보상, 이직자보상 등은 그 성질상 '재산권보상'의 범위에 귀일시키기가 쉽지 않다. 이러한 내용은 수용에 의해 파생된 손실에 대한 보상이지만, 종전 생활의 유지·확보라는 목적을 위한 보상으로 볼 수 있다. 따라서 이러한 보상들은 '생활보상'의 범주에 포함시키는 것이 타당하다. 일본에서도 소수잔존자보상, 이직자보상 등을 생활보상으로 다루고 있다.[140] 또한 이주대책을 포함한 생활재건조치도 피해의 정도, 수용의 영향력 등에 있어서 차이가 있지만, 수용의 직접적 피해에 대한 손해전보는 아니다. 이러한 보상들도 대체로 '생활보상'으로 다루는 것이 다수의 견해라고 볼 수 있다. 그러한 이유에서 본서에서는 생활보상을 넓은 의미로 이해하여, 협의의 생활보상(주거이전비, 이농비·이어비 등)과 생활재건조치 등을 포함하기로 한다. 사업손실보상은 엄밀한 의미에서 생활보상과 구분된다. 사업손실보상의 개념에 대해서도 논란이 있는데, 대체로 사업시행지 외의 손실보상(공익사업을 위한 토지 등의 취득 및 보상에 관한 법률 시행규칙 제59조 이하)을 말한다.[141] 일부 견해는 이를 '간접손실보상'이라고

---

136) 박윤흔, 최신행정법강의(상), 780-782면. 한편, 생활권보상을 재산권보장의 개념에 대응하는 개념으로 보는 견해도 있다(김철용, 행정법 I, 제12판, 533면).

137) 김남진, 전게서(Ⅰ), 638-639면; 정하중, 행정법총론, 제3판, 577-578면.

138) 한편, 생활권보상을 협의로 이해하면서도, 이농비 및 이어비 보상, 주거대책비 보상, 휴직 및 실직보상 등 생활재건조치를 포함하는 견해도 있다(강구철, "공익사업을 위한 토지 등의 수용에 있어서의 생활권보상", 법학논총 제19집 (2007. 2), 10면 이하 참조). 그러나 생활재건조치는 생활(권)보상을 광의로 이해하는 경우에 포함될 수 있다는 것이 일반적이다(김동희, 전게서(Ⅰ), 613면, 각주 2 참조).

139) 위의 내용은 芝池義一, 行政救濟法講義, 제3판, 有斐閣, 217면 이하 참조.

140) 南 博方·原田尙彦·田村悅一(編), 行政法(2), 43면. 일본의 토지수용법 제77조에는 이전료의 보상에 관한 규정만 두고 있다. 소수잔존자보상, 이직자보상 등 생활보상 등은 '공공용지의 취득에 수반하는 손실보상기준요강' 제45조 및 제46조에서 규정하고 있다.

141) 일부견해는 '잔여지보상'도 여기에 포함하고 있으나, 잔여지보상은 대체로 헌법 제23조 제3항의 정당한 보상의 범위에 속한다고 볼 수 있다. 동일한 토지소유자에 속하는 일단의 토지의 일부가 수용되어 잔여지의 가격이 감소하거나 그 밖의 손실이 있는 경우에 보상을 하는 잔여지감가보상은 일부토지의 수용에 의해 '직접' 영향을 받았다는 점에서 재산권의 박탈에 준하는 '제한'으로 볼 수 있다. 즉 헌법 제23조 제3항의 '공용제한'의 대표적 사례로 볼 수 있다. '확대수용'의 하나인 잔여지수용청구 역시 수용의 직접적 결과로서 발생한 것이며, 더 이상 종래의 목적에 사용할 수 없어 매수 또는 수용을 청구하는 것이다(졸고, "잔여지보상과 소송형식", 토지보상법연구 제10집, 193-194면 참조).

부르기도 한다.[142] 그러나 사업시행지 밖의 손실보상은 수용의 직접적인 결과가 아니라 부수적 또는 간접적으로 발생한 손실에 대한 보상이라는 점에서, 헌법 제23조 제3항의 정당한 보상의 범주에 속하는 것은 아니다. 다만, 입법정책적인 관점에서 사업시행지 밖의 손실을 보상한다고 볼 수 있다(공익사업을 위한 토지 등의 취득 및 보상에 관한 법률 제79조 제2항, 동법 시행규칙 제59조 이하).

c) 생활보상의 헌법적 근거

생활보상의 헌법적 근거에 대하여 학설은 대립하고 있다. 즉 정당한 보상을 내용으로 하는 헌법 제23조 제3항에 근거한다고 보는 견해,[143] 생존권적 기본권 내지 사회적 기본권을 규정한 헌법 제34조에 근거하는 견해,[144] 그리고 헌법 제23조와 헌법 제34조를 결합하여 생활보상의 근거로 보는 견해(통일설)[145] 등이 있다. 이와 관련하여 판례의 입장은 일관되지 않다. 헌법재판소는 생활보상이 헌법 제23조에 근거하고 있지 않음을 소극적으로 밝힌 경우도 있고,[146] 헌법 제23조 이외에 헌법 제34조를 근거로 든 경우도 있다.[147] 반면, 종전의 대법원판례에 대하여 통일설에 근거하고 있다고 보는 견해도 있으나, 판례의 입장은 명확하지 않은 측면이 있었다. 예컨대 대법원은 구 공공용지의 취득 및 손실보상에 관한 특례법상의 이주대책이 "재산권의 보장 내지 사회보장에 이념적 기초를 두고" 있다고 판시한 바 있다.[148] 그러나 이 판례가 소위 통일설에 근거하고

---

142) 박균성, 전게서(상), 1043면 이하. 한편, 독일에서는 '간접손실'을 독일 기본법 제14조 제3항의 손실보상에서 제외하고 있다(Maurer/Waldhoff, Allgemeines Verwaltungsrecht, § 27 Rn. 27; Maunz/Dürig, GG, Art. 14 Rn. 531).

143) 석종현, "생활보상", 고시연구, 1989. 5, 33면; 류해웅, 토지공법론, 제4판, 529면.

144) 양설을 소개하면서 통일설을 비판하고 있다는 점에서 헌법 제34조설에 서 있는 것으로 보이는 견해로는 김동희, 전게서(Ⅰ), 612-613면 참조. 한편, 생활보상은 헌법 제23조 제3항의 정당보상 논의에 반영되기 어렵고, 헌법 제34조의 사회적 기본권의 차원에서 포섭될 수 있다고 보는 견해도 헌법 제34조설에 속한다고 볼 수 있다(류지태, "생활보상논의의 비판적 검토", 특별법연구 제8권, 224-225면). 따라서 이 견해를 통일설로 소개하는 것은 타당하지 않다.

145) 김남진, 전게서(Ⅰ), 748면; 홍정선, 전게서(상), 905면; 강구철, 전게논문, 9면.

146) 헌재 1993. 7. 29. 92헌마30.

147) 헌법재판소는 공익사업을 위한 토지등의 취득 및 보상에 관한 법률 시행령 제40조 제3항 제1호 위헌확인사건에서, "이주대책은 헌법 제23조 제3항에 규정된 정당한 보상에 포함되는 것이라기보다는 이에 부가하여 이주자들에게 종전의 생활상태를 회복시키기 위한 생활보상의 일환으로서 국가의 정책적인 배려에 의하여 마련된 제도라고 볼 것이다"라고 결정하였다(헌재 2006. 2. 23. 2004헌마19, 판례집 제18권 1집 상, 242). 여기에서 "부가하여"라는 의미는 다소 모호하지만, 헌법 제23조 제3항 이외에 헌법 제34조에 근거한 '생활보상'이라는 점을 강조하고 있는 것으로 보인다. 헌법재판소가 이주대책의 헌법적 근거를 헌법 제34조에 찾고 있다고 보는 견해로는 홍정선, 전게서(상), 905면 참조.

148) 대법원 1994. 5. 24. 선고 92다35783 전원합의체 판결. 한편 이 사건의 반대의견의 보충의견

있다고 단언할 수는 없다. 또한 이주대책에 관한 다른 판례에서는 이주대책을 "종전의 생활상태를 원상으로 회복시키면서 동시에 인간다운 생활을 보장하여 주기 위한 이른바 생활보상의 일환으로 국가의 적극적이고 정책적인 배려에 의하여 마련된 제도"라고 보고 있다.[149] 이 판례는 이주대책의 근거를 헌법 제23조 제3항 보다는 헌법 제34조에 근거를 두고 있다. 또한 대법원은 세입자들에게 지급되는 주거이전비와 이사비에 관련된 사건에서도 그 성격을 "사회보장적인 차원에서 지급하는 금원"이라고 보고 있다.[150] 그러나 대법원은 상가용지공급대상자 적격처분 취소소송에서, 그 생활대책이 헌법 제23조 제3항에 근거하고 있다고 판시하고 있다.[151] 생각건대 성질을 달리하는 기본권을 통일적으로 결합시키는 것은 오히려 설득력을 반감시킨다. 생활보상의 개념은 불확정적이고 포괄적이다. 따라서 그 근거를 일의적으로 헌법의 특정조항에서 찾는 것은 무리로 보인다. 따라서 개별적인 생활보상의 내용에 따라, 그 헌법적 근거가 달라질 수 있다. 다만, 위에서 열거한 생활보상들은 대체로 헌법 제34조(사회적 기본권)에서 근거를 찾는 것이 타당하다.

참고로 독일의 건설법전(Baugesetzbuch)에서는 생활권보상의 개념을 찾기 어렵고, 직업활동이나 영업활동 등을 위한 대토(代土)보상(Entschädigung in Land)의 형식으로 인정될 뿐이다.[152] 그러한 이유에서, 독일에서는 보상의 근거를 공용수용 및 손실보상을 규정한 독일 기본법 제14조 제3항에서 찾을 수 있다. 일본에서는 생활권보상의 헌법적 근거와 관련하여 재산권보상에 관한 일본 헌법 제29조의 공평부담의 이념을 일본 헌법 제25조의 국민의 생활유지라는 이념과 결합시킨 것으로 보는 견해,[153] 생활권보상, 특히 생활재건조치의 헌법적 근거를 일본 헌법 제25조, 또는 일본 헌법 제14조의 평등원칙에서 찾는 견해[154] 등

에서 구 공공용지의 취득 및 손실보상에 관한 특례법 제8조 제1항의 이주대책이 "헌법 제23조 제3항이 규정하는 바의 손실보상의 한 형태라고 보아야 할 것"이라고 보고 있다.

149) 대법원 2003. 7. 25. 선고 2001다57778 판결.

150) 대법원 2006. 4. 27. 선고 2006두2435 판결.

151) 대법원 2011. 10. 13. 선고 2008두17905 판결.

152) 대토보상에 대해서는 Battis, in: Battis/Krautzberger/Löhr, BauGB, 7. Aufl., § 100 Rn. 1 ff. 참조. 독일의 대토보상은 제2차 세계대전 이전에도 존재하였으나, 전후에 제정된 일부 주의 재건법(Aufbaugesetz)에서 '토지'에 의한 보상의 흔적을 찾을 수 있다. 그러나 대토보상은 수용법상 금전보상의 원칙을 깨뜨리는 것이기 때문에, 직업활동이나 영업활동의 보장을 위해서만 인정되고 있다(Schmidt-Aßmann, in: Ernst/Zinkahn/Bielenberg/Krautzberger(Hg.), BauGB, Kommentar, § 100 Rn. 1 ff. 참조).

153) 塩野 宏, 前揭書, 341면.

154) 芝池義一, 前揭書, 218-219면.

이 대립하고 있다. 전설(前說)이 통설이다.[155] 일본의 학설이 우리나라의 통일설에 영향을 준 것으로 보인다.

이주대책 등 생활재건조치나 사업손실보상을 재산권보상이나 생활권보상이 아닌 '보상개념의 확대'로 이해하는 견해는 이주대책을 생활보상(생활권보상)에서 제외할 수 있다고 보고 있다.[156] 이러한 협의설은 생활(권)보상을 '협의의 생활보상'에 제한함으로써, 이를 제외한 대부분의 생활(권)보상의 근거를 가능한 한 헌법 제23조의 '정당한 보상'에서 찾으려고 한다. 그러나 이러한 견해도 이주대책이 재산권보상과 생활권보상도 아닌 제3의 영역에 속하는 것으로서, 어느 일방에 포함시켜야 할 경우에는 생활권보상에 포함시켜도 무방하다고 보고 있다. 따라서 학설은 생활보상의 범위에 대하여 견해의 차이가 있으나, 대체로 '이주대책'을 생활보상의 하나로서 다루는 것이 일반적 경향이라고 볼 수 있다.[157] '이주대책'은 사회국가원리 및 사회적 기본권에 기초한 생활보상의 대표적 사례이다.

(3) 사업손실보상

a) 의의 및 유형

사업손실이란 공공사업의 실시 또는 완성 후의 시설이 사업지 밖에 미치는 손실을 말한다. 이에 대한 보상을 사업손실보상이라고 하며, '간접손실보상'이라고도 부른다. 이는 물리적·기술적 손실과 경제적·사회적 손실로 구분된다. 즉 물리적·기술적 손실은 고속철도나 고속전철 등 사회기반시설의 설치·운영으로 인한 소음·진동 등에 의한 재산적 손실, 이러한 공사로 생긴 교통의 불편으로 인한 재산적 손실 등을 말한다.[158] 또한 경제적·사회적 손실에는 대체로

155) 小澤道一, 逐條解說 土地收用法(下), 第二次改訂版, 318면.

156) 박윤흔, 전게서(상), 783면 이하. 다만, 이 견해는 생활재건조치로 이주대책의 수립·시행, 대체지의 알선, 공영주택 알선, 국민주택기금의 우선지원, 직업훈련, 고용·고용알선 등을 예시하고 있다.

157) 대법원은 종래부터 이주대책을 '생활보상'의 하나로 다루고 있다. 즉 대법원은 "공공용지의취득및손실보상에관한특례법상의 이주대책은 공공사업의 시행에 필요한 토지 등을 제공함으로 인하여 생활의 근거를 상실하게 되는 이주자들을 위하여 사업시행자가 기본적인 생활시설이 포함된 택지를 조성하거나 그 지상에 주택을 건설하여 이주자들에게 이를 그 투입비용 원가만의 부담하에 개별 공급하는 것으로서, 그 본래의 취지에 있어 이주자들에 대하여 종전의 생활상태를 원상으로 회복시키면서 동시에 인간다운 생활을 보장하여 주기 위한 이른바 생활보상의 일환으로 국가의 적극적이고 정책적인 배려에 의하여 마련된 제도이다"라고 판시하고 있다(대법원 1994. 5. 24. 선고 92다35783 전원합의체 판결; 동지판례; 대법원 2003. 7. 25. 선고 2001다57778 판결; 대법원 2011. 6. 23. 선고 2007다63089, 63096 전원합의체 판결).

158) 독일에서는 이러한 손해를 조정적 보상부 내용한계로 다루고 있다. 특히 교통소음의 소극적 방지대책으로 다루어지고 있다(연방임미시온방지법 제42조 참조). 한편, 대법원은 고속전철의

댐건설 등으로 인해 지역경제에 미치는 영향이나 어업권의 소멸 등이 해당한다. 그러나 이러한 손실은 직접적이고 의도된 재산권의 박탈이나 제한으로 보기 어렵다. 따라서 이러한 손실이 공용수용에 대한 정당한 보상의 대상에 속하는 것인지는 의문이다. 다만, 이러한 손실에 대한 보상은 법률의 규정이 있는 경우에 인정되어야 하고, 이를 유추적용하는 것은 수용법의 이론에 부합하지 아니한다.

한편, 대법원은 B신(新)항만의 배후철도의 건설·운행 등으로 인해 K시 목장용지에서 한우를 사육하는 농장에 피해를 준 사건에서 한국철도시설공단과 한국철도공사에 대해 구 환경정책기본법 제31조 제1항의 '사업자'와 환경정책기본법 제44조 제1항의 '오염원인자'에 해당한다고 보아 연대하여 손해배상책임을 인정하고 있다.[159] 또한 대법원은 고속전철의 운행으로 인하여 공익사업 시행지구 밖에서 영업하던 잠업(蠶業)사에게 발생한 영업손실에 대해 공익사업을 위한 토지 등의 취득 및 보상에 관한 법률 제79조 제2항, 같은 법 시행규칙 제64조 제1항 제2호에 직접 근거하여 손실보상을 청구할 수 있다고 보고 있다.[160] 이 판결은 종전에 이러한 규정들을 유추적용을 한 사례와 대비되며, 위 조항들을 직접 적용한 것은 법원의 해석 권한을 넘어서는 것이다.[161]

b) 사업손실보상에 대한 구체적 규정

현행법에는 물리적·기술적 사업손실에 관한 보상규정은 거의 없다. 다만, 공익사업의 시행으로 인하여 공익사업시행지구 밖의 대지가 산지나 하천 등에 둘러싸여 교통이 두절되거나 경작이 불가능하게 되어 발생하는 피해를 보상하는 규정만을 두고 있다(공익사업을 위한 토지 등의 취득 및 보상에 관한 법률 시행규칙 제59조). 그 밖의 경우에 대해서는 보상규정을 두고 있지 않다. 따라서 현행법이 규정하는 사업손실보상은 주로 경제적·사회적 손실이다.

공익사업을 위한 토지 등의 취득 및 보상에 관한 법률은 사업시행으로 인해 잔여지에 발생한 손실 또는 잔여지에 통로나 울타리, 도랑 등의 신설이 필요한 경우의 비용보상(제73조), 잔여지 등의 매수청구, 수용청구(제74조), 잔여지 이외의 토지에 대한 손실보상(제79조)을 규정하고 있다. 이러한 잔여지보상도 간접

소음·진동 등에 의한 재산상 피해에 대해 환경정책기본법 제44조 제1항에 의한 손해배상을 인정한 바 있다(대법원 2017. 2. 15. 선고 2015다23321 판결).

159) 대법원 2017. 2. 15. 선고 2015다23321 판결.

160) 대법원 2019. 11. 28. 선고 2018두227 판결.

161) 이에 대해서는 졸고, "사회기반시설의 소음·진동 등에 의한 재산상 피해에 대한 권리구제", 사법 제49호(2019. 9), 431-473면; 졸고, 헌법재판과 행정소송, 507면 이하 참조.

손실보상 또는 사업손실보상으로 보는 것이 일반적이나, 이를 개별적으로 구분해서 파악할 필요가 있다.[162] 한편 공익사업을 위한 토지 등의 취득 및 보상에 관한 법률 시행규칙에는 소유농지의 대부분이 공익사업 시행지구에 편입되고 남은 건물에 대한 간접보상(제60조), 공익사업의 시행으로 인해 1개 마을의 가옥의 대부분이 사업시행지구에 편입되고 남은 잔여가옥에 대한 소수잔존자보상(제61조), 공익사업시행지구 밖의 어업피해에 대한 보상(제63조), 공익사업시행지구 밖에서 적법하게 운영해 온 영업손실의 간접보상(제64조), 공익사업의 시행으로 인해 더 이상 본래의 기능을 다할 수 없게 된 사업시행지구 밖에 위치한 공작물의 간접보상(제62조) 등에 대해 규정하고 있다.

3. 손실보상의 유형과 방법

손실보상의 기준, 방법과 내용 등은 법률에 구체적으로 규정되어 있다. 특히 손실보상의 방법은 대체로 아래와 같이 분류할 수 있다.

(1) 현금보상(금전보상)

손실보상은 원칙적으로 현금보상이다. 다른 법률에 특별한 규정이 없는 한 현금으로 지급하여야 한다(공익사업을 위한 토지 등의 취득 및 보상에 관한 법률 제63조). 금전의 지급방법은 사업시행 이전에 지급하는 '선급', 개인별로 지급하는 '개별급', 일시에 전액을 지급하는 '전액급'을 원칙으로 한다(동법 제62조, 제64조).

(2) 토지보상(대토보상)

현금 대신 토지로 보상할 수도 있다. 이를 '토지보상' 또는 '대토보상'이라고 한다. 보상금이 투기적 수요에 몰리고 사회적 문제를 일으키자 이를 해결하기 위해 토지보상 제도가 도입되었다. 즉 토지소유자가 원하는 경우로서 사업시행자가 해당 공익사업의 합리적인 토지이용계획과 사업계획 등을 고려하여 토지로 보상이 가능한 경우에는 소정의 기준과 절차에 따라 그 공익사업의 시행으로 조성한 토지로 보상을 할 수 있다(공익사업을 위한 토지 등의 취득 및 보상에 관한 법률 제63조 제1항 단서). 토지소유자에게 토지로 보상하는 면적은 사업시행자가 그 공익사업의 토지이용계획과 사업계획 등을 고려하여 정한다. 이 경우

162) 잔여지보상에 대한 상론은 졸저, 행정구제의 기본원리, 제1전정판, 285면 이하; 동인, 헌법재판과 행정소송, 480면 이하.

그 보상면적은 주택용지는 990제곱미터, 상업용지는 1천100제곱미터를 초과할 수 없다(동조 제2항). 토지로 보상받기로 결정된 권리는 그 보상계약의 체결일부터 소유권이전등기를 완료할 때까지 전매(상속을 제외하고 매매, 증여 등 기타 권리변동을 수반하는 일체의 행위)를 할 수 없다(동조 제3항).

(3) 채권보상

공익사업을 위한 토지 등의 취득 및 보상에 관한 법률에서는 금전보상을 원칙으로 하지만, 예외적으로 채권보상의 가능성이 열려 있다. 즉 사업시행자가 국가, 지방자치단체, 그 밖에 대통령령으로 정하는 '공공기관의 운영에 관한 법률'에 따라 지정·고시된 공공기관 및 공공단체인 경우로서 ① 토지소유자나 관계인이 원하는 경우, ② 사업인정을 받은 사업의 경우에는 대통령령으로 정하는 부재부동산소유자(不在不動産所有者)의 토지에 대한 보상금이 대통령령으로 정하는 일정 금액을 초과하는 경우로서 그 초과하는 금액에 대하여 보상하는 경우에 채권으로 보상할 수 있도록 하고 있다(공익사업을 위한 토지 등의 취득 및 보상에 관한 법률 제63조 제7항). 채권의 상환기간은 5년을 넘지 아니하는 범위 안에서 정하여야 한다(동조 제9항).

한편, 이러한 채권보상제에 대하여 위헌설이 제기된 바 있다. 즉 채권보상은 현금보상과 달리 그 가격면에서 물가나 그 밖의 경제사정에 의해 그 수익률이 영향을 받게 된다는 것이다. 또한 채권보상은 보상액뿐만 아니라 보상의 시기나 방법 등을 제한하는 것이므로 헌법 제23조 제3항이 규정하고 있는 '정당한 보상'에 반한다고 주장한다.[163] 물가나 경제사정 등이 유동적이므로 이를 일률적으로 판단하기는 쉽지 않다. 수익률이 낮고 상환에 장기간의 시간이 소요되는 경우에는 이러한 주장도 설득력이 있다. 다만, 채권보상이 허용되는 것은 토지소유자나 관계인이 원하거나, 직접 생활에 제공되는 토지가 아니라 부재부동산 소유자의 토지에 대하여 제한적으로 인정된다는 점에서 곧바로 위헌으로 보기는 어렵다.

(4) 현물보상

현물보상은 토지수용의 경우에 주택이나 환지의 제공 등과 같이 수용 또는 사용할 물건에 갈음한 물건을 보상으로 제공하는 것을 말한다. 도시 및 주거환

163) 이상규, 전게서(상), 659-660면.

경정비법상 재개발사업에 의한 주택·토지의 공급, 환지공급 등이 현물보상에 해당한다(도시 및 주거환경정비법 제23조 제1항 제2호 및 제3호).

(5) 매수보상

매수보상이란 토지 등을 종전의 이용목적에 따라 사용하기가 어려운 경우에 상대방에게 그 토지 등의 매수를 청구하는 것을 말한다. 이러한 매수보상은 금전보상의 변형으로 이해되기도 한다.[164] 공익사업을 위한 토지 등의 취득 및 보상에 관한 법률 제72조에는 토지를 사용하는 기간이 3년 이상인 경우, 토지의 사용으로 인하여 토지의 형질이 변경되는 경우에 토지소유자는 사용하는 토지의 매수청구권을 행사할 수 있다. 토지의 매수청구권은 토지소유자가 사업시행자에게 하는 것이며, 토지수용위원회에 대한 수용청구권과는 구별된다. 매수청구는 공시지가에 근거하여 보상이 이루어지므로 인근 토지의 지가(시세)가 상승하는 경우에는 오히려 보상액을 적게 받을 수 있다. 그러한 이유에서 매수청구권을 손실보상청구권으로 볼 수 있는지가 문제다. 헌법재판소는 개발제한구역의 지정 및 관리에 관한 특별조치법 제11조 제1항 등에 대한 위헌소원사건에서 매수청구권도 보상으로 인정하여 합헌으로 결정하였다.[165]

Ⅳ. 손실보상에 대한 불복과 권리구제

1. 협의취득에 대한 권리구제

사업인정을 받은 사업시행자는 토지조서 및 물건조서의 작성, 보상계획의 공고·통지 및 열람, 보상액의 산정과 토지소유자 및 관계인과의 협의 절차를 거친다(공익사업을 위한 토지 등의 취득 및 보상에 관한 법률 제26조 제1항). 이러한 협의는 토지수용위원회의 재결 이전에 이루어지며, 협의가 성립하였을 때에 사업시행자는 수용재결 신청기간 내에 해당 토지소유자 및 관계인의 동의를 얻어 대통령령이 정하는 바에 의하여 관할 토지수용위원회에 협의성립의 확인을 신청할 수 있다(동법 제29조 제1항). 이 경우 협의성립의 '확인'은 공익사업을 위한 토지 등의 취득 및 보상에 관한 법률에 의한 재결로 본다(동조 제4항). 이러한 협의취득을 다투고자 하는 경우에 소송형식이 문제된다. 판례는 공용수용의 절

164) 이상규, 전게서(상), 660면.
165) 헌재 2004. 2. 26. 2001헌바80등.

차에서 사업인정을 받은 사업시행자와 소유권자 사이의 협의취득을 사법상 계약으로 보고 있다.[166] 그러나 학계에서는 이를 공법상 계약으로 보아야 한다는 견해가 유력하다. 적어도 수용권이 부여되는 사업인정 이후에는 사업시행자가 공무수탁사인의 지위를 가지므로 그 협의취득을 공법상 계약으로 보는 것이 타당하다.[167] 판례의 입장에 의하면 협의취득에 대해 불복하는 경우에는 민사소송을 제기하여야 한다.

2. 토지수용위원회의 재결에 대한 권리구제

(1) 항고소송을 제기하는 경우

토지수용위원회의 재결이나 결정 등이 있는 경우에는 항고소송을 제기할 수 있다. 수용 여부와 그 손실보상액을 결정하는 재결에 대해서는 취소소송이나 무효확인소송을 제기할 수 있다. 중앙토지수용위원회의 수용재결에 이의가 있는 자는 중앙토지수용위원회에 이의를 신청할 수 있고, 지방토지수용위원회의 수용재결에 이의가 있는 자는 해당 지방토지수용위원회를 거쳐 중앙토지수용위원회에 이의를 신청할 수 있다(공익사업을 위한 토지 등의 취득 및 보상에 관한 법률 제83조 제1항, 제2항). 중앙토지수용위원회는 제83조에 따른 이의신청을 받은 경우 제34조에 따른 재결이 위법하거나 부당하다고 인정할 때에는 그 재결의 전부 또는 일부를 취소하거나 보상액을 변경할 수 있다(동법 제84조 제1항).

이 경우에 당사자는 이의신청을 제기하지 않고 바로 행정소송을 제기하거나, 또는 이의신청을 제기하여 이의신청을 인용하지 않는 재결이 행해지는 때에 행정소송을 제기할 수 있다(동법 제85조 제1항). 이에 대해 어떠한 형식의 행정소송을 제기하는지가 문제다. 중앙토지수용위원회의 이의재결이 내려진 후 불복하고자 하는 토지소유자는 지방토지수용위원회 또는 중앙토지수용위원회의 '수용재결'을 대상으로 하여 취소소송을 제기하여야 한다.[168] 종래 중앙토지수용위원회의 이의재결을 항고소송의 대상으로 할 것인지, 아니면 관할 토지수용위원회의 수용재결을 대상으로 할 것인지가 다투어졌다. 대법원은 원처분주의의 입장에서 관할 토지수용위원회의 수용재결을 대상으로 한다는 점을 명확히 하고 있다. 한편, 중앙토지수용위원회의 이의재결에 대해서는 항고소송을 제기하는 것

166) 대법원 2012. 2. 23. 선고 2010다91206 판결.
167) 이에 대해서는 졸저, 현대행정의 작용형식, 399면 이하 참조.
168) 대법원 2010. 1. 28. 선고 2008두1504 판결.

이 불가능한지가 문제 된다. 이에 대해 판례는 명확한 입장을 밝히고 있지 않다. 생각건대 이의재결에 고유한 위법이 있는 경우에는 마찬가지로 이에 대해 항고소송을 제기할 수 있다.

(2) 공법상 당사자소송을 제기하는 경우

수용재결의 취소가 아니라 단순히 보상액의 변경만을 하는 중앙토지수용위원회의 이의재결에 대하여 어떤 소송을 제기할 수 있는지가 문제 된다. 중앙토지수용위원회가 수용재결을 취소하지 않고 손실보상액의 증액 또는 감액결정을 하는 경우도 있다(공익사업을 위한 토지 등의 취득 및 보상에 관한 법률 제84조 제1항). 이러한 경우에 당사자는 수용재결의 취소를 구하는 것이 아니라 보상액의 증액 또는 감액을 구하고 있는 것이다. 공익사업을 위한 토지 등의 취득 및 보상에 관한 법률 제85조 제2항에는 '보상금증감청구소송'을 규정하고 있다. 즉 이러한 소송을 제기하는 자가 토지소유자 또는 관계인일 때에는 사업시행자를, 사업시행자일 때에는 토지소유자 또는 관계인을 각각 피고로 한다. 종전에는 보상금증감청구소송의 법적 성질에 대해 특수한 형태의 항고소송로 보는 견해, 법률이 정한 특수한 형태의 소송으로 보는 견해, 변형된 형식적 당사자소송으로 보는 견해, 당사자소송과 항고소송이 절충된 형태의 소송으로 보는 견해 등이 있었다.[169] 그러나 지금은 '형식적 당사자소송'으로 보는 견해가 지배적이다.[170]

제4절 수용유사적 침해와 수용적 침해

Ⅰ. 수용유사적 침해

1. 수용유사적 침해의 의의

(1) 수용유사적 침해의 개념 및 도입배경

수용유사적 침해(enteignungsgleiche Eingriffe)란 "고권적 처분을 통해 직접적

169) 이에 대해서는 졸저, 행정구제의 기본원리, 제1전정판, 289-290면.
170) 이러한 보상금증감청구소송을 '확인·급부소송'으로 보는 견해가 유력하다.

으로 영향을 미치고 재산권으로 보호되는 법적 지위의 위법한 침해"[171]를 의미한다. 이미 독일의 입법례에서 살펴본 바와 같이, 수용의 개념은 시대의 변화와 함께 점차 확대되어 왔었다. 수용유사적 침해 이론은 적법한 재산권침해뿐만 아니라 위법한 재산권침해에 대해서도 손실보상청구권을 보장해 주기 위해 독일 연방통상법원에 의해 발전된 법리이다.

수용유사적 침해이론은 적법한 재산권침해로 인한 손실보상과 달리, 위법한 재산권침해로 특별한 희생을 입은 자에 대해 수용 개념을 확대하여 보상하는 것을 말한다. 위법·유책한 재산권침해에 대해서는 손해배상이 가능하지만, 위법·무책한 재산권침해(rechtswidrige schuldlose Eingriffe)에 대해서는 손해배상을 주장할 수 없기 때문이다. 독일 연방통상법원은 수용유사적 침해의 근거 및 요건을 수차례 수정하였다. 이와 같이 수용유사적 침해이론은 행정상 손해전보체계의 공백을 메우기 위해 발전한 제도였고, 그 인정이유는 희생보상과의 관련성에도 불구하고 수용과의 희생상태의 형평에 있다. 수용유사적 침해이론의 법적 근거는 종래 독일 기본법 제14조 제3항에서 찾고 있었다.[172]

독일 연방통상법원(BGH)은 실정법상 책임체계의 공백문제를 해결하기 위하여 초기에는 위법·무책한 행정작용에 대하여 널리 손실보상을 인정하였고, 특별한 희생의 성격을 가진 재산권 침해를 위법한 처분으로 이해하였다. 또한 독일 연방행정법원도 위법·무책한 재산권 침해가 있으면 이를 위법한 수용이라고 판단하였다. 수용유사적 침해는 본래 위법한 행정기관의 작용에 대한 '무과실책임'의 사상에 그 기원을 두고 있다.

(2) 독일 연방헌법재판소의 자갈채취결정 이후의 동요

독일 연방통상법원은 자갈채취결정 이후 좁은 수용개념을 채택하면서도,[173] 독일 연방헌법재판소의 입장과 관계없이 수용유사적 침해이론 및 수용적 침해이론을 그대로 존속시킬 것을 결정하였다.[174] 그러나 독일 연방헌법재판소의 자갈채취판결은 독일 연방통상법원의 판례에 중대한 영향을 미쳤고, 수용유사적

171) Maurer/Waldhoff, Allgemeines Verwaltungsrecht, § 27 Rn. 88.
172) Battis, Allgemeines Verwaltungsrecht, 3. Aufl., S. 354.
173) BGHZ 99, 24.
174) 연방통상법원은 일련의 판례에서 수용유사적 침해(BGHZ 90, 17/29 ff.), 수용적 침해(BGHZ 91, 20, 26 ff.)이론을 지속시킬 것을 확정하였다. 그러나 수용유사적 침해 및 수용적 침해의 이론적 근거는 미약해졌다. 특히 2007년 9월 1일에서 2009년 8월 31일까지 수용유사적 침해 및 수용적 침해에 관한 연방통상법원의 판례는 1건도 없었다(Schlick, NJW 2009, 3139 f.).

침해이론은 그 법적 근거의 상실로 인해 난관에 봉착하였다. 독일 연방통상법원은 초기에 독일 기본법 제14조 제3항을 유추적용하였다.[175] 독일 연방헌법재판소는 수용유사적 침해이론이 더 이상 독일 기본법 제14조 제3항과 연계될 수 없으며 양자를 서로 분리하여야 한다고 보았다.

한편, 독일 연방헌법재판소의 자갈채취결정은 학설에도 영향을 주었다. 특히 수용유사적 침해이론 및 수용적 침해이론의 존속 여부를 둘러싸고 첨예한 견해 대립이 있었다. 자갈채취결정 직후에 수용개념을 좁게 제한해야 할 뿐만 아니라 수용유사적 침해이론 및 수용적 침해이론은 더 이상 유지할 수 없다는 견해가 득세하였다.[176] 그러나 이에 대해 어느 정도의 변경은 불가피하나 수용유사적 침해이론 및 수용적 침해이론을 완전히 포기할 수 없다는 견해도 유력하다.[177] 일부학설은 법적 근거의 변경을 통해 수용유사적 침해이론 및 수용적 침해이론을 유지하는 방향으로 선회하였고, 수용유사적 침해이론 및 수용적 침해이론의 근거가 더 이상 공용수용이 아니라 희생(Aufopfer)에 있다고 보고 있다.[178]

수용적 침해의 법적 근거를 독일 기본법 제14조 제1항에 두는 견해조차도 그 요건이나 효과 등 구체적 내용을 개별 법률에 맡기고 있고, 위법한 재산권침해를 전보하는 수용유사적 침해이론의 법적 근거는 불명확하게 되었다. 독일에서는 소송실무상 위법한 수용재결이나 처분 등에 대해서는 1차적으로는 취소소송을 통해, 2차적으로는 국가배상의 가능성을 고려하고 있다. 반면, 처분성이 부인되는 위법한 사실행위에 대해서는 국가배상의 가능성만 남는다. 엄격한 주관적 책임구조를 가지는 한, 국가배상을 통한 권리구제의 가능성은 높지 않다. 그러한 이유에서 국가배상법의 개혁을 통해 이러한 문제를 해결할 필요가 있다. 즉 대위책임제에 기초하여 엄격한 주관적 책임구조를 채택하는 독일 입법례와 달리, 한국의 국가배상법은 자기책임설(국가책임설)에 기초하고 있으므로 유책주의의 완화나 소송형식의 개선 등을 통해 위법한 재산권 침해에 대한 (공법상) 손해전보를 적극적으로 검토할 필요가 있다.[179]

---

175) BGHZ 6, 270/296. 특히 오쎈뷜(Ossenbühl) 교수는 연방통상법원이 초기에 수용유사적 침해의 법적 근거를 독일 기본법 제14조 제3항이 아니라 제14조 전체에 두어야 한다고 지적한다 (Ders., Staatshaftungsrecht, 5. Aufl., S. 216 f).
176) Weber, JuS 1982, 853, 855; Scholz, NVwZ 1982, 347; Rupp, NJW 1982, 1733; Sendler, DVBl. 1982, 816.
177) Ossenbühl, NJW 1983, 1 ff.; Bender, BauR 1983, 1 ff.; Papier, NVwZ 1983, 258 ff.
178) Battis, a.a.O., 3. Aufl., S. 346 f.
179) 졸고, "보상부 공용수용과 무보상부 내용한계규정의 구별", 강원법학 제31권(2010. 10), 77-

2. 수용유사적 침해의 성립요건

(1) 보호대상으로서 재산권

수용이나 재산법상의 조정청구권과 같이 수용유사적 침해의 대상은 헌법상 재산권이다. 즉 재산적 가치가 있는 모든 법적 지위와 관련이 있다. 여기에는 사법상의 권리뿐만 아니라 공법상의 권리도 포함된다.

(2) 고권적 조치

수용유사적 침해가 성립되기 위해서는 고권적(高權的) 조치(Hoheitliche Maßnahme)에 의해 재산권이 침해되어야 한다. 이러한 침해에는 주로 법률행위가 해당되지만, '사실행위'도 포함된다. 이 점이 공용수용의 요건과 차이가 있다. 공용수용의 요건은 고권적 법률행위이므로 사실행위는 배제된다. 수용유사적 침해이론에서 (고권적) 사실행위는 대단히 중요한 의미를 가진다. 예컨대 무질서하게 계획되거나 시행된 도로건설작업으로 인한 영업상의 손해(BGHZ 57, 359/362), 굴착공사로 인한 건물지주의 진동(BGHZ 72, 289), 지방자치단체 폐수처리장의 소음공해(BGHZ 91, 20) 등이 그러하다.[180] 그러나 분리이론의 입장은 이러한 고권적 조치에 의한 재산권 침해를 재산권의 내용한계로 파악하고 있다.

고권적 조치의 요건과 관련하여 문제가 되는 것은 법제정행위(법률하위규범)와 부작위의 경우이다. 이를 상론하면 아래와 같다. 독일 연방통상법원은 법제정과 관련하여 위법한 '법률하위규범'(법규명령, 조례)에 대해서는 손해배상을 인정하고 있지만, 위헌인 법률과 이에 근거한 위법한 집행행위에 대해서는 손해배상을 인정하지 않는다.[181] 이는 규범상 불법의 문제이다. 위헌인 법률에 대한 책임을 배제하는 것에 대하여 학설상 논란이 없는 것은 아니다. 그러나 독일 연방통상법원은 그 근거를 가능한 한 넓게 파악하여 국가재정의 결과, 의회의 예산특권 및 법정책적인 관점 등에서 그 해결방안을 모색하고 있다.[182]

한편, 부작위의 경우에도 수용유사적 침해에 의한 보상이 가능한지가 논의되고 있지만, 독일 연방통상법원은 단순부작위에 대해서는 이를 부인하였다. 그러

107면.

180) 이에 대해서는 Maurer/Waldhoff, a.a.O., § 27 Rn. 91 참조.

181) Maurer/Waldhoff, a.a.O., § 27 Rn. 92.

182) BGHZ 100, 136/145 ff.

나 예외적으로 "이해관계인의 법적 범주에 포함될 수 있는 작용"으로 성격을 부여할 수 있는 부작위(소위 특별한 부작위)의 경우에는 이를 인정하고 있다.[183] 예를 들어 독일 연방통상법원은 단순부작위로서의 미결정이 아닌, 소위 '특별한 부작위'로서의 건축허가신청의 거부를 재산권침해라고 판시한 바 있다.[184] 일부 학설은 이러한 판례의 입장을 지지하면서, 건축허가의 거부는 형식적으로는 수익처분의 거부이지만 실질적으로는 국민의 자유와 재산에 대한 진정한 침해라고 보고 있다.[185]

(3) 침해의 직접성

침해는 의도되고 목적지향적이어야 한다는 초창기의 주장은 독일 연방통상법원에 의해 포기되었다.[186] 재산권에 대한 의도된 침해인 수용과 달리, 수용유사적 침해의 경우에는 고권적 침해가 직접적으로 재산권침해에 영향을 미치면 충분하다. 이러한 침해의 직접성은 책임제한의 중요한 기준이 되고 있다. 예를 들어 교통소음을 통한 주거안정의 침해,[187] 도시계획조례에 의한 건축제한[188] 등이 여기에 해당한다.

(4) 침해의 위법성

수용유사적 침해를 재산권에 대한 영향으로부터 구분할 수 있는 중요한 척도 내지 기준이 침해행위의 위법성이다. 이러한 위법성은 특별한 희생과 밀접한 관련을 가지나, 대체로 침익적 행정작용을 통해 나타난다.

3. 손실보상

수용유사적 침해의 요건이 충족되고 더 이상 존속보장이 불가능하게 되면, 당사자는 보상청구권을 주장할 수 있다. 보상의 종류와 범위는 수용보상의 일반원칙에 따라 결정된다. 다만, 손실보상은 정당보상(Billigkeitsentschädigung)이 아니라, 법치국가적으로 요청되는 조정적 보상(Ausgleichsentschädigung)을 의미한

183) BGHZ 56, 40/42 f.; 102, 350/364 f.; 118, 253/261; 125, 27/39.
184) BGH, DVBl. 1971, 464.
185) Maurer/Waldhoff, a.a.O., § 27 Rn. 93.
186) BGHZ 37, 44/47.
187) BGH, NJW 1980, S. 770.
188) BGHZ 92, 34/41 f.

다.[189] 독일 기본법 제14조 제3항 제2문은 "보상은 공익과 이해관계인의 사익 사이에 정당한 형량을 통해 결정되어야 한다"고 규정하고 있다. 여기서 배상책임자가 누구인지가 문제다. 통상적으로는 수익을 받은 자(행정주체)가 보상하는 것이 원칙이지만, 특별한 수익자가 없는 경우에는 사업시행자인 행정주체가 보상을 해야 한다.[190]

4. 수용유사적 침해이론의 도입 여부

(1) 학설

수용유사적 침해이론의 도입에 대해 견해가 대립하고 있다. 입법적 해결이 바람직하나 입법의 흠결이 있는 경우에는 헌법규정에 입각한 해석론이 요구된다고 보는 견해가 있다. 즉 공용침해를 통하여 특별한 희생을 입고 있으나 법률에 보상규정이 없는 경우에 이러한 수용유사적 침해 및 수용적 침해의 법리를 인정할 수 있다는 것이다.[191] 이 견해는 수용법제가 충분히 발전되지 못한 척박한 상황에서 독일의 이론을 진취적으로 도입한 것이라는 점에서 학문적으로 높게 평가될 수 있다. 또 다른 견해도 독일의 학설과 판례를 통해 수용유사적 침해이론이 상당히 비중을 가진 것으로 평가하고 있다고 전제하면서, 한국의 상황에서 문제해결에 도움을 줄 수 있다고 보고 있다. 즉 "우리에게 중요한 것은 수용유사적 침해이론이 우리와 토양을 달리하는 독일법에서 성립하여 발전한 것이지만, 유사한 손해전보제도를 유지하는 한국의 법적 상황과 문제를 해결함에 있어서도 충분히 고려될 수 있는 실천적 측면을 가지고 있다"는 주장이 그러하다.[192]

이러한 견해에 대해 비판적 견해도 유력하다. 즉 일설은 "수용유사침해이론은 이미 앞에서 반복한 바와 같이 독일식의 문제해결을 위한 특유한 방법이라고 보아야 하며, 그 상황이 여러 면에서 다른 우리 나라에서는 그 효력을 발휘하기 어려운 제도라고 평가할 수 있다"고 보고 있다.[193] 또한 "이 법리의 일부(예컨대 수용유사침해이론)는 우리나라에도 적용될 수 있다고 보는 견해가 있기는 하나, 이들 법리가 실정법적 법원리로서 적용될 수 있는지에 대하여는 아직도

189) Maurer/Waldhoff, a.a.O., § 27 Rn. 100.
190) Maurer/Waldhoff, a.a.O., § 27 Rn. 101.
191) 김남진, 전게서(Ⅰ), 694-695면.
192) 김성수, 일반행정법, 751면.
193) 류지태, "수용유사침해이론의 비판적 검토", 박윤흔(편), 행정상 손실보상의 주요문제, 박영사, 1997, 539면.

보다 많은 검토와 논의가 필요한 것으로 본다"는 유보론 내지 신중론의 입장도 있다.[194] 또 다른 견해도 "수용유사적, 수용적 침해제도는 독일의 특유한 역사적인 배경속에서 발전된 제도로서 한국의 행정상 손해전보제도의 발전에 하나의 참고는 될 수 있으나 현실적인 수용을 위하여는 여러 가지 법정책적이고 법방법론적인 문제점들을 안고 있다"고 보고 있다.[195] 이 견해는 국가배상법의 과실책임주의를 극복하기 위하여는 '과실' 개념을 실무적으로 독일의 조직과실이나 프랑스의 공역무의 과실과 같이 객관화시켜야 하며, 스위스의 국가배상법과 같이 무과실책임제도를 도입하는 것이 바람직하다고 주장한다.

그 밖에 독일식의 헌법적 근거(희생사상)를 적용할 수 없지만, 헌법의 여러 조항(헌법 제10조, 제23조 제1항, 제23조 제3항, 제37조 제1항)을 유기적으로 해석하여 손실보상을 인정하자는 견해도 있다.[196] 그러나 수용유사적 침해이론에 근거하여 유추적용에 의한 손실보상을 인정함에 있어서 큰 장애는 헌법에 해당 사안에 적용할 보상의 기준과 방법 등에 관한 아무런 준거가 없다는 사실이다. 이와 관련하여 유력설은 "보상의 구체적인 기준과 방법에 관한 법규가 없는데도 불구하고 현실적으로 어떠한 기준과 방법에 의해 보상을 인정할 수 있는지에 대하여는 구체적인 해답이 없으며, 만일 보상의 기준과 방법을 달리 찾을 수 있다면 구태여 수용유사적 침해의 법리를 원용할 필요조차 없을 것이다"라고 지적하고 있다.[197]

(2) 판례의 입장

1980년 6월 말경의 비상계엄 당시 국군보안사령부 정보처장이 언론통폐합조치의 일환으로 MBC 소유의 방송사 주식을 강압적으로 국가에 증여하게 한 것이 수용유사행위(收用類似行爲)에 해당되는지가 문제되었다. 원심인 서울고등법원은 수용유사적 침해이론에 근거하여 손실보상을 인정하고 있다.[198] 이에 대해

---

194) 김동희, 행정법 I, 제21판, 630면.
195) 정하중, 행정법개론, 제13판, 603면.
196) 홍정선, 전게서(상), 936면.
197) 이상규, 전게서(상), 644-645면.
198) "(헌법은) 국가가 개인의 재산권을 수용할 때에는 법률에 의하되 무상이나 헐값으로 수용할 수 없고 반드시 보상을 하여야 할 의무가 있음을 밝히고 있는바, 이것은 설사 법률에 의한 적법한 수용의 경우라고 하여도 … 반드시 보상을 하여야 한다는 뜻이므로 법률에 의하지 아니한 위법한 수용 즉 수용유사적 침해의 경우에는 더욱더 보상의무를 면할 수 없다는 것을 당연한 것으로 전제하고 있음이 명백하다. 그렇다면 국가가 법률의 근거 없이 위법하게 행한 주식의 수용으로 말미암아 특별한 희생 즉 손실을 당한 원고는 구헌법 제22조 제3항의 효력으

상고심인 대법원은 "수용유사적 침해의 이론은 국가 기타 공권력의 주체가 위법하게 공권력을 행사하여 국민의 재산권을 침해하였고 그 효과가 실제에 있어서 수용과 다름없을 때에는 적법한 수용이 있는 것과 마찬가지로 국민이 그로 인한 손실의 보상을 청구할 수 있다는 것인데, 1980년 6월 말경의 비상계엄 당시 국군보안사령부 정보처장이 언론통폐합조치의 일환으로 사인 소유의 방송사 주식을 강압적으로 국가에 증여하게 한 것이 위 수용유사행위에 해당되지 않는다"라고 판시하였다.[199]

(3) 검토

대법원은 수용유사적 침해이론은 언급하고 있으나, 이를 판례에 도입하고 있는지는 명확하지 않다. 이후의 대법원 판결에서 수용유사적 침해이론을 구체적으로 적용한 사례를 발견하기도 어렵다. 다른 법령에 규정된 보상조항을 유추적용한 것을 수용유사적 침해이론이 적용된 것이라고 단정하기는 이르며, 수용유사적 침해이론의 도입여부에 대해서는 보다 면밀한 검토가 요구된다.

Ⅱ. 수용적 침해

1. 수용적 침해의 의의

수용적 침해(enteignende Eingriffe)란 적법한 행정행위의 "비전형적(이형적)이고 예상하지 못한 부수적 효과(atypische und unvorhergesehene Nebenfolge)"로 인한 재산권침해로서, 수용법상 희생의 한계를 넘어서는 것에 대해 보상을 해주어야 하는 것을 말한다.[200] 예컨대 도로건설작업으로 인한 인근상점이나 주유소의 매상고 감소 등이 그러하다. 수용적 침해이론은 독일 연방통상법원에 의해서 창출되었다. 독일 연방통상법원은 교량건설,[201] 노시에 설치된 폐기물처리장의 임미시온[202]이나 교통소음[203] 등에 대해 '수용적 침해'를 인정한 바 있다. 통상적인 경우에는 이를 단순히 사회적 구속에 해당하여 무보상이지만, 예외적으로

로 국가에 그 보상을 청구할 권리가 있다고 할 것이다."(서울고등법원 1992. 12. 24. 선고 92나20073 판결)

199) 대법원 1993. 10. 26. 선고 93다6409 판결.
200) Maurer/Waldhoff, a.a.O., § 27 Rn. 107.
201) BGH, NJW 1965, 1907.
202) BGH, NJW 1980, 770.
203) BGHZ 64, 220.

중대한 손해에 대해서는 보상(특별보상)을 할 수 있다고 보았다.[204] 그러나 오늘날에는 이러한 수용적 침해이론의 존속여부가 논의되고 있다. 수용적 침해이론이 독일 연방헌법재판소의 자갈채취결정과 상충하는 것은 아니다. 왜냐하면 수용은 "의도된 고권적 법률행위"를 요건으로 하므로, 양자가 충돌하는 것은 아니기 때문이다. 문제는 수용적 침해가 연방헌법재판소에서 새로이 창출된 법형식인 조정적 보상부 내용규정(ausgleichspflichtige Inhaltsbestimmung)과 일치하는지 여부이다. 이 문제는 양자의 이론적 비교뿐만 아니라 구체적인 사례의 고찰을 통해서 검토될 수 있다.

2. 수용적 침해의 성립요건

수용적 침해는 제한된 의미에서 적법한 행정작용의 부수적 결과를 통해 재산적 가치가 있는 법적 지위가 직접적으로 침해되고 이를 통해 이해관계인에게 과도한(불비례적인) 부담을 주는 특별한 희생이 발생하여야 성립한다. 이를 분설하면, 첫째, 수용적 침해의 대상은 헌법상 재산적 가치가 있는 법적 지위이어야 한다. 둘째, 그 침해는 적법한 행정작용의 비전형적이고 부수적인 결과이어야 한다. 셋째, 이러한 부수적 결과는 수용유사적 침해와 같이 직접적인 재산권 침해이어야 한다. 이러한 직접적 침해의 사례는 건물의 손상, 차량의 손괴, 지속적인 영업상의 이용제한 등이 있다. 마지막으로 이러한 침해가 동시에 "특별한 희생(Sonderopfer)에 해당하여야 한다.[205] 여기서 특별한 희생이란 개인에게 수인한도를 넘는 재산권에 대한 직접적인 피해를 말한다. 이러한 요건에 해당하면 보상을 청구할 수 있고, 보상규정과 그 실현은 수용유사적 침해의 경우와 마찬가지이다.

3. 수용적 침해와 조정적 보상부 내용한계의 관계

독일 연방헌법재판소가 만든 이른바 조정적 보상부 내용한계의 법리로 인하여 수용적 침해의 존립 자체에 대해 회의적인 견해도 있다. 조정적 보상부 내용한계는 무보상부 재산권의 내용한계와 보상부 공용수용의 엄격한 준별을 유연화하고, 이를 상대화시키기 위해 착안되었다. 즉 독일 기본법 제14조 제1항 제2문은 "(재산권의) 내용과 한계는 법률이 정한다"라고 규정하고 있다. 이 경우에

204) BGHZ 64, 220.
205) Maurer/Waldhoff, a.a.O., § 27 Rn. 107.

법률이나 그 집행을 통한 재산권의 제한은 원칙적으로 무보상이다. 또한 독일 기본법 제14조 제3항에 의한 재산권박탈로서의 수용은 엄격한 요건 하에 보상이 필요하기 때문에 비전형적인 재산권침해로 인한 종전의 '특별한 희생'을 구제할 수 없다. 이를 극복하기 위해 독일 연방헌법재판소는 조정적 보상부 내용한계의 법리를 발전시켰다. 예외적으로 이러한 비례성에 반하는 방식으로, 즉 비전형적인 방식으로 과도한(특별한) 부담을 가져오는 경우에는 재정적 조정을 통해 이를 저지하고, 비례의 원칙이나 사유재산권보장에 반하는 것을 막을 수 있다는 것이다.

이와 같이 조정적 보상부 내용한계규정은 위에서 살펴본 바와 같이 그 논리구조에서 수용적 침해와 유사한 점이 있다. 그러나 이에 대해 일부견해는 양자를 구별해야 한다고 본다. 즉 수용적 침해는 공권력행사의 결과로서 예상치 못한 비전형적 형태로 나타나며, 일종의 특별한 희생이므로 보상규정이 필요없지만, 조정적 보상부 내용한계는 재산권침해와 이로 인한 특별한 희생이 충분히 예상되어 보상규정이 마련되어 있어야 한다는 것이다. 그러한 이유에서 수용적 침해는 연방헌법재판소의 새로운 판례에도 불구하고 사전에 예상이 불가능한 손해에 대하여 여전히 적용될 여지가 있다고 주장한다.[206] 그러나 이러한 보상규정의 결여가 수용적 침해이론의 맹점이다.

4. 수용적 침해의 도입여부

일부학설은 수용적 침해이론을 적극적으로 해석하고 있다. 의도되지 않은 재산권의 제약행위에 대하여도 헌법 제23조 제3항을 유추적용하여 헌법규정에 의한 손실보상이 인정된다고 보고 있다. 통상적인 경우는 재산권제약으로서 무보상이 원칙이나, 그 피해의 정도가 심한 경우에는 유추적용을 통하여 보상이 가능하다고 보는 견해가 있다.[207] 또한 손해배상으로 처리하기 어려운 적법한 공권력행사와 예상치 못한 부수적인 결과로 인한 피해에 대하여 적절한 보상입법은 행하여지지 않는 현실을 감안하여 수용적 침해이론의 적용대상은 여전히 존재한다고 보는 견해도 있다.[208] 이에 대해 헌법 제23조 제3항의 해석상 법률에 규정이 없으면 손실보상이 불가능하므로 입법적으로 해결하는 것이 타당하며,

206) 이에 대해서는 김성수, 전게서, 688면.
207) 김남진, 전게서(I), 765면.
208) 김성수, 전게서, 688-689면.

헌법 제23조 제3항의 적용범위 밖에 존재하므로 헌법 제23조 제3항을 직접적용 또는 유추적용하여 논리를 구성할 수 없다는 견해가 있다.[209]

한편, 수용적 침해이론을 적용한 사례는 거의 없고, 유추적용을 통한 보상을 인정한 사례가 있을 뿐이다.[210] 대법원은 간접적용설 내지 유추적용설의 논거로서 소개되는 헌법 제23조 제1항 및 제11조에 근거하지 아니하고, 곧바로 구 공공용지의 취득 및 손실보상에 관한 특례법 시행규칙의 규정을 유추적용하여 보상을 인정하였다. 즉 산업기지개발사업의 시행에 따라 김양식이 불가능하게 되어 수산업협동조합이 상실하게 된 김위탁판매수수료의 손실보상과 관련하여, 구 공공용지의 취득 및 손실보상에 관한 특례법 시행규칙 제23조의5, 6의 각 규정을 유추적용할 수 있다고 판시하고 있다.[211] 그러나 이러한 판례의 입장이 수용유사적 침해이론 또는 수용적 침해이론을 적용한 것으로 단정하기는 어렵다. 보상규정의 흠결로 인해 보상을 확대하기 위한 해석으로 이러한 유추적용의 방식을 따르고 있을 뿐이다. 그러나 이 경우에도 법률이 아닌 시행규칙의 규정을 유추적용하고 있다.

손실보상제도는 각국의 입법배경 및 사회적 상황이 서로 다르므로, 수용적 침해이론의 도입 여부를 신중히 판단하여야 한다. 판례에서 다른 법령에 규정된 보상조항을 유추적용한 것을 두고 수용적 침해이론을 적용한 것이라고 보기는 어렵다. 판례는 '특별한 희생' 내지 '특별한 손해'라는 기준을 사용하고 있지만, 구체적으로 어떠한 기준에 근거하고 있는지에 대해서는 상세히 논증하고 있지 않다. 판례가 수용적 침해이론을 인정할 경우에는 개별적 요건을 자세히 검토해야 한다. 예컨대 특별한 희생에 해당하는지, 그 판단의 근거가 무엇인지, 그리고 직접적인 침해에 해당하는지 등이 심사되어야 한다. 그러나 수용적 침해이론은 그 법적 근거를 상실하여 이론적 기반이 취약해졌다. 따라서 이러한 이론을 적극적으로 도입하는 것은 신중할 필요가 있다. 바람직한 것은 독일과 같이 수용개념을 공식화하고, 그러한 수용의 요건을 충족하는 경우에 손실보상을 인정하는 것이다. 국가배상과 손실보상의 간극은 '조정적 보상'의 문제로 접근하여야 한다. 이러한 조정적 보상의 문제는 입법자의 형성적 사유에 맡겨져 있다.

---

209) 류지태, 행정법신론, 제9판, 450면.

210) 이러한 유추적용을 통해 결과적으로 판례에서 수용유사적 침해이론이 인정되었다고 평가하는 견해도 있다(김중권, 행정법, 제3판, 902면).

211) 대법원 1995. 7. 14. 선고 94다38038 판결.

제3장 기타 손해전보제도

제1절 위험책임

Ⅰ. 위험책임의 의의 및 연혁

위험책임이란 위험상황을 만든 자에게 그 발생한 손해에 대해 무과실의 책임을 묻는 것을 말한다.[1] 독일에서는 각 개별법에 일반적 위험책임에 관한 규정을 두고 있는 경우가 대부분이다. 예컨대 독일 도로교통법(StVG) 제7조에는 차량운영을 통해 사람의 신체 · 건강을 해하거나 재산상 손해가 발생한 경우에 대한 책임을 규정하고 있다. 또한 독일 민법 제833조의 동물소유자의 책임, 독일 환경책임법 제1조의 시설의 환경영향에 대한 책임, 독일 원자력법(AtomG) 제25조의 원자력핵분열시설에 대한 책임 등도 여기에 해당한다. 국내에서는 환경오염피해 배상책임 및 구제에 관한 법률 제6조의 환경오염피해에 대한 사업자책임이 이러한 위험책임의 사례로 들 수 있다. 즉 "시설의 설치 · 운영과 관련하여 환경오염피해가 발생한 때에는 해당 시설의 사업자가 그 피해를 배상하여야 한다"고 규정하고 있다.

공법상 위험책임의 문제는 포르스트호프(Ernst Forsthoff) 교수에 의해 제기되었다.[2] 경찰관이 범인의 추적 중에 우연히 제3자를 다치게 한 경우를 그러한 사례로 소개하였는데, 오늘날에는 대부분 희생보상청구권이나 손실보상청구권에 의해 해결될 수 있다고 보는 것이 일반적이다. 공법상 위험책임의 제도적 의의는 위험손해의 중대성과 입증책임의 곤란성 등을 고려하여 그 보상을 확대하기

---

1) Maurer/Waldhoff, Allgemeines Verwaltungsrecht, § 29 Rn. 23.
2) Forsthoff, Lehrbuch des Verwaltungsrechts, 10. Aufl., S. 359 ff.

위한 것에 있다.

Ⅱ. 위험책임의 요건

국내학설 중에는 위험책임이 성립하기 위한 요건을 제시하는 경우도 있다. 즉 위험책임이 인정되기 위해서는 첫째, 특별한 위험상태가 있어야 하고, 둘째, 행정기관의 직접적인 권리제약(침해)행위가 없어야 하며, 셋째 손해가 발생하여야 한다고 주장한다.[3] 이러한 견해에 의하면 특별한 위험상태가 존재하여야 하는데, 그러한 위험상태는 통상적인 경우를 넘는 비정형적인 경우를 말하고 있다.

이러한 위험책임의 성립요건에 대해서 불명확하다는 비판이 제기되고 있다. 실제 위험책임을 묻기 위한 일반적인 성립요건을 형성하는 것은 쉬운 일이 아니라는 비판이 그러하다.[4] 위에서 언급한 위험책임의 요건 중 "특별한 위험상태"를 판단하기는 대단히 어렵다. 과연 어느 정도의 위험을 통상적인 위험을 넘어서는 '특별한' 위험으로 볼 것인지는 쉽지 않다. 또한 위 견해의 두 번째 요건을 적용하면, 특별한 위험상태를 조성하고 행정기관의 직접적인 권리제약행위나 권리침해행위가 있는 경우에는 위험책임을 물을 수 없게 된다. 이 경우 일반적인 국가배상의 요건을 충족한다고 보기도 어렵다. 위험책임은 적어도 이론적으로 '책임'의 요건에 친숙하지 않다. 가행행위자의 고의 또는 과실을 요하지 아니한다. 그리고 '위험(조성)'과 '위법'을 같은 의미로 볼 수 있는지도 문제다. 그러나 위법은 주로 행위 내지 행태의 문제지만, 위험조성은 행위의 위법여부와는 관계 없이 결과로서의 위험이 조성되거나 구현된 경우이다. 나아가 위험과 관련된 행위들, 예컨대 차량의 운행이나 항공기의 운항, 의약품의 생산 등은 대부분 법적으로 허용되므로 위법하다고 보기 어렵다. 이와 같이 위험책임을 이해할 경우, 위 성립요건 중 '위험상태'만 중요한 의미를 가지게 된다. 포르스트호프(Forsthoff) 교수는 이를 단순히 통상적인 위험상태가 아니라 고양된 위험(erhöhte Gefahrenlage) 또는 특별한 위험상태(besondere Gefahrenlage)로 보았다.[5] 그러나 위에서 언급한 바와 같이 '특별한' 위험상태의 판단은 그리 쉬운 일이 아니며, 각 사물이나 행위(행태)의 위험상황을 고려할 필요가 있다. 따라서 위험의 정도나 형태는 개

---

3) 류지태, 행정법신론, 제12판, 460면.
4) Ossenbühl, Staatshaftungsrecht, 5. Aufl., S. 371 f.
5) Forsthoff, a.a.O., S. 361.

별법에서 자세히 규율될 필요가 있다. 또한 위법성이 위험책임의 구성요건에 해당하는지가 문제지만, 부정적으로 해석하는 것이 옳다.[6] 독일의 유력설은 위험책임과 국가배상책임의 성립요건이 다르므로 양자를 병렬적으로 주장할 수 있다고 보고 있다.[7]

Ⅲ. 검 토

독일의 다수설은 수용 및 희생보상청구권의 확대를 통해 위험책임이 문제되는 사안에 대해서도 충분히 보상할 수 있다고 보고 위험책임의 법리를 부정하고 있다. 위험책임을 한국의 법제도에 적용하는 문제에도 어려움은 있다. 그 이유는 무엇보다 독일법과 달리 실정법상 법적 근거가 충분하지 않다는 점이다. 또한 독일에서도 민법의 일부조항이나 환경법과 같은 특수한 분야에서 이러한 위험책임을 제한적으로 인정하고 있다. 따라서 공법상 위험책임은 이러한 관점에서 제한적으로 파악하여 입법적으로 해결하는 것이 바람직하다.

제2절 희생보상청구권

Ⅰ. 희생보상청구권의 의의 및 근거

희생보상청구권이란 행정기관의 고권적 작용으로 인하여 발생한 비재산적 권리의 손실에 대한 보상을 의미한다.[8] 독일에서 희생보상청구권의 법적 근거에 대해서는 논란이 있지만, 연방통상법원은 그 근거를 프로이센일반국법 서문 제74조 및 제75조에서 찾고 있다. 이 제도는 독일에서 관습법상 제도로서 발전하여 왔다고 보고 있다. 이러한 견해가 지배적이다.[9] 또한 법치국가적 관점에서 헌법 차원의 원칙으로도 파악되고 있다.[10] 이 제도는 공·사익이 충돌하는 경

---

6) Ossenbühl, a.a.O., S. 365.
7) BGHZ 1, 388, 391; 50, 271/273; 113, 164/165.
8) Maurer/Waldhoff, a.a.O., § 28 Rn. 3.
9) BGHZ 9, 83/85; 13, 88/91.
10) Kluth, in: Wolff/Bachof/Stober/Kluth, Verwaltungsrecht I, 8. Aufl., § 72 Rn. 76.

우에 공익을 관철하기 위하여 사익을 후퇴시키고, 이를 통한 법적 손실은 보상해주어야 한다는 법사상에 근거하고 있다. 일반적인 희생보상청구권에 대한 특별한 법률 규정은 없지만, 수용보상을 규정한 독일 기본법 제14조 제3항이 특별한 희생보상청구권이 구현된 것으로 보는 견해도 있다.[11)]

희생보상청구권의 허용 여부에 대해서는 학설상 견해가 대립하고 있다. 감염병의 예방 및 관리에 관한 법률 제71조에는 예방접종에 따른 질병·사망 등의 피해에 대해 국가보상을 두고 있다. 또한 2018년 12월 24일 개정된 경찰관직무집행법 제11조에는 재산상의 손실뿐만 아니라 생명·신체에 대한 손실에 대해서도 보상청구권을 인정하고 있다. 그러나 이러한 규정이 없는 경우에도 희생보상청구권을 인정할 것인지에 대해 학설상 다툼이 있다. 명문의 규정이 없는 경우에는 희생보상청구권을 인정할 수 없다는 부정설[12)]과 헌법의 기본권 규정(헌법 제10조, 제12조 및 제37조)이나 평등원칙, 법치국가원리, 사회국가원리 등을 근거로 희생보상청구권을 인정할 수 있다는 긍정설[13)]이 대립하고 있다. 우리나라에서도 인간의 생명권과 신체불훼손권 등을 내용으로 하는 인간의 존엄권(헌법 제1조), 국가의 안전보장 책무를 규정한 헌법 제34조, 헌법 제37조 및 법치국가원리에서 희생보상청구권의 헌법적 근거를 도출할 수 있다. 또한 위에서 언급한 법률 규정에는 이러한 '희생보상청구권'의 관념이 투영되어 있다.

Ⅱ. 희생보상청구권의 적용범위

희생보상청구권은 생명·건강·자유 등 비재산적 권리를 대상으로 하고 있다.[14)] 무체재산권(immaterielle Rechtsgüter) 또는 지식재산권(intellectual property rights)이 여기에 포함되는지가 문제지만, 이러한 권리는 이론적으로 '재산권'의 보호대상에 포함된다.[15)] 다만, 헌법 제22조에는 '저작자'의 권리 보호에 관한 특별한 규정을 두고 있다. 또한 희생보상청구권은 처음에 적법한 침해와 관련된 것이었으나, 점차 시간이 지남에 따라 위법한 침해까지 확대되었다. 희생보상청구권과 손해배상청구권은 병존해서 주장할 수 있다. 희생보상청구권은 보충적으

11) Maurer/Waldhoff, a.a.O., § 28 Rn. 2.
12) 류지태, 전게서, 468면.
13) 이에 대한 상세는 김남진·김연태, 행정법 I, 706면.
14) BGHZ 65, 196/205.
15) 권영성, 전게서, 547면.

로 적용되며, 압도적으로 중요한 '특별한 규정'이 있으면 배제된다. 감염병의 예방 및 관리에 관한 법률 제71조는 예방접종 등에 따른 질병·사망 등의 피해에 대한 국가보상을 규정하고 있다.

Ⅲ. 희생보상청구권의 성립요건

희생보상청구권의 성립요건은 아래와 같다.[16] 첫째, 희생보상청구권은 의도된 침해행위일 필요는 없지만, 적어도 '고권적 침해행위'에 의한 경우에 인정된다. 이러한 침해의 결과를 직접적으로 초래한 행위주체에 귀속할 수 있는 행위가 있어야 한다. 이해관계인이 자유롭게 일정한 위험상황에 처한 경우에는 고권적 침해가 부인될 수 있다. 예컨대 자진해서 경찰작용의 행정보조인이 되는 경우가 그러하다. 둘째, 희생보상청구권은 '비재산적' 권리에 대한 침해가 있어야 한다. 생명, 건강, 신체의 불가침성 및 행동의 자유 등이 여기에 속한다는 것이 지배적 견해이다. 셋째, 특별한 희생이 있어야 한다. 특별한 희생은 대체로 이해관계인이 타인과 비교하여 불평등하게 침해를 받는 경우, 또는 그가 타인에게 수인할 수 없는(희생의 한계를 넘는) 특별한 침해를 야기한 경우에 인정될 수 있다.

Ⅳ. 보상의 기준과 방법

비재산적 권리에 대한 침해를 통해 발생한 손실은 보상해 주어야 한다. 비록 비재산적 권리가 침해되었지만, 이러한 손실은 대체로 치료비·요양비·일실이익(逸失利益) 등과 같이 재산적(금전적) 피해이다. 독일과 달리 희생보상청구권에 대한 관습법적 법리가 없는 우리나라에서도 이러한 보상을 인정할 수 있는지가 문제된다. 이와 관련하여 헌법 제23조 제3항에 따른 직접적용설, 간접적용설(유추적용설) 등이 고려될 수 있다. 또한 헌법상의 생명권 및 신체의 완전성, 헌법 제37조 제1항 등을 근거로 손실보상을 청구할 수 있다는 견해도 있다.[17] 그러나 희생보상청구권을 인정함에 있어서 어려운 점은 보상의 기준과 범위, 보상방법 등에 관한 구체적 규정이 없다는 사실이다. 어떠한 방식으로 보상금액을 결정할 것인지에 대해 법률에 구체적인 규정을 마련할 필요가 있다. 다만, 정신

---

16) 이에 대해서는 Maurer/Waldhoff, a.a.O., § 28 Rn. 7 ff.
17) 김남진, 전게서(Ⅰ), 768면.

적 피해를 내용으로 하는 위자료청구는 여기에 포함되지 않으며, 민법의 규정에 의한다(민법 제752조 참조).

제3절 결과제거청구권

Ⅰ. 결과제거청구권의 의의

결과제거청구권(Folgenbeseitigungsanspruch)은 손해배상청구권이나 손실보상청구권이 아니라, 원상회복청구권이다. 즉 고권적 침해행위를 통해 피해를 입은 개인이 손해배상이나 손실보상을 통한 금전적 보상이 아니라 침해 이전의 현존하던 상태로의 복구를 청구하는 것이다.[18] 결과제거청구권은 독일의 입법례에서 유래되었다. 애초에 결과제거청구권은 학설에 의해 발전된 것이었지만, 이후에는 판례에도 도입되었다. 이와 같이 결과제거청구권은 위법한 침해로 초래된 사실상의 결과를 제거하고 원상태로 복구하는 것을 주된 내용으로 하고 있다. 초기에 위법한 집행행위는 '행정행위'에 제한되었으나, 이후에 사실행위로 확대되었다. 위법한 행정행위에 한정하는 것을 집행결과제거청구권(Vollzugs-Folgenbeseitigungsanspruch)이라고 부르고 있으며, 위법한 고권적 행정작용(사실행위)의 결과제거를 '일반적 결과제거청구권'이라고 한다. 예컨대 지방자치단체가 사유지에 하수정화장치를 위법하게 설치하는 경우가 그러하다.[19]

Ⅱ. 결과제거청구권의 법적 근거

결과제거청구권의 법적 성질에 대하여 물권적 청구권으로 보는 견해와 위법한 정보제공의 결과제거나 명예훼손의 결과제거의 경우와 같이 물권적인 것에 국한되지 않는다고 보는 견해가 대립하고 있다. 물권적 청구권설은 결과제거청구권을 사권으로 보고 있으나, 물권적인 것에 한정하지 않는다는 견해는 이를 공권으로 보고 있다.

18) Maurer/Waldhoff, a.a.O., § 30 Rn. 1.
19) BVerwG, DVBl. 1974, 239.

결과제거청구권은 다른 원상회복청구권이나 손해전보청구권과 마찬가지로 실체법상 청구권이지만, 이에 관한 명문의 규정은 없다. 독일에서도 사정은 마찬가지다. 독일 행정법원법 제113조 제1항 제2문에서는 집행결과제거청구권만을 규정하고 있다. 그러한 이유에서 결과제거청구권의 법적 근거와 관련하여 다양한 학설이 제기되고 있다. 즉 독일 민법 제1004조, 제12조 및 제862조의 유추적용, 정의의 요청, 법치국가원리, 행정의 법률적합성의 원리, 법률유보의 원칙, 자유권 그리고 기본권 제19조 제4항의 포괄적 권리구제보호 등이 언급되고 있다. 그러나 최근에는 침해된 기본권에 근거하여 학설 및 판례에 의해 그 성립요건 및 효과가 상세히 논의되는 경향에 있으며, 이러한 결과제거청구권이 기본권의 방어청구권이나 보상청구권과 관련이 있다고 보는 견해도 있다.[20] 예컨대 헌법상 재산권 조항이 재산권 침해에 대한 방어청구권(금지청구권)을 부여한다고 보는 것이다. 이와 관련하여 국내학설 중에도 헌법상의 법률에 의한 행정(헌법 제107조), 기본권규정(헌법 제10조, 제23조 등) 및 민법 제213조, 제214조의 유추적용, 그리고 행정소송법상의 취소판결의 기속력규정(제30조), 관련청구의 이송 및 병합에 관한 규정(제10조), 당사자소송에 관한 규정(제39조 이하) 등에서 근거를 찾는 견해도 있다.[21]

Ⅲ. 결과제거청구권의 요건 및 한계

결과제거청구권은 고권적 작용을 통해 재산권과 같은 주관적 권리가 침해되어야 하며, 이러한 침해가 위법한 상태를 형성하여 그 상태가 지속되는 것을 요건으로 한다. 먼저 고권적 침해가 있어야 한다. 이러한 침해가 고권적이지 않고 사법적 성질을 가지는 경우에는 결과제거청구권이 인정되지 아니 한다. 사법(상법)이 적용되는 공적 시설에서 나오는 임미시온(Immissionen)은 민법상의 방해배제청구권(민법 제214조)이 고려된다. 그러나 고권적 행위의 개념은 넓게 인정된다. 행정행위에 제한되지 아니하면 사실행위도 포함된다. 둘째, 고권적 작용에 의해 주관적 공권이 침해되어야 한다. 주관적 권리는 원칙적으로 공권의 법리에 따라 개별 법률에서 도출되지만, 기본권에서 도출하는 경우도 있다. 셋째, 이러한 침해 상태는 위법한 행정작용을 통해 야기되어야 할 뿐만 아니라 사후

20) 독일의 논의에 대해서는 Maurer/Waldhoff, a.a.O., § 30 Rn. 5.
21) 김남진, 전게서(Ⅰ), 773면.

적으로 계속되어야 한다. 위법한 행정작용은 적극적인 작위를 의미하며, 부작위는 제외된다. 결과제거청구권은 이미 언급한 바와 같이 위법한 행정작용을 통해 형성된 결과를 제거하고 원래의 상태를 회복하는 것을 목적으로 하고 있다. 침해 이전에 존재하던 상태의 복구를 지향하지만, 현실적으로 원래의 상태를 복구하는 것은 쉽지 않다.

결과제거청구권은 이전 상태로의 복구가 현실적으로 가능해야 하며, 또한 행정이 이전 상태로의 복구를 위해 제3자의 권리를 침해해서는 아니 된다. 이러한 복구에 드는 비용이 지나쳐서 목적과 적절한 비례관계에 있지 않는 것은 허용되지 아니한다. 결과제거청구권은 '직접적'인 침해의 결과만을 대상으로 한다. 결과제거청구권이 실현되지 아니하면, 결과보상청구권(Folgenentschädigungsanspruch)의 문제만 남을 뿐이다.[22] 그러나 이러한 '결과보상청구권'은 독자적인 청구권이 아니며, 결과제거청구권에서 나오는 것도 아니다. 이러한 결과보상청구권은 일반적인 공법상의 보상청구권의 법리에 따라 실현될 수 있다.

Ⅳ. 결과제거청구권의 실현방식(소송형식)

독일에서 결과제거청구권은 공법상 청구권으로 일반이행의 소(allgemeine Leistungsklage)에 의해 주장될 수 있다. 이미 취소된 처분의 집행 제거가 문제이면, 독일 행정법원법 제113조 제1항 제2문(취소소송과 관련된 신청)의 단순구제만이 인정된다. 우리나라에서는 공권설을 주장하는 다수설에 따라 결과제거청구권을 실현하기 위해 공법상 당사자소송이 제기될 수 있다. 다만 소송실무에서는 이를 민사소송으로 다투고 있다.

22) Maurer/Waldhoff, a.a.O., § 30 Rn. 18 f.

제2부 행정쟁송법

서론: 행정쟁송법의 기초

Ⅰ. 행정쟁송의 의의 및 기능

행정쟁송에서는 행정의 작위나 부작위에 대한 통제가 중요하다. 행정은 법률과 법에 기속된다(행정의 법률적합성의 원칙). 모든 국가권력은 헌법우위의 원칙에 따라 헌법에 기속된다. 그러나 행정의 위법한 고권작용이 곧바로 무효라는 것을 의미하는 것은 아니다. 행정행위는 존속력(불가쟁력, 불가변력), 구성요건적 효력 등을 가지므로 권한 있는 기관에 의해 취소 또는 철회될 때까지 사실상의 효력을 미치고 있다. 이러한 원칙은 법적 안정성에 기여하는 제도적 장치이다.

행정쟁송의 헌법적 정당성을 과거에는 형식적 법치국가원리 내지 법률국가(Gesetzesstaat)에서 찾는 견해도 있었으나, 오늘날에는 실질적 법치국가원리 내지 정당성국가(Gerechtigkeitsstaat)에서 찾고 있다.[1)] 공권력의 주체는 오류가 있거나 하자 있는 결정을 배제해야 될 의무를 지며, 이러한 하자 있는 결정은 통제되고 수정되어야 한다. 실질적 법치국가원리를 기초로 하는 행정쟁송은 위법·부당한 행정작용으로부터 개인의 권리와 이익을 구제하는 기능(권리구제의 기능)뿐만 아니라, 적법한 행정작용의 보장이라는 행정통제의 기능도 수행하고 있다. 어떠한 기능을 우위에 두어야 하는가는 각국의 입법례와 시대적 상황에 따라 다르다. 하지만 행정쟁송의 본질에 비추어 권리구제의 기능을 우위에 두면서, 행정통제의 기능을 보완적으로 이해해야 한다.

Ⅱ. 행정통제의 유형

행정통제는 실제에 있어 일회성에 국한되지 않으며, 사법적 통제 이외의 다

---

1) Schmitt Glaeser/Horn, Verwaltungsprozeßrecht, 15. Aufl., Einleitung, Rn. 1.

양한 방식으로 존재한다. 국내학설은 행정쟁송의 유형을 ① 정식쟁송과 약식쟁송, ② 항고쟁송과 당사자쟁송, ③ 시심(始審)적 쟁송과 복심적 쟁송, ④ 주관적 쟁송과 객관적 쟁송, ⑤ 행정심판과 행정소송 등으로 분류하고 있다. 한편, 독일에서는 누가 주도권을 가지는지에 따라 행정내부의 통제와 행정외부의 통제로 구분하고 있다. 행정의 내부통제란 행정의 자기통제 또는 자기정화를 목적으로 한다. 행정의 합법성 내지 합목적성에 대한 공익목적을 위하여 행정외부의 개입 없이 스스로 통제를 유도하는 것을 말한다. 여기에는 인사 및 업무 통제가 속한다. 특히 행정단위 내에서 행정부서의 장(해당 장관, 지방자치단체의 장 또는 최상위관청의 장 등)의 통일적인 지도 하에 행정작용의 통제를 말한다. 이를 흔히 '행정 내부의 통제'라고 한다. 이 경우 상급관청의 심사권은 원칙적으로 무제한적이고, 합법성뿐만 아니라 합목적성의 심사(직무감독)를 포함한다. 행정내부의 통제수단으로는 정보제공, 이의제기, 지시, 철회, 처분명령, 승인거부, 대집행 등이 고려될 수 있다. 반면, 행정외부의 통제는 크게 무형식적 권리구제수단과 형식적 권리구제수단으로 나눌 수 있다. 무형식적 권리구제수단에는 ① 반론(反論) 내지 이의(Gegenvorstellung), ② 상급감독관청에 대한 소원(Aufsichtsbeschwerde) 및 ③ 근무감독청에 대한 이의신청(Dienstaufsichtsbeschwerde)이 있다. 형식적 권리구제수단은 일정한 형식을 가지며, 자신의 불편이나 소원을 전제로 한다. 또한 직·간접적으로 독립된 법원에 쟁송가능성이 열려 있어야 하는데, 여기에 행정소송이 속한다.[2)]

Ⅲ. 행정쟁송의 헌법적 보장 및 법치행정의 원리

흔히 행정법은 "구체화된 헌법"이라고 부른다. 행정쟁송도 역시 행정법질서의 일부를 이루고 있으므로 헌법의 가치기준에 부합되고 헌법이념을 구현하여야 한다. 헌법 제101조 제1항에서 "사법권은 법관으로 구성된 법원에 속한다"라고 규정하고 있다. 또한 헌법 제107조 제2항도 "명령·규칙·처분이 헌법이나 법률에 위반되는 여부가 재판의 전제가 된 경우에는 대법원은 이를 최종적으로 심사할 권한을 가진다"고 규정하고 있다. 헌법 제107조 제2항은 행정작용에 대한 사법심사와 관련이 있다. 그리고 헌법 제107조 제3항은 재판의 전심절

2) 독일의 제도에 대해서는 Schmitt Glaeser/Horn, a.a.O., Einleitung, Rn. 3 ff.

차로서 행정심판을 규정하고 있다. 이와 같이 행정쟁송은 국민의 기본권보호와 법치주의 실현에 기여한다.[3] 독일 기본법 제19조 제4항은 공권력에 의해 기본권이 침해되는 경우에 헌법 차원에서 포괄적인 사법적 권리구제를 보장하고 있다. 우리나라에서도 헌법 제10조(인간의 존엄과 행복추구권) 및 제37조 제2항, 개별 기본권보장, 제11조(평등조항) 및 헌법 제27조 제1항 등에 근거하여 기본권 침해에 대한 사법적 권리구제가 헌법적으로 보장되어 있다. 형식적 법치국가원리가 아니라 실질적 법치국가원리의 관점에서 국민의 권익을 침해하는 행정작용의 내용은 기본권과 관련된 본질적인 사항인 경우에 반드시 법률의 근거가 필요하다(본질사항유보설). 또한 이러한 행정작용이 위법·부당한 경우에 행정쟁송을 통해 권리구제를 받을 수 있도록 보장함으로써 기본권보장과 실질적 법치국가원리의 실현에 기여하고 있다.

Ⅳ. 행정소송과 행정심판의 구별

1. 유사점

행정쟁송은 행정심판과 행정소송을 망라한다. 우선 행정소송과 행정심판은 모두 사후적 권리구제수단으로서의 성질을 가진다. 둘째, 양자는 일정한 요건을 갖춘 당사자의 신청을 전제로 하여 절차가 개시된다. 셋째, 행정심판의 청구나 행정소송의 제기에는 집행부정지의 원칙이 적용된다. 넷째, 행정심판과 행정소송은 모두 최종결정인 재결이나 판결에 있어서 사정재결 또는 사정판결이 인정된다. 마지막으로 심리절차에 있어서 직권심리주의, 불고불리(不告不理)의 원칙 및 불이익변경금지의 원칙이 적용된다.

2. 차이점

위에서 언급한 바와 같이 행정소송과 행정심판은 유사점도 가지나, 아래와 같은 차이점도 가지고 있다. 첫째, 판정기관에 있어서 행정심판은 행정기관이 담당하는데 반하여, 행정소송은 법원이 관장한다는 점에서 서로 다르다. 그러한 의미에서 행정심판은 행정소송과 달리 행정의 자기통제의 성질을 가진다. 둘째, 행정심판의 대상에는 위법한 처분뿐만 아니라 부당한 처분도 포함되고 있다. 행

3) 이상규, 행정쟁송법, 제5판, 법문사, 2000, 4면.

정심판에서는 처분 등의 적법성 및 합목적성을 심사하는데(행정심판법 제1조, 제4조 등 참조), 행정소송에서는 처분 등의 적법성만을 심사한다(행정소송법 제1조, 제4조 등 참조). 셋째, 행정소송의 심리절차에서는 정식쟁송절차로서 구술변론주의 등의 절차적 보장이 체계화되어 있는데 반하여, 행정심판은 약식쟁송절차로서 서면심리주의를 기본으로 하고 있다. 마지막으로 행정심판에서는 부작위에 대해 의무이행심판이 인정되는데 반하여, 행정소송에서는 부작위위법확인소송만이 인정되고 있다.

제1장 행정심판

제1절 총 설

Ⅰ. 행정심판의 의의 및 근거

1. 행정심판의 의의

(1) 행정심판의 개념

실질적 의미의 행정심판이란 행정청(합의제행정기관)이 일정한 고권적 결정(재결)을 내리는 준(準)사법적 절차(quasi-judicial process)를 총칭한다. 이에 반해 형식적 의미의 행정심판은 행정심판법의 적용을 받는 행정심판을 말한다. 실정법에 있어서 행정심판은 다양한 명칭으로 사용된다. 즉 이의신청, 심사청구, 심판청구, 행정심판 등이 그러하다. 행정심판에는 행정심판법에 따른 '일반행정심판'과 다른 법률에서 사안의 전문성과 특수성을 살리기 위해 일반행정심판에 갈음하는 특별한 행정불복절차를 정한 '특별행정심판'이 있다. 특별행정심판은 매우 제한적으로 인정된다.[1] 여기에는 특허심판(특허법 제7장, 제8장), 해난심판(해양사고의 조사 및 심판에 관한 법률 법 제5장 이하), 조세심판(국세기본법 제7장 이하), 중앙노동위원회의 재심(노동위원회법 제26조), 감사원법에 의한 심사청구(동법 제3장), 소청심사위원회의 소청심사(국가공무원법 제9조 제1항) 등이 있다.

1) 대법원 2014. 4. 24. 선고 2013두10809 판결.

(2) 유사개념과의 구분

a) 이의신청

행정심판에서는 원칙적으로 행정심판위원회가 재결권을 가진다. 이에 반해 이의신청은 위법 또는 부당한 처분 등으로 권익을 침해당한 자가 처분청에 시정을 구하는 구제절차이다(예: 국세기본법 제66조의 이의신청). 그러나 행정심판도 예외적으로 처분청에 제기될 수 있다는 점에서 이러한 구분은 상대적이다. 강학상의 행정심판은 실정법상으로 '불복신청'이나 '재심사청구' 등의 명칭으로 부르기도 한다.

문제는 이의신청에 대한 처분청의 결정에 대해 불복하는 절차다. 당사자가 행정심판을 제기하려는 경우에 이의신청에 대한 결정에 대해서 별도로 행정심판을 제기해야 하는지, 아니면 이의신청의 제기 그 자체를 행정심판청구로 볼 수 있는지가 문제 된다. 대법원은 '이의신청'이라는 명칭의 절차를 실질적인 행정심판으로 인정한 사례도 있다.[2] 이와 달리 이의신청과 행정심판을 구분하는 판례도 있다.[3] 행정심판의 임의절차화로 인해 이의신청과 별개로 행정소송을 제기할 수 있어 양자의 구별 실익은 상대적으로 반감되고 있다. 따라서 개별적으로 사안을 검토하여 이의신청이 실질적으로 행정심판에 해당하는지를 판단할 수밖에 없다.

한편, 행정기본법 제36조는 처분에 대한 '이의신청'을 규정하고 있다. 이의신청과 관계없이 행정심판이나 행정소송을 제기할 수 있다고 규정하여, 이의신청을 행정심판이나 행정소송과 구별하고 있다(동조 제3항). 이의신청은 처분을 받은 날부터 30일 이내에 해당 행정청(처분청)에 신청하여야 한다(동조 제1항). 행정청은 이의신청을 받은 날부터 14일 이내에 그 결과를 신청인에게 통지하여야

---

2) "토지수용위원회의 수용재결에 대한 이의절차는 실질적으로 행정심판의 성질을 갖는 것이므로 토지수용법에 특별한 규정이 있는 것을 제외하고는 행정심판법의 규정이 적용된다고 할 것이다."(대법원 1992. 6. 9. 선고 92누565 판결)

3) "지방자치법 제140조 제3항에서 정한 이의신청은 행정청의 위법·부당한 처분에 대하여 행정기관이 심판하는 행정심판과는 구별되는 별개의 제도이나, 이의신청과 행정심판은 모두 본질에 있어 행정처분으로 인하여 권리나 이익을 침해당한 상대방의 권리구제에 목적이 있고, 행정소송에 앞서 먼저 행정기관의 판단을 받는 데에 목적을 둔 엄격한 형식을 요하지 않는 서면행위이므로, 이의신청을 제기해야 할 사람이 처분청에 표제를 '행정심판청구서'로 한 서류를 제출한 경우라 할지라도 서류의 내용에 이의신청 요건에 맞는 불복취지와 사유가 충분히 기재되어 있다면 표제에도 불구하고 이를 처분에 대한 이의신청으로 볼 수 있다."(대법원 2012. 3. 29. 선고 2011두26886 판결)

한다(동조 제2항). 또한 이의신청으로 인하여 행정쟁송의 기회를 잃지 않도록 하기 위해 이의신청에 대한 결과를 통지받은 날부터 90일 이내에 행정심판 또는 행정소송을 제기할 수 있도록 하고 있다(동조 제4항). 다른 법률에서 이의신청과 이에 준하는 절차에 대하여 정하고 있는 경우에도 그 법률에서 규정하지 아니한 사항에 관하여는 행정기본법 제36조에서 정하는 바에 따른다(동조 제5항). 한편, 이의신청 규정의 적용제외에 대해서도 규정하고 있다. 즉 행정기본법 제36조의 이의신청에 관한 규정은 공무원 인사 관계 법령에 따른 징계 등 처분에 관한 사항, 진정에 대한 국가인권위원회의 결정, 노동위원회의 의결을 거쳐 행하는 사항, 형사·행형 및 보안처분 관계 법령에 따라 행하는 사항, 외국인의 출입국·난민인정·귀화·국적회복에 관한 사항, 과태료 부과 및 징수에 관한 사항에 관하여는 적용되지 아니한다(동조 제7항).

b) **청원**

헌법상 보장된 청원권을 통해서도 행정청에 대하여 위법·부당한 처분 등의 취소 또는 변경을 구할 수 있다. 헌법 제26조 제2항은 청원의 심사의무를 국가기관에 부과하고 있고, 청원법은 심사결과의 통지의무를 규정하고 있다(청원법 제9조 제4항), 그러한 점에서 청원도 행정심판과 유사한 점을 가진다. 그러나 양자는 다음과 같은 점에서 차이가 있다. 우선 행정심판에서는 제기권자·제기기간·제기사항 등에 제한이 있다. 그러나 청원은 누구든지 기간의 제한 없이 어떠한 국가기관에 대하여도, 또한 원칙적으로 어떠한 사항에 관해서도 제출할 수 있다. 다만, 청원법 제4조에는 청원의 대상을 제한하고 있다. 즉 ① 피해의 구제, ② 공무원의 위법·부당한 행위에 대한 시정이나 징계의 요구, ③ 법률·명령·조례·규칙 등의 제정·개정 또는 폐지, ④ 공공의 제도 또는 시설의 운영, ⑤ 그 밖에 국가기관 등의 권한에 속하는 사항으로 제한된다. 그럼에도 불구하고 청원의 대상은 행정심판에 비해 광범위하고 포괄적이다. 둘째, 행정심판은 심사절차·판정형식·판정내용 등이 법으로 정해져 있지만, 청원에는 그러한 제한이 없다. 셋째, 행정심판에 있어서의 재결은 불가쟁력·불가변력 등의 구속력을 발생하는 데 반하여, 청원에 있어서는 심사와 처리를 할 뿐 그와 같은 구속력을 가진 결정은 없다. 그러한 의미에서 청원은 전형적인 '무형식적' 권리구제절차에 해당한다고 볼 수 있다.

c) 민원 및 진정

청원과 구별되는 것으로 민원제도가 있다. 민원은 "민원인이 행정기관에 대하여 처분 등 특정한 행위를 요구하는 것"이다(민원 처리에 관한 법률 제2조 제1호 참조). 민원은 '일반민원'과 부패방지 및 국민권익위원회의 설치와 운영에 관한 법률 제2조 제5호에 따른 '고충민원'으로 구별된다. 일반민원은 다시 법정민원, 질의민원, 건의민원, 기타민원으로 구분된다. 이러한 실정법상의 민원 개념은 포괄적이며, 실무상 고충민원이나 건의민원 등은 앞에서 언급한 '청원'과의 구별을 어렵게 하고 있다. 본래 민원제도는 복잡하고 어려운 행정사무의 처리나 절차 등에 있어서 불편사항이 있는 경우에 행정기관에 대해 그 시정이나 개선 등을 요구하는 것이다.

진정이란 널리 법정의 형식과 절차에 의하지 않고 행정청에 대하여 어떠한 희망을 진술하는 것을 말한다. 진정은 법적 구속력이나 효과를 발생시키지 않는 사실행위에 불과하다는 점에서 일정한 법적 절차인 행정심판과 구별된다.

d) 국민고충처리절차

종래 국민고충처리위원회가 고충민원에 대한 상담·조사·처리를 하는 제도로서 구 행정규제 및 민원사무기본법(1994. 1. 7. 제정)에 의해 도입된 제도이다.[4] 지금은 '부패방지 및 국민권익위원회의 설치와 운영에 관한 법률'에 따라 국민권익위원회가 이를 담당하고 있다(제12조 제2호, 제3호 및 제17호 등).

(3) 옴부즈만제도

옴부즈만(Ombudsman)은 '호민관(護民官)'으로 번역해서 사용되기도 한다.[5] 이 제도는 본래 1809년 스웨덴 헌법 제97조에 의해 설치된 기관으로서 스칸디나비아제국에서 일반화되었다. 옴부즈만 제도는 1950년대 이후부터 점차 각국에 보급되기 시작하였다. 어원적으로 본다면 옴부즈만은 스웨덴어로서 대리인(agent)을 의미하며, 영어로는 대체로 delegate, representative attorney, solicitor 등을 뜻한다. 옴부즈만은 위법하거나 부적한 행정활동을 조사하고, 필요한 경우에 시정주

4) "국민고충처리제도는 국무총리 소속하에 설치된 국민고충처리위원회로 하여금 행정과 관련된 국민의 고충민원을 상담 조사하여 행정기관의 처분 등이 위법·부당하다고 인정할 만한 상당한 이유가 있는 경우에 관계행정기관의 장에게 적절한 시정조치를 권고함으로써 국민의 불편과 부담을 시정하기 위한 제도로서… 행정소송의 전치절차로서 요구되는 행정심판청구에 해당하는 것으로 볼 수 없다."(대법원 1995. 9. 29. 선고 95누53320 판결)

5) 이상규, 신행정법론(상), 899면.

치를 권고하거나 알선한다. 또한 부적정한 행정작용(maladministration)에 대한 행정민원이 제기된 경우에 이를 조사하여 관계기관에 시정을 권고하는 것을 주된 임무로 하며, 의회에 의해 임명된 기관이다.

이러한 고전적인 옴부즈만제도의 특징은 다음과 같다. 첫째, 옴부즈만은 의회에 소속된 공무원이다. 둘째, 옴부즈만은 직무의 독립성·중립성이 보장된 조사관이며, 의회로부터도 그 업무에 대한 간섭이나 통제를 받지 아니한다. 셋째, 옴부즈만은 법원이나 행정청에 대한 직접적인 감독권은 없으며, 부적정한 행정작용에 대한 시정이나 권고만을 할 수 있다. 넷째, 옴부즈만은 민원신청이 없어도 직권에 의한 조사권을 가진다. 다섯째, 옴부즈만은 민원처리에 있어 형식적인 절차에 구애받지 아니하고, 신속하고 효율적으로 일을 처리할 수 있다.[6]

이러한 옴부즈만제도는 그 연원인 스칸디나비아제국을 넘어 세계 각국으로 확산되었다. 영국에서는 1967년에 Parliamentary Commissioner for Administration (PCA)을 창설하였고, 주로 중앙정부에 대한 민원을 다루고 있다. 예컨대 국립보건당국(National Health Service)에 대한 보사위원(Health Service Commissioners: HSC)이 그러한 예이다.[7] 이러한 옴부즈만제도는 일반 행정영역에 그치지 아니하고, 특정한 행정분야만을 다루는 경우도 있다. 예컨대 미국의 군감찰관(Inspector-General in the U.S. Army), 독일 연방의회의 국방담당관(Wehrbeauftragter des Bundestages), 일본 법무성의 행정관리청과 인권옹호국 등이 그러한 예이다.[8]

2. 행정심판의 헌법적 근거 및 특성

헌법 제107조 제3항에는 행정소송의 전심절차로서 행정심판을 명시하고 있다. 행정심판은 행정사건의 전문성·기술성을 고려하고 자율적 통제를 존중한다. 이러한 행정심판도 사후적 권리구제수단으로서의 성질을 가진다. 행정소송과 달리 부당한 행정처분에 대해서도 행정심판을 청구할 수 있다. 이러한 행정심판을 통하여 개인의 기본권보장, 법치국가원리 및 권력분립의 원칙 등이 실현될 수 있다. 그러한 점에서 행정심판은 준사법적(quasi-judicial) 성질을 가진다(헌법 제107조 제3항 참조). 또한 행정소송에서는 객관적인 제3자로서의 법원이 판단하지만, 행정심판은 행정주체 내부의 행정심판위원회가 담당한다는 점에서

6) 옴부즈만의 제도적 특징에 대해서는 이상규, 전게서(상), 900면.
7) 상세는 Peter Cane, Administrative Law, 3rd edn(Oxford, 1996), p. 315.
8) 이상규, 전게서(상), 903면 참조.

'자기통제'의 특징을 가진다. 이와 같이 행정심판은 권리구제의 기능 외에 행정의 적법성 통제의 기능도 수행한다. 나아가 행정심판의 판단작용은 집행행위로서의 성질도 가진다. 그러한 점에서 행정심판위원회의 재결은 행정소송의 대상이 된다(행정소송법 제19조 및 제2조 제1항 제1호 참조).

3. 행정심판제도의 연혁

한국의 행정심판법은 1984년 12월 15일 법률 제3755호로 제정된 후 1985년 10월 1일부터 시행되고 있다. 행정심판의 연원은 1951년 8월 3일 법률 제211호로 제정된 소원법(訴願法)이다.[9] 이 법률은 일본의 舊明治訴願法을 모델로 제정되었고, 소원사항에 대해 개괄주의를 채택하고 있었다.[10] 소원법은 1985년 10월 행정심판법이 시행되면서 폐지되었다. 1994년 7월 27일 행정소송법의 개정에 의해 행정심판은 행정심판전치주의 대신에 임의적(任意的) 절차로 변경되었다(행정소송법 제18조 제1항). 이러한 행정심판의 임의절차화로 인해 행정소송은 3심제로 운영되고 있다.

행정심판위원회의 조직 및 구성에도 중요한 변화가 생겼다. 2008년 2월 29일 행정심판법의 개정으로 행정심판위원회에 재결권이 부여되었다. 그 후 2010년 1월 25일 행정심판법의 전면개정(법률 제9968호)에 의해 국무총리행정심판위원회는 '중앙행정심판위원회'로 명칭이 변경되었다. 또한 2010년 행정심판법의 개정에서는 심판참가인의 절차적 권리를 강화하고 '임시처분제도'(제31조)를 도입하였다. 국무총리행정심판위원회의 위원장은 종전에 법제처장이 맡았으나, 지금은 국민권익위원회의 부위원장 중 1명이 중앙행정심판위원회의 위원장을 담당한다(동조 제2항). 2017년 4월 18일 개정을 통해 행정심판위원회 재결의 실효성을 높이기 위해 배상명령 등 '간접강제제도'를 도입하였다(행정심판법 제50조의 2). 그리고 2017년 10월 31일 행정심판법의 개정에 의해 경제적 사유로 대리인 선임이 곤란한 청구인 등 사회적 약자에게 행정심판위원회가 '국선대리인'을 선임하여 지원하도록 하고(제18조의2), 양 당사자 간의 합의가 가능한 사건에 대해

---

9) 그러나 소원법(訴願法)은 하위 법령이 제정되지 않아 유명무실(有名無實)한 상태였고, 1964년 소원심의위원회규정(대통령령 제1931호)의 제정으로 비로소 시행되었다. 이에 대해서는 국민권익위원회 중앙행정심판위원회, 행정심판30년사, 32-35면.

10) 우리나라 행정심판제도의 연혁에 대해서는 이상규, "현행 행정심판제도의 문제점과 개선방향", 공법연구 제10집(1982), 58면 이하.

'조정'제도를 도입하였다(제43조의2). 이러한 개정내용은 2018년 5월 1일부터 시행 중이다.

행정심판법이 제정된 지 어언 40여 년의 세월을 거치면서 한국의 행정심판제도는 명실상부하게 중요한 권리구제제도로서의 역할을 담당하고 있다. 2004년부터 2013년까지 행정심판의 평균인용률은 20%에 가깝다.[11] 중앙행정심판위원회의 평균인용률은 2015년에 17.4%까지 이르렀고, 2004년부터 2015년까지 16~17% 내외의 평균인용률을 보이고 있다.[12] 근래에 들어와서 행정심판의 청구건수가 감소하고 있으며, 평균인용률이 10% 이하에 머물고 있다. 바야흐로 우리나라의 행정심판제도는 새로운 시대적 상황과 소명에 부응해야 할 시점이다.[13]

Ⅱ. 행정심판의 필요성 및 문제점

1. 행정심판의 필요성

(1) 자율적 행정통제

행정심판제도는 집행권의 위법·부당한 행정작용에 대해 국민의 권익구제에 기여하는 동시에, 행정의 적법성을 보장하는 자기통제 내지 행정감독 제도로서의 의미를 가진다. 행정소송제도는 제3자의 독립기관이 당사자의 분쟁을 객관적으로 해결한다는 점에서 행정심판제도와 구별된다.

(2) 행정능률의 보장

행정소송은 심리절차의 공정성과 객관성으로 국민의 권익구제에 기여할 수 있으나, 많은 비용과 오랜 시간이 소요되는 단점이 있다. 이러한 점은 원고뿐만 아니라 피고 행정청의 경우도 동일하다. 행정청이 스스로 위법·부당한 행정작용을 인식한 경우에는 직권취소나 철회 등의 방식으로 시정할 수 있는 기회를 가질 수 있다. 행정심판을 통해 불필요한 소모적 분쟁에 소요되는 비용을 절감하고 공적 과제의 달성에 집중할 수 있다는 점에서 행정능률에 기여하는 측면이 있다.

---

11) 이에 대해서는 졸고, "행정법학의 구조변화와 행정판례의 과제", 저스티스 통권 제154호(2016. 6), 181-183면 참조.

12) 국민권익위원회 중앙행정심판위원회, 행정심판30년사, 93면.

13) 졸고, "행정심판의 확대 및 기능강화를 위한 개선방안", 행정법학 제14호(2018. 3), 81-120면.

(3) 행정청의 전문지식의 활용

고도의 전문적 · 기술적인 분야에서 행정청은 법원보다 그 사실에 대한 인정 및 처리에 있어 유리한 측면이 있다. 환경법이나 안전기술법 등의 경우가 그러한 대표적 사례이다(예컨대 원자력에너지). 행정심판은 해당 분야에서 행정청의 전문지식을 활용하여 보다 정확한 사실판단을 할 수 있는 장점을 가진다.

(4) 소송경제의 확보(신속한 권리구제의 보장)

행정심판에 비해 행정소송에는 시간과 비용이 적지 않게 들며, 당사자는 이에 대해 상당한 부담을 가진다. 행정쟁송의 제1차적인 단계에서 해당 분야의 전문지식과 경험을 가진 행정기관이 해당 분쟁을 심판하는 것은 분쟁의 조속한 해결에 이바지할 수 있고, 법원 및 당사자는 시간과 노력을 절약하여 소송경제적 부담을 경감할 수 있다.

2. 행정심판의 제도적 문제점

(1) 청구인적격의 엄격성

행정심판법 제13조에서는 청구인적격을 행정소송과 마찬가지로 "법률상 이익이 있는 자"라고 규정하고 있는데, 그 범위가 지나치게 엄격하다는 비판이 제기되고 있다(입법과오설).[14] 행정심판은 행정소송과 달리 위법한 경우뿐만 아니라 부당한 처분 기타 공권력의 행사에 대하여도 권리구제를 받을 수 있기 때문이다. '위법'과 '부당'의 구별이 현실적으로 쉬운 문제가 아니다. 행정심판의 운영에서 청구인적격을 비교적 넓게 인정하고 있다는 점에서 청구인적격의 요건은 개선될 필요가 있다. 행정심판의 청구인적격을 행정소송법상 원고적격보다 확대해야 할 필요성에 대해서는 소위 입법비과오설(立法非過誤說)을 주장하는 학자들도 대체로 공감하고 있다.[15] 생각건대 행정심판법 제13조 제1항 제1문의 청구인적격에 규정된 관한 규정을 "위법 또는 부당한 처분에 불복하는 자는 취소심판을 청구할 수 있다"라는 정도로 개정할 필요가 있다. 적어도 "법률상 이익"이

---

14) 김남진, 행정법, 제7판, 593-594면.

15) 한편, 행정심판의 청구인적격을 넓게 해석하는 견해도 있다. 즉 반사적 이익에 지나지 아니하는 것이라도 쟁송으로 보호할 만한 실질적 · 구체적 이익, 즉 보호의 가치 있는 이익도 법률상 이익의 개념에 포함된다는 견해가 그러하다(이상규, 행정쟁송법, 99-100면).

라는 문언을 피해 취소소송의 원고적격과 절연할 수 있고, 위법한 처분뿐만 아니라 부당한 처분까지 취소심판의 대상으로 포함할 수 있다. 이 경우 청구인적격에 관한 구체적 해석은 학설 및 행정심판위원회의 재결례의 발전에 맡기는 것이 바람직하다.[16)]

한편, 일본의 행정불복심사법(行政不服審査法) 제2조에는 "처분에 불복이 있는 자"로 규정하고 있다. 이 규정의 의미에 대해 판례는 종래에 취소소송의 원고적격 범위와 동일한 것으로 해석하고 있었다.[17)] 이 규정은 개정법에서 구법의 규정을 그대로 유지하고 있다는 점에서 그 해석에 큰 변화가 없다고 보고 있다.[18)] 2014년 행정불복심사법의 개정과정에서 심사청구인적격을 원고적격과 분리해서 그 범위를 확대해야 한다는 논의가 있었다. 그러나 행정사건소송법 제9조의 해석론으로도 원고적격의 범위를 충분히 확대할 수 있다고 보아 심사청구인적격의 규정을 그대로 둔 것이다.[19)] 독일에서는 전심절차로서 행정심판을 규정하고 있으나, 행정심판의 청구인적격을 명시적으로 규정하고 있지 않다. 따라서 행정심판의 청구인적격은 해석에 맡겨져 있다. 이와 관련하여 위법한 행정행위로 인한 권리침해뿐만 아니라 부당한 행정행위로 권리를 제약하거나 부담을 주는 경우도 포함한다고 보는 견해가 지배적이다.[20)] 그러나 민중소송(Popularklage)과 마찬가지로 행정심판에서도 민중심판(Popularwiderspruch)의 우려 때문에 청구인적격의 범위에서 경제적 · 사실적 · 관념적 이익의 제약은 배제된다고 보고 있다.[21)]

(2) 청구인의 자료요구권의 보장 미흡

행정심판법은 절차적 권리가 인정되고 있음에도 불구하고, 당사자인 청구인의 권리에 있어 취약점을 드러내고 있다. 피청구인인 행정청이 보유하고 있는 자료제공요구권이나 자료열람청구권이 아직 인정되고 있지 않아 실질적인 당사

---

16) 한편, 청구인적격과 관련하여 "처분의 취소 또는 변경을 구할 법적으로 정당한 이익이 있는 자가 청구할 수 있다"고 규정하자는 견해도 있다(박균성, "청구인적격 확대와 청구 및 심리절차의 개선", 법제처 행정심판회 개정 공청회(2006. 12. 15.) 자료. 36면 참조). 이 견해는 청구인적격을 확대해야 한다고 주장하면서, "법률상 이익" 대신 "법적으로 정당한 이익"으로 변경하자고 주장한다.

17) 最判昭和 53年 3月 14日, 民集 32巻 2号, 211頁.

18) 小早川光郎 · 高橋 滋, 條解行政不服審査法, 2016, 20면.

19) 小早川光郎 · 高橋 滋, 前揭書, 21면.

20) Kopp/Schenke, VwGO. 18. Aufl., § 69 Rn. 6; Hufen, Verwaltungsprozessrecht, 7. Aufl., § 6 Rn. 20 ff.; Würtenberger, Verwaltungsprozessrecht, 3. Aufl., Rn. 359.

21) Würtenberger, a.a.O., Rn. 359.

자로서의 지위가 보장되지 못하고 있다는 비판이 있다.[22] 그러나 현재 공공기관의 정보공개에 관한 법률이 제정되어 있어, 이러한 문제점은 어느 정도 해소되었다고 볼 수 있다.

(3) 사정재결의 보장으로 공익의 우위 인정

행정심판위원회는 심판청구가 이유 있다고 인정하는 경우에도 이를 인용하는 것이 공공복리에 크게 위배된다고 인정하면, 그 심판청구를 기각하는 재결을 할 수 있다(행정심판법 제44조 제1항). 이를 "사정재결"이라고 한다. 이러한 사정재결의 보장은 공익을 우위에 둠으로써 당사자의 권리구제(사익)를 후퇴시킬 우려가 있다. 행정소송에서도 사정판결이 인정되고 있다. 사정재결과 사정판결은 공익을 우선으로 하는 제도라고 할 수 있는데, 개인의 권리구제 측면에서는 큰 장애물이라고 할 수 있다. 행정심판법 제44조 제2항에서는 이러한 사정재결을 할 때 청구인에 대하여 상당한 구제방법을 취하거나 상당한 구제방법을 취할 것을 피청구인에게 명할 수 있도록 규정하고 있으나, 실질적인 구제조치를 통해 청구인을 구제할 수 있도록 해야 한다. 이러한 사정재결은 남용되어서는 아니되며, 엄격한 요건하에 인정되어야 한다. 행정심판법 제44조 제1항에서 규정하고 있는 바와 같이 관련된 사익과 공익의 형량을 통해 판단하되, "공공복리에 크게 위배된다고 인정"되는 경우에 해당하여야 한다.

(4) 집행부정지 원칙의 문제

행정심판법은 집행부정지의 원칙을 채택하고 있다. 즉 심판청구가 처분의 효력이나 그 집행 또는 절차의 속행에 영향을 주지 아니한다(행정심판법 제30조). 집행부정지의 원칙은 행정심판의 남용으로 인해 행정작용의 집행이 중단되는 것을 방지하여 행정의 능률성을 제고하기 위한 것이다. 집행부정지의 원칙이 당사자의 권리보호를 소홀히 하는 측면이 있다는 비판도 있다. 이러한 집행부정지의 원칙은 일본의 입법례를 따른 것이다(일본행정불복심사법 제34조 제1항 참조). 이와 달리 독일에서는 집행정지의 원칙을 채택하고 있다. 집행정지의 원칙을 따를 것인지, 아니면 집행부정지의 원칙을 따를 것인지는 입법정책의 문제이지만, 전자의 방식이 개인의 권리구제에 유리하다. 다만, 집행정지의 원칙을 취하는 독일에서는 행정쟁송이 지연되는 문제점이 있다.

---

22) 이상규, 전게서(상), 688면.

Ⅲ. 행정심판제도의 역사적 발전

1. 대륙법계 행정심판제도

독일과 프랑스의 대륙법계 행정심판제도는 행정권의 작용에 대한 개인의 권리구제제도로서의 의미를 가지는 한편, 행정의 합목적성 및 합법성을 행정청 스스로 보장하려는 행정의 자율적 통제로서의 의미도 가진다. 독일의 행정법원법은 항고소송의 전심절차(Vorverfahren)를 간단히 규정하고 있다(제68조 이하). 그 행정심판의 제기에 관하여 단순히 "전심절차는 이의제기(행정심판)에 의하여 개시된다"라고 규정하고 있다. 독일에서는 행정심판을 (준)사법적 절차가 아니라, 행정절차의 성격을 가진 것으로 이해하고 있다.[23] 즉 행정심판은 행정절차임과 동시에 행정소송의 전심절차라는 성격을 가지고 있다고 보고 있다.[24]

독일에서는 행정심판제도의 폐지가 논의되고 있다. 바이에른(Bayern), 바덴·뷔르템베르크(Baden-Württemberg), 베를린(Berlin), 헤센(Hessen) 등 일부 주(란트)에서는 행정심판제도를 부분적으로 폐지하기도 하였다.[25] 니더작센(Niedersachen) 주, 바이에른 주, 그리고 노르트라인·베스트팔렌(Nordrhein-Westfalen) 주에서는 행정심판을 원칙적으로 폐지하고, 학교법이나 지방자치단체공과금법 등의 경우에 예외적으로 인정하고 있을 뿐이다.[26] 나아가 행정심판제도의 전면적 폐지보다 임의적 전심절차를 주장하는 견해도 있다.[27] 이와 관련하여 독일에서는 행정심판제도의 개혁이 논의 중이며, 행정심판제도의 존폐 위기에 처해 있다. 그 배경은 이미 20년 전부터 논의된 관료주의 혁파, 규제완화 및 효율성제고, 비용의 절약, 절차신속화 등에서 찾을 수 있다.

2. 영미법계 행정심판제도

영국은 전통적으로 '법의 지배(rule of law)'의 원리를 발전시켰고, 1870년대

---

23) Schmitt Glaeser/Horn, Verwaltungsprozeßrecht, 15. Aufl., Rn. 192.
24) Maurer/Waldhoff, Allgemeines Verwaltungsrecht, 19. Aufl., § 10 Rn. 75.
25) 상세는 Ulrike Rüssel, Zukunft des Widerspruchsverfahrens, NVwZ 2006, S. 523 ff.; H. Biermann, Das Widerspruchsverfahren unter Reformdruck, DÖV 2008, S. 397 f.
26) Maurer/Waldhoff, a.a.O., § 10 Rn. 75.
27) Biermann, a.a.O., S. 403.

부터 의회가 행정부와 개인 사이의 분쟁을 심판하는 제1차적 사법구제(primary jurisdiction)의 길을 입법적으로 열어 놓았다. 이로 인하여 영국에서는 연금심판소, 철도심판소 및 토지심판소 등을 비롯한 수많은 행정심판소가 설치되었다. 영국의 행정심판제도는 1932년 장관의 권한에 관한 위원회(Committee on Ministers' Powers)가 제출한 도너모어 보고서(Donoughmore Report)에 의해 급속한 발전을 이루었다.[28] 이 보고서에서 행정심판에 관한 종합적인 조사와 연구가 이루어졌다. 이후 1958년에 프랭크 보고서(Franks Report)에 의해 '심판소 및 심문에 관한 법률'이 제정되었다. 그러나 이후에 영국에서도 행정심판제도에 중요한 변화가 있었다. 2007년에 '심판소(審判所), 법원 및 집행에 관한 법률(Tribunals, Courts and Enforcement Act)'이 제정되었다.[29] 이 법률의 제정에 의해 제1심판소(First-tier Tribunal)와 고등심판소(Upper Tribunal)로 구분되었다. 고등심판소에 행정심판을 신청하기 위해서는 신청인이 이에 대해 '충분한 이익'을 가져야 한다(동법 제16조 제3항).

미국에서는 19세기 후반기에 접어들면서 자본주의경제체제의 급격한 발달로 새로운 사회적·경제적 문제가 파생되었고, 자유방임주의의 원칙에 기초한 권력구조와 전통적인 '법의 지배'에 대한 수정이 불가피하게 되었다. 이러한 사회분위기 속에 규제적 행정위원회(regulatory administrative commission)가 출범하였는데, 이를 통해 행정심판제도는 급속한 발전을 하였다. 특히 "행정절차에 관한 법무장관 위원회(Attorney General's Committe on Administrative Procedures)"의 최종보고서는 사법심사의 목적이 행정권 통제에 있지만, 시민의 권리를 침해한 행정권한의 남용이나 유월의 억제에 제한되어야 한다는 점을 명확히 밝히고 있다.[30]

한편, 보통법(Common Law) 국가에서는 이러한 반사적 이익이나 사실상의 이익, 소송으로 보호할 만한 가치가 있는 이익도 법률상 이익의 범주에 포용하려는 경향이 있다.[31] 특히 미국이나 영국에서는 원고적격을 비교적 넓게 해석하고 있다. 영국에서는 1981년 최고법원법(Supreme Court Act: SCA) 제31조 제3항

---

28) 상세한 내용은 이상규, 행정쟁송법, 66면 참조.
29) 이에 대해서는 Craig, Administrative Law, 7th edn(London: Sweet & Maxwell, 2012), pp. 231-239; 안동인, "영국의 행정심판제도 개혁에 관한 소고", 공법연구 제38집 제1호 제2권(2009. 10), 237면 이하 등 참조.
30) 이상규, 영미행정법, 207면.
31) 이에 대해서는 이상규, 행정쟁송법, 99-100면.

에서 "충분한 이익(sufficient interest)"이 있는 경우를 규정하고 있고, 사법심사에 있어서 이익의 '충분성' 여부에 관한 심사를 통해 원고적격 여부를 판단하고 있다.[32] 미국 행정절차법 제702조는 원고적격(locus standi, standing)으로 "불리한 영향을 받거나 법익의 침해를 받는 자"(adversely affected or aggrieved)를 규정하고 있다. 미연방대법원의 판결에서도 원고적격으로 처음에는 "법적으로 보호되는 이익(legally protected interest)"만을 인정하였으나, 점차 "이익의 침해를 받은 자(persons aggrieved)"로 확대되었다. 이후에 행정절차법 제702조의 채택으로 "불리한 영향을 받은 것"을 원고가 입증하는 경우에는 원고적격을 인정하였다.[33] 특히 환경소송에서는 '사실상의 이익'이 침해된 경우(injury in fact)에도 원고적격이 인정되고 있다.[34]

Ⅳ. 행정심판의 종류

1. 취소심판

취소심판은 위법 또는 부당한 공권력의 행사 또는 그 거부, 그 밖에 이에 준하는 행정작용으로 인하여 권익을 침해당한 자가 그 취소 또는 변경을 구하는 행정심판이다(행정심판법 제5조 제1호). 그 법적 성질과 관련하여 형성적 쟁송으로 보는 설과 확인적 쟁송으로 보는 설이 대립한다. 취소심판은 처분의 효력을 다투어 처분을 통하여 형성된 일정한 법률관계를 소멸 또는 변경하게 하는 점에서 형성적 쟁송으로 보는 것이 타당하다. 형성적 쟁송으로 보는 견해가 통설·판례의 입장이다.[35]

2. 무효등확인심판

무효등확인심판은 처분의 효력유무 또는 존재여부에 대한 확인을 구하는 행정심판이다(행정심판법 제5조 제2호). 그 법적 성질과 관련하여 확인적 쟁송으로 보는 견해, 형성적 쟁송으로 보는 견해, 준형성적 쟁송으로 보는 견해 등이 대

---

32) Craig, op. cit., pp. 777-780.
33) Levin, Ronald M. & Lubbers, Jeffrey S., Administrative Law and Process, 375-377 (6th ed. 2017).
34) Aman & Mayton, Administrative Law, 389-392 (2nd. 2001).
35) 대법원 1960. 9. 30. 선고 4292행상20 판결.

립하고 있다. 준(準)형성적쟁송설이 다수설이다. 즉 실질적으로는 확인적 쟁송이지만 형식적으로는 처분의 효력의 유무 등을 직접 쟁송의 대상으로 한다는 점에서 형성적 쟁송으로서의 측면을 동시에 가진다는 것이다. 그러나 무효확인심판에서는 처분의 무효를 확인하는 것이지, 그 처분의 효력을 없애는 것이 아니라는 점에서 확인적 쟁송으로 보는 것이 타당하다. 무효등확인심판에는 취소심판과 달리 심판청구기간의 제한이 없고, 사정재결이 인정되지 않는다(동법 제27조 제7항, 제44조 제3항 참조).

3. 의무이행심판

의무이행심판은 행정청의 위법·부당한 거부처분 또는 부작위가 있는 경우에 그 법률상 의무가 있는 처분의 이행을 구하는 행정심판이다(행정심판법 제5조 제3호). 예컨대 허가신청을 위법·부당하게 거부하거나 또는 환경오염물질 배출업소를 단속해야 할 의무가 있는 행정청이 그 의무를 이행하지 않는 경우에 이전의 신청에 대한 허가를 요구하거나 부작위로 방치한 처분의 이행을 구하는 행정심판이 여기에 해당한다. 이행적 쟁송으로 보는 견해가 다수설이다. 거부처분에 대한 의무이행심판은 청구기간의 제한을 받지만, 부작위에 대한 의무이행심판은 그 제한을 받지 않는다(행정심판법 제27조 제7항).

행정심판위원회는 심판청구가 이유 있다고 인정할 경우 스스로 신청에 따른 처분을 하거나(형성적 재결), 처분청으로 하여금 처분을 할 것을 명하는 재결(이행적 재결)을 내릴 수 있다(행정심판법 제43조 제5항). 특히 당사자의 신청을 거부하거나 부작위로 방치한 처분의 이행을 명하는 재결이 있으면 행정청은 지체 없이 이전의 신청에 대하여 재결의 취지에 따라 처분을 하여야 한다(동법 제49조 제2항). 그럼에도 불구하고 피청구인인 행정청이 아무런 처분을 하지 아니하는 때에 행정심판위원회는 당사자가 신청하면 그 기간을 정하여 서면으로 시정을 명하고 그 기간에 이행하지 아니하면 직접 처분을 할 수도 있다(동법 제50조 제1항). 다만, 그 처분의 성질이나 그 밖의 불가피한 사유로 위원회가 직접 처분을 할 수 없는 경우에는 그러하지 아니한다(동조 단서).

제2절 행정심판의 대상

Ⅰ. 서 설

행정심판의 규정방식은 개괄주의와 열기주의로 구분된다. 열기주의는 심판청구의 대상을 개별적으로 나열하며 특정한 사항에 한정하는 방식이지만, 개괄주의는 하자 있는 행정행위 일반을 행정심판사항으로 한다. 현행 행정심판법은 개괄주의를 채택하고 있다. 즉 "행정청의 처분 또는 부작위에 대하여는 다른 법률에 특별한 규정이 있는 경우 외에는 이 법에 따라 행정심판을 청구할 수 있다"라고 규정하고 있다(행정심판법 제3조 제1항). 개괄주의는 행정심판을 열거하여 한정하는 열기주의에 비하여 국민의 권익을 구제하는 범위를 널리 확보할 수 있는 장점을 가진다. 행정심판의 대상이 되는 처분의 개념은 중요하다. 행정심판법에서는 처분의 개념을 "행정청이 행하는 구체적 사실에 관한 법집행으로서의 공권력의 행사 또는 그 거부, 그 밖에 이에 준하는 행정작용"(행정심판법 제2조 제1호)이라고 정의하고 있다. 이에 따른 처분개념은 행정청의 구체적 사실에 대한 법집행으로서의 ① 공권력행사, ② 공권력행사의 거부(거부처분) 및 ③ 그 밖에 이에 준하는 행정작용으로 구성되어 있다. 이를 분설하면 아래와 같다.

Ⅱ. 행정청의 공권력행사

1. 행정청

행정심판의 청구대상은 '행정청'이 행하는 처분이나 부작위이다. 이 경우 행정청이란 행정주체의 의사를 결정·표시하는 기관이다. 행정청은 국가 또는 지방자치단체의 기관 외에 법령 또는 자치법규에 의하여 행정권한을 가지고 있거나 위탁을 받은 공공단체나 그 기관 또는 사인을 말한다(행정심판법 제2조 제4호). 여기에서 말하는 사인은 '공무수탁사인'을 의미하며, 사법상 자연인 또는 법인이어야 한다. 또한 처분이나 부작위가 있은 후에 이와 관련된 권한을 다른 행정청이 승계한 때에는 그 권한을 승계한 행정청이 행정심판의 피청구인으로 한다(행정심판법 제17조 제1항 단서).

2. 공권력행사

행정청의 공권력행사란 행정청이 행정주체의 기관의 지위에서 법집행작용으로서 행하는 권력적 활동을 말한다. 여기에는 강학상의 행정행위뿐만 아니라 권력적 사실행위도 포함된다. 그러나 처분 개념의 핵심적 요소는 "구체적 사실에 관한 행정청의 공권력의 행사"이다. 이 개념은 강학상의 '행정행위'와 일치하며, 단독적 공법행위를 의미한다. 공권력행사란 행정청이 법률에 근거하여 고권적인 지위에서 행하는 공법적 행위이며, 대외적 구속력을 가지는 것을 말한다. 행정소송과 마찬가지로 구체적인 권리·의무에 관한 분쟁이어야 하며, 국민의 구체적인 권리·의무에 직접적인 변동을 초래하지 않는 것은 그 대상이 될 수 없다.[36] 따라서 대외적으로 아무런 법적 효과를 발생하지 아니하는 내부적 행위나 단순한 사실행위는 배제된다.[37] 처분적인 행위는 원칙적으로 구체적인 사실에 대한 법집행행위이므로 공권력행사 개념에 포함되지만, 행정입법은 여기에 속하지 아니한다. 한편, 대법원은 행정입법이 다른 행정행위를 기다릴 것 없이 직접 그 자체로 개인의 권익을 침해하는 효과를 발생하는 경우에는 처분적 행위(소위 처분적 명령)로 보고 있다.[38] 그러나 처분적 명령을 인정하고 이에 대해 취소소송을 허용하는 것은 법리적으로 타당하지 않다. 이에 대해서는 행정소송에서 상론하기로 한다. 또한 개별적 성질에 비추어 처분성이 인정되는 행정계획결정은 취소심판의 대상이 될 수 있음은 물론이다. 대법원은 구 도시계획법 제12조의 도시계획시설결정을 행정청의 처분으로 보고 있다.[39]

행정심판법은 행정심판의 대상으로 공권력행사의 거부를 들고 있는 데, 이는 거부처분을 의미한다. 이러한 거부행위는 당사자의 신청에 대해 행정청이 부정적인 의사를 외부적으로 표시하는 행위를 말하며, 이는 소극적 형태의 공권력행사에 해당한다. 이러한 이유에서 거부처분은 외부적 행위가 전혀 존재하지 않는 부작위와 구별된다. 거부처분의 사례로는 건축허가청구에 대하여 관할 행정청이

---

36) 대법원 1983. 4. 26. 선고 82누528 판결.
37) 대법원 1967. 6. 27. 선고 67누44 판결.
38) 대법원 1954. 8. 19. 선고 4286행상31 판결.
39) 대법원 1982. 3. 9. 선고 80누105 판결.

이를 거부하거나, 또는 정보공개청구를 하였으나 해당 행정청이 이를 거부하는 경우가 그러하다.

3. 그 밖에 이에 준하는 행정작용

행정심판의 대상에는 행정청의 공권력행사 외에 "그 밖에 이에 준하는 행정작용"을 규정하고 있다. 현대행정의 복잡다양화로 인하여 예상하지 못하는 유형의 행정작용도 행정심판의 대상에 포함시키기 위해 "그 밖에 이에 준하는 행정작용"이라는 규정이 도입되었다. 앞에서 언급한 공권력의 행사나 거부처분이 아니라도 개인의 권익에 영향을 미치는 행정작용이 포함된다. 이러한 행정작용에 포함되는 내용은 여전히 모호한 측면이 없지 않다. 행정구제의 확대를 위한 입법적 의도로 여겨진다. 이 규정이 독일 연방행정절차법 제35조 단서를 근거로 일반처분에 해당된다는 견해나 일본의 형식적 행정행위의 개념을 언급하는 견해도 있다. 그러나 법문의 해석상 권력적 성질을 가지는 행정작용에 해당한다고 보는 것이 타당하다. 따라서 여기에는 '권력적 사실행위'가 포함된다. 사실행위는 현실적으로 비교적 단기간에 목적을 달성하고 종료하는 것을 특징으로 하므로 그 취소 또는 변경을 구하는 행정심판의 대상으로는 부적합하다. 여기에 해당하는 사례로는 전염병환자의 강제격리, 송환대상자의 강제격리, 토지출입조사 및 대집행의 실행 등이 있다. 토지출입조사나 대집행의 실행은 단기간에 종료되는 경우가 적지 않아 행정심판을 제기할 실익이 적다. 참고로 일본 행정불복심사법(行政不服審査法) 제2조 제1항에서는 행정불복심사의 대상을 "공권력의 행사에 해당하는 사실상의 행위로서 사람의 수용, 물건의 영치 기타 그 내용이 계속적 성질을 갖는 것"이라고 규정하고 있다. 계속적 성질을 가지는 내용의 권력적 사실행위는 개인의 신체나 재산에 공권력을 행사함으로써 구체적인 사실상태에 변동을 가져오거나 그 밖에 권익침해를 초래하는 사실행위로서 권리구제를 위해 어느 정도의 계속성을 가져야 한다.

Ⅲ. 부작위

1. 부작위의 의의

부작위란 행정청이 당사자의 신청에 대하여 상당한 기간 내에 일정한 처분을 하여야 할 법률상 의무가 있음에도 불구하고 이를 하지 아니하는 것을 말한다. 이러한 부작위도 행정심판의 대상이 된다(행정심판법 제2조 제2호).

2. 부작위의 성립요건

부작위가 성립되기 위해서는 다음과 같은 요건을 충족하여야 한다. 첫째 부작위가 성립하기 위해서는 당사자의 신청행위가 있어야 한다. 여기서 적법한 신청이란 법령에 당사자의 신청권을 명문으로 규정한 경우, 해석상 특정인의 신청이 인정되는 경우를 말한다. 전자의 경우에는 여권법 제9조 제1항에 의한 여권발급신청이 해당하며, 후자의 경우에는 도로법 제61조의 도로점용허가가 그러하다. 둘째, 상당한 기간이 경과하여야 한다. 당사자의 신청에 대하여 행정청이 처분을 할 수 있는 상당한 기간이 경과한 후에도 아무런 처분을 하지 않아야 한다. 여기에서 "상당한 기간"이란 합리적인 사회통념에 비추어 행정청이 해당 신청에 대한 처분을 하는데 소요되는 적절한 기간을 말한다. 그러나 개별법령에서 이에 대해 구체적인 기간을 규정하는 것이 바람직하다. 셋째, 행정청이 처분을 해야 할 법규상 또는 조리상의 의무가 있어야 한다. 당사자의 신청에 대해 처분을 하여야 할 행정청의 법률상 의무가 있어야 한다. 이러한 의무가 인정되기 위해서는 해당 법령에서 명문으로 규정하고 있거나, 법령의 취지나 해당 처분의 성질에 비추어 처분의무가 도출될 수 있어야 한다. 통상적으로 해당 처분이 기속행위인 경우에 이러한 의무가 인정된다. 그러나 재량행위인 경우에도 예외적으로 중대하고 긴급한 위험이 있는 경우와 같이 재량의 영으로의 수축을 통해 법률상 의무가 인정될 수 있다. 법률상의 의무뿐만 아니라 조리에 근거하여서도 부작위의무가 도출된다고 보는 견해가 일반적이다. 이러한 해석은 국민의 권익구제를 확대하고자 하는 취지로 이해할 수 있으나, 공권 성립의 일반적 요건에 비추어 타당하지 않다. 마지막으로 처분으로 볼 수 있는 행정작용이 없는 경우를 의미한다(처분의 부존재).

Ⅳ. 제외사항

행정심판법은 행정작용 중 그 성질 또는 처분청의 지위 등에 비추어 행정심판의 대상으로 보기에 부적합한 경우를 명시하고 있다. 여기에 대통령의 처분 또는 부작위, 행정심판의 재결을 규정하고 있다.

1. 대통령의 처분 또는 부작위

대통령의 처분 또는 부작위에 대하여는 다른 법률에 특별한 규정이 있는 경우를 제외하고는 행정심판을 제기할 수 없다(행정심판법 제3조 제2항).

2. 행정심판의 재결

심판청구에 대한 재결이 있는 경우에는 당해 재결 및 동일한 처분 또는 부작위에 대하여 다시 심판청구를 제기할 수 없다(행정심판법 제51조). 행정심판에 대한 재결이 있으면 행정심판의 재청구는 금지된다.

제3절 행정심판의 당사자 및 이해관계인

Ⅰ. 청구인

1. 청구인의 의의

심판청구의 대상인 행정청의 처분 또는 부작위에 불복하여 그 취소 또는 변경 등을 구하기 위하여 행정심판을 청구하는 자를 말한다. 청구인은 처분의 상대방인지 제3자인지, 또는 자연인인지 법인인지를 불문한다. 법인이 아닌 사단이나 재단도 대표자 또는 관리인이 정하여져 있는 경우에는 그 이름으로 행정심판을 제기할 수 있다(행정심판법 제14조).

2. 취소심판의 청구인적격

(1) 법률상 이익의 개념과 해석

행정심판의 청구인이 되기 위한 자격을 '청구인적격'이라 한다. 취소심판의 경우에는 해당 처분의 상대방인지 여부에 관계없이 구체적인 처분의 취소나 변경을 구할 법률상 이익이 있는 자가 청구인적격을 가진다(행정심판법 제13조 제1

항). 법률상 이익의 개념과 관련하여, ① 권리구제설, ② 법적보호이익설(법률상 이익구제설), ③ 보호가치이익구제설, ④ 적법성보장설이 대립하고 있다. 다수설은 법적보호이익설의 입장이다. 다만, 전술한 바와 같이 행정심판의 청구인적격은 행정소송의 원고적격보다 확대될 필요가 있다.

(2) 처분의 효과가 소멸된 때

청구인적격은 원칙적으로 행정심판을 제기할 때뿐만 아니라, 해당 심판청구에 대한 심리가 종결될 때까지 유지되어야 한다. 그러나 행정심판법은 특별한 경우에 "처분의 효과가 기간의 경과, 처분의 집행 그 밖의 사유로 인하여 소멸된 뒤에도 그 처분의 취소로 회복되는 법률상 이익이 있는 자"에 대해서도 청구인적격을 인정하고 있다. 청구인은 이를 스스로 주장·입증하여야 한다. 행정소송법 제12조 제2문에서도 동일한 규정을 두고 있는데, 이를 "협의의 소익"이라고 부른다. 행정소송법 제12조 제1문의 원고적격과 제2문의 협의의 소익의 관계에 대해서는 후술하는 바와 같이 학설이 대립하고 있다. 마찬가지로 행정심판법 제13조 제1문과 제2문의 "법률상 이익"의 해석이 문제될 수 있다. 해석상 후자의 경우를 보다 넓게 해석할 필요가 있다. 행정심판법 제13조 제1항 제2문은 특수한 권리보호필요를 의미한다.

3. 무효등확인심판의 청구인적격

무효등확인심판에 있어서는 처분의 효력유무나 존재여부에 대한 확인을 구할 법률상 이익이 있는 자가 청구인적격을 가진다(행정심판법 제13조 제2항). 여기에서 "법률상 이익"을 법적으로 보호되는 이익으로 보아야 할지, 아니면 확인의 이익(즉시확정의 이익)으로 해석해야 할지가 문제다. 종전에는 무효확인심판에 있어서 "법률상 이익"을 확인의 이익으로 보는 견해가 유력하였다. 즉 구체적으로 당해 행정쟁송의 목적인 처분이나, 법률관계의 효력유무나 존재여부에 관하여 당사자 사이에 분쟁이 존재하여 재결에 의하여 이를 확정하는 것이 당사자의 법적 지위의 불안이나 위험을 제거하기 위하여 필요한 경우라고 보는 견해가 그러하다. 한편, 법률상 이익의 내용을 판단함에 있어서는 해당 심판유형이 항고쟁송으로서의 성질을 가지므로, 재결의 결과에 의해 얻는 법적 이익까지 포괄하여 종합적·입체적으로 검토해야 된다는 유력한 견해도 있다(보호가치이익구제설). 즉 "법적으로 보호할 만한 총이익"이 포함된다고 보아, 무효확인심판의 청구인적격을 넓게 해석하고 있다.[40] 그러나 중앙행정심판위원회는 무효확인심판의 법률상 이익을 취소심판과 동일하게 "법적으로 보호되는 이익"(법적보호이익)으로 해석하고 있다.[41] 한편, 대법원은 전원합의체 판결을 통해 종전의 입장을 변경하여 무효확인소송의 보충성을 부인하고 있으며, 무효확인소송의 원고적격을 취소소송과 마찬가지로 '법적으로 보호되는 이익'으로 해석하고 있다.[42]

4. 의무이행심판의 청구인적격

의무이행심판에서는 거부처분이나 부작위에 대하여 일정한 처분을 구할 법률상 이익이 있는 자가 청구인적격을 가진다(행정심판법 제13조 제3항). 의무이행심판의 청구인적격도 취소심판과 마찬가지로 '법률상 이익이 있는 자'로 규정하고 있으므로 '법률상 이익'을 '법적으로 보호되는 이익'으로 해석하고 있다.

5. 청구인의 지위승계

(1) 당연승계

행정심판을 제기한 후 자연인인 청구인이 사망한 때에는 그 상속인이나 그 밖에 법령에 따라 심판청구의 대상에 관계되는 권리나 이익을 승계한 자가 그 청구인의 지위를 승계한다(행정심판법 제16조 제1항). 법인인 청구인이 합병에 따라 소멸하였을 때에는 합병 후 존속하는 법인이나 합병에 따라 설립된 법인이 그 지위를 승계한다(동조 제2항). 청구인의 사망이나 합병으로 그 청구인의 지위를 승계한 자는 그 사유를 증명하는 서면을 첨부하여 행정심판위원회에 신고하여야 한다(동조 제3항).

(2) 허가승계

행정심판이 제기된 뒤에 해당 심판청구의 대상과 관계되는 권리나 이익을 양수한 자는 행정심판위원회의 허가를 받아 청구인의 지위를 승계할 수 있다(행정심판법 제16조 제5항). 개별법에는 처분과 관련된 권리를 타인에게 양도할 수 있는 경우가 있다(하천법 제106조, 공유수면관리 및 매립에 관한 법률 제43조). 이 경우에는 해당 처분에 관계되는 권리나 이익을 양수한 자가 청구인의 지위를

---

40) 이상규, 행정쟁송법, 368-369면.
41) 이 원, 주해 행정심판법, 법령정보관리원, 2012, 90면.
42) 대법원 2008. 3. 20. 선고 2007두6342 판결.

승계할 수 있도록 하여 그 심판청구의 심리를 효율적으로 진행할 필요가 있다. 행정심판위원회가 신청인의 지위승계를 허가하지 아니하면, 신청인은 결정서의 정본을 받는 날부터 7일 이내에 행정심판위원회에 이의신청을 할 수 있다(행정심판법 제16조 제8항).

6. 선정대표자

다수의 청구인이 공동으로 심판청구를 할 때에는 청구인 중에서 3명 이하의 대표자를 신청할 수 있고, 청구인이 대표자를 선정하지 아니하는 경우에도 행정심판위원회가 필요하다고 인정하면 청구인에게 대표자를 선정할 것을 권고할 수 있다(행정심판법 제15조 제1항, 제2항). 선정대표자는 심판청구의 취하를 제외하고 다른 청구인들을 위하여 그 사건에 관한 모든 행위를 할 수 있다. 다만 심판청구를 취하하려면 다른 청구인들의 동의를 받아야 한다(동조 제3항).

Ⅱ. 피청구인

1. 피청구인의 의의

심판청구를 제기받은 상대방인 당사자는 심판청구의 대상인 처분을 한 '처분청' 또는 부작위를 한 '부작위청'이 되는 것이 원칙이다. 그러나 심판청구의 대상과 관계되는 권한이 다른 행정청에 승계된 때에는 권한을 승계한 행정청이 피청구인이 된다(행정심판법 제17조 제1항). 권리·의무의 귀속주체인 국가나 지방자치단체 등 행정주체가 아니라 행정청을 피청구인으로 한 것은 행정심판에 있어 공격·방어 방법상의 용이성이나 절차진행상의 편의성을 고려한 것이다.

2. 피청구인의 경정

청구인이 피청구인을 잘못 지정한 경우에 행정심판위원회는 직권으로 또는 당사자의 신청에 의하여 결정으로써 피청구인을 경정한다(행정심판법 제17조 제2항, 제5항). 피청구인의 경정제도는 행정조직구조의 복잡성으로 인해 피청구인을 파악하기가 쉽지 않고, 이를 부적법 각하하는 것은 소송경제에 반하므로 청구인의 권리구제를 위해 마련된 것이다.

Ⅲ. 행정심판의 이해관계인

1. 행정심판의 참가인

행정심판의 결과에 대하여 이해관계가 있는 제3자나 행정청은 해당 행정심판위원회나 소위원회의 의결이 있기 전까지 그 사건에 대하여 심판참가를 할 수 있다(행정심판법 제20조 제1항). 이 경우 참가의 취지와 이유를 적은 참가신청서를 행정심판위원회에 제출하여야 한다. 여기에서 말하는 '이해관계가 있는 제3자'란 "해당 심판청구에 대한 재결의 주문에 의하여 직접 자신의 권리나 이익을 침해당한 자"를 말한다. 또한 행정심판위원회는 필요하다고 인정할 때에는 그 행정심판의 결과에 이해관계가 있는 제3자 또는 행정청에 그 사건 심판에 참가할 것을 요구할 수 있다(행정심판법 제21조 제1항). 이 요구를 받은 제3자 또는 행정청은 지체 없이 참가 여부를 행정심판위원회에 통지하여야 한다(동조 제2항).

2. 행정심판의 대리인

(1) 의의

청구인의 대리인으로 선임할 수 있는 자는 법정대리인 외에 청구인의 배우자, 청구인 또는 배우자의 4촌 이내의 혈족, 청구인이 법인이거나 청구인능력이 있는 법인이 아닌 사단 또는 재단인 경우 그 소속 임직원, 변호사, 다른 법률에 따라 심판청구를 대리할 수 있는 자, 그 밖에 행정심판위원회의 허가를 받은 자이다(행정심판법 제18조 제1항). 피청구인인 행정청은 그 소속 직원 또는 변호사, 다른 법률에 따라 심판청구를 대리할 수 있는 자, 그 밖에 행정심판위원회의 허가를 받은 자를 대리인으로 선임할 수 있다(동조 제2항).

한편, 2017년 10월 31일 행정심판법의 일부 개정으로 '국선대리인'제도가 도입되었다. 행정심판법 제18조의2에는 "청구인이 경제적 능력으로 인해 대리인을 선임할 수 없는 경우에는 위원회에 국선대리인을 선임하여 줄 것을 신청할 수 있다"는 규정을 신설하였다. 경제적 사유로 대리인 선임이 곤란한 청구인 등 사회적 약자에게 행정심판위원회가 대리인을 선임하여 지원하는 제도이다. 법률 전문가의 조력은 관련된 정보의 수집과 쟁점의 정리 등에 크게 기여할 수 있다고 판단된다.

(2) 대리인의 권한

대리인의 자격은 서면으로 소명하여야 하며, 대리인이 그 자격을 잃은 때에 청구인은 그 사실을 서면으로 행정심판위원회에 신고하여야 한다(행정심판법 제19조). 대리인은 심판청구의 취하를 제외하고 청구인을 위하여 그 사건에 관한 모든 행위를 할 수 있다(동법 제18조 제3항, 제15조 제3항).

제4절 행정심판위원회

Ⅰ. 행정심판위원회의 의의 및 연혁

행정심판위원회는 심판청구사건을 심리·의결하고 이를 재결하는 합의제 행정기관이다. 2008년 행정심판법이 개정되기 전에는 재결의 객관적 공정을 도모하기 위해 심판청구사건에 대한 심리·의결기능과 재결기능을 분리시켰다. 이에 따라 심리·의결기능은 재결청에 소속된 행정심판위원회가 담당하고 재결청은 그 의결에 따르는 형식적인 재결기능만을 가지고 있었다(행정심판법 제31조). 그러나 국무총리행정심판위원회, 국민고충처리위원회, 국가청렴위원회를 통합하고 행정심판사건과 고충민원 등의 창구를 일원화하기 위하여 '국민권익위원회'가 설치되었다. 이에 따라 국무총리행정심판위원회의 설치·구성을 변경하고, 행정심판위원회가 행정심판사건에 대해 직접 재결하도록 하는 등 그 절차를 간소화하여 사건처리기간을 대폭 단축하고 창구를 일원화하게 되었다. 이후 행정심판제도의 본래의 취지인 신속한 권리구제에 기여하기 위해 2008년 2월 29일 법률 제8871호로 행정심판법이 개정되었다. 이에 따라 재결청은 폐지되고 행정심판위원회에 재결권이 부여되었다. 행정심판법의 개정 전에 법제처에 두었던 국무총리행정심판위원회는 '부패방지 및 국민권익위원회의 설치와 운영에 관한 법률'의 제정으로 국민권익위원회로 자리를 옮기게 되었다. 또한 2010년 1월 25일 행정심판법의 전면개정(법률 제9968호)으로 국무총리행정심판위원회는 '중앙행정심판위원회'로 그 명칭이 변경되었다.

Ⅱ. 행정심판위원회의 설치 및 구성

1. 행정심판위원회의 설치

(1) 처분청 소속의 행정심판위원회

행정심판위원회는 해당 행정청의 직근 상급행정기관 소속 하에 설치되는 것이 원칙이다. 다만, ① 감사원, 국가정보원장 그 밖에 대통령령으로 정하는 대통령 소속기관의 장인 때, ② 국회사무총장, 법원행정처장, 헌법재판소사무처장 또는 중앙선거관리위원회사무총장인 때, ③ 국가인권위원회, 그 밖에 지위·성격의 독립성과 특수성 등이 인정되어 대통령령으로 정하는 행정청인 때에는 해당 행정청 소속으로 행정심판위원회가 설치된다(행정심판법 제6조 제1항). 제1호에서 말하는 "대통령령으로 정하는 대통령 소속기관의 장"이란 대통령비서실장, 국가안보실장, 대통령경호처장 및 방송통신위원회를 말한다. 또한 제3호에서 말하는 "대통령령으로 정하는 행정청"은 고위공직자범죄수사처장을 말한다(동법 시행령 제2조 제2항).

(2) 중앙행정심판위원회

중앙행정심판위원회는 ① 행정심판법 제6조 제1항에 따른 행정청 외의 국가행정기관의 장 또는 그 소속 행정청, ② 특별시장·광역시장·특별자치시장·도지사·특별자치도지사(교육감을 포함한다. 이하 같다) 또는 특별시·광역시·특별자치시·도·특별자치도의 의회(의장, 위원회의 위원장, 사무처장 등 의회 소속 모든 행정청을 포함한다), ③ 지방자치법에 따른 지방자치단체조합 등 관계 법률에 따라 국가·지방자치단체·공공법인 등이 공동으로 설립한 행정청이 처분이나 부작위에 대해 심리·재결한다(행정심판법 제6조 제2항).

(3) 시·도지사 소속의 행정심판위원회

시·도지사 소속의 행정심판위원회는 ① 시·도 소속 행정청, ② 시·도의 관할구역에 있는 시·군·자치구의 장, 소속 행정청 또는 시·군·자치구의 의회(의장, 위원회의 위원장, 사무국장, 사무과장 등 의회 소속 모든 행정청을 포함한다), ③ 시·도의 관할구역에 있는 둘 이상의 지방자치단체(시·군·자치구를 말한다)·공공법인 등이 공동으로 설립한 행정청의 처분 또는 부작위에 대해 심판한다(행정심판법 제6조 제3항).

(4) 직근 상급행정기관 소속의 행정심판위원회

대통령령으로 정하는 국가행정기관 소속 특별지방행정기관의 장의 처분 또는 부작위에 대한 심판청구에 대하여는 해당 행정청의 직근 상급행정기관에 두는 행정심판위원회에서 심리·재결한다(행정심판법 제6조 제4항).

(5) 제3기관

행정심판에 있어서 심리·재결의 객관적 공정성을 특별히 보장하기 위하여, 개별법에서 당해 행정청이나 감독행정기관이 아닌 특별한 제3기관을 설치하는 경우가 있다. 여기에는 소청심사위원회(국가공무원법 제9조), 조세심판원(국세기본법 제67조 제1항), 중앙토지수용위원회(공익사업을 위한 토지 등의 취득 및 보상에 관한 법률 제52조) 등이 있다.

2. 행정심판위원회의 구성

(1) 일반행정심판위원회

중앙행정심판위원회를 제외한 일반행정심판위원회는 위원장 1명을 포함한 50명 이내의 위원으로 구성한다(행정심판법 제7조 제1항). 행정심판위원회 운영의 전문성 및 효율성을 제고하기 위해 2016년 3월 29일 행정심판법의 일부개정에 의해 행정심판위원회의 위원 정원의 상한을 30명 이내에서 50명 이내로 증원하였다. 행정심판위원회의 위원장은 그 행정심판위원회가 소속된 행정청이 되며, 위원장이 없거나 부득이한 사유로 직무를 수행할 수 없거나 위원장이 필요하다고 인정하는 경우에는 위원장이 사전에 지명한 위원, 같은 조 제4항에 따라 지명된 공무원인 위원(2명 이상인 경우에는 직급 또는 고위공무원단에 속하는 공무원의 직무등급이 높은 위원 순서로, 직급 또는 직무등급도 같은 경우에는 위원 재직기간이 긴 위원 순서로, 재직기간도 같은 경우에는 연장자 순서로 한다)의 순서에 따라 위원이 위원장의 직무를 대행한다(행정심판법 제7조 제2항).

행정심판위원회의 위원은 해당 행정심판위원회가 소속된 행정청에 의해 ① 변호사 자격을 취득한 후 5년 이상의 실무 경험이 있는 사람, ② 고등교육법 제2조 제1호부터 제6호까지의 규정에 따른 학교에서 조교수 이상으로 재직하거나 재직하였던 사람, ③ 행정기관의 4급 이상 공무원이었거나 고위공무원단에 속하는 공무원이었던 사람, ④ 박사학위를 취득한 후 해당 분야에서 5년 이상 근무한 경험이 있는 사람, ⑤ 그 밖에 행정심판과 관련된 분야의 지식과 경험이 풍부한 사람 중 어느 하나에 해당하는 사람 중에서 위촉되거나 그 소속 공무원 중에서 지명된다(행정심판법 제7조 제4항).

(2) 중앙행정심판위원회

중앙행정심판위원회는 위원장 1명을 포함하여 70명 이내의 위원으로 구성하나, 상임위원은 4명 이내로 한다(행정심판법 제8조 제1항). 2016년 3월 29일 행정심판법의 일부개정에 의해 위원 수의 상한은 50명에서 70명으로 증원되었다. 국무총리행정심판위원회의 위원장은 국민권익위원회의 부위원장 중 1명이 맡는다(동조 제2항). 위원장이 없거나 부득이한 사유로 직무를 수행할 수 없거나 위원장이 필요하다고 인정하는 경우에는 상임위원(상임위원으로 재직한 기간이 긴 위원 순서로, 재직기간이 같은 경우에는 연장자 순서로 한다)으로 하여금 그 직무를 대행하게 할 수 있다. 상임위원은 일반직 공무원으로서 임기제 공무원으로 임명하되, 3급 이상 공무원 또는 고위공무원단에 속하는 일반직공무원으로 3년 이상 근무한 사람이나 그 밖에 행정심판에 관한 지식이나 경험이 풍부한 사람 중에서 중앙행정심판위원회의 위원장의 제청으로 국무총리를 거쳐 대통령이 임명한다(동조 제3항). 상임위원의 임기는 3년으로 하고 1차에 한하여 연임할 수 있다(행정심판법 제9조 제2항). 중앙행정심판위원회의 비상임위원은 행정심판법 제7조 제4항 각 호의 어느 하나에 해당하는 사람 중에서 성별을 고려하여 중앙행정심판위원회 위원장의 제청으로 국무총리가 위촉한다(행정심판법 제8조 제4항).

Ⅲ. 행정심판위원회의 운영

1. 행정심판위원회의 회의 및 운영

(1) 일반행정심판위원회의 경우

행정심판위원회의 회의는 위원장과 위원장이 회의마다 지정하는 8명의 위원(그 중 제7조 제4항에 따른 위촉위원은 6명 이상으로 하되, 제3항에 따라 위원장이 공무원이 아닌 경우에는 5명 이상으로 한다)으로 구성한다(행정심판법 제7조 제5항). 다만, 국회규칙, 대법원규칙, 헌법재판소규칙, 중앙선거관리위원회규칙 또는 대통령령(제6조 제3항에 따라 시·도지사 소속으로 두는 행정심판위원회의 경우에는 해당 지방자치단체의 조례)으로 정하는 바에 따라 위원장과 위원장이 회의마다 지정하는 6명의 위원(그 중 제7조 제4항에 따른 위촉위원은 5명 이상으로 하되, 제7조 제3항에 따라 공무원이 아닌 위원이 위원장인 경우에는 4명 이상으로 한다)으로 구성할 수 있다. 행정심판위원회는 제7조 제5항에 따른 구성원 과반수의 출석과 출석위원 과반수의 찬성으로 의결한다(동법 제7조 제6항).

(2) 중앙행정심판위원회의 경우

중앙행정심판위원회의 회의는 소위원회 회의를 제외하고, 위원장과 상임위원 및 위원장이 회의마다 지정하는 비상임위원을 포함하여 총 9명으로 구성한다(행정심판법 제8조 제5항). 이에 따라 구성되는 중앙행정심판위원회의 회의에는 2명 이상의 상임위원이 포함되어야 하며, 그 밖에 중앙행정심판위원회의 운영에 필요한 세부적인 사항은 중앙행정심판위원회의 의결을 거쳐 위원장이 정한다(행정심판법 시행령 제6조).

중앙행정심판위원회는 심판청구사건 중 도로교통법에 따른 자동차운전면허 행정처분에 관한 사건(소위원회가 중앙행정심판위원회에서 심리·의결하도록 결정한 사건은 제외한다)을 심리·의결하게 하기 위하여 4명의 위원으로 구성하는 '소위원회'를 둘 수 있다(행정심판법 제8조 제6항). 이에 따라 개최되는 중앙행정심판위원회 및 소위원회는 각각 제8조 제5항 및 제6항에 따른 구성원 과반수의 출석과 출석위원 과반수의 찬성으로 의결한다(동조 제7항). 중앙행정심판위원회는 위원장이 지정하는 사건을 미리 검토하도록 필요한 경우에는 '전문위원회'를 둘 수 있다(동조 제8항). 전문위원회는 보훈·의료, 정보공개, 복잡난해한 특별 안건을 검토하고 있다. 중앙행정심판위원회, 소위원회 및 전문위원회의 조직과 운영 등에 필요한 사항은 대통령령으로 정한다(동조 제9항).

소위원회의 위원장은 중앙행정심판위원회의 위원장에 의해 상임위원 중에서 지정된다. 소위원회는 중앙행정심판위원회의 상임위원 2명(소위원회의 위원장 1명을 포함한다)과 중앙행정심판위원회의 위원장이 지정하는 2명의 비상임위원으로 구성한다(행정심판법 시행령 제7조). 또한 전문위원회는 중앙행정심판위원회의 위원장이 지정하는 심판청구사건을 미리 검토하여 그 결과를 중앙행정심판위원회에 보고한다. 전문위원회는 중앙행정심판위원회의 상임위원을 포함하여 중앙행정심판위원회의 위원장이 지정하는 5명 이내의 위원으로 구성하며, 중앙행정심판위원회의 위원장이 지정하는 위원이 전문위원회의 위원장을 맡는다(동법 시행령 제8조).

2. 위원 등의 제척 · 기피 · 회피

행정심판의 공정성을 유지하기 위하여 위원이 담당하는 구체적 사건과 특수한 관계가 있는 경우에 그 사건의 직무집행에서 배제하는 제도로써 위원의 제척 · 기피 및 회피가 있다.

(1) 제척

제척은 행정심판위원회의 위원이 구체적인 심판청구사건에 대하여 법률에서 정한 특수한 관계가 있는 때에 법률상 당연히 그 사건에 관한 직무집행을 행할 수 없는 것을 의미한다. 행정심판법상의 제척사유로는 ① 위원 또는 그 배우자나 배우자이었던 자가 사건의 당사자가 되거나 사건에 관하여 공동 권리자 또는 의무자인 경우, ② 위원이 사건의 당사자와 친족관계이었던 경우, ③ 위원이 사건에 관하여 증언이나 감정을 한 경우, ④ 위원이 당사자의 대리인으로 사건에 관여하거나 관여하였던 경우, ⑤ 위원이 사건의 대상이 된 처분 또는 부작위에 관여한 경우 등이다(행정심판법 제10조 제1항). 이러한 제척결정은 행정심판위원회 위원장의 직권이나 당사자의 신청에 의한다.

(2) 기피

기피란 법률상 정해진 제척사유 이외의 심리 · 의결의 공정을 기대하기 어려운 사정이 있는 경우에 당사자의 신청에 의한 행정심판위원회의 결정으로 위원이 심리 · 의결에서 배제되는 것을 말한다. 당사자는 위원에게 공정한 심리 · 의결을 기대하기 어려울 사정이 있을 때에 위원장에게 기피신청을 할 수 있다(행정심판법 제10조 제2항).

위원에 대한 제척신청이나 기피신청은 그 사유를 소명한 문서로 하여야 한다. 다만, 불가피한 경우에는 신청한 날부터 3일 이내에 신청 사유를 소명할 수 있는 자료를 제출하여야 한다(행정심판법 제10조 제3항). 단서 조항은 2016년 3월 29일 행정심판법의 일부개정에 의해 신설되었다. 또한 제척신청이나 기피신청이 제10조 제3항을 위반하였을 때에는 위원장이 결정으로 이를 각하한다(동조

제4항).

(3) 회피

회피는 회의에 참석하는 위원이 제척사유 또는 기피사유가 있다는 것을 알게 되어 스스로 심리·의결을 피하는 것을 말한다. 이러한 회피를 하는 해당 위원은 위원장에게 그 사유를 소명하여야 한다(행정심판법 제10조 제7항 참조).

Ⅳ. 행정심판위원회의 권한

1. 행정심판위원회의 권한 내용

(1) 증거조사권

행정심판위원회는 심판청구사건에 대한 심리를 위하여 필요한 증거조사를 할 수 있는 권한을 가진다(행정심판법 제36조 제1항). 증거조사의 방법으로는 ① 당사자나 관계인(관계 행정기관 소속 공무원을 포함한다. 이하 같다)을 행정심판위원회의 회의에 출석하게 하여 신문(訊問)하는 방법, ② 당사자나 관계인이 가지고 있는 문서·장부·물건 또는 그 밖의 증거자료의 제출을 요구하고 영치(領置)하는 방법, ③ 특별한 학식과 경험을 가진 제3자에게 감정을 요구하는 방법, ④ 당사자 또는 관계인의 주소·거소·사업장이나 그 밖의 필요한 장소에 출입하여 당사자 또는 관계인에게 질문하거나 서류·물건 등을 조사·검증하는 방법이 있다. 행정심판위원회는 필요하면 소속된 행정청의 직원이나 다른 행정기관에 촉탁하여 증거조사를 할 수 있다(동조 제2항). 이러한 증거조사를 수행하는 사람은 그 신분을 나타내는 증표를 지니고 이를 당사자나 관계인에게 제시해야 한다(동조 제3항).

(2) 심리권

심리권이라 함은 재결의 기초가 되는 사실관계나 법률관계를 명백히 하기 위하여 당사자 및 이해관계인의 주장과 반박을 듣고 이를 밑받침하는 증거나 그 밖의 자료 등을 수집·조사하고 심사할 수 있는 권한을 말한다. 심리는 각 심판청구사건을 단위로 하는 것이 원칙이지만, 행정심판의 심리를 효율적으로 운영하기 위해 심판청구의 병합 또는 분리를 할 수 있다. 즉 필요하다고 인정할 때에는 서로 관련되는 내용의 심판청구를 병합하여 심리하거나, 병합된 심판청구를 다시 분리하여 심리할 수 있다(행정심판법 제37조).

(3) 심리권의 부수적 권한

행정심판법상 심리권에 부수된 권한에는 ① 대표자선정권고권(제15조 제2항), ② 청구인의 지위승계허가권(제16조 제5항), ③ 대리인선임허가권(제18조 제1항 제5호), ④ 피청구인경정권(제17조 제2항), ⑤ 심판참가 허가권 및 요구권(제20조 제5항 및 제21조 제1항), ⑥ 청구변경 허가권 및 불허권(제29조 제6항), ⑦ 보정명령권(제32조) 등이 있다.

(4) 재결권

재결권이란 심판청구사건에 대하여 법적 판단을 할 수 있는 권한을 말한다. 2008년 행정심판법 개정 전에는 심판청구사건에 대한 심리·의결권을 행정심판위원회에 두고, 재결권과 심리권을 분리시키고 있었다. 그러나 지금은 전술한 바와 같이 심리·재결권을 통합하여 행정심판위원회에 귀속시키고 있다(행정심판법 제6조 제1항).

(5) 집행정지결정권

현행 행정심판법은 집행부정지의 원칙을 취하고 있다. 심판청구가 처분의 효력이나 그 집행 또는 절차의 속행에 영향을 주지 아니한다(행정심판법 제30조 제1항). 그러나 예외적으로 신청이나 직권에 의한 집행정지결정을 인정하고 있다. 즉 행정심판위원회는 심판청구의 대상인 처분, 처분의 집행 또는 절차의 속행 때문에 '중대한 손해'가 생기는 것을 예방할 필요성이 긴급하다고 인정하는 때에는 직권으로 또는 당사자의 신청에 의하여 처분의 효력, 처분의 집행 또는 절차의 속행의 전부 또는 일부의 정지를 결정할 수 있다(동조 제2항). 다만, 집행정지가 공공복리에 중대한 영향을 미칠 우려가 있을 때에는 허용되지 아니한다(동조 제3항). 또한 행정심판위원회는 집행정지결정 후 집행정지가 공공복리에 중대한 영향을 미치거나 그 정지사유가 없어진 때에는 직권으로 또는 당사자의 신청에 의하여 집행정지결정을 취소할 수 있다(동조 제4항). 이러한 규정에도 불구하고 행정심판위원회는 심리·결정을 기다릴 경우 중대한 손해가 생길 우려가 있다고 인정되면 위원장의 직권으로 심리·결정을 갈음하는 결정을 할 수 있다(동조 제6항 본문). 이 경우 위원장은 위원회에 그 사실을 보고하고 추인을 받아야 한다. 이러한 추인을 받지 못하면 위원장은 집행정지 또는 집행정지 취소에 관한 결정을 취소하여야 한다.

(6) 임시처분권

2010년에 개정된 행정심판법 제31조에는 집행정지 외에 당사자의 중대한 불이익이나 급박한 위험을 방지하기 위하여 당사자에게 임시의 지위를 부여할 수 있는 임시처분제도를 도입하였다. 즉 행정심판위원회는 처분 또는 부작위가 위법·부당하다고 상당히 의심되는 경우로서 처분 또는 부작위 때문에 당사자가 받을 우려가 있는 중대한 불이익이나 당사자에게 생길 급박한 위험을 막기 위하여 임시지위를 정하여야 할 필요가 있는 경우에 임시처분을 할 수 있다(행정심판법 제31조 제1항). 임시처분은 소극적인 집행정지에 비해 적극적인 가구제수단이다. 이러한 임시처분은 당사자의 신청이 있는 경우뿐만 아니라 행정심판위원회의 직권으로도 결정될 수 있다. 임시처분에 대해서는 집행정지에 관한 일부 규정(행정심판법 제30조 제3항부터 제7항까지)을 준용하고 있다. 다만, 위원장의 직권에 의한 집행정지결정과 관련하여 제30조 제6항 전단 중 "중대한 손해가 생길 우려"는 "중대한 불이익이나 급박한 위험이 생길 우려"가 있는 경우이어야 한다(행정심판법 제31조 제2항). 이는 위원장의 직권에 의한 임시처분결정에 있어서 집행정지의 경우보다 엄격한 요건을 규정하고 있다고 해석될 수 있다. 또한 임시처분은 제30조 제2항에 따른 집행정지로 목적을 달성할 수 있는 경우에는 허용되지 아니한다. 그런 점에서 임시처분은 집행정지에 대해 보충적으로 적용된다고 볼 수 있다.

(7) 법령개선요구권

중앙행정심판위원회는 심판청구를 심리·재결할 때에 처분 또는 부작위의 근거가 되는 명령 등이 법령에 근거가 없거나 상위 법령에 위배되거나 국민에게 과도한 부담을 주는 등 크게 불합리하면 관계 행정기관에 그 명령 등의 개정·폐지 등 적절한 시정조치를 요청할 수 있다(행정심판법 제59조 제1항). 여기서 말하는 '명령 등'에는 대통령령·총리령·부령과 같은 법규명령뿐만 아니라 행정규칙(훈령·예규·고시), 그리고 자치법규(조례·규칙) 등이 포함된다. 법률을 제외하고 법률하위규범에 대한 규범통제권이 보장되어 있지 않고 정부입법권이 보장되어 있는 특수한 사정에 비추어, 이러한 법령개선요구권은 행정부의 자율적인 통제수단 또는 간접적인 규범통제의 의미를 가진다. 이러한 요청을 받은 관계 행정기관은 정당한 사유가 없으면 이에 따르도록 규율하고 있어, 행정심판위원회의 법령개선요구권은 사실상 강제성을 가진다고 볼 수 있다(동조 제2항 참조).

2. 행정심판위원회의 권한 승계

당사자의 심판청구 후 행정심판위원회가 법령의 개정·폐지 또는 피청구인의 경정 결정에 따라 그 심판청구에 대하여 재결할 권한을 잃게 된 경우에는 새로 재결할 권한을 가지는 행정심판위원회가 종전의 행정심판위원회의 권한을 승계한다. 이 경우 해당 행정심판위원회는 심판청구서와 관계 서류, 그 밖의 자료를 새로 재결할 권한을 갖게 된 행정심판위원회에 보내야 한다(행정심판법 제12조 제1항). 또한 송부를 받은 행정심판위원회는 지체 없이 그 사실을 행정심판의 청구인과 피청구인, 그리고 심판참가를 하는 자에게 알려야 한다(동조 제2항).

3. 행정심판위원회의 권한 위임

행정심판법에 따른 행정심판위원회의 권한 중 일부를 국회규칙, 대법원규칙, 헌법재판소규칙, 중앙선거관리위원회규칙 또는 대통령령으로 정하는 바에 따라 위원장에게 위임할 수 있다(행정심판법 제61조).

제5절 행정심판의 청구

Ⅰ. 심판청구의 요건

1. 청구인

청구인은 해당 심판청구에 대하여 법률상 이익이 있는 자이어야 한다(행정심판법 제13조). 심판청구의 대상인 처분이나 부작위의 직접적인 상대방이거나 제3자인지, 또는 자연인이거나 법인인지를 불문한다. 청구인적격에 대해서는 전술한 바와 같다.

2. 심판청구사항

행정심판은 심판청구사항인 처분 또는 부작위를 대상으로 한다(행정심판법 제3조). 행정심판의 대상은 확대되고 있으며, 해석상 권력적 사실행위도 포함된다. 행정심판법은 심판청구사항에 관하여 개괄주의를 취하고 있다.

3. 심판청구기간

(1) 원칙적인 심판청구기간

무효등확인심판 및 의무이행심판에는 그 성질상 청구기간의 제한이 없다. 따라서 청구기간의 문제는 취소심판에만 국한된다. 다만, 대법원은 '거부처분'에 대한 의무이행심판의 경우는 성질상 심판청구기간의 제한을 받는 것으로 본다.[43] 행정심판은 원칙적으로 처분이 있음을 알게 된 날부터 90일 이내에 청구하여야 하되, 정당한 사유가 없는 한 처분이 있었던 날부터 180일을 넘겨서는 아니 된다(행정심판법 제27조 제1항, 제3항). 여기에서 '처분이 있음을 안 날'이란 통지·공고 기타의 방법에 의하여 해당 처분이 있은 것을 현실적으로 안 날을 말하며, '처분이 있은 날'이란 해당 처분의 효력이 발생한 날을 말한다.[44] 심판청구의 대상인 처분이 있은 것을 알지 못한 경우에도 해당 처분이 있은 날로부터 180일이 경과하면 심판청구를 제기할 수 없도록 한 것은 처분을 신속히 확정시킴으로써 법적 안정성을 도모하려는 입법취지에서 연유한다. 다만, 처분이 있은 날로부터 180일 이내에 심판청구를 제기하지 못할 정당한 사유가 있는 경우에는 예외적으로 그 기간이 경과한 뒤에라도 심판청구를 할 수 있다.[45]

(2) 예외적인 심판청구기간

예외적으로 천재·지변·전쟁·사변 그밖에 불가항력으로 인하여 소정의 기간에 심판청구를 할 수 없는 경우에는 그 사유가 소멸한 날로부터 14일 이내에 심판청구를 할 수 있다(행정심판법 제27조 제2항). 다만, 국외에서의 심판청구의

43) 대법원 1992. 11. 10. 선고 92누1629 판결.
44) "소원법 제3조 제1항에서 말하는 행정처분이 있은 것을 알았다는 뜻은 행정처분의 구체적 내용을 알았다는 취지로 볼 것이 아니고 어떠한 종류의 행정처분이 있었다는 것을 알았으면 족한 것이다."(대법원 1964. 3. 31. 선고 63누158 판결)
45) 대법원 1991. 5. 28. 선고 90누1359 판결.

경우는 그 사유가 소멸한 날로부터 30일 이내로 한다.

(3) 심판청구기간의 불고지(不告知)와 오고지(誤告知)의 경우

행정심판법에는 불복고지제도를 규정하고 있다. 행정청은 처분을 서면으로 하는 경우에 그 상대방에 관하여 행정심판을 제기할 수 있는지 여부, 행정심판을 제기하는 경우의 심판청구절차 및 청구기간을 알려 주도록 규정하고 있다(행정심판법 제58조 제1항 참조). 또한 이해관계인이 서면으로 알려 줄 것을 요구하는 경우에 행정청은 해당 처분이 행정심판의 대상이 되는지 여부, 그 소관 위원회 및 심판청구기간 등을 지체 없이 알려주어야 한다(동조 제2항). 그러나 행정청이 고지 자체를 하지 않거나, 고지는 하였으나 심판청구기간을 제외하거나 착오로 법정의 심판청구기간보다 긴 기간으로 잘못 고지한 경우가 발생할 수 있다. 행정심판법은 불고지·오고지의 효과와 관련하여 행정청에게 위험부담을 지우고 있다. 즉 심판청구기간을 착오로 법정기간(처분이 있음을 안 날로부터 90일)보다 긴 기간으로 잘못 알린 때에는 그 잘못 알린 기간 내에 심판청구를 할 수 있다(행정심판법 제27조 제5항). 심판청구기간을 전혀 알리지 아니한 경우에는 처분이 있었던 날부터 180일 이내에 행정심판을 청구할 수 있다(동조 제6항).

4. 심판청구의 방식

심판청구는 일정한 사항을 기재한 서면으로 하는 요식행위인 것으로 규정되어 있다(행정심판법 제23조). 그러나 대법원은 행정심판의 취지를 바탕으로 하여 엄격한 형식을 요하지 아니하는 서면행위로 보고 있다.[46] 행정심판위원회는 필요한 기재사항에 흠결이 있는 경우에는 부적식의 심판청구서가 되지만, 그 흠결이 보정될 수 있는 것인 때에는 기간을 정하여 보정을 명할 수 있다(행정심판법 제32조 제1항). 그렇지 않은 때에는 행정심판위원회가 각하하는 내용의 의결을 하여야 한다. 경미한 사항은 행정심판위원회가 직권으로 보정할 수 있다.

5. 심판청구의 절차

(1) 심판청구서의 제출

행정심판을 청구하려는 자는 심판청구서를 제출하여야 한다. 심판청구서(행정

46) 대법원 1990. 6. 8. 선고 90누851 판결; 대법원 1993. 6. 29. 선고 92누19194 판결.

심판법 시행규칙 제5조 제3항 제12호상의 행정심판청구양식)는 피청구인(행정청)이나 행정심판위원회에 제출되어야 한다(행정심판법 제23조 제1항). 종전에는 처분청을 경유하도록 하였으나, 행정편의주의라는 비판이 제기되었다. 이에 따라 1995년 12월 6일 행정심판법을 개정하여 청구인의 선택에 따라 피청구인인 행정청이나 행정심판위원회에 심판청구서를 제출할 수 있게 되었다. 이전에는 처분청, 의결기관인 행정심판위원회, 행정심판위원회의 의결에 따라 재결하는 재결청 등 행정심판과 관련된 기관의 구조가 복잡해서 국민들에게 혼선을 주었다. 또한 처분청의 답변서가 행정심판위원회에 접수되기 전에 반드시 재결청을 경유하여야 하고, 행정심판위원회는 의결결과를 직접 청구인에게 통보하지 못해 행정심판사건의 처리기간만 늘어나고 신속한 권리구제가 어려웠다. 이에 행정심판법의 개정으로 청구인은 심판청구서를 피청구인인 행정청 또는 행정심판위원회에 제출하는 것으로 변경되었다.

(2) 피청구인인 행정청의 처리

a) 행정심판위원회에의 송부

피청구인(행정청)이 심판청구서를 접수하거나 송부받으면 10일 이내에 행정심판위원회에 심판청구서를 보내야 하고, 이 경우 답변서도 첨부하여야 한다(행정심판법 제24조 제1항). 2008년 2월 29일 행정심판법의 개정으로 재결청이 폐지됨에 따라 행정청이 답변서를 행정심판위원회에 바로 보내도록 하고, 행정심판사건의 심리를 마치면 행정심판위원회가 직접 재결을 하도록 하고 있다. 또한 피청구인이 행정심판위원회에 보내는 답변서에는 해당 처분이나 부작위의 근거와 이유, 심판청구의 취지와 이유에 대응하는 답변을 기재하여야 한다(동조 제4항). 제3자가 심판청구를 한 경우에는 이를 지체 없이 처분 상대방에게 알려야 하고, 심판청구의 사본을 함께 송달하여야 한다(동조 제2항). 이 경우 답변서에는 처분 상대방의 이름, 주소 및 연락처, 제2항의 의무 이행 여부도 기재하여야 한다. 또한 피청구인은 이에 대한 송부사실을 지체 없이 청구인에게 알려야 한다(동조 제5항).

b) 피청구인의 직권취소

심판청구서를 받은 피청구인은 그 심판청구가 이유 있다고 인정되면 심판청구의 취지에 따라 직권으로 처분을 취소·변경하거나 확인을 할 수 있고, 신청에 따른 처분을 할 수도 있다(행정심판법 제25조 제1항). 이 경우 서면으로 청구인에게 직권취소 등의 사실을 알려야 한다. 또한 피청구인은 제25조 제1항에 따라 직권취소 등을 하였을 때에는 청구인이 심판청구를 취하한 경우가 아니면 제24조 제1항 본문에 따라 심판청구서·답변서를 보낼 때 직권취소 등의 사실을 증명하는 서류를 행정심판위원회에 함께 제출하여야 한다(동조 제2항).

(3) 행정심판위원회의 처리

행정심판위원회는 심판청구서를 받으면 지체 없이 피청구인에게 심판청구서 부본을 보내야 하며, 피청구인으로부터 답변서가 제출되면 답변서 부본을 청구인에게 송달하여야 한다(행정심판법 제26조 제1항 및 제2항).

(4) 전자정보처리조직을 통한 심판청구

2010년 개정된 행정심판법에는 전자정보처리조직을 통해 행정심판을 제기할 수 있는 근거를 마련하였다. 여기에서 말하는 '전자정보처리조직'이란 "행정심판 절차에 필요한 전자문서를 작성·제출·송달할 수 있는 하드웨어, 소프트웨어, 데이터베이스, 네트워크, 보안요소 등을 결합하여 구축한 정보처리능력을 갖춘 전자적 장치"를 말한다. 정보통신망을 이용하여 행정심판위원회에서 지정·운영하는 전자정보처리조직을 통하여 제출할 수 있으며, 제출된 전자문서는 행정심판법에 따라 제출된 것으로 본다(행정심판법 제52조 제1항). 전자문서는 부본을 제출할 의무가 면제된다(동조 제2항). 또한 전자문서는 그 문서를 제출한 사람이 정보통신망을 통하여 전자정보처리조직에서 제공하는 접수번호를 확인하였을 때에 전자정보처리조직에 기록된 내용으로 접수된 것으로 본다(동조 제3항). 전자정보처리조직을 통하여 접수된 심판청구의 경우 제27조에 따른 심판청구 기간을 계산할 때에는 제52조 제3항에 따른 접수가 되었을 때 행정심판이 청구된 것으로 본다(동조 제4항).

한편, 행정심판위원회는 전자정보처리조직을 통하여 행정심판 절차를 밟으려는 자에게 본인임을 확인할 수 있는 전자서명법 제2조 제3호에 따른 공인전자서명이나 그 밖의 인증을 요구할 수 있고, 이러한 전자서명 등을 한 자는 이 법에 따른 서명 또는 날인을 한 것으로 본다(행정심판법 제53조). 피청구인 또는 행정심판위원회는 제52조 제1항에 따라 행정심판을 청구하거나 심판참가를 한 자에게 전자정보처리조직과 그와 연계된 정보통신망을 이용하여 재결서나 이

법에 따른 각종 서류를 송달할 수 있다. 다만, 청구인이나 참가인이 동의하지 아니하는 경우에는 그러하지 아니한다(행정심판법 제54조 제1항). 이러한 전자정보처리조직을 이용한 서류송달은 서면으로 한 것과 같은 효력을 가진다(동조 제3항).

Ⅱ. 심판청구의 변경·취하

1. 심판청구의 변경

(1) 청구변경의 의의 및 형태

심판청구의 변경이란 심판청구의 계속 중에 청구인이 처음에 청구한 취지나 이유 등을 변경하는 것을 말한다. 민사소송의 경우와 같이 행정심판에 있어서도 청구인은 청구의 기초에 변경이 없는 범위 안에서 청구의 취지나 이유를 변경할 수 있도록 규정하고 있다(행정심판법 제29조 제1항). 또한 피청구인이 새로운 처분을 하거나 심판청구의 대상인 처분을 변경한 경우에 청구인은 새로운 처분이나 변경된 처분에 맞추어 청구의 취지나 이유를 변경할 수 있다(동조 제2항).

청구의 변경에는 추가적 변경과 교환적 변경이 있다. 추가적 변경이란 종전의 청구를 유지하면서 별개의 청구를 추가로 병합한 것이다. 여기에는 단순병합, 선택적 병합 또는 예비적 병합이 있다. 또한 교환적 변경이란 종전의 청구를 소멸시키고 새로운 청구로 교체하여 심판을 구하는 것을 말한다. 새로운 청구의 추가와 종전 청구의 취하가 결합한 형태로 볼 수 있다.

(2) 청구변경의 요건

청구의 변경이 있으면 그 범위 내에서 새로운 청구가 된다. 이 경우 새로운 청구는 심판청구의 일반적 요건을 모두 갖추어야 한다. 첫째, 청구의 기초에 변경이 없어야 한다(청구기초의 동일성). 둘째, 심판청구의 대상을 새로운 처분이나 변경된 처분에 맞추어야 한다. 마지막으로 행정심판이 청구되어 계속 중이며 행정심판위원회의 의결 전이어야 한다.

(3) 청구변경의 방식과 청구변경의 불허

청구변경은 서면으로 신청하여야 하며, 청구변경신청서 부본을 다른 당사자에게 송달하여야 한다(행정심판법 제29조 제3항 및 제4항). 이 경우 행정심판위원회는 기간을 정하여 피청구인과 참가인에게 청구변경 신청에 대한 의견을 제출하도록 할 수 있다(동조 제5항). 행정심판위원회는 청구변경의 이유가 없다고 인정할 때에 상대방인 당사자의 신청이나 직권에 의하여 그 청구의 변경을 불허할 수 있다(동조 제6항 참조). 이에 대해 신청인은 송달받은 날부터 7일 이내에 행정심판위원회에 이의신청을 할 수 있다(동조 제7항). 청구의 변경이 있으면 처음 행정심판이 청구되었을 때부터 변경된 청구의 취지나 이유로 행정심판이 청구된 것으로 본다(동조 제8항).

2. 심판청구의 취하

심판청구의 취하란 청구인이 행정심판위원회에 심판청구를 철회하는 의사표시를 말한다. 청구인이나 참가인은 의결이 있을 때까지 서면으로 심판청구를 취하할 수 있다(행정심판법 제42조 제1항, 제2항). 취하에 의해 심판청구는 소급하여 소멸한다. 심판청구의 취하서에는 청구인이나 참가인이 서명하거나 날인하여야 하며, 취하서를 피청구인 또는 행정심판위원회에 제출하여야 한다(동조 제3항, 제4항).

Ⅲ. 심판청구의 효과

1. 행정심판위원회에 대한 효과

종전에는 심판청구가 제기되면 재결청은 이를 소속 행정심판위원회에 회부하여 심리・의결하도록 하고, 그 의결에 따라 재결을 해야할 의무를 지고 있었다. 그러나 선술한 바와 같이 행정심판법의 개정에 의해 재결청이 폐지되고, 행정심판위원회가 심리・재결의 의무를 부담한다. 또한 제3자가 심판청구를 한 때에는 피청구인은 처분의 상대방에게 그 사실을 알려야 한다(행정심판법 제24조 제2항).

2. 처분에 대한 효과

(1) 집행부정지의 원칙

심판청구에 의해 행정심판의 계속상태가 발생한다. 처분에 대한 효과와 관련하여 행정심판법은 행정의 원활할 운영에 중점을 두어 집행부정지의 원칙을 채택하고 있다. 즉 심판청구의 제기가 해당 처분의 효력이나 그 집행 또는 절차의 속행에 영향을 주지 못하도록 하고 있다(행정심판법 제30조 제1항). 이를 행정행위의 공정력 내지 예선적 효력의 당연한 귀결로 보는 견해가 없지 않다. 그러나 이는 공정력과 무관하며, 법적 안정성을 고려한 제도적 장치이다. 참고로 독일에서는 청구인의 권리구제에 중점을 두어 집행정지의 원칙을 취하고 있다.

(2) 예외로서 집행정지의 요건

행정심판위원회는 처분, 처분의 집행 또는 절차의 속행 때문에 중대한 손해가 생기는 것을 예방할 필요성이 긴급하다고 인정할 때에 집행정지를 결정할 수 있다(행정심판법 제30조 제2항). 개정 전의 행정심판법에는 집행정지의 요건으로 "처분이나 그 집행 또는 절차의 속행으로 인하여 생길 회복하기 어려운 손해를 예방하기 위하여 긴급한 필요가 있다고 인정할 때에는"이라고 규정하고 있었다. 그러나 개정에 의해 '회복하기 어려운 손해' 부분을 '중대한 손해'로 변경하였다.

a) 집행정지의 대상인 처분이 존재할 것

집행정지를 위해서는 그 대상인 처분이 존재하여야 한다. 따라서 처분이 이미 종료되었거나 그 목적을 달성하였을 경우에는 집행을 정지할 실체가 없어 집행정지가 불가능하다.

b) 심판청구가 계속될 것

집행정지가 인정되기 위해서는 그 전제가 되는 심판청구가 계속되어 있어야 한다. 심판청구는 적법하여야 하므로 그 기간을 도과하였거나 피청구인을 잘못 정한 신청은 위법하다.

c) 중대한 손해발생을 예방할 긴급한 경우

개정 전에는 "회복하기 어려운 손해발생의 우려"라는 것을 요건으로 하였다. 이는 사회통념상 금전으로 보상할 수 없는 손해를 말하는 데, 금전보상뿐만 아니라 금전보상으로는 사회통념상 행정처분을 받은 당사자가 수인할 수 없거나 수인하는 것이 현저히 곤란한 경우의 유형·무형의 손해를 의미한다.[47] 그러나

---

47) 대법원 1987. 6. 23. 선고 86두18 판결.

개정된 행정심판법은 "중대한 손해의 발생"을 요건으로 하고 있다. 이에 대한 판단은 행정심판위원회의 해석에 달려 있다고 볼 수 있다.

한편, "중대한 손해가 생기는 것을 예방할 필요성이 긴급하다고 인정할 때"란 중대한 손해발생을 신속히 예방해야 할 급박한 경우를 의미한다고 볼 수 있다. 개정 전의 행정심판법에는 "긴급한 필요의 존재"를 요건으로 하였는데, 이는 "회복하기 어려운 손해의 발생이 절박하여 재결을 기다릴 여유가 없음"을 의미한다고 보는 것이 일반적이었다. 행정심판법 제30조 제2항에 규정된 "예방할 필요성이 긴급하다고 인정할 때"의 판단은 "중대한 손해"와 상호 밀접한 관련이 있으므로, 양자를 보완적으로 해석하는 것이 필요하다. 일본에서는 행정사건소송법 제25조 제2항의 개정에 의해 집행정지의 요건으로 종전의 '회복하기 어려운 손해'를 '중대한 손해'로 변경하였다. 이러한 '중대한 손해'의 개념은 종전 개념의 경직성을 완화하기 위해 개정된 것으로 평가하고 있으며, 그 구체적 사례로서 변호사에 대한 징계처분의 취소를 다투는 소송에서 사회적 '신용'의 실추를 들고 있다.[48]

d) 공공복리에 중대한 영향을 미칠 우려가 없을 것

행정심판법에는 소극적 요건을 규정하고 있다. 즉 집행정지가 "공공복리에 중대한 영향을 미칠 우려"가 있는 경우에는 허용되지 아니한다(제30조 제2항). 이 경우 "공공복리에 중대한 영향을 미칠 우려"에 대한 판단은 개별적 · 구체적으로 검토되어야 한다. 여기에는 집행정지가 공익에 미치는 영향과 처분의 집행 등으로 인한 신청인의 불이익(손해)이 서로 형량되어야 한다.

(3) 집행정지결정의 절차

행정심판위원회의 집행정지결정은 직권 또는 당사자의 신청에 의하여 행정심판위원회의 심리를 거쳐 이루어진다(행정심판법 제30조 제2항). 당사자가 집행정지의 신청을 하고자 하는 때에는 심판청구와 동시에 또는 심판청구에 대한 위원회나 소위원회의 의결이 있기 전까지, 집행정지취소의 신청을 하고자 하는 때에는 집행정지결정 후 심판청구에 대한 위원회나 소위원회의 의결이 있기 전까지 신청의 취지와 원인을 기재한 서면을 행정심판위원회에 제출하여야 한다(동법 제30조 제5항). 또한 제출하는 서면에는 심판청구서 사본 및 접수증명서를 첨

48) 塩野 宏, 行政法 Ⅱ(行政救濟法), 제6판, 215-216면.

부하여야 한다.

(4) 집행정지결정의 내용과 효력

a) 집행정지결정의 내용

집행정지결정은 처분의 효력이나 그 집행 또는 절차의 속행의 전부 또는 일부의 정지를 그 내용으로 한다. 다만, 처분의 집행이나 절차의 속행을 정지함으로써 집행정지의 목적을 달성할 수 있는 경우에는 처분의 효력 자체의 정지를 할 수 없다(행정심판법 제30조 제2항 단서).

b) 집행정지결정의 효력

행정심판법에는 집행정지결정의 효력에 관해 구체적인 규정을 두고 있지 않다. 처분의 효력정지는 해당 행위의 효력 내지 구속력을 정지시킴으로써 그 행위가 없었던 것과 같은 상태를 실현시키는 것이므로 그 범위 내에서 형성력을 가진다. 집행정지결정의 효력이 신청인과 피신청인에게 미치는 것은 당연하다. 또한 재결의 효력에 준하여 당사자인 행정청뿐만 아니라 관계 행정청과 제3자에 대하여도 미치는 것으로 보아야 한다. 집행정지결정의 효력은 해당 결정의 주문에 정하여진 시기까지 존속하는 것이나, 주문에 특별한 정함이 없는 때에는 해당 심판청구에 대한 재결이 확정될 때까지 존속하는 것으로 보아야 한다.

c) 집행정지결정의 취소

집행정지결정을 한 후 집행정지가 공공복리에 중대한 영향을 미칠 우려가 있다고 인정되는 때에는 행정심판위원회가 직권으로 또는 당사자의 신청에 의하여 집행정지결정을 취소할 수 있다(행정심판법 제30조 제4항). 행정심판위원회의 심리·결정을 기다릴 경우 중대한 손해가 생길 우려가 있다고 인정되면, 행정심판위원회의 위원장은 직권으로 심리·결정에 갈음하는 결정을 할 수 있다(동조 제6항). 이 경우 위원장은 행정심판위원회에 그 사실을 보고하고 추인을 받아야 하며, 행정심판위원회의 추인을 받지 못한 때에는 위원장이 집행정지 또는 집행정지의 취소에 관한 결정을 취소하여야 한다.

제6절 행정심판의 심리

Ⅰ. 심리의 의의 및 특징

1. 심리의 개념

행정심판의 심리란 대체로 "재결의 기초가 될 사실 및 법률관계를 명백히 하기 위하여 당사자 및 관계인의 주장이나 반박을 듣고 그 근거가 되는 증거나 자료 등을 수집·조사하는 절차"를 말한다.[49] 피청구인은 심판청구를 접수하거나 송부받으면 10일 이내에 심판청구서와 답변서를 심리를 위해 행정심판위원회에 회부한다. 또한 행정심판위원회는 심판청구사건이 회부되거나 직접 접수되면 당해 사건에 대한 재결의 기초가 될 각종 사실 및 증거 등 자료를 수집하고 정리하는 절차를 거치게 된다. 행정심판의 심리는 구술심리나 서면심리를 모두 할 수 있으며, 당사자가 주장하지 아니한 사실에 대해서도 심리할 수 있다(행정심판법 제39조 및 제40조). 이와 같이 행정심판의 심리는 변론주의가 아니라 직권탐지주의가 결합된 이른바 '직권심리주의'를 채택하고 있다.

2. 심리절차의 사법절차화

행정작용에 대한 불복심사청구로서의 심판청구에 대한 재결은 사실인정과 법령의 해석·적용을 통해 분쟁을 해결한다는 점에서 사법절차와 유사성을 가진다. 그러한 점에서 '준사법적 절차'라고 부르기도 한다. 다만, 그 주체가 법원이 아니라 행정기관이라는 점에서 차이가 있으며, 법원의 소송보다는 간소화된 절차이다. 여기에도 영미법상의 자연적 정의(natural justice)의 원리와 적법절차(due process of law)의 원리 등이 준수되어야 함은 자명하다.[50] 이와 관련하여 헌법 제107조 제3항에서 "행정심판의 절차는 …… 사법절차가 준용되어야 한다"

49) 이상규, 전게서(상), 720면.

50) 영미법상의 자연적 정의의 법리는 "누구든지 자신의 사건에 대한 심판관이 될 수 없다(nemo judex in causa sua)" 및 "누구든지 변명의 기회를 부여받지 않은 채 비난당하지 아니한다(audi alteram partem)"라는 두 가지 내용을 골자로 한 것이라고 한다. 미국은 이러한 자연적 정의의 법리의 영향으로 연방헌법 수정조항 제5조 및 제14조에서 적법절차(due process of law)를 규정하고 있다(이에 대한 상세는 이상규, 전게서(상), 736면).

라고 규정하고 있다. 행정심판법은 심리절차와 관련하여 원칙적으로 당사자주의적 구조를 취하고 있다. 이를 '대심주의(對審主義)'라고 부른다. 따라서 행정심판위원회는 당사자인 청구인과 피청구인인 행정청이 공격·방어의 방법으로 제출한 의견진술과 증거 등을 바탕으로 제3자적 입장에서 객관적으로 심리를 진행하여야 한다.

Ⅱ. 심리의 내용과 범위

1. 심리의 내용

(1) 요건심리

요건심리란 해당 심판청구의 수리 여부를 결정하기 위하여 심판청구의 요건을 갖춘 적법한 심판청구인지 여부를 형식적으로 심리하는 것을 말한다. 심리를 한 결과, 심판청구의 요건(절차·형식 및 관할 등)을 충족하지 못하는 경우에는 부적법각하를 하는 것이 원칙이다. 그러나 그 하자가 보정될 수 있는 경우 행정심판위원회는 상당한 보정기간 내에 보정명령을 할 수 있고, 또한 그 하자가 경미하면 행정심판위원회가 직권으로 보정할 수 있다(행정심판법 제32조). 다만, 행정소송법에는 이러한 보정명령에 관한 명문의 규정이 없다.

(2) 본안심리

요건심리에서 심판청구가 적법한 것으로 인정되면 행정심판위원회는 그 심판청구의 본안에 대해 실체적 적법성을 심사한다. 이는 심판청구의 취지를 인용할 것인지, 아니면 이를 기각할 것인지를 판단하기 위한 심리이다. 본안심리에서는 행정처분의 실체적 위법성을 판단하는 것이 핵심이다. 행정의 법률적합성의 원칙에 비추어 행정처분이 수권의 근거가 있는지, 그 내용이 상위법이나 행정법의 일반원칙에 위반되는지 여부를 심사한다. 그리고 재량행위(행정재량, 법효과재량)인 경우에는 재량권의 일탈·남용이 있는지를 심사한다. 나아가 계획재량이 인정되는 경우에는 실체적 강행법규의 위반 여부 외에 '형령명령'을 위반하는지 여부를 검토해야 한다.

2. 심리의 범위

(1) 불고불리(不告不理) 및 불이익변경금지의 원칙

행정의 자기통제기능을 강조하는 견해는 심판청구의 심리·재결에 불고불리(Nemo judex sine actore)의 원칙이나 불이익변경금지(Verbot der reformatio in peius)의 원칙이 적용되지 아니한다고 보고 있다(소극설). 그러나 오늘날에는 국민의 권익구제에 중점을 두어 이러한 원칙이 심판청구의 심리·재결에도 적용된다고 보는 견해가 다수설이다. 행정심판법에는 이러한 견해를 반영하여 불고불리의 원칙과 불이익변경금지의 원칙을 규정하고 있다. 즉 행정심판위원회는 심판청구의 대상이 되는 처분 또는 부작위 외의 사항에 대하여는 재결하지 못하며, 심판청구의 대상이 되는 처분보다 청구인에게 불리한 재결을 하지 못한다(행정심판법 제47조).

(2) 법률문제와 사실문제

행정심판위원회는 해당 심판청구의 대상인 처분이나 부작위의 법률문제에 제한되지 아니하며, 당·부당의 재량문제를 포함한 사실문제에 대하여도 심리할 수 있다. 이러한 점은 행정심판법 제1조에서 행정청의 위법한 처분뿐만 아니라 '부당'한 처분에 대해서도 행정심판의 대상으로 삼고 있다는 점에서 여실히 드러난다.

Ⅲ. 심리의 절차

1. 심리절차의 기본원칙

(1) 대심주의

대심(對審)주의(adversary system)란 상호 대립하는 분쟁당사자의 공격·방어에 의해 심리를 진행하는 것을 말한다. 이러한 대심주의는 당사자주의적 구조를 특징으로 하며, 이른바 무기평등(Waffengleichheit)의 원칙이 보장되는 것을 뜻한다. 행정심판에서도 이러한 대심주의가 인정되며, 당사자와 이해관계인은 심리가 진행되는 동안에 증거나 자료 등의 제시를 통해 공격과 방어를 한다. 즉 당사자는 심판청구서, 보정서, 답변서, 참가신청서, 보충서면 등에 덧붙여 이를 뒷받침하는 증거서류나 증거물을 제출할 수 있다(행정심판법 제34조).

(2) 서면심리주의(보완적 구술심리주의)

행정심판위원회의 선택에 따라 구술심리와 서면심리가 행해질 수 있다. 행정심판에서는 서면심리를 하는 것이 보통이다. 그러나 당사자가 구술심리를 신청한 경우에는 서면심리가 반드시 필요한 경우를 제외하고 구술심리를 하여야 한다. 이처럼 행정심판에서는 서면심리가 일반적이지만, 당사자가 구술심리를 신청하면, 서면심리만으로 결정할 수 있다고 인정되는 경우 외에는 구술심리를 하여야 한다(행정심판법 제40조 제1항).

(3) 직권심리주의(보충적 직권탐지주의)

직권탐지주의란 변론주의에 대응한 것으로서 심리에 필요한 자료를 당사자가 제출하는 것에 제한되지 아니하고 심리기관이 직권으로 필요한 자료를 수집·조사하는 것을 말한다. 즉 심리기관이 직권으로 진행하거나 심리할 수 있는 권한이 인정된다. 직권주의를 인정하는 이유로는 심리를 간이·신속하게 할 수 있고, 개인의 권리구제뿐만 아니라 행정운영의 효율성에 기여할 수 있기 때문이다. 종전에는 직권주의를 소송의 진행뿐만 아니라, 소송자료의 수집·제출을 직권으로 하는 제도로 이해하는 것이 보통이었다. 그러나 최근에는 직권주의와 직권탐지주의를 서로 구별하는 견해가 유력하다. 즉 소송의 개시 및 종료, 소송물의 특정을 법원이 하는 경우를 '직권주의'라 하고, 당사자가 이를 하는 경우에는 '처분권주의'라고 한다. 반면, 소송자료의 수집 및 제출을 당사자가 하는 경우에는 '변론주의'라 하고, 법원이 하는 경우에는 '직권탐지주의'라 한다. 행정심판법 제39조에서 "(행정심판)위원회는 필요하면 당사자가 주장하지 아니한 사실에 대하여도 심리할 수 있다"고 규정하고 있다. 그러나 그 의미가 불명확하여 해석의 여지를 남겨놓고 있다. 하지만, 행정심판위원회가 해당 사건의 심리를 위하여 당사자가 주장하지 아니한 사실에 대해서도 필요한 자료를 수집·조사할 수 있다고 해석된다. 이는 보충적으로 직권탐지주의를 적용한 것이다. 그러한 점에서 변론주의를 바탕으로 하면서도 직권탐지주의가 보완된 형태로 이해할 수 있다.

(4) 비공개주의

행정심판법에 명문의 규정은 없으나, 전체적인 체계로 볼 때 행정심판의 심리는 비공개주의에 입각하고 있다. 권리구제절차는 공개주의를 채택하는 것이 결정과정의 투명성과 공정성을 위해 바람직하다. 그러나 행정심판법은 행정심판위원회의 심리·의결의 공정성과 객관성을 보장하기 위하여 일정한 경우 발언내용 등을 비공개로 할 수 있다. 즉 행정심판위원회에서 위원이 발언한 내용이나 그 밖에 공개되면 위원회의 심리·의결의 공정성을 해칠 우려가 있는 사항은 공개하지 않도록 하고 있다(행정심판법 제41조).

2. 당사자의 절차적 권리

(1) 위원·직원의 기피신청권

당사자는 행정심판위원회의 위원이나 직원에게 공정한 심리·의결을 기대하기 어려운 사정이 있으면 위원장에게 기피신청을 할 수 있다(행정심판법 제10조 제2항, 제7항 및 제8항). 이러한 신청에 대해 위원장은 행정심판위원회의 의결을 거치지 않고 스스로 기피여부를 결정하게 된다.

(2) 구술심리신청권

당사자는 행정심판위원회에 구술심리를 신청할 수 있다(행정심판법 제40조 제1항). 이는 서면심리주의에 대한 예외로서 인정되는 것으로서 서면심리원칙에 따르는 여러 가지 문제점(예: 서면제출만으로 쟁점정리가 불충분한 경우 등)을 제거하기 위하여 구술심리가 필요하다고 인정되는 경우 등에 고려될 것이다.

(3) 보충서면제출권

당사자는 행정심판청구서·보정서·답변서 또는 참가신청서에서 주장된 사실을 보충하고, 다른 당사자의 주장을 반박하기 위하여 필요하면 위원회에 보충서면을 제출할 수 있다(행정심판법 제33조 제1항). 행정소송의 경우보다는 경미한 절차이지만 보충서면을 통해 자신에게 유리한 주장과 반박을 되풀이하여 실체적 진실을 밝히는 데 기여할 수 있다. 행정심판위원회는 무기평등의 원칙에 비추어 보충서면을 받으면 지체 없이 다른 당사자에게 그 부본을 송달하여야 한다(동조 제3항).

(4) 물적 증거제출권

물적 증거란 증거서류 또는 증거물을 말한다. 당사자는 필요한 경우 심판청구서·보정서·답변서 또는 참가신청서에 덧붙여 그 주장을 뒷받침하는 증거서류 또는 증거물을 제출할 수 있다(행정심판법 제34조 제1항). 물적 증거의 제출기관에 대해서는 행정심판법에 명문의 규정이 없다. 다만, 행정심판법 제33조 제2항의 보충서면제출기관의 경우에 준하여 판단해야 한다는 견해가 유력하다.[51] 증거서류에는 다른 당사자의 수만큼 증거서류의 부본을 첨부하여야 하고, 행정심판위원회는 그 부본을 지체없이 다른 당사자에게 송달하여야 한다(동조 제2항, 제3항).

(5) 증거조사신청권

당사자는 해당 심판청구사건의 심리에 있어서 자신의 주장을 밑받침하기 위하여 필요하다고 인정할 때에는 참고인신문·검증·감정 또는 증거자료의 제출요구 등 증거조사를 신청할 수 있는 권리를 가진다(행정심판법 제36조 제1항). 헌법 제107조 제3항에는 행정심판절차에 사법절차를 준용하도록 하고 있으므로 행정심판법에도 당사자의 증거조사신청권을 허용하고 있다. 이를 통해 직권탐지주의의 남용을 어느 정도 막을 수 있다고 보는 것이 일반적 견해이다. 한편, 행정심판위원회는 당사자의 증거조사 신청에 구속되지 아니하고, 그 필요성 유무에 관한 판단을 하여 증거조사를 할 수 있다. 그러나 유력설은 정당한 사유 없이 이러한 증거조사신청을 거부할 수 없다고 보고 있다.[52]

3. 주장과 증거조사

(1) 주장

직권탐지주의가 보충적으로 적용되고 있으나, 행정심판 심리의 기초가 되는 것은 당사자의 주장이다. 여기서 주장이란 당사자가 자신에게 유리한 사실이나 법률적 효과 등을 진술하는 것을 말한다.

(2) 증거조사

재결에서 해당 법규의 해석·적용을 위한 사실관계의 확정이 필요하다. 그 사실인정(finding of facts)은 객관적이고 타당한 것으로서 일반적으로 납득할 수 있어야 하므로 증거조사의 절차가 중요하다. 증거조사란 심리기관이 증거방법에

51) 이상규, 전게서(상), 741면.
52) 이상규, 행정쟁송법, 160면.

의해 증거자료를 얻는 행위를 말한다. 당사자나 관계인의 출석과 신문, 문서·장부 등의 증거자료 제출요구나 영치(領置), 전문가의 감정, 출입, 질문, 서류·물건 등의 조사·검증 등의 절차를 망라한다. 변론주의가 지배하는 경우에는 당사자의 신청에 의하는 것이 원칙이나, 민사소송과 달리 행정심판에서는 공익을 위해 직권탐지주의가 예외적으로 적용될 수 있다. 따라서 행정심판위원회는 당사자가 주장하는 사실에 대한 증거가 충분하지 못하여 심증을 얻지 못한 때에는 직권으로 증거자료 등을 수집하여 조사할 수 있다(행정심판법 제39조 참조).

4. 심리의 병합과 분리

심리절차의 경제성 및 신속성을 위하여 수개의 심판청구사건이 동일하거나 서로 관련되는 사안인 경우에는 행정심판위원회가 직권으로 서로 관련되는 수개의 심판청구사건을 병합하여 심리할 수 있다(행정심판법 제37조 전단). 병합심리는 심리절차의 병합에 그치고, 재결은 개별적으로 하여야 한다. 또한 행정심판위원회는 이미 병합된 심판청구사건을 필요에 따라 직권으로 분리하여 심리할 수 있다(동조 후단). 심리의 병합과 분리는 심리의 효율적 운영을 위해 필요하며, 이로 인해 심리가 지연되어서는 아니 된다.

제7절 행정심판의 재결

Ⅰ. 서 설

1. 재결의 의의

행정심판의 재결이란 심판청구사건에 대한 행정심판위원회의 종국적인 판단행위를 말한다. 재결은 확인행위로서의 성질을 가지며, 대심주의에 기초한 심리절차에 따른 행정심판위원회의 종국적 판단작용이라는 점에서 준사법적 행위라고 볼 수 있다. 이러한 행정심판의 재결은 항고소송의 대상이 될 수 있으며, 실무상 행정처분에 해당한다(행정소송법 제19조 및 제2조 참조). 이러한 행정심판의 재결에는 각하재결, 기각재결 및 인용재결이 있으며, 특수한 재결로서 '사정재결'이 있다. 그 구체적 내용은 다음과 같다.

2. 재결의 종류와 내용

(1) 각하재결

각하재결은 요건심리에 의해 심판청구의 제기요건에 흠결이 있는 경우에 부적법한 심판청구라 하여 본안심리를 배제하는 재결을 말한다(행정심판법 제43조 제1항). 예컨대 심판청구기간을 도과하였음을 이유로 하는 각하재결이 대표적이다. 그 밖에 청구인적격, 행정심판의 대상적격 등의 요건을 충족하지 못한 경우에도 각하재결을 할 수 있다.

(2) 기각재결

기각재결이란 본안심리에 의해 해당 심판청구가 이유 없다고 판단하여 이를 배척하고 원처분을 지지하는 재결을 말한다(행정심판법 제43조 제2항). 행정심판위원회의 기각재결 후에도 처분청은 해당 처분을 직권으로 취소하거나 변경할 수 있다. 이러한 기각재결의 특수한 경우가 '사정재결'이다.

(3) 사정재결

심판청구가 이유 있는 경우에도 공익을 위해 기각재결을 하는 경우가 있다. 심판청구에 대한 심리의 결과에 의해 해당 청구가 이유 있다고 인정되는 경우에도 이를 인용하는 것이 공공복리에 크게 위배된다고 인정하는 때에는 그 심판청구를 기각하는 재결을 할 수 있다(행정심판법 제44조 제1항). 이를 '사정재결(事情裁決)'이라 한다. 사정재결은 청구인의 권리(사익)를 구제하기 위해서는 하자 있는 처분을 취소·변경하는 것이 당연하지만, 공공복리를 현저히 해칠 우려가 있는 경우에는 사익을 후퇴시키고 기각재결을 내리는 것이다. 이러한 사정재결은 공·사익의 합리적인 조정을 위하여 예외적으로 인정되는 것이다. 사정재결은 취소심판 및 의무이행심판에 대해서만 인정되고, 무효등확인심판에서는 인정되지 아니한다(행정심판법 제44조 제3항).

사정재결이 인정되는 것은 "공공복리에 크게 위배된다고 인정"된 경우이다. 개정 전의 행정심판법에서는 "현저히 공공복리에 적합하지 아니하다고 인정되는 때"에 인정된다고 규정하고 있었다. 공공복리는 불확정법개념으로서 엄격하고 제한적으로 해석되어야 한다. 위법한 처분을 그대로 방치함으로 인해 발생하는 사익의 침해보다 그 처분을 취소함으로써 발생할 공익의 침해 정도가 월등하게 큰 경우이어야 한다. 단순히 공익이 사익보다 우월한 경우에 사정재결을 인정하는 것은 국민의 권리구제를 후퇴시킬 우려가 있다. 그러한 점에서 실무상 사정재결의 판단에 있어서 공익(공공복리)의 판단을 신중하게 할 필요가 있다.

사정재결의 주문에는 그 처분 또는 부작위가 위법하거나 부당하다는 것을 구체적으로 밝혀야 한다(행정심판법 제44조 제1항 단서). 이 경우 행정심판위원회는 청구인에 대하여 상당한 구제방법을 취하거나 그러한 구제방법을 취할 것을 피청구인인 행정청에 명할 수 있다. 그러한 구제방법으로는 손해의 전보, 원상회복, 제해(除害)방지조치 등이 고려된다.

(4) 인용재결

a) 의의

인용재결은 본안심리에서 원처분이나 부작위가 위법 또는 부당하여 심판청구가 이유 있다고 판단하는 내용의 재결이다. 이러한 인용재결에는 취소재결, 무효등확인재결, 의무이행재결이 있다. 이를 분설하면 다음과 같다.

b) 취소재결(취소·변경재결, 변경명령재결)

취소재결은 취소심판에 있어서 인용재결로서, 취소심판의 청구가 이유 있다고 인정하여 해당 처분을 취소 또는 다른 처분으로 변경하거나, 피청구인인 처분행정청에 대하여 다른 처분으로 변경하는 것을 명령하는 내용의 재결을 말한다(행정심판법 제43조 제3항). 전자는 '형성재결'의 성질을 가지며, 후자는 '이행재결'의 성질을 가진다. 행정심판법 제43조 제3항에는 피청구인인 행정청에 대한 '변경명령재결'만 규정하고 있다. 종전에는 '취소명령재결'을 규정하고 있었으나, 취소명령재결은 취소재결에 비해 우회적일 수 있다. 행정처분에 취소사유가 있는 경우에 행정심판위원회는 피청구인인 행정청에 직접 취소재결을 내릴 수 있다. 그러나 입법정책적으로는 형성적 쟁송의 성질을 가지는 취소재결의 본질에 비추어 이행재결인 변경명령재결은 삭제되는 것이 바람직하다.

c) 무효등확인재결

확인재결은 무효등확인심판의 청구가 이유 있다고 인정하는 때에 해당 처분의 효력유무 또는 존재여부를 확인하는 재결을 말한다(행정심판법 제43조 제4항). 무효등확인재결은 실질적으로는 확인적 쟁송이나, 형식적으로는 처분의 효력의 유무 등을 직접 쟁송의 대상으로 하는 형성적 쟁송으로서의 측면을 동시에 가진다. 그런 이유에서 준형성적 쟁송의 성질을 가진다고 보는 것이 통설이다.

d) 의무이행재결(처분재결, 처분명령재결)

의무이행재결은 의무이행심판의 청구가 이유 있다고 인정되면 신청에 따른 처분을 직접하거나 피청구인인 행정청에 그 처분을 할 것을 명령하는 재결을 말한다(행정심판법 제43조 제5항). 이 경우 전자를 '처분재결'이라 하고, 후자를 '처분명령재결'이라 한다. 그러나 처분재결은 형성재결의 성질을 가지고, 처분명령재결은 이행재결의 성질을 가진다. 행정심판법 제43조 제5항에 의하면 거부처분에 대한 처분재결이 허용되므로 거부처분에 대한 '취소재결'과의 경합이 발생할 수 있다. 거부처분에 대한 취소재결의 필요성이 예외적으로 인정되는 경우도 있지만, 청구인은 거부된 신청에 따른 처분의 발급이나 이행을 원하는 경우가 대부분일 것이다. 예컨대 도로점용허가 신청의 거부를 상정하면, 그 구체적 차이를 실감할 수 있다. 이러한 모순을 피하기 위해서는 의무이행심판의 처분재결을 '부작위'에 제한하거나, 거부처분에 대한 취소재결을 제외하여야 한다. 이론적으로는 거부처분이나 부작위에 대해 의무이행심판을 허용하고, 이행재결의 본질에 부합하게 '처분명령재결'만을 규정하는 것이 바람직하다. 행정심판법 제49조 제3항에도 부작위나 거부처분에 대해 이행을 명령하는 재결이 있으면 행정청은 지체 없이 이전의 신청에 대하여 재결의 취지에 따라 처분할 것을 규정하고 있다. 한편, 행정심판법 제50조의2에는 피청구인이 처분의 이행을 명하는 재결(처분명령재결)에도 불구하고 이를 이행하지 않는 경우에는 직접처분을 할 수 있는 규정을 두고 있다. 이 규정의 내용에 비추어 처분재결은 처분명령재결에 대해 보충적이어야 한다.

3. 재결의 범위와 한계

행정심판위원회는 심판청구의 대상이 되는 처분 또는 부작위 외의 사항에 대하여 재결하지 못하며, 심판청구의 대상이 되는 처분보다 청구인에게 불이익한 재결을 하여서는 아니 된다(행정심판법 제47조 참조). 이에 대해서는 심리의 내용과 범위에서 상술하였다(본서 제5편 제6절 II. 2. 참조).

4. 조 정

(1) 조정의 의의 및 특징

2017년 10월 31일 행정심판법의 개정에 의해 '조정(調停)제도'가 도입되었다. 즉 행정심판법 제43조의2 제1항에 "행정심판위원회는 당사자의 권리 및 권한의 범위에서 당사자의 동의를 받아 심판청구의 신속하고 공정한 해결을 위하여 조정을 할 수 있다"는 규정이 신설되었다. 조정(mediation)은 본래 대표적인 대체적 분쟁해결수단(ADR: Alternative Dispute Resolution)의 하나이며, 일도양단식(一刀兩斷式)의 해결보다는 분쟁 당사자가 서로 참여하여 협상과 타협에 의해 합의를 도출할 수 있는 장점을 가진다. 행정소송법에도 조정제도를 도입하는 것이 논의된 바 있다.[53)]

(2) 조정의 절차

조정의 절차는 사실관계의 조사 및 법리 검토, 양 당사자의 의견 수렴, 그리고 행정심판위원회의 심리 절차로 진행될 수 있다. 조정의 대상이 되는 사안이 확정되면, 조정절차를 구체적으로 진행시켜야 한다. 조정절차에 관한 내용에 대하여 행정심판법에는 아직 구체적인 규율이 없다. 다만, 위원장은 조정의 원활한 운영을 위해 필요한 경우 위원 중 특정위원을 지정하여 조정안을 작성하여 위원회에 보고하게 할 수 있다(행정심판법 시행령 제30조의2 제3항). 조정절차에 있어서는 당사자의 참여와 협력이 충분히 확보되어야 한다. 개정된 행정심판법 제43조의2 제2항에는 "심판청구된 사건의 법적·사실적 상태와 당사자 및 이해관계자의 이익 등 모든 사정을 참작하고, 조정의 이유와 취지를 설명하여야 한다"고 규정하고 있다. 그러나 이러한 규정은 위원회의 조정절차의 운영에 관한 내용이며, 당사자의 절차 참여에 관한 규정을 보완할 필요가 있다. 즉 당사자의 의견진술과 자료제출 등에 관한 규정을 추가하는 것이 바람직하다.

한편, 조정을 자율적으로 신청하는 것인지, 아니면 행정심판위원회의 권고에 의해 조정을 할 수 있는지가 문제다. 신설된 행정심판법 제43조의2에는 행정심판위원회가 당사자의 동의를 얻어 조정절차를 개시할 수 있도록 규정하고 있다.

---

53) 이에 대해서는 졸고, "대체적 분쟁해결수단으로서 행정소송에서의 조정", 사법행정(2005. 4), 6면 이하.

조정의 '신청권'을 명확히 규정해야 한다. 개정된 행정심판법 제43조의2 제1항에는 "당사자의 권리 및 권한의 범위에서 당사자의 동의를 받아" 조정을 할 수 있도록 하고 있다. 그러나 이러한 규정이 선택적 조정제도에 관한 것인지, 아니면 행정심판위원회의 권고에 의해 조정절차가 개시되는지가 명확하지 않다. 조정신청이 허용될 경우 행정심판위원회가 조정신청인의 신청취지에 반하는 결정을 내릴 수 있는지도 어려운 문제이다. 이러한 조정은 순수한 의미의 조정은 아니며, 중재와 결합된 형태에 가깝다. 공익적 성격이 강한 행정심판에서는 직권심리주의가 적용되므로 이를 허용할 여지가 있다. 그러나 이러한 결정은 조정제도의 본질에 부합하지 않으므로 신중한 접근이 요구된다.

(3) 조정의 효력

개정된 행정심판법에는 조정의 효력에 관한 규정을 두고 있지 않다. 그러나 같은 법 제43조의2 제3항에서 "제48조부터 제50조까지"의 규정을 준용하도록 하고 있다. 조정은 당사자가 합의한 사항을 조정서에 기재한 후 당사자가 서명 또는 날인하고 위원회가 이를 확인함으로써 성립한다(행정심판법 제43조의2 제3항 참조). 조정의 성립에 대해 재결의 송달과 효력발생(제48조), 재결의 기속력(제49조) 및 위원회의 직접 처분(제50조)에 관한 규정이 적용된다. 조정에 대해서는 사실상 재결의 효력이 부여된 것으로 해석할 수 있다. 조정이 성립되는 경우 재결과 마찬가지로 조정안의 합의사항은 양당사자를 구속한다. 행정청의 경우에도 재결의 기속력에 의해 조정 내용에 따른 처분을 하거나 그 처분의 취소·철회를 하여야 한다. 이를 이행하지 않는 경우에는 행정심판법 제50조의2에 따라 간접강제를 할 수 있다. 피청구인이 상당한 기간 내에 이를 이행하지 아니하는 경우에는 그 지연기간에 따라 일정한 배상을 하도록 명하거나 즉시 배상할 것을 명할 수 있다.

한편, 조정의 활용률이 다소 낮더라도 강제적 조정제도의 도입은 신중하여야 한다. 따라서 당사자의 임의적 판단에 따른 선택적 조정제도를 채택하는 것이 바람직하다. 조정제도를 선택하지 않고도 행정심판의 재결을 청구하거나, 또는 행정소송을 제기할 수 있는 길이 열려 있어야 한다.

Ⅱ. 재결의 절차와 형식

1. 재결기간

종전에는 행정심판위원회가 심의를 마치면 그 심판청구에 대하여 재결할 내용을 의결하여 그 내용을 재결청에 통고하고, 재결청은 행정심판위원회의 의결내용에 따라 지체 없이 재결하였다(구 행정심판법 제31조). 그러나 현행 행정심판법에서는 행정심판위원회가 재결권을 가지며, 행정심판위원회가 심리 후에 직접 재결을 할 수 있게 되었다. 재결은 피청구인인 행정청 또는 행정심판위원회가 심판청구서를 받은 날로부터 60일 이내에 하여야 한다(행정심판법 제45조 제1항). 다만, 부득이한 사정이 있을 때에는 위원장이 직권으로 30일을 연장할 수 있다. 행정심판위원회는 이러한 재결기간이 연장될 경우에 재결기간이 끝나기 7일 전까지 당사자에게 알려야 한다(동조 제2항). 심판청구가 부적합하여 보정명령을 내린 경우에 보정기간은 재결기간에 산입되지 아니한다(행정심판법 제32조 제5항).

2. 재결의 방식(재결서)

재결은 서면으로 한다. 재결서에는 사건번호와 사건명, 당사자·대표자 또는 대리인의 이름과 주소, 주문, 청구의 취지·이유, 재결의 날짜를 기재하고 기명·날인하여야 한다(행정심판법 제46조 제1항, 제2항). 재결서에 기재하는 이유에는 주문내용이 정당하다는 것을 인정할 수 있는 정도의 판단을 표시하여야 한다(동조 제3항). 재결의 이유제시는 재결 그 자체의 타당성과 합법성을 보장하는 것일 뿐만 아니라 당사자(청구인)가 재결에 대한 불복을 결정하는 중요한 기준이기도 하다. 따라서 재결의 이유제시는 명확성·예측가능성 등 법치국가원리의 요청에 부합하는 것이다. 재결의 이유제시가 흠결되거나 불충분한 경우는 재결의 형식적 하자가 될 수 있다.

3. 재결의 송달

행정심판위원회는 재결을 한 때에 지체 없이 당사자에게 재결서의 정본을 송달하여야 한다(행정심판법 제48조 제1항). 재결은 청구인에의 송달이 있은 때에 그 효력이 발생한다(동조 제2항). 이러한 송달은 재결의 효력발생요건이다. 행정심판위원회는 심판청구에 참가인이 있을 때에는 재결서의 등본을 지체 없이 참가인에게 송달하여야 한다(동조 제3항). 그러나 참가인에 대한 송달은 재결의 효력발생과는 직접적인 관계가 없다.

한편, 행정심판위원회는 상대방이 아닌 제3자가 심판청구를 한 경우 재결서의 등본을 지체 없이 피청구인을 거쳐 상대방에게 송달하여야 한다(동조 제4항). 제3자의 심판청구로 인해 처분의 상대방이 예측할 수 없는 손해를 입는 것을 피하기 위한 규정이다. 예컨대 환경오염물질의 배출로 인해 피해를 입은 제3자가 처분의 상대방인 공장주가 받은 시설허가에 대한 취소를 구하는 행정심판을 청구한 사건이 그러하다.

Ⅲ. 재결의 효력

행정심판위원회의 재결은 재결서의 정본이 당사자에게 송달된 때에 그 효력(구속력)이 발생하게 된다. 그러한 재결의 효력으로는 기속력, 형성력 및 존속력 등이 소개되고 있다.

1. 기속력

(1) 기속력의 의의

행정심판위원회의 재결이 실효성을 가지기 위해서는 행정청과 그 밖의 관계행정청에 대한 기속력을 가져야 한다. 행정심판법 제49조 제1항에서도 행정심판위원회의 재결이 피청구인인 행정청과 그 밖의 관계행정청을 기속한다고 규정한다. 이를 재결의 기속력(羈束力)이라 한다. 재결의 기속력은 '인용재결'의 경우에만 발생한다.

(2) 기속력의 내용

a) 부작위의무

처분의 취소·변경재결, 처분의 무효등확인재결이 있는 경우에 관계행정청은 이러한 재결에 저촉되는 행위를 할 수 없다. 즉 동일한 사실관계에 대해 동일한 내용의 처분을 반복하거나 모순된 처분을 해서는 아니 된다(반복금지효, 모순금지효). 재결의 내용에 모순되는 내용의 처분을 반복하는 것을 금지하는 효력이다.

다만, 취소재결이나 무효등확인재결에서 절차상 하자의 경우에는 하자의 치유 후에도 동일한 결정을 내려야 하는 경우가 있다. 이러한 부작위(금지)의무는 재결(취소 · 변경재결, 무효등확인재결)의 실효성을 보장하기 위한 소극적인 내용의 것이다.

b) 재처분의무 및 적극적 처분의무

거부처분에 대한 취소재결이나 무효등확인재결이 있는 경우에는 처분청에 재처분의무가 발생한다. 즉 재결에 의하여 취소되거나, 무효 또는 부존재로 확인되는 처분이 당사자의 신청을 거부하는 것을 내용으로 하는 경우에 그 처분을 한 행정청은 재결의 취지에 따라 다시 이전의 신청에 대한 처분을 하여야 한다(행정심판법 제49조 제2항). 종전에는 이에 대해 이론(異論)의 여지가 있었으나, 2017년 4월 18일 행정심판법의 개정에 의하여 이 조항이 신설되었다. 행정심판위원회의 재결의 실효성을 높이기 위하여 이를 명확히 한 것이다. 또한 전술한 바와 같이 신청에 따른 처분이 '절차'의 위법 또는 부당을 이유로 재결로써 취소된 경우에도 그 재결의 취지에 따라 다시 이전의 신청에 대한 처분을 할 의무가 있다(동조 제4항).

한편, 당사자의 신청을 거부하거나 부작위로 방치한 처분의 이행을 명하는 재결이 있는 경우에 행정청은 지체 없이 그 재결의 취지에 따라 다시 이전의 신청에 대한 처분을 할 의무가 있다. 이러한 적극적 처분의무는 주로 의무이행심판의 이행재결(처분명령재결)이 있는 때에 발생한다. 이러한 적극적 처분의무와 관련하여 특정한 처분을 발급할 의무를 의미하는 것인지가 문제 된다. 기속행위의 경우에는 법령에 규정된 특정한 의무를 발급하여야 하지만, 재량행위의 경우에는 처분청의 제1차적 판단권을 제약할 수 있다. 재량행위의 경우에는 행정청의 판단을 존중하는 형식의 이행재결이 필요하다. 의무이행소송의 하위유형인 적정재량결정소송(Bescheidungsklage)의 판결이 그 대표적 유형이다. 그러나 긴급한 상황이나 중대한 위험 등이 있는 경우에는 처분청의 재량행위도 영으로 감축된다고 보아야 한다. 이 경우에는 특정한 처분의 이행을 명하는 재결을 내릴 수 있고, 이에 따라 처분청은 그 특정한 처분을 발급할 의무가 있다고 해석해야 한다.

c) 결과제거의무

행정청은 처분의 취소 또는 무효확인 등의 재결이 있으면, 결과적으로 위법 · 부당으로 판단된 처분에 의하여 초래된 상태를 제거해야 할 의무를 진다고 해석된다. 예컨대 불법건축물의 허가취소로 인하여 건축물의 잔존물에 대한 철거가 여기에 해당한다. 이는 행정소송법의 기속력에 있어서와 동일한 취지이다.

(3) 공고 · 통지 등

법령의 규정에 따라 공고하거나 고시한 처분이 재결로써 취소되거나 변경되면 처분을 한 행정청은 지체 없이 그 처분이 취소 또는 변경되었다는 것을 공고하거나 고시하여야 한다(행정심판법 제49조 제4항). 법령의 규정에 따라 처분의 상대방 외의 이해관계인에게 통지된 처분이 재결로써 취소되거나 변경되면 처분을 한 행정청은 지체 없이 그 이해관계인에게 그 처분이 취소 또는 변경되었다는 것을 알려야 한다(동조 제5항).

(4) 기속력의 범위

재결의 기속력이 미치는 주관적 범위는 피청구인인 행정청과 그 밖의 모든 관계 행정청이다(행정심판법 제49조 제1항). 또한 재결의 기속력은 재결의 주문 및 그 전제가 되는 요건사실의 인정과 효력의 판단에 미친다(객관적 범위).[54] 그러나 재결의 결론과 직접 관계가 없는 '간접사실'에 대한 판단에는 재결의 기속력이 미치지 아니한다.

(5) 기속력의 이행확보(직접처분과 간접강제)

행정심판위원회는 피청구인이 행정심판법 제49조 제2항의 규정에도 불구하고 이전의 신청에 대한 처분을 하지 아니하는 경우에는 당사자가 신청하면 기간을 정하여 서면으로 시정을 명하고 그 기간에 이행하지 아니하면 직접 처분을 할 수 있다. 다만, 그 처분의 성질이나 그 밖의 불가피한 사유로 행정심판위원회가 직접 처분을 할 수 없는 경우에는 그러하지 아니하다(행정심판법 제50조 제1항). 행정심판위원회에 직접처분권을 인정한 것은 기속력의 이행확보를 실효성 있게 하기 위한 것이다. 또한 행정심판위원회는 이와 같이 직접 처분을 하였을 때에는 그 사실을 해당 행정청에 통보하여야 하며, 그 통보를 받은 행정청은 행정심판위원회가 한 처분을 자신이 한 처분으로 보아 관계 법령에 따라 관리 · 감독 등 필요한 조치를 하여야 한다(동조 제2항).

---

54) 대법원 2005. 12. 9. 선고 2003두7705 판결; 대법원 2016. 1. 28. 선고 2013두26897 판결.

이와 더불어 행정심판 인용재결에 따른 행정청의 재처분의무에도 불구하고 행정청이 인용재결에 따른 처분을 하지 아니하면 행정심판위원회는 당사자의 신청에 의하여 결정으로 상당한 기간을 정하여 서면으로 시정을 명하고, 행정청이 그 기간 내에 이행하지 아니하는 경우에는 지연기간에 따라 일정한 배상을 하도록 명하거나 즉시 배상을 할 것을 명할 수 있도록 '간접강제제도'를 마련하였다(행정심판법 제50조의2 참조).

2. 형성력

재결의 형성력이란 재결의 내용대로 새로운 법률관계의 성립이나 종전의 법률관계의 변경·소멸을 가져오는 효과를 말한다. 즉 처분의 취소·변경재결에 인정되는 효력으로서, 재결의 내용에 따라 기존의 법률관계에 변동을 가져오는 효력을 의미한다(행정심판법 제49조 제2항). 예컨대 인용재결에 의해 원처분의 전부 또는 일부가 취소되면, 그 원처분의 효력은 소멸하고 처음부터 존재하지 않은 것이 된다. 재결의 형성력은 제3자에게도 미친다는 점에서 이를 '대세적 효력'이라고 한다.

한편, 행정심판법 제43조 제5항에 의하면, 의무이행재결에서 행정심판위원회는 의무이행심판의 청구가 이유 있다고 인정하면 그 부작위나 거부처분의 바탕이 된 신청에 따른 처분을 직접하는 재결(처분재결)을 내릴 수 있다. 이 경우 처분청의 원처분(거부처분)의 효력이 문제다. 이러한 행정심판위원회의 처분재결에 의해서 해당 거부처분은 소멸한 것으로 보아야 한다. 건축허가청의 건축허가 거부에 대한 의무이행심판에서 행정심판위원회가 건축허가의 발급을 내용을 하는 재결(처분재결)을 내리는 경우가 그러하다. 그러나 이 경우에는 처분청의 독자적인 판단권을 침해할 수 있다.

3. 존속력

(1) 불가쟁력

행정심판의 재결이 있으면 그 재결 및 같은 처분 또는 부작위에 대하여 재청구를 할 수 없다(행정심판법 제51조). 그러나 재결 그 자체는 항고소송의 대상이 될 수 있다. 따라서 재결에 대한 행정소송을 제기할 경우에 제소기간을 준수해야 한다. 제소기간을 준수하지 못하여 이를 경과하면, 더 이상 효력을 다투지 못한다(행정소송법 제20조 참조). 이를 재결의 불가쟁력(不可爭力)이라 한다. 다만, 행정소송법은 원처분주의를 취하고 있으므로 재결은 그 자체로 고유한 하자가 있는 경우에 한하여 행정소송을 제기할 수 있다(행정소송법 제19조 단서). 한편, 판례[55]는 재결의 불가쟁력을 확정력(Rechtskraft)이라고 표현하는 경우도 있지만, 확정력은 오늘날 판결의 효력의 하나로서 이해되고 있다. 실질적 확정력은 '기판력'을 의미한다. 따라서 '불가쟁력' 내지 '존속력'이라는 표현이 보다 더 적합하다.

(2) 불가변력

재결은 준사법절차인 쟁송절차를 거친 판단행위로서의 성질을 가지므로 행정심판위원회가 스스로 자신의 결정(재결)을 취소하거나 변경할 수 없는 효력을 발생시킨다. 이를 불가변력(不可變力) 내지 자박력(自縛力)이라 한다. 그러나 불가변력은 반드시 재결과 같은 합의제행정기관의 결정에 국한되는 효력은 아니다. 독일에서는 불가변력에 상응하는 실질적 존속력을 인정하고 있으나, 이에 대하여 학설상 견해 대립이 있다. 독일에서는 전술한 바와 같이 불가변력이 적어도 구속효와 제한된 취소가능성으로 구성되어 있다고 보는 견해가 유력하다.

Ⅳ. 재결에 대한 불복

1. 행정심판 재청구의 금지

심판청구에 대한 재결에 대해서는 불복방법으로서 다시 행정심판을 제기하지 못한다(행정심판법 제51조). 따라서 이러한 재결에 대해서는 행정소송으로 다툴 수 있을 뿐이다. 재결의 재심판청구를 금지하는 것은 쟁송절차를 무한(無限)으로 반복하는 것을 방지하고 재결의 실효성을 담보하기 위한 것이다. 다만, 절차상 하자만으로 인한 취소판결의 경우, 특히 재량행위의 성질을 가지는 처분에 대한

55) "일반적으로 행정처분이나 행정심판 재결이 불복기간의 경과로 확정될 경우 그 확정력은, 처분으로 법률상 이익을 침해받은 자가 당해 처분이나 재결의 효력을 더 이상 다툴 수 없다는 의미일 뿐, 더 나아가 판결과 같은 기판력이 인정되는 것은 아니어서 그 처분의 기초가 된 사실관계나 법률적 판단이 확정되고 당사자들이나 법원이 이에 기속되어 모순되는 주장이나 판단을 할 수 없게 되는 것은 아니다."(대법원 2008. 7. 24. 선고 2006두20808 판결. 동지판례: 대법원 1993. 4. 13. 선고 92누17181 판결; 대법원 2004. 7. 8. 선고 2002두11288 판결 등 참조).

취소판결의 경우에는 절차상 하자를 치유한 후 동일한 결정을 내리는 경우도 있다. 이 경우에 해당 처분에 대한 실체적 위법성을 이유로 취소심판을 다시 제기해야 한다. 이러한 취소심판을 다시 제기하는 것은 취소재결의 기속력에 위배되지 아니할 뿐만 아니라 재심판청구의 금지와도 무관한 것으로 보는 것이 타당하다.

2. 재결에 대한 행정소송

재결에 불복하는 경우에는 그 재결 자체에 고유한 위법이 있음을 이유로 취소·변경을 구하거나, 그 재결에 무효사유가 있음을 이유로 무효확인을 구하는 행정소송을 제기할 수 있다(행정소송법 제19조 단서 및 제38조 참조). 현행 행정소송법은 원처분주의를 채택하고 있기 때문에 행정심판의 재결을 거쳐 행정소송을 제기하는 경우에도 그 대상은 원칙적으로 재결이 아니라 원처분(原處分)이다. 피고 역시 원처분을 한 행정청이다. 예외적으로 재결 자체에 대한 행정소송을 허용하는 것은 재결에 의해 원처분이 취소·변경되거나 원처분보다 불리한 결과를 초래한 경우에 인정된다.

제8절 고지제도(행정심판의 불복고지)

Ⅰ. 고지제도의 의의와 필요성

1. 고지제도의 의의 및 성질

고지제도란 행정청이 처분을 함에 있어서 해당 처분의 상대방이 행정심판을 제기하고자 하는 경우에 필요한 사항(행정심판위원회, 청구기간 및 청구절차 등)을 함께 알리는 것을 말한다. 고지제도는 비권력적 사실행위로서, 그 자체로서는 직접적으로 아무런 법률효과도 수반하지 아니한다. 따라서 고지 그 자체는 행정쟁송의 대상이 되지 아니한다.

2. 고지제도의 필요성

고지제도의 필요성은 일반적으로 행정불복의 기회보장과 행정작용의 적정화에서 찾고 있다. 고지제도는 행정기관 자체에 의한 자율적인 통제를 통해 권리구제의 가능성을 실효성 있게 보장하고 있다. 또한 고지제도는 행정기관으로 하여금 당사자의 불복가능성을 예측하도록 함으로써 행정작용을 신중히 하고 행정작용을 적정하게 행하도록 하고 있다.

3. 고지제도의 종류

(1) 직권에 의한 고지

행정청은 서면에 의한 처분을 하는 경우에는 상대방의 신청과 관계없이 직권으로 고지하여야 한다(행정심판법 제58조 제1항). 고지의 대상은 서면에 의한 처분만이며, 구두에 의한 처분은 그 대상에서 제외된다. 고지의 내용은 해당 처분에 대한 행정심판의 제기절차 및 기간 등과 같이 행정심판의 제기에 관하여 필요한 사항이다. 고지는 행정청이 주체가 되어 처분의 상대방에게 행한다. 고지의 방법에 대해서는 법령에 특별한 규정을 두고 있지 않다. 그러나 행정심판법에서는 처분형식이 서면인 경우에 이를 고지하도록 규정하고 있으므로 처분서에 함께 기재하여 고지하는 것이 편리성과 법적 명확성 측면에서 바람직하다. 실무상으로도 처분서에 이의신청이나 행정심판 등에 관한 고지를 하고 있다. 고지의 시기에 대해서는 '처분시'로 보아야 한다. 그러나 처분시에 하지 못하고 그 이후에 고지하더라도 이로 인해 행정심판청구에 있어 당사자에게 현실적으로 불이익이 발생하지 않으면 절차상 하자는 치유된 것으로 보는 것이 타당하다.

(2) 청구(신청)에 의한 고지

처분의 이해관계인이 고지를 신청하면 해당 행정청은 지체 없이 고지를 하여야 한다(행정심판법 제58조 제2항). 이 경우 고지의 청구권자는 처분에 대한 '이해관계인'이다. 여기서 이해관계인이란 해당 처분에 의해 자신의 법률상 이익이 침해되거나 불이익을 받게 되는 자를 말한다. 청구에 의한 고지의 경우에는 직권에 의한 고지와는 달리 서면형식의 처분에 한정되지 않는다. 따라서 형식에 관계없이 신청권자의 법률상 이익을 침해한 모든 처분은 그 대상이 된다. 그러나 처분 이외의 행정작용은 이에 포함되지 아니한다. 고지할 사항은 해당 처분이 행정심판의 대상이 되는지, 행정심판의 대상이 되는 경우 소관 행정심판위원회 및 심판청구기간이다(행정심판법 제58조 제2항). 고지의 방식은 법률상의 제한이 없으므로 자유롭지만, 청구권자가 서면에 의한 고지를 요구한 경우에는 반드시 서면으로 고지하도록 하고 있다. 시기에 대해서는 청구권자로부터 요청받은 경우에 '지체 없이' 하도록 하고 있다.

Ⅱ. 불고지(不告知)와 오고지(誤告知)의 효과

1. 고지하지 아니한 경우

행정청이 고지를 하지 아니하여 청구인이 심판청구서를 다른 행정기관에 제출한 때에는 해당 행정기관은 그 심판청구서를 지체 없이 정당한 권한 있는 행정청에 송부하고 그 사실을 청구인에게 통지하여야 한다(행정심판법 제23조 제2항, 제3항). 행정청이 심판청구기간을 고지하지 아니한 경우에 그 심판청구기간은 해당 처분이 있었던 날로부터 180일이 된다(동법 제27조 제6항). 이 경우 청구인이 처분이 있는 것을 알았는지, 청구인이 고지에 관계없이 심판청구기간에 관하여 알고 있었는지는 문제되지 않는다.

2. 잘못 고지한 경우

행정청이 고지한 심판청구기간이 법에서 정한 심판청구기간보다 긴 기간으로 잘못 알린 경우에는 그 잘못 알린 기간에 심판청구가 있으면 청구기간이 준수된 것으로 본다(행정심판법 제27조 제5항). 이러한 오고지는 행정청의 잘못이므로 당사자에게 유리하게 규정한 것이다.

제9절 특별행정심판

Ⅰ. 서 설

행정심판제도는 임의적 절차로 변경되었으나, 다른 법률에 필수적 전치절차에 관한 규정을 둔 경우에는 그 특별행정심판의 규정에 따라야 한다. 행정심판법 제3조는 "행정청의 처분 또는 부작위에 대하여 다른 법률에 특별한 규정이 있는 경우를 제외하고는 이 법에 의하여 행정심판을 제기할 수 있다"고 규정하고 있다. 따라서 다른 법률에 특별한 규정이 있는 경우에는 그 법률의 규정에 의한다고 볼 수 있다. 그러나 2010년 개정 법률에는 특별행정심판의 남용을 방지하기 위하여 특별행정심판의 신설 등을 중앙행정심판위원회와 협의할 것을 규정하고 있다(행정심판법 제4조 제3항). 한편, 행정심판법 제4조에는 "행정심판에 관하여는 사안의 전문성과 특수성을 살리기 위하여 특히 필요한 경우가 아니면 청구인에게 불리한 내용으로 이 법에 대한 특례를 다른 법률로 정할 수 없다"라고 규정하고 있다. 구법(舊法) 하에서 이 규정을 일종의 '훈시적' 규정으로 보는 견해가 유력하다.[56] 대표적인 특별행정심판으로는 공무원의 신분상 불이익처분에 대한 행정심판(소청심사), 조세부과처분 등에 대한 조세불복절차(조세심판), 교원의 신분상 불이익처분에 대한 행정심판(교원소청심사) 및 해난심판 등이 있다. 본서에서는 공무원의 신분상 불이익처분에 대한 행정심판(Ⅱ), 교원의 신분상 불이익처분에 대한 행정심판(Ⅲ), 그리고 조세부과처분에 대한 행정심판(Ⅳ)에 대해 설명하기로 한다.

Ⅱ. 공무원의 신분상 불이익처분에 대한 행정심판

1. 소청의 의의 및 대상

행정소송법에는 행정심판을 임의적으로 선택할 수 있도록 규정하고 있으나, 징계처분, 그 밖에 본인의 의사에 반하는 불리한 처분이나 부작위에 관한 행정

56) 이상규, 행정쟁송법, 191면.

소송을 제기하기 위해서는 반드시 '소청심사위원회'의 심사·결정을 거쳐야 한다(국가공무원법 제16조 제1항). 지방공무원의 경우에는 시·도에 지방소청심사위원회 및 교육소청심사위원회가 설치되어 있다(지방공무원법 제13조). 소청이란 공무원이 징계처분(파면·해임·강등·정직·감봉·견책) 그 밖에 그 의사에 반하는 불리한 처분이나 부작위를 받은 경우에 소청심사위원회에 심사를 청구하는 행정심판이다(국가공무원법 제9조 제1항). 소청의 대상이 되는 소청사항에는 징계처분 이외에 그의 의사에 반하는 '불리한 처분'도 포함하고 있다. 여기에서 말하는 '불리한 처분'은 대체로 '신분상'의 불이익을 의미하며, 강임·휴직·직위해제·면직이 해당된다(국가공무원법 제75조, 소청절차규정 제2조 제1항 참조). 그 밖에 의원면직의 형식에 의한 면직, 대기명령, 전직 등도 이러한 불리한 처분에 포함된다. 한편, 국회, 법원, 헌법재판소 및 선거관리위원회 소속 공무원의 소청에 관한 사항을 심사·결정하게 하기 위하여 국회사무처, 법원행정처, 헌법재판소사무처 및 중앙선거관리위원회사무처에 각각 해당 소청심사위원회를 두고 있다(국가공무원법 제9조 제2항).

2. 소청의 절차

소청 절차는 소청심사청구서를 제출함으로써 개시된다. 공무원이 징계처분·강임·휴직·직위해제·면직처분을 받은 경우에는 처분사유설명서를 받은 날부터, 공무원이 그 밖에 본인의 의사에 반하는 불리한 처분의 경우에는 그 처분이 있은 것을 안 날부터 각각 30일 이내에 소청심사청구서에 처분사유설명서 또는 인사발령통지서 등의 사본을 첨부하여 관할 소청심사위원회에 제출하여야 한다(국가공무원법 제76조 제1항, 소청절차규정 제2조 제1항). 지방공무원의 소청심사의 제기, 심사 및 결정, 그 밖의 절차에 대해서는 대통령령에 위임하고 있으며, 이에 대해서는 대통령령인 '소청절차규정'에서 정하고 있다(지방공무원법 제21조).

귀책사유 없이 소청을 청구할 수 없게 된 경우에는 소청제기기간에 산입하지 아니한다(소청절차규정 제3조 제1항). 이에 대한 귀책사유의 유무는 소청심사위원회가 결정한다(동조 제2항). 처분사유설명서 또는 인사발령통지서의 수령지연으로 인하여 처분사유설명서에 기재된 일자로부터 소청제기기간을 초과하여 소청심사를 청구하는 경우에는 그 수령지연사실의 입증자료를 소청심사청구서에 첨부하여 제출하여야 한다(소청절차규정 제2조 제1항 제6호). 파면 또는 해임이나 근무성적의 불량을 이유로 한 면직처분의 경우에 그 처분을 한 날부터 40일 이내에는 후임자의 보충발령을 하지 못한다(국가공무원법 제76조 제2항). 다만, 인력 관리상 후임자를 보충하여야 할 불가피한 사유가 있고, 후임자의 보충발령을 유예하게 하는 소청심사위원회의 임시결정이 없는 경우에는 국회사무총장, 법원행정처장, 헌법재판소사무처장, 중앙선거관리위원회사무총장 또는 인사혁신처장과 협의를 거쳐 후임자의 보충발령을 할 수 있다.

3. 소청의 심사 및 결정

소청심사위원회가 소청사건을 심사할 때에는 대통령령 등으로 정하는 바에 따라 소청인 또는 그 대리인에게 진술기회를 부여하여야 하고, 그 기회를 주지 아니한 결정은 무효이다(국가공무원법 제13조). 개별 법률에 절차상 하자의 무효사유를 규정한 것이다. 또한 소청당사자는 증인의 소환·질문 또는 증거물 기타 심사자료의 제출명령을 신청하거나 증거물 기타 심사자료를 제출할 수 있으며, 그 신청에 대한 채택여부는 소청심사위원회가 결정한다(소청절차규정 제11조 제1항 및 제2항).

소청 사건의 결정은 재적위원 3분의 2 이상의 출석과 출석위원 과반수의 합의에 따른다. 의견이 나뉘어 출석위원 과반수에 이르지 못하였을 때에는 과반수에 이를 때까지 소청인에게 가장 불리한 의견에 차례로 유리한 의견을 더하여 그 중 가장 유리한 의견을 합의된 의견으로 본다(국가공무원법 제14조 제1항). 소청심사위원회는 원징계처분보다 무거운 징계를 하지 못하며, 징계 또는 소청의 원인이 된 사실 이외의 사실에 대하여 심사하지 못한다(국가공무원법 제14조 제8항, 소청절차규정 제14조). 이는 소청심사에 있어서 불이익변경금지의 원칙과 불고불리(不告不理)의 원칙을 규정한 것이다. 소청심사위원회의 결정은 처분 행정청을 기속한다(국가공무원법 제15조).

4. 소청심사위원회의 결정에 대한 불복

소청심사위원회의 결정은 특별행정심판의 재결에 해당한다. 따라서 이러한 소청심사위원회의 결정에 불복하여 항고소송을 제기할 수 있다. 다만, 항고소송의 대상은 원칙적으로 원처분인 징계처분이다. 소청심사위원회의 결정에 불복하여 행정소송을 제기할 때에는 대통령의 처분 또는 부작위의 경우에는 소속 장관을, 중앙선거관리위원회위원장의 처분 또는 부작위의 경우에는 중앙선거관리위원회사무총장을 피고로 한다(국가공무원법 제16조 제2항). 또한 대법원장의 처분에 대하여는 법원행정처장을 피고로 한다(법원조직법 제70조).

Ⅲ. 교원의 신분상 불이익처분에 대한 행정심판

1. 교원의 신분보장

교원에게는 그 직무의 특성상 공·사립학교를 막론하고 교권의 존중과 강한 신분보장이 필요하다. 교육공무원은 형의 선고나 징계처분 또는 교육공무원법에서 정하는 사유에 의하지 아니하고는 그 의사에 반하여 강임·휴직 또는 면직을 당하지 아니하며, 권고에 의하여 사직을 당하지 아니한다(교육공무원법 제43조 제2항, 제3항).

사립학교법도 사립학교 교원의 신분보장을 특별히 규정하고 있다. 사립학교 교원은 형의 선고·징계처분 또는 이 법에 정하는 사유에 의하지 아니하고는 본인의 의사에 반하여 휴직 또는 면직 등 불리한 처분을 받지 아니한다(사립학교법 제56조 제1항). 다만, 학급·학과의 개폐에 의하여 폐직이나 과원(過員)이 된 때에는 그러하지 아니하다. 여기에서 말하는 '과원(過員)'이라는 용어는 일본식 표현인데, 정원초과를 의미한다. 또한 사립학교 교원은 권고에 의하여 사직을 당하지 아니한다(사립학교법 제56조 제1항 및 제2항).

한편, 교원의 지위 향상 및 교육활동 보호를 위한 특별법(이하 '교원지위법'이라 한다) 제6조 제1항에도 유사한 규정을 두고 있다. 다만, 같은 조 제2항에는 내부고발행위로 인한 신분보장에 관한 규정을 두고 있다. 즉 "교원은 해당 학교의 운영과 관련하여 발생한 부패행위나 이에 준하는 행위 및 비리 사실 등을 관계 행정기관 또는 수사기관 등에 신고하거나 고발하는 행위로 인하여 정당한 사유 없이 징계조치 등 어떠한 신분상의 불이익이나 근무조건상의 차별을 받지 아니한다"라고 규정하고 있다. 이러한 법률의 규정은 국·공립학교와 사립학교 교원의 내부고발행위로 인한 신분보장에 관한 것이다.

2. 교원소청심사위원회

각급학교 교원의 징계처분과 그 밖에 그 의사에 반하는 불리한 처분(교원의 재임용 거부처분을 포함)에 대한 소청심사를 하기 위하여 교육부에 '교원소청심사위원회'를 두고 있다(교원지위법 제7조). 교원소청심사위원회는 징계처분과 그 밖에 그 의사에 반하는 불리한 처분을 받은 교원의 소청심사청구에 대해 심리와 결정을 한다. 이러한 불리한 처분에는 교육공무원법 및 사립학교법에 따른 교원의 재임용 거부처분을 포함한다. 교원소청심사위원회는 합의제행정기관으로서, 위원장 1명을 포함하여 9명 이상 12명 이내의 위원으로 구성하되 위원장과 대통령령으로 정하는 수의 위원은 상임으로 한다(동법 제7조 제2항). 위원장 및 상임위원은 고위공무원단에 속하는 임기제공무원으로 한다(교육부와 그 소속기관 직제 제32조). 교원소청심사위원회의 위원(위원장을 포함한다. 이하 같다)은 소정의 자격을 가지는 자 중에서 교육부장관의 제청으로 대통령에 의해 임명되고, 그 임기는 3년이며 1차에 한하여 연임될 수 있다(동법 제8조). 교원소청심사위원회 위원의 신분도 두텁게 보장하고 있다. 즉 장기의 심신미약으로 직무를 수행할 수 없게 된 경우가 아니면 본인의 의사에 반하여 면직되지 아니한다(동법 제8조의3).

3. 심사청구

교원은 징계처분과 그 밖에 그 의사에 반하는 불리한 처분에 대하여 불복할 때 그 처분이 있었던 것을 안 날부터 30일 이내에 교원소청심사위원회에 소청심사를 청구할 수 있다(동법 제9조 제1항). 이 경우에 심사청구인은 변호사를 대리인으로 선임할 수 있다. 본인의 의사에 반하여 파면·해임·면직처분을 하였을 때에는 그 처분에 대한 심사위원회의 최종 결정이 있을 때까지 후임자를 보충발령하지 못한다(동법 제9조 제2항).

4. 심리와 결정

교원소청심사위원회는 소청심사청구를 접수한 날부터 60일 이내에 이에 대한 결정을 하여야 하지만, 불가피하다고 인정하면 그 의결로 30일을 연장할 수 있다(동법 제10조 제1항). 교원소청심사위원회는 심리를 거쳐 일반행정심판의 재결과 같이 각하재결, 기각재결, 취소·변경재결, 취소·변경 명령재결, 무효등확인재결, 처분재결 또는 처분명령재결을 한다(동조 제2항). 교원심사위원회의 결정은 처분권자를 기속한다(동법 제10조의2).

5. 소청심사결정에 대한 불복

교원, 사립학교법상 학교법인 또는 사립학교 경영자 등 당사자(공공단체는 제외함)는 교원소청심사위원회의 결정에 대하여 행정소송을 제기할 수 있다. 즉 당사자는 교원소청심사위원회의 결정서를 송달받은 날부터 30일 이내에 행정소송법으로 정하는 바에 따라 소송을 제기할 수 있다(동법 제10조 제4항). 사립학교 교원이나 학교법인 등이 불복할 경우 항고소송의 대상은 교원소청심사위원회의 결정이며, 그 피고는 교원소청심사위원회가 된다. 그러나 국·공립학교의 교원이 불복할 경우에는 원징계처분을 항고소송의 대상으로 삼아야 한다. 한편, 사립학교의 교원은 민사소송의 방법으로도 자신에 대한 징계처분 등의 효력을 다툴 수 있다. 사립학교 교원에 대한 해당 학교법인의 징계처분은 행정처분이 아니라 사법상 법률행위로서의 성질을 가지기 때문이다.

Ⅳ. 조세부과처분에 대한 행정심판(조세불복절차)

1. 조세불복절차의 의의

조세의 부과·징수에 대해서는 조세법률주의가 적용되어야 한다. 조세의 부과·징수에 대한 법적 분쟁을 '조세쟁송'이라고 부른다. 여기에는 행정청에 대한 불복인 행정심판과 법원에 대한 행정소송이 있다. 특히 위법·부당한 조세의 부과·징수에 대해서는 반드시 행정심판을 거쳐야 한다(필요적 전치주의). 국세기본법은 조세사건의 특수성을 고려하여 행정심판법의 적용을 배제하는 특별규정을 두고 있다(국세기본법 제56조). 일반국세의 부과·징수에 대한 행정심판은 '심사청구'와 '심판청구'로 구성되어 있으며, 동일한 처분에 대하여 심사청구와 심판청구를 중복하여 제기할 수 없다(국세기본법 제55조 제9항). 즉 국세기본법 또는 세법에 의한 처분으로서 위법 또는 부당한 처분을 받거나 필요한 처분을 받지 못함으로써 권리 또는 이익의 침해를 당한 자는 심사청구 또는 심판청구를 하여 그 처분의 취소·변경이나 필요한 처분을 청구할 수 있다(국세기본법 제55조). 감사원법에 따라 심사청구를 한 처분이나 그 심사청구에 대한 처분은 국세기본법의 불복심사의 대상에서 제외된다(국세기본법 제55조 제1항 제2호 참조). 조세의 위법·부당한 부과·징수 처분에 대한 행정심판은 국세·관세의 경우와 지방세의 경우로 구분할 수 있다.

그 밖에 감사원의 심사청구가 있다. 감사원의 감사를 받는 자의 직무에 관한 처분 그 밖에 감사원규칙으로 정하는 행위에 관하여 이해관계가 있는 자는 감사원에 그 행위에 대해 심사청구를 할 수 있다(감사원법 제43조 제1항). 이 경우 심사청구에 이유가 있다고 인정되면 감사원은 관계기관의 장에게 시정 그 밖의 필요한 조치를 요구하는 결정을 할 수 있다(동법 제46조 제2항). 국세와 지방세를 담당하는 행정기관은 모두 감사원의 감사를 받으므로 조세의 부과·징수도 감사원법에 의한 심사청구의 대상이 된다.[57] 그러나 행정소송의 대상은 감사원의 심사청구에 대한 결정이 아니다. 감사원법상의 심사청구 및 결정을 거친 행정기관의 장의 처분을 대상으로 행정소송을 제기할 수 있다(감사원법 제46조의2). 이 경우 항고소송의 피고는 감사원이 아니라 해당 처분청이다.

2. 이의신청

국세의 부과·징수 처분에 대해 이의가 있는 자는 국세청장이 조사·결정 또는 처리하거나 하였어야 할 것인 경우를 제외하고 불복의 사유를 갖추어 해당 처분을 하거나 하였어야 할 '세무서장'이나 소관 '지방국세청장'에게 이의신청을 할 수 있다(국세기본법 제55조 제3항, 제66조 제1항). 세무서장은 이의신청의 대상이 된 처분을 지방국세청장이 조사·결정 또는 처리하였거나 처리하였어야 하는 때에는 이의신청을 받은 날부터 7일 이내에 해당 신청서에 의견서를 첨부하여 해당 지방국세청장에게 송부하고 그 사실을 이의신청인에게 통지하여야 한다(국세기본법 제66조 제2항). 지방국세청장에게 하는 이의신청을 받은 세무서장은 이의신청을 받은 날부터 7일 이내에 해당 신청서에 의견서를 첨부하여 지방국세청장에게 송부하여야 한다(동조 제3항).

이의신청을 받은 세무서장과 지방국세청장은 각각 국세심사위원회의 심의를 거쳐 결정하여야 한다(국세기본법 제66조 제4항). 이의신청기간은 그 처분의 통지를 받은 날 또는 그 처분이 있었던 것을 안 날부터 90일 이내이다(동법 제66조 제6항, 제61조 제1항). 집행부정지의 원칙이 적용되므로 과세처분에 대하여 이의신청은 해당 처분의 집행에 효력을 미치지 아니한다(동법 제57조 제1항). 다만, 해당 재결청이 처분의 집행 또는 절차의 속행 때문에 이의신청인, 심사청구인

57) 임승순, 조세법, 2019, 290면.

또는 심판청구인에게 중대한 손해가 생기는 것을 예방할 필요성이 긴급하다고 인정할 때에는 집행정지를 결정할 수 있다. 세무서장이나 지방국세청장은 이의신청이 있은 날부터 90일 이내에 결정하여야 하며, 그 결정은 각하·기각 재결, 취소·경정 또는 필요한 처분의 재결로 할 수 있다(동법 제66조 제6항, 제65조 제1항, 제2항).

3. 심사청구

(1) 청구절차

심사청구는 요식행위이다. 청구인의 주소 또는 거소와 성명, 처분이 있은 것을 안 연월일(처분통지를 받은 경우에는 통지를 받은 연월일), 통지된 사항 또는 처분의 내용, 불복의 이유를 기재한 심사청구서를 관할 세무서장을 거쳐 '국세청장'에게 제출하여야 한다(국세기본법 제62조). 심사청구서가 국세기본법 제62조 제1항의 세무서장 외의 세무서장, 지방국세청장 또는 국세청장에게 제출된 경우에는 그 심사청구서를 관할 세무서장에게 지체 없이 송부하고, 그 뜻을 해당 청구인에게 통지하여야 한다(국세기본법 시행령 제50조). 국세청장은 보정을 요구할 수 있다.

심사청구는 당해 처분이 있은 것을 안 날(처분의 통지를 받은 날부터)부터 90일 이내에 제기하여야 한다(국세기본법 제61조 제1항). 다만, 보정기간은 심사청구기간에 산입하지 아니 한다(동법 제63조 제3항). 또한 이의신청을 거친 후 심사청구를 하는 때에는 이의신청에 대한 결정의 통지를 받은 날부터 90일 이내에 제기하여야 한다(동법 제61조 제2항).

(2) 결정

심사청구는 국세심사위원회의 심의를 거쳐 국세청장이 이를 결정하되, 심사청구기간이 경과된 후에 제기된 심사청구 등 대통령령이 정하는 사유에 해당하는 경우에는 국세심사위원회의 심의절차를 생략할 수 있다(국세기본법 제64조 제1항). 국세심사위원회의 회의는 비공개가 원칙이다(동조 제2항). 심사청구의 결정은 각하, 기각, 인용으로 구분된다. 청구를 인용하는 때에는 취소·경정 또는 필요한 처분의 결정을 하여야 한다(국세기본법 제65조 제1항). 심사청구에 대한 결정은 청구를 받은 날부터 90일 이내에 하여야 한다(동조 제2항).

한편, 실무에서는 이의신청 등에 대한 결정의 한 유형으로 '재조사결정'이 이루어지고 있다. 이 경우 재조사결정에 관한 명시적인 근거는 없었으나, 국세기본법 제65조 제1항의 "필요한 처분"에 해당한다고 보는 것이 일반적이었다. 또한 재조사결정 그 자체를 행정처분으로 볼 수 있는지, 그리고 재결청의 재조사결정에 따른 심사청구기간이나 심판청구기간 또는 행정소송의 제소기간의 기산점을 언제부터로 하는지 등이 문제가 되었다. 대법원은 전원합의체 판결에서 재조사결정을 '재결'의 하나로 보아 재조사결정의 후속 처분의 통지를 받은 날로부터 심사청구기간이나 심판청구기간 또는 제소기간이 기산하는 것으로 판시하였다.[58] 이에 대해 별개의견은 "재조사결정은 단지 효율적인 사건의 심리를 위하여 처분청에 재조사를 지시하는 사실상의 내부적 명령에 불과하다고 보아야 할 것이므로 그로써 이의신청 등에 대한 결정이 있었다고 할 수 없고, 후속 처분에 의하여 그 효력이 발생한다고 의제할 수도 없다"고 보고 있다. 한편, 2016년 12월 30일 국세기본법의 개정에 의해 제65조 제1항 제3호에 단서를 신설하였다. 즉 "다만, 취소·경정 또는 필요한 처분을 하기 위하여 사실관계 확인 등 추가적으로 조사가 필요한 경우에는 처분청으로 하여금 이를 재조사하여 그 결과에 따라 취소·경정하거나 필요한 처분을 하도록 하는 재조사 결정을 할 수 있다"고 규정하고 있다. 이로써 재조사결정의 근거가 마련되었고, 이러한 재조사결정도 심사청구의 결정에 포함된다. 또한 이러한 결정을 하였을 때에 소정의 결정기간 내에 그 이유를 기재한 결정서를 심사청구인에게 통지한다(제65조 제3항).

4. 심판청구

(1) 청구절차

심판청구는 심판청구서에 관계 증거서류나 증거물 등을 첨부하여 그 처분을 하거나 하였어야 할 세무서장을 거쳐 '조세심판원장'에게 제출하여야 한다(국세기본법 제69조 제1항). 세무서장이 해당 심판청구서를 받거나 심판청구서의 부본을 받은 때에는 이를 받은 날부터 10일 이내에 그 청구서에 답변서를 첨부하여 조세심판원장에게 제출하여야 한다(동조 제4항). 그 답변서에는 이의신청에 대한

58) "재조사결정은 처분청의 후속 처분에 의하여 그 내용이 보완됨으로써 이의신청 등에 대한 결정으로서의 효력이 발생한다고 할 것이므로, 재조사결정에 따른 심사청구기간이나 심판청구기간 또는 행정소송의 제소기간은 이의신청인 등이 후속 처분의 통지를 받은 날부터 기산된다." (대법원 2010. 6. 25. 선고 2007두12514 전원합의체 판결)

결정서, 처분의 근거 · 이유 및 처분의 이유로 된 사실을 증명할 서류, 청구인이 제출한 증거서류 및 증거물, 그 밖의 심리자료 일체를 첨부하여야 한다(동조 제5항). 그리고 답변서가 제출되면 조세심판원장은 지체 없이 그 부본을 당해 심판청구인에게 송부하여야 한다(동조 제6항).

(2) 결정기관

심판청구에 대한 결정기관은 국무총리 소속의 '조세심판원'이다. 조세심판원은 그 권한에 관한 사무를 독립적으로 수행한다. 조세심판원에는 원장과 조세심판관을 두며, 원장과 원장이 아닌 상임조세심판관은 고위공무원단에 속하는 일반직 또는 별정직 공무원 중에서 국무총리의 제청으로 대통령이 임명하고, 비상임조세심판관은 대통령령이 정하는 바에 따라 위촉한다(국세기본법 제67조). 조세심판관의 임기는 3년이다. 개별 심판청구에 대한 조사와 심리를 위해 '조세심판관회의'가 구성된다. 이는 주심조세심판관 1명과 배석조세심판관 2명 이상으로 구성되며, 담당조세심판관 3분의 2이상의 출석으로 개의하고, 출석조세심판관 과반수의 찬성으로 의결한다(국세기본법 제72조). 조세심판관회의는 비공개가 원칙이다.

심판의 편의를 위해 담당조세심판관은 수개의 심판사항을 병합하거나 병합된 심판사항을 수개의 심판사항으로 분리할 수 있다(국세기본법 제75조). 또한 담당조세심판관은 심판청구에 관한 조사와 심리를 위하여 필요한 때에는 직권 또는 심판청구인의 신청에 의하여 심판청구인 · 처분청 · 관계인 또는 참고인에 대한 질문, 장부 · 서류 기타 물건의 제출요구, 장부 · 서류 기타 물건의 검사 또는 감정기관에 대한 감정의뢰를 할 수 있다(동법 제76조 제1항). 그러나 조세심판관의 질문 · 검사 또는 증거서류나 증거물의 제출요구에 정당한 사유 없이 따르지 아니하며 심판청구의 전부 또는 일부에 대하여 심판하는 것이 현저히 곤란하다고 인정할 때에는 그 부분에 관한 심판청구인의 주장을 인용(認容)하지 아니할 수 있다(동조 제4항). 조세심판관은 심판청구에 관한 조사 및 심리의 결과와 과세의 형평을 고려하여 자유심증으로 사실을 판단한다(국세기본법 제77조).

(3) 심판청구에 대한 결정

조세심판원장이 심판청구를 받았을 때에는 조세심판관회의의 심리를 거쳐 결정한다. 다만, 심판청구의 대상이 대통령령으로 정하는 금액(5천만원, 지방세는

2천만원)에 미치지 못하는 소액이거나 경미한 것인 경우나 청구기간이 지난 후에 심판청구를 받은 경우에는 조세심판관회의를 거치지 아니하고 주심조세심판관 단독으로 심리하여 결정할 수 있다(국세기본법 제78조 제1항). 조세심판원장이 필요하다고 인정하여 조세심판관합동회의가 개최되는 경우는 아래와 같다. 즉 조세심판관회의의 의결이 ① 해당 심판청구사건에 관하여 세법의 해석이 쟁점이 되는 경우로서 이에 관하여 종전의 조세심판원 결정이 없는 경우, ② 종전에 조세심판원에서 한 세법의 해석·적용을 변경하는 경우, ③ 조세심판관회의 간에 결정의 일관성을 유지하기 위한 경우, ④ 그 밖에 국세행정이나 납세자의 권리·의무에 중대한 영향을 미칠 것으로 예상되는 등 대통령령으로 정하는 경우이다(동조 제2항). 이 경우 조세심판관합동회의는 조세심판원장과 상임조세심판관 전원, 그리고 상임조세심판관과 같은 수 이상의 비상임조세심판관으로 구성된다(동조 제3항). 심판결정은 문서로서 하며, 그 결정서에는 주문과 이유를 기재하고 심리에 참석한 조세심판관의 성명을 명시하여 당해 심판청구인과 세무서장에게 송달하여야 한다(동조 제5항).

제2장 행정소송

제1절 총 설

Ⅰ. 행정소송의 의의 및 특성

1. 행정소송의 개념과 기능

행정소송이란 행정법상의 법률관계 분쟁에 관한 법원의 재판절차를 말한다. 따라서 행정소송은 국가의 형벌권의 행사에 관한 형사소송이나 사법상의 법률관계에 관한 분쟁을 심판하는 민사소송과 구별된다. 또한 행정소송은 심판기관이 '법원'이라는 점에서 행정심판과도 구별된다. 행정소송은 정식심판절차에 의한 행정쟁송이다. 행정소송은 권리구제기능(행정구제기능)과 행정통제기능(행정의 적법성보장기능)을 동시에 가진다. 현행 행정소송법 아래에서는 권리구제기능이 우선적이고 주된 기능인 반면, 행정통제기능은 부수적인 것으로 보는 것이 지배적 견해이다.[1)] 이에 대하여 행정통제기능을 주된 기능으로 보아야 한다는 견해도 있다.[2)]

2. 행정소송의 특성

(1) 행정소송의 3심제

종래 행정소송은 항고소송 및 당사자소송의 제1심 관할법원을 각각 고등법원으로 하여 2심제로 운영하고 있었으나, 지금은 3심제로 운영하고 있다. 이와

1) 이상규, 행정쟁송법, 제5판, 232면; 김남진 · 김연태, 행정법 Ⅰ, 848면.
2) 박정훈, "행정소송법개정의 주요쟁점", 공법연구 제31집 제3호, 41면 이하.

관련하여 행정심판제도의 필요적 전치주의에 따라 행정소송을 제기하기 전에 반드시 행정심판을 제기하도록 하였으나, 1994년 행정소송법의 개정에 의해 임의적 절차로 변경하였다. 사실상 제1심의 역할을 수행하던 행정심판제도를 당사자의 선택에 맡기도록 하였고, 행정심판을 거치지 아니하고 곧바로 행정소송을 제기할 수 있게 되었다. 행정소송의 3심제와 서울행정법원의 설치는 수많은 행정판례의 축적을 통해 한국 행정법의 발전에 큰 기여를 하고 있다.

(2) 관할법원의 전문성

행정소송은 민·형사법원이 아닌 전문법원으로 '행정법원'이 담당한다. 다만, 서울행정법원만 설치되어 있어, 행정법원이 설치되지 아니한 지역(서울 이외의 지역)에서는 행정법원이 설치될 때까지 지방법원 본원의 합의부가 담당하고 있다. 행정사건의 특수성을 반영하고 구체적 타당성 있는 심리와 판단을 위해 재판부의 전문화가 필요하다. 이에 부응하기 위해 현재 행정소송의 제1심 관할법원으로 지방법원급인 행정법원을 설치하고 있다(행정소송법 제9조).

(3) 피고의 특수성

소송의 당사자는 권리·의무의 주체가 되는 것이 원칙이므로 국가·지방자치단체 등 행정주체가 피고가 되어야 한다. 그러나 행정소송법은 소송수행의 원활한 운영과 편의성을 위하여 처분청을 피고로 하고 있다(행정소송법 제13조). 이러한 피고의 특수성은 새로운 문제를 발생시키고 있다. 근래에 들어와서 국가기관과 국가기관 사이, 공공단체 또는 그 기관과 국가기관 사이에 발생하는 분쟁이 증가하고 있으나, 기관소송법정주의와 항고소송중심주의 등으로 인해 적지 않은 문제가 드러나고 있다. 예컨대 지방자치단체의 행정청을 피고로 하여 국가기관이나 다른 행정기관이 항고소송을 제기하는 것이 허용되는지가 다투어지고 있다. 동일한 행정주체 내의 행정기관 사이의 분쟁을 항고소송의 방식으로 접근하는 것은 타당하지 않다. 국가기관이 다른 국가기관을 상대로 항고소송을 제기하는 것은 자기 자신에 대한 소송으로 모순이다. 이 경우 권리·의무의 귀속주체가 동일하기 때문이다. 다른 지방자치단체의 기관을 피고로 하여 국가기관이 항고소송을 제기하는 것이 허용될 수 있는지도 의문이다. 공권력 행사를 핵심적 요소로 하는 처분 개념이 성립하기 어려울 뿐만 아니라 법인격이 없는 국가기관의 원고적격을 인정하기도 어렵다. 행정구제를 주된 기능으로 하는 항고소송의 본질에 비추어 보아도 이러한 소송은 허용되기 어렵다.

(4) 관련청구의 병합

항고소송에는 그 청구와 관련된 원상회복 · 손해배상 기타의 청구를 병합할 수 있다(행정소송법 제10조). 이러한 관련청구의 병합을 인정하는 이유는 병존하는 소송이 형식적으로는 별개이지만 실질적으로는 밀접한 관련이 있는 청구를 서로 병합하여 심리의 중복과 모순을 피하고 행정법상의 분쟁을 신속히 해결하기 위한 것에서 찾을 수 있다.

(5) 직권심리주의의 채택

행정소송은 일반적인 민 · 형사사건과 달리 분쟁의 대상인 사건 그 자체가 행정에 관한 것으로 공익 내지 공공복리와 밀접한 관련이 있다. 따라서 행정소송의 심리에 있어 직권탐지주의가 적용될 필요가 있다. 법원은 필요하다고 인정하는 때에는 당사자의 주장과 관계없이 직권으로 증거조사를 할 수 있다. 이와 관련하여 행정소송법 제26조에서는 '직권심리주의'를 규정하고 있다.

(6) 사정판결

행정소송법은 원고의 청구가 이유 있다고 인정하는 경우에도 그 처분 등을 취소 · 변경하는 것이 현저히 공공복리에 적합하지 아니하다고 인정하는 때에는 원고의 청구를 기각할 수 있는 사정판결을 인정하고 있다(행정소송법 제28조 제1항). 법원이 이러한 사정판결을 함에 있어서는 행정청이 속하는 국가 또는 공공단체를 상대로 손해배상, 제해시설의 설치 그 밖에 적당한 구제방법의 청구를 인정하고 있다(동조 제3항).

(7) 집행부정지의 원칙

행정소송법은 취소소송이 제기되더라도 처분 등의 효력이나 그 집행 또는 절차의 속행에 영향을 주지 아니한다고 규정하여, 집행부정지의 원칙을 채택하고 있다(행정소송법 제23조 제1항). 다만, 예외적으로 처분 등이나 그 집행 또는 절차의 속행으로 인하여 생길 회복하기 어려운 손해를 예방하기 위하여 긴급한 필요가 있는 경우에는 집행정지를 결정할 수 있다(동조 제2항).

Ⅱ. 행정소송의 연혁

1. 행정소송법의 제정 및 개정

(1) 행정소송법의 제정(1951. 8. 24.)

한국의 행정소송법이 최초로 제정된 것은 1951년 8월 24일이다. 이 법률은 전문 14개조에 불과한 매우 간단한 내용을 담고 있었다. 그 주요한 내용을 살펴보면 다음과 같다. 즉 소송의 유형을 취소소송과 당사자소송으로 분류하였으며, 취소소송의 제기에 앞서 소원전치주의를 취하였다. 항고소송의 피고를 처분청으로 하였고, 항고소송은 피고의 소재지를 관할하는 고등법원의 전속관할로 하였다(2심제). 쟁송기간을 단기로 하였고, 항고소송에 있어 원상회복 · 부당이득반환 · 손해배상 등 관련청구소송의 병합제기를 규정하고 있었다. 그 밖에 직권심리주의, 집행부정지의 원칙 및 사정판결 등을 인정하였다.

(2) 행정소송법의 전면개정(1984. 12. 15.)

구 행정소송법은 그 조문이 간단하였고 내용적으로 부족한 점이 적지 않았다. 그러한 이유로 1984년 12월 15일에 행정소송법이 전면개정되었고, 1985년 10월 1일부터 시행되었다. 개정된 행정소송법에서 주목할 점은 행정소송의 유형이 다양화되었다는 사실이다. 개정 전에 취소소송과 당사자소송으로 이원화되었던 소송유형을 오늘날과 같이 항고소송(취소소송 · 무효등확인소송 및 부작위위법확인소송), 당사자소송, 민중소송 및 기관소송으로 확대하여 규정하였다. 또한 구법상의 전속관할제가 폐지되고, 처분 개념 및 소익이 확대되었다. 그리고 행정심판전치주의가 완화되고, 제소기간이 연장되었다. 그 밖에 제3자 소송참가 및 재심청구, 행정심판기록제출명령 등이 인정되었다.

(3) 행정소송법 일부개정(1994. 7. 27.)

문민정부가 들어서고 대법원은 사법제도의 개혁을 추진하였고, 법원조직법 및 행정소송법의 개정을 통해 행정소송에도 큰 변화가 생겼다. 새로이 개정된 행정소송법은 1998년부터 시행되고 있다. 개정된 행정소송법의 주요 내용을 고찰하면 다음과 같다.

a) 행정심판의 임의절차화

종전의 행정소송법은 행정심판전치주의를 취하고 있었으나, 개정 법률은 행정심판을 임의절차로 변경하였다. 행정소송법 제18조 제1항은 "취소소송은 법령의 규정에 의하여 당해 처분에 대한 행정심판을 제기할 수 있는 경우에도 이를 거치지 아니하고 제기할 수 있다"고 규정하고 있다.

b) 행정법원의 설치 및 행정소송의 3심제화

구 행정소송법은 항고소송 및 당사자소송의 제1심 관할법원을 각각 고등법원으로 하였으나, 지금은 행정법원을 제1심 관할법원으로 하고 있다. 이와 관련하여 1998년 3월 1일 서울행정법원이 출범하였다. 다만, 행정법원이 설치되지 아니한 지역(서울 이외의 지역)에는 행정법원이 설치될 때까지 해당 지방법원본원의 합의부 및 춘천지방법원 강릉지원이 관할한다(법원조직법 부칙(1994. 7. 27.) 제2조, 동법 부칙(2005. 3. 24.) 제4항 참조).

c) 상고심조항의 삭제

구 행정소송법 제9조 제2항은 "고등법원의 재판에 대하여는 대법원에 상고할 수 있다"고 규정하고 있었으나, 이러한 상고심조항이 삭제되어 행정소송도 민·형사사건과 함께 '상고심절차에 관한 특례법'의 적용을 받게 되었다. 상고심절차에 관한 특례법 제2조에서도 "이 법은 민사소송, 가사소송 및 행정소송(「특허법」 제9장과 이를 준용하는 규정에 따른 소송을 포함한다. 이하 같다)의 상고사건(上告事件)에 적용한다"라고 규정하고 있다. 상고심절차에 관한 특례법 제4조에는 상고심에서의 본안심리에 관한 이유를 제한적으로 열거하고 있으며, 상고이유에 대한 주장이 이러한 사유에 해당하지 않는 때에는 더 심리를 하지 않고 해당 상고사건을 기각한다. 이를 '심리불속행'이라고 한다. 또한 이 경우 기각판결에서 그 이유를 기재하지 않을 수 있다고 규정하고 있다(상고심절차에 관한 특례법 제4조 제1항). 상고심 사유로는 원심판결이 헌법에 위반되거나, 헌법을 부당하게 해석한 경우(제1호), 원심판결이 명령·규칙 또는 처분의 법률위반 여부에 대하여 부당하게 판단한 경우(제2호), 원심판결이 법률·명령·규칙 또는 처분에 대하여 대법원 판례와 상반되게 해석한 경우(제3호), 법률·명령·규칙 또는 처분에 대한 해석에 관하여 대법원 판례가 없거나 대법원 판례를 변경할 필요가 있는 경우(제4호), 제1호부터 제4호까지의 규정 외에 중대한 법령위반에 관한 사항이 있는 경우(제5호), 민사소송법 제424조 제1항 제1호부터 제5호까지에 규정된 사유가 있는 경우(제6호)이다.

2. 행정소송법의 개정논의와 주요내용

(1) 대법원의 행정소송법 개정안

대법원은 2002년에 행정소송법 개정위원회를 출범시켜, 2006년 9월 8일 입법의견의 형식으로 행정소송법 개정안을 국회에 제출한 바 있다. 그 주요내용은 아래와 같다.

첫째, 개정안은 원고적격을 종래 "법률상 이익" 대신 "법적으로 정당한 이익"으로 변경하여 확대해석하고 있다. 개정이유에서 "법적으로 정당한 이익"은 종래 "법률상 이익"에 관한 종래의 통설・판례의 입장인 '법적보호이익설'보다 넓게 해석하여 법적으로 보호할 만한 가치 있는 이익도 포함시킬 수 있다고 밝히고 있다. 그러나 "법적으로 정당한 이익"의 개념도 여전히 해석을 통해 규명될 수 있다는 비판이 제기되고 있다.

둘째, 개정안은 "처분" 개념 대신 광의의 "행정행위" 개념을 도입하고, 여기에 명령・규칙도 포함시키고 있다. 즉 개정안 제2조 제1항 제1호에서는 '행정행위 등'을 항고소송의 대상으로 하고 있다. 이를 "행정청이 행하는 법적・사실적 행위로서의 공권력의 행사 또는 그 거부와 그 밖에 이에 준하는 행정작용 및 행정심판에 대한 재결"이라고 정의하고 있다. 그러나 이러한 광의의 행정행위 개념을 항고소송의 대상으로 인정하는 것은 행정의 행위형식론을 붕괴시킬 우려가 있다는 비판이 제기되었다.

셋째, 개정안은 종래의 항고소송 유형 이외에 '의무이행소송'과 '예방적 금지(부작위)소송'을 도입하고 있다(개정안 제4조). 의무이행소송은 당사자의 신청을 거부하거나 방치하는 경우에 이를 다툴 수 있는 유형이며, 예방적 금지소송은 행정청이 장래에 일정한 행정행위를 할 것이 임박한 경우에 그 행정행위를 금지하는 소송을 말한다.

그 밖에 학설상 논란이 되었던 가처분제도(개정안 제26조)와 소송상 화해제도를 규정하고 있다(개정안 제35조). 가처분제도는 종전의 소극적인 가구제제도인 집행정지제도와 구별된다.

(2) 법무부의 행정소송법 개정안

2004년 법무부의 개정안에는 원고적격과 대상적격에 관한 대법원의 의견과 달리, 종전의 입장을 그대로 유지하고 있다. 다만, 의무이행소송과 예방적 금지소송의 도입, 가구제제도의 보완 등의 내용을 담고 있다. 또한 2012년에 법무부는 다시 행정소송법 개정위원회를 만들어 개정안을 제안하였다. 이후 법무부는 2011년 11월 15일 행정소송법 개정위원회를 구성하여 개정작업을 시작하였다. 개정위원회는 2012년 5월 11일 제11차 회의를 거쳐 행정소송법 개정안을 마련하였다. 그 주요내용을 살펴보면 다음과 같다. 즉 ① 의무이행소송의 도입, ② 예방적 금지소송의 도입, ③ 원고적격의 확대('법률상 이익'에서 '법적 이익'으로 변경), ④ 당사자소송의 대상 확대(공법상 지위, 신분 등 그 법률관계의 존부에 관한 확인소송 외에 행정상 손해배상소송, 손실보상, 부당이득반환, 원상회복소송 등), ⑤ 기관소송 법정주의의 일부폐지, ⑥ 가구제제도 보완('회복하기 어려운 손해'의 요건을 '중대한 손해'로 변경), ⑦ 가처분제도의 도입, ⑧ 소변경의 허용범위 확대(민사소송과 행정소송의 소 변경), ⑨ 행정청에 대한 자료제출요구, ⑩ 화해권고결정제도의 제한적 신설, ⑪ 결과제거의무규정의 신설 등이다.[3)]

이 법률의 입법예고안은 개혁적인 내용을 많이 포함하고 있지만, 문제점도 없지 않다. 입법예고안은 법무부의 행정소송법 개정위원회의 개정안(이하 "위원회안"이라 한다)과도 차이가 있을 뿐만 아니라, 법리적인 관점에서도 비판이 제기될 수 있다. 입법예고안은 소송유형에 있어서 위원회안과 상당한 차이가 있다. 입법예고안에는 위원회안에 포함된 예방적 금지소송이 삭제되고, 부작위위법확인소송이 그대로 존치되었다. 이에 따라 부작위에 대한 항고소송으로는 부작위위법확인소송과 의무이행소송이 병존하게 되었다. 또한 위원회안과 동일하지만, 거부처분에 대해서도 취소소송과 의무이행소송이 함께 규정되어 있다. 나아가 당사자소송의 정의도 부정확하다. 둘째, 위원회안이 그대로 반영되기는 하였으나, "법적 이익"이라는 새로운 원고적격 개념이 도입되었다. 그러나 이러한 원고적격의 개념 해석에 있어서는 여전히 논란의 소지가 있다. 셋째, 입법예고안 제12조 제1항에서는 애초의 위원회안과 달리, 부작위에 대한 의무이행소송에 대해서도 취소소송의 제소기간을 준용하도록 규정하고 있다. 또한 법무부의 행정소송법 위원회에서 충분히 검토하지 않은 쟁점 중의 하나는 부작위에 대한

---

3) 정하중, "행정소송법 개정 논의경과," 행정소송법 개정공청회 자료(2012. 5. 24.), 6면 이하.

의무이행소송의 제척기간에 관한 문제이다. 넷째 입법예고안은 위원회안과 마찬가지로 집행부정지원칙을 고수하면서 가처분제도를 도입하고 있다. 그 밖에 위원회가 검토한 화해권고결정제도도 입법예고안에서 제외되었다.[4]

Ⅲ. 외국의 입법례

행정소송의 유형은 대륙법계의 행정재판제도와 영미법계의 사법심사제도로 구별될 수 있다. 영미법계의 행정소송은 일반법원이 행정사건에 대하여 심리·재판하는 사법심사제도로서 발전되어 왔다. 영미법계의 사법심사제도는 법의 지배(rule of law)의 원리에 바탕을 두고 있다. 법의 지배의 원리 아래에서는 국가나 행정권에 대하여 원칙적으로 특수한 지위를 인정하지 아니하고, 고유한 특별법체계로서의 행정법의 존재를 부인하고 있었다. 프랑스와 독일을 비롯한 대륙법계의 행정재판제도는 엄격한 공·사법 이원론을 전제로 하여 행정사건소송에 대해 일반법원의 관할을 배제하고 그 관할권을 전문적인 행정법원에 맡겨놓고 있다.

1. 독일의 행정소송제도

독일의 행정법학은 초창기에 프랑스 행정법의 강한 영향을 받았으나, 지금은 풍부하고 광범위한 행정판례의 축적을 통해 독자적인 행정소송제도로 발전되고 있다. 독일 연방행정법원도 행정청으로서 연방법무부에 소속되어 있으며, 사법행정은 연방법무부의 소관 사무이다. 그러나 연방행정법원도 법원으로서 사법권의 독립이 보장되어 있다. 각 주(란트)에 지방행정법원 및 항소심으로 고등행정법원이 설치되어 있으며, 연방에 상고심으로 연방행정법원이 설치되어 있다. 독일에서는 종래 행정소송을 항고소송과 당사자소송으로 구별하였으나, 현행 행정법원법(VwGO)에서는 형성소송, 확인소송 및 이행소송(의무이행소송, 일반이행소송) 등을 규정하고 있다. 이 중 대표적인 것이 취소소송(Anfechtungsklage)으로서 행정행위의 취소를 목적으로 하는 형성의 소이다(행정법원법 제42조 제1항 제1문). 의무이행소송(Verpflichtungsklage)은 행정행위의 거부나 부작위에 대한 이행을 청구하는 소이다(행정법원법 제42조 제1항 제2문). 또한 일반이행소송(allgemeine

4) 졸저, 행정구제의 기본원리, 496면 이하 참조.

Leistungsklage)에 대해 법률에 명문의 규정은 없지만, 이행(급부)소송의 개별성을 규율하고 있는 행정법원법의 다양한 규정(예컨대 행정법원법 제111조, 제113조 제4항, 제169조 제2항, 제170조)의 해석을 통해 인정되고 있다(행정법원법 제43조 제2항 제1문). 확인소송(Feststellungsklage)에는 행정행위의 무효확인의 소(행정법원법 제43조 제2항 제1문), 종료된 행정행위의 위법성확인의 소로서 계속확인의 소(행정법원법 제113조 제1항 제4문)가 있다. 또한 독일 행정법원법에는 (추상적) 규범통제(Normenkontrolle) 제도가 인정되고 있으며(행정법원법 제47조 제1항), 가구제제도도 보장되어 있다(행정법원법 제123조, 제47조 제6항). 이와 같이 독일에서는 다양한 소송유형이 보장되고 있어, 각 행위(작용)형식에 상응하는 소를 제기할 수 있다. 그러한 의미에서 “소의 종류에는 정원(定員)이 없다”라는 법언(法諺)이 있다. 이는 독일기본법 제19조 제4항에서 보장하는 포괄적 권리구제와 (실질적) 법치국가원리에 기초하고 있다.[5)]

2. 프랑스의 행정소송제도

프랑스의 행정소송제도의 특징은 일반사법재판소와 달리 독립적 지위에 있는 국참사원(Conseil d'Etat)이 설치되어 있다는 점이다. 이는 사법재판소에 대한 불신에서 비롯된 것으로 프랑스 혁명 이후에 행정사건은 사법재판소의 관할에서 배제하여 특별행정재판소의 관할로 되었다. 이후 프랑스에서는 이러한 국참사원(國參事院)을 중심으로 행정소송이 발전하여 왔다. 프랑스 행정소송의 종류에는 완전심리소송, 취소소송, 해석소송 및 처벌소송이 있다. 월권소송은 취소소송에 상응하는 것이다. 프랑스 행정법은 판례를 중심으로 발달하였다. 프랑스 행정법의 법원(法源)은 판례이며, 월권소송은 이러한 판례에 의해 형성되었다. 월권소송은 행위에 대한 불복소송으로서 원고의 권리구제보다는 행정의 적법성 확보 내지 행정통제를 목적으로 하는 객관소송이다. 월권소송은 적법성의 수호를 목적으로 하는 공익적 소송이므로 원고적격이 비교적 넓게 인정된다.[6)] 이에 반해 완전심리소송은 원칙적으로 행정주체에 대한 원고의 청구권 실현을 위한 주관소송으로 파악된다. 이러한 완전심리소송은 당사자소송에 상응하는 것이다.

---

5) Schmitt Glaeser/Horn, Verwaltungsprozeßrecht, 15. Aufl., Rn. 25 ff.
6) 상세는 박균성, “프랑스 행정소송제도”, 행정소송의 현안과 과제, 서울대학교 B21 법학연구단 법제도비교연구센터 주최 2003년 제1회 학술회의, 1면 이하.

3. 영국의 행정소송제도

영국의 사법구제제도에는 대권명령에 의한 구제와 일반적 소송수단이 있다. 먼저 대권(大權)영장(prerogative writs)에는 직무집행명령(mandamus), 금지명령(prohibition) 및 사건이송명령(certiorari)이 있고, 일반적 소송수단에 해당하는 사법상(私法上)의 구제수단으로는 정지명령(injunction)과 확인판결(declaration)이 있다.[7] 특히 행정처분에 대한 사법심사를 위한 대표적인 소송유형인 직무집행명령, 금지명령 및 사건이송명령과 같은 대권적 구제수단은 19세기에 실시된 소송방식의 개혁에도 불구하고 종전의 형식과 절차를 유지하고 있었다. 특히 1981년 최고법원법과 최고법원규칙 제53편에 규정된 사법심사제도의 주요내용은 다음과 같다. 종전의 대권명령에 의한 구제(직무집행명령, 금지명령 및 사건이송명령)와 일반구제절차로서의 정지명령이나 확인판결을 "사법심사의 청구(application for judicial review)"라는 단일방식으로 하고 있다. 또한 영국에서도 원고적격은 비교적 넓게 인정되고 있다. 1981년 최고법원법(Supreme Court Act) 제31조 제3항에서는 "충분한 이익(sufficient interest)"이 있는 경우에 원고적격을 인정하고 있다. 즉 사법심사에 있어서 이익의 '충분성' 여부에 관한 심사를 통해 원고적격 여부를 판단하고 있다.[8] 최고법원법의 명칭은 이후에 상급법원법(Senior Courts Act)으로 변경되었고, 대권명령(prerogative orders)은 2004년에 의무적 명령(mandatory order), 금지적 명령(prohibiting order) 및 파기적 명령(quashing order)으로 변경되었다.[9]

4. 미국의 행정소송제도

제2차 세계대전 전에 미국에서는 소송수단으로 영국법과 마찬가지로 직무집행영장(writ of mandamus)이나 사건이송영장(writ of certiorari) 등이 있었다. 그러나 지금은 선언적 판결(declaratory judgment), 금지적·명령적 정지영장(prohibitory or mandatory injunction) 및 인신구속영장(habeas corpus) 등이 있다.[10] 미국 행

---

7) 영국의 구제제도(remedies)에 대하여는 Cane, An Introduction to Administrative Law, 3rd edn (Oxford, 1996), pp. 62-79.

8) 이상규, 영미행정법, 229-237면.

9) Craig, Administrative Law, 7th edn (London: Sweet & Maxwell, 2012), p. 803.

10) 이에 대한 상론은 이상규, 영미행정법, 209면 이하.

정절차법 제702조에서는 행정처분으로 '불이익이나 이익의 침해를 받는 자' (adversely affected or aggrieved)를 원고적격(locus standi, standing)의 요건으로 규정하고 있고, 환경소송에서는 사실상의 침해(injury in fact)가 있는 경우에도 원고적격이 인정되고 있다.[11] 미국 행정절차법 제705조에서는 사법심사의 청구가 계속되고 있는 경우에 가구제를 규정하고 있다.

5. 일본의 행정소송제도

일본에서는 1889년(明治 22년)에 메이지헌법(明治憲法)이 제정된 후 행정청의 위법한 처분에 의한 권리침해와 관련하여 행정재판에 관한 근거가 마련되었다. 1890년 6월 30일에는 행정재판법(行政裁判法)이 제정되어 행정재판소가 설치·운영되었다. 당시 행정재판소는 제1심이자 최종심이었고, 장관(長官)과 평정관(評定官)으로 구성되었다. 행정재판소의 관할사항은 열기주의로 되어 있어 행정재판의 대상이 한정적이었다. 이후 1890년 10월 10일에는 '청원법'이 제정되었고, 청원전치주의가 적용되었다. 그 후 근대적 행정재판제도가 마련되고, 1932년에는 개정법안이 완성되었다. 행정재판소법안은 행정재판소를 2심제로 하고, 소송유형도 항고소송 외에 당사자소송을 추가하였다. 열기사항을 확대하고, 심리절차나 판결의 효력에 대해서도 상세한 규정을 두고 있다. 그러나 이러한 노력은 일본이 전시체제로 전환되면서 큰 결실을 거두지는 못하였다. 일본이 제2차 세계대전에 패망한 후 행정재판제도에 큰 변화가 생겼다. 종전의 대륙법적 성격의 행정재판법(行政裁判法)이 폐지되고, 1948년에 행정사건소송특례법(行政事件訴訟特例法)이 제정되었다. 행정사건소송특례법은 민사소송의 특례에 해당하였고 조급하게 제정되었기 때문에 그 운용과정에서 여러 가지 문제가 드러났다. 이에 1962년에 행정사건소송법(行政事件訴訟法)이 새로이 제정되었다. 이 법률에 의해 소송의 종류가 유형화되고 소원전치주의가 원칙적으로 폐지되었다. 또한 전속관할제도도 폐지되었다. 이후 현대형 행정분쟁에 대응하는 새로운 입법의 필요성이 제기되었고, 숙고의 노력 끝에 2008년 행정사건소송법이 개정되었다. 그 특징은 취소소송의 원고적격을 실질적으로 확대하고, 항고소송의 피고적격을 행정청에서 행정주체로 변경하였다는 점이다. 또한 행정소송의 유형에 '의무이행소송'이 도입되었고, 예방적 부작위소송이 법정화되었다. 그리고 당사자소송에

11) Aman & Mayton, Administrative Law, 380-381 (2nd. 2001).

'확인소송'의 성격을 강화하고 있는 점도 주목된다. 그 밖에 집행정지의 요건도 "회복할 수 없는 손해"에서 "중대한 손해"로 변경되었다.12)

Ⅳ. 행정소송의 한계

현행 행정소송법은 행정소송사항에 관하여 개괄주의를 채택하고 있다. 그러나 행정소송에는 실정법상의 규정과 관계없이 법원이 행하는 사법작용이라는 점에서 법리적으로 일정한 한계가 있다. 학설은 대체로 이를 사법의 본질에 의한 한계와 권력분립원리에 의한 한계로 구별하고 있다. 그 밖에도 국제법상의 한계(외교특권 및 면제)나 실정법상의 한계(위헌법률심판권, 탄핵심판권, 정당해산심판권, 권한쟁의심판권, 헌법소원심판권 및 비상계엄하의 군사재판권) 등을 드는 견해도 있다.13)

1. 사법의 본질에 의한 한계

(1) 구체적 사건성

사법심사의 대상이 되기 위해서는 당사자 간의 구체적인 권리 · 의무에 관한 분쟁이어야 한다(구체적 사건성). 이러한 구체적 사건성이 없는 일반적 · 추상적인 법령 그 자체에 대한 분쟁은 행정소송의 대상이 되지 아니한다.14) 이러한 추상적 법령은 사건의 '성숙성' 요건을 충족하지도 못한다. 특히 헌법 제107조 제2항의 해석에 의하면 구체적 규범통제만 허용되므로, 법령의 효력이나 해석에 관한 분쟁은 그 위법성 여부가 재판의 전제가 된 경우에 한하여 사법적 심사가 인정된다(부수적 규범통제). 위헌인 법률은 이에 근거한 처분의 취소소송을 제기하면서 위헌법률심판의 제청에 의해 해결하여야 한다. 헌법재판소법 제68조 제2항에는 위헌법률심판의 제청신청이 기각된 경우에도 이를 신청한 당사자가 헌법소원을 청구할 수 있도록 보장하고 있다(위헌소원). 다만, 이러한 위헌심사형(규범심사형) 헌법소원의 본질은 규범통제이므로 이러한 헌법소원에서는 구체적

---

12) 일본 행정소송제도의 연혁에 대해서는 塩野 宏, 行政法 Ⅱ, 제6판, 64-78면 참조.

13) 이상규, 신행정법론(상), 768면.

14) "행정청의 위법한 처분등의 취소 또는 변경을 구하는 취소소송의 대상이 될 수 있는 것은 구체적인 권리의무에 관한 분쟁이어야 하고, 일반적 · 추상적인 법령이나 규제 등은 그 자체로서 국민의 구체적인 권리의무에 직접적 변동을 초래하게 하는 것이 아니므로 그 대상이 될 수 없다."(대법원 1992. 3. 10. 선고 91누12639 판결)

인 사건에 적용될 법률의 위헌 여부가 재판의 전제가 되어야 한다(소위 '재판의 전제성' 문제).[15]

명령·규칙 등 법률하위규범을 직접 대상으로 한 규범통제는 불가능하며,[16] 이에 근거한 행정처분에 대한 취소쟁송을 제기하면서 그 수권근거의 위법성을 다툴 수 있을 뿐이다. 그러나 법원은 해당 명령·규칙 등이 위헌 또는 위법이라고 하더라도 그 규범을 폐기할 수 없다. 법률하위규범에 대해 헌법재판소가 규범통제를 할 수 있는지에 대해서도 견해가 대립할 수 있다. 이에 대해서는 헌법이나 법률에 명문의 규정이 없기 때문에 논란이 되고 있다. 해석을 통한 노력이 있지만, 개헌을 통해 추상적 규범통제제도 또는 주위적 규범통제제도를 도입하는 것이 가장 바람직하다. 그러나 대법원은 오래 전에 예외적으로 법령이 그 자체로서 직접 개인의 권리 또는 이익을 침해하는 이른바 '처분적 명령'에 대해 행정소송의 대상을 허용하고 있다.[17] 또한 대법원은 경기도 두밀분교 통·폐합에 관한 조례의 처분성을 인정하였다.[18] 이를 소위 '처분적 조례'라고 부르고 있지만, 이론적으로 적지 않은 문제점이 있다.

(2) 반사적 이익

행정소송을 제기하기 위해서는 공권 내지 법률상 이익이 있어야 한다. 따라서 사실상의 이익이나 경제적 이익 등을 가진 자가 행정소송을 제기하는 것은 허용되지 아니한다. 행정소송법 제12조에서도 "처분 등의 취소를 구할 법률상 이익이 있는 자"만이 항고소송(취소소송)을 제기할 수 있다고 규정하고 있다. 행정상의 내부규정(방침규정)이나 일정한 행정목적(공익 내지 공공복리)을 위하여 시

---

15) 이에 대한 상론은 헌법재판소, 헌법재판실무제요, 제2개정판, 361면 이하.

16) "헌법 제107조 제2항의 규정에 따르면 행정입법의 심사는 일반적인 재판절차에 의하여 구체적 규범통제의 방법에 의하도록 명시하고 있으므로, 당사자는 구체적 사건의 심판을 위한 선결문제로서 행정입법의 위법성을 주장하여 법원에 대하여 당해 사건에 대한 적용 여부의 판단을 구할 수 있을 뿐 행정입법 자체의 합법성의 심사를 목적으로 하는 독립한 신청을 제기할 수는 없다."(대법원 1994. 4. 26. 선고 93부32 판결)

17) "대통령령은 법령의 효력을 가진 것으로서 행정소송법상의 처분이라 볼 수 없다고 해석함이 타당할 것이므로 그 내용의 적법 여부를 논할 것 없이 행정소송의 목적물이 될 수 없을 것이나, 법령의 효력을 가진 명령이라도 그 효력이 다른 행정행위를 기다릴 것 없이 직접적으로 또 현실이 그 자체로서 국민의 권리훼손 기타 이익침해의 효과를 발생케 하는 성질의 것이라면 행정소송법상의 처분이라고 보아야 한다."(대법원 1954. 8. 19. 선고 4286행상37 판결)

18) "조례가 집행행위의 개입 없이도 그 자체로서 직접 국민의 구체적인 권리의무나 법적 이익에 영향을 미치는 등의 법률상 효과를 발생하는 경우 그 조례는 항고소송의 대상이 되는 행정처분에 해당한다."(대법원 1996. 9. 20. 선고 95누8003 판결)

행되는 제도로 인해 얻는 반사적 이익은 행정소송의 보호대상이 아니다.[19] 그러나 판례는 종래 반사적 이익에 불과한 것을 법률상 이익의 범주에 포함시키는 경향을 보이고 있다. 대법원도 연탄공장사건에 대한 판결 이후 원고적격을 확대하고 있다.[20]

(3) 객관소송

행정소송은 위법한 행정작용으로부터 개인의 권리와 이익을 구제하는 것을 우선적인 목적으로 하고 있다. 이와 같이 행정소송의 핵심은 항고소송이나 당사자소송과 같은 주관소송이다. 개인의 권리구제보다 행정작용의 적법성보장을 목적으로 하는 객관소송은 원칙적으로 허용되지 아니한다. 객관소송인 민중소송이나 기관소송은 법률이 허용하는 경우에 한하여 예외적으로 인정된다(행정소송법 제45조).

2. 권력분립원리에 의한 한계

(1) 통치행위

통치행위란 고도의 정치적 행위로서 그 성질상 사법심사의 대상이 되지 않는 것을 말한다. 통치행위를 부인하는 학설도 유력하나, 정치적 특수성에 비추어 행정소송의 한계로 다루는 것이 일반적인 경향이다. 다만, 어떠한 국가행위를 통치행위로 인정할 것인지는 신중하게, 그리고 제한적으로 해석하는 것이 타당하다. 대법원도 대통령의 비상계엄선포를 사법부의 내재적인 한계로 보아 통치행위의 법적 해결성을 부인한 바 있다.[21] 헌법재판소는 이라크파병결정에 대

19) "행정소송은 행정처분으로 인하여 법률상 직접적이고 구체적인 이익을 가지게 되는 사람만이 제기할 이익이 있는 것이고 다만 사실상이며 간접적인 관계를 가지는데 불과한 사람은 제기할 이익이 없는 것이므로 공유수면 매립준공인가처분의 당사자가 아니고 그 처분을 받는 자와의 사이에 그가 취득한 매립지를 양수하기로 약정한 데 불과한 자는 위 처분에 대하여 사실상의 간접적인 경제적 이해관계가 있을지언정 법률상 직접적인 이해관계가 있다고 할 수 없으므로 그 무효확인을 구할 이익도 없다."(대법원 1985. 6. 25. 선고 84누579 판결)

20) "환경영향평가에 관한 자연공원법령 및 환경영향평가법령의 규정들의 취지는 집단시설지구개발사업이 환경을 해치지 아니하는 방법으로 시행되도록 함으로써 집단시설지구개발사업과 관련된 환경공익을 보호하려는 데에 그치는 것이 아니라 그 사업으로 인하여 직접적이고 중대한 환경피해를 입으리라고 예상되는 환경영향평가대상지역 안의 주민들이 개발 전과 비교하여 수인한도를 넘는 환경침해를 받지 아니하고 쾌적한 환경에서 생활할 수 있는 개별적 이익까지도 이를 보호하려는 데에 있다 할 것이므로, 위 주민들이 당해 변경승인 및 허가처분과 관련하여 갖고 있는 위와 같은 환경상의 이익은 단순히 환경공익 보호의 결과로 국민일반이 공통적으로 가지게 되는 추상적·평균적·일반적인 이익에 그치지 아니하고 주민 개개인에 대하여 개별적으로 보호되는 직접적·구체적인 이익이라고 보아야 한다."(대법원 1998. 4. 24. 선고 97누3286 판결; 동지판례: 대법원 1998. 9. 22. 선고 97누19571 판결)

하여 통치행위를 인정한 바 있으며,[22] 다른 결정에서 기본권침해와 관련된 경우에는 통치행위에 해당하더라도 헌법재판소의 심판대상이 된다고 보고 있다.[23]

(2) (자유)재량행위

행정청의 재량행위는 입법자의 수권범위 내에서 공익실현을 위하여 그 구체적인 선택을 행정청에게 맡긴 것이다. 자유재량행위에서는 위법의 문제가 발생하지 않고, 행정목적을 그르친 경우에 부당의 문제만 발생한다. 종전의 통설 및 판례에 의하면, 자유재량행위에 대한 사법심사는 배제된다. 따라서 부당한 재량행위는 행정심판의 대상이 될 뿐, 행정소송의 대상이 되지 못한다고 보았다.[24] 그러나 오늘날에는 재량행위라고 하더라도 재량의 한계를 벗어나거나 재량의 남용이 있는 경우는 위법한 재량권 행사로서 행정소송의 대상이 된다(행정소송법 제27조).[25]

(3) 의무이행소송과 예방적 금지소송

권력분립원리에서 나오는 행정소송의 한계에는 대체로 의무이행소송과 예방적 금지소송이 거론된다. 의무이행소송은 당사자의 행정행위 발급신청에 대하여 행정청이 이를 거부하거나 방치하는 경우에 당사자가 신청한 행정행위를 발급해 줄 것을 요구하는 행정소송을 말한다. 의무이행소송은 독일 행정법원법 제42조 제1항에 규정되어 있다. 한국 행정소송법에는 이에 관한 명문의 규정이

---

21) "국가를 보위하며 국민의 자유와 복리의 증진에 노력하여야 할 국가원수인 동시에 행정의 수반이며 국군의 통수권자인 대통령이 제반의 객관적 상황에 비추어서 그 재량으로 비상계엄을 선포함이 상당하다는 판단 밑에 이를 선포하였을 경우, 그 행사는 고도의 정치적 군사적 성격을 띠는 행위라고 할 것이어서, 그 선포의 당·부당을 판단할 권한과 같은 것은 헌법상 계엄의 해제요구권이 있는 국회만이 가지고 있다고 할 것이고, 그 선포가 당연무효의 경우라면 모르되, 사법기관인 법원이 계엄선포의 요건의 구비 여부나 선포의 당·부당을 심사하는 것은 사법권의 내재적인 본질적 한계를 넘어서는 것이 되어 적절한 바가 못된다."(대법원 1979. 12. 7. 선고 79초70 판결)

22) 헌재 2004. 4. 29. 2003헌마814.

23) 헌재 1996. 2. 29. 93헌마186.

24) "법원에서는 영업정지처분이 재량권남용이라고 판단될 때에는 위법한 처분으로서 그 처분의 취소를 명할 수 있을 따름이고, 재량권의 한계내에서 어느 정도가 적정한 영업정지기간인지를 가리는 일은 사법심사의 범위를 벗어나는 것이며, 그 권한 밖의 일이다."(대법원 1982. 6. 22. 선고 81누375 판결)

25) "행정청이 영업정지처분을 함에 있어서 그 정지기간을 어느 정도로 할 것인지는 행정청의 재량권에 속하는 사항인 것이며, 다만 그것이 공익의 원칙이나 평등의 원칙 또는 비례의 원칙 등에 위반하여 재량권의 한계를 벗어난 재량권남용에 해당하는 경우에만 위법한 처분으로서 사법심사의 대상이 되는 것이다."(대법원 1982. 9. 28. 선고 82누2 판결)

없다. 그럼에도 불구하고 의무이행소송을 인정할 수 있는지에 대해 견해가 대립하고 있다. 소극설은 권력분립원리를 형식적·정치적으로 파악한다. 즉 일반법원은 행정청에 대한 일반감독기관이 아니므로 행정청에 갈음하여 일정한 행위를 결정하고 이를 명하는 것은 권력분립원리에 반한다고 보고 있다. 대법원도 이러한 소극설의 입장에 서 있다.[26] 이에 대해 권력분립원리의 본질을 실질적·기능적으로 파악하는 적극설은 위법한 부작위에 대해 적극적인 이행판결을 주장하는 것이 권력분립의 원칙에 반하지 않는다고 보고 있다. 의무이행소송은 권력분립원리와 모순된 제도가 아니다. 그러나 현행법의 해석으로 이러한 소송유형을 인정하는 것은 어렵다. 향후 행정소송법 개정논의를 통하여 의무이행소송을 도입하는 것이 가장 바람직하다. 근년의 행정소송법 개정안 논의에서도 행정소송의 유형을 다양화하려는 노력이 보이고 있으며, 이러한 소송유형의 도입에 대하여 학계에서 어느 정도의 합의가 이루어져 있다.[27]

한편, 권력분립원리에 비추어 문제가 되는 또 다른 부작위소송은 예방적 금지소송이다. 예방적 금지(부작위)소송은 행정청이 특정한 행정행위나 그 밖의 행정작용을 하지 않을 것을 구하는 행정소송이다. 이는 행정청의 행정작용으로 인하여 장래에 회복하기 어려운 손해를 입을 것이 예상되는 경우에 사전에 이를 예방하기 위하여 인정되는 소송유형이다. 독일에서는 의무이행소송보다 완화된 형태의 예방적 금지소송(vorbeugende Unterlassungsklage)을 학설과 판례에 의하여 인정하고 있다. 일본에서도 2004년 행정사건소송법(行政事件訴訟法)을 개정하면서 (예방적) 금지소송(差止訴訟)을 도입하였다(제37조의4). 한국 행정소송법에는 이에 대한 명문규정이 없으나, 무명항고소송으로서 이를 긍정하는 견해도 있다. 그러나 판례는 부작위(청구)소송이 현행 행정소송법 아래에서 인정되지 아니한다고 보고 있다.[28] 예방적 금지소송도 의무이행소송의 도입에 관한 논의와 함께 입법적으로 해결되어야 한다.[29]

---

26) "행정소송법 제3조와 제4조가 행정청의 부작위가 위법하다는 것을 확인하는 소송을 규정하고 있을 뿐 행정청의 부작위에 대하여 일정한 처분을 하도록 하는 의무이행소송에 관하여는 규정하고 있지 아니하여, 행정청의 위법 또는 부당한 부작위에 대하여 일정한 처분을 하도록 청구하는 소송은 허용되지 아니한다."(대법원 1992. 12. 22. 선고 92누13928 판결)

27) 최송화, "한국의 행정소송법 개정과 향후방향", 한·일 행정소송법제의 개정과 향후방향, 한국법제연구원·한국행정판례연구회 공동주최 국제학술회의, 98면; 박정훈, "행정소송법 개정의 주요쟁점", 공법연구 제31집 제3호, 91면 이하.

28) 대법원 1987. 3. 24. 선고 86누1182 판결.

29) 예방적 금지소송의 도입 논의에 대해서는 졸저, 행정구제의 기본원리, 제1전정판, 519-522면 참조.

제2절 행정소송의 종류

Ⅰ. 성질에 의한 분류

1. 형성의 소

형성의 소(Gestaltungsklage)는 행정법상의 법률관계를 변동시키는 판결(형성판결)을 목적으로 하는 소송이다. 형성의 소는 창설적 효과를 가진다는 점에서 선언적 효과를 가지는 이행의 소 및 확인의 소와 구별된다. 형성의 소에 해당하는 대표적 소송형식은 취소소송이다.

2. 이행의 소

이행(급부)의 소(Leistungsklage)는 이행청구권의 확정과 피고에 대한 이행명령을 목적으로 하는 소송이다. 거부처분이나 부작위에 대한 의무이행소송, 일정한 이행명령을 목적으로 하는 당사자소송(공무원의 봉급·연금 등의 지급청구소송) 등이 여기에 해당한다.

3. 확인의 소

확인의 소(Feststellungsklage)는 권리 또는 법률관계의 존재 또는 부존재의 확정·선언을 구하는 소이다. 예컨대 무효등확인소송, 부작위위법확인소송, 공법상의 법률관계의 존부를 확인받기 위한 당사자소송(공무원의 신분을 확인하는 당사자소송)이 여기에 해당한다.

Ⅱ. 내용에 의한 분류

1. 항고소송

항고소송(Anfechtungsklage)은 행정청의 처분 등이나 부작위에 대하여 제기하는 소송을 말한다(행정소송법 제3조 제1호). 항고소송은 법정항고소송과 무명항고소송(법정외항고소송)으로 구분된다. 법정항고소송에는 취소소송, 무효등확인소송, 부작위위법확인소송이 있다. 이를 분설하면 아래와 같다.

(1) 취소소송

취소소송은 항고소송의 대표적인 형태로서 행정청의 위법한 처분이나 재결의 취소·변경을 구하는 소송이다. 행정소송법은 원처분주의에 입각하고 있다. 다만, 재결에 대한 취소소송은 재결 그 자체에 고유한 위법이 있는 경우에만 허용되고 있다(행정소송법 제19조 단서). 취소소송의 성질에 관하여 형성소송설, 확인소송설 및 구제소송설 등이 제기되나, '형성소송설'이 통설·판례의 태도이다. 취소소송의 소송물은 처분 등의 위법성 일반으로 보는 것이 판례[30]의 입장이다. 소송물은 실질적 확정력의 결정적 기준이다.[31] 또한 소송물은 심판의 대상으로서 기판력의 객관적 범위 외에 법원의 심리범위, 피고적격, 제3자의 소송참가 및 소의 변경 등과 관련하여 중요한 의미를 가진다. 근래에는 취소소송의 소송물에 대해 학설상 다툼이 있다. 학설은 원고의 권리침해만으로 보는 견해, 행정행위(행정처분)의 위법성과 권리침해의 결합으로 보는 견해 등이 대립하고 있다. 다수설은 "처분 등의 위법성"내지 "처분 등의 위법성 일반"으로 보고 있다.[32] 그러나 독일 입법례의 영향으로 "원고의 법적 주장", 즉 위법한 처분 등에 의하여 자기의 법률상 이익이 침해되었거나 필연적으로 침해될 것이라는 원고의 법적 주장이 취소소송의 소송물이라는 견해가 유력하다. 처분 등의 위법성 이외에 권리의 침해를 그 요건으로 하는 견해[33]가 그러하다. 이와 달리 권리의 침해만을 그 요건으로 하는 견해[34]도 있다. 이에 대해 현행 행정소송법은 독일 행정법원법 제42조 제2항과 달리 처분 등의 위법성만을 규정하고 있고, 권리침해를 그 요건으로 하고 있지 않다고 보는 견해도 있다. 대법원도 이러한 취지의 판결을 내리고 있다.[35] 생각건대 분쟁의 일회적 해결을 위해서는 원고의 법적 주장,

30) 대법원 1996. 4. 26. 선고 95누5820 판결; 대법원 1990. 3. 23. 선고 89누5386 판결; 대법원 1987. 3. 24. 선고 85누817 판결.

31) Hufen, Verwaltungsprozeßrecht, 7. Aufl., 2008, § 38 Rn. 24.

32) 김도창, 일반행정법론(상), 806면; 김남진, 전게서(Ⅰ), 742면; 석호철, 주석 행정소송법(김철용·최광율 편), 953면.

33) 김남진, "취소소송의 기판력과 국가배상소송과의 관계", 고시연구, 2000. 12, 194면; 홍준형, 행정구제법, 제4판, 한울아카데미, 527면; 홍정선, 행정법원론(상), 1093면.

34) 류지태, 행정법신론, 제9판, 519면.

35) "과세처분취소소송의 소송물은 그 취소원인이 되는 위법성 일반이고, 그 심판의 대상은 과세처분에 의하여 확인된 조세채무인 과세표준 및 세액의 객관적 존부이다."(대법원 1990. 3. 23.

즉 처분의 위법과 권리침해를 소송물로 보는 것이 타당하다. 이에 대해서는 판결의 효력에서 상론하기로 한다.

(2) 무효등확인소송

처분 또는 재결의 효력 유무 또는 존재 여부의 확인을 구하는 소송이다. 실질적으로는 확인소송이라 할 수 있으나, 형식적으로는 처분의 효력 유무를 소송의 대상으로 한다는 점에서 형성소송의 측면을 아울러 가진다고 보고 있다. 그러나 행정처분의 무효를 확인하는 것이지 판결에 의해 그 행정처분의 효력을 소멸시키는 것은 아니다. 무효확인판결의 효력은 취소판결과 마찬가지로 소송의 당사자는 물론 제3자에게도 미친다. 그 소송물은 구체적인 청구에 따른 처분등의 무효성·유효성 또는 존재·부존재이다. 무효등확인소송에는 취소소송에서 적용되는 행정심판전치주의, 제소기간의 제한, 사정판결, 간접강제에 관한 규정이 준용되지 아니한다(행정소송법 제38조 제1항 참조).

(3) 부작위위법확인소송

행정청의 부작위가 위법하다는 확인을 구하는 소송이다. 즉 당사자의 신청에 대하여 상당한 기간 내에 일정한 처분을 할 법률상의 의무가 있음에도 불구하고 이를 이행하지 아니한 것에 대한 위법확인을 구하는 소송이다(확인소송적 성질). 독일의 경우에는 의무이행소송(Verpflichtungsklage)이, 영미의 경우에는 직무집행명령(mandamus) 등이 인정되고 있다. 그러나 행정소송법은 의무이행소송 대신 소극적인 부작위위법확인소송만을 규정하고 있다. 다만, 부작위위법확인소송의 인용판결에 대하여 적극적 구속력을 부여하고 간접강제를 인정하고 있다. 부작위위법확인소송의 성질은 확인소송이며, 그 소송물은 해당 소송의 대상인 부작위의 위법성이다. 부작위위법확인소송은 그 성질상 집행정지결정, 사정판결에 관한 규정이 적용되지 않는다.

(4) 무명항고소송(법정외항고소송)의 허용여부

행정소송법 제4조를 예시규정으로 보아 법정외항고소송이 인정된다는 견해도 있다. 무명항고소송(법정외항고소송)으로 거론되는 것은 의무이행소송, 예방적 금지소송[36] 등이 있다. 그러나 행정심판법과 달리 의무이행소송을 원칙적으로 부

선고 89누5386 판결)

인하고 있음에 비추어 행정소송법 제4조는 열거규정으로 보는 견해가 다수설이다. 예방적 금지소송은 행정청이 일정한 처분을 할 것으로 판단되는 경우에 행정청이 당해 처분을 하지 않을 의무가 있음을 확인하는 소송이다. 이 소송은 공권력에 의한 침해가 절박한 경우에 주로 문제가 될 수 있다. 그러나 대법원은 이미 언급한 바와 같이 이러한 무명항고소송을 모두 부인하고 있다.

2. 당사자소송

(1) 의의

당사자소송은 일본 입법례의 영향으로 1951년에 제정된 행정소송법에 처음 도입되었으나, 민사소송 위주의 실무적 운영과 항고소송 중심주의의 지배에 의해 주목을 받지 못한 것이 사실이다.[37] 학계 일각에서는 공법상 당사자소송의 활용론이 강하게 대두된 바 있다.[38] 당사자소송은 행정청의 처분 등을 원인으로 하는 법률관계에 관한 소송 기타 공법상의 법률관계에 관한 소송으로서 그 법률관계의 일방당사자를 피고로 하는 소송이다. 즉 당사자소송이란 서로 대립되는 대등한 당사자 사이에 있어서 행정법관계의 형성·존부에 관한 소송이다. 예컨대 처분 등의 효력유무나 존재여부를 전제로 하는 공법상 법률관계에 관한 소송, 공법상의 신분이나 지위의 확인에 관한 소송, 공법상의 사무관리나 계약에 관한 소송 및 공법상의 금전청구소송 등이 여기에 속한다. 이러한 당사자소송은 실질적 당사자소송과 형식적 당사자소송으로 구분하는 것이 보통이다.

(2) 유형

a) 실질적 당사자소송

실질적 당사자소송이란 공법상의 법률관계에 관한 소송이다. 행정소송법 제3조 제2호 후단에서 "……공법상의 법률관계에 관한 소송으로서 그 법률관계의 한쪽 당사자를 피고로 하는 소송"이 여기에 해당한다. 즉 행정청의 일정한 처분을 대상으로 하는 것이 아니라 공법상의 법률관계가 대상이 되는 소송을 말한다. 또한 행정청을 상대로 하는 것이 아니라, 국가나 지방자치단체와 같은 권리

---

36) 이는 영미법상의 금지소송(order of prohibition) 또는 적극적 정지명령(injunction)과 유사하다.
37) 당사자소송의 연혁과 발전에 대해서는 졸저, 헌법재판과 행정소송, 144면 이하 참조.
38) 김남진, "처분성확대론과 당사자소송활용론", 고시연구, 2005. 3, 15면 이하. 또한 형식적 당사자소송을 확대하자는 견해(제한적 활성화론)도 있다(박균성, 행정법론(상), 1161면).

주체를 직접 피고로 한다는 점에서 항고소송과 구분된다. 구체적 사례로는 공법상 계약에 관한 소송, 공법상의 신분 또는 지위의 확인에 관한 소송(시립무용단원,[39] 공중보건의사[40] 등), 공법상의 금전청구소송,[41] 처분 등의 무효를 전제로 하는 공법상의 부당이득반환소송(조세과오납금반환청구소송 등), 공무원의 불법행위로 인한 국가배상소송(실무상 민사소송으로 다루어지고 있음에 주의) 등이 있다.

b) **형식적 당사자소송**

형식적 당사자소송이란 행정청의 처분 등을 원인으로 하여 형성·변경된 법률관계를 대상으로 그 법률관계의 일방당사자를 피고로 하는 소송을 말한다(행정소송법 제3조 제2호 전단). 이러한 소송형식을 인정하는 이유는 소송경제적 측면에서 찾을 수 있다. 형식적 당사자소송의 법적 근거가 필요한지와 관련하여 행정소송법 제3조 제2호의 규정으로 충분하다는 견해와 별도의 법적 근거가 필요하다는 견해가 대립하고 있다. 후설이 다수설이지만, 이러한 소송형식의 활성화를 위해서는 전설이 타당하다.

토지수용위원회의 수용재결의 내용 중 보상액에 대해 불복하는 때에 토지소유자와 사업시행자가 각각 원고와 피고로서 다투는 소송이 여기에 해당한다(공익사업을 위한 토지 등의 취득 및 보상에 관한 법률 제85조 제2항). 행정청의 처분(재

---

39) "지방자치법 제9조 제2항 제5호 (라)목 및 (마)목 등의 규정에 의하면, 서울특별시립무용단원의 공연 등 활동은 지방문화 및 예술을 진흥시키고자 하는 서울특별시의 공공적 업무수행의 일환으로 이루어진다고 해석될 뿐 아니라, 단원으로 위촉되기 위하여는 일정한 능력요건과 자격요건을 요하고, 계속적인 재위촉이 사실상 보장되며, 공무원연금법에 따른 연금을 지급받고, 단원의 복무규율이 정해져 있으며, 정년제가 인정되고, 일정한 해촉사유가 있는 경우에만 해촉되는 등 서울특별시립무용단원이 가지는 지위가 공무원과 유사한 것이라면, 서울특별시립무용단 단원의 위촉은 공법상의 계약이라고 할 것이고, 따라서 그 단원의 해촉에 대하여는 공법상의 당사자소송으로 그 무효확인을 구할 수 있다."(대법원 1995. 12. 22. 선고 95누4636 판결)

40) "전문직 공무원인 공중보건의사의 채용계약해지의 의사표시는 일반공무원에 대한 징계처분과는 달라서 항고소송의 대상이 되는 처분등의 성격을 가진 것이 아니라 일정한 사유가 있을 때 관할 도지사가 채용계약관계의 한쪽 당사자로서 대등한 지위에서 행하는 의사표시이므로, 공중보건의사채용계약 해지의 의사표시에 대하여는 대등한 당사자간의 소송형식인 공법상 당사자소송으로 그 의사표시의 무효확인을 청구할 수 있다."(대법원 1996. 5. 31. 선고 95누10617 판결)

41) "석탄가격안정지원금은 석탄의 수요감소와 열악한 사업환경 등으로 점차 경영이 어려워지고 있는 석탄광업의 안정 및 육성을 위하여 국가정책적 차원에서 지급되는 지원비의 성격을 갖는 것이고, 석탄광업자가 석탄산업합리화사업단에 대하여 가지는 이와 같은 지원금지급청구권은 석탄산업법령에 의하여 정책적으로 당연히 부여되는 공법상의 권리이므로, 석탄사업자가 석탄산업합리화사업단을 상대로 석탄산업법령 및 석탄산업안정지원금 지급요령에 의하여 지원금의 지급을 구하는 소송은 공법상의 법률관계에 관한 소송인 공법상의 당사자소송에 해당한다." (대법원 1997. 5. 30. 선고 95다28960 판결)

결)이 있은 후에 실질적으로는 그 처분을 다투지만 형식적으로는 해당 처분으로 인한 법률관계의 내용이나 존부 등을 직접 대상으로 하고, 그 법률관계의 상대방 당사자를 피고로 하는 소송인 점에서 항고소송과 구별된다. 이 제도의 신설 이유는 종전에 중앙토지수용위원회의 이의재결에 불복이 있는 경우, 보상액만의 적정성을 다투는 것임에도 불구하고 이의재결 전체의 취소를 구할 수밖에 없었기 때문이다. 그 결과 해당 이의재결이 취소되면 중앙토지수용위원회는 다시 보상액을 정하는 재결을 내려야 하고, 이 재결에 불복하는 경우에는 다시 행정소송을 제기하게 되어 분쟁이 끝없이 되풀이되었다. 이 법률 조항의 신설로 법원이 정당보상액을 심리・확정하도록 한 것이다. 현행 공익사업을 위한 토지 등의 취득 및 보상에 관한 법률은 구법과 달리 재결청을 삭제하고, 사업시행자와 토지소유자 등만을 소송의 당사자가 되도록 하고 있다. 따라서 이를 '형식적 당사자소송'으로 보는 것이 타당하다.

(3) 당사자소송에 관한 판례의 입장

판례는 국가배상청구권, 손실보상청구권 등에 있어서 당사자소송의 활용에 대해 소극적인 입장을 견지하고 있다. 다만, 대법원은 개정 하천법 부칙 제2조와 하천구역 편입토지 보상에 관한 특별조치법 제2조에 의한 손실보상청구권을 종전에는 사권으로 보았으나, 전원합의체 판결에 의해 공법상의 권리로 판단하였다.[42] 그러나 위 전원합의체 판결은 하천법의 개정(하천구역편입의 삭제)으로 그 의미가 퇴색되었으나, 보상금소송의 법적 성질을 '공법적'인 것으로 파악한 것은 타당하다. 한편, 대법원은 광주민주화운동 관련자 보상 등에 관한 법률상의 보상금지급청구소송을 '당사자소송'으로 보면서,[43] 민주화운동 관련자의 명예불인정 처분에 대해 '취소소송'으로 제기해야 한다고 판시한 바 있다.[44] 그러나 전자의 경우에는 보상심의위원회의 결정을 행정처분이 아니라고 보고 있지만, 이에 대해 항고소송의 제기가능성이 있다. 반면, 후자의 경우에는 형식적 당사자소송의 유형을 간과하고 항고소송의 대상으로만 판단한 측면이 있다.

(4) 당사자소송의 제소요건에 관한 문제

당사자소송의 제소요건과 관련하여, 대상적격・원고적격 및 제소기간 등의

---

42) 대법원 2006. 5. 18. 선고 2004다6207 전원합의체 판결.
43) 대법원 1992. 12. 24. 선고 92누3335 판결.
44) 대법원 2008. 4. 17. 선고 2005두16185 전원합의체 판결.

문제를 고찰할 필요가 있다. 포괄소송으로서 당사자소송 또는 당사자소송의 보충성론 등에 의해 항고소송의 대상이 되지 않고 처분성이 부인되는 행정작용에 대해 당사자소송이 가능하다는 견해가 있다.[45] 이와 관련하여 당사자소송이 제대로 활용되지 못하는 문제점은 어디에 있으며, 그 제도적 장점은 무엇인지를 고민할 필요가 있다. 당사자소송의 기능을 제약하기보다, 항고소송에 의한 권리구제의 불비(不備)가 발생하는 경우에 이를 보완적으로 활용할 필요가 있다. 또한 항고소송(취소소송)에 의해 위법한 행정처분을 취소·변경하고, 다시 금전지급을 다투도록 하는 것은 소송경제에 반할 수 있다. 이 경우 형식적 당사자소송은 법원이 일거에 처분의 위법성과 금전지급액을 확정한다는 점에서 유용한 소송유형이 될 수 있다. 그러나 이러한 점은 자칫 법원의 부담으로 이어질 수 있고 권력분립의 원칙상 행정부(특히 위원회)의 판단권을 제약할 수 있어 당사자소송의 제도적 문제점으로 지적될 수 있다. 또한 당사자소송의 피고는 항고소송과 달리 국가 또는 공공단체이다. 행정소송법에는 원고적격에 관한 특별한 규정이 없으므로, 민사소송법상의 당사자적격에 관한 규정이 준용된다. 따라서 당사자소송에서는 원고적격의 엄격성을 피할 수도 있다(행정소송법 제8조 제2항). 취소소송의 제소기간에 관한 규정도 당사자소송에는 적용되지 않는다.

(5) 당사자소송의 법적 특징

당사자소송은 '확인'소송의 성격을 가지면서도 동시에 '이행'소송의 성격도 가진다. 예컨대 공법상의 법률관계의 존부를 확인받기 위한 당사자소송은 확인소송의 성격을 가지지만, 금전급부소송과 같이 이행명령을 목적으로 하는 당사자소송은 이행소송의 성격을 가진다.[46] 따라서 독일의 일반이행소송의 대상 중 일부는 한국 행정소송법의 당사자소송에 의해서도 실현될 수 있다. 독일의 일반이행소송의 대상은 원칙적으로 행정행위 이외의 모든 행정작용이 될 수 있으며, 규범제정요구소송을 일반이행의 소를 통해 해결할 수 있다는 견해가 유력해지고 있다.[47] 일반이행소송은 명확한 법이론적 근거를 요구하지 않는다는 점에서 "소송상의 다목적 무기"라고 표현되기도 한다.[48] 이와 같이 당사자소송은 확인소송과 (일반)이행소송의 성격을 동시에 가지므로, 이를 행정입법부작위에 대한

45) 박윤흔, 최신행정법강의(상), 1039-1040면.
46) 김남진, 전게서(Ⅰ), 1033면; 홍준형, 전게서, 468면.
47) Hufen, a.a.O., § 17 Rn. 5.
48) Steiner, JuS 1984, S. 853.

통제수단으로 활용하는 것이 큰 무리가 아니라고 판단된다.

독일에서는 행정입법부작위에 대한 적합한 소송형식으로 확인소송설과 일반이행소송설이 유력하다. 독일에서는 당사자소송이 폐지된 후 확인소송과 이행소송이 활용되고 있다. 우리나라에서는 당사자소송이 여전히 존재하므로 행정입법부작위에 대해서는 당사자소송을 통해 그 권리구제를 실현하는 것이 타당하다.[49] 이에 대해서는 판례의 변화를 기대해 본다.

3. 민중소송과 기관소송

(1) 민중소송

민중소송이란 국가 또는 공공단체의 기관이 위법한 행위를 한 때에 직접 자신의 법률상 이익과 관계없이 그 시정을 구하기 위하여 제기하는 소송을 말한다(객관적 소송). 이러한 민중소송은 법률적 쟁송이 아니므로, 법률에 정한 경우에 법률에 정한 자에 한하여 제기될 수 있다(행정소송법 제45조). 여기에는 선거소송(공직선거법 제222조)과 국민투표무효소송(국민투표법 제92조) 등이 해당한다.

(2) 기관소송

기관소송은 국가나 공공단체의 기관 상호간에 권한의 존부 또는 그 행사에 관한 다툼이 있을 때에 이에 대해 제기하는 소송을 말한다. 예컨대 지방자치법 제120조 제3항과 제192조 제4항에 근거하여 지방자치단체의 장이 재의결사항의 법령위반을 이유로 지방의회를 피고로 하여 대법원에 소를 제기하는 것이 여기에 해당한다(예: 조례안재의결무효확인의 소). 그러나 헌법재판소의 권한쟁의심판 대상이 되는 것은 제외한다.

49) 이에 대해서는 졸저, 행정구제의 기본원리, 제1전정판, 468면 이하; 헌법재판과 행정소송, 207면 이하 등.

제3절 행정소송의 대상

Ⅰ. 항고소송의 대상

1. 의 의

행정소송법상 취소소송의 대상은 '처분 등'으로 규정되어 있으며, 여기에는 행정청의 처분 이외에 재결도 포함된다. 다만, 재결의 경우에는 재결 자체에 고유한 위법이 있어야 한다(행정소송법 제19조). 재결이란 행정심판에 대한 판단행위를 말한다. 현행 행정소송법은 원처분주의에 입각하고 있다. 다만, 예외적으로 재결 자체에 고유한 주체·내용·절차 또는 형식상의 위법이 있는 경우에 그 재결을 취소소송의 대상으로 할 수 있다(행정소송법 제19조 단서).[50]

쟁송법상의 처분 개념은 강학상의 행정행위 개념보다 넓은 개념으로서, 행정청이 구체적인 사실에 대한 법집행으로 하는 단독적 공법행위를 말한다. 즉 행정청이 법령에 따라 고권적인 지위에서 행하는 공법적 행위로서 대외적으로 구체적인 법적 효과를 발생하는 행위를 말한다.[51] 대법원은 처분적 명령(대법원 1954. 8. 19. 선고 4286행상31 판결), 도시계획시설결정(대법원 1982. 3. 9. 선고 80누105 판결), 개별토지가격결정(대법원 1993. 6. 11. 선고 92누16706 판결)을 처분으로 보고 있다. 그러나 행정청 내부의 행위는 대외적으로 아무런 법적 효과를 발생시키지 않으므로 항고소송의 대상이 될 수 없다.[52] 독일에서는 거부처분에 대해 원칙적으로 의무이행소송의 형식으로 다루지만, 우리나라에서는 이를 취소소송의 대상으로 보고 있다. 대법원은 거부처분의 개념을 제한적으로 해석하고 있

50) "이른바 복효적 행정행위, 특히 제3자효를 수반하는 행정행위에 대한 행정심판청구에 있어서 그 청구를 인용하는 내용의 재결로 인하여 비로소 권리이익을 침해받게 되는 자는 그 인용재결에 대하여 다툴 필요가 있고, 그 인용재결은 원처분과 내용을 달리하는 것이므로, 그 인용재결의 취소를 구하는 것은 원처분에는 없는 재결에 고유한 하자를 주장하는 셈이어서 당연히 항고소송의 대상이 된다."(대법원 1997. 12. 23. 선고 96누10911 판결)

51) "항고소송의 대상이 되는 행정처분은 행정청의 공법상 행위로서 특정사항에 대하여 법규에 의한 권리의 설정 또는 의무의 부담을 명하거나 기타 법률상 효과를 발생하게 하는 등 국민의 권리 의무에 직접 관계가 있는 행위를 가리키는 것이고, 상대방 기타 관계자들의 법률상 지위에 직접적인 법률상 변동을 일으키지 아니하는 행위는 항고소송의 대상이 되는 행정처분이 아니다."(대법원 1999. 10. 22. 선고 98두18435 판결)

52) 대법원 1997. 9. 26. 선고 97누8540 판결.

다. 즉 일정한 신청에 대한 행정청의 거부행위가 항고소송의 대상인 처분이 되기 위해서는 해당 신청에 따른 '법규상' 또는 '조리상'의 권리에 근거하여야 한다고 보고 있다.[53] 신청에 관한 '조리상'의 권리라는 것은 그 의미가 불명확하고 소송당사자의 예측가능성을 기대할 수 없다.[54]

한편, 대법원은 행정소송법 개정에 관한 입법의견에서 광의의 "행정행위" 개념의 도입을 주장하고 있다. 이러한 광의의 행정행위 개념은 명령·규칙 등을 포함하고 있다. 그러나 이러한 개념에 대하여 종래 행위형식론을 통해 발전시킨 행정작용의 구분론과 이론적 체계에 대한 노력을 무위(無爲)로 되돌릴 우려가 있다는 비판이 제기된 바 있다. 또한 법규명령을 항고소송의 대상에 포함시킬 경우, 입법부작위에 대한 의무이행소송 등 현행 법령과 체제적합성에 문제가 많다는 지적이 제기되기도 하였다. 법무부의 개정시안은 이를 반영하여 현행대로 쟁송법상의 "처분" 개념을 유지하는 방향으로 확정되었다.

무효등확인소송의 대상도 취소소송의 대상과 마찬가지로 '처분 등'이다. 부작위위법확인소송의 대상은 행정청의 부작위이다. 부작위란 "행정청이 당사자의 신청에 대하여 상당한 기간 내에 일정한 처분을 하여야 할 법률상 의무가 있음에도 불구하고 이를 하지 아니하는 것"을 말한다. 행정청의 부작위를 행정소송의 대상으로 한 것은 행정청이 법령에 의거한 개인의 신청을 방치하거나 사무처리를 지연함으로써 개인이 불이익을 받는 것을 방지하기 위함에 있다. 대법원은 부작위의 개념을 제한적으로 파악하고 있다.[55] 부작위가 성립하기 위해서는 당사자의 신청을 전제로 행정청이 상당한 기간 내에 일정한 처분을 하여야 할 법률상 의무가 있음에도 불구하고 그 처분을 하지 않아야 한다.

---

53) "행정청이 국민으로부터 신청을 받고서 한 거부행위가 행정처분이 되기 위하여는 국민이 행정청에 대하여 신청에 따른 행정행위를 해 줄 것을 요구할 수 있는 법규상 또는 조리상 권리가 있어야 하는 것이고, 그러한 신청권에 기하지 아니한 국민이 신청을 행정청이 받아들이지 아니하였다고 하여 신청인의 권리나 법적 이익에 어떤 영향을 주는 것이 아니므로 행정처분이라고 할 수 없다."(대법원 1997. 9. 30. 선고 97누3200 판결)

54) 이상규, 행정쟁송법, 324면.

55) "행정청이 국민으로부터 어떤 신청을 받고서 그 신청에 따르는 내용의 행위를 하지 아니한 것이 항고소송의 대상이 되는 위법한 부작위가 된다고 하기 위하여서는 국민이 행정청에 대하여 그 신청에 따른 행정행위를 해 줄 것을 요구할 수 있는 법규상 또는 조리상의 권리가 있어야 하며, 이러한 권리에 의하지 아니한 신청을 행정청이 받아들이지 아니하였다고 해서 이 때문에 신청인의 권리나 법적 이익에 어떤 영향을 준다고 할 수 없는 것이므로 이를 들어 위법한 부작위라고 할 수 없을 것이다."(대법원 1992. 10. 27. 선고 92누5867 판결)

2. 처분 개념의 혼란과 판례의 문제점

현대행정에서 행정작용의 유형은 다양하다. 이러한 다양한 행정작용을 행정행위, 사실행위, 행정지도, 행정계획 및 비공식적 행정작용 등으로 구분하는 것은 법이론적 의미뿐만 아니라 쟁송법적 실익도 가진다. 실무적으로 항고소송의 대상인 "처분"을 확정하는 것은 대단히 중요하지만, 구체적 사안에서 처분의 확정은 쉽지 않다. 그 이유는 일본에서 도입된 쟁송법상의 "처분" 개념이 학문적 의미의 행정행위 개념과 괴리되어 있기 때문이다. 현행 행정소송법은 항고소송의 대상으로 "(행정)처분" 개념을 사용하고 있으며, 이러한 "쟁송법상 처분" 개념은 강학상의 "행정행위" 개념보다 넓게 이해된다. 그러나 그 구체적 개념징표와 내용은 미확정 상태이다.

대법원은 행정처분을 "행정청의 공법상 행위로서 특정사항에 대하여 법규에 의한 권리의 설정 또는 의무의 부담을 명하며 기타 법률상 효과를 발생케 하는 등 국민의 구체적 권리의무에 직접적 변동을 초래하는 행위"라고 이해하고 있다. 동시에 행정권 내부에서의 행위나 알선·권유·사실상의 통지 등과 같이 상대방 또는 기타 관계자들의 법률상 지위에 직접적인 법률적 변동을 일으키지 아니하는 행위는 항고소송의 대상이 될 수 없다고 보고 있다.[56] 또한 대법원은 청소년 유해매체물의 결정에 관한 사건에서 처분 개념을 비교적 자세히 설명하고 있다. 즉 "관련 법령의 내용 및 취지와 그 행위가 주체·내용·형식·절차 등에 있어서 어느 정도로 행정처분으로서의 성립 내지 효력요건을 충족하고 있는지 여부, 그 행위와 상대방 등 이해관계인이 입는 불이익과의 실질적 견련성, 그리고 법치행정의 원리와 당해 행위에 관련한 행정청 및 이해관계인의 태도 등을 참작하여 개별적으로 정하여야" 한다고 판시하고 있다.[57] 그러나 여기에서도 쟁송법상의 처분의 개념적 요소를 구체적이고 명확하게 제시하지 않고 있다. 다만, 행정행위(행정처분)의 외형, 형식적·실질적 요건 그리고 상대방에 대한 불이익(침해) 여부 등에 의하여 판단할 수 있다고 설명하고 있을 뿐, 설득력 있는 논증을 하고 있지 않다. 또한 부분적으로 쟁송법상의 처분 개념을 '원고적격'과 혼동한 것으로 보이는 부분도 있다. 쟁송법상의 처분과 강학상의 행정행위의

56) 대법원 1993. 10. 26. 선고 93누6331 판결.
57) 대법원 2007. 6. 14. 선고 2005두4397 판결.

이원설(二元說)이 압도적인 다수를 차지하고 있지만, 처분개념을 제대로 확정하기 위해서는 실정법을 근거로 하여 그 개념적 징표를 제시하는 것이 선행되어야 한다.

한편, 대법원은 위 청소년유해매체물의 결정에 관한 사건에서 법원이 피고(심의기관)의 '결정'과 청소년보호위원회의 '고시'를 구분하여, 심의기관인 정보통신윤리위원회의 결정에 대해서만 처분성을 인정하고 있다. 이와 달리 대법원은 같은 날에 선고된 또 다른 사건(청소년유해매체물결정 및 고시처분무효확인 사건)에서 청소년유해매체물에 관한 정보통신윤리위원회의 '결정'뿐만 아니라, 이에 따른 청소년보호위원회의 한 '고시'도 함께 처분으로 판시하고 있다.[58] 예컨대 판결문에서 나타난 바와 같이 "고시처분"이라는 명칭이 그러한 단적인 예이다. 요컨대 후자의 판결(대법원 2007. 6. 14. 선고 2004두619 판결)은 '결정' 외에 '고시'도 처분으로 보고 있다는 점에서 앞에서 언급한 전자의 판결(대법원 2007. 6. 14. 선고 2005두4397 판결)과 차이가 있다. 요컨대 핵심적 쟁점사항은 항고소송의 대상인 '처분(處分)'의 확정이다. 현행 행정소송법은 항고소송의 대상으로 "(행정)처분" 개념을 사용하고 있지만, 독일의 입법례에서는 강학상의 행정행위 개념과 항고소송의 대상이 일치하고 있다.[59]

이러한 문제점을 인식하여, 쟁송법상의 처분 개념을 검토하고자 한다. 이하에는 쟁송법상의 '처분' 개념의 구성요소를 세분하여 고찰하도록 한다.

3. 쟁송법상 '처분' 개념의 구성

(1) 처분 개념의 구성요소

행정심판법 제2조 제1호는 처분 개념을 "행정청이 행하는 구체적 사실에 관한 법집행으로서의 공권력의 행사 또는 그 거부와 그 밖에 이에 준하는 행정작용"으로 정의하고 있다. 또한 행정소송법 제2조 제1항 제1호의 "처분 등"에는 행정심판법상의 "처분" 개념 이외에 행정심판에 대한 '재결'을 포함하고 있다. 따라서 쟁송법상의 처분 개념은 거부처분을 별론으로 하고, "행정청이 행하는 구체적 사실에 관한 법집행으로서의 공권력행사"라는 전단부와, "그 밖에 이에 준하는 행정작용"이라는 후단부로 구성되어 있다. 그러나 쟁송법상의 처분 개념

58) 대법원 2007. 6. 14. 선고 2004두619 판결.
59) 이에 대한 상론은 졸고, "쟁송법상 처분개념의 확정에 관한 판단", 고시계, 2007. 2, 36면 이하.

을 채택하더라도 강학상의 행정행위에 대한 개념파악을 완전히 포기해서는 안 된다. 왜냐하면 "구체적 사실에 관한 법집행으로서의 공권력의 행사"는 강학상의 "행정행위" 개념과 상응한다고 보는 것이 타당하기 때문이다. 따라서 쟁송법상의 처분 개념의 전단부에서는 강학상의 행정행위 개념을 중심으로 파악하고, 후단부인 "그 밖에 이에 준하는 행정작용"에서는 쟁송법상 처분에 포함시킬 수 있는 기타 행정작용의 유형을 검토하도록 한다.

(2) 행정청의 공권력 행사

행정소송법 제2조 제2항은 행정청을 "법령에 의하여 행정권한의 위임 또는 위탁을 받은 행정기관, 공공단체 및 그 기관 또는 사인"이라고 정의하고 있다. 따라서 위임·위탁을 받은 하급 행정청, 보조기관, 공공단체나 그 기관은 물론이고, 공무수탁사인도 포함한다. 또한 '공권력'의 행사란 고권적(高權的) 조치(hoheitliche Maßnahme)를 의미하며, 사법(私法)행위와 구분된다. 따라서 권리구제에 있어서도 소송형식은 민사소송이 아니라 행정소송(항고소송)에 의해 해결될 수 있다. 다만, 공권력의 행사라는 개념을 "단독적 공법행위"로 이해하여 권력적 사실행위를 포함시킬 수도 있으나, 권력적 사실행위는 "그 밖에 이에 준하는 행정작용"에 포함시켜 이해하는 견해가 다수설이다.

(3) 구체적 사실에 관한 법집행

구체적 사실에 관한 법집행을 "개별 사안에 대한 규율"에 상응하는 것으로 보고, "직접효과성"이라는 도구를 사용하여 헌법소원에서 말하는 침해의 직접성·현재성과 관련된 것으로 이해하는 견해도 있다.[60] 그러나 직접효과성은 주로 직접적인 대외적 구속력과 관련된 것으로서 소위 외부효(Außenwirkung)의 문제이다. 따라서 내부적 효력만을 가지는 행정작용은 처분 개념의 범주에 포섭될 수 없다. 처분 개념에는 '구체적 사실에 관한 법집행'이라는 부분이 첨언되면서, 그 개념의 범위가 매우 제한되었다. 그러나 여기서 말하는 구체적 사실에 관한 법집행은 적어도 일반적·추상적 규율로서의 법규범(Rechtsnorm)과 구별된다. 또한 현행 행정소송법은 수범자를 기준으로 한 '개별성' 대신에 규율의 '구체성'을 개념적 징표로 규정하고 있다. 그러한 이유에서 행정소송법의 처분 개

60) 김유환, "취소소송의 대상", 김철용/최광율(편집대표), 주석 행정소송법, 박영사, 2004, 526-527면.

념은 독일 행정절차법 제35조 제2문과 달리, '일반처분'을 포함한다. 한편, 독일은 강학상의 '행정행위'에 상응하는 개념을 입법례로 두고 있는데, 이는 전단부의 해석을 위해 참고할 만하다. 독일의 '행정행위(Verwaltungsakt)' 개념은 19세기 행정법학의 산물(産物)로 이해되고 있다. 이에 결정적 기여를 한 사람은 독일행정법의 국부인 오토 마이어(Otto Mayer)였다. 1977년 1월 1일에 효력이 발생한 독일 연방 행정절차법 제35조 제1항에는 행정행위를 "행정청이 공법의 영역에서 개별사례의 규율을 위해 대외적으로 직접적 법효과를 가지는 모든 처분, 결정이나 기타 고권적 조치"라고 정의하고 있다. 이러한 정의는 개념적으로 매우 협소하게 이해되고, 최협의의 행정행위 개념에 상응한 것으로 보인다. 독일 행정절차법상의 행정행위 개념은 개별사안에 대한 '규율(Regelung)'의 의미가 중요하다. 여기에서 말하는 '규율'은 법구속적인 명령을 의미하며, 사실행위와의 구별된다.[61]

(4) 그 밖에 이에 준하는 행정작용

처분 개념의 후단부인 "그 밖에 이에 준하는 행정작용"이라는 개념은 대단히 모호하고 포괄적이다. 그러나 적어도 단순사실행위나 내부지시(지침) 등은 배제된다. 여기에 속하는 것으로는 '권력적 사실행위'가 대표적이다. 예컨대 강제격리, 유치 등이 여기에 속한다. 한편, 독일에서는 사실행위에 대한 권리구제수단으로 결과제거청구권이나 일반이행(급부)의 소(allgemeine Leistungsklage) 등이 고려된다(독일 행정법원법 제43조 제2항 참조). 그러나 한국 행정소송법은 일반이행의 소를 규정하고 있지 않다. 학설은 계속적 성질을 가지는 권력적 사실행위를 구체적 사실에 관한 법집행으로서의 '공권력행사에 준하는 행위'로 파악하여 취소쟁송의 대상으로 인정하고 있다. 대법원은 단수조치,[62] 동장의 주민등록직권말소[63] 등과 같은 권력적 사실행위에 대하여 처분성을 인정하고 있다. 또한 해당 행정작용이 실체법상의 행정행위는 아니지만 국민의 권익 확대를 위해 이를 쟁송법상으로만 처분으로 인정하는 소위 '형식적 행정행위'가 주장되고 있다. 그러나 형식적 행정행위는 그 개념이 모호할 뿐만 아니라, "구체적 사실에 관한 법집행의 행사로서의 공권력의 행사"에 해당하는 실체를 갖지도 않으므로 처분

61) Maurer/Waldhoff, Allgemeines Verwaltungsrecht, § 9 Rn. 6; Hufen, a.a.O., § 14 Rn. 4.
62) 대법원 1979. 12. 28. 선고 79누218 판결.
63) 대법원 1992. 8. 7. 자 92두30 결정.

성을 인정하기 어렵다. 일본에서는 주로 육교나 쓰레기소각장과 같은 공공시설의 설치행위가 형식적 행정행위의 사례로 소개된다.

4. 구체적 유형에 관한 고찰

판례는 강학상의 행정행위(하위유형인 일반처분을 포함)와 권력적 사실행위 외에 행정계획, 법규명령이나 조례, 고시 등의 처분성을 인정하고 있다. 그 밖에 항고소송의 대상인 처분 개념을 확대하고 있다. 이하에서는 처분성을 인정한 구체적 사례를 고찰하도록 한다.

(1) 행정계획

행정계획은 독자적인 행위형식이기는 하나, 법률 · 조례 · 행정행위 · 내부행위 등 다양한 법형식을 가진다. 대법원은 구 도시계획법 제12조에 의한 도시계획결정(현 도시 · 군관리계획)의 처분성을 인정한 바 있다.[64] 그러나 도시기본계획은 도시의 장기적 개발방향과 미래상을 제시하는 도시계획 입안의 지침이 되는 장기적 · 종합적인 개발계획으로서 행정청에 대한 직접적인 구속력이 없다.[65] 한국의 도시계획은 실시계획이나 시행계획 등을 통해 실현되는데, 이는 대부분 '처분'의 성격을 가진다. 이에 반하여 주요선진국에서는 주로 '조례'의 형식으로 도시계획이 실현되고 있다. 대법원은 정부가 2009년 6월 8일 발표한 '4대강 살리기 마스터플랜'에 대해서는 처분성을 부인하였으나,[66] '4대강 살리기 사업' 중 한강 부분에 관한 각 하천공사시행계획 및 각 실시계획승인에 대해서는 처분성을 인정하고 있다.[67]

---

64) "도시계획법 제12조 소정의 도시계획결정이 고시되면 도시계획구역안의 토지나 건물 소유자의 토지형질변경, 건축물의 신축, 개축 또는 증축 등 권리행사가 일정한 제한을 받게 되는바 이런 점에서 볼 때 고시된 도시계획결정은 특정 개인의 권리 내지 법률상의 이익을 개별적이고 구체적으로 규제하는 효과를 가져오게 하는 행정청의 처분이라 할 것이고, 이는 행정소송의 대상이 되는 것이라 할 것이다."(대법원 1982. 3. 9. 선고 80누105 판결)

65) 대법원 2007. 4. 12. 선고 2005두1893 판결.

66) "국토해양부, 환경부, 문화체육관광부, 농림수산부, 식품부가 합동으로 2009. 6. 8. 발표한 '4대강 살리기 마스터플랜' 등은 4대강 정비사업과 주변 지역의 관련 사업을 체계적으로 추진하기 위하여 수립한 종합계획이자 '4대강 살리기 사업'의 기본방향을 제시하는 계획으로서, 행정기관 내부에서 사업의 기본방향을 제시하는 것일 뿐, 국민의 권리 · 의무에 직접 영향을 미치는 것이 아니어서 행정처분에 해당하지 않는다."(대법원 2011. 4. 21. 자 2010무111 전원합의체 결정)

67) 대법원 2015. 12. 10. 선고 2011두32515 판결.

(2) 사실행위 및 내부적 행위

대법원은 종래 행정지도, 권고, 경고 등 사실행위에 대해 처분성을 부인하였으나, 근래에 새로운 변화가 생기고 있다. 대법원은 '단전조치'에 대해 처분성을 부인하였다.[68] 그러나 지적공부의 지목변경(대법원 2004. 4. 22. 선고 2003두9015 전원합의체 판결), 불문경고(대법원 2002. 7. 26. 선고 2001두3532 판결) 등에 대해서는 처분성을 인정하였다. 또한 대법원은 구 남녀차별금지 및 구제에 관한 법률에 따른 국가인권위원회의 성희롱결정 및 시정조치권고가 항고소송의 대상이 되는 행정처분에 해당한다고 판시하였다.[69]

한편, 내부적 행위는 원칙적으로 처분성이 부인된다. 대법원은 병역법상 군의관의 신체등위판정(대법원 1993. 8. 27. 선고 93누3356 판결), 한국자산관리공사의 공매통지(대법원 2007. 7. 27. 선고 2006두8464 판결)에 대해서는 처분성을 부인하였다. 그러나 대법원은 세무조사결정에 대해 처분성을 인정하였다.[70] 다만, 원심은 과세자료를 수집함에 있어서 행사되는 질문검사권은 일종의 사실행위에 해당한다고 보면서 그 처분성을 부인하였다.[71]

그 밖에 대법원은 건축물대장 기재사항 중 건축물 용도변경기재신청의 반려행위(대법원 2009. 1. 30. 선고 2007두7277 판결), 신축건물에 대한 건축물대장 작성신청반려행위(대법원 2009. 2. 12. 선고 2007두17359 판결), 건축물대장상 구분소유 건물을 하나의 건축물로 합병 기재한 행위(대법원 2009. 5. 28. 선고 2007두19775 판결), 건축물대장을 직권으로 말소한 행위(대법원 2010. 5. 27. 선고 2008두22655 판결) 등에 대해 처분성을 인정하였다.

---

68) 대법원 1996. 3. 22. 선고 96누433 판결.

69) 대법원 2005. 7. 8. 선고 2005두487 판결.

70) "부과처분을 위한 과세관청의 질문조사권이 행해지는 세무조사결정이 있는 경우 납세의무자는 세무공무원의 과세자료 수집을 위한 질문에 대답하고 검사를 수인하여야 할 법적 의무를 부담하게 되는 점, 세무조사는 기본적으로 적정하고 공평한 과세의 실현을 위하여 필요한 최소한의 범위 안에서 행하여져야 하고, 더욱이 동일한 세목 및 과세기간에 대한 재조사는 납세자의 영업의 자유 등 권익을 심각하게 침해할 뿐만 아니라 과세관청에 의한 자의적인 세무조사의 위험마저 있으므로 조세공평의 원칙에 현저히 반하는 예외적인 경우를 제외하고는 금지될 필요가 있는 점, 납세의무자로 하여금 개개의 과태료 처분에 대하여 불복하거나 조사 종료 후의 과세처분에 대하여만 다툴 수 있도록 하는 것보다는 그에 앞서 세무조사결정에 대하여 다툼으로써 분쟁을 조기에 근본적으로 해결할 수 있는 점 등을 종합하면, 세무조사결정은 납세의무자의 권리·의무에 직접 영향을 미치는 공권력의 행사에 따른 행정작용으로서 항고소송의 대상이 된다."(대법원 2011. 3. 10. 선고 2009두23617 판결)

71) 대전고등법원 2009. 11. 26. 선고 2009누124 판결.

(3) 중간행위

사전결정, 가(假)행정행위, 부분허가 등에 대해 처분성을 인정할 것인지도 문제가 되고 있다. 부분허가는 일부이기는 하나 그 자체가 종국적 결정이므로 행정처분이다. 대법원은 원자력법에 규정된 원자로시설부지의 사전승인을 '사전적 부분허가'로 보았다.[72] 판례는 사전결정에 대해 처분성을 인정하고 있다.[73] 한편, 하급심 판례는 법학전문대학원 설치 예비인가(豫備認可)의 처분성을 인정하고 있다.[74] 다만, 예비인가의 법적 성질을 사전결정으로 볼 것인지 가행정행위로 볼 것인지는 해석의 여지가 있다. 학설은 본행정행위가 있을 때까지 잠정적으로 법적 효력을 발생시키는 가행정행위(잠정적 행정행위)에 대해서도 처분성을 인정하고 있다.[75]

(4) 공시지가결정

대법원은 개별공시지가[76]뿐만 아니라 표준지공시지가[77]의 결정에 대해서도 처분을 인정하고 있다. 그러나 표준지공시지가의 법적 성질에 대해서는 종전에 학설상 견해가 대립하고 있었다. 개별공시지가를 '행정계획'으로 보는 견해가 있다. 즉 공시지가가 지가체계의 일원화를 목적으로 일반적인 토지거래의 기준이 되고, 국가 등 행정주체가 그 업무와 관련하여 지가를 산정하거나 감정평가자가 개별적으로 토지를 감정·평가하는 경우에 그 기준이 된다는 점에서 내부적 효력만을 갖고 대외적 구속력이 없는 행정계획으로 본다.[78] 이에 대해 표준지공시지가를 '행정규칙'으로 보는 견해도 있다. 표준지공시지가가 개별공시지가 산정을 통하여 토지초과이득세·개발부담금 등의 부과에 있어 그 산정기준이 되는 일반적·추상적 규율(법규)이고, 처분의 요소인 개별성과 구체성이 결여되어 있다고 본다.[79] 또한 표준지공시지가를 현실적으로 존재하는 정상지가로 조사하여

---

72) 대법원 1998. 9. 4. 선고 97누19588 판결.
73) 대법원 1996. 3. 12. 선고 95누658 판결.
74) 서울행정법원 2008. 8. 20. 선고 2008구합5889 판결.
75) 김남진, 전게서(Ⅰ), 237-238면.
76) 대법원 1993. 6. 11. 선고 92누16706 판결.
77) 대법원 1995. 3. 28. 선고 94누12920 판결; 대법원 2009. 12. 10. 선고 2007두20140 판결.
78) 류지태, 행정법신론, 제12판, 972면.
79) 한편, 개별공시지가의 성질을 가지는 표준지공시지가는 행정처분으로 볼 수 있지만, 개별공시지가의 산정기준이 되는 표준지공시지가는 행정규칙에 유사하다고 보는 견해도 있다(김남진·김연태, 행정법 Ⅱ, 630면).

공시함으로써 지가정보를 제공하는 의사작용을 요소로 하는 사실행위로 보고, 그 자체로서는 어떠한 법적 효과도 발생하지 아니한다고 보는 견해도 있다.[80] 이와 달리 표준지공시지가는 구 지가공시법 제10의2조 제1항 단서에 근거하여 개별공시지가의 성질을 가지므로 그 한도 내에서는 처분성이 인정되며, 또 그 성질상 물적 행정행위에 해당한다고 보는 견해도 있다.[81] 표준지공시지가가 개별공시지가의 기준이 되는 경우에도 그 처분성을 인정할 수 있다는 견해도 여기에 가깝다.[82]

한편, 대법원은 전술한 바와 같이 표준공시지가의 처분성을 인정하여 항고소송의 대상이 되는 것으로 보고 있다. 그러나 대법원은 종전에 표준지공시지가에 대한 불복방법은 그 자체의 이의절차를 거쳐 그 취소를 구하는 행정소송을 제기하는 것이며, 개별토지 가격결정의 효력을 다투는 소송에서는 그 개별토지 가격산정의 기초가 된 표준지공시지가의 위법성을 다툴 수 없다고 판시하였다.[83] 또한 대법원은 표준지로 선정되어 공시지가가 공시된 자신의 토지에 해당 공시지가를 기초로 토지초과이득세(이하 토초세라 한다)가 부과되자 그 취소를 구한 사건에서도 유사한 입장이다. 즉 그 표준지의 조세부과처분의 취소를 구하는 소송에서 그 공시지가의 위법성을 다툴 수 없다고 판시하고 있다.[84] 이러한 판결에서 대법원이 공시지가의 처분성을 인정하였다고 보기는 어렵다. 대법원은 국민의 권익구제의 확대를 위해 가능한 넓게 처분성을 인정하려고 하나, 개별 행정작용의 법적 성질은 이론적으로 명확하게 확정되어야 한다. 그러나 이후에 대법원은 표준지공시지가와 개별공시지가에 대해 모두 처분성을 인정하고 있지만, (비교)표준지공시지가결정과 수용재결(처분)은 서로 별개의 독립된 처분으로 보면서도 수인가능성을 이유로 예외적으로 하자승계를 인정하고 있다.[85]

80) 이춘섭, "공시지가, 개별지가는 행정소송의 대상인가?", 사법행정 제33집 12호(1992/12), 62면.
81) 박윤흔, 최신행정법강의(하), 723면.
82) 조용호, "개별공시지가의 제문제", 사법논집 제25집, 1994, 660면 이하.
83) "표준지로 선정된 토지의 공시지가에 불복하기 위하여 구 지가공시및토지등의평가에관한법률 제8조 제1항 소정의 이의절차를 거쳐 처분청을 상대로 그 공시지가결정의 취소를 구하는 행정소송을 제기하여야 하는 것이고, 그러한 절차를 밟지 아니한 채 개별토지 가격결정의 효력을 다투는 소송에서 그 개별토지 가격산정의 기초가 된 공시지가의 위법성을 다툴 수는 없다."(대법원 1998. 3. 24. 선고 96누6851 판결)
84) 대법원 1997. 2. 28. 선고 96누10225 판결.
85) "표준지공시지가결정은 이를 기초로 한 수용재결 등과는 별개의 독립된 처분으로서 서로 독립하여 별개의 법률효과를 목적으로 하지만, 표준지공시지가는 이를 인근 토지의 소유자나 기타 이해관계인에게 개별적으로 고지하도록 되어 있는 것이 아니어서 인근 토지의 소유자 등이 표준지공시지가결정 내용을 알고 있었다고 전제하기가 곤란할 뿐만 아니라, 결정된 표준지공시

(5) 거부처분

대법원은 거부처분이 항고소송의 대상이 되기 위해서는 그 거부행위가 신청인의 법률관계에 어떤 변동을 일으키는 것이어야 한다고 보고 있다. 여기에서 '신청인의 법률관계에 어떤 변동을 일으키는 것'은 "신청인의 실체상의 권리관계에 직접적인 변동을 일으키는 것은 물론, 그렇지 않다 하더라도 신청인이 실체상의 권리자로서 권리를 행사함에 중대한 지장을 초래하는" 것도 포함한다고 보고 있다.[86] 그러나 이러한 점은 결국 개별 사건에서 법원의 판단에 달려 있다고 볼 수 밖에 없다. 그리고 반려 또는 회신 등의 처분성이 문제가 되는 대표적인 사례는 신고의 수리거부이다. 수리를 요하는 신고의 경우에 그 수리거부는 처분성이 인정된다.[87] 대법원은 전원합의체 판결에서 건축신고반려행위를 처분으로 판시하였으나, 수리를 요하는 신고로 판단하였는지는 불분명하다.[88] 인·허가의제의 효과를 가지는 건축신고는 "수리를 요하는 신고"로 판단하였다.[89] 이 판결에서 "일반적인 건축신고와 달리" 인·허가의제의 효과를 가진 건축신고에 대해서만 "수리를 요하는 신고"로 판단한 것은 이론적으로 문제가 있다.[90]

한편, 실무상 계획변경신청을 거부하는 것이 처분인지가 논란이 되고 있다. 대법원은 원칙적으로 국민의 행정계획 변경청구권을 부정하고 있다. 즉 "도시계획과 같이 장기성·종합성이 요구되는 행정계획에 있어서 그 계획이 일단 확정된 후에 어떤 사정의 변동이 있다고 하여 지역주민에게 일일이 그 계획의 변경 또는 폐지를 청구할 권리를 인정해 줄 수도 없다"고 판시하고 있다.[91] 그러나 판례는 변경신청거부가 사실상 수익처분의 거부에 해당하는 경우,[92] 도시계획입안제안권에 근거한 경우 도시관리계획변경에 대한 입안의 거부행위,[93] 도시계획

지가가 공시될 당시 보상금 산정의 기준이 되는 표준지의 인근 토지를 함께 공시하는 것이 아니어서 인근 토지 소유자는 보상금 산정의 기준이 되는 표준지가 어느 토지인지를 알 수 없으므로, 인근 토지 소유자가 표준지의 공시지가가 확정되기 전에 이를 다투는 것은 불가능하다."(대법원 2008. 8. 21. 선고 2007두13845 판결)

86) 대법원 2007. 10. 11. 선고 2007두1316 판결.
87) 대법원 1992. 3. 31. 선고 91누4911 판결.
88) 대법원 2010. 11. 8. 선고 2008두167 전원합의체 판결.
89) 대법원 2011. 1. 20. 선고 2010두14954 판결.
90) 이에 대해서는 졸저, 현대행정의 작용형식, 9-10면.
91) 대법원 2002. 11. 26. 선고 2001두1192 판결.
92) 대법원 2003. 9. 23. 선고 2001두10936 판결.
93) 대법원 2004. 4. 28. 선고 2003두1806 판결. 한편, 대법원은 도시관리계획 구역 내 토지 등을 소유하고 있는 주민의 납골시설에 대한 도시관리계획의 입안제안을 반려한 군수의 처분은 항

결정의 지정해제 신청에 대한 거부회신[94]에 대해 처분성을 인정하고 있다. 나아가 구체적 사건이 없음에도 불구하고 장기미집행의 도시계획시설에 대해서도 도시계획시설의 변경신청에 대한 반려의 처분성을 인정할 수 있다고 보고 있다.[95]

이 문제와 관련하여 도시계획변경의 '신청권'과 도시계획변경의 '청구권'을 구별하는 것이 선행되어야 한다. 그러나 거부행위에 대한 신청권의 존부를 가지고 접근하는 것은 행정계획의 본질과 특성을 간과한 형식논리이며, 설사 신청권이 인정되어 본안에 들어가더라도 청구권을 인정하기는 어려운 것이 사실이다. 예컨대 골프연습장을 설치하는 내용의 공원조성계획 변경입안 제안신청을 거부한 사건에서 반려의 처분성을 인정하였지만, 본안에서 소의 이익을 부정한 사례도 있다.[96] 더구나 완충녹지지정의 해제신청에 대한 거부회신에 대해서도 본안에서 형량명령의 법리를 적용하여 위법성을 인정한 사례도 있다.[97] 이 판결은 행정계획의 입안·결정에 있어서 적용되어야 할 형량명령의 법리를 오해한 것이다. 무려 4가지 유형의 예외를 인정하는 것은 이 법리의 모순을 여실히 보여주고 있다.[98] 거부행위의 처분성은 한국 행정소송법의 난제(難題)이지만, 너무 엄격히 해석하는 것도 옳지 않다. 향후 행정소송법의 개정을 통해 의무이행소송이 도입될 경우, 이에 대한 유연한 판단을 기대해 본다. 법규상 또는 조리상의 신청권이라는 모호한 기준은 결국 임의적이고 자의적 결정을 초래할 수 있다.

(6) 고시

고시(告示)는 다양한 법적 성질을 갖는다(예컨대 행정규칙, 통지행위, 일반처분 등). 특히 판례는 약가고시의 처분성을 인정한 바 있다.[99] 약가고시는 그 자체 처분의 성질을 가지며, 이를 '처분적 명령'의 법리를 매개하여 처분을 인정하는 논리구성은 타당하지 않다. 대법원 판례는 대부분 "지정·고시", "결정·고시" 모두를 처분으로 보고 있다. 이는 쟁송법상의 처분 개념을 정확히 파악하지 못하고 그 모두를 포괄적으로 쟁송법상의 처분 개념에 포함시키고 있다는 인상을

고소송의 대상이 되는 행정처분에 해당한다고 판단하였다(대법원 2010. 7. 22. 선고 2010두5745 판결).

94) 대법원 2004. 4. 27. 선고 2003두8821 판결.
95) 대법원 2012. 1. 12. 선고 2010두5806 판결.
96) 대법원 2015. 12. 10. 선고 2013두14221 판결.
97) 대법원 2012. 1. 12. 선고 2010두5806 판결.
98) 이에 대한 비판으로는 졸저, 현대행정의 작용형식, 337면 이하 참조.
99) 대법원 2006. 5. 25. 선고 2003두11988 판결.

주고 있다. 이 경우에 '고시(告示)'를 바로 처분으로 보는 것은 적절하지 않다. 고시 외에 행정청의 결정이나 판단을 처분으로 판단해야 한다. 물론 고시는 다양한 법적 성질을 가질 수 있기 때문에 일반처분의 성질을 가지는 고시도 있다. 고시는 다양한 법적 성질을 가진 탓에 실무 및 학계로부터 많은 관심을 받았다. 그러나 이러한 고시의 법형식은 재검토될 필요가 있다.

(7) 부관(부담)

하자 있는 부관으로 인해 권익을 침해당한 당사자가 부관(附款)만을 대상으로 하여 행정쟁송을 제기할 수 있는지에 대해 견해가 대립하고 있다. 이 문제도 행정소송의 허용성 내지 적법성 요건과 관련된 것으로 항고소송의 대상(처분성)이 되는지가 주요한 쟁점이다. 이와 관련하여 부담(負擔)은 형식적으로 본체인 행정행위에 부가되어 있으나 그 자체 독자적인 규율성과 처분성을 가지므로 행정쟁송의 대상이 될 수 있다고 보는 견해가 다수설이다.[100] 근래에는 적극적으로 소의 이익이 인정되는 한 모든 부관에 대한 독립쟁송가능성을 인정하는 견해,[101] 모든 부관에 위법성이 존재하는 한 그 종류를 불문하고 모두 인정된다는 견해[102] 등이 있다. 또한 독일 학설의 영향으로 부관의 독립쟁송가능성을 법원에 의한 부관의 독자적인 취소가능성의 전제조건으로서의 성격을 갖는다고 보고, 부관만의 독립취소가 법원에 의하여 인정될 정도의 독자성(본체인 행정행위와의 분리가능성)을 갖고 있는가에 따라 판단해야 한다는 견해가 있다.[103]

대법원은 "부담의 경우에는 다른 부관과는 달리 행정행위의 불가분적인 요소가 아니고 그 존속이 본체인 행정행위의 존재를 전제로 하는 것일 뿐이므로 부담 그 자체로서 행정쟁송의 대상이 될 수 있다"고 보고 있다.[104] 즉 부담 그 자체만으로 독립적인 쟁송가능성을 인정하고 있다. 부담은 조건이나 기한과 달리 독자적 규율을 특징으로 한다. 행정행위를 통해 수익자에게 일정한 작위, 수인 또는 부작위의 의무를 부과하며, 부담은 주로 허가・특허(도로점용허가) 등 수익적 행정행위에 붙여진다. 그 때문에 부담은 행정행위의 구성요소가 아니라 추가

100) 김도창, 일반행정법론(上), 427면; 박윤흔, 최신행정법강의(상), 396면.
101) 김남진, 행정법의 기본문제, 255면.
102) 이일세, "행정행위의 부관과 행정쟁송", 공법학의 현대적 지평(계희열교수화갑기념논문집), 1995, 655면.
103) 류지태, 행정법신론, 제12판, 172면.
104) 대법원 1992. 1. 21. 선고 91누1264 판결.

적(부가적) 의무이며, 동시에 그 자체가 행정행위라고 이해되고 있다. 모든 부관에 대한 독립쟁송가능성을 주장하는 견해나 분리가능성에 의해 독립쟁송가능성을 주장하는 견해는 위법한 부관에 대한 행정소송을 소의 적법성이 아니라 본안판단의 문제로 이해하고 있는 것이다. 독일 연방행정법원은 종전에 부담에 대해서만 독립된 취소소송을 허용하고, 조건이나 기한에 대해서는 조건이나 기한이 없는 행정행위의 발급을 구하는 의무이행소송을 허용하였다. 그 후 우여곡절 끝에 부담뿐만 아니라 조건이나 기한에 대해서도 독립된 취소소송을 허용하고 있다.[105] 그러나 부관의 독립취소 가능성은 소의 허용성이 아니라 본안판단의 문제라는 점을 명확히 하고 있다. 실제에 있어서 취소소송을 제기하는 원고는 부담에 해당하는지 여부에 대해 명확한 판단을 하지 못할 경우, 각하될 수 있는 리스크(risk)를 안게 된다. 따라서 원고는 부담인지가 명확하지 않으면 부관부 행정행위 전체를 대상으로 소를 제기하면서 부관의 일부취소를 주장할 가능성이 높다. 이러한 경우에도 법원은 일부취소가 아니라 전부취소의 형식을 선택하는 것이 일반적이다.

(8) 재결

행정심판의 재결도 취소소송의 대상이 된다. 그러나 행정소송법 제19조 단서는 "재결취소소송의 경우에는 재결 자체에 고유한 위법이 있음을 이유로 하는 경우에 한한다"고 규정하고 있다. 재결은 예외적으로 그 자체에 고유한 위법이 있는 경우에 행정소송의 대상으로 삼고 있다. 대법원은 수용재결에 불복하여 중앙토지수용위원회의 이의재결을 거친 후 취소소송을 제기하는 때에 지방토지수용위원회 또는 중앙토지수용위원회의 수용재결을 대상으로 취소소송을 제기할 수 있다고 판단하였다.[106] 이 판결은 '원처분주의'의 입장을 확인한 것이지만, 이의재결 그 자체의 취소가능성을 배제한 것은 아니다.

a) 재결 자체의 고유한 하자가 있는 경우

행정심판의 재결이 예외적으로 행정소송의 대상이 되는 것은 "재결 자체에 고유한 위법"이 있는 경우이다. 여기에서 말하는 "재결 자체에 고유한 위법"이란 재결의 절차적 하자뿐만 아니라 실체적 하자를 포함한다. 이와 관련하여 판례는 "재결청의 권한 또는 구성의 위법, 재결의 절차나 형식의 위법, 내용의 위

105) BVerwGE 112, 221/224.
106) 대법원 2010. 1. 28. 선고 2008두1504 판결.

법 등을 뜻하고, 그 중 내용의 위법에는 위법·부당하게 인용재결을 한 경우가 해당한다"고 보고 있다.[107] 그 밖에 행정심판청구가 부적법하지 않음에도 불구하고 각하한 재결의 경우는 원처분에 없는 고유한 하자가 있는 경우에 해당한다. 이러한 경우에도 각하재결은 취소소송의 대상이 된다.[108]

b) 개별 법령에서 재결절차를 별도로 정한 경우

행정소송법에는 행정심판을 임의적 전치주의로 규정하고 있으나, 다른 법률에 해당 처분에 대한 행정심판의 재결을 반드시 거치도록 하는 규정이 있는 경우에는 이를 거치도록 하고 있다(행정소송법 제18조 제1항 단서). 여기에는 특별행정심판의 재결에 해당하는 것이 대부분이다.

1) 교원소청심사위원회의 결정

교원의 지위 향상 및 교육활동 보호를 위한 특별법(이하 '교원지위법'이라 한다) 제7조에 의하면, 각급학교 교원의 징계처분과 그 밖에 그 의사에 반하는 불리한 처분(교원에 대한 재임용 거부처분 포함)에 대한 소청심사를 위해 교육부에 교원소청심사위원회를 두고 있다. 또한 그 결정에 대해 교원, 사립학교법 제2조에 따른 학교법인 또는 사립학교 경영자 등 당사자는 그 결정서를 송달받은 날부터 30일 이내에 행정소송을 제기할 수 있도록 하고 있다(교원지위법 제10조 제4항). 다만, 판례는 국·공립학교의 교원에 대한 징계절차의 경우 사립학교교원과 달리 원처분인 징계처분이 행정소송의 대상이고, 교원소청심사위원회의 결정은 고유한 위법이 있을 때에만 소송의 대상이 될 수 있다고 보고 있다.[109]

2) 감사원의 재심의 판결

감사원법에 의하면 회계관계직원에 대한 변상판정에 대하여 위법 또는 부당하다고 인정하는 경우에 본인, 소속장관, 감독기관의 장 또는 해당 기관의 장은 변상판정서가 도착한 날부터 3개월 이내에 감사원에 재심의를 청구할 수 있다(제36조 제1항). 또한 그 재심의 판결에 대하여 감사원을 당사자로 하여 행정소송을 제기할 수 있다(동법 제40조 제2항). 다만, 그 효력을 정지하는 가처분 결정은 할 수 없다. 대법원은 서울특별시 공무원에 대한 징계요구에 대해 서울특별시장이 징계요구에 대한 재심의를 청구한 사건에서, 감사원의 징계 요구와 재심

107) 대법원 1997. 9. 12. 선고 96누14661 판결.
108) 대법원 2001. 7. 27. 선고 99두2970 판결.
109) 대법원 1994. 2. 8. 선고 93누17874 판결.

의결정이 항고소송의 대상이 되는 행정처분이 아니라고 보고 있다.[110] 감사원법 제36조 제2항에서는 처분요구에 대한 재심의 청구를 규정하고 있는데, 대법원은 재심의의 대상인 변상명령 등이 아니라 '재심의 판결'에 대하여 감사원을 당사자로 하는 행정소송(항고소송)을 제기할 수 있다고 보고 있다(감사원법 제40조 제2항 참조). 이 사건의 또 다른 쟁점은 서울특별시장이 항고소송을 제기할 수 있는 원고적격을 가지는지 여부이지만, 위 판결에서 대법원은 서울특별시장에게 당사자능력이 없음을 명확히 하고 있다. 재심의 판결은 그 청구의 이유가 있는 경우에 원처분의 요구를 취소하거나 그 내용을 변경할 수 있는 형성력을 가진다는 점에서 처분성이 인정될 수 있다.

3) 중앙노동위원회의 재심판정

노동조합 및 노동관계조정법에 의하면 근로자 또는 노동조합은 사용자의 부당노동행위에 대하여 지방노동위원회에 구제신청을 하고, 이에 의하여 구제를 받지 못한 경우에는 중앙노동위원회에 재심을 신청할 수 있다(노동조합 및 노동관계조정법 제82조, 제85조 제1항). 이러한 중앙노동위원회의 재심판정에 대하여는 행정소송을 제기할 수 있다(동법 제85조 제2항). 대법원도 원처분인 지방노동위원회의 결정이 아니라 중앙노동위원회의 재심판정을 행정소송의 대상으로 한다고 판시하고 있다.[111]

4) 중앙토지수용위원회의 이의재결

구 토지수용법에는 지방토지수용위원회의 수용재결에 대해 중앙토지수용위원회에 이의재결을 할 수 있도록 하는 동시에, 그 이의신청에 대한 중앙토지수용위원회의 이의재결에 대하여 불복이 있을 때에는 행정소송을 제기하도록 하였다. 즉 구 토지수용법 제75조의2 제1항에는 "이의신청의 재결에 대하여 불복이 있을 때에는 재결서가 송달된 날로부터 1월 이내에 행정소송을 제기할 수 있다"고 규정하고 있었다. 대법원은 이 규정을 근거로 중앙토지수용위원회의 이의재결을 항고소송의 대상으로 보았다.[112] 그러나 원처분주의를 부인하는 규정인

110) 대법원 2016. 12. 27. 선고 2014두5637 판결.

111) 대법원 1991. 2. 12. 선고 90누288 판결.

112) "토지수용법과 같이 재결전치주의를 정하면서 원처분인 수용재결에 대한 취소소송을 인정하지 아니하고 재결인 이의재결에 대한 취소소송만을 인정하고 있는 경우에는 재결을 거치지 아니하고 원처분인 수용재결취소의 소를 제기할 수 없는 것이며 행정소송법 제18조는 적용되지 아니하고, 따라서 수용재결처분이 무효인 경우에는 재결 그 자체에 대한 무효확인을 소구할 수 있지만, 토지수용에 관한 취소소송은 중앙토지수용위원회의 이의재결에 대하여 불복이 있

지에 대해서는 논란이 있었다. 현행 공익사업을 위한 토지 등의 취득 및 보상에 관한 법률 제85조 제1항 전문은 "사업시행자 · 토지소유자 또는 관계인은 제34조의 규정에 의한 재결에 대하여 불복이 있는 때에는 재결서를 받은 날부터 60일 이내에, 이의신청을 거친 때에는 이의신청에 대한 재결서를 받은 날부터 30일 이내에 각각 행정소송을 제기할 수 있다"고 규정하고 있다. 여기에서 "제34조의 규정에 의한 재결"이라 함은 항고소송의 대상이 원처분인 수용재결을 의미한다고 보는 견해가 다수설이다. 대법원도 이를 반영하여 원처분인 수용재결을 취소소송의 대상으로 보았고, 수용재결을 내린 중앙토지수용위원회 또는 지방토지수용위원회를 피고로 판단하였다.[113]

c) 소위 '수정재결'의 경우 – 일부취소·변경 재결의 문제

행정심판위원회는 취소심판의 청구가 이유 있다고 인정하면 처분을 취소 또는 변경하는 재결을 내릴 수 있다(행정심판법 제43조 제3항). 그러나 이러한 수정(변경)재결을 행정소송의 대상으로 볼 수 있는지가 문제다. 즉 행정청의 불이익처분에 대해 일부취소재결을 하거나(영업정지 6개월을 취소재결에 의해 영업정지 2개월로 감경하거나 과징금 부과처분 후 감액재결을 내리는 경우), 또는 적극적 변경재결을 하는 경우(파면처분을 해임처분으로 변경하는 경우, 허가취소처분을 영업정지처분으로 변경하는 경우)에 무엇을 항고소송의 대상으로 보아야 하는지가 다투어진다. 이 경우 원처분주의에 따라 감경된 처분을 취소되고 남은 '원처분'으로 볼 것인지, 아니면 재결주의에 따라 행정심판위원회의 '수정재결' 또는 '변경재결'을 행정소송의 대상으로 보아야 하는지가 쟁점이다. 이와 관련하여 학설로는 ① 원처분주의에 입각하여 (일부) 취소되고 남은 원처분(영업정지 2개월, 해임처분)이

을 때에 제기할 수 있고 수용재결은 취소소송의 대상으로 삼을 수 없으며, 이의재결에 대한 행정소송에서는 이의재결 자체의 고유한 위법사유뿐 아니라 이의신청사유로 삼지 않은 수용재결의 하자도 주장할 수 있다."(대법원 2001. 5. 8. 선고 2001두1468 판결; 대법원 1995. 12. 8. 선고 95누5561 판결)

113) "공익사업을 위한 토지 등의 취득 및 보상에 관한 법률 제85조 제1항 전문의 문언 내용과 같은 법 제83조, 제85조가 중앙토지수용위원회에 대한 이의신청을 임의적 절차로 규정하고 있는 점, 행정소송법 제19조 단서가 행정심판에 대한 재결은 재결 자체에 고유한 위법이 있음을 이유로 하는 경우에 한하여 취소소송의 대상으로 삼을 수 있도록 규정하고 있는 점 등을 종합하여 보면, 수용재결에 불복하여 취소소송을 제기하는 때에는 이의신청을 거친 경우에도 수용재결을 한 중앙토지수용위원회 또는 지방토지수용위원회를 피고로 하여 수용재결의 취소를 구하여야 하고, 다만 이의신청에 대한 재결 자체에 고유한 위법이 있음을 이유로 하는 경우에는 그 이의재결을 한 중앙토지수용위원회를 피고로 하여 이의재결의 취소를 구할 수 있다고 보아야 한다."(대법원 2010. 1. 28. 선고 2008두1504 판결)

행정소송의 대상이 된다는 견해, ② 재결주의에 입각하여 재결을 대상으로 항고소송을 제기하여야 한다고 보는 견해, ③ 절충설로서 일부취소재결의 경우에는 원처분으로 볼 수 있으나 적극적 변경재결(해임처분)의 경우에는 그 재결을 행정소송의 대상으로 보고 행정심판위원회를 피고로 하여 취소소송을 제기할 수 있다는 견해[114] 등이 대립하고 있다.

한편, 해임처분을 소청심사위원회가 정직 2월로 변경한 경우에 원처분청을 상대로 정직 2월의 처분에 대한 취소소송을 제기한 사건에서 본안판단으로 들어간 사례가 있다.[115] 즉 대법원은 혈중알콜농도 0.27%의 주취상태에서 운전하다가 신호대기 중이던 승용차와 승합차 2대를 들이받고 그 차에 타고 있던 사람 4명에게 상해를 입히는 사고를 낸 경찰공무원(A)에 대한 해임처분이 소청심사위원회에서 정직 2월로 감경된 사건에서, 정직 2월의 징계처분이 재결권의 일탈・남용이 아니라고 보고 있다. 이 사건의 피고는 X광역시 지방경찰청장(B)이며, 항고소송의 대상은 2월의 정직처분이다. 또한 대법원은 행정청이 과징금부과처분을 한 후 그 처분의 하자를 알고 '감액처분(減額處分)'을 한 경우, 감액처분이 아니라 처음의 부과처분 중 감액처분으로 취소되지 않고 남은 부분을 항고소송의 대상으로 보고 있다.[116] 대법원은 원처분주의에 입각하여 감액처분을 처음의 부과처분과 별개의 독립된 과징금 부과처분이 아니라 당초 부과처분의 변경으로 보고 있다.

학설 및 판례는 대체로 감경된 처분을 항고소송의 대상으로 보고 있다. 다만, 감경된 처분(정직 2월, 해임처분)을 '원처분'으로 볼 것인지, 아니면 '수정재결(변경재결)'로 볼 것인지가 중요한 쟁점이다. 취소심판에 있어서 행정심판위원회의 취소・변경 재결에는 해당 처분을 취소・변경하는 형성재결(形成裁決)도 있지만, 피청구인인 처분행정청에 대하여 그 취소 또는 변경을 명하는 내용의 이행재결(履行裁決)도 있다(행정심판법 제43조 제2항). 후자의 경우에는 재결의 기속

---

114) 박균성, 행정법론(상), 1319면.

115) 대법원 1997. 11. 14. 선고 97누7325 판결.

116) "과징금 부과처분에서 행정청이 납부의무자에 대하여 부과처분을 한 후 그 부과처분의 하자를 이유로 과징금의 액수를 감액하는 경우에 그 감액처분은 감액된 과징금 부분에 관하여만 법적 효과가 미치는 것으로서 처음의 부과처분과 별개 독립의 과징금 부과처분이 아니라 그 실질은 당초 부과처분의 변경이고, 그에 의하여 과징금의 일부취소라는 납부의무자에게 유리한 결과를 가져오는 처분이므로 처음의 부과처분이 전부 실효되는 것은 아니며, 그 감액처분으로도 아직 취소되지 않고 남아 있는 부분이 위법하다고 하여 다투는 경우 항고소송의 대상은 처음의 부과처분 중 감액처분에 의하여 취소되지 않고 남은 부분이고 감액처분이 항고소송의 대상이 되는 것은 아니다."(대법원 2008. 2. 15. 선고 2006두3957 판결)

력에 따라 처분행정청이 재처분을 하면, 이에 대해 항고소송을 제기할 수 있다. 전자의 경우에는 행정심판위원회의 취소 · 변경 재결을 원처분으로 볼 수 있는지가 문제다. 이 문제는 '피고적격'과도 밀접한 관련이 있다. 원고는 최초의 처분을 다투기 보다는 감경된 처분을 다투는 것이 유리하다. 실제 원고가 행정심판위원회의의 재결에 대해 행정소송을 제기하는 것은 감경된 처분에 만족하지 못하는 경우이다. 감경된 처분은 외형적으로 행정심판위원회가 내린 재결과 동일하다. 그러나 행정소송법은 원처분주의를 채택하고 있으며, 재결을 행정소송의 대상으로 보기 위해서는 재결 자체의 고유한 위법이 있어야 한다. 재결 자체에 고유한 하자가 없는 경우에 이를 다투어 승소할 실익은 그다지 크지 않다.

일부취소재결의 경우에는 취소되고 남은 처분을 원처분으로 보아 항고소송을 제기해야 한다. 예컨대 정직 6월에서 정직 2월로 감경된 경우에 취소되고 남은 정직 2월의 징계처분을 항고소송의 대상으로 보는 것이 타당하다. 판례의 입장도 전술한 바와 같이 대체로 동일하다. 또한 적극적 변경재결의 경우에는 원처분(파면처분)이 사실상 변경처분(해임처분)에 의해 대체되었다고 볼 수 있다. 행정심판위원회의 변경재결을 대상으로 행정소송을 제기하여야 한다는 주장도 있을 수 있다. 그러나 적극적 변경처분을 원처분의 변형으로 보아 처분청을 피고로 하여 행정소송을 제기하는 것이 당초의 원처분을 다투는 것보다 당사자의 권리구제에 유리하다. 행정심판위원회는 처분행정청의 원처분을 '변경'하였을 뿐이지 원고에 대해 해임처분을 내릴 수 있는 권한(징계권)을 가진 것도 아니다.

Ⅱ. 당사자소송의 대상

당사자소송의 대상은 행정청의 처분을 원인으로 하는 법률관계 기타 공법상의 법률관계이다. 당사자소송의 주된 대상은 '공법상의 법률관계'이다. 여기에서 말하는 공법상의 법률관계란 행정에 관계되는 법률관계 가운데 공법이 규율하는 법률관계를 말한다. 공무원의 신분이나 지위, 공무원의 봉급 · 연금 등 공법상의 금전지급 등이 당사자소송의 대상이다. 이러한 공법상의 법률관계를 대상으로 하는 소송을 '실질적 당사자소송'이라고 한다. 행정청의 처분을 원인으로 하는 법률관계란 처분에 의하여 발생 · 변경 · 소멸된 법률관계를 말한다. 중앙토지수용위원회의 이의재결을 통해 확정된 토지의 보상금액 지급이 여기에 해당한다. 이러한 법률관계를 다투는 소송을 '형식적 당사자소송'이라고 부르고 있다. 예컨대 공익사업을 위한 토지 등의 취득 및 보상에 관한 법률 제85조 제2항에 의한 보상금증액청구소송이 여기에 해당한다. 이러한 소송은 제한적으로 인정되고 있으나, 소송경제적 측면에서 재결이나 결정의 인용을 더 이상 기대하기 어렵거나 취소소송의 실익이 크지 않을 경우 등에 적극적으로 활용할 필요가 있다.[117)]

Ⅲ. 민중소송과 기관소송의 대상

1. 민중소송의 대상

민중소송은 객관적 소송으로서 법률이 특별히 인정한 경우에 예외적으로 허용된다. 선거소송이나 국민투표에 대한 소송 등이 여기에 해당한다. 공직선거법 제222조 제1항에는 "대통령선거 및 국회의원선거에 있어서 선거의 효력에 관하여 이의가 있는 선거인·정당(후보자를 추천한 정당에 한한다) 또는 후보자는 선거일부터 30일 이내에 당해 선거구선거관리위원회 위원장을 피고로 하여 대법원에 소를 제기할 수 있다"라고 규정하고 있다. 또한 국민투표법 제92조에는 "국민투표의 효력에 관하여 이의가 있는 투표인은 투표인 10만인 이상의 찬성을 얻어 중앙선거관리위원회 위원장을 피고로 하여 투표일로부터 20일 이내에 대법원에 제소할 수 있다"라고 규정하고 있다.

2. 기관소송의 대상

기관소송은 민중소송과 마찬가지로 객관소송으로서 개별 법률이 이를 인정한 경우에 허용된다. 지방자치법이 규정하는 지방자치단체의 장과 해당 지방의회 사이의 기관소송은 지방의회의 의결을 그 대상으로 한다. 지방자치법 제120조 제3항에 의하면, 지방자치단체의 장은 재의결된 조례안이 법령에 위반된다고 인정되면 대법원에 소를 제기할 수 있다. 동일한 행정주체(지방자치단체) 내의 기관 간의 쟁송이 여기에 해당한다. 그러나 다른 행정주체에 속하는 기관 사이의 쟁송도 기관소송으로 볼 수 있는지에 대해 다툼이 있다. 행정소송법은 '기관소송법정주의'를 채택하고 있어, 지방자치법을 비롯한 개별법에 규정한 경우를 제외하고는 기관소송을 제기할 수 없다.

117) 이에 대해서는 졸고, "공법상 당사자소송의 발전과 과제: 행정소송법 개정논의와 판례의 동향에 대한 비판적 고찰을 중심으로", 행정판례연구 제19집 1호(2014. 6), 277-312면.

제4절 행정소송의 재판관할

Ⅰ. 행정소송의 관할법원

1. 항고소송의 관할법원

취소소송의 제1심 관할법원은 피고인 행정청의 소재지를 관할하는 행정법원이 원칙이다(행정소송법 제9조 제1항). 행정법원이 설치되지 아니한 지역에서는 행정법원이 설치될 때까지 지방법원 본원 및 춘천지방법원 강릉지원이 제1심 관할법원이 된다(동법 부칙 제2조). 또한 중앙행정기관, 중앙행정기관의 부속기관과 합의제행정기관 또는 그 장, 국가의 사무를 위임 또는 위탁받은 공공단체 또는 그 장이 피고인 경우 대법원 소재지를 관할하는 행정법원(서울행정법원)에 제기할 수 있다(동조 제2항). 이는 '보통재판적(普通裁判籍)'에 관한 사항이다. 그러나 토지의 수용 기타 부동산이나 특정의 장소에 관한 처분 등에 대한 취소소송은 그 부동산이나 장소의 소재지를 관할하는 행정법원에 제기할 수 있다(동조 제3항 참조). 이는 '특별재판적(特別裁判籍)'에 관한 것이며, 원고의 소송수행의 편의를 고려한 것이다. 토지관할과 관련하여 보통재판적과 경합할 때에는 원고가 관할법원 중 하나를 임의로 선택하여 소를 제기할 수 있다. 재판적 사이에 우위는 없다.[118] 또한 행정소송법상 항고소송이나 당사자소송의 토지관할은 전속관할이 아니라 임의관할이다.[119] 취소소송의 관할에 관한 규정은 무효등확인소송 및 부작위위법확인소송에도 준용된다(동법 제38조 제1항 및 제2항).

2. 당사자소송의 관할법원

당사자소송에도 행정소송법 제9조의 재판관할에 관한 규정이 준용되지만, 국가 또는 공공단체가 피고인 경우에는 관계 행정청의 소재지를 피고의 소재지로 본다(동법 제40조). 관계 행정청은 해당 사건과 구체적인 이해관계를 가진 행정청을 의미하며, 그 행정청의 소재지를 관할하는 행정법원을 관할법원으로 보아야 한다.

118) 이시윤, 신민사소송법, 103면 참조.
119) 법원행정처, 법원실무제요(행정), 2016, 33면.

보상금증감청구소송과 같은 형식적 당사자소송의 경우에는 처분을 한 행정청을 "관계 행정청"으로 보아야 한다. 이 경우 이의재결을 내린 중앙토지수용위원회가 관계 행정청이며, 중앙토지수용위원회의 소재지(세종특별자치시)가 피고의 소재지이다.[120] 관할법원은 피고의 소재지를 관할하는 행정법원이 원칙이지만, 피고의 소재지에는 행정법원이 설치되지 않아 지방법원(대전지법) 본원에 제기할 수 있다. 보상금증감청구소송의 당사자는 사업시행자, 토지소유자 또는 관계인이지만, 처분(이의재결)으로 인해 공법상 법률관계가 발생하였으므로 이의재결을 한 행정청의 소재지를 관할하는 행정법원도 관할법원으로 볼 수 있다. 구 토지수용법 제75조의2에는 소송당사자에 재결청도 포함되었으나, 지금은 삭제되었다. 또한 국토교통부에 소속된 중앙토지수용위원회는 합의제행정기관이므로 대법원 소재지를 관할하는 행정법원(서울행정법원)에 선택적으로 소를 제기할 수 있다. 그 밖에 토지소유자는 행정소송법 제9조 제3항을 준용하여 토지의 수용 기타 부동산과 관계되는 중앙토지수용위원회의 재결에 불복하여 그 부동산의 소재지를 관할하는 행정법원에도 사업시행자를 상대로 보상금증감청구소송을 제기할 수 있다.[121]

3. 민중소송과 기관소송의 관할법원

민중소송 및 기관소송의 재판관할은 개별법에 별도로 규정되어 있다. 대통령 및 국회의원의 선거소송(공직선거법 제222조 제1항), 지방자치단체의 장이 지방의회의 조례안 재의결에 대해 제기하는 소송(지방자치법 제172조 제3항)은 모두 대법원의 관할이다.

Ⅱ. 사건의 이송

1. 의의 및 제도적 기능

사건의 이송이란 어느 법원에 일단 계속된 소송을 재판에 의하여 다른 법원

120) 이상규, 신행정법론(상), 818면.

121) "어떤 보상항목이 공익사업을 위한 토지 등의 취득 및 보상에 관한 법령상 손실보상대상에 해당함에도 관할 토지수용위원회가 사실을 오인하거나 법리를 오해함으로써 손실보상대상에 해당하지 않는다고 잘못된 내용의 재결을 한 경우에는, 피보상자는 관할 토지수용위원회를 상대로 그 재결에 대한 취소소송을 제기할 것이 아니라, 사업시행자를 상대로 공익사업을 위한 토지 등의 취득 및 보상에 관한 법률 제85조 제2항에 따른 보상금증감소송을 제기하여야 한다."(대법원 2019. 11. 28. 선고 2018두227 판결)

에 이전하는 것을 말한다. 관할 위반으로 소 각하를 하기보다는 관할권 있는 법원에 이송함으로써 제소에 필요한 시간이나 비용을 줄이고 제소에 의한 제척기간 준수의 효력을 유지할 수 있다. 이와 같이 사건의 이송은 소송경제적 측면에서 제도적 의의가 있다.

2. 관할위반으로 인한 이송

원고의 고의나 중대한 과실 없이 행정소송으로 제기하여야 할 사건이 민사소송으로 잘못 제기되거나, 행정소송이 심급을 달리하는 법원에 잘못 제기된 경우에는 민사소송법 제34조 제1항의 규정에 따라 관할법원에 이송하도록 하고 있다(행정소송법 제7조 참조).[122]

3. 관련청구소송의 이송

항고소송과 관련청구소송이 각각 다른 법원에 계속되고 있는 경우에 관련청구소송이 계속된 법원이 상당하다고 인정하는 때에는 당사자의 신청 또는 직권에 의하여 관련청구소송을 항고소송이 계속된 법원으로 이송할 수 있다(행정소송법 제10조 제1항).

제5절 행정소송의 당사자

Ⅰ. 서 설

1. 당사자의 의의

행정소송의 '당사자'라 함은 행정소송에서 자신의 이름으로 권리보호를 요구하거나 요구받는 자를 말한다. 행정소송에서도 원 · 피고가 대립하여 구체적 사건을 서로 다툰다는 점에서 민사소송과 다를 것이 없다. 이러한 점은 당사자소송에서 분명해진다. 그러나 항고소송은 민사소송처럼 대등한 당사자 사이에 권리 · 이익에 관한 대립을 다루는 것이 아니다. 원고는 처분 등의 위법을 이유로

122) 대법원 2013. 7. 12. 선고 2011두20321 판결; 대법원 2017. 11. 9. 선고 2015다215526 판결.

하여 그 취소·변경 등을 구함으로써 자신의 권리구제를 도모하지만, 피고인 행정청은 법령에 따른 처분이 적법하다는 것을 주장한다.

2. 당사자능력과 당사자적격

당사자능력이란 소송의 주체가 될 수 있는 일반적인 능력으로서, 판결절차에 있어 원·피고 또는 참가인인 될 수 있는 능력을 말한다. 여기에는 민법 그 밖의 법률에 의하여 권리능력을 가지는 자를 말한다. 자연인과 법인은 행정소송에서 당사자능력을 가진다. 민사소송법 제52조에 의하면, 법인격 없는 사단이나 재단이라 하여도 대표자나 관리인이 있어서 외부에 대하여 명확한 조직을 갖고 있는 경우에는 당사자능력을 가진다. 다만, 국가(또는 국가기관), 지방자치단체 또는 그 기관이 항고소송의 원고적격을 가지는지가 문제되고 있다.[123)]

한편, 당사자적격이란 특정한 소송사건에 있어서 당사자로서 소송을 수행하고 본안판결을 받기에 적합한 자격을 말한다. 일반적으로 소송물인 법률관계의 존부 확정에 대하여 법률상 대립하는 이해관계를 가진 자를 말한다.

Ⅱ. 원 고

넓은 의미의 소익에는 소송의 대상(처분성), 권리보호의 자격(원고적격) 및 권리보호의 필요(협의의 소익) 등이 포함된다.

1. 항고소송의 원고적격

(1) 취소소송의 원고적격

a) 원고적격의 범위와 해석

취소소송은 소송의 대상인 처분 등의 취소 또는 변경을 구할 법률상 이익이 있는 자에 의해 제기될 수 있다(행정소송법 제12조). 여기에서 “법률상 이익”이 무엇을 의미하는지에 대해 견해가 대립하고 있다. 이와 관련하여 ① 권리구제설(권리회복설), ② 법적보호이익설(법률상이익구제설), ③ 보호가치이익구제설 및 ④

123) 그 문제점에 대한 상론은 졸고, “항고소송에 있어서 국가기관의 원고적격: 특히 대법원 2013. 7. 25. 선고 2011두1214 판결의 평석을 겸하여”, 저스티스 제140호(2014. 2), 334-364; 졸저, 헌법재판과 행정소송, 63면 이하 참조.

적법성보장설 등이 있다. 다수설은 '법적보호이익설'에 서 있다. 현행법상 "법률상 이익"에 권리뿐만 아니라 법률상 보호이익이 포함된다. 대법원은 종래 항고소송의 원고적격의 바탕인 법률상 이익의 개념을 엄격하게 해석하였으나,[124) 근래에 환경법 및 도시계획법 등의 분야에서 원고적격의 범위를 점차 확대하고 있다. 종전에는 실체법적으로 반사적 이익에 지나지 아니한 것으로 인정되었던 것을 법적 보호이익으로 보아 행정소송의 영역에 포용하는 경향을 보이고 있다.[125) 문제는 '보호할 가치있는 이익'도 법률상 이익에 포함될 수 있는지 여부이다. 이 견해는 사인의 권리구제 확대에 큰 도움을 줄 수 있다.[126) 그러나 보호할 가치 있는 이익이 무엇인지에 대한 객관적 기준이나 척도가 명확하지 못하다. 목적론적 해석에 따라 법적보호이익설(法的保護利益說)을 따르면서 관계법의 탄력적 해석을 통해 원고적격의 범위를 확대하는 것이 타당하다. 처분의 상대방이 아닌 제3자도 당해 처분 등의 취소·변경에 대하여 법률상 이익이 있으면 원고적격을 가진다.[127) 취소소송의 원고적격 문제는 인인(隣人)소송(Nachbarklage)이나 경원자(競願者)소송(Konkurrentenklage) 등에서도 중요한 쟁점이 된다. 다만, 독일에서는 도시계획법 및 건축법 등을 중심으로 고려명령(考慮命令, Gebot der Rücksichtnahme)이 논의되고 있다.[128)

한편, 국가기관도 원고적격을 가지는지가 다투어지고 있다. 판례는 종전에 국가기관의 원고적격을 부인하였다.[129) 그러나 대법원은 A가 국민권익위원회에 '부패방지 및 국민권익위원회의 설치와 운영에 관한 법률'에 따른 신고와 신분보

124) "행정처분의 취소나 변경을 구하는 행정소송은 위법한 행정처분으로 인하여 일정한 권리 또는 법률상의 이익을 침해받은 자가 그 처분의 취소 또는 변경을 청구하기 위하여 제기하는 것이므로, 위법한 행정처분이라 할지라도 이로 인하여 일정한 권리나 법률상의 이익의 침해를 받은 자가 아니면 이의 취소·변경의 소를 제기할 수 없다."(대법원 1971. 10. 11. 선고 71누83 판결)

125) "도시계획법과 건축법의 규정취지에 비추어 볼 때, 이 법률들이 주거지역내에서의 일정한 건축을 금지하고 또는 제한하고 있는 것은 도시계획법과 건축법이 추구하는 공공복리의 증진을 도모하고자 하는 데 그 목적이 있는 동시에, 한편으로는 주거지역내에 거주하는 사람의 주거의 안녕과 생활환경을 보호하고자 하는 데에도 그 목적이 있는 것으로 해석된다. 그러므로 주거지역 내에 거주하는 사람이 받는 위와 같은 보호이익은 단순한 반사적이익이나 사실상의 이익이 아니라 바로 법률에 의하여 보호되는 이익이라고 할 것이다."(대법원 1975. 5. 13. 선고 73누96, 97 판결; 동지판례: 대법원 1995. 9. 26. 선고 94누14544 판결)

126) 대표적으로 이상규, 전게서(상), 824면 이하.

127) 대법원 1992. 4. 24. 선고 91누6634 판결.

128) 이에 대해서는 졸저, 행정구제의 기본원리, 제1전정판, 352면 이하 참조.

129) 특히 국립대학교 총장이 국가나 지방자치단체를 상대로 행정소송을 제기한 사례에서 국가기관의 원고적격을 부인하였다(대법원 2007. 9. 20. 선고 2005두6935 판결).

장조치를 요구하였고, 이에 국민권익위원회가 경기도선거관리위원회 위원장 B에게 'A에 대한 중징계요구를 취소하고 향후 신고로 인한 신분상 불이익처분 및 근무조건상의 차별을 하지 말 것을 요구'하는 내용의 조치요구를 한 사안에서, 국가기관인 경기도선거관리위원회 위원장에게 위 조치요구의 취소를 구하는 소를 제기할 당사자능력, 원고적격 및 법률상 이익을 인정한 원심판단이 정당하다고 판시하고 있다.[130] 그러나 이 사건은 경기도선거관리위원회 위원장(국가기관)이 아니라 자연인 B가 제기한 항고소송으로 이해하면 충분하다. 이를 무리하게 국가기관이 제기한 항고소송으로 해석할 필요가 없다. 국민권익위원회의 조치요구를 이행하지 않을 경우 형사처분도 받을 수 있는데, 이를 국가기관이 승계한다고 해석하는 것은 타당하지 않다.[131] 이와 달리 지방자치단체는 자치권 침해를 이유로 항고소송을 제기할 원고적격을 가진다. 오늘날 지방자치단체의 주관적 지위가 강조되고 있으며, 자치권과 같은 권한의 침해로 인한 불이익도 '법률상 이익'에 포함될 수 있기 때문이다. 지방자치단체의 장은 법인격이 없는 '기관'이므로 독일처럼 명문의 규정이 없는 한 원칙적으로 원고적격을 가질 수 없다. 다만, 지방자치단체의 장이 지방자치단체를 대표하여 항고소송을 제기할 때에는 이를 유연하게 해석할 필요가 있다.

b) 협의의 소익(특수한 권리보호필요)

1) 문제의 소재

행정소송법은 예외적으로 처분 등의 효과가 기간의 경과, 처분 등의 집행 그 밖의 사유로 소멸된 뒤에도 그 처분 등의 취소로 인하여 회복되는 법률상 이익이 있는 때에는 취소소송을 제기할 수 있다고 규정하고 있다(행정소송법 제12조 후문). 행정소송법 제12조 전문의 규정은 취소소송의 원고적격에 관한 규정이며, 행정소송법 제12조 후문에 규정된 "법률상 이익"은 대체로 '협의의 소익'을 의미한다.[132] "이익 없으면 소(訴)도 없다"라는 법언(法諺)이 있다. 소의 이익은 무

130) 대법원 2013. 7. 25. 선고 2011두1214 판결.

131) 이러한 문제점에 대해서는 졸고, "항고소송에 있어서 국가기관의 당사자능력 및 원고적격", 저스티스 통권 제140호(2014. 2), 334면 이하; 졸저, 헌법재판과 행정소송, 63면 이하.

132) 학설은 대체로 "협의의 소익"과 "권리보호의 필요(Rechtsschutzbedürfnis)"를 동일한 개념으로 사용한다. 그러나 독일 취소소송의 독특한 성질이 반영된 권리보호필요의 개념보다는 협의의 소익이라는 개념이 타당하다고 하여 양자를 구분하는 견해도 있다(박정훈, 행정소송의 구조와 기능, 323면). 그러나 대법원은 "이미 효과가 소멸된 행정처분일지라도 권리보호의 필요성이 인정되는 경우에는 그에 대한 취소소송을 허용하고 있다"고 하여, 협의의 소익을 '권리보호의 필요'라는 개념으로 이해하고 있다(대법원 2006. 6. 22. 선고 2003두1684 전원합의체

익한 남소를 방지하기 위한 제도적 장치이며, 소를 제기할 정당한 이익 또는 필요성을 의미한다. 소의 이익을 확대하는 것은 국민의 권익구제에 도움을 줄 수 있으나, 이를 지나치게 확대하면 남소를 허용하고 국가의 적정한 재판권 행사를 제약할 우려도 있다. 따라서 행정소송법 제12조 후문의 '법률상 이익' 개념에 대한 해석이 문제 된다.

2) 학설 및 판례의 입장

행정소송법 제12조 후문의 회복되는 "법률상 이익"의 개념에 대해 학설은 대립하고 있다. ① 행정소송법 제12조 후문을 독일의 계속확인소송(Fortsetzungs-feststellungsklage)과 유사한 것으로 이해하면서 법률상 이익을 "권리보호의 필요를 인정하기 위하여 요구되는 원고의 현실적 이익"이라고 보는 견해가 있다. 즉 "주관적 공권, 법률상 이익과 사실상 이익의 구분에 관한 문제로 다룰 이유는 없고, 따라서 이를 엄격히 법적 이익에 한정하는 것은 행정소송법 제12조 후문의 취지를 감안할 때 타당하지 않다"고 주장하는 견해가 그러하다.[133] 또한 ② 취소소송을 확인소송으로 보아 행정소송법 제12조 전문과 후문의 취소를 위법성의 확인으로 파악하고, 법률상 이익을 보호할 가치 있는 이익으로 이해하는 견해도 있다.[134] 그 밖에 ③ 행정소송법 제12조 후문도 전문과 마찬가지로 원고적격에 관한 조항으로 이해하는 견해[135] 등이 있다.

한편, 판례에서 협의의 소익이 인정된 사례는 다음과 같다. 첫째, 처분 등의 집행으로 처분 등의 효과가 소멸된 후에도 그 집행 이후의 법률관계에 영향을 미치는 경우이다. 현역의무부과처분 취소소송에서 현역병입영대상자가 현실적으로 입영하였다고 하더라도 입영 이후의 법률관계에 영향을 미치는 현역병입영통지처분 등을 한 관할 지방병무청장을 상대로 위법을 주장하여 그 취소를 구할 소익이 인정된 바 있다.[136]

둘째, 기간의 경과로 처분의 효력이 소멸한 후에도 파생적 효과나 부수적 효

판결; 동지판례: 대법원 2007. 1. 11. 선고 2006두13312 판결).

133) 홍준형, 행정구제법, 제4판, 592-593면. 또한 처분등의 효과가 소멸된 이후에는 그 처분이 위법이었음을 확인할 정당한 이익이 있는 경우에 권리보호의 필요를 인정해야 하며, 행정소송법 제12조 전문의 '법률상 이익'의 개념보다 넓은 의미로 이해하는 견해도 위 견해에 가까운 것으로 보인다(김남진, 전게서(Ⅰ), 673면).

134) 박정훈, 전게서, 319면.

135) 홍정선, "처분등의 소멸과 취소소송", 고시계 27권 5호, 66-67면.

136) 대법원 2003. 12. 26. 선고 2003두1875 판결.

과가 남아 있는 경우이다. 위반횟수에 따른 가중처벌이 있는 경우가 그러하다. 대법원은 자동차운행정지처분의 기간이 지난 경우에도 그 처분의 취소로 인하여 회복되는 법률상 이익이 있는지를 다투는 소송에서 협의의 소익을 인정한 바 있다.[137] 또한 대법원은 전원합의체 판결을 통해 환경영향평가대행업자가 업무정지처분기간 중 환경영향평가대행계약을 신규로 체결하고 그 대행업무를 한 사안에서 종전 판례를 변경하여, 그 업무정지처분기간이 경과한 후에도 후행처분인, 시행규칙에서 정한 가중적 제재처분을 피하기 위한 소익을 인정하였다. 즉 위반횟수에 따라 가중사유가 규정되어 있는 경우에 제재적 처분의 기간 경과 후에도 그 처분의 취소를 구할 법률상 이익이 있다고 본 것이다.[138] 다만, 별개의견은 다수의견과 달리 제재적 처분기준인 부령의 법적 성질을 법규명령으로 보고 있어 주목된다.

3) 비교법적 고찰

① 독일의 입법례

독일 행정법원법(VwGO) 제113조 제1항 제1문은 "행정행위가 위법하고 이로 인해 원고의 권리가 침해된 경우에 법원은 행정행위 및 재결을 취소한다"고 규정하고 있다. 또한 같은 조 제4문은 "행정행위가 판결의 선고 이전에 직권취소나 다른 방법에 의해 종료된 경우에는, 원고가 그 확인에 정당한 이익을 가지는 한 법원은 신청에 의해 판결로써 행정행위가 위법하였음을 선고한다"고 규정하

137) 대법원 1993. 12. 21. 선고 93누21255 판결.

138) "규칙이 정한 바에 따라 선행처분을 가중사유 또는 전제요건으로 하는 후행처분을 받을 우려가 현실적으로 존재하는 경우에는, 선행처분을 받은 상대방은 비록 그 처분에서 정한 제재기간이 경과하였다 하더라도 그 처분의 취소소송을 통하여 그러한 불이익을 제거할 권리보호의 필요성이 충분히 인정된다고 할 것이므로, 선행처분의 취소를 구할 법률상 이익이 있다고 보아야 한다."(대법원 2006. 6. 22. 선고 2003두1684 판결)

[대법관 이강국의 별개의견]: "다수의견은, 제재적 행정처분의 기준을 정한 부령인 시행규칙의 법적 성질에 대하여는 구체적인 논급을 하지 않은 채, 시행규칙에서 선행처분을 받은 것을 가중사유나 전제요건으로 하여 장래 후행처분을 하도록 규정하고 있는 경우, 선행처분의 상대방이 그 처분의 존재로 인하여 장래에 받을 불이익은 구체적이고 현실적이라는 이유로, 선행처분에서 정한 제재기간이 경과한 후에도 그 처분의 취소를 구할 법률상 이익이 있다고 보고 있는바, 다수의견이 위와 같은 경우 선행처분의 취소를 구할 법률상 이익을 긍정하는 결론에는 찬성하지만, 그 이유에 있어서는 부령인 제재적 처분기준의 법규성을 인정하는 이론적 기초 위에서 그 법률상 이익을 긍정하는 것이 법리적으로는 더욱 합당하다고 생각한다. 상위법령의 위임에 따라 제재적 처분기준을 정한 부령인 시행규칙은 헌법 제95조에서 규정하고 있는 위임명령에 해당하고, 그 내용도 실질적으로 국민의 권리의무에 직접 영향을 미치는 사항에 관한 것이므로, 단순히 행정기관 내부의 사무처리준칙에 지나지 않는 것이 아니라 대외적으로 국민이나 법원을 구속하는 법규명령에 해당한다고 보아야 한다."

고 있다. 독일의 계속확인소송은 취소소송을 제기한 후에 행정행위가 종료된 경우에 문제되는 것이다. 원고가 종료된 행정행위의 취소소송의 계속에 대하여 정당한 이익을 가져야 하며, 예외적인 경우를 제외하고는 취소소송의 (본안판단)의 요건을 충족해야 된다고 보고 있다.[139] 한편, 계속확인소송의 법적 성질에 대하여 ① 취소소송의 하위유형으로 분류하는 견해,[140] ② 확인소송의 특수한 형태로 보는 견해,[141] 또는 ③ 특정한 소송유형으로 귀속시키기 곤란하다는 견해[142] 등이 대립하고 있다.[143]

한편, '확인의 정당한 이익'은 ① 반복위험(Wiederholungsgefahr)의 방지 이익, ② 잔존하는 차별을 제거할 회복의 이익(Rehabilitationsinteresse), ③ 손해배상소송의 선결적 효력으로 인한 이익(Schadenersatzinteresse) 등으로 분류된다.[144] 특히 잔존하는 차별제거라는 회복의 이익에 명예나 신용 등 정신적 이익이 포함되는지가 문제였는데, 이러한 정신적 이익도 독일 기본법상의 인격권보호와 관련하여 고려되고 있다(독일 기본법 제2조 제1항 및 제1조 제1항 참조). 그러나 확인소송의 경우와 같이 '즉시확정의 이익'이 필요하지는 않으며, 합리적인 고려에 의해 인정될 수 있는 법적·경제적·관념적(정신적)인 유형의 보호가치 있는 이익으로 충분하다고 보는 견해도 있다.[145] 특히 정신적 이익은 위법하고 지속적으로 인격권을 침해하는 경우에 일정한 정도의 조정이 필요하다.[146] 직업생활 및 사회생활에 지속적으로 부정적 효과를 미칠 위험이 있는 경우에 한하여 이를 배제하기 위한 계속확인소송을 정당한 이익으로 판시한 사례가 있다. 예컨대 학생에 대한 유급처분이 그러하다.[147]

---

139) Th. Würtenberger, Verwaltungsprozeßrecht, 1998, Rn. 641
140) Kopp/Schenke, VwGO, § 113 Rn. 97.
141) Rozek, Grundfälle zur verwaltungsgerichtlichen Fortsetzungsfeststellungsklage, JuS 1995, S. 415.
142) Fechner, Die Rechtswidrigkeitsfeststellungsklage, NVwZ 2000, S. 128.
143) 이와 관련하여 독일의 계속확인소송을 취소소송이나 확인소송이 아닌 특수한 형태의 소송(홍준형, 행정구제법, 제4판, 589면)과 절단된 취소소송 내지 취소소송의 하위유형(박정훈, 행정소송의 구조와 기능, 304면) 등으로 소개하고 있다. 그러나 독일의 문헌에서는 대부분 '확인소송'과 함께 다루고 있다(졸저, 행정구제의 기본원리, 제1전정판, 387면).
144) Th. Würtenberger, a.a.O., Rn. 653 ff.
145) Kopp/Schenke, VwGO, § 113 Rn. 129.
146) Gerhardt, in: Schoch/Schmidt-Aßmann/Pietzner, VwGO, § 113 Rn. 91.
147) BVerwGE 56, 155/156 f.

② 일본의 입법례

일본 행정사건소송법 제9조 제1항에는 "처분의 취소의 소 또는 재결의 취소의 소(이하 '취소소송'이라고 한다)는, 해당 처분 또는 재결의 취소를 구하는 것에 관하여 법률상의 이익을 향유하는 자(처분 또는 재결의 효과가 기간의 경과 그 밖의 사유로 인하여 소멸된 후에도 처분 또는 재결의 취소로 인하여 회복되는 법률상 이익이 있는 자를 포함한다)에 한하여 제기할 수 있다"라고 규정하고 있다. 한국 행정소송법 제12조 후문은 일본 행정사건소송법 제9조 중 괄호안의 내용을 그대로 반영한 것으로 알려져 있다.[148] 일본 행정사건소송법을 제정하기 이전에 일본 최고재판소는 지방의회 의원의 제명결의에 관한 취소소송에서 의원의 임기만료 후 세비청구권 등의 이익이 남아 있음에도 불구하고 소의 이익을 부정하였다.[149] 또한 명예·신용 등의 이익은 단순히 사실상의 효과로 보고 국가배상소송을 통해 해결할 수 있다는 점에서 취소소송을 제기할 이익이 없다고 보았다.[150] 그러나 이러한 협소한 소익 인정의 문제점을 시정하기 위해 일본 행정사건소송법 제9조에 괄호안의 규정이 도입되었으며, 근래에는 명예·신용의 회복도 소의 이익으로 인정하여야 한다는 견해가 유력하다.[151] 일본에서는 이를 '협의의 소의 이익'이라고 부르며, 간략히 '소의 이익'이라고도 한다.

4) 소결

행정소송법 제12조 후문의 "법률상 이익" 개념은 행정소송법 제12조 전문의 원고적격 개념보다는 넓게 해석하는 것이 타당하다. 따라서 판례에서 적절히 설시하고 있는 바와 같이 "이미 효과가 소멸된 행정처분일지라도 특별한 권리보호의 필요성이 인정되는 경우" 정도로 해석하는 것이 바람직하다(특수한 권리보호 필요).[152] 그러나 행정소송법 제12조 후문의 해석과 관련하여 독일의 계속확인소송의 경우와 같이 위법확인의 정당한 이익으로 해석하는 것은 타당하지 않다. 행정소송법 제12조의 규정은 취소소송과 관련된 것이며, 독일의 계속확인소송의 법적 성질에 대해서는 논란의 여지가 있다.

---

148) 백윤기, 주석 행정소송법(편집대표 김철용/최광률), 박영사, 2004, 393면.
149) 最大判昭和 三五·三·九民集一四巻 三五五頁.
150) 高城誠, 訴の利益, ジュリスト No. 925, 144-146면 참조.
151) 高城誠, 前揭論文, 147면; 塩野 宏, 行政法 II, 제6판, 151-152면 참조.
152) 졸고, "조정반 지정 대상에서 법무법인을 제외한 시행령조항의 위헌판단에 관한 소고", 행정판례연구 제26집 제2호(2021. 12), 22면.

5) 보호범위 – 명예·신용 등의 정신적 이익

행정소송법 제12조 후문의 "법률상 이익"의 개념에 명예·신용 등 정신적 이익이 포함되는지에 대해 다툼이 있다. 이를 부정하는 견해도 있으나, 재직 중의 보수청구와 같은 재산적 이익 또는 장래의 취직에 있어서 불이익 제거와 같은 사회적 이익뿐만 아니라 명예·신용 등의 인격적 이익도 포함된다는 견해가 지배적이다.[153] 그러나 판례는 소극적이다. 대법원은 지방의회 의원에 대한 제명의결처분 취소소송의 계속 중 그 의원의 임기가 만료된 경우, 지방자치법 제32조 제1항의 월정수당(제3호)을 근거로 협의의 소익을 인정하였다. 즉 "원고가 이 사건 제명의결 취소소송 계속 중 임기가 만료되어 제명의결의 취소로 지방의회 의원으로서의 지위를 회복할 수는 없다 할지라도, 그 취소로 인하여 최소한 제명의결시부터 임기만료일까지의 기간에 대해 월정수당의 지급을 구할 수 있는 등 여전히 그 제명의결의 취소를 구할 법률상 이익은 남아 있다"라고 판시하고 있다.[154]

앞에서 살펴본 바와 같이 외국의 입법례에서는 원고적격보다 협의의 소익을 넓게 해석하고, 여기에 명예나 신용회복의 이익을 포함시키고 있다. 일본의 판례는 처분의 사실상의 효과로서 명예·신용 등의 인격적 이익이 침해된 경우에도 그 회복을 구하는 소의 이익을 아직 인정하고 있지 않다. 그러나 일본의 학설 중에는 위법한 처분에 의하여 침해된 명예·신용 등을 회복하기 위해 금전배상의 방법에 의하는 경우에 취소판결의 위법선언을 구하기 위해 소의 이익을 인정해야 한다는 견해가 유력하다.[155] 또한 일본 최고재판소도 공무원이 면직처분의 취소소송의 계속 중에 시의회의원 선거에 입후보하여 공무원직을 사직하여야 한다는 법률규정에도 불구하고 면직처분의 취소에 의해 급료청구권 등의 회복이익이 있는 경우에는 소의 이익이 소멸하지 않는다고 판시한 바 있다.[156] 협의의 소익(내지 권리보호필요)에 관한 판례는 공무원이 자신에 대한 파면처분

---

153) 김도창, 일반행정법론(상), 제4전정판, 785면; 박윤흔, 최신행정법강의(상), 938면. 985면; 정하중, "행정소송법 제12조 후단의 법률상 이익의 의미", 법률신문 제3688호, 2008. 10. 9, 14-15면. 공무원이 파면처분을 받고 이를 다투는 도중에 정년에 도달한 경우, 당해 처분의 취소를 통해 공무원의 신분회복은 불가능하나, 연금청구권을 얻을 수 있으므로 파면처분의 취소를 구할 법률상 이익이 인정된다는 주장도 유력하다(이상규, 행정쟁송법, 제5판, 364-365면).
154) 대법원 2009. 1. 30. 선고 2007두13487 판결.
155) 상세한 문헌은 南 博方·高橋 滋, 條解 行政事件訴訟法, 弘文堂, 第3版, 272면 참조.
156) 最大判昭和 四〇·四·二八民集一九卷三号七二一頁.

을 다투는 중에 정년에 도달한 경우에 파면처분의 취소에 의하여 더 이상 공무원의 지위가 회복될 수는 없지만, 그 동안의 급여청구와의 관계에 있어서는 "법률상 이익", 즉 협의의 소익이 인정된다고 보고 있다. 생각건대 행정소송법 제12조 후문의 해석에 있어서도 명예·신용 등 인격적 이익을 인정할 회복의 이익이 있으면 협의의 소익을 인정하는 것이 바람직하다.

(2) 무효등확인소송의 원고적격

무효등확인소송은 처분 등의 효력 유무나 존재 여부의 확인을 구할 법률상 이익이 있는 자가 제기할 수 있다(행정소송법 제35조). 여기서 무효등확인소송의 '법률상 이익'이 취소소송의 '법률상 이익'과 동일한 의미를 가지는지가 문제다.

다수설은 무효확인소송의 법률상 이익을 취소소송의 법률상 이익과 동일시하고 있으며, 무효확인소송의 보충성을 부인하고 있다(법적보호이익설).[157] 그러나 행정소송법 제35조를 원고적격이 아닌 협의의 소익(소의 이익)으로 이해하는 견해도 있다. 이 견해는 무효등확인소송의 '법률상 이익'을 '즉시확정의 이익'의 의미로 이해하고, 무효확인소송의 보충성을 주장하고 있다(즉시확정이익설).[158] 독일 행정법원법 제43조 제1항에서는 확인소송의 경우에 "즉시확정에 관한 정당한 이익(berechtigtes Interesse an der baldigen Feststellung)"을 가지는 자에 한하여 원고적격을 인정하고 있다. 즉시확정이익설은 독일의 행정법원법 제43조 제1항의 영향을 받은 것으로 보인다.

대법원은 종전에 즉시확정이익설에 따라 무효확인소송의 보충성을 인정하고 있었다.[159] 그러나 이러한 종전의 판례에 대하여 무효등확인소송을 행정소송법 제4조에서 규정한 바와 같이 항고소송으로 보고, 또 그 법적 성질을 형성소송적 성격이 포함된 확인소송으로 보는 준(準)항고소송설이 다수설이므로 법원이

157) 김도창, 일반행정법론(상), 826면; 이상규, 행정쟁송법, 368면.
158) 김남진, 전게서(Ⅰ), 748면 이하.
159) "행정처분에 대한 무효확인의 소에 있어서 확인의 이익은 그 대상인 법률관계에 관하여 당사자 사이에 분쟁이 있고, 그로 인하여 원고의 권리 또는 법률상의 지위에 불안 위험이 있어 판결로써 그 법률관계의 존부를 확정하는 것이 위 불안 위험을 제거하는 데 필요하고도 적절한 경우에 인정되는 것이므로, 과세처분과 압류 및 공매처분이 무효라 하더라도 직접 민사소송으로 체납처분에 의하여 충당된 세액에 대하여 부당이득으로 반환을 구하거나 공매처분에 의하여 제3자 앞으로 경료된 소유권이전등기에 대하여 말소를 구할 수 있는 경우에는 위 과세처분과 압류 및 공매처분에 대하여 소송으로 무효확인을 구하는 것은 분쟁해결에 직접적이고도 유효 적절한 방법이라 할 수 없어 소의 이익이 없다."(대법원 1998. 9. 22. 선고 98두4375 판결; 동지판례: 대법원 2001. 9. 18. 99두11752 판결)

행정소송법상의 명문규정에도 불구하고 그 규정형식을 달리하는 외국의 입법례(특히 일본)에 따라 판시한 것은 잘못이라는 비판이 제기되고 있었다.[160] 대법원은 전원합의체 판결에서 종전의 입장을 변경하여 무효확인소송의 보충성을 부인하고 있다.[161] 무효확인소송이 항고소송의 일종이며, 처분 등을 취소하는 확정판결의 기속력 및 행정청의 재처분 의무에 관한 행정소송법 제30조를 무효확인소송에도 준용하고 있고, 현행법에는 외국의 일부 입법례와 달리 무효확인소송의 보충성을 인정하는 명문 규정이 없는 점 등을 근거로 제시하고 있다.

한편, 일본 행정사건소송법 제36조는 "무효등확인의 소는 당해 처분 또는 재결에 따르는 처분에 의하여 손해를 받을 우려가 있는 자, 기타 당해 처분 또는 재결의 무효 등의 확인을 구함에 있어서 법률상 이익이 있는 자로서, 당해 처분 또는 재결의 존부 또는 효력의 유무를 전제로 하는 현재의 법률관계에 관한 소송으로서 목적을 달성할 수 없는 경우에 한하여 제기할 수 있다"고 규정하고 있다. 즉 무효등확인소송의 보충성을 명시하고 있다.

독일 행정법원법 제43조 제1항은 확인소송에 있어서 "즉시확정의 이익이 있는 자"에 한하여 원고적격을 인정하고 있다. 또한 동조 제2항에서는 "원고가 자신의 권리를 형성의 소나 이행의 소를 통해 권리구제를 할 수 있는 한, 확인은 주장될 수 없다"고 하여, 확인소송의 보충성을 인정하고 있다. 그러나 같은 조항의 후문(後文)에 무효확인소송에 있어서 이러한 보충성의 예외조항을 두고 있다.

무효확인소송의 원고적격 내지 (협의의) 소익을 어떻게 규정할 것인지는 입법정책의 문제이다.[162] 행정소송법 제4조에서는 무효확인소송을 항고소송의 일종으

---

160) 이상규, 행정쟁송법, 368-369면.

161) "행정소송은 행정청의 위법한 처분등을 취소 변경하거나 그 효력 유무 또는 존재 여부를 확인함으로써 국민의 권리 또는 이익의 침해를 구제하고, 공법상의 권리관계 또는 법적용에 관한 다툼을 적정하게 해결함을 목적으로 하는 것이므로, 대등한 주체 사이의 사법상 생활관계에 관한 분쟁을 심판대상으로 하는 민사소송과는 그 목적, 취지 및 기능을 달리한다. 또한 행정소송법 제4조에서는 무효확인소송을 항고소송의 일종으로 규정하고 있고, 행정소송법 제38조 제1항에서는 처분등을 취소하는 확정판결의 기속력 및 행정청의 재처분의무에 관한 행정소송법 제30조를 무효확인소송에도 준용하고 있으므로 무효확인판결 자체만으로도 실효성을 확보할 수 있다. 그리고 무효확인소송의 보충성을 규정하고 있는 외국의 일부 입법례와는 달리 우리나라 행정소송법에는 명문의 규정이 없어 이로 인한 명시적 제한이 존재하지 않는다. 이와 같은 사정을 비롯하여 행정에 대한 사법통제, 권익구제의 확대와 같은 행정소송의 기능 등을 종합하여 보면, 행정처분의 근거법률에 의하여 보호되는 직접적이고 구체적인 이익이 있는 경우에는 행정소송법 제35조에 규정된 '무효확인을 구할 법률상 이익'이 있다고 보아야 하고, 이와 별도로 무효확인소송의 보충성이 요구되는 것은 아니므로 행정처분의 무효를 전제로 한 이행소송 등과 같은 직접적인 구제수단이 있는지 여부를 따질 필요가 없다고 해석함이 상당하다."(대법원 2008. 3. 20. 선고 2007두6342 전원합의체 판결)

로 규정하고 있다. 그 법적 성질도 단순히 확인소송의 성격만이 아니라 형성소송의 성격이 추가된 것이다. 또한 행정소송법은 외국의 일부 입법례와 달리 무효확인소송의 보충성을 명문으로 인정하고 있지 않다. 따라서 무효확인소송의 원고적격을 취소소송과 같이 '법적보호이익'으로 보아 개인의 권리구제를 확대하는 것이 바람직하다.

(3) 부작위위법확인소송의 원고적격

부작위위법확인소송의 원고적격은 부작위의 위법확인을 구할 법률상 이익이 있는 자를 의미한다. 판례는 부작위가 인정되기 위해서는 대체로 처분에 대한 법률상 또는 조리상의 신청권이 있어야 한다고 보고 있다. 그러나 이러한 요건은 지나치게 엄격한 편이다. 대법원은 국회의원이 대통령 및 외교통상부장관의 특임공관장에 대한 인사권 행사 등과 관련하여 그 임명과정이나 지위 변경 등을 요구할 수 있는지가 문제된 사건에서, 관계 법령의 규정에 따르면 국회의원은 이에 대해 법규상 또는 조리상 신청권을 갖고 있지 않다고 판시하고 있다.[163)]

2. 당사자소송의 원고적격

당사자소송은 처분 등을 원인으로 하는 법률관계 그 밖에 공법상의 법률관계에 관한 소송으로서 대등한 당사자 사이의 소송이다. 따라서 당사자소송에서는 원고적격에 관하여 항고소송에서와 같은 제한이 없으며, 일반 민사소송의 당사자적격에 관한 규정이 적용된다.

---

162) 이상규, 행정쟁송법, 368면.

163) "행정소송법 제4조 제3호가 정하는 부작위위법확인의 소는 행정청이 당사자의 법규상 또는 조리상의 권리에 기한 신청에 대하여 상당한 기간 내에 신청을 인용하는 적극적 처분 또는 각하하거나 기각하는 등의 소극적 처분을 하여야 할 법률상 응답의무가 있음에도 불구하고 이를 하지 아니하는 경우 그 부작위가 위법하다는 것을 확인함으로써 행정청의 응답을 신속하게 하여 부작위 또는 무응답이라고 하는 소극적 위법상태를 제거하는 것을 목적으로 하는 제도이고, 이러한 소송은 처분의 신청을 한 자로서 부작위가 위법하다는 확인을 구할 법률상의 이익이 있는 자만이 제기 할 수 있는 것이므로, 당사자가 행정청에 대하여 어떠한 행정처분을 하여 줄 것을 요청할 수 있는 법규상 또는 조리상의 권리를 갖고 있지 아니하거나 부작위의 위법확인을 구할 법률상의 이익이 없는 경우에는 항고소송의 대상이 되는 위법한 부작위가 있다고 볼 수 없거나 원고적격이 없어 그 부작위위법확인의 소는 부적법하다."(대법원 2000. 2. 25. 선고 99두11455 판결)

3. 민중소송의 원고적격

민중소송은 법규의 정당한 적용을 확보하는 객관소송이므로, 그 원고적격에 권리보호의 이익을 요구하지 아니한다. 따라서 민중소송의 원고적격에 관해서는 개별법에 특별한 규정을 두는 것이 원칙이다.

4. 기관소송의 원고적격

기관소송의 원고적격은 기관소송을 인정하는 법률에서 규정하는 것이 원칙이다. 일반적으로 국가 또는 공공단체의 기관이 기관소송의 원고적격을 가지나 기관소송 법정주의에 의해 기관소송의 허용은 매우 제한적이다.

Ⅲ. 피 고

1. 항고소송의 피고적격

취소소송의 피고는 해당 처분 등을 한 행정청이다(행정소송법 제13조 제1항). 처분·재결의 효과가 귀속되는 권리주체인 국가나 공공단체가 피고적격을 가지는 것이 원칙이나, 행정소송법은 소송수행의 편의를 위하여 해당 처분청에 피고적격을 인정하고 있다. 여기서 말하는 '처분 등을 한 행정청'이란 행정소송의 대상인 처분 등을 자신의 명의로 실제 행한 행정청을 말한다. 다만, 공무원에 대한 징계·면직 기타 본인의 의사에 반하는 불이익처분에 있어 그 처분청이 대통령인 때에는 소속장관을 피고로 하여야 한다(국가공무원법 제16조). 처분 등이 행해진 후에(보통 법령의 개폐에 따라) 그 처분 등을 할 수 있는 권한이 다른 행정청에 이관된 경우에는 새로이 권한을 양수한 행정청이 피고적격을 가진다(행정소송법 제13조 제1항 단서). 처분이나 재결을 행한 행정청이 없어진 때에는 그 처분·재결에 관한 사무가 귀속되는 국가 또는 공공단체가 피고가 된다(동조 제2항). 소송의 계속 중에 권한이 이관된 때에는 권한을 양수한 행정청으로 피고를 경정함으로써 소송을 승계한다(행정소송법 제14조 제6항). 한편, 무효등확인소송 및 부작위위법확인소송의 피고적격에 관해서는 위에서 본 바와 같이 취소소송의 피고적격에 관한 규정을 준용하도록 하고 있다(행정소송법 제38조). 따라서 해당 처분 등이나 부작위를 한 행정청이 피고가 된다.

2. 당사자소송의 피고적격

당사자소송은 처분 등을 원인으로 하는 법률관계 그 밖에 공법상의 법률관계에 관한 소송이므로, 그 피고는 국가 또는 공공단체 그 밖의 권리주체가 된다(행정소송법 제39조). 국가가 피고가 되는 때에는 법무부장관이 국가를 대표한다(국가를 당사자로 하는 소송에 관한 법률 제2조). 또한 지방자치단체가 피고가 되는 때에는 해당 지방자치단체의 장이 대표한다(지방자치법 제114조 참조).

3. 민중소송 및 기관소송의 피고적격

민중소송 및 기관소송의 피고는 해당 법률이 정하는 바에 따른다. 공직선거법상 대통령선거 및 국회의원 선거에 관한 소송의 피고는 해당 선거구선거관리위원회의 위원장으로 한다(공직선거법 제222조 제1항). 또한 국민투표 무효소송은 중앙선거관리위원회의 위원장을 피고로 한다(국민투표법 제92조).

4. 피고경정

(1) 피고경정의 제도적 의의

피고경정(被告更正)이란 소송의 계속 중에 피고로 지정된 자를 다른 자로 변경하거나 추가하는 것을 말한다(행정소송법 제14조). 행정조직이나 행정법규는 복잡하고 수시로 변경되기 때문에 외부에서 소관 행정청을 정확히 파악하기 어렵다. 그러한 이유에서 항고소송의 피고를 잘못 지정하는 경우가 발생할 수 있다. 이 경우 법원이 그 소를 부적법한 것으로 보아 각하하면, 원고는 제소기간의 경과 등의 사유로 더 이상 권리구제를 받을 수 없게 된다. 따라서 피고경정은 피고의 지정을 잘못함으로써 원고의 예견하기 어려운 손해를 방지하기 위한 제도이다. 그러나 피고경정은 소의 변경과 구별하여야 한다. 소의 동일성은 법원·당사자 및 청구의 3요소를 그 내용으로 한다. 소의 변경은 청구의 취지나 원인, 또는 그 양자를 변경함으로써 청구를 변경하는 것을 말한다.

(2) 피고경정의 허용요건

a) 피고를 잘못 지정한 경우

피고를 잘못 지정한 경우에 원고는 피고경정을 할 수 있다(행정소송법 제14조

제1항). 행정소송법 제14조 제1항에 규정된 '피고를 잘못 지정한 경우'라 함은 해당 항고소송의 피고로 지정된 자가 행정소송법 제13조나 다른 법률의 특별한 규정에 의해 정당한 피고적격을 가지지 아니한 자라는 것이 객관적으로 인정되는 경우를 말한다. 이는 항고소송을 제기할 때를 기준으로 판단한다.

b) 행정청의 권한변경이 있을 때

취소소송의 제기 후에 처분 등에 관한 행정청의 권한변경 또는 행정조직의 변경이 있으면 새로이 그 처분에 관한 권한을 승계한 행정청이 피고가 된다(행정소송법 제13조 제1항 단서). 그러나 행정청의 권한변경이나 행정조직의 변경에 의하여 행정청 자체가 없게 된 때에는 그 사무가 귀속되는 국가 또는 공공단체를 피고로 한다(동조 제2항).

c) 소의 변경이 있을 때

소의 변경과 당사자의 변경을 내용으로 하는 피고의 경정은 서로 구별되지만, 소송의 실제에 있어 소의 변경으로 피고의 경정이 필요한 경우가 발생할 수 있다. 취소소송을 제기한 후 당사자소송으로 소를 변경하는 경우에는 피고를 행정청에서 그 사무가 귀속하는 국가나 공공단체로 경정하여야 한다. 행정소송법은 소의 변경에 따르는 피고의 경정을 간접적으로 인정하고 있다(행정소송법 제21조 제2항 및 제4항 참조).

(3) 피고경정의 절차

a) 원고의 신청

피고경정절차는 원고의 신청에 의해 진행된다(행정소송법 제14조 제1항, 제21조 제1항). 다만, 소의 제기 후에 행정청의 권한변경 또는 행정조직의 변경으로 인하여 피고경정을 하여야 하게 된 때에는 원고의 신청이 없더라도 법원의 직권으로 피고를 경정할 수 있다(동법 제14조 제6항). 피고경정은 사실심의 단계에서만 허용되는 것으로 보아야 한다. 따라서 행정소송에서 항소심의 사실심 변론종결시까지 피고경정신청이 가능하다.[164)]

b) 심리

피고경정은 법원의 결정에 의하므로 법원은 피고경정의 요건에 해당하는지를 조사하여야 한다. 다만, 변론을 할지는 법원의 재량사항이다(민사소송법 제134조

---

164) 대법원 1996. 1. 23. 선고 95누1378 판결.

제1항 단서 참조). 한편, 원고가 피고를 잘못 지정한 경우에는 법원이 석명권 행사를 통해 원고로 하여금 피고를 경정하여 소송을 진행하여야 한다. 법원이 이러한 조치를 취하지 아니한 채 피고의 지정이 잘못되었다는 이유로 소를 각하하는 것은 위법하다.[165)]

c) 결정

법원은 심리의 결과로 피고경정의 요건이 충족되었다고 판단되면 결정의 형식으로 피고경정을 허가하거나 직권으로 피고를 경정할 수 있다(행정소송법 제14조 제1항 및 제6항). 원고가 소송을 지연시킬 목적으로 피고를 잘못 지정한 경우에는 해석상 피고경정을 허가하지 아니할 수 있다.

d) 불복

피고지정을 잘못한 원고의 피고경정신청을 각하하는 결정이나 소의 변경에 따른 피고경정 허가결정에 대하여는 즉시항고를 할 수 있다(행정소송법 제14조 제3항, 제21조 제3항). 한편, 대법원은 피고경정허가결정에 대해 종전의 피고는 항고제기의 방법으로 불복신청을 할 수 없고, 행정소송법 제8조 제2항에 의하여 준용되는 민사소송법 제449조 소정의 '특별항고'가 허용된다고 보고 있다.[166)]

(4) 피고경정의 효과

a) 신소(新訴) 제기의 효과

피고경정이 되면 새로운 피고에 대한 신소 제기의 효과가 발생한다. 다만, 해당 소의 제기시점은 당초에 소를 제기한 때에 제기된 것으로 의제된다(행정소송법 제14조 제4항). 만약 피고경정에 의해 해당 법원이 신소에 대한 토지관할권이 없게 되면 관할법원으로의 이송절차를 밟아야 한다(행정소송법 제7조).

b) 구소(舊訴) 취하의 효과

피고경정을 허가하는 결정이 있으면 종전의 피고에 대한 소송은 취하한 것으로 간주된다(행정소송법 제14조 제5항). 민사소송법에서는 피고가 본안에 대하여 준비서면을 제출하거나 준비절차에서 진술이나 변론을 한 후에 피고의 동의가 없으면 원고는 일방적으로 소를 취하할 수 없다(민사소송법 제239조 제2항). 이는 피고가 이미 원고의 청구를 적극적으로 다투기 위해 소송의 준비를 진행

165) 대법원 2004. 7. 8. 선고 2002두7852 판결.
166) 대법원 2006. 2. 23. 자 2005부4 결정.

한 것이므로 원고의 일방적 의사로 소의 취하를 인정하는 것은 공평의 이념에 반할 수 있기 때문이다.

c) 종전의 소송자료 등의 효력

피고가 경정된 경우에 경정 전의 소송자료는 경정 후의 소송에서 어떠한 효력을 가지는지가 문제다. 구소의 소송자료가 당연히 신소에 승계되는 것은 아니지만, 당사자의 원용이 있으면 소송자료가 승계된다고 보아야 한다.

Ⅳ. 행정소송의 참가인

1. 소송참가의 의의

소송의 계속 중에 소송 외의 제3자가 타인과의 소송결과에 따라 자신의 법률상 이익에 영향을 미치게 될 경우에 자신의 이익을 위하여 그 소송절차에 참여하는 것을 '소송참가'라 한다. 이러한 소송참가는 이해관계 있는 제3자의 권리구제를 위한 제도이다. 제3자가 소송에 참가하는 형태에는 ① 제3자가 당사자 일방을 승소시키기 위하여 그를 보조하려고 참가하는 보조참가(민사소송법 제71조), ② 제3자가 당사자 일방의 공동소송인으로서 참가하는 공동소송참가(동법 제83조), ③ 제3자가 계속 중인 소송당사자 쌍방에 대하여 독립한 당사자로서 참가하는 독립당사자참가(동법 제79조) 및 ④ 필요적 공동소송인의 지위가 인정되는 공동소송적 보조참가(동법 제78조)가 있다. 행정소송법은 소송참가와 관련하여 제3자의 소송참가와 행정청의 소송참가를 규정하고 있다. 이하에서는 이를 구분하여 설명하기로 한다.

2. 소송참가의 형태

(1) 제3자의 소송참가

a) 의의

소송의 결과에 이해관계 있는 제3자는 신청이나 직권에 의한 결정으로 해당 소송에 참가할 수 있다(행정소송법 제16조 제1항). 이는 다수인에 대한 행정처분 또는 복효적 행정행위(특히 제3자효 행정행위)에 있어서 소송당사자 이외의 제3자의 권리구제를 위한 것이다. 민사소송법의 보조참가(제71조)만으로 불충분하므로, 행정소송법은 실질적 당사자로서의 지위에 있는 제3자에 대하여 필요적 공동소송에서 공동소송인에 준하는 지위를 인정하고 있다(행정소송법 제16조 제4항). 예컨대 연탄공장의 설치허가 또는 주유소설치허가에 대하여 인근주민 또는 기존업자가 그 위법을 이유로 취소소송을 제기하는 경우에 해당 허가를 받은 연탄공장의 공장주나 주유소의 운영주가 소송참가를 하는 것이 여기에 해당한다.

b) **요건**

제3자의 소송참가가 인정되기 위해서는 아래와 같은 요건이 충족되어야 한다.

첫째, 타인 간의 항고소송이 계속되고 있어야 한다. 즉 제3자의 소송참가가 인정되기 위해서는 타인 사이에 적법한 항고소송이 제기되어 계속되어 있어야 한다.

둘째, 소송의 결과에 따라 권익침해를 받을 제3자가 있어야 한다. 행정소송법은 제3자의 소송참가의 이유로서 "소송의 결과에 따라 권리 또는 이익을 침해받을 제3자"일 것을 규정하고 있다. 여기에서 제3자란 소송당사자 이외의 자를 말하며, 국가 · 공공단체가 포함될 수 있다. 그러나 행정청은 그 자체로서 당사자능력이 없으므로 여기에 해당되지 아니한다. 또한 '권리' 또는 '이익'을 요건으로 하므로, 단순한 사실상의 이익은 제외된다. '소송의 결과'에 따라 권익을 침해받는다는 것은 판결의 주문에서 소송물에 관한 판단에 의해 권리나 이익이 박탈되거나, 취소판결의 기속력에 의한 행정청의 재처분(인허가취소)으로 권리나 이익이 침해되는 경우를 말한다.

c) **절차**

제3자의 소송참가는 그 제도적 취지에 비추어 직권소송참가가 원칙이지만, 그 성질상 참가제도를 이용할 수 있는 기회를 확대하기 위하여 당사자 및 제3자의 신청을 인정하고 있다(행정소송법 제16조 제1항). 당사자 또는 제3자의 참가신청의 방식에 대하여 행정소송법에 특별한 규정이 없으므로 민사소송법 제72조가 준용된다(행정소송법 제8조 제2항). 당사자나 제3자는 서면 또는 구술로 참가의 취지와 이유를 명시하여 소송이 계속된 법원에 신청하여야 한다(민사소송법 제72조 제1항).

당사자 또는 제3자로부터 참가신청이 있는 때에 행정법원은 결정으로 참가의 허가 여부에 대해 재판을 하며, 제3자를 소송에 참가시킬 필요가 있다고 인정할 때에는 결정으로써 직권으로 참가를 명한다. 행정법원은 제3자의 참가를 허가하거나 명령하는 결정을 하고자 하는 때에는 미리 소송당사자 및 제3자의 의견을 들어야 한다(행정소송법 제16조 제2항). 참가신청을 한 제3자는 그 신청을 각하하는 결정에 대하여 즉시항고를 할 수 있다(동조 제3항).

d) 참가인의 지위

행정소송법은 소송에 참가한 제3자에 대하여 민사소송법 제67조의 규정을 준용하도록 하고 있다(행정소송법 제16조 제4항). 참가인은 피참가인과의 사이에 필요적 공동소송의 공동소송인에 준하는 지위에 있지만, 당사자에 대하여 독자적인 청구를 하는 것은 아니다. 따라서 그 성질은 '공동소송적(共同訴訟的) 보조참가'와 유사한 것이다(다수설). 공동소송적 보조참가란 단순한 법률상의 이해관계가 아니라 재판의 효력을 받는 제3자(참가인)가 보조참가를 하는 경우이다(민사소송법 제78조 참조).[167)]

(2) 행정청의 소송참가

a) 의의

법원은 항고소송에 있어서 소송당사자인 행정청 이외의 다른 행정청을 당사자 또는 해당 행정청의 신청 또는 직권에 의하여 소송에 참가시킬 수 있다(행정소송법 제17조 제1항). 공익(공공복리)과 밀접한 관계가 있는 항고소송의 적정한 심리·재판을 위해 소송자료를 풍부하게 하고, 관계행정청이 직접 소송에 참여하여 공격·방어방법을 제출할 수 있도록 하기 위해 행정청의 소송참가제도를 두고 있다.

b) 요건

행정청의 소송참가가 인정되기 위해서는 다음과 같은 요건을 충족하여야 한다. 첫째, 타인 간의 항고소송이 계속 중이어야 한다. 행정청의 소송참가로 제3자의 소송참가와 마찬가지로 타인 사이의 항고소송이 계속되고 있어야 한다. 둘째, 참가하는 행정청은 당사자인 피고 행정청(처분청)과 다른 행정청이어야 한다. 그러나 참가하는 '다른 행정청'은 소송당사자인 피고 행정청(처분청) 이외의 행정청 모두가 여기에 해당하는 것은 아니고, 다투어지는 처분이나 재결에 대해 이해관계가 있는 행정청이어야 한다. 셋째, 다른 행정청의 소송참가 필요성이 있어야 한다. 다른 행정청의 소송참가를 무제한적으로 허용하는 것은 소송의 지

---

167) 이시윤, 신민사소송법, 제12판, 797면.

연을 초래할 수 있다. 행정청의 소송참가는 법원이 참가시킬 필요가 있다고 인정되는 때에 허용될 수 있다. 그 참가필요성에 대한 판단은 행정법원의 재량으로 결정될 사항이다.

c) 참가의 절차

행정청의 소송참가는 당사자 또는 참가를 희망하는 해당 행정청의 신청이나 법원의 직권에 의하여 결정으로 하는 것이지만, 그 결정을 하고자 할 때에는 미리 당사자 및 해당 행정청의 의견을 들어야 한다(행정소송법 제17조 제2항). 행정청의 참가는 성질상 피고인 행정청 측에만 인정될 수 있고, 원고측에 대한 참가는 허용될 수 없다. 이러한 제도는 행정의 통일성 및 행정조직의 체계성을 확보하기 위해 인정되기 때문이다. 행정소송법은 제3자의 소송참가와 달리 행정청의 소송참가에 관한 법원의 결정에 대하여 불복절차에 관한 규정을 두고 있지 않다. 따라서 법원의 결정에 대한 행정청의 불복절차는 인정되지 않는 것으로 해석된다.

d) 참가인의 지위

행정청을 소송에 참가시키는 법원의 결정이 있으면 그 참가하는 행정청에 대하여 민사소송법 제76조를 준용하여 소송수행에 있어서 보조참가인에 준하는 지위를 인정하고 있다(행정소송법 제17조 제3항).

(3) 민사소송법에 의한 소송참가

행정소송법 제8조 제2항에서는 행정소송에 관하여 이 법에 특별한 규정이 없는 사항에 대하여는 법원조직법과 민사소송법의 규정을 준용하고 있다. 따라서 행정소송법에 민사소송법의 규정을 배제하는 특별한 규정이 없는 경우에는 행정소송의 특수성에 어긋나지 아니하는 범위 내에서 민사소송법의 규정을 준용할 수 있다.[168] 따라서 민사소송법에 의한 소송참가를 고려할 수 있다. 여기에는 보조참가, 독립당사자참가 및 공동소송참가가 있다.

보조참가는 소송의 계속 중에 소송의 결과에 관하여 이해관계 있는 제3자가 당사자 일방의 승소를 보조하기 위하여 그 소송에 참가하는 것을 말한다(민사소송법 제71조). 보조참가를 하는 제3자를 '보조참가인'이라 한다. 대법원은 구 행정소송법 아래에서도 민사소송법에 의한 보조참가를 인정하였다.[169] 독립당사자

---

168) 이상규, 행정쟁송법, 386면.

참가는 타인 간의 소송의 계속 중에 원·피고 쌍방을 상대방으로 하여 원·피고간의 청구와 관련된 자신의 청구에 대하여 동시에 심판을 구하기 위하여 그 소송절차에 참가하는 것을 말한다. 그러나 이러한 독립당사자참가는 항고소송의 당사자적격, 제소요건 및 항고소송의 취지 등에 비추어 행정소송과는 친숙하지 아니 한다. 따라서 이를 부정하는 것이 타당하다. 대법원도 구 행정소송법 하에서 항고소송에서의 독립당사자참가를 부정하는 판결을 내린 바 있다.170) 다만, 당사자소송에 있어서는 독립당사자참가가 가능한 것으로 볼 수 있다.

공동소송참가라 함은 소송의 목적이 당사자의 일방과 제3자에 대하여 합일적으로 확정될 경우에 그 제3자가 계속 중인 소송에 공동소송인으로서 참가하는 경우를 말한다. 행정소송법 제16조에서는 소송참가를 규정하고 있지만, 참가인은 공동소송인에 준하는 지위를 가진다고 이해된다. 그러한 경우에도 별도로 민사소송법에 의한 공동소송참가를 인정할 수 있는지가 문제 된다. 현행 행정소송법 제16조에 의하면, 참가인은 공동소송인과 같은 소송상의 지위를 취득한다고 하더라도 자신의 청구를 별도로 가지는 것은 아니다. 또한 소송에 참가한 제3자는 공동소송적 보조참가인에 불과하므로 민사소송법 제67조에 의한 공동소송참가를 인정할 필요가 있다. 이 경우 공동소송참가인은 별소를 제기하는 것에 갈음하여 참가하는 것이므로 참가인 자신도 당사자적격을 갖추어야 하며, 취소소송에 참가하는 경우에는 제소기간의 준수와 같은 소송요건을 충족하여야 한다.171) 하급심에서 이를 인정한 사례가 있다.172) 행정처분의 상대방이 아닌 제3자의 공동소송참가 신청이 인정되기 위해서는 피참가인(상대방)과 처분청 사이의 소송목적이 그 제3자와의 사이에서도 합일적으로 확정될 법률관계인 경우이어야 한다.173)

---

169) 대법원 1956. 2. 14. 선고 4288행상56 판결.

170) "민사소송법에 대한 특례법인 행정소송법에 있어서는 동법 제3조에 처분을 행한 행정청을 상대로 하여 제기하라고 규정되어 있으므로 행정청이나 그 소속기관 이외의 자를 피고로 할 수 없다. 그러므로 이 사건에서와 같이 행정청 아닌 원고를 피고로 하여 독립당사자참가를 하는 것은 허용되지 아니한다."(대법원 1970. 8. 31. 선고 70누70, 71 판결).

171) 이상규, 행정쟁송법, 388-389면.

172) "행정소송의 경우에도 행정소송법에 특별한 규정이 없는 사항에 대하여는 민사소송법의 규정이 준용되므로 민사소송법상의 공동소송참가를 부정할 아무런 이유가 없으나, 제3자가 타인간에 계속된 소송에 공동소송인으로 참가하려면 소송의 목적이 당사자의 일방과 그 참가인에 대하여 합일적으로만 확정될 경우에 해당하여야 하고, 이 경우 공동소송참가인은 별소를 제기하는 것에 갈음하여 계속중인 소송에 공동소송인으로 참가하는 것이므로 참가인 자신도 당사자적격을 갖추고, 제소기간을 준수하며, 전심절차를 거치는 등 소의 적법요건을 갖추어야 한다." (서울고등법원 1998. 9. 24. 선고 97구12015 판결)

Ⅴ. 행정소송의 대리인

행정소송법에는 특별한 규정이 없으므로 민사소송법의 소송대리인에 관한 규정이 준용된다(행정소송법 제8조 제2항). 민사소송법 제87조에 따르면, 법률에 따라 재판상 행위를 할 수 있는 대리인 외에는 변호사가 아니면 소송대리인이 될 수 없다(변호사대리의 원칙). 그러나 법률에 따라 재판상의 행위를 할 수 있는 법률상 소송대리인도 있다. 즉 국가를 당사자로 하는 소송은 '국가를 당사자로 하는 소송에 관한 법률'(이하 "국가소송법"이라 한다)에 따른다. 국가를 당사자 또는 참가인으로 하는 소송(국가소송)에서는 법무부장관이 국가를 대표한다(국가소송법 제2조). 법무부장관은 법무부의 직원, 각급 검찰청의 검사 또는 '공익법무관에 관한 법률'에서 정한 공익법무관을 지정하여 국가소송을 수행하게 할 수 있다(국가소송법 제3조 제1항). 또한 법무부장관은 행정청의 소관사무나 감독사무에 관한 국가소송에서 필요하다고 인정하면 해당 행정청의 장의 의견을 들은 후 행정청의 직원을 지정하여 그 소송을 수행하게 할 수 있고, 이러한 지정을 받은 사람은 해당 소송에 관하여 법무부장관의 지휘를 받아야 한다(동조 제2항 및 제3항). 법무부장관도 변호사를 소송대리인으로 선임(選任)하여 국가소송을 수행하게 할 수 있다(동조 제4항). 한편, 행정청의 장은 그 행정청의 직원 또는 상급 행정청의 직원(이 경우에는 미리 해당 상급 행정청의 장의 승인을 받아야 한다)을 지정하여 행정소송을 수행하게 할 수 있으며, 변호사를 소송대리인으로 선임하여 행정소송을 수행하게 할 수도 있다(국가소송법 제5조 제1항 및 제2항).

제6절 행정소송의 제기

Ⅰ. 행정소송의 제기요건

행정소송은 정당한 자격(당사자능력, 당사자적격)을 가지는 자가 피고를 상대로 행정소송사항에 관하여 소정의 기간 안에 일정한 절차와 형식에 따라 제기하여

173) 대구고등법원 1985. 5. 29. 선고 83구252 판결.

야 적법하다. 그러나 원고가 고의나 중대한 과실 없이 행정소송으로 제기하여야 할 사건을 실수로 민사소송으로 제기한 경우, 해당 수소법원(受訴法院)은 곧바로 부적법 각하를 할 것이 아니라 관할 법원에 이송하도록 하는 것이 바람직하다. 민사소송법 제34조 제1항은 법원이 소송의 전부 또는 일부에 대하여 관할권이 없다고 인정하는 경우에 결정으로 이를 관할 법원에 이송한다고 규정하고 있다. 해당 법원에 관할권이 있는 경우에는 행정소송으로 심리·판단하고, 법원에 그 사건에 대한 관할권이 없는 경우에는 관할법원에 이송하는 것이 원칙이다.[174] 특히 행정소송법 제7조에는 원고의 고의 또는 중대한 과실 없이 행정소송이 심급을 달리하는 법원에 잘못 제기된 경우에도 민사소송법 제34조 제1항의 규정을 준용하도록 하고 있다.

1. 당사자

당사자에 관한 내용은 이미 앞에서 소개하였으므로 여기에서는 설명을 생략하기로 한다. 행정소송을 제기하면서 이러한 원고적격이나 피고적격을 흠결한 경우에는 해당 소는 부적법하다. 제3자가 취소소송이나 무효등확인소송을 제기하는 경우도 동일하다.

2. 행정소송사항

행정소송은 행정소송사항을 대상으로 하며, 항고소송은 취소·변경, 무효 등이나 부작위 위법의 확인을 구하기 위하여 제기된다. 여기에서 행정소송사항은 행정청의 위법한 처분이나 재결, 또는 부작위이다.

3. 제소기간

(1) 원칙

제소기간이 문제가 되는 것은 취소소송이다. 취소소송은 처분 등이 있음을 안 날로부터 90일 이내에 제기하되, 처분이 있음을 알지 못하였다고 하더라도 처분이 있은 날로부터 1년 이내에 제기하여야 한다(행정소송법 제20조 제1항 본문, 제2항). 다만, 다른 법률에 해당 처분에 대한 행정심판의 재결을 거치지 아

---

174) 대법원 1997. 5. 30. 선고 95다28960 판결.

니하면 취소소송을 제기할 수 없다는 규정이 있는 경우와 그 밖에 행정심판청구를 할 수 있는 경우, 또는 행정청이 행정심판청구를 할 수 있다고 잘못 알린 경우에 행정심판청구가 있은 때의 기간은 재결서의 정본을 송달받은 날부터 기산한다(행정소송법 제20조 제1항 단서).

한편, 헌법재판소의 위헌결정으로 인하여 비로소 취소소송을 제기할 수 있게 된 경우에 제소기간의 기간산정이 문제다. 이와 관련하여 대법원은 객관적으로는 '위헌결정이 있은 날', 주관적으로는 '위헌결정이 있음을 안 날'에 비로소 취소소송을 제기할 수 있게 되므로 이 때를 제소기간의 기산점으로 삼아야 된다고 보고 있다.[175)]

(2) 예외

제소기간의 예외는 피고경정과 소 종류의 변경에서 인정된다. 첫째, 피고를 잘못 지정한 소송에 대해서는 피고경정을 할 수 있다. 이 경우 새로운 피고에 대한 소는 처음에 소를 제기한 때에 제기된 것으로 본다(행정소송법 제14조 제4항).

둘째, 소 종류의 변경에 있어서도 제소기간의 예외가 인정된다. 소의 종류가 변경된 경우에 변경 전의 소제기 당시를 기준으로 제소기간 준수여부를 판단할 수 있는지가 문제 된다. 예컨대 무효확인소송이나 부작위위법확인소송을 제기한 후 취소소송으로 변경하거나 당사자소송을 취소소송으로 변경하는 경우, 또는 항고소송을 당사자소송으로 변경하는 경우가 그러하다. 이러한 모든 경우에 변경 전의 소제기 당시를 기준으로 제소기간 준수 여부를 판단해야 한다고 보는 견해가 유력하다(행정소송법 제37조, 제42조, 제21조 제4항, 제14조 제4항 참조).[176)] 그러나 제소기간과 관련하여 준용되는 행정소송법 제14조 제4항은 '피고경정'의 경우에 새로운 피고에 대한 소송에 적용되는 규정이다. 당사자소송을 취소소송으로 변경하는 경우에는 피고의 변경이 생기기 때문에 큰 문제가 없다. 그러나 무효확인소송을 취소소송으로 변경하는 경우에는 피고의 변경이 없다. 이러한 경우에는 제소기간의 규정을 형해화할 수 있다. 한편, 실무상 무효와 취소의 구별은 쉽지 않다. 그러한 점에서 대법원은 동일한 행정처분에 대하여 무효확인의 소를 제기한 후 그 처분의 취소를 구하는 소를 추가적으로 병합한 경우에 주된 청구인 무효확인의 소가 적법한 제소기간 내에 제기되었다면 추가로 병합된 취

175) 대법원 2008. 2. 1. 선고 2007두20997 판결.
176) 임승순, 주석 행정소송법(편집대표 김철용/최광률), 612면.

소청구의 소도 적법하게 제기된 것으로 보고 있다.[177]

부작위위법확인의 소는 부작위상태가 계속되는 한 그 위법의 확인을 구할 이익이 있다고 보아야 하므로 원칙적으로 제소기간의 제한을 받지 않는다. 그러나 행정소송법 제38조 제2항이 제소기간을 규정한 같은 법 제20조를 부작위위법확인소송에 준용하고 있는 점에 비추어 보면, 행정심판 등 전심절차를 거친 경우에는 행정소송법 제20조가 정한 제소기간 내에 부작위위법확인의 소를 제기하여야 한다. 부작위위법확인소송을 제기한 후 소극적 처분이 있다고 보아 거부처분취소소송으로 소를 교환적으로 변경하고 여기에 부작위위법확인의 소를 추가적으로 병합한 경우, 즉 교환적 또는 추가적으로 변경된 소가 제소기간을 도과하여도 적법한지가 문제되었다. 이 경우에 대법원은 "최초의 부작위위법확인의 소가 적법한 제소기간 내에 제기된 이상 그 후 처분취소소송으로의 교환적 변경과 처분취소소송에의 추가적 변경 등의 과정을 거쳤다고 하더라도 여전히 제소기간을 준수한 것으로 봄이 상당하다"고 보고 있다.[178]

취소소송을 제기한 당사자가 행정소송법 제10조 제2항에 따라 국가 또는 공공단체에 대한 당사자소송을 관련 청구로서 병합하였으나 해당 취소소송이 부적법한 경우, 대법원은 이를 소변경 청구로 보아 청구의 기초에 변경이 없는 한 이를 허가할 수 있다고 보고 있다. 즉 "취소소송을 제기하였다가 나중에 당사자소송으로 변경하는 경우에는 행정소송법 제21조 제4항, 제14조 제4항에 따라 처음부터 당사자소송을 제기한 것으로 보아야 하므로 당초의 취소소송이 적법한 기간 내에 제기된 경우에는 당사자소송의 제소기간을 준수한 것으로 보아야 할 것이다"라고 판시하고 있다.[179]

4. 제소절차

취소소송의 제기에는 원칙적으로 행정심판전치주의가 적용되지 아니한다. 다른 법률의 특별한 규정이 있는 경우에만 예외적으로 취소소송의 전심절차로서 행정심판이 필요하다. 따라서 취소소송은 일반적으로 특별한 절차를 별도로 거칠 필요 없이 제소기간 안에 소장을 제출함으로써 제기할 수 있다(행정소송법 제

177) 대법원 2005. 12. 23. 선고 2005두3554 판결.
178) 대법원 2009. 7. 23. 선고 2008두10560 판결. 이에 관한 상론은 졸저, 행정구제의 기본원리, 제1전정판, 397면 이하 참조.
179) 대법원 1992. 12. 24. 선고 92누3335 판결.

18조 제1항). 다만, 다른 법률에 해당 처분에 대한 행정심판 재결을 거치지 아니하면 취소소송을 제기할 수 없다는 특별한 규정이 있는 경우에도 다음과 같은 사유가 있는 때에는 행정심판의 재결을 거치지 아니하고 취소소송을 제기할 수 있다. 즉 ① 행정심판청구가 있은 날로부터 60일이 지나도 재결이 없는 때, ② 처분의 집행 또는 절차의 속행으로 생길 중대한 손해를 예방하여야 할 긴급한 필요가 있는 때, ③ 법령의 규정에 의한 행정심판기관이 의결 또는 재결을 하지 못할 사유가 있는 때, ④ 그 밖의 정당한 사유가 있는 때에 그러하다(동조 제2항). 또한 다음과 같은 사유가 있는 때에는 행정심판 그 자체를 제기함이 없이 곧바로 취소소송을 제기할 수 있다. 즉 ① 동종(同種)사건에 관하여 이미 행정심판의 기각재결이 있는 때, ② 서로 내용상 관련되는 처분 또는 같은 목적을 위하여 단계적으로 진행되는 처분 중 어느 하나가 이미 행정심판의 재결을 거친 때, ③ 행정청이 사실심의 변론종결 후에 소송의 대상인 처분을 변경하여 해당 변경된 처분에 관하여 소를 제기하는 때, ④ 처분청이 행정심판을 거칠 필요가 없다고 잘못 알린 때에는 행정심판을 제기하지 않고 취소소송을 곧바로 제기할 수 있다(동조 제3항).

무효등확인소송에는 행정심판전치주의에 관한 행정소송법 제18조의 규정이 준용되지 아니한다(행정소송법 제38조 제1항 참조). 무효인 행정행위는 처음부터 효력이 없을 뿐만 아니라 행정행위가 존재하더라도 법적으로 무(無)의 상태이며, 무효를 공적으로 선언받기 위해 제기된 무효확인소송에 행정심판전치주의를 적용할 필요가 없다고 보는 견해가 유력하다.[180] 무효확인소송이나 부존재확인소송에서는 처분의 무효나 부존재가 다투어지므로 존속력(불가쟁력)·구성요건적 효력 등과 같은 행정행위의 특수한 효력이 인정되지 아니한다. 따라서 무효등확인소송에는 취소소송과 달리 제소기간의 제한이 없고 재결전치주의가 적용되는 경우에도 행정심판을 거칠 필요가 없다. 국가공무원법상 징계처분을 받은 공무원은 소청심사위원회의 심사·결정을 거치지 아니하면 행정소송을 제기할 수 없다(동법 제16조 제1항). 그러나 행정소송법 제38조 제1항에 의하면, 징계처분에 대해서도 소청심사를 청구하지 아니하고 곧바로 무효확인소송을 제기할 수 있다.

한편, 무효선언의 의미에서 취소를 구하는 소송에도 행정심판전치주의가 적

180) 이상규, 신행정법론(상), 782-783면.

용되는지에 대하여 견해가 대립하고 있다. 대법원은 이러한 경우에도 전심절차를 거쳐야 한다고 보고 있다.[181] 대법원은 무효선언을 구하는 의미에서의 취소소송을 무효확인소송과 구별하고 있다.[182] 무효확인소송과 취소소송은 서로 양립하기 어렵다는 점에서 "무효선언을 구하는 의미의 취소소송"을 인정하는 판례는 타당하지 않다. 당사자소송의 제기에는 취소소송의 경우와 달리 행정심판전치주의가 적용되지 아니하고, 민사소송 일반의 제소절차가 동일하게 적용된다(행정심판법 제44조 제1항 참조).

5. 제소형식

행정소송의 제기에는 일정한 형식을 갖춘 서면인 소장을 법원에 제출하여야 한다. 행정소송법에는 특별한 규정이 없으므로 민사소송법 제249조 제1항이 정하는 바에 따라 소장을 작성하여야 한다. 소장에는 당사자(원·피고), 대리인, 청구의 취지와 원인을 기재하여야 한다.

Ⅱ. 관련청구의 병합과 이송

1. 관련청구의 병합

(1) 의의 및 제도적 기능

민사소송법상 청구의 병합이란 동일한 원고가 하나의 소송절차에서 동일한 피고에 대하여 수개의 청구를 묶어서 하는 경우를 말하며, 이를 소의 '객관적' 병합이라고 한다. 청구의 병합은 법원·당사자 그 밖의 소송관계인의 소송경제를 도모하고, 상호 관련있는 사건 사이에 판결의 모순·저촉을 방지하기 위하여 필요하다. 행정소송법 제10조에는 취소소송과 관련청구의 병합에 관한 특별한 규정을 두고 있다. 즉 취소소송에 해당 처분 등과 관련되는 손해배상·부당이득반환·원상회복 기타 청구나 다른 취소소송을 병합할 수 있도록 하고 있다. 현실적으로 위법한 행정처분에 대한 취소·변경을 구하는 취소소송을 제기

181) "과세처분의 무효선언을 구하는 의미에서 취소를 구하는 소송이라도 전심절차를 거쳐야 한다."(대법원 1990. 8. 28. 선고 90누1892 판결. 동지판결: 대법원 1987. 9. 22. 선고 87누482 판결)
182) 대법원 1971. 2. 25. 선고 70누125 전원합의체 판결.

하면, 다른 한편으로 손해배상이나 원상회복 등을 청구할 필요성이 발생한다. 이 경우 전자의 취소소송에서는 처분청을 피고로 하나, 후자의 소송에서는 민사소송이나 당사자소송으로 국가나 공공단체를 피고로 하여야 한다. 양자는 형식적으로는 독립된 목적을 위한 별개의 소송이나, 실질적으로는 하나의 궁극적 목적을 위한 동일사건으로서 밀접한 관계에 있다. 따라서 청구병합을 인정함으로써 심리의 중복을 피하고, 행정법상의 법률관계를 신속히 확정하여, 법적 안정성과 개인의 권리구제에 기여할 수 있다. 다만, 관련청구의 병합으로 심리의 복잡화와 소송지연 등을 초래할 우려도 있다.

대법원은 보험료부과처분에 대한 취소소송에서, 보험료부과처분 중 일부에 대해 부과처분취소를 주장하면서 관련 청구로 병합된 부당이득반환소송을 그 처분의 취소를 전제로 인용 여부를 판단하지 않고 처분의 취소가 확정되지 않았다는 이유로 기각한 것은 위법하다고 판시한 바 있다.[183] 즉 보험료부과처분의 취소소송에서 당해 처분의 취소를 선결문제로 하는 부당이득반환청구가 행정법원에 병합된 경우, 부당이득반환청구가 인용되기 위해서는 그 소송절차에서 판결 이유로 당해 처분이 취소되면 충분하고 그 처분의 취소가 확정되어야 하는 것은 아니라고 보고 있다. 이 판결은 민사법원의 선결문제와 달리 행정사건에서 보험료부과처분의 취소소송과 부당이득반환청구에 대해 관련청구의 병합을 인정한 것이다. 민사법원에 부당이득반환소송이 제기된 경우에는 행정행위가 존재하는 이상 법률상 원인 없이 부당이득이 인정되지 않기 때문에 처분의 존재를 전제로 한 부당이득반환소송은 인용될 수 없다.

한편, 행정소송법상 관련청구의 병합이 민사소송법상의 청구병합과 어떠한 관계에 있는지가 문제다. 즉 민사소송법에는 각각 별소로 제기된 소에 대하여 변론의 병합(제141조) 및 중간확인의 소(제264조), 반소(제269조), 독립당사자참가(제79조) 등이 규정되어 있다. 민사소송법에 의한 소의 추가적·교환적 변경이 가능한지가 문제지만, 실무에서는 민사소송법에 의한 소변경의 요건이 충족되는 한 이러한 추가적·교환적 변경이 허용된다고 보고 있다. 중간확인의 소도 행정소송법상 관련청구소송의 범주에 포섭되므로 허용되나, 반소(反訴)는 항고소송의 원고 및 피고의 특수성 등을 고려하여 '소극적'으로 보는 것이 타당하다.

이와 같이 행정소송에서도 민사소송의 경우와 같이 소의 객관적·예비적 청

183) 대법원 2009. 4. 9. 선고 2008두23153 판결.

구의 병합은 허용된다는 점에는 이론(異論)이 없다. 그러나 행정소송법 제10조에 따른 관련청구소송의 병합의 경우에 피고를 추가하는 것을 제외하고 소의 주관적·예비적 청구의 병합이 허용되는지가 문제다. 예비적 청구에서 당사자의 소송상 지위가 현저히 불안해지고 불이익하게 될 수 있으므로 이를 허용하지 않는다는 것이 판례의 입장이었다.[184] 그러나 민사소송법 제70조의 개정에 의해 행정소송에서도 주관적·예비적 청구의 병합이 허용되고 있다. 행정소송법 제10조 제2항 후단은 "피고 외의 자를 상대로 한 관련청구소송을 취소소송이 계속된 법원에 병합하여 제기할 수 있다"고 규정하고 있다. 행정소송법 제10조 제2항 후단의 규정이 행정소송법 제15조의 공동소송 외에 주관적·예비적 청구를 허용하는지에 대해서도 견해가 대립하고 있다. 현행 민사소송법 제70조에는 예비적·선택적 공동소송에 관한 특별규정을 두어 민사소송에서도 주관적·예비적 병합이나 주관적·선택적 병합을 허용하고 있다. 행정소송법 제10조 제2항 후단을 주관적·예비적 병합의 근거조항으로 보기 어렵다고 하더라도 행정소송법 제8조 제2항을 근거로 민사소송법을 준용하여 행정소송에서도 주관적·예비적 청구의 병합을 인정할 수 있다.

종전에 토지수용에 있어 중앙토지수용위원회의 이의재결에 불복하여 보상금의 증감에 관한 행정소송을 제기하는 경우의 소송은 재결청(지방토지수용위원회 또는 중앙토지수용위원회)을 피고로 하고 수용재결을 대상으로 하는 항고소송과 사업시행자를 상대로 수용의 적법성을 전제로 한 보상금 증액을 다투는 실질적 당사자소송을 주관적·예비적으로 병합하여 제기하였다(필요적 공동소송). 그러나 공익사업을 위한 토지 등의 취득 및 보상에 관한 법률 제85조 제2항은 재결을 내린 토지수용위원회가 아니라 사업시행자를 소송당사자로 규정하여, 형식적 당사자소송에 의해 일거(一擧)에 분쟁을 해결할 수 있게 되었다. 그 밖에 무효확인소송과 취소소송을 선택적으로 제기하는 것이 허용되는지가 문제 된다. 행정처분의 무효와 취소의 구분은 상대적이고 심리의 결과로 이를 판단할 수 있기 때문에 양자의 선택적 청구를 인정하는 것이 타당하다는 견해도 유력하다.[185] 그러나 대법원은 무효확인청구와 취소청구가 서로 양립할 수 없는 청구로서 주위적·예비적 청구로서만 가능하고, 선택적 병합 또는 단순병합은 허용되지 않는다고 보고 있다.[186] 예컨대 특정한 처분(예컨대 변상금부과처분)에 대한

---

184) 대법원 1996. 3. 22. 선고 95누5509 판결.
185) 이상규, 행정쟁송법, 402면.

무효확인소송을 주위적 소송으로, 취소사유를 가지고 해당 처분에 대한 취소소송을 예비적 소송으로 제기하는 것이 그러하다.[187]

(2) 관련청구병합의 양태

a) 관련청구의 객관적 병합

취소소송의 원고는 관련된 청구를 병합하여 제소하거나 사실심의 변론종결시까지 추가하여 병합할 수 있다(행정소송법 제10조 제2항 전단). 이러한 병합에는 민사소송과 마찬가지로 단순병합, 선택적 병합 또는 예비적 병합이 고려될 수 있다. 예비적 병합은 양립할 수 없는 청구에 대해 인정된다. 그러나 행정소송법상 객관적 병합에 있어서 제3자에 의한 추가적 병합은 허용하지 않는다. 이러한 병합에 관한 규정은 취소소송 이외의 항고소송 및 당사자소송에도 준용된다(행정소송법 제38조, 제44조 제2항, 제46조).

b) 관련청구의 주관적 병합

취소소송의 원고는 피고 이외의 자를 대상으로 한 관련청구소송을 취소소송이 계속된 법원에 병합하여 제기할 수 있다(행정소송법 제10조 제2항 후단). 또한 행정소송법은 공동소송에 관한 규정을 두고 있다. 즉 수인의 청구 또는 수인에 대한 청구가 처분 등의 취소청구와 관련되는 청구인 경우에 그 수인은 공동소송인이 될 수 있다(동법 제15조). 이러한 병합에는 민사소송의 경우처럼 통상의 공동소송, 고유필요적(固有必要的) 공동소송, 유사필요적(類似必要的) 공동소송 등이 준용될 수 있다.

(3) 관련청구병합의 요건

a) 본체인 항고소송의 적법성

관련청구의 병합은 그 청구를 병합할 본체인 항고소송을 전제로 그 항고소송에 관련되는 청구를 병합하는 것이므로, 관련청구소송이 병합된 본체인 항고소송이 적법하여야 한다. 따라서 관련청구를 병합한 본체인 항고소송은 그 자체로서 소송요건을 갖춘 적법한 것이어야 한다.[188]

---

186) 대법원 1999. 8. 20. 선고 97누6889 판결.

187) 대법원 2018. 6. 28. 선고 2014두14181 판결.

188) "행정소송법 제10조에 의한 관련청구소송의 병합은 본래의 취소소송이 적법할 것을 요건으로 하는 것이므로, 본래의 취소소송이 부적법하여 각하되면 그에 병합된 청구도 소송요건을 흠결한 부적법한 것으로서 각하되어야 한다."(대법원 1997. 3. 14. 선고 95누13708 판결)

b) 관련청구소송

항고소송에 병합할 수 있는 청구는 본체인 항고소송의 처분 등과 관련되는 손해배상·부당이득반환·원상회복 등 청구소송이거나, 본체인 항고소송의 대상인 처분 등과 관련되는 취소소송이다(행정소송법 제10조 제1항). 여기에서 '관련되는'이란 청구의 내용이나 원인이 법률상·사실상 공통되거나, 병합되는 청구가 해당 행정처분으로 인해 발생하는 경우, 또는 해당 행정처분의 효력 유무나 존부를 선결문제로 하는 것을 말한다.[189]

c) 병합의 시기

관련청구의 병합은 사실심의 변론종결시 이전에 하여야 한다.

d) 제3자에 의한 병합이 아닐 것

행정소송법 제10조는 제3자에 의한 관련청구소송의 병합을 허용하고 있지 않다. 따라서 수인의 원고들이 1인 또는 수인의 피고에 대하여 각자의 관련청구소송을 병합하고자 하는 경우에는 처음부터 공동소송인의 관계에 있어야 한다. 갑(甲)이 원고로서 처분청(A)을 상대로 취소소송을 제기하고, 을(乙)도 동일한 처분청을 피고로 관련청구소송(취소소송)을 제기하면, 갑과 을은 처음부터 행정소송법 제15조에 따라 공동소송인의 관계에 있게 된다.

e) 피고의 추가

병합하는 관련청구소송이 본체인 항고소송의 피고 이외의 자를 상대로 하는 것인 때에는 관련청구소송에 관한 피고를 추가하여야 한다. 이 경우 피고추가에는 민사소송법 제68조 제1항의 경우와 달리 법원의 허가를 필요로 하지 아니한다(행정소송법 제10조 제2항 참조).

2. 관련청구의 이송

(1) 의의

항고소송과 관련청구소송이 각각 다른 법원에 계속되어 있는 경우에 그 관련청구소송이 계속되어 있는 법원은 상당하다고 인정할 때에는 당사자의 신청이나 직권으로 해당 사건을 항고소송이 계속된 법원으로 이송할 수 있다(행정소

---

189) 대법원 2000. 10. 27. 선고 99두561 판결.

송법 제10조 제1항). 예컨대 취소소송·무효확인소송 등의 항고소송을 제기함과 동시에 손해배상이나 원상회복 등의 청구소송을 제기하는 경우가 그러하다. 이 경우에 항고소송은 처분행정청을 피고로 하나, 손해배상이나 원상회복 등의 청구소송은 국가나 공공단체를 피고로 하므로 그 관할법원이 다르다. 뿐만 아니라 처분의 취소소송과 재결의 취소소송은 피고를 달리하는 것이 보통이다. 이와 같이 관할법원이 서로 다른 경우에 관련청구의 이송을 고려할 수 있다.

(2) 요건

a) 항고소송과 관련청구소송이 다른 법원에 계속 중일 것

관련청구소송의 이송은 해당 관련청구소송을 내용적으로 일정한 관련성을 가지는 항고소송과 병합하여 심리하기 위한 것이다. 따라서 항고소송과 이에 이송되거나 병합할 관련청구소송은 서로 다른 법원에 계속되고 있어야 한다. 행정소송법 제10조는 취소소송에 관한 규정이나 무효확인소송, 부작위위법확인소송과 같은 항고소송은 물론, 당사자소송에도 준용된다(행정소송법 제38조, 제44조 제2항). 문제는 소송이 계속되어 있는 관련청구소송의 심급이 다른 경우이다. 행정소송법 제10조 제2항에는 사실심의 변론종결시까지 관련청구의 병합을 허용하고 있다. 취소소송의 제1심 관할법원은 행정법원(행정법원이 설치되지 아니한 지역에서는 지방법원본원 합의부)인데, 관련청구소송이 고등법원에 계속되어 있는 경우가 그러하다. 이와 같이 심급을 달리하는 경우에는 사건을 이송할 수 없다.[190]

b) 이송의 상당성

관련청구소송의 이송은 관련청구소송이 계속된 법원이 해당 소송을 항고소송이 계속되어 있는 법원에 이송하여 병합·심리하는 것이 상당하다고 인정한 때에 한하여 허용된다. 즉 해당 법원이 관련청구소송을 항고소송과 병합하여 심리하는 것이 사안의 성질이나 내용, 심리의 진전도 등에 있어서 당사자의 편의뿐만 아니라 소송경제와 재판의 내용적 모순방지를 위하여 상당하다고 인정하는 경우에 사건을 이송할 수 있다.

c) 당사자의 신청이나 직권에 의한 이송결정

이송의 재판은 당사자의 신청이 있거나 직권으로 할 수 있다. 이 경우 해당 관련청구소송의 원·피고뿐만 아니라 참가인도 이송을 신청할 수 있다. 법원은

---

190) 이상규, 행정쟁송법, 407면.

당사자의 이송신청이 없는 경우에도 직권으로 이송결정을 할 수 있다.

(3) 이송결정의 효과

이송의 결정은 해당 관련청구소송을 이송받은 법원을 기속하며, 이송받은 법원은 해당 소송을 다시 다른 법원에 이송하지 못한다(민사소송법 제38조 제2항). 이송결정이 확정되면 해당 소송은 처음부터 이송받은 법원에 계속된 것으로 간주한다(동법 제40조 제1항).

Ⅲ. 소의 변경

1. 의 의

소의 변경이란 소송 중에 원고가 심판의 대상인 청구를 변경하는 것을 의미한다(민사소송법 제235조, 제236조). 이를 '청구의 변경'이라고도 한다. 여기에는 교환적 변경과 추가적 변경이 있다. 행정소송법은 두 가지 유형의 소의 변경을 규정하고 있다. 즉 행정소송법 제21조에 의한 소의 종류의 변경과 같은 법 제22조의 처분변경으로 인한 소의 변경이 있다. 또한 민사소송법에 의한 소의 변경이 허용되는지 여부가 다투어지고 있다.

2. 행정소송법에 의한 소의 변경

(1) 소 종류의 변경

행정소송의 원고는 해당 소송의 사실심의 변론종결시까지 청구의 기초에 변경이 없는 범위 안에서 법원의 허가를 받아 해당 행정소송을 다른 종류의 행정소송으로 변경할 수 있다(행정소송법 제21조, 제37조 및 제43조). 소의 변경을 허가하는 결정이 확정되면 새로운 소는 변경된 소를 처음에 제기한 때에 제기된 것으로 보며, 변경된 구소는 취하된 것으로 본다(행정소송법 제21조 제4항). 따라서 구소에 대하여 취하여진 종전의 소송절차는 신소에 대한 것으로서 유효하게 승계된다. 행정소송은 그 종류가 다양하여 소송의 종류를 잘못 선택할 우려가 있으므로, 행정소송의 권리구제적 기능을 실효화하기 위해 간편하게 소의 종류를 변경할 수 있도록 하고 있다. 소의 변경에 대한 허가결정에 대하여 신소의 피고나 종전의 피고가 즉시항고를 할 수 있다(행정소송법 제21조 제3항). 소의 변경을 불허하는 결정에 대하여는 행정소송법에 특별한 규정이 없다. 따라서 민사소송법 제449조에 의한 특별항고를 하거나 별소(別訴)를 제기할 수 있다.

(2) 처분변경으로 인한 소의 변경

행정소송이 제기된 뒤에 행정청이 해당 소송의 대상인 처분을 변경한 때에는 원고의 신청에 따라 법원은 결정으로써 소의 변경을 허가할 수 있다(행정소송법 제22조 제1항). 민사소송과 달리 행정소송에서는 소가 제기되어 계속 중이라도 행정청은 직권으로 또는 행정심판의 재결에 따라 행정소송의 대상인 처분을 변경할 수 있다. 따라서 원고는 그 변경된 처분에 따라 청구의 취지나 원인을 변경하거나, 소를 취하하고 신소를 제기할 수밖에 없다. 이는 귀책사유 없는 원고로 하여금 무용한 절차의 반복을 피하고 간편·신속하게 해당 소송목적을 달성하도록 하기 위한 것이다. 처분의 변경으로 인한 소의 변경이 인정될 수 있는 것은 항고소송 중 취소소송과 무효등확인소송, 그리고 당사자소송이다. 소의 변경을 허가하는 결정이 있으면 당초의 소가 처음에 제기된 때에 변경한 내용의 신소가 제기되고 구소는 취하된 것으로 본다.

3. 민사소송법에 의한 소의 변경

민사소송법에 의한 소 변경이 행정소송법의 특별규정에도 불구하고 허용되는지가 문제다. 학설은 대체로 행정소송법에 의하여 특별히 인정되는 소 변경 외에 민사소송법의 규정에 의한 소 변경도 허용된다고 보고 있다.[191] 대법원도 행정소송법 제8조 제2항에 근거하여 소의 변경에 관하여 민사소송법상의 규정이 준용된다고 보고 있다(민사소송법 제262조, 제263조).[192]

Ⅳ. 행정소송 제기의 효과

행정소송이 제기되면 절차법상의 효과뿐만 아니라 실체법상의 효과가 발생한

191) 김도창, 일반행정법론(상), 792면; 이상규, 신행정법론(상), 849면.

192) "행정소송법 제21조와 제22조가 정하는 소의 변경은 그 법조에 의하여 특별히 인정하는 것으로서 민사소송법상의 소의 변경을 배척하는 것이 아니므로, 행정소송의 원고는 행정소송법 제8조 제2항에 의하여 준용되는 민사소송법 제235조(개정 민사소송법 제262조)에 따라 청구의 기초에 변경이 없는 한도에서 청구의 취지 또는 원인을 변경할 수 있다."(대법원 1999. 11. 26. 선고 99두9407 판결)

다. 절차법적으로는 소송계속의 효과가 발생되고 실체법적으로는 제척기간 준수의 효과 등이 발생된다.

1. 절차법적 효과

소송의 계속이란 특정한 청구에 의하여 법원에 재판절차가 현실적으로 존재하는 상태를 말한다. 즉 소제기에 의해 법원이 판결에 필요한 행위를 할 수 있는 상태가 되는 것을 말한다. 소송계속의 시점과 관련하여 소장제출시설이 있으나, 소장부본이 피고에게 전달된 시점으로 보는 것이 타당하다. 소송계속으로 중복제소가 금지되고, 소송참가의 기회가 발생한다(행정소송법 제16조 및 제17조). 또한 소송계속에 의해 관련청구의 이송이 인정된다(동법 제10조 제1항). 나아가 취소소송이 제기되면 처분 등의 집행정지를 신청할 수 있다(동법 제23조).

2. 실체법적 효과

행정소송이 제기되면 실체법상의 효과로서 시효중단이나 법률상의 기간(제척기간) 준수의 효과가 발생한다.[193] 이러한 실체법적 효과는 당해 소장을 법원에 제출한 때에 발생한다(민사소송법 제248조).

V. 행정소송법상의 가구제

1. 가구제의 의의 및 필요성

행정소송법은 행정의 원활한 운영에 중점을 두고 집행부정지의 원칙을 채택하고 있다. 즉 취소소송의 제기는 처분 등의 효력이나 그 집행 또는 절차의 속행에 영향을 주지 아니한다(행정소송법 제23조 제1항). 그러나 처분 등이나 그 집행 또는 절차의 속행으로 인하여 생길 회복하기 어려운 손해를 예방하기 위하여 긴급한 필요가 있다고 인정할 때에는 집행정지결정을 할 수 있다. 이러한 집행정지제도는 가구제의 일종이다.

행정소송에서 가구제란 본안판결의 실효성을 확보하기 위하여 다투고 있는 행정작용이나 공법상의 법률관계에 대하여 임시의 효력관계나 지위를 정함으로

---

193) 이시윤, 신민사소송법, 제12판, 296면 참조.

써 본안판결의 확정전에 잠정적으로 권리구제를 도모하는 것을 말한다. 행정소송은 위법한 행정작용에 대한 사후적 구제제도이며, 행정소송의 대상인 행정행위는 존속력, 구성요건적 효력 등 특수한 효력을 가진다. 처분 등의 집행이 종료되거나 목적이 달성되어 효과적인 행정구제는 어렵거나 무의미해질 수 있다. 이처럼 가구제는 실효성 있는 권익보호를 보장하기 위한 잠정적인 권익구제수단의 역할을 하고 있다.

2. 가구제의 성질 및 내용

(1) 가구제의 성질

가구제절차는 행정소송의 본안판결이 확정될 때까지 임시의 지위를 정하는 잠정적인 구제절차이다. 그러한 이유에서 가구제는 다툼이 있는 법률관계의 임시적인 구제를 위한 수단이고, 본안판결의 경우와 같이 종국적인 것이 아니라 잠정적인 성격을 가진다. 또한 가구제는 본안판결의 확정을 기다릴 수 없는 긴급한 필요가 있는 경우에 인정된다. 행정소송법 제23조 제4항에 의하면, 집행정지의 결정을 신청함에 있어서는 대체로 변론없이 심리가 이루어지며 증거도 소명으로 충분하도록 하고 있다. 이러한 가구제는 본안소송이 계속 중인 것을 전제로 하며, 본안소송에 부종하는 성격을 가진다.

(2) 가구제의 내용

가구제의 내용은 잠정적인 권리구제를 실현시킬 수 있어야 한다. 따라서 본안판결이 확정될 때까지 행정소송의 대상인 처분 등의 효력이나 그 집행 또는 절차의 속행으로 인하여 원고에게 회복하기 어려운 손해가 발생하는 일이 없도록 잠정적으로 처분 등의 효력 또는 그 집행이나 절차의 속행을 정지하는 것이다. 처분 등의 집행이나 절차의 제거를 목적으로 하는 원고의 청구가 잠정적으로 실현되는 것을 내용으로 한다.

3. 집행정지제도

(1) 집행정지의 의의

행정소송법은 행정의 신속·원활한 운영에 비중을 두어 행정소송의 제기시에 해당 처분 등의 효력이나 집행에 영향을 미치지 아니하는 집행부정지의 원칙을 취하고 있다. 다만, 예외적으로 일정한 요건 하에 집행정지가 인정된다. 이러한 집행정지는 소극적인 형태의 가구제수단으로서 해당 처분 등의 효력이나 그 집행 또는 절차의 속행의 전부 또는 일부의 정지에 그친다. 집행정지에 대해 행정작용의 일종으로 보는 설과 사법작용의 일종으로 보는 설이 대립하고 있다. 집행정지절차는 형식적으로나 내용적으로 보전소송절차라는 점에서 사법작용설이 다수설이다. 집행정지는 다툼이 있는 공법상의 법률관계에 대하여 적극적으로 임시의 지위를 정하는 것이 아니라 다툼이 있는 처분 등의 효력 내지 집행을 정지시키는 소극적인 가구제의 성질을 가진다. 그런 점에서 집행정지는 민사소송법의 가처분과 구별된다.

한편, 부작위위법확인소송은 행정청의 적극적인 처분을 대상으로 하지 않고, 소극적인 일정한 부작위상태의 위법성을 확인하기 위한 것이다. 따라서 부작위위법확인소송에는 집행정지의 대상으로 삼을 적극적인 처분이 없다. 따라서 부작위위법확인소송은 집행정지와 친숙하지 않다(행정소송법 제38조 제2항 참조). 또한 당사자소송에서도 공법상의 법률관계를 그 대상으로 하므로 집행정지의 대상인 처분이 없다. 따라서 당사자소송에는 집행정지에 관한 행정소송법 제23조를 준용하고 있지 않다(행정소송법 제44조). 당사자소송에서 가구제가 필요한 경우에는 민사소송법에 의한 보전절차에 의한다.

(2) 집행정지의 요건

현행 행정소송법상 집행정지의 요건은 적극적 요건과 소극적 요건으로 구분된다. 적극적 요건으로는 처분 등이 존재하고, 본안소송이 계속되어야 하며, 회복하기 어려운 손해를 예방하기 위하여 긴급한 필요가 있어야 한다. 그러나 소극적 요건으로는 공공복리에 중대한 영향을 미칠 우려가 없어야 한다. 이를 분설하면 아래와 같다.

a) 대상인 처분 등의 존재

집행정지의 대상인 처분 등이 있어야 한다. 따라서 처분 등의 집행이 종료되었거나 그 집행의 목적이 달성되는 등 집행을 정지할 대상이 없게 된 때에는 집행정지가 불가능하다. 행정소송법 제23조 제1항에 의한 집행정지의 대상은 처분 등의 효력, 처분 등의 집행 또는 절차의 속행이다. 여기서 '처분 등'이라 함은 행정쟁송상의 '처분 등'과 같지만, 집행정지가 인정될 수 있는 처분은 원칙적으로 적극적 행정처분이어야 하고, 또 부담적 행정처분이어야 한다. 처분 등의 효력정지는 처분 등의 집행 또는 절차의 속행을 정지함으로써 목적을 달성할 수 있는 경우에는 허용되지 아니한다(행정소송법 제23조 제2항 단서). 여기서 절차의 속행이란 일련의 연속과정으로 진행되는 절차에서 특정한 행정처분이 후행처분으로 진행하는 것을 의미한다. 예컨대 독촉처분과 압류처분·매각 등 강제징수 절차의 관계가 그러하다.

b) 본안소송의 계속

집행정지는 민사소송의 가처분과 달리 본안소송의 계속(係屬)을 요건으로 한다. 행정소송법 제23조 제2항에서 집행정지에 관하여 '취소소송이 제기된 경우에'라고 하거나 '본안이 계속되고 있는 법원' 등의 표현을 사용하는 것은 본안소송의 계속이 집행정지의 요건임을 보여주고 있다.[194] 본안소송의 계속은 집행정지의 요건이므로 해당 본안소송은 소송요건을 갖춘 적법한 것이어야 한다. 그러나 본안소송이 계속된 후에 집행정지를 신청하는 것은 아니고, 실무에서는 본안소송과 집행정지신청을 동시에 제출하는 것이 보통이다.

c) 회복하기 어려운 손해를 예방하기 위한 긴급한 필요

집행정지는 "처분 등이나 그 집행 또는 절차의 속행으로 인하여 생길 회복하기 어려운 손해를 예방하기 위하여 긴급한 필요가 있다고 인정할 때"에 인정된다. 따라서 처분 등이 당사자의 권익을 침해할 우려가 없으면 처음부터 집행정지의 문제가 발생하지 아니한다. 여기서 '회복하기 어려운 손해'라고 함은 "사회통념상 그 원상회복이나 금전배상에 의한 회복이 어렵다고 인정되는 손해"를 가리킨다.[195] 대법원은 공정거래위원회의 시정명령 등 효력정지신청사건에서 공정거래위원회의 위반사실공표명령으로 인해 신용이나 명예의 실추, 기업운용자

194) "행정처분의 집행정지는 소위 행정처분집행부정지의 원칙에 대한 예외로서 인정되는 일시적인 응급처분이므로 그러한 신청은 행정소송법 제23조에 의한 효력정지결정을 구하는 방법에 의해야 하고, 위의 방법에 의한 행정처분효력정지결정을 하려면 그 효력정지를 구하는 당해 행정처분에 대한 본안소송이 법원에 제기되어 계속 중임을 요건으로 한다."(대법원 1988. 6. 14. 선고 88두6 판결)

195) "행정소송법 제23조 제2항 소정의 행정처분 등의 효력이나 집행을 정지하기 위한 요건으로서의 '회복하기 어려운 손해'라 함은 특별한 사정이 없는 한 금전으로 보상할 수 없는 손해로서, 이는 금전보상이 불능인 경우뿐만 아니라 금전보상으로는 사회관념상 행정처분을 받은 당사자가 참고 견딜 수 없거나 또는 참고 견디기가 현저히 곤란한 경우의 유형·무형의 손해를 일컫는다."(대법원 1992. 4. 29. 선고 92두7 판결; 대법원 1994. 10. 11. 선고 94두35 판결; 대법원 1995. 6. 7. 선고 95두22 판결)

금수급계획의 차질 등으로 발생하는 손해가 사회통념상 회복하기 어려운 손해에 해당한다고 보고 있다.[196] 집행정지는 회복하기 어려운 손해가 발생할 가능성이 있고 본안소송에 대한 판결을 기다릴 만한 시간적 여유가 없는 절박한 경우에만 허용된다. 여기서 '긴급한 필요'란 손해발생의 가능성과 시간적인 절박성을 함축하고 있다.

d) 공공복리에 중대한 영향을 미칠 우려가 없을 것

집행정지의 소극적 요건으로서 공공복리에 중대한 영향을 미칠 우려가 없어야 한다. 처분의 집행정지가 공공복리에 중대한 영향을 미칠 우려가 있는 경우에는 집행정지를 할 수 없다. 이 경우 공공복리에 중대한 영향을 미칠 우려가 있다는 주장과 소명의 책임은 피고인 처분청에 있다.[197] 공공복리에 대한 영향이 중대한지 여부는 추상적인 불확정법개념인 공익성 관념이 아니라, 개별 사례에서 해당 처분의 집행정지가 공익에 중대한 영향을 미칠 수 있는지에 따라 판단되어야 한다. 이 경우 중대한 공공복리(공익)와 신청인의 불이익(사익) 사이에 비교·형량이 이루어져야 한다.

한편, 본안의 이유 유무를 집행정지의 요건으로 볼 것인지에 대해 견해가 대립하고 있다. 즉 "본안 이유의 유무"를 집행정지의 요건의 하나로 이해하면서, 적극적 요건으로 보는 견해가 있다.[198] 또한 "본안에 관한 청구가 이유 없을 것", "본안소송에서 패소할 가망성이 있는 것"을 추가하는 견해도 동일한 입장이다.[199] 이에 대해 본안의 이유 유무는 본안심리의 선취를 초래할 수 있으므로 허용될 수 없다는 반론이 있다.[200] 한편, 대법원은 본안청구의 이유 유무가 집행정지의 요건이라고 보고 있다.[201] 그러나 법률의 규정에 없는 요건을 집행정

196) "독점규제및공정거래에관한법률에 기한 공정거래위원회의 위반사실공표명령과 과징금납부명령의 효력이 정지되지 아니한 채 본안소송이 진행된다면, 신문게재로 대외적 전파에 의한 신용의 실추와 기업운용자금수급계획의 차질 등에서 상당한 손해를 입을 것임을 쉽게 예상할 수 있는바, 그와 같은 손해는 '사회통념상 회복하기 어려운 손해'에 해당한다."(대법원 1999. 4. 27. 선고 98무57 판결)

197) 대법원 1994. 10. 11. 선고 94두23 판결.

198) 김도창, 일반행정법론(상), 797-798면.

199) 최광률, "집행정지의 요건과 본안이유의 관계", 행정판례연구 제1집, 1992, 197면.

200) 김남진, 전게서(Ⅰ), 959면.

201) "행정처분의 효력정지나 집행정지제도는 신청인이 본안 소송에서 승소판결을 받을 때까지 그 지위를 보호함과 동시에 후에 받을 승소판결을 무의미하게 하는 것을 방지하려는 것이어서 본안 소송에서 처분의 취소가능성이 없음에도 처분의 효력이나 집행의 정지를 인정한다는 것

지의 요건으로 판단하는 것은 법원의 해석범위를 넘는 것이며, 본안심리에 들어가기 이전인 집행정지의 단계에서 그 결과를 예단하는 것도 국민의 권리구제를 위해 타당하지 않다. 이러한 해석은 잠정적 구제를 목적으로 하는 가구제의 본질에 적합하지 아니한다.

(3) 집행정지결정의 내용과 대상

집행정지결정은 직권 또는 당사자의 신청에 의하여 본안이 계속되고 있는 법원이 한다(행정소송법 제23조 제2항). 집행정지결정에 있어서는 해당 행정처분 자체의 위법 여부를 판단하는 것이 아니라, 그 행정처분의 효력이나 집행 등을 정지시킬 것인지가 판단대상이다.[202)]

집행정지결정의 요건이 충족되면, 법원은 처분 등의 효력이나 그 집행 또는 절차의 속행의 전부 또는 일부의 정지를 결정할 수 있다. 집행정지의 대상은 '처분 등의 효력', '처분 등의 집행' 또는 '절차의 속행'이다. 여기서 '거부처분'도 집행정지의 대상이 될 수 있는지가 문제 된다. 긍정설은 외국인의 체류기간 갱신허가의 거부처분의 경우에 그 불허처분의 집행정지는 신청인의 체류기간이 경과한 후에도 불법체류자로 문책당하지 않게 되어 곧바로 추방당하지 않을 수 있는 실익이 있다고 본다.[203)] 그러나 거부처분의 효력을 정지하더라도 외국인의 체류기간이 자동으로 연장되는 것은 아니며, 거부처분의 효력을 정지하더라도 취소판결과 달리 행정청에게 신청에 따른 처분을 해야 할 의무가 발생하는 것도 아니다. 따라서 거부처분에 대한 집행정지는 실제 큰 의미가 없다. 위에서 설시한 사례에서도 거부처분의 집행이 정지된다고 하더라도 신청한 처분(갱신허가)이 발급되는 것은 아니기 때문에 외국인이 불법체류자로 추방되지 않는 실익이 발생한다고 보기도 어렵다. 이와 관련하여 대법원은 거부처분이 집행정지의 대상이 될 수 없다고 보고 있다.[204)] 집행정지결정은 본안소송이 종결될 때까지

은 제도의 취지에 반하므로 효력정지나 집행정지사건 자체에 의하여도 신청인의 본안 청구가 이유 없음이 명백하지 않아야 한다는 것도 효력정지나 집행정지의 요건에 포함시켜야 한다." (대법원 2004. 5. 17. 자 2004무6 결정)

202) "행정처분의 효력정지나 집행정지를 구하는 신청사건에 있어서는 행정처분 자체의 위법 여부를 판단할 것이 아니고 그 행정처분의 효력이나 집행 등을 정지시킬 필요가 있는지의 여부에 대한 행정소송법 소정요건의 존부가 그 판단대상이 된다."(대법원 1995. 3. 30. 선고 94두57 판결)

203) 김남진, 전게서(Ⅰ), 961면.

204) 대법원 1995. 6. 21. 자 95두26 결정.

인정되는 가구제절차이다. 따라서 "처분의 집행 그 자체뿐만 아니라 처분의 효력발생과 그 효력발생 이후에 있어서의 모든 절차, 그리고 개개의 절차에 기인하는 모든 집행의 정지"를 그 내용으로 한다.[205] 다만, 처분 등의 효력정지는 처분 등의 집행이나 절차의 속행 정지로는 목적을 달성할 수 없는 때에만 할 수 있다(행정소송법 제23조 제2항 단서).

(4) 집행정지결정의 효력

a) 기속력

행정소송법은 집행정지결정에 취소판결의 기속력에 관한 규정을 준용하고 있다(행정소송법 제23조 제6항). 따라서 집행정지결정은 취소판결과 마찬가지로 행정청에 대해 기속력을 가진다. 행정소송법 제30조는 취소판결의 기속력과 관련하여, 그 사건에 관하여 당사자인 행정청과 그 밖의 관계 행정청을 기속한다고 규정하고 있다. 그러나 집행정지결정은 취소판결과 달리 소극적인 반복금지효나 저촉금지효의 의미를 가질 뿐, 적극적으로 재처분의무나 원상회복의무 등을 발생시키는 것은 아니다. 집행정지결정에 반하는 내용의 행정처분은 중대·명백한 하자로 인하여 무효가 된다.[206]

b) 형성력

집행정지결정은 해당 처분 등의 효력을 정지시킴으로써 그 처분 등이 없었던 것과 같은 상태를 실현시킨다. 이를 집행정지결정의 '형성력'이라 한다. 집행정지결정의 형성력을 행정행위의 공정력을 바탕으로 이해하는 것은 옳지 않다. 이러한 집행정지결정은 잠정적·임시적 권리구제를 위한 사법적 보전소송절차이다. 그러나 집행정지 결정은 해당 처분 등의 효력이나 그 집행 또는 절차의 속행을 잠정적으로 정지할 뿐 영구적으로 제거하는 것이 아니다. 그러한 점에서 집행정지결정의 형성력은 제한적이다.

c) 대세효(대인적 효력)

집행정지결정은 그 효력이 당사자, 즉 신청인과 피신청인에 미침은 물론이고, 관계 행정청이나 제3자에 대하여도 미치는 것으로 보고 있다. 이와 같이 집행정지결정은 대세적 효력을 가진다.

---

205) 대법원 1962. 1. 18. 선고 4294민상625 판결; 대법원 1968. 7. 2. 선고 68다807 판결.
206) 대법원 1961. 11. 23. 선고 4294행상3 판결.

(5) 집행정지결정의 시간적 효력범위

집행정지결정의 시간적 효력범위에 관하여 행정소송법에 명시적인 규정은 없다. 그러나 집행정지결정의 효력은 해당 집행정지결정의 주문에 정하여진 시기까지 존속하는 것으로 보고 있다.[207] 그러나 주문에 특별한 정함이 없는 때에는 본안소송에 대한 판결이 확정될 때까지 존속하는 것으로 보고 있다.[208] 실무에서는 '제1심 판결선고시'까지로 하는 경우가 대부분이다. 이 경우 원고가 본안에서 승소한 경우 집행정지기간의 연장에 대해 특별한 언급이 없으면 집행정지결정의 효력은 소멸하고 제재처분(영업정지처분)이 다시 부활한다. 행정청이 항소하면 원고는 항소심에서 다시 집행정지결정을 신청해야 한다. 이러한 문제점의 근본적 원인은 집행부정지원칙을 채택하는 것에서 비롯하고 있다. 재판부에 따라서는 '판결이 확정될 때까지', '판결선고일로부터 일정한 기간(1주일 또는 30일) 경과일까지', 또는 '본안사건의 항소심 판결선고시까지'로 연장하는 경우도 있다. 당사자의 권리구제를 위해서는 집행정지기간을 행정소송법에 명시하는 방법을 고려할 수도 있지만, 사건의 성격상 이를 일의적으로 판단하기 어려운 경우도 적지 않다.[209] 한편, 2023년 8월 31일 제정된 행정소송규칙(대법원규칙) 제10조는 집행정지의 종기를 "본안판결의 선고일부터 30일 이내의 범위에서 정한다"라고 규정하고 있다.

(6) 집행정지결정의 취소 및 불복절차

집행정지결정이 확정된 후 해당 집행정지가 공공복리에 중대한 영향을 미치거나 그 정지사유가 없어진 때에 법원은 직권이나 당사자의 신청에 따라 해당 집행정지결정을 취소할 수 있다(행정소송법 제24조 제1항). 집행정지결정이 취소되면 일단 발생된 집행정지결정의 효력은 소멸되고 그 때부터 집행정지결정이 없었던 것과 같은 상태로 되돌아간다.[210] 즉 처분 등의 효력이 회복되고 그 정지된 집행이나 절차도 속행된다. 법원의 집행정지결정이나 집행정지신청의 기각결정 또는 집행정지결정의 취소결정에 대하여 즉시항고를 할 수 있다(행정소송법 제23조 제5항, 제24조 제2항). 그러나 집행정지결정에 대한 즉시항고에는 결정

207) 대법원 2007. 11. 30. 자 2006무14 결정.
208) 대법원 1954. 5. 27. 선고 4286행상25 판결.
209) 이러한 문제점에 대해서는 법률신문 제3841호(2010. 5. 17), 1-2면.
210) 대법원 1970. 11. 20. 자 70그4 결정.

의 집행을 정지하는 효력이 없다(동법 제23조 제5항 후문).

4. 가처분

가처분이란 금전 이외의 특정한 급부를 목적으로 하는 청구권의 집행보전을 도모하거나 다툼이 있는 권리관계에 대해 임시의 지위를 정함을 목적으로 하는 보전처분을 말한다. 현행 행정소송법에는 처분 등의 집행정지에 대해서만 규정하고 있을 뿐, 가처분 자체에 대하여 아무런 규정을 두고 있지 않다. 다만, 행정소송법 제8조 제2항은 동법에 특별한 규정이 없는 사항에 대하여 민사소송법이나 민사집행법 규정을 준용하고 있다. 일본 행정사건소송법 제44조는 민사소송법상의 가처분규정을 명문으로 배제하고 있다. 그러나 한국 행정소송법은 가처분에 관한 명문의 규정이 없으므로, 그 허용성에 의문이 생긴다. 이에 대해 학설은 권력분립원리의 관점에서 민사소송법상의 가처분은 적용되지 아니하다고 보는 소극설과 별도의 특별한 규정이 없는 한 행정소송의 경우라고 하여 민사소송법의 가처분이 적용될 수 있다고 보는 적극설이 대립하고 있다. 대법원은 소극설의 입장을 따르고 있다.[211] 법무부의 행정소송법 개정안(입법예고안) 제26조에는 가처분 제도를 규정하고 있었다. 가처분 제도의 허용 여부에 대한 논란을 피하기 위해서는 입법적 해결이 필요하다. 행정소송법의 개정을 통해 가처분 제도를 도입하는 것이 바람직하다. 한편, 행정소송법 제43조에는 국가를 상대로 하는 당사자소송의 경우에 가집행선고를 할 수 없도록 규정하고 있으나, 헌법재판소는 해당 조항이 헌법에 위반된다고 결정하였다.[212]

제7절 행정소송의 심리와 판결

Ⅰ. 행정소송의 심리

소송의 심리란 소에 대한 판결을 위해 그 기초가 되는 소송자료를 수집하는

211) "행정소송법이 정한 소송 중 특히 행정처분의 취소 또는 변경에 관한 소위 항고소송에 있어서는 같은 법 제14조의 규정에도 불구하고 민사소송법의 규정 중 가처분에 관한 규정은 적용할 수 없다."(대법원 1965. 11. 23. 자 65두11 결정; 대법원 1980. 12. 22. 자 80두5 결정)
212) 헌재 2022. 2. 24. 2020헌가12.

절차이다. 심리에 관한 원칙에는 당사자주의와 직권주의가 있다. 당사자주의(當事者主義)는 소송의 개시·종료 또는 그 소송의 범위 결정을 소송당사자인 원고의 의사에 맡기는 것을 말한다. 한편, 당사자주의와 유사한 것으로 '처분권주의(Dispositionsmaxime)'가 있다. 처분권주의는 변론주의를 포함하여 당사자주의로도 사용된다. 처분권주의는 절차의 개시, 심판의 대상과 범위, 그리고 절차의 종결에 대해 당사자가 주도권을 가지는 것을 말한다.[213] 변론주의(辯論主義)는 재판의 기초가 되는 자료의 수집·제출을 당사자의 권능과 책임으로 하는 것을 말한다. 이에 대하여 소송절차에 있어서 법원의 주도권을 인정하는 직권주의(Offizialmaxime)가 있다. 직권주의(職權主義)는 형사소송의 기본원칙이다. 행정소송의 심리에도 원칙적으로 당사자주의가 적용되지만, 행정소송은 공익에 중대한 영향을 미치므로 보충적으로 직권탐지주의가 필요하다. 행정소송법 제26조에는 민사소송에 관한 특칙으로 직권심리에 관한 규정을 두고 있다.

1. 심리의 내용

(1) 요건심리

요건심리는 제기된 소가 소송요건을 갖춘 적법한 것인지를 심리하는 것을 말한다. 요건심리에서 행정소송의 제기요건을 갖추지 못한 경우에는 이를 부적법 각하한다. 소송요건에는 적극적 요건과 소극적 요건이 있다. 전자는 그 존재가 소를 적법하게 하여 본안판결의 요건이 되는 경우(예: 관할권, 제소기간, 전심절차, 당사자능력 등)이며, 후자는 그 부존재가 본안판결의 요건으로 되는 경우(예: 중복소송, 기판력 등)를 말한다. 후자를 '소송장애'라고도 한다.

소송요건의 대부분은 피고의 항변 유무에 관계없이 법원이 직권으로 조사할 사항이다. 한편, 소장의 기재사항에 결함이 있는 경우에는 보정명령을 내릴 수 있다. 행정소송법에는 행정심판법(제23조)과 달리 보정명령에 대한 규정이 없다. 그러나 민사소송법의 규정을 준용하여 재판장은 당해 소를 각하할 것이 아니라 상당한 기간을 정하여 소장의 하자를 보정할 것을 명하여야 한다(민사소송법 제254조 제1항, 행정소송법 제8조 제2항).

소송요건의 존부를 판정하는 시기는 원칙적으로 '사실심의 변론종결시'이다.

---

213) 이시윤, 신민사소송법, 제12판, 317면. 이와 같이 처분권주의는 소송물에 대한 처분의 자유를 의미한다.

비록 제소 당시에는 소송요건이 부존재하여도 사실심의 변론종결시까지 이를 갖추면 된다. 반대로 제소 당시에는 소송요건을 구비하였으나, 이후에 이를 흠결하면 본안판결을 받을 수 없다. 예컨대 영업정지처분의 취소소송의 계속 중에 그 처분의 정지기간의 경과로 해당 처분의 효력이 소멸됨으로써 소의 이익이 소멸되는 경우가 그러하다.[214] 그러나 이러한 경우에도 처분의 취소로 인하여 회복되는 법률상 이익이 있는 경우에는 (협의의) 소익을 인정할 수 있다.

(2) 본안심리

본안심리는 요건심리에서 해당 소송이 소송요건을 갖춘 경우에 소에 의한 청구를 인용할 것인지를 판단하기 위하여 사건의 본안에 대하여 심사를 하는 것이다. 이를 '소(訴)의 이유구비성(理由具備性)' 내지 '소의 이유 유무'라고도 한다. 항고소송의 본안심리에서는 행정처분의 실체적 위법성뿐만 아니라 형식적 위법성도 심사한다. 형식적 위법성은 절차나 형식의 하자와 관련된 것이다. 이에 반해 실체적 위법성과 관련하여 강행법규나 행정법의 일반원칙 등의 위반, 재량의 일탈이나 남용, 형량명령의 위반 등이 심사된다.

2. 심리의 범위

행정법원이 구체적인 행정사건을 어느 정도까지 심사할 수 있는지가 문제다. 이는 행정소송의 대상과는 별개의 문제이며, 심리의 범위에 관한 것이다. 행정소송에도 민사소송과 마찬가지로 불고불리(不告不理)의 원칙이 적용된다. 따라서 법원은 제소가 없거나 당사자의 신청의 범위를 넘어서 심리를 하지 못한다. 행정소송법에는 행정심판법 제47조와 같은 규정이 없다. 그러나 대법원은 처분권주의에 관한 민사소송법 제203조가 행정소송에도 원칙적으로 적용된다고 보고 있다.[215] 이 판결은 행정소송도 원칙적으로 직권주의가 아니라 변론주의를 포함한 처분권주의 내지 당사자주의에 기초하고 있음을 의미하는 것이다.[216] 다만, 행정소송법 제26조는 법원이 필요하다고 인정하는 때에 "당사자가 주장하지 아

---

214) 대법원 1988. 3. 22. 선고 97누1230 판결.

215) 대법원 1995. 4. 28. 선고 95누627 판결; 대법원 1966. 3. 22. 선고 65누176 판결.

216) "행정소송법 제26조는 법원은 필요하다고 인정할 때에는 직권으로 증거조사를 할 수 있고, 또 당사자가 주장하지 않는 사실에 관하여도 판단할 수 있다고 규정하고 있기는 하나, 이는 행정소송의 특수성에서 연유하는 당사자주의 · 변론주의의 일부 예외규정일 뿐, 법원은 아무런 제한없이 당사자가 주장하지 않는 사실을 판단할 수 있다는 것은 아니다."(대법원 1986. 6. 24. 선고 85누321 판결)

니한 사실에 대하여도 판단할 수 있다"고 규정하고 있다. 행정소송에서 직권탐지주의는 예외적으로 적용되며, 이는 법원의 판단에 맡겨져 있다. 소송요건은 대부분 직권조사사항이다. 예컨대 행정소송의 대상(처분)의 존부판단이 그러하다.

종전에는 기속행위 및 기속재량행위에 있어서의 재량(기속재량)의 위반은 위법이므로 행정소송의 대상이 되지만, 자유재량행위에 있어서의 재량(편의재량)은 행정에 고유한 영역으로서 부당에 그치므로 행정소송사항이 될 수 없다고 보았다(재량불심리의 원칙). 그러나 특정한 재량행위가 기속재량인지 자유재량인지가 객관적으로 분명하지 않은 경우가 적지 않고, 이러한 재량의 구분 자체가 오늘날 비판의 대상이 되고 있다. 또한 소위 자유재량행위의 경우에도 일정한 한계가 존재하므로, 이를 벗어난 행위는 재량권의 유월 또는 남용으로서 위법이 된다. 따라서 행정청의 재량행위도 행정소송사항이 될 수 있다. 재량행위도 재량권이 유월되거나 남용되면 부당에 그치지 아니하고 위법일 수 있다. 행정소송법 제27조는 재량의 일탈·남용에 대해 사법심사를 할 수 있다고 규정하고 있다. 다만, 부당한 재량행위에 대해서는 행정심판의 길이 열려져 있다. 나아가 계획재량이나 판단여지의 경우에도 독자적인 행정권의 판단권이 비교적 폭넓게 부여되고 있지만, 사법심사의 대상이 되고 있음은 주지의 사실이다.

한편, 고도의 전문성과 기술성이 요구되는 분야에서 법원이 사실확정에 관한 문제를 심리할 수 있는지가 논의된다. 법원은 이러한 사실문제에 대해서도 심리를 할 수 있다. 그러나 상고심은 법률심에 제한되며, 원심판결이 적법하게 확정한 사실은 상고법원을 기속한다(민사소송법 제432조 참조). 다만, 행정청의 제1차적 판단권을 존중할 수 있는지가 문제 된다. 이러한 문제는 행정의 독자적 판단권과 관련된 것이다. 특히 불확정법개념과 관련된 판단여지의 경우 사법심사가 제한되는 경우가 적지 않다. 그러나 판단여지의 경우에도 사법심사가 제한될 뿐, 사법심사가 완전히 면제되는 것은 아니다. 이와 관련하여 미국에서는 실질적 증거의 법칙(substantial evidence rule)이 인정되고 있다.

3. 심리의 절차

(1) 심리에 관한 일반적인 원칙

행정소송의 심리에 있어서도 행정소송법에 특별한 규정이 없는 한 민사소송의 경우와 마찬가지로 법원조직법과 민사소송법 및 민사집행법이 준용된다(행정소송법 제8조 제2항). 대표적인 심리절차에 관한 원칙을 살펴보면 다음과 같다.

a) 공개심리주의

공개심리주의란 재판의 심리와 판결의 선고를 일반인에 공개하는 제도이다(헌법 제109조, 법원조직법 제57조 제1항). 이는 국민에게 재판을 투명하게 공개하여 그 공정성을 확보하고 사법에 대한 국민의 신뢰를 보장하기 위한 것이다. 다만, 국가의 안전보장, 안녕질서 또는 선량한 풍속을 해칠 염려가 있을 때에는 결정으로 공개를 정지할 수 있다. 이러한 경우에는 결정에 이유를 밝혀 선고한다(법원조직법 제57조 제2항).

b) 구술심리주의

구술심리주의란 심리에 있어 당사자 및 법원의 소송행위, 특히 변론 및 증거조사를 구술로 행하는 원칙을 말한다. 이러한 구술심리주의는 서면심리주의에 대한 것이다. 구술심리는 사실관계와 사건의 쟁점을 파악하기가 쉽고, 의문점에 대하여 법원이 석명권을 행사하여 해명할 수 있는 제도적 장점을 가진다. 그러나 복잡한 사실관계인 경우에는 구술만으로는 이해하기가 어렵고 청취 결과를 정리할 수 없는 경우가 적지 않다. 나아가 구두진술은 상급심에서 하급심의 판결을 재심사하는데 어려움을 준다.

c) 처분권주의와 변론주의

처분권주의란 소송의 개시, 심판대상의 결정 및 소송의 종료 등에 대하여 당사자의 의사에 맡기는 것을 말한다. 즉 처분권주의는 소송을 시작하거나 종료하는지, 무엇에 대한 소송을 하는지 등에 대한 결정권을 당사자가 가지는 것을 말한다. 이러한 처분권주의는 직권주의에 대응하는 것이지만, 변론주의와는 구별하여야 한다. 변론주의(Verhandlungsmaxime)는 직권탐지주의에 대응하는 것으로서 소송자료(사실과 증거)의 수집 및 제출의 책임을 당사자가 맡고, 당사자가 수집·제출한 소송자료만을 재판의 기초로 삼는 것을 말한다. 행정소송에서도 예외적인 경우를 제외하고 민사소송처럼 처분권주의와 변론주의가 지배한다. 다만, 예외적으로 전술한 바와 같이 직권탐지주의를 보완하고 있다(행정소송법 제26조 참조).

(2) 심리에 관한 특수한 절차

a) 직권증거조사주의(직권심리주의)

행정소송법 제26조 전단에서는 법원은 필요하다고 인정할 때에 직권으로 증거조사를 할 수 있다고 규정하고 있다. 변론주의에 대한 보충으로 '직권증거조사주의'를 규정하고 있다. 이는 항고소송뿐만 아니라 당사자소송에도 적용된다(행정소송법 제38조, 제44조 제1항). 다만, 행정소송법 제26조가 심리절차상의 특례가 직권증거조사에 제한되는지, 아니면 판단의 자료로 할 사실에 대해서도 당사자의 주장에 구속되지 않는 직권탐지를 의미하는지가 문제 된다. 요컨대 행정소송법 제26조의 규정을 변론주의의 보충으로 볼 것인지, 아니면 직권탐지주의를 인정한 것으로 볼 것인지에 대해 견해가 대립하고 있다. 대법원은 대체로 변론주의의 일부 예외로서 법원이 아무런 제한 없이 당사자가 주장하지 아니한 사실을 판단할 수 있는 것은 아니라고 보고 있다.[217] 즉 전자의 입장에서 제한적으로 해석하고 있는 것이다. 그러나 판례 중에는 직권탐지주의를 적극적으로 판단한 사례도 있다.[218] 행정소송의 특수성을 감안하여 처분의 위법성 판단과 관련하여 직권탐지주의를 보다 적극적으로 인정할 필요가 있다고 보고 있다.[219] 예컨대 재량권의 일탈 · 남용에 대한 판단도 여기에 속한다.

b) **행정심판기록제출명령**

법원은 당사자의 신청이 있는 때 그 결정으로 행정심판기록의 제출명령을 할 수 있고, 그 제출명령을 받은 행정청은 지체없이 해당 기록을 법원에 제출하여야 할 의무를 진다(행정소송법 제25조). 여기에서 말하는 '행정심판기록'이란 해당 행정심판에 관한 자료 일체를 말한다. 따라서 행정심판청구서와 그에 대한 답변서 및 재결서뿐만 아니라, 행정심판위원회의 회의록 기타 행정심판위원회에서의 심리를 위하여 제출된 모든 증거나 자료를 포괄하는 것이다. 이러한 행정

217) "행정소송법 제26조가 법원은 필요하다고 인정할 때에는 직권으로 증거조사를 할 수 있고, 당사자가 주장하지 아니한 사실에 대하여도 판단할 수 있다고 규정하고 있지만, 이는 행정소송의 특수성에 연유하는 당사자주의, 변론주의에 대한 일부 예외규정일 뿐 법원이 아무런 제한 없이 당사자가 주장하지 아니한 사실을 판단할 수 있다는 것은 아니고, 일건 기록에 현출되어 있는 사항에 관하여서만 직권으로 증거조사를 하고 이를 기초로 하여 판단할 수 있을 따름이고, 그것도 법원이 필요하다고 인정할 때에 한하여 청구의 범위 내에서 증거조사를 하고 판단할 수 있을 뿐이다."(대법원 1988. 4. 27. 선고 87누1182 판결; 대법원 1992. 3. 10. 선고 91누6030 판결; 대법원 2000. 3. 23. 선고 98두2768 판결)

218) "행정소송에서 기록상 자료가 나타나 있다면 당사자가 주장하지 않았더라도 판단할 수 있고, 당사자가 제출한 소송자료에 의하여 법원이 처분의 적법 여부에 관한 합리적인 의심을 품을 수 있음에도 단지 구체적 사실에 관한 주장을 하지 아니하였다는 이유만으로 당사자에게 석명을 하거나 직권으로 심리 · 판단하지 아니함으로써 구체적 타당성이 없는 판결을 하는 것은 행정소송법 제26조의 규정과 행정소송의 특수성에 반하므로 허용될 수 없다."(대법원 2010. 2. 11. 선고 2009두18035 판결)

219) 이시윤, 신민사소송법, 제12판, 334-336면.

심판기록은 법원의 심리에 있어서 중요한 기초자료이지만, 법원에 대해 구속력을 가지는 것은 아니다.

4. 주장책임

주요사실은 당사자가 변론에서 주장하지 않으면 판결의 기초로 삼을 수 없다. 변론주의 아래에서 당사자가 주요사실을 주장하지 않으면 유리한 법률효과는 발생되지 않는다. 이와 같은 위험 또는 불이익을 면하기 위하여 당사자 일방이 해당 사실을 주장하여야 하는 책임을 '주장책임(主張責任)'이라 한다. 행정소송에서는 이미 언급한 바와 같이 예외적으로 당사자가 주장하지 아니한 사실에 대해서도 판단할 수 있다. 그러나 이는 원고의 청구범위를 유지하면서 공익상 필요한 경우에 예외적으로 주장 외의 사실에 대하여도 판단할 수 있다는 의미일 뿐이다.[220] 따라서 원고는 직권조사사항을 제외하고 행정처분의 위법사유에 해당하는 구체적 사실을 적극적으로 주장하여야 한다. 대법원은 당사자의 고의나 중대한 과실로 시기에 늦게 제출한 공격방어방법에 대하여 각하결정을 할 수 있다고 보고 있다.[221] 주장책임의 분배와 관련하여, 원고는 권리근거규정의 요건사실을 주장하고, 피고는 권리의 장애·멸각(滅却) 및 저지(沮止)규정의 요건사실을 각각 주장하여야 한다. 다만, 예외적으로 처분 등의 부존재확인소송과 같은 소극적 확인의 소에서는 부존재로 주장된 권리관계의 주장책임은 원고가 부담한다.

5. 입증책임(증명책임)

입증책임 내지 증명책임(Beweislast, burden of proof)이란 "소송상 증명을 요하는 사실의 존부가 확정되지 않아 당사자 일방이 입는 위험 내지 불이익"을 말한다.[222] 입증책임의 핵심적 문제는 입증책임의 분배에 관한 것이다. 이와 관련하여 소송유형별로 구분하여 설명하기로 한다.

---

220) "행정소송에 있어서 직권주의가 가미되어 있다고 하여도 여전히 변론주의를 기본구조로 하는 이상 행정처분의 위법을 들어 그 취소를 청구함에 있어서는 직권조사사항을 제외하고는 그 취소를 구하는 자가 위법사유에 해당하는 구체적인 사실을 먼저 주장하여야 한다."(대법원 2000. 3. 23. 선고 98두2768 판결)

221) 대법원 1996. 3. 22. 선고 95누5509 판결.

222) 이시윤, 전게서, 541면.

(1) 취소소송에서의 입증책임

당사자소송의 입증책임 분배는 그 성질상 민사소송에 경우에 준하여 판단할 수 있다. 행정소송에 있어서 입증책임이 문제되는 것은 항고소송이다. 판례는 입증책임의 분배와 관련하여 종래 원고책임설을 취하기도 하였으나, 그 이후에는 '법률요건분류설'의 입장을 따르고 있다. 입증책임에 관해서는 민사소송의 일반원칙이 적용되고 있다.[223] 입증책임의 분배와 관련된 학설의 입장은 다음과 같다.

a) 원고책임설(적법성추정설)

행정행위에는 공정력이 인정되어 그 적법성의 추정을 받으므로 행정행위의 위법을 주장하는 원고가 그 위법원인에 대한 입증책임을 진다는 견해이다.[224] 그러나 공정력은 행정목적의 달성과 국민의 신뢰보호 및 법적 안정성의 관점에서 인정되는 잠정적 통용력에 불과하고 실체법적인 적법성의 추정을 의미하는 것은 아니라고 보는 것이 일반적이다. 공정력의 개념 자체가 권위주의적 행정법학의 산물일 뿐이고, 이러한 공정력과 입증책임은 무관하다.

b) 피고책임설

법치행정의 원칙에 비추어, 피고행정청이 처분의 적법성을 뒷받침하는 구체적 사실에 대한 입증책임을 져야 한다는 견해이다. 그러나 사실이 불명확한 경우에 그 위험을 일방당사자에게 전가시키는 것은 공평의 이념에 반한다는 비판이 제기된다.

c) 법률요건분류설(일반원칙설)

소송에 있어서 당사자의 지위는 대등하므로, 항고소송에서도 민사소송의 일반원칙에 따라 입증책임을 분배하여야 한다는 견해이다. 각 당사자는 자신에게 유리한 법규범의 모든 요건사실의 존재에 관하여 입증책임을 진다는 것이다. 이

---

223) "민사소송법의 규정을 준용하는 행정소송에 있어서 입증책임은 원칙적으로 민사소송의 일반원칙에 따라 당사자간에 분배되고 항고소송의 특성에 따라 당해 처분의 적법을 주장하는 피고에게 그 적법사유에 대한 입증책임이 있다고 하는 것이 당원의 일관된 견해이므로, 피고가 주장하는 당해 처분의 적법성이 합리적으로 수긍될 수 있는 일응의 입증이 있는 경우에는 그 처분은 정당하다고 할 것이며, 위와 같은 합리적으로 수긍할 수 있는 증거와 상반되는 주장과 입증은 그 상대방인 원고에게 그 책임이 돌아간다고 풀이하여야 할 것이다."(대법원 1984. 7. 24. 선고 84누124 판결; 대법원 1964. 5. 26. 선고 63누142 판결)

224) 이 견해의 창시자인 田中二郎 교수도 공정력에서 입증책임을 도출하는 방법에 문제가 있음을 인정하고 있다(田中二郎, 新版行政法上卷, 弘文堂, 1974, 245면 참조).

에 의하면 권리를 주장하는 자는 자신에게 유리한 권리근거규정에 해당하는 요건사실을 입증하여야 하고, 그 권리를 부인하는 상대방은 권리의 장애·소멸·저지 규정에 해당하는 요건사실을 입증하여야 한다는 것이다. 이 견해가 종전의 다수설이다.[225] 이 설에 의하면 실체법상의 요건규정의 형식에 따라 행정청의 권한행사에 관한 규정(예컨대 …한 경우에는, …한 처분을 할 수 있다)의 경우 권한행사를 주장하는 자가 요건사실에 대한 입증책임을 진다. 따라서 적극적 처분에 있어서는 행정청이 입증책임을 지지만, 소극적 처분에 대해서는 원고가 입증책임을 지게 된다. 그러나 행정청의 권한불행사에 관한 규정(예컨대 …한 때에는, …한 처분을 하여서는 아니된다)에 의할 경우 처분권한의 불행사를 주장하는 자가 요건사실에 대한 입증책임을 진다. 이 경우에는 적극적 처분에 대하여는 원고가 입증책임을 지나, 소극적 처분에는 행정청이 입증책임을 부담한다.

d) 행정법독자분류설(특수성인정설, 개별구체설)

이 설은 구체적인 사안에 따른 입증책임분배설로서, 행정소송에서의 입증책임분배는 행정소송과 민사소송의 목적과 성질의 차이, 행위규범과 재판규범의 차이 등을 이유로 독자적으로 정하여야 한다는 견해이다. 즉 행정소송은 민사소송과 달리 공익조정을 그 내용으로 하기 때문에 재판규범보다는 행위규범으로서의 성격을 강하게 가지며, 민사소송법상의 원칙을 행정소송에 그대로 적용할 수 없다고 본다. 따라서 당사자간의 공평, 사안의 성질, 입증의 난이도 등에 의하여 구체적인 사안에 따라 입증책임을 부담할 당사자를 정하여야 한다는 것이다.[226] 이에 대해 행정법독자분류설이 근거로 내세우는 기준들(증거와의 거리, 입증의 난이, 금반언, 경험칙의 개연성 등)이 여전히 추상적이고 법률요건분류설을 대체하기에는 미흡하다는 비판이 있다.[227]

(2) 무효등확인소송에서의 입증책임

무효등확인소송의 입증책임에 있어서도 견해가 대립하고 있다. 취소소송과 마찬가지로 무효등확인소송에서도 해당 처분 등의 위법성이 의심되는 것이므로 피고인 행정청이 해당 처분 등의 유효요건에 대한 입증책임을 진다고 보는 견해와 무효등확인소송의 취소소송에 대한 예외성을 근거로 처분 등의 무효원인

225) 이상규, 신행정법론(상), 872면; 김도창, 일반행정법론(상), 805면.
226) 김남진, 전게서(Ⅰ), 974면.
227) 이상규, 행정쟁송법, 468면.

에 대하여 원고가 입증책임을 부담하는 것으로 보는 견해가 대립하고 있다. 한편, 대법원은 무효원인에 대한 주장·입증의 책임은 취소소송의 경우와는 달리 원고가 부담한다는 입장을 취하고 있다.[228]

(3) 부작위위법확인소송에서의 입증책임

부작위위법확인소송은 행정청이 당사자의 신청에 대하여 상당한 기간 내에 일정한 처분을 하여야 할 법률상 의무가 있음에도 불구하고 이를 하지 아니한 것이 위법하다는 것을 확인하는 소송이다. 이러한 부작위위법확인소송에 있어서는 일정한 처분의 신청을 한 자만이 원고적격을 가진다(행정소송법 제36조). 따라서 일정한 처분을 신청한 것에 대하여 원고가 입증책임을 진다. 원고는 법령상 또는 조리상의 권리에 근거하여 처분을 신청한 사실, 그리고 행정청의 응답의무를 정한 법령상의 기간 또는 상당한 기간이 경과하였다는 사실 등을 입증하여야 한다. 그러나 상당한 기간이 경과한 것이 정당화될 수 있는 특별한 사정에 대하여는 행정청이 입증책임을 진다.

6. 위법판단의 기준시

계쟁 중인 처분 등의 위법성 판단의 경우, 법원이 어느 시점을 기준으로 그 사실 및 법상태의 위법성을 판단해야 하는지가 문제된다. 이와 관련하여 처분시설과 판결시설이 대립한다. 처분시설이 통설 및 판례[229]의 입장이다. 다만, 부작위위법확인소송에서는 취소소송 및 무효등확인소송과 달리 아무런 처분도 존재하지 아니하므로 판결시(사실심의 구두변론 종결시)를 기준으로 판단하여야 한다.[230]

---

228) "행정처분의 당연무효를 주장하여 그 무효확인을 구하는 행정소송에 있어서는 원고에게 그 행정처분이 무효인 사유를 주장·입증할 책임이 있다."(대법원 1992. 3. 10. 선고 91누6030 판결)

229) "행정처분의 위법 여부를 판단하는 기준시점에 대하여 판결시가 아니라 처분시라고 하는 의미는 행정처분이 있었을 때의 법령과 사실상태를 기준으로 하여 위법 여부를 판단할 것이며 처분후 법령의 개폐나 사실상태의 변동에 영향을 받지 않는다는 뜻이지, 처분 당시 내재하였던 자료나 행정청에 제출되었던 자료만으로 위법 여부를 판단한다는 의미는 아니므로, 처분 당시의 사실상태 등에 대한 입증은 사실심 변론종결당시까지 할 수 있고, 법원은 행정처분 당시 행정청이 알고 있었던 자료뿐만 아니라 사실심 변론종결 당시까지 제출된 모든 자료를 종합하여 처분당시 존재하였던 객관적 사실을 확정하고 그 사실에 기초하여 처분의 위법 여부를 판단할 수 있다."(대법원 1995. 11. 10. 선고 95누8461 판결)

230) 대법원 1990. 9. 25. 선고 89누4758 판결.

7. 처분사유의 추가 · 변경

(1) 의의 및 허용기준

처분사유의 추가 · 변경이란 처분의 사유로 제시된 법적 · 사실적 근거를 추가하거나 변경하여 그 실체적 적법성을 보완하는 제도이다.[231] 취소소송의 위법판단 기준시는 처분시가 다수설이므로, 처분시에 존재하였으나 행정청이 처분의 근거로 제시하지 아니한 처분의 '사유'를 소송 중에 추가 · 변경하는 것을 말한다. 최근 제정된 행정소송규칙 제9조는 처분사유의 추가 · 변경에 관한 규정을 도입하고 있다. 여기서 사실심의 변론종결시까지 "당초의 처분사유와 기본적 사실관계가 동일한 범위 내에서" 처분사유를 추가 또는 변경할 수 있다고 규정하고 있다. 처분의 '이유(理由)'(Begründung)와 처분의 '사유(事由)'(Gründe)는 구분되어야 한다. 처분의 이유는 행정절차법 제23조 소정의 이유제시 또는 이유부기 의무의 대상이 되는 것을 말하지만, 처분의 사유는 처분의 적법성을 뒷받침하는 사실이나 근거의 의미로 실질적 · 소송법적 개념이다.[232]

처분사유의 추가 · 변경은 상대방의 신뢰보호와 법적 안정성이라는 관점에서 합리적으로 제한될 필요가 있다. 이와 관련하여 대법원은 일관되게 처분사유의 추가 · 변경이 "기본적 사실관계가 동일성이 있다고 인정되는 한도"에서 인정된다고 판시하고 있다.[233] 여기에서 말하는 기본적 사실관계의 동일성 유무는 "처분사유를 법률적으로 평가하기 이전의 구체적인 사실관계에 착안하여 그 기초가 되는 사회적 사실관계가 기본적인 점에서 동일한지 여부에 따라 결정된다"고 보고 있다.[234]

(2) 판례의 입장

a) 긍정한 사례

처분사유의 추가 · 변경에 대해 기본적 사실관계의 동일성을 '긍정'한 사례는 다음과 같다. 먼저 대법원은 주유소 영업허가 불허사유로 내세운 '행정청의 허가기준에 맞지 않는다'는 사유를 추후에 내세운 '이격거리에 관한 허가기준 위

231) 졸저, 현대행정의 작용형식, 24면.
232) 박정훈, 행정소송의 구조와 기능, 480-481면.
233) 대법원 2003. 12. 11. 선고 2001두8827 판결; 대법원 1992. 2. 14. 선고 91누3895 판결.
234) 대법원 2001. 9. 28. 선고 2000두8684 판결; 대법원 2004. 11. 26. 선고 2004두4482 판결.

배'라는 사유에 대해 기본적 사실관계의 동일성이 인정된다고 판시하였다.[235] 또한 건축(골프연습장)허가신청반려처분에서 피고 행정청은 신청지를 비롯한 전체 공유수면매립지에 대한 도시계획수립 등 향후 토지이용계획에 대한 검토가 이루어질 때까지 건축허가결정을 유보한다는 사유를 제시하였다. 대법원은 행정청이 추후에 철골구조물의 골프연습장이 건축될 경우 주변경관과의 부조화가 예상되어 국토의 계획 및 이용에 관한 법률 제58조 제1항(개발행위허가의 기준) 제4호에 저촉된다는 사유로 변경한 것에 대해 당초의 처분사유와 기본적 사실관계가 동일하다고 보고 있다.[236] 나아가 또 다른 사건에서 행정청은 폐기물처리사업계획 부적정 통보처분을 하면서 그 처분사유로 사업예정지에 폐기물처리시설을 설치할 경우 인근 농지의 농업경영과 농어촌 생활유지에 피해를 줄 것이 예상되어 농지법에 의한 농지전용이 불가능하다는 사유 등을 내세웠다. 대법원은 위 행정처분의 취소소송에서 사업예정지에 폐기물처리시설을 설치할 경우 인근 주민의 생활이나 주변 농업활동에 피해를 줄 것이 예상되어 폐기물처리시설 부지로 적절하지 않다는 사유를 행정청이 주장한 것을 기본적 사실관계가 동일하다고 보고 있다.[237] 위 처분사유들은 모두 인근 주민의 생활이나 주변 농업활동의 피해를 문제삼는 것이어서 기본적 사실관계가 동일하며, 행정청은 위 행정처분의 취소소송에서 처분사유를 추가·변경한 것이다.

b) 부정한 사례

처분사유의 추가변경을 '부정'한 사례로는 다음과 같다. 대법원은 석유판매업 허가신청에 대하여 관할 군부대장의 동의를 얻지 못하였다는 당초의 불허가사유와 해당 토지가 탄약창에 근접한 지점에 있어 공익적인 측면에서 보아 허가할 수 없다는 사유가 동일성이 없다고 판시하였다.[238] 또한 인근주민의 동의서 미제출을 이유로 토석채취허가신청을 반려한 후 자연경관이 훼손되고 암반의 발파시 생기는 소음, 토석운반차량의 통행시 일어나는 소음, 먼지의 발생, 토석채취장에서 흘러내리는 토사가 부근의 농경지를 매몰할 우려가 있는 등 공익에 미치는 영향이 지대하다는 사유를 주장하는 것이 기본적 사실관계의 동일성이 인정되지 아니하는 별개의 사유라고 보고 있다.[239] 그 밖에 대법원은 정보공개

235) 대법원 1989. 7. 25. 선고 88누11926 판결.
236) 대법원 2006. 10. 13. 선고 2005두10446 판결.
237) 대법원 2006. 6. 30. 선고 2005두364 판결.
238) 대법원 1991. 11. 8. 선고 91누70 판결.

청구소송에서 비공개대상의 근거 조항이 다른 경우에도 기본적 사실관계가 동일하지 않다고 판시하고 있다.[240)]

Ⅱ. 행정소송의 판결

1. 판결의 의의 및 유형

행정소송의 판결이란 법원이 원칙적으로 변론을 거쳐 구체적인 행정소송사건에 대해 최종적으로 법적 판단을 하는 사법행위를 말한다. 여기에는 다양한 유형의 판결이 있다.

(1) 중간판결 · 종국판결

중간판결(Zwischenurteil, interlocutory judgement)은 종국판결에 대한 준비로서, 소송진행 중에 생긴 개개의 쟁점을 해결하기 위하여 하는 확인적 성질의 판결을 말한다(예: 피고의 방소항변). 민사소송법에 의하면 중간판결은 독립된 공격 또는 방어의 방법, 그 밖의 중간적 다툼에 대하여 필요한 때, 청구의 원인과 액수에 대하여 다툼이 있는 경우에 그 원인에 대해 중간판결을 내릴 수 있다고 규정하고 있다(민사소송법 제201조). 이에 반해 종국판결은 행정소송의 전부나 일부를 확정적으로 종료시키는 판결을 말한다.

(2) 소송판결(각하판결) · 본안판결

종국판결은 소송판결과 본안판결로 구분된다. 소송판결은 소송의 적법여부에 대한 판결이며, 요건심리를 통해 해당 행정소송에 대해 부적법 각하를 하는 판결이다. 본안판결은 청구의 당부에 관한 판결로서 본안심리의 결과, 청구의 전부 또는 일부를 인용하거나 기각하는 것이다.

(3) 전부판결 · 일부판결

종국판결은 판결의 범위에 따라 전부판결과 일부판결로 구분된다. 일부판결은 동일한 소송절차로 계속되어 있는 사건의 일부를 분리하여 재판하는 것을 말하

239) 대법원 1992. 8. 18. 선고 91누3659 판결.
240) "피고가 처분사유로 추가한 법 제7조 제1항 제5호의 사유와 당초의 처분사유인 같은 항 제4호 및 제6호의 사유는 기본적 사실관계가 동일하다고 할 수 없다."(대법원 2003. 12. 11. 선고 2001두8827 판결)

지만, 전부판결은 당해 사건의 전부에 대하여 동시에 재판하는 것을 말한다. 또한 일부판결을 한 후에 잔여부분에 대하여 하는 판결을 가리켜 '잔부(殘部)판결'이라 한다. 민사소송법 제200조 제1항에 의하면, 법원은 소송의 일부에 대한 심리를 마친 후 그 일부에 대해 종국판결을 내릴 수 있다고 규정하고 있다.

(4) 기각판결 · 인용판결

a) 기각판결

원고의 청구가 이유 없다고 하여 이를 배척하는 판결이다. 행정소송의 대상인 처분 등에 위법성이 없는 경우, 행정소송의 제기 후에 소의 대상이나 소의 이익이 소멸된 경우에 인정된다. 그러나 예외적으로 처분이 위법하여 원고의 청구가 이유있다고 하더라도 공익적인 견지에서 원고의 청구를 기각하는 경우가 있다. 이를 '사정판결(事情判決)'이라 한다.

b) 사정판결

① 의의

원고의 청구가 이유 있어 위법하다고 인정하는 경우에도 처분 등을 취소하는 것이 현저히 공공복리에 적합하지 아니하는 때에는 법원이 원고의 청구를 기각할 수 있다(행정소송법 제28조 제1항). 예컨대 사인의 토지를 수용하여 댐, 고속도로, 신국제공항을 건설하는 경우에 있어서 그 수용재결이 위법할 지라도 (예컨대 수권근거의 결여, 비례의 원칙 내지 평등원칙 위반, 중대한 절차상의 하자), 이를 취소하는 것이 사회경제적 측면에서 큰 손실을 가져올 수 있다. 대규모공공사업이 주는 공익을 감안하여 그 재결취소의 소를 기각하는 경우가 여기에 해당한다. 이러한 사정판결 제도는 중대한 공공복리를 위하여 위법한 행정처분의 취소를 허용하지 않고 사익을 후퇴시키는 것이다. 따라서 사정판결의 적용은 법치주의의 관점에서 엄격한 요건 하에 제한적으로 인정되어야 한다.[241] 또한 대법원은 그 요건인 "현저히 공공복리에 적합한지" 여부를 심사함에 있어, 위법한 행정처분을 취소 · 변경하여야 할 필요와 그 취소 · 변경으로 인하여 발생할 수 있는 공공복리에 반하는 상황 등에 대해 형량을 하여야 한다고 판시한 바 있다.[242]

---

241) 대법원 1966. 5. 31. 선고 66누3 판결.
242) 대법원 1995. 6. 13. 선고 94누4660 판결.

② 요건

사정판결의 요건으로서 첫째, 원고의 청구가 이유 있다고 인정되어야 한다. 둘째, 처분 등을 취소하는 것이 현저히 공공복리에 적합하지 아니하다고 인정되어야 한다. 이와 같이 사정판결은 항고소송 중 취소소송의 경우에 한하여 허용될 수 있다.[243] 여기에서 '공공복리'의 개념은 다의적이나 사회공공의 이익을 뜻한다고 보는 것이 일반적이다. 그러나 이는 단순한 공익이 아니라 사익에 비해 현저히 중요한 공익에 해당하여야 한다. 셋째, 사정판결은 법치국가원리의 예외이므로 사익과 공익(공공복리)의 형량을 통하여 극히 불가피한 경우에 허용되어야 한다.

c) 인용판결

인용판결은 원고의 주장이 이유있다고 인정하여, 그 청구의 전부 또는 일부를 인용하는 판결이다. 인용판결은 그 내용에 따라 다시 확인판결, 형성판결 및 이행판결로 구분할 수 있다.

2. 판결의 형식 및 절차

(1) 판결의 형식

행정소송법에는 행정소송의 판결형식에 관한 특별한 규정이 없으므로, 민사소송법의 판결 형식에 관한 규정에 따라야 한다. 따라서 판결문에는 서면으로 당사자와 법정대리인, 주문, 청구의 취지 및 상소의 취지, 이유, 변론을 종결한 날짜(변론 없이 판결하는 경우에는 판결을 선고하는 날짜) 및 법원을 기재하고 판결한 법관이 서명날인을 하여야 한다(민사소송법 제208조 제1항).

(2) 판결의 절차

판결의 절차에 대하여도 행정소송법에 특별한 규정을 두고 있지 아니하므로 민사소송법의 규정을 준용한다. 즉 판결은 선고함으로써 대외적으로 성립하고 그 효력이 생긴다(민사소송법 제205조). 판결은 선고기일에 하나 그 선고기일은 변론이 종결된 날로부터 2주 이내에 선고하여야 하며, 복잡한 사건이나 그 밖의 특별한 사정이 있는 경우에도 변론이 종결된 날로부터 4주를 초과해서는 아

243) 대법원 1996. 3. 22. 선고 95누5509 판결.

니 된다(민사소송법 제207조 제1항). 판결은 공개된 법정에서 재판장이 판결원본에 따라 주문을 읽어 선고하며, 필요한 때에는 이유를 간단히 설명할 수 있다(동법 제206조). 판결을 선고하면 재판장은 즉시 판결서를 법원사무관 등에게 교부하여야 하며, 법원사무관 등은 판결서를 받은 날부터 2주 이내에 당사자에게 송달하여야 한다(동법 제209조 및 제210조 제1항). 이 경우 판결서는 정본으로 송달한다(동법 제210조 제2항).

3. 판결의 효력

(1) 기속력

a) 기속력의 의의 및 성질

확정판결은 소송당사자인 행정청과 관계행정청이 판결의 취지에 따라 일정한 행위를 할 실체법적 의무를 발생시킨다. 이를 판결의 '기속력' 또는 '구속력'이라고 한다. 행정소송법에는 '취소판결 등의 기속력'이라는 표제를 사용하고 있다. 즉 "처분 등을 취소하는 확정판결은 그 사건에 관하여 당사자인 행정청과 그 밖의 관계 행정청을 기속한다"라고 규정하고 있다(행정소송법 제30조). 기속력의 법적 성질에 대하여 기판력설과 특수효력설이 대립하고 있다. 판례는 '기판력'이라는 표현을 사용하고 있는데, 이는 기속력을 기판력으로 이해하는 것으로 보인다.[244] 다수설은 '특수효력설'로 이해하고 있다.[245] 기판력은 당사자와 법원을 모두 구속하지만, 기속력은 행정청과 관계행정청을 구속한다는 점에서 차이가 있다. 판결의 기속력은 그 판결의 실효성을 보장하기 위한 특수한 실체법적 효과를 발생시키기 위한 것이라고 보는 것이 타당하다(특수효력설).

b) 기속력의 내용

① 반복금지의무

확정판결의 기속력은 동일한 사실관계에서 동일한 당사자에게 동일한 내용의 처분 등을 반복해서는 아니 된다는 의미에서 반복금지효를 가진다. 여기에서 사실관계의 '동일성' 여부를 종전의 처분에 대하여 위법한 것으로 판결에서 판단된 사유와 기본적 사실관계에 있어서 동일성이 인정되는지를 기준으로 판단한다. 대법원은 새로운 처분의 처분사유가 종전의 처분에서 제시된 처분사유와 기

244) 대법원 1962. 3. 15. 선고 4294행상131 판결; 대법원 1982. 5. 11. 선고 80누104 판결.
245) 김도창, 전게서(상), 818면; 이상규, 전게서(상), 884면.

본적 사실관계에 있어서 동일성이 없으면, 새로운 처분은 종전의 처분에 대한 취소판결의 기속력에 저촉되지 않는다고 보고 있다.[246] 따라서 어떠한 사실에 대해 행정청의 허가취소에 대한 법원의 취소판결이 내려진 경우에도 해당 행정청은 다른 행정법규의 위반을 이유로 그 허가를 다시 취소할 수 있다.

② 원상회복의무(결과제거의무)

취소판결이 확정되면 행정청은 위법한 처분에 의해 야기된 상태를 제거해야 할 의무를 진다. 예컨대 파면처분이 취소되면 원고를 복직시켜야 하며, 압류처분이 취소되면 해당 재산을 반환할 의무를 진다. 이와 관련하여 공무원의 승진이나 승급 등도 인정할 수 있다고 보는 견해도 있다.[247] 그러나 이러한 해석은 원상회복의무의 범위를 넘어서는 것이다. 승진이나 승급 등은 별도의 심사를 거쳐 결정되어야 한다.

③ 재처분의무

ⅰ) 거부처분이나 부작위에 대한 적극적 처분의무

거부처분의 취소판결이나 부작위위법확인판결이 확정되면 해당 거부처분을 한 행정청 또는 그 부작위를 행한 행정청은 판결의 취지에 따라 원래의 신청에 대한 처분을 하여야 할 의무를 진다(행정소송법 제30조 제2항, 제38조 제2항). 행정소송법에서는 직접적인 의무이행소송은 인정하고 있지 않으나, 적극적 처분의무를 이행하지 않는 경우에 후술하는 바와 같이 판결의 기속력을 통해 적극적 처분의무를 간접적으로 강제하고 있다.

ⅱ) 절차상 하자로 인한 처분의무

처분의 절차상 위법을 이유로 한 취소판결이 확정된 때에는 적법한 절차에 따라 이전의 신청에 대한 처분을 다시 하여야 한다(행정소송법 제30조 제3항). 대법원은 과세처분이 절차상 하자로 취소된 경우 그 하자를 보완하여 다시 새로운 과세처분을 할 수 있으며, 이는 확정판결에 의해 취소된 종전의 과세처분과는 별개의 처분이라고 판시하고 있다.[248]

---

246) 대법원 2005. 12. 9. 선고 2003두7705 판결.

247) 박균성, 전게서(상), 1547면.

248) "과세의 절차 내지 형식에 위법이 있어 과세처분을 취소하는 판결이 확정되었을 때는 그 확정판결의 기판력은 거기에 적시된 절차 내지 형식의 위법사유에 한하여 미치는 것이므로 과세관청은 그 위법사유를 보완하여 다시 새로운 과세처분을 할 수 있고 그 새로운 과세처분은 확정판결에 의하여 취소된 종전의 과세처분과는 별개의 처분이라 할 것이어서 확정판결의 기

c) 기속력의 범위

1) 주관적 범위

기속력이 미치는 주관적 범위는 당사자인 행정청뿐만 아니라 그 밖의 모든 관계행정청이다. 그런 점에서 기속력은 당사자와 법원을 모두 구속하는 기판력과 구분된다.

2) 객관적 범위

기속력은 취소판결 등의 실효성 확보를 위해 인정된 효력이므로, 판결주문 및 그 전제가 된 요건사실의 인정과 효력의 판단에만 미친다. 대법원은 판결의 취지에 따른 기속력을 판결의 주문과 판결이유 중에 설시된 '개개의 위법사유'를 포함하는 것으로 이해하고 있다.[249] 하지만 판결의 결론과 직접적인 관계가 없는 방론(obiter dictum)이나 간접사실의 판단에는 미치지 아니한다. 이에 반해 기판력은 판결의 주문에 포함된 것에 한하여 인정된다(민사소송법 제216조 제1항 참조).

3) 시간적 범위

처분의 위법판단은 '처분시'로 보는 견해가 다수설이다. 처분 당시까지 존재하던 사유에 대해서만 기속력이 미치고, 그 이후에 생긴 사유는 새로운 사유로서 이에 근거한 처분 역시 새로운 처분이 된다.

d) 기속력 위반의 효과

이러한 판결의 기속력에 위반하여 행한 행정청의 행위는 위법한 것으로 무효이다. 즉 행정소송에서 행정처분을 취소하는 판결이 선고되어 확정된 경우에 처분행정청이 그 행정소송의 사실심 변론종결 이전의 사유를 내세워 다시 확정판결에 저촉되는 행정처분을 하는 것은 확정판결의 기속력에 저촉되어 허용될 수 없다. 이와 같은 행정처분은 그 하자가 명백하고 중대한 경우에 해당되어 당연무효이다.[250]

(2) 형성력

판결의 형성력이란 판결의 취지에 따라 기존의 법률관계 또는 법률상태에

판력에 저촉되는 것이 아니다."(대법원 1987. 2. 10. 선고 86누91 판결)

249) 대법원 2001. 3. 23. 선고 99두5238 판결.

250) 대법원 1982. 5. 11. 선고 80누104 판결.

변동을 가져오는 효력을 말한다. 이와 관련하여 행정처분을 취소한다는 확정판결이 있으면 그 취소판결의 형성력에 의하여 해당 행정처분의 취소나 취소통지 등의 별도의 절차를 요하지 아니하고 당연히 취소의 효과가 발생한다.[251] 형성력은 해당 소송의 당사자에게만 미치는 것이 아니라 그 밖의 제3자에 대하여도 미친다. 행정소송법 제29조 제1항은 "처분 등을 취소하는 확정판결은 제3자에 대하여도 효력이 있다"고 규정하고 있다. 이 규정은 취소판결의 형성력을 규정한 것이다. 형성력의 주관적 범위가 제3자에게도 미치는 것을 가리켜 판결의 제3자효 또는 대세효(對世效)라고 한다. 형성력의 제3자효는 취소판결 외에 다른 항고소송의 인용판결에 대하여 인정된다(행정소송법 제38조 참조).

(3) 기판력

a) 기판력의 의의

기판력이란 후소의 법원이 동일한 사항에 대하여 전소의 확정판결과 내용적으로 모순되는 것을 하지 못하도록 금지하거나 동일한 소송물에 대한 반복된 제소를 불허하는 확정판결의 효력을 말하다. 이를 판결의 실체적(실질적) 확정력이라 한다. 대법원은 기판력에 대해 보다 자세히 정의하고 있다. 즉 "기판력 있는 전소 판결의 소송물과 동일한 후소를 허용하지 않음과 동시에, 후소의 소송물이 전소의 소송물과 동일하지는 않더라도 전소의 소송물에 관한 판단이 후소의 선결문제가 되거나 모순관계에 있을 때에는 후소에서 전소 판결의 판단과 다른 주장을 하는 것을 허용하지 않는 작용"이라고 파악하고 있다.[252]

이와 같이 기판력이란 재판이 확정되는 경우에 당사자가 동일한 소송물에 대하여 다시 소를 제기할 수 없고 법원도 이와 모순·저촉되는 판단을 할 수 없는 구속력을 말한다.[253] 행정소송법에는 기판력에 관한 규정이 없으나,[254] 학

---

251) 대법원 1991. 10. 11. 선고 90누5443 판결.

252) 대법원 2016. 3. 24. 선고 2015두48235 판결.

253) "확정판결의 기판력이라 함은 확정판결의 주문에 포함된 법률적 판단의 내용은 이후 그 소송당사자의 관계를 규율하는 새로운 기준이 되는 것이므로 동일한 사항이 소송상문제가 되었을 때 당사자는 이에 저촉되는 주장을 할 수 없고 법원도 이에 저촉되는 판단을 할 수 없는 기속력을 의미하는 것이고 이 경우 적극당사자(원고)가 되어 주장하는 경우는 물론이고 소극당사자(피고)로서 항변하는 경우에도 그 기판력에 저촉되는 주장은 할 수 없다."(대법원 1987. 6. 9. 선고 86다카2756 판결)

254) 한편, 기판력과 기속력을 구분하는 견해가 다수설이나, 취소판결의 기판력에 관한 법적 근거를 행정소송법 제29조 제1항에서 찾고, 기판력을 형성력과 기속력을 포괄하는 취소판결의 기본적 효력으로 파악하는 견해가 있다(박정훈, 전게서, 366면). 그러나 행정소송법 제29조 제1

설은 기판력에 관한 민사소송법의 규정이 준용된다고 보고 있다(행정소송법 제8조 제2항 참조).[255] 행정소송법 제30조 제1항은 "처분 등을 취소하는 확정판결은 그 사건에 관하여 당사자인 행정청과 그 밖의 관계행정청을 기속한다"고 규정하고 있다. 전술한 바와 같이 이를 두고 기판력설과 특수효력설이 대립하나, 후설이 통설이다.

한편, 독일 행정법원법 제121조는 "확정판결은 그 소송물에 관하여 판단된 범위 안에서 당사자 및 그 승계인을 기속한다"고 규정하고 있다. 즉 기판력에 관한 명문의 규정을 두고 있다. 행정소송법에 기판력에 관한 명문의 규정이 없어도 행정소송도 재판절차이므로 확정판결에 기판력을 인정하는 것은 당연하다. 독일에서는 기판력을 '실질적 확정력'(materielle Rechtskraft)이라고 부른다. 실질적 확정력은 당사자 사이에 확정된 동일한 사안에 대해 법원의 결정이 옳은지 여부와 관계없이 장래에 당사자 및 그 승계인에 대해 소송물에 관하여 형식적으로 확정력이 발생한 판결에 기속되는 것을 의미한다.[256] 실질적 확정력은 쟁송기간이 도과한 경우에 정식재판을 통해 다툴 수 없는 형식적 확정력과 구별된다. 이러한 실질적 확정력은 새로이 분쟁이 발생하는 것을 차단하는 기능을 가진다. 독일 행정법원법 제121조의 '당사자'는 원·피고, 참가인 및 대리인을 의미한다(독일 행정법원법 제63조). 학설은 당해 법원 및 다른 법원, 그리고 행정청에 대한 구속도 포함하는 것으로 해석하고 있다.[257] 이를 소위 '소송법적 확정력'(prozeßrechtliche Rechtskraft)이라 한다.[258] 이러한 구속력에 따라 행정청은 형식적으로 동일한 소송물에 대한 결정을 할 수 없으며, 실질적으로 법적 및 사실적 상태가 변경되지 않은 경우에는 내용상 이러한 확정판결에 기속된다. 이와 같이 독일의 기판력, 즉 실질적 확정력은 행정청에 대한 구속력인 소위 '반복금지효'(Wiederholungsverbot)[259]를 포함하여 논하고 있다. 이러한 효력은 행정소송

항은 제3자에 대한 취소판결의 '형성효'를 별도로 규정하고 있으며, 주로 소송당사자(승계인 포함)와 법원에 대한 구속력인 기판력과 구별된다. 또한 소송당사자(피고)에 대한 취소소송의 특수한 효력인 '기속력'에 대해서도, 행정소송법 제30조 제1항에서 규정하고 있다는 점도 그러한 사실을 방증하고 있는 것이다.

255) 이상규, 신행정법론(상), 884면; 박윤흔 최신행정법강의(상), 1008면.

256) Kopp/Schenke, VwGO, § 121 Rn. 2.

257) 다만, 독일 행정소송의 피고는 국가 또는 공공단체 등 행정주체이며, 행정청을 피고로 하고 있는 우리의 입법례와 차이가 있다(Hufen, Verwaltungsprozeßrecht, 7. Aufl., § 12 Rn. 2 참조).

258) Hufen, a.a.O., § 38 Rn. 25 ff.

259) Detterbeck, Das Verwaltungsakt-Wiederholungsverbot, NVwZ 1994, S. 35 ff. 이를 '모순금

법 제30조의 '기속력'에 상응하는 효력으로 볼 수 있다.

b) **기판력의 범위**

1) 시간적 범위

기판력은 사실심의 변론종결시를 기준으로 하여 발생한다. 당사자는 사실심의 변론종결시까지 사실자료를 제출할 수 있고 이를 근거로 종국판결이 내려진다.

2) 주관적 범위

기판력은 민사소송과 마찬가지로 해당 행정소송의 당사자 및 당사자와 동일시할 수 있는 자에게만 미치고, 제3자에게는 미치지 않는 것이 원칙이다. 이를 기판력의 '상대성'이라 한다. 항고소송의 피고는 권리주체가 아닌 처분행정청이지만, 기판력은 피고인 행정청이 속한 국가나 공공단체에게도 미친다.

3) 객관적 범위

행정소송의 판결이 가지는 기판력은 민사소송법 제216조 제1항에 규정된 바와 같이 확정판결의 '주문'에 포함된 것에 한하여 발생한다. 기판력의 객관적 범위는 판결주문 중에 표시된 '소송물'에 관한 판단에 대해서만 인정된다. 취소소송의 소송물은 '처분의 위법성 일반'으로 보는 것이 판례의 입장이고, 공격방어방법에 지나지 않는 개개의 위법사유에는 기판력이 미치지 않는다. 따라서 판결이유 중에서 판단된 사실인정, 선결적 법률관계, 항변 또는 법규의 해석적용에 대해서는 기판력이 미치지 않음이 원칙이다.[260)]

c) **기판력과 기속력의 관계**

여기서 기판력과 기속력의 관계가 문제 된다. 우선 기판력은 당사자 및 당사자와 동일시할 수 있는 자에게만 미치며, 제3자에게는 미치지 않는 것이 원칙이다(주관적 범위). 따라서 기판력은 당사자(승계인 포함)와 법원에 대해 미치나, 기속력은 주로 당사자인 행정청과 그 밖의 관계행정청을 구속한다. 또한 기판력은 객관적 범위와 관련하여 확정판결의 주문에 포함된 것에 한하여 발생하고 판결이유에 설시된 그 전제가 되는 법률관계의 존부까지 미치지는 않는다.[261)]

지효'(Abweichungsverbot)라고 보는 견해도 있다(Bettermann, FS für Wolff, 1973, S. 468).

260) "기판력의 객관적 범위는 그 판결의 주문에 포함된 것, 즉 소송물로 주장된 법률관계의 존부에 관한 판단의 결론 그 자체에만 미치는 것이다. 판결이유에 설시된 그 전제가 되는 법률관계의 존부에까지 미치는 것은 아니다."(대법원 1987. 6. 9. 선고 86다카2756 판결)

261) 대법원 1987. 6. 9. 선고 86다카2756 판결.

이와 달리 기속력은 판결주문 및 그 전제가 된 요건사실의 인정과 효력의 판단에도 미친다(민사소송법 제216조 제1항). 따라서 기판력은 판결주문에 포함된 것에 제한되므로 '소송물'(처분의 위법성 일반)의 판단에 대해서만 발생하나, 기속력은 취소판결에서 판단된 개개의 '위법사유' 내지 '처분사유'에도 미친다. 따라서 행정청이 다른 위법사유 내지 처분사유를 보완하는 경우, 특히 재량행위나 계획재량의 경우에는 재처분을 할 수 있고, 기속력에도 저촉되지 아니한다고 볼 수 있다.[262] 이와 같이 학설은 기판력과 기속력을 구분하는 견해가 다수설이다. 다만, 대법원은 반복금지 내지 재처분금지와 관련하여 기속력과 기판력을 명확히 구별하지 않고 판시한 경우도 있다.[263]

d) 후소의 선결문제에 대한 전소의 기판력

1) 문제의 소재

행정법원의 취소판결이 수소법원(민사법원)의 선결문제에 대한 구속력을 가질 수 있는지도 중요한 문제이다. 이와 관련하여 대법원은 "어떠한 행정처분이 후에 항고소송에서 취소되었다고 할지라도 그 기판력에 의하여 당해 행정처분이 곧바로 공무원의 고의 또는 과실로 인한 것으로서 불법행위를 구성한다고 단정할 수는 없다"고 판시하고 있다. 즉 후소의 선결문제에 대한 전소의 '기판력' 문제로 접근하고 있는 것이다.[264] 또한 대법원은 "취소판결의 기판력은 소송물로 된 행정처분의 위법성 존부에 관한 판단 그 자체에만 미치는 것이므로 전소와 후소가 그 소송물을 달리하는 경우에는 전소 확정판결의 기판력이 후소에 미치지 아니한다"고 판시하고 있다.[265] 따라서 소송물을 달리하는 경우에는 기판력

---

262) 행정계획의 경우에는 행정청에 비교적 광범위한 형성의 자유(계획재량)가 인정되므로, 취소판결의 기속력이 미치는 경우에 일정한 한계가 있을 수 있다. 예컨대 도시계획결정을 함에 있어서 형량의 요소를 흠결하거나 형량을 잘못한 경우에 취소판결에 의해 당해 도시계획결정의 위법성이 인정된다. 그러나 당해 계획행정청이 다시 형량요소를 포함하거나 정당한 형량을 한 경우에도 선행처분과 동일한 결론에 이르면, 다시 동일한 도시계획결정을 하더라도 취소판결의 기속력에 위배된다고 볼 수 없다. 이와 같이 행정계획의 경우에는 실체적 위법이 있는 경우에도 다시 동일한 결정을 한 경우에 취소소송의 기속력이 미친다고 볼 수 없다.

263) 판례는 기속력에 관한 내용을 기판력으로 표현하거나(대법원 2002. 5. 31. 선고 2000두4408 판결; 대법원 2002. 7. 23. 선고 2000두6237 판결), 기판력을 기속력이 포함된 의미로 새기고 있다(대법원 1987. 6. 9. 선고 86다카2756 판결). 그러나 이러한 현상은 소송실무가 지나치게 민사소송 위주로 운영되어 왔기 때문에 초래된 것으로 볼 수 있다.

264) 대법원 2007. 5. 10. 선고 2005다31828 판결; 대법원 2003. 12. 11. 선고 2001다65236 판결; 대법원 2000. 5. 12. 선고 99다70600 판결.

265) 대법원 1996. 4. 26. 선고 95누5820 판결.

이 미치지 아니한다. 특히 조세판결에서도 처분의 위법성 일반을 소송물로 보고, 주된 납세의무자가 제기한 전소와 제2차 납세의무자가 제기한 후소가 각기 다른 처분에 관한 것이어서 그 소송물을 달리하는 경우에 전소 확정판결의 기판력이 후소에 미치지 않는다고 보고 있다.[266]

한편, 일본에서는 국가배상청구소송에 대한 항고소송판결의 기판력을 긍정하는 견해가 다수설 및 판례의 입장이다.[267] 독일에서는 국가배상소송의 수소법원이 행정법원의 선행결정에 기속되는지와 관련하여, 행정소송이 국가배상소송에 대해 선결효를 가지고 있다고 본다. 즉 취소소송에서 행정행위가 취소되면 동일한 소송당사자는 국가배상소송에서 더 이상 그 위법 여부를 다투어서는 안 된다는 것이다.[268] 이와 같이 독일에서는 기판력이 후소의 선결문제에 미치는 구속력을 '선결효(Präjudizialität)'의 문제로 접근하고 있다.[269] 다만, 주의할 것은 '선결효' 내지 '선결적 효력'은 후소의 선결문제에 대한 기판력에만 인정되는 특수한 효력이 아니며, 행정소송뿐만 아니라 행정절차에서도 인정된다.[270] 선결적 효력(präjudizielle Wirkung)은 오히려 행정행위의 실질적 존속력과 밀접한 관련을 가진다.[271] 예컨대 단계적인 행정행위에서 부분허가의 구속효가 후행처분에 미치는 경우를 상정하여, 선행처분을 통해 설정된 법효과가 후행처분에 대하여 선결적 효력을 미친다. 또한 그 내용은 이후의 결정에 대해서 중요할 뿐만 아니라 그 근거를 이룬다고 보고 있다. 즉 건축허가신청에 대한 거부처분이 건축법의 실체적 위법성을 확정하면, 후행처분(철거하명)에 대해서도 구속력을 가지는 경우가 그러하다.

2) 기판력의 준거로서 '소송물'

실질적 확정력의 결정적 기준은 소송물이다.[272] 소송물은 심판의 대상으로서 기판력의 객관적 범위 외에 법원의 심리범위, 피고적격, 제3자의 소송참가 및

266) 대법원 2009. 1. 15. 선고 2006두14926 판결.

267) 阿部泰隆, 抗告訴訟判決の國家賠償訴訟に對する旣判力, 판례タイムズ, 35권16호(525), 1984. 07, 15-33면 이하 참조. 그 밖의 학설소개는 서원우, "취소소송판결의 국가배상소송에 대한 기판력", 법무부 법무자료 제141집, 1991. 06, 515-532면 참조.

268) Rüfner, in: Erichsen/Ehlers(Hg.), Allgemeines Verwaltungsrecht, 12. Aufl., § 47 Rn. 17. 다만, Rüfner는 취소소송의 소송물을 행정행위의 위법성이라고 보고 있다.

269) Detterbeck, NVwZ 1994, S. 35; 박정훈, 행정소송의 구조와 기능, 387면.

270) Erichsen/Knoke, NVwZ 1983, S. 191.

271) Martens, Die präjudizielle Wirkung bestandskräftiger Verwaltungsakte, NVwZ 1982, S. 366 ff. 참조.

272) Hufen, a.a.O., § 38 Rn. 24.

소의 변경 등과 관련하여 중요한 의미를 가진다. 취소소송에서 소송물이 무엇인지에 대해 학설상 다툼이 있다. 독일에서는 ① 취소소송의 '소송물(Streitgegenstand)'을 계쟁 행정행위의 위법성으로 보는 견해,[273] ② 원고의 소송상 청구권으로 보는 견해(예컨대 취소청구, 의무이행청구 등),[274] 그리고 ③ 행정행위가 위법하고 자신의 권리를 침해하였다는 원고의 법적 주장으로 보는 견해[275]로 구별할 수 있다. 그 밖에 ④ 계쟁 행정행위의 취소와 그 (객관적 위법성이 함축된) 주관적 권리침해의 '확정'으로 보는 견해도 유력하다.[276] ①설은 객관적 위법성을 주장하는 것으로서 주관소송인 취소소송의 특성에 적합하지 않고, 현재 그 동조자를 찾기 어렵다. 또한 ②설의 '소송상 청구'란 신(新)소송물이론의 하나인 이분지설(二分肢說, Lehre vom zweigliedrigen Streitgegenstand)[277]에 따라 원고의 법적 주장 이외에 생활관계도 포함하여 동일한 유형의 행정행위에 대한 취소도 취소소송의 소송물로 보고 있다.[278] 그러나 소송상 청구권이란 정당한 경우에 원고의 법적 주장인 행정행위의 위법 및 권리침해와 다를 바 없으며, 양자는 함께 파악될 수 있는 것이라는 비판이 제기되고 있다.[279] 현재 통설 및 판례[280]는 ③설

273) Ferdinand O. Kopp/Ferdinand J. Kopp, Grenzen der Rechtskraftwirkung von Urteilen aufgrund von Anfechtungsklagen, NVwZ 1994, S. 1; Niese, Über den Streitgegenstand der Anfechtungs- und Vornahmeklagen im Verwaltungsprozeß, JZ 1952, S. 353 ff.; Bettermann, Wesen und Streitgegenstand der verwaltungsgerichtlichen Anfechtungsklage, DVBl. 1953, S. 163 ff.

274) Detterbeck, NVwZ 1994, S. 35 ff.; ders., Streitgegenstand und Entscheidungswirkungen im öffentlichen Recht, 1995.

275) Hufen, a.a.O., § 10 Rn. 7; Schmitt Glaeser/Horn, Verwaltungsprozeßrecht, Rn. 113; Würtenberger, Verwaltungsprozeßrecht, 2. Aufl., Rn. 246; Clausing, in: Schoch/Schmidt-Aßmann/Pietzner(Hg.), VwGO, § 121 Rn. 61.

276) Rennert, in: Eyermann, VwGO, 13. Aufl., 2000, § 121 Rn. 26; Kopp/Schenke, VwGO, 12. Aufl., § 90 Rn. 10; Schenke, Verwaltungsprozessrecht, 12. Aufl., Rn. 610. 쉔케(Schenke) 교수는 원고의 법적 주장을 취소소송의 소송물로 보았으나, 현재 학설을 변경하여 계쟁 행정행위가 원고의 주관적 권리를 침해하고 계쟁 행정행위의 취소를 구하는 원고의 청구권이 존재한다는 '확인' 내지 '확정'을 소송물로 보고 있다. 이는 계속확인소송을 절단된(절취된) 취소소송으로 보는 연장선상에서 계속확인소송의 소송물이 계쟁 행정행위의 위법성 확인이기 때문에 취소소송의 소송물도 계쟁 행정행위의 취소를 구하는 원고의 청구권이 존재한다는 '확인' 내지 '확정'으로 보고 있다.

277) 민사소송에서도 소송물과 관련하여 구실체법설(구소송물이론), 소송법설(신소송물이론), 신실체법설 등의 학설이 대립하고 있으며, 판례는 대체로 구소송물이론에 근거하고 있다. 이에 반해 독일에서는 신청(청구취지)과 사실관계(Sachverhalt)를 소송물의 구성요소로 보는 이분지설(二分肢說)이 통설이다(상세한 학설소개로는 이시윤, 신민사소송법, 제12판, 245면 이하 참조). 특히 연방행정법원도 이러한 입장에 서 있다(BVerfGE 52, 247/249; 70, 110/112; 96, 24/2).

278) Detterbeck, NVwZ 1994, S. 37 f.

이다.

국내 학설에는 항고소송의 소송물을 원고의 법적주장(권리침해)이라고 보는 견해,[281] 행정행위(행정처분)의 위법성과 권리침해의 결합으로 보는 견해[282] 등이 있다. 그러나 국내의 통설[283] 및 판례[284]는 '처분의 위법성'이라고 보고 있다. 기판력은 당사자와 법원을 규율하는 준거로서,[285] 당사자에게는 확정판결의 주문에 포함된 내용과 동일사항을 되풀이하여 다투는 소송이 허용되지 아니한다. 또한 법원도 다시 재심사하여 이에 모순되거나 저촉되는 판단을 해서는 아니 된다. 이 경우 소송의 동일성 여부를 판단하는 기준이 '소송물'이다. 행정소송에서는 특히 각 위법사유마다 소송물을 별개로 보아야 할 것인지가 문제 된다. 판례의 주류는 구 소송물이론에 근거하고 있으나, 학설은 신청(청구취지)과 사실관계(청구원인의 사실관계)를 소송물의 구성요소로 하는 견해(이분지설)가 유력하다. 이에 대해 '사실관계'는 모호하여 이를 확정하는 것이 쉽지 않다는 비판도 있다.[286] 행정소송(취소소송)에서 수개의 위법사유는 대체로 위법한 처분의 제거를 구하면서 공격방어방법을 달리하는 것이 보통이라는 점에서, 소송물을 공통으로 한다고 보아야 하며 각 위법사유마다 소송물이 별개라고 보기는 어렵다는 것이다.[287]

처분의 위법성 일반을 소송물로 보는 견해가 한국 및 일본의 통설·판례이다. 처분의 위법성 일반을 주관소송의 성격을 가지는 항고소송의 소송물로 보는 것은 타당하지 않다. 이러한 견해는 독일에서도 이미 오래 전에 종적을 감추고 그 영향력을 상실하였다. 또한 취소소송을 사법상 형성소송과 동일하게 파악하여 행정행위의 취소를 구하는 소송상의 청구권을 소송물로 보는 견해가 독일에서 거론되고 있으나, 우리나라에서는 이를 지지하는 견해를 발견하기 어렵다. 이 견해는 사실관계를 소송물의 구성요소로 포함시켜 같은 종류의 행정행위에

279) Hufen, a.a.O., § 11 Rn. 10.
280) BVerwGE 29, 210/211 f.; 39, 247/249; 40, 101/104; 91, 256/257.
281) 류지태, 전게서, 527면.
282) 김남진, "취소소송의 기판력과 국가배상소송과의 관계", 고시연구, 2000. 12, 194면; 홍준형, 행정구제법, 527면.
283) 김도창, 전게서(상), 806면; 김남진, 전게서(Ⅰ), 742면; 박윤흔, 전게서(상), 901면; 석호철, 주석 행정소송법(김철용·최광율 편), 953면.
284) 대법원 1996. 4. 26. 선고 95누5820 판결; 대법원 1990. 3. 23. 선고 89누5386 판결; 대법원 1987. 3. 24. 선고 85누817 판결.
285) 대법원 1987. 6. 9. 선고 86다카2756 판결.
286) 이시윤, 신민사소송법, 246면.
287) 이시윤, 전게서, 262-263면.

대한 취소도 동일한 소송물로 보고 있다. 그러나 이 견해에 대해 취소소송과 실체법상의 형성권에 기초한 사법상의 형성소송의 차이점을 간과하고 있다는 비판이 있다.[288] 또한 이 견해에 따를 경우 위법성이 소송물에서 배제되어 취소판결의 기판력이 후소(국가배상소송)에 미칠 수 없어 취소소송의 독자적 위상, 소송경제 등의 관점에서 비판이 제기될 수 있다.

나아가 한국 행정소송법은 독일 행정법원법 제113조 제1항과 달리 '권리침해'를 명확히 규정하고 있지 않지만, 권리침해가 완전히 배제되어 있다고 보기 어렵다. 한국 행정소송법 제1조에는 "행정청의 위법한 처분 그 밖에 공권력의 행사·불행사 등으로 인한 국민의 권리 또는 이익의 침해를 구제하고"라고 규정하여, 개인의 권익구제를 행정소송의 제1차적 목적으로 하고 있다. 또한 행정소송법 제12조도 "처분 등의 취소를 구할 법률상 이익이 있는 자"가 제소할 수 있다고 규정하여, '법률상 이익'의 침해를 원고적격의 내용으로 보고 있다. 이와 같이 취소소송의 소송물에 처분의 위법성 이외에 권리침해도 내포되어 있다고 볼 수 있다. 원고적격을 소송의 입구(소의 요건심사)에서 심사하지만 본안판단에서도 처분의 위법성과 더불어 권리침해를 심사하고 있다. 따라서 분쟁의 일회적 해결을 위해서도 '원고의 법적 주장'(처분의 위법과 권리침해)을 소송물로 보는 것이 타당하다.

한편, 원고의 법적 주장을 소송물의 구성요소로 보는 견해는 처분의 위법성이 매개되어 있어, 후소인 국가배상소송의 선결문제에 대해서도 전소(취소판결)의 기판력이 국가배상소송에 미친다고 볼 수 있다. 그러나 취소소송의 기각판결이 국가배상소송의 선결문제에 기속력을 미치는지도 문제이다. 이와 관련하여 인용판결과 달리 기각판결에는 기판력이 미치지 않는다고 보는 소위 '기판력일부긍정설' 내지 '인용·기각판결 구분설'이 유력하다.[289] 이 견해는 국가배상의 위법을 취소소송의 위법보다 넓게 이해하고 전소의 기각판결이 후소(국가배상소송)에 미치지 않는다고 보고 있다. 이에 의하면 국가배상소송에서 직무행위의 위법을 다툴 기회를 부여할 수 있는 장점을 가진다. 그러나 후소에 대한 기판력의 문제를 인용판결과 기각판결로 구분하여 달리 해석하는 것은 분쟁의 일회적 해결과 모순금지를 내용으로 하는 기판력이론에 적합하지 않다. 이러한 문제를

---

288) 박윤흔, 전게서(상), 900면 참조.

289) 김동희, 전게서(I), 823면; 이 견해는 행정소송의 '위법'과 국가배상의 '위법'을 구분하여, 후자의 개념을 넓게 해석하고 있다.

해결하기 위해서는 후소의 선결문제에 관한 기판력의 연결고리로서 위법 개념을 고찰할 필요가 있다.

3) 검토

대법원은 어떠한 행정처분이 후에 항고소송에서 취소되었다고 할지라도 그 기판력에 의하여 해당 행정처분이 곧바로 공무원의 고의 또는 과실로 인한 것으로서 불법행위를 구성한다고 단정할 수는 없다고 판시하고 있다. 그러나 이러한 판례의 입장을 후소에 대한 기판력을 부인하는 것으로 해석하는 것은 타당하지 않다. 오히려 판례에서는 위법과 책임의 구별을 전제하고, 처분의 위법이 인정된다고 하여 곧바로 공무원의 '유책' 문제로 이어지는 것은 아니라고 보고 있다. 국가배상소송의 대상인 가해행위와 동일한 행정행위를 대상으로 하는 취소소송의 기판력은 기각판결·인용판결을 불문하고 후소의 선결문제에 기판력이 미친다고 볼 수 있다. 취소소송에서 처분의 위법성이 확정되면 그 처분 자체가 가해행위인 후소(국가배상소송)에서도 위법성이 인정되어야 한다. 다만, 국가배상법상의 직무행위의 범위는 행정소송의 대상(처분)보다 넓고, 위법성도 달리 판단될 수 있다. 이러한 경우에 국가배상의 위법 개념은 취소소송의 기판력에 의해 좌우되지 않을 수 있다.

(4) 집행력(간접강제)

집행력(Vollstreckbarkeit)이란 판결로 명한 이행의무를 강제집행절차에 의하여 실현할 수 있는 효력을 말한다. 당사자소송은 민사소송에 준하므로 급부판결이 집행권원을 부여함으로써 집행력을 가진다. 다만, 국가에 대한 강제집행은 국고금 압류의 방법에 의하는 특례가 인정된다(민사집행법 제192조). 항고소송에서는 적극적인 이행판결이 인정되지 아니한다. 다만, 거부처분에 대한 취소소송이나 부작위위법확인소송의 확정되면 그 기속력의 효과로서 해당 행정청에게 간섭강제의 의무를 부과할 수 있다. 항고소송의 판결은 그 범위 안에서 집행력이 인정될 뿐이다. 이러한 간접강제에 관한 규정은 거부처분취소소송에서 인정되고 부작위위법확인소송에 준용되고 있다(행정소송법 제38조 제2항). 그러나 이 규정은 무효확인소송에는 준용되고 있지 않다. 대법원도 이를 근거로 무효확인소송의 경우에는 간접강제를 인정하고 있지 않다.[290)]

---

290) 대법원 1998. 12. 24. 자 98무37 결정.

Ⅲ. 상소 및 제3자에 의한 재심청구

1. 상 소

(1) 항소

행정소송의 제1심 관할법원은 행정법원(또는 행정법원이 설치되지 아니한 지역에서는 지방법원본원 합의부)이며, 이에 불복하는 경우에는 판결이 송달된 날로부터 2주 이내에 관할 고등법원에 항소할 수 있다(행정소송법 제8조 제2항, 민사소송법 제390조 및 제396조). 항소심에서의 변론은 당사자가 제1심 판결의 변경을 구하는 한도 내에서 하는 것이고, 당사자는 제1심 변론의 결과를 진술하여야 한다(민사소송법 제407조). 또한 제1심의 소송행위와 변론준비절차는 항소심에서도 그 효력이 있다(민사소송법 제409조 및 제410조).

(2) 상고

상고는 제2심의 종국판결에 대한 불복신청으로서, 법률심에의 상소이다. 상고심의 관할법원은 최고법원인 대법원이다. 상고는 판결에 영향을 미친 헌법·법률·명령 또는 규칙의 위반이 있음을 이유로 하는 때에만 제기할 수 있다(민사소송법 제423조). 일반적 상고이유는 판결에 영향을 미친 법령위반을 요건으로 하고 있다. 단순한 법령위반이 아니라 원심판결의 결론이 달라질 수 있는 원심판결의 법령위반이 있어야 한다.[291] 민사소송법 제424조 제1항에는 절대적 상고이유를 규정하고 있다. 즉 ① 법률에 따라 판결법원을 구성하지 아니한 때, ② 법률에 따라 판결에 관여할 수 없는 판사가 판결에 관여한 때, ③ 전속관할에 관한 규정에 어긋난 때, ④ 법정대리권·소송대리권 또는 대리인의 소송행위에 대한 특별한 권한의 수여에 흠이 있는 때, ⑤ 변론을 공개하는 규정에 어긋난 때, ⑥ 판결의 이유를 밝히지 아니하거나 이유에 모순이 있는 때에는 원판결의 결과에 영향을 미치는지 여부와 관계 없이 절대적 상고이유가 된다.

한편, 행정소송에도 상고심절차에 관한 특례법이 적용된다(상고심 절차에 관한 특례법 제2조). 상고심절차에 관한 특례법 제4조에는 상고의 남용을 방지하고 대법원의 재판업무를 효율적으로 운영하기 위해 '심리불속행'제도를 두고 있다. 헌

291) 이시윤, 전게서, 897면.

법위반이나 중대한 법령위반에 관한 사항 등이 포함되지 아니한 경우에는 본안 심리를 진행하지 아니하고 상고기각의 판결을 내린다. 상고이유에 대한 주장이 다음 사유 중의 어느 하나에 해당하지 않는 때에는 더 이상 심리를 하지 아니하고 판결로 상고를 기각한다. 심리속행이 되기 위해서는 ① 원심판결이 헌법에 위반되거나 헌법을 부당하게 해석한 때, ② 원심판결이 명령·규칙 또는 처분의 법률위반 여부에 대하여 부당하게 판단한 때, ③ 원심판결이 법률·명령·규칙 또는 처분에 대하여 대법원판례와 상반되게 해석한 때, ④ 법률·명령·규칙 또는 처분에 대한 해석에 관하여 대법원판례가 없거나 대법원판례를 변경할 필요가 있는 때, ⑤ 상기 ① 내지 ④ 호 외에 중대한 법령위반에 관한 사항이 있는 때, ⑥ 민사소송법 제424조 제1항 제1호 내지 제5호의 사유(절대적 상고이유)에 해당하여야 한다(상고심절차에 관한 특례법 제4조).

2. 항고와 재항고

(1) 항고 및 즉시항고

소송절차에 관한 신청을 기각한 제1심 법원의 결정이나 명령에 불복이 있으면 관할 고등법원에 항고할 수 있다. 이 경우 항고법원의 소송절차에 관하여 민사소송법 중 항고에 관한 규정이 준용된다. 행정소송법에서 행정소송절차에 관한 신청을 기각하는 결정이나 명령으로 항고의 대상이 될 수 있는 예로는 피고경정신청에 대한 기각결정(제14조 제1항), 제3자의 소송참가신청에 대한 기각결정(제16조 제1항), 행정청의 소송참가신청에 대한 기각결정(제17조 제1항), 소 종류의 변경신청에 대한 기각결정(제21조 제1항), 처분변경으로 인한 소변경신청에 대한 기각결정(제22조 제1항) 등이 제시된다. 재판의 성질상 신속히 확정할 필요가 있는 결정에 대하여 일정한 불변기간 내에 항고를 제기할 수 있도록 하는 경우가 있다. 이를 '즉시항고'라고 한다. 즉시항고는 법률에 특별히 규정이 있는 경우에 한하여 허용된다. 행정소송법에 의한 즉시항고의 대상은 피고경정신청의 각하결정(제14조 제3항), 제3자의 소송참가신청 각하결정(제16조 제3항), 소의 종류의 변경허가결정(제21조 제3항), 집행정지결정 또는 그 기각결정(제23조 제5항) 및 집행정지결정의 취소결정(제24조 제2항) 등이다. 즉시항고는 원칙적으로 집행정지의 효력이 있다(민사소송법 제447조). 그러나 처분 등의 집행정지결정이나 그 기각결정 또는 집행정지결정의 취소결정에 관한 즉시항고 그 자체는 집행정지의 효력을 가지지 아니한다(행정소송법 제23조 제5항 후문, 제24조 제2항).

(2) 재항고

항고법원·고등법원 또는 항소법원의 결정 및 명령에 대하여는 재판에 영향을 미친 헌법·법률·명령 또는 규칙의 위반을 이유로 드는 때에만 대법원에 재항고할 수 있다(민사소송법 제442조). 이 경우에 상고심절차에 관한 특례법에 의한 제한이 있다(상고심절차에 관한 특례법 제7조 참조). 재항고에는 상고에 관한 규정을 준용한다(민사소송법 제443조 제2항).

3. 제3자에 의한 재심청구

(1) 의의

일반적으로 '재심'이란 확정된 종국판결에 재심사유에 해당하는 하자가 있는 경우에 그 판결의 취소와 사건의 재심판을 구하는 비상의 불복신청방법을 말한다. 항고소송에 있어서 인용판결은 소송 외의 제3자에게도 영향을 미친다(행정소송법 제29조 제1항). 통상적으로 판결이 확정되면 동일한 사안에 대하여는 모순되거나 반복되는 제소를 금지하는 기판력이 인정되고 법적 안정성이 확보된다. 그러나 이러한 법적 안정성만 염두에 두면 실체적 정의에 반하는 결과를 초래할 수 있다. 이러한 문제를 조화롭게 해결하기 위해 재심제도를 마련하고 있다. 민사소송법 제451조에는 재심사유를 열거하고 있다. 재심은 대체로 절차나 자료·문서 등의 하자를 이유로 한다. 행정소송법 제16조에는 제3자의 소송참가를 보장하고 있는데, 제3자가 자신의 귀책사유 없이 소송에 참가하지 못하여 판결의 결과에 영향을 미칠 공격 또는 방어방법을 제출하지 못한 때에 재심청구를 인정하고 있다(행정소송법 제31조 제1항).

(2) 재심청구의 당사자

재심을 청구할 수 있는 당사자(재심원고)는 처분 등을 취소하는 항고소송의 확정판결(인용판결)에 의하여 권리 또는 이익의 침해를 받은 제3자이다.

(3) 재심사유

a) 제3자가 자신에게 책임없는 사유로 소송에 참가하지 못하였을 것

재심청구를 하기 위해서는 먼저 제3자가 자신에게 귀책사유가 없이 항고소송에 참가하지 못한 경우이어야 한다. 개개의 구체적인 사건의 경우에 해당 항고소송의 계속을 알지 못하였거나, 이를 알았다고 하더라도 특별한 사정으로 인해 그 소송에 참가할 수 없었을 것이 요구된다. 그러한 사유에 대한 입증책임은 재심청구를 하는 제3자에게 있다.[292)]

b) 판결의 결과에 영향을 미칠 공격 또는 방어방법을 제출하지 못하였을 것

재심청구가 인정되기 위해서는 소송에 참가하지 못함으로써 판결에 영향을 미칠 공격 또는 방어방법을 제출하지 못한 때이어야 한다. 소송에 참가하여 공격 또는 방어방법이 제출되었더라면 그 제3자의 판결 결과에 유리한 영향을 미쳤을 가능성이 있어야 한다.

Ⅳ. 행정소송의 종료

1. 종국판결의 확정

행정소송은 소송판결이나 본안판결을 불문하고 종국판결이 확정됨으로써 종료되는 것이 보통이다. 종국판결은 상소권의 포기, 상소기간의 경과, 또는 상고기각이나 상고법원의 종국판결(파기자판)에 의해 확정된다.

2. 당사자의 행위에 의한 종료

(1) 소의 취하

소의 취하는 원고가 소에 의한 심판청구의 전부 또는 일부를 철회하는 것을 내용으로 하는 법원에 대한 일방적인 의사표시이다. 소의 취하는 원고의 일방적인 행위로 소송이 판결에 이르지 아니하고 종료되는 점에서 청구의 포기와 같지만, 청구의 포기는 원고가 스스로 청구이유가 없다는 것을 시인하는 것이다. 소의 취하는 심판의 신청을 철회하여 소송의 계속을 소급적으로 소멸하게 하는 것이라는 점에서도 청구의 포기와 구별된다. 소의 취하로 행정소송은 종료된다.

(2) 청구의 포기 · 인낙

청구의 포기(拋棄)란 원고가 변론 또는 변론준비기일에서 자신의 소송상의

---

292) 대법원 1995. 9. 15. 선고 95누6762 판결.

청구가 이유 없음을 자인하는 법원에 대한 일방적 의사표시인 반면, 청구의 인낙(認諾)이란 피고가 원고의 소송상의 청구가 이유 있음을 자인하는 법원에 대한 일방적 의사표시이다. 청구의 포기나 인낙은 조서에 기재함으로서 확정판결과 동일한 효력이 생기며 이에 의해 소송은 종결된다. 문제는 이러한 청구의 포기·인낙이 행정소송에서도 인정되는지 여부이다. 행정사건의 심리에도 원칙적으로 변론주의와 처분권주의가 지배하고, 현행 행정소송법에 이를 배제하는 명문의 규정이 없음을 이유로 민사소송법상의 청구의 포기·인낙이 준용될 수 있다는 주장이 있을 수 있다. 그러나 이러한 청구의 포기·인낙은 행정소송에 적합하지 않다는 견해가 일반적이다. 행정소송의 대상인 처분 등이나 행정법관계는 사법상의 법률관계와 달리 행정의 법률적합성의 원칙에 근거하고 있고, 행정소송의 확정판결에 의해 제3자에게 예측하지 못한 손해를 줄 수 있으며, 공익적 측면에서 직권심리주의의 원칙이 적용되는 것 등을 그 이유로 들고 있다.

(3) 행정소송상의 화해

소송상의 화해란 소송계속 중에 당사자 쌍방이 소송물인 권리관계의 주장을 상호 양보하여 소송을 종료시키기로 하는 기일에 있어서의 합의를 말한다. 화해조서는 확정판결과 같은 효력이 있다. 이러한 민사소송법상의 소송상 화해를 행정소송법에도 적용할 수 있는지가 문제 된다. 청구의 포기·인낙에서와 동일한 이유에서 이를 부인하는 것이 지배적이었으나, 근래에는 이를 인정해야 한다는 견해도 있다.[293] 전술한 바와 같이 행정소송법 개정안에도 소송상의 화해제도를 도입하려는 시도가 있었다.

3. 기타 종료사유

종국판결의 확정이나 당사자의 의사에 의한 소송의 종료 이외에도 일정한 사유에 의하여 행정소송절차는 종료되는 경우가 있다. 소송의 성질상 승계가 허용되지 않는 경우에 원고가 사망한 경우가 그러한 예에 속한다.

---

293) 박정훈, 행정소송의 구조와 기능, 613면 이하.

V. 소송비용

행정소송의 비용은 패소자부담의 원칙에 따라 패소자가 부담하며, 원고의 청구가 일부 인용된 판결의 경우에 소송당사자가 분담하는 것은 민사소송의 일반적인 경우와 동일하다. 다만, 사정판결의 경우에는 형식적으로 승소한 피고가 소송비용을 부담한다(행정소송법 제32조). 현행 행정소송법상 항고소송의 피고는 행정청이다. 따라서 소송비용에 관한 재판이 확정된 때에는 피고 또는 참가인이었던 행정청이 소속한 국가 또는 공공단체에 그 효력을 미친다(행정소송법 제33조).

제 6 편

행정조직법

제1장 행정조직법의 기초
제2장 국가행정조직법
제3장 공무원법
제4장 공물법

제1장 행정조직법의 기초

제1절 총 설

Ⅰ. 행정조직법의 의의

행정조직법은 행정권의 조직에 관한 법을 말한다. 사법권이나 입법권에도 행정의 조직은 있지만, 행정조직법의 대상에서 제외된다. 넓은 의미의 행정조직법은 행정기관의 설치나 구성, 그 권한 등에 관한 규율과 그 구성원(인적요소)인 공무원에 관한 법, 나아가 물적 요소인 공물이나 공공시설, 그리고 영조물을 망라한다. 공공단체를 제외한 국가의 조직에 관한 법만을 대상으로 하는 최협의의 행정조직법도 있다. 그러나 통상적으로 직접국가행정조직뿐만 아니라 간접국가행정조직(공공단체)에 관한 것을 대상으로 하는 것이 보통이다. 본서에서는 행정조직법에서 행정조직의 기초이론과 국가행정조직법을 다룬다. 또한 행정조직의 인적 요소와 관련된 '공무원법'과 관리의 대상인 물적 시설과 관련된 '공물법'을 함께 다루도록 한다. 다만, 지방자치법은 이미 독자적인 법분야로 발전하고 있다는 점에서 제7편 '특별행정법'에서 다루기로 한다. 한편, 독일에서는 '공물법'을 일반행정법에서 다루고 있다.[1] 이와 달리 일본에서는 공물법을 행정조직과 함께 다루기도 하고,[2] 이를 '행정수단론(行政手段論)'으로 다루는 견해도 있다.[3]

근대 초기에 서구의 시민적·자유주의적 법치국가에서는 국가로부터 시민의 자유와 재산을 보호하고 방어하는 것이 중요하였다. 그러나 행정조직은 군주의 고유한 권한이며 법치국가원리의 영역 밖에 있는 것으로 이해되었다. 이러한 영

1) Ehlers, in: Erichsen/Ehlers(Hg.), Allgemeines Verwaltungsrecht, 12. Aufl., § 40 Rn. 1 ff.
2) 田中二郎, 新版行政法(中), 全訂第二版, 298면.
3) 塩野 宏, 行政法 Ⅲ, 제4판, 1면 이하.

역에서는 조직권력(Organisationsgewalt)이 인정되었고, 법률유보의 원칙이 적용되지 아니하였다. 조직권력은 행정주체(공공단체)나 행정기관의 설립·변경 및 폐지에 관한 권한을 말한다.[4] 독일에서는 조직권력의 주체가 누구인지가 중요한 쟁점이다. 예컨대 조직권력의 주체가 연방인지 주(란트)인지, 아니면 입법부인지 행정부인지 등이 다투어지고 있다. 헌법에 특별한 규정이 없거나 해당 규정이 명확하지 않으면 의회와 정부의 관계에 대한 일반적인 헌법원칙에 따라 해결하고 있다.[5] 예컨대 법률유보원칙의 적용과 관련된 경우에는 의회가 원칙적으로 조직법상의 규율을 정한다는 식이다. 헌법은 행정조직의 기본원칙뿐만 아니라 행정의 조직과 그 권한을 규정하고 있다. 헌법 제4장 '정부'의 장에는 행정권이 대통령을 수반으로 하는 행정부에 있음을 규정하고 있다. 또한 국무회의, 국무총리 및 행정각부 그리고 감사원 등 정부의 주요한 조직에 관한 규정을 두고 있다. 헌법 제96조는 행정각부의 설치·조직과 직무범위를 법률로 정하도록 하고 있으며, 이에 대해서는 정부조직법이 규율하고 있다. 그 밖에 감사원법, 검찰청법 등 행정조직에 관한 별도의 개별법이 제정되어 있는 경우도 있다.

Ⅱ. 행정조직의 유형 및 특성

1. 행정조직의 유형

행정조직은 각국의 사정이나 시대적 상황의 변화에 따라 달라질 수 있다. 행정조직의 유형은 정형화되어 있지 않지만, 일반적으로 소개되는 행정조직의 유형은 다음과 같다.

(1) 중앙집권형과 지방분권형

행정권력이 중앙정부에 집중되어 있는지, 지방정부(지방자치단체)에 분산되어 있는지에 따라 구별된다. 후자를 지방분권형 또는 자치분권형이라고 하고, 전자를 중앙집권형이라고 한다.

(2) 독임형과 합의형

행정권한을 단독의 공무원에게 부여하여 그 자신의 책임하에서 수행하는가,

---

4) Maurer/Waldhoff, Allgmeines Verwaltungsrecht, 19. Aufl., § 21 Rn. 67.
5) Maurer/Waldhoff, a.a.O., § 21 Rn. 59 ff.

복수의 공무원 합의체에서 하는가에 따라 구분되는 방식이다. 독임형은 책임소재를 명확히 하고 신속하고 통일적인 사무처리에 적합하지만, 합의형은 판단의 신중성 · 공정성이 필요하거나 공평한 이해 조정이 필요한 경우에 적합하다. 우리나라에서는 독임형이 일반적이지만, 정부조직법상 필요에 따라 합의제행정기관을 둘 수 있다(정부조직법 제5조).

(3) 권력통합형과 권력분산형

특정한 행정주체(행정청)에 권한이 집중되어 있는지, 분산되어 있는지에 따라 구분된다. 전자를 권력통합형 내지 권력집중형이라고 하고, 후자를 권력분산형이라고 한다. 권력통합형 내지 권력집중형은 계층제(hierarchy, Hierarchie)의 조직으로 구성되어 상명하복(上命下服)의 방식으로 운영되는 행정조직을 말한다. 이에 반해 행정의 기술성과 전문성이 필요한 영역에서는 권력분산형 행정조직이 필요하다. 위원회나 합의제행정기관 등은 대체로 권력분산형에 해당한다고 볼 수 있다. 또한 행정조직 내부에서도 특정한 공적 과제를 수행하기 위한 별도의 조직을 설치하여 본부장, 단장, 팀장 등을 두는 경우도 있다.

(4) 직접민주형과 간접민주형

행정운영을 직접 국민이나 주민의 의사에 따라 하는지, 또는 간접적으로 국민의 대표자를 통해 하는지에 의한 구별이다. 전자를 직접민주형이라 하고, 후자를 간접민주형이라 한다. 복잡다원화된 현대사회에서는 간접민주형을 채택하는 것이 보통이지만, 주민소환제와 같이 직접민주형적인 요소(예컨대 국민소환제 등)를 채택하는 경우도 있다.

2. 행정조직의 특성

행정조직은 행정목적의 효율적인 달성을 위해 상급기관과 하급기관 사이에 계층제(階層制)를 형성하고 있다. 이러한 계층제는 명령과 복종의 체계를 특징으로 하며, 이를 통해 행정의 통일성을 유지하고 있다. 또한 행정사무의 신속한 처리와 책임소재를 명확히 하기 위하여 독임형 행정조직을 원칙으로 하고 있다. 그러나 행정조직의 전문성이나 독립성이 필요한 영역에서는 합의제행정기관을 설치하고 있다(국민권익위원회, 국민인권위원회, 감사원, 토지수용위원회 등). 근래에는 의사결정의 투명성과 공정성 확보, 권한 · 기능의 분리, 위원 선출 등 행정조직의 민주성이 강조되고 있다.

제2절 행정조직의 기본원리

학설은 대체로 행정조직의 기본원리로 행정조직의 민주성, 행정조직법정주의, 지방분권주의, 직업공무원제를 언급하고 있다.[6] 그러나 직업공무원제는 공무원제도와 관련이 있고, 지방분권주의는 행정조직의 유형이나 특징과 관련된 것이며 그 자체가 행정조직의 기본원리라고 보기는 어렵다. 따라서 본서에서는 민주주의원리와 법치국가원리를 중심으로 설명하도록 한다.

Ⅰ. 행정조직과 민주주의원리

행정조직에도 민주주의원리가 투영되어야 한다. 이와 관련하여 독일의 뵈켄훼르데(Ernst-Wolfgang Böckenförde)는 민주적 정당성 이론을 전개하였다.[7] 그는 민주적 정당성을 제도적 · 기능적인 민주적 정당성, 조직적 · 인적인 민주적 정당성, 그리고 사항적 · 내용적인 민주적 정당성으로 분류하고 있다. 우선 제도적 · 기능적인 민주적 정당성(institutionelle und funktionelle demokratische Legitimation)은 헌법제정권자가 권력분립원리에 기초하여 국가권력을 입법부, 집행부 및 사법부로 분리하고, 주권자인 국민이 국가권력을 행사하는 것과 관련이 있다. 이러한 관점에서 보면, 행정조직도 제도적 · 기능적 민주적 정당성이 확보되어야 한다.

조직적 · 인적인 민주적 정당성(organisatorisch-personelle demokratische Legitimation)은 공무원을 포함한 공직자 내지 공무담당자가 중심이며, 국가사무의 실행이 부여된 공직자의 개인적 정당성 확보에 관한 것이다.[8] 인적으로 정당성을 확보하는 대표적 사례는 '선거'이지만, 국가의 과제가 부여된 기관과 공직자 사이에 중

6) 이상규, 신행정법론(하), 신판, 54-55면. 그 밖에 행정조직의 능률성을 제시하는 견해도 있다(김남진 · 김연태, 행정법 Ⅱ, 7-9면).
7) E.-W. Böckenförde, in: Isensee/Kirchhof(Hg.), Handbuch des Staatsrechts, Bd. Ⅱ, 2004, § 24 Rn. 15 ff.
8) E.-W. Böckenförde, in: Isensee/Kirchhof(Hg.), a.a.O., § 24 Rn. 16.

단 없는 정당성 사슬이 있어야 한다는 점을 강조하고 있다.[9] 예컨대 대통령은 보통·평등·직접·비밀 선거에 의해 선출되며, 헌법과 법률이 정하는 바에 의하여 공무원을 임면한다(헌법 제67조 제1항 및 제78조). 또한 국무총리와 감사원장은 국회의 동의를 받도록 하고 있다(헌법 제86조 제1항 및 제98조 제2항). 국가권력의 원천인 국민과 이러한 공무원 사이에 정당성의 연결고리가 있어야 하며, 공무원은 간접적으로 민주적 정당성이 부여된다. 행정기관이나 각부 장관은 국민의 대표기관을 통해 그 연결고리가 이어져야 하며, 이를 통해 인적으로 정당성이 확보된 기능주체로서의 공무원이 임명되어야 한다. 예컨대 합의제행정기관에 정당하지 않은 사람이 참여하는 것은 인적 정당성이 흠결되어 있는 것이다.

실질적으로 중요한 것은 내용적으로 정당성을 확보하는 것이다. 사항적·내용적인 민주적 정당성(sachlich-inhaltliche demokratische Legitimation)은 의회가 제정한 법률이 중요한 의미를 가지는데, 법률은 국가작용의 정통화를 판단하는 척도이다.[10] 그러나 이러한 민주적 정당성론은 논리적이고 체계적이지만, 민주주의를 일의적이고 도식적으로 파악하고 있다는 비판이 제기되고 있으며, 오늘날에는 절차적 측면에서 민주적 정당성을 확보해야 한다는 견해가 유력하다.[11]

Ⅱ. 행정조직과 법치국가원리

법치국가원리는 행정법에 투영된 중요한 헌법원리의 하나이다. 헌법에는 법치국가원리에 관한 명문의 규정은 없지만, 행정법 전반에 적용되는 헌법원리임에는 의문의 여지가 없다. 법치국가원리는 행정법의 영역에서 법치행정의 원리로 구현된다. 행정의 법률적합성 원칙에 비추어 행정조직도 법치국가원리에 기초하고 있다. 이를 '행정조직 법정주의'라고 부른다. 오늘날 행정조직의 영역에도 법률유보원칙이 적용될 수 있는지가 다투어지고 있다. 독일에서도 조직권력에 법률유보의 원칙이 적용되는지가 문제이나, 실무상 행정조직은 법률에서 규정하고 있어 이러한 논의의 실익은 거의 없다. 이러한 문제는 개별 사안에서 판단해야 한다. 그러나 국민의 일상생활과 밀접하고 법적으로 직접 영향을 미치는 사안에 대해 민영화 조치를 하는 것은 반드시 법률적 근거가 필요하다. 행정의

---

9) BVerfGE 47, 253(275); 52, 95(130); 93, 37(66); 107, 59(87).
10) 이에 대한 상세는 졸고, "행정과 사법의 민주적 정당성 확보를 위한 공법적 과제", 법조 통권 제727호(2018. 2), 442-479면 참조.
11) 졸고, "행정입법에 대한 민주적 통제", 공법연구 제49집 제2호(2020. 12), 85면.

구조나 행정조직의 형성은 법치국가원리에 따라 명확하고 투명하며, 기능적으로 잘 작동되어야 한다.[12] 헌법 제96조는 "행정각부의 설치 · 조직과 직무범위는 법률로 정한다"고 규정하여, 행정조직 법정주의를 규정하고 있다. 정부조직법 제2조 제1항에서도 "중앙행정기관의 설치와 직무범위는 법률로 정한다"라고 규정하여, 중앙행정기관의 설치에 대한 법률유보를 명확히 규정하고 있다.

제3절 행정기관

Ⅰ. 행정기관의 의의 및 특징

행정기관(administrative organ, Verwaltungsorgan)이란 국가 또는 공공단체의 사무를 실행하는 지위를 말한다. 행정기관은 조직적 의미의 행정기관과 기능적 의미의 행정기관으로 구분된다. 조직적 의미의 행정기관은 행정조직의 계층구조에 있어서 집행기관을 말한다. 대체로 "행정사무의 분배단위"를 의미하는 것으로 이해한다.[13] 행정청을 비롯한 그에 부속된 보조기관 · 의결기관 등을 의미한다. 정부조직법 제2조 제2항에서 "중앙행정기관은 … 부 · 처 및 청으로 한다"라고 규정하고 있는데, 이는 행정사무의 분배단위를 기준으로 규정된 것이다. 이에 반해 기능적 의미의 행정기관은 행정사무의 활동이나 공적 과제의 수행과 관련하여, 행정주체(국가 · 지방자치단체 기타 공공단체)의 의사를 결정 · 표시하는 기관을 말한다. 행정절차법 제2조 제1호 가.목에서는 행정청을 "행정에 관한 의사를 결정하여 표시하는 국가 또는 지방자치단체의 기관"이라고 규정하고 있다. 또한 "그 밖에 법령 또는 자치법규에 따라 행정권한을 가지고 있거나 위임 또는 위탁받은 공공단체 또는 그 기관이나 사인"도 행정청으로 규정하고 있다. 여기에서 말하는 '사인'은 공무수탁사인을 의미한다. 이러한 규정은 기능적 의미의 행정기관(행정청)을 규정한 것으로 볼 수 있다. 독일 행정절차법 제1조 제4항에서도 행정청을 "공행정의 임무를 수행하는 모든 관직(지위)"이라고 규정하여, 기능적 의미의 행정기관 개념을 채택하고 있다.

---

12) Maurer/Waldhoff, a.a.O., § 21 Rn. 66.
13) 김남진, 전게서(Ⅱ), 9면.

전통적인 독일공법학의 국가법인설에 따르면 행정기관의 법인격성 또는 권리주체성은 부인된다. 즉 행정기관은 권한을 가지지만 권리를 가지지 않으며, 기관 그 자체로서는 법인격을 가지지 않는다고 보았다. 이에 반해 제한된 범위에서 행정기관의 법인격을 인정하는 견해가 유력하다. 즉 대내적 관계에서 자신의 명의로 행위하고 그것에 일정한 법률상 효과가 귀속하거나(예: 권한의 위임·대리), 기관쟁송의 소송당사자가 되는 경우 등과 같이 행정기관에 대해서도 법적 인격성 또는 권리주체성이 인정된다고 본다.[14] 이를 "인격자에 준한 지위"라고 보는 견해도 있다.[15] 그러나 판례는 행정기관의 법인격성을 원칙적으로 부정하고 있다. 대법원은 국가기관(국립대학교 총장)이 국토이용계획과 관련한 기관위임사무의 처리에 관하여 지방자치단체의 장을 상대로 취소소송을 제기할 수 없다고 보고 있다.[16] 한편, 대법원은 국민권익위원회가 경기도 선거관리위원회 위원장을 상대로 내부고발자에 대해 불이익조치를 하지 말 것을 요구하는 조치요구를 한 사안에서, 예외적으로 경기도 선거관리위원회 위원장의 당사자능력 및 원고적격을 인정한 바 있다.[17] 학설 중에는 이 판결을 근거로 행정기관의 인격성을 인정하는 견해도 있다.[18] 독일과 달리 행정소송법에 기관의 원고적격을 인정하는 명문의 규정이 없고, 국가 내의 기관간의 쟁송은 그 법률효과가 모두 국가에 귀속되어 모순된 결과를 초래할 수 있다. 이 사건에서 해당 경기도 선거관리위원회 위원장은 국가기관이 아니라 '자연인'으로 파악되어야 한다. 이러한 조치요구를 이행하지 않으면 과태료나 형사처벌의 제재가 따를 수 있다는 점에서 경기도 선거관리위원회의 위원장을 국가기관으로 보는 것은 타당하지 않다.[19]

Ⅱ. 행정기관의 종류

행정기관은 권한이나 기능 등에 따라 분류되는 것이 보통이다. 권한에 따라 행정청, 보조기관·보좌기관, 자문기관, 의결기관 등으로 분류된다. 또한 그 기능이나 소관 사무에 따라 행정기관의 유형을 공기업기관(공공시설기관, 영조물기

14) 이상규, 전게서(하), 56-57면.
15) 김남진, 전게서(Ⅱ), 10면.
16) 대법원 2007. 9. 20. 선고 2005두6935 판결.
17) 대법원 2013. 7. 25. 선고 2011두1214 판결.
18) 김동희, 행정법 Ⅱ, 제26판, 9-10면.
19) 이에 대해서는 졸고, "항고소송에 있어서 국가기관의 원고적격: 특히 대법원 2013. 7. 25. 선고 2011두1214 판결의 평석을 겸하여", 저스티스 제140호(2014. 2), 334-364면.

관), 감사기관, 부속기관, 책임운영기관으로 분류하고 있다. 그러나 이러한 유형 구분에 의하면 중첩적인 경우도 있다. 예컨대 부속기관에 속하는 박물관이나 국립도서관 등은 대체로 '영조물'에 해당한다. 책임운영기관에 속하는 경찰병원이나 국립중앙극장도 그러하다. 이하에서는 이러한 구분 없이 권한과 기능을 모두 고려하여 행정기관의 종류를 행정청 외에 보조기관·보좌기관, 자문기관, 의결기관, 부속기관으로 분류하고자 한다.

1. 행정청

행정기관의 대표적 유형은 '행정청'이다. 행정절차법 제2조 제1호에는 기능적 의미의 행정청의 개념을 규정하고 있다. 행정심판법과 행정소송법에서는 이러한 의미의 행정청 개념을 사용하고 있다. 행정청은 독임제기관인 것이 보통이나 합의제기관인 경우(감사원, 소청심사위원회, 토지수용위원회 및 노동위원회 등)도 있다. 공무수탁사인은 행정주체로 보는 것이 일반적이지만, 일정한 경우에 행정청으로 보기도 한다. 행정절차법 제2조 제1호의 개념 정의에서 보는 바와 같이 공적 과제를 위탁받은 사인(공무수탁사인)은 행정청의 개념에 포함된다.

2. 보조기관·보좌기관

행정청에 소속되어 그 권한행사를 보조하는 것을 임무로 하는 행정기관을 말한다. 여기에는 차관·차장·실장·국장·부장·과장 등이 해당한다(정부조직법 제2조 제3항). 보조기관 이외에 정책의 기획·연구·조사 등 참모기능을 담당하는 기관을 보좌기관이라고 부르기도 한다. 특정 업무에 관하여 장관과 차관(제34조 제3항 및 제38조 제2항에 따라 행정안전부 및 산업통상자원부에 두는 본부장을 포함한다)을 직접 보좌하기 위하여 차관보를 둘 수 있다(동조 제5항). 또한 중앙행정기관에는 그 기관의 장, 차관·차장·실장·국장 밑에 정책의 기획, 계획의 입안, 연구·조사, 심사·평가 및 홍보 등을 통하여 그를 보좌하는 기관을 대통령령으로 정하는 바에 따라 둘 수 있다. 다만, 과에 상당하는 보좌기관은 총리령 또는 부령으로 정할 수 있다. 보조기관과 보좌기관을 엄격히 구별하는 견해도 있으나, 권한행사를 보조하는 측면에서 보좌기관은 보조기관의 일종으로 볼 수 있다.[20]

---

20) 이상규, 전게서(하), 58면.

3. 자문기관

행정청의 자문에 응하거나 스스로 행정청의 권한 행사에 대해 의견을 제시하는 것을 임무로 하는 기관을 말한다. 자문기관의 의견이나 조언은 법적으로 행정청의 의사를 구속하는 것은 아니다. 자문기관에는 행정기관 내의 각종 위원회·심의회, 독임제 행정기관으로서 고문 등이 있다.

4. 의결기관

행정에 관한 주요 사안을 결정할 수 있는 권한을 가지는 합의제행정기관을 말한다(예: 징계위원회, 행정심판위원회, 지방의회 등). 의결기관은 단순한 자문에 그치지 아니하고 특정한 사안에 대하여 의결을 한다.

5. 감사기관

행정기관이 행정사무의 처리를 적정하게 처리하는지를 감시하거나 감찰하는 권한을 가진 기관을 말한다. 행정의 적법성·타당성을 확보하고, 행정의 효율적 운영을 보장하는 것을 목적으로 한다. 감사기관에는 대표적으로 감사원이 있지만, 행정청 내에도 자율적 감사를 위해 내부감사기관(감사실)이 설치되어 있다.

6. 부속기관

시험연구기관(국립보건연구원), 교육훈련기관(국가공무원인재개발원), 문화기관(국립도서관·박물관), 의료기관(국립의료원·경찰병원), 제조기관(국립영상제작소) 및 자문기관 등을 총칭한다(정부조직법 제4조). 부속기관의 개념은 광범위하여 자문기관은 별도로 구분하여 설명하였다.

제4절 행정청의 권한

Ⅰ. 권한의 내용과 특징

1. 권한의 의의

법령 등에는 행정청이 직무를 수행할 수 있는 범위가 규정되어 있다. 이를 행정청의 '권한' 또는 '관할'이라고 한다. 권한은 법인격을 가진 행정주체(국가 · 공공단체)만 가질 수 있는 '권리'와 구별된다. 그러한 이유에서 독일의 문헌에서는 "권리주체로서의 행정주체(Verwaltungsträger als Rechtsträger)"라는 표현이 사용된다. 행정청의 권한은 헌법 · 법률 · 법규명령 또는 조례에 의하여 설정되는 것이 보통이다. 그러나 특정한 과제를 수행하는 기구를 설치하기 위해 행정규칙(훈령 · 직제 등)에 의해 설정되기도 한다. 근래에 행정기본법의 제정과 행정 법령의 개선에 관한 업무를 추진하기 위해 법제처에 '행정법제 혁신 추진단'이 설치된 바 있다. 이를 설치하기 위한 법적 근거로 대통령훈령인 '행정법제 혁신 추진단의 설치 및 운영에 관한 규정'이 제정되었다. 또한 직제는 행정규칙으로 제정되었으나, 점차 법규명령(대통령령, 부령 등)으로 정하고 있다. 예컨대 감사원 사무처 직제는 감사원규칙으로 정하고 있고, 기획재정부와 그 소속기관 직제는 대통령령으로 정하고 있다.

2. 권한의 한계

행정청은 법령 등에 직무범위가 정해져 있으므로 그 직무범위 내에서 권한 행사가 제한된다. 이를 권한의 한계라고 한다.

(1) 사항적 한계

행정사무의 종류나 내용에 따라 정하여진 행정청의 활동범위를 말한다. 이러한 권한의 사항적 한계를 '사물관할'이라고도 부른다. 정부조직법 제27조 이하에는 행정각부의 소관사무를 규정하고 있다. 이러한 규정은 권한의 사항적 한계를 규정한 대표적 사례이다. 한편, 행정청의 권한행사에 일정한 형식이 제한되는 경우를 형식적 한계로 분류하기도 한다.[21] 예컨대 부령제정권은 행정각부의 장관이 가지며, 국무총리 직속의 기관은 이러한 부령을 제정할 권한을 가질 수 없다. 이러한 형식적 한계는 사항적 한계와 밀접한 관련을 가진다.

(2) 지역적 한계

장소를 기준으로 행정청의 활동범위를 정하는 것을 지역적 한계라고 한다. 이를 '토지관할'이라고도 부른다. 지역적 권한이나 토지관할이 미치는 범위를 실정법에는 "관할구역"이라고 표현하기도 한다. 중앙행정기관의 권한은 전국에 미치지만, 지방행정기관의 권한은 일부 지방에 한정된다. 전자에는 각 행정각부 장관의 권한이 해당되며, 후자에는 지방세무서장의 권한이 여기에 해당한다.

(3) 인적 한계

행정청의 권한이 미치는 인적 범위를 말한다. 행정각부의 장관은 행정기관 소속 5급 이상 공무원 및 고위공무원단에 속하는 일반직공무원에 대한 임용제청을 제외하고 소속 공무원에 대한 임용권을 가진다(국가공무원법 제32조 제2항).

3. 권한 행사의 효과

행정청이 그 권한의 범위 내에서 행한 행위의 효과는 행정주체에 귀속한다. 따라서 행정청이 속한 국가나 공공단체의 행위로서의 효력이 발생한다. 그 효력은 행정각부 장관의 변경, 해당 행정청의 폐지나 변경에 의하여도 영향을 받지 않는다. 이에 반하여 행정청의 권한을 유월한 행위는 무권한의 행위(ultra vires)로서 무효 또는 취소 사유가 될 수 있다.

Ⅱ. 권한의 대리

1. 대리의 의의

(1) 대리의 개념

권한은 해당 행정청에 의해 직접 행사하는 것이 원칙이다. 해당 행정청은 무단으로 자신의 권한을 변경하거나 다른 기관에 이전할 수 없다. 이를 "권한불변

21) 김남진, 전게서(Ⅱ), 16면.

경의 원칙"이라고 부른다. 그러나 사고(질병 · 궐위 · 장기출장 등)로 인해 자신의 권한을 행사할 수 없거나 필요한 경우에는 행정청의 대리가 인정된다. 행정청의 대리란 다른 행정기관이 피대리관청을 위한 것임을 표시하고 권한의 전부 또는 일부를 자신의 이름으로 행사하고, 그 행위의 효과는 피대리관청의 행위로서 발생되는 것을 말한다. 여기에서 대리를 하는 다른 "행정기관"은 보조기관이 대부분이다. 예컨대 법무부장관 대리 법무부차관의 형식이 그러하다. 이러한 행정청의 대리는 행정의 집행을 위한 권한을 대리한다는 점에서 사적 자치의 원칙에 기초한 사법상의 대리와는 구별된다.

(2) 유사개념과의 구별

대리와 유사한 개념인 '대표'는 대표기관의 행위가 국가나 지방자치단체의 행위가 되는 것을 말한다. 대표는 대리와 달리 피대리관청과 별개의 대리기관이 하는 행위가 아니라, 그 행정주체에 소속하는 대표기관의 행위를 국가나 지방자치단체 등 행정주체의 행위로 본다. 예컨대 국가를 당사자 또는 참가인으로 하는 소송(국가소송)에 있어서 법무부장관이 국가를 대표하는 경우가 여기에 해당한다(국가를 당사자로 하는 소송에 관한 법률 제2조). 또한 행정청의 보조는 대리와 구분된다. 보조는 대체로 사실행위에 해당하는 경우가 적지 않다. 예컨대 차관이 장관의 식사를 대독하는 경우가 여기에 해당한다.

한편, 대리는 권한이 이전되는 '위임'과 구별된다. 권한의 대리에서는 행정청의 권한 귀속이 변경되지 않지만, 권한의 위임에서는 행정청의 권한이 수임기관에 이전된다. 둘째, 권한의 대리에는 권한의 이전이 없으므로 법령의 근거가 필요하지 않지만, 권한의 위임에서는 행정청 사이에 권한변경의 결과를 초래하므로 법적 근거가 필요하다. 셋째, 권한의 대리에서는 피대리관청의 보조기관이 대리인이 되는 것이 보통이나, 권한의 위임은 하급행정청에 대하여 행하여지고 있다. 마지막으로 권한의 위임 후에 행한 행정처분에 대한 항고소송의 피고는 수임행정청이 되지만, 권한의 대리를 한 행정처분에 대한 항고소송의 피고는 여전히 피대리관청이다.

대리는 피대리관청의 구성원이 궐위된 경우에 인정되는 '서리(署理)'와 구별된다. 주로 사고가 있는 경우에 인정되는 대리와 달리, 서리는 대리되는 자가 없다는 점에서 차이가 있다. 국무총리서리제가 여기에 해당하지만, 그 위헌성이 제기되고 있다. 또한 행정실무에 있어서 행정청이 보조기관 또는 하급기관에 대해 소관사무의 처리를 위임하면서 그 업무에 관한 대외적인 권한행사를 행정청 자신의 이름으로 위임전결하는 경우가 있다(행정업무의 운영 및 혁신에 관한 규정 제10조 제2항 참조). 이를 '전결' 또는 '내부위임'이라고 부르기도 한다. 그 밖에 대결이란 행정청 그 밖의 결재권자의 휴가, 출장, 그 밖의 사유로 결재를 할 수 없는 경우에 그 직무를 대리하는 자가 결재를 대신하는 것을 말한다(동조 제3항). 대결은 행정 업무의 공백을 방지하기 위한 제도인데, 중요한 문서는 사후에 결재권자에게 보고되어야 한다. 이러한 대결제도는 권한을 가진 원래의 행정청의 이름으로 행해지고 일시적으로 행해지는 특징을 가진다.

2. 대리의 종류

(1) 임의대리

피대리관청의 수권으로 성립하는 대리를 말한다. 이를 '수권(授權)대리' 또는 '위임대리'라고 부르기도 한다. 임의대리는 법령에 명문의 규정이 있는 경우뿐만 아니라 이러한 규정이 없는 경우에도 허용된다고 보는 것이 다수설이다. 임의대리가 내부적으로 관계 행정기관 상호 간의 권한분배의 변동을 초래하므로 행정조직의 민주적 통제의 관점에서 법령의 명시적 근거와 공시를 요한다는 견해도 있다.[22] 임의대리는 피대리관청의 권한의 '일부'에 대해서만 인정된다. 전부대리를 허용하면 피대리관청 자신의 권한을 모두 이전하여 이를 포기하는 결과를 가져올 수 있기 때문이다. 따라서 임의대리에서는 포괄적인 대리가 허용되지 아니한다. 임의대리의 대리인은 그 대리권의 행사에 있어서 피대리관청의 지휘·감독을 받으며, 피대리관청은 대리인의 행위에 대해 그 선임·감독의 책임을 지게 된다.

(2) 법정대리

법정대리란 법령의 규정에 따라 일정한 사실의 발생이나 일정한 사람의 지정으로 성립되는 대리를 말한다. 헌법 제71조에 규정된 대통령의 권한대행, 정부조직법 제22조에 규정된 국무총리의 직무대행이 여기에 해당한다. 그 밖에 기관장, 부기관장이나 그 밖의 공무원에게 사고가 발생한 경우에 직무상 공백이 생기지 아니하도록 해당 공무원의 직무를 대신하는 것에 대해서는 대통령령인

---

22) 박윤흔, 최신행정법강의(하), 35면.

'직무대리규정'으로 정하고 있다.

법정대리는 임의대리와 달리 일반적으로 피대리관청의 구성원에 그 권한을 행사할 수 없을 정도의 사고가 있는 경우에 인정된다. 대리인은 피대리관청의 보조기관인 것이 일반적이지만, 다른 행정청인 경우도 있다. 즉 대통령이 궐위되거나 사고로 인하여 직무를 수행할 수 없을 때에는 국무총리, 법률이 정한 국무위원의 순서로 그 권한을 대행한다(헌법 제71조). 또한 정부조직법은 국무총리의 직무대행과 관련된 규정을 두고 있다. 즉 국무총리가 사고로 인하여 직무를 수행할 수 없을 때는 대통령의 지명이 있으면 그 지명을 받은 국무위원이, 지명이 없는 경우에는 제26조 제1항에 규정된 순서에 따라 국무위원이 그 직무를 대행한다(정부조직법 제22조).

좁은 의미의 법정대리는 일정한 법률사실의 발생에 따라 법률상 당연히 대리관계가 발생하는 경우이다(헌법 제71조, 정부조직법 제7조 제2항 등). 이에 반해 지정대리는 법정사실이 발생하였을 때 일정한 자가 대리자를 지정함으로써 비로소 대리관계가 발생하는 경우이다. 예컨대 국무총리와 부총리가 모두 사고로 직무를 수행할 수 없는 경우에는 대통령이 지정하는 국무위원이 국무총리의 직무를 대행할 수 있다. 지정대리는 피대리관청의 구성원이 존재하지만, 일시적인 사고로 인하여 권한을 행사하지 못하는 경우에 인정되는 것이 보통이나, 피대리관청의 구성원이 궐위(사망 · 면직 등)된 경우에도 인정된다. 이러한 경우를 통상적으로 '서리(署理)'라고 부른다. 이러한 서리는 피대리관청의 지위에 있는 자가 궐위되어 있다는 점을 제외하고는 지정대리와 차이가 거의 없다고 보는 것이 다수설이다. 행정청의 행위는 그 효과가 소속된 행정주체(국가)에 귀속한다. 따라서 행정청의 구성원인 자연인의 변경은 행정청의 대리관계 성립에 아무런 영향이 없다.

한편, 법정대리는 임의대리와 달리 선무대리가 원칙이다. 법정대리는 피대리관청의 지위에 있는 자의 권한을 행사할 수 없는 사고로 인한 것이다. 따라서 그 대리권의 행사에 있어서 피대리관청의 지휘 · 감독을 받지 아니하고 대리인의 행위에 대한 책임은 대리인 자신이 진다. 즉 피대리관청이 궐위된 서리의 경우에는 지휘 · 감독권의 문제는 의미가 없다. 그러나 피대리관청이 해외출장으로 인한 부재나 보행곤란 등과 같은 경우에는 피대리관청이 휴대전화나 스마트기기 등의 전자기기나 화상회의 등을 통해 지휘 · 감독권을 충분히 행사할 수 있다.

(3) 복대리의 허용 여부

행정청의 대리에 있어서 대리인이 다시 다른 사람에게 대리를 하게 할 수 있는지가 문제 된다. 이러한 복대리(復代理)는 법령에 명문의 규정이 있는 경우에는 그에 의할 수 있지만, 그러한 규정이 없는 경우에는 임의대리와 법정대리의 경우로 구분해서 검토해야 한다. 임의대리에서는 일부대리만 허용되며 대리인의 구체적 사정을 고려하여 인정되므로 원칙적으로 복대리가 허용되지 아니한다. 그러나 법정대리에서는 대리인의 이러한 사정과 관계 없이 법률에서 정한 사실의 발생에 따라 당연히 대리관계가 성립한다. 따라서 그 대리권은 피대리관청의 권한 전부에 미치며 스스로 책임을 지므로 대리권의 일부에 대하여 복대리인을 선임할 수 있다. 이 경우 복대리는 대리권의 '일부'에 제한되며, 그 성질도 '임의대리'로 보아야 한다.

3. 대리권의 소멸

행정청의 대리는 일정한 법률원인에 의하여 소멸하게 된다. 임의대리에 있어서는 피대리관청이 부여한 대리권을 철회함으로써 대리권이 소멸한다. 이에 반해 법정대리에 있어서는 그 대리권이 발생하게 된 법률사실이 해소됨에 따라 그 대리권도 종료된다. 예컨대 질병의 치료나 장기해외출장으로부터의 귀국 등에 따라 소멸되는 것이 그러하다.

Ⅲ. 권한의 위임

1. 권한 위임의 의의

(1) 위임의 개념

권한의 위임(delegation)이란 행정기관이 그의 권한의 일부를 다른 행정기관에 이전하고, 수임기관이 자신의 명의와 책임으로 그 위임받은 권한을 행사하는 것을 말한다. 권한의 위임은 행정기관이 보조기관 또는 하급행정기관에 하는 것이 보통이나, 대등한 행정청이나 그 밖에 직접적인 지휘·감독관계가 없는 다른 행정청이나 사인에 대해서도 권한을 위임할 수 있다(정부조직법 제6조 제3항). 후자의 경우를 보통 권한의 '위탁'이라 한다.

(2) 유사개념과의 구별

권한의 위임과 유사한 개념으로 내부위임, (위임)전결, 대결 등이 있다. 권한의 위임은 권한의 법적인 귀속을 변경하는 것인데 반하여, 내부위임은 행정청의 내부적인 사무처리의 편의를 위하여 그 보조기관 또는 하급행정청에 그의 권한을 사실상 행사하게 하는 것이다. 따라서 행정권한의 내부위임은 행정조직의 내부적인 것에 그칠 뿐 권한의 법적 귀속 그 자체를 변경하는 것이 아니다. 수임관청은 자신의 명의로 그 권한을 행사하는 것이 아니라 위임관청의 명의로 한다. 예컨대 서울특별시장이 일정 규모 이하의 건축허가에 관한 사항을 구청장에게 내부적으로 위임하는 경우가 그러하다. 내부위임을 하였음에도 불구하고 수임기관이 자신의 명의로 행정처분을 한 경우 항고소송의 피고적격자는 그 명의자인 수임관청이 된다. 대법원은 석유판매허가취소권에 대해 내부위임을 받은 행정기관(X군수)이 위임관청(Y도지사)의 명의가 아니라 자신의 명의로 권한을 행사한 해당 행정처분을 무효라고 판시하였다.[23)]

위임전결은 행정사무처리의 편의를 위하여 행정청의 결재권한 일부를 소속 행정청 내의 보조기관에 위임하여 처리하는 것을 말한다(행정업무의 운영 및 혁신에 관한 규정 제10조 제2항 참조). 이는 행정청의 권한 변경을 가져오는 것이 아니며, 보조기관은 해당 행정청의 명의로 처분을 한다. 이런 점에서 위임전결은 내부위임과는 같고, 권한의 변경을 초래하는 위임과는 구별된다. 그러나 내부위임은 소속 하급행정청에 대해 행해지나, 전결은 해당 행정청 내부의 보조기관에 대해 행해지는 것이 보통이다.[24)] 예컨대 지방자치단체에서 시장의 권한으로 되

23) "행정권한의 위임은 행정청이 법률에 따라 특정한 권한을 다른 행정청에 이전하여 수임관청의 권한으로 행사하도록 하는 것이어서 권한의 법적인 귀속을 변경하는 것임에 대하여, 행정권한의 내부위임은 행정청의 내부적인 사무처리의 편의를 도모하기 위하여 그의 보조기관 또는 하급행정청으로 하여금 그의 권한을 사실상 행하도록 하는데 그치는 것이므로, 권한위임의 경우에는 수임관청이 자기의 이름으로 그 권한을 행사할 수 있지만, 내부위임의 경우에는 수임관청은 위임관청의 이름으로만 그 권한을 행사할 수 있을 뿐 자기의 이름으로는 그 권한을 행사할 수 없다."(대법원 1989. 9. 12. 선고 89누671 판결; 대법원 1995. 11. 28. 선고 94누6475 판결)

24) "전결과 같은 행정권한의 내부위임은 법령상 처분권자인 행정청이 내부적인 사무처리의 편의를 도모하기 위하여 그의 보조기관 또는 하급행정청으로 하여금 그의 권한을 사실상 행사하게 하는 것으로서 법률이 위임을 허용하지 않는 경우에도 인정되는 것이므로, 설사 행정청 내부의 사무처리규정에 불과한 전결규정에 위반하여 원래의 전결권자가 아닌 보조기관 등이 처분권자인 행정청의 이름으로 행정처분을 하였다고 하더라도 그 처분이 권한 없는 자에 의하여 행하여진 무효의 처분이라고는 할 수 없다."(대법원 1998. 2. 27. 선고 97누1105 판결)

어 있는 건축허가 여부를 건축과장의 수준에서 결정하되 허가 자체는 시장명의로 하는 것이 내부위임의 사례이다. 위임전결은 일상적이거나 반복적인 단순집행업무에 대해 인정되며, 위임전결사항은 훈령이나 지방자치단체의 규칙으로 정한다. 이와 달리 대결은 행정청 내부에서 그 구성원의 일시 부재시에 보조기관이 대신 결재하는 것을 말한다.

2. 권한 위임의 법적 근거 및 한계

권한의 위임으로 권한의 변경이 발생하므로 위임관청은 그 권한을 잃게 된다. 권한의 위임은 법령에 정한 권한의 변경을 초래하므로 반드시 법적 근거가 필요하다. 따라서 법령의 근거가 없이 행한 권한의 위임은 무효이며, 이에 근거한 수임관청의 행위도 무권한의 행위에 해당한다.[25] 이에 대한 일반법으로 정부조직법 제6조와 이에 근거한 '행정권한의 위임 및 위탁에 관한 규정'(대통령령), 그리고 지방자치법 제95조와 이에 의거한 조례가 있다.

한편, 권한의 위임은 행정청의 권한의 일부에 대해서만 가능하고, 전부위임이나 권한의 주요부분에 대한 위임은 허용되지 아니한다. 왜냐하면 권한의 전부위임은 행정청의 권한분배의 원칙을 무의미하게 만들기 때문이다.

3. 권한 위임의 유형

(1) 보조기관·하급행정청에 대한 위임

보조기관·하급행정청에 대한 위임은 대표적인 권한 위임의 방식이다. 보조기관이나 하급행정청에 대한 위임은 법령에 특별한 규정이 없는 한 위임관청의 일방적 행위로 성립하며, 수임관청의 동의가 필요하지 않다.

(2) 대등관청 기타 타행정청에 대한 위임(위탁)

권한의 위임은 대등한 관청이나 지휘계통을 달리하는 다른 행정청에 대해서도 할 수 있는데, 이를 권한의 '위탁'이라고 한다(정부조직법 제6조 제1항, 행정권한의 위임 및 위탁에 관한 규정 제2조 제2호). 권한의 위임 중에서 등기·소송에 관한 사무를 이양하는 것을 "촉탁"이라 한다(부동산등기법 제27조, 민사소송법 제

25) "행정권한의 위임은 행정청이 법률에 따라 특정한 권한을 다른 행정청에 이전하여 수임관청의 권한으로 행사하도록 하는 것이어서 권한의 법적인 귀속을 변경하는 것이므로 법률이 위임을 허용하고 있는 경우에 한하여 인정된다."(대법원 1992. 4. 24. 선고 91누5792 판결)

611조). 종전에는 대등관청이나 다른 행정청에 위임하는 경우에는 감독조직체계의 문란을 가져올 염려가 있었기 때문에 수임관청의 동의가 필요하다고 보았다. 근래에는 이러한 위임도 법령에 근거하여 행해지고 있다(정부조직법 제6조 제1항).

(3) 지방자치단체나 그 기관에 대한 위임

국가는 그 행정권한의 일부를 지방자치단체나 그 기관에게 위임할 수 있다. 국가행정사무의 권한위임에 있어서 지방자치단체 그 자체에 대한 권한의 위임을 '단체위임'이라 하고, 그 기관에 대한 위임을 '기관위임'이라 한다. 지방자치법은 지방자치단체의 관할구역 내에서 시행하는 국가행정사무는 법령에 다른 규정이 없으면 해당 지방자치단체의 장에게 위임하여 행하도록 정하고 있다(제93조).

(4) 사인에 대한 위임

관계법령이 조사 · 검사 · 관리 업무와 관련하여 기술적 · 전문적 성격의 업무를 사인에게 위탁하는 경우가 있다. 이를 '민간위탁'이라 한다. 예컨대 자동차검사를 대행하는 것, 공공시설 관리업무를 대행업자에게 위탁하는 것, 폐기물처리업무를 민간사업자에 위탁하는 것 등이 그러하다. 일정한 행정권한이 사인에게 위임된 경우, 그 사인을 '공무수탁사인'이라고 한다. 그러나 단순한 대행업무는 행정보조인의 지위에서 이루어진다. 정부조직법 제6조 제3항은 "행정기관은 법령으로 정하는 바에 따라 그 소관사무 중 조사 · 검사 · 검정 · 관리 업무 등 국민의 권리 · 의무와 직접 관계되지 아니하는 사무를 지방자치단체가 아닌 법인 · 단체 또는 그 기관이나 개인에게 위탁할 수 있다"고 규정하고 있다. 국민의 권리나 의무와 관련된 사항에 대해서는 개별 법률의 근거가 없는 한 민간위탁은 원칙적으로 허용되지 않는다.

(5) 재위임

행정청 그 밖의 권한을 위임받은 기관은 위임받은 권한의 일부를 보조기관이나 다른 행정청에 재위임할 수 있다(정부조직법 제6조 제1항 제2문). 또한 행정권한의 위임 및 위탁에 관한 규정(대통령령)에서도 특별시장 · 광역시장 · 특별자치시장 · 도지사 또는 특별자치도지사(특별시 · 광역시 · 특별자치시 · 도 또는 특별자치도의 교육감을 포함한다)시장 · 군수 · 구청장이 행정사무의 효율성을 위해 그 위임기관의 장의 승인을 얻어 수임사무의 일부를 하급행정기관에 위임할 수 있음을 규정하고 있다(동법 제4조). 대법원은 권한위임에 관한 개별 규정이 없는 경우에도 정부조직법 제6조 제1항과 이에 근거한 행정권한의 위임 및 위탁에 관한 규정 제4조의 재위임에 관한 규정이 일반적인 근거조항이 될 수 있다고 보고 있다.[26]

4. 권한 위임에 따른 비용부담

권한의 위임이 있으면 수임관청의 사무수행과 관련하여 비용부담이 발생한다. 행정청의 권한 위임에 따라 발생하는 비용에 대해서는 일정한 조치가 필요하다. 이와 관련하여 국가가 스스로 하여야 할 사무를 지방자치단체나 그 기관에 위임하여 수행하는 경우에는 국가가 경비의 전부를 그 지방자치단체에 교부하여야 한다.(지방재정법 제21조 제2항 참조).

5. 권한 위임의 효과와 위임관청의 지휘 · 감독권

행정청의 권한이 위임되면 위임된 권한은 위임관청에서 수임관청으로 이전한다. 수임관청은 그 위임된 권한을 자기의 권한으로 행사하고, 위임관청은 수임관청의 행위에 대하여 책임을 지지 아니함이 원칙이다. 위임관청은 위임한 권한을 행사할 수 없다. 다만, 수임관청이 위임관청의 보조기관이거나 그 지휘 · 감독하에 있는 하급행정청인 경우에는 그 위임된 권한의 행사에 대하여 지휘 · 감독권을 가질 수 있다. 문제는 권한의 위임의 경우에도 위임관청이 수임관청의 위법한 처분을 취소하거나 변경할 수 있는지 여부이다. 행정권한의 위임 및 위탁에 관한 규정 제6조는 이러한 구분 없이 위임기관이 수임기관 및 수탁기관의 사무처리에 관하여 지휘 · 감독할 수 있고, 그 처리가 위법 · 부당하다고 인정할 때에는 이를 취소하거나 정지할 수 있다고 규정하고 있다. 취소소송(항고소송)의 피고는 처분을 한 행정청(처분청)이며, 이는 자신의 명의로 대외적인 의사표시를 행한 자이다. 따라서 권한의 위임에 의해 수임관청은 자신의 명의로 위임받은 권한을 행사하므로 수임기관이 행한 행정처분에 대한 항고소송의 피고는 수임

26) 대법원 1990. 6. 26. 88누12158 판결. 다만, 기관위임사무를 조례만에 의하여 재위임하는 것은 허용되지 않는다는 것이 판례의 입장이다(대법원 1995. 7. 11. 선고 94누4615 전원합의체 판결).

관청이다.

6. 권한 위임의 종료

권한의 위임은 위임의 해제, 종기의 도래, 해제조건의 성취, 근거 법령의 소멸 등에 의해 종료된다.

Ⅳ. 행정청 상호간의 관계

1. 상 · 하 행정청간의 관계(위임과 감독)

행정청은 행정부의 수반인 대통령을 정점으로 하여 계층제의 구조를 이루고 있으며 상호간에 상·하 또는 대등의 관계를 형성하면서 행정의 통일성을 유지하고 있다. 행정청 상호간에는 내용상 권한위임관계와 권한감독관계로 구분되며, 여기에서는 후자의 관계만을 검토한다. 권한의 감독이란 상급행정청이 하급행정청의 권한 행사를 지휘하여 그 적법성과 타당성을 보장하기 위한 작용을 말한다. 여기에는 예방적 감독과 교정적 감독이 있다. 상급행정청의 감독수단으로는 감시, 훈령, 인가, 취소 · 정지, 권한쟁의의 결정이 있다.

(1) 감시

감시란 상급행정청이 하급행정청의 권한 행사 상황을 파악하기 위하여 사무보고를 받거나 사무감독을 하는 것을 말한다. 감시의 방법으로는 집무현황 등의 시찰이나 검열, 서류장부 등의 검사 등이 있다. 감시권에 대해서는 특별한 법적 근거가 필요하지 아니한다.

(2) 훈령

a) 훈령의 의의 및 종류

훈령이란 상급행정청이 하급행정청의 권한행사를 지시하기 위하여서 하는 명령을 말하며, 훈령을 발할 수 있는 권한을 '훈령권' 또는 '지휘권'이라 한다. 훈령은 직무명령과 구별된다. 첫째, 훈령은 상급행정청의 하급행정청에 대한 명령이고 그 기관의 구성원에 대한 것이 아니다. 직무명령은 상관이 그 부하공무원에 대하여 하는 명령을 말한다. 둘째, 훈령은 하급행정청의 권한 행사에 관한 명령이지만, 직무명령은 반드시 권한의 행사에 제한되지 아니하고 공무원의 복무나 행동 등에 대하여도 내려진다. 따라서 훈령은 하급행정청의 구성원에 변동이 생기더라도 계속 유효하지만, 직무명령은 수명공무원의 변동이 있으면 실효되는 것이 원칙이다. 훈령은 행정청의 구성원인 공무원을 구속하므로 직무명령의 성질을 가지지만, 직무명령이 반드시 훈령의 성질을 가지는 것은 아니다.

훈령의 종류로 흔히 협의의 훈령, 지시, 예규 및 일일명령이 소개되고 있다. 그러나 이러한 유형은 '지시문서'의 분류에 해당한다(행정업무의 운영 및 혁신에 관한 규정 제4조 제2호). 협의의 훈령이란 상급행정청이 하급행정청에 대하여 상당히 장기에 걸쳐 그 권한의 행사를 일반적·추상적으로 지시하기 위하여 발하는 명령을 말한다(재량준칙 등). 예규는 행정사무의 통일을 위하여 반복적인 행정사무의 처리기준을 제시하는 명령을 말한다. 하급행정청에 대해 개별적·구체적으로 하는 지시나 당직·출장 등 일일업무에 대해 하는 일일명령을 훈령의 유형으로 분류하는 것은 적절하지 않다.

b) 훈령의 법적 성질(소위 훈령의 법규성)

훈령은 원칙적으로 행정조직의 내부관계에서 하급행정청에 행하는 명령이며, 여기에는 법규적 효력(직접적 대외적 구속력)이 없다. 그러나 예외적으로 법규적 효력을 가지는 '법령보충적 행정규칙'이 인정되고 있다.[27] 법령보충적 행정규칙은 그 본질에 적합하게 제한된 영역에서 인정되어야 하며, 이러한 유형의 행정규칙을 확대해서 인정하는 것은 법치국가원리와 권력분립원리에 비추어 적지 않은 문제점을 가진다.

c) 훈령의 요건

훈령은 적법한 권한을 가진 상급행정청에 의해 제정되어야 한다. 또한 훈령은 하급행정청의 권한에 속하는 것이어야 하며, 권한행사의 독립성이 보장된 사항에 관한 것은 여기에 해당되지 아니한다. 훈령은 일정한 형식과 절차에 의해

---

27) "법령의 규정이 특정행정기관에게 그 법령내용의 구체적 사항을 정할 수 있는 권한을 부여하면서 그 권한행사의 절차나 방법을 특정하고 있지 아니한 관계로 수임행정기관이 행정규칙의 형식으로 그 법령의 내용이 될 사항을 구체적으로 정하고 있다면 그와 같은 행정규칙, 규정은 행정규칙이 갖는 일반적 효력으로서가 아니라, 행정기관에 법령의 구체적 내용을 보장할 권한을 부여한 법령규정의 효력에 의하여 그 내용을 보충하는 기능을 갖게 된다 할 것이므로 이와 같은 행정규칙, 규정은 당해 법령의 위임한계를 벗어나지 아니하는 한 그것들과 결합하여 대외적인 구속력이 있는 법규명령으로서의 효력을 갖게 된다."(대법원 1987. 9. 29. 선고 86누484 판결)

발령된다. 훈령은 종전에 특별한 형식이나 절차에 의하지 아니하고 문서 또는 구술의 형식으로 발령될 수 있는 것으로 보았다. 그러나 오늘날 훈령은 조문형식으로 작성될 뿐만 아니라 일련번호를 붙이는 것이 보통이다(행정 업무의 운영 및 혁신에 관한 규정 시행규칙 제8조 제2호 참조).

d) 하급행정청의 심사권

훈령을 위반한 하급행정청의 행정처분은 곧바로 위법・무효가 되지 아니 한다. 행정의 자기구속의 법리에 따라 비례의 원칙이나 평등원칙을 위반하면 위법한 처분이 된다. 하급행정청이 어느 범위까지 훈령에 대한 '심사권'을 가지는지가 문제다. 종전의 통설은 하급행정청이 훈령의 형식적 요건만을 심사할 수 있고, 실질적 요건인 훈령의 내용상 위법에 대하여는 원칙적으로 심사권이 없다고 보았다. 따라서 하급행정청은 훈령의 내용이 위법할지라도 그에 복종해야 한다고 보았다. 그러나 오늘날에는 요건의 형식이나 실질을 불문하고 훈령의 여러 요건을 검토하여 객관적으로 위법이 명백하면 하급행정청에 복종의 의무가 없다고 보는 것이 지배적 견해이다. 실질적 요건의 심사와 관련하여 하자가 중대・명백한 경우에만 무효로서 복종의무가 없다고 보는 것이 통설이었으나, 명백한 하자만 있는 훈령도 무효로서 그에 대한 복종의무가 없다는 견해도 있다.[28] 공무원이 위헌・위법이 명백한 훈령에 복종할 의무는 없으며, 이를 위반한 경우에도 징계책임이나 형사책임을 물을 수 없다. 대법원도 "명백히 위법 내지 불법한 명령인 때에는 이는 벌써 직무상의 지시명령이라 할 수 없으므로 이에 따라야 할 의무가 없다"고 보고 있다.[29] 그러나 상관의 위법한 명령에 따라 범죄행위를 한 경우에는 상관의 명령에 따랐다고 하여 부하가 한 범죄행위의 위법성이 조각될 수는 없다.[30]

(3) 인가・승인

하급행정청이 일정한 권한을 행사하는 경우 상급행정청으로부터 사전에 허가・인가・승인 등을 받는 경우가 있다. 이러한 인가는 예방적 감독의 수단으로서 사용되며, 행정기관 내부의 행위라는 점에서 행정처분과는 구별되어야 한다. 그러나 국가기관이 감독권의 행사 차원에서 지방자치단체에 대한 인가나 승

28) 김남진, 전게서(Ⅱ), 37면.
29) 대법원 1999. 4. 23. 선고 99도636 판결.
30) 대법원 1997. 4. 17. 선고 96도3376 전원합의체 판결.

인 등을 하는 경우가 있다. 이 경우 지방자치단체가 감독기관의 인가나 승인 등이 위법하면 이에 대해 항고소송을 할 수 있는지가 문제된다. 이러한 인가・승인 등은 종전까지 행정기관 내부의 행위로서 행정처분의 성격이 인정되지 아니하였다.[31] 대법원도 지방자치단체장이 개발제한구역 안에서 혐오시설 설치허가를 발급하기 전에 건설부훈령인 '개발제한구역관리규정'에 따라 사전승인신청을 하는데, 건설교통부장관의 승인행위가 항고소송의 대상이 되는 행정처분에 해당하지 않는다고 보고 있다.[32] 그러나 오늘날에는 지방자치단체의 주관적 권리가 강조되고 있으며, 이러한 국가기관의 감독처분에 대해 지방자치단체장의 항고소송을 허용하는 견해가 유력해지고 있다.[33]

(4) 취소・정지

취소・정지는 사후적인 감독수단으로서 상급행정청이 직권으로 하거나 행정심판 그 밖에 당사자의 불복신청에 의하여 하급행정청의 위법・부당한 행위를 취소・정지하는 것을 말한다. 법령에 근거가 있는 때에는 상급행정청의 취소・정지권을 행사할 수 있다(정부조직법 제11조 제2항 및 제18조 제2항). 취소・정지권의 근거규정이 없는 경우에도 상급행정청이 감독권의 당연한 내용으로 이를 행사할 수 있는지가 다투어지고 있다. 상급행정청은 특별한 규정이 없는 한 처분청에 대해 취소・정지를 명할 수 있을 뿐 취소・정지권을 직접 행사할 수 없다는 견해[34]와 취소・정지권은 감독의 목적을 달성하기 위한 불가결의 수단이라는 이유로 상급행정청은 당연히 취소・정지권을 가진다는 견해[35]가 대립하고 있다. 하급기관이 명백히 위헌이거나 위법한 훈령을 발급하는 것에 대해서는 감독청이 취소・정지권을 행사할 수 있다고 해석하는 것이 타당하다. 또한 감독청의 취소・정지권이 위법한 경우에 하급행정청이 이에 불복할 수 있는지가 문제 된다. 지방자치법은 자치사무에 관한 명령이나 처분에 대한 감독행정청의 취소 또는 정지에 대하여 지방자치단체의 장이 대법원에 제소할 수 있도록 규정하고 있다(제188조 제6항).

---

31) 박윤흔, 전게서(하), 54면.
32) 대법원 1997. 9. 26. 선고 97누8540 판결.
33) 졸고, "자치쟁송의 구조변화와 지방자치단체의 권리구제체계의 재구축", 법조 통권 제740호 (2020. 4), 78면 이하 참조.
34) 박윤흔, 전게서(하), 55-56면. 감독권에는 취소・정지권이 당연히 포함되지 않는다는 견해도 동일하다(김남진, 전게서(Ⅱ), 39면).
35) 이상규, 전게서(하), 86면.

(5) 권한(관할) 쟁의에 관한 결정

행정청 사이에 권한이나 관할에 관하여 쟁의가 있는 경우에는 적법한 권한의 소재를 결정해야 한다. 권한쟁의가 있는 당사자에 대해 공통되는 상급행정청이 있으면 그 상급행정청이 결정권을 가진다. 공통의 상급행정청이 없으면 각 상급행정청이 협의하여 결정한다. 그러나 이러한 협의가 성립하지 아니할 때에는 대통령이 국무회의의 심의를 거쳐 종국적으로 결정한다. 행정절차법 제6조 제2항은 "행정청의 관할이 분명하지 아니하는 경우에는 해당 행정청을 공통으로 감독하는 상급행정청이 그 관할을 결정하며, 공통으로 감독하는 상급행정청이 없는 경우에는 각 상급행정청의 협의로 그 관할을 결정한다"라고 규정하고 있다.

2. 대등행정청간의 관계

(1) 권한 존중과 상호협의

대등행정청은 다른 행정청의 권한을 서로 존중하여야 한다. 행정청 사이에 권한의 다툼이 있는 경우에는 권한쟁의에 관한 결정에 따라 해결한다. 특정한 사항이 둘 이상의 대등한 행정청의 권한에 관련될 때에는 관계행정청 사이의 협의에 따라 이를 결정한다. 이러한 협의 방식은 다양하다. 첫째, 둘 이상의 관계행정청이 협의하는 경우는 대부분 공동명의로 외부에 표시된다. 둘째, 주관행정청이 관계행정청과 협의할 때도 있다. 이 경우에는 주관행정청의 명의로 외부에 표시하고, 다른 행정청의 협의를 거치도록 한다. 법령에 정해진 협의에 의무적 사항을 정한 경우에 이를 거치지 않은 주관행정청의 행위는 무효가 된다. 마지막으로 행정청이 일정한 사업을 경영하는 사업시행자가 되는 경우에 그 사업의 주관행정청과 협의하거나 그 승인을 받도록 하는 경우도 있다.

(2) 사무의 촉탁(위탁)

대등행정청 사이에 있어서 행정청이 직무수행에 필요한 사무가 다른 행정청의 관할에 속하면 그 사무의 처리를 위탁할 때도 있다. 예컨대 A시 세무서장(甲)이 강제징수처분을 체납처분대상 소재지인 B시 세무서장(乙)에게 위탁하거나, 행정청이 부동산의 등기업무를 법원에 촉탁하는 것이 여기에 속한다.

(3) 행정응원

행정응원은 천재지변 · 사변 그 밖의 비상시나 긴급한 경우에 소관 행정청이 행정목적의 실현을 위해 다른 행정청에 지원을 요구하는 것을 말한다. 이러한 행정응원에 속하는 대표적 사례로는 경찰응원(경찰직무 응원법 제1조), 소방응원(소방기본법 제11조) 등이 있다. 행정절차법은 행정응원에 대해 상세히 규정하고 있다. 즉 ① 법령 등의 이유로 독자적인 직무수행이 어려운 경우, ② 인원 · 장비의 부족 등 사실상의 이유로 독자적인 직무수행이 어려운 경우, ③ 다른 행정청에 소속되어 있는 전문기관의 협조가 필요한 경우, ④ 다른 행정청이 관리하는 문서 · 전자문서 · 통계 등 행정자료가 직무수행을 위하여 필요한 경우, ⑤ 다른 행정청의 응원을 받아 처리하는 것이 보다 능률적이고 경제적인 경우에 행정응원을 인정하고 있다(동법 제8조 제1항). 그러나 다른 행정청이 보다 능률적이거나 경제적으로 응원할 수 있는 명백한 이유가 있는 경우, 행정응원으로 인하여 고유의 직무수행이 현저히 지장을 받을 것으로 인정되는 경우에는 행정응원을 거부할 수 있다(동조 제2항). 행정응원에 소요되는 비용은 응원을 요청한 행정청이 부담하며, 그 부담금액 및 부담방법 등은 응원을 요청한 행정청과 응원을 하는 행정청이 협의하여 결정한다(동조 제6항).

제2장 국가행정조직법

국가행정조직법이란 국가의 행정을 담당하는 행정기관의 설치·구성 및 권한에 관한 법을 말한다. 이는 직접국가행정조직과 간접국가행정조직을 망라한다. 국가의 행정은 국가뿐만 아니라 위임을 받은 공공단체나 그 기관에 의해서도 수행된다. 독일에서는 국가행정조직을 직접적 연방행정과 간접적 연방행정으로 구분하고 있다. 즉 행정청을 통해 직접 행정임무를 수행하는 경우는 직접적 연방행정이라 하고, 공법상 사단법인(공공조합과 지방자치단체), 공재단 및 영조물법인 등을 통해 수행하는 경우에는 간접적 연방행정이라 한다. 다만, 간접적 연방행정에 속하는 공법상 사단법인이나 영조물법인은 그 발생이 연방에 직접적으로 기인하기 때문에 '연방직접적(bundesunmittelbar)'이라는 수식어를 붙이기도 한다. 이러한 독일법의 영향으로 국내에서도 국가행정조직을 직접국가행정과 간접국가행정으로 구분하는 견해가 늘고 있다. 본서에서도 직접국가행정이란 국가에 소속된 행정청을 통한 행정을 의미하며, 간접국가행정이란 지방자치단체를 포함한 법적으로 독립된 공공단체를 통한 행정을 의미하는 것으로 사용하기로 한다.

제1절 직접국가행정조직

Ⅰ. 중앙행정조직

1. 중앙행정조직의 의의 및 기본구조

중앙행정조직의 성격은 헌법상의 통치구조 또는 정부형태에 의하여 결정된다. 헌법은 원칙적으로 대통령제를 채택하고 있지만, 의원내각제적 요소도 일부 포함되어 있다. 중앙행정조직에 관하여는 정부조직법 외에 다수의 개별 법령이 제정되어 있다. 중앙행정조직은 행정수반인 대통령과 그 직속기관, 정부의 중요한 권한의 심의기관으로서 국무회의, 대통령의 명을 받아 행정각부를 통할하는 국무총리와 그 직속기관(인사혁신처 · 법제처 및 식품의약품안전처)이 있다. 또한 행정각부로서 기획재정부, 교육부, 과학기술정보통신부, 외교부 및 통일부 등 19개 부가 있다. 그 밖에 헌법상 독립된 중앙행정기관으로 선거관리위원회와, 형식적으로는 일반중앙행정기관에 소속되나 독립성을 가진 합의제행정기관으로서 국민권익위원회, 국가인권위원회, 방송통신위원회 등이 있다.

2. 대통령

대통령은 국가원수인 동시에 행정부 수반의 지위를 가진다. 대통령은 국가원수로서 영전수여권, 사면권, 국민투표부의권 및 개헌안발의권 등을 가진다. 국가안전보장이나 공공의 안녕질서를 유지하기 위하여 국정의 최고책임자로서 긴급재정 · 경제명령이나 긴급명령권 등을 발할 수 있다. 또한 대통령은 행정부의 수반으로서 정부조직권자의 지위, 최고행정기관의 지위 및 국무회의 의장의 지위를 가진다. 그리고 대통령은 행정에 관하여 국군통수권, 공무원임면권, 재경에 관한 권한, 행정감독권 그 밖의 법령집행권 등을 가진다. 그 밖에 대통령은 입법에 대하여 법률안제안권, 법률안거부권, 법률안공포권 등을 가진다.

3. 대통령 직속 중앙행정기관

(1) 감사원

감사원은 국가의 세입 · 세출의 결산, 국가 및 법률이 정한 단체의 회계검사, 행정기관 및 공무원의 직무에 관한 감찰을 하기 위하여 대통령 소속 하에 설치된 국가기관이다(헌법 제97조). 감사원은 대통령 직속기관이지만 직무상 독립성을 가진다(감사원법 제2조). 헌법은 감사원을 원장을 포함한 5인 이상 11인 이하의 감사위원으로 구성되는 합의제행정기관으로 규정하고 있으나, 감사원법은 감사위원의 수를 7명으로 규정하고 있다. 감사원장은 국회의 동의를 얻어 대통령이 임명하며, 감사위원은 감사원장의 제청으로 대통령이 임명한다. 감사위원의 임기는 4년이며 1차에 한하여 중임할 수 있다. 감사원법에는 감사원의 주요 권한이 규정되어 있다. 즉 결산 및 회계검사권(제21조 이하), 직무감찰권(제24조),

감사결과에 따른 시정 또는 개선 등의 요구(제33조, 제34조), 변상책임의 판정(제31조)과 징계요구권(제32조), 재심의 청구의 처리(제38조), 심사청구에 대한 결정권(제46조), 회계관계법령 등에 대한 의견표시(제49조), 규칙제정권(제52조) 등이 있다.

한편, 감사원규칙의 법적 성질에 관하여는 법규명령설이 다수설이지만, 감사원규칙은 헌법에 근거가 없으며 법률로 입법형식 자체를 창설하지 못한다는 이유로 법규명령의 성격을 부인하는 견해도 유력하다. 감사원규칙은 헌법에 근거가 없을 뿐만 아니라, 내용상으로도 감사에 관한 절차, 감사원의 내부 규율, 감사사무 처리에 관한 규칙을 제정한다는 점에서 '행정규칙'의 성질을 가진다고 보는 것이 타당하다. 그러나 감사원의 직무상 독립성을 고려하면 감사원규칙의 헌법적 근거를 마련하는 것이 바람직하다.

(2) 국가정보원

국가정보원은 국가안전보장에 관련되는 정보 및 보안에 관한 사무를 담당하는 대통령 소속의 중앙행정기관이다(정부조직법 제17조, 국가정보원법 제2조). 국가정보원장은 감사원장과 달리 대통령의 지시와 감독을 받는다. 국가정보원장은 정무직으로 대통령에 의해 임명되고, 국가정보원의 업무를 총괄하며, 소속 직원을 지휘·감독한다(국가정보원법 제9조 제2항). 국가정보원은 국내·외 정보보안 업무를 총괄하는 국가정보기관이었으나 대공 수사과정에서의 인권침해 등 권한 남용과 정치적 일탈 행위의 우려가 계속해서 제기되어 왔다. 이에 2020년 12월 15일 '국가정보원법'의 전부개정이 있었다. 이번 개정에서는 국가정보원의 정치적 중립성을 명확히 규정하여 정보기관의 국내정치 개입을 차단하도록 하였다. 국가정보원은 수집 목적에 적합하게 정보를 수집하며, 수집된 정보를 직무 외의 용도로 사용하지 아니하도록 규정하고 있다(동법 제3조 제2항). 또한 원장, 차장 및 기획조정실장과 그 밖의 직원은 정당이나 정치단체에 가입하거나 정치활동에 관여하는 행위를 하여서는 아니 된다(동법 제11조). 또한 적법절차를 따르지 아니한 불법 감청 및 불법위치추적 등을 금지하는 규정을 두고 있다(동법 제14조).

국가정보원의 직무로 ① 국외 및 북한에 관한 정보, 방첩, 대테러, 국제범죄조직에 관한 정보, 사이버안보 및 위성자산 등 정보 등의 수집·작성·배포, ② 국가기밀을 취급하는 인원에 대한 보안 업무, ③ 위 ①과 ②의 직무수행 관련 대응조치로서 국가안보와 국익에 반하는 북한, 외국 및 외국인·외국단체·

초국가행위자 또는 이와 연계된 내국인의 활동을 확인 · 견제 · 차단하고, 국민의 안전을 보호하기 위하여 취하는 대응조치, ④ 중앙행정기관 · 지방자치단체 등 공공기관에 대한 사이버 공격 및 위협에 대한 예방 및 대응, ⑤ 정보 및 보안 업무의 기획 · 조정, ⑥ 그 밖에 다른 법률에 따라 국가정보원의 직무로 규정된 사항을 규정하고 있다(동법 제4조 제1항). 또한 국가정보원장 등에 대하여 정당이나 정치단체에 가입하거나 정치활동에 관여하는 행위를 금지하고, 직원이 정치활동에 관여하는 행위의 집행을 지시 받은 사실을 수사기관에 신고하는 경우 국가정보원장은 해당 내용을 지체 없이 국회 정보위원회에 보고하도록 하고 있다(동법 제11조). 또한 불법 감청 및 불법 위치추적 등의 행위를 금지하고, 위반시 처벌 근거를 마련하고 있다(동법 제14조 및 제23조). 종전에 수행하던 국내 보안정보의 수집이나 국가정보원의 직무와 관련된 범죄에 대한 수사는 제외하고 있다.

국가정보원장은 직무수행의 원칙 · 범위 · 절차 등이 규정된 정보활동기본지침을 정하여 국회 정보위원회에 이를 보고하여야 한다(동법 제4조 제2항). 또한 국가안전보장에 중대한 영향을 미치는 상황이 발생할 경우 지체 없이 대통령 및 국회 정보위원회에 보고하도록 하고, 국회 정보위원회가 재적위원 3분의 2 이상의 찬성으로 특정사안에 대하여 보고를 요구한 경우에는 해당 내용을 지체 없이 보고하도록 하고 있다(동법 제15조).

(3) 자문기관

대통령의 자문기관으로 국가원로자문회의, 국가안전보장회의, 민주평화통일자문회의, 국민경제자문회의 등을 설치할 수 있다(헌법 제90조 이하).

(4) 대통령비서실, 국가안보실 및 대통령경호처

대통령의 직무를 보좌하기 위해 대통령비서실을 두고 있다. 대통령비서실에는 실장 1명을 두되, 정무직으로 한다. 또한 대통령 경호수행체계를 합리화하기 위해 대통령경호실(장관급)을 대통령경호처(차관급)로 개편하였다(정부조직법 제16조). 대통령경호처에는 처장 1명을 두되, 처장은 정무직이다. 대통령경호처의 조직 · 직무범위 그 밖에 필요한 사항은 따로 법률로 정하고 있다(동법 제16조). 이와 관련하여 '대통령 등의 경호에 관한 법률'이 제정되어 있다. 대통령의 국가위기상황 관리기능을 효과적으로 보좌하기 위하여 국가안보실이 설치되었다. 국가안보실에는 실장 1명을 두고, 실장은 정무직으로 하고 있다(동법 제15조).

4. 국무회의

국무회의는 정부의 권한에 속하는 중요한 정책에 대한 국가의 최고정책심의기관이다(헌법 제88조 제1항). 국무회의의 법적 지위에 대하여 의결기관으로 보는 설, 자문기관으로 보는 설 및 심의기관으로 보는 설이 대립하고 있다. 다수설은 심의기관으로 본다. 국무회의는 대통령·국무총리와 15인 이상 30인 이하의 국무위원으로 구성된다. 그 의장은 대통령이 되며, 부의장은 국무총리가 된다(헌법 제88조 제2항 및 제3항). 대통령은 국무회의의 의장으로서 회의를 소집하고 이를 주재한다. 의장이 사고로 직무를 수행할 수 없을 때에는 부의장인 국무총리가 그 직무를 대행하고, 의장과 부의장이 모두 사고가 있을 때에는 기획재정부장관이 겸임하는 부총리, 교육부장관이 겸임하는 부총리 및 정부조직법 제26조 제1항에 규정된 순서에 따라 국무위원이 그 직무를 대행한다. 국무위원은 정무직이며 의장에게 의안을 제출하고 국무회의의 소집을 요구할 수 있다(정부조직법 제12조). 국무조정실장·인사혁신처장·법제처장·식품의약품안전처장 그 밖에 법률로 정하는 공무원은 필요한 경우 국무회의에 출석하여 발언할 수 있으며, 소관 사무에 관하여 국무총리에게 의안의 제출을 건의할 수 있다(정부조직법 제13조). 국무회의의 심의사항은 헌법에 규정되어 있다.

5. 국무총리

국무총리는 대통령의 권한대행자로서의 지위를 가진다. 즉 국무총리는 대통령이 궐위되거나 사고로 인하여 직무를 수행할 수 없을 때 대통령의 권한을 대행하는 제1순위에 있다(헌법 제71조). 또한 국무총리는 국무회의 부의장으로서의 지위를 가진다(헌법 제88조 제2항). 그리고 국무총리는 정부의 제2인자로서의 지위를 가진다. 국무총리는 대통령을 보좌하며, 대통령의 명을 받아 행정각부를 통할할 수 있는 권한을 가진다. 나아가 국무총리는 독자적인 중앙행정기관의 지위를 가진다.

국무총리는 권한으로 국무위원 및 행정각부의 장의 임면관여권을 가진다(헌법 제87조, 제94조). 또한 행정각부의 통할 관할권을 가진다(헌법 제86조 제2항). 특히 국무총리는 대통령의 명을 받아 각 중앙행정기관의 장을 지휘·감독하며,

중앙행정기관의 장의 명령이나 처분이 위법 또는 부당하다고 인정될 경우에는 대통령의 승인을 얻어 이를 중지 또는 취소할 수 있다(정부조직법 제18조). 그리고 국무총리는 법률이나 대통령령의 위임 또는 직권으로 총리령을 제정할 수 있다(헌법 제95조). 그 밖에 국무총리는 수도로서의 특별한 지위를 가지는 서울특별시의 행정에 대한 조정권한을 가진다. 즉 서울특별시와 관련된 도로·교통·환경 등에 관한 계획을 수립하고 그 집행을 할 때에 관계 중앙행정기관의 장과 서울특별시장의 의견이 다른 경우에는 국무총리가 이를 조정한다(서울특별시 행정특례에 관한 법률 제5조).

한편, 국무총리 직속의 중앙행정기관으로 부총리, 국무조정실, 인사혁신처, 법제처, 식품의약품안전처가 설치되어 있다. 다만, 국무총리가 특별히 위임하는 사무를 수행하기 위하여 2명의 부총리를 두고 있지만, 헌법에 부총리제의 근거가 없어 위헌 논란이 있다. 국무조정실은 각 중앙행정기관의 행정의 지휘·감독, 정책조정 및 사회 위험·갈등의 관리, 정부업무평가 및 규제개혁에 관하여 국무총리를 보좌하기 위한 기관이다(정부조직법 제20조). 인사혁신처는 공무원의 인사·윤리·복무 및 연금에 관한 사무를 관장하고 있다(동법 제22조의3). 법제처는 국무회의에 상정될 법령안·조약안과 총리령안 및 부령안의 심사와 기타 법제에 관한 사무를 전문적으로 관장한다(동법 제23조). 식품 및 의약품의 안전에 관한 사무를 관장하기 위하여 국무총리 소속으로 식품의약품안전처를 신설하였다(동법 제25조). 종전에는 보건복지부 산하에 식품의약품안전청이 설치되었으나, 국민생활의 안전을 위하여 식품 및 의약품 안전관리체계를 국무총리 소속의 식품의약품안전처로 일원화하였다. 그 밖에 국무총리 직속하에 설치되는 중앙행정기관으로는 공정거래위원회, 금융위원회, 국민권익위원회 등이 있다. 국무총리 소속의 중앙행정기관은 행정각부가 아니므로, 부령을 제정할 수 없다. 한편, 국무총리 직속으로 있던 국가보훈처는 국가보훈부로 개편되었다.

6. 행정각부

행정각부는 정부(행정부)의 업무를 분담하고 있는 국가의 중앙행정기관이다. 이들 중앙행정기관은 장관을 정점으로 계층제를 이루고 있다. 행정각부는 헌법기관이지만, 헌법은 그 수에 대하여는 명시하고 있지 않다. 행정각부의 장은 국무위원 중에서 임명되는데, 그 수는 15인 이상 30인 이하로 규정되어 있다(헌법

제88조 제2항). 따라서 행정각부의 수는 사실상 이러한 헌법 규정에 의한 제한을 받는다. 행정각부의 설치 · 조직과 직무범위는 법률로 정하도록 되어 있다(헌법 제96조). 이에 따라 제정된 정부조직법은 행정각부로서 기획재정부, 교육부, 과학기술정보통신부, 외교부, 통일부, 법무부, 국방부, 행정안전부, 국가보훈부, 문화체육관광부, 농림축산식품부, 산업통상자원부, 보건복지부, 환경부, 고용노동부, 여성가족부, 국토교통부, 해양수산부, 중소벤처기업부의 19개부를 규정하고 있다(정부조직법 제26조). 종전의 미래창조과학부는 '과학기술정보통신부'로 변경하고, 산하에 과학기술혁신본부를 설치하였다(동법 제29조). 국민안전처와 행정자치부를 통합하여 '행정안전부'로 다시 변경하였다. 행정안전부에는 재난안전관리사무를 담당하는 본부장 1명을 두되, 정무직으로 한다(동법 제34조 제3항). 종전의 중소기업청은 격상되어 '중소벤처기업부'가 신설되었다(동법 제44조).

행정각부에는 장관 1명을 두며, 국무위원으로 보하고 차관은 정무직으로 한다(동법 제26조 제2항). 행정각부 장관은 국무위원으로서의 지위와 행정각부 장관으로서의 지위를 동시에 가진다. 국무위원이 아닌 자는 행정각부의 장이 될 수 없으나, 행정각부의 장관이 아니더라도 국무위원이 될 수 있다. 이를 '정무장관'이라 한다. 행정각부 장관은 정부조직법 기타 법령이 정하는 바에 따라 행정사무를 주관하고, 그 소관사무에 관하여 대통령과 국무총리의 지휘 · 감독을 받는 중앙행정청이다. 행정각부 장관은 부령제정권, 지휘 · 감독권 그 밖의 행정에 관한 권한을 가진다.

행정각부의 장은 소관사무에 관하여 법률이나 대통령령의 위임 또는 직권으로 부령을 제정할 수 있다(헌법 제95조). 행정각부 장관은 소관사무를 통할하고 소속공무원을 지휘 · 감독한다(정부조직법 제7조 제1항). 또한 행정각부 장관은 소관사무에 관하여 지방행정의 장을 지휘 · 감독하는 권한을 가진다(동법 제26조 제3항). 그 밖에 행정각부 장관은 소속 공무원에 대한 임용제청 내지 임용권을 가진다.

행정업무의 전문성과 방대성으로 인해 행정각부에는 차관을 비롯한 보조기관이나 외청 등을 두고 있다. 다만, 기획재정부 · 과학기술정보통신부 · 외교부 · 문화체육관광부 · 산업통상자원부 · 보건복지부 · 국토교통부에는 차관 2명을 둔다. 행정각부에는 차관 외에도 다수의 보조기관, 자문기관, 의결기관, 집행기관 및 부속기관 등이 설치되어 있다. 한편, 감염병 대응역량의 강화를 위해 보건복지부 소속기관인 '질병관리본부'를 차관급 기관으로 격상하였고, 이후 코로나 위기에 효과적으로 대처하기 위해 2020년 8월 21일 개정으로 질병관리본부를 독립된 '질병관리청'으로 승격하였다(정부조직법 제38조 제2항, 제3항). 보호무역주의의 확산에 대응하는 통상교섭 역량을 강화하기 위하여 산업통상자원부에 '통상교섭본부'를 설치하고 있다(정부조직법 제37조 제2항).

행정각부에는 장관 소속하의 외청이 설치되어 있다. 행정안전부장관 소속하의 경찰청과 소방청, 기획재정부장관 소속하의 국세청·관세청·조달청 및 통계청, 법무부장관 소속하의 검찰청, 국방부장관 소속하의 병무청, 농림축산식품부장관 소속하의 농촌진흥청과 산림청 등이 설치되어 있다. 종전에 산업통상자원부장관 소속하의 중소기업청은 중소벤처기업부로 격상되었다. 재외동포에 관한 사무를 관장하기 위해 외교부장관 소속으로 '재외동포청'이 신설되었다.

그 밖에 행정각부 산하에는 다양한 합의제행정기관이 설치되어 있다. 합의제행정기관 중에는 자문기관 외에 심의·의결기관도 있다. 예컨대 징계위원회, 행정심판위원회, 도시계획위원회 등이 그러하다.

Ⅱ. 지방행정조직

지방행정은 지방자치단체에 의해 실현되는 것이 원칙이지만, 지방자치단체의 집행기관인 시·도지사와 시장·군수 및 자치구의 구청장에게 위임하는 경우도 있다. 이를 '기관위임사무(국가위임사무)'라고 부른다. 이 경우 해당 지방자치단체의 장(기관)은 국가사무를 위임받아(기관위임사무) 처리하는 범위 내에서 국가기관의 지위를 가진다.[1] 또한 국가의 특별지방행정기관을 설치할 수 있다. 즉 정부조직법 제3조는 "중앙행정기관에는 소관사무를 수행하기 위하여 필요한 때에는 특히 법률로 정한 경우를 제외하고는 대통령령으로 정하는 바에 따라 지방행정기관을 둘 수 있다"고 규정하고 있다. 이러한 특별지방행정기관에는 기획재정부 산하의 세무서나 세관, 농림수산식품부 산하의 농산물검사소, 법무부 산하의 출입국관리사무소 등이 있다. 우체국은 과학기술정보통신부 산하의 기관으로 변경되었다.

1) 대법원 1968. 4. 16. 선고 68다295 판결.

제2절 간접국가행정조직(공공단체)

Ⅰ. 공공단체의 의의 및 특징

공공단체는 대체로 "국가 밑에서 행정목적을 수행하는 공법상의 법인"[2] 또는 "국가 밑에서 국가로부터 그 존립 목적이 부여된 법인"[3] 등으로 정의된다. 공공단체는 위임이나 위탁에 따라 국가의 공적 과제를 수행하는 경우에 공법상의 권리·의무의 귀속주체로서의 지위를 가진다. 공공단체는 법률에 따라 설립되는 경우가 대부분이지만, 도시재개발조합과 같이 행정청의 인가를 받아 설립되기도 한다. 공공단체는 법인격을 가지므로 행정주체의 지위를 가진다. 그러나 공공단체는 국가 과제를 위임받아 수행하는 범위에서 '행정청'의 지위를 가질 수도 있다. 공공단체는 국가 과제를 수행하므로 공용부담이나 조세감면 등의 특권이 부여되기도 하며, 이에 대해서는 국가의 지휘나 감독을 받는 경우도 있다. 공공단체의 임직원은 공무원의 신분을 가지지 않는 것이 보통이지만, 공공단체의 임직원은 국가배상법의 공무원이 될 수도 있다.

Ⅱ. 공공단체의 종류

1. 지방자치단체

지방자치단체는 일정한 지역에 대한 지배권을 행사하고 그 주민을 구성요소로 하는 공공단체를 말한다. 즉 국가영토의 일부를 구성요소로 하면서, 그 구역 내의 주민에 대하여 지배권을 가지고 있다. 지방자치단체는 지역에 대한 지배권을 가지고 있는 공공단체(즉 지역단체)라는 점에서, 공공조합이나 공재단, 영조물법인과 구별된다. 지방자치단체는 보통지방자치단체(특별시·광역시·도·시·군 및 자치구)와 특별지방자치단체(지방자치단체조합)로 구분된다. 특별지방자치단체는 복수의 지방자치단체가 공동사업을 수행하기 위하여 설립한 목적단체를 말

2) 김남진·김연태, 행정법 Ⅱ, 60면.
3) 박윤흔, 최신행정법강의(하), 83면; 김동희, 행정법 Ⅱ, 46면.

한다.

2. 공공조합

공공조합이란 특정한 국가 목적을 위하여 결성된 인적 단체를 말하며, 공법상의 사단법인이라고도 부른다. 지방자치단체는 지역적 공공단체이지만, 공공조합은 인적 공공단체이다. 또한 공공조합은 국가 목적의 실현이라는 점에서 사법상의 사단법인과 구분된다. 공공조합에는 구성원이 있으며, 가입이 강제되는 것이 보통이다. 공공조합에는 다양한 유형이 있다. 우선 변호사회나 의사회 등과 같은 공공성을 가진 자유직업의 단체가 있다. 둘째, 경제적 이익을 공동의 목적으로 하는 공공조합이 있다. 여기에는 수산업협동조합, 농업협동조합, 상공회의소 등이 있다. 셋째, 특정한 지역개발사업과 관련된 공공조합도 있다. 예컨대 도시재개발조합이 여기에 해당한다.

3. 영조물법인

영조물법인은 "특정한 공적 목적에 기여하도록 정한 인적·물적 시설의 수단"으로서 법인격을 가진 단체를 말한다. 영조물에는 구성원은 없고 이용자만 있다. 여기에는 한국방송공사나 서울대학교병원 등이 해당한다. 그러나 헌법재판소는 한국방송공사의 직원채용의 법률관계를 사법관계로 보고 있다.[4] 또한 국립대학교는 영조물이며 그 총장은 국가기관에 해당한다. 법인화가 된 국립대학교는 영조물법인이다.

4. 공법상의 재단(공재단)

공법상의 재단이란 재단설립자가 출연한 재산을 관리하기 위해 설립된 공공단체를 말한다. 이를 '공재단'이라 한다. 공법상의 재단에는 구성원이나 이용자는 없고, 그 수혜자만 있다. 예컨대 한국연구재단은 이러한 공법상 재단에 해당한다.

---

4) 헌재 2006. 11. 30. 2005헌마855.

제3장 공무원법

제1절 총 설

Ⅰ. 공무원의 개념 및 종류

1. 공무원의 개념

공무원법은 공무원관계의 발생·변경 및 소멸, 공무원의 권리와 의무, 그리고 공무원의 책임 등을 다룬다. 학설은 광의의 공무원과 협의의 공무원으로 구분하는 것이 보통이다. 즉 광의의 공무원이란 국가나 공공단체의 공공의 업무를 담당하는 모든 사람을 말하는데 반하여, 협의의 공무원은 국가나 지방자치단체와 공법상 근무관계에 있는 사람을 말한다고 보고 있다. 이러한 구분은 상대적이다. 헌법 제7조 제1항은 "공무원은 국민전체에 대한 봉사자이며, 국민에 대하여 책임을 진다"고 규정하고 있다. 광의의 공무원 개념에는 대통령, 국회의원, 정무직공무원 외에도 계약에 의해 공무를 담당하는 자, 고용직 및 임시직 등 모든 공무담당자를 망라한다. 이에 반해 협의의 공무원은 국가공무원법이나 지방공무원법이 적용되는 '경력직'공무원(일반직공무원과 특정직공무원)을 주된 대상으로 하고 있다. 한편, 개별법에서 공무원의 신분에 준하는 지위를 갖는 자를 '준공무원'이라 한다. 예컨대 한국은행, 한국조폐공사, 한국토지주택공사, 한국도로공사 등의 임직원이 그러하다.[1] 그러나 공공기관의 임직원은 공무원법상 공무원에 해당한다고 보기는 어렵다. 다만, 위탁을 받아 공적 과제를 수행하는 경우에는 공공기관의 임직원도 국가배상법상의 공무원에 해당될 수 있다.

---

1) 김남진·김연태, 행정법 Ⅱ, 281면.

2. 공무원의 종류

(1) 국가공무원과 지방공무원

국가공무원은 국가에 의하여 임용되어 원칙적으로 국가기관에 근무하며, 국가로부터 보수를 받는 공무원을 의미한다. 지방공무원은 지방자치단체에 의해 임용되어 지방자치단체에 근무하며 보수를 받는 공무원을 의미한다.

(2) 경력직공무원과 특수경력직공무원

공무원의 임용자격 및 신분보장의 유무와 직무내용의 정치성 및 전문성 유무를 기준으로 경력직공무원과 특수경력직공무원으로 구별된다. 경력직공무원은 일반직공무원과 특정직공무원으로 구분된다. 특수경력직공무원은 정무직공무원과 별정직공무원으로 구분된다. 종전에는 경력직공무원을 일반직·특정직·기능직으로, 특수경력직공무원을 정무직·별정직·계약직 및 고용직으로 구분하였다. 그러나 2012년 국가공무원법의 개정에 의해 기능직, 계약직 및 고용직은 폐지되었다. 공직사회의 통합을 도모하고 합리적이고 효율적인 인사행정 체계를 구축하기 위해 6개로 세부화된 공무원의 구분체계를 업무성격 중심의 4개의 구분체계로 단순화하였다. 즉 기능직과 계약직을 폐지하여 기능직은 일반직에, 그리고 계약직공무원은 일반직 또는 별정직에 통합하였다.

경력직공무원과 특수경력직공무원은 적용법규를 달리한다. 경력직공무원에는 국가공무원법 및 지방공무원법이 적용된다. 이에 반해 특수경력직공무원에는 이러한 법률이 제한적으로 적용된다(국가공무원법 제3조, 지방공무원법 제3조). 경력직공무원은 실적과 자격에 의하여 임용되고 평생동안(근무기간을 정하여 임용하는 공무원의 경우에는 그 기간 동안을 말한다) 공무원으로 근무할 것이 예정되는 공무원을 말한다(국가공무원법 제2조 제2항). 전문지식이나 기술이 요구되거나 임용관리에 특수성이 요구되는 업무를 담당하게 하기 위하여 경력직공무원을 임용할 때 일정기간을 정하여 근무하게 할 수 있다(국가공무원법 제26조의5). 이를 '임기제공무원'이라 한다. 임기제공무원의 임용요건, 임용절차, 근무상한연령 및 그 밖에 필요한 사항은 대통령령 등으로 정한다(동조 제2항). 우선 ① 일반직공무원이란 기술·연구 또는 행정일반에 대한 업무를 담당하는 공무원을 말한다. ② 특정직공무원은 법관, 검사, 외무공무원, 경찰공무원, 소방공무원, 교육공무원,

군인, 군무원, 헌법재판소 헌법연구관, 국가정보원의 직원과 특수 분야의 업무를 담당하는 공무원으로서 다른 법률에서 특정직공무원으로 지정하는 공무원을 말한다.

이에 반해 특수경력직공무원이란 경력직공무원 외의 공무원을 의미하며, 그 종류에는 정무직공무원과 별정직공무원이 있다(국가공무원법 제2조 제3항). ① 정무직공무원에는 선거로 취임하거나 임명할 때 국회의 동의가 필요한 공무원, 고도의 정책결정 업무를 담당하거나 이러한 업무를 보조하는 공무원으로서 법률이나 대통령령(대통령비서실 및 국가안보실의 조직에 관한 대통령령만 해당한다)에서 정무직으로 지정하는 공무원이 있다. ② 별정직공무원은 비서관·비서 등 보좌업무 등을 수행하거나 특정한 업무 수행을 위하여 법령에서 별정직으로 지정하는 공무원을 말한다.

Ⅱ. 공무원제도의 발전 및 특징

공무원의 지위는 시대 상황에 따라 다양하게 변하여 왔다. 연혁적으로 봉건제 하의 공무원은 영주의 사복(私僕)의 지위에 있었고, 절대군주제에 있어서는 신분적으로 예속된 신하나 관리에 불과하였다. 그러나 현대민주국가에서 공무원은 국가기관의 구성원으로서, 주권자인 국민전체의 봉사자의 지위를 가진다. 공무원제도는 시대적 변천에 따라 엽관제에서 성적제로 변하였다. 또한 특권계급을 상징하는 관료제에서 전문적 공무원제로 발전하고 있다. 엽관제(spoils system)란 선거에 승리한 정당이 공무원의 임용을 임의적으로 결정하는 제도를 말한다. 이러한 엽관제는 공무원 신분의 불안정으로 인해 정치적 중립성을 확보하기 어렵다. 이러한 엽관제가 전문화의 요청에 부응하지 못하는 부정적 측면도 있지만, 외부의 전문가를 잘 영입하면 오히려 성공적으로 국정을 운영할 수도 있다. 그러나 엽관제는 공무원의 특권화와 정치화, 비전문가의 임용, 공무원 부패와 매관매직 등 여러 가지 문제를 노정하고 있다. 이에 엽관제는 성적제로 대체되었다. 성적제(merit system)는 공무원의 인사를 정치적 의견, 정당과의 관계나 정실(情實) 등에 의하지 아니하고, 그의 능력이나 지식·경험 등에 의하여 공무원을 임면하는 제도이다. 성적제는 공무원의 임면에 대한 정치적 영향을 배제하고, 전문적 능력이 있는 공무원을 선발하여 행정의 전문성과 능률성을 확보할 수 있는 제도이다.

Ⅲ. 공무원제도의 헌법적 근거

1. 민주적 공무원제

공무원은 정부가 아니라 헌법에 합치되도록 공무를 수행해야 한다. 공무원은 자유민주적 기본질서를 준수하고 공무원의 근무관계에서도 이를 유지해야 할 의무를 진다.[2] 또한 공무원도 민주적 정당성이 확보되어야 한다. 특히 뵈켄푀르데(E.-W. Böckenförde)의 민주적 정당성 이론에 의하면, 공무원을 포함한 공무담당자는 조직적·인적인 민주적 정당성(organisatorisch-personelle demokratische Legitimation)과 관련이 있다. 국가의 공적 과제가 부여된 기관과 공직자 사이에는 '주권'의 연결고리가 중단 없이 이어져야 한다는 것이다.[3] 이러한 조직적·인적인 민주적 정당성은 '선거'를 통해서도 확보되지만, 공무원을 '임명'하는 경우에도 인정된다. 즉 국민이 선출한 의원들로 구성된 의회나 대통령은 조직적·인적인 민주적 정당성이 확보되어 있다. 의회나 대통령에 의해 공무원으로 '임명'될 경우 이러한 민주적 정당성의 연결고리는 계속해서 이어지고, 임명된 공무원은 민주적 정당성이 부여되어 기능주체로서 작동하게 된다. 헌법 제78조에는 "대통령은 헌법과 법률이 정하는 바에 의하여 공무원을 임명한다"라고 규정하고 있다. 이 조항도 그러한 의미를 함축하고 있다. 헌법 제7조 제1항에서 "공무원은 국민전체에 대한 봉사자이며, 국민에 대하여 책임을 진다"라고 규정하고 있다. 여기서 말하는 '국민전체에 대한 봉사자'라는 문언은 그러한 공익추구성과 밀접한 관련이 있으며, 국민주권의 수임자로서 공무원은 공직을 수행함에 있어서 사익을 추구하여서는 아니 된다는 것을 의미한다. 이러한 과제를 제대로 수행하지 않는 경우에 해당 공무원은 책임을 진다. 공무원의 불법행위에 대해서는 민·형사상 책임이나 징계책임을 물을 수 있다. 또한 선거를 통해 정치적 책임을 물을 수도 있다.

---

2) Pieroth, in: Jarass/Pieroth, GG, Art. 33 Rn. 52.
3) Böckenförde, in: Isensee/Kirchhof(Hg.), Handbuch des Staatsrechts, Bd. Ⅱ, 2004, § 24 Rn. 16.

2. 직업공무원제

직업공무원제에 의해 공무원의 신분은 보장된다. 헌법 제7조 제2항은 "공무원의 신분과 정치적 중립성은 법률이 정하는 바에 의하여 보장된다"라고 규정하고 있다. 공무원의 신분보장은 국가공무원법·지방공무원법 등을 통해 구체화하고 있다. 또한 공무원은 신분과 함께 정치적 중립성이 보장되고 있다. 그 의미는 행정에 대한 정치적 영향이나 정권교체에 따르는 공무원의 지위 불안을 배제하고 능률적인 행정을 확보하는 것에 있다. 공무원의 정치운동이나 집단행위는 원칙적으로 금지되어 있다(국가공무원법 제65조 및 제66조, 지방공무원법 제57조 및 제58조). 공무원의 정치적 중립성을 보장하기 위해서는 그 독립성과 공정성이 확보된 독립된 인사행정기구가 설치되어야 한다. 직업공무원제에서는 성적주의나 성적제 능력주의가 중요하다. 공무원의 임용은 시험성적·근무성적, 그 밖의 능력의 실증에 따라 행해지고 있다(국가공무원법 제26조, 지방공무원법 제25조).

3. 공무담임권

국민주권의 원리와 민주주의원리에 따라 모든 국민은 공무담임권을 가진다(헌법 제25조). 공무담임권은 참정권의 하나로 다루어지고 있다. 선출직뿐만 아니라 모든 국가기관에서 공무를 담당할 권리를 말한다.[4] 공무담임의 기회는 균등하게 보장되어야 한다. 그러나 공무를 담당할 권리는 법률이 정하는 바에 따라 일정한 요건을 갖추어야 한다. 다만, 국가기관의 장은 소속 공무원을 임용할 때 합리적인 이유 없이 성별, 종교 또는 사회적 신분 등을 이유로 차별해서는 아니 된다(헌법 제11조 제1항, 국가공무원법 제26조의6).

---

4) 계희열, 헌법학(중), 신정2판, 607면.

제2절 공무원관계의 변동

Ⅰ. 공무원관계의 성립

1. 임명의 의의

공무원관계는 임명이나 선거 그 밖에 법률의 규정에 의하여 발생한다. 임명은 특정인에게 공무원으로서의 신분을 부여하며, 공법상의 근무관계를 발생시킨다. 임명은 실정법상 '임용'으로 표시되기도 한다(국가공무원법 제26조, 지방공무원법 제25조). 그러나 임용은 실제 보다 넓은 의미로 사용되고 있다. 즉 임용은 신규채용・승진임용・전직・전보・겸임・파견・강임・휴직・직위해제・정직・복직・면직・해임 및 파면을 포괄하는 의미로 사용된다(공무원임용령 제2조 제1호 참조). 임용은 요식행위가 아니다. 임용장의 교부는 임명의 유효요건은 아니며, 임명행위를 형식적으로 증명하는 공증적인 효력밖에 없다.

2. 임명의 법적 성질

임명행위의 성질에 관하여 공법계약설, 단독행위설 및 쌍방적 행정행위설 등이 대립하고 있다. 그러나 오늘날 이러한 견해 대립은 무의미하다. 공무원은 (동의에 의한) 행정행위를 통해 임명되지만,[5] 임기제공무원은 공법상 계약에 의해 임용되는 공무원이다(국가공무원법 제26조의5, 지방공무원법 제25조의5). 대법원은 지방전문직 공무원의 채용계약[6]이나 공중보건의사 채용계약[7]을 공법상 계약이라고 보고 있다.

---

5) 대법원 1962. 11. 15. 선고 62누165 판결.

6) "지방전문직 공무원의 채용계약은 일반공무원이 그 동의에 의한 쌍방적 행정행위에 속하는데 비하여 특별행정기관의 설정을 목적으로 하는 공법상 계약이라 할 것이다."(대법원 1993. 9. 14. 선고 92누4611 판결)

7) "공중보건의사 채용계약해지의 의사표시에 대하여는 대등한 당사자간의 소송형식인 공법상의 당사자소송으로 그 의사표시의 무효확인을 구할 수 있는 것이지, 이를 항고소송의 대상이 되는 행정처분이라는 전제에서 그 취소를 구하는 항고소송을 제기할 수는 없다고 할 것이다." (대법원 1996. 5. 31. 선고 95누10617 판결)

3. 임명의 요건

공무원이 되기 위해서는 일정한 결격사유가 없어야 한다(국가공무원법 제33조, 지방공무원법 제31조). 또한 대한민국의 국적이 없는 자는 외무공무원이 될 수 없다(외무공무원법 제8조 제2항). 결격사유에 해당하는 자는 공무원으로 임명될 수 없고, 재직 중에 결격사유가 발생한 때에는 당연퇴직 사유가 된다. 공무원임용의 결격사유는 공무원으로 임용되기 위한 절대적인 소극적 요건으로서 공무원관계는 관계 법령의 규정에 따라 채용후보자 명부에 등록한 때가 아니라 국가의 임용이 있는 때에 발생되는 것이다. 따라서 공무원임용 결격사유가 있는지는 채용후보자 명부에 등록할 때가 아닌 임용 당시에 시행되던 법률을 기준으로 판단하여야 한다. 임용당시 공무원임용 결격사유가 있었다면 비록 국가의 과실에 의하여 임용결격자임을 밝혀내지 못하였다 하더라도 그 임용행위는 당연무효이다.[8] 임명장에 기재된 날짜에 임용의 효력이 발생하므로, 그 날짜를 기준으로 판단해야 한다. 당연퇴직에 해당하는 경우에는 그 효력이 법률상 당연히 발생하며, 별도의 행정처분은 필요하지 않다.[9] 나아가 공무원이 되기 위해서는 소극적인 결격사유가 없을 뿐만 아니라 일정한 자격요건을 갖추어야 한다. 예컨대 채용시험에서의 시험성적이 그러하다.

4. 임명권자

행정부의 수반인 대통령은 원칙적으로 국가공무원의 임명권을 가진다(헌법 제78조). 행정기관 5급 이상 국가공무원 및 고위공무원단에 속하는 일반직공무원은 소속 장관의 제청으로 인사혁신처장의 협의를 거친 후에 국무총리를 거쳐 대통령이 임면한다(국가공무원법 제32조 제1항). 또한 고위공무원단에 속하는 일반직공무원의 경우 소속 장관은 해당 기관에 소속되지 아니한 공무원에 대하여도 임용제청을 할 수 있다. 다만, 국세청장은 국회의 인사청문을 거쳐 대통령이 임명하고 있다(동조 제1항 단서). 그 밖의 소속 공무원에 대하여는 소속 장관이 임

8) 대법원 1987. 4. 14. 선고 86누459 판결.

9) "국가공무원법 제69조에 의하면 공무원이 제33조 각호의 1에 해당할 때에는 당연히 퇴직한다고 규정하고 있으므로, 국가공무원법상 당연퇴직은 결격사유가 있을 때 법률상 당연히 퇴직하는 것이지 공무원관계를 소멸시키기 위한 별도의 행정처분을 요하는 것은 아니며, 당연퇴직의 인사발령은… 새로운 형성적 행위가 아니므로 행정소송의 대상이 되는 독립한 행정처분이라고 할 수 없다."(대법원 1995. 11. 14. 선고 95누2036 판결)

용권을 가진다(동조 제2항). 대통령은 대통령령이 정하는 바에 따라 그 임용권의 일부를 소속기관의 장에게 위임할 수 있다(동조 제3항). 지방공무원의 임명권은 지방자치단체의 장(특별시·광역시·도 또는 특별자치도의 교육감을 포함한다)에게 있다(지방공무원법 제6조 제1항). 지방자치단체의 장은 조례가 정하는 바에 의하여 임용요건의 일부를 보조기관, 그 소속 기관의 장, 지방의회의 사무처장·사무국장·사무과장 또는 교육위원회의 의사국장에게 위임할 수 있다(동조 제2항).

한편, 5급 공무원을 신규 채용하는 경우에는 1년, 6급 이하 공무원을 신규 채용하는 경우에는 6개월간 각각 시보로 임용하고, 그 기간의 근무성적·교육훈련성적과 공무원으로서의 자질을 고려하여 정규 공무원으로 임용한다(국가공무원법 제29조 제1항, 지방공무원법 제28조 제1항). 그러나 공무원의 근무성적·교육훈련 성적이 나쁘거나, 공무원으로서의 자질이 부족하다고 판단되는 경우에는 면직시키거나 면직을 제청할 수 있다(국가공무원법 제29조 제3항, 지방공무원법 제28조 제3항).

5. 임명절차

임명을 위해서는 채용후보자 명부에 등재되어야 한다. 시험 실시기관의 장은 공개경쟁 채용시험에 합격한 사람을 대통령령 등으로 정하는 바에 따라 채용후보자 명부에 등재하여야 한다(국가공무원법 제38조 제1항). 공개경쟁 채용시험에 합격한 사람의 채용후보자 명부의 유효기간은 2년의 범위에서 대통령령 등으로 정한다(동조 제2항). 채용후보자명부에 등록을 하지 아니하면 임용될 의사가 없는 것으로 본다(공무원임용령 제11조 제2항). 시험 실시기관의 장은 채용후보자 명부에 등재된 채용후보자를 대통령령 등으로 정하는 바에 따라 임용권이나 임용제청권을 갖는 기관에 추천하여야 한다. 다만, 공개경쟁 채용시험 합격자의 우선임용을 위하여 필요하면 인사혁신처장이 채용후보자를 국가공무원법 제32조 제1항부터 제3항까지의 규정에도 불구하고 근무할 기관을 지정하여 임용하거나 임용제청할 수 있다(국가공무원법 제39조 제1항).

Ⅱ. 공무원관계의 변경

공무원관계의 변경은 공무원의 신분을 유지하면서 그 직위나 직급, 또는 직렬 등에 변경이 있는 것을 말한다. 여기에는 승진, 전보, 전직, 복직, 강임, 휴직, 직위해제, 정직, 감봉 및 복직 등이 있다.

1. 승 진

승진이란 동일 직렬 내의 상위직급에 임용되는 것을 말한다. 승진임용은 근무성적평정, 경력평정, 그 밖의 능력의 실증에 의한다(국가공무원법 제40조 제1항, 지방공무원법 제38조 제1항). 다만, 1급부터 3급까지의 공무원으로의 승진임용 및 고위공무원단 직위로의 승진임용에 있어서는 능력과 경력 등을 고려하여 임용하며, 5급 공무원에의 승진임용은 승진시험을 거쳐야 한다. 1급 공무원으로의 승진은 바로 하급 공무원 중에서, 2급 및 3급 공무원으로의 승진은 같은 직군 내의 바로 하급 공무원 중에서 각각 임용하거나 임용제청한다(국가공무원법 제40조의2, 지방공무원법 제39조 제1항).

국가는 범정부적 차원에서 효율적으로 인사관리를 하고 정부의 경쟁력을 높이기 위하여 고위공무원단을 구성·운영하고 있다(국가공무원법 제2조의2). 고위공무원단 직위로의 승진임용은 대통령령으로 정하는 자격·경력 등을 갖춘 자 중에서 임용하거나 임용제청한다(동법 제40조의2 제1항). 다만 우수공무원에게는 특별승진이 인정되고 있다(국가공무원법 제40조의4, 지방공무원법 제39조의3). 국가공무원의 승진임용 또는 그의 제청은 사전에 승진심사위원회의 심사를 거쳐야 하며(국가공무원법 제40조의3), 지방공무원의 승진임용에 있어서는 해당 인사위원회의 사전심의를 거쳐야 한다(지방공무원법 제39조 제4항).

2. 전보·전직·강임

(1) 전보

동일한 직급(職級) 내에서 보직변경 또는 고위공무원단 직위 간의 보직변경을 '전보'라 한다(국가공무원법 제5조 제6호). 예컨대 국토교통부의 부이사관 A를 운영지원과 과장에서 시설안전과 과장으로 발령하는 것이 여기에 해당한다. 전보가 행정행위의 성질을 가지는지 여부가 다투어지고 있다. 하급심은 교육공무원에 대한 인사발령처분(전보명령)에 대한 취소소송을 허용하고 있다.[10] 전보는

---

10) "불규칙적이고 잦은 전보명령이나 보직변경 등의 인사발령에 의하여 침해될 수 있는 교육공무원의 근무환경 또는 근무조건과 직무의 연속성 및 일상생활의 안정성 등은 교육공무원법 제

정실인사로 악용된 사례가 적지 않았다. 이에 일정한 경우를 제외하고 해당 직위에 임용된 날로부터 필수보직기간인 3년이 지나야 다른 직위에 전보할 수 있도록 하고 있다(공무원임용령 제45조 제1항). 정부조직법 제2조 제3항 본문에 따라 실장·국장 밑에 두는 보조기관 또는 이에 상당하는 보좌기관인 직위에 보직된 3급 또는 4급 공무원, 연구관 및 지도관과 고위공무원단 직위에 재직 중인 공무원의 필수보직기관은 2년이다(동조 단서).

(2) 전직

다른 직렬(職列)에 임명하는 것을 '전직' 또는 '전직임용'이라 한다. 예컨대 행정사무관 B를 외무사무관으로 임용하는 것이 그러하다. 전직시험을 거치는 것을 원칙으로 하나, 대통령령 등으로 정하는 전직의 경우 시험의 일부 또는 전부를 면제할 수 있다(국가공무원법 제28조의3, 지방공무원법 제29조의2).

한편, 정부는 개방형 직위와 공모직위를 운영하고 있다. 해당 기관의 직위 중 전문성이 특히 요구되거나 효율적인 정책 수립을 위하여 필요하다고 판단되어 공직의 내부나 외부에서 적격자를 임용할 필요가 있는 직위에 대하여는 '개방형 직위'로 지정하여 운영할 수 있다(국가공무원법 제28조의4). 이 경우 정부조직법 등 조직 관계 법령에 따라 1급부터 3급까지의 공무원 또는 이에 상당하는 공무원으로 보할 수 있는 직위(고위공무원단 직위를 포함하며, 실장·국장 밑에 두는 보조기관 또는 이에 상당하는 직위는 제외한다) 중 임기제공무원으로도 보할 수 있는 직위(대통령령으로 정하는 직위는 제외한다)는 개방형 직위로 지정된 것으로 본다(동조 제2항). 해당 기관의 직위 중 효율적인 정책 수립 또는 관리를 위하여 해당 기관 내부 또는 외부의 공무원 중에서 적격자를 임용할 필요가 있는 직위에 대하여는 공모 직위로 지정하여 운영할 수 있다(동법 제28조의5).

(3) 강임

강임이란 동일한 직렬 내에서 하위직급의 직위에 임명하거나, 하위직급이 없어 다른 직렬의 하위직급에 임명하는 것을 말한다(국가공무원법 제5조 제4항, 지방공무원법 제5조 제4항). 임용권자는 직제 또는 정원의 변경이나 예산의 감소 등으

21조, 교원지위향상을위한특별법 제7조 제1항, 제9조 제1항, 제10조 제3항, 국가공무원법 제16조 제1항, 제2항 등 관계 법규에 의하여 보호되는 직접적이고 구체적인 법률상의 이익이라 할 것이므로, 전보명령을 받은 교육공무원에게는 그 처분의 취소를 구할 소의 이익이 있다." (서울고등법원 1998. 3. 26. 선고 97구6200 판결)

로 직위가 폐직되거나 하위의 직위로 변경되어 과원이 된 경우 또는 본인이 동의한 경우에 소속 공무원을 강임할 수 있다(국가공무원법 제73의4 제1항, 지방공무원법 제65조의4 제1항).

3. 휴직 · 복직

(1) 휴직

휴직이란 공무원의 신분을 보유하면서 일정한 사유로 일시적으로 직무에 종사하지 못하는 것을 말한다(국가공무원법 제73조 제1항, 지방공무원법 제63조 1항). 휴직에는 '청원휴직'과 '직권휴직'이 있다. 청원휴직은 일정한 사유로 공무원이 휴직을 원하면 임용권자가 휴직을 명할 수 있다(국가공무원법 제71조 제2항, 지방공무원법 제63조 제2항). 이와 달리 직권휴직은 본인의 의사에도 불구하고 일정한 사유가 발생하면 임명권자가 휴직을 명할 수 있다. 직권휴직의 사유는 다음과 같다. 즉 ① 신체 · 정신상의 장애로 장기 요양이 필요할 때, ② 병역법에 따른 병역 복무를 마치기 위하여 징집 또는 소집된 때, ③ 천재지변이나 전시 · 사변, 그 밖의 사유로 생사(生死) 또는 소재(所在)가 불명확하게 된 때, ④ 그 밖에 법률의 규정에 따른 의무를 수행하기 위하여 직무를 이탈하게 된 때, ⑤ 공무원의 노동조합 설립 및 운영 등에 관한 법률 제7조에 따라 노동조합 전임자로 종사하게 된 때가 그러하다(국가공무원법 제71조 제1항, 지방공무원법 제63조 제1항).

(2) 복직

휴직, 직위해제, 정직 중이거나 강등으로 직무에 종사하지 못한 공무원을 직위에 복귀시키는 것을 복직이라 한다(공무원임용령 제2호). 휴직 중인 공무원은 휴직기간 중 그 사유가 소멸되면 30일 이내에 이를 임용권자 또는 임용제청권자에게 신고하여야 하고, 임용권자는 지체없이 복직을 명하여야 한다(국가공무원법 제73조 제2항). 휴직기간이 끝난 공무원이 30일 이내에 복귀신고를 하면 당연복직된다(동조 제3항).

4. 직위해제

직위해제란 일정한 사유가 있는 경우에 직위를 부여하지 아니하는 것을 말한다. 직위해제는 휴직과 달리 본인의 무능력이나 비위(非違)행위 등으로 인한 보직의 해제이다. 즉 ① 직무수행능력이 부족하거나 근무성적이 불량한 자, ② 파면·해임·강등 또는 정직에 해당하는 징계의결이 요구 중인 자, ③ 형사사건으로 기소된 자(약식명령이 청구된 자는 제외), ④ 고위공무원단에 속하는 일반직공무원으로서 적격심사를 요구받은 자, ⑤ 금품비위, 성범죄 등 대통령령으로 정하는 비위행위로 인하여 감사원 및 검찰·경찰 등 수사기관에서 조사나 수사 중인 자로서 비위의 정도가 중대하고 이로 인하여 정상적인 업무수행을 기대하기 현저히 어려운 자에 대하여는 직위를 부여하지 아니할 수 있다(국가공무원법 제73조의3 제1항, 지방공무원법 제65조의3 제1항). 직위해제가 되면 직무에 종사하지 못한다. 그러나 직위해제사유가 소멸되면 지체없이 직위를 부여하여야 한다(국가공무원법 제73조의3 제2항).

직위해제사유 중에서 ①의 경우에는 임용권자 또는 임용제청권자는 3개월의 범위 내에서 대기를 명하며, 능력회복이나 근무성적의 향상을 위하여 교육훈련 또는 특별한 연구과제의 부여 등 필요한 조치를 하여야 한다(국가공무원법 제73조의3 제3항 및 제4항). 대기명령을 받은 자가 그 기간 중 능력 또는 근무성적의 향상을 기대하기 어렵다고 인정될 때에는 징계위원회의 동의를 얻어 직권으로 면직시킬 수 있다(국가공무원법 제70조 제1항 제5호, 지방공무원법 제62조 제1항 제5호).

5. 정직·감봉

정직이나 감봉은 징계에 해당한다. 정직은 1개월 이상 3개월 이하의 기간에 공무원의 신분은 보유하나 직무에 종사하지 못하며, 보수의 전액을 삭감한다(국가공무원법 제80조 제3항, 지방공무원법 제71조 제3항). 이에 반해 감봉은 1개월 이상 3개월 이하의 기간에 보수의 3분의 1을 감하는 것을 말한다(국가공무원법 제80조 제4항, 지방공무원법 제71조 제4항).[11]

---

11) "지방계약직공무원규정의 시행에 필요한 사항을 규정하기 위한 '서울특별시 지방계약직공무원 인사관리규칙' 제8조 제3항에서 근무실적 평가결과 근무실적이 불량한 사람에 대하여 봉급을 삭감할 수 있도록 규정하고 있었는 바, 이에 대해 대법원은 보수의 삭감은 이를 당하는 공무원의 입장에서는 징계처분의 일종인 감봉과 다를 바 없음에도 징계처분에 있어서와 같이 자기에게 이익이 되는 사실을 진술하거나 증거를 제출할 수 있는 등(지방공무원징계및소청규정 제5조)의 절차적 권리가 보장되지 않고 소청(지방공무원징계및소청규정 제16조) 등의 구제수단도 인정되지 아니한 채 이를 감수하도록 하는 위 규정은, 그 자체 부당할 뿐만 아니라 지방공무원법이나 지방계약직공무원규정에 아무런 위임의 근거도 없는 것이거나 위임의 범위를 벗어난 것으로서 무효이다."(대법원 2008. 6. 12. 선고 2006두16328 판결)

6. 인사교류 · 겸임 · 파견근무

인사교류에 관한 규정을 두고 있다. 인사혁신처장은 행정기관 상호간, 행정기관과 교육 · 연구기관 또는 공공기관 간에 인사교류가 필요하다고 인정되면 인사교류계획을 수립하고, 국무총리의 승인을 받아 이를 실시할 수 있다(국가공무원법 제32조의2, 지방공무원법 제32조의2). 또한 전문 인력의 확보와 인사교류의 원활을 위해 겸임과 파견근무에 관한 규정을 두고 있다. 즉 공무원은 직위와 직무 내용이 유사하고 담당 직무수행에 지정이 없다고 인정되는 경우에 특정한 직위를 보유한 채 교육 · 연구기관, 그 밖의 기관 · 단체의 임직원과 서로 겸임할 수 있다(국가공무원법 제32조의3, 지방공무원법 제30조의3). 그리고 국가적 사업의 수행 또는 그 업무 수행과 관련된 행정 지원이나 연수, 그 밖에 능력 개발 등을 위하여 필요하면 소속 공무원을 다른 국가기관 · 연구기관, 그 밖의 기관에 일정 기간 파견근무하게 할 수 있다(국가공무원법 제32조의4, 지방공무원법 제30조의4).

Ⅲ. 공무원관계의 소멸

공무원으로서의 신분을 상실함으로써 공무원관계는 소멸된다. 여기에는 퇴직과 면직이 있다.

1. (당연)퇴직

퇴직은 일정한 사유의 발생과 더불어 공무원의 신분이 상실되는 경우를 말한다. 따라서 퇴직발령은 퇴직한 사실을 알리는 관념의 표시에 지나지 않으며, 행정처분의 성질을 가지지 않는다.[12] 공무원은 일정한 사유가 발생하면 당연히 퇴직한다(국가공무원법 제69조, 지방공무원법 제61조). 당연퇴직사유로는 국가공무원법 제33조 또는 지방공무원법 제31조의 결격사유가 발생하는 경우, 임기제공무원의 근무기간이 만료되는 경우, 사망하거나 정년에 도달하는 경우 등이 있다. 또한 외무공무원은 대한민국 국적을 상실하면 당연히 퇴직한다(외무공무원법 제8조 제2항 제2호 및 제26조 제1항 제1호). 그러나 임용권자나 임용제청권자는 퇴

---

12) 대법원 1985. 7. 23. 선고 84누374 판결.

직을 희망하는 공무원이 파면·해임·강등 또는 정직에 해당하는 징계사유가 있는 경우, 비위와 관련하여 형사사건으로 기소된 때, 전술한 징계사유로 징계의결이 요구 중인 때, 비위와 관련하여 조사 또는 수사 중인 경우, 비위와 관련하여 감사부서 등에서 내부감사 또는 조사 중일 때는 퇴직을 제한하고 있다(국가공무원법 제78조의4 제2항, 지방공무원법 제69조의4 제2항).

2. 면 직

(1) 의원(依願)면직

공무원 자신의 사의표시(사직원)에 의하여 공무원관계를 소멸시키는 행위이다. 사의표시만으로 공무원관계가 소멸되는 것은 아니며, 면직처분이 있기까지는 공무원관계가 유지된다. 따라서 사직원만 제출하고 출근하지 않거나 직장을 무단이탈하면 징계사유나 형사책임의 원인이 될 수 있다.[13] 또한 의원면직은 공무원의 자유로운 의사표시를 전제로 하므로 상사의 강요에 의한 사의표시로 인한 면직처분은 위법하다.[14]

공무원이 사의를 표시하면 임용권자가 이를 수리할 의무를 지는지도 문제이다. 생각건대 병역의무와 같이 복무기간이 의무적으로 정하여져 있거나 법률에서 근무기간이 특별히 정해진 경우가 아닌 한, 국민에게는 일반적인 공무담임의 의무가 없다. 따라서 임용권자는 퇴직 제한의 사유가 없는 한 적절한 기간 내에 사직원을 수리할 의무가 있다고 할 것이다. 수리시기는 해당 업무의 공백이나 의원면직 제도의 악용 등을 방지하기 위하여 어느 정도는 유예될 수도 있다. 그러나 이러한 사직원의 수리를 의도적으로 거부하는 것은 재량권의 일탈·남용에 해당할 수 있다.

한편, 정년에 이르지 아니하여도 일정한 요건을 갖추면 명예퇴직을 할 수 있다. 즉 공무원으로 20년 이상 근속한 자가 정년 전에 스스로 퇴직하는 것을 말한다. 이러한 명예퇴직도 의원면직의 일종이다. 명예퇴직에 대해서는 명예퇴직수당을 지급할 수 있다(국가공무원법 제74조의2, 지방공무원법 제66조의2).

(2) 직권면직(강제면직)

직권면직은 본인의 의사와 관계없이 일방적으로 하는 면직처분을 말한다. 여

13) 대법원 1971. 3. 23. 선고 71누7 판결; 대법원 1971. 3. 31. 선고 71누14 판결.
14) 대법원 1993. 7. 27. 선고 92누16942 판결.

기에는 징계면직과 협의의 직권면직이 있다. 공무원의 신분을 박탈하는 징계에는 파면과 해임이 있다. 협의의 직권면직은 다음과 같은 경우에 인정된다. 즉 ① 직제와 정원의 개폐 또는 예산의 감소 등에 의하여 폐직 또는 과원이 되었을 때, ② 휴직 기간이 끝나거나 휴직 사유가 소멸된 후에도 직무에 복귀하지 아니하거나 직무를 감당할 수 없을 때, ③ 대기명령을 받은 자가 그 기간에 능력 또는 근무성적의 향상을 기대하기 어렵다고 인정된 때,[15] ④ 전직시험에서 세 번 이상 불합격한 자로서 직무수행 능력이 부족하다고 인정된 때, ⑤ 병역판정검사·입영 또는 소집의 명령을 받고 정당한 사유 없이 이를 기피하거나 군복무를 위하여 휴직 중에 있는 자가 군복무 중 군무(軍務)를 이탈하였을 때, ⑥ 해당 직급·직위에서 직무를 수행하는데 필요한 자격증의 효력이 없어지거나 면허가 취소되어 담당 직무를 수행할 수 없게 된 때, ⑦ 고위공무원단에 속하는 공무원이 제70조의2에 따른 적격심사 결과 부적격 결정을 받은 때이다(국가공무원법 제70조 제1항, 지방공무원법 제62조 제1항). 위에서 언급한 ① ~ ⑥의 사유로 공무원을 직권면직시킬 경우에는 관할 징계위원회의 의견을 들어야 한다. 다만, 대기발령을 받은 자가 그 기간 중 능력 또는 근무성적의 향상을 기대하기 어렵다고 인정된 때에 해당함을 이유로 직권면직을 하는 경우에는 징계위원회의 '동의'를 얻어야 한다(국가공무원법 제70조 제2항, 지방공무원법 제62조 제2항).

Ⅳ. 불이익처분에 대한 권리구제

1. 고충심사

(1) 공무원의 신분보장과 고충심사

헌법 제7조 제2항에 의하면 공무원은 신분과 정치적 중립성을 보장받고 있다. 또한 공무원은 법률이 정하는 사유에 의하지 아니하고는 그 의사에 반하는 불이익처분을 받지 아니한다. 즉 국가공무원법과 지방공무원법에서 "공무원은 형의 선고, 징계처분 또는 이 법으로 정하는 사유에 따르지 아니하고는 본인의 의사에 반하여 휴직·강임 또는 면직을 당하지 아니한다"라고 규정하고 있다(국

15) "국가공무원법 제70조 제1항 제2호의 직권면직사유는 정신적·육체적으로 직무를 적절하게 처리할 능력이 현저하게 부족하여 근무성적이 극히 불량한 것을 의미하고 동법 제78조 제1항 각호에 규정된 명령위반, 직무상의 의무위반 또는 직무태만의 행위 등은 이에 해당하지 않는다."(대법원 1985. 2. 26. 선고 83누218 판결)

가공무원법 제68조, 지방공무원법 제60조). 다만, 이 규정은 국가공무원의 경우 1급 공무원과 국가공무원법 제23조에 따라 배정된 직무등급이 가장 높은 등급의 직위에 임용된 고위공무원단에 속하는 공무원에 대해, 그리고 지방공무원은 1급 공무원에 대해 적용되지 아니한다.

공무원의 신분보장과 관련하여 불이익처분에 대한 '고충심사'제도를 두고 있다. 즉 국가공무원은 누구나 인사·조직·처우 등 각종 직무 조건과 그 밖에 신상 문제에 대하여 인사 상담이나 고충 심사를 청구할 수 있으며, 이를 이유로 불이익한 처분이나 대우를 받지 아니한다(국가공무원법 제76조의2 제1항, 지방공무원법 제67조의2). 특히 2018년 10월 16일 법률 개정을 통해 기관 내 성폭력 범죄 또는 성희롱 발생 사실을 알게 된 경우 이를 신고할 수 있는 규정을 마련하였다. 한편, 지방공무원의 고충심사는 인사위원회가 담당한다(지방공무원법 제67조의2 제2항 참조). 고충심사청구를 받은 중앙인사관장기관의 장, 임용권자 또는 임용제청권자는 고충심사위원회에 부의하여 심사하게 하고, 상담을 신청받은 경우에 소속 공무원을 지정하여 상담하게 하여야 한다(국가공무원법 제76조의2 제2항). 이 경우 고충심사의 결과에 따라 고충의 해소 등 공정한 처리를 위하여 노력하여야 한다.

(2) 심사기관

공무원의 고충을 심사하기 위하여 중앙인사관장기관에 '중앙고충심사위원회'를, 임용권자 또는 임용제청권자 단위로 '보통고충심사위원회'를 두고 있다. 중앙고충심사위원회의 기능은 '소청심사위원회'에서 관장한다(국가공무원법 제76조의2 제4항). 중앙고충심사위원회는 보통고충심사위원회의 심사를 거친 재심청구와 5급 이상 공무원 및 고위공무원단에 속하는 일반직공무원의 고충을 심사한다. 보통고충심사위원회는 소속 6급 이하 공무원의 고충을 심사한다(동조 제5항). 다만, 6급 이하의 공무원의 고충이 성폭력 범죄 또는 성희롱 사실에 관한 고충 등 보통고충심사위원회에서 심사하는 것이 부적당하다고 대통령령 등으로 정한 사안이거나, 임용권자를 달리하는 둘 이상의 기관에 관련된 경우에는 중앙고충심사위원회에서 심사할 수 있다. 또한 원 소속 기관의 보통고충심사위원회에서 고충을 심사하는 것이 부적당하다고 인정될 경우에는 직근 상급기관의 보통고충심사위원회에서 심사할 수 있다. 그리고 이 법의 적용을 받는 자와 다른 법률의 적용을 받는 자가 서로 관련되는 고충의 심사청구에 대하여는 국가공무원법의 규정에 따라 설치된 고충심사위원회가 대통령령 등으로 정하는 바에 따라 심사할 수 있다(국가공무원법 제76조의2 제6항).

(3) 고충심사결정 및 결과처리

중앙인사관장기관의 장, 임용권자 또는 임용제청권자는 심사의 결과에 의해 필요하다고 인정되면 처분청이나 관계 기관의 장에게 그 시정을 요청할 수 있으며, 요청받은 처분청이나 관계 기관의 장은 특별한 사유가 없으면 이를 이행하고 그 처리 결과를 알려야 한다(국가공무원법 제76조의2 제6항). 다만, 부득이한 사유로 이행하지 못하면 그 사유를 알려야 한다. 또한 고충상담 신청, 성폭력범죄 또는 성희롱 발생 사실의 신고에 대한 처리절차, 고충심사위원회의 구성·권한·심사절차, 그 밖에 필요한 사항은 대통령령 등으로 정한다(동조 제7항). 그리고 다른 법률에 특별한 규정이 있는 경우 외에는 특수경력직공무원에 대하여도 대통령령 등으로 정하는 바에 따라 고충심사처리에 관한 규정을 준용할 수 있다(국가공무원법 제76조의3, 지방공무원법 제67조의3).

2. 소 청

(1) 소청의 의의 및 심사기관

소청(訴請)이란 징계처분 그 밖에 본인의 의사에 반하는 불리한 처분 등을 받은 자가 관할 소청심사위원회에 심사를 청구하는 특별행정심판제도이다. 행정심판은 임의적 전치주의를 채택하고 있지만, 공무원의 불이익처분에 대해서는 소청심사위원회의 심사와 결정을 반드시 거쳐야 한다(국가공무원법 제16조 제1항).

소청심사위원회는 합의제행정기관이며, 행정부의 경우 인사혁신처에 설치되어 있다(국가공무원법 제9조 제1항). 국회, 법원, 헌법재판소 및 선거관리위원회 소속 공무원의 소청에 관한 사항을 심사·결정하게 하기 위하여 국회사무처, 법원행정처, 헌법재판소사무처 및 중앙선거관리위원회사무처에 각각 해당 소청심사위원회를 둔다(동조 제2항).

(2) 소청심사의 청구

징계·강임·휴직·직위해제 또는 면직처분의 경우에는 처분사유설명서를 받은 날로부터, 그 밖의 불리한 처분을 받았을 때에는 그 처분이 있은 것을 안 날로부터 30일 이내에 소청심사위원회에 심사를 청구할 수 있다(국가공무원법 제

76조 제1항, 지방공무원법 제67조 제2항). 이 경우 변호사를 대리인으로 선임할 수 있다. 본인의 의사에 반하여 파면 또는 해임이나, 대기명령을 받은 자에게 그 기간에 능력 또는 근무성적의 향상을 기대하기 어렵다고 판단하여 면직처분을 하면, 그 처분을 한 날부터 40일 이내에는 후임자의 보충발령을 하지 못한다(국가공무원법 제76조 제2항, 지방공무원법 제67조 제2항).

소청심사위원회는 소청을 접수하였을 때에는 지체 없이 이를 심사하여야 하며, 심사에서 검증(檢證)·감정(鑑定), 그 밖의 사실조사를 하거나 증인을 소환하여 질문하거나 관계 서류를 제출하도록 명할 수 있다(국가공무원법 제12조, 지방공무원법 제17조). 소청심사위원회가 소청을 심사할 때에는 소청인 또는 대리인에게 진술의 기회를 주어야 하며, 이 절차를 거치지 않은 결정은 효력이 없다(국가공무원법 제13조 제1항 및 제2항).

(3) 소청심사위원회의 결정

소청심사위원회는 이러한 심사를 거쳐 그 청구에 대해 각하, 기각, 취소 또는 변경, 확인, 이행명령의 결정을 내린다(국가공무원법 제14조 제3항, 지방공무원법 제19조 제5항). 위원회의 결정은 처분행정청을 기속한다(국가공무원법 제15조, 지방공무원법 제20조). 소청심사위원회는 원징계처분보다 무거운 징계 또는 원징계부가금 부과처분보다 무거운 징계부가금을 부과하는 결정을 하여서는 아니 된다(국가공무원법 제14조 제7항, 지방공무원법 제19조 제7항).

3. 행정소송

소청을 제기한 자가 소청심사위원회의 결정에 불복하거나 소청심사를 신청한 후 소청심사위원회가 60일이 지나도 결정을 내리지 않는 경우 등에는 행정소송을 제기할 수 있다(행정소송법 제18조 제2항 참조). 소청심사위원회의 결정에 불복할 경우에는 재결전치주의에 따라 결정서를 송달받은 날부터 90일 이내에 행정소송을 제기할 수 있다(동법 제20조 제1항). 이 경우 대통령의 처분 또는 부작위의 경우에는 소속 장관을, 중앙선거관리위원회의 처분 또는 부작위의 경우에는 중앙선거관리위원회사무총장을 각각 피고로 한다(국가공무원법 제16조 제2항).

제3절 공무원의 권리

Ⅰ. 신분상의 권리

1. 신분 및 직위보유권

국가공무원법이나 지방공무원법에는 공무원의 신분보장에 관한 규정을 두고 있다. 공무원의 신분은 법률에 따라 두텁게 보장되고 있다. 즉 공무원은 형의 선고·징계처분 또는 법에서 정하는 사유에 의하지 아니하고는 그 의사에 반하여 휴직·강임 또는 면직을 당하지 아니한다(국가공무원법 제68조, 지방공무원법 제28조 제3항). 다만, 1급 공무원, 고위공무원단에 속하는 공무원은 그러하지 아니한다. 한편, 시보 임용 기간 중에 있는 공무원의 자질이 부족한 경우에는 면직시키거나 면직을 제청할 수 있으며, 그 사유 및 절차 등에 관한 사항은 대통령령으로 정하고 있다(국가공무원법 제29조 제3항, 지방공무원법 제28조 제3항). 또한 공무원은 법률에서 명시적으로 규정하고 있는 사유가 아니면 직위를 해제당하지 아니하며, 직위해제된 경우에도 그 사유가 소멸되면 임용권자는 지체없이 직위를 부여하여야 한다(국가공무원법 제73조의3, 지방공무원법 제65조의3 참조).

2. 직무집행권

공무원은 그 지위에 속하는 직무를 집행할 권리를 가지며, 이를 방해하면 공무집행방해죄로 처벌된다(형법 제136조 및 제137조). 공무원은 공무의 집행과 관련하여 직명을 사용하거나 제복을 착용할 수 있다. 공무원은 국장이나 사무관 등과 같은 직명을 사용할 수 있다. 또한 군인이나 경찰공무원 등과 같이 복제가 있는 공무원은 제복을 착용할 권리가 있다. 예컨대 경찰공무원은 행정안전부령으로 '경찰복제에 관한 규칙'이 제정되어 있다. 그러나 이러한 제복착용은 공무원의 의무이기도 하다(경찰공무원법 제26조 제1항).

3. 고충심사청구권 및 행정쟁송권

공무원은 위법·부당하게 신분상의 불이익조치나 처분 등을 받으면 소청심사를 신청하거나 행정소송을 통해 권리구제를 할 수 있다. 전통적인 특별권력관계 이론에서는 공무원의 권리는 법치국가원리의 사각지대에 놓여 있었으나, 비판을 통해 공무원의 권리도 권리구제를 받을 수 있게 되었다. 또한 공무원은 인사·조직·처우 등 각종 직무 조건과 그 밖의 신상 문제에 대하여 고충상담을 청구할 권리를 가진다.

4. 노동에 관한 권리

공무원은 노동운동이나 그 밖에 공무 외의 일을 위한 집단행위를 하여서는 아니 된다. 그러나 사실상 노무에 종사하는 공무원은 예외로 하고 있다(국가공무원법 제66조 제1항, 지방공무원법 제58조 제1항). 국가공무원으로서 "사실상 노무에 종사하는 공무원"의 범위는 대통령령 등으로 정하고 있다(국가공무원법 제66조 제2항).

공무원이 노동조합을 설립하려는 경우에는 고용노동부장관에게 설립신고서를 제출하여야 한다(공무원의 노동조합 설립 및 운영 등에 관한 법률 제5조 제2항). 노동조합에 가입할 수 있는 공무원의 범위는 일반직공무원(제1호), 특정직공무원 중 외무영사직렬·외교정보기술직렬 외무공무원, 소방공무원 및 교육공무원(다만, 교원은 제외한다)(제2호), 별정직공무원(제3호), 제1호부터 제3호까지의 어느 하나에 해당하는 공무원이었던 사람으로서 노동조합 규약으로 정하는 사람이다(동법 제6조 제1항). 그 밖에 '교원의 노동조합설립 및 운영 등에 관한 법률'에서는 교원이 노동조합을 설립하고 단체교섭을 할 권리를 보장하고 있다. 이러한 권리가 보장되는 교원의 범위는 유아교육법 제20조 제1항에 따른 교원, 초·중등교육법 제19조 제1항에 따른 교원, 고등교육법 제14조 제2항 및 제4항에 따른 교원(다만, 강사는 제외한다)이다. 그러나 교원의 노동조합은 일체의 정치활동을 하여서는 아니 된다(동법 제3조).

한편, 대법원은 고용노동부장관의 전국교직원노동조합에 대한 법외노조 통보처분과 관련하여, 노동조합 및 노동관계조정법 시행령 제9조 제2항이 법률의 위임 없이 법외노조 통보를 규정함으로써 헌법상 노동3권을 본질적으로 제한하여 그 자체로 무효라고 판시하였다.[16]

---

16) 대법원 2020. 9. 3. 선고 2016두32992 전원합의체 판결. 이에 대한 판례평석은 졸고, "전교조 법외노조통보처분 취소소송의 법적 쟁점과 문제점", 행정판례연구 제25집 제2호(2020. 12), 69-107면 참조.

5. 공무원직장협의회를 설립 · 운영할 수 있는 권리

국가기관, 지방자치단체 및 그 하급기관에 근무하는 공무원은 근무환경개선, 업무능률향상 및 고충처리 등을 위한 직장협의회(이하 "협의회"라 한다)를 설립할 수 있다. 협의회는 기관단위로 설립하되, 하나의 기관에는 하나의 협의회만을 설립할 수 있다(공무원직장협의회의 설립 · 운영에 관한 법률 제2조 제1항 내지 제3항). 협의회에 가입할 수 있는 공무원의 범위는 ① 일반직공무원, ② 특정직공무원 중 외무영사직렬 · 외교정보기술직렬 외무공무원, 경찰공무원, 소방공무원, ③ 별정직공무원으로 되어 있다(동법 제3조 제1항). 다만, 업무의 주된 내용이 지휘 · 감독권을 행사하거나 다른 공무원의 업무를 총괄하는 업무에 종사하는 공무원, 업무의 주된 내용이 인사, 예산, 경리, 물품출납, 비서, 기밀, 보안, 경비 및 그 밖에 이와 유사한 업무에 종사하는 공무원은 협의회에 가입할 수 없다(동법 제3조 제2항).

Ⅱ. 재산상의 권리

1. 보수청구권

(1) 보수의 의의 및 성질

공무원은 근로의 대가로서 보수청구권을 가진다. 공무원의 보수는 직무의 곤란성과 책임의 정도에 맞도록 계급별 · 직위별 또는 직무등급별로 정한다(국가공무원법 제46조, 지방공무원법 제44조). 보수의 법적 성질에 대하여 반대급부설과 생활자금설이 대립하고 있다. 공무원의 보수는 앞에서 언급한 바와 같이 공무원의 능력이나 직무의 곤란성 등에 따라 차이가 있다는 점에서 근로의 대가로서의 성질을 가진다. 또한 공무원의 보수는 일반의 표준생계비, 물가수준, 그 밖의 사정을 고려하여 책정되고 있다(국가공무원법 제46조 제2항 및 지방공무원법 제44조 제2항). 그런 점에서 공무원의 보수는 생활보장의 성격도 가진다.

(2) 보수의 내용

보수는 봉급과 그 밖의 각종 수당을 합산한 금액을 말한다. 또한 연봉제 적용대상 공무원은 연봉과 그 밖의 각종 수당을 합산한 금액을 말한다(공무원보수

규정 제4조 제2호). 봉급이란 직무의 곤란성 및 책임의 정도에 따라 직책별로 지급되는 기본급여 또는 직무의 곤란성 및 책임의 정도와 재직기간 등에 따라 계급별 · 호봉별로 지급되는 기본급여를 말한다. 이에 반해 수당은 공무원에게 지급되는 봉급 이외에 직무여건 및 생활여건에 따라 지급되는 부가급여를 말한다. 이와 관련하여 '공무원수당 등에 관한 규정'이 제정되어 있다.

(3) 보수청구권의 특성

공무원의 보수청구권은 공무원관계에서 발생하는 공법상의 권리이며, 이를 양도하거나 포기할 수 없다. 공무원의 보수청구권은 5년 동안 행사하지 아니하면 시효로 인하여 소멸한다(국가재정법 제96조, 지방재정법 제82조). 공무원의 보수에 대한 압류는 그 총액의 2분의 1까지 제한되고 있다(민사집행법 제246조, 국세징수법 제42조). 공무원의 보수지급청구권은 공법상의 권리로서의 성질을 가지며, 이에 대한 분쟁은 당사자소송을 제기할 수 있다.

2. 연금청구권

(1) 연금의 의의 및 종류

공무원의 연금제도는 공무원의 퇴직, 장해 또는 사망에 대하여 적절한 급여를 지급하고 후생복지를 지원함으로써 공무원 또는 그 유족의 생활안정과 복지향상에 이바지하는 것을 목적으로 하고 있다(공무원연금법 제1조). 연금의 성질과 관련하여 사회보장설, 은혜설, 봉급연불(俸給延拂)설 또는 거치(据置)보수설 등이 있다. 급여 중 퇴직급여, 퇴직유족급여 및 비공무상 장해급여에 드는 비용은 공무원과 국가 또는 지방자치단체가 부담한다(동법 제66조 제1항). 공무원의 봉급에서 매월 납부되는 기여금은 기준월소득액의 9퍼센트로 하고 있다(동법 제67조 제2항). 또한 국가나 지방자치단체가 공무원연금법 제66조 제1항에 따라 부담하는 부담금(이하 "연금부담금"이라 한다)의 금액은 매 회계연도 대통령령으로 정하는 보수예산의 9퍼센트로 한다(동법 제71조). 이에 비추어 보면, 공무원의 연금은 복합적 성질을 가진다고 볼 수 있다. 연금에는 퇴직급여, 퇴직유족급여, 비공무상 장해급여, 퇴직수당이 있다(공무원연금법 제34조 및 제42조).

(2) 연금청구의 절차

연금의 각종 급여는 그 급여를 받을 권리를 가진 사람의 신청에 따라 인사혁신처장의 결정으로 공무원연금공단(이하 '공단'이라 한다)이 지급한다(공무원연금법 제29조 제1항). 다만, 공무원연금법 제59조에 따른 장해연금 또는 장해일시금, 동법 제63조 제3항에 따른 급여제한사유 해당 여부 등 대통령령으로 정하는 사항은 공무원 재해보상법 제6조에 따른 '공무원재해보상심의회'의 심의를 거쳐야 한다. 급여의 결정에 관한 인사혁신처장의 권한은 대통령령으로 정하는 바에 따라 '공단'에 위탁할 수 있다(동조 제2항). 급여에 관한 결정, 기여금의 징수, 그 밖에 이 법에 따른 급여에 관하여 이의가 있는 사람은 대통령령으로 정하는 바에 따라 공무원 재해보상법 제52조에 따른 '공무원재해보상연금위원회'에 심사를 청구할 수 있다(동법 제87조 제1항). 이러한 심사청구는 급여에 관한 결정 등이 있었던 날부터 180일, 그 사실을 안 날부터 90일 이내에 하여야 한다(동조 제2항). 다만, 정당한 사유가 있어 그 기간에 심사 청구를 할 수 없었던 것을 증명한 경우는 예외로 한다. 급여에 관한 결정, 기여금의 징수, 그 밖에 이 법에 따른 급여에 관하여는 행정심판을 청구할 수 없다(동조 제3항).

(3) 연금 급여의 지급결정과 불복절차

연금의 급여에 관한 결정 권한은 원칙적으로 인사혁신처장에 있지만, 공무원연금법 시행령 제25조에 따라 공단에 위탁되어 있다. 따라서 공단의 급여 결정에 불복할 때에는 행정소송을 제기해야 한다. 이 경우 행정소송의 형식이나 당사자적격(피고적격) 등이 문제가 되고 있다. 공단의 급여결정에 불복하기 위해서는 공단을 피고로 하여 그 결정에 대한 항고소송을 제기해야 한다.[17] 이러한 공단의 지급결정은 행정처분에 해당한다. 그러나 대법원은 구 공무원연금관리공단이 관계 법령의 개정 사실과 퇴직연금 수급자가 퇴직연금 중 일부 금액의 지급정지 대상자가 되었다는 사실을 통보한 것은 행정처분이 아니라고 보고 있다. 즉 이러한 통보는 법령에서 정한 사유의 발생으로 퇴직연금 중 일부 금액의 지급이 정지된다는 점을 알려주는 관념의 통지에 불과하고, 그로 인하여 비로소 지급이 정지되는 것은 아니라는 것이다.[18] 이 판결에서 미지급 퇴직연금에 대한

---

17) "같은 법 소정의 급여는 급여를 받을 권리를 가진 자가 당해 공무원이 소속하였던 기관장의 확인을 얻어 신청하는 바에 따라 공무원연금관리공단이 그 지급결정을 함으로써 그 구체적인 권리가 발생하는 것이므로, 공무원연금관리공단의 급여에 관한 결정은 국민의 권리에 직접 영향을 미치는 것이어서 행정처분에 해당하고, 공무원연금관리공단의 급여결정에 불복하는 자는 공무원연금급여재심위원회의 심사결정을 거쳐 공무원연금관리공단의 급여결정을 대상으로 행정소송을 제기하여야 한다."(대법원 1996. 12. 6. 선고 96누6417 판결)

18) 대법원 2004. 12. 24. 선고 2003두15195 판결.

지급청구권은 공법상 권리에 해당하며, 그 지급을 구하는 소송은 공법상의 법률관계에 관한 소송인 공법상 당사자소송에 해당한다고 보고 있다. 한편, 대법원은 명예퇴직한 법관이 미지급 명예퇴직수당액에 대하여 가지는 권리는 명예퇴직수당 지급대상자 결정 절차를 거쳐 명예퇴직수당규칙에 의하여 확정된 공법상 법률관계에 관한 권리로서, 그 지급을 구하는 소송은 행정소송법의 당사자소송에 해당하며, 그 법률관계의 당사자인 국가를 상대로 제기하여야 한다고 판시하고 있다.[19]

3. 실비변상청구권 등

공무원은 보수 외에 대통령령이 정하는 바에 의하여 직무수행에 소요되는 실비(實費) 변상을 받을 권리를 가진다(국가공무원법 제48조 제1항, 지방공무원법 제46조 제2항). 이러한 실비에는 여비나 숙박비 등이 속한다. 또한 공무원은 소속기관장의 허가를 받아 본래의 업무수행에 지장이 없는 범위에서 담당 직무 외의 특수한 연구과제를 위탁받아 처리한 경우에는 그 보상을 지급받을 수 있다(국가공무원법 제48조 제2항, 지방공무원법 제46조 제2항).

제4절 공무원의 의무

Ⅰ. 서 설

공무원의 의무에 관한 유형 구분은 학설에 따라 다양하다. 공무원의 의무를 '신분상' 의무와 '직무상' 의무로 구분하는 견해도 유력하다. 그러나 공무원이 수행하는 직무는 공무원의 신분과 분리하기가 어려운 경우가 적지 않다. 즉 공무원의 직무상 의무에 해당하는 것들은 대부분 공무원의 특수한 신분 때문에 인정되는 것이다. 공무원의 의무에 관한 유형 구분은 중첩적인 부분이 적지 않다. 예컨대 국가공무원법 제56조는 성실의무에 '법령준수의무'를 포함하고 있으나, 학설은 이를 구분하고 있다. 즉 법령준수의무를 성실의무에서 분리하여 직무상

19) 대법원 2016. 5. 24. 선고 2013두14863 판결.

의무로 분류하고 있는 것이다. 독일에서는 충실의무를 헌법과 법률의 준수를 내용으로 하고 있을 뿐, 법령준수의무를 별도로 규정하고 있지 않다.[20] 나아가 국내 학설에서는 '직무전념의무'라는 용어가 사용되고 있으나, 이는 '직장이탈금지', '정치운동금지', '집단행동금지', '영리업무 및 겸직 금지' 등을 내용으로 하는 개념으로 사용되고 있다. 직무전념의무를 본래의 의미보다 확대해서 이해하고 있는 것이다.

한편, 공무원의 직무상 의무 위반은 국가배상책임과 밀접한 관계가 있다. 이러한 직무상 의무의 위반은 적극적인 위반뿐만 아니라 공무원의 '부작위'와 밀접한 관련이 있다. 국가배상의 위법을 판단하는 기준으로서 '직무상 의무'는 공무원법상의 '직무상 의무'와 반드시 일치한다고 보기 어렵다. 전술한 바와 같이 국가배상소송에서 부작위의 위법을 판단하는 대법원의 논증방식은 법리적으로 여러 가지 문제점을 노정하고 있다. '직무상 의무'의 개념은 "공무원의 직무수행과 직접 관련된 의무"로 이해해야 한다. 직무상 의무를 법적 의무에 제한할 필요는 없다. 일본의 다나카 지로(田中二郎) 교수도 일찍이 '직무상 의무'를 "일정한 직무를 담당하는 국가공무원이 그 직무에 관하여 부담하는 의무를 총칭한다"라고 정의하고 있다.[21] 법령준수의무나 비밀엄수의무 등을 위반한 경우에는 개별법에 따라 형사법적 책임을 질 수 있다. 그러나 단순히 친절의무를 위반한 경우에는 징계처분의 대상이 될 수 있을지는 모르지만 형사법적 책임을 묻기는 현실적으로 쉽지 않다. 이러한 친절·공정의 의무가 국가공무원법 제59조에 규정되어 있다는 점에서 법적 의무임은 부인할 수 없으나, 이러한 의무는 선언적 의미가 강하다. 전술한 바와 같이 일본의 공무원법에는 이러한 의무를 규정하고 있지 않다.

공무원의 의무는 헌법적으로 국민주권주의와 민주주의에 근거하고 있다. 독일 기본법 제33조 제4항은 공무원의 충성의무 내지 충실의무(Treupflicht)를 규정하고 있다.[22] 이를 근거로 연방공무원법(Bundesbeamtengesetz) 제60조 제1항

---

20) 졸고, "災難事故에 있어서 公務員의 義務와 責任", 행정판례연구 제23집 제2호(2018. 12), 169면 이하.

21) 田中二郎, 前揭書, 154면.

22) 한편, '충성의무'라는 용어는 전근대적 성격을 함유하고 있어 민주적 법치국가에서 적합한 번역용어로 보기 어렵다. 따라서 본서에서는 인용하는 경우를 제외하고 '충실의무'라는 용어를 사용하기로 한다. 일본에서도 이를 '충실의무(忠実義務)'로 번역해서 사용하고 있다(田中二郎, 新版行政法 中卷, 第二全訂版, 257면 참조).

및 주(란트)의 공무원지위법(Beamtenstatusgesetz)[23] 제33조에서도 독일 기본법의 '자유민주적 기본질서'를 존중해야 한다는 점을 규정하고 있다. 독일에서는 이를 공무원의 근본의무(根本義務) 내지 기본의무(Grundpflicht)로 이해하고 있다.[24] 절대군주제에서는 신복(臣僕)으로서 군주에 대한 충성을 의미하였지만,[25] 오늘날에는 헌법과 법률에 대한 존중과 준수라고 이해해야 한다.[26] 이러한 충실의무는 외적으로 법질서를 준수할 뿐만 아니라 기본권에 투영된 헌법적 가치질서에 대한 적극적인 내적 자세를 요구하고 있다.[27] 헌법충실의무는 자유민주적 기본질서와 거리를 두거나, 무관심 또는 중립을 허용하지 아니한다.[28] 이러한 충실의무는 군주에 대한 것이 아니라 헌법이나 법률에 대한 준수를 의미한다. 또한 전 인격과 양심을 바쳐서 성실히 직무를 수행해야 한다는 성실의무는 독일의 충실의무에서 유래하는 것으로 볼 수 있지만, 오히려 근무의무 내지 직무수행의무에 가깝다. 학설에서는 공무원의 의무가 다양하게 분류되고 있으며, 그 유형은 통일적이지 않다. 공무원의 직무는 신분과 분리하기 어려운 점이 있다. 품위유지의 의무는 모호한 측면이 있는데, 이는 일본의 신용실추행위의 금지의무와 유사하다. 성실의무나 품위유지의무를 시대적 흐름에 맞게 수정할 필요가 있다.

이하에서는 직무충실의 기본의무, 직무수행과 관련된 의무, 정치적 중립성과 관련된 의무, 공무원의 신분과 관련된 의무로 구분한다.

---

23) 이 법률은 주(란트)의 공무원법에 해당한다. 그 공식명칭은 '주(란트)의 공무원 지위법의 규율을 위한 법률(Gesetz zur Regelung des Statusrechts der Beamtinnen und Beamten in den Ländern)'이다. 즉 주(란트), 게마인데 및 게마인데단체 그 밖의 주(란트)의 감독 하에 있는 공공단체, 영조물 및 공법상 재단의 공무원의 지위법을 규율하기 위해 제정되었다(동법 제1조 참조).

24) 일본에서는 이를 '복무의 표준기준(根本基準)'으로 이해되고 있다(室井 力(編), 新現代行政法入門(2), 法律文化社, 2004, 72면).

25) 독일에서 신복(臣僕)의 충실의무가 규정된 것은 프로이센일반국법 제2부 제10장 제2조(ALR Ⅱ 10 § 2)에서 찾을 수 있다. 즉 "일반적인 신복의 의무 외에 국가의 수반에 대한 특별한 충실의무 및 복종의무를 진다(Sie sind, außer den allgemeinen Unterthanenpflichten, dem Oberhaupte des Staats besondre Treue und Gehorsam schuldig)"라고 규정하고 있다. 이에 대해서는 Battis, in: Achtberg/Püttner/Würtenberger(Hg.), Besonderes Verwaltungsrecht, Bd. Ⅱ, 2. Aufl., Kapitel 10 Rn. 2.

26) BVerfGE 61, 43 (56); 71, 39 (60); Pieroth, in: Jarass/Pieroth, GG, Art. 33. Rn. 51.

27) Thorsten Ingo Schmidt, Beamtenrecht, § 11 Rn. 284.

28) Grigoleit, in: Battis(Hg.), BBG, § 60 Rn. 13.

Ⅱ. 직무충실의 기본의무

헌법에 충실의무에 관한 규정은 없다. 국가공무원법이나 지방공무원법에 성실의무와 직무수행의 헌신의무를 망라하는 '직무충실의 기본의무'에 관한 조항을 신설해야 한다. 본서에서는 편의상 이러한 직무충실의 기본의무를 구성할 수 있는 성실의무와 법령준수의 의무를 함께 설명하도록 한다.

1. 성실의무

공무원은 주권을 가진 국민 전체에 대한 봉사자로서 공공이익을 위하여 성실히 근무하여야 한다(국가공무원법 제56조, 지방공무원법 제48조). 성실의무는 공무원의 기본적 의무로서 최대한으로 공공의 이익을 도모하고 불이익을 방지하기 위해 전인격과 양심을 바쳐서 성실히 직무를 수행할 것을 뜻한다.[29] 따라서 공무원이 법령을 위배하지 않더라도 성실의무를 위배하면 징계사유가 된다.[30] 그러나 성실의무의 개념은 광범위하고 포괄적이다. 성실의무는 독일의 충실의무와 구별되어야 하며, 오히려 헌신적인 직무수행의무에 가깝다. 성실의무는 법적 의무라는 개념에 적합하도록 '직무충실의무'라는 용어로 수정될 필요가 있다.

2. 법령준수의 의무

공무원은 법령을 준수할 의무를 진다(국가공무원법 제56조). 법령준수의 의무는 성실의무와 더불어 직무충실의 의무에 속한다. 규범체계의 통일성에 비추어 하위법령은 상위법령에 위배될 수 없다. 이 경우 공무원이 상위법령에 위배되는 법령을 준수할 의무가 있는지가 문제다. 이와 관련하여 공무원은 법령의 형식적 요건에 대해 심사할 수 있고 실질적 심사권이나 적극적인 적용배제권은 인정되지 아니한다고 보는 견해, 공무원이 법령에 대한 전면적 심사권과 적용배제권을 가진다고 보는 견해, 그리고 절충적 견해로서 공무원은 법령의 위헌·위법 여부에 대한 실질적 심사권은 가지나 적용배제권은 가지지 않는다고 보는 견해가 있다. 생각건대 해당 법령이 명백히 위헌이거나 위헌의 의심이 있으면 그 적용

---

29) 대법원 1989. 5. 23. 선고 88누3161 판결.
30) 대법원 2004. 11. 12. 선고 2002두11813 판결.

을 거부할 수 있다고 보아야 한다.

Ⅲ. 공무원의 직무수행과 관련된 의무

1. 복종의무

공무원은 직무를 수행할 때 소속 상관의 직무상의 명령에 복종할 의무를 진다(국가공무원법 제57조, 지방공무원법 제49조). 소속 상관이란 행정청이나 보조기관인지에 관계없이 공무원의 직무에 관하여 지휘·감독권을 가진 자를 말한다. 공무원의 소속 상관은 직무상의 상관을 의미한다. 이와 달리 신분상의 상관은 소속 기관과 관계 없이 지휘·감독권을 가진 모든 상급자를 말한다. 소속 상관의 직무상 명령에는 훈령뿐만 아니라 직무명령도 있다. 직무상 명령은 직무상의 상관이 부하의 담당 직무에 대해 적법한 절차와 형식으로 한 것이어야 하고, 그 내용도 법령에 위배되지 아니하여야 한다. 정당한 상관의 직무상 명령에 복종하지 아니하면, 복종의무를 위반한 것으로서 징계사유가 된다.[31] 상관이 위법한 직무명령을 내리면 복종을 거부할 수 있다.[32] 직무명령이 위법한지를 알고도 복종하면 징계책임뿐만 아니라 형사상 책임을 질 수 있다.

2. 비밀엄수의무

공무원은 재직 중은 물론 퇴직 후에도 직무상 알게 된 비밀을 엄수(嚴守)하여야 한다(국가공무원법 제60조, 지방공무원법 제52조). 여기서 "직무상 알게 된 비밀"이란 대체로 자신이 수행하는 직무와 직접 관련된 비밀뿐만 아니라 직무를 수행하면서 알게 된 모든 비밀을 포함한다고 보는 견해가 지배적이다. 비밀의 의미에 대하여 형식설과 실질설이 대립하고 있다. 즉 비밀로 분류된 사항(예컨대 대외비, 2급 비밀 등)만을 비밀로 보는 형식설도 있지만, 실질적으로 비밀로서 보호할 가치가 있는지를 기준으로 판단하는 '실질설'이 타당하다. 판례의 입장도

---

31) "법률상 허용되지 아니하는 목적을 위한 집회에 참석하지 말라는 학교장의 교사에 대한 명령은 감독자의 정당한 직무상의 명령이라 할 것이므로 교사가 이에 복종하지 아니하였음은 같은 법 제57조 소정의 복종의 의무를 위반한 것이다."(대법원 1997. 6. 26. 선고 91누11780 판결)

32) "하관은 소속상관의 적법한 명령에 복종할 의무는 있으나, 그 명령이 참고인으로 소환된 사람에게 가혹행위를 가하라는 등과 같이 명백한 위법 내지 불법한 명령인 때에는 이미 벌써 직무상의 지시명령이라 할 수 없으므로 이에 따라야 할 의무는 없다."(대법원 1988. 2. 23. 선고 87누2358 판결)

그러하다.[33] 공무원의 비밀누설은 징계사유가 될 뿐만 아니라, 공무상 비밀누설죄(형법 제127조)와 같이 형사처벌을 받을 수 있다.

3. 직장이탈금지의 의무

공무원은 소속 상관의 허가 또는 정당한 사유가 없으면 직장을 이탈하지 못한다(국가공무원법 제58조 제1항, 지방공무원법 제50조 제1항). 또한 수사기관이 공무원을 구속하려면 그 소속 기관의 장에게 미리 통보하여야 한다. 다만, 현행범은 그러하지 아니하다. 공무원이 근무지를 무단으로 이탈하면 징계사유가 된다.[34] 비리혐의로 수사가 개시되면서 직장을 무단으로 결근하면 징계의 원인이 된다.[35]

4. 친절 · 공정의 의무

공무원은 국민 전체에 대한 봉사자로서 친절하고 공정하게 직무를 수행하여야 한다(국가공무원법 제59조, 지방공무원법 제51조). 대법원은 이러한 의무를 위반하면 징계의 원인이 된다고 보고 있다.[36] 그러나 친절 · 공정의 의무를 위반하였는지를 판단하는 것은 현실적으로 쉽지 않다. 직무수행의 공정성은 비례의 원칙이나 평등원칙을 통해 판단될 수 있다.

---

33) "국가공무원법상 직무상의 비밀이라 함은 국가공무의 민주적 능률적 운영을 확보한다는 이념에 비추어 볼 때 당해 사실이 일반에 알려질 경우 그러한 행정의 목적을 해할 우려가 있는지 여부를 기준으로 판단하여야 하며, 구체적으로 행정기관이 형식적으로 비밀이라고 지정한 것에 따를 것이 아니라 실질적으로 비밀로서 보호할 가치가 있는지, 즉 그것이 통상의 지식과 경험을 가진 다수인에게 알려지지 아니할 비밀성을 가졌는지, 또한 정부나 국민의 이익 또는 행정목적 달성을 위하여 비밀로서 보호할 필요성이 있는지 등이 객관적으로 검토되어야 한다."(대법원 1996. 10. 11. 선고 94누7171 판결)

34) "지방공무원법에서 정한 공무원의 집단행위금지의무 등에 위반하여 전국공무원노동조합의 불법 총파업에 참가한 지방자치단체 소속 공무원들의 행위는 임용권자의 징계의결요구 의무가 인정될 정도의 징계사유에 해당함이 명백(하다)."(대법원 2007. 3. 22. 선고 2005추62 전원합의체 판결)

35) "세무공무원인 원고가 검찰에서 수사를 개시하자 직장을 무단 일탈하였다면……형사상 자기에게 불리한 진술을 강요당하지 않을 권리를 실현하기 위한 정당하고도 부득이한 행위라 볼 수 없으며, 원고가 그후 무혐의결정을 받았더라도……원고에 대한 해임처분이 재량의 한계를 넘거나 남용한 처분에 해당한다고 볼 수 없다."(대법원 1990. 10. 12. 선고 90누3737 판결)

36) 대법원 1985. 10. 22. 선고 85누250 판결.

5. 종교중립의 의무

공무원은 종교에 따른 차별 없이 직무를 수행하여야 하고, 이에 위배하여 소속 상관이 직무상 명령을 한 경우에는 이에 따르지 아니할 수 있다(국가공무원법 제59조의2, 지방공무원법 제51조의2). 대법원은 군대 내에서 군종장교가 최소한 성직자의 신분에서 주재하는 종교활동을 수행함에 있어 소속 종단의 종교를 선전하거나 다른 종교를 비판하였다고 할지라도 그것만으로 종교적 중립을 준수할 의무를 위반한 직무상의 위법이 있다고 할 수 없다고 판시하였다.[37)]

Ⅳ. 공무원의 신분과 관련된 의무

1. 영리업무 및 겸직의 금지

공무원은 공무 이외의 영리를 목적으로 하는 업무에 종사하지 못하며, 소속 기관의 장의 허가 없이 다른 직무를 겸할 수 없다(국가공무원법 제64조, 지방공무원법 제56조). 영리를 목적으로 하는 업무의 한계는 대통령령 등으로 정한다. 공무원은 다음과 같은 업무에 종사함으로써 공무원의 직무 능률을 떨어뜨리거나, 공무에 대하여 부당한 영향을 끼치거나, 국가의 이익과 상반되는 이익을 취득하거나, 정부에 불명예스러운 영향을 끼칠 우려가 있는 경우에는 그 업무에 종사할 수 없다(공무원 복무규정 제25조). 즉 ① 공무원이 상업·공업·금융업 또는 그 밖의 영리적인 업무를 스스로 경영하여 영리를 추구함이 뚜렷한 업무, ② 공무원이 상업·공업·금융업 또는 그 밖에 영리를 목적으로 하는 사기업체(私企業體)의 이사·감사 업무를 집행하는 무한책임사원·지배인·발기인 또는 그 밖의 임원이 되는 것, ③ 공무원 본인의 직무와 관련 있는 타인의 기업에 대한 투자, ④ 그 밖에 계속적으로 재산상 이득을 목적으로 하는 업무가 그러하다.

2. 품위유지의무

공무원은 직무의 내외를 불문하고 그 품위를 손상하는 행위를 하여서는 아니된다(국가공무원법 제63조, 지방공무원법 제58조). 품위유지의 의무는 공직의 체

37) 대법원 2007. 4. 26. 선고 2006다87903 판결.

면·위신을 유지하기 위한 것이다. 그러나 도박·마약 등과 같이 공직의 체면에 직접적인 영향이 있는 행위는 사적 영역에서 발생한 것이라고 하더라도 품위유지의무를 위반한 것으로서 형사처벌의 대상이 될 뿐만 아니라 징계사유가 된다.[38] 품위유지의무는 윤리적 성격이 강하다. 대법원은 품위유지의무를 "공무원이 직무의 내외를 불문하고, 국민의 수임자로서의 직책을 맡아 수행해 나가기에 손색이 없는 인품에 걸맞게 본인은 물론 공직사회에 대한 국민의 신뢰를 실추시킬 우려가 있는 행위를 하지 않아야 할 의무"라고 보고 있다.[39] 일본에서는 이를 '신용실추행위(信用失墜行爲)의 금지'라는 명칭으로 다루고 있다(일본 국가공무원법 제99조, 일본 지방공무원법 제33조 참조). 품위유지의무는 "직무의 내외를 불문하고 그 품위가 손상되는 행위를 금지"하는 것이지만, 신용실추행위의 금지는 개인보다 관직(官職)의 신용을 손상하여 관직 전체의 불명예가 되지 않도록 하는 것을 내용으로 하고 있다.[40] 대법원은 품위유지의무의 위반과 관련하여 품위손상행위에 해당하는가 여부는 "수범자인 평균적인 공무원"을 기준으로 해야 한다고 보고 있다. 품위유지의무에 청렴의무가 포함되는 것으로 보는 견해도 있지만,[41] 오늘날에는 양자를 서로 구별하고 있다.[42]

3. 청렴의무

공무원은 직무와 관련하여 직접적이든 간접적이든 사례·증여 또는 향응을 주거나 받을 수 없다(국가공무원법 제61조 제1항, 지방공무원법 제53조 제1항).[43] 또한 직무상의 관계 여하를 불문하고 그 소속 상관에 증여하거나 소속공무원으로부터 증여를 받아서는 아니 된다(국가공무원법 제61조 제2항, 지방공무원법 제53조 제2항). 이와 관련하여 공직사회의 부정청탁 관행을 근절하기 위해 2015년 3월 27일 '부정청탁 및 금품 등 수수의 금지에 관한 법률'(소위 김영란법)이 제정되었

---

38) 대법원 1998. 2. 10. 선고 97누18523 판결.
39) 대법원 2017. 11. 9. 선고 2017두47472 판결.
40) 이에 대해서는 塩野 宏, 行政法 Ⅲ, 제5판, 361면.
41) 김도창, 일반행정법론(하), 242면.
42) 박윤흔, 최신행정법론(하), 266면 이하.
43) "오락실의 허가 및 행정처분 등의 업무담당공무원이 오락실경영자로부터 영업허가를 조속히 받도록 해달라는 부탁과 함께 70만원을 수수한 것을 비롯하여 모두 그 업무와 관련하여 6차례에 걸쳐 4백만원을 수령하였으며, 이로 인해 형사처벌까지 받았다면… 가족관계 등 여러 가지 사정을 참작하더라도 이같은 공무원을 파면처분한 것은 재량권의 범위를 일탈했거나 남용한 위법한 것이라고 할 수 없다."(대법원 1998. 1. 23. 선고 97누16794 판결)

다. 이 법률의 적용대상은 공직자 또는 공적 업무종사자이며, 공무원법상의 공무원뿐만 아니라 교직원과 언론인도 포함하고 있다(동법 제2조 제2호).

한편, 공직자윤리법은 공무원의 청렴의무를 제도적으로 확보하기 위하여 일정한 공직자의 재산등록, 등록재산 공개, 선물신고 및 취업제한 등을 규정하고 있다. 등록의무자는 대통령 · 국무총리 · 국무위원 · 국회의원 등 국가의 정무직공무원, 지방자치단체의 장 및 지방의회의원 등 지방자치단체의 정무직공무원, 4급 이상의 일반직 국가공무원(고위공무원단에 속하는 일반직공무원을 포함한다) 및 지방공무원과 이에 상당하는 보수를 받는 별정직공무원(고위공무원단에 속하는 별정직공무원을 포함한다), 대통령령으로 정하는 외무공무원과 4급 이상의 국가정보원 직원 및 대통령경호처 경호공무원, 법관 및 검사, 헌법재판소 헌법연구관 등이다(동법 제3조). 등록할 재산은 본인, 배우자, 본인의 직계존속 · 직계비속의 재산이다(동법 제4조 제1항).

또한 고위공무원을 대상으로 한 '백지신탁제도'를 공직자윤리법에 도입하였다. 그리고 공무원과 공직유관단체의 임직원이 외국 또는 그 직무와 관련하여 외국인으로부터 선물을 받은 때에는 소속기관 · 단체의 장에게 신고하고 물건을 인도해야 한다(동법 제15조 제1항). 공무원은 외국정부로부터 영예나 증여를 받을 경우에는 대통령의 허가를 받아야 한다(국가공무원법 제62조, 지방공무원법 제54조). 그 밖에 퇴직공직자는 퇴직일로부터 3년간 취업심사대상기관에 취업할 수 없다(공직자윤리법 제17조).

4. 정치운동금지의 의무

공무원의 정치적 중립성은 법률에 의하여 보장된다(헌법 제7조 제2항). 공무원은 정당 그 밖의 정치단체의 결성에 관여하거나 이에 가입할 수 없다(국가공무원법 제65조, 지방공무원법 제57조). 그러나 이 조항은 특수경력직공무원에 대해서는 적용되지 아니한다(국가공무원법 제3조 제1항).

한편, 국회의원 선거권이 있는 자는 공무원 그 밖에 그 신분을 이유로 정당가입이나 정치활동을 금지하는 다른 법령의 규정에도 불구하고 누구든지 정당의 발기인 및 당원이 될 수 있다(정당법 제22조 제1항). 그러나 국가공무원법 제2조 또는 지방공무원법 제2조에 규정된 공무원, 고등교육법 제14조 제1항 · 제2항에 따른 교원을 제외한 사립학교의 교원, 법령의 규정에 의하여 공무원의 신분을 가진 자는 정당의 발기인이나 당원이 될 수 없다. 다만, 대통령, 국무총리, 국무위원, 국회의원, 지방의회의원, 선거에 의하여 취임하는 지방자치단체의 장, 국회 부의장의 수석비서관 · 비서관 · 비서 · 행정보조요원, 국회 상임위원회 · 예산결산특별위원회 · 윤리특별위원회 위원장의 행정보조요원, 국회의원의 보좌관 · 비서관 · 비서, 국회 교섭단체 대표의원의 행정비서관, 국회 교섭단체의 정책연구위원 · 행정보조요원과 고등교육법 제14조 제1항 · 제2항에 따른 교원은 제외한다(동조 제1항 제1호 단서). 이에 따라 대학의 교원(총장 · 학장 · 교수 · 부교수 · 조교수)도 정당의 당원이나 발기인이 될 수 있다.

헌법재판소는 중등학교의 교육공무원이 '정치단체'의 결성에 관여하거나 이에 가입하는 행위를 금지한 국가공무원법 제65조 제1항 중 "국가공무원법 제2조 제2항 제2호의 교육공무원 가운데 초 · 중등교육법 제19조 제1항의 교원은 그 밖의 정치단체의 결성에 관여하거나 이에 가입할 수 없다"는 부분이 헌법에 위반된다고 결정하였다.[44] 그러나 초 · 중등학교의 교육공무원이 '정당'의 결성에 관여하거나 이에 가입하는 행위를 금지한 규정에 대해서는 합헌으로 보았다.

5. 집단행동금지의 의무

헌법 제33조 제2항은 "공무원인 근로자는 법률이 정하는 자에 한하여 단결권 · 단체교섭권 · 단체행동권을 가진다"고 규정하고 있다. 공무원은 노동운동이나 그 밖에 공무 외의 일을 위한 집단 행위를 하여서는 아니 된다(국가공무원법 제66조 제1항 본문, 지방공무원법 제58조 제1항 본문). 다만, 사실상 노무에 종사하는 공무원에 대해서는 그 예외를 인정하고 있다. 사실상 노무에 종사하는 공무원이란 "과학기술정보통신부 소속 현업기관의 작업 현장에서 노무에 종사하는 우정직공무원(우정직공무원의 정원을 대체하여 임용된 일반임기제공무원 및 시간선택제일반임기제공무원을 포함한다)"을 말한다. 그러나 ① 서무 · 인사 및 기밀 업무에 종사하는 공무원, ② 경리 및 물품출납 사무에 종사하는 공무원, ③ 노무자 감독 사무에 종사하는 공무원, ④ 「보안업무규정」에 따른 국가보안시설의 경비 업무에 종사하는 공무원, ⑤ 승용자동차 및 구급차의 운전에 종사하는 공무원에 해당하지 않아야 한다(국가공무원 복무규정 제28조). 한편, 헌법재판소는 국가 또는

---

44) 헌재 2020. 4. 23. 2018헌마551. 이에 대한 판례평석으로는 졸고, "국가공무원의 정치단체 참가금지조항에 대한 위헌결정과 그 기속력의 범위", 행정판례연구 제25집 제1호(2020. 6), 271-298면.

지방자치단체에 종사하는 공무원의 쟁의행위를 금지하고 있던 구 노동쟁의조정법(현 노동조합 및 노동관계조정법) 제12조 제2항에 대하여 헌법불합치 결정을 내린 바 있다.[45]

제5절 공무원의 책임

공무원의 책임이란 공무원의 의무위반에 대한 법률상의 불이익이나 제재를 의미한다. 공무원법상의 책임으로는 징계책임과 변상책임이 있다. 협의의 공무원 책임은 이를 의미한다. 그 밖에 공무원의 의무위반이 일반법익을 침해하면 형사상 책임이나 민사상 책임을 질 수 있다.

Ⅰ. 징계책임

1. 징계의 의의 및 특징

징계란 국가나 지방자치단체가 소속 공무원의 의무위반이나 비위사실 등에 대해 행하는 제재를 말한다. 그러한 제재로서의 벌을 '징계벌'이라고 한다. 이러한 징계벌은 국가의 통치권에 근거하여 내리는 형사벌과 구별된다. 징계벌은 공무원관계의 내부질서를 유지하기 위해 과하는 제재이지만, 형사벌은 일반사회의 법질서 유지를 목적으로 한다. 징계벌은 공무원의 신분상의 이익을 박탈하거나 제한하는 것을 목적으로 하지만, 보수의 감액이나 연금이 제한되는 등 재산상의 불이익도 따른다. 징계벌은 공무원법상의 의무를 위반한 때에 부과되지만, 형사벌은 형사법을 위반한 경우에 부과된다. 이와 같이 징계벌과 형사벌은 서로 구별되므로 병과될 수 있고, 이는 일사부재리원칙에 반하지 않는다. 감사원에서 조사 중인 사건이나 검찰·경찰, 그 밖의 수사기관에서 수사 중인 사건에 대하여는 조사개시나 수사개시의 통보를 받은 날부터 징계의결의 요구나 그 밖의

45) "현행 헌법 제33조 제2항은 ……공무원의 경우에 전면적으로 단체행동권을 제한하거나 부인하는 것이 아니라 일정한 범위 내의 공무원인 근로자의 경우에는 단결권·단체교섭권을 포함하여 단체행동권을 갖는다는 것을 전제하였으며, 다만 그 구체적 범위는 법률에서 정하여 부여하도록 위임하고 있다."(헌재 1993. 3. 11. 88헌마5)

징계절차를 진행하지 아니할 수 있다(국가공무원법 제83조 제1항 및 제2항). 그러나 감사원의 조사나 검찰·경찰 등의 수사와 별개로 징계절차를 진행할 수도 있다.

2. 징계의 사유

국가공무원이 국가공무원법 및 국가공무원법에 따른 명령을 위반한 경우, 직무상의 의무에 위반하거나 직무를 태만히 한 때, 직무의 내외를 불문하고 그 체면 또는 위신을 손상하는 행위를 한 때에는 징계대상이 된다(국가공무원법 제78조 제1항). 또한 지방공무원은 지방공무원법 및 지방공무원법에 따른 명령뿐만 아니라 지방자치단체의 조례 또는 규칙을 위반하였을 때에도 징계사유가 된다(지방공무원법 제69조 제1항). 이러한 징계사유가 있는 때에는 징계권자는 반드시 징계의결의 요구를 하여야 하고, 그 결과에 따라 징계처분을 하여야 한다. 행위자의 고의나 과실은 묻지 않는 것이 원칙이지만, 징계 양정에서 고려사항이 된다.[46] 징계처분에도 일사불재리의 원칙이 적용되며, 동일한 사유로 되풀이해서 징계의결을 요구하여서는 아니 된다. 직위해제는 징계처분이 아니다. 따라서 직위해제와 동일한 사유로 징계처분을 하는 것은 무방하다고 보는 것이 판례의 입장이다.[47] 한편, 임용 전의 행위가 징계사유가 될 수 있는지가 문제된다. 원칙적으로 임용 전의 행위는 징계사유가 될 수 없지만, 그 행위로 인하여 임용 후에도 계속해서 공무원의 품위가 손상되면 임용 후의 의무 위반을 이유로 징계의결을 요청할 수 있다.[48]

징계의결 등의 요구는 징계사유가 발생한 날부터 3년(금품 및 향응수수, 공금의 횡령·유용의 경우에는 5년)이 지나면 하지 못한다(국가공무원법 제83조의2 제1항, 지방공무원법 제73조의2 제1항). 다만 감사원이나 수사기관의 조사 또는 수사로 인하여 시효기간이 지나거나 그 남은 기간이 1개월 미만인 경우에는 조사나 수사의 종료 통보를 받은 날부터 1개월이 지난 날에 시효가 끝나는 것으로 본다(국가공무원법 제83조의2 제2항, 지방공무원법 제73조의2 제2항). 그 밖에 교육공

---

46) 대법원 1979. 11. 13. 선고 79누245 판결.

47) "직위해제처분이 공무원에 대하여 불이익한 처분이기는 하지만 징계처분과 같은 성질의 것은 아니므로 동일한 사유에 대하여 직위해제처분이 있은 후 다시 해임처분이 있었다고 하여 일사불재리의 법리에 위반되지 않는다."(대법원 1984. 2. 28. 선고 83누489 판결)

48) 대법원 1990. 5. 22. 선고 89누7368 판결; 대법원 1996. 3. 8. 선고 95누18536 판결.

무원에 대한 징계사유가 ① 성폭력범죄의 처벌 등에 관한 특례법 제2조에 따른 성폭력범죄 행위, ② 아동·청소년의 성보호에 관한 법률 제2조 제2호에 따른 아동·청소년대상 성범죄 행위, ③ 성매매알선 등 행위의 처벌에 관한 법률 제2조 제1항 제1호에 따른 성매매 행위, ④ 국가인권위원회법 제2조 제3호 라.목에 따른 성희롱 행위에 해당하면 국가공무원법 제83조의2 제1항에도 불구하고 징계사유가 발생한 날부터 10년 이내에 징계의결을 요구할 수 있다(사립학교법 제66조의4 제1항).

3. 징계의 종류와 효력

징계에는 파면·해임·강등·정직·감봉·견책이 있다(국가공무원법 제79조, 지방공무원법 제70조). 파면이나 해임은 모두 공무원의 신분을 박탈하는 중징계처분이다. 그러나 파면처분을 받은 자는 이후 5년간, 해임처분을 받은 자는 3년간 공무원에 임용될 수 없다는 점에서 차이가 있다(국가공무원법 제33조 제7호 및 제8호, 지방공무원법 제31조 제7호 및 제8호). 징계에 의해 파면되거나 금품 및 향응수수, 공금의 횡령·유용으로 징계에 의하여 해임된 경우에는 퇴직급여 및 퇴직수당의 일부를 감액하여 지급한다(공무원연금법 제65조 제1항).

강등은 1계급 아래로 직급을 내리고(고위공무원단에 속하는 공무원은 3급으로 임용하고, 연구관 및 지도관은 연구사 및 지도사로 한다), 공무원의 신분은 보유하나 3개월간 직무에 종사하지 못한다(국가공무원법 제80조 제1항, 지방공무원법 제71조 제1항). 정직은 1개월 이상 3개월 이하의 기간으로 하고, 정직처분을 받은 자는 그 기간 중 공무원의 신분은 보유하나 직무에 종사하지 못한다(국가공무원법 제80조 제3항, 지방공무원법 제71조 제3항). 종래 강등과 정직은 직무에 종사하지 못하는 기간에 보수의 3분의 2를 감하였으나, 2015년 12월 24일 개정에 의하여 보수의 전액을 삭감하도록 하고 있다. 감봉은 1개월 이상 3개월 이하의 기간 동안 보수의 3분의 1을 감한다(국가공무원법 제80조 제4항, 지방공무원법 제71조 제4항). 견책(譴責)은 전과(前過)에 대하여 훈계하고 회개하게 한다(국가공무원법 제80조 제5항, 지방공무원법 제71조 제5항).

징계처분의 실효성을 높이기 위해 휴직기간과 강등·정직·감봉의 징계처분 집행기간이 중복될 경우 휴직기간 중에는 징계처분의 집행을 정지하도록 하는 규정을 신설하였다. 즉 강등(3개월간 직무에 종사하지 못하는 효력 및 그 기간 중 보수는 전액을 감하는 효력으로 한정한다), 정직 및 감봉의 징계처분은 휴직기간 중에는 그 집행을 정지한다(국가공무원법 제80조 제6항). 또한 공무원으로서 징계처분을 받은 자에 대하여는 그 처분을 받은 날 또는 그 집행이 끝난 날부터 대통령령 등으로 정하는 기간 동안 승진임용 또는 승급할 수 없다(국가공무원법 제80조 제7항, 지방공무원법 제71조 제6항). 다만, 징계처분을 받은 후 직무수행의 공적으로 포상 등을 받은 공무원에 대하여는 대통령령등으로 정하는 바에 따라 승진임용이나 승급을 제한하는 기간을 단축하거나 면제할 수 있다. 공무원(특수경력직공무원 및 지방공무원을 포함한다)이었던 사람이 다시 공무원이 된 경우에는 재임용 전에 적용된 법령에 따라 받은 징계처분은 그 처분일부터 이 법에 따른 징계처분을 받은 것으로 본다(국가공무원법 제80조 제8항, 지방공무원법 제71조 제7항).

4. 징계권자

법률에 별도의 특별한 규정이 없으면 징계권은 임용권에 포함되므로 임용권자가 징계권자가 되는 것이 원칙이다. 국가공무원의 징계권자는 징계위원회의 의결을 거쳐 징계위원회가 설치된 소속 기관의 장이, 국무총리 소속으로 설치된 징계위원회에서 한 징계의결 등에 대하여는 중앙행정기관의 장이다. 다만, 파면과 해임은 각 임용권자 또는 임용을 위임한 상급감독기관의 장이 이를 정한다(국가공무원법 제82조 제1항).

징계위원회에는 국무총리 소속의 '중앙징계위원회'와 중앙행정기관 소속의 '보통징계위원회'가 있다(공무원징계령 제3조). 중앙징계위원회는 고위공무원단에 속하는 공무원, 5급 이상 공무원, 연구관 및 지도관 등의 징계 또는 징계부가금 사건, 다른 법령에 따라 중앙징계위원회에서 징계의결 등을 하는 특정직공무원의 징계 등의 사건을 다룬다(공무원징계령 제2조 제2항). 이에 반해 보통징계위원회는 6급 이하의 공무원 등의 징계사건을 심의·의결한다(동조 제3항). 그러나 중앙행정기관 소속의 6급 이하 공무원 등에 대한 징계사건이라고 하더라도 중징계 또는 중징계 관련 징계부가금 요구사건은 중앙징계위원회가 심의·의결한다. 국회, 법원, 헌법재판소, 선거관리위원회의 경우에는 해당 중앙인사관장기관에 설치된 상급징계위원회가 담당한다(국가공무원법 제82조 제1항).

한편, 지방공무원의 징계는 징계위원회 대신 '인사위원회'를 거쳐 임용권자가 한다(지방공무원법 제72조 제1항). 지방공무원에 대한 징계는 인사위원회에서 하고, 5급 이상 공무원 또는 이와 관련된 하위직공무원의 징계처분 등과 소속 기관(시 · 도와 구 · 시 · 군)을 달리하는 동일사건에 관련된 사람의 징계처분 등은 시 · 도의 인사위원회의 의결로 한다(동조 제2항).

5. 징계의 절차

소속 공무원이 징계사유에 해당하면 5급 이상 공무원 등(고위공무원단에 속하는 공무원 포함)에 대해서는 소속 장관이, 6급 이하 공무원 등에 대해서는 해당 공무원의 소속 기관의 장 또는 소속 상급기관의 장이 관할 징계위원회에 징계의결 등을 요구하여야 한다(공무원징계령 제7조 제1항). 징계위원회는 징계의결 등 요구서를 접수한 날부터 30일(중앙징계위원회의 경우는 60일) 이내에 징계의결 등을 해야 하고, 부득이한 사유가 있을 때에는 해당 징계위원회의 의결로 30일(중앙징계위원회의 경우는 60일)의 범위에서 그 기한을 연기할 수 있다. 그러나 징계의결 등이 요구된 사건에 대한 징계 등 절차의 진행이 국가공무원법 제83조에 따라 중지된 경우 그 중지된 기간은 제1항의 징계의결 등의 기한에 포함되지 아니한다(동조 제2항).

징계위원회가 혐의자의 출석을 명할 때에는 소정의 서식에 따른 출석통지서로 하되, 징계위원회 개최일 3일 전에 징계 등 혐의자에게 도달되도록 하여야 한다(공무원 징계령 제10조 제1항). 징계위원회는 출석한 징계 등 혐의자에게 혐의 내용에 관한 심문을 하고 필요하다고 인정할 때에는 관계인의 출석을 요구하여 심문할 수 있다(동령 제11조 제1항). 혐의자에게 충분한 진술을 할 수 있는 기회를 주어야 하며, 징계 등 혐의자는 별지 제2호의2 서식의 의견서 또는 말로 자기에게 이익이 되는 사실을 진술하거나 증거를 제출할 수 있다(동조 제2항). 징계의결 등 요구자 및 신청자는 징계위원회에 출석하여 의견을 진술하거나 서면으로 의견을 진술할 수 있다. 다만, 중징계 등 요구사건의 경우에는 특별한 사유가 없는 한 징계위원회에 출석하여 의견을 진술해야 한다(동조 제4항).

징계위원회는 위원 5명 이상의 출석과 출석위원 과반수의 찬성으로 의결하되, 의견이 나뉘어 출석위원 과반수의 찬성을 얻지 못한 경우에는 출석위원 과반수가 될 때까지 징계 등 혐의자에게 가장 불리한 의견에 차례로 유리한 의견을 더하여 가장 유리한 의견을 합의된 의견으로 본다(공무원징계령 제12조 제1항). 징계의결 등을 요구한 기관의 장은 징계위원회의 의결이 가볍다고 인정하면 그 처분을 하기 전에 심사나 재심사를 청구할 수 있다(국가공무원법 제82조 제2항).

징계처분을 받은 자는 처분사유설명서를 받은 날로부터 30일 이내에 소청심사위원회에 심사를 청구할 수 있다(국가공무원법 제76조 제1항, 지방공무원법 제67조 제2항). 또한 소청심사위원회의 결정에 불복하는 경우에는 원처분인 징계처분의 위법을 주장하면서 취소소송이나 무효확인소송을 제기할 수 있다(행정소송법 제19조). 대법원은 징계권자가 징계처분을 하면서 그 사실관계를 오인한 하자가 있는 때에는 취소사유에 불과하다고 보고 있다.[49] 그러나 소청심사위원회의 결정 그 자체에 하자가 있는 경우에는 그 재결을 대상으로 항고소송을 제기할 수도 있다. 징계위원회의 구성이나 절차 등에 하자가 있는 경우가 그러하다. 또한 징계위원회가 징계사건을 심의할 때에는 징계 등 혐의자를 출석시켜 진술의 기회를 주어야 하며, 이러한 진술기회를 주지 않고 의결한 징계처분은 무효이다(국가공무원법 제81조 제3항 및 제13조 제2항 참조).

Ⅱ. 변상책임

공무원의 직무행위로 인하여 국가 또는 지방자치단체에 대하여 재산상의 손해가 발생한 경우 해당 공무원은 이에 대해 변상책임을 진다. 이러한 변상책임에는 국가배상법상의 변상책임, 회계관계직원 등의 책임에 관한 법률(이하 "회계직원책임법"이라 한다)에 따른 변상책임 등이 있다. 공무원의 고의나 중대한 과실로 법령을 위반하여 타인에게 손해가 발생한 경우에 국가 또는 지방자치단체는 그 피해를 배상한 후에 그 공무원에게 구상할 수 있다(국가배상법 제2조 제2항). 영조물(공물)의 설치・관리상의 하자로 인해 손해가 발생한 경우에도 손해의 원인에 대하여 책임을 질 자가 따로 있으면 국가나 지방자치단체는 그 자에게 구상할 수 있다(국가배상법 제5조 제2항).

또한 회계관계직원은 고의 또는 중대한 과실로 법령이나 그 밖의 관계 규정

49) "징계권자가 징계처분을 함에 있어서 사실관계를 오인한 하자가 있는 경우에 그 하자가 중대하더라도 외형상 객관적으로 명백하지 않다면 그 징계처분은 취소할 수 있음에 불과하고 당연무효라고 볼 수 없는 바, 징계원인사실관계의 오인이 잘못된 소송자료에 기인한 경우에 그 징계자료가 외형상 상태성을 결여하고 객관적으로 그 성립이나 내용의 진정을 인정할 수 없는 것임이 명백한 경우가 아닌 한 그 징계자료에 기인한 사실관계의 오인을 외형상 객관적으로 명백한 하자라고 보기는 어려울 것이다."(대법원 1990. 11. 27. 선고 90누5580 판결)

및 예산에 정하여진 바를 위반하여 국가, 지방자치단체, 그 밖에 감사원의 감사를 받는 단체 등의 재산에 손해를 끼친 경우에는 변상할 책임이 있다(회계직원책임법 제4조 제1항). 현금 또는 물품을 출납·보관하는 회계관계직원은 선량한 관리자로서의 주의를 게을리하여 그가 보관하는 현금 또는 물품이 망실(亡失)되거나 훼손(毁損)된 경우에는 변상할 책임이 있다(동조 제2항). 손해가 2명 이상의 회계관계직원의 행위로 인하여 발생한 경우에는 각자의 행위가 손해발생에 미친 정도에 따라 각각 변상책임을 진다(동조 제4항).

Ⅲ. 형사상의 책임

형사상의 책임이란 공무원의 행위가 법령을 위반하여 형법상의 벌을 받는 경우를 말한다. 형법 제7장에 규정된 '공무원의 직무에 관한 죄'가 여기에 해당한다. 공무원이 직권을 남용하거나 게을리하는 것과 같이 직무수행과 관련된 '직무범'과 공무원이 신분을 가졌거나 공무원의 직무와 관련이 있는 범죄를 구성하는 '준직무범'으로 구분하는 것이 보통이다. 형법상 직무유기죄(제122조), 직권남용죄(제123조), 불법체포·감금죄(제124조), 폭행·가혹행위죄(제125조), 피의사실공표죄(제126조), 공무상 비밀누설죄(제127조), 선거방해죄(제128조) 등이 해당된다. 준직무범에는 수뢰죄(형법 제129조), 제3자뇌물공여죄(제130조), 수뢰후부정처사죄·사후수뢰죄(제131조), 알선수뢰죄(제132조), 뇌물공여죄(제133조) 등이 있다. 공무원이 수뢰죄, 제3자뇌물공여죄, 알선수뢰죄를 범한 경우에 그 가액이 일정액을 넘는 경우에는 가중처벌을 하도록 규정하고 있다(특정범죄 가중처벌 등에 관한 법률 제2조).

한편, 공무원이 행정법규를 위반한 경우에 형벌을 부과하는 경우가 있다(행정형벌). 예컨대 공무원의 시험 또는 임용의 방해행위를 한 경우, 인사에 관한 부정행위를 한 경우, 집단행위금지를 위반한 경우에 1년 이하의 징역 또는 1천만원 이하의 벌금에 처하고 있다(국가공무원법 제84조의2).

Ⅳ. 민사상의 책임

국가배상법은 배상주체를 국가와 지방자치단체로 제한하고 있다. 지방자치단체 외의 공공단체에 대한 손해배상은 민사소송으로 다투어지고 있다. 예컨대 폭설로 인하여 차량 운전자 등이 장기간 고립된 사건에서 피해자들이 도로관리를 위탁받은 한국도로공사를 상대로 민사상 손해배상을 청구한 경우가 그러하다.[50)] 그러나 이러한 피해의 원인은 관리작용이며, 이에 대한 배상책임은 국가배상법을 유추적용하는 것이 바람직하다. 실제 이 사건에서도 민사상 불법행위 외에 국가배상법 제5조를 근거로 하고 있다.

한편, 공무원의 위법행위로 인해 타인에게 손해가 발생한 경우에 그 피해자는 국가배상청구 외에 민법 규정을 근거로 공무원 개인에 대해 손해배상을 청구할 수 있는지가 문제된다. 국가·지방자치단체 외에 공무원 개인에 대한 선택적 청구는 허용되므로 해당 공무원에 대해 국가배상법에 따른 손해배상청구 외에 민사상 손해배상청구를 제기하는 것을 배제할 수는 없다. 민사상 손해배상청구는 국가배상법과 달리 공무원의 경과실로 인한 손해발생에 대해서도 책임을 물을 수 있다. 그러나 손해발생을 초래한 공무원의 행위는 사법(私法)행위가 아니라 직무행위로 인한 것이다. 또한 공무원의 경과실로 인해 발생한 손해에 대해 민사상 손해배상책임을 묻는 것은 경과실 면책을 규정한 국가배상법의 입법 취지에도 어긋난다. 피해자의 권리구제를 두텁게 보호하기 위해 공무원 개인에 대한 선택적 청구를 인정하되, 국가나 지방자치단체는 피해자에 대해 배상책임을 적극적으로 부담하는 것이 바람직하다. 다만, 국가나 지방자치단체는 내부적 관계에서 해당 공무원에게 고의나 중과실로 인한 손해배상책임에 대해 구상권을 행사할 수 있다.

50) 대법원 2008. 3. 13. 선고 2007다29287, 29294 판결.

제4장 공물법

제1절 총 설

Ⅰ. 공물의 개념과 본질

1. 공물의 개념

공행정의 주체가 공적 과제를 수행하기 위해서는 인적 수단뿐만 아니라 물적 수단도 필요하다(예컨대 사무실, 전자장치 및 차량 등). 인적 수단에 대해서는 공무원법에서 이미 설명하였다. 물적 수단에 해당하는 것은 '공물'이다. 전통적으로 공물의 개념은 다양하다. 광의로는 국가 등 행정주체가 행정작용을 위해 공용에 사용하는 모든 물건을 의미하였다. 행정재산뿐만 아니라 간접적으로 행정목적에 이바지하는 재정재산도 여기에 포함된다. 협의로는 직접 행정목적을 위해 사용되는 행정재산만을 의미한다. 최협의의 공물개념은 협의의 공물에서 공용물을 제외한 것을 의미한다. 협의의 공물이 다수설이다. 이와 관련하여 종전의 통설은 "행정주체에 의하여 직접 공적 목적에 제공된 개개의 유체물"을 공물이라고 보고 있다.[1] 이러한 통설에 대하여 "국가 등 행정주체에 의하여, 또는 관습법에 의하여 직접 공적 목적에 제공되어 공법적 규율을 받는 유체물과 무체물 및 물건의 집합체(시설)"로 정의하는 견해도 유력하다.[2] 일본에서도 독일의 공물(Öffentliche Sache) 개념을 수용하여 오래전부터 포괄적 공물개념을 유지하고 있다. 그러나 공물에 관한 통일적인 성문법전이 없고 강학상의 논의만 있다는 이유로 이러한 공물법 일반이론의 한계를 주장하기도 한다.[3] 무엇보다

1) 김도창, 일반행정법론(하), 제4전정판, 400-401면.
2) 김남진·김연태, 행정법 Ⅱ, 469면.

이러한 공물법 일반이론은 공법과 사법의 구별을 전제로 하여 발전된 것이지만, 양자의 구별을 부인하는 오늘날의 지배적 학설은 이러한 공물법 일반이론에 대해 소극적이다.

한편, 한스 볼프(Hans J. Wolff)는 공물의 개념을 광의와 협의로 구분하고 있다. 즉 협의의 공물 개념은 "공동체의 사용이나 공행정 자신의 필요에 기여하고, 또한 적어도 이것이 그 목적기속성을 충족하는 한 공적 법규정, 즉 공적 사물에 대한 지배가 근거하는 그러한 물건"을 말한다. 광의의 공물 개념은 이에 반해 "사인(私人)이 사용하는 공물"을 망라한다. 예컨대 영조물의 이용관계(학교, 수영장, 박물관 등)에 있어서의 물건, 공물의 일반(보통)사용에 있어서의 물건(도로, 하천, 지하수 등)등도 포함된다.[4] 한스 볼프는 공용지정을 "어떤 물건이 국가작용을 통해 법적 의미에 있어서의 공물이 되는 것"이라고 파악하고 있고, 그 유형과 관련하여 다양한 법형식을 제시하고 있다. 따라서 이러한 다양한 법형식을 고려하여, 공물은 "국가작용(공용지정)을 통해 공적 목적에 제공되며, 특별한 공법상 지위를 부여받은 물건"이라고 이해될 수 있다. 이러한 공물의 개념은 민법상 '물건'의 개념과 반드시 일치하는 것은 아니다.

2. 공물의 개념적 특징

공물의 개념적 특징은 다음과 같다. 첫째, 공물은 '물건(Sache)'이어야 한다. 물건의 개념에 대해 견해가 대립하고 있다. 공물의 개념은 민법상의 물건개념과 반드시 일치하지 않는다. 공물에는 단일물인 유체물뿐만 아니라 합성물이나 집합물도 포함된다. 그러나 공물에 무체물도 포함되는지가 문제되고 있다. 다수설은 동력·유수(流水)와 같은 무체물은 공물에 포함시킬 수 없다고 보고 있다. 즉 전기나 가스와 같은 무체물은 그 자체로서 물리적 고정성과 실체성이 없고 공적 목적에 계속적인 공용이 어렵기 때문에 공기업의 성과인 재화나 역무로서 다룰 수 있을 뿐이라고 보고 있다.[5] 이에 대해 무체물도 공물의 개념에 포함할 수 있다고 보는 유력설이 있다.[6] 한편, 독일 민법상의 물건 개념은 유체물에 한정되고 있다(독일 민법 제90조 참조). 그러나 독일의 다수설은 공물의 개념을 민

---

3) 塩野 宏, 行政法 Ⅲ, 제5판, 381면 참조.
4) Wolff/Bachof, Verwaltungsrecht I, 9. Aufl. 1974, S. 484 ff.
5) 이상규, 신행정법론(하), 431면.
6) 김남진, 전게서(Ⅱ), 398면.

법상의 물건 개념보다 넓게 이해하고 있다. 즉 유체물에 한정하지 아니하고, 지배가능한 대기 · 공해(公海) · 전기도 포함된다고 보고 있다.[7] 한국 민법 제98조는 스위스 민법의 입법례에 따라 "관리할 수 있는 자연력"도 물건의 개념에 포함시키고 있다.[8] 공물은 유체물이 원칙이지만, 예외적으로 관리할 수 있는 무체물도 포함될 수 있다. 다만, 무체물을 공물 개념에 포함시키더라도 공물의 성립 및 범위확정 등이 문제가 될 수 있다.

둘째, 공물은 '공적 목적'에 직접 제공되어야 한다. 행정주체가 직접 사용할 경우뿐만 아니라 일반 공중의 사용에 제공되는 경우도 포함한다. 도로나 공원 등과 같은 공공용물이 여기에 해당한다. 사인이 소유하고 있는 보존공물(문화재)도 공적 목적에 제공될 수 있다. 그러나 사인의 재산이 공중에 제공되고 있다고 해서 이를 모두 공물이라고 볼 수는 없다. 예컨대 개인이 소장하는 미술관이나 개인병원 등은 일반공중이 접근할 수 있지만, 공물이 아니다. 이러한 사실상의 공물은 공물의 개념에서 배제된다.[9] 그리고 공적 목적에 간접적으로 제공되는 재정재산은 공물의 개념에서 제외된다. 예컨대 임차한 건물, 유가증권 등이 그러하다. 그러나 공유수면은 직접 공적 목적에 제공되는 자연공물로서 재정재산과는 구별된다.[10]

셋째, 공물은 대체로 '공용지정'과 같은 국가작용에 의해 성립한다. 공용지정의 형식은 후술하는 바와 같이 행정행위에 국한되지 아니한다. 이론적으로는 법률이나 법규명령 등을 비롯한 관습법에 의한 공용지정도 인정된다. 그러나 오늘날에는 법적 명확성을 위해 행정행위의 형식에 의한 공용지정이 일반적이다.

Ⅱ. 공물의 종류

1. 인공공물 · 자연공물

공물의 성립에 인력이 더해지는지에 따라 인공공물과 자연공물로 구분된다.

---

7) Wolff/Bachof, Verwaltungsrecht I, 9 Aufl., § 55 Ia 1; Battis, Allgemeines Verwaltungsrecht, S. 272. 그러나 독일에서도 공물개념을 유체물에 한정해서 이해하는 유력한 소수설이 있다 (Papier, Recht der öffentlichen Sachen, 3. Aufl., S. 2. 참조).

8) 곽윤직, 민법총칙, 신정판, 박영사, 1992, 293면.

9) Battis, a.a.O., S. 272 f.

10) "공유수면은 공공용에 공하는 소위 자연공물로서 그 자체가 직접 공공의 용에 공하게 되는 것이므로 재산적 · 경제적 가치에 의하여 간접적으로 행정목적에 공하는 행정주체의 재산권의 대상인 재정재산(잡종재산)과는 그 성질이 다르다."(대법원 1967. 4. 25. 선고 67다131 판결)

인공공물은 도로나 교량 등과 같이 행정주체가 인력을 더한 공물을 말한다. 이에 반해 자연공물은 자연 그대로의 상태로 공적 목적에 제공되는 것을 말한다. 여기에는 하천, 호소 등이 해당한다.

2. 국유공물 · 공유공물 · 사유공물

소유권의 귀속주체에 따라 국유공물, 공유공물 및 사유공물로 구분된다. 국유공물이란 공물의 소유권이 국가에 있는 것을 말하며, 공유공물이란 지방자치단체를 비롯한 공공단체의 소유에 속하는 공물을 말한다. 사유공물은 사유지가 있는 도로나 개인이 소장하는 중요문화재 등과 같이 사인에게 소유권이 있는 공물을 말한다.

3. 공공용물 · 공용물 · 보존공물

공물의 사용목적에 따라 공공용물과 공용물, 보존공물로 구분된다. 공공용물이란 일반공중의 사용에 제공된 물건을 말한다. 여기에는 도로, 하천 및 공원 등이 속한다. 국유재산법의 공공용재산은 공공용물을 의미한다. 또한 공용물은 국가 등 행정주체가 직접 자신을 위해 이용하는 물건을 말한다. 관청이나 차량, 집기 등이 여기에 해당한다. 보존공물이란 국보나 중요문화재와 같이 그 물건 자체의 보존이 목적인 것을 말한다. 보존공물은 국유나 공유가 대부분이지만, 사유물인 경우도 있다. 사인이 보유하고 있는 문화재는 보존공물로서 사유물에 해당한다.

한편, 개정된 국유재산법은 보존재산을 행정재산의 한 유형인 '보존용재산'으로 통합하고, 잡종재산은 그 용어의 부정적 이미지로 인해 '일반재산'으로 변경하였다(국유재산법 제6조). 국유재산은 행정재산과 일반재산으로 구분된다. 전자는 공용재산, 공공용재산, 기업용재산, 보존용재산으로 구분된다. 일반재산은 행정재산 외의 모든 국유재산을 말한다. 일반재산은 사법상의 규율을 받으며, 이에 대한 국유재산법의 규정은 행정재산에 대한 특칙으로 볼 수 있다.[11] 공유재산 및 물품관리법(이하 "공유재산법"이라 한다)에서도 공유재산의 종류에 대해 동일한 규정을 두고 있다(동법 제5조).

11) 박윤흔, 최신행정법강의(하), 456면.

4. 자유공물 · 타유공물

공물의 소유권자와 그 관리주체가 동일한지에 따라 자유(自有)공물과 타유(他有)공물로 구분된다. 자유공물은 공물의 관리주체가 그 물건의 소유권자인 것을 말한다. 국유공물은 대체로 자유공물에 속한다. 반면, 타유공물은 공물의 관리주체와 공물의 소유권자가 다른 것을 말한다. 예컨대 시(市)가 사유지를 도로로 사용하고 있으면, 그 도로는 지방자치단체의 타유공물에 해당한다.

제2절 공물의 성립과 소멸

Ⅰ. 공물의 성립

공물의 성립이란 공물로서의 성질을 얻는 것을 말한다. 공물의 성립은 그 종류에 따라 차이가 있다. 따라서 공공용물, 공용물, 그리고 보존공물로 구분하여 설명하기로 한다.

1. 공공용물의 성립

공공용물이 성립하기 위해서는 대체로 공물의 대상으로서 형체적 요소와 법적 행위로서 공용지정(Widmung)이 있어야 한다. 대기나 바다, 전기 등과 같은 무체물도 공물의 개념에 포함될 수 있다는 점에서 형체적 요소가 필수적인 것은 아니다. 이러한 경우에는 공용지정이 중요한 의미를 가질 수 있다. 공용지정은 일정한 물건을 공적 목적에 사용하기 위한 법적 행위를 말한다. 이를 "공용개시"라고 부르기도 한다. 이러한 공용지정은 행정행위(일반처분)를 통해 이루어지는 경우가 대부분이다. 독일에서는 공용지정이 법률, 법규명령, 조례, 행정행위 및 관습법 등의 형식으로 구현된다고 보는 견해가 유력하다.[12] 예컨대 도로법상의 공용지정은 일반처분의 형식으로 행해진다(독일 행정절차법 제35조 제2문

12) Wolff/Bachof, Verwaltungsrecht I, § 56 Ⅱ; Battis, Allgemeines Verwaltungsrecht, S. 279; Papier, Recht der öffentlichen Sachen, S. 39 ff.

참조). 또한 연방수로법(WaStrG) 제5조에는 연방수로에 대해 법률 형식의 공용지정을 허용하고 있다. 나아가 자연공물은 자연 상태 그 자체로 공물의 성질을 가지며 별도의 법적 행위가 필요하지 않다고 보는 것이 종전의 통설이었다. 이러한 경우에도 '관습법'에 의한 공용지정으로 파악하는 견해가 있다.[13)]

한편, 구 하천법 제2조 제1항 제2호에서는 하천구역의 하나를 "하천의 물이 계속하여 흐르고 있는 토지 및 지형, 해당 토지에 있어서의 식물이 자라는 상황 기타의 상황이 매년 1회 이상 물이 흐른 흔적을 나타내고 있는 토지(대홍수 기타 천연현상에 의하여 일시적으로 그 상황을 나타내고 있는 토지를 제외한다)의 구역"이라고 규정하고 있었다. 종전의 통설은 이를 두고 공용지정 없이 자연공물로서의 공공용물이 성립하는 것으로 파악하였으나, 이를 '법률'에 의한 공용지정으로 보는 견해가 있다.[14)] 판례의 입장은 명확하지 않고, 이에 대한 평가도 학설에 따라 다르다. 다만, 대법원은 하천대장의 등재 행위가 아니라 그 토지가 구 하천법상의 규정에 따라 하천구역에 해당하는지를 판단하고 있다.[15)] 자연공물에 대해서는 명시적인 공용지정을 요하지 아니하는 것이 종래의 통설이지만, 법적 명확성을 위해 구 하천법 제2조 제1항 제1호에 따른 하천구역의 성립을 법률에 의한 공용지정에 의한 것으로 보는 견해가 타당하다. 대법원도 하천관리청이 하천구역으로 지정하였는지 여부는 하천구역의 성립과 무관하다고 보고 있다.[16)] 그러나 법률에 규정된 하천구역의 판단기준이 불명확하고 분쟁발생의 원인이 된다는 이유로 2007년 4월 6일 하천법의 개정에 의해 하천관리청이 하천구역을 결정하는 것으로 변경되었다.

---

13) 김남진, 전게서(Ⅱ), 478면.

14) 김남진, 전게서(Ⅱ), 475면.

15) "하천법상 하천구역은 하천과 일체를 이루고 있는 자연적인 토지의 형태에 따라 결정되는 것이 원칙이고, 하천대장은 하천관리청이 하천에 관한 행정사무집행의 원활을 기하기 위하여 그 현황 및 관리사항을 기재하는 것으로서 이 하천대장에 어떤 특성 노시를 기재한나 하여 그 토지에 관한 권리의 창설이나 설정・취득・변경 및 소멸의 효력이 발생하는 것이 아니므로 설사 하천관리청이 특정 토지를 하천대장에 등재한 행위에 절차상의 하자가 있다 하더라도 그 토지가 하천구역으로 되는지의 여부에 어떠한 영향을 미치는 것은 아니다. 지형과 기타의 상황에 비추어 물의 흐름이 미치는 부분으로 매년 1회 이상 유수가 상당한 유속으로 흐르고 있는 형적을 나타내고 있는 지역에 대하여 하천법 제2조 제1항 제2호 (가)목 소정의 하천구역에 해당하는 토지라고 인정한 원심의 판단은 적법하다."(대법원 1991. 10. 22. 선고 90누9896 판결)

16) "현행 하천법에 의하면 하천구역은 이를 관리청이 특별히 결정・고시하는 것이 아니라 하천법이 스스로 그 제2조 제1항 제2호에서 하천구간 내의 토지 중에서 일정한 구역을 하천구역으로 인정하고 있으므로 위 법조에 해당하는 구역은 당연히 하천구역이 된다."(대법원 1988. 12. 20. 선고 87다카3029 판결)

2. 공용물의 성립

공용물은 행정주체가 자신을 위해 직접 제공하는 물건이므로 그 성립에 특별한 법적 행위가 필요하지 않다고 보는 것이 다수설이다. 이에 대해 공용물의 성립에도 명시적 또는 묵시적 공용지정이 필요하다는 견해가 있다.[17] 법적 명확성을 위해서는 후설이 타당하지만, 실무에서는 전설(前說)과 같이 운영되고 있다.

3. 보존공물의 성립

보존공물의 성립에도 형체적 요소 이외에 의사적 행위로서 공용지정이 필요하다. 국가지정문화재는 대체로 문화재청장의 지정으로 성립한다. 즉 문화재청장은 문화재위원회의 심의를 거쳐 유형문화재 중 중요한 것을 '보물'로 지정할 수 있고, 문화재 중 인류문화의 관점에서 볼 때 그 가치가 크고 유례가 드문 것은 문화재위원회의 심의를 거쳐 '국보'로 지정할 수 있다(문화재보호법 제23조 제1항 및 제2항). 문화재청장이 문화재로 지정하면, 그 취지를 관보에 고시하고 지체 없이 해당 문화재의 소유자, 그 점유자 또는 관리자에게 알리도록 하고 있다(동법 제28조 제1항). 이러한 지정의 효력은 관보에 고시한 날로부터 발생한다(동법 제30조). 보존공물은 반드시 그 권원을 취득할 필요는 없다.

Ⅱ. 공물의 소멸

1. 공공용물의 소멸

(1) 형체적 요소의 소멸

공물이 공물로서의 성질을 상실하는 것을 말한다. 공공용물이 형체적 요소가 소멸할 때에 공물로서의 성질을 곧바로 잃게 되는지에 대하여 학설은 대립하고 있다. 긍정설은 공물이 자연적 또는 인위적으로 공물의 형체를 잃고 소멸하여 사회통념상 그 형체의 회복을 기대할 수 없게 되면 해당 공물은 당연히 소멸된다고 본다. 이에 대하여 제한적 긍정설은 자연공물의 성립에 공용지정이 필요하지 아니하므로 그 자연적 상태의 영구적·확정적 멸실에 의하여 당연히 공물로

17) 홍정선, 행정법원론(하), 578면.

서의 성질을 상실한다고 본다. 그러나 인공공물의 경우 공물의 형체가 영구적·확정적으로 변화·멸실하여 그 회복이 사회통념상 불가능하게 되었다 하더라도 이는 공용폐지의 사유는 되지만 그것만으로는 곧 공물의 소멸사유가 되지는 않는다고 본다. 공물의 성립에 형체적 요소와 의사적 행위로서 공용지정이 필요하다는 입장에서는 그 성립요건 중 하나를 흠결하면 공물의 성질을 상실한다고 볼 수 있다. 그러나 후술하는 바와 같이 법적 명확성을 위해서 공용폐지가 필요한 경우가 있다.

(2) 공용폐지

공공용물은 그 물건에 대하여 공적 목적에의 제공을 폐지하는 법적 행위인 '공용폐지'에 의하여 공물로서의 성질을 상실하게 된다. 묵시적 공용폐지의 경우는 예외이다. 다수설은 자연공물에 대하여 공용지정 없이 성립되었으므로, 그 소멸에도 별도의 공용폐지가 필요하지 않다고 보고 있다. 그러나 대법원은 국유하천부지가 대지화되어 본래의 용도로 사용될 수 없는 경우 또는 갯벌이 간척에 의하여 갯벌로서의 성질을 상실한 경우에도 용도폐지처분이 없는 한 당연히 잡종재산이 되는 것은 아니라고 판시하였다.[18] 공용폐지의 형식은 행정행위뿐만 아니라, 법률·법규명령·조례·관습법에 의한 공용폐지도 가능하다.

2. 공용물의 소멸

공용물은 그 형체적 요소의 소멸이나 행정주체에 의한 사실상 사용의 폐지에 의하여 소멸하며, 별도의 공용폐지행위가 필요하지 않다고 보는 것이 지배적 견해이다. 이에 대하여 공용물도 묵시적인 공용폐지를 전제로 하는 것이라는 견해가 있다. 즉 공용물의 경우에 공물로서의 지위를 상실하면 시효취득이 가능하게 되어 사인에 의한 취득 또는 이용이 자유롭게 되므로 공용폐지의 형식이 필요하다고 본다. 판례는 후자의 입장이다.[19]

18) "행정재산이 기능을 상실하여 본래의 용도에 제공되지 않는 상태에 있다 하더라도 관계법령에 의하여 용도폐지가 되지 아니한 이상 당연히 취득시효의 대상이 되는 잡종재산이 되는 것은 아니고, 공용폐지의 의사표시는 묵시적인 방법으로도 가능하나 행정재산이 본래의 용도에 제공되지 않는 상태에 있다는 사정만으로는 묵시적인 공용폐지의 의사표시가 있다고 볼 수 없으며, 또한 공용폐지의 의사표시는 적법한 것이어야 하는바, 행정재산은 공용폐지가 되지 아니한 상태에서는 사법상 거래의 대상이 될 수 없으므로 관재당국이 착오로 행정재산을 다른 재산과 교환하였다 하여 그러한 사정만으로 적법한 공용폐지의 의사표시가 있다고 볼 수 없다."(대법원 1998. 11. 10. 선고 98다42974 판결)

3. 보존공물의 소멸

보존공물은 행정주체의 보존공물 지정해제행위에 의하여 공물의 성질을 상실하게 된다. 문화재가 그 가치를 상실하거나 기타 공익상의 특별한 사유가 있을 때 문화재지정을 해제하는 것이 대표적 사례이다(문화재보호법 제12조). 보존공물의 형체적 요소가 멸실된 경우, 이를 소멸사유로 보는 견해와 그 지정해제사유에 그친다고 보는 견해가 대립한다. 예컨대 숭례문(崇禮門)은 방화사건으로 전소(全燒)되었으나, 문화재 지정해제행위가 없었기 때문에 여전히 문화재(국보)의 지위를 가지고 있다고 보아야 한다.

제3절 공물의 특수성

Ⅰ. 공물의 법체계

공물의 법질서체계를 어떠한 방식으로 구성할 것인지에 대해 공소유권제와 사소유권제가 대립하고 있다. 어떠한 공물법제도를 채택할 것인지는 각국의 사정에 따라 다르다. 공소유권에서는 공물의 공공성을 강조하고 공물에 대한 사권의 성립에 대해 부정적이다. 공소유권제의 대표적 사례는 프랑스 행정법의 공물법제(domaine public)이다. 이에 반해 사소유권제에서는 공물에 대한 사소유권을 인정하면서도 공적 목적을 위해 제공되는 범위에서 사소유권의 행사가 제한된다고 보고 있다. 독일은 공물에 대해 공법과 사법이 혼합된 법체계를 가지고 있다. 즉 독일법의 체제에서 공물은 민법전에서 완성된 통일된 재산질서 아래에 있으며, 공적 목적을 위한 법적 행위인 공용지정에 의해 사유재산권은 제한된 물권이 된다고 이해한다. 이러한 공용지정을 통해 사유재산권은 공적 목적에 제공될 수 있다는 것이다. 독일에서는 이를 "야누스의 머리를 가진 법구조(janusköpfige Rechtskonstruktion)"라고 부르기도 한다.[20] 독일의 일부 주에서도 공소유권제가 인정되고 있다(예컨대 Hamburg, Baden-Württemberg). 예컨대 도로나 광장, 제방

19) 대법원 1997. 3. 14. 선고 96다43508 판결.
20) Papier, in: Erichsen/Ehlers(Hg.), Allgemeines Verwaltungsrecht, 12. Aufl., § 40 Rn. 19.

등이 그러하다. 이러한 공소유권제는 오토 마이어(Otto Mayer)의 영향을 받았다. 오토 마이어는 프랑스의 공소유권제를 수용하였다.21)

한국의 공물법제는 공물에 대하여 사권의 행사를 제한하면서도, 그 사권을 완전히 배제하는 것은 아니다. 국유재산법 제11조 제2항은 "국유재산에는 사권을 설정하지 못한다"고 규정하고 있다. 공물인 도로에 대해서는 사권의 행사를 제한하고 있지만, 도로에 대한 사소유권을 전면적으로 부인한 것은 아니다. 즉 도로법 제4조는 "도로를 구성하는 부지, 옹벽, 그 밖의 시설물에 대해서는 사권을 행사할 수 없다"고 규정하고 있다. 그러나 단서에서 소유권 이전이나 저당권 설정에 있어서 사권의 행사를 보장하고 있다. 또한 문화재보호법은 소유자관리의 원칙을 채택하고 있다. 즉 "국가지정문화재의 소유자는 선량한 관리자의 주의로써 해당 문화재를 관리・보호하여야 한다"고 규정하고 있다(문화재보호법 제33조 제1항). 이처럼 보존공물에 대해서는 사유재산권을 허용하고 있다. 한편, 구 하천법 제3조는 하천의 국유제를 규정하고 있었다. 그러나 하천편입으로 인한 토지의 국유화로 사유재산권이 침해된다는 비판이 있었고, 하천편입으로 인한 국가의 재정부담을 경감하기 위해 2007년 4월 6일 하천법의 개정에 의해 하천의 국유제는 폐지되었다.

한국의 공물법제는 기본적으로 공소유권제에 근거하고 있지만, 사소유권을 완전히 부정하는 것은 아니다. 이를 두고 독일식의 이원적 구조를 따르고 있다고 볼 수는 없다. 독일에서는 사소유권을 인정하면서도 공용지정을 통해 공법적 제한이 수반되는 구조를 취하고 있다. 그러나 한국에서는 공물에 대해 사권을 금지하거나 제한하면서도 사소유권 그 자체를 부정하는 것은 아니다. 국유재산법 제11조 제1항은 "사권(私權)이 설정된 재산은 그 사권이 소멸된 후가 아니면 국유재산으로 취득하지 못한다"고 규정하고 있다.

Ⅱ. 공물의 특징

공물은 공용지정을 통해 공적 목적에 제공된 물건이므로, 그 목적달성을 위해서는 일정한 범위에서 사법의 적용이 배제되고 특수한 법적 규율을 받는다. 사법의 적용이 어느 범위에서 배제되고 특수한 규율이 적용되는지는 실정법상

21) Papier, in: Erichsen/Ehlers(Hg.), a.a.O., § 40 Rn. 12.

의 문제로서 각국의 입법례에 따라 다르다.

1. 융통성의 제한

공물은 공적 목적에 제공되고 있으므로 융통성이 제한되고 있다. 국유재산법은 전술한 바와 같이 사권의 설정을 금지할 뿐만 아니라 원칙적으로 행정재산의 처분을 제한하고 있다(제27조). 행정재산의 교환이나 양여 등에는 많은 제약이 따른다. 다만, 중앙관서의 장은 그 용도나 목적에 장애가 되지 아니하거나 보존목적의 수행에 필요한 범위에서 행정재산의 사용허가를 할 수 있다(국유재산법 제30조).

2. 공물의 시효취득 제한

사물(私物)에 대해서는 취득시효가 인정되고 있다. 이에 대해 공물도 취득시효의 대상이 되는지에 대해 전술한 바와 같이 완전취득시효설, 제한적 취득시효설 및 부정설이 대립하고 있다.[22] 국·공유재산에 대해서는 부정설의 입장이 타당하다. 대법원도 "행정목적을 위하여 공용되는 행정재산은 공용폐지가 되지 않는 한 사법상 거래의 대상이 될 수 없으므로 취득시효의 대상도 될 수 없다"고 보고 있다.[23] 다만, 일반재산은 사법상의 권리이므로 이에 대해서는 시효취득이 인정되고 있다.

한편, 대법원은 자연공물에 대하여 시효취득을 부정하고 있다. 즉 "자연의 상태 그대로 공공용에 제공될 수 있는 실체를 갖추고 있는 이른바 자연공물은 자연력 등에 의한 현상변경으로 공공용에 제공될 수 없게 되고 그 회복이 사회통념상 불가능하게 되지 아니한 이상 공물로서의 성질이 상실되지 않고 따라서 시효취득의 대상이 되지 아니한다"고 보고 있다.[24] 그러나 이 판례의 내용을 보면, 자연공물로서의 실체가 없거나 공물로서의 기능이나 성질 등이 상실될 때에는 시효취득의 대상이 될 수 있다고 해석된다. 자연공물에 대해 공용폐지를 인정하지 않는 다수설은 자연공물의 실체가 없어지면 공물의 성질도 소멸된다고 보고 있다. 이러한 경우에 해당 자연공물은 취득시효의 대상이 될 수 있다. 대법원도 자연의 상태 그대로 공공용에 제공될 수 있는 실체를 갖추고 있는 경우

22) 이에 대해서는 졸고, "행정재산의 시효취득가능성", 행정판례평선, 개정판, 1134면 이하 참조.
23) 대법원 1983. 6. 14. 선고 83다카181 판결.
24) 대법원 1994. 8. 12. 선고 94다12593 판결.

에만 공물로서의 성질을 가지며 시효취득이 제한되지만, 그러한 실체가 없는 경우에는 시효취득의 대상이 된다고 본다.[25)]

3. 강제집행의 제한

공물에 대한 강제집행이 가능한지에 대해 학설상 견해 대립이 있다. 민사소송법 제529조에서 "국가에 대한 강제집행은 국고금의 압류에 의하여 한다"라고 규정하고 있다. 다수설은 민사소송법 제529조를 근거로 국유공물에 대한 강제집행을 부정하지만, 공유공물이나 사유공물에 대해서는 강제집행이 허용된다고 보고 있다. 한편, 대법원은 하천점용허가권은 공물사용권의 일종으로서 하천의 관리주체에 대하여 일정한 특별사용을 청구할 수 있는 채권에 해당한다고 보고, 이에 대해서는 압류 등 강제집행이 허용된다고 보고 있다.[26)]

4. 공용수용의 제한

공물은 공적 목적에 제공된 재산이므로 공용수용의 대상이 될 수 없다. 공용수용을 위해서는 먼저 공용폐지를 하여야 한다. 공익사업을 위한 토지 등의 취득 및 보상에 관한 법률 제19조 제2항에서도 "공익사업에 수용되거나 사용되고 있는 토지 등은 특별히 필요한 경우가 아니면 다른 공익사업을 위하여 수용하거나 사용할 수 없다"라고 규정하고 있다. 한편, 보존공물이 공용수용의 대상에서 제외되는지가 논의되고 있다. 대법원은 지방문화재로 지정된 토지가 공용수용의 대상이 될 수 있다고 보고 있다.[27)] 이를 두고 보존공물에 대해서는 공용폐지가 없더라도 공용수용의 대상이 될 수 있다고 해석하는 것이 일반적이다. 문화재보호법 제83조 제1항은 "문화재청장이나 지방자치단체의 장은 문화재의 보존·관리를 위하여 필요하면 지정문화재나 그 보호구역에 있는 토지, 건물, 나무, 대나무, 그 밖의 공작물을 「공익사업을 위한 토지 등의 취득 및 보상에 관한 법률」에 따라 수용(收用)하거나 사용할 수 있다"고 규정하고 있다. 그러나 이러한 해석이나 규정은 보존공물이 사유공물인 경우에 타당하다. 공용수용의 대상은 사유재산권이기 때문이다. 국유재산이나 공유재산인 보존공물(국가문화재, 지방문화재)은 마찬가지로 공용폐지를 한 후에 공용수용의 대상이 된다고 보

---

25) 대법원 1999. 3. 9. 선고 98다41759 판결.
26) 대법원 2005. 11. 10. 선고 2004다7873 판결; 대법원 2014. 10. 10. 자 2014마1404 결정.
27) 대법원 1996. 4. 26. 선고 95누13241 판결.

아야 한다. 다만, 국가 또는 지방자치단체는 문화재의 보존·관리·활용 또는 전승을 위하여 필요하다고 인정하면 국유재산법 또는 '공유재산 및 물품 관리법'에도 불구하고 국유 또는 공유재산을 수의계약으로 대부·사용·수익하게 하거나 매각할 수 있다(문화재보호법 제84조 제1항).

Ⅲ. 공물의 범위 결정 및 상린관계

1. 공물의 범위 결정

공물의 범위나 경계는 공물관리청의 공용지정을 통해 결정되는 것이 보통이다. 예컨대 도로구역의 결정(도로법 제25조), 하천구역의 결정(하천법 제10조) 등이 그러하다. 이러한 공용지정은 법률·법규명령·조례 등 다양한 법형식을 통해 결정될 수 있지만, 위에서 언급한 공용지정의 방식은 행정처분으로 보는 것이 다수설이다. 도로구역의 결정이나 하천구역 등의 결정에는 주민의 의견수렴 절차나 위원회의 심의 등의 절차를 거치도록 하고 있다. 또한 도로구역에는 일정한 행위제한이 있으며, 도로구역 내에 건축물의 건축이나 공작물의 설치 등에는 허가가 필요하다(도로법 제27조 제1항 참조).

2. 공물과 상린관계

공물의 인접지역이나 인접주민에 대하여 제한을 하는 경우가 있다. 예컨대 도로법상의 접도구역이 그러하다. 도로관리청은 도로 구조의 파손 방지, 미관(美觀)의 훼손 또는 교통에 대한 위험 방지를 위하여 필요하면 소관 도로의 경계선에서 20미터(고속국도의 경우 50미터)를 초과하지 아니하는 범위에서 접도구역을 지정하고 있다(제40조 제1항). 이러한 접도구역에 대해서는 토지의 형질을 변경하는 행위, 건축물, 그 밖의 공작물을 신축·개축 또는 증축하는 행위가 금지된다. 이러한 행위제한의 문제는 공법상 상린관계에 해당한다. 이러한 규정이 없을 때에는 민법의 상린관계(相隣關係)에 관한 규정(제216조 이하)이 유추적용된다는 것이 일반적이다. 그러나 오늘날 공물의 상린관계와 관련하여 여러 가지 법적 문제가 발생한다. 예를 들어 공물인 도로의 건설이 일으킨 소음·진동 등에 의해 환경피해를 입은 인근주민이 어떻게 손해전보를 할 수 있는지가 논란이 되고 있다. 재산권의 수용적 침해에 대한 보상법리를 통해 해결할 수 있다는 주장도 있다.[28] 접도구역에 있는 토지를 종래의 용도대로 사용할 수 없어 그 효용이 현저하게 감소하거나, 접도구역의 지정으로 해당 토지의 사용 및 수익이 사실상 불가능한 경우에는 매수청구권을 보장하고 있다(도로법 제41조). 또한 도로법에서는 도로법에 따른 처분이나 제한으로 손실을 입은 자가 있으면 국토교통부장관이 행한 처분이나 제한으로 인한 손실은 국가가 보상하고, 행정청이 한 처분이나 제한으로 인한 손실은 그 행정청이 속해 있는 지방자치단체가 보상하도록 규정하고 있다(동법 제99조 제1항). 그러나 도로구역 내의 토지이용제한은 이론적으로 헌법 제23조 제3항의 보상이 필요한 공용수용이나 공용제한의 요건에 해당한다고 보기 어렵다. 이러한 토지이용제한이 예외적으로 가혹하여 비례의 원칙이나 평등원칙을 위반하면 조정적 보상부 내용한계규정(ausgleichspflichtige Inhalts- und Schrankenbestimmung)에 근거하여 해결될 수 있다. 매수청구권과 손실보상에 관한 규정을 두고 있다는 점에서 위헌의 논란은 피해갈 수 있다. 그러나 이러한 손실보상은 조정보상(Ausgleichsentschädigung)의 사례에 해당한다.

Ⅳ. 공물관리권의 의의 및 내용

1. 공물관리권의 의의

공물의 관리는 흔히 "공물의 목적을 달성하기 위한 행정주체(공물관리청)의 활동 일체"라고 정의되고 있다. 공물관리권은 공물의 유지·보수 등에 관한 활동이 중심을 이루고 있다. 이러한 작용은 '관리작용'에 해당한다. 공물의 관리주체나 관리내용 등에 대해서는 국유재산법, 공유재산 및 물품관리에 관한 법률, 도로법, 하천법 등에서 자세히 규율하고 있다.

공물관리권에는 공물의 유지나 수선, 장해의 방지 및 제거 등이 해당된다. 이러한 공물관리권은 공물의 관리를 위한 공법상 물권적 지배권으로 보는 것이 다수설이다. 그러나 공물관리권은 공권이므로 관리작용의 하나로 보는 것이 타당하다. 공물관리는 공물의 유지·보전 등을 목적으로 하는 작용이므로 명령·강제 등 권력적 작용과는 구별되는 것이 바람직하다. 다만, 도로관리를 위해 필요한 경우에는 공용부담이 부과될 수 있다. 예컨대 도로구조나 교통에 대한 위험 방지 등 재해발생시에 토지나 가옥 등의 일시사용, 장애물의 변경이나 제거

28) 김남진, 전게서(Ⅰ), 422-423면.

등이 그러하다. 이러한 작용도 공물관리권의 사례도 소개되지만, 공물경찰권에 해당하는 것도 있다. 공물관리권은 법규 외에 행정행위나 사실행위 등 다양한 작용형식에 의해 이루어진다. 도로를 사용하려는 자는 도로점용허가를 얻어야 하며, 도로관리청은 이에 대해 점용료를 징수할 수 있다(도로법 제61조, 제66조).

2. 공물의 관리자 및 비용부담

공물의 관리는 원칙적으로 공물주체에 소속된 공물관리청이 담당하지만, 다른 공공단체나 기관 등에 위임·위탁하는 경우도 있다. 예컨대 국도의 수선·유지나 국가하천의 유지·보수를 시·도지사에게 위임하고 있다(도로법 제31조 제2항, 하천법 제27조 제5항 단서). 공물의 관리에 필요한 비용은 공물주체가 부담하는 것이 원칙이나, 일정한 수익을 얻는 지방자치단체에 도로에 관한 비용의 일부를 부담시킬 수도 있다(도로법 제87조 제1항). 한편, 국토교통부장관은 고속국도에 관한 권한의 일부를 대통령령으로 정하는 바에 따라 한국도로공사로 하여금 대행하게 할 수 있다(도로법 제112조 제1항). 이러한 대행이 권한의 위임이나 위탁에 해당하는지, 아니면 공법상 대리에 해당하는지 등이 문제될 수 있다. 이와 관련하여 동조 제2항에는 "한국도로공사는 제1항에 따라 고속국도에 관한 국토교통부장관의 권한을 대행하는 경우에 그 대행하는 범위에서 이 법과 그 밖에 도로에 관한 법률을 적용할 때에는 해당 고속국도의 도로관리청으로 본다"고 규정하고 있다. 이러한 규정은 권한의 '위탁'에 관한 것으로 해석하는 것이 타당하며, 한국도로공사는 대행의 범위에서 위탁받은 공공단체에 해당하며, 행정청의 지위를 가질 수 있다.

3. 공물경찰권과의 구별

공물경찰이란 공물에 대한 위험방지작용을 말한다. 공물의 안전과 질서 유지에 관한 작용이라고 볼 수 있다. 공물의 안전을 위해 행위를 제한하는 것이 여기에 해당한다. 예컨대 도로의 통행 금지나 제한조치가 그러하다(도로교통법 제6조).

공물의 관리는 공물경찰과 구별되어야 한다. 첫째, 공물경찰권은 공공의 안녕과 질서에 대한 위해방지를 목적으로 하지만, 공물관리권은 공물의 유지·보전을 목적으로 한다. 둘째, 공물관리권은 관리작용이지만, 위험방지를 내용으로 하는 공물경찰은 원칙적으로 권력작용에 해당한다. 셋째, 공물의 점용허가는 배타적으로 사용할 수 있는 설권적 권리를 부여하지만, 경찰허가는 반사적 이익만 인정되는 것이 보통이다. 후자는 대체로 기속행위이지만, 전자는 재량행위에 해당한다. 마지막으로 공물경찰권은 그 위반에 대해 행정벌을 부과하는 것이 보통이다. 이에 반해 공물관리권은 이를 배제를 하는 경우도 있지만, 공물의 무단점유에 대해서는 변상금을 부과하거나 변상책임을 물을 수 있다(국유재산법 제72조, 제79조). 나아가 국유재산법을 위반하여 행정재산을 사용하거나 수익한 자에 대해서는 2년 이하의 징역 또는 2천만원 이하의 벌금에 처한다(국유재산법 제82조).

한편, 공물관리권과 공물경찰권이 경합할 때도 있다. 위에서 언급한 바와 같이 도로교통법 제6조에 따른 위험방지를 위한 시·도 경찰청장의 통행의 금지나 제한과 도로의 보수를 위한 도로관리청의 통행금지나 제한 등이 그러하다(도로법 제76조 제1항). 공물관리권과 공물경찰권은 각각 독립된 것이지만, 상호 권한을 존중할 필요가 있다. 이와 관련하여 도로교통법에는 도로정체가 심각한 경우 관할 경찰서장이 도로관리청과 협의할 수 있다는 규정을 두고 있다(제69조 제2항).

제4절 공물의 사용관계

공물의 사용관계는 주로 공공용물의 사용과 관련하여 발생하는 것이 보통이다. 공물의 사용관계는 크게 보통사용(일반사용)과 특별사용으로 구별된다. 후자는 다시 허가사용, 특허사용, 관습법에 의한 특별사용, 계약에 의한 사용 등으로 구분된다. 공물이 영조물에 해당하는 경우에는 영조물의 이용관계가 성립하며, 여기에도 보통사용과 특별사용이 있다. 이에 대해서는 특별권력관계에서 상론한 바 있으므로 여기에서는 생략하기로 한다.

Ⅰ. 공물의 보통사용

1. 공공용물의 보통사용

공물의 보통사용(Gemeingebrauch)이란 누구든지 공물을 행정청의 허락 없이 그 사용목적에 따라 사용하는 것을 말한다. 이를 '일반사용' 또는 '자유사용'이라고도 한다. 보통사용의 법적 성질에 대하여 사권설, 반사적 이익설, 인신적 자유의 유출설 및 공권설 등이 대립하고 있다. 종전에는 반사적 이익으로 보는 견해가 지배적이었으나, 오늘날에는 공권으로 보는 견해가 유력하다. 따라서 보통사용에 참여할 주관적 공권이 인정될 수 있다. 즉 도로공사의 주체, 도로 부지의 토지소유자나 제3자 등에 대해 공공(公共)에 친숙한 보통사용을 요구하거나 도로사용의 위법한 방해행위를 금지시켜줄 것을 요구하는 것이 여기에 해당한다.[29)]

도로·하천·광장 등 공공용물의 보통사용은 일반적으로 반사적 이익으로 보아야 하지만, 일정한 경우에는 '공권'이 인정될 수 있다. 예컨대 공공용물의 보통사용은 대체로 무료이지만, 법령이나 조례 등에 의해 사용료가 부과될 때도 있다(예컨대 국·공립박물관의 입장료나 전시회 관람료 등). 공적 목적에 위배되거나 공공의 안녕과 질서에 위해를 일으키는 경우 등에 해당하지 아니하는 한, 이러한 보통사용권은 법적으로 보호를 받을 수 있다. 해당 법령이나 조례에 이용자의 권리(사익)를 보호하고 공물관리자에 대해 일정한 청구를 할 수 있는 규정을 두면, 이러한 보통사용권은 공권으로 파악될 수 있다. 또한 사용자는 일정한 범위에서 방해배제청구권 또는 손해배상청구권을 가질 수도 있다. 다만, 공권의 성질이 인정되더라도 보통사용은 여러 가지 제한이 따르는 것이 사실이다.

한편, 공물의 보통사용에 특수한 유형이 인정되고 있다. 도로나 하천 등의 인접주민이 일반인에 비해 특별한 보통사용을 하는 경우가 있다. 이를 "인접(隣接)주민의 고양(高揚)된 보통사용(gesteigerter Gemeingebrauch)"라고 부르고, 이러한 권리를 "접도주민권(Anliegerrecht)"이라고 부른다. 예컨대 도로변의 상점주인이 물건을 싣고 내리기 위해 일시적으로 사용하는 경우가 그러하다. 판례는 인접주민이라는 사정만으로 공물에 대한 '고양된 일반(보통)사용권'이 인정될 수는 없다는 입장이다.[30)] 대법원은 재래시장 내 점포의 소유자가 그 점포 앞의 도로에 대하여 일반사용을 넘어 특별한 이해관계를 인정할 만한 사용을 하지 않

---

29) Battis, Allgemeines Verwaltungsrecht, S. 284.

30) "특정인에게 어느 범위에서 이른바 고양된 일반사용권으로서의 권리가 인정될 수 있는지의 여부는 당해 공물의 목적과 효용, 일반사용관계, 고양된 일반사용권을 주장하는 사람의 법률상의 지위와 당해 공물의 사용관계의 인접성, 특수성 등을 종합적으로 고려하여 판단하여야 한다. 따라서 구체적으로 공물을 사용하지 않고 있는 이상 그 공물의 인접주민이라는 사정만으로는 공물에 대한 고양된 일반사용권이 인정될 수 없다."(대법원 2006. 12. 22. 선고 2004다68328 판결)

았다고 판단한 것이다. 이로써 해당 점포의 소유자가 도로의 좌판을 설치·이용할 수 있는 권리는 부인되었다.

2. 공용물의 보통사용

행정주체는 자신을 위해 공용물을 직접 이용하는 것이 원칙이므로 일반공중이 이를 사용할 수 없다. 그러나 공용물의 사용목적을 방해하지 않는 범위에서 보통사용이 허용되는 경우가 있다. 국립대학교의 구내 통행이 여기에 해당한다. 그러나 공용물의 보통사용권은 공권에 해당한다고 보기 어렵다. 공용물의 보통사용에는 필요한 경우에 출입금지나 제한 등의 조치가 이루어질 수 있다.

Ⅱ. 공물의 허가사용

1. 공공용물의 허가사용

공물의 허가사용이란 공물사용의 예방적 금지를 해제하여 그 이용의 자유를 회복하는 것을 말한다. 이러한 허가도 '통제허가'에 해당한다. 공공용물의 허가사용에는 사용료를 부과할 수 있다(국유재산법 제32조, 공유수면 관리 및 매립에 관한 법률 제13조 참조). 사용자가 사용료를 납부기한까지 납부하지 아니하면, 중앙관서의 장 등은 국세징수법상 체납처분에 관한 규정을 준용하여 이를 징수할 수 있다(국유재산법 제73조 제2항). 그 밖에도 공공용물의 허가사용에 일정한 의무를 부과할 수 있다. 행정재산의 사용허가기간은 5년 이내로 하고 있다(국유재산법 제35조 제1항).

공공용물의 허가는 일정한 경우에 취소·철회될 수 있다. 즉 거짓 진술을 하거나 부실한 증명서류를 제시하거나 그 밖에 부정한 방법으로 사용허가를 받은 경우, 사용허가 받은 재산을 국유재산법 제30조 제2항을 위반하여 다른 사람에게 사용·수익하게 한 경우, 해당 재산의 보존을 게을리하였거나 그 사용목적을 위배한 경우, 납부기한까지 사용료를 납부하지 아니하거나 국유재산법 제32조 제2항 후단에 따른 보증금 예치나 이행보증조치를 하지 아니한 경우, 중앙관서의 장의 승인 없이 사용허가를 받은 재산의 원래 상태를 변경한 경우가 그러하다(국유재산법 제36조 제1항). 또한 중앙관서의 장은 사용허가한 행정재산을 국가나 지방자치단체가 직접 공용이나 공공용으로 사용하기 위하여 필요하게 된 경우에는 그 허가를 철회할 수 있다(동조 제2항).

2. 공용물의 허가사용

공용물은 행정주체가 직접 자신을 위해 이용하는 물건이므로 공용물의 허가사용이 허용되는지가 문제 된다. 공용물의 사용도 "그 용도나 목적에 장애가 되지 아니하는 범위"에서 허가되는 경우가 있다(국유재산법 제30조 제1항 제1호). 예컨대 국·공립학교의 체육시설에 대한 사용허가가 여기에 해당한다.

3. 보존공물의 허가사용

문화재 보존공물에 대해서도 일정한 허가가 필요한 경우가 있다. 즉 중앙관서의 장은 보존용재산에 대해서도 보존목적의 수행에 필요한 범위에서 사용허가를 할 수 있다(국유재산법 제30조 제1항 제2호). 예컨대 국가지정문화재의 현상을 변경하거나 국가지정문화재(동산에 속하는 문화재는 제외한다)의 보존에 영향을 미칠 우려가 있는 행위로서 대통령령으로 정하는 행위 등에 대해서는 문화재청장의 허가를 얻어야 한다(문화재보호법 제35조 제1항 참조). 또한 국가지정문화재에 대해 탁본 또는 영인(影印: 원본을 사진 등의 방법으로 복제하는 것)을 하거나 그 보존에 영향을 미칠 우려가 있는 촬영을 하는 행위에도 허가가 필요하다(동조 제3항).

Ⅲ. 공물의 특허사용

1. 의 의

공물을 특정한 목적으로 사용하는 것을 공물의 '특허사용'이라 한다. 실무에서는 '특허' 대신에 '허가'라는 용어가 사용되고 있다. 그러나 이러한 특허사용을 특별한 공물사용의 권리를 부여하는 '설권적' 행위로 보고 있으며, 특허는 형성적 행정행위의 성질을 가진다.[31] 또한 특허는 대체로 재량행위에 해당한다.[32]

31) 대법원 2006. 3. 9. 선고 2004다31074 판결.

32) "하천부지 점용허가 여부는 관리청의 자유재량에 속하고, 재량행위에 있어서는 법령상의 근거가 없다고 하더라도 부관을 붙일 것인가의 여부는 당해 행정청의 재량에 속한다."(대법원 1991. 10. 11. 선고 90누8688 판결)

이러한 행위를 공법상 계약이나 쌍방적 행정행위로 보는 견해도 있지만, 상대방의 신청에 의한 행정행위로 보는 것이 타당하다. 예컨대 도로에 궤도를 설치하기 위한 도로점용허가(도로법 제61조), 하천의 장기점용허가(하천법 제33조) 등은 이러한 공물의 특허사용에 해당한다.[33)]

2. 특허사용의 법률관계

공물의 사용에 대해 특허를 받은 자는 공물사용권을 가진다. 이러한 공물사용권은 공법에 근거하여 얻은 것이며 공물주체에 대해 일정한 권리를 주장할 수 있다는 점에서 '공권'의 성질을 가진다. 이러한 특허사용에 의해 공물을 사용하거나 점용하는 자는 사용 또는 수익을 통해 재산적 이익을 얻을 수 있다. 그러한 점에서 특허사용권도 '재산권'의 하나로 보는 것이 일반적이다. 또한 이러한 특허사용권이 물권인지 채권인지가 다투어지고 있다. 특허사용권은 공물주체에 대해 '채권'의 성질을 가진다. 대법원은 하천의 점용허가권이 하천의 관리주체에 대하여 일정한 특별사용을 청구할 수 있는 채권에 지나지 않는다고 보고 있다.[34)] 이러한 특허사용도 배타적 성격이 있다는 점에서 물권의 성질을 가진다고 보는 견해도 있다.[35)] 그러나 특허사용권은 제한된 권리이다. 대법원도 "도로점용허가는 도로의 일부에 대한 특정사용을 허가하는 것으로서 도로의 일반사용을 저해할 가능성이 있으므로 그 범위는 점용목적 달성에 필요한 한도로 제한되어야 한다"고 보고 있다. 또한 도로점용허가를 한 도로관리청은 위와 같은 흠이 있다는 것을 이유로 유효하게 성립한 도로점용허가 중 특별사용의 필요가 없는 부분을 직권으로 취소할 수 있다.[36)]

이러한 특허사용권에 대하여 공물사용권자는 사용료 납부의무(도로점용료 · 하천점용료 등), 공사 및 유지 비용의 부담(도로법 제33조) 등과 같이 일정한 공법상의 의무를 부담한다. 하천점용허가를 받은 자는 해당 허가를 받아 점용하고 있는 토지 또는 시설을 다른 사람에게 임대하거나 전대(轉貸)해서는 아니 된다(하천법 제33조 제5항). 공물의 특허사용기간이 종료하면 원상회복의 의무를 진다

33) "도로법 제40조에 규정된 도로의 점용이라 함은 일반공중의 교통에 공용되는 도로에 대하여 일반사용과는 별도로 도로의 특정부분을 유형적 · 고정적으로 특정한 목적을 위하여 사용되는 이른바 특별사용을 뜻한다."(대법원 1990. 11. 27. 선고 90누5331 판결)
34) 대법원 2015. 1. 29. 선고 2012두27404 판결; 대법원 1990. 2. 13. 선고 89다카23022 판결.
35) 김남진, 전게서(Ⅱ), 504면.
36) 대법원 2019. 1. 17. 선고 2016두56721 판결.

(도로법 제73조).

3. 특허사용권의 종료

공물의 특허사용권은 공물이 소멸하거나 공물사용의 기간이 경과하는 경우, 또는 부관인 해제조건의 성취 등에 의해 소멸한다. 공물의 특허사용권에 대한 취소·철회에 의해서도 특허사용의 법률관계는 종료한다. 공익상의 필요에 의해 도로사용을 취소하거나 철회하는 경우 등에는 손실보상을 하여야 한다(도로법 제97조 제2항 참조).

Ⅳ. 기타 공물의 사용관계

사인은 공물주체와 계약을 통해 공물의 사용관계를 설정할 수도 있다. 공물의 사용에 관한 계약은 그 계약의 내용에 따라 공법상 계약이나 사법상 계약이 될 수 있다. 양자의 구별은 전술한 바와 같이 공법과 사법의 구별에 귀착된다. 적어도 공적 사용을 목적으로 하는 공물의 사용관계는 공법상 계약으로 보는 것이 타당하다. 배전선의 설치를 위해 계약의 형식으로 도로를 사용하는 경우가 그러하다. 그 밖에 관습법에 의한 특별사용도 인정된다. 예컨대 관습법에 의한 하천의 용수권이 이러한 경우에 해당한다.[37] 대법원은 이러한 권리를 사법상의 권리로 보고 있다.[38]

---

37) "공유하천인 소포하천 연안 지역 농지의 경작자들이 소포방조제 및 배수갑문이 축조되기 이전부터 이미 소포하천을 농업용수로 이용해 오고 있었다면 위 경작자들은 민법상의 공유하천용수권이나 관습에 의한 용수권 또는 그와 유사한 용수권을 가지고 있었다고 봄이 타당하고, 그러한 상태에서 소포하천 하류에 방조제 등이 축조되어 이 사건 소포호 등 농업기반시설이 만들어졌다면, 이 사건 소포호의 관리자는 당초부터 존재해 오던 위 경작자들의 용수권을 방해할 수 없으므로, 소포호 연안 농지 가운데 '조합구역'으로 지정되지 아니한 농지의 경작자들에 대해서도 소포호로부터의 용수사용을 수인하여야 할 의무가 있다."(대법원 2009. 6. 11. 선고 2006다13001 판결)

38) "입어권은 관행 또는 계약에 의하여 생기는 사법상의 권리이지, 공법적 권리가 아니며, 수산업법 제69조의 규정을 이유로 입어권의 존부확정에 관한 소송이 행정소송 사건이라 할 수 없으므로 논지이유없다."(대법원 1968. 4. 16. 선고 67다1539, 1540 판결)

제 7 편

특별행정법론

제1장 지방자치법
제2장 경찰행정법
제3장 국토행정법
제4장 환경행정법
제5장 경제행정법

제1장 지방자치법

제1절 총 설

Ⅰ. 지방자치의 의의 및 연혁

지방자치란 일정한 지역단체의 사무를 국가로부터 독립하여 처리하는 것을 말한다. 이러한 사무처리는 지역주민의 의사에 기초하여 이루어지는 것이 보통이다. 지방자치는 "지방자치단체의 법적 지위, 조직, 임무 및 작용형식에 관련된 법규의 총체"를 말한다.[1] 지방자치는 단체자치와 주민자치로 구분된다. 주민자치는 주민의 자율적 의사에 의하여 지방행정의 사무를 처리하는 것이지만, 단체자치는 국가로부터 독립이 보장된 지역단체가 지방자치단체의 사무를 처리하는 것이다. 주민자치는 영국의 지방자치제도에 근거를 두고 발전하였고, 단체자치는 독일이나 프랑스 등의 역사적 경험에 기초를 두고 있다. 이와 같이 주민자치와 단체자치는 연혁적으로 차이를 가지고 있지만, 양자의 구분을 비판하는 견해도 있다.[2]

한국의 지방자치제도는 1948년 제헌헌법에 도입된 후 70년여의 세월이 흘렀다. 그러나 한국 헌정사에 있어서 지방자치제도는 오랜 풍상(風霜)과 질곡(桎梏)의 세월을 거쳐 오늘에 이르고 있다. 1961년 5·16 군사쿠데타의 발발(勃發)로 인해 지방의회가 해산되는 수모를 겪었고, 이어 1972년 유신헌법을 통해 "조국의 평화적 통일이 있을 때까지" 지방자치를 전면적으로 유보시키기도 하였다. 1980년 헌법에서는 지방자치단체의 '재정자립도'를 감안해 순차적으로 구성한다

---

1) Schmidt-Aßmann, in: Schmidt-Aßmann(Hg.), Besonderes Verwaltungsrecht, 11. Aufl., Rn. 1.

2) 허 영, 한국헌법론, 전정14판, 2018, 861-862면 참조.

는 단서조항을 두어 지방자치제도의 실현이 사실상 연기되었다. 1987년 제9차 헌법 개정에 의해 지방자치를 제약했던 단서조항이 삭제되어 지방자치제도가 실질적으로 보장되기에 이르렀으나, 법률에 의한 지방자치제도의 구체적 실현은 후일을 기약하여야만 하였다. 1988년 지방자치법의 전문개정과 1991년 지방의회의 구성, 그리고 1995년 6월 27일 제4대 지방선거에 의한 광역 및 기초자치단체의 장과 지방의원의 동시 선거 등에 의해 지방자치시대가 본격적으로 열리기 시작했다.

이후 지방자치법은 지방분권의 시대적 요구가 강해짐에 따라 수차례의 개정을 거쳐 2021년 1월 12일 전부개정이 이루어졌고, 이 개정법률은 2022년 1월 13일부터 시행되었다. 여기에 주민 중심의 지방자치를 구현하고 지방자치단체의 자율성을 강화하기 위해 지방자치단체의 기관구성을 다양화할 수 있는 근거를 마련하고, 주민에 대한 지방자치단체의 정보공개 의무를 부여하였다. 또한 주민의 '감사청구'제도를 개선하고 '중앙지방협력회의'의 설치 근거를 마련하였다. 그리고 '특별지방자치단체'의 설치·운영에 관한 법적 근거를 마련하고, 관할구역 경계조정 제도에 관한 규정을 보완하였다. 지방자치단체의 장의 선임방법을 포함한 지방자치단체의 기관구성 형태를 별도로 법률이 정하는 바에 따라 달리 정할 수 있도록 하고, 이 경우 주민투표법에 따른 주민투표를 거쳐 주민의 의견을 수렴하도록 하였다.

우리나라에 지방자치가 제대로 구현되기 시작한 것이 사실상 30여년의 세월이고 보면, 한국의 지방자치제도는 청년의 시기라고 볼 수 있다. 그 동안 우리나라의 지방자치제도는 눈부신 발전을 거듭하고 있는 것이 사실이고, 제도적으로도 어느 정도 성공적인 안착을 하고 있다고 평가할 수 있다. 그러나 서구의 지방자치제도에 비해 짧은 역사적 경험과 여러 시행착오로 인해 부족한 점도 적지 않은 것이 사실이다. 예컨대 지방자치단체의 특성에 적합한 행정의 구현, 문화 및 복지시설의 개선 등은 긍정적으로 평가할 만한 점이다. 그러나 지방재정의 취약, 행정능력의 부족, 그리고 정당공천에 따른 자치권의 위협 등은 여전히 큰 문제점으로 남아 있다.[3] 헌법재판소는 지방자치제도를 "민주정치의 요체이며 현대의 다원적 복합사회가 요구하는 정치적 다원주의를 실현시키기 위한 제도적 장치"라고 보고 있다.[4] 지방자치는 지역공동체의 사정에 적합하고 주민에 친근

3) 졸고, "지방자치단체에 대한 국가감독 및 사법적 통제", 지방자치법연구 제16권 3호(통권 제51호), 2016. 9, 315-342면.

한 행정을 펼칠 수 있다는 점에서 주민근거리행정(Bürgernähe der Verwaltung)으로서의 성격을 가진다. 또한 주민의 참여와 협력을 통해 민주주의를 경험할 수 있는 좋은 기회인데, 이는 지방자치를 "풀뿌리 민주주의(Wurzeldemokratie)"라고 부르는 이유이기도 하다.

Ⅱ. 지방자치의 본질 및 법적 성격

1. 지방자치권의 본질

지방자치의 본질에 대하여 고유권설(독립설), 신고유권설 및 자치위임설(전래설) 등이 서로 대립하고 있다. 고유권설은 국가존립 이전부터 지방자치단체가 가지는 고유한 권리, 즉 지방자치권을 선국가적(先國家的) 권리로 보는 견해이다. 신고유권설(기본권유사권설)은 개인이 자연권으로서 기본권을 향유하는 것과 유사하게 지방자치단체도 기본권유사의 고유한 권리를 갖는다는 견해이다.[5] 이는 고유권설이 가지는 비논리성을 극복하면서 지방자치단체에 폭넓은 자치권의 확보를 위해 등장한 것이다. 자치위임설은 이에 반하여 국가만이 통치권을 가지며, 지방자치권은 국가로부터 나온다는 견해이다.

국가·사회 이원론을 전제로 지방자치단체를 국가와 대립되는 사회영역에 속하는 별개의 것으로 보는 입장은 고유권설을 취할 수 있다. 그러나 오늘날 국가·사회의 대립적 이원론은 비판받고 있으며 민주주의원리에 부적합하다는 지적이 있다.[6] 또한 신고유권설은 단순한 가설에 불과하다. 따라서 자치위임설이 타당하며, 이 견해가 오늘날 다수설이다. 특히 자치입법권의 보장과 관련하여 헌법 제117조 제1항은 지방자치단체가 법령의 범위 안에서 자치에 관한 규정을 제정할 수 있다고 규정하여, 자치권이 지방자치단체의 고유한 권한이 아니라 국가로부터 전래된 권한임을 간접적으로 인정하고 있다. 독일에서는 지방자치단체를 국가의 일부로 이해하고, 후술하는 바와 같이 지방자치단체는 집행권(Exekutivrecht)에 속한다고 보는 견해가 지배적이다.

---

4) 헌재 1991. 3. 11. 91헌마21, 판례집 3, 91.
5) 김철수, 헌법학개론, 박영사, 2005, 1287면.
6) 이 견해는 국가와 사회의 대립적 이원론 대신에 '교차관계적' 이원론을 주장하고 있다. 즉 국가와 사회의 기능적인 차이는 인정하면서도, 서로 공감대적 가치의 형성과 실현에 함께 기여하는 기능적 상호교차관계에 있다고 보고 있다(허영, 전게서, 862면).

2. 지방자치제의 법적 성격

헌법상 보장하고 있는 지방자치제도의 법적 성격에 대해 견해가 대립하고 있다. 자치고유권설 또는 기본권보장설에 의하면 지방자치단체는 국가의 기원과는 별개의 자연적 창조물이며, 지방자치단체의 자치권은 개인이 국가에 대하여 가지는 천부적 자연권과 같은 기본권의 일종이라고 본다. 이에 반해 제도적 보장설은 칼 슈미트(Carl Schmitt)가 주장한 것으로서, 지방자치제는 역사적·관습적으로 형성된 제도의 일종으로 그 본질적 내용을 입법에 의해 폐지하거나 유명무실하게 만들어서는 아니 된다고 본다. 제3설은 지방자치가 자유권과 무관한 제도적 보장에 그치는 것이 아니라 기본권실현과 불가분의 관계에 있는 헌법상의 객관적 가치질서에 속한다고 본다. 제도적 보장설은 지방자치제도의 폐지를 제외하고 입법자에게 광범위한 입법형성권을 부여한다는 점이 비판될 수 있다. 독일에서는 전통적으로 제도적 보장설이 지배적 견해이었으나, 최근에는 지방자치가 객관법적인 성격뿐만 아니라 주관적 권리로서의 성격을 동시에 가진다는 견해가 유력하다.[7]

한편, 독일에서는 입법자가 기본법 제28조 제2항을 위반하는 경우에는 헌법소원을 제기할 수 있다(독일 기본법 제93조 1항 4b호). 그러나 국가에 대한 개인의 주관적 공권이 아니라, 입법자에 대한 지방자치단체의 주관적 권리를 의미한다. 독일 기본법 제28조 제2항에는 "지방자치단체(게마인데)에는 지역공동체의 모든 사무를 법률의 범위 내에서 자신의 책임으로 규율할 권리가 보장되어야 한다"라고 규정하고 있다. 독일 기본법의 지방자치는 법주체보장(Rechtssubjektsgarantie)뿐만 아니라 법제도보장(Rechtsinstitutionsgarantie)의 의미도 가진다. 지방자치의 보장은 객관법적으로뿐만 아니라 주관적 권리를 보장하는 것이다.[8] 특히 드라이어(Horst Dreier) 교수는 지방자치의 보장을 제도적 법주체보장, 객관적 법제도보장 및 주관적 법적 지위의 보장으로 구분하고 있다. 즉 게마인데의 존재 그 자체를 보장하는 것을 제도적인 법주체보장(institutionelle Rechtssubjektsgarantie)으로 보고 있으며, 게마인데가 자기책임으로 과제를 수행하는 것을 보장하는 것을 객관적 법제도보장(objektive Rechtsinstitutionsgarantie)으로 파악하고 있다. 그

7) Maurer/Waldhoff, Allgemeines Verwaltungsrecht, § 23 Rn. 6; Pieroth, in: Jarass/Pieroth, GG, Art. 28 Rn. 11.

8) Pieroth, in: Jarass/Pieroth, GG, Art. 28 Rn. 20.

리고 보호되는 게마인데의 법적 지위가 침해된 경우에 이에 대한 권리구제를 보장하는 주관적인 법적 지위의 보장(subjektive Rechtsstellungsgarantie)으로 구별하고 있다.[9] 오늘날 지방자치의 보장은 국가나 다른 지방자치단체 등에 의해 자치권이 침해된 경우에 이를 방어할 수 있어야 한다는 것이 중요한 의미를 가진다. 독일 기본법 제28조 제2항은 기본권이나 기본권유사적 권리를 규정한 것이 아니다.[10] 이 조항은 제도적 법(권리)주체보장과 객관적 법제도보장과 연결된 게마인데의 권리 침해에 대한 권리구제를 보장하고 있으며, 그 대표적 권리구제 수단은 후술하는 '지방자치단체 헌법소원'제도이다.[11]

한편, 국내에서도 공법인이 기본권주체가 될 수 있는지 여부가 다투어지고 있다. 종전에는 부정적으로 해석하는 견해가 압도적이었지만, 근래에는 공법인에 대하여 예외적으로 기본권의 주체성을 인정하고 있다. 예컨대 국영방송이 '방송의 자유'의 기본권 주체가 될 수 있는지 여부가 그러한 사례에 속한다. 헌법재판소는 국·공립대학(서울대학교)이 대학자치의 주체가 될 수 있음을 인정하였다.[12] 또한 최근 강원대학교 법학전문대학원 2015년 모집정지처분에 대한 헌법소원에서 국립 강원대학교가 대학자율권의 주체로서 청구인능력을 가진다고 결정한 바 있다.[13] 그러나 헌법재판소는 지방자치단체 또는 그 기관이 기본권의 향유주체가 아니라는 이유로 헌법소원을 제기할 수 없다고 보고 있다.[14]

Ⅲ. 지방자치의 헌법적 보장

헌법 제117조 제1항은 "지방자치단체는 주민의 복리에 관한 사무를 처리하고 재산을 관리하며, 법령의 범위 안에서 자치에 관한 규정을 제정할 수 있다"고 규정하고 있다. 지방자치단체는 주민의 복리에 관한 (고유)사무를 자기책임 아래 독자적으로 처리할 수 있는 자치행정권, 지방자치단체의 '재산을 관리'하며 법령의 범위 안에서 자치활동에 필요한 재정고권과 조세고권을 행사할 수 있는 재정자주권, 그리고 "법령의 범위 안에서 자치에 관한 규정(조례·규칙)을 제정"

9) Dreier, in: Dreier(Hg.), GG, Bd. Ⅱ, 3. Aufl., Art. 28 Rn. 90.
10) Sachs, GG, Art. 28 Rn. 34.
11) Sachs, GG, Art. 28 Rn. 39.
12) 헌재 1992. 10. 1. 92헌마68 등.
13) 헌재 2015. 12. 23. 2014헌마1149.
14) 헌재 1997. 12. 24. 96헌마365; 헌재 1998. 3. 26. 96헌마345.

할 수 있는 자치입법권을 가진다. 그러나 이러한 규정은 예시적 규정에 불과하고, 헌법은 보다 포괄적인 자치권을 보장하고 있다. 독일 기본법 제28조 제2항 제1문에는 "지방자치단체에는 지역 공동체의 모든 사무를 법률의 범위 내에서 자신의 책임 하에 규율할 권리가 보장되어야 한다"고 규정하고 있다. 이러한 규정에 대하여 지방자치단체에 자기책임성뿐만 아니라, 전권한성을 보장하고 있다는 해석이 지배적이다. 헌법이나 법령 등이 국가의 사무로 정한 것이 아닌 한, 지방자치단체는 지역 공동체의 모든 사무에 대해 포괄적인 자치권을 가진다. 이를 전권한성(Allzuständigkeit)이라 한다. 이는 헌법이나 법률이 국가나 그 밖의 공공단체의 사무로서 유보하지 않는 한, 지방자치단체는 지방의 공공사무에 대한 포괄적인 자치권을 가진다는 것을 의미한다. 독일 기본법 제28조 제2항 제1문의 "지역공동체의 모든 사무"는 바로 전권한성을 의미한다. 또한 지방자치단체는 자치사무를 국가의 지시나 감독을 받지 않고 법의 테두리 내에서 자주적으로 처리하고, 이에 대해 책임을 지는 것을 자기책임성(Eigenverantwortlichkeit)이라 한다.[15] 이러한 자기책임적 과제수행과 관련하여 지방자치단체는 인사고권, 재정고권, 계획고권, 조직고권, 조세고권 및 법규제정고권 등의 권한을 가진다. 그리고 지방자치단체는 영토적 관할에 관한 '지역고권'을 가진다.

Ⅳ. 지방자치단체의 특징

1. 지방자치단체의 성질

헌법은 지방자치단체의 종류뿐만 아니라 지방의회의 조직·권한·의원선거와 지방자치단체의 장의 선임방법 기타 지방자치단체의 조직과 운영을 법률로 정하도록 하고 있다(헌법 제117조 제2항, 제118조 제2항). 지방자치에 관한 법률에는 지방자치법 외에도 공직선거법, 지방재정법, 지방세법, 지방교부세법 및 지방교육자치에 관한 법률 등이 있다. 이 중에서 가장 중요한 근거 법률은 지방자치법이다.

지방자치단체는 권리·의무의 귀속주체가 될 수 있는 공법인이다(지방자치법 제3조 제1항). 또한 특별지방자치단체인 지방자치단체조합도 마찬가지로 법인격을 가진다(동법 제159조 제2항). 그러나 국가사무의 일부를 위임받아 수행하는

---

15) 졸고, 현대행정의 작용형식, 410면.

경우에 해당 지방자치단체의 장이나 기관은 국가기관의 지위를 가진다. 이와 관련하여 대법원은 지방자치단체가 그 고유의 자치사무를 처리하는 경우에 국가기관과는 별도의 독립한 공법인으로서 양벌규정에 의한 처벌대상이 되는 법인에 해당하지만, 항만순찰 등의 업무와 같이 기관위임사무를 수행하는 경우에는 해당 지방자치단체가 양벌규정에 따른 처벌대상이 될 수 없다고 판시하고 있다.[16]

2. 지방자치단체의 종류

(1) 보통지방자치단체

보통지방자치단체는 그 목적·조직·권한 등에 있어서 일반적 성격을 가지고, 전국에 걸쳐 보편적으로 존재하는 지방자치단체를 말한다. 이는 광역자치단체와 기초자치단체로 구분된다. 특별시, 광역시, 특별자치시, 도, 특별자치도(이하 “시·도”라 한다)는 정부의 직할(直轄)로 두고, 시는 도 또는 특별자치도의 관할 구역 안에, 군은 광역시나 도 또는 특별자치도의 관할 구역 안에 두며, 자치구는 특별시와 광역시의 관할 구역 안에 둔다(지방자치법 제3조 제2항). 특별시, 광역시, 특별자치시, 도, 특별자치도를 ‘광역자치단체’로 하고, 시·군·자치구는 ‘기초자치단체’라 부른다. 또한 특별시·광역시 또는 특별자치시가 아닌 인구 50만 이상의 시에는 자치구가 아닌 구를 둘 수 있고, 군에는 읍·면을 두며, 시와 구(자치구를 포함한다)에는 동을, 읍·면에는 리를 둔다(동조 제3항).

(2) 특별지방자치단체

보통지방자치단체와 달리 특정한 목적을 수행하기 위하여 특별지방자치단체를 설립할 수 있다. 이와 같이 설립목적이나 구성 및 처리사무 등이 특수한 성격의 지방자치단체를 특별지방자치단체라고 한다. 특별지방자치단체는 대통령령으로 정해지는 것과 지방자치단체조합이 있다. 지방자치법에는 지방자치단체조합에 관한 규정을 두고 있을 뿐 이에 관한 대통령령은 마련되지 않고 있었다. 그러나 2021년 1월 12일 지방자치법의 전부개정에 의하여 특별지방자치단체의 설치·운영에 관한 법적 근거를 마련하였다. 특별지방자치단체는 2개 이상의 지방자치단체가 하나 또는 둘 이상의 사무를 공동으로 특정한 목적을 위하여 광역적으로 설치할 필요가 있을 때에 설립되는 독립법인이다(지방자치법 제199조

16) 대법원 2009. 6. 11. 선고 2008도6530 판결.

제1항 및 제3항). 이 경우 특별지방자치단체를 구성하는 지방자치단체(구성 지방자치단체)는 상호협의에 따른 규약을 정하여 구성 지방자치단체의 지방의회 의결을 거쳐 행정안전부장관의 승인을 받아야 한다. 특별지방자치단체의 구역은 구성 지방자치단체의 구역을 합한 것이다(동법 제201조). 행정안전부장관은 공익상 필요하다고 인정할 때에 관계 지방자치단체에 대하여 특별지방자치단체의 설치, 해산 또는 규약 변경을 권고할 수 있다(동법 제200조 제1항).

3. 지방자치단체의 관할구역

(1) 구역

지방자치단체의 구역은 지방자치단체의 자치권이 미치는 지역적 · 공간적 범위를 말한다. 여기에는 수면도 포함된다. 지방자치단체의 명칭과 구역은 종전과 같이 한다(지방자치법 제5조 제1항). 지방자치단체의 경계에 관한 분쟁이 있으면 원칙적으로 해당 지방자치단체 사이의 협의에 의하여 해결하는 것이 바람직하다. 그러나 협의에 의한 분쟁해결이 어려운 경우에는 행정안전부장관이나 시 · 도지사가 당사자의 신청에 따라 지방자치단체중앙분쟁조정위원회 또는 지방자치단체지방분쟁조정위원회의 의결에 따라 조정할 수 있다(지방자치법 제165조 제1항).

(2) 구역 변경

지방자치단체의 구역변경에는 폐치 · 분합과 경계변경 등이 있다. 이 중 폐치 · 분합은 지방자치단체의 폐지와 설치, 분할 및 병합(합병)을 의미한다. 병합에는 신설병합이나 흡수병합이 있다. 분할은 하나의 지방자치단체가 둘 이상의 지방자치단체로 나누어지는 것을 말한다. 이러한 분할을 지방자치단체의 일부 지역이 별개의 지방자치단체로 독립하는 '분립'과 구분하는 견해도 있다.[17] 구분되기 전에 지방자치단체가 존속한다는 점에서 분립은 분할과 구분된다고 볼 수 있다. 본서에서는 이를 포함하는 의미로 '분할'의 개념을 사용하기로 한다. 폐치나 분합은 단순히 지방자치단체의 구역 변경에 그치지 아니하고 지방자치단체의 존립에 영향을 미치는 효과를 가져온다. 지방자치단체의 구역변경이나 폐치 · 분합이 있는 때에는 새로 그 구역을 관할하게 된 지방자치단체가 그 사무

17) 김남진 · 김연태, 행정법 II, 89면.

와 재산을 승계한다(지방자치법 제8조 제1항).

지방자치법에는 구역변경의 절차와 방식에 관한 내용을 규정하고 있다. 지방자치단체의 명칭과 구역은 종전과 같이 하고, 명칭과 구역을 바꾸거나 지방자치단체를 폐지하거나 설치하거나 나누거나 합칠 때에는 법률로 정한다(지방자치법 제5조 제1항). 지방자치단체의 관할구역 경계변경(이하 '경계변경'이라 한다)과 한자 명칭의 변경은 대통령령으로 정한다. 이에 따라 지방자치단체를 폐지하거나 설치하거나 나누거나 합칠 때 또는 그 명칭이나 구역을 변경할 때에는 관계 지방의회의 의견을 들어야 한다(동조 제2항). 그러나 주민투표법 제8조에 따라 주민투표를 한 경우에는 그러하지 아니하다. 자치구가 아닌 구와 읍·면·동의 구역을 변경하거나 폐치·분합을 할 때에는 행정안전부장관의 승인을 얻어 해당 지방자치단체의 조례로 정한다(지방자치법 제7조 제1항). 다만, 명칭과 구역의 변경은 해당 지방자치단체의 조례로 정하고, 그 결과를 특별시장·광역시장·지사에게 보고하여야 한다.

한편, 2021년 1월 12일 지방자치법의 전부개정에 의하여, 관계 지방자치단체의 장은 관할구역과 생활권과의 불일치로 인하여 주민생활에 불편이 큰 경우 등에는 행정안전부장관에게 관할구역 경계변경에 관한 '조정'을 신청하도록 하고, 행정안전부장관은 그 신청내용을 공고한 후 경계변경자율협의체를 구성·운영하게 하여 상호 협의하도록 하는 규정을 마련하였다(지방자치법 제6조). 또한 지방자치단체 간 경계변경에 관한 합의가 된 경우이거나 지방자치단체중앙분쟁조정위원회에서 경계변경이 필요하다고 의결한 경우에 행정안전부장관은 그 내용을 검토한 후 이를 반영하여 대통령령안을 입안하도록 하고 있다(동조 제9항). 지방자치단체 간 관할구역 경계변경 과정에서 상호 비용 부담, 그 밖의 행정적·재정적 분쟁이 발생한 경우에는 경계변경에 관한 조정과 병합하여 지방자치단체중앙분쟁조정위원회의 심의·의결을 거쳐 행정안전부장관이 조정하도록 하고 있다(동조 제10항).

(3) 매립지의 관할구역

구역의 획정과 관련하여 특수한 문제 중의 하나는 매립지의 관할구역 결정이다. 이와 관련하여 지방자치법은 '공유수면 관리 및 매립에 관한 법률'에 따른 매립지, '공간정보의 구축 및 관리 등에 관한 법률' 제2조 제19호의 지적공부(地籍公簿)에 등록이 누락된 토지가 속할 지방자치단체는 일정한 절차에 따라 행정안전부장관이 결정한다고 규정하고 있다(지방자치법 제5조 제3항).

매립지 관할구역 결정과 관련하여 공유수면 관리 및 매립에 관한 법률 제28조에 따른 면허관청 또는 관련 지방자치단체의 장은 동법 제45조에 따른 준공검사 전에 행정안전부장관에게 해당 지역이 속할 지방자치단체의 결정을 신청하여야 한다. 이 경우 매립지의 매립면허를 받은 자는 면허관청에 해당 매립지가 속할 지방자치단체의 결정 신청을 요구할 수 있다(동조 제5항). 행정안전부장관은 이러한 신청을 받은 후 지체 없이 그 사실을 20일 이상 관보나 인터넷 등의 방법으로 널리 알려야 한다. 이 경우 알리는 방법, 의견의 제출 등에 관하여는 행정절차법의 관련 규정을 준용한다(동조 제6항).

행정안전부장관은 이러한 공고기간이 끝난 후 지방자치단체중앙분쟁조정위원회의 심의·의결에 따라 매립지가 속할 지방자치단체를 결정하고, 그 결과를 면허관청과 관계 지방자치단체의 장 등에게 통보하고 공고하여야 한다(동조 제7항). 그리고 위원회의 위원장은 제7항 제1호에 따른 심의과정에서 필요하다고 인정되면 관계 중앙행정기관 및 지방자치단체의 공무원 또는 관련 전문가를 출석시켜 의견을 듣거나 관계 기관이나 단체에 자료 및 의견 제출 등을 요구할 수 있다. 이 경우 관계 지방자치단체의 장에게는 의견을 진술할 기회를 주어야 한다(동조 제8항). 관계 지방자치단체의 장은 제3항부터 제7항까지의 규정에 따른 행정안전부장관의 결정에 이의가 있으면 그 결과를 통보받은 날부터 15일 이내에 대법원에 소송을 제기할 수 있다(동조 제9항).

김제시와 부안군이 구 안전행정부장관(현 행정안전부장관)을 상대로 새만금방조제의 매립지가 속할 지방자치단체를 군산시로 정한 결정을 취소하는 소송을 제기하였다. 이에 대법원은 안전행정부장관이 매립지가 속할 지방자치단체를 정하는 결정에 대하여 대법원에 소송을 제기할 수 있는 주체는 지방자치단체가 아니라 지방자치단체의 '장'이며, 매립지가 속할 지방자치단체를 결정할 때 관계 지방의회의 의견청취 절차를 반드시 거칠 필요는 없다고 판시하였다.[18]

공유수면의 매립지 귀속, 지적공부 등록누락 등을 둘러싼 국가기관과 지방자치단체, 지방자치단체 간의 권한 분쟁과 관련하여 헌법재판소와 대법원 간의 관할 경합이나 판결의 중복이 발생할 우려가 있다. 공유수면 매립지의 관할 분쟁은 지방자치단체의 자치권(특히 지역고권)을 침해하는 사안일 뿐만 아니라 지방

18) 대법원 2013. 11. 14. 선고 2010추73 판결.

자치단체의 권한 유무나 범위를 다투다는 점에서 헌법재판소의 권한쟁의심판에 해당한다(헌법 제111조 제4호, 헌법재판소법 제62조 및 제66조 참조). 그러나 앞에서 살펴본 바와 같이 지방자치법 제4조 제8항에는 매립지의 관할 분쟁에 관한 행정안전부장관의 결정에 대해 이의가 있는 경우에 대법원에 제소할 수 있도록 규정하고 있다. 매립지 분쟁과 관련하여 헌법재판소와 대법원 사이에 관할권 경합이 발생할 수 있다. 이러한 문제를 해결하기 위해서는 헌법재판소의 권한쟁의심판과 지방자치법 제4조의 소송의 관계를 정리하는 것이 필요하다. 종전에는 해상경계선이 중요한 기준이었으나, 이러한 분쟁이 증가하자 2009년 4월 1일 법률 제9577호로 지방자치법을 개정하여 행정안전부장관이 결정하도록 한 것이다.

법제처는 이러한 개정이 "매립지나 지적공부 미등록지가 지적 등록과정에서 자치단체 간 분쟁이 자주 발생함에 따라 이를 예방할 수 있는 제도적 장치를 마련한 것"이라고 설명하고 있다. 이러한 소송을 기관소송으로 이해하는 견해도 있지만, 다수설은 동일한 국가 또는 공공단체의 기관 상호간에 있어서 권한의 존부 또는 그 행사에 관한 다툼만을 기관소송으로 이해하고 있다. 외형상 지방자치단체의 장이 국가기관(행정안전부장관)을 상대로 소송을 제기한다는 점에서 넓은 의미의 '기관소송'으로 볼 수 있으나, 그 본질은 항고소송의 성질을 가지고 있다.[19] 지방자치법 제4조의 소송은 매립지의 관할에 대한 국가기관(행정안전부장관)의 결정이 위법한지를 다투는 것이 핵심적 요소이며, 이러한 결정은 광범위한 재량이 부여되어 있는 것이 보통이다. 따라서 대법원의 심사는 행정안전부장관의 결정이 위법한지 여부, 특히 결정의 재량권 일탈·남용에 제한되어야 한다.[20] 지방자치법 제4조에는 이러한 재량권 행사의 요건에 관하여 아무런 규정을 두고 있지 않다. 지방자치법 제4조에 의한 행정안전부장관의 결정은 창설적이고 형성적인 것이 아니라 공유수면 매립지의 경계 내지 관할권 소재를 '확인'하는 처분으로 보는 것이 타당하다. 행정안전부의 결정에 의하여 비로소 관할권이 형성된다고 보는 것은 지나친 측면이 있다. 국가기관(행정청)의 하나인 행정안전부장관이 지방자치단체의 지역고권을 창설한다고 볼 수는 없다.

지방자치법 제5조 제4항에서 행정안전부장관이 매립지의 관할구역을 '결정'한다는 의미를 지나치게 확대하여 해석해서는 아니된다. 지방자치법 제4조의 소

19) 국내학설 중에도 이러한 소송을 특수한 소송으로서 항고소송의 일종으로 보는 견해가 유력하다(홍정선, 신지방자치법, 제3판, 박영사, 2015, 121면).
20) 대법원 2013. 11. 14. 선고 2010추73 판결 참조.

송은 행정안전부장관의 결정이 위법한지를 다투는 특수한 소송으로서 형식적으로 기관소송의 모습을 가지고 있지만, 그 본질은 항고소송에 가깝다고 판단된다. 그러나 지방자치법 제4조의 개정 이유에서 알 수 있는 바와 같이 매립지나 지적공부의 등록 누락 등에 관한 분쟁이 증가하자 입법자가 이에 관한 제1차 판단권을 국가기관인 행정안전부장관에게 부여한 것이다. 따라서 이러한 제1차적 판단권의 위법 여부에 대해서는 대법원에 제소할 수 있고, 대법원의 인용결정이 있으면 행정안전부장관이 그 취지에 따라 다시 결정하여야 한다(지방자치법 제5조 제10항).

이러한 행정안전부장관의 재결정에 대해 다시 불복할 수 있는 길은 없지만, 지방자치단체가 헌법재판소에 권한쟁의심판을 청구하는 것이 봉쇄되었다고 보기는 어렵다. 헌법재판소의 권한쟁의심판에서는 국가기관에 의해 지방자치단체의 자치권이 침해된다는 것을 다투어야 하며, 지방자치단체가 권한쟁의심판의 당사자적격을 가진다. 따라서 헌법재판소의 권한쟁의심판은 앞에서 언급한 바와 같이 매립지의 관할 귀속에 관한 포괄적 심사가 가능하다는 점에서 지방자치법 제4조와 별개로 병존할 수 있다고 보아야 한다. 지방자치법 제4조 제6항에서는 매립지의 귀속에 관한 결정 주체만 규정하고 있을 뿐, 그 결정의 기준이나 고려사항 등이 전혀 규정되어 있지 않아 포괄적 재량권의 행사가 가능하다. 이러한 상황에서 대법원의 소송만으로 지방자치단체의 자치권 침해나 매립지 관할 귀속의 문제를 종국적으로 해결할 수 있는지는 의문이다. 매립지를 둘러싼 행정안전부장관과 지방자치단체 또는 그 장 사이의 분쟁은 경계설정의 확인행위가 위법한지 여부를 다투는 것이지만, 헌법재판소의 권한쟁의심판에서는 이러한 확인행위(결정)로 인해 지방자치단체의 지역고권(자치권)을 침해당하는지를 포함하여 관할 구역에 대한 권한의 유무나 범위 등을 포괄적으로 결정할 수 있어야 한다. 입법정책적으로는 매립지에 관한 분쟁에 대한 심사권을 일원화하는 것이 바람직하다. 지방자치단체의 자치권 침해를 비롯한 지방자치단체의 관할권 유무나 범위 등을 포괄적으로 심사할 수 있는 헌법재판소의 권한쟁의심판이 보다 더 유리한 측면이 있다. 그러나 지방자치법 제4조의 규정을 개정하지 않는 한, 대법원의 심사권을 배제하기도 어려워 헌법재판소와 대법원 사이에 관할권 경합뿐만 아니라 매립지의 귀속 판단에 있어서 모순된 결과가 나올 수 있다. 또한 지방자치법 제5조의 규정만으로 대법원의 관할로 일원화되었다고 속단하는 것은 타당하지 않다. 향후 헌법재판소의 권한쟁의심판 결정과 대법원의 판결이 서로 모순되는 결정이 나올 수 있으므로 상호 권한과 입장을 존중하면서 신중하게 결정을 내려야 한다.

헌법재판소는 충청남도 등과 행정자치부장관 등 간의 권한쟁의 사건에서 신생 매립지는 구 지방자치법 제4조 제3항에 따라 행정안전부장관의 결정이 확정됨으로써 비로소 관할 지방자치단체가 정해지며, 그 전까지 해당 매립지는 어느 지방자치단체에도 속하지 아니하므로 청구인들(충청남도 등)의 자치권한이 침해되거나 침해될 현저한 위험이 있다고 보기 어렵다고 결정하였다.[21] 이 사건은 2003년 12월 12일부터 2009년 10월 1일까지 평택시 포승읍 신영리 일원 앞 공유수면에 평택·당진항 외항 및 내항 매립지 축조사업을 시행하여 매립지가 조성된 것이다. 다만, 이 결정의 반대의견(재판관 이선애, 재판관 이영진)은 지방자치법 제4조 제3항의 규정이 관할권 확인처분의 형식을 정한 것일 뿐, 관할권 진공상태에서 행정안전부장관이 관할권을 창설하도록 한 것은 아니라고 보고 있다.[22]

2021년 1월 12일 개정을 통해 지방자치단체 간 경계구역의 설정과 관련하여 논란이 되고 있는 매립지 및 등록 누락지가 속할 지방자치단체의 결정에 관한 절차는 보완되었다. 종전에는 다른 지방자치단체로부터 이의제기가 없더라도 행정안전부장관이 지방자치단체중앙분쟁조정위원회의 심의·의결을 거쳐 결정하도록 하였으나, 개정을 통해 아무런 이의제기가 없는 경우에는 지방자치단체중앙분쟁조정위원회의 심의·의결 없이 매립지 등이 귀속될 지방자치단체를 결정하도록 그 절차를 간소화하고 있다(지방자치법 제5조 제7항). 또한 매립지 귀속과 관련하여 시·군·구 상호 간의 비용분담 등에 대하여 분쟁이 발생하는 경우 종전에는 시·도에 설치되어 있는 지방자치단체지방분쟁조정위원회의 심의·의결을 거쳐 시·도지사가 조정하도록 하였다. 그러나 지방자치법의 개정에 따라 앞으로는 지방자치단체중앙분쟁조정위원회에서 매립지 귀속결정과 함께 병합하여 심의·의결하여 행정안전부장관이 조정하도록 규정하고 있다(지방자치법 제5조 제11항).

---

21) 헌재 2020. 7. 16. 2015헌라3.
22) 이에 대한 판례평석은 졸저, 헌법재판과 행정소송, 327면 이하 참조.

제2절 지방자치단체의 사무

Ⅰ. 지방자치단체 사무의 의의 및 범위

지방자치단체는 관할구역의 자치사무와 법령에 따라 지방자치단체에 속하는 사무를 처리한다(지방자치법 제13조 제1항). 여기에서 말하는 "법령에 따라 지방자치단체에 속하는 사무"는 단체위임사무에 해당한다. 지방자치단체의 사무에는 ① 지방자치단체의 구역·조직 및 행정관리 등, ② 주민의 복리증진, ③ 농림·수산·상공업 등 산업 진흥, ④ 지역개발과 자연환경보전 및 생활환경시설의 설치·관리, ⑤ 교육·체육·문화·예술의 진흥, ⑥ 지역민방위 및 지역소방, ⑦ 국제교류 및 협력에 관한 사무 등이 있다(동조 제2항). 이러한 배분 기준에 따른 지방자치단체의 종류별 사무는 대통령령에 위임하고 있다(동법 제14조 제2항). 지방자치단체의 위임사무에는 단체위임사무와 기관위임사무가 있지만, 단체위임사무는 현실적으로 거의 없다.

Ⅱ. 지방자치단체의 종류별 사무배분기준

1. 공통사무

지방자치법 제13조 제2항 제1호에 규정되어 있는 지방자치단체의 사무, 즉 지방자치단체의 구역, 조직 및 행정관리 등에 관한 사무는 공통사무이다(지방자치법 제14조 제1항 단서).

2. 시·도의 사무

시·도의 사무에는 다음과 같은 것이 규정되어 있다. 즉 ① 행정처리결과가 2개 이상의 시·군 및 자치구에 미치는 광역적 사무, ② 시·도 단위로 동일한 기준에 따라 처리되어야 할 성질의 사무, ③ 지역적 특성을 살리면서 시·도 단위로 통일성을 유지할 필요가 있는 사무, ④ 국가와 시·군 및 자치구간의 연락·조정 등의 사무, ⑤ 시·군 및 자치구가 독자적으로 처리하기에 부적당한 사무, 그리고 ⑥ 2개 이상의 시·군 및 자치구가 공동으로 설치하는 것이 적당하다고 인정되는 규모의 시설의 설치 및 관리에 관한 사무 등이 그러하다(지방자치법 제14조 제1항 제1호).

3. 시·군 및 자치구의 사무

시·군 및 자치구의 사무는 시·도가 처리하는 것으로 되어 있는 사무를 제외한 사무를 말한다. 다만, 인구 50만 이상의 시에 대하여는 도가 처리하는 사무의 일부를 직접 처리하게 할 수 있다(지방자치법 제14조 제1항 제2호).

Ⅲ. 지방자치단체의 사무처리

1. 사무처리의 기본원칙

지방자치단체는 그 사무를 처리함에 있어서 주민의 편의 및 복리증진을 위하여 노력하여야 한다(지방자치법 제12조 제1항). 또한 지방자치단체는 조직 및 운영의 합리화에 노력하고 그 규모의 최적화를 도모하여야 한다(동조 제2항). 지방자치단체는 법령을 위반하여 사무를 처리할 수 없으며, 시·군 및 자치구는 해당 구역을 관할하는 시·도의 조례를 위반하여 처리할 수 없다(동조 제3항). 행정의 법률적합성의 원칙을 규정한 것이다. 나아가 지방자치단체 사이에 사무처리의 경합이 발생할 수 있는데, 이와 관련된 기본원칙을 규정하고 있다. 즉 시·도와 시·군 및 자치구는 그 사무를 처리함에 있어서 서로 겹치지 아니하도록 하여야 하며, 그 사무가 서로 겹치는 경우에는 시·군 및 자치구에서 우선적으로 처리한다(동법 제10조 제3항).

2. 사무처리의 제한(국가사무의 처리제한)

지방자치단체는 다른 법률에 특별한 규정이 없는 한 국가사무를 처리할 수 없다(지방자치법 제15조). 그러한 국가사무에는 ① 외교·국방·사법·국세 등 국가의 존립에 필요한 사무, ② 물가정책·금융정책·수출입정책 등 전국적으로 통일적 처리를 요하는 사무, ③ 농산물·임산물·축산물·수산물 및 양곡의 수급조절과 수출입 등 전국적 규모의 사무, ④ 국가종합경제개발계획, 국가하천, 국유림, 국토종합개발계획, 지정항만, 고속국도·일반국도, 국립공원 등 전국적 규모나 이와 비슷한 규모의 사무, ⑤ 근로기준 · 측량단위 등 전국적으로 기준을 통일하고 조정하여야 할 필요가 있는 사무, ⑥ 우편 · 철도 등 전국적 규모나 이와 비슷한 규모의 사무, ⑦ 고도의 기술을 요하는 검사 · 시험 · 연구, 항공관리, 기상행정, 원자력개발 등 지방자치단체의 기술과 재정능력으로 감당하기 어려운 사무가 있다.

Ⅳ. 지방자치단체의 사무구분

1. 사무의 종류

지방자치단체의 사무는 자치사무(고유사무)와 위임사무로 구분된다. 위임사무는 '단체위임사무'와 '기관위임사무'로 구별된다. 자치사무는 지방자치단체의 본래의 고유한 사무를 말한다. 즉 주민의 편의와 복리증진에 관한 사무가 여기에 해당한다. 이를 '고유사무'라고 부르기도 한다. 단체위임사무는 국가나 다른 공공단체가 법령에 의하여 지방자치단체에 위임하는 것을 말한다. 기관위임사무는 법령에 근거하여 지방자치단체의 장이나 그 밖의 집행기관에 위임된 국가나 다른 행정주체의 사무를 말한다. 이를 '국가위임사무'라고 부르기도 한다.

2. 사무구분의 필요성

실무에 있어서 지방자치단체의 사무구분은 쉽지 않다. 그러나 이러한 사무를 구분할 필요성은 다음과 같다. 첫째, 경비부담에 차이가 있다. 지방자치단체는 그 관할구역의 자치사무를 수행하는데 필요한 경비를 전액 부담하여야 한다(지방재정법 제20조). 그러나 위임받은 사무의 처리에 소유되는 비용은 위임자가 부담하는 것이 원칙이다. 지방자치법 제141조 단서는 "국가사무 또는 지방자치단체사무를 위임할 때에는 이를 위임한 국가 또는 지방자치단체에서 그 경비를 부담하여야 한다"고 규정하고 있다. 또한 지방재정법 제21조에서도 "국가가 스스로 하여야 할 사무를 지방자치단체나 그 기관에 위임하여 수행하는 경우 그 경비는 국가가 전부를 그 지방자치단체에 교부하여야 한다"라고 규정하고 있다. 둘째, 감독의 형식이나 범위 등에서도 차이가 있다. 자치사무에 대한 감독은 원칙적으로 법령의 위반 여부에 제한된다(합법성 감독). 이에 반해 위임사무(단체위임사무와 기관위임사무)에 대해서는 합법성 감독 외에 합목적성 감독을 할 수 있다. 한편, 지방자치단체의 자치사무에 대하여 행정안전부장관이나 시·도지사는 보고를 받거나 서류·장부 또는 회계 감사를 행사할 수 있지만, 이러한 감사는 법령위반사항에 대하여만 실시한다(지방자치법 제190조). 또한 감독기관은 지방자치단체의 장이 한 위법·부당한 명령이나 처분에 대하여 시정명령이나 취소·정지권을 행사할 수 있다. 그러나 자치사무에 관한 명령이나 처분에 대하여 법령을 위반하는 것에 한한다(지방자치법 제188조 제5항). 또한 지방자치단체의 장에 대한 직무이행명령은 기관위임사무(국가위임사무와 시·도위임사무)를 대상으로 하고 있다(동법 제189조 제1항).

제3절 지방자치단체의 권한

Ⅰ. 자치조직권

지방자치를 실현하기 위해서는 자치조직권이 확보되어야 한다. 지방자치단체는 지방자치단체의 장과 지방의회 의원을 선거하여 필요한 조직을 갖추어야 한다. 이를 독일에서는 '조직고권'이라고 한다. 헌법 제118조 제2항은 "지방자치단체의 장의 선임방법 기타 지방자치단체의 조직과 운영에 관한 사항은 법률로 정한다"고 규정하고 있다. 이에 따라 지방자치법에는 지방의회의 조직, 지방자치단체의 장을 비롯한 보조기관과 소속 행정기관 등 집행기관에 관한 규정을 두고 있다. 또한 앞에서 설명한 바와 같이 지방자치법 제2조에는 지방자치단체의 종류를 규정하고 있다. 지방자치단체의 장은 주민의 보통·평등·직접·비밀선거로 선출된다(지방자치법 제107조). 지방자치단체는 그 사무를 집행하기 위해 보조기관(부단체장 등)과 소속 행정기관을 둔다(동법 제123조, 제125조 참조). 또한 소속 행정기관으로 직속기관, 사업소, 출장소, 합의제행정기관, 자문기관 등을 설치할 수 있다(동법 제126조 이하). 그 밖에 자치구가 아닌 구에 구청장, 읍에 읍장, 면에 면장, 동에 동장 등과 같은 하부행정기관을 둘 수도 있다.

한편, 지방자치단체를 구성하는 인적 요소에 대해 자치인사권이 보장되어야 한다.[23] 지방자치단체는 그 사무를 분장하기 위하여 행정기구뿐만 아니라 지방

23) 대법원은 지방의회의원에 대하여 유급보좌인력을 두는 것이 지방의회의원의 신분·지위 및 처

공무원을 두고 있다(동법 제125조 제1항). 지방공무원의 정원은 인건비 등 대통령령으로 정하는 기준에 따라 지방자치단체의 조례로 정한다(동조 제2항). 지방공무원의 임용과 시험·자격·보수·복무·신분보장·징계·교육·훈련 등에 관한 사항은 따로 법률로 정한다(동조 제4항). 이와 관련하여 '지방공무원법'이 제정되어 있다. 이 밖에 지방자치단체는 법률이 정하는 바에 따라 국가공무원을 둘 수 있다(동조 제5항). 이 경우 5급 이상의 국가공무원이나 고위공무원단에 속하는 공무원은 해당 지방자치단체의 장의 제청으로 소속 장관을 거쳐 대통령이 임명하고, 6급 이하의 국가공무원은 그 지방자치단체의 장의 제청으로 소속 장관이 임명한다(동조 제6항).

Ⅱ. 자치행정권

지방자치단체는 지역공동체와 관련된 자신의 사무를 스스로 수행할 권한을 가진다. 지방자치단체의 사무에 대해서는 전술한 바와 같다. 헌법 제117조 제1항은 자치행정권과 관련하여 "주민의 복리에 관한 사무"만을 규정하고 있다. 이러한 사무가 본연의 자치사무에 해당한다는 점을 부인하기는 어렵다. 지방자치법 제13조에는 "관할 구역의 자치사무와 법령에 따라 지방자치단체에 속하는 사무"를 규정하고 있다. 지방자치법 제13조 제2항에는 지방자치단체의 사무범위를 자세히 규정하고 있다. 지방자치단체의 장은 지방자치단체를 대표하며, 그 사무를 총괄한다(동법 제114조). 또한 그 지방자치단체의 사무와 법령에 따라 그 지방자치단체의 장에게 위임된 사무를 관리하고 집행한다(동법 제116조). 지방자치단체는 이러한 사무처리를 할 때에 주민의 편의와 복리증진을 위해 노력하여야 한다(동법 제12조 제1항).

이와 같이 지방자치단체의 자치행정권은 집행작용에 의해 구현된다. 이러한 집행작용에도 법률유보의 원칙이 적용된다. 주민의 기본권을 중대하게 제한하는 집행작용은 법률에 근거를 가지고 있어야 한다. 대법원은 가축사육제한에 관한 규정을 법률에서 조례로 위임하고, 다시 조례에서 지방자치단체의 장이 정하는

우에 관한 현행 법령상의 제도에 중대한 변경을 초래하는 것으로서 국회의 법률로 규정하여야 할 입법사항이라고 보고 있다(대법원 2017. 3. 30. 선고 2016추5087 판결). 이에 대한 평석으로는 졸고, "지방자치단체에 대한 감독수단으로서 직권취소의 대상 및 위법성 판단기준", 법조통권 제724호(2017. 8), 493-519면 참조.

고시나 규칙에 재위임하는 것을 허용하고 있다.[24] 그러나 주민의 권리나 기본권을 중대하게 제한할 수 있는 규정은 조례 차원에서 구체적으로 규정하는 것이 바람직하다.[25] 지방자치단체의 장이 정하는 고시나 규칙에 법규적 사항을 위임하는 것은 권력분립원리나 법률유보원칙에 위반된다.

또한 지방자치단체는 공공시설, 공물 및 영조물 등의 관리에 관한 사무도 수행한다. 지방자치단체는 주민의 복지를 증진하기 위하여 공공시설을 설치할 수 있는데, 이러한 공공시설의 관리업무도 담당한다. 이에 대한 내용은 재정자주권에서 설명하기로 한다. 지방자치단체는 급부작용도 수행할 수 있다. 이러한 급부작용은 주택, 교통, 보건, 환경 등 다양한 분야에서 이루어진다. 예컨대 주민복지에 관한 사업, 사회복지시설의 설치 · 운영, 보건진료기관의 설치 · 운영, 감염병과 그 밖의 질병의 예방과 방역, 주민의 생활환경이나 자연보호활동 등에 미친다(지방자치법 제13조 제2항 참조).

지방자치단체의 사무에 대해서는 국가기관을 비롯한 감독청의 지도 · 감독이 수반된다. 기관위임사무(국가위임사무)에 대해서는 주무부장관이나 시 · 도지사의 지도 · 감독을 받는다(지방자치법 제185조). 감독청은 지방자치단체의 위법 · 부당한 명령 · 처분에 대하여 시정명령이나 취소 · 정지를 할 수 있다. 그러나 지방자치단체의 자치사무에 관한 명령이나 처분에 대해서는 법령 위반에 제한하도록 하고 있다. 즉 지방자치단체의 자치권을 보장하기 위해 자치사무에 대한 감독은 합법성 통제만 할 수 있도록 제한하고 있는 것이다.

Ⅲ. 자치입법권

1. 조례제정권

(1) 조례의 의의 및 규율대상(대상사무)

조례는 지방의회의 의결에 의하여 제정되는 지방자치단체의 법규범이다. 조례는 지방자치단체의 장이 제정하는 규칙과는 구별된다. 조례제정에 있어서 지방자치단체는 지방공동체의 사무에 대하여 비교적 광범위한 형성의 자유를 가진다. 헌법 제117조에는 법령의 범위 안에서 "자치에 관한 규정"을 제정할 수

---

24) 대법원 2015. 1. 15. 선고 2013두14238 판결.
25) 대법원 2019. 1. 31. 선고 2018두43996 판결.

있다고 규정하고 있다. 여기에서 말하는 자치에 관한 규정이 무엇을 의미하는지가 문제이다. 지방자치법 제28조 제1항은 "지방자치단체는 법령의 범위에서 그 사무에 관하여 조례를 제정할 수 있다"고 규정하고 있다. 여기에서 말하는 "그 사무"에 자치사무와 위임사무가 모두 포함되는지가 다투어지고 있다. 대법원은 원칙적으로 해당 지방자치단체의 자치사무와 단체위임사무만을 의미하고, 기관위임사무는 제외된다고 보고 있다.[26] 하지만 대법원은 일정한 경우 위임조례를 제한적으로 허용하고 있다.[27] 그러나 지방자치단체가 그 조례로써 정할 수 있는 것은 지방의 공공사무이므로 국가사무는 그 규율대상이 되지 않는다고 보는 것이 타당하다. 이러한 대법원의 입장은 국가사무의 처리제한을 규정한 지방자치법 제11조의 규정에 위배되는 해석이다. 한편, 2021년 1월 12일 개정에 의하여 지방자치법 제28조 제2항에 "법령에서 조례로 정하도록 위임한 사항은 그 법령의 하위 법령에서 그 위임의 내용과 범위를 제한하거나 직접 규정할 수 없다"는 규정이 신설되었다.

(2) 조례제정권의 범위와 한계

a) 법률우위의 원칙

조례는 법령(법률과 법규명령)을 위반하여서는 아니되고, 법령의 범위 내에서 제정되어야 한다(헌법 제117조 제1항, 지방자치법 제28조 제1항). 또한 시·군 및 자치구의 조례는 시·도의 조례에 위반하여서는 아니 된다(지방자치법 제30조). 조례는 자치입법이지만, 국가공동체의 유지와 국법질서의 통일성을 위해 헌법이나 법률에 위배되어서는 아니된다.

헌법 제117조 제1항의 "법령의 범위 안에서"라는 규정은 조례에 대한 법령의 우위를 의미하는 것이다. 그러나 "법령의 범위 안에서"라는 부분을 엄격히 해석하여 조례의 규율내용이 법률의 내용에 모순·저촉되거나, 법률이 정한 기준 이상의 사항을 내용을 하는 경우에 위법이 될 수 있다.[28] 일본에서는 이를

---

26) 대법원 1992. 7. 28. 선고 92추31 판결

27) "지방자치법 제15조, 제9조에 의하면, 지방자치단체가 자치조례를 제정할 수 있는 사항은 지방자치단체의 고유사무인 자치사무와 개별법령에 의하여 지방자치단체에 위임된 단체위임사무에 한하는 것이고, 국가사무가 지방자치단체의 장에게 위임된 기관위임사무는 원칙적으로 자치조례의 제정범위에 속하지 않는다 할 것이고, 다만 기관위임사무에 있어서도 그에 관한 개별법령에서 일정한 사항을 조례로 정하도록 위임하고 있는 경우에는 위임받은 사항에 관하여 개별법령의 취지에 부합하는 범위 내에서 이른바 위임조례를 정할 수 있다."(대법원 2000. 5. 30. 선고 99추85 판결)

소위 "법률선점론(法律先占論)"이라고 부르고 있다.[29] 예컨대 환경보전의 분야에서 법률이 정한 배출허용기준보다 더 엄격한 기준을 정하는 조례가 허용되는지가 그러한 사례에 해당한다. 대법원은 이와 유사한 입장을 보이고 있다.[30] 이 경우 법률의 기준을 전국 차원의 최저기준으로 이해하면 지역의 특성에 따라 법령이 정한 기준보다 높은 배출허용기준을 채택한 것으로 해석할 수 있다는 견해가 유력하다.[31] 일본에서도 엄격한 해석에 기초한 고전적 법률선점론에서 벗어나 이를 완화하여 해석하는 경향을 보이고 있다. 일본의 유력설도 조례가 법령과 동일한 목적으로 제정되는 경우에 국가가 제정한 법률이 최저기준으로 해석될 수 있고 해당 지역의 사정에 적합하게 대상을 달리 정하면 법령에 위반되지 않는다고 보고 있다.[32] 그러나 대법원은 법령이 정한 기준보다 높은 수준의 기준을 정한 조례는 무효라고 판시하고 있다.[33]

b) 법률유보의 원칙

조례의 제정에 있어서 반드시 법률의 수권이 있어야 하는 것은 아니지만, 어느 정도의 범위에서 법률유보의 원칙이 적용되는지가 문제이다. 조례제정에 있어서는 행정입법의 경우와 같이 개별적·구체적 위임이 있어야 하는지, 아니면 자치입법권의 특성상 포괄적인 위임이 허용되는지가 다투어지고 있다.[34] 특히 헌법 제117조는 지방자치단체가 조례를 "법령의 범위 안에서" 제정할 수 있다고 정하고 있을 뿐이다. 그러나 지방자치법은 이러한 규정 외에 제28조 단서에

---

28) 박윤흔, 최신행정법강의(하), 128-129면.

29) 이에 대한 상세는 졸저, 현대행정의 작용형식, 415면 이하.

30) "조례가 규율하는 특정사항에 관하여 그것을 규율하는 국가의 법령이 이미 존재하는 경우에도 조례가 법령과 별도의 목적에 기하여 규율함으로 의도하는 것으로서 그 적용에 의하여 법령의 규정이 의도하는 목적과 효과를 전혀 저해하는 바가 없는 때, 또는 양자가 동일한 목적에서 출발한 것이라고 할지라도 국가의 법령이 반드시 그 규정에 의하여 전국에 걸쳐 일률적으로 동일한 내용을 규율하려는 취지가 아니고 각 지방자치단체가 그 지방의 실정에 맞게 별도로 규율하는 것을 용인하는 취지라고 해석되는 때에는 그 조례가 국가의 법령에 위반되는 것은 아니라고 보아야 할 것이다."(대법원 2007. 12. 13. 선고 2006추52 판결, 동지판례: 대법원 1997. 4. 25. 선고 96추244 판결; 대법원 2006. 10. 12. 선고 2006추38 판결)

31) 박윤흔, 전게서(하), 128면.

32) 宇賀克也, 地方自治法概說, 第2版, 140면.

33) "자동차관리법 및 자동차등록령이 자동차등록의 거부사유를 열거하면서 차고지(차고지)미확보를 거부사유로 규정하고 있지 아니하고 달리 조례로 별도의 등록거부사유를 정할 수 있도록 위임하고 있지도 아니하므로, 하위법령이 조례로서 법령이 정한 자동차등록기준보다 더 높은 수준의 기준을 부가하는 조례의 규정은 자동차관리법령에 위배되어 무효이다."(대법원 1997. 4. 25. 선고 96추251 판결)

34) 헌재 1995. 4. 20. 92헌바264 등.

서 "주민의 권리제한 또는 의무부과에 관한 사항"에는 법률의 '위임'이 있어야 한다고 규정하고 있다. 이 조항에 대한 위헌 여부가 다투어지고 있다.

위헌설은 법률의 위임 없이 자치사무에 대하여 조례로 정할 수 있음에도 법률유보원칙의 적용을 받아 헌법이 부여한 조례제정권을 지나치게 제약하고 있다고 보고 있다. 즉 조례는 법규명령과 달리 민주적 정당성을 부여받은 지방의회에 의해 제정되고 헌법 제117조 제1항에서 지방자치단체에 포괄적인 자치권을 부여하고 있음에도 불구하고 이를 제한하는 것은 위헌이라는 것이다. 이에 대하여 합헌설은 지방자치법 제28조 단서는 헌법상의 법률유보원칙의 최소한도 내지 확인규정에 불과하며, 헌법 제117조도 기본권제한에 관한 법률유보조항인 헌법 제37조 제2항에 따라 제한되는 것을 강조한 것이라고 본다.

대법원은 그 내용이 주민의 권리·의무에 관한 사항이나 벌칙에 관한 것이 아닌 한, 법률의 위임이 없더라도 조례를 제정할 수 있다고 보고 있다.[35] 또 다른 판례에서도 이러한 조항이 기본권 제한에 대하여 법률유보원칙을 선언한 헌법 제37조 제2항의 취지에 부합할 뿐만 아니라 법률의 위임을 요구하는 것이 위헌이 아니라고 보고 있다.[36] 헌법재판소도 부천시담배자동판매기설치금지조례 제4조 등의 위헌확인 결정에서 "이 사건 조례들은 담배소매업을 영위하는 주민들에게 자판기설치를 제한하는 것을 내용으로 하고 있으므로 주민의 직업선택의 자유 특히 직업수행의 자유를 제한하는 것이 되어 (구) 지방자치법 제15조 단서 소정의 주민의 권리·의무에 관한 사항을 규율하는 조례라고 할 수 있으므로 지방자치단체가 이러한 조례를 제정함에 있어서는 법률의 위임을 필요로 한다"고 보았다.[37] 이 결정도 지방자치법 제22조(구 지방자치법 제15조)가 합헌이라는 전제에서 출발하고 있다.

생각건대 지방자치법 제28조 단서는 헌법 제37조 제2항을 특별히 강조하는 규정에 지나지 않는다. 따라서 지방자치법 제28조 단서를 위헌으로 보는 견해는 타당하지 않다. 이 규정은 기본권 제한과 관련된 최소한의 보장을 위한 것으

35) 대법원 1970. 2. 10. 선고 69다2121 판결; 대법원 1992. 6. 23. 선고 92추17 판결.

36) "지방자치법 제15조는 원칙적으로 헌법 제117조 제1항의 규정과 같이 지방자치단체의 자치입법권을 보장하면서, 그 단서에서 국민의 권리제한·의무부과에 관한 사항을 규정하는 조례의 중대성에 비추어 입법정책적 고려에서 법률의 위임을 요구한다고 규정하고 있는 바, 이는 기본권 제한에 대하여 법률유보원칙을 선언한 헌법 제37조 제2항의 취지에 부합하므로 조례제정에 있어서 위와 같은 경우에 법률의 위임근거를 요구하는 것이 위헌성이 있다고 할 수 없다."(대법원 1995. 5. 12. 선고 94추28 판결)

37) 헌재 1995. 4. 20. 92헌바264 등.

로 보아야 한다. 다만, 법률유보의 원칙을 지나치게 엄격하게 적용하면 지방자치단체의 자치입법권이 제약될 수 있다.

(3) 조례의 제정절차

조례안은 제안, 의결, 이송과 공포의 절차로 진행된다. 조례안은 지방자치단체의 장이나 조례로 정하는 수 이상의 지방의회 의원의 찬성으로 발의된다(지방자치법 제76조 제1항). 지방의회는 심사대상인 조례안에 대하여 5일 이상의 기간을 정하여 그 취지, 주요 내용, 전문을 공보나 인터넷 홈페이지 등에 게재하는 방법으로 예고할 수 있다(동법 제77조 제1항). 조례안은 지방의회의 의결을 거쳐야 한다. 조례안이 지방의회에서 의결된 때에 의장은 의결된 날로부터 5일 이내에 그 지방자치단체의 장에게 이를 이송하여야 하며, 지방자치단체의 장이 조례안을 이송받은 때에는 20일 이내에 이를 공포하여야 한다(동법 제32조 제1항 및 제2항). 조례의 공포는 해당 지방자치단체의 공보에 게재하는 방법으로 한다(동법 제33조 제1항). 공보에는 종이로 발행되는 '종이공보'와 전자적인 형태로 발행되는 '전자공보'가 있다(동조 제2항). 조례의 공포문 전문에는 제정·개정 및 폐지하는 뜻을 적어 지방자치단체의 장이 서명한 후 직인을 찍고 그 일자를 기록하며, 이 경우 조례 공포문 전문에는 지방의회의 의결을 얻은 사실을 적어야 한다(동법 시행령 제29조 제2항).

한편, 이러한 조례안에 대해서는 재의(再議)를 요구할 수 있다. 재의요구는 지방자치단체 장과 감독청이 할 수 있다. 우선 지방자치단체의 장은 조례안에 대하여 이의가 있는 때에는 조례안이 이송된 때로부터 20일 이내에 이유를 붙여 지방의회로 환부(還付)하고 그 재의를 요구할 수 있다(지방자치법 제32조 제3항 제1문). 또한 지방자치단체의 장은 조례안에 대하여 이의가 있는 경우 외에도 지방의회의 의결이 월권이거나 법령에 위반되거나 공익을 현저히 해친다고 인정되는 경우에도 그 의결사항을 이송받은 날부터 20일 이내에 이유를 붙여 재의를 요구할 수 있다(동법 제120조 제1항). 지방자치법 제120조 제3항에는 지방자치단체의 장이 재의결된 조례안에 대해 소를 제기할 수 있는 규정이 있다. 그러나 지방자치법 제32조에는 조례제정절차에서 지방자치단체의 장이 조례안에 단순히 이의를 제기하여 재의결을 거치는 경우에는 그 재의결된 조례안에 대해 소를 제기할 수 있는 규정을 두고 있지 않다. 판례는 구 지방자치법 제107조 제2항(현행 지방자치법 제120조 제2항)의 재의결요건과 지방자치법 구 제26

조 제4항(현행 지방자치법 제32조 제4항)의 재의결요건이 같고, 구 지방자치법 제107조가 재의를 요구할 수 있는 의결에 제한을 두지 않은 점을 고려하면 대법원에 소를 제기할 수 있다고 보고 있다.[38)]

지방자치단체의 장은 조례안의 일부에 대하여 또는 조례안을 수정하여 재의를 요구할 수는 없다(동법 제32조 제3항 제2문). 재의의 요구가 있을 때 지방의회에서 재적의원 과반수의 출석과 출석의원 3분의 2 이상의 찬성으로 전(前)과 같은 의결을 하면 그 조례안은 조례로 확정된다(동조 제4항). 지방자치단체의 장이 정해진 기일 이내에 공포나 재의의 요구를 하지 아니한 때에도 그 조례안은 조례로 확정된다(동조 제5항). 또한 지방자치단체의 장은 확정된 조례를 지체없이 공포하여야 한다(동조 제6항 전문). 조례가 확정된 후 또는 재의요구에 따른 확정조례가 지방자치단체의 장에게 이송된 후 5일 이내에 지방자치단체의 장이 공포하지 아니하면 지방의회의 의장이 이를 공포한다(동조 제6항 후문). 지방자치단체의 장은 재의결된 조례안이 법령에 위반된다고 인정되면 대법원에 소를 제기할 수 있다. 실무상으로는 조례안재의결무효확인의 소가 제기된다.

한편, 감독청도 조례안의 재의요구를 할 수 있다. 즉 지방의회에서 의결된 조례안이 법령에 위반되거나 공익을 현저히 해한다고 판단되면 시·도에 대하여는 행정안전부장관이, 시·군 및 자치구에 대하여는 시·도지사가 재의를 요구하게 할 수 있고, 재의의 요구를 받은 지방자치단체의 장은 지방의회에 이유를 붙여 재의를 요구하여야 한다(지방자치법 제192조 제1항). 그러나 지방의회에서 조례안에 대한 재의결 결과 재적의원 과반수의 출석과 출석의원 3분의 2의 찬성으로 종전과 같은 의결이 이루어지면 조례안은 조례로 확정된다(동조 제3항). 지방자치단체의 장은 이러한 절차에 따라 재의결된 사항이 법령에 위반된다고 판단되면, 그 재의결된 날부터 20일 이내에 대법원에 조례안재의결무효확인의 소를 제기할 수 있고, 필요하다고 인정되면 그 의결에 대한 집행정지결정을 신청할 수 있다(동조 제4항). 주무부장관 또는 시·도지사는 재의결된 사항이 법령에 위반된다고 판단됨에도 불구하고 해당 지방자치단체의 장이 소를 제기

---

38) "지방자치법 제19조 3항은 지방의회의 의결사항 중 하나인 조례안에 대하여 지방자치단체의 장에게 재의요구권을 폭넓게 인정한 것으로서 지방자치단체의 장의 재의요구권을 일반적으로 인정한 지방자치법 제98조 1항에 대한 특별규정이라고 할 것이므로, 지방자치단체의 장의 재의요구에도 불구하고 조례안이 원안대로 재의결되었을 때에는 지방자치단체의 장은 지방자치법 제98조 3항에 따라 그 재의결에 법령위반이 있음을 내세워 대법원에 제소할 수 있는 것이다."(대법원 1999. 4. 27. 선고 99추23 판결)

하지 아니하면, 해당 지방자치단체의 장에게 제소를 지시하거나 직접 제소 및 집행정지결정을 신청할 수 있다(동조 제5항). 이러한 제소의 지시는 제4항의 기간이 지난 날부터 7일 이내에 하고, 해당 지방자치단체의 장은 제소 지시를 받은 날부터 7일 이내에 제소하여야 한다(동조 제6항).

문제는 감독청의 재의요구에 지방자치단체의 장이 응하지 않는 경우이다. 감독청의 재의요구를 받은 지방자치단체의 장이 지방의회에 조례안의 재의를 요구하지 않은 채 20일이 경과하면 그 조례안은 조례로서 확정된다(동법 제32조 제5항 참조). 이러한 문제를 개선하기 위해 지방자치법 제192조 제2항에는 주무부장관의 재의요구를 강화하는 규정을 신설하였다. 즉 시 · 군 및 자치구의회의 의결이 법령에 위반된다고 판단됨에도 불구하고 시 · 도지사가 제1항에 따라 재의를 요구하게 하지 아니한 경우 주무부장관이 직접 시장 · 군수 및 자치구의 구청장에게 재의를 요구하게 할 수 있고, 재의 요구 지시를 받은 시장 · 군수 및 자치구의 구청장은 의결사항을 이송받은 날부터 20일 이내에 지방의회에 이유를 붙여 재의를 요구하여야 한다. 또한 이러한 재의 요구 지시를 받은 지방자치단체의 장이 재의를 요구하지 아니한 경우에 주무부장관이나 시 · 도지사는 대법원에 직접 제소 및 집행정지 결정을 신청할 수 있다(동조 제8항).

이러한 제정절차를 거쳐 확정된 조례는 특별한 규정이 없으면 공포한 날로부터 20일이 지나면 효력이 발생한다(동법 제32조 제8항). 조례의 제정, 개정 또는 폐지에 대해서는 감독청에 보고를 하여야 한다. 즉 조례의 제정 또는 개폐안이 지방의회에서 의결되어 이송된 날로부터 5일 이내에, 규칙에 있어서는 공포예정 15일전에 시 · 도지사는 행정안전부장관에게, 시장 · 군수 및 자치구의 구청장은 시 · 도지사에게 그 전문을 첨부하여 각각 보고하여야 한다. 보고를 받은 행정안전부장관은 이를 관계 중앙행정기관의 장에게 통보하여야 한다(동법 제28조).

(4) 조례제정에 대한 사법적 통제

a) 기관소송

지방의회에 의해 재의결된 조례안이 법령에 위반된다고 판단되면, 지방자치단체의 장이나 감독청(주무부장관, 시 · 도지사 등)은 대법원에 제소할 수 있다. 앞에서 살펴본 바와 같이 지방자치단체의 장은 지방의회에 의해 재의결된 사항이 법령에 위반된다고 인정되면 대법원에 소를 제기할 수 있고(지방자치법 제120조

제3항), 감독청의 재의 요구에 의해 재의결된 조례안이 법령에 위반된다고 판단될 때에도 대법원에 제소할 수 있다(동법 제192조 제4항). 이러한 소송은 형식적으로 지방자치단체의 장과 지방의회가 대립하고 있다는 점에서 '기관소송'의 성질을 가진다. 이러한 기관소송은 법률의 규정이 있는 경우에만 허용된다(기관소송법정주의).

또한 감독청(주무부장관, 시・도지사)도 지방의회의 의결이 법령에 위반되거나 공익을 현저히 해친다고 판단되면, 재의를 요구할 수 있다. 이 경우 주무부장관이나 시・도지사는 재의결된 사항이 법령에 위반된다고 판단됨에도 불구하고 해당 지방자치단체의 장이 소를 제기하지 아니하면 그 지방자치단체의 장에게 제소를 지시하거나 직접 제소 및 집행정지결정을 신청할 수 있다(지방자치법 제192조 제5항). 감독청이 대법원에 직접 제기하는 소는 지방의회가 재의결한 조례안을 다투는 것이 있다(동조 제8장). 그러나 감독청과 지방의회는 서로 소속하는 행정주체가 다르다. 행정주체가 동일한 기관간의 쟁송만을 기관소송으로 보는 입장에서는 이러한 소송을 기관소송으로 보기 어렵다. 또한 감독청이 지방자치단체(지방의회)의 재의결된 조례안을 다투고 있다는 점에서 항고소송으로 볼 수는 없다.

행정주체 내부의 기관간 소송인 기관소송(Organklage)은 권한쟁의심판에 해당하는 기관쟁의(Organstreit)와 구별된다.[39] 독일에서는 동일 주체 내부의 기관 사이의 쟁송을 내부기관소송(In-Sich-Prozeß)이라고 부르고 있다. 좁은 의미의 '기관소송'이라고 볼 수 있다. 내부기관소송은 독일의 행정법원법에 명확히 규정되어 있지 않다. 이러한 내부기관소송에 대해서는 취소소송설, 의무이행소송설 또는 일반이행의 소가 가능하다는 견해가 대립하고 있다.[40] 그러나 이러한 분쟁은 내부법의 영역이어서 행정행위(처분)가 인정되기 어렵기 때문에 취소소송이나 의무이행소송을 제기할 수 없다. 따라서 이러한 분쟁에 대해서는 원칙적으로 일반이행의 소를 제기할 수 있으며, 보충성이 인정되는 경우에 일반확인의 소를 제기할 수 있다고 보는 견해가 독일의 다수설이다.[41]

---

39) 이에 대해서는 졸고, "자치쟁송의 구조변화와 지방자치단체 권리구제체계의 재구축", 법조 제69권 제2호(통권 제740호), 78면 이하.

40) Kopp/Schenke, VwGO, 18. Aufl., Vorb § 40 Rn. 7.

41) 이에 대해서는 졸고, "항고소송에 있어서 국가기관의 원고적격", 저스티스 통권 제140호(2014. 2), 345-346면.

b) 부수적 규범통제

위법한 조례에 의해 권리나 이익을 침해받은 주민은 부수적 규범통제의 방식으로 다툴 수 있다. 행정소송법에는 독일 행정법원법 제47조 제1항과 같은 추상적 규범통제제도가 보장되어 있지 않다. 구체적인 분쟁이 없이 위법한 조례에 대해 곧바로 법원에 소송을 제기할 수는 없다. 그러나 위법한 조례에 근거하여 발급된 행정처분에 대해 항고소송을 제기하면서 그 수권근거인 조례의 위법을 주장할 수 있다. 법원은 선결문제로서 조례의 위법을 심사할 수 있지만, 해당 조례가 위법으로 판단되더라도 이를 폐지할 수는 없다. 항고소송에서 위법으로 판단된 조례는 해당 사건에만 적용되지 않을 뿐이다.

한편, 조례 그 자체를 대상으로 항고소송을 제기할 수 있는지가 다투어졌다. 이와 관련하여 대법원은 특정 학교의 폐지 조례와 같이 집행행위의 매개 없이 그 자체로서 국민의 권리·의무나 법적 이익에 영향을 미치는 등의 법률상의 효과를 발생시키는 조례는 항고소송의 대상이 된다고 보고 있다.[42] 이를 '처분적 조례'라고 부르고 있다. 그러나 조례는 일반적·추상적 규율의 성질을 가지며, 그 자체는 법규범에 해당한다. 따라서 처분을 대상으로 하는 항고소송의 방식으로 위법한 조례를 직접 다툴 수는 없다. 독일에서는 이와 유사한 집행규범(Vollzugsnorm)을 인정하고 있다. 그러나 집행규범은 행정행위가 아니므로 이에 대해 항고소송이 아니라 확인소송을 제기할 수 있다고 보는 견해가 유력하다.[43] 조례에 대해서는 항고소송을 제기할 수 없고, 부수적 규범통제의 방식으로 조례의 위법을 다투어야 한다.

c) 헌법소원

위법한 조례로 인해 기본권을 침해받은 자는 헌법소원을 제기할 수 있다. 헌법소원의 대상은 공권력의 행사 또는 불행사이며, 여기에는 행정작용뿐만 아니라 입법작용을 포함한다(헌법재판소법 제68조 제1항). 다만, 법원의 재판은 헌법소원의 심판에서 제외되어 재판소원은 부인되고 있다. 조례 자체에 의하여 직접, 그리고 현재, 자신이 기본권을 침해받은 자는 다른 구제방법이 없는 경우에 헌법재판소에 조례에 대한 헌법소원을 제기할 수 있다.[44] 다만, 헌법소원은 기본

42) 대법원 1996. 9. 20. 선고 95누8003 판결
43) Schenke, Rechtsschutz bei normativem Unrecht, NJW 2017, S. 1062.
44) "헌법재판소법 제68조 1항에서 말하는 '공권력'에는 입법작용이 포함되며, 지방자치단체에서 제정하는 조례도 불특정다수인에 대해 구속력을 가지는 법규이므로 조례제정행위도 입법작용

권이 침해된 자에게만 인정되므로, 지방자치단체의 집행기관은 헌법소원을 제기할 수 없다.

2. 규칙제정권

(1) 규칙의 의의 및 성질

지방자치단체의 장은 법령 또는 조례의 범위에서 그 권한에 속하는 사무에 관하여 규칙을 제정할 수 있다(지방자치법 제29조). 이러한 규칙도 '자치법규'의 하나이다. 그러나 지방자치단체의 장이 제정하는 '규칙'의 법적 성질에 대해서는 논란이 있다. 규칙을 지방자치단체의 장이 법령 또는 조례가 위임한 범위 안에서 그 권한에 속하는 사무에 관하여 발하는 '위임규칙'과 법령이나 조례의 시행을 위한 '직권규칙'으로 구분하는 견해도 있다.[45] 또한 대법원은 부산직할시 지하철공채조례 시행규칙을 행정조직 내부의 훈령에 불과한 것이라고 보고 있다.[46] 규칙의 법적 성질은 개별적으로 판단되어야 하지만, 지방자치단체의 규칙에 법규적 사항을 정하기 위해서는 법령이나 조례의 구체적 위임이 있어야 한다. 지방자치단체의 규칙을 헌법상 독립기관의 규칙(중앙선거관리위원회규칙, 대법원규칙 등)과 혼동하여서는 아니 된다. 그러한 점에서 지방자치단체의 규칙은 '자치규칙'으로 표현하는 것이 바람직하다. 한편, 교육규칙은 교육・학예에 관한 사무의 집행기관인 교육감이 법령 또는 조례의 범위 안에서 자신의 권한에 속하는 사무에 관하여 제정한다(지방교육자치법 제25조 제1항 참조).

(2) 규칙의 규율대상(대상사무)

규칙의 규율대상은 법령 또는 조례의 위임 범위에서 지방자치단체장의 권한에 속하는 사무이다. 규칙의 규율대상에는 교육・학예의 사무를 제외하고 자치사무와 위임사무가 모두 포함된다고 보는 견해가 다수설이다. 나아가 기관위임사무(국가사무)도 규칙의 규율대상에 포함된다고 보고 있다. 그러나 국가사무(기관위임사무)를 조례의 제정범위에서 제외해야 한다는 입장에서는 법령에 의해

의 일종으로서 헌법소원의 대상이 된다."(헌재 1994. 12. 29. 92헌마216)

45) 홍정선, 행정법원론(하), 207면.

46) "부산직할시지하철공채조례시행규칙 제9조 행정조직 내부에 있어서 훈령에 불과하고 법규명령의 성질을 가진 것은 아니라 할 것이므로, 위 규정을 들어 위 채권매입이 인・허가 등 신청서의 접수요건이라 할 수 없다."(대법원 1985. 7. 9. 선고 83누189 판결; 동지판례: 대법원 1985. 12. 23. 선고 84누343 판결)

명시적으로 위임한 사항이 아니면 지방자치단체의 규칙에 기관위임사무를 규정하는 것은 바람직하지 않다고 본다. 법규적 사항은 위임을 통해 조례의 차원에서 규율되어야 한다. 또한 죄형법정주의의 원칙에 비추어 벌칙을 규칙으로 제정할 수는 없다. 시・군・구의 규칙은 시・도의 규칙을 위반하여서는 아니 된다(지방자치법 제30조).

(3) 규칙의 제정절차 및 효력발생

규칙의 제정권은 지방자치단체의 장이 가지며, 규칙은 감독청에 보고되어야 한다. 즉 규칙의 공포 예정 15일 전에 시・도지사는 행정안전부장관에게, 시장・군수・구청장은 시・도지사에게 그 전문을 첨부하여 이를 각각 보고하여야 한다(지방자치법 제35조). 이 경우 보고를 받은 행정안전부장관은 이를 관계 중앙행정기관의 장에게 통보하여야 한다. 한편, 규칙은 지방자치단체의 장이 제정하고 그 제정 절차에 주민의 참여나 의견수렴 등의 기회는 없었다. 그러나 2021년 1월 12일 지방자치법의 개정으로 규칙에 대한 제정 및 개정・폐지 절차가 마련되었다. 이 경우의 규칙은 주민의 권리・의무와 직접 관련된 사항에 한정된다. 규칙은 조례와 마찬가지로 특별한 규정이 없는 한 공포한 날로부터 20일을 경과함으로써 효력이 발생한다(동법 제32조 제8항).

Ⅳ. 자치재정권(재정자주권)

1. 의 의

지방자치단체는 자치사무와 위임사무의 처리를 위해 필요한 재원을 확보하고, 경비지출과 재산을 관리하는 권한을 가진다. 이를 자치재정권 내지 재정자주권이라 한다. 지방자치단체는 자치사무의 수행에 필요한 경비와 위임된 사무에 관하여 필요한 경비를 지출할 의무를 진다(지방자치법 제158조). 지방자치단체의 자치권을 실질적으로 확보하기 위해서는 재정자립성을 확보하는 것이 중요하다. 이와 관련하여 지방자치법에는 자치재정과 관련하여 지방재정운영의 기본원칙, 예산과 결산, 수입과 지출, 재산 및 공공시설의 관리에 관한 규정을 두고 있다.

2. 지방재정운영의 기본원칙

(1) 건전재정의 운영

지방자치단체는 그 재정을 수지균형의 원칙에 따라 건전하게 운영하여야 한다(지방자치법 제137조 제1항). 국가는 지방재정의 자주성과 건전한 운영을 장려하여야 하며, 국가의 부담을 지방자치단체에 넘겨서는 아니 된다(동조 제2항). 여기에서 말하는 지방재정은 "지방자치단체의 수입·지출 활동과 지방자치단체의 자산 및 부채를 관리·처분하는 모든 활동"을 말한다(지방재정법 제2조 제1호).

국가는 기관의 신설, 확장, 이전 등을 이유로 지방자치단체의 재정고권을 부당하게 침해하여서는 아니 된다. 국가는 일정한 기관의 신설·확장·이전·운영과 관련된 비용을 지방자치단체에 부담시켜서는 아니 된다(지방자치법 제137조 제3항). 이러한 기관에는 ① 정부조직법과 다른 법률에 의하여 설치된 국가행정기관 및 그 소속 기관, ② 공공기관의 운영에 관한 법률 제4조에 따른 공공기관, ③ 국가가 출자·출연한 기관(재단법인, 사단법인 등을 포함한다), ④ 국가가 설립·조성·관리하는 시설 또는 단지 등을 지원하기 위하여 설치된 기관(재단법인, 사단법인 등을 포함한다)이 있다. 또한 국가는 위 기관을 신설 또는 확장하거나 이전하는 위치를 선정할 경우 지방자치단체의 재정적 부담을 입지선정의 조건으로 하거나 입지 적합성의 선정항목으로 이용하여서는 아니 된다(동조 제4항).

(2) 국가시책의 구현

지방자치단체는 국가시책을 달성하기 위하여 노력하여야 한다(지방자치법 제138조 제1항). 이에 따라 국가시책을 달성하기 위해 필요한 경비에 대한 국고보조율과 지방비부담률은 법령으로 정하고 있다(동조 제2항). 지방자치단체는 국가의 정책에 반하거나 국가 또는 다른 지방자치단체의 재정에 부당한 영향을 미쳐서는 아니된다(지방재정법 제3조 제1항 후단).

(3) 국가예산의 효율적 운영 및 양성평등

지방자치단체는 그 재정을 효율적으로 운영하여야 하고, 예산이 여성과 남성에게 미치는 효과를 평가하여 그 결과를 지방자치단체의 예산에 반영하기 위하여 노력하여야 한다(지방재정법 제3조 제2항).

3. 지방자치단체의 수입

지방자치단체의 수입은 세(稅)수입과 세외(稅外)수입으로 구분된다. 세수입은 대표적으로 지방세를 의미한다. 협의의 세외수입으로는 사용료·수수료·분담금, 재산수입, 사업수입, 교부금 등이 있다. 그 밖에 지방자치단체의 수입으로는 지방교부세, 국고보조금, 지방채·일시차입금 등이 있다.

(1) 지방세

지방자치단체는 법률이 정하는 바에 의하여 지방세를 부과·징수할 수 있다(지방자치법 제152조). 지방세는 대체로 과세주체에 따라 특별시세·광역시세, 도세, 구세, 시·군세 및 특별자치시세와 특별자치도세 등으로 분류할 수 있다. 또한 과세의 목적이나 대상 등에 따라 보통세(주민세, 취득세, 지방소득세, 자동차세 등)와 목적세(지역자원시설세, 지방교육세 등) 등으로 구분된다.

(2) 협의의 세외수입

a) 사용료·수수료·분담금

지방자치단체는 공공시설의 이용 또는 재산의 사용에 대하여 사용료를 징수할 수 있다(지방자치법 제153조). 또한 지방자치단체는 공공서비스에 대한 대가로 수수료를 징수할 수 있다(동법 제154조). 지방자치단체는 그 재산 또는 공공시설의 설치로 주민의 일부가 특히 이익을 받으면 그 수익자로부터 분담금을 징수할 수 있다(동법 제155조). 이러한 사용료·수수료 또는 분담금의 징수에 관한 사항은 조례로 정한다. 다만, 전국적으로 통일할 필요가 있는 수수료는 대통령령으로 정하는 표준금액으로 징수하되, 지방자치단체가 다른 금액으로 징수하고자 하는 경우에는 표준금액의 50퍼센트의 범위에서 조례로 가감 조정하여 징수할 수 있다(동법 제156조 제1항). 사기나 그 밖의 부정한 방법으로 사용료·수수료 또는 분담금의 징수를 면한 자에 대하여는 그 징수를 면한 금액의 5배 이내의 과태료를 부과하는 규정을 조례로 정할 수 있다(동조 제2항). 이 경우 과태료의 부과·징수, 재판 및 집행 등의 절차에 관한 사항은 질서위반행위규제법에 따른다(동조 제3항). 검사가 과태료를 최초 부과한 행정청에 대하여 과태료 재판의 집행을 위탁하면, 위탁을 받은 행정청은 국세 또는 지방세 체납처분의 예에 따라 집행한다(질서위반행위규제법 제43조 제1항). 지방자치단체의 장이 집행을 위탁받은 경우에는 그 집행한 금원은 해당 지방자치단체의 수입으로 한다(동조 제2항).

사용료·수수료 또는 분담금은 공평한 방법으로 부과하거나 징수하여야 한다(지방자치법 제157조 제1항). 사용료·수수료 또는 분담금의 부과·징수에 대하여 이의가 있는 자는 이의신청이나 행정소송을 제기할 수 있다. 사용료·수수료 또는 분담금의 부과나 징수에 이의가 있는 자는 그 처분을 통지받은 날부터 90일 이내에 그 지방자치단체의 장에게 이의신청을 한다(동조 제2항). 이 경우 지방자치단체의 장은 이의신청을 받은 날부터 60일 이내에 이를 결정하여야 한다(동조 제3항). 또한 사용료·수수료 또는 분담금의 부과나 징수에 대하여 행정소송을 제기하려면 지방자치단체의 장으로부터 결정을 통지받은 날부터 90일 이내에 처분청을 당사자로 하여 소를 제기하여야 한다(동조 제4항). 지방자치단체의 장은 사용료·수수료 또는 분담금을 내야 할 자가 납부기한까지 그 사용료·수수료 또는 분담금을 내지 아니하면 지방세 체납처분의 예에 따라 징수한다(동조 제7항).

b) 재산수입 및 사업수입

지방자치단체는 보유하는 재산 및 기금에서 수입을 얻을 수 있는데, 이를 '재산수입'이라고 한다(지방자치법 제159조 제1항). 지방자치단체의 재산의 보유, 기금의 설치·운영에 관하여 필요한 사항은 조례로 정한다(동조 제2항). 또한 지방자치단체는 주민의 복리증진과 사업의 효율적 수행을 위하여 지방공기업을 설립·운영할 수 있다(동법 제163조).

c) 교부금 및 잡수입 등

국가가 스스로 행하여야 할 사무를 지방자치단체나 그 기관에 위임하여 수행하는 경우 그 경비는 국가가 전부를 그 지방자치단체에 교부하여야 한다(지방재정법 제21조 제2항). 이처럼 국가가 위임사무에 대한 경비를 지원하는 것을 '교부금'이라 한다. 그 밖에 기부금품, 과태료의 체납처분비, 위약금, 매각대금 등을 통해 얻어지는 수입으로 잡수입이 있다.

(3) 지방교부세

지방교부세라 함은 국가가 재정적 결함이 생기는 지방자치단체에 교부하는 금액을 말한다(지방교부세법 제2조 제1호). 지방교부세에는 보통교부세·특별교부세·부동산교부세 및 소방안전교부세가 있다(동법 제3조). 보통교부세는 기준재정수요액에 미달하는 지방자치단체에 대하여 그 미달액을 기초로 하여 교부하는 것을 말한다. 여기에서 말하는 '기준재정수요액'이란 "각 측정항목별로 측정단위의 수치를 해당 단위비용에 곱하여 얻은 금액을 합산한 금액"을 말한다(동법 제7조 제1항). 특별교부세는 ① 기준재정수요액의 산정방법으로는 파악할 수 없는 지역 현안에 대한 특별한 재정수요가 있는 경우, ② 보통교부세의 산정기일 후에 발생한 재난을 복구하거나 재난 및 안전관리를 위한 특별한 재정수요가 생기거나 재정수입이 감소한 경우, ③ 국가적 장려사업, 국가와 지방자치단체 간에 시급한 협력이 필요한 사업, 지역 역점시책 또는 지방행정 및 재정운용 실적이 우수한 지방자치단체에 재정 지원 등 특별한 재정수요가 있을 경우에 인정된다(지방교부세법 제9조). 지방교부세법에는 '부동산교부세'에 관한 개념 정의가 없다. 다만, 당시 행정자치부의 보도자료(2015. 7. 27)에 의하면, "2005년 종합부동산세 도입에 따라 지방자치단체의 재원 감소분을 보전해 주고 지역균형발전을 위해 도입한 제도"라고 한다. 또한 소방안전교부세는 지방자치단체의 소방 인력 운용, 소방 및 안전시설 확충, 안전관리 강화 등을 위하여 교부하는 금전을 말한다. 행정안전부장관은 이러한 목적을 위해 소방안전교부세를 지방자치단체에 전액 교부하여야 한다(동법 제9조의4).

한편, 지방교육재정교부금법에 의한 '지방교육재정교부금'이 있다(제1조 및 제3조 제1항). 지방교육재정교부금은 지방자치단체가 교육기관 및 교육행정기관을 설치·경영하기 위해 필요한 재원(財源)의 전부 또는 일부를 국가가 교부하는 것을 말한다(지방교육재정교부금법 제1조). 이러한 지방교육재정교부금도 '지방교부세'의 일종이다.[47] 이와 같이 지방교부세는 세원의 편중으로 인해 재정이 상대적으로 취약한 지방자치단체에게 필요한 재원을 지원함으로써 재정의 조정과 지방행정의 건전한 발전에 기여한다.

(4) 보조금

국가가 정책상 필요하다고 인정할 때 또는 지방자치단체의 재정 사정상 특히 필요하다고 인정할 때에 예산의 범위에서 지방자치단체에 교부하는 금전을 말한다(지방재정법 제23조 제1항). 특별시·광역시·특별자치시·도·특별자치도는 시·군 및 자치구에 보조금을 교부할 수 있다(동조 제2항). 이 경우 법령이나 조례에서 정하는 경우와 국가정책상 부득이한 경우 외에는 재원 부담 지시를

47) 이상규, 신행정법론(하), 185면.

할 수 없다(동조 제3항).

(5) 지방채 · 일시차입금

지방자치단체의 장은 공유재산의 조성 등 소관 재정투자사업과 그에 직접적으로 수반되는 경비의 충당, 재해예방 및 복구사업, 천재지변으로 발생한 예측할 수 없었던 세입결함의 보전, 지방채의 차환을 위해 지방채를 발행할 수 있다(지방재정법 제11조 제1항 참조). 또한 교육감은 지방교육재정교부금법 제9조 제3항에 따른 교부금 차액의 보전이나, 명예퇴직(교육공무원법 제36조 및 사립학교법 제60조의3에 따른 명예퇴직을 말한다) 신청자가 직전 3개 연도 평균퇴직자의 100분의 120을 초과하는 경우 추가로 발생하는 명예퇴직 비용의 충당을 위해 지방채를 발행할 수 있다. 지방채와 일시차입금의 한도액은 예산에 포함되는데, 일시차입금은 해당 회계연도 내에 발생한 일시적인 자금의 부족을 충당하기 위해 빌리는 자금을 말한다.

4. 지방자치단체의 예산과 결산

(1) 예산안의 편성 및 의결

지방자치단체의 장은 회계연도마다 예산을 편성하여 시 · 도는 회계연도 개시 50일 전까지, 시 · 군 및 자치구는 회계연도 개시 40일 전까지 제출하여 지방의회의 의결을 거쳐야 한다(지방자치법 제142조 제1항). 시 · 도의회는 회계연도 15일전까지, 시 · 군 및 자치구 의회는 회계연도 시작 10일전까지 제출된 예산안을 의결하여야 한다(동조 제2항). 지방의회는 지방자치단체의 장의 동의 없이 지출예산 각 항의 금액을 증가하거나 새로운 비용항목을 설치할 수 없다(동조 제3항). 그러나 지방자치단체의 장이 예산안을 제출한 후 부득이한 사유로 그 내용의 일부를 수정하려면 수정예산안을 작성하여 지방의회에 다시 제출할 수 있다. 그러나 "부득이한 사유"가 무엇인지가 모호하며, 이를 구체적으로 명확히 규정하는 것이 바람직하다.

한편, 지방의회에서 새로운 회계연도가 개시될 때까지 예산안이 의결되지 못하면 지방자치단체의 장은 지방의회에서 예산안이 의결될 때까지 법령이나 조례에 따라 설치된 기관 또는 시설의 유지 · 운영, 법령상 또는 조례상 지출의무의 이행, 이미 예산으로 승인된 사업의 계속을 위한 경비는 전년도 예산에 준하여 집행할 수 있다(동법 제146조). 또한 지방의회가 새로운 재정부담을 수반하는 조례나 안건을 의결하려면 미리 지방자치단체의 장의 의견을 들어야 한다(동법 제148조).

(2) 계속비 · 예비비 및 추가경정예산

지방자치단체의 장은 한 회계연도를 넘어 계속하여 경비를 지출할 필요가 있으면 그 총액과 연도별 금액을 정하여 계속비로서 지방의회의 의결을 얻어야 한다(지방자치법 제143조). 이러한 계속비는 공사나 제조, 그 밖의 사업으로서 그 완성에 수년을 요하는 경우에 인정된다. 지방자치단체의 장은 이에 필요한 경비의 총액과 연도별 금액에 대하여 지방의회의 의결을 얻어 계속비로서 여러 해에 걸쳐 지출할 수 있다(지방재정법 제42조). 계속비로 지출할 수 있는 연한(年限)은 그 회계연도로부터 5년 이내로 한다. 다만, 필요하다고 인정될 때에는 지방의회의 의결을 거쳐 다시 그 연한을 연장할 수 있다.

한편, 지방자치단체는 예측할 수 없는 예산 외의 지출이나 예산초과지출을 충당하기 위하여 세입 · 세출예산에 예비비를 계상하여야 한다(지방자치법 제144조). 이러한 예비비의 지출은 다음 연도 지방의회의 승인을 얻어야 한다. 지방자치단체의 장은 일반회계 예산 총액의 100분의 1 범위 내의 금액을 예비비로 예산에 계상하여야 한다(지방재정법 제43조 제1항 본문). 재해 · 재난 관련 목적 예비비는 별도로 예산에 계상할 수 있다(동조 제2항). 그 밖에 지방자치단체의 장은 이미 성립된 예산을 변경할 필요가 있으면 추가경정예산안을 편성하여 지방의회의 의결을 얻어야 한다(지방자치법 제145조 제1항, 지방재정법 제45조).

(3) 예산의 이송 및 고시 등

지방의회의 의장은 예산안이 의결되면 3일 이내에 지방자치단체의 장에게 이송하여야 한다(지방자치법 제149조 제1항). 지방자치단체의 장은 예산의 이송을 받으면 지체없이 시 · 도에서는 행정안전부장관에게, 시 · 군 및 자치구에서는 시 · 도지사에게 각각 보고하고 그 내용을 고시하여야 한다(동조 제2항). 다만, 예산상 집행 불가능한 의결에 의한 재의요구를 할 때에는 그러하지 아니한다.

(4) 결산

지방자치단체의 장은 출납폐쇄 후 80일 이내에 결산서 및 증빙서류를 작성하고 지방의회가 선임한 검사위원의 검사의견서를 첨부하여 다음 연도 지방의회의 승인을 얻어야 한다(지방자치법 제150조 제1항). 그러나 결산의 심사결과 위법 또는 부당한 사항이 있는 경우에 지방의회는 본회의 의결 후 지방자치단체 또는 해당 기관에 변상 및 징계 조치 등 그 시정을 요구하고, 지방자치단체 또는 해당 기관은 시정요구를 받은 사항을 지체 없이 처리하여 그 결과를 지방의회에 보고하여야 한다. 지방자치단체의 장이 지방의회의 승인을 받으면 5일 이내에 시·도에서는 행정안전부장관에게, 시·군 및 자치구에서는 시·도지사에게 각각 보고하고 그 내용을 고시하여야 한다(동조 제2항).

제4절 지방자치단체의 기관

Ⅰ. 지방의회

1. 지방의회의 의의

지방의회는 지방자치단체의 의결기관이며, 동시에 주민의 대의기관이다. 또한 지방의회는 헌법상 필수기관이다(헌법 제118조 제1항). 여기에는 특별시·광역시·도 및 특별자치도 의회, 시·군·자치구 의회가 있다. 지방의회는 지방자치단체를 구성하는 부분으로 지방자치단체의 기관에 해당하며, 법인격을 가지고 있지 않다.

2. 지방의회의 법적 지위

(1) 주민의 대의기관

지방의회는 주민에 의해 선출된 의원으로 구성되므로 주민의 대의기관의 성격을 가진다. 지방자치단체를 대표하는 기관은 지방자치단체의 장이지만, 지방의회는 주민의 의사를 대변하는 '대의기관'으로서의 의미를 가진다.

(2) 지방자치단체의 최상위 의결기관

지방의회는 해당 지방자치단체의 최상위 의결기관으로서의 지위를 가진다.

지방의회는 ① 조례의 제정·개정 및 폐지, ② 예산의 심의·확정, ③ 결산의 승인, ④ 법령에 규정된 것을 제외한 사용료·수수료·분담금·지방세 또는 가입금의 부과와 징수, ⑤ 기금의 설치·운용, ⑥ 대통령령으로 정하는 중요 재산의 취득·처분, ⑦ 대통령령으로 정하는 공공시설의 설치·처분, ⑧ 법령과 조례에 규정된 것을 제외한 예산외 의무부담이나 권리의 포기, ⑨ 청원의 수리와 처리, ⑩ 외국 지방자치단체와의 교류협력에 관한 사항, ⑪ 그 밖에 법령에 따라 그 권한에 속하는 사항을 의결한다(지방자치법 제47조 제1항). 또한 지방자치단체는 그 밖에 조례로 정하는 바에 따라 지방의회에서 의결되어야 할 사항을 따로 정할 수 있다(동조 제2항).

(3) 자치입법기관

지방의회는 지방자치의 핵심을 이루고 있는 조례의 제정·개정 및 폐지에 관한 권한을 가진다.[48] 이러한 견해는 법률과 명령의 관계에 비추어 입법권이 국회에 있는 것처럼 자치입법권이 지방의회에 있다고 보고 있다. 이러한 견해에 대하여 지방의회의 행정기관으로서의 지위를 강조하는 입장은 자치입법기관성이 이미 지방최상위 의결기관으로서의 지위에 포함되어 있음을 지적하기도 한다.[49] 그러나 지방최상위 의결기관의 지위가 인정된다고 하여 당연히 자치입법기관이 인정된다고 볼 수는 없다. 따라서 지방의회는 조례제정권(자치입법권)을 가진다는 의미에서 자치입법기관으로서의 지위를 가지고 있다.

(4) 집행기관에 대한 기능적 견제기관

지방의회는 지방자치단체의 집행기관을 감시하고 견제하는 기관으로서의 지위를 가진다. 지방자치법에는 이러한 지방의회의 권한을 규정하고 있다. 즉 지방의회는 행정사무 감사권 및 조사권(제49조), 관련 서류의 제출요구권(제48조), 지방자치단체의 장 등의 출석요구·질의권(제51조), 예산의 의결권(제142조), 결산승인 및 변상·징계조치 요구권(제150조) 등을 가지고 있다.

(5) 합의제행정기관

지방의회가 행정기관으로서의 지위를 가지는지에 대해 견해 대립이 있다. 다수설은 지방의회가 행정기관의 지위를 가진다고 보고 있다. 즉 지방의회는 헌법

48) 김남진, 전게서(Ⅱ), 132면; 김동희, 행정법 Ⅱ, 91면; 석종현, 일반행정법(하), 118면.
49) 홍정선, 전게서(하), 145면.

상의 국회가 아니며, 전체로서의 지방자치단체는 집행부(행정부)의 일부에 해당한다는 것이다. 또한 다수설은 지방의회를 이러한 지방자치단체의 구성부분에 불과한 합의제 의결기관이라고 보고 있다.[50] 독일에서는 지방의회(Gemeinderat)가 의회(Parlament)가 아닌 집행부의 일부(Teil der Exekutive)라고 보는 견해가 유력하다.[51] 이와 관련하여 대법원은 지방의회 의장에 대한 지방의회의 불신임 의결을 의장으로서의 직무권한을 박탈하는 행정처분의 일종으로 보고 항고소송의 대상을 인정하고 있다.[52]

3. 지방의회의 구성

지방의회는 지방자치법상 주민이 보통·평등·직접·비밀선거에 따라 선출한 의원으로 구성된다(지방자치법 제38조, 공직선거법 제15조 제2항). 지방의회에는 시·도의회와 자치구·시·군의회가 있다. 지방의회는 의장과 부의장을 둔다. 시·도의 경우 의장 1명과 부의장 2명을, 시·군 및 자치구의 경우 의장과 부의장 각 1명을 무기명투표로 선거한다(지방자치법 제57조). 의장은 의회를 대표하고 의사를 정리하며, 회의장 내의 질서를 유지하고 의회의 사무를 감독한다(동법 제49조). 지방의회의 의장이나 부의장이 법령을 위반하거나 정당한 사유 없이 직무를 수행하지 아니하면 지방의회는 불신임을 의결할 수 있다(동법 제58조).

지방의회는 조례로 정하는 바에 따라 위원회를 둘 수 있다(동법 제64조 제1항). 여기에는 소관 의안(議案)과 청원 등을 심사·처리하는 상임위원회와 특정한 안건을 일시적으로 심사·처리하기 위한 특별위원회가 있다(동조 제2항). 위원회의 위원은 본회의에서 선임한다(동조 제3항). 윤리강령과 윤리실천규범 준수 여부 및 징계에 관한 사항을 심사하기 위해 윤리특별위원회를 둘 수 있다(동법 제65조). 위원회에는 위원장과 위원의 자치입법활동을 지원하기 위하여 전문지식을 가진 위원(전문위원)을 둘 수 있다(동법 제68조). 지방의회에는 조례로 정하는 바에 따라 사무기구(사무처·사무국·사무과)와 직원을 둘 수 있다(동법 제102조). 그 밖에 지방의회 의원의 의정활동을 지원하기 위해 지방의회 의원 정수의 2분의 1 범위에서 해당 지방자치단체의 조례로 정하는 바에 따라 정책지원 전

50) 홍정선, 전게서(하), 145면.
51) Schmidt-Aßmann, in: Schmidt-Aßmann(Hg.), Besonderes Verwaltungsrecht, 11. Aufl., S. 44.
52) 대법원 1994. 10. 11. 자 94두23 결정.

문인력을 둘 수 있다(동법 제41조).

4. 지방의회 의원

(1) 의원의 임기 및 겸임금지

지방자치법상 의원의 임기는 4년이다(지방자치법 제39조). 그러나 지방의회 의원의 겸직은 제한된다. 즉 ① 국회의원, 다른 지방의회의 의원, ② 헌법재판소재판관, 각급선거관리위원회위원, ③ 국가공무원법 제2조에 규정된 국가공무원과 지방공무원법 제2조에 규정된 지방공무원(정당법 제22조의 규정에 의하여 정당의 당원이 될 수 있는 공무원은 제외함), ④ 공공기관의 운영에 관한 법률 제4조에 규정된 공공기관(한국방송공사, 한국교육방송공사와 한국은행을 포함한다)의 임직원, ⑤ 지방공기업법 제2조에 따른 지방공사와 지방공단의 임직원, ⑥ 농업협동조합 · 수산업협동조합 · 산림조합 · 엽연초생산협동조합 · 신용협동조합 · 새마을금고(이들 조합 · 금고의 중앙회와 연합회를 포함한다)의 임직원과 이들 조합 · 금고의 중앙회장이나 연합회장, 및 ⑦ 정당법 제22조에 따라 정당의 당원이 될 수 없는 교원, ⑧ 다른 법령에 따라 공무원의 신분을 가지는 직, ⑨ 그 밖에 다른 법률에서 겸임할 수 없도록 정하는 직이 여기에 해당한다(동법 제43조 제1항). 정당법 제22조에 따라 정당의 당원이 될 수 있는 교원이 지방의회의원으로 당선되면 임기 중 그 교원의 직은 휴직된다(동조 제2항).

(2) 의원의 권리

지방의회 의원은 지방자치법상 직무상 여러 가지 권리를 가진다. 즉 지방의회 의원은 의안의 발의권(제76조), 질문권(제51조) 및 발언 · 표결권(제74조) 등을 가진다. 또한 지방의회 의원은 지방의회의 의장과 부의장의 선거권을 가진다(제57조). 그리고 지방의회 의원은 임시회의 소집요구권을 가진다(제54조 제2항). 그 밖에 의원의 자격심사청구권(제91조 제1항) 및 의원에 대한 징계요구권(제99조 제2항) 등이 인정된다.

지방의회 의원은 본래 명예직이므로 보수를 받지 않는 것이 원칙이다. 그러나 ① 의정 자료를 수집하고 연구하거나 이를 위한 보조 활동에 소요되는 비용을 보전하기 위하여 매월 지급하는 의정활동비, ② 지방의회의원의 직무활동에 지급하는 월정수당, ③ 본회의 의결, 위원회의 의결 또는 의장의 명에 따라 공무로 여행할 때 지급하는 여비를 지급받을 수 있다(지방자치법 제40조 제1항). 지방의회 의원의 직무활동에 대하여 지급하는 '월정수당'은 보수의 성격을 가지며, 지방의회 의원의 부패를 방지하기 위해 도입된 것이다.

(3) 의원의 의무

지방의회 의원은 공무를 수행한다는 점에서 공익우선, 청렴 및 품위유지, 지위남용금지 등의 법적 의무를 지고 있다. 지방의회 의원은 공공의 이익을 우선하여 양심에 따라 그 직무를 성실히 수행하여야 한다(지방자치법 제44조 제1항). 또한 청렴의 의무를 지며, 의원으로서의 품위를 유지하여야 한다(동조 제2항). 그리고 지방의회 의원은 그 지위를 남용하여 지방자치단체·공공단체 또는 기업체와의 계약이나 그 처분에 의하여 재산상의 권리·이익 또는 직위를 취득하거나 타인을 위하여 그 취득을 알선하여서는 아니 된다(동조 제3항). 지방의회 의원은 해당 지방자치단체, 제43조 제5항 각 호의 어느 하나에 해당하는 기관·단체 및 그 기관·단체가 설립·운영하는 시설과 영리를 목적으로 하는 거래를 하여서는 아니된다(동조 제4항). 지방의회 의원은 소관 상임위원회의 직무와 관련된 영리행위를 할 수 없으며, 그 범위는 해당 지방자치단체의 조례로 정한다(동조 제5항).

(4) 의원의 사직·퇴직과 자격 심사

지방의회 의원의 사직은 지방의회의 허가를 얻어야 한다(지방자치법 제89조). 다만, 폐회 중에는 의장이 허가할 수 있다. 지방의회 의원은 의원이 겸할 수 없는 직에 취임할 때, 피선거권이 없게 될 때(지방자치단체의 구역변경이나 없어지거나 합한 것 외의 다른 사유로 그 지방자치단체의 구역 밖으로 주민등록을 이전하였을 때를 포함한다), 또는 징계에 따라 제명될 때에는 퇴직된다(동법 제90조). 의원의 자격심사에서 재적의원 3분의 2 이상의 찬성으로 자격상실이 의결될 수 있다(동법 제92조).

(5) 의원체포 및 확정판결의 통지

관계 수사기관의 장은 체포되거나 구금된 지방의회 의원이 있으면 지체 없이 해당 지방자치단체에 영장의 사본을 첨부하여 이를 알려야 한다(지방자치법 제113조 제1항). 이 경우 통지를 받은 지방자치단체는 그 사실을 즉시 행정안전부장관에게 보고하여야 하며, 시·군 및 자치구가 행정안전부장관에게 보고할 때에는 시·도지사를 거쳐야 한다. 또한 각급 법원장은 지방의회의원이 형사사건으로 공소(公訴)가 제기되어 그 판결이 확정되면 지체없이 해당 지방자치단체에 이를 통지하여야 한다(동조 제2항).

5. 지방의회의 권한

지방의회는 전술한 바와 같이 지방자치단체의 최상위 의결기관으로서 지방자치법 제39조에 규정된 사항에 대해 '의결권'을 가진다. 또한 지방의회는 집행기관에 대한 감시·견제 기능을 수행하며, 행정사무 감사권 및 조사권을 가진다. 지방의회는 매년 1회 그 지방자치단체의 사무에 대하여 시·도는 14일의 범위에서, 시·군 및 자치구는 9일의 범위에서 감사를 실시한다. 또한 지방의회는 지방자치단체의 사무 중 특정한 사안에 관하여 본회의 의결로 본회의 또는 위원회로 하여금 조사하게 할 수 있다(동법 제49조 제1항). 이러한 행정사무 감사권 및 조사권은 지방의회 자체의 권한이지 의회를 구성하는 의원 개개인의 권한은 아니다.[53)]

지방의회 의원은 행정사무 처리상황의 보고를 받거나 질문을 하기 위해 지방자치단체의 장이나 관계 공무원의 출석을 요구하여 답변을 받을 수 있다(동법 제50조 제2항). 또한 지방의회는 해당 지방자치단체의 장에게 서류제출을 요구할 수 있다. 즉 본회의 또는 위원회의 의결로 안건의 심의와 직접 관련된 서류의 제출을 요구할 수 있으며, 이 경우 의장에게 보고하여야 한다(동법 제48조 제1항 및 제2항).

지방의회는 의장, 부의장, 임시의장 등에 대한 선거권을 가진다. 의장과 부의장의 임기는 2년이며, 지방의회의 의장과 부의장이 모두 사고가 있을 때에는 임시의장을 선출하여 의장의 직무를 대행하게 한다(동법 제57조). 지방의회의 의장이나 부의장이 궐위(闕位)된 경우에는 보궐선거를 실시하고, 당선된 의장이나

---

53) "의회의 의결권과 집행기관에 대한 행정감사 및 조사권은 의결기관인 의회 자체의 권한이고 의회를 구성하는 의원 개개인의 권한이 아닌바, 의원은 의회의 본회의 및 위원회의 의결과 안건의 심사 처리에 있어서 발의권, 질문권, 토론권 및 표결권을 가지며 의회가 행하는 지방자치단체사무에 대한 행정감사 및 조사에서 직접 감사 및 조사를 담당하여 시행하는 권능이 있으나, 이는 의회의 구성원으로서 의회의 권한행사를 담당하는 권능이지 의원 개인의 자격으로 가지는 권능이 아니므로 의원은 의회의 본회의 및 위원회의 활동과 아무런 관련없이 의원 개인의 자격에서 집행기관의 사무집행에 간섭할 권한이 없으며, 이러한 권한은 법이 규정하는 의회의 권한 밖의 일로서 집행기관과의 권한한계를 침해하는 것이어서 허용될 수 없다."(대법원 1992. 7. 28. 선고 92추31 판결)

부의장의 임기는 전임자의 남은 임기로 한다(동법 제61조). 또한 본회의에서 위원회의 위원을 선임한다(동법 제64조 제3항). 이와 같이 지방의회는 내부의 조직 구성이나 내부운영 및 의회규칙의 제정 등 자율권을 가진다.

6. 지방의회의 회의

지방의회는 매년 2회의 정례회를 개최한다(지방자치법 제53조 제1항). 정례회의 집회일, 그 밖에 정례회 운영에 필요한 사항은 해당 지방자치단체의 조례로 정한다(동조 제2항). 임시회는 지방자치단체의 장이나 조례로 정하는 수 이상의 지방의회 의원이 요구하면 15일 이내에 소집된다(동법 제54조 제3항). 연간 회의 총일수와 정례회 및 임시회의 회기는 해당 지방자치단체의 조례로 정한다(동법 제56조 제2항).

지방의회는 재적의원 3분의 1이상의 출석으로 개의하고, 재적의원 과반수의 출석과 출석의원 과반수의 찬성으로 의결한다(지방자치법 제63조, 제64조). 지방의회의 회의는 공개한다. 다만, 지방의회 의원 3명 이상이 발의하고 출석의원 3분의 2 이상이 찬성한 경우 또는 지방의회 의장이 사회의 안녕질서 유지를 위하여 필요하다고 인정하는 경우에는 공개하지 아니할 수 있다(동법 제75조 제1항). 지방자치단체의 장이나 조례로 정하는 수 이상의 지방의회 의원의 찬성으로 발의한다(동법 제76조).

지방의회의 회의에는 회기계속의 원칙이 적용된다. 즉 지방의회에 제출된 의안은 회기 중에 의결되지 못한 것 때문에 폐기되지 아니한다(지방자치법 제79조). 다만, 지방의회의 임기가 끝나는 경우에는 그러하지 아니하다. 그러나 지방의회에서 부결된 의안을 같은 회기 중에 다시 발의 또는 제출할 수 없다(동법 제80조). 이를 '일사부재의의 원칙'이라 한다. 또한 위원회에서 본회의에 부칠 필요가 없다고 결정된 의안은 본회의에 부칠 수 없다. 다만, 위원회의 결정이 본회의에 보고된 날로부터 본회의 또는 휴회 중의 기간을 제외한 7일 이내에 의장이나 재적의원 3분의 1 이상이 요구하면 그 의안을 본회의에 부쳐야 한다(동법 제81조 제1항). 이러한 요구가 없으면 의안은 폐기된다(동조 제2항).

지방자치법에는 의장이나 의원의 제척에 관한 규정을 두고 있다. 즉 지방의회 의장이나 의원은 본인·배우자·직계존비속 또는 형제자매와 직접 이해관계가 있는 안건에 관하여는 그 의사에 참여할 수 없다(제82조). 또한 지방의회는 회의의 운영에 관하여 지방자치법에서 정한 것을 제외하고 필요한 사항을 '회의규칙'으로 정한다(동법 제83조). 지방의회는 회의록을 작성하고 회의의 진행내용 및 결과와 출석의원의 성명을 적어야 한다(동법 제84조 제1항). 회의록에는 지방의회 의장과 지방의회에서 선출한 지방의회 의원 2명 이상이 서명하여야 한다(동조 제2항).

Ⅱ. 집행기관

1. 지방자치단체의 장

(1) 선출 및 겸임금지

특별시에 특별시장, 광역시에 광역시장, 도에 도지사를 두고, 시에 시장, 군에 군수, 자치구에 구청장을 둔다(지방자치법 제106조). 지방자치단체의 장은 주민의 보통·평등·직접·비밀선거에 의하여 선출된다(동법 제107조). 임기는 4년이며, 계속 재임은 3기에 한한다(동법 제108조). 지방자치단체의 장은 지방자치법 제96조 제1항에 열거하는 직을 겸임할 수 없다(동법 제109조 1항). 즉 ① 대통령, 국회의원, 헌법재판소재판관, 각급 선거관리위원회 위원, 지방의회 의원, ② 국가공무원법 제2조에 규정된 국가공무원과 지방공무원법 제2조에 규정된 지방공무원, ③ 다른 법령의 규정에 따라 공무원의 신분을 가지는 직, ④ 공공기관의 운영에 관한 법률 제4조에 따른 공공기관(한국방송공사, 한국교육방송공사 및 한국은행을 포함한다)의 임직원, ⑤ 농업협동조합, 수산업협동조합, 산림조합, 엽연초생산협동조합, 신용협동조합 및 새마을금고(이들 조합·금고의 중앙회와 연합회를 포함한다)의 임직원, ⑥ 교원, ⑦ 지방공기업법 제2조에 따른 지방공사와 지방공단의 임직원, ⑧ 그 밖에 다른 법률이 겸임할 수 없도록 정하는 직이 여기에 해당한다. 또한 지방자치단체의 장은 재임 중 그 지방자치단체와 영리를 목적으로 하는 거래를 하거나 지방자치단체와 관계있는 영리사업에 종사할 수 없다(동조 제2항).

지방자치단체의 폐치·분합에 따라 새로 지방자치단체의 장을 선거하여야 하는 경우에는 지방자치단체의 장이 선거될 때까지 시·도지사는 행정안전부장관이, 시장·군수·자치구의 구청장은 시·도지사가 각각 그 직무를 대행할 자를 지정하여야 한다(동법 제110조). 다만, 둘 이상 동격의 지방자치단체를 통·

폐합하여 새로운 지방자치단체를 설치하는 경우에는 종전의 지방자치단체의 장 중에서 해당 지방자치단체의 장의 직무를 대행할 자를 지정한다.

(2) 사임 · 퇴직

지방자치단체의 장이 그 직을 사임하고자 할 때에는 해당 지방의회의 의장에게 미리 사임일을 기재한 서면(사임통지서)으로 알려야 한다(지방자치법 제111조 제1항). 지방자치단체의 장은 사임통지서에 기재된 사임일에 사임된다(동조 제2항). 다만, 사임통지서에 기재된 사임일까지 지방의회의 의장에게 사임의 통지가 되지 아니한 경우에는 지방의회의 의장에게 사임통지된 날에 사임된다. 또한 ① 지방자치단체의 장이 겸임할 수 없는 직에 취임한 때, ② 피선거권이 없게 된 때(지방자치단체의 구역이 변경되거나 없어지거나 합한 것 외의 다른 사유로 그 지방자치단체의 구역 밖으로 주민등록을 이전한 때를 포함한다), ③ 지방자치단체의 폐치 · 분합으로 지방자치단체의 장의 직을 상실한 때에는 그 직에서 퇴직한다(동법 제112조).

(3) 지방자치단체의 장의 권한

지방자치단체의 장은 자치단체 대표권 및 사무총괄권, 규칙제정권, 사무의 관리 및 집행권, 직원의 임명권 및 지휘 · 감독권 등을 가진다.

a) 사무총괄 및 대표권(통할대표권)

지방자치단체의 장은 해당 지방자치단체를 대표하고 그 사무를 통할한다(지방자치법 제114조). 지방자치단체의 장이 궐위된 경우, 공소가 제기된 후 구금상태에 있는 경우, 또는 의료법에 따른 의료기관에 60일 이상 계속하여 입원한 경우에는 부단체장(부지사 · 부시장 · 부군수 · 부구청장)이 그 권한을 대행한다(동법 제124조 제1항).

b) 규칙제정권

지방자치단체의 장은 법령 또는 조례가 위임한 범위안에서 그 권한에 속하는 사무에 관하여 규칙을 제정할 수 있다(동법 제28조).

c) 사무의 관리 및 집행권

지방자치단체의 장은 해당 지방자치단체의 사무와 법령에 의하여 그 지방자치단체의 장에게 위임된 사무를 관리하고 집행한다(동법 제116조). 이러한 사무에는 지방의회에 대한 의안 제출, 예산의 집행, 지방세의 부과·징수, 사용료·수수료 등의 징수, 지방의회에의 결산서 제출, 재산의 취득·관리·처분, 공공시설의 설치·관리 등이 있다. 또한 지방자치단체의 장은 조례나 규칙이 정하는 바에 따라 그 권한에 속하는 사무의 일부를 보조기관, 소속 행정기관 또는 하부행정기관에 위임할 수 있으며, 그 권한에 속하는 사무의 일부를 관할 지방자치단체나 공공단체 또는 그 기관(사무소·출장소 포함)에 위탁할 수 있다(동법 제117조 제1항 및 제2항).[54] 또한 조례나 규칙으로 정하는 바에 따라 그 권한에 속하는 사무 중 조사·검사·검정·관리업무 등 주민의 권리·의무와 직접 관련되지 아니하는 사무를 법인·단체 또는 그 기관이나 개인에게 위탁할 수 있다(동조 제3항).

d) 소속 직원의 임면권 및 감독권

지방자치단체의 장은 소속 직원을 지휘·감독하고 법령과 조례·규칙이 정하는 바에 의하여 그 임면·교육훈련·복무·징계 등에 관한 사항을 처리한다(동법 제118조). 이러한 권한은 지방자치단체의 인사고권과 밀접한 관련을 가진다.

e) 주민투표부의권

주민의 권리에서 언급한 바와 같이 지방자치단체의 장은 주민에게 과도한 부담을 주거나 중대한 영향을 미치는 지방자치단체의 주요 결정사항 등에 대하여 주민투표에 붙일 수 있다(동법 제18조 제1항).

f) 선결처분권

지방자치단체의 장은 지방의회가 지방의회 의원이 구속되는 등의 사유로 제73조의 규정에 따른 의결정족수에 미달된 때와 지방의회의 의결사항 중 주민의 생명과 재산 보호를 위하여 긴급하게 필요한 사항으로서 지방의회를 소집할 시간적 여유가 없거나 지방의회에서 의결이 지체되어 의결되지 아니할 때에는 선결처분을 할 수 있다(동법 제122조 제1항). 이에 의한 선결처분은 지체없이 지방의회에 보고하여 승인을 얻어야 한다(동조 제2항).

---

54) 동일한 자치단체 내에서 상급관청이 하급관청에 사무를 위임한 경우에도 위임관청으로서의 수임관청에 대한 지휘·감독권의 범위는 그 사무처리에 관한 처분의 합법성뿐만 아니라 합목적성의 확보에까지 미친다. 따라서 군수의 일반적 지휘·감독을 받는 읍·면장의 위임사무처리에 관한 위법한 처분에 대하여만 군수에게 취소·정지권을 부여하고 부당한 처분에 대하여는 이를 배제한 조례안은 구 지방자치법(95조)에 위배되어 무효이다(대법원 1996. 12. 23. 선고 96추114 판결).

g) 시·도지사의 지휘·감독권

지방자치법에는 지방자치단체의 장의 권한 중 시·도지사의 지휘·감독권을 특별히 규정하고 있다. 위임사무의 지휘·감독권(제185조), 처분 등의 시정명령과 취소·정지권(제188조), 직무이행명령과 대집행(제189조), 자치사무에 대한 감사권(제190조) 등이 그러하다. 이 부분은 지방자치단체에 대한 통제 중 행정기관에 의한 통제에서 상세히 설명하도록 한다.

h) 인사청문요청권

지방자치단체의 장은 일정한 직위 중 조례로 정하는 직위의 후보자에 대하여 지방의회에 인사청문을 요청할 수 있다(제47조의2 제1항). 즉 ① 제123조 제2항에 따라 정무직 국가공무원으로 보하는 부시장·부지사, ② 제주특별자치도 설치 및 국제자유도시 조성을 위한 특별법 제11조에 따른 행정시장, ③ 지방공기업법 제49조에 따른 지방공사의 사장과 같은 법 제76조에 따른 지방공단의 이사장, ④ 지방자치단체 출자·출연 기관의 운영에 관한 법률 제2조 제1항 전단에 따른 출자·출연 기관의 기관장에 해당하는 직위의 후보자가 그 대상이다.

(4) 지방자치단체의 장과 지방의회와의 관계

지방자치단체는 지방의회와 기능적으로 분리되어 견제와 균형의 관계를 유지하고 있다. 우선 지방의회는 의결권, 행정사무 감사 및 조사, 출석·답변요구권, 예산 및 결산에 대한 권한, 조례제정권 등을 통해 지방자치단체의 장을 견제하거나 협력하고 있다. 또한 지방자치단체의 장도 지방의회에 대해 조례안의 공포권과 거부권을 행사할 수 있고, 일정한 경우에는 조례안에 대한 거부권을 행사할 수 있다.

2. 지방자치단체의 장의 보조기관 및 행정기구

(1) 부단체장

특별시의 부시장의 정수는 3명을 넘지 아니하는 범위 안에서 대통령령으로 정한다(지방자치법 제123조 제1항). 광역시의 부시장 및 도와 특별자치도의 부지사의 정수는 2명(인구 800만 이상의 광역시 및 도는 3명)을 초과하지 아니하는 범위 안에서 대통령령으로 정한다. 시의 부시장, 군의 부군수 및 자치구의 부구청장의 정수는 1명으로 한다. 특별시와 광역시 및 특별자치시의 부시장, 도와 특별자치도의 부지사는 대통령령으로 정하는 바에 따라 정무직 또는 일반직국가공무원으로 보한다(동조 제2항). 다만, 특별시와 광역시의 부시장, 도와 특별자치도의 부지사를 2명 또는 3명 이상 두는 경우에 1명은 대통령령이 정하는 바에 따라 정무직·일반직 또는 별정직 지방공무원으로 보하되, 정무직과 별정직 지방공무원으로 보할 때의 자격기준은 해당 지방자치단체의 조례로 정한다.

(2) 행정기구와 공무원

지방자치단체는 행정사무를 분장하기 위하여 필요한 행정기구와 지방공무원을 둔다(지방자치법 제125조 제1항). 또한 행정기구의 설치와 지방공무원의 정원은 인건비 등 대통령령이 정하는 기준에 따라 해당 지방자치단체의 조례로 정한다(동조 제2항). 행정안전부장관은 지방자치단체의 행정기구와 지방공무원의 정원이 적정하게 운영되고 다른 지방자치단체와의 균형이 유지되도록 하기 위하여 필요한 사항을 권고할 수 있다(동조 제3항). 그리고 지방공무원의 임용과 시험·자격·보수·복무·신분보장·징계·교육훈련 등에 관하여는 따로 법률로 정한다(동조 제4항). 한편, 지방자치단체에는 법률이 정하는 바에 의하여 국가공무원을 둘 수 있다(동조 제5항). 여기에서 말하는 국가공무원은 국가공무원법 제32조 제1항 내지 제3항의 규정에 불구하고 5급 이상의 국가공무원 또는 고위공무원단에 속하는 공무원은 해당 지방자치단체의 장의 제청으로 소속장관을 거쳐 대통령이 임명하고, 6급 이하의 국가공무원은 해당 지방자치단체의 장의 제청으로 소속 장관이 임명한다(동조 제6항).

3. 지방자치단체의 소속 행정기관

지방자치법에는 지방자치단체의 소속 행정기관으로 직속기관, 사업소, 출장소, 합의제행정기관 그 밖의 자문기관을 둘 수 있도록 하고 있다. 지방자치단체는 그 소관사무의 범위 안에서 필요한 때에는 대통령령 또는 대통령령이 정하는 바에 의하여 해당 지방자치단체의 조례로 자치경찰기관(제주특별자치도에 한한다), 소방기관, 교육훈련기관, 보건진료기관, 시험연구기관 및 중소기업지도기관 등을 직속기관으로 설치할 수 있다(제126조). 또한 지방자치단체는 특정 업무를 효율적으로 수행하기 위하여 필요하면 대통령령이 정하는 바에 의하여 해당 지방자치단체의 조례로 '사업소'를 설치할 수 있다(제127조). 지방자치단체는 외진 곳의 주민의 편의와 특정지역의 개발촉진을 위하여 필요하면 대통령령이 정하는 바에 의하여 해당 지방자치단체의 조례로 '출장소'를 설치할 수 있다(제128조). 그리고 지방자치단체는 그 소관사무의 일부를 독립하여 수행할 필요가 있는 때에는 법령 또는 해당 지방자치단체의 조례가 정하는 바에 따라 합의제 행정기관을 설치할 수 있다(제129조 제1항). 그 설치·운영에 관하여 필요한 사항은 대통령령이나 지방자치단체의 조례로 정한다(동조 제2항). 그 밖에 지방자치단체는 그 소관사무의 범위 안에서 법령이나 그 지방자치단체의 조례로 정하는 바에 따라 심의회·위원회 등의 자문기관을 설치·운영할 수 있다(동법 제130조 제1항).

4. 하부행정기관

지방자치단체의 장의 하부행정기관으로 자치구가 아닌 구에 구청장, 읍에 읍장, 면에 면장, 동에 동장을 두고 있다(지방자치법 제131조). 이 경우 면·동은 행정면과 행정동을 말한다. 자치구가 아닌 구의 구청장은 일반직 지방공무원으로 보하되 시장이 임명한다(동법 제132조 제1항). 읍장·면장·동장은 일반직 지방공무원으로 보하되 시장·군수·구청장(자치구가 아닌 구의 구청장을 포함한다)이 임명한다(동조 제2항). 그 밖에 지방자치단체는 조례가 정하는 바에 의하여 자치구가 아닌 구와 읍·면·동에 그 소관 행정사무를 분장하기 위하여 필요한 하부행정기구를 둔다(동법 제134조).

Ⅲ. 지방교육자치기관

1. 의 의

지방자치법은 지방자치단체의 교육·과학·기술·체육 그 밖의 학예에 관한 사무를 분장하게 하기 위하여 별도의 기관을 두며, 그 기관의 조직과 운영에 관하여는 따로 법률로 정한다고 규정하고 있다(제135조). 이에 따라 '지방교육자치에 관한 법률'(이하 "지방교육자치법"이라 한다)이 제정되어 있다. 지방교육자치기관에는 교육감, 보조기관 및 소속교육기관 등이 있다. 종전에는 지방자치단체의 교육·학예에 관한 중요사항을 심사·의결하는 교육위원회의 설치에 관한 규정이 있었으나, 지금은 삭제되었다.

2. 교육감

(1) 교육감의 법적 지위

지방교육자치법은 교육 · 과학 · 기술 · 체육 그 밖의 학예(이하 "교육 · 학예"라 한다)에 관한 사무는 특별시 · 광역시 · 도(이하 "시 · 도"라 한다)의 사무로 하고 있다(제2조). 교육감은 이러한 교육 · 학예에 관한 사무의 특별집행기관이다. 또한 국가행정사무 중 시 · 도에 위임하여 시행하는 사무로서 교육 · 학예에 관한 사무는 교육감에게 위임하여 행하고 있다(지방교육자치법 제18조 제1항). 이러한 범위에서 교육감은 국가의 행정기관의 지위를 가진다. 교육감은 교육 · 학예에 관한 소관사무로 인한 소송이나 재산의 등기 등에 대하여 시 · 도를 대표한다(동조 제2항). 교육감의 임기는 4년이며, 계속 재임은 3기에 한한다(동법 제21조).

(2) 교육감의 권한

교육감은 지방자치단체의 교육 · 학예에 관한 사무에 대해 대표권을 가질 뿐만 아니라, 해당 사무를 총괄하고 있다. 즉 교육감은 소속 공무원을 지휘 · 감독하고 법령과 조례 · 교육규칙이 정하는 바에 따라 그 임용 · 교육훈련 · 복무 · 징계 등에 관한 사항을 처리한다(지방교육자치법 제27조).[55]

교육감은 조례 또는 교육규칙이 정하는 바에 따라 그 권한에 속하는 사무의 일부를 보조기관 · 소속 교육기관 또는 하급교육행정기관에 위임할 수 있다(동법 제26조 제1항). 또한 그 권한에 속하는 사무 중 조사 · 검사 · 검정 · 관리 등 주민의 권리 · 의무와 직접 관계되지 않는 사무를 법인 · 단체 또는 그 기관이나 개인에게 위탁할 수 있다(동조 제3항). 그리고 교육감은 법령 또는 조례의 범위 안에서 그 권한에 속하는 사무에 관하여 '교육규칙'을 제정할 수 있다(동법 제25

---

55) 교육감은 ① 조례안의 작성 및 제출에 관한 사항, ② 예산안의 편성 및 제출에 관한 사항, ③ 결산서의 작성, ④ 교육규칙의 제정, ⑤ 학교, 그 밖의 교육기관의 설치 · 이전 및 폐지에 관한 사항, ⑥ 교육과정의 운영에 관한 사항, ⑦ 과학 · 기술교육의 진흥에 관한 사항, ⑧ 평생교육, 그 밖의 교육 · 학예진흥에 관한 사항, ⑨ 학교체육 · 보건 및 학교환경정화에 관한 사항, ⑩ 학생통학구역에 관한 사항, ⑪ 교육 · 학예의 시설 · 설비 및 교구(敎具)에 관한 사항, ⑫ 재산의 취득 · 처분에 관한 사항, ⑬ 특별부과금 · 사용료 · 수수료 · 분담금 및 가입금에 관한 사항, ⑭ 기채(起債) · 차입금 또는 예산 외의 의무부담에 관한 사항, ⑮ 기금의 설치 · 운용에 관한 사항, ⑯ 소속 국가공무원 및 지방공무원의 인사관리에 관한 사항, ⑰ 그 밖에 당해 시 · 도의 교육 · 학예에 관한 사항과 위임된 사항 등의 사무를 관장 · 집행하는 권한을 가진다(지방교육자치법 제20조).

조). 교육감은 교육 · 학예에 관한 시 · 도의회의 의결이 법령에 위반되거나 공익을 현저히 저해한다고 판단될 때에는 이에 대해 재의요구를 할 수 있다. 또한 재의결된 사항이 법령에 위반된다고 판단될 때에는 재의결된 날부터 20일 이내에 대법원에 제소할 수 있다(동법 제28조 참조). 그 밖에 교육감은 시 · 도의회가 성립되지 아니한 때, 학생의 안전과 교육기관 등의 재산보호를 위하여 긴급하게 필요한 사항으로서 시 · 도의회가 소집될 시간적 여유가 없거나 시 · 도의회에서 의결이 지체되어 의결되지 않는 때에는 선결처분을 할 수 있다(동법 제29조 제1항). 이러한 선결처분은 지체없이 시 · 도의회에 보고하여 승인을 얻어야 한다(동조 제2항).

3. 교육감의 보조기관

교육감 소속 하에 국가공무원으로 부교육감 1인을 두며, 부교육감은 시 · 도 교육감이 추천한 자를 교육부장관의 제청으로 국무총리를 거쳐 대통령이 임명한다(지방교육자치법 제30조 제2항). 부교육감은 교육감을 보좌하여 사무를 처리하며, 교육감에게 사고가 있을 때에는 그 직무를 대리한다(동조 제3항). 교육감의 권한대행 · 직무대리에 관하여 지방자치법 제111조의 규정을 준용한다(동법 제31조). 교육감은 그 소관사무의 범위 안에서 필요한 때에는 대통령령과 조례가 정하는 바에 따라 교육기관을 설치할 수 있다(동법 제32조). 그 밖에 시 · 도의 교육 · 학예에 관한 사무를 분장하기 위하여 1개 또는 2개 이상의 시 · 군 및 자치구를 관할구역으로 하는 하급교육행정기관으로서 '교육지원청'을 둔다(동법 제34조). 교육지원청에 '교육장'을 두되 장학관으로 보한다(동조 제3항). 교육장은 시 · 도의 교육 · 학예에 관한 사무 중 공 · 사립의 유치원, 초등학교, 중학교, 고등공민학교 및 이에 준하는 각종학교의 운영 · 관리에 관한 지도 · 감독, 그 밖에 조례로 정하는 사무를 위임받아 분장한다(동법 제35조).

제5절 지방자치단체의 주민

Ⅰ. 주민의 의의

지방자치단체는 주민을 구성요소로 한다. 지방자치법에는 주민의 자격에 관한 규정을 두고 있다. 즉 "지방자치단체의 구역에 주소를 가진 자"를 주민으로 규정하고 있다(지방자치법 제16조). 지방자치단체의 주민은 일정한 장소에 주소를 가진 일반주민과 참정권의 주체로서의 주민(공민)으로 구분되고 있다.56) 이러한 구분은 독일에서 유래된 것이다. 독일에서는 게마인데(Gemeinde)에 주소를 가진 자를 일반주민(Einwohner)으로 보고 있으며, 지방자치단체의 선거권을 가진 자를 공민(Bürger)으로 보고 있다. 일반주민은 어느 정도 안정성을 가진 장소에서 사실상 거주하는 것으로 충분하며, 아동인지 청소년인지 또는 외국인인지 무국적자인지를 묻지 아니 한다. 독일에서 말하는 공민에는 독일국적을 가진 자뿐만 아니라 유럽연합의 시민도 포함된다.57) 지방자치법상 주민에 관한 규정은 거주민을 의미한다. 이러한 주민에는 다양한 권리와 의무가 규정되어 있다. 민법의 규정에 따라 자연인의 주소는 "생활의 근거되는 곳"을, 그리고 법인의 주소는 "주된 사무소의 소재지"를 기준으로 한다. 실질적으로 주민을 판단하는 중요한 근거는 주민등록법상 '주민등록지'가 된다. 이에 반해 공민은 원칙적으로 18세 이상의 국민이어야 하며, 외국인은 출입국관리법 제10조에 따른 영주의 체류자격 취득일 후 3년이 경과한 외국인으로서 해당 지방자치단체의 외국인등록대장에 올라 있는 사람은 지방자치단체의 의회의원 및 장의 선거권을 가진다(공직선거법 제15조 제2항).

Ⅱ. 주민의 권리

지방자치단체의 주민은 정책참여권, 공공시설이용권, 참정권(선거권과 피선거

56) 김남진, 전게서(Ⅱ), 90-92면 이하.

57) 이에 대해서는 Röhl, in: Schoch(Hg.), Besonderes Verwaltungsrecht, Kap. 2 Rn. 12; Burgi, Kommunalrecht, 6. Aufl., § 11 Rn. 2.

권), 주민투표권, 조례의 제정·개폐 청구권, 주민감사청구권, 주민소송청구권, 주민소환권 등을 가진다. 지방자치법 제2장에서는 이러한 주민의 권리를 상세히 규정하고 있다. 그 밖에 지방자치단체의 주민은 법령이 정하는 바에 따라 행정쟁송제기권, 손실보상청구권, 손해배상청구권, 청문권, 지방의회방청권, 공문서열람권 등을 향유한다.

1. 참정권

주민은 법령이 정하는 바에 따라 그 지방자치단체에서 시행되는 지방의회의원 및 지방자치단체의 장의 선거에 참여할 권리를 가진다(지방자치법 제17조 제3항). 18세 이상으로서 선거인명부작성기준일 현재 거주자로서 주민등록법상 해당 지방자치단체의 관할 구역에 주민등록이 되어 있는 사람, 재외국민으로서 주민등록표에 3개월 이상 계속하여 올라 있고 해당 지방자치단체의 관할구역에 주민등록이 되어 있는 사람, 출입국관리법 제10조에 따른 영주의 체류자격 취득일 후 3년이 경과한 외국인으로서 같은 법 제34조에 따라 해당 지방자치단체의 외국인등록대장에 올라 있는 사람은 그 구역에서 선거하는 지방자치단체의 의회의원 및 장의 선거권을 가진다(공직선거법 제15조 제2항). 또한 선거일 현재 계속하여 60일 이상 해당 지방자치단체의 관할구역 안에 주민등록이 되어 있는 주민으로서 18세 이상의 국민은 그 지방의회의원 및 지방자치단체의 장의 피선거권을 가진다(동법 제16조 제3항).

2. 공공시설의 이용권

주민은 법령으로 정하는 바에 따라 소속 지방자치단체의 재산과 공공시설을 이용할 권리를 가진다(지방자치법 제17조 제2항 전단). 공공시설이란 지방자치단체가 설치·관리하는 시설로써 주민의 편의나 복리 증진을 위해 제공되는 것을 말한다. 이러한 공공시설에는 공물이나 영조물 등이 모두 포함된다. 지방자치단체가 설립한 공기업에 의해 운영되는 시설도 이러한 공공시설에 포함된다(수도시설이나 교통시설 등). 또한 여기에서 말하는 "재산"은 주민들이 이용하는 것을 의미하므로 사실상 '공공시설'과 같은 의미로 해석된다. 주민은 보통사용, 허가사용, 특허사용, 공법상 계약 또는 사법상 계약 등 다양한 형식으로 공공시설을 이용하고 있다. 또한 공공시설은 수용능력이나 정원 등에 의해 사실상 제한을 받는다.

3. 행정의 균등한 수혜권

주민은 지방자치단체로부터 균등하게 행정의 혜택을 받을 권리를 가진다(지방자치법 제17조 제2항 후단). 지방자치법 제13조 제1항 전단은 '공공시설'의 이용권을 의미하지만, 후단에서 말하는 "행정"은 주로 '행정서비스' 내지 '공공서비스'를 말한다. 따라서 합리적 이유 없이 공공서비스의 이용에서 배제되거나 차별을 받아서는 아니된다는 것을 규정한 것이다.

4. 조례의 제정 · 개정 · 폐지 청구권

주민은 해당 지방자치단체의 장에게 조례를 제정하거나 개정하거나 폐지할 것을 청구할 수 있다(지방자치법 제19조 제1항). 이 제도는 1999년 8월 31일 지방자치법 개정을 통해 새로이 도입되었다. 조례의 제정 및 개폐 청구권자는 18세 이상의 주민(공직선거법 제18조의 규정에 의한 선거권이 없는 자는 제외한다)이다(주민조례발안에 관한 법률 제2조). 현행 지방자치법에는 조례의 제정 및 개폐의 대상에 대하여 아무런 규정을 두고 있지 않다. 다만, 구법에는 ① 법령을 위반하는 사항, ② 지방세 · 사용료 · 수수료 · 부담금의 부과 · 징수 또는 감면에 관한 사항, ③ 행정기구를 설치하거나 변경하는 것에 관한 사항 또는 공공시설의 설치를 반대하는 사항은 청구대상에서 제외하고 있었다(구 지방자치법 제15조 제2항). 그러나 2021년 1월 12일 지방자치법의 개정에 의해 조례의 제정과 개정 · 폐지 청구권에 관한 규정은 지방자치법에서 분리하여 별도의 법률에서 정하도록 하였다(지방자치법 제19조 제2항). 이에 '주민조례발안에 관한 법률'이 제정되었다. 위에서 언급된 주민조례청구 제외대상은 주민조례발안에 관한 법률 제4조에서 규정하고 있다.

5. 주민투표권

(1) 주민투표권의 의의 및 대상

지방자치단체의 장은 주민에게 과도한 부담을 주거나 중대한 영향을 미치는 지방자치단체의 주요 결정사항 등에 대하여 주민투표에 붙일 수 있다(지방자치법 제18조 제1항). 주민투표의 대상 · 발의자 · 발의요건, 그 밖의 투표절차 등에 관하여는 따로 법률로 정한다(동조 제2항). 이에 따라 2004년 1월 29일 '주민투표법'이 제정되었다.[58] 그러나 주민투표법 제7조 제1항에는 주민투표의 대상을 "주민에게 과도한 부담을 주거나 중대한 영향을 미치는 지방자치단체의 주요결정사항으로서 그 지방자치단체의 조례로 정하는 사항"이라고 규정하고 있다. 이러한 주민투표법의 규정이 지방자치법보다 주민투표의 대상을 제한하여 주민의 주민투표권을 침해하는지가 문제이지만, 이러한 사항을 조례에서 구체적으로 규정하라는 의미로 해석하는 것이 합리적이다. 헌법재판소는 지방자치법 제14조가 주민투표에 관한 구체적 절차와 사항에 관하여 따로 법률로 정하도록 하였다 하더라도 국회에 주민투표에 관한 헌법상 입법의무는 발생하지 않는다고 결정하였다.[59] 지금은 전술한 바와 같이 '주민투표법'이 별도로 제정되어 있다.

(2) 주민투표의 한계

주민투표법에는 주민투표의 대상이 되지 않는 사항을 규정하고 있다. 즉 ① 법령에 위반되거나 재판중인 사항, ② 국가 또는 다른 지방자치단체의 권한 또는 사무에 속하는 사항, ③ 지방자치단체의 예산·회계·계약 및 재산관리에 관한 사항과 지방세·사용료·수수료·분담금 등 각종 공과금의 부과 또는 감면에 관한 사항, ④ 행정기구의 설치·변경에 관한 사항과 공무원의 인사·정원 등 신분과 보수에 관한 사항, ⑤ 다른 법률에 의하여 주민대표가 직접 의사결정주체로서 참여할 수 있는 공공시설의 설치에 관한 사항(다만, 제9조 제5항의 규정에 의하여 지방의회가 주민투표의 실시를 청구하는 경우에는 그러하지 아니하다), ⑥ 동일한 사항(그 사항과 취지가 동일한 경우를 포함한다)에 대하여 주민투표가 실시된 후 2년이 경과되지 아니한 사항은 주민투표에 붙일 수 없다(주민투표법 제7조 제2항).

(3) 주민투표의 청구

지방자치단체의 관할구역에 주민등록이 되어 있는 19세 이상의 주민과 외국인 중 출입국관리 관계 법령의 규정에 의해 대한민국에 계속 거주할 수 있는 자격을 갖춘 자로서 지방자치단체의 조례가 정하는 자는 주민투표권을 가진다(주민투표법 제5조). 지방자치단체의 장은 주민 또는 지방의회의 청구에 의하거나

58) 김중권, "주민투표법안의 문제점에 관한 소고", 공법연구 제32집 제3호, 87면 이하 참조.
59) 헌재 2001. 6. 28. 2000헌마735(전원재판부), 판례집 13-1, 1431.

직권에 의하여 주민투표를 실시할 수 있다(주민투표법 제9조 제1항). 주민투표청구권자는 주민투표청구권자 총수의 20분의 1 이상 5분의 1 이하의 범위 안에서 지방자치단체의 조례로 정하는 수 이상의 서명으로 그 지방자치단체의 장에게 주민투표의 실시를 청구할 수 있다(동조 제2항). 주민투표는 특정한 사항에 대하여 찬성 또는 반대의 의사표시를 하거나 두 가지 사항 중 하나를 선택하는 형식으로 실시하여야 한다(주민투표법 제15조). 원칙적으로 관할 구역 전체를 대상으로 주민투표를 실시하여야 하나, 특정한 지역 또는 주민에게만 동의를 얻어 관계 시·군·구 또는 읍·면·동만을 대상으로 실시할 수도 있다(주민투표법 제16조).

주민투표부의권은 지방자치단체의 장의 재량사항으로 규정되어 있다(지방자치법 제14조, 주민투표법 제7조 등). 이 경우 지방자치단체의 장이 주민투표법상 소정의 요건을 갖춘 주민의 주민투표 청구를 거부할 수 있는지가 문제이다. 주민투표는 특정한 사안에 대한 결정투표가 아니라 임의적 또는 자문적 성격을 가진 것으로 보는 것이 타당하다.[60] 대법원도 주민투표의 법적 성질을 "공동결정적 주민투표"가 아니라 "임의적·자문적 성격"을 지닌 것으로 보고 있다.[61] 이러한 주민투표의 성격에 비추어 원칙적으로 지방자치단체의 거부가 불가능한 것은 아니다. 지방자치법상 주민투표권의 본질에 비추어 주민에게 과도한 부담을 주거나 중대한 영향을 미치는 사항으로서 조례로 정하고 있는 사항에 대해서는 재량이 감축된다고 해석하는 것이 바람직하다. 주민투표의 실시를 거부한다고 하더라도 이를 강제할 수 있는 방법은 없지만, 재량권의 해태나 남용을 다툴 수 있다. 지방자치단체의 장은 실시된 주민투표의 결과에 대해서도 구속되지 아니한다.

한편, 중앙행정기관의 장은 미리 행정안전부장관과 협의하여 지방자치단체의 폐치·분합 또는 구역변경, 주요시설의 설치 등 국가정책의 수립에 관하여 주민의 의견을 듣기 위하여 필요하다고 인정하는 때에는 주민투표의 실시구역을

60) 김중권, 전게논문, 98면.
61) "지방자치법 제13조의2의 규정에 의하면, 지방자치단체의 장은 어떠한 사항이나 모두 주민투표에 붙일 수 있는 것은 아니고, 지방자치단체의 폐치·분합 또는 주민에게 과도한 부담을 주거나 중대한 영향을 미치는 지방자치단체의 주요결정사항 등에 한하여 주민투표를 붙일 수 있도록 하여 그 대상을 한정하고 있음을 알 수 있는바, 위 규정의 취지는 지방자치단체의 장이 권한을 가지고 결정할 수 있는 사항에 대하여 주민투표에 붙여 주민의 의사를 물어 행정에 반영하려는 데에 있다."(대법원 2002. 4. 26. 선고 2002추23 판결)

정하여 관계 지방자치단체의 장에게 주민투표의 실시를 요구할 수 있다(주민투표법 제8조).

(4) 주민투표결과의 확정 및 불복절차

주민투표에 부쳐진 사항은 주민투표권자 총수의 3분의 1 이상의 투표와 유효투표수 과반수의 득표로 확정된다(주민투표법 제24조 제1항). 다만, 전체 투표수가 주민투표권자 총수의 3분의 1에 미달되거나, 주민투표에 부쳐진 사항에 관한 유효득표수가 동수인 경우에는 찬성과 반대 양자를 모두 수용하지 아니하거나, 양자택일의 대상이 되는 사항 모두를 선택하지 아니하기로 확정된 것으로 본다. 또한 전체 투표수가 주민투표권자 총수의 3분의 1에 미달되는 때에는 개표를 하지 아니한다. 지방자치단체의 장 및 지방의회는 주민투표결과에 따라 확정된 내용대로 행정·재정상의 필요한 조치를 취해야 한다(동조 제5항). 주민투표결과에 따라 확정된 사항에 대하여는 2년 이내에 이를 변경하거나 새로운 결정을 할 수 없다(동조 제6항).

주민투표의 효력에 대하여 이의가 있는 주민투표권자는 주민투표권자 총수의 100분의 1 이상의 서명으로 주민투표법 제24조 제3항의 규정에 의하여 주민투표결과가 공표된 날부터 14일 이내에 관할 선거관리위원회 위원장을 피소청인으로 하여 시·군 및 자치구에 있어서는 특별시·광역시·도 선거관리위원회에, 특별시·광역시 및 도에 있어서는 중앙선거관리위원회에 소청할 수 있다(주민투표법 제25조 제1항). 이러한 소청에 대한 결정에 관하여 불복이 있는 소청인은 관할 선거관리위원회위원장을 피고로 하여 그 결정서를 받은 날(결정서를 받지 못한 때에는 결정기간이 종료된 날을 말한다)부터 10일 이내에 특별시·광역시 및 도에서는 대법원에, 시·군 및 자치구에서는 관할 고등법원에 소를 제기할 수 있다(동조 제2항).

6. 주민의 감사청구권

(1) 감사청구권의 내용과 제한

주민의 감사청구권 제도는 1991년 8월 31일 지방자치법의 개정을 통해 도입되었다. 2021년 1월 12일 지방자치법의 개정에 의하여 주민의 감사청구 요건이 완화되었다. 개정된 지방자치법 제21조는 주민의 권익침해에 대한 실질적인 구제수단이 될 수 있도록 운영하기 위해 감사청구연령 기준을 종전의 19세에서 18세로 낮추고, 청구주민의 수 기준을 시·도의 경우 종전의 500명 이내에서 조례로 정하는 수에서 300명 이내에서 조례로 정하는 수로 하여 변경하였다. 또한 주민 감사청구를 사무처리가 있었던 날이나 끝난 날부터 2년 이내에 제기하도록 하던 것을 3년 이내에 제기할 수 있도록 제기기간을 연장하였다.

주민은 지방자치단체와 그 장의 권한에 속하는 사무의 처리가 법령에 위반되거나 공익을 현저히 해친다고 인정되면 감사를 청구할 수 있다(지방자치법 제21조 제1항). 즉 지방자치단체의 18세 이상의 주민은 시·도는 300명, 제175조에 따른 50만 이상 대도시는 200명, 그 밖의 시·군 및 자치구는 150명을 초과하지 아니하는 범위 안에서 그 지방자치단체의 조례가 정하는 18세 이상의 주민수 이상의 연서(連署)로 시·도에 있어서는 주무부장관에게, 시·군 및 자치구에 있어서는 시·도지사에게 감사를 청구할 수 있다. 그러나 ① 수사 또는 재판에 관여하게 되는 사항, ② 개인의 사생활을 침해할 우려가 있는 사항, ③ 다른 기관에서 감사하였거나 감사중인 사항(다만, 다른 기관에서 감사한 사항이라도 새로운 사항이 발견되거나 중요사항이 감사에서 누락된 경우는 제외), ④ 동일한 사항에 대하여 지방자치법 제22조 제2항 각 호의 어느 하나에 해당하는 소송이 계속 중이거나 그 판결이 확정된 사항은 감사청구의 대상에서 제외한다(동조 제1항 단서). 이러한 감사청구는 사무처리가 있었던 날이나 끝난 날부터 3년이 지나면 제기할 수 없다(동조 제2항).

(2) 감사청구의 법적 효과

주무부장관 또는 시·도지사는 감사청구를 수리한 날로부터 60일 이내에 감사 청구된 사항에 대하여 감사를 끝내야 하며, 그 감사결과를 청구인의 대표자와 해당 지방자치단체의 장에게 서면으로 알리고 공표하여야 한다(지방자치법 제21조 제9항). 다만, 그 기간 내에 감사를 종료하기가 어려운 정당한 사유가 있는 때에는 그 기간을 연장할 수 있다. 이 경우 이를 미리 청구인의 대표자와 해당 지방자치단체의 장에게 알리고, 공표하여야 한다.

주무부장관이나 시·도지사는 주민이 감사를 청구한 사항이 다른 기관에서 이미 감사한 사항이거나 감사 중인 사항이면 그 기관에서 실시한 감사결과 또는 감사 중인 사실과 감사가 끝난 후 그 결과를 알리겠다는 사실을 청구인의 대표자와 해당 기관에 지체 없이 알려야 한다(동조 제10항). 주무부장관이나 시 · 도지사는 주민 감사청구를 처리(각하를 포함한다)할 때 청구인의 대표자에게 반드시 증거 제출 및 의견 진술의 기회를 주어야 한다(동조 제11항). 주무부장관이나 시 · 도지사는 제3항에 따른 감사결과에 따라 기간을 정하여 해당 지방자치단체의 장에게 필요한 조치를 요구할 수 있다. 이 경우 그 지방자치단체의 장은 이를 성실히 이행하여야 하고 그 조치결과를 지방의회와 주무부장관 또는 시 · 도지사에게 보고하여야 한다(동조 제12항). 주무부장관이나 시 · 도지사는 제6항에 따른 조치요구내용과 지방자치단체의 장의 조치결과를 청구인의 대표자에게 서면으로 알리고, 공표하여야 한다(동조 제13항).

7. 주민소송청구권

(1) 주민소송의 의의 및 대상

주민소송제도는 주민의 직접참여에 의한 지방행정의 공정성과 투명성을 보장하기 위하여 2005년 1월 27일 지방자치법의 개정에 따라 도입되었다. 주민소송은 지방자치법 제21조 제1항에 따라 공금의 지출에 관한 사항, 재산의 취득 · 관리 · 처분에 관한 사항, 해당 지방자치단체를 당사자로 하는 매매 · 임차 · 도급 계약이나 그 밖의 계약의 체결 이행에 관한 사항 또는 지방세 · 사용료 · 수수료 · 과태료 등 공금의 부과 · 징수를 게을리한 사항을 감사청구한 주민이 일정한 경우에 감사청구한 사항과 관련 있는 위법한 행위나 업무를 게을리 한 사실에 대하여 해당 지방자치단체의 장(해당 사항의 사무처리에 관한 권한을 소속기관의 장에게 위임한 경우에는 그 소속기관의 장을 말한다)을 피고로 하여 제기하는 것이다.

주민소송을 제기할 수 있는 사유로는 ① 주무부장관 또는 시 · 도지사가 감사청구를 수리한 날부터 60일(제21조 제9항 단서의 규정에 의하여 감사기간이 연장된 경우에는 연장기간이 끝난 날을 말한다)이 지나도 감사를 끝내지 아니한 경우, ② 제21조 제9항 및 제10항의 규정에 의한 감사결과 또는 같은 조 제12항의 규정에 의한 조치요구에 불복하는 경우, ③ 제21조 제12항의 규정에 의한 주무부장관 또는 시 · 도지사의 조치요구를 지방자치단체의 장이 이행하지 아니한 경우, ④ 제21조 제12항의 규정에 따른 지방자치단체의 장의 이행조치에 불복하는 경우이다(지방자치법 제21조 제1항).

(2) 주민소송의 유형

지방자치법에는 4가지 유형의 주민소송을 규정하고 있다(제22조 제2항). 여기에는 ① 해당 행위를 계속할 경우 회복하기 어려운 손해를 발생시킬 우려가 있는 경우에 그 행위의 전부 또는 일부의 중지를 구하는 소송, ② 행정처분인 해당 행위의 취소 또는 변경을 구하거나 효력의 유무 또는 존재여부의 확인을 구하는 소송, ③ 게을리한 사실의 위법확인을 구하는 소송, ④ 해당 지방자치단체의 장 및 직원, 지방의회 의원, 해당 행위와 관련이 있는 상대방에게 손해배상청구 또는 부당이득반환청구를 할 것을 요구하는 소송(다만, 당해 지방자치단체의 직원이 회계관계직원 등의 책임에 관한 법률 제4조의 규정에 의하여 변상책임을 져야 하는 경우에는 해당 변상명령을 할 것을 요구하는 소송을 말한다)이 있다. 한편, 위에 언급한 ①의 중지청구소송은 해당 행위를 중지할 경우 생명이나 신체에 중대한 위해가 생길 우려가 있거나 그 밖에 공공복리를 현저하게 저해할 우려가 있으면 제기될 수 없다.

(3) 주민소송의 제기 절차 및 종료

주민소송은 감사청구를 수리한 날부터 60일이 종료된 날, 감사결과 또는 조치요구내용에 대한 통지를 받은 날, 해당 조치를 요구할 때에 지정한 처리기간이 끝난 날 또는 해당 이행 조치결과에 대한 통지를 받은 날부터 90일 이내에 제기하여야 한다(지방자치법 제22조 제4항). 주민소송이 진행 중이면 다른 주민은 같은 사항에 대하여 별도의 소송을 제기할 수 없다고 규정되어 있다(동조 제5항). 이 규정은 소송경제적 측면과 남소의 방지 등을 고려한 것이다. 소송의 계속(繫屬) 중에 소송을 제기한 주민이 사망하거나 제16조의 규정에 의한 주민의 자격을 잃은 때에는 소송절차는 중단된다(동조 제6항). 감사청구에 연서한 다른 주민은 제6항의 규정에 의한 사유가 발생한 사실을 안 날부터 6개월 이내에 소송절차를 수계(受繼)할 수 있다. 만약 이 기간 이내에 수계절차가 이루어지지 아니할 경우 그 소송절차는 종료된다(동조 제7항). 주민소송에서 당사자는 법원의 허가 없이 소의 취하, 소송의 화해 또는 청구의 포기를 할 수 없다(동조 제14항). 이 경우 법원은 이러한 허가를 하기 전에 감사청구에 연서한 다른 주민에게 이를 알려야 하며, 알린 때부터 1개월 이내에 허가 여부를 결정하여야 한다(동조 제15항).

(4) 손해배상금 등 지불청구와 변상명령

주민소송을 통해 지방자치단체의 장(해당 사항의 사무처리에 관한 권한을 소속 기관의 장에게 위임한 경우에는 그 소속 기관의 장을 말한다)은 지방자치법 제22조 제2항 제4호 본문에 따른 소송에 대하여 손해배상청구나 부당이득반환청구를 명하는 판결이 확정되면 그 판결이 확정된 날부터 60일 이내를 기한으로 하여 당사자에게 그 판결에 따라 결정된 손해배상금이나 부당이득반환금의 지불을 청구하여야 한다(지방자치법 제23조 제1항 본문). 다만, 손해배상금이나 부당이득반환금을 지불하여야 할 당사자가 지방자치단체의 장이면 지방의회 의장이 지불을 청구하여야 한다. 이러한 지불청구를 받은 자가 위 기한 내에 손해배상금이나 부당이득반환금을 지불하지 아니하면 손해배상이나 부당이득반환의 청구를 목적으로 하는 소송을 제기하여야 한다(동조 제2항). 이 경우 그 소송의 상대방이 지방자치단체의 장이면, 그 지방의회 의장이 그 지방자치단체를 대표한다.

지방자치단체의 장은 지방자치법 제22조 제2항 제4호 단서에 따른 소송에 대하여 변상할 것을 명하는 판결이 확정되면 그 판결이 확정된 날부터 60일 이내를 기한으로 하여 당사자에게 그 판결에 따라 결정된 금액을 변상할 것을 명령하여야 한다(동법 제24조 제1항). 이 경우 변상명령을 받은 자가 기한 내에 변상금을 지불하지 아니하면 지방세 체납처분의 예에 따라 징수할 수 있다(동조 제2항). 또한 이러한 변상명령을 받은 자가 이에 불복하는 경우에는 행정소송을 제기할 수 있지만, 행정심판법에 따른 행정심판청구를 제기할 수 없다(동조 제3항).

8. 주민소환권

(1) 주민소환권의 의의

주민은 그 지방자치단체의 장 및 지방의회 의원(비례대표지방의회의원을 제외한다)을 소환할 권리를 가진다(지방자치법 제20조). 지방자치법에 근거하여 2006년 5월 24일 법률 제7958호로 '주민소환에 관한 법률'(이하 "주민소환법"이라 한다)이 제정되었으며, 2007년 5월 25일부터 시행되고 있다. 주민소환에 관한 법률은 주민의 직접참여를 확대하고 지방행정의 민주성·책임성을 제고하기 위해 주민소환의 투표청구권자, 청구요건, 절차 및 효력 등을 규정하고 있다(제1조).

주민소환법에는 주민소환의 청구사유에 대하여 아무런 제한을 두고 있지 않다. 이와 관련하여 헌법소원이 제기되었는데, 주민소환 청구사유에 제한을 두지 아니한 주민소환법 제7조 제1항 제3호 중 '지역선거구자치구의회의원' 부분이 청구인의 공무담임권을 침해한다는 것이 중요한 쟁점이었다. 이에 대해 헌법재판소는 청구사유를 제한하지 아니한 입법자의 판단이 현저하게 잘못되었다고 볼 사정이 없으며, 이 사건 법률조항이 과잉금지의 원칙을 위반하여 청구인의 공무담임권을 침해하지 아니한다고 결정하였다.[62)]

(2) 주민소환투표권자 및 주민소환투표의 청구

a) 주민소환투표권자

주민소환법 제4조 제1항의 규정에 의한 주민소환투표인명부 작성기준일 현재 ① 19세 이상의 주민으로서 당해 지방자치단체 관할구역에 주민등록이 되어 있는 자(공직선거법 제18조의 규정에 의하여 선거권이 없는 자를 제외한다), ② 19세 이상의 외국인으로서 출입국관리법 제10조의 규정에 따른 영주의 체류자격 취득일 후 3년이 경과한 자 중 같은 법 제34조의 규정에 따라 당해 지방자치단체 관할구역의 외국인등록대장에 등재된 자는 주민소환투표권을 가진다(주민소환법 제3조 제1항). 주민소환투표권자의 연령은 주민소환투표일 현재를 기준으로 계산한다(동조 제2항).

b) 주민소환투표의 청구

주민소환법 제3조 소정의 주민소환투표권자는 그 구체적 소환사유를 작성하

---

62) "대의민주주의 아래에서 대표자에 대한 선출과 신임은 선거의 형태로 이루어지는 것이 바람직하고, 주민소환은 대표자에 대한 신임을 묻는 것으로서 그 속성은 재선거와 다를 바 없으므로 선거와 마찬가지로 그 사유를 묻지 않는 것이 제도의 취지에 부합한다. 또한, 주민소환제는 역사적으로도 위법·탈법행위에 대한 규제보다 비민주적·독선적행위에 대한 광범위한 통제의 필요성이 강조되어 왔으므로 주민소환의 청구사유에 제한을 둘 필요가 없고, 또 업무의 광범위성이나 입법기술적 측면에서 소환사유를 구체적으로 적시하는 것도 쉽지 않다. 다만, 청구사유에 제한을 두지 않음으로써 주민소환제가 남용될 소지는 있으나, 법에서 그 남용의 가능성을 제도적으로 방지하고 있을 뿐만 아니라, 현실적으로도 시민의식 또한 성장하여 남용의 위험성은 점차 줄어들 것으로 예상할 수 있다. 그리고 청구사유를 제한하는 경우 그 해당여부를 사법기관에서 심사하는 것이 과연 가능하고 적정한지 의문이고, 이 경우 절차가 지연됨으로써 조기에 문제를 해결하지 못할 위험성이 크다 할 수 있으므로 법이 주민소환의 청구사유에 제한을 두지 않는 데에는 상당한 이유가 있고, 입법자가 주민소환제 형성에 있어서 반드시 청구사유를 제한하여야 할 의무가 있다고 할 수도 없으며, 달리 그와 같이 청구사유를 제한하지 아니한 입법자의 판단이 현저하게 잘못되었다고 볼 사정 또한 찾아볼 수 없다. 따라서 이 사건 법률조항은 과잉금지의 원칙에 위배하여 청구인의 공무담임권을 침해한다고 볼 수 없다."(헌재 2011. 3. 31. 2008헌마355, 판례집 23-1상, 387)

여 관할 선거관리위원회에 주민소환투표의 실시를 청구할 수 있다(주민소환법 제7조). 이 경우 ① 특별시장 · 광역시장 · 도지사(이하 "시 · 도지사"라 한다)는 당해 지방자치단체의 주민소환투표청구권자 총수의 100분의 10이상, ② 시장 · 군수 · 자치구의 구청장은 당해 지방자치단체의 주민소환투표청구권자 총수의 100분의 15이상, ③ 지역선거구 시 · 도의회 의원(이하 "지역구시 · 도의원"이라 한다) 및 지역선거구 자치구 · 시 · 군의회의원(이하 "지역구자치구 · 시 · 군의원"이라 한다)은 당해 지방의회의원의 선거구 안의 주민소환투표청구권자 총수의 100분의 20 이상의 주민의 서명을 받아야 한다.

(3) 주민소환투표청구의 대상자

주민소환투표청구의 대상자는 지방자치단체의 장 및 지방의회 의원이다(주민소환법 제7조 제1항 참조). 그러나 '제주특별자치도 설치 및 국제자유도시 조성을 위한 특별법'은 도지사, 제주특별자치도의회 의원 외에 제주특별자치도 교육감에 대하여도 주민소환투표를 실시할 수 있다고 규정하고 있다(동법 제31조 제1항).

그러나 주민소환투표청구를 함에 있어서 ① 선출직 지방공직자의 임기개시일부터 1년이 경과하지 아니한 때, ② 선출직 지방공직자의 임기만료일부터 1년 미만일 때, ③ 해당선출직 지방공직자에 대한 주민소환투표를 실시한 날부터 1년 이내인 때에는 주민소환투표의 실시를 청구할 수 없다(주민소환법 제8조).

(4) 주민소환투표의 절차

관할 선거관리위원회는 주민소환투표청구가 적법하다고 인정하는 경우에는 지체 없이 그 요지를 공표하고, 소환청구인대표자 및 해당선출직 지방공직자에게 그 사실을 통지하여야 한다(주민소환법 제12조 제1항). 또한 통지를 받은 선출직 지방공직자에 대한 주민소환투표를 발의하고자 하는 때에는 주민소환법 제14조 제2항의 규정에 의한 주민소환투표대상자의 소명요지 또는 소명서 제출기간이 경과한 날부터 7일 이내에 주민소환투표일과 주민소환투표안을 공고하여 주민소환투표를 발의하여야 한다(동조 제2항). 위 공고시에는 소명요지를 함께 공고하여야 한다(주민소환법 제14조 제3항). 관할 선거관리위원회는 제7조 제1항 내지 제3항의 규정에 의한 주민소환투표청구가 적법하다고 인정하는 때에는 지체 없이 주민소환투표대상자에게 서면으로 소명할 것을 요청하여야 한다(주민소환법 제14조 제1항).

주민소환투표대상자는 관할 선거관리위원회가 제12조 제2항의 규정에 의하여 주민소환투표안을 공고한 때부터 제22조 제3항의 규정에 의하여 주민소환투표결과를 공표할 때까지 그 권한행사가 정지된다(주민소환법 제21조 제1항). 지방자치단체의 장의 권한이 정지된 경우에는 부단체장(부지사, 부시장, 부군수, 부구청장)이 권한을 대행하고, 부단체장이 권한을 대행할 수 없는 경우에는 지방자치법 제124조 제5항의 규정을 준용하여 그 권한을 대행한다(동조 제2항). 권한행사가 정지된 지방의회의원은 그 정지기간 동안 공직선거법 제111조의 규정에 의한 의정활동보고를 할 수 없다. 다만, 인터넷에 의한 의정활동보고서를 게재할 수는 있다(동조 제3항).

(5) 주민소환투표의 실시 및 투표결과의 확정

주민소환투표는 찬성 또는 반대를 선택하는 형식으로 실시되며, 동일 관할구역에 2인 이상의 주민소환투표대상자가 있을 때에는 관할 선거관리위원회는 하나의 투표용지에 그 대상자별로 제1항의 규정에 의한 형식으로 주민소환투표를 실시할 수 있다(주민소환법 제15조 참조). 주민소환투표에 부쳐지거나 부쳐질 사항에 관하여 찬성 또는 반대하는 소위 "주민소환투표운동"은 주민소환투표 공고일의 다음날부터 투표일 전일까지 할 수 있다(동법 제17조 제1항). 주민소환은 제3조의 규정에 의한 주민소환투표권자 총수의 3분의1 이상의 투표와 유효투표 총수 과반수의 찬성으로 확정된다(동법 제22조 제1항). 그러나 전체 주민소환투표자의 수가 주민소환투표권자 총수의 3분의 1에 미달하는 때에는 개표를 하지 아니한다(동조 제2항). 주민소환이 확정된 때에는 주민소환투표대상자는 그 결과가 공표된 시점부터 그 직을 상실한다(동법 제23조 제1항).

(6) 주민소환투표에 대한 불복절차

주민소환투표의 효력에 관하여 이의가 있는 해당 주민소환투표대상자 또는 주민소환투표권자(주민소환투표권자 총수의 100분의 1이상의 서명을 받아야 한다)는 주민소환법 제22조 제3항의 규정에 의하여 주민소환투표결과가 공표된 날부터 14일 이내에 관할 선거관리위원회 위원장을 피소청인으로 하여 지역구 시·도의원, 지역구 자치구·시·군의원 또는 시장·군수·자치구의 구청장을 대상으로 한 주민소환투표에 있어서는 특별시·광역시·도 선거관리위원회에, 시·도지사를 대상으로 한 주민소환투표에 있어서는 중앙선거관리위원회에 소청할 수 있다(주민소환법 제24조 제1항).

주민소환법 제24조 제1항의 규정에 따른 소청에 대한 결정에 관하여 불복이 있는 소청인은 관할 선거관리위원회 위원장을 피고로 하여 그 결정서를 받은 날(결정서를 받지 못한 때에는 공직선거법 제220조 제1항의 규정에 의한 결정기간이 종료된 날을 말한다)부터 10일 이내에 지역구 시·도의원, 지역구 자치구·시·군의원 또는 시장·군수·자치구의 구청장을 대상으로 한 주민소환투표에 있어서는 그 선거구를 관할하는 고등법원에, 시·도지사를 대상으로 한 주민소환투표에 있어서는 대법원에 소를 제기할 수 있다(동조 제2항). 주민소환투표에 관한 소청 및 소송의 절차에 관하여는 이 법에 규정된 사항을 제외하고는 공직선거법 제219조 내지 제229조의 규정 중 지방자치단체의 장 및 지방의회 의원에 관한 규정을 준용한다(동조 제3항).

9. 청원권

주민은 지방의회에 대한 청원권을 가진다. 지방의회에 청원을 하고자 하는 자는 지방의회 의원의 소개를 얻어 청원서를 제출하여야 한다(지방자치법 제85조 제1항). 청원서에는 청원자의 성명(법인인 경우에는 그 명칭과 대표자의 성명) 및 주소를 적고 서명·날인하여야 한다(동조 제2항). 그러나 재판에 간섭하거나 법령에 위배되는 내용의 청원은 수리되지 아니한다(동법 제86조). 지방의회의 의장은 청원서를 접수하면 소관 위원회나 본회의에 회부하여 심사를 하게 한다(동법 제87조 제1항). 지방의회가 채택한 청원으로서 그 지방자치단체의 장이 처리하는 것이 타당하다고 인정되는 청원은 의견서를 첨부하여 지방자치단체의 장에게 이송하고, 그 지방자치단체의 장은 청원을 처리한 후 그 처리결과를 지체없이 지방의회에 보고하여야 한다(동법 제88조).

10. 규칙의 제정·개정·폐지 의견제출권

2021년 1월 12일 개정을 통해 지방자치법 제20조에 규칙의 제정과 개정·폐지 의견제출에 관한 규정이 신설되었다. 지방자치단체의 규칙이 어떠한 법적 성질을 가지는지에 대해서는 논란이 있다. 지방자치법은 주민의 권리·의무와 직접 관련되는 규칙에 한정하여 규칙의 제정, 개정 또는 폐지와 관련된 의견을 해당 지방자치단체의 장에게 제출할 수 있도록 하고 있다(지방자치법 제20조 제1

항). 그러나 법령이나 조례를 위반하거나 법령이나 조례에서 위임한 범위를 벗어나는 사항은 의견제출 대상에서 제외된다(동조 제2항). 이 경우 지방자치단체의 장은 제출된 의견에 대하여 의견이 제출된 날부터 30일 이내에 검토 결과를 그 의견을 제출한 주민에게 통보하여야 한다(동조 제3항). 의견제출, 의견의 검토와 결과 통보의 방법 및 절차는 해당 지방자치단체의 조례로 정한다(동조 제4항).

Ⅲ. 주민의 의무

지방자치법상 주민은 일정한 의무를 부담한다. 주민은 법령이 정하는 바에 따라 지방자치단체의 비용을 분담하는 의무를 진다(지방자치법 제27조). 주민이 부담하는 비용에는 지방세, 공공시설의 사용료, 수수료 및 분담금 등이 있다.

제6절 지방자치단체 상호간의 관계

지방자치단체는 법적으로 각각 독립된 법인격을 가지는 지역단체이며, 그 자치사무를 독자적으로 처리할 수 있는 권리능력을 가지고 있다. 지방자치단체는 광역자치단체와 기초자치단체로 구분되지만, 원칙적으로는 대등한 관계로 이해되고 있다.[63] 또한 다른 지방자치단체의 자치사무 처리에 관여하는 것은 허용되지 않는다. 그러나 지방자치단체는 인접하고 있으므로 서로 협력을 필요로 하고, 그 사무처리에 있어 다른 지방자치단체와의 분쟁을 조정할 필요가 생긴다. 국가공동체를 구성하는 지방자치단체는 국가뿐만 아니라 다른 지방자치단체와 서로 협력할 필요가 있다. 지방자치단체 상호간에는 혐오시설의 설치나 매립지의 경계나 구역 변경 등을 둘러싸고 분쟁이 발생하는 경우가 적지 않다. 지방자치법에는 이러한 지방자치단체 상호 간의 분쟁조정을 위한 제도를 마련하고 있다.

Ⅰ. 협력관계

지방자치법은 지방자치단체 상호 간의 협력에 관한 규정을 두고 있다. 즉

63) 이상규, 전게서(하), 187면.

"지방자치단체는 다른 지방자치단체로부터 사무의 공동처리에 관한 요청이나 사무처리에 관한 협의·조정·승인 또는 지원의 요청을 받으면 법령의 범위 안에서 협력하여야 한다"라고 규정하고 있다(지방자치법 제164조). 협력의 대상이 되는 사무는 해석상 자치사무 및 단체위임사무이며, 기관위임사무는 여기에 포함되지 않는다는 견해가 있다.[64] 그러나 기관위임사무(국가위임사무)를 명시적으로 배제하고 있지 않을 뿐만 아니라 기관위임사무도 다른 지방자치단체의 공동처리나 협의 등 협력이 필요한 경우가 있다. 지방자치법에는 지방자치단체 상호 간의 협력관계를 구축하고 실현하기 위해 사무위탁, 행정협의회·지방자치단체의 장 등의 협의체의 구성, 지방자치단체조합의 설립 등을 규정하고 있다.

1. 사무의 위탁

지방자치단체나 그 장은 소관사무의 일부를 다른 지방자치단체나 그 장에게 위탁하여 처리할 수 있다(지방자치법 제168조 제8항). 사무의 위탁은 관계 지방자치단체간의 협의에 따라 규약을 정하고 이를 고시함으로써 행하고, 이를 감독청(행정안전부장관과 관계 중앙행정기관의 장, 시·도지사)에게 보고하여야 한다(동조 제2항). 사무의 위탁에 관한 규약에는 사무를 위탁하는 지방자치단체와 사무를 위탁받는 지방자치단체, 위탁사무의 내용과 범위, 위탁사무의 관리와 처리방법, 위탁사무의 관리 및 처리에 소요되는 경비의 부담 및 지출방법, 그 밖에 사무위탁에 관하여 필요한 사항이 포함되어야 한다(동조 제3항). 이러한 사무위탁에 관한 계약은 공법상 계약의 성질을 가진다.[65]

2. 행정협의회의 구성에 의한 공동처리

지방자치단체는 2개 이상의 지방자치단체에 관련된 사무의 일부를 공동으로 처리하기 위하여 관계 지방자치단체 간의 행정협의회를 구성할 수 있다(지방자치법 제169조 제1항). 이러한 행정협의회는 지방자치단체조합과 달리 독립된 단체나 법인은 아니고, 관계 지방자치단체의 공동기구으로서의 성격을 가진다. 행정협의회는 관계 지방자치단체 사이의 협의에 따라 '규약'을 정하고, 관계 지방의회의 의결을 거친 후에 이를 고시하여야 한다(동조 제2항). 협의회의 조직은

64) 김남진, 전게서(Ⅱ), 232면.
65) 이상규, 전게서(하), 188면.

회장과 위원으로 구성된다(동법 제170조 제1항). 회장과 위원은 규약으로 정하는 바에 따라 관계 지방자치단체의 직원 중에서 선임한다(동조 제2항). 회장은 협의회를 대표하고, 회의를 소집하며, 협의회의 사무를 총괄한다(동조 제3항). 협의회는 사무의 처리를 위해 관계 지방자치단체의 장에게 자료제출, 의견 개진, 그 밖에 필요한 협조를 요구할 수 있다(동법 제172조). 협의회에서 합의가 이루어지지 아니한 사항은 감독청이 조정할 수 있다. 즉 관계 지방자치단체의 장이 이에 대한 조정(調整)을 요청하면, 시·도 간의 협의사항에 대하여는 행정안전부장관이, 시·군 및 자치구 간의 협의사항에 대하여는 시·도지사가 조정할 수 있다(동법 제173조 제1항). 다만, 관계 되는 시·군 및 자치구가 2개 이상의 시·도에 걸치는 경우에는 행정안전부장관이 조정할 수 있다.

3. 전국적 협의체·지방자치단체 연합체 등의 설립

지방자치단체의 장 또는 지방의회의 의장은 상호 간의 교류와 협력을 증진하고 공동의 문제를 협의하기 위하여 시·도지사, 시·도의회의 의장, 시장·군수·자치구의 구청장, 또는 시·군·자치구의회의 의장의 구분에 따라 전국적 협의체를 구성할 수 있다(지방자치법 제182조 제1항). 또한 전국적 협의체가 모두 참가하는 '지방자치단체 연합체'를 설립할 수 있다(동조 제2항). 이러한 협의체나 연합체를 구성할 때에는 그 협의체의 대표자는 지체 없이 행정안전부장관에게 신고하여야 한다(동조 제3항). 협의체나 연합체는 지방자치와 관련된 법률의 제정·개정 또는 폐지가 필요하다고 인정되는 경우에는 국회에 서면으로 의견을 제출할 수 있다(동조 제6항).

4. 지방자치단체조합에 의한 공동처리

전술한 바와 같이 2개 이상의 지방자치단체가 하나 또는 둘 이상의 사무를 공동으로 처리할 필요가 있을 때에는 지방자치단체의 조합을 설립할 수 있다(지방자치법 제176조).

Ⅱ. 분쟁조정

지방자치단체 상호 간 또는 지방자치단체의 장 상호 간에 분쟁이 생길 경우에 다른 법률에 특별한 규정이 없으면 행정안전부장관이나 시·도지사가 조정할 수 있다(지방자치법 제165조 제1항 본문). 예외적으로 분쟁이 공익을 현저히 저해하여 조속한 조정이 필요하다고 인정되는 경우에는 직권으로 조정을 할 수 있다(동조 제1항 단서). 행정안전부장관이나 시·도지사가 이러한 분쟁을 조정하고자 할 때에는 관계 중앙행정기관의 장과의 협의를 거쳐 지방자치단체중앙분쟁조정위원회나 지방자치단체지방분쟁조정위원회의 의결에 따라 조정하여야 한다(동조 제3항). 행정안전부장관이나 시·도지사는 이러한 조정에 대하여 결정을 하면 서면으로 지체 없이 관계 지방자치단체의 장에게 통보하여야 하며, 그 결정을 받은 지방자치단체의 장은 그 조정결정사항을 이행하여야 한다(동조 제4항). 이러한 조정결정사항이 성실히 이행되지 아니하면, 행정안전부장관이나 시·도지사는 그 지방자치단체에 대하여 지방자치법 제189조의 직무이행명령을 준용하여 이행하도록 하고 있다(동조 제7항). 조정결정을 이행하지 아니한 경우에 행정안전부장관이나 시·도지사는 직무이행명령을 내릴 수 있고, 이러한 이의명령에 이의가 있는 지방자치단체의 장은 제189조 제6항에 따라 대법원에 제소할 수 있다.

제7절 지방자치단체에 대한 감독

Ⅰ. 문제의 상황

지방자치단체는 헌법에 의해 포괄적 자치권이 부여되어 있으나, 국가의 법질서와 조화를 이루어야 한다. 학설은 입법기관(국회)에 의한 통제, 행정기관(감독청)에 의한 통제(감독) 및 사법기관(법원, 헌법재판소)에 의한 통제로 구분하여 설명하고 있다. 입법기관인 국회는 법률제정권(법률안의 제안 및 의결권)을 통해 지방자치단체의 조직과 구성 등을 규율하는 것 외에 예산의 심의권, 국정감사권 및 국정조사권 등을 통해 지방자치단체를 간접적으로 통제하고 있다. 지방자치단체에 대한 사법기관의 통제수단으로는 지방자치단체의 명령·처분 등에 대한 항고소송, 위법한 조례나 규칙에 대한 소송, 지방자치단체가 당사자소송의 피고가 되는 소송 등이 있다. 또한 헌법소원이나 권한쟁의심판에 의한 통제도 있다.

그 밖에 지방자치법 제17조의 주민소송도 여기에 포함될 수 있다. 조례나 규칙에 대한 사법적 통제는 전술한 바와 같다. 그러나 지방자치단체의 자치권을 존중한다는 차원에서 지방자치단체에 대한 통제 논의는 적절하지 않다. 그러한 이유에서 본서에서는 지방자치단체에 대한 행정적 감독만을 다루도록 한다. 더불어 지방자치단체에 대한 감독 내지 관여 등의 수단으로 소개되는 내용은 중첩적이다. 특히 지방자치단체에 대한 사법적 통제와 지방자치단체의 권리구제수단은 서로 구별될 필요가 있다. 후자의 내용에 대해서는 비교적 소홀히 다루고 있는데, 다음 절에서 별도로 설명하기로 한다.

Ⅱ. 행정기관에 의한 감독

1. 일반적인 감독수단

(1) 지방자치단체의 사무에 대한 지도와 지원

중앙행정기관의 장이나 시·도지사는 지방자치단체의 사무에 관하여 조언 또는 권고를 하거나 지도를 할 수 있다(지방자치법 제184조 제1항). 감독청의 조언, 권고 또는 지도는 비권력적인 수단이다. 국가나 시·도는 지방자치단체가 그 지방자치단체의 사무를 처리하는 데에 필요하다고 인정하면 재정지원이나 기술지원을 할 수 있다(동조 제2항).

(2) 위임사무에 대한 지도·감독

지방자치단체 또는 그 장이 위임을 받아 처리하는 '국가사무'에 관하여는 시·도에 있어서는 주무부장관의 지도·감독을 받는다(지방자치법 제185조 제1항). 또한 시·군 및 자치구에 있어서는 1차로 시·도지사, 2차로 주무부장관의 지도·감독을 받는다. 그리고 시·군 및 자치구나 그 장이 위임받아 처리하는 '시·도의 사무'에 관하여는 시·도지사의 지도·감독을 받는다(동조 제2항).

(3) 자료제출의 요구(정보수집)

중앙행정기관의 장이나 시·도지사는 지방자치단체의 자치사무에 관하여 자료제출을 요구할 수 있다(동법 제184조 제1항). 이러한 자료제출의 요구는 감독권의 행사를 위해 기초적인 정보를 수집하는 활동이다.

2. 시정명령 및 취소 · 정지

지방자치단체의 사무에 관한 그 장의 명령이나 처분이 법령에 위반되거나 현저히 부당하여 공익을 해한다고 인정할 때에는 시 · 도에 대하여는 주무부장관이, 시 · 군 및 자치구에 대하여는 시 · 도지사가 기간을 정하여 서면으로 시정을 명하고, 그 기간에 이행하지 아니하면 감독청(주무부장관이나 시 · 도지사)은 그 지방자치단체의 장이 내린 명령이나 처분을 취소하거나 정지할 수 있다(지방자치법 제188조 제1항).

개정된 지방자치법은 시정명령 및 취소 · 정지 등에 관한 주무부장관의 감독권을 강화하고 있다. 주무부장관은 지방자치단체의 사무에 관한 시장 · 군수 및 자치구의 구청장의 명령이나 처분이 법령에 위반되거나 현저히 부당하여 공익을 해침에도 불구하고 시 · 도지사가 시정명령을 하지 아니하면 시 · 도지사에게 기간을 정하여 시정명령을 하도록 명할 수 있다(동조 제2항). 또한 주무부장관은 시 · 도지사가 제2항에 따른 기간에 시정명령을 하지 아니하면 제2항에 따른 기간이 지난 날부터 7일 이내에 직접 시장 · 군수 및 자치구의 구청장에게 기간을 정하여 서면으로 시정할 것을 명하고, 그 기간에 이행하지 아니하면 주무부장관이 시장 · 군수 및 자치구의 구청장의 명령이나 처분을 취소하거나 정지할 수 있다(동조 제3항). 주무부장관은 시 · 도지사가 시장 · 군수 및 자치구의 구청장에게 제1항에 따라 시정명령을 하였으나 이를 이행하지 아니한 데 따른 취소 · 정지를 하지 아니하는 경우에는 시 · 도지사에게 기간을 정하여 시장 · 군수 및 자치구의 구청장의 명령이나 처분을 취소하거나 정지할 것을 명하고, 그 기간에 이행하지 아니하면 주무부장관이 이를 직접 취소하거나 정지할 수 있다(동조 제4항). 이 경우 자치사무에 관한 명령이나 처분에 있어서는 법령에 위반되는 것에 한한다(동조 제5항). 자치사무에 대해서는 합법성 통제에 제한된다. 그러나 감독청의 시정명령이나 취소 · 정지권의 대상은 해석상 자치사무에 국한되지 아니 한다.

3. 직무이행명령

(1) 의의 및 제정연혁

지방자치단체가 국가 등의 위임사무의 집행을 태만히 하는 경우 그 이행의 적절한 확보수단이 요구된다. 이러한 요청에 부응하여 1994년 3월 직무이행명령제도가 도입되었다. 즉 지방자치단체의 장이 법령의 규정에 의하여 그 의무에 속하는 국가위임사무 또는 시·도 위임사무의 관리나 집행을 명백히 게을리하고 있다고 인정되면 시·도에 대하여는 주무부장관이, 시·군 및 자치구에 대하여는 시·도지사가 기간을 정하여 서면으로 그 이행할 사항을 명할 수 있다(지방자치법 제189조 제1항). 주무부장관 또는 시·도지사는 해당 지방자치단체의 장이 이행명령을 기간 내에 이행하지 아니할 때에는 해당 지방자치단체의 비용부담으로 대집행하거나 행정·재정상 필요한 조치를 할 수 있다(동조 제2항). 주무부장관은 시장·군수 및 자치구의 구청장이 법령에 따라 그 의무에 속하는 국가위임사무의 관리와 집행을 명백히 게을리하고 있다고 인정됨에도 불구하고 시·도지사가 제1항에 따른 이행명령을 하지 아니하는 경우 시·도지사에게 기간을 정하여 이행명령을 하도록 명할 수 있다(동조 제3항). 주무부장관은 시·도지사가 제3항에 따른 기간에 이행명령을 하지 아니하면 제3항에 따른 기간이 지난 날부터 7일 이내에 직접 시장·군수 및 자치구의 구청장에게 기간을 정하여 이행명령을 하고, 그 기간에 이행하지 아니하면 주무부장관이 직접 대집행 등을 할 수 있다(동조 제4항). 주무부장관은 시·도지사가 시장·군수 및 자치구의 구청장에게 제1항에 따라 이행명령을 하였으나 이를 이행하지 아니한 데 따른 대집행 등을 하지 아니하는 경우에는 시·도지사에게 기간을 정하여 대집행 등을 하도록 명하고, 그 기간에 대집행 등을 하지 아니하면 주무부장관이 직접 대집행 등을 할 수 있다(동조 제5항).

직무이행명령제도는 1994년 3월 16일 법률 제4741호 개정에 따라 지방자치법에 처음으로 신설되었다. 국회회의록 자료[66]나 법제처의 개정이유에서도 그 도입배경을 명확히 언급하고 있지는 않다. 다만, 직무이행명령제도는 지방자치단체장 선거를 앞두고 임명직이 아닌 선출직 자치단체장이 직무를 성실히 수행하지 않는 등 국가·광역지방자치단체 등과 마찰을 일으키는 것을 방지하기 위해 국가의 지도·감독권을 강화하기 위한 수단으로 도입되었다.[67] 그러나 주무부장관 또는 시·도지사에게 직무이행명령과 대집행권한을 부여한 것이 지방자치단체의 자율권을 침해할 소지가 있다고 우려하는 견해도 유력하다.[68]

---

66) 제166회 국회 제2차 정치관계법심의특별위원회 및 제11차 본회의 회의록 참고.
67) 홍준형, "지방자치법상 직무이행명령제도", 고시계 제41권 5호(1996. 4), 73-74면.
68) 허 영, 한국헌법론, 1995, 783면; 홍준형, 전게논문, 87면.

(2) 직무이행명령의 요건

지방자치법 제189조에는 직무이행명령의 대상으로 "국가위임사무나 시·도위임사무"를 규정하고 있다. 그 사무의 내용에는 법규정립행위(규칙제정)나 행정행위뿐만 아니라 사실행위도 포함된다. 또한 그 '사무'가 기관위임사무인지 단체위임사무인지가 학설상 다투어지고 있다. 단체위임사무라 보는 견해도 있지만,[69] 다수설은 '기관위임사무'로 보고 있다.[70] 대법원은 직무이행명령의 대상을 기관위임사무로 보고 있다.[71]

직무이행명령이 성립하기 위해서는 "지방자치단체의 장이 법령의 규정에 따라 그 의무에 속하는 국가위임사무나 시·도위임사무의 관리와 집행을 명백히 게을리하고 있다고 인정"되어야 한다고 규정하여, 위법한 '부작위'(의무불이행)만이 대상이 된다.[72] 또한 직무이행명령은 법적 감독(Rechtsaufsicht)의 하나이므로 지방자치단체의 위임사무의 관리나 집행이 '위법'하여야 한다. 여기서 "국가위임사무나 시·도위임사무의 관리와 집행을 명백히 게을리한" 경우란 단순히 그 관리나 집행을 게을리한 것으로는 부족하고, "특별한 정당화사유 없이 그 관리·집행을 해태"한다는 의미로 해석하는 견해도 있다.[73] 또 다른 견해는 사무의 관리·집행을 "명백히" 해태하여야 하지만, 여기서 말하는 "명백히"는 통상인을 기준으로 '객관적'으로 판단되어야 한다고 본다.[74]

그러나 특별한 정당화사유는 그 개념 자체도 명확하지 않을 뿐만 아니라, 법문에 명시되어 있지도 않아 이를 기준으로 판단하기는 쉽지 않다. 법문에 비추어 단순히 관리나 집행을 게을리 하는 것만으로는 부족하며, 합리적인 제3자를 기준으로 하여 객관적으로 명백히 이를 게을리하였음을 알 수 있는 경우에 인정된다고 보는 견해가 타당하다. 위임사무의 준비 중에 있으나 예산부족이나 인력부족 등과 같은 재정사정을 이유로 위임사무를 집행하지 못하는 경우는 기관위임사무의 관리와 집행을 명백히 게을리하고 있는 경우에 해당하지 아니한다고 보는 견해도 있다.[75] 이와 관련하여 대법원은 국가위임사무의 관리와 집행을

69) 홍준형, 전게논문, 77면.
70) 김남진, 전게서(Ⅱ), 255면; 김동희, 행정법 Ⅱ, 제26판, 124면; 홍정선, 행정법원론(하), 2008, 245면.
71) 대법원 2013. 6. 27. 선고 2009추206 판결.
72) Franz, Die Staatsaufsicht über die Kommunen, JuS 2004, 940.
73) 홍준형, 전게논문, 78면.
74) 홍정선, 신지방자치법, 2009, 662면.

명백히 게을리하고 있다는 의미는 "지방자치단체의 장이 특별한 사정이 없이 그 의무에 속한 국가위임사무를 이행하지 아니한 때"를 의미한다고 보고 있다.[76] 또한 여기에서 '특별한 사정'이란 국가위임사무를 관리·집행할 수 없는 법령상 장애사유 또는 지방자치단체의 재정상 능력이나 여건의 미비, 인력의 부족 등 사실상의 장애사유를 말한다고 판시하고 있다.

4. 감사권

행정안전부장관이나 시·도지사는 지방자치단체의 자치사무에 관하여 보고를 받거나 서류·장부 또는 회계를 감사할 수 있다(지방자치법 제190조 제1항 본문). 이 경우 감사는 법령 위반사항에 대해서만 한다. 이러한 감사는 합법성 통제에 제한되어 있다. 이와 관련하여 지방자치단체의 자치사무에 대한 중앙행정기관의 감사를 법령위반사항으로 한정하는 구 지방자치법(1994. 3. 16. 법률 제4741호로 개정되고, 2007. 5. 11. 법률 제8423호로 개정되기 이전의 것, 이하 '구 지방자치법'이라 한다) 제158조 단서 규정이 사전적·일반적 포괄감사권을 의미하는지가 문제된 적이 있다. 이 사건에서 헌법재판소는 해당 단서 규정을 '제한된' 감사권으로 이해하고 있다.[77]

한편, 감사원은 자치단체의 회계검사와 직무감찰에 관한 권한(감사원법 제20조 이하)을 가진다. 또한 감사원은 지방자치단체의 사무와 그에 소속한 지방공무원의 직무에 대하여 감찰권한을 가진다(감사원법 제24조 제1항 제2호). 이와 관련하여 감사원이 지방자치단체에 대하여 자치사무의 합법성뿐만 아니라 합목적성에 대하여 감사하는 것이 지방자치권의 본질적 내용을 침해하는지가 쟁점이 된 바 있다. 헌법재판소는 강남구청 등과 감사원 사이의 권한쟁의에서, 지방자치단

75) 홍정선, 전게서(하), 295면.

76) 대법원 2013. 6. 27. 선고 2009추206 판결.

77) "지방자치제 실시를 유보하던 개정전 헌법 부칙 제10조를 삭제한 현행헌법 및 이에 따라 자치사무에 관한 감사규정은 존치하되 '위법성 감사'라는 단서를 추가하여 자치사무에 대한 감사를 축소한 구 지방자치법 제158조 신설경위, 자치사무에 관한 한 중앙행정기관과 지방자치단체의 관계가 상하의 감독관계에서 상호보완적 지도·지원의 관계로 변화된 지방자치법의 취지, 중앙행정기관의 감독권 발동은 지방자치단체의 구체적 법위반을 전제로 하여 작동되도록 제한되어 있는 점, 그리고 국가감독권 행사로서 지방자치단체의 자치사무에 대한 감사원의 사전적·포괄적 합목적성 감사가 인정되므로 국가의 중복감사의 필요성이 없는 점 등을 종합하여 보면, 중앙행정기관의 지방자치단체의 자치사무에 대한 구 지방자치법 제158조 단서 규정의 감사권은 사전적·일반적인 포괄감사권이 아니라 그 대상과 범위가 한정적인 제한된 감사권이라 해석함이 마땅하다."(헌재 2009. 5. 8. 2006헌라6, 판례집 제21권 1집 하, 418)

체에 대하여 합목적성 감사도 허용된다고 보았다.[78] 그러나 이 사건에서 소수의견(재판관 이강국, 재판관 이공현, 재판관 김종대)은 감사원의 합목적성 감사는 지방자치제도의 본질적 내용을 침해할 수 있고, 감사원법 제24조 제1항 제2호 소정의 '지방자치단체의 사무에 대한 감찰'부분을 해석함에 있어 지방자치단체의 사무 중 자치사무에 대한 합목적성 감찰까지 포함된다고 해석하는 것은 그 범위 내에서 위헌이라고 보고 있다. 행정안전부장관 또는 시·도지사는 제1항에 따라 감사를 하기 전에 해당 사무의 처리가 법령에 위반되는지 등을 확인하여야 한다(지방자치법 제190조 제2항). 개정된 지방자치법은 지방자치단체에 대한 감사절차에 관한 규정을 새로이 마련하고 있다(동법 제191조).

5. 지방의회의결의 재의요구

지방의회의 의결이 법령에 위반되거나 공익을 현저히 해한다고 판단될 때에는 시·도에 대하여는 주무부장관이, 시·군 및 자치구에 대하여는 시·도지사가 재의를 요구하게 할 수 있고, 재의의 요구를 받은 지방자치단체의 장은 지방의회에 이유를 붙여 재의를 요구하여야 한다(지방자치법 제192조 제1항). 이러한 감독청의 재의요구권은 지방자치단체(지방의회)의 자치입법권에 대한 통제수단이라고 볼 수 있다.

제8절 지방자치단체의 권리구제

지방자치법에는 지방자치단체의 권리구제수단에 대해 상세히 논하고 있지 않다. 지방자치단체의 자치권이 침해될 때에 공법상 권리구제수단을 검토하는 것은 지방자치제도를 보호하기 위한 교두보(橋頭堡)를 마련하는 것이다. 그러나 지방자치단체의 권리구제수단은 제한적이다. 지방자치단체가 국가기관이나 상급자치단체 등 감독청의 처분이나 조치 등에 대해 항고소송을 제기할 수 있는지는 중요한 쟁점이다. 앞에서 언급한 바와 같이 지방자치단체는 법인격을 가지고 있으며 지방자치단체의 주관적 권리가 인정되고 있다는 점에서 지방자치단체는

78) 헌재 2008. 5. 29. 2005헌라3.

국가기관의 감독처분에 대해 항고소송을 제기할 수 있다고 보는 것이 타당하다. 판례 중에는 지방자치단체의 원고적격을 인정한 사례가 늘고 있다. 한편, 지방자치법에는 국가기관의 감독처분에 대해 지방자치단체의 장이 불복하여 대법원에 소를 제기할 수 있는 경우를 규정하고 있다. 그러나 이러한 소송의 법적 성질에 대해서는 다툼이 있다. 이를 기관소송으로 보는 견해와 특수한 행정소송(항고소송)으로 보는 견해 등이 대립하고 있다. 이러한 소송에 대해 행정소송 외에 헌법소송을 제기할 수 있는지도 문제이다. 예컨대 권한쟁의심판이나 헌법소원 등이 그러하다.

1. 국가기관(감독청)의 감독처분에 대한 행정소송

(1) 명령 · 처분의 취소 · 정지권

지방자치단체의 사무에 관한 지방자치단체의 장의 명령 · 처분이 법령에 위반되거나 현저히 공익을 해한다고 인정될 때에는 시 · 도에 대하여는 주무부장관이, 시 · 군 및 자치구에 대하여는 시 · 도지사가 기간을 정하여 서면으로 시정을 명하고 그 기간 내에 이행하지 아니할 때에는 이를 취소하거나 정지할 수 있다(지방자치법 제188조 제1항). 이 경우 지방자치단체의 장은 자치사무에 관한 명령이나 처분의 취소 또는 정지에 대하여 이의가 있는 때에는 대법원에 소를 제기할 수 있다(동조 제6항).

이러한 소의 성질에 대하여 기관소송의 일종으로 보는 견해, 법률이 인정한 특수한 행정소송으로 보는 견해, 그리고 헌법재판소의 권한쟁의사항으로 보는 견해 등이 대립하고 있다. 이러한 분쟁에 대해 헌법재판소에 권한쟁의심판을 제기할 가능성도 있다(행정소송법 제3조 제4호의 단서). 그러나 지방자치법에 규정된 소송은 관할 법원을 대법원으로 명시하고 있다는 점에서 행정소송의 일종으로 보아야 한다. 동일한 행정주체가 아닌 국가(감독청)와 지방자치단체의 기관 사이의 쟁송이므로 종전의 통설의 입장에서는 이를 엄격한 의미의 기관소송으로 볼 수는 없다. 그러나 비록 소속 행정주체를 달리하고 있지만, 기관 사이의 쟁송이므로 넓은 의미의 기관소송으로 이해할 수도 있다. 독일에서는 동일한 주체 내의 기관간 소송을 '기관소송(Organklage)'으로, 권한쟁의심판을 '기관쟁의(Organstreit)'라고 부르고 있다. 그러나 이러한 소송은 지방자치단체의 장이 국가기관이나 시 · 도지사의 감독처분을 다투고 있다는 점에서 항고소송의 성질을 가진다. 그러나 단심제에 그치고, 제소기간도 별도로 정해져 있다. 학설의 차이는 상대적이다.

한편, 지방자치법 제188조 제5항은 자치사무에 대한 감독청의 시정명령이나 취소·정지권의 행사를 법령 위반(위법)에 제한하고 있다. 이와 관련하여 대법원은 소위 울산북구청 승진처분취소사건에서, 구 지방자치법 제157조 제1항(현행 지방자치법 제188조 제5항)에서 정한 지방자치단체장의 명령·처분의 취소 요건인 '법령 위반'에 '재량권의 일탈·남용'이 포함된다고 판시하고 있다. 하급 지방자치단체장이 전국공무원노동조합의 불법 총파업에 참가한 소속 지방공무원들에 대하여 징계의결을 요구하지 않은 채 승진처분을 한 것은 재량권 범위를 현저히 위반한 것으로서 울산광역시장의 승진취소처분이 적법하다고 보고 있는 것이다.79) 그러나 반대의견은 헌법이 보장하는 지방자치제도의 본질상 재량판단의 영역에서 국가나 상급지방자치단체가 하급지방자치단체의 자치사무 처리에 개입하는 것을 금지할 필요성이 있으므로 '법령에 위반하는 때'의 개념 속에는 일반적인 '법령위반'의 개념과는 다르게 '재량권의 일탈·남용'은 포함되지 않는 것으로 해석하여야 한다고 보고 있다. 즉 울산북구청장이 징계의결을 요구하지 않았다는 이유만으로 해당 승진처분이 취소되어야 할 정도로 재량권을 일탈·남용한 것이라고 단정할 수 없다고 보고 있다.

생각건대 울산북구청장이 징계의결을 거치지 아니하고 승진처분을 한 것이 재량권의 일탈·남용에 해당하는지는 별론으로 하고, 구 지방자치법 제157조 제1항 단서의 취지는 동조 제1항 본문과 비교할 때 지방자치단체의 자치권을 보장하기 위한 것이다. 따라서 '법령에 위반'이라는 문구의 의미를 엄격히 해석할 필요가 있다. 재량권의 일탈·남용을 당연히 법령위반에 포함시키고 있는 다수의견의 입장은 법리적으로 타당하지 않다. 다만, 이 사안에서 울산북구청장이 징계의결을 요구하지 않는 것이 '위법'이라고 주장하였다면, 구 지방자치법 제157조 제1항 단서(현행 지방자치법 제188조 제5항)에 쉽게 포섭될 수 있었다. 판례는 지방자치단체의 장이 징계의결을 요구하지 않은 것을 위법이라고 보고 있지 않다. 대법원은 위 전원합의체 판결 후 소속 공무원의 구체적인 행위가 징계사유에 해당하는 것이 명백한 경우에 소속 지방자치단체의 장이 관할 인사위원회에 징계를 요구할 의무가 있다고 판시하고 있다.80) 이러한 판례의 입장에

79) 대법원 2007. 3. 22. 선고 2005추62 전원합의체 판결.

80) 지방공무원의 징계와 관련된 규정을 종합해 보면, 징계권자이자 임용권자인 지방자치단체장은 소속 공무원의 구체적인 행위가 과연 지방공무원법 제69조 제1항에 규정된 징계사유에 해당

의하면, 적어도 징계처분에 대한 판단에 대해 지방자치단체장에게 '재량'이 부여되어 있지만 징계사유에 해당하는 것이 명백한 경우에는 '재량의 영(零)으로의 수축'이 발생하여 지방자치단체의 장에게 징계의결을 요구할 법적 의무가 있다고 해석할 수 있다.

(2) 직무이행명령

지방자치단체의 장은 지방자치단체의 직무이행명령에 대하여 이의가 있는 때에는 이행명령서를 접수한 날부터 15일 이내에 대법원에 소를 제기할 수 있다(지방자치법 제189조 제6항). 이러한 소송을 기관소송으로 보는 견해와 법률이 인정한 특수한 행정소송(항고소송)으로 보는 견해가 대립하고 있다. 특히 후설은 "동일법주체 내부의 기관간의 쟁송"만을 기관소송으로 부르는 것이 지배적이므로, 이러한 소송은 통설적 의미의 기관소송으로 보기 어렵다는 것이다.[81] 앞에서 언급한 취소·정지권에 관한 소송과 마찬가지로 이해될 수 있다. 상급자치단체의 장(시·도지사)과 하급자치단체의 장 사이의 분쟁에 관한 소송은 넓은 의미의 기관소송으로 볼 수 있지만, 그 본질은 항고소송의 성질을 가진다고 보아야 한다. 그러나 이러한 소송은 단심제라는 점에서 항고소송과도 차이가 있다. 이에 대해서는 헌법재판소에 권한쟁의심판을 제기할 가능성도 있다. 실제 헌법재판소는 피청구인(경기도지사)이 재결청의 지위에서 행한 처분이 청구인(성남시장)의 권한을 침해하였는지가 쟁점이 된 사건에서 권한쟁의심판사건으로 결정한 바 있다.[82]

2. 헌법소송

(1) 권한쟁의심판

앞에서 언급한 바와 같이 국가(국가기관)나 다른 지방자치단체 또는 그 기관이 지방자치단체의 자치권을 침해하면 이에 대해 '권한쟁의심판'을 청구할 수 있다. 헌법재판소의 권한쟁의심판은 국가기관 또는 지방자치단체의 "권한의 유무 또는 범위"를 그 대상으로 한다(헌법재판소법 제66조 제1항). 이러한 권한의

하는지 여부에 관하여 판단할 재량은 있지만, 징계사유에 해당하는 것이 명백한 경우에는 관할 인사위원회에 징계를 요구할 의무가 있다."(대법원 2007. 7. 12. 선고 2006도1390 판결)

81) 김남진, 전계서(Ⅱ), 257면.

82) 헌재 1999. 7. 22. 98헌라4.

유무나 범위에 관한 결정에서 지방자치단체의 자치권이 침해된다는 점을 심사할 수 있다. 예컨대 헌법재판소는 자치사무와 관련하여 행정안전부 등의 정부합동감사가 지방자치단체(서울특별시)의 자치권을 침해하였다고 결정한 바 있다.[83] 헌법재판소의 권한쟁의심판은 권한의 유무나 범위에 관한 '확인'에 그치지 아니한다. 권한침해의 원인이 된 피청구인의 처분을 취소하거나 그 처분에 대한 무효확인을 할 수도 있고, 피청구인의 부작위에 대한 심판청구에 대해 인용결정을 하는 경우에는 피청구인이 그 결정취지에 따른 처분을 해야 한다(헌법재판소법 제66조 제2항). 이러한 권한쟁의심판의 결정은 인용 여부와 관계없이 모든 국가기관과 지방자치단체를 기속한다(헌법재판소법 제67조 제1항).[84] 그러나 권한쟁의심판은 원칙적으로 '객관소송'의 성격을 가진다고 보고 있다.[85]

권한에 관한 분쟁은 대부분 법률의 규정에 의해 발생하는 경우가 적지 않다. 그런 점에서 권한쟁의심판은 법규범에 의해 지방자치단체의 자치권이 침해되는 경우에 효과적인 권리구제수단이라고 보기 어렵다.[86] 입법자의 법률은 국가기관과 지방자치단체 간의 권한쟁의심판의 대상이 되지 아니한다(헌법재판소법 제62조 제1항 제2호). 이러한 법률에 근거한 정부의 조치나 처분 등은 권한쟁의심판의 대상이 될 수 있다. 또한 헌법재판소법 제66조 제2항에는 처분이나 부작위만을 규정하고 있어, 처분이나 부작위가 아닌 '사실행위'와 같은 행정작용은 권한쟁의심판의 대상으로 삼기 어렵다. 정부의 행정입법(법규명령)에 대해서도 취

83) "행정안전부장관 등이 감사실시를 통보한 사무는 서울특별시의 거의 모든 자치사무를 감사대상으로 하고 있어 사실상 피감사대상이 특정되지 아니하였고 행정안전부장관 등은 합동감사 실시계획을 통보하면서 구체적으로 어떠한 자치사무가 어떤 법령에 위반되는지 여부를 밝히지 아니하였는바, 그렇다면 행정안전부장관 등의 합동감사는 구 지방자치법 제158조 단서 규정상의 감사개시요건을 전혀 충족하지 못하였다 할 것이므로 헌법 및 지방자치법에 의하여 부여된 서울특별시의 지방자치권을 침해한 것이다."(헌재 2009. 5. 28. 2006헌라6, 판례집 21-1하, 418)

84) 매립지나 공유수면 등의 행정구역의 결정에 대한 권한쟁의심판의 기속력에 대해서는 박진영, "공유수면매립지 행정구역 귀속에 관한 권한쟁의심판 결정의 기속력: 헌재 2004. 9. 23. 2000헌라2 결정과 개정된 지방자치법 제4조 제3항 내지 제9항을 중심으로, 헌법재판연구 제3권 제1호(2016. 6), 3-26면; 조재현, "법률의 개정과 권한쟁의심판 결정의 기속력: 공유수면의 경계와 매립지의 관할결정에 관한 헌법재판소 결정으로 중심으로", 헌법재판연구 제3권 제1호, 27-55면.

85) 헌법재판소, 헌법재판실무제요, 제2개정판, 398면; 허 영, 헌법소송법론, 제14판, 309-311면; 정종섭, 헌법소송법, 제9판, 506-507면.

86) 이와 관련하여 헌법재판소법 제61조 제2항의 '처분'에 입법행위도 포함된다는 견해가 있다(이시윤, "헌법재판에 관한 관견(Ⅱ)", 헌법논총 제2집(1991. 12), 118면). 그러나 오늘날 구체적 규율인 처분과 일반적·추상적 법규범의 제정행위인 '입법행위'는 서로 구분된다는 점에서 이러한 주장은 수긍하기 어렵다.

소나 무효 확인을 할 수 있는지가 문제되지만, 부정적으로 보아야 한다. 여기에서의 부작위는 '처분'의 부작위로 한정하는 것이 타당하다. 왜냐하면 헌법재판소법 제68조 제2항에 의하면, 부작위에 대한 심판청구를 인용하는 결정을 하는 경우에는 일정한 '처분'을 하여야 하기 때문이다. 따라서 시행령이나 시행규칙 등의 부작위는 여기에서 배제된다. 이러한 행정입법부작위는 행정소송으로 다투는 것이 바람직하지만, 법원에서는 이러한 소송을 아직 인정하지 않고 있다. 그러한 이유로 헌법재판소는 이러한 사항도 헌법소원의 대상으로 보고 있다.[87] 그러나 지방자치단체는 헌법소원의 청구인이 되지 못하므로 자치권 침해를 이유로 이러한 행정입법의 부작위를 다툴 수 없다.

(2) 헌법소원의 제기 여부

지방자치단체가 헌법소원을 제기할 수 있는지가 문제이지만, 헌법재판소는 지방자치단체 또는 그 기관이 기본권의 향유주체가 아니므로 헌법소원을 제기할 수는 없다고 보고 있다. 헌법재판소는 제주도지사[88]나 서울특별시 의회[89]에 대해 헌법소원 청구인적격을 부인하였다. 독일에서는 법규범에 의해 지방자치단체의 자치권이 침해된 경우에 일반적인 헌법소원과 구별되는 지방자치단체 헌법소원(Kommunalverfassungsbeschwerde) 제도를 인정하고 있다.[90] 그러나 지방자치단체는 기본권의 주체가 아니므로 일반적인 헌법소원을 제기할 수는 없다고 보고 있다.

87) 이에 대한 상세는 졸고, "명령 · 규칙 등의 부진정행정입법부작위에 대한 법원의 규범통제: 특히 독일의 규범보충소송을 중심으로", 행정판례연구 제22집 제2호(2017. 12), 111면 이하 참조.

88) "지방자치단체나 그 기관인 지방자치단체의 장은 기본권의 주체가 아니며 이 사건 심판청구인인 제주도의 장인 청구인은 헌법청구인으로서의 자격이 없다고 할 것이므로 이 사건 심판청구는 부적합하다 할 것이다."(헌재 1997. 12. 24. 96헌마365)

89) "공법인인 지방자치단체의 의결기관인 청구인의회(서울특별시의회)는 기본권의 주체가 될 수 없고 따라서 헌법소원을 제기할 수 있는 적격이 없다."(헌재 1998. 3. 26. 96헌마345)

90) 졸고, "항고소송과 헌법소원의 대상", 법조 통권 제734호(2019. 4), 28-29면; 동인, "자치쟁송의 구조변화와 지방자치단체의 권리구제체계의 재구축", 법조 통권 제740호(2020. 4), 78-113면 참조.

제2장 경찰행정법

제1절 총 설

Ⅰ. 경찰의 개념 및 종류

1. 경찰개념의 형성 및 역사적 발전

경찰개념의 기원은 희랍어나 라틴어(politia)에 두고 있는데, 이는 대체로 국가(도시국가), 공화제 또는 국헌(國憲) 등을 의미하였다. 그러나 각국의 경찰제도는 서로 다르게 발전되어 왔다. 이를 소개하면 다음과 같다.

(1) 독일의 경찰제도

대륙법계국가의 대표적인 경찰국가는 독일이다. 15세기부터 17세기 사이에 중세시대의 경찰은 선량(善良)한 경찰(gute Policey)로 상징된다. 당시의 경찰은 포괄적인 의미에서의 공동선(共同善)의 상태를 의미한다. 이러한 의미의 경찰개념은 1530년, 1548년 및 1577년의 제국경찰령(Reichspolizeiordnungen)과 각 영주의 경찰령에 근거하고 있었다. 그 후 18세기 절대주의시대는 절대권력의 총체개념으로서 경찰권(ius politiae)으로 징표되던 시기였다. 내부행정에 있어서는 헌법이나 의회입법 그리고 권력분립에 대한 구속이 없이 시민의 자유나 권리를 제한할 수 있었고, 이에 대한 권리보호수단이 보장되어 있지 않았다. 18세기 초의 경찰은 일정한 관청을 의미하였고, 소위 형식적(조직적 · 제도적) 의미의 경찰개념이 탄생하였다.

경찰개념의 핵심은 실체적 의미의 경찰개념이다. 새로운 경찰개념을 정립한 사람은 괴팅엔(Göttingen)의 국법학자인 퓌터(Johann Stephan Pütter)였다. 그는

“경찰권의 임무는 위험방지이며, 복리증진은 경찰의 고유한 사무가 아니다”라고 보았다. 특히 1794년 6월 1일의 프로이센 일반국법 제2장 제17절 제10조(§ 10 Teil II Titel 17 ALR)는 이러한 개념을 반영하고 있다. 즉 “공적 정온(靜穩)·안전 및 질서를 유지하고 공공단체 또는 그 구성원에 발생하는 위험을 제거하기 위하여 필요한 조치를 하는 것이 경찰의 직무이다”라고 규정하고 있다. 이러한 실질적 의미의 경찰개념은 위험방지에 제한되었는데, 이는 19세기 자유시민적 법치국가에서 정치적으로 실현되었다. 이러한 법치국가적 경찰개념과 경찰법의 발달은 프로이센 고등행정법원(PrOVG)의 판례에 근거하고 있다. 남부독일에서는 입법을 통하여 정해졌다. 특히 프로이센 고등행정법원은 1882년 크로이츠베르크(Kreuzberg) 판결[1]에서 경찰작용을 소극적 위해방지에 국한시켰고, 이러한 경찰개념은 1931년 프로이센 일반국법 제2장 제10조에 반영되었다. 이를 기초로 하여 작성된 현행 표준경찰법안 제8조에는 “경찰은 공공의 안녕·질서에 대한 위험을 방지하기 위하여 필요한 조치를 취할 수 있다”고 규정되어 있다. 1919년 11월 8일 제정된 바이마르공화국 헌법에서 입법자와 행정법학자들은 자유주의적·법치국가적 경찰개념을 확정하였다. 1945년 이후에는 국가사회주의 시대(NS: Nationalsozialismus)의 비밀경찰에 대한 역사적 반작용으로 인하여, 미·영 점령군 하에서 탈경찰화(Entpolizeilichung)를 추구하였다. 그 결과로 독일에서는 경찰법과 질서법이 분리되었다.

(2) 영국의 경찰제도

근대적 의미의 영국 경찰은 1829년 제정된 수도경찰법(Metropolitan Police Act)에 의해 성립되었다. 이를 통하여 내무부장관(Home Secretary)의 직속으로 런던(London) 경시청을 창설하였다. 그 후 1964년에 경찰법이 제정되었고, 이 법률은 1996년 경찰법(Police Act 1996)에 의해 대체되었다. 1999년에는 대(大)런던경찰청법(Greater London Authority Act 1999)이 제정되어 있다.[2] 영국의 경

1) 크로이츠베르크(Kreuzberg) 판결이란 경찰개념에 중요한 변화를 가져온 사건이다. 1882년 6월 14일 프로이센고등행정법원은 베를린(Berlin)의 크로이츠베르크에 있는 전승기념비의 전망확보를 위해 일정한 지역에서 건축고도제한을 하는 경찰명령(Polizeiverordnung)의 무효를 선언하였다. 즉 경찰권은 소극적인 위해방지를 위한 조치만을 할 수 있고, 적극적으로 공공복리를 위한 조치를 할 권한이 없다고 판단하였다. 이 판결을 통하여 경찰의 권한은 위험방지에 제한되는 결과를 가져 왔다.

2) 상세는 Wade/Forsyth, Administrative Law, 8th edn., p. 149; 이상규, 신행정법론(하), 270면 이하.

찰은 사회공공의 안녕질서 유지를 위한 작용으로 발달하였을 뿐만 아니라, 사법경찰에 해당하는 범죄의 수사와 범인의 체포를 그 주된 임무로 삼았다. 영국의 경찰제도의 특징은 전통적으로 중앙정부의 통제를 받지 않는 자치경찰제를 취하여 왔으나, 런던이 국제도시로서 전국적인 이해관계가 있는 사건이 많아져 이를 정부가 직접 관장하고 있다. 런던 경시청은 유일한 국가경찰이다. 그 밖에 각 주(county) 및 시(borough)에 각각 자체의 경찰을 유지・관리하는 자치경찰을 두고 있다. 각 주 및 시의 경찰성의 주요한 목적은 경찰력을 효과적으로 유지하는 데 있다.

(3) 미국의 경찰제도

미국의 경찰은 영국의 제도를 본받아 자치경찰 제도를 채택하고 있다. 미합중국전역에 대한 수사권은 연방수사국(FBI)이 가지고 있다. 그러나 각 주(州)에는 주(州)경찰이 수사권을 가지며 독립된 자치경찰제를 운영하고 있다. 소도시에는 아직 보안관(sheriff)와 컨스터블(constable) 등이 남아 있다. 이들은 대부분 시장이나 치안판사, 시의회 등에 의해 임명되고 있다. 또한 미국에서 사용되는 "police power"라는 용어는 공공의 안녕・질서 및 위생의 유지, 공공복리의 증진을 위해 개인의 자유・재산을 규제하는 권한을 의미한다. 여기에는 공공복리를 포함하므로 강학상의 '경찰권'이라기보다는 포괄적인 '규제권'으로 이해할 수 있다.

(4) 일본의 경찰제도

일본의 경찰은 국가경찰인 경찰청과 자치경찰인 동경경시청(東京警視廳)과 도부현(道府縣) 경찰본부로 구성된 2원체제를 구성하고 있다. 국가의 경찰행정기관은 내무총리대신 관할 아래 국가공안위원회(위원장은 국무대신, 위원은 5명)가 있으며, 그 아래 경찰청이 설치되어 있다.

(5) 한국의 경찰제도

조선시대에는 '포도청(捕盜廳)'이 경찰의 업무를 담당하였다. 1540년 중종실록에 처음으로 포도청이라는 용어가 등장하였고, 영조 20년(1744년)에 속대전의 편찬으로 포도청이 설치되었다.[3] 이후 1894년 김홍집이 갑오경장(甲午更張)을

3) 이상규, 전게서(하), 273면.

실시하면서 포도청은 경무청(警務廳)으로 개편되고 경찰권의 일원화가 이루어졌다. 당시에 있던 좌·우 포도청을 병합하여 설립된 경무청은 내무아문(內務衙門)에 소속되었다. 1895년 4월에는 칙령 제85호로 '경무청관제(警務廳官制)'를 제정하였다.[4] 경무청에는 경무사(警務使)와 부관, 경무관 등으로 구성되어 있었다. 갑오개혁을 통해 사법권이 행정기구에서 분리되면서 경찰권의 일원화가 이루어졌다. 당시 경무청은 일본식 경찰제도를 모방한 것이다. 경무청은 한성부를 중심으로 한 수도의 치안과 5부 내의 경찰업무만을 담당하였고, 지방은 각 도(道)의 관찰사의 지휘 하에 '경무관'을 두고 있었다. 지방의 치안은 군수의 행정과는 분리되어 있었다. 그러나 1907년부터 일본은 강제병합을 준비하면서 강제병합의 반대 운동을 탄압하기 위해 헌병경찰제도를 실시하였다. 일제강점기를 거쳐 광복 이후에 미군정청이 실시되었고, 1945년 10월 21일에 미군정청에 '경무국'이 설치되었다. 각 도(道)에는 별도로 '경찰부'가 설치되었다. 대한민국정부가 수립된 후 미군정청의 경찰권을 이양받았고, 내무부 산하에 '치안국'이 설치되었다. 1974년에 치안국은 '치안본부'로 변경되었으나, 이후 인권문제로 폐지되고 경찰청이 신설되었다.

2. 경찰개념의 다양성

경찰개념은 역사적 발전의 산물이라고 볼 수 있다. 경찰 개념은 대체로 조직적(제도적) 의미의 경찰, 형식적 의미의 경찰, 그리고 실질적 의미의 경찰로 구분되고 있다. 조직적(제도적) 의미의 경찰은 그 작용을 담당하는 행정청이 경찰조직으로 구성된 것을 말한다. 형식적 의미의 경찰은 그 작용의 실질적 성질이나 내용을 불문하고 조직적 의미의 경찰에 의해 수행되는 모든 활동을 의미한다. 실질적 의미의 경찰은 국가 활동의 내용적 성격, 즉 국가활동의 목적이 기준이 된다.

(1) 형식적 의미의 경찰개념

형식적 의미의 경찰개념은 조직법상의 경찰, 즉 실정법상 보통경찰행정기관의 소관 사무에 속하는 모든 작용을 말한다. 이를 조직적 의미의 경찰 또는 제도적 의미의 경찰로 보기도 한다. 형식적 의미의 경찰개념은 그 작용의 성질 여

4) 이상규, 전게서(하), 275면.

하를 불문하고 조직적 의미의 경찰이 수행하는 모든 활동을 의미하므로, 실질적 의미의 경찰개념과 반드시 일치하는 것은 아니다. 구(舊) 경찰법 제3조는 “경찰은 국민의 생명·신체 및 재산의 보호와 범죄의 예방·진압 및 수사, 경비·요인경호 및 대간첩작전의 수행, 치안정보의 수집, 교통의 단속 기타 공공의 안녕과 질서유지를 그 임무로 한다”고 규정하고 있다. 실질적 의미의 경찰개념에는 해당하지 않는 범죄의 수사·체포 등의 사법경찰작용과 비권력적 작용인 치안정보의 수집 등도 경찰기관의 소관사무로 하고 있다. 경찰법은 경찰조직의 분권화에 따라 폐지되고 2020년 12월 22일에 ‘국가경찰과 자치경찰의 조직 및 운영에 관한 법률’(이하 “경찰법”이라 한다)이 제정되어, 2021년 1월 1일부터 시행 중이다.

(2) 실질적 의미의 경찰개념

실질적 의미의 경찰은 경찰기관의 소관사무와 관계없이 행정작용의 성질에 착안하여 학문적으로 정립된 관념이다. 실질적 의미의 경찰개념은 국가의 활동이 갖는 내용적 성격(국가활동의 목적)이 기준이 된다. 이러한 의미의 경찰개념에 대하여 “사회공공의 안녕질서를 유지하기 위하여 국가의 통치권에 의거하여 개인에게 명령·강제하는 작용”,[5] “공공의 안녕·질서를 유지하기 위하여 일반통치권에 근거하여 국민에 대해 명령·강제함으로써 그의 자연적 자유를 제한하는 작용”[6] 등으로 정의하고 있다. 전통적인 경찰의 핵심개념은 기본권제한 내지 권력작용이 아니라 ‘위험방지’에 있다. 실질적 의미의 경찰은 “위험방지를 위한 모든 국가적 활동”을 말한다.

3. 경찰의 종류

(1) 행정경찰과 사법경찰

행정경찰은 행정작용의 일부로서 공공의 안녕과 질서에 대한 위험방지활동을 수행하는 경찰을 말한다. 이에 반해 사법(司法)경찰은 범죄의 수사, 피의자 체포 등을 수행하는 경찰을 말한다. 사법경찰은 대체로 형사사법의 일환으로 검사의 지휘를 받아 형사소송법의 적용을 받고 있다.

---

5) 이상규, 전게서(하), 278면.
6) 김남진·김연태, 행정법 II, 349면.

(2) 협의의 행정경찰과 보안경찰

행정경찰은 협의의 행정경찰과 보안경찰로 구분된다. 협의의 행정경찰은 다른 행정기관에 부수하여 위해방지작용을 하는 경찰작용을 말한다. 여기에는 위생경찰, 건축경찰, 산업경찰 등이 속한다. 이에 반해 보안경찰은 공공의 안녕·질서를 유지하기 위하여 다른 종류의 행정작용에 수반됨이 없이 그것 자체가 독립하여 행하여지는 경찰작용을 말한다. 보안경찰은 '질서경찰'(Ordnungspolizei)이라고도 부를 수 있다. 여기에는 교통경찰, 풍속경찰, 해양경찰 등이 속한다.

(3) 예방경찰과 진압경찰

경찰권발동의 시점에 의한 분류이다. 예방경찰은 경찰상의 위험이 발생하기 전에 예방적으로 발동되는 경찰을 말한다. 예컨대 교통경찰, 방범경찰 등이 여기에 해당한다. 진압(鎭壓)경찰은 이미 발생한 경찰상의 장해를 제거하기 위한 경찰작용을 말한다. 예컨대 불법시위의 진압을 위한 경찰이 진압경찰에 해당한다.

(4) 보통경찰과 특수경찰

종전에는 보통경찰과 고등경찰로 구분하고 있었다. 보통경찰은 앞에서 설명한 공공의 안녕과 질서 유지에 관한 위험방지작용을 주로 하는 경찰을 말한다. 이에 반해 특수경찰은 정보활동을 주로 하는 경찰을 의미한다. 그런 점에서 특수경찰은 '정보경찰'을 말한다. 대체로 경찰부서 내의 정보과, 국가정보원 등이 여기에 속한다.

(5) 평시경찰과 비상경찰

일반적인 경찰법령에 따라 위험방지 활동을 하는 경찰을 평시경찰이라 하고, 병력에 의한 공공의 안녕이나 질서유지에 관한 작용을 하는 것을 비상경찰이라고 부르기도 한다. 비상경찰은 전시·사변 또는 이에 준하는 국가비상사태에 있어서는 병력으로써 공공의 안녕·질서를 유지할 수 있다. 여기에는 계엄사령관이나 위수사령관이 해당된다.

4. 국가경찰과 자치경찰

(1) 현안과 쟁점

국가경찰은 경찰기관이 국가기관인 것을 의미하며, 자치경찰은 경찰기관이 지방자치단체에 소속되고 지방자치단체가 경찰에 대한 인사권이나 조직·운영권을 갖는 경우를 의미한다. 우리나라에는 1991년 경찰법이 제정되어 행정안전부장관 소속하에 중앙경찰의 임무를 담당하는 경찰청을 두고, 시·도지사 소속하에 지방경찰청을 두어 중앙경찰과 지방경찰의 책임분담을 도모하고 있었다. 그러나 지방경찰청도 경찰청장의 지휘·감독을 받아 국가경찰의 일부로 이해되었다. 다만, 지역 특성에 맞는 치안행정을 실현하고 주민에게 친근한 치안서비스를 제공하기 위해 자치경찰제의 도입이 논의되기 시작했고, 2006년 참여정부는 대통령 직속인 정부혁신지방분권위원회 산하에 자치경찰특별위원회가 설치되었다. 이후 제주특별자치도에는 '제주특별자치도 설치 및 국제자유도시 조성을 위한 특별법'(이하 "특별법"이라 한다)에 의해 자치경찰이 시범적으로 설치되었다. 자치경찰사무를 처리하기 위하여 제주특별자치도에 '자치경찰단'을 두었다(특별법 제88조 제1항). 자치경찰단장은 자치경무관으로 보하고, 도지사의 지휘·감독을 받는다(동조 제2항).

한편, 검찰과 경찰의 수사권 조정과 더불어 경찰권력의 분권화와 자치경찰제의 확대가 추진되었다. 이를 위해 2020년 12월 22일 종전의 '경찰법'을 폐지하고 '국가경찰과 자치경찰의 조직 및 운영에 관한 법률'을 제정하게 되었다. 여기에서 경찰의 사무를 국가경찰사무와 자치경찰사무로 구분하였다. 또한 경찰청에 국가수사본부를 두고, 경찰청장은 일반적 지휘만 하고 구체적 지휘를 하지 못하도록 하고 있다. 자치경찰사무를 관장하게 하기 위해 시·도지사 소속으로 '시·도 자치경찰위원회'를 합의제행정기관으로 두고 있다.

(3) 국가경찰과 자치경찰의 관계

국가경찰과 제주특별자치도 자치경찰의 사이에는 권한배분이 문제가 되고 있다.[7] 행정안전부장관이 자치경찰사무와 관련하여 지방자치법 제169조 제1항에

7) 제주특별자치도의 자치경찰 사무에는 ① 주민의 생활안전활동에 관한 사무(생활안전을 위한 순찰 및 시설운영, 주민참여 방범활동의 지원 및 지도, 안전사고 및 재해재난 등으로부터의 주민보호, 아동·청소년·여성·노인 등 사회적 보호가 필요한 자에 대한 보호, 가정·학교

따른 시정명령을 하려면 미리 국가경찰위원회의 의견을 들어야 한다(특별법 제104조 제1항). 또한 자치경찰사무와 관련한 도의회의 의결에 대하여 지방자치법 제192조에 따른 재의를 요구하려면 미리 국가경찰위원회의 의견을 들어야 한다(동법 제104조 제2항). 국가경찰과 자치경찰간의 권한 분쟁을 피하기 위해서는 자치경찰의 권한을 특별법 또는 개별법에 구체적으로 규정하는 것이 필요하다. 다만, 제주특별자치도에는 다른 시·도와 달리 국가경찰과 자치경찰이 이원화되어 있다. 다른 시·도 경찰청은 국가사무뿐만 아니라 자치사무도 함께 수행하고 있다. 이와 달리 제주특별자치도에는 '자치경찰단'이 별도로 설치되어 있지만, 제주경찰청이 '자치사무'를 수행하는지는 명확하지 않다. 개정 경찰법에 의해 제주특별자치도 자치경찰위원회는 자치경찰사무와 관련하여 제주자치경찰단뿐만 아니라 제주경찰청도 지휘·감독할 수 있다. 제주경찰청은 국가사무와 관련하여 경찰청장의 지휘·감독을 받지만, 수사사무에 대해서는 국가수사본부장의 지휘·감독을 받는다. 국가경찰과 자치경찰 사이의 권한 조정이 필요해 보인다. 국가경찰과 자치경찰은 상호 권한을 존중하고 협력하는 것이 요구된다. '제주특별자치도 설치 및 국제자유도시 조성을 위한 특별법'은 국가경찰과의 사무분담의 협약체결(제91조), 협조(제100조) 및 재정지원(제103조) 등을 규정하고 있다. 그리고 자치경찰에 대한 감사제도를 신설하였다(특별법 제105조). 즉 제주특별자치도의 도지사는 감사위원회가 자치경찰사무에 대한 감사를 할 때에는 제주자치도경찰청장 또는 경찰서장에 참여를 요청할 수 있다.

Ⅱ. 경찰의 조직

1. 경찰조직의 의의 및 특징

경찰조직은 민주성, 능률성 및 중립성을 특징으로 한다. 경찰권에는 비교적 광범위한 재량이 부여되어 있으므로 경찰작용에 의해 국민의 자유나 재산을 제약할 가능성이 높다. 따라서 경찰조직의 민주성 확보와 법치국가원리의 실현이

폭력 등의 예방, 주민의 일상생활과 관련된 사회질서의 유지와 그 위반행위의 단속 등), ② 지역교통활동에 관한 사무, ③ 공공시설 및 지역행사자 등의 지역경비에 관한 사무, ④「사법경찰관리의 직무를 행할 자와 그 직무범위에 관한 법률」에서 자치경찰공무원의 직무를 규정하고 있는 사법경찰관리의 직무, ⑤「즉결심판에 관한 절차법」 등에 따라 도로교통법 또는 경범죄처벌법 위반에 따른 통고처분 불이행자 등에 대한 즉결심판 청구 사무 등이 있다(특별법 제90조).

중요하다. 국회는 입법을 통해 경찰권 권한의 적정한 분배와 그 권한남용을 방지하도록 노력해야 한다. 국정감사권이나 국정조사권 등을 통해 경찰권의 행사를 통제할 수도 있다. 또한 경찰은 사회공공의 안녕과 질서를 유지하기 위해 신속을 요하는 행정작용이므로 그 조직의 능률성이 요청되고 있다. 경찰기동대 및 전투경찰대 등이 이러한 점을 염두에 둔 경찰조직이라고 볼 수 있다. 헌법 제7조는 공무원의 정치적 중립성을 보장하고 있다. 또한 경찰법 제5조에서도 국민전체에 대한 봉사자로서 공정중립을 지켜야 한다고 규정하고 있다.

2. 일반(보통)경찰기관

(1) 국가경찰위원회

국가경찰위원회는 국가경찰행정에 관한 중요사항을 심의·의결하기 위하여 행정안전부에 설치되는 경찰의결기관이다(경찰법 제7조 제1항). 2020년 12월 개정에 의해 설치되었다. 국가경찰위원회는 위원장 1명을 포함하여 7명의 위원으로 구성된다(동조 제2항). 위원장 및 5명의 위원은 비상임, 1명의 위원은 상임으로 한다. 위원은 행정안전부장관의 제청으로 국무총리를 거쳐 대통령이 임명한다(동법 제8조 제1항). 위원의 임기는 3년이며 연임할 수 없다(동법 제9조). 위원장은 위원회를 대표하며, 위원회의 사무를 총괄한다(국가경찰위원회 규정 제2조 제1항). 위원장은 비상임위원 중에서 호선한다(동조 제2항). 국가경찰위원회의 사무는 경찰청에서 수행하고, 회의는 제적위원 과반수의 출석과 출석위원 과반수의 찬성으로 의결한다(경찰법 제11조 제1항 및 제2항).

국가경찰위원회의 심의·의결 사항에는 ① 국가경찰사무에 관한 인사·예산·장비·통신 등에 관한 주요정책 및 경찰 업무발전에 관한 사항, ② 국가경찰사무에 관한 인권보호와 관련되는 국가경찰의 운영·개선에 관한 사항, ③ 국가경찰사무 담당 공무원의 부패방지와 청렴도 향상에 관한 주요 정책사항, ④ 국가경찰사무 외에 다른 국가기관으로부터의 업무협조 요청에 관한 사항, ⑤ 제주특별자치도의 자치경찰에 대한 경찰의 지원·협조 및 협약체결의 조정 등에 관한 주요정책사항, ⑥ 시·도 자치경찰위원회 위원 추천, 자치경찰사무에 대한 주요 법령·정책 등에 관한 사항, ⑦ 시·도 자치경찰위원회 의결에 대한 재의 요구에 관한 사항, ⑧ 시책 수립에 관한 사항, ⑨ 그 밖에 행정안전부장관 및 경찰청장이 중요하다고 인정하여 국가경찰위원회의 회의에 부친 사항이 있다(경찰법 제10조 제1항). 행정안전부장관은 국가경찰위원회의 심의·의결된 내용이 적정하지 아니하다고 판단할 때에는 재의(再議)를 요구할 수 있다(동조 제2항). 한편, 국가경찰위원회와 행정안전부장관 사이의 권한쟁의심판에서 헌법재판소는 국가경찰위원회가 헌법에 의해 설치된 국가기관이 아니라는 이유로 국가경찰위원회의 당사자능력을 부정하였다.[8)]

(2) 경찰청

a) 경찰청장

치안에 관한 사무를 관장하게 하기 위하여 행정안전부장관 소속으로 경찰청을 둔다(경찰법 제12조). 경찰청장은 치안총감으로 보하며, 국가경찰위원회의 동의를 받아 행정안전부장관의 제청으로 국무총리를 거쳐 대통령이 임명한다(동법 제14조 제1항 및 제2항). 경찰청장은 국가경찰에 관한 사무를 통할하고 경찰청 업무를 관장하며 소속 공무원 및 각급 경찰기관의 장을 지휘·감독한다(동조 제3항). 경찰청장의 임기는 2년이며, 중임할 수 없다(동조 제4항). 경찰청장이 직무를 집행하면서 헌법이나 법률을 위배하였을 때에는 국회의 탄핵소추 대상이 된다(동조 제5항). 경찰청장은 경찰의 수사에 관한 사무와 관련하여 개별 사건의 수사에 대해 구체적으로 지휘·감독할 수 없다. 다만, 국민의 생명·신체·재산 또는 공공의 안전 등에 중대한 위험을 초래하는 긴급하고 중요한 사건의 수사에 있어서 경찰의 자원을 대규모로 동원하는 등 통합적으로 현장 대응할 필요가 있다고 판단할 만한 상당한 이유가 있는 때에는 국가수사본부장을 통하여 개별 사건의 수사에 대하여 구체적으로 지휘·감독할 수 있다(동조 제6항). 특히 경찰청장은 비상사태 등 전국적 치안유지를 위한 경찰공무원(제주특별자치도의 자치경찰공무원)을 직접 지휘·감독할 수 있다(동법 제32조). 경찰청에는 차장을 두며, 치안정감으로 한다(동법 제15조 제1항).

---

8) "국회가 제정한 경찰법에 의하여 비로소 설립된 청구인은 국회의 경찰법 개정행위에 의하여 존폐 및 권한범위 등이 좌우되므로, 헌법 제111조 제1항 제4호 소정의 헌법에 의하여 설치된 국가기관에 해당한다고 할 수 없다. 국가경찰위원회 제도를 채택하느냐의 문제는 우리나라 치안여건의 실정이나 경찰권에 대한 민주적 통제의 필요성 등과 관련하여 입법 정책적으로 결정되어야 할 사항이다. 정부조직법상 합의제 행정기관을 포함한 정부의 부분기관 사이의 권한에 관한 다툼은 정부조직법상의 상하 위계질서나 국무회의, 대통령에 의한 조정 등을 통하여 자체적으로 해결될 가능성이 있고 청구인의 경우도 정부 내의 상하관계에 의한 권한질서에 의하여 권한쟁의를 해결하는 것이 불가능하지 않다. 따라서 권한쟁의심판의 당사자능력은 헌법에 의하여 설치된 국가기관에 한정하여 인정하는 것이 타당하므로, 법률에 의하여 설치된 청구인에게는 권한쟁의심판의 당사자능력이 인정되지 아니한다."(헌재 2022. 12. 22. 2022헌라5)

b) 국가수사본부장

경찰청의 수사사무는 국가수사본부에서 담당한다. 국가수사본부는 경찰청에 두며, 국가수사본부장은 치안정감으로 한다. 국가수사본부장은 형사소송법에 따른 경찰의 수사에 관하여 각 시·도 경찰청장과 수사부서 소속 공무원을 지휘·감독한다(경찰법 제16조 제2항). 본부장의 임기는 2년이며, 중임할 수 없다(동조 제2항). 국가수사본부장도 헌법이나 법률을 위배하였을 때에는 국회의 탄핵소추 대상이 된다(동조 제3항). 경찰청의 하부조직에는 본부·국·부 또는 과가 있다(동조 제17조).

(3) 시·도 자치경찰위원회

자치경찰사무를 관장하게 하기 위하여 특별시장·광역시장·특별자치시장·도지사·특별자치도지사(이하 "시·도지사"라 한다) 소속으로 시·도 자치경찰위원회를 신설하였다(경찰법 제18조 제1항). 시·도 자치경찰위원회는 합의제행정기관으로서 그 권한에 속하는 업무를 독립적으로 수행한다(동조 제2항). 다만, 제13조 후단에 따라 시·도에 2개의 시·도경찰청을 두는 경우 시·도지사 소속으로 2개의 시·도자치경찰위원회를 둘 수 있다.[9]

회의는 재적위원 과반수의 출석과 출석위원 과반수의 찬성으로 의결한다(동법 제25조 제2항). 시·도 자치경찰위원회는 위원장 1명을 포함한 7명의 위원으로 구성하되, 위원장과 1명의 위원은 상임으로 하고, 5명의 위원은 비상임으로 한다(동법 제18조). 시·도 자치경찰위원회 위원장은 위원 중에서 시·도지사가 임명하고, 상임위원은 시·도 자치경찰위원회의 의결을 거쳐 위원 중에서 위원

9) 시·도 자치경찰위원회의 소관사무에는 ① 자치경찰사무에 관한 목표의 수립 및 평가, ② 자치경찰사무에 관한 인사, 예산, 장비, 통신 등에 관한 주요정책 및 그 운영지원, ③ 자치경찰사무 담당 공무원의 임용, 평가 및 인사위원회 운영, ④ 자치경찰사무 담당 공무원의 부패 방지와 청렴도 향상에 관한 주요 정책 및 인권침해 또는 권한남용 소지가 있는 규칙, 제도, 정책, 관행 등의 개선, ⑤ 제2조의 시책 수립, ⑥ 시·도경찰청장의 임용과 관련한 경찰청장과의 협의, 제30조 제4항에 따른 평가 및 결과 통보, ⑦ 자치경찰사무 감사 및 감사의뢰, ⑧ 자치경찰사무 담당 공무원의 주요 비위사건에 대한 감찰요구, ⑨ 자치경찰사무 담당 공무원에 대한 징계요구, ⑩ 자치경찰사무 담당 공무원의 고충심사 및 사기진작, ⑪ 자치경찰사무와 관련된 중요사건·사고 및 현안의 점검, ⑫ 자치경찰사무에 관한 규칙의 제정·개정 또는 폐지, ⑬ 지방행정과 치안행정의 업무조정과 그 밖에 필요한 협의·조정, ⑭ 제32조에 따른 비상사태 등 전국적 치안유지를 위한 경찰청장의 지휘·명령에 관한 사무, ⑮ 국가경찰사무·자치경찰사무의 협력·조정과 관련하여 경찰청장과 협의, ⑯ 국가경찰위원회에 대한 심의·조정 요청, ⑰ 그 밖에 시·도지사, 시·도 경찰청장이 중요하다고 인정하여 시·도 자치경찰위원회의 회의에 부친 사항이다(경찰법 제24조).

장의 제청으로 시·도지사가 임명한다(동법 제20조 제3항). 시·도 자치경찰위원회 위원장와 위원의 임기는 3년으로 하며, 연임할 수 없다(동법 제23조). 시·도 자치경찰위원회의 회의는 정기적으로 개최하여야 하며, 시·도 자치경찰위원회에는 사무기구를 둘 수 있다(동법 제26조 제1항 및 제27조).

(4) 시·도 경찰청장

경찰청의 사무를 지역적으로 분장하기 위하여 시·도 경찰청에 시·도 경찰청장을 두며, 시·도 경찰청장은 치안정감·치안감 또는 경무관으로 보한다(경찰법 제28조 제1항). 시·도 경찰청장은 경찰청장이 시·도 자치경찰위원회와 협의하여 추천한 사람 중에서 행정안전부장관의 제청으로 국무총리를 거쳐 대통령이 임용한다(동조 제2항).

지방경찰청장은 국가경찰사무에 대해서는 경찰청장의 지휘·감독을, 자치경찰사무에 대해서는 시·도 자치경찰위원회의 지휘·감독을 받아 관할구역의 소관 사무를 관장하고 소속 공무원 및 소속 경찰기관의 장을 지휘·감독한다(동조 제3항 본문). 다만, 수사에 관한 사무에 대해서는 국가수사본부장의 지휘·감독을 받는다. 시·도 경찰청장은 국가경찰사무와 자치경찰사무, 수사사무 등을 모두 수행하지만, 그 사무에 따른 지휘·감독권자가 다르다. 수사사무는 국가사무와 자치사무 모두를 망라한다.

(5) 경찰서장

시·도 경찰청장 하에 경찰서를 두며, 경찰서장은 경무관, 총경(總警) 또는 경정(警正)으로 보한다(경찰법 제30조 제1항). 경찰서장은 시·도 경찰청장의 지휘·감독을 받아 관할구역의 소관 사무를 관장하고 소속 공무원을 지휘·감독한다(동조 제2항). 경찰서장 소속으로 지구대 또는 파출소를 두며, 필요한 경우에는 출장소를 둘 수 있다(동조 제3항). 시·도 자치경찰위원회는 정기적으로 경찰서장의 자치경찰사무 수행에 관한 평가결과를 경찰청장에게 통보하여야 하며 경찰청장은 이를 반영하여야 한다(동조 제4항).

3. 특별(비상)경찰기관

특별경찰기관은 비상사태의 발생시에 일반경찰기관만으로 치안을 유지할 수 없는 경우에 병력으로써 치안을 담당하는 기관을 의미한다. 전시·사변 또는 이에 준하는 국가비상사태에 있어서 병력으로써 군사상의 필요에 응하거나 공공의 안녕·질서를 유지할 필요가 있을 때에는 대통령은 계엄을 선포할 수 있다(헌법 제77조 제1항). 계엄은 경비계엄과 비상계엄으로 구분된다(계엄법 제2조). 경비계엄의 경우에는 계엄사령관은 계엄지역 내의 군사에 관한 행정사무와 사법사무를 관장하며(동법 제7조 제2항), 비상계엄의 경우에는 계엄지역 내의 모든 행정사무와 사법사무를 관장한다(동조 제1항). 계엄의 시행에 관하여 계엄사령관은 계엄이 전국에 걸치는 경우에는 대통령의, 지휘·감독을 받으며 일부지역에 국한되는 경우에는 국방부장관의 지휘·감독을 받는다(동법 제6조 제1항).

제2절 경찰작용의 근거와 한계

Ⅰ. 경찰작용의 법적 근거

1. 경찰작용과 법률유보의 원칙

경찰작용에도 법치국가원리가 준수되어야 한다. 경찰권의 행사는 개인의 기본권이나 권리 등을 침해할 수 있으므로 법률유보의 원칙이 고려되어야 한다. 경찰작용을 통해 기본권을 제약하는 경우에는 법률유보의 원칙이 적용된다. 헌법 제37조 제2항은 기본권 제한의 경우에 법률에 근거가 있어야 하며, 본질적인 내용을 침해할 수 없다고 규정하고 있다. 기본권 제한의 한계를 규정하고 있는 것이다. 경찰작용은 직접 법률에 의하거나 법률로부터 구체적인 위임을 받은 법규명령에 의한 경우도 포함한다.

경찰이 권한규범(Befugnisnorm)이 아니라 직무규범(Aufgabenzuweisungsnorm)에 근거하여 경찰권을 행사할 수 있는지가 다투어지고 있다. 독일 남부에서는 경찰권 발동의 근거규범을 직무규범과 권한규범으로 구분하고 있다. 즉 직무규범은 조직법상의 권한분장관계를 규율하기 위한 규범으로서 다른 행정청과의 직무 한계를 설정하는 것이다. 이에 반해 권한규범은 행정청에 부여된 임무를 전제로 그 범위 내에서 개인의 권리를 제약할 수 있는 권한을 부여하는 규범을 말한다. 직무규범은 위험방지의 임무나 활동과 관련되는 반면, 권한규범은 권리의 제약 내지 침해와 관련이 있다. 개인의 권리를 제약하는 경우에는 특별한 요건이 필요하다. 예컨대 경찰관직무집행법상 불심검문, 보호조치 및 영치 등이 개별적 수권조항(Spezialermächtigung)에 해당한다.

위험방지의 임무를 수행하기 위해서는 개인의 기본권을 제약할 수 있다. 이러한 직무규범과 권한규범의 한계영역은 개인정보의 경고, 수집 및 처리 등에서 두드러진다. 일반공중에게 위험을 경고하는 것은 경찰의 임무이다. 그러나 사기행각을 벌이는 기업이나 부패된 음식물을 판매하는 기업을 국민에게 알리는 것은 기업의 기본권(직업의 자유)을 제약할 수 있다.[10] 이러한 경우에는 특별한 수권근거가 필요하다.[11] 독일에서는 개인정보의 수집 및 처리는 1983년 12월 15일 연방헌법재판소의 인구조사판결에서 침해 없는 활동으로 여겨졌고, 직무규범은 형사소추와 위험방지에 대한 정보상 사전배려나 사전예방에 관한 조치의 법적 근거로서 충분하였다.[12] 그러나 개인의 기본권제약을 할 경우 권한규범이 아니라 직무규범에 근거하여 이러한 활동을 할 수 있는지가 문제되었던 것이다. 직무규범과 권한규범의 구분은 명확하지 아니하며, 양자를 구분하는 독일에서도 기본권 침해가 중대할 때에만 권한규범이 필요하다고 보고 있다. 이 경우 본질성의 판단이 적용될 수 있다.[13] 위험방지의 임무를 수행함에 있어 개인의 기본권을 경미하게 제약할 경우에는 직무규범으로부터 이를 도출할 수 있다. 그러나 이를 넘어서서 기본권을 중대하게 제한할 때에는 권한규범의 근거가 필요하다.

2. 개괄적 수권조항에 의한 경찰작용

(1) 개괄적 수권조항의 개념과 인정 여부

개괄적 수권조항(Generalklausel)이란 법률에 개별적인 수권규정이 없는 경우에도 경찰작용의 일반적이고 보충적인 근거가 될 수 있는 포괄적 조항을 말한다. 이를 줄여서 '개괄조항' 또는 '일반조항'이라고 부르기도 한다. 이는 독일의 입법례에서 유래한 것이다. 개괄적 수권조항은 독일 연방 및 주의 통일경찰법 표준안 제8조 제1항에 규정되어 있다. 즉 "제8조의a 내지 제24조에서 경찰의 직무권한으로 특별히 규정하지 아니하는 한, 공공의 안전이나 질서에 대한 개별

10) BVerwGE 87, 37.
11) BVerwGE 71, 183.
12) BVerfGE 65, 1.
13) Gusy, Polizeirecht, 4. Aufl., Rn. 11 f.

적 위험을 방지하기 위하여 필요한 조치를 취할 수 있다"고 규정되어 있다.

종래에는 경찰권의 근거와 한계를 논함에 있어 개괄적 수권조항에 의한 경우와 개별적 수권조항에 의한 경우를 구분하지 아니하였다. 그러나 최근에는 개괄적 수권조항을 인정할 수 있는지에 대해 견해가 대립하고 있다. 오늘날에는 이를 긍정하는 견해가 다수설이다. 경찰관직무집행법 제2조 제7호의 "공공의 안녕과 질서 유지"에 관한 규정이 불충분하나마 경찰권 발동에 대한 개괄적 수권조항에 해당한다고 보고 있다.[14] 이에 대하여 개괄적 수권조항 그 자체의 필요성은 인정하지만, 현행 경찰관직무집행법에는 침해작용에 관한 근거규정이 없다는 견해도 있다(제한적 긍정설).[15] 이 견해는 현행 경찰관직무집행법 제2조 제7호의 규정은 권한규정이 아니라 직무규정(임무규정)에 해당한다고 보고 있다. 그리고 개괄조항에 의한 수권은 법치국가원리(특히 명확성원칙)에 반하기 때문에 허용될 수 없다는 견해가 있다(부정설). 개괄적 수권조항의 인정 여부에 대해 판례의 입장은 명확하지 아니 하다. 그러나 청원경찰법 제3조에 따라 청원경찰이 관할 구역의 경찰서장의 감독을 받아 그 경비구역 내에서 경찰관직무집행법에 의한 직무를 행하면서 허가 없이 창고를 주택으로 개축하는 것을 단속한 것은 정당한 공무집행행위로 판단한 사례가 있다.[16]

전술한 바와 같이 경찰권이 기본권의 핵심적이고 본질적인 내용을 침해하는 경우에는 개별적인 법률의 수권이 필요하지만, 경미한 경찰작용에는 직무규범으로 충분하다. 개괄적 수권조항은 경찰이 공공의 안녕과 질서 유지를 위해 법령에 규정되지 아니한 위험방지작용을 수행해야 할 경우에 보충적으로 인정될 수 있다. 개괄적 수권조항에 따른 경찰권 발동으로 인해 초래되는 법치국가적 우려는 비례의 원칙(과잉금지의 원칙)에 의한 통제를 통해 해소될 수 있다. 개괄적 수권조항의 근거는 경찰관직무집행법 제2조 제7호로 볼 수 있으며, 이 조항의 엄격한 해석을 통해서도 경찰작용의 남용을 차단할 수 있다.

---

14) 김남진, 전게서(Ⅱ), 368면. 긍정설 가운데에는 경찰관직무집행법 제5조(위험발생의 방지)를 개괄적 수권조항으로 보거나(이운주 "경찰법상의 개괄수권조항에 관한 연구", 서울대학교 박사학위논문, 2005, 200-203면), 경찰관직무집행법 제2조 이외에 제5조와 제6조(범죄의 예방과 제지)를 근거로 드는 견해(박정훈/정초영, "사권보호를 위한 경찰권 발동에 관한 연구", 치안연구소, 2001, 22면 이하 참조)도 있다.

15) 홍정선, 행정법원론(하), 1999, 254면 이하; 김동희, 행정법 Ⅱ, 217-218면 이하. 이러한 입장은 개괄적 수권조항의 근거조항인 경찰관직무집행법이 단순히 조직법상의 임무규정에 불과하고 작용법상의 권한규정은 아니라고 주장한다.

16) 대법원 1986. 1. 28. 선고 85도 2448 판결.

(2) 개괄적 수권조항의 적용요건

개괄적 수권조항에 근거하여 경찰권이 행사되기 위해서는 공공의 안녕이나 질서 유지에 대한 구체적인 위해가 있어야 한다.

a) 공공의 안녕

공공의 안녕(안전)이란 "객관적 법질서, 개인의 주관적 권리나 법익 및 국가나 그 밖의 고권력 주체의 시설이나 작용이 침해되지 않는 것"을 의미한다.[17] 즉 국가공동체의 법질서가 유지되고 공공시설의 안전이 보장되며, 개인의 권리나 이익 등이 침해받지 않고 정상적으로 기능하는 상태를 의미한다. 공공의 안녕의 보호범위에는 개인적 법익뿐만 아니라 공공의 안전도 포함된다.

b) 공공의 질서

공공의 질서란 "공중(公衆) 속의 개인이 생활하면서 준수해야 하는 불문법칙의 총체로서 정렬된 국가시민의 공동생활의 필수불가결한 요건으로서 각 지배적인 견해에 따라 주의해야 할 것으로 여겨지는 것"을 말한다. 즉 지배적인 사회적 윤리관에 따라 사회구성원인 개인이 공동체 생활을 위해 준수해야 하는 불문의 규칙을 의미하는 것이다. 여기에서 말하는 법칙(Regel)이나 규칙은 법규범을 의미하는 것이 아니라, 공동체의 가치관이 담겨 있는 풍속이나 도덕과 같은 '불문규범'을 의미한다. 독일의 일부학자는 공공질서의 개념이 사람에 따라 달리 해석되며, 또 시간의 경과에 따라 가변적이고 이미 실정법으로 된 부분도 있으므로 불필요하다고 주장하기도 한다.[18]

c) 위험

경찰권을 행사하기 위해서는 공공의 안녕과 질서에 대한 위해 즉 위험(Gefahren)과 장해(Störung)가 있어야 한다. 위험이란 "이를 방치하면 가까운 장래에 공공의 안녕과 질서에 손해를 가져올 충분한 개연성(Wahrscheinlichkeit)이 있는 상태"를 말한다. 이러한 위험은 현실적으로 위험이 발생한 상태를 의미하는 장해와 함께 '위해'로 표현되기도 한다.[19] 위험은 구체적 위험과 추상적 위험으로 구분된다. 구체적 위험은 개별적 사안에서 경찰공무원의 합리적 판단에 따라

17) Götz, Allgemeines Polizei- und Ordnungsrecht, 15. Aufl., § 4 Rn. 1.
18) Götz, a.a.O., § 4 Rn. 4.
19) 김남진, 전게서(Ⅱ), 371면.

가까운 장래에 손해가 발생할 충분한 개연성이 있는 상태를 말한다. 이에 반해 추상적 위험은 특정한 행위나 상태를 일반적·추상적으로 고찰하여 손해발생의 충분한 개연성이 있다는 결론에 도달하게 되는 것을 말한다.[20]

위험의 유사개념에는 리스크 내지 위험성(risk, Risiko), 외관상 위험, 오상위험 및 위험혐의 등이 있다. 외관상 위험(Anscheinsgefahr)이란 실제 위험이 존재하지 않음에도 불구하고 행정청이 위험하다고 판단한 경우로서 행정청이 객관적인 관찰자로서 주의의무를 다하였더라도 위험하다고 판단하였을 경우를 말한다. 예컨대 장난감 권총으로 장난을 하는 경우가 그러하다. 다수설은 외관상 위험을 경찰법상의 위험으로 보고 있다. 또한 오상(誤想)위험(Schein- oder Putativgefahr)은 실제로는 위험이 없지만 행정청이 객관적 주의의무를 다하지 못하여 위험이 있다고 잘못 판단하는 경우를 말한다. 오상위험은 위험이 아니다. 오상위험에 따른 경찰권 행사는 정당화될 수 없다. 그리고 위험의 의심(Gefahrenverdacht)이란 위험이 있다고 판단할 근거는 있지만, 불충분하거나 불확실하여 위험이 존재하지 않을 수도 있다는 것을 경찰이 스스로 알고 있는 경우를 의미한다. 이를 '위험의 혐의'라고 부르기도 한다. 예컨대 경찰이 공항에 폭탄이 설치되었다는 제보 전화를 받았으나 경험에 의하면 90% 이상이 장난전화인 경우가 그러하다. 위험의 의심이 인정되기 위해서는 전문가의 감정기준이나 충분한 사안해명 등을 제시하여야 한다. 위험의 존재에 대해 의심하여야 할 뿐만 아니라 위험의 존재에 대한 연결고리가 있어야 한다. 위험의 존재여부가 명백해질 때까지 행정청은 이에 대한 예비적 조치로서 위험의 존재 여부에 관하여 조사할 권한과 의무를 가진다. 경찰은 위험의 의심이 있으면 위험을 조사하거나 필요한 안전조치 명령 등을 내릴 수 있다. 이를 위험조사조치(Gefahrerforschungsmaßnahme bzw. -eingriff)라고 한다.[21] X시에서 하천에 폐수가 흘러 오염이 되었지만 이러한 위험의 원인자 내지 책임자가 불확실한 경우 행정청이 위험제거조치를 위해 인근의 공장이 오염의 원인이라고 판단하고 이에 개입하여 조치하는 것을 장해조사조치(Störererforschungseingriff) 또는 위험원인조사조치(Gefahrursachenerforschungseingriff)라고 부른다.[22]

---

20) Götz, a.a.O., § 6 Rn. 19.
21) Götz, a.a.O., § 6 Rn. 29.
22) 이에 대해서는 Götz, a.a.O., § 6 Rn. 31.

3. 개별적 수권조항에 의한 경찰작용

개별적 수권조항(Spezialermächtigung)은 (실질적 의미의) 경찰의 표준적 또는 전형적 직무행위에 해당한다. 이를 독일에서는 표준조치(Standardmaßnahmen)라고 부른다. 이는 대체로 경찰상 의무이행확보수단 중 즉시강제에서 다루는 것이 보통이다. 개별적 수권조항에 근거한 경찰권 발동의 사례는 경찰관직무집행법 제3조 이하에 규정되어 있다.

(1) 불심검문

불심검문이란 수상한 행동이나 범죄의 혐의가 있는 사람을 정지시켜 질문이나 조사를 하는 것을 말한다. 경찰관직무집행법 제3조에는 질문, 동행요구 및 흉기소지여부조사가 있다. 경찰관은 수상한 행동이나 그 밖의 주위 사정을 합리적으로 판단하여 볼 때 어떠한 죄를 범하였거나 범하려 하고 있다고 의심할 만한 상당한 이유가 있는 사람, 이미 행하여진 범죄나 행하여지려고 하는 범죄행위에 관한 사실을 안다고 인정되는 사람을 정지시켜 질문할 수 있다(경찰관직무집행법 제3조 제1항). 불심검문에 응하지 않거나 질문 도중에 현장을 떠나려고 하는 경우에 담당 경찰관이 물리력을 사용할 수 있는지가 문제이다. 불심검문은 임의적 조치이므로 강제행위는 원칙적으로 허용되지 않지만, 상대방의 의사를 제압하지 않는 정도의 경미한 물리력 행사는 허용된다고 보는 것이 다수설이다.

한편, 불심검문을 함에 있어서 그 장소에서 질문을 하는 것이 그 사람에게 불리하거나 교통에 방해가 된다고 인정될 때에는 질문을 하기 위하여 가까운 경찰서 · 지구대 · 파출소 또는 출장소(이하 "경찰관서"라 한다)에 동행을 요구할 수 있다(동조 제2항). 이러한 동행은 임의동행이므로 이를 요구받은 사람은 그 요구를 거절할 수 있다. 경찰관은 질문을 할 때에 흉기를 가지고 있는지를 조사할 수 있다(동조 제3항). 흉기의 소지를 조사하는 것은 장래의 위험발생을 예방하거나 시간적으로 급박한 경우에 행해지는 것이므로 이러한 조사가 수색에 해당되는지가 문제이다. 이러한 조사는 경찰상 즉시강제, 특히 경찰조사에 해당한다고 보는 것이 일반적이다. 그러나 이러한 조사는 수색에 해당하는 측면이 있고 법관의 영장없이 이루어지기 때문에 헌법 제12조 제3항과의 관계에서 문제가 될 수 있다는 견해가 유력하다.[23)]

---

23) 이상규, 전게서(하), 351면.

(2) 보호조치 및 임시조치

경찰관은 구호대상자를 발견한 때에는 보건의료기관이나 공공구호기관에 긴급구호를 요청하거나 경찰관서에 보호하는 등 적절한 조치를 할 수 있다(경찰관직무집행법 제4조 제1항). 그러한 구호대상자에는 정신착란을 일으키거나 술에 취하여 자신 또는 다른 사람의 생명·신체·재산에 위해를 끼칠 우려가 있는 사람, 자살을 시도하는 사람, 또는 미아·병자·부상자 등으로서 적당한 보호자가 없으며 응급구호가 필요하다고 인정되는 사람이 해당된다.

긴급구호요청을 받은 보건의료기관이나 공공구호기관은 정당한 이유 없이 긴급구호를 거절할 수 없다(동조 제2항). 경찰관이 보호조치를 하였을 때에는 지체 없이 구호대상자의 가족·친지 또는 그 밖의 연고자에게 그 사실을 알려야 하며, 연고자가 발견되지 아니할 때에는 구호대상자를 적당한 공중보건의료기관이나 공공구호기관에 즉시 인계하여야 한다(동조 제4항). 구호대상자를 경찰관서에서 보호하는 기간은 24시간을 초과할 수 없다(동조 제7항). 피구호자가 휴대하고 있는 무기·흉기 등 위험을 일으킬 수 있는 것으로 인정되는 물건은 경찰관서에 임시로 영치할 수 있다(동조 제3항). 그러나 임시영치의 기간은 10일을 초과할 수 없다(동조 제7항).

(3) 위험발생방지조치

사람의 생명 또는 신체에 위해를 끼치거나 재산에 중대한 손해를 끼칠 우려가 있는 천재, 사변, 인공구조물의 파손이나 붕괴, 교통사고, 위험물의 폭발, 위험한 동물 등의 출현, 극도의 혼잡, 그 밖의 위험한 사태가 있을 때에는 경찰관이 일정한 조치를 취할 수 있다(경찰관직무집행법 제5조 제1항).

경찰관직무집행법 제5조에서 위험한 사태로서 천재·사변 등을 예시하고 있지만, 여기에 제한되지 않는다. 이러한 위험발생방지조치를 위한 구체적인 수단으로는 경고, 억류나 피난이 있다. 그 밖에 그 장소에 있는 사람, 사물의 관리자, 그 밖의 관계인에게 위해를 방지하기 위하여 필요하다고 인정되는 조치를 하게 하거나 직접 필요한 조치를 하는 것도 여기에 해당한다. 나아가 경찰관서의 장은 대간첩 작전의 수행이나 소요(騷擾) 사태의 진압을 위하여 필요하다고 인정되는 상당한 이유가 있을 때에는 대간첩 작전지역이나 경찰관서·무기고 등 국가중요시설에 대한 접근이나 통행을 제한하거나 금지할 수 있다(동조 제2항).

(4) 범죄의 예방과 제지

경찰관은 범죄행위가 목전(目前)에 행해지는 것이 인정될 때에는 이를 예방하기 위하여 관계인에게 필요한 경고를 발하고, 그 행위로 인하여 인명·신체에 위해를 끼치거나 재산에 중대한 손해를 끼칠 우려가 있어 긴급한 경우에는 그 행위를 제지할 수 있다(동법 제6조).

(5) 위험방지를 위한 출입

경찰관은 위험한 사태가 발생하여 사람의 생명이나 신체 또는 재산에 대한 위해가 임박한 때에 그 위해를 방지하거나 피해자를 구조하기 위하여 부득이하다고 인정하면 합리적으로 판단하여 필요한 한도 내에서 다른 사람의 토지·건물·배 또는 차에 출입할 수 있다(동조 제7조). 흥행장, 여관, 음식점, 역, 그 밖에 많은 사람이 출입하는 장소의 관리자나 그에 준하는 관계인은 경찰관이 범죄나 사람의 생명·신체·재산에 대한 위해를 예방하기 위하여 해당 장소의 영업시간이나 해당 장소가 일반인에게 공개된 시간에 그 장소에 출입하겠다고 요구하면 정당한 이유 없이 그 요구를 거절할 수 없다(동조 제2항). 경찰관이 이러한 장소에 출입할 때에는 그 신분을 표시하는 증표를 제시하여야 하며, 함부로 관계인이 하는 정당한 업무를 방해해서는 아니 된다(동조 제4항).

(6) 사실의 확인 및 정보의 수집

경찰관서의 장은 직무 수행에 필요하다고 인정되는 상당한 이유가 있을 때에는 국가기관이나 공사(公私)단체 등에 대하여 직무에 관련된 사실을 조회할 수 있다(동법 제8조 제1항). 다만, 긴급한 경우에는 소속 경찰관으로 하여금 현장에 나가 해당 기관 또는 단체의 장의 협조를 얻어 그 사실을 확인하게 할 수 있다. 그리고 경찰관은 범죄·재난·공공갈등 등 공공안녕에 대한 위험의 예방과 대응을 위한 정보의 수집·작성·배포와 이에 수반되는 사실의 확인을 할 수 있다(동법 제8조의2).

(7) 경찰장비의 사용 등

a) 경찰장비의 의의

경찰관은 직무수행 중 경찰장비를 사용할 수 있다(동법 제10조 제1항). 경찰장비란 무기, 경찰장구, 최루제와 그 발사장치, 살수차, 감식(鑑識)기구, 해안 감시기구, 통신기기, 차량·선박·항공기 등 경찰이 직무수행을 위하여 필요한 장치와 기구를 말한다(동조 제2항). 위해성 경찰장비는 필요한 최소한도에서 사용하여야 한다(동조 제4항). 경찰장비의 종류 및 그 사용기준, 안전교육·안전검사의 기준 등은 대통령령으로 정하도록 하고 있다(동조 제6항). 한편, 헌법재판소는 살수차를 이용한 직사살수행위가 청구인의 생명권 및 집회의 자유를 침해하였다고 결정하였다.[24)]

b) 경찰장구 및 분사기 등의 사용

경찰장구라 함은 경찰관이 휴대하여 범인검거와 범죄진압 등의 직무 수행에 사용하는 수갑, 포승(捕繩), 경찰봉, 방패 등을 말한다(동법 제10조의2 제2항). 경찰장구는 현행범이나 사형·무기 또는 장기 3년 이상의 징역이나 금고에 해당하는 죄를 범한 범인의 체포 또는 도주 방지, 자신이나 다른 사람의 생명·신체의 방어 및 보호, 공무집행에 대한 항거(抗拒) 제지를 위해 사용된다. 또한 경찰관은 범인의 체포 또는 범인의 도주 방지, 불법집회·시위로 인하여 자신이나 다른 사람의 생명·신체와 재산 및 공공시설 안전에 대한 현저한 위해의 발생 억제를 위해 부득이한 경우 현장책임자가 판단하여 필요한 최소한의 범위에서 분사기 또는 최루탄을 사용할 수 있다(동법 제10조의3).

c) 무기의 사용

경찰관은 범인의 체포, 범인의 도주 방지, 자신이나 다른 사람의 생명·신체의 방어 및 보호, 공무집행에 대한 항거의 제지를 위하여 필요하다고 인정되는 상당한 이유가 있을 때에는 그 사태를 합리적으로 판단하여 필요한 한도 내에서 무기를 사용할 수 있다(동법 제10조의4 제1항). 여기에서 "무기"라 함은 인명 또는 신체에 위해를 가할 수 있도록 제작된 권총·소총·도검 등을 말한다. 이러한 무기도 경찰장비에 속하지만, 국민의 생명·신체 등에 대한 직접적인 위해를 줄 수 있으므로 그 요건을 엄격히 규정하고 있다. 총기사용에 따르는 문제를 해결하기 위해 전자충격봉, 전자충격총(stun gun) 등 대체무기의 사용이 검토되고 있다. 대법원은 현행범 및 도주자 체포시 가스총과 경찰봉을 사용하여 항거를 억제할 시간적 여유가 있었음에도 불구하고 가슴부위에 소총을 발사하여 사망에 이른 사건은 총기사용의 한계를 벗어난 것으로 보고 있다.[25)]

---

24) 헌재 2020. 4. 23. 2015헌마1149.
25) 대법원 1991. 9. 10. 선고 91다19913 판결.

판례는 무기사용의 요건을 엄격하게 판단하고 있다. 대법원은 이러한 요건을 충족하는지를 범죄의 종류, 죄질, 피해법익의 경중, 위해의 급박성, 저항의 강약, 범인과 경찰관의 수, 무기의 종류, 무기사용의 태양, 주변의 상황 등을 고려하여 사회통념상 상당하다고 평가되는지 여부에 따라 판단하여야 한다고 보고 있다.[26] 또한 경찰관이 칼로 반복적으로 위협하며 도주하는 차량절도 혐의자를 추적하던 중, 도주하기 위하여 등을 돌린 혐의자의 몸 쪽을 향하여 약 2m 거리에서 실탄을 발사하여 혐의자를 복부관통상으로 사망케 한 경우, 경찰관의 총기사용은 사회통념상 허용범위를 벗어난 위법행위라고 보고 있다.[27]

Ⅱ. 경찰작용의 한계

1. 의 의

경찰작용은 시민의 기본권이나 권리를 직접적으로 제한할 수 있어, 법치국가 원리의 관점에서 그 한계를 검토하여야 한다. 경찰권의 한계는 종전에 조리상의 한계로서 고찰되어 왔다. 학설은 경찰권의 조리상 한계로서 경찰소극목적의 원칙, 경찰공공의 원칙, 경찰비례의 원칙, 경찰평등의 원칙 및 경찰책임의 원칙 등을 설명하고 있다. 그러나 경찰작용의 한계와 직접 관련된 것은 경찰비례의 원칙이다. 본서에서는 경찰비례의 원칙만을 간략히 언급하기로 한다.

2. 경찰비례의 원칙

비례의 원칙은 오늘날 헌법의 중요한 원칙의 하나로 다루어지고 있다. 이를 '과잉금지의 원칙'이라 부르기도 한다. 비례의 원칙은 연혁적으로 경찰행정법에 기원하고 있다. 경찰작용은 개인의 권리나 이익을 침해할 우려가 높기 때문이다. 종전의 다수설은 경찰비례의 원칙을 법이 경찰권에 대하여 포괄적인 재량권을 부여한 것으로 보고 이를 제약하기 위한 조리상의 원칙으로 보고 있다. 즉 경찰비례의 원칙은 사회공공의 안전 질서유지를 위한 경찰작용은 그로 인해 제한되거나 침해되는 개인의 자유나 권리와 적정한 비례관계가 있어야 한다는 것이다. 이러한 (광의의) 비례원칙은 다시 적합성의 원칙, 필요성의 원칙 그리고

---

26) 대법원 2008. 2. 1. 선고 2006다6713 판결.
27) 대법원 1999. 3. 23. 선고 98다63445 판결.

상당성의 원칙으로 구분된다. 경찰작용은 의도하는 목적에 적합하고, 그 목적달성을 위해 필요하며, 피해가 가장 적은 수단을 선택해야 한다. 또한 선택한 수단이 경찰작용으로 달성하려고 하는 목적과 적절한 비례관계에 있어야 한다. 경찰관직무집행법 제1조 제2항도 "이 법에 규정된 경찰관의 직권은 그 직무수행에 필요한 최소한도 내에서 행사되어야 하며 남용하여서는 아니 된다"라고 규정하고 있다. 또한 경찰관직무집행법 제10조의4에서도 무기사용과 관련하여 "그 사태를 합리적으로 판단하여 필요한 한도에서 무기를 사용할 수 있다"고 규정하고 있다. 이러한 규정들은 모두 비례의 원칙(필요성의 원칙 내지 최소침해의 원칙)을 언급한 것이다. 예컨대 경찰관이 범인을 추격하여 충분히 체포할 수 있음에도 불구하고 추격이 힘들게 되자 수차례 경고 후 공포탄을 발사하고, 또 범인이 계속 도주하자 실탄을 발사하여 사망에 이르게 한 행위는 비례의 원칙을 위반한 것이다.[28)]

Ⅲ. 경찰책임

1. 경찰책임의 의의

경찰책임의 원칙은 경찰권의 한계로서 다루어졌으나, 경찰권발동의 대상으로 접근하는 견해도 있다. 즉 공공의 안녕과 질서에 대한 장해가 발생하거나 발생할 우려가 있는 경우에는 그 책임이 있는 사람에 대해 경찰권을 발동할 수 있다는 견해가 그러하다.[29)] 위험방지를 위한 경찰작용의 측면에서는 경찰위반상태(Polizeiwidrigkeit)의 발생에 책임이 있는 사람(경찰책임자)에 대해 경찰권을 행사할 수 있는지에 관한 문제라고 볼 수 있다. 경찰책임은 손해발생의 책임귀속과도 밀접한 관련이 있다. 이러한 경찰책임을 누구에게 귀속시킬 것인지와 관련하여 다양한 분류가 이루어지고 있다.

2. 경찰책임의 종류

a) 행위책임과 상태책임

경찰책임의 원인을 기준으로 하여 행위책임과 상태책임으로 구분하고 있다.

---

28) 대법원 1999. 6. 22. 선고 98다61470 판결.
29) 김남진, 행정법의 기본문제, 700면 이하.

행위책임(Verhaltensverantwortlichkeit)은 행위(작위 · 부작위)를 통해 위해를 발생시킨 사람의 책임을 말한다. 자신이 직접 행한 행위뿐만 아니라 자신의 보호나 감독을 받는 사람의 행위로 인하여 위해가 발생한 경우도 포함된다. 이러한 위해 발생에 대해서는 고의나 과실의 유무는 묻지 아니 한다. 이와 관련하여 상당인과관계설, 조건설 및 직접원인설 등이 주장되고 있다. 조건설은 책임의 귀속이 무한히 확대될 수 있고, 상당인과관계설은 위험의 영역에서 경험법칙으로 예견할 수 없는 경우가 많다. 그러한 이유에서 공공의 안녕과 질서에 대한 위험이나 장해의 직접적 원인이 되는 행위를 한 사람만이 책임을 진다고 보는 '직접원인설'이 지배적이다.[30] 이러한 학설은 독일 학설의 영향을 받은 것인데, 프로이센 고등법원의 판례에서 연원하고 있다. 이에 의하면 단순히 이러한 위해에 대해 원인을 제공한 사람은 제외된다.

이에 반해 상태책임(Zustandsverantwortlichkeit)은 사물에 실제적인 지배력을 가진 사람이 책임을 지는 것을 말하며, 부가적으로 물권 소유권자도 포함된다.[31] 오염된 토양을 실질적으로 관리하는 자(법인 포함)가 상태책임을 지는 경우가 여기에 해당한다. 그 토양을 오염시킨 자에 대한 책임이 아니라, 이를 사실상 지배하고 있는 자에 대한 책임을 말한다. 예컨대 토양환경보전법 제10조의4 제1항에는 오염토양의 정화책임을 규정하고 있다. 제1호에 규정된 토양오염물질의 누출 · 유출 · 투기(投棄) · 방치 또는 그 밖의 행위로 토양오염을 발생시킨 자의 정화책임은 '행위책임'에 해당하지만, 제4호에 토양오염이 발생한 토지를 소유하고 있었거나 현재 소유 또는 점유하고 있는 자의 책임은 '상태책임'이다.

b) 다수인 책임

경찰위해를 일으킨 사람이 수명인 경우에 누구에게 책임에게 물을 것인지가 다투어지고 있다. 이러한 다수인책임에서 경찰위해자를 올바르게 정하는 것이 중요한 문제다. 이와 관련하여 의무에 적합한 재량행사에 의해 경찰위해자를 결정해야 하며, 이러한 재량권의 행사나 그 판단에 있어서 위험방지의 '효율성'이 고려되고 있다.[32] 종전에는 행위책임이 상태책임에 우선한다고 보는 견해도 있었지만, 최근에는 이러한 원칙은 없다고 보고 있다. 행정청은 합목적적으로 위

30) Götz, a.a.O., § 9 Rn. 10.
31) Götz, a.a.O., § 9 Rn. 50; Gusy, a.a.O., § 5 Rn. 279.
32) Götz, a.a.O., § 9 Rn. 87.

험을 가장 효율적으로 제거할 수 있는지, 또 위험을 제거할 수 있는 능력이 있는지를 고려할 것이다. 그리고 보충적으로 정당성(Billigkeit)이 고려된다. 책임분배와 관련하여 손해발생을 일으킨 이해관계인의 근접성, 이해관계인 사이의 사법관계 등이 고려될 것이다.[33] 이와 관련하여 독일에서는 위험오염지(Altlasten)의 책임이 문제 된다. 위험오염지는 공장시설이나 유해한 영향을 끼치는 토지 등을 말한다.[34]

3. 경찰책임의 승계

행위책임은 일신전속적 성격을 가지므로 그 책임의 승계를 인정하기 어렵다. 그러나 상태책임은 상속이나 병합, 그리고 양수 등에 의해 발생할 수 있다. 이 경우에 책임의 승계를 인정할 것인지가 문제 된다. 토양환경보전법에는 이러한 경찰책임의 승계를 제한하는 규정을 두고 있다. 즉 "토양오염이 발생한 토지를 양수할 당시 토양오염 사실에 대하여 선의이며 과실이 없는 경우"에는 정화책임을 면제하고 있다(동법 제10조의4 제2항 제3호).

4. 경찰비책임자에 대한 경찰권 행사

경찰위해에 대한 책임자에 대하여 경찰권을 행사할 수 있음은 물론이다. 그러나 경찰책임이 없는 자(경찰비책임자)에 대해서도 위험방지를 위해 경찰권을 행사할 수 있는지가 문제 된다. 경찰작용의 근거로서 개괄조항을 인정하는 입장은 일정한 경우에 비책임자인 제3자에 대해서도 경찰권을 행사할 수 있다고 보고 있다. 그러나 이를 부정하는 입장은 법령의 근거가 있는 경우에만 허용된다고 보고 있다. 예컨대 공로(公路)에 대형 유조차가 전복되어 기름이 계속 유출되고 인근 농지를 오염하고 있는 경우에 인근의 자동차정비공장의 장비를 사용하여 전복된 유조차를 견인할 수 있도록 조치하는 명령을 내리는 경우가 여기에 해당한다. 경찰비책임자에 대한 경찰권 행사는 대부분 중대한 위험이 발생하여 다중에게 위해를 주는 긴급한 경우에 허용된다. 따라서 이러한 경우에는 비례의 원칙이 준수되어야 한다. 첫째, 현재의 중대한 위험을 방지하기 위한 것이

---

33) Götz, a.a.O., § 9 Rn. 88.

34) 졸고, "토양오염에 대한 정화책임과 공법상 권리구제수단 – 독일 연방토양보전법과의 비교법적 고찰을 겸하여– ", 토지공법연구 제78집(2017. 5), 95-120면.

어야 하며, 둘째, 위해책임자에 대한 조치나 행정청이나 그 위탁을 받은 자의 출동이 실현될 수 없거나 적시에 실현되기 어려운 경우, 또는 그 성공을 약속하기 어려운 경우이어야 하며, 셋째, 책임이 없는 자(비책임자)에 대한 조치가 내용상으로나 시간적으로 불가피한 경우이어야 한다.[35] 법률에 특별한 규정이 없는 한, 이러한 요건을 충족하는 경우에 경찰비책임자에 대한 경찰권 행사가 제한적으로 허용된다.

제3절 경찰작용의 행위형식

Ⅰ. 서 설

20세기의 사회적 법치국가를 거쳐 21세기의 협력적 법치국가로 발전하면서, 고전적인 행정법분야의 하나인 경찰행정법의 영역에서도 새로운 변화가 생기고 있다. 경찰의 임무 중 일부가 민간업자에게 위탁되거나 민관협력(Public-Private-Partnership)의 방식으로 수행되고 있다(예컨대 방범이나 교도행정 등).[36] 이러한 새로운 변화는 경찰작용의 행위형식에도 영향을 미칠 것으로 보인다. 전통적인 경찰작용의 행위형식에는 경찰하명, 경찰허가 등 권력적 경찰작용이 중심을 이루었으나, 경찰임무의 민영화나 민간참여가 진행되면서 국가와 시민 사이에 체결되는 공법상 계약이나 비공식적 행정작용(협약, 협약) 등 비권력적 수단이 주목을 받고 있다. 비공식적 행정작용은 법치국가원리에 반하지 않는 범위에서 허용될 수 있을 것이다.

종전에는 국내학설도 권력적 경찰작용을 중심으로 논의하였으나, 점차 시대적 흐름에 맞게 수정되고 있다. 즉 경찰의 작용형식을 경찰하명(협의의 경찰하명, 법규하명)과 경찰허가로 구분하는 견해는 권력적 경찰작용을 중심으로 고찰하였다(제1설).[37] 종전의 통설이다. 경찰하명을 '경찰명령'으로 부르는 견해도 있다.[38] 그러나 후술하는 바와 같이 오늘날에는 경찰명령은 경찰상 법규명령을 의미하

35) Götz, a.a.O., § 10 Rn. 4.
36) 김성수, 개별행정법, 법문사, 2001, 456면 참조.
37) 이상규, 전게서(하), 317면 이하; 김동희, 행정법 Ⅱ, 제9판, 204면 이하.
38) 김도창, 일반행정법론(하), 319면.

고 있다. 이러한 통설적인 경찰작용의 구분방식을 비판하면서, 경찰작용을 경찰명령 · 경찰처분 및 경찰허가로 구분하는 견해가 있다(제2설).[39] 이 견해는 법형식에 따라 종래의 통설적 의미의 경찰하명이 개별적 · 구체적 조치인 '협의의 경찰하명'과 일반적 · 추상적 규율인 법규범으로서 '법규하명'을 동일한 범주에 포함시키는 오류를 비판하고 있다. 또한 경찰명령과 행정행위의 성질을 가지는 경찰처분(경찰하명)을 구분하고 있다. 그러나 경찰처분(협의의 경찰하명)과 경찰허가는 모두 경찰상의 행정행위라는 범주에 포함시킬 수 있다.

생각건대 경찰작용도 일반적인 작용형식론에 따르면 다양한 행위형식이 가능하다. 가장 대표적인 행위형식은 경찰상 행정행위와 경찰명령(경찰상의 법규명령)이다. 후자는 일반적 · 추상적인 규율로서 법규범의 성질을 가지는 경찰상의 법규명령을 의미하나, 전자는 구체적 사례와 관련하여 내려지는 개별적인 조치이다. 강학상의 행정행위는 쟁송법상의 '처분' 개념과 구분되며, 실무상으로는 '행정처분'이라는 용어가 일반적이다.[40] 이러한 상황에서 쟁송법상의 처분개념을 고려하여 '경찰처분'이라는 개념을 사용하는 것도 의미 있다. 즉 강학상의 행정행위(하명, 허가 등), 일반처분 그리고 권력적 사실행위를 망라하는 개념으로 경찰처분의 개념을 사용할 필요가 있다. 제2설에서 주장하는 경찰처분은 협의의 경찰하명에 가깝다. 경찰처분은 원칙적으로 강학상의 행정행위가 주를 이루고 있지만, 권력적 사실행위가 실무상 문제되고 있다. 이와 관련하여 대법원의 명확한 입장을 발견하기는 어렵다.[41] 헌법재판소는 행정청이 우월적 지위에서 행하는 권력적 사실행위가 헌법소원의 대상이 된다고 보고 있다.[42] 경찰처분과 경

---

39) 김남진, 전게서(Ⅱ), 391면 이하; 류지태, 행정법신론, 제12판, 845면 이하.

40) 대법원 2002. 2. 8. 선고 2000두4057 판결; 대법원 2001. 7. 27. 선고 99두9490 판결; 대법원 1997. 5. 30. 선고 96누5773 판결 등. 그러나 대법원은 현행 행정쟁송법상의 행정처분을 "권리의 설정 또는 의무의 부담을 명하거나 기타 법률상 효과를 발생하게 하는 등으로 일반 국민의 권리의무에 직접 영향을 미치는 행위"라고 하여(대법원 2004. 11. 26. 선고 2003두10268 판결), 좁은 의미로 이해하고 있다.

41) 다만 대법원은 단수조치(대법원 1979. 12. 28. 선고 79누218 판결), 동장의 주민등록 직권말소행위(대법원 1994. 8. 26. 선고 94누3223 판결) 등에 대하여 그 처분성을 인정한 바 있다.

42) 헌재 1993. 7. 29. 89헌마31, 판례집 5-2, 87, 105-106. 헌법재판소는 비권력적 사실행위에 대해서는 헌법소원의 대상이 되는 공권력의 행사로 보지 않는다. 특히 대한선주 정리사건에서 부실기업의 정리와 관련하여 정부가 행한 사실행위 등을 헌법재판소의 다수의견은 '비권력적' 사실행위가 공권력의 행사에 해당되지 아니하여, 이를 대상으로 한 헌법소원 심판청구는 부적법하다고 보았으나, 이를 권력적 사실행위로 본 반대의견도 제시되었다(헌재 1994. 5. 6. 89헌마35, 판례집 6-1, 462). 따라서 경찰작용에 있어 일정한 사실행위가 권력적인지 비권력적인지 여부의 판단기준이 필요하다. 이에 대하여 헌법재판소는 "일반적으로 어떤 행정상 사실행위가 권력적 사실행위에 해당하는지 여부는, 당해 행정주체와 상대방과의 관계, 그 사실행

찰허가는 모두 명령적 행정행위로서 경찰상의 행정행위에 속한다. 그 밖의 새로운 행위형식으로는 사실행위, 공법상 계약, 비공식적 행정행위 등이 있다. 이하에서는 이러한 점을 염두에 두면서 경찰상의 행정행위, 경찰명령 및 경찰상의 사실행위 기타 경찰작용의 순서대로 고찰하기로 한다.

Ⅱ. 경찰상의 행정행위

1. 개념상의 혼란과 비판

종래의 통설은 경찰하명을 협의의 경찰하명과 법규하명을 포함하는 개념으로 파악하고, 법규하명을 "특별한 행정행위를 기다릴 것 없이, 법령에 의하여 직접 일정한 경찰의무를 발생시키게 되는 경찰하명"[43]으로 이해하고 있다. 이러한 통설적 의미의 경찰하명(광의의 경찰하명)을 비판하는 입장에서는 이를 대체하여 "경찰처분"이라는 개념을 사용하고 있다. 이 견해는 경찰처분을 통설적 의미의 경찰하명 중 법규하명을 제외한 협의의 경찰하명과 일치시키고 있다. 경찰처분을 "경찰목적을 위하여 특정인 또는 불특정다수인에게 작위·부작위·급부·수인 등의 의무를 부과하거나 허가와 같은 수익처분의 취소·정지, 거부·부작위 등 불이익을 과하는 행위"[44]라고 정의하고 있다. 이러한 개념정의는 불특정다수인을 대상으로 한 경우도 고려하고 있다는 점에서 일반처분을 포함하고 있는 것으로 보인다. 그러나 여기에는 예방적 금지를 해제하여 자연적 자유를 회복하여 주는 경찰허가와 같은 수익처분은 배제하고 있다.

프로이센 경찰행정법 제40조에서는 이러한 '경찰처분(Polizeiverfügung)'이라는 개념을 사용하였지만, 지금은 일부 주의 경찰법에서만 이러한 표현을 발견할 수 있을 뿐이다(§§ 16 SOG MV). 그 밖의 일부 지역에서는 '조치(Maßnahme)'라는 표현을 사용하고 있다. 이러한 '경찰처분' 개념은 "특정인 또는 특정될 수 있는

위에 대한 상대방의 의사·관여정도·태도, 그 사실행위의 목적·경위, 법령에 의한 명령·강제수단의 발동 거부 등 그 행위가 행하여질 당시의 구체적 사정을 종합적으로 고려하여 개별적으로 판단하여야 한다."고 판시하고 있다(헌재 1994. 5. 6. 89헌마35, 판례집 6-1, 462, 485-486 참조). 이에 따라 헌법재판소는 교도소장의 서신검열행위(헌재 1998. 8. 27. 96헌마398), 유치장 수용자에 대한 신체수색(헌재 2002. 7. 18. 2000헌마327), 유치장내 화장실설치 및 관리행위(헌재 2001. 7. 19. 2000헌마546) 등을 권력적 사실행위로 보고 있다.

43) 이상규, 신행정법론(상), 320면; 김동희, 행정법 I, 제9판, 206-207면: 대법원 1954. 8. 19. 선고 53행상37 판결.

44) 김남진, 전게서(Ⅱ), 391면; 류지태, 전게서, 846면; 김성수, 전게서, 512면.

인적 범위에 대해 발해지고, 명령·금지 또는 법적으로 규정된 경찰상의 허가나 공증의 거부, 제한 또는 철회를 내용으로 하는 경찰행정청의 명령"으로 이해된다. 물론 경찰하명과 경찰허가가 중심을 이루는 개념정의이지만, 강학상 행정행위에 속하는 것도 포함될 수 있다. 프로이센의 절대주의 국가시대에는 경찰작용 가운데 '경찰처분'에 대해서만 행정법원에 의한 사법적 구제가 가능하였기 때문에 경찰처분의 개념이 의미가 있었다. 그러나 지금은 독일 기본법 제19조 제4항(포괄적 사법구제)과 행정법원법 제40조의 규정에 의해 그러한 본래의 소송법적 의미는 많이 퇴색되었다.[45] 독일의 행정절차법 제35조 제1항에서는 '행정행위'(Verwaltungsakt)를 "행정청이 공법분야의 개별적 사례에 적용되고 외부에 직접적 법효과를 지향하는 모든 처분(Verfügung), 결정이나 기타 고권적 조치(hoheitliche Maßnahme)"라고 정의하고 있다. 즉 행정행위는 '처분'을 포함하는 상위개념으로 사용되고 있다. 그러한 이유에서 일부학설은 '경찰처분'의 개념을 포기할 것을 주장한다. 왜냐하면 '경찰처분' 개념은 더 이상 '경찰상 행정행위' 개념 이외에 독자적인 카테고리를 형성하고 있지 않기 때문이다.[46] 독일 행정절차법상의 행정행위 개념은 실체법상의 행정행위(강학상의 행정행위) 개념과 일치하고 있다. 다만, 독일의 '처분' 개념은 연방 행정절차법의 규정에 의하면 행정행위의 하위유형의 하나이지만, 한국 행정소송법 제2조 제1호의 쟁송법상의 '처분'에는 실체법상의 행정행위뿐만 아니라 권력적 사실행위도 포함될 수 있다. 즉 실체법상의 '행정행위' 개념과 쟁송법상의 '처분' 개념을 구분하는 이원설이 다수설이다.

경찰허가는 경찰상의 행정행위에 속한다. 경찰허가는 대체로 "일반적인 경찰금지를 특정한 경우에 해제하여 적법하게 특정한 행위를 할 수 있게 하여주는 경찰상의 행정행위"로 이해되고 있다.[47] 경찰허가는 개별적·구체적 규율이라는 점에서 일반적·추상적 규율인 경찰명령(경찰상 법규명령)과도 구별된다. 그러나 경찰허가는 개별적·구체적인 규율이라는 점에서 경찰하명과 같다. 한편, 경찰

45) Schenke, in: Steiner(Hg.), Besonderes Verwaltungsrecht, 6. Aufl., 1999, S. 263.
46) Rachor, in: Lisken/Denninger, Handbuch des Polizeirechts, 3. Aufl., 2001, S. 313.
47) 종래 허가란 금지의 해제를 통하여 자연적 자유를 회복시켜주는 것으로 보는 것이 통설이었으나, 최근 회복되는 것이 단순히 자연적 자유가 아니라 헌법상의 '자유권'이라는 견해가 주장된다(김동희, 행정법 II, 211면). 그러나 이를 모두 헌법상의 '자유권'으로 보기는 어려울 뿐만 아니라, 허가는 설권행위인 '특허'와 구별되어야 한다. 개별사안을 검토하여 관련 법규가 공익만을 목적으로 하는지 아니면 사익보호성도 함께 고려하는지를 검토하여야 된다.

허가는 금지를 해제하는 행정행위인 점에서 경찰의무를 부과하는 행위인 경찰하명과 구별된다. 이러한 경찰상 행정행위의 개념에는 개별적·구체적 조치 이외에 불특정다수인을 대상으로 하는 "주차금지구역의 지정" 등과 같은 일반처분도 포함된다. 따라서 경찰상 행정행위는 강학상의 행정행위를 말하며, (협의의) 경찰하명뿐만 아니라 경찰허가도 포함된다.

2. 적법성요건

경찰상 행정행위가 적법하게 성립하기 위해서는 형식적·실질적 요건을 구비하여야 한다. 이러한 적법성요건을 검토하기 위해서는, 그 법적 근거가 개별적 수권조항에 의한 것인지 또는 개괄적 수권조항에 의한 것인지를 검토하여야 한다.

a) 형식적 요건

경찰상 행정행위는 관할권을 가진 경찰행정청에 의해 발급되어야 한다. 그 법적 근거로는 '국가경찰과 자치경찰의 조직 및 운영에 관한 법률'과 '경찰관직무집행법', 그 밖의 개별 법령 등이 있다. 이러한 관할권을 위반하면 해당 경찰상 행정행위는 위법하며, 그 하자의 정도에 따라 취소나 무효가 될 수 있다. 경찰상 행정행위는 절차 및 형식 요건을 갖추어야 한다. 관계 법령이 문서형식을 요구하는 경우에는 이에 따라야 한다. 특히 부담적(또는 침익적) 행정행위인 경우에는 법치국가원리에 비추어 그 이유를 제시하여야 한다. 또한 절차에 관한 요건으로는 의견진술이나 청문의 보장, 통지나 고지 등이 필요할 수 있다.

b) 실질적 요건

경찰하명은 수권의 근거가 있어야 한다. 즉 개별적 수권조항이나 개괄적 수권조항에 의하여야 한다. 앞에서 언급한 바와 같이 경찰권 발동의 근거와 관련하여 개괄적 수권조항(개괄조항, 일반조항)을 인정할 것인지에 대하여 견해가 대립하고 있다. 개괄적 수권조항을 인정하는 입장에서는 경찰상의 행정행위는 경찰상의 목적에 적합하여야 한다. 즉 경찰권이 발동되기 위해서는 공공의 안녕과 질서에 대한 구체적인 위해가 존재하여야 한다. 경찰상의 행정행위는 비례의 원칙(과잉금지의 원칙)을 준수해야 하며, 재량권의 행사가 일탈되거나 남용되지 않도록 해야 한다. 해당 처분이 이를 위반하면 행정소송에 의해 취소될 수 있다 (행정소송법 제27조 참조).

그 밖에 헌법재판소는 헌법 제12조의 적법절차조항을 형사절차뿐만 아니라 행정절차에도 확대하고 있다.[48] 또한 법치국가원리에 근거하여 경찰하명의 내용이 명확할 것을 요구하기도 한다.[49] 즉 경찰상 행정행위를 발급하는 경우에, 어떠한 경찰행정청이 이를 발급하였는지, 그 상대방이 누구인지 그리고 어떠한 내용을 담고 있는지를 명확히 하여야 한다. 예컨대 막연하게 "인근주민의 평온과 안녕을 해하지 말 것" 또는 "필요한 수리나 조치를 취할 것" 등의 경찰하명은 충분한 명확성을 갖추지 못하고 있다.

3. 효 과

경찰상 행정행위는 구속력, 구성요건적 효력, 존속력(불가쟁력 · 불가변력) 및 자력집행력 등 특수한 효력을 가진다. 경찰하명은 그 내용에 따라 상대방에게 작위, 부작위, 수인 및 급부의 의무를 발생하게 한다. 그러나 부작위하명(부패식품판매금지, 청소년음주금지)을 위반하여 법률행위를 하더라도 그 사법상의 법률행위(매매 등)의 효력에는 영향을 미치지 않는다.

경찰상 행정행위의 효과가 미치는 범위는 인적 범위와 지역적 범위로 구분할 수 있다. 경찰상 행정행위의 효과가 직접적인 수명자에게만 미치는지가 문제된다. 특히 일신전속적 성질을 가지는 경찰처분의 경우에는 그 특정인에 대해서만 효과가 미친다(예컨대, 교통사고를 낸 운전자의 운전면허의 취소). 그러나 위법건축물의 철거와 같이 인적 사항이 아니라 특정한 물건이나 설비에 착안하여 행해진 경찰하명의 효과는 양수인에게 승계된다.

경찰허가의 경우에도 대물적 허가의 이전과 함께 허가양도자에 대한 허가철회사유가 양수인에게 이전하는지가 문제되었다. 이와 관련하여 대법원은 허가사업인 석유사업의 양도 · 양수가 이루어진 경우에 사업양도자에게 발생한 제재사유(영업허가의 정지, 철회 등)가 양수인에게 승계된다는 것을 인정하였다.[50] 이러

---

48) "헌법 제12조 제3항 본문은 동조 제1항과 함께 적법절차원리의 일반조항에 해당하는 것으로서, 형사절차상의 영역에 한정되지 않고, 입법, 행정 등 국가의 모든 공권력의 작용에는 절차상의 적법성뿐만 아니라 법률의 실체적 내용도 합리성과 정당성을 갖춘 실체적인 적법성이 있어야 한다는 적법절차의 원칙을 헌법의 기본원리로 명시하고 있다."(헌재 1992. 12. 24. 92헌가8).

49) Schenke, a.a.O., S. 315.

50) "석유사업법 제 규정 및 석유판매업자의 영업양도, 사망, 합병의 경우뿐만 아니라 경매 등의 절차에 따라 단순히 석유판매시설만의 인수가 이루어진 경우에도 석유판매업자의 지위승계를 인정하고 있는 점을 종합하여 보면, 석유판매업 등록은 원칙적으로 대물적 허가의 성격을 갖

한 판례에 대해 제재사유는 일신전속적 성질을 가지므로 이전될 수 없다고 비판하는 견해도 있다.[51] 또한 인적·물적 요소를 모두 고려하여 발급되는 혼합적 허가의 경우에는 어느 요소를 우위에 두고 있는지를 개별적으로 판단하여야 하지만, 대체로 인적 요소를 중심적인 요소로 고려하므로 그 승계가 제한된다고 보는 것이 지배적인 견해이다.[52]

Ⅲ. 경찰명령(경찰상의 법규명령)

1. 경찰명령의 의의 및 적용영역

경찰명령이란 경찰상의 법규명령을 말한다. 경찰행정청이 공공의 안녕 및 질서에 대한 위해를 방지하기 위해 법규명령을 제정하여 상대방에게 일정한 의무를 부과하는 것을 말한다. 경찰명령의 구체적인 사례로 도로교통법 시행령 제11조 제1항의 주·정차방법이나 식품위생법 제29조 제1항 등을 들고 있다. 그러나 경찰명령은 특정한 조항이 아니라, 위험방지를 위한 독자적인 법규명령의 형식으로 제정된 것을 말한다. 예컨대 독일에서는 위험방지를 위한 주 내무장관의 법규명령이 그러하다. 독일에서는 경찰명령이 적용되는 주요한 영역으로 소음방지, 도로정화, 투견의 사육 및 보건 등이 제시되고 있다. 그러나 오늘날 법치국가에서 경찰명령은 점차 쇠퇴(衰退)하고 있으며, 법률유보원칙의 관점에서 개별 법률에서 직접 규율하는 추세이다.

종래의 통설은 경찰하명에 협의의 경찰하명 이외에 법규하명도 포함시켰다. 이러한 법규하명은 특별한 행정행위를 매개하지 않고, 직접 법령에 의하여 일정한 경찰의무를 발생시키는 것을 말한다. 이러한 성질의 법규를 일반적으로 '처분법규'라고 부르고 있다. 그러나 이미 언급한 바와 같이 법형식을 기준으로 개별적·구체적 처분인 경찰상 행정행위와 일반적·추상적 규율로서 법규범인 경

고, 또 석유판매업자가 같은 법 제26조의 유사석유제품 판매금지를 위반함으로써 같은 법 제13조 제3항 제6호, 제1항 제11호에 따라 받게 되는 사업정지 등의 제재처분은 사업자 개인의 자격에 대한 제재가 아니라 사업의 전부나 일부에 대한 것으로서 대물적 처분의 성격을 갖고 있으므로, 위와 같은 지위승계에는 종전 석유판매업자가 유사석유제품을 판매함으로써 받게 되는 사업정지 등 제재처분의 승계가 포함되어 그 지위를 승계한 자에 대하여 사업정지 등의 제재처분을 취할 수 있다고 보아야 한다."(대법원 2003. 10. 23. 선고 2003두8005)

51) 김남진, 전게서(Ⅰ), 108-109면.

52) 이상규, 전게서(하), 323면.

찰명령은 서로 구분되는 것이 보다 타당하다. 양자의 구별 실익은 해당 경찰권의 발동요건, 경찰작용의 효과, 그 위법성의 효과 및 권리구제의 방식 등에 있다.[53)]

2. 경찰명령의 적법성요건

(1) 형식적 요건

경찰명령은 경찰상 행정행위와 마찬가지로 관할권(토지·사물 및 심급관할권)을 가지는 경찰행정청에 의해 발급되어야 함은 물론이다. 현행 경찰법령에서는 관할권을 명시하고 있는 규정을 발견하기 어려지만, 독일의 주 경찰법에서는 경찰명령의 발급권자를 규정하고 있다. 경찰명령은 그 제정상의 형식 및 절차 규정을 준수하여야 한다. 독일의 경찰질서법은 이에 대하여 비교적 상세한 절차와 형식에 대한 규정을 두고 있다. 예컨대 브란덴부르크 주 내무장관에 의해 발령된 경찰명령은 즉시 주의회에 제출되어야 하며, 주의 법률·법규명령 공보에 공포되어야 한다(§§ 26 Ⅲ, 33 OBG). 또한 법규명령의 형식에 있어서도 구체적인 명문의 규정을 두고 있다. 또한 경찰명령은 내용설명을 가진 표제와 "경찰명령"이라는 것을 명시하고, 발령권자나 지역적 관할 그리고 법령에 의한 동의권자의 동의 등을 규정하도록 하고 있다(§ 30 OBG 참조).

(2) 실질적 요건

경찰명령 역시 법률에 개별적 수권조항 혹은 개괄적 수권조항의 형태로 법적 근거를 구비하여야 한다. 개괄적 수권조항에 의한 경우에는 경찰하명과 마찬가지의 심사가 이루어진다. 즉 경찰목적(공공의 안녕·질서 내지 위험방지)을 위해 발령되어야 하며, 비례의 원칙에 비추어 재량의 일탈·남용이 없어야 한다. 경찰상의 감독을 용이하게 하기 위해 경찰명령이 발급되어서는 아니 된다(§ 29 I S. 2 OBG). 예컨대 관할구역의 호텔영업을 촉진시키기 위하여 텐트설치를 금지하는 경찰명령 등은 재량권남용에 관한 일반원칙에 반하는 것이다.[54)] 그러나 경찰상 행정행위(경찰하명)와 달리 경찰명령을 발급하기 위해서는 구체적 위험이 아니라 '추상적 위험'이 있으면 충분하다. 즉 경찰명령은 경험칙에 따라 법규명

---

53) Schenke, a.a.O., S. 336.
54) Schenke, a.a.O., S. 340.

령이라는 규범에 의해 파악되는 인간행태의 추상적 위험성이 확정될 때에 허용될 수 있다. 그러나 이러한 일반화된 명령이나 금지가 과잉금지의 원칙에 위배되어서는 아니된다.

이러한 일반적인 요건 이외에 경찰명령에는 특별한 적법성요건이 필요하다. 경찰명령은 상위법령에 위배되어서는 아니 된다. 이는 법률우위의 원칙에 비추어 보아도 당연하다. 따라서 법규명령은 법령의 위임 범위에서 제정되어야 한다. 이와 관련하여 독일 기본법 제80조 제1항 제2문에서는 수권의 내용, 목적 및 범위가 법률에 규정되어야 함을 규정하고 있다. 한편, 독일의 주 경찰질서법에도 경찰명령의 내용이 명확하여야 함을 규정하고 있다(§ 29 OBG).

3. 경찰명령의 효과

경찰명령의 형식적·실질적 요건에 하자가 있으면 법률상 당연무효가 된다. 왜냐하면 경찰명령은 법규범이므로 행정행위의 경우와 달리 존속력(불가쟁력, 불가변력) 등이 인정되지 아니하므로 취소할 수 있는 명령은 존재하지 않는다.[55] 또한 경찰명령은 처분성이 인정되지 아니하므로 항고소송의 대상이 될 수 없다.[56] 따라서 위법한 경찰명령에 대해서는 부수적 규범통제의 방식으로 다투어야 하고, 일정한 요건 하에 헌법소원을 제기할 수 있다.

Ⅳ. 경찰상의 사실행위

경찰상의 사실행위는 법적 효과가 아니라 사실상의 효과를 목적으로 한다. 사실행위에는 순찰차량의 운행, 민원접수 등이 속한다. 비권력적 사실행위에는 전부유보설을 취하지 않는 한 법률유보의 원칙이 엄격히 적용될 수 없다.[57] 그러나 무기사용이나 행정강제의 실행 등은 개인의 권익을 제약할 수 있다. 헌법

55) Drews/Wacke/Vogel/Martens, Gefahrenabwehr, 9. Aufl., 1986, S. 343.
56) 대법원 1987. 3. 24. 선고 86누656 판결.
57) "경찰작용은 가장 대표적인 침해적 공권력작용의 하나이기 때문에 법률유보원칙이 원칙적으로 엄격히 지켜져야 한다. 즉, 통상의 경우에는 개별적·구체적 위험발생이 현실화한 경우에 비로소 경찰권이 발동되어야 하겠지만, 자동차 운전의 경우 정지시키지 않고서는 운전자의 상태를 파악하기 어려운데다, 위험과 결과의 발생이 거의 동시적으로 순간에 이루어지는 특성을 지니고 있으므로, 비록 자동차 운전으로 인한 개별적·구체적인 위험이 표출되지 않았다 하더라도 사전에 미리 차단하는 것이 반드시 필요하므로 그러한 사전 차단행위 또한 위험방지 활동에 해당하는 것으로 보아야 한다."(헌재 2004. 1. 29. 2002헌마293, 판례집 16-1, 146)

재판소는 무작위 음주운전단속 위헌확인에서 법률유보원칙이 준수되어야 한다고 보고 있다.[58] 법률유보원칙과 관련하여 어려운 문제를 일으키고 있는 것이 경고나 권고 등과 같은 정보제공작용이다. 특히 경고의 경우에 특정한 제품을 생산하는 기업의 기본권(직업의 자유)을 침해할 수 있는데, 이러한 문제에 대한 새로운 법적 접근이 요구된다. 이와 관련하여 경찰상 행정절차(경찰절차)나 정보공개(경찰공개) 등이 고려될 필요가 있다. 예컨대 경고를 통해 피해를 입은 자는 청문 혹은 경고에 따른 후속조치에 대한 정보가 법적으로 요청된다.[59] 그러나 사실행위에 대한 특별한 법적 근거가 없더라도 경찰행정청은 개괄적 수권조항에 따라 위험방지를 위해 사실행위를 할 수 있다.[60] 사실행위는 처분성이 인정되지 않으므로, 원칙적으로 행정쟁송의 대상이 되지 않는다. 그러나 학설은 권력적 사실행위에 대하여 처분성을 인정하고 있다. 이와 달리 독일에서는 위법한 사실행위에 대하여 일반이행소송을 제기할 수 있다(행정법원법 제43조 제2항 참조).

전통적인 경찰작용은 경찰하명 · 경찰강제 등 권력적 경찰작용이 중심을 이루고 있으나, 오늘날에는 비권력적 작용형식이 점차 강조되고 있다. 현대사회의 복잡다양화로 인해 경찰행정법의 분야에서도 다양한 행위형식이 요구되고 있다. 경찰행정 분야에서도 민영화나 민간참여가 활성화되고 있다. 이러한 변화와 관련하여 공법상 계약이나 협상 · 협약 등과 같은 비공식적 행정작용을 적극적으로 검토할 필요가 있다.

제4절 경찰작용에 대한 권리구제

위법 또는 적법한 경찰작용으로 인하여 불이익을 입을 때에 공법상 권리구제의 수단으로 손실보상, 손해배상 및 행정소송 등이 있다. 그 밖에 비재산적 손해에 대해서는 희생보상청구권이나 위험책임도 고려될 수 있다.

58) 독일에서는 사실행위에 의한 기본권침해와 관련하여 독일 기본법 제1조 제1항과 제2조 제1항 등이 고려된다(Rachor, in: Lisken/Denninger, a.a.O., S. 314 참조).
59) Schenke, a.a.O., S. 342.
60) Schenke, a.a.O., S. 333.

Ⅰ. 국가배상

공무원의 직무상 불법행위로 인하여 손해를 입으면 국가나 지방자치단체에 대하여 국가배상을 청구할 수 있다(국가배상법 제2조). 이에 대해서는 국가배상에서 자세히 설명하였다. 경찰행정청의 재량행사에 하자가 있어 위법이 인정되는 경우가 적지 않다. 경찰위반사실에 대하여 경찰권을 행사하지 않는 경우에 사인이 경찰기관에 대하여 경찰권 행사를 청구할 수 있는지가 문제 된다. 이는 '경찰개입청구권'의 문제다. 관계 법령상 해당 행정행위가 기속행위인 경우에는 그 요건이 충족되면 경찰행정청은 그 행정행위를 발급하여야 한다. 이에 반하여 경찰상 행정행위가 재량사항인 경우에는 그 처분을 할 것인가의 여부는 경찰행정청의 재량에 속한다. 그러나 개인의 생명·신체·재산 등의 법익이 중대하게 침해되거나 그 침해의 위험이 긴박한 경우에는 재량이 감축되어 경찰권을 발동하지 않으면 아니 된다. 이를 "재량권의 영으로의 수축"이라고 한다. 이러한 경찰권의 불행사에 의해 상대방에게 손해가 발생하면, 그 상대방은 국가나 지방자치단체에 대해 국가배상을 청구할 수 있다. 또한 영조물(공물)의 설치·관리상의 하자가 있는 경우에도 국가배상을 청구할 수 있다(국가배상법 제2조). 예컨대 경찰순찰차나 신호등 등의 안전 결함으로 인해 사람의 신체나 재산 등에 피해를 주는 경우에는 국가배상을 청구할 수 있다.

Ⅱ. 손실보상

적법한 경찰작용으로 인한 재산상 손실에 대해 손실보상을 청구할 수 있는지가 문제된다. 종전의 학설은 경찰권이 공공의 안전과 질서에 대한 위해발생자에 대하여 행사되는 것이므로 그로 인한 손실은 당연히 수인되어야 한다고 보았다. 이에 대해 경찰책임이 없는 자(비위해발생자)에 대한 경찰하명으로 인하여 발생한 손실은 물론이고, 경찰책임자에 대한 경찰하명으로 인한 손실에 대하여도 통상의 수인한도를 넘는 경우에는 보상이 인정되어야 한다는 견해도 있다. 그러나 손실보상은 공용수용 또는 공용제한의 요건을 충족하고, 개별 법령에 보상규정이 있는 경우에만 가능하다.

한편, 2013년 4월 5일 개정된 경찰관직무집행법 제11조의2에는 '손실보상'에 관한 규정을 신설하여, 경찰관의 적법한 직무집행으로 인하여 재산상 손실이 발생한 경우에도 국가가 손실을 보상하도록 규정하고 있다. 즉 손실발생의 원인에 대하여 책임이 없는 자가 재산상의 손실을 입은 경우(손실발생의 원인에 대하여 책임이 없는 자가 경찰관의 직무집행에 자발적으로 협조하거나 물건을 제공하여 재산상의 손실을 입은 경우를 포함한다)에 손실보상을 인정하고 있다(동조 제1항). 또한 손실발생의 원인에 대하여 책임이 있는 자가 자신의 책임에 상응하는 정도를 초과하는 재산상의 손실을 입은 경우에 손실보상청구를 허용하고 있다(동조 제2항). 그러나 경찰비책임자뿐만 아니라 경찰책임자에 대해서도 손실보상을 규정한 것은 문제가 있다. 경찰책임자에 대한 손실보상은 이례적인 입법으로써 매우 제한된 경우에 허용되어야 한다.[61)]

경찰비책임자에 대한 "재산상의 손실"이 통설에서 말하는 '특별한 희생'을 의미하는지 여부도 명확하지 않다. 외관상 책임자에 대해서도 손실보상을 인정할 것인지도 문제되고 있는데, 종전에 외관상 책임자는 경찰비책임자로 파악되어 손실보상이 가능하다고 보았다. 그러나 근래에는 그러한 외관이 근거하고 있는 상황에 대해 책임이 있는 경우에는 손실보상이 배제될 수 있다고 보고 있다. 위법한 경찰작용에 대해서는 손실보상청구권이 고려되지 않지만, 독일에서는 이와 관련하여 수용유사적 침해이론이나 위험책임이 인정되고 있다. 그 밖에 정신적 피해에 대해서도 명확한 규정이 없었다. 독일에서는 희생보상청구권이 인정되고 있다. 이와 관련하여 2018년 12월 24일 경찰관직무집행법의 개정으로 재산상 손실뿐만 아니라, 생명·신체의 손실에 대해서도 손실보상을 인정하고 있다. 생명이나 신체의 손실을 입은 국민들이 보상의 근거가 없어 피해보상을 받기 어려운 한계가 있고, 경찰관은 적법한 직무집행을 하고도 사비(私費)를 들여 손실보상을 하거나 사기가 위축되는 사례가 발생하여 이를 개선하기 위해 개정되었다고 한다.

손실보상청구권은 손실이 있음을 안 날로부터 3년, 손실이 발생한 날부터 5년간 행사하여야 한다(경찰관직무집행법 제11조의2 제2항). 손실보상의 기준, 보상금액, 지급 절차 및 방법, 제3항에 따른 손실보상심의위원회의 구성 및 운영, 환수절차, 그 밖에 손실보상에 관하여 필요한 사항은 대통령령에 위임하고 있다(동조 제7항).

---

61) 이에 대한 상론은 졸고, "경찰작용과 손실보상: 특히 경찰관직무집행법 개정조항의 문제점을 중심으로", 행정법연구 제41호(2015. 2), 141-162면.

Ⅲ. 행정쟁송

경찰상의 행정행위가 위법·부당하면, 행정심판법 또는 행정소송법에 따라 그 취소나 무효를 구하는 행정쟁송을 제기할 수 있다. 경찰청의 거부나 부작위에 대해서는 행정소송법에 따른 거부처분 취소소송이나 부작위위법확인소송, 또는 행정심판법에 따른 의무이행심판을 제기할 수 있다. 권력적 사실행위가 행정처분에 해당하면, 이에 대해 행정쟁송을 제기할 수 있다. 경찰명령(경찰상의 법규명령)에 대해 직접 취소소송을 제기할 수는 없다. 이에 근거한 처분이 있으면 그 수권 근거인 경찰명령의 위법을 부수적 심사를 통해 다툴 수 있을 뿐이다. 이 경우 경찰명령의 위법이 있더라도 처음부터 당연무효가 되는 것은 아니며, 해당 사건에 대해서만 적용이 배제될 뿐이다. 그 밖에 위법한 경찰명령은 일정한 경우에 헌법소원의 대상이 될 수 있다.

제3장 국토행정법

제1절 총 설

Ⅰ. 국토행정의 의의 및 연혁

1. 국토행정의 의의 및 특징

국토행정이란 "행정주체의 공적 목적의 달성을 위해 국토공간의 합리적·효율적인 이용 및 개발 등을 목적으로 하는 고권적 작용"을 말한다. 국토행정은 "개발정서행정", "토지 및 지역정서행정법", "생활공간정서행정" 등으로 불리고 있다. 즉 개발정서행정법은 "국민경제발전의 기반을 조성하고 국민 전체로서 건강하고 문화적인 생활을 영위케 하는 데 필요한 환경적·공간적 조건을 유형적으로 보전·정비·개선하고 새로 형성할 목적으로 국민의 활동을 직·간접적으로 규제·조정·조장·유도하는 복리행정활동"[1]으로 정의된다. 또한 지역정서행정은 "국토의 이용·개발·보전을 목적으로 하며, 혹은 지역의 기반·구조를 장래에 향하여 적극적·계획적으로 형성하는 행정활동"[2] 등으로 이해하고 있다.

2. 국토행정의 연혁

19세기 산업혁명과 공업화를 통해 자본주의와 인류문명의 급속한 발전은 인구증가와 주택 및 환경 등의 문제를 발생시켰다. 이러한 문제는 도시만의 대증요법(對症療法)으로는 해결할 수 없고, 국가의 개입이 필요하게 되었다. 국가는

---

1) 김도창, 일반행정법론(하), 499면.
2) 김남진·김연태, 행정법 Ⅱ, 584면.

국토공간 전체의 구조개선을 통해 효율적이고 균형있는 국토의 이용·개발과 보전을 실현하여야 한다. 이러한 국토의 효율적이고 균형 있는 개발과 이용을 위해서는 계획행정이 중요하다(헌법 제120조 제2항). 근대적 의미의 도시계획은 대체로 1934년 6월 제령(制令) 제18호로 제정된 '조선시가지계획령(朝鮮市街地計劃令)'에서 찾고 있다.[3] 그러나 조선시가지계획령은 일제 강점기에 군사적 목적으로 만들어진 것이며, 순수한 의미의 도시계획으로 보기 어렵다. 고대나 중세뿐만 아니라 조선 건국 당시의 수도인 한양 천도(遷都)를 통해서도 도시 계획의 원형을 찾을 수 있다. 다만, 이러한 천도는 궁궐 중심의 도시계획이라는 한계를 가지고 있었다. 근대적 의미의 도시계획은 공업화와 산업화 등으로 발생한 도시문제나 환경문제 등의 해결을 위해 실시되었다. 우리나라에서 서구적 의미의 도시계획에 관한 논의는 1970년대부터 시작하였고, 1980년대부터 본격적으로 진행되었다. 1962년 1월 20일에는 '조선시가지계획령'이 폐지되고 '도시계획법'이 제정되었다. 이 법률은 일본의 도시계획법을 모델로 하여 제정되었고, 총 51개 조항과 부칙조항으로 구성되어 있었다. 도시계획법은 '국토의 계획 및 이용에 관한 법률'이 제정되기 전까지 도시계획의 중요한 근거법이었다. 일본에서는 1888년 프랑스 파리시의 시가지 개조방식을 모델로 한 '동경시구개정조례(東京市區改正條例)'가 제정되었고, 이후 1919년에 '도시계획법'이 마련되었다.

Ⅱ. 국토행정의 특징

1. 국토행정의 도구

국토행정에 사용되는 도구에는 행정계획을 비롯해서 공용수용 및 공용환지·공용환권, 그 밖의 토지이용규제 등이 있다. 행정계획은 현대행정에서 포기할 수 없는 도구이다. 행정계획은 행정법의 영역에서 독자적인 행위형식이지만, 행정계획의 다의성과 포괄성으로 인해 다양한 법형식을 가진다. 행정계획은 규율내용과 대상 등에 따라 종합계획(Gesamtplanung)과 전문계획(Fachplanung)으로 구분된다. 이러한 구분은 우리나라에서 많이 활용되고 있지는 않지만, 독일의 학계 및 실무에서 보편적으로 사용되고 있다. 종합계획은 지역의 범위를 기준으로 하는 것이 보통이며, 국토종합계획이나 광역도시계획 등이 여기에 해당

3) 김종보, 건설법의 이해, 박영사, 2008, 18면.

한다. 전문계획은 특정한 공공사업의 성격을 기준으로 하며, 도로 · 공항 · 원자력시설 등의 건설계획이 여기에 해당한다. 일본에서도 종합계획과 부문계획을 구분하는 견해도 있지만, 그 기준이 명확하지 않다.[4)]

2. 국토행정의 기능

(1) 사전배려의 기능

국토행정은 행정계획작용이 중심을 이루고 있으며, 사전배려의 기능을 수행한다. 국토계획은 장기성과 종합성 등을 특징으로 한다. 또한 행정계획은 본래 미래의 불확실한 리스크의 경감을 목적으로 하고 있다. 국토행정은 다원적인 이해관계를 종합적으로 고려해야 한다. 국토행정은 국토의 효율적인 이용과 개발뿐만 아니라 환경이익이나 지방자치단체의 이익 등을 함께 고려해서 추진되어야 한다. 근래에는 환경과 계획의 통합적 고찰이 강조되고 있다. 국토계획은 지방자치단체의 계획고권(Planungshoheit)과 조화를 이루어야 한다. 주요 선진국에서는 토지이용규제가 대부분 조례의 형식으로 이루어지고 있다.

(2) 이해조정의 기능

국토행정은 이해조정 또는 갈등극복의 기능을 가진다. 국토행정은 다양한 이해관계를 종합적으로 조율하는 기능을 가진다. 이를 위해서는 상위계획과 하위계획의 체계정합성이 중요하다. 판례는 상위계획과 하위계획의 불일치에 대해 위법을 쉽게 인정하지 않는 입장이다.[5)] 이러한 입장이 대부분의 대규모공공사업에서 난개발과 환경훼손 등을 초래할 수 있는 원인을 제공하고 있는 것이 사실이다.

미래의 국토공간 이용이나 토지이용을 고려하여 사회기반시설을 정비할 필요가 있다. 오늘날에는 도로 · 철도 등 사회기반시설의 건설을 다른 공공단체나 민간주체에 위임하거나 위탁하는 경우가 적지 않다. 후자는 민영화와 관련된 것이다. 오늘날 새로운 국가상의 하나로 보장국가(Gewährleistungsstaat)나 능동국가(aktivierender Staat) 등이 강조되고 있으며, 계획법의 영역에도 영향을 미치고 있다. 도로 · 철도 · 공항 등 사회기반시설의 민영화도 그러한 현상을 반영하는 것인데, 이와 관련된 국가의 조종(Steuerung)이 부각되고 있다.

4) 大橋洋一, 行政法 I, 제2판, 152면.
5) 대법원 2015. 12. 10. 선고 2011두32515 판결.

제2절 국토계획의 체계와 구조

Ⅰ. 서 설

1. 국토계획의 법체계

헌법은 국토의 균형 있는 개발과 이용을 위한 국토계획의 법적 근거를 마련하고 있다. 즉 헌법 제120조 제2항은 "국토와 자원은 국가의 보호를 받으며, 국가는 그 균형 있는 개발과 이용을 위하여 계획을 수립한다"고 규정하고 있다. 또한 헌법 제122조에도 "국가는 국민 모두의 생활의 기반이 되는 국토의 효율적이고 균형있는 이용·개발과 보전을 위하여 법률이 정하는 바에 의하여 그에 관한 필요한 제한과 의무를 과할 수 있다"라고 규정하여, 국토의 개발과 보전을 위해 제한의 근거를 마련하고 있다. 이에 근거하여 국토계획에 관한 다양한 법률이 제정되어 있다. 우선 국토개발과 관련하여 국토기본법, 연안관리법, 수도권정비계획법 등이 제정되어 있다. 도시계획에 관한 법률로는 국토의 계획 및 이용에 관한 법률, 도시개발법, 도시 및 주거환경정비법 등 있다. 그 밖에 산업입지 및 개발에 관한 법률, 산업집적활성화 및 공장설립에 관한 법률 등이 제정되어 있다.

2. 국토기본법 및 국토계획법의 제정

국토기본법은 종전의 '국토건설종합계획법'의 미비점을 보완하기 위하여 제정된 것이다. 국토기본법은 특히 국토에 관한 계획 및 정책을 수립·시행함에 있어 지향하여야 할 이념과 기본방향을 규정하고, 국토계획의 수립과 그 체계적인 실천을 위한 제도적 장치를 마련하고 있다. 무엇보다 "개발과 환경의 조화", "국토의 균형발전과 국가경쟁력의 제고" 및 "국토의 지속가능한 발전" 등을 강조하고 있다. 또한 국토의 계획 및 이용에 관한 법률(이하 '국토계획법'이라 한다)은 2002년 2월 4일 제정·공포되고, 2003년 1일 1일 부터 시행 중에 있다. 이 법률은 비도시지역에 적용되던 '국토이용관리법'을 폐지하고 도시계획법과 통합한 것인데, 이원화되어 있던 국토이용체계를 단일화하고 있다. 이 법률의 입법

목적은 "국토의 이용 · 개발 및 보전을 위한 계획의 수립 및 집행 등에 관하여 필요한 사항을 정함으로써 공공복리의 증진과 국민의 삶의 질을 향상하게 함"에 있다. 이러한 입법목적에도 불구하고 형량명령에 대한 법적 근거가 흠결되어 있고, 계획행정을 통한 제3자의 권리보호에 관한 법적 문제는 여전히 불완전하게 남아 있다.

Ⅱ. 국토계획

1. 국토계획의 의의 및 종류

국토계획은 "국토를 이용 · 개발 및 보전함에 있어 미래의 경제적 · 사회적 변동에 대응하여 국토가 지향하여야 할 발전방향을 설정하고 이를 달성하기 위한 계획"을 말한다(국토기본법 제6조 제1항). 국토기본법은 이러한 국토계획의 유형으로 국토종합계획, 도종합계획, 시 · 군종합계획, 지역계획 및 부문별계획을 규정하고 있다. 국토종합계획, 도종합계획 및 시 · 군종합계획은 초분야적 · 지역적 계획에 해당하므로 종합계획에 해당한다. 이러한 계획은 국민에 대한 대외적 구속력을 가지고 있지 않고, 행정내부에 대해서만 구속력을 미칠 뿐이다. 따라서 국민은 국가에 대하여 행정계획의 실행을 청구할 수 없다.

국토종합계획은 국토전역을 대상으로 하여 국토의 장기적인 발전방향을 수립하는 계획을 말한다(국토기본법 제6조 제2항 제1호). 국토종합계획은 국토교통부장관이 수립하고, 국토정책위원회의 심의와 국무위원의 심의를 거쳐 대통령이 승인한다(동법 제12조 제1항). 국토종합계획은 국토공간에 대한 기본적이고 장기적인 정책방향을 포함하고 있다(동법 제10조). 도종합계획은 도 또는 특별자치도의 관할구역을 대상으로 하여 해당 지역의 장기적인 발전방향을 제시하는 종합계획을 말한다(동법 제6조 제2항 제2호). 시 · 군종합계획은 특별시 · 광역시 · 시 또는 군의 관할구역을 대상으로 하여 해당 지역의 기본적인 공간구조와 장기발전방향을 제시하고, 토지이용 · 교통 · 환경 · 안전 · 산업 · 정보통신 · 보건 · 후생 · 문화 등에 관하여 수립하는 계획이다. 도시계획에는 광역도시계획, 도시 · 군기본계획, 도시 · 군관리계획 등이 있다. 그리고 지역계획은 특정한 지역을 대상으로 특별한 정책목적을 달성하기 위하여 수립하는 계획을 말한다. 그 대표적 사례로 수도권의 과밀화된 인구와 산업의 분산 및 적정배치를 유도하기 위해 수립하는 '수도권발전계획'이 여기에 속한다(국토기본법 제16조 제1호). 한편, 부문별계획은 "국토전역을 대상으로 하여 특정부문에 대한 장기적인 발전방향을 제시하는 계획"을 의미한다. 부문별계획의 성질은 모호하고 명확하지 않다. 그러나 부문별계획은 국토전역을 대상으로 하고 있다는 점에서 전문계획(Fachplanung)과는 구별된다.

2. 국토계획의 상호관계

국토종합계획은 도종합계획 및 시·군종합계획의 기본이 되며, 부문별계획은 국토종합계획과 조화를 이루어야 한다(국토기본법 제7조 제1항). 이를 부합의무 내지 적합의무(Anpassungspflicht)라 한다. 국토종합계획은 다른 법령에 의하여 수립되는 국토에 관한 계획에 우선하며 그 기본이 된다(동법 제8조). 따라서 국토교통부장관은 도종합계획, 시·군종합계획 등이 서로 상충되거나 국토종합계획에 부합하지 아니한다고 판단되는 경우에는 중앙행정기관의 장 또는 지방자치단체의 장에게 해당 계획을 조정해 줄 것을 요청할 수 있다(동법 제20조 제1항). 이러한 조정을 요청받은 중앙행정기관의 장 또는 지방자치단체의 장이 특별한 사유 없이 이를 반영하지 아니하는 경우에는 국토교통부장관이 국토정책위원회의 심의를 거쳐 이를 조정할 수 있다(동조 제2항).

3. 지방자치단체의 계획고권

국토계획에는 지방자치단체의 계획고권(Planungshoheit)이 고려되어야 한다. 광역도시계획의 수립권자가 시·도지사인 경우 그 승인은 국토교통부장관이 하고 있다(국토계획법 제11조 및 제16조). 또한 도시·군기본계획의 경우에는 수립권자가 특별시장·광역시장·특별자치시장·특별자치도지사·시장·군수로 되어 있다. 종전에는 계획권한이 국가에 귀속되어 있었으나, 최근에는 계획의 수립 및 결정권이 지방자치단체에 어느 정도 이양되어 있다고 볼 수 있다. 그러나 계획의 승인권은 여전히 주무부장관(국토교통부장관)에게 남아 있다는 점에서 불완전하지만 지방자치단체의 계획고권은 보장되어 있다. 독일에서는 지방자치단체의 계획고권에 대한 헌법적 근거를 독일 기본법 제28조 제2항 제1문에서 찾고 있다.[6] 이러한 헌법상 규정에 따라 지방자치단체에 자기책임성뿐만 아니라

6) BVerfGE 56, 298/312 f.; 76, 107/118 f.

전권한성이 보장된다는 것이 지배적인 견해이다.[7] 나아가 독일 건설법전 제2조 제1항 제1문에서도 "건설기본계획(Bauleitpläne)은 게마인데가 자기책임 하에 설정하여야 한다"라고 규정하여, 일반 법률의 차원에서도 규정하고 있다.

Ⅲ. 도시계획

1. 광역도시계획

(1) 광역도시계획의 의의 및 내용

광역도시계획은 광역계획권의 지정목적을 이루는 데 필요한 사항에 대한 정책 방향을 포함한 계획이다. 광역도시계획에는 ① 광역계획권의 공간구조와 기능분담에 관한 사항, ② 광역계획권의 녹지관리체계와 환경보전에 관한 사항, ③ 광역시설의 배치·규모·설치에 관한 사항, ④ 경관계획에 관한 사항, ⑤ 그 밖에 광역계획권에 속하는 특별시·광역시·특별자치시·특별자치도·시 또는 군 상호간의 기능연계에 관한 사항으로서 대통령령이 정하는 사항 등을 포함하여야 한다(국토계획법 제12조 제1항).

(2) 광역계획권의 지정·변경

광역계획권은 국토교통부장관 또는 도지사가 지정한다. 즉 국토교통부장관 또는 도지사는 둘 이상의 특별시·광역시·특별자치시·특별자치도·시 또는 군의 공간구조 및 기능을 상호 연계시키고 환경을 보전하며 광역시설을 체계적으로 정비하기 위하여 필요한 경우에는 인접한 둘 이상의 특별시·광역시·특별자치시·특별자치도·시 또는 군의 관할구역의 전부 또는 일부를 광역계획권으로 지정할 수 있다(국토계획법 제10조 제1항). 중앙행정기관의 장, 특별시장·광역시장·특별자치시장·도지사·특별자치도지사(시·도지사), 시장 또는 군수는 국토교통부장관에게 광역계획권의 지정 또는 변경을 요청할 수 있다(동조 제2항). 국토교통부장관이 광역계획권을 지정 또는 변경하려면 관계 시·도지사, 시장 또는 군수의 의견을 들은 후 '중앙도시계획위원회'의 심의를 거쳐야 한다(동조 제3항). 도지사가 광역계획권을 지정하거나 변경하려면 관계 중앙행정기관의 장, 관계 시·도지사, 시장 또는 군수의 의견을 들은 후 '지방도시계획위원

---

7) J. Oebbecke, in: FS für Hoppe, 2000, S. 240.

회'의 심의를 거쳐야 한다(동조 제4항).

(3) 광역도시계획의 수립절차

광역도시계획의 수립권자는 국토교통부장관과 시·도지사, 시장 또는 군수이다. ① 광역도시계획권이 같은 도의 관할구역 안에 있는 경우에는 관할 시장 또는 군수가 공동으로 수립하고, ② 광역계획권이 둘 이상의 시·도의 관할구역에 걸쳐 있는 경우에는 관할 시·도지사가 공동으로 수립하며, ③ 광역계획권을 지정한 날부터 3년이 지날때까지 관할 시장 또는 군수로부터 제16조 제1항에 따른 광역도시계획의 승인 신청이 없으면 관할 도지사가 수립한다. 또한 ④ 국가계획과 관련된 광역도시계획의 수립이 필요한 경우나 광역도시계획권을 지정한 날로부터 3년이 지날될 때까지 관할 시·도지사로부터 광역도시계획에 대하여 승인신청이 없으면 국토교통부장관이 이를 수립한다(국토계획법 제11조 제1항).

광역도시계획의 수립절차는 대체로 기초조사, 공청회 개최 및 지방자치단체의 의견 청취 등을 거친다. 국토교통부장관, 시·도지사, 시장 또는 군수는 광역도시계획을 수립하거나 변경하려면 미리 인구, 경제, 사회, 문화, 토지 이용, 환경, 교통, 주택, 그 밖에 대통령령으로 정하는 사항 중 그 광역도시계획의 수립 또는 변경에 필요한 사항을 대통령령으로 정하는 바에 따라 조사하거나 측량하여야 한다(동법 제13조 제1항). 효율적인 기초조사를 위하여 필요하면 이를 전문기관에 의뢰할 수 있다(동조 제3항). 또한 광역도시계획을 수립하거나 변경하려면 공청회를 열어 주민 및 관계전문가의 의견을 들어야 한다(동법 제14조). 나아가 관계 시·도, 시 또는 군의 의회와 관계 시장 또는 군수의 의견을 들어야 한다(동법 제15조).

이러한 절차를 거치지 아니한 광역도시 계획 결정의 법적 효력이 문제 된다. 대법원은 절차상 하자에 대하여 비교적 엄격한 태도를 취하고 있으나, 독일의 경우에는 계획유지의 원칙 등에 의해 경미한 하자에 대하여 절차상 하자를 완화하는 규정을 독일건설법전에 두고 있다. 국토계획법에는 이러한 기초조사, 공청회, 지방자치단체의 의견청취가 의무적 사항으로 규정되어 있다. 따라서 이러한 절차를 거치지 아니하고 내린 광역도시계획 결정은 위법하다.

시·도지사는 광역도시계획을 수립하거나 변경하려면 국토교통부장관의 승인을 받아야 한다(동법 제16조 제1항). 이 경우 국토교통부장관은 관계 중앙행정기관과 협의한 후 중앙도시계획위원회의 심의를 거쳐야 한다(동조 제2항). 국토교통부장관은 시·도지사가 수립하거나 변경하려고 하는 광역도시계획을 승인하면, 관계 서류를 시·도지사에게 송부하여야 하고, 관계 서류를 받은 시·도지사는 그 내용을 공고하고 일반이 열람할 수 있도록 하여야 한다(동조 제4항). 시장 또는 군수는 광역도시계획의 수립하거나 변경하려면 도지사의 승인을 받아야 한다(동조 제5항).

2. 도시·군기본계획

(1) 도시·군기본계획의 의의 및 법적 성질

도시·군기본계획이란 특별시·광역시·특별자치시·특별자치도·시 또는 군의 관할구역에 대하여 기본적인 공간구조와 장기발전방향을 제시하는 종합계획을 말한다(동법 제2조 제3호). 도시·군기본계획은 도시·군관리계획의 지침이 되는 계획이며, 도시·군관리계획은 도시·군기본계획에 부합하여야 한다(국토계획법 제25조 제1항). 다만, 대법원은 도시·군기본계획의 처분성을 부정하고 있다. 즉 "도시·군기본계획이 도시개발의 기본방향을 제시하고 그 자체에 직접적인 구속력을 가지고 있지 않으므로, 도시·군관리계획이 설사 기본계획과 다른 내용을 가진다고 하여도 그것만으로 해당 계획이 위법한 것으로 되지 않는다"고 판시하고 있다.[8] 도시·군관리계획은 도시·군기본계획에 부합하여야 하며, 이는 법적 의무이다. 계획의 내용 및 본질의 측면에서 도시·군관리계획에 도시·군기본계획과 완전히 다른 내용을 정하는 것은 도시계획의 체계정합성 및 계획정당성을 잃게 된다.

(2) 도시·군기본계획의 내용

도시·군기본계획에는 지역적 특성 및 계획의 방향·목표에 관한 사항, 공간구조, 생활권의 설정 및 인구의 배분에 관한 사항, 토지의 이용 및 개발에 관한 사항, 토지의 용도별 수요 및 공급에 관한 사항, 환경의 보전 및 관리에 관한 사항, 기반시설에 관한 사항, 공원·녹지에 관한 사항 및 경관에 관한 사항, 기

---

8) "도시계획법은 … 시장 또는 군수는 그 관할 도시계획구역 안에서 시행할 도시계획을 도시기본계획의 내용에 적합하도록 입안하여야 한다고 규정하고 있으나, 도시기본계획이라는 것은 도시의 장기적 개발방향과 미래상을 제시하는 도시계획 입안의 지침이 되는 장기적·종합적인 개발계획으로서 직접적인 구속력은 없는 것이므로, 도시계획시설결정 대상면적이 도시기본계획에서 예정했던 것보다 증가하였다 하여 그것이 도시기본계획의 범위를 벗어나 위법한 것은 아니다."(대법원 1998. 11. 27. 선고 96누13927 판결)

후변화 대응 및 에너지절약에 관한 사항, 방재·방범 등 안전에 관한 사항 등에 대한 정책방향이 포함되어야 한다(국토계획법 제19조).

(3) 도시·군기본계획의 수립절차

도시·군기본계획의 수립권자는 특별시장, 광역시장, 특별자치시장, 특별자치도지사, 시장 또는 군수이다(국토계획법 제18조 제1항). 도시·군기본계획을 수립하거나 변경하는 경우에는 기초조사와 공청회를 실시하여야 한다(동법 제20조 제1항). 이 경우 시·도지사, 시장 또는 군수는 기초조사의 내용에 토지적성평가와 재해취약성분석을 포함하여야 한다(동조 제2항). 또한 도시·군기본계획의 수립권자는 관계 지방의회의 의견을 들어야 한다(동법 제21조). 특별시장·광역시장·특별자치시장 또는 특별자치도지사가 도시·군기본계획을 수립하거나 변경하려면 행정기관의 장(국토교통부장관 포함)과 협의한 후 지방도시계획위원회의 심의를 거쳐야 한다(동법 제22조 제1항). 이를 통해 도시·군기본계획이 확정되면, 관계 행정기관의 장에게 관계 서류를 송부하여야 하며, 그 계획을 공고하고 일반인이 열람할 수 있도록 하여야 한다(동조 제3항). 시장 또는 군수는 도시·군기본계획을 수립하거나 변경하려면 도지사의 승인을 받아야 한다(동법 제22조의 제1항). 이 경우 도지사는 관계 행정기관의 장과 협의 한 지방도시계획위원회의 심의를 거쳐야 한다. 도지사는 도시·군기본계획을 승인하면 관계 행정기관의 장과 시장 또는 군수에게 관계 서류를 송부하여야 하며, 시장 또는 군수는 그 계획을 공고하고 일반인이 열람할 수 있도록 하여야 한다(동법 제22조의2).

3. 도시·군관리계획

(1) 도시·군관리계획의 의의 및 법적 성질

도시·군관리계획은 "특별시·광역시·특별자치시·특별자치도·시 또는 군의 개발·정비 및 보전을 위하여 수립하는 토지 이용, 교통, 환경, 경관, 안전, 산업, 정보통신, 보건, 복지, 안보, 문화 등에 관한 계획"을 말한다(국토계획법 제2조 제5호). 도시·군관리계획에는 ① 용도지역·용도지구의 지정 또는 변경에 관한 계획, ② 개발제한구역, 도시자연공원구역, 시가화조정구역, 수산자원보호구역의 지정 또는 변경에 관한 계획, ③ 기반시설의 설치·정비 또는 개량에 관한 계획, ④ 지구단위계획구역의 지정 또는 변경에 관한 계획 및 지구단위계획,

⑤ 입지규제최소구역의 지정 또는 변경에 관한 계획과 입지규제최소구역계획이 있다.

도시·군관리계획은 도시·군기본계획을 집행하기 위한 구체적인 계획으로서 국민에 대한 구속력을 가진다. 대법원은 구 도시계획법에 따른 '도시계획결정'이 처분의 성질을 가진 것으로 보고 있다.[9] 도시·군관리계획결정이 있으면 지정된 용도지역, 용도지구 및 용도구역에서의 건축물의 건축제한이 따른다(국토계획법 제76조 참조). 이처럼 도시·군관리계획은 개인의 권리나 이익을 제한하는 효과를 가진다는 점에서 강학상 행정행위에 해당한다.

(2) 도시·군관리계획의 수립절차

도시·군관리계획은 입안, 기초조사 및 의견수렴, 결정의 절차로 진행한다.

a) 도시·군관리계획의 입안

도시·군관리계획은 특별시장·광역시장·특별자치시장·특별자치도지사·시장 또는 군수가 입안한다(국토계획법 제24조 제1항). 도시·군관리계획은 광역도시계획과 도시·군기본계획에 부합되어야 한다(동법 제25조 제1항). 국토교통부장관, 시·도지사, 시장 또는 군수는 도시·군관리계획을 입안할 때에 대통령령으로 정하는 바에 따라 도시·군관리계획 도서(계획도와 계획조서)와 이를 보조하는 계획설명서(기초조사결과·재원조달방안 및 경관계획 등을 포함)를 작성하여야 한다(동조 제2항). 주민은 도시·군관리계획을 입안할 수 있는 자에게 도시·군관리계획의 입안을 제안할 수 있다(동법 제26조 제1항). 대법원은 군수가 도시관리계획 구역 내 토지 등을 소유하고 있는 주민의 납골시설에 관한 도시관리계획의 입안제안을 반려한 처분이 항고소송의 대상이 되는 행정처분에 해당한다고 판단하였다.[10]

b) 기초조사 및 의견수렴

도시·군관리계획을 입안할 때에는 국토계획법 제13조에 따른 기초조사를 실시하여야 한다(국토계획법 제27조 제1항). 또한 국토교통부장관, 시·도지사, 시장 또는 군수는 이러한 기초조사의 내용에 도시·군관리계획이 환경에 미치는 영향 등에 대한 환경성 검토를 포함하여야 한다(동조 제2항). 국토교통부장관,

---

9) 대법원 1982. 3. 9. 선고 80누105 판결.
10) 대법원 2010. 7. 22. 선고 2010두5745 판결.

시·도지사, 시장 또는 군수는 도시·군관리계획을 입안할 때에 주민의 의견을 들어야 하며, 그 의견이 타당하다고 인정되면 도시·군관리계획안에 반영하여야 한다(동법 제28조 제1항). 다만, 국방상 또는 국가안전보장상 기밀을 지켜야 할 필요가 있는 사항이거나 대통령령으로 정하는 경미한 사항인 경우에는 그러하지 아니한다. 또한 대통령령으로 정하는 사항에 대하여 해당 지방의회의 의견을 들어야 한다(동조 제5항).

c) 도시·군관리계획의 결정

도시·군관리계획은 시·도지사가 직접 또는 시장·군수의 신청에 의하여 이를 결정한다(국토계획법 제29조 제1항). 서울특별시와 광역시 및 특별자치시를 제외한 인구 50만 이상의 대도시의 경우에는 해당 시장이 직접 결정한다. 한편, 국토교통부장관이 입안한 도시·군관리계획, 개발제한구역의 지정 및 변경에 관한 도시·군관리계획, 시가화조정구역의 지정 및 변경에 관한 도시·군관리계획, 수산자원보호구역의 지정 및 변경에 관한 도시·군관리계획은 국토교통부장관이 결정한다(동조 제2항). 시·도지사는 국토교통부장관이 입안하여 결정한 도시·군관리계획을 변경하거나 그 밖에 대통령령으로 정하는 중요한 사항에 관한 도시·군관리계획을 결정할 때 미리 국토교통부장관과 협의하여야 한다(동법 제30조 제1항). 국토교통부장관이 도시·군관리계획을 결정하려면 중앙도시계획위원회의 심의를 거쳐야 하며, 시·도지사가 도시·군관리계획을 결정하려면 시·도 도시계획위원회의 심의를 거쳐야 한다(동조 제3항). 국토교통부장관이나 시·도지사는 도시·군관리계획을 결정하면 그 결정을 고시하고, 관계 서류를 관계 특별시장·광역시장·특별자치시장·특별자치도지사·시장 또는 군수에게 송부하여 일반이 열람할 수 있도록 하여야 한다(동조 제6항).

d) 도시·군관리계획의 효력

도시·군관리계획 결정의 효력은 지형도면을 고시한 날부터 발생한다(국토계획법 제31조). 그러나 도시·군관리계획 결정 당시 이미 사업이나 공사에 착수한 자는 그 도시·군관리계획 결정에 관계 없이 그 사업이나 공사를 계속할 수 있다. 또한 지형도면의 고시가 곤란한 때에는 도시·군관리계획 결정일부터 2년이 되는 날까지 지형도면 등을 고시하여야 하며, 지형도면 등의 고시가 없는 경우에는 그 2년이 되는 날의 다음 날부터 그 지정의 효력을 잃는다(동조 제3항, 토지이용규제 기본법 제8조 제4항). 도시·군관리계획 결정이 효력을 잃은 때에는 그 지역·지구 등의 지정권자는 대통령령으로 정하는 바에 따라 지체 없이 그 사실을 관보 또는 공보에 고시하고, 이를 관계 특별자치도지사·시장·군수 또는 구청장에게 통보하여야 한다(토지이용규제 기본법 제8조 제5항).

한편, 특별시장·광역시장·특별자치시장·특별자치도지사·시장 또는 군수는 도시·군관리계획 결정이 고시되면 지적(地籍)이 표시된 지형도에 도시·군관리계획에 관한 사항을 자세히 밝힌 도면을 작성하여야 한다(국토계획법 제32조 제1항). 시장이나 군수는 도시·군관리계획에 관한 사항을 자세히 밝힌 지형도면을 작성하여 도지사의 승인을 받아야 한다(동조 제2항).

(3) 용도지역지구제

a) 용도지역

용도지역이란 "토지의 이용 및 건축물의 용도, 건폐율, 용적율, 높이 등을 제한함으로써 토지를 경제적·효율적으로 이용하고 공공복리의 증진을 도모하기 위하여 서로 중복되지 아니하게 도시·군관리계획으로 결정되는 지역"을 말한다(국토계획법 제2조 제15호). 건폐율은 대지면적에 대한 건축면적의 비율이며, 용적율은 대지면적에 대한 연면적(延面積)의 비율이다(건축법 제47조 및 제48조).

용도지역은 토지의 이용실태 및 특성, 장래의 토지 이용 방향, 지역 간 균형발전 등을 고려하여 도시지역(주거지역·상업지역·공업지역·녹지지역), 관리지역(보전관리지역·생산관리지역·계획관리지역), 농림지역, 자연환경보전지역으로 구분된다(국토계획법 제36조). 관리지역은 도시지역의 인구와 산업을 수용하기 위하여 도시지역에 준하여 체계적으로 관리하거나 농림업의 진흥, 자연환경 또는 산림의 보전을 위하여 농림지역 또는 자연환경보전지역에 준하여 관리가 필요한 지역을 말한다(동법 제6조 제2호).

b) 용도지구

용도지구란 "토지의 이용 및 건축물의 용도·건폐율·용적률·높이 등에 대한 용도지역의 기능을 강화하거나 완화하여 적용함으로써 용도지역의 기능을 증진시키고 경관·안전 등을 도모하기 위하여 도시·군관리계획으로 결정하는 지역"을 말한다(국토계획법 제2조 제16호). 용도지구에는 경관지구, 고도지구, 방화지구, 방재지구, 보호지구, 취락지구, 개발진흥지구, 특정용도제한지구, 복합용도지구, 그 밖에 대통령령으로 정하는 지구가 있다. 용도지구는 도시·군관리계획결정으로 다시 세분하여 지정되거나 변경될 수 있다(동법 제37조 제2항).

종래 용도지구는 경관지구, 미관지구, 고도지구, 방화지구, 방재지구, 보존지구, 시설보호지구, 취락지구, 개발진흥지구, 특정용도제한지구와 그 밖에 대통령령이 정하는 지구로 구분되었다. 그러나 2017년 4월 18일 국토계획법의 개정으로 미관지구와 경관지구, 보존지구와 시설보호지구를 각각 통합하여 '경관지구', '보호지구'로 간소화하였다. 또한 여건 변화에 따른 다양한 토지이용 수요에 대응하고 용도지역에 수반되는 경직된 건축규제를 유연화할 수 있도록 '복합용도지구'를 신설하였다.

2017년 4월 18일 '국토의 계획 및 이용에 관한 법률'의 개정으로 일정한 용도지구의 지정 및 변경에 관한 사항에 대하여 주민(이해관계인 포함)이 도시·군관리계획의 입안을 제안할 수 있는 규정이 도입되었다. 즉 ① 개발진흥지구 중 공업기능 또는 유통물류기능 등을 집중적으로 개발·정비하기 위한 개발진흥지구로서 대통령령으로 정하는 개발진흥지구, ② 국토계획법 제37조에 따라 지정된 용도지구 중 해당 용도지구에 따른 건축물이나 그 밖의 시설의 용도·종류 및 규모 등의 제한을 지구단위계획으로 대체하기 위한 용도지구에 관한 지정 및 변경에 관한 사항이 여기에 해당한다(동법 제29조 제1항 단서). 또한 지구단위계획으로 대체하는 용도지구 폐지에 관한 사항을 결정하려면 시·도에 두는 건축위원회와 도시계획위원회의 공동심의를 거쳐야 한다(동법 제30조 제3항).

c) 용도구역

용도구역이란 "토지의 이용 및 건축물의 용도·건폐율·용적률·높이 등에 대한 용도지역 및 용도지구의 제한을 강화하거나 완화하여 따로 정함으로써 시가지의 무질서한 확산방지, 계획적이고 단계적인 토지이용의 도모, 토지이용의 종합적 조정·관리 등을 위하여 도시·군관리계획으로 결정하는 지역"을 말한다(동법 제2조 제17호). 용도구역에는 개발제한구역, 도시자연공원구역, 시가화조정구역 및 수산자원보호구역이 있다.

문제는 소위 그린벨트(greenbelt)로 불리는 개발제한구역의 지정이다. 개발제한구역은 도시의 무질서한 확산을 방지하고 도시주변의 자연환경을 보전하여 도시민의 건전한 생활환경을 확보하기 위하여 도시의 개발을 제한할 필요가 있거나 국방부장관의 요청이 있어 보안상 도시의 개발을 제한할 필요가 있다고 인정되는 경우에 지정된다(동법 제38조 제1항). 개발제한구역에서는 행위제한이 따른다(국토계획법 제80조). 개발제한구역으로 지정된 구역에서는 그 지정목적에 위배되는 건축물의 건축 및 용도변경, 공작물의 설치, 토지의 형질변경, 죽목의 벌채, 토지의 분할, 물건을 쌓아놓는 행위 등을 할 수 없다(개발제한구역의 지정 및 관리에 관한 특별조치법 제12조 제1항 본문). 개발제한구역은 사유재산권을 제약하는 결과를 가져올 수 있지만, 이러한 제한은 원칙적으로 재산권의 내용한계에 해당한다.

구 도시계획법(2000년 1월 28일 전면개정 전)은 상기 특별조치법 제11조 제1항과 같이 개발제한구역에 있어서의 행위제한에 관한 규정을 두면서도, 이에 대한 손실보상에 관한 규정을 두지 않고 있었다. 대법원은 구 도시계획법 제21조에 기하여 토지소유자에게 가하여지는 제한은 재산권의 사회적 구속 내의 것으로 보아, 동조에 보상규정을 두고 있지 않아도 위헌은 아니라고 판시하였다.[11] 그러나 헌법재판소는 구 도시계획법 제21조에 의한 개발제한구역의 지정으로 예외적으로 토지소유자에 가혹한 부담이 가해지는 경우가 있으며, 그러한 한도에서 보상규정을 두지 아니한 해당 조항이 헌법에 합치되지 아니한다고 결정하였다.[12] 위 헌법재판소의 결정은 법리적으로 조정적 보상부 내용한계규정에 관한 내용을 포함하고 있다.

(4) 도시 · 군계획시설

도시 · 군계획시설이란 기반시설 중 도시 · 군관리계획으로 결정된 시설을 말한다(국토계획법 제2조 제7호). 도시 · 군계획시설에 대한 도시 · 군관리계획의 결정(도시 · 군계획시설결정) 고시일로부터 10년 이내에 그 시설의 설치에 관한 도시 · 군계획시설사업이 시행되지 아니하는 경우 해당 도시 · 군계획시설의 부지로 되어 있는 토지 중 지목이 대(垈)인 토지의 소유자는 대통령령이 정하는 바에 따라 특별시장 · 광역시장 · 특별자치시장 · 특별자치도지사 · 시장 또는 군수에게 해당 토지의 매수를 청구할 수 있다(국토계획법 제47조 제1항 본문).[13] 도시 · 군계획시설결정이 고시된 도시 · 군계획시설에 대하여 그 고시일부터 20년이 경과될 때까지 그 시설의 설치에 관한 도시 · 군계획시설사업이 시행되지 아니하는 경우에는 그 도시 · 군계획시설결정은 그 고시일로부터 20년이 되는 날의 다음날에 그 효력을 잃는다(동법 제48조 제1항). 이 경우 시 · 도지사 또는 대

---

11) 대법원 1990. 5. 9. 선고 89누2 판결.
12) 헌재 1998. 12. 24. 89헌마214 등.
13) 헌재 1999. 10. 21. 97헌바26 참조.

도시 시장은 지체 없이 그 사실을 고시하여야 한다(동조 제2항).

한편, 특별시장 · 광역시장 · 특별자치시장 · 특별자치도지사 · 시장 또는 군수는 도시 · 군계획시설결정이 고시된 도시 · 군계획시설을 설치할 필요성이 없어진 경우 또는 그 고시일부터 10년이 지날 때까지 해당 시설의 설치에 관한 도시 · 군계획시설사업이 시행되지 아니하는 경우에는 그 현황과 단계별 집행계획을 해당 지방의회에 보고하여야 한다(동조 제3항). 이러한 보고를 받은 지방의회는 해당 지방자치단체의 장에게 도시 · 군계획시설 결정의 해제를 권고할 수 있다(동조 제4항). 또한 도시 · 군계획시설 결정의 고시일부터 10년 이내에 그 시설 설치에 관한 도시 · 군계획시설사업이 시행되지 아니한 경우로서 단계별 집행계획상 해당 도시 · 군계획시설의 실효시까지 집행계획이 없는 경우에는 그 도시 · 군계획시설 부지로 되어 있는 토지의 소유자는 해당 도시 · 군계획시설 결정의 해제를 위한 도시 · 군관리계획 입안을 신청할 수 있다(동법 제48조의2 제1항). 이러한 입안신청이 반영되지 아니하면, 해당 도시 · 군관리계획 결정권자에게 그 도시 · 군계획시설결정의 해제를 신청할 수 있다(동조 제3항).

(5) 지구단위계획

지구단위계획이란 "도시 · 군계획 수립대상 지역의 일부에 대하여 토지이용을 합리화하고 그 기능을 증진시키며 미관을 개선하고 양호한 환경을 확보하며, 해당 지역을 체계적 · 계획적으로 관리하기 위하여 수립되는 도시 · 군관리계획"을 말한다(국토계획법 제2조 제5호). 지구단위계획에는 제1종 지구단위계획과 제2종 지구단위계획이 있다. 제1종 지구단위계획은 대규모 집약적 토지이용이 일어나는 지역의 관리에 중점을 두고 있고, 제2종 지구단위계획은 계획구역 밖의 개발행위를 계획구역 안으로 유도하기 위하여 법규상 허용된 개발밀도나 행위제한 기준을 넘어서까지 완화할 수 있다.

Ⅳ. 개발행위의 허가

1. 의의 및 법적 성질

국토계획법은 국토의 난개발을 방지하기 위해 개발행위허가제도를 마련하고 있다. 건축물의 건축 또는 공작물의 설치, 토지의 형질 변경, 토석의 채취, 토지

분할, 녹지지역 · 관리지역 또는 자연환경보전지역에 물건을 1개월 이상 쌓아놓는 행위로서 대통령령으로 정하는 행위(이하 "개발행위"라 한다)를 하려는 자는 특별시장 · 광역시장 · 특별자치시장 · 특별자치도지사 · 시장 또는 군수의 허가를 받아야 한다(국토계획법 제56조).

대법원은 국토계획법상 개발행위허가를 '재량행위'로 보고 있다.[14] 그 논거로 허가기준 및 금지요건이 불확정개념으로 규정된 부분이 많다는 점을 제시하고 있다. 이러한 개발행위는 건축물의 건축 또는 공작물의 설치, 토지의 형질변경 등이 대부분이다. 국토계획법 제58조는 개발행위허가의 기준을 구체적으로 규정하고 있다. 행정청은 상대방의 신청이 이러한 기준에 적합한지를 심사하여 개발행위허가를 발급할 수 있다. 대법원 판결은 소위 '요건재량설'을 따른 느낌을 주고 있지만, 이러한 접근은 적절하지 않다. 국토계획법상 개발행위허가는 사회적으로 유해한 행위를 억제적으로 금지하는 것을 예외적으로 면제하는 '예외적 승인(Ausnahmebewilligung)'에 해당한다. 예외적 승인은 재량행위의 성질을 가진다. 예컨대 개발제한구역 내의 개발행위허가가 여기에 해당한다.[15] 판례는 이를 '예외적 허가'라고 부르고 있다.

2. 개발행위허가의 절차

개발행위를 하려는 자는 그 개발행위에 따른 기반시설의 설치나 그에 필요한 용지의 확보, 위해 방지, 환경오염 방지, 경관, 조경 등에 관한 계획서를 첨부한 신청서를 개발행위허가권자에게 제출하여야 한다(국토계획법 제57조 제1항). 다만, 건축법의 적용을 받는 건축물의 건축 또는 공작물의 설치를 하려는 자는 건축법에서 정하는 서류를 제출하여야 한다(동조 단서). 특별시장 · 광역시장 · 특별자치시장 · 특별자치도지사 · 시장 또는 군수는 개발행위허가의 신청에 대하여 특별한 사유가 없으면 대통령령으로 정하는 기간 이내에 허가 또는 불허가의 처분을 하여야 한다(동조 제2항). 개발행위허가를 하는 경우에는 그 개발행위에 따른 기반시설의 설치 또는 그에 필요한 용지의 확보, 위해 방지, 환경오염 방지, 경관, 조경 등에 관한 조치를 할 것을 조건을 붙일 수 있다(동조 제4항).

14) 대법원 2021. 3. 25. 선고 2020두51280 판결.
15) 대법원 2004. 3. 25. 선고 2003두12837 판결.

제3절 공용수용

Ⅰ. 공용수용의 의의 및 근거

공용수용은 국토계획의 중요한 도구이다. 공용수용이란 특별한 공익적 필요(공공필요)를 위한 강제적·공권력적 박탈행위이다. 즉 고권적 법률행위를 통한 재산권에 대한 전면적 또는 부분적 박탈행위를 말한다. 첫째, 공용수용은 공공필요를 위한 재산권의 강제적 '박탈'행위이다. 공용수용은 특정한 공익사업을 위해 인정되는 경우가 대부분이다. 둘째, 이러한 박탈행위는 고권적 법률행위로 이루어져야 한다. 공용수용은 직접 법률에 의한 수용행위(입법수용)와 법률에 근거한 수용행위(행정수용)로 구분된다. 후자가 대부분이며, 전자는 긴급한 재난상황이나 급박한 경우에 예외적으로 인정된다. 사실행위는 공용수용의 요건에서 배제되며, 재산권의 내용한계에 해당한다. 재산권은 재산적 가치 있는 법적 지위를 말하며, 사법상의 권리뿐만 아니라 공법상의 권리도 포함된다. 그러나 단순한 기대이익, 반사적 이익 등은 배제된다. 셋째, 공용수용의 주체는 사업시행자이다. 종전에는 국가수용권설이 다수설이었으나, 오늘날에는 사업시행자수용권설이 지배적이다. 사업시행자는 국가나 공공단체인 경우도 있지만, 사인(민간기업)인 경우도 있다. 이 경우 사인은 공무수탁사인의 지위를 가진다.

공용수용의 헌법적 근거는 헌법 제23조 제3항이다. 또한 공용수용 및 손실보상에 관한 일반법으로는 공익사업을 위한 토지 등의 취득 및 보상에 관한 법률(이하 "토지보상법"이라 한다)이 제정되어 있다. 개별법으로는 도로법, 하천법, 전기사업법 등 다수의 법률이 있다.

Ⅱ. 공용수용의 주체 및 대상

1. 공용수용의 주체

공용수용의 주체는 공익사업을 수행하는 사업시행자이다. 사업시행자는 공익사업을 위해 공용수용권을 가지며, 특정한 공익사업의 주체이다. 피수용권자는 수용목적물의 토지소유자 및 관계인이다. 사업시행자는 국가 및 공공단체 외에 사인도 될 수 있다. 사업시행자가 수용권을 행사하기 위해서는 국토교통부장관의 '사업인정'을 받아야 한다(토지보상법 제20조). 사업시행자는 공익사업을 준비하기 위해 타인이 점유하는 토지에 출입하여 측량·조사를 하거나, 장해물을 제거하거나 토지를 파는 행위 등을 할 수 있다(동법 제9조 및 제12조). 피수용권자는 수용목적물의 토지소유자와 지상권·지역권·전세권 등의 권리를 가진 관계인을 말한다.

2. 공용수용의 대상

공용수용의 대상에는 ① 토지 및 이에 관한 소유권 외의 권리, ② 토지와 함께 공익사업을 위하여 필요한 입목(立木), 건물, 그 밖에 토지에 정착된 물건 및 이에 관한 소유권 외의 권리, ③ 광업권·어업권·양식업권 또는 물의 사용에 관한 권리, ④ 토지에 속한 흙·돌·모래 또는 자갈에 관한 권리가 포함된다(토지보상법 제3조 참조). 그러나 공물은 원칙적으로 공용폐지를 한 후에 수용될 수 있다. 다만, 보존공물은 예외이다. 문화재도 지정된 토지는 공용폐지를 하지 않더라도 공용수용의 대상이 될 수 있다.[16] 또한 공익사업에 수용되거나 사용되고 있는 토지 등은 특별히 필요한 경우가 아니면 다른 공익사업을 위하여 수용하거나 사용할 수 없다(토지보상법 제19조 제2항).

헌법상 재산권 보장의 취지에 비추어 공용수용의 대상은 필요한 최소한에 그쳐야 한다(비례의 원칙). 다만, 피수용권자의 권리보호나 공익사업의 목적상 불가피하게 공용수용의 대상을 확대해야 하는 경우가 있다. 대표적으로 잔여지수용청구가 여기에 해당한다. 즉 동일한 토지소유자에 속하는 일단의 토지의 일부를 수용함으로써 잔여지를 종래의 목적에 사용하는 것이 현저히 곤란할 때에 토지소유자의 청구에 의하여 그 잔여지까지 전부를 수용하는 경우를 말한다(토지보상법 제74조 제1항). 이를 '전부수용'이라고 부르기도 한다. 또한 토지를 3년 이상 사용하는 경우, 토지의 사용으로 인하여 토지의 형질이 변경되는 경우, 또는 사용하려는 토지에 그 토지소유자의 건축물이 있는 경우에는 해당 토지소유

16) "토지수용법은 제5조의 규정에 의한 제한 이외에는 수용의 대상이 되는 토지에 관하여 아무런 제한을 하지 아니하고 있을 뿐만 아니라, 토지수용법 제5조, 문화재보호법 제20조 제4호, 제58조 제1항, 부칙 제3조 제2항 등의 규정을 종합하면 구 문화재보호법(1982. 12. 31. 법률 제3644호로 전문 개정되기 전의 것) 제54조의2 제1항에 의하여 지방문화재로 지정된 토지가 수용의 대상이 될 수 없다고 볼 수는 없다."(대법원 1996. 4. 26. 선고 95누13241 판결)

자가 사업시행자에게 해당 토지의 매수를 청구하거나 관할 토지수용위원회에 그 토지의 수용을 청구할 수 있다(동법 제72조 제1항).

Ⅲ. 공용수용의 절차

공용수용의 보통절차는 사업의 준비 절차를 거쳐 ① 사업인정, ② 토지조서 및 물건조서의 작성, ③ 협의 및 ④ 재결 절차로 진행된다. 이를 분설하여 설명하면 아래와 같다.

1. 사업인정

(1) 사업인정의 의의 및 절차

사업인정은 공용수용 절차의 출발점이다. 사업인정은 국토교통부장관이 공익사업의 수행을 위해 사업시행자에게 수용권을 부여하는 설권적 행위를 말한다. 사업인정에 대하여 확인행위설과 형성행위설이 대립하였으나, 후설이 다수설이다. 판례도 사업인정을 형성행위로 보고 있다.[17] 또한 사업인정은 재량행위에 해당한다.[18]

국토교통부장관이 사업인정을 하고자 할 때에는 관계 중앙행정기관의 장 및 특별시장 · 광역시장 · 도지사 · 특별자치도지사(이하 "시 · 도지사"라 한다) 및 중앙토지수용위원회와 협의하여야 하며, 이해관계인의 의견을 들어야 한다(토지보상법 제21조 제1항). 사업인정이 의제되는 공익사업의 허가 · 인가 · 승인권자 등은 사업인정이 의제되는 지구지정 · 사업계획승인 등을 하려는 경우 중앙토지수용위원회와 협의하여야 하며, 이해관계인의 의견을 들어야 한다(동조 제2항). 이러한 사업인정의 판단에는 공익성이 중요하다. 이러한 협의 요청을 받은 중앙토지수용위원회는 사업인정에 이해관계인의 의견수렴 절차의 이행여부, 허가 · 인가 · 승인대상 사업의 공공성, 수용의 필요성, 그 밖에 대통령령으로 정하는 사항을 검토하여야 한다(동조 제3항).

---

17) "주택건설촉진법에 의한 수용에 있어서 본조(법 33조)의 사업인정은 토지수용절차를 개시하는 제1차적 단계이며, 사업인정에 의하여 기업자에게 기업지 내의 토지에 대한 공용징수권이 설정되고 기업자는 협의수용 또는 재결수용의 절차를 거쳐 그 토지의 소유권을 취득하므로 사업인정을 받기 전에는 협의수용이나 재결수용이 있을 수 없다."(대법원 1983. 9. 27. 선고 83누324 판결; 대법원 1988. 12. 27. 선고 87누1141 판결)

18) 대법원 1992. 11. 13. 선고 92누596 판결.

국토교통부장관은 사업인정을 하였을 때에는 지체없이 그 뜻을 사업시행자, 토지소유자 및 관계인, 관계 시·도지사에게 통지하고 사업시행자의 성명 또는 명칭, 사업의 종류, 사업지역 및 수용하거나 사용할 토지의 세목을 관보에 고시하여야 한다(동법 제22조 제1항). 사업인정은 고시한 날로부터 발생한다(동조 제3항). 사업인정의 고시는 효력발생요건이다.

(2) 사업인정의 효과

사업인정의 고시가 있으면 수용의 목적물이 확정되며, 수용권으로 하여금 목적물에 관한 현재 및 장래의 권리자에게 대항할 수 있는 공법상의 권리가 발생하게 된다.[19] 사업인정이 고시되면 누구든지 그 고시된 토지에 대하여 사업에 지장을 줄 우려가 있는 형질을 변경하거나, 또는 수용·사용의 대상이 되는 물건을 손괴하거나 수거하는 행위를 할 수 없다(토지보상법 제25조 제1항). 또한 사업인정의 고시가 된 후에 권리를 취득한 자는 기존의 권리를 승계한 자를 제외하고는 '관계인'에 포함되지 아니한다(동법 제2조 제5호 단서). 사업인정은 토지보상액 산정시점의 중요한 기준이 된다. 즉 사업인정 전 협의에 의한 취득의 경우에는 해당 토지의 가격시점 당시 공시된 공시지가 중 보상액 산정의 기준이 되는 가격시점과 가장 가까운 시점에 공시된 공시지가로 한다. 또한 사업인정 후의 취득의 경우에도 사업인정고시일 전의 시점을 공시기준일로 하는 공시지가를 기준으로 보상을 하되, 해당 토지에 관한 협의의 성립 또는 재결 당시에 공시된 공시지가 중 그 사업인정고시일과 가장 가까운 시점에 공시된 공시지가로 한다(동법 제70조 제3항 및 제4항 참조).

(3) 사업인정의 실효 및 폐지·변경

사업시행자가 사업인정의 고시가 된 날부터 1년 이내에 토지수용위원회에 재결신청을 하지 아니한 경우에는 사업인정고시가 된 날부터 1년이 되는 날의 다음 날에 사업인정은 그 효력을 상실한다(토지보상법 제23조 제1항). 이 경우 사업시행자는 토지소유자나 관계인이 입은 손실을 보상하여야 한다(동조 제2항).

한편, 사업인정의 고시 후 그 사업의 전부 또는 일부를 폐지하거나 변경함으로 인하여 토지 등의 전부 또는 일부를 수용할 필요가 없게 되었을 때에는 사업시행자는 지체 없이 사업지역을 관할하는 시·도지사에게 신고하고, 토지소

19) 대법원 1987. 9. 8. 선고 87누395 판결.

유자 및 관계인에게 이를 통지하여야 한다(동법 제24조 제1항). 이 경우 시·도지사는 이를 관보에 고시하여야 하고, 이러한 고시에 의하여 사업인정의 전부 또는 일부는 그 효력을 상실한다(동조 제5항). 또한 사업시행자는 사업의 전부 또는 일부를 폐지·변경함으로 인하여 토지소유자 또는 관계인이 입은 손실을 보상하여야 한다(동조 제6항).

2. 토지조서 및 물건조서의 작성

사업시행자는 공익사업의 수행을 위하여 사업인정 전에 협의에 의한 토지 등의 취득 및 사용이 필요할 때에는 토지조서와 물건조서를 작성하여 서명 또는 날인을 하고 토지소유자와 관계인의 서명 또는 날인을 받아야 한다(토지보상법 제14조 제1항). 토지소유자 및 관계인이 정당한 사유 없이 서명 또는 날인을 거부하는 경우, 토지소유자 및 관계인을 알 수 없거나 그 주소·거소를 알 수 없는 등의 사유로 서명 또는 날인을 받을 수 없는 경우에는 사업시행자가 해당 토지조서와 물건조서에 그 사유를 기재하여야 한다(동조 단서).

사업시행자는 이러한 토지조서 및 물건조서를 작성한 후 그 공익사업의 개요, 토지조서 및 물건조서의 내용과 보상의 시기·방법 및 절차 등이 포함된 '보상계획'을 전국을 보급지역으로 하는 일간신문에 공고하고, 토지소유자 및 관계인, 특별자치도지사, 시장·군수 또는 구청장에게 각각 통지하여야 한다(동법 제15조 제1항). 사업시행자는 이러한 공고나 통지를 하였을 때에 그 내용을 14일 이상 일반인이 열람할 수 있도록 하여야 한다(동조 제2항). 공고되거나 통지된 토지조서 및 물건조서의 내용에 대하여 이의가 있는 토지소유자 또는 관계인은 열람기간 이내에 사업시행자에게 서면으로 이의를 제기할 수 있다(동조 제3항).

토지조서 및 물건조서를 작성하는 이유는 토지소유자 및 관계인에게 수용 또는 사용의 대상을 명확히 알려 협의절차나 재결절차에 권리구제의 기회를 보장할 수 있고, 이후에 토지수용위원회의 심리에서도 그 쟁점과 대상을 구체적으로 정하여 절차를 신속하고 원활하게 운영하는 데에 도움을 줄 수 있기 때문이다. 한편, 대법원은 사업시행자가 토지소유자의 입회와 서명날인 없이 토지조서를 작성한 경우에도 이를 기재내용의 '증거력'에 관한 것으로서 수용재결의 취소사유가 아니라고 보고 있다.[20]

20) 대법원 1993. 8. 13. 선고 93누2148 판결.

3. 협의 및 협의성립의 확인

사업시행자는 사업인정 전에도 토지소유자 및 관계인과 보상협의를 할 수 있고, 협의가 성립되었을 때에는 토지소유자 및 관계인과 계약을 체결하여야 한다(토지보상법 제16조 및 제17조). 사업인정 고시 후에도 사업시행자는 그 토지에 관한 권리를 취득하거나 소멸시키기 위하여 토지소유자 및 관계인과의 협의 절차를 거쳐야 한다(동법 제26조 제1항). 협의취득에 관한 계약은 수용할 토지의 범위, 수용시기 및 손실보상 등에 관한 내용을 결정하는 것이다. 판례는 이를 사법상 계약으로 보고 있다.[21] 그러나 사업인정은 사업시행자에게 공익사업의 수용권을 부여하는 것이므로 적어도 사업인정 이후의 협의취득에 관한 계약은 공법상 계약으로 보아야 한다. 협의가 성립되었을 때에 사업시행자는 재결 신청기간 이내에 토지소유자 및 관계인의 동의를 받아 관할 토지수용위원회에 협의 성립의 확인을 신청할 수 있다(동법 제29조 제1항). 이에 따른 협의성립의 '확인'에는 재결에 관한 규정이 준용된다(동조 제2항). 사업시행자가 협의성립된 토지의 소재지·지번·지목 및 면적 등 대통령령으로 정하는 사항에 대하여 공증인법에 따른 공증을 받아 협의성립의 확인을 신청하였을 때에는 관할 토지수용위원회가 이를 수리함으로써 협의성립이 확인된 것으로 본다(동조 제3항). 협의성립의 확인은 '재결'로 간주한다(동조 제4항). 사업시행자, 토지소유자 및 관계인은 그 확인된 협의의 성립이나 내용을 다툴 수는 없다.

4. 재 결

(1) 재결의 신청

사업시행자는 협의가 성립되지 아니하거나 협의를 할 수 없을 때에 사업인정고시가 된 날부터 1년 이내에 대통령령으로 정하는 바에 따라 관할 토지수용위원회에 재결을 신청할 수 있다(토지보상법 제28조 제1항). 이러한 기간 내에 재결을 신청하지 아니하면 전술한 바와 같이 사업인정은 실효된다. 또한 재결의 신청은 원칙적으로 사업시행자만 할 수 있고, 토지소유자와 관계인은 사업시행자에게 재결을 신청할 것을 청구할 수 있을 뿐이다. 즉 사업인정고시가 된 후

21) 대법원 2004. 9. 24. 선고 2002다68713 판결; 대법원 2012. 2. 23. 선고 2010다91206 판결; 대법원 2013. 8. 22. 선고 2012다3517 판결; 대법원 2017. 4. 13. 선고 2016두64241 판결.

협의가 성립되지 아니하였을 때에는 토지소유자와 관계인이 서면으로 사업시행자에게 재결을 신청할 것을 청구할 수 있고, 사업시행자는 60일 이내에 관할 토지수용위원회에 재결을 신청하여야 한다(동법 제30조 제1항 및 제2항).

(2) 토지수용위원회의 재결

재결은 공용수용절차의 종국적 결정이다. 토지수용위원회는 특별한 사유가 있을 때를 제외하고 심리를 시작한 날부터 14일 이내에 재결을 하여야 한다. 재결의 관할기관은 토지수용위원회이다. 재결을 위해 국토교통부에 중앙토지수용위원회를, 서울특별시 · 광역시 · 도 · 특별자치도에 지방토지수용위원회를 설치하고 있다(토지보상법 제49조). 토지수용위원회는 수용재결이라는 행정처분을 할 수 있는 권한을 가진 합의제행정기관이다. 특히 중앙토지수용위원회는 이의재결을 할 수 있다는 점에서 특별행정심판기관에 해당하며, 위원장은 국토교통부장관이 맡고 있다. 이러한 재결은 수용이나 사용과 관련된 구체적 내용을 확정하는 형성적 행정행위이다. 관할 토지수용위원회의 재결에는 ① 수용하거나 사용할 토지의 구역 및 사용방법, ② 손실보상, ③ 수용 또는 사용의 개시일과 기간 및 ④ 그 밖에 토지수용법 및 다른 법률에서 규정한 사항이 포함되어야 한다(동법 제50조 제1항). 토지수용위원회는 사업시행자, 토지소유자 또는 관계인이 신청한 범위 내에서 재결하는 것이 원칙이지만, 손실보상은 증액재결을 할 수 있다(동조 제2항).

토지수용위원회의 재결은 서면으로 한다(동법 제34조 제1항). 재결서에는 주문 및 그 이유와 재결일을 적고, 위원장 및 회의에 참석한 위원이 기명날인을 한 후 그 정본을 사업시행자, 토지소유자 및 관계인에게 송달하여야 한다(동조 제2항). 재결에 계산상 또는 기재상의 잘못이나 그 밖에 이와 비슷한 잘못이 있는 것이 명백한 때에는 토지수용위원회는 직권으로 또는 당사자의 신청에 의하여 경정재결(更正裁決)을 할 수 있다(동법 제36조). 또한 토지수용위원회가 신청의 일부에 대한 재결을 빠뜨린 경우에는 그 빠뜨린 부분의 신청은 계속하여 그 토지수용위원회에 계속(係屬)된다(동법 제37조).

(3) 재결의 효과

토지수용위원회의 재결이 있으면 공용수용의 절차는 종결되고, 일정한 조건 아래 수용의 효과가 발생한다. 사업시행자는 보상금의 지급 또는 공탁을 조건으로 수용의 시기에 토지에 관한 권리를 원시취득하며, 피수용권자가 의무를 이행하지 않은 경우에는 대집행을 신청할 수 있다(토지보상법 제44조 및 제45조 참조). 토지소유자 및 관계인 등은 수용 또는 사용의 개시일까지 수용의 목적물을 사업시행자에게 인도하거나 이전할 의무를 진다(동법 제43조).

피수용권자는 이에 상응하여 손실보상청구권을 가진다. 사업시행자는 수용 또는 사용의 개시일까지 관할 토지수용위원회가 재결한 보상금을 지급하여야 한다(동법 제40조 제1항). 사업시행자는 보상금을 받을 자가 그 수령을 거부하거나 보상금을 수령할 수 없을 때, 사업시행자의 과실 없이 보상금을 받을 자를 알 수 없을 때, 관할 토지수용위원회가 재결한 보상금에 대하여 사업시행자가 불복할 때, 압류나 가압류에 의하여 보상금의 지급이 금지되었을 때에는 토지 등의 소재지의 공탁소에 보상금을 공탁할 수 있다(동조 제2항). 사업시행자가 수용 또는 사용의 개시일까지 관할 토지수용위원회가 재결한 보상금을 지급하거나 공탁하지 않으면 재결의 효력은 상실된다(동법 제42조 제1항). 이 경우 사업시행자는 토지소유자 또는 관계인이 입은 손실을 보상하여야 한다(동조 제2항).

(4) 재결에 대한 불복

중앙토지수용위원회의 재결에 이의가 있는 자는 재결서의 정본이 송달된 날로부터 1월 이내에 중앙토지수용위원회에 이의신청을 할 수 있으며, 지방토지수용위원회의 재결에 이의가 있는 자는 재결서의 정본을 받은 날로부터 30일 이내에 해당 지방토지수용위원회를 거쳐 중앙토지수용위원회에 이의를 신청할 수 있다(토지보상법 제83조 참조). 그러나 이러한 이의신청은 사업의 진행 및 토지의 수용 또는 사용을 정지시키지 아니한다(동법 제88조).

종전의 토지수용법은 이의신청을 반드시 거치도록 하였으나, 현행 토지보상법은 이를 임의절차로 하여 재결에 대하여 이의신청을 거치지 아니하고 곧바로 행정소송을 제기할 수 있게 하였다. 사업시행자, 토지소유자 또는 관계인이 토지수용위원회의 수용재결에 불복할 때에는 그 재결서를 받은 날부터 60일 이내에, 이의신청을 거친 때에는 이의신청에 대한 재결서를 받은 날부터 30일 이내에 각각 행정소송을 제기할 수 있다(동법 85조 제1항). 이의신청을 거치지 않고 취소소송을 제기하는 경우에 그 대상은 토지수용위원회의 수용재결이다. 그러나 중앙토지수용위원회의 이의신청을 거쳐 행정소송을 제기하는 경우에 그 대상이 원처분인 수용재결인지 이의신청에 대한 재결(이의재결)인지가 다투어진 바 있다. 토지보상법 제85조 제1항은 이 점을 명확히 규정하고 있지 않고, "제34조에 따른 재결에 불복할 때에"라고 규정하고 있을 뿐이다.

행정소송법은 원칙적으로 원처분주의를 취하고 있지만, 재결 자체에 고유한 위법이 있는 경우에는 그 재결을 대상으로 취소소송을 제기할 수도 있다(행정소송법 제19조). 이에 대하여 원처분주의에 대한 예외로서 재결주의로 보는 견해도 있지만, 판례는 원처분주의의 입장을 따르고 있다. 즉 대법원은 "수용재결에 불복하여 취소소송을 제기하는 때에는 이의신청을 거친 경우에도 수용재결의 취소를 구하여야 한다"고 판시하고 있다.[22] 그러나 재결 자체에 고유한 위법이 있을 때에는 그 재결에 대한 항고소송도 가능하다. 예컨대 중앙토지수용위원회의 이의재결에 중대·명백한 하자가 있어 무효일 경우에는 무효확인소송을 제기할 수 있다. 또한 중앙토지수용위원회의 재결에 대하여 보상금의 증액이나 감액에 관한 소송을 제기할 수도 있다. 보상금의 증감에 관한 소송은 토지소유자 또는 관계인이 사업시행자를 피고로 하거나, 사업시행자가 토지소유자 또는 관계인을 피고로 하여 제기할 수 있다(토지보상법 제85조 제2항). 이 소송은 재결 그 자체의 취소가 아니라, 보상금액의 증감을 다투는 것이다. 이러한 소송은 형식적 당사자소송의 사례로 다루어지고 있다.

5. 화 해

토지수용위원회는 재결이 있기 전에 그 위원 3명으로 구성되는 소위원회로 하여금 사업시행자, 토지소유자 및 관계인에게 화해를 권고할 수 있다(동법 제33조 제1항). 화해가 성립된 때에는 해당 토지수용위원회는 화해조서를 작성하여 화해에 참여한 위원, 사업시행자, 토지소유자 및 관계인이 서명 또는 날인을 하도록 한다(동조 제2항). 화해조서에 서명 또는 날인이 된 경우에는 당사자 간에 화해조서와 동일한 내용의 합의가 성립된 것으로 본다(동조 제3항).

6. 약식절차

(1) 천재·지변 시의 토지사용

천재·지변이나 그 밖의 사변(事變)에 있어서 공공의 안전을 유지하기 위한 공익사업을 긴급히 시행할 필요가 있을 때에는 사업시행자가 특별자치도지사,

22) 대법원 2010. 1. 28. 선고 2008두1504 판결.

시장·군수 또는 구청장의 허가를 받아 즉시 타인의 토지를 사용할 수 있다(토지보상법 제38조 제1항). 그러나 사업시행자가 국가일 때에는 그 사업을 시행할 관계 중앙행정기관의 장이 특별자치도지사, 시장·군수 또는 구청장에게, 사업시행자가 특별시·광역시 또는 도일 때에는 특별시장·광역시장 또는 도지사가 시장·군수·구청장에게 각각 통지하고 사용할 수 있으며, 사업시행자가 특별자치도, 시·군 또는 구일때에는 특별자치도지사, 시장·군수 또는 구청장이 허가나 통지 없이 사용할 수 있다(동조 제1항). 이 경우 대통령령으로 정하는 사항을 토지소유자 및 토지점유자에게 통지하여야 한다(동조 제2항). 토지의 사용기간은 6개월을 넘지 못한다(동조 제3항).

(2) 시급한 토지 사용

토지사용의 재결신청을 받은 토지수용위원회는 그 재결이 지연됨으로써 재해방지가 곤란하거나 그 밖에 공공의 이익에 현저한 지장을 초래할 우려가 있다고 인정할 때에는 사업시행자의 신청을 받아 대통령령으로 정하는 바에 따라 담보를 제공하게 한 후 즉시 해당 토지의 사용을 허가할 수 있다(토지보상법 제39조 제1항). 다만, 국가 또는 지방자치단체가 사업시행자인 경우에는 담보는 제공하지 아니할 수 있다. 토지의 사용기간은 6개월을 넘지 못한다(동조 제2항).

Ⅳ. 손실보상

1. 손실보상의 의의 및 산정기준

공용수용에 의해 사업시행자는 수용의 대상인 토지 등에 대한 권리를 원시취득하고, 이와 양립하지 않는 다른 권리는 소멸한다. 피수용자인 토지소유자나 관계인은 수용이나 사용의 목적물을 인도하거나 이전할 의무를 지며, 이에 상응하여 손실보상청구권과 환매권 등을 가진다.

공익사업에 필요한 토지 등의 취득 또는 사용으로 인하여 손실을 입은 토지소유자나 관계인은 사업시행자에게 손실보상을 청구할 수 있다(토지보상법 제61조). 헌법 제23조 제3항은 '정당한 보상'을 규정하고 있으며, 이는 '완전보상'으로 이해되고 있다. 공익사업을 위한 수용이나 사용으로 인한 손실보상은 토지보상법 제61조 이하에 상세히 규정하고 있다. 토지보상법은 대물적 보상을 기초로 하고 있지만, 이농비와 같은 영업손실이나 이주대책 등에 관한 생활보상도 규정하고 있다(동법 제77조 및 제78조 참조).

토지보상법은 '공시지가'를 기준으로 보상액을 산정하고 있다. 손실보상의 산정은 협의의 경우에는 협의성립 당시의 가격을 기준으로 하고, 재결에 의한 경우에는 재결 당시의 가격을 기준으로 한다(동법 제67조 제1항). 공시지가를 기준으로 하는 구체적인 토지의 보상액은 그 공시기준일부터 가격시점까지의 관계법령에 따른 그 토지의 이용계획, 해당 공익사업으로 인한 지가의 변동을 받지 아니하는 지역의 대통령령으로 정하는 지가변동률, 한국은행이 조사·발표하는 생산자물가상승률과 그 밖에 그 토지의 위치·형상·환경·이용상황 등을 고려하여 평가한 적정가격으로 보상하여야 한다(동법 제70조).

2. 손실보상의 원칙

먼저 수용의 효과가 귀속되는 사업시행자가 손실을 부담하여야 한다(사업시행자보상의 원칙). 공익사업에 필요한 토지 등의 수용 또는 사용으로 인해 토지소유자나 관계인이 입은 손실은 '사업시행자'가 보상하는 것이 원칙이다(토지보상법 제61조). 둘째, 사전보상의 원칙을 채택하고 있다. 사업시행자는 원칙적으로 해당 공익사업을 위한 공사에 착수하기 이전에 토지소유자 및 관계인에 대해 보상액 전액을 지급하여야 한다(동법 제62조). 셋째, 손실보상은 다른 법률에 특별한 규정이 있는 경우를 제외하고는 현금보상(금전보상)을 원칙으로 한다(동법 제63조 제1항). 그러나 일정한 경우에는 토지나 채권으로 보상을 받을 수 있다(동조 제2항 및 제7항 참조). 채권보상은 사업시행자가 국가, 지방자치단체, 그 밖에 대통령령으로 정하는 '공공기관의 운영에 관한 법률'에 따라 지정·고시된 공공기관 및 공공단체인 경우로서 ① 토지소유자나 관계인이 원하는 경우, ② 사업인정을 받은 사업의 경우에는 대통령령으로 정하는 부재(不在)부동산 소유자의 토지에 대한 보상금이 대통령령으로 정하는 일정 금액을 초과하는 경우로서 그 초과하는 금액에 대하여 보상하는 경우에 허용된다. 넷째, 손실보상은 토지소유자나 관계인에게 개인별로 지급되어야 한다(동법 제64조). 다만, 보상금을 개인별로 산정할 수 없는 경우에는 그러하지 아니한다. 다섯째, 손실보상은 일괄보상을 원칙으로 한다. 즉 사업시행자는 동일한 사업지역에 보상시기를 달리하는 동일인 소유의 토지 등이 여러 개 있는 경우 토지소유자나 관계인이 요구할 때에는 한꺼번에 보상금을 지급하도록 하여야 한다(동법 제65조). 마지막으로 공익사업의 시행으로 인한 이익과 손실보상의 상계(相計)를 금지하고 있다. 동일한 토지소유자에 속하는 일단(一團)의 토지의 일부를 수용하는 경우 해당 공익사업의 시행으로 인하여 잔여지의 가격이 증가하거나 그 밖의 이익이 발생한 경우에도 그 이익을 그 취득 또는 사용으로 인한 손실과 상계할 수 없다(동법 제66조).

3. 손실보상의 내용

토지보상법은 토지수용에 있어서 협의성립 또는 재결 당시의 가격을 기준으로 한다고 규정하여, 시가보상의 원칙에 기초하고 있다(토지보상법 제67조 제1항). 그러나 보상액의 산정은 전술한 바와 같이 공시지가를 기준으로 하고 있다. 토지보상법은 손실보상의 특수한 사례로서 잔여지보상, 영업손실 등에 대한 보상, 이주대책비보상 등을 규정하고 있다.

(1) 잔여지보상

완전보상과 관련하여 실무상으로나 이론상으로 문제가 되는 특수한 보상이 있다. 잔여지보상은 다양한 문제를 야기한다. 잔여지보상은 토지보상법에 근거를 두고 있다. 토지보상법에는 잔여지보상을 잔여지수용청구(제74조), 잔여지감가보상 및 잔여지공사비청구(제73조) 등으로 구분하여 규율하고 있다. 이 중에서 잔여지수용청구는 '수용'과 관련되므로 헌법 제23조 제3항에 근거하고 있다고 볼 수 있다. 일부 토지의 수용으로 인해 가치가 감소하는 경우 등에 발생하는 잔여지감가보상은 공용수용으로 인해 직접 영향을 받지만, 재산권의 박탈로 보기는 어렵다. 또한 잔여지에 통로·도랑 등의 신설이나 공사가 필요한 경우에 발생하는 잔여지공사비청구는 공용수용의 문제와 무관하다(토지보상법 제73조 제1항). 잔여지공사비 보상청구는 손실보상이 아니라 '조정보상'의 사례로 이해하는 것이 바람직하다. 이러한 부분은 헌법 제23조 제3항이 아니라 헌법 제23조 제1항 제2문과 관련이 있다.

잔여지감가보상은 일부 토지의 수용에 의해 이러한 잔여지에 직접 발생한 재산적 가치의 감소라고 볼 수 있다. 일단의 토지의 일부에 대해 수용 또는 사용이 있으므로 사업시행자가 별도로 잔여지를 매수하기는 현실적으로 어렵기 때문에 대부분 이미 수용된 토지의 재결에 대해 다투면서 보상금의 증액을 주장하는 경우가 적지 않다. 잔여지감가보상은 재산권의 박탈이라기 보다는 헌법 제23조 제3항에 규정된 일종의 '공용제한'에 해당한다. 공용제한의 개념 해석에 대해서는 견해 대립이 있을 뿐만 아니라, 판례에서도 명확히 규명되어 있지 않다.[23] 이와 같이 잔여지보상으로 불리는 특수한 사례는 그 유형별로 구분하여 파악하는 것이 타당하다. 잔여지수용청구나 잔여지감가보상은 모두 헌법 제23조 제3항에 근거하고 있으며, 정당보상의 원칙이 적용된다. 그러나 잔여지공사비청구는 일종의 조정보상의 경우에 해당하므로 정당보상의 원칙을 적용할 필요는 없다. 그 보상의 기준과 범위는 법률에 의해 구체화되는 것이 바람직하다. 토지보상법 제73조 제1항에서 잔여지공사비청구와 관련된 보상은 국토교통부령에 위임하고 있으며, 토지보상법 시행령 제32조 제2항은 "그 시설의 설치나 공사에 필요한 비용으로 평가한다"고 규정하고 있다. 이와 같이 잔여지공사비청구는 실손보상의 의미를 가지는 조정보상으로 이해하는 것이 타당하다.

(2) 지상물건의 이전비 보상

수용할 토지 위에 있는 건축물 · 입목 · 공작물과 그 밖에 토지에 정착한 지상물건의 이전에 필요한 비용도 보상하여야 한다(토지보상법 제75조 제1항). 그러나 건축물 등의 이전이 어렵거나 그 이전으로 인하여 종래의 목적에 사용할 수 없게 된 경우, 건축물 등의 이전비가 그 물건의 가격을 넘는 경우, 사업시행자가 공익사업에 직접 사용할 목적으로 취득하는 경우에는 해당 물건의 가격으로 보상하여야 한다(동조 단서). 농작물에 대한 손실은 그 종류와 성장의 정도 등을 종합적으로 고려하여 보상하여야 한다(동조 제2항).

(3) 영업손실 등의 보상

영업을 폐지하거나 휴업함에 따른 영업손실에 대하여는 영업이익과 시설의 이전비용 등을 고려하여 보상하여야 한다(토지보상법 제77조 제1항). 농업의 손실에 대하여는 농지의 단위면적당 소득 등을 고려하여 실제 경작자에게 보상하여야 한다(동조 제2항). 그 밖에 이주대책의 수립에 관한 규정을 두고 있다. 이러한 이주대책은 종전 생활의 유지 · 확보라는 관점에서 '생활보상'의 하나로 다룰 수 있다. 이러한 생활보상의 헌법적 근거는 대물적 보상(재산권보상)에 기초하고

23) 공용제한으로 인한 손실보상을 타인의 재산권에 대한 부작위(금지)의무를 부과하는 공용지역권을 설정한 것으로 보고 "지가의 저락분 가액"으로 보아야 한다는 견해도 유력하다(박윤흔 최신행정법강의(상), 789면).

있는 헌법 제23조 제3항이 아니라, 사회국가원리 및 사회적 기본권에서 찾아야 한다.

Ⅴ. 환매권

1. 환매권의 의의 및 법적 성질

환매권이란 사업의 폐지·변경 등의 사유로 수용된 토지의 전부 또는 일부가 불필요하게 될 경우에 피수용자인 토지소유자 또는 그 포괄승계인이 보상금에 상당하는 금액을 지급하고 원소유권을 회복하는 권리를 말한다. 환매권의 법적 성질에 대하여 공권설과 사권설이 대립하고 있다. 헌법재판소는 환매권을 사권으로 보고 있다.[24] 환매권자는 협의취득 또는 수용 당시의 토지소유자 또는 그 포괄승계인이다. 지상권자나 그 밖에 소유권자가 아닌 권리자는 환매권이 없다. 환매권은 부동산등기법이 정하는 바에 의하여 공익사업에 필요한 토지의 협의취득 또는 수용의 등기가 되었을 때에는 제3자에게 대항할 수 있다(토지보상법 제91조 제5항). 환매의 목적물은 토지소유권이다(동조 제1항). 따라서 토지에 관한 소유권 이외의 권리 및 토지 이외의 물건 등은 환매의 대상이 되지 않는다.

2. 환매권의 요건

환매는 종전에 협의취득일 또는 수용의 개시일(이하 "취득일"이라 한다)부터 10년 이내에 해당 사업의 폐지·변경, 그 밖의 사유로 취득한 토지의 전부 또는 일부가 필요 없게 된 경우에 인정되었다(동법 제91조 제1항). 그러나 헌법재판소는 토지보상법 제91조 제1항 중 '토지의 협의취득일 또는 수용의 개시일부터 10년 이내에' 부분이 헌법 제37조 제2항에 위반된다고 보아 '헌법불합치' 결정을 내렸다.[25] 이에 2021년 8월 10일 토지보상법의 개정에 의해 공익사업의 폐지·변경 등으로 인해 취득한 토지의 전부 또는 일부가 필요 없게 된 경우에는 관계 법률에 따라 사업이 폐지·변경된 날 또는 토지보상법 제24조에 따른 사업의 폐지·변경 고시가 있는 날로부터 10년 이내에 환매권을 행사할 수 있

24) 헌재 1994. 2. 24. 92헌마283.
25) 헌재 2020. 11. 26. 2009헌바131.

다. 그 밖의 사유로 취득한 토지의 전부 또는 일부가 필요 없게 된 경우에는 사업완료일부터 기산한다. 또한 취득일부터 5년 이내에 취득한 토지의 '전부'를 해당 사업에 이용하지 아니하였을 때에도 환매권이 인정된다(동조 제2항).

환매가격은 원칙적으로 토지 및 토지에 관한 물건 이외의 권리에 대하여 받은 보상금에 상당하는 금액이다. 그러나 토지가격이 취득일 당시에 비하여 현저히 변경된 경우 사업시행자 또는 환매권자는 환매금액에 대하여 서로 협의하되, 협의가 성립되지 아니하면 그 금액의 증감을 법원에 청구할 수 있다(동법 제91조 제4항).

3. 환매권의 소멸과 공익사업의 전환

사업시행자는 환매할 토지가 생겼을 때에 지체없이 그 사실을 환매권자에게 통지하여야 한다(토지보상법 제92조 제1항). 다만, 사업시행자가 과실 없이 환매권자를 알 수 없을 때에는 대통령령으로 정하는 바에 따라 공고한다. 환매권자는 이러한 통지를 받은 날 또는 공고한 날로부터 6개월이 지난 후에는 환매권을 행사하지 못한다(동조 제2항).

한편, 토지보상법에는 환매권의 행사 제한에 관한 규정을 두고 있다. 즉 국가, 지방자치단체 또는 공공기관의 운영에 관한 법률 제4조에 따른 공공기관 중 대통령령으로 정하는 공공기관이 사업인정을 받아 공익사업에 필요한 토지를 협의취득하거나 수용한 후 해당 공익사업이 토지보상법 제4조 제1호부터 제5호에 규정된 다른 공익사업으로 변경된 경우에는 환매권 행사기간은 관보에 해당 공익사업의 변경을 고시한 날부터 기산한다(동법 제91조 제6항). 환매권 행사기간의 기산점을 해당 공익사업의 변경 고시일로 변경하여 환매권 행사가 사실상 제한되어 있다. 대법원은 공익사업의 변경과 관련하여 변경된 공익사업의 시행자가 변경되기 전의 사업시행자와 반드시 동일하지 않아도 된다고 보고 있다.[26)]

26) 대법원 1994. 1. 25. 선고 93다11760, 11777, 11784 판결.

제4절 공용환지와 공용환권

Ⅰ. 서 설

공용환지와 공용환권은 도시개발법에 의한 도시개발사업, 도시 및 주거환경정비법에 의한 주택재개발사업, 농어촌정비법에 의한 농어촌정비사업 등을 실시하기 위해 마련된 제도이다. 이는 토지의 합리적인 이용을 증진하기 위하여 일정한 구역 내에 있는 토지의 구획·형질을 변경하고 강제적으로 토지 등의 소유권 등을 교환·분합하는 것을 말한다. 공용환지와 공용환권은 종전에는 '공용부담(公用負擔)'의 일종으로 다루어졌다.

공용환지는 대체로 평면적인 토지의 정리를 내용으로 하면서 토지와 토지를 교환·분합하는 것을 말한다. 이에 반해 공용환권은 토지나 건물에 관한 권리를 정비사업 후에 새로이 건축된 건축물과 그 부지에 관한 권리로 변환시키는 입체환지의 방식을 말한다. 공용환지는 도시개발사업 및 농어촌정비사업에서 사용되는 반면, 공용환권은 도시환경개선사업·재개발사업 및 재건축사업에서 사용된다. 계획적이고 체계적인 도시개발을 도모하고 쾌적한 도시환경의 조성을 위하여 구 도시계획법상의 도시계획사업과 '토지구획정리사업법'을 통합하여 '도시개발법'이 2000년 7월 1일 법률 제6242호로 제정되었다. 이 법률의 제정으로 토지구획정리사업법은 폐지되어 도시개발법에 흡수되었다. 또한 도시 및 주거환경정비법은 정비사업의 일환으로 공용환권의 방식을 채택하고 있다. 이 법률은 종전에 시행되던 '도시재개발법'과 '도시저소득주민의 주거환경개선을 위한 임시조치법'을 폐지하고, 일관성 있고 체계적인 단일법으로 제정된 것이다. 공용환지나 공용환권의 방식은 전면적인 매수의 방식이나 손실보상의 방식이 아닌 직접 사업에 참여하여 사업지 안의 토지를 교환·분합하는 방식으로 개발이익을 누릴 수 있는 장점을 가진다.

Ⅱ. 도시개발법에 의한 공용환지

1. 도시개발구역의 지정

도시개발사업은 도시개발구역에서 주거, 상업, 산업, 유통, 정보통신, 생태, 문화, 보건 및 복지 등의 기능이 있는 단지 또는 시가지를 조성하기 위하여 시행하는 사업을 말한다(도시개발법 제2조). 도시개발구역의 지정권자는 특별시장·광역시장·도지사·특별자치도지사 또는 지방자치법 제175조에 따른 서울특별시와 광역시를 제외한 인구 50만 이상의 대도시의 시장이다(동법 제3조 제1항). 다만, 국가가 도시개발사업을 실시할 필요가 있는 경우, 중앙행정기관의 장이 요청하는 경우, 국가계획과 밀접한 관련이 있는 도시개발구역의 지정을 제안하는 경우 등에는 국토교통부장관이 도시개발구역을 지정할 수 있다(동조 제3항).

한편, 지정권자는 도시개발구역을 지정하려면 해당 도시개발구역에 대한 도시개발사업의 계획(이하 "개발계획"이라 한다)을 수립하여야 한다(동법 제4조 제1항). 이 경우 도시개발사업을 환지방식으로 추진하고자 하는 경우에는 환지방식이 적용되는 지역의 '토지면적'의 3분의 2이상에 해당하는 토지소유자와 그 지역의 토지소유자 '총수'의 2분의 1 이상의 동의를 얻어야 한다(동조 제4항). 지정권자가 도시개발구역을 지정함에 있어서는 해당 지역의 기초조사나 주민 등의 의견청취를 하여야 하고, 중앙도시계획위원회 또는 시·도의 도시계획위원회 등의 심의를 거쳐야 한다(동법 제6조, 제7조 및 제8조). 지정권자는 도시개발구역을 지정하거나 개발계획을 수립한 경우에 대통령령으로 정하는 바에 따라 이를 관보나 공보에 고시하여야 한다(동법 제9조 제1항).

2. 시행자

도시개발사업의 시행자는 ① 국가나 지방자치단체, ② 대통령령으로 정하는 공공기관, ③ 대통령령으로 정하는 정부출연기관, ④ 지방공기업법에 따라 설립된 지방공사, ⑤ 도시개발구역의 토지소유자, ⑥ 도시개발구역의 토지소유자가 도시개발을 위하여 설립한 조합 등이다. ⑥의 경우는 도시개발사업의 전부를 환지방식으로 시행하는 경우에만 해당된다(도시개발법 제11조 제1항).

도시개발법에는 도시개발사업의 시행을 위탁할 수 있는 근거를 두고 있다.

시행자는 항만 · 철도, 그 밖에 대통령령으로 정하는 공공시설의 건설과 공유수면의 매립에 관한 업무를 대통령령으로 정하는 바에 따라 국가, 지방자치단체, 대통령령으로 정하는 공공기관 · 정부출연기관 또는 지방공사에 위탁하여 시행할 수 있다(동법 제12조 제1항).

3. 환지계획

(1) 환지계획의 작성

시행자는 도시개발사업의 전부 또는 일부를 환지 방식으로 시행할 수 있다. 환지계획이란 도시개발사업에 관한 공사를 끝내고 행할 환지처분의 계획을 말하는 것으로서, 환지처분의 내용은 환지계획에서 결정된다. 환지계획에는 환지설계, 필지별로 된 환지명세, 필지별과 권리별로 된 청산 대상 토지 명세, 도시개발법 제34조에 따른 체비지(替費地) 또는 보류지(保留地)의 명세, 입체 환지를 계획하는 경우에는 입체 환지용 건축물의 명세와 이에 따른 공급 방법 · 규모에 관한 사항 등을 정하여야 한다(동법 제28조 제1항). 환지계획은 종전의 토지와 환지의 위치 · 지목 · 면적 · 토질 · 수리(水利) · 이용 상황 · 환경, 그 밖의 상황을 종합적으로 고려하여 합리적으로 정하여야 한다(동조 제2항).

(2) 환지계획의 결정절차

행정청이 아닌 시행자가 환지계획을 작성한 때에는 특별자치도지사 · 시장 · 군수 또는 구청장의 인가를 받아야 한다(도시개발법 제29조 제1항). 행정청인 시행자가 환지계획을 정하려고 하거나 행정청이 아닌 시행자가 환지계획의 인가를 신청하려고 하는 때에는 토지소유자와 해당 토지에 대하여 임차권, 지상권 그 밖에 사용하거나 수익할 권리를 가진 자에게 환지계획의 기준 및 내용 등을 알리고 대통령령으로 정하는 바에 따라 관계서류의 사본을 일반에게 공람시켜야 한다(동조 제3항). 이 경우 토지소유자 또는 임차인 등은 시행자에게 의견서를 제출할 수 있으며, 시행자는 그 의견이 타당하다고 인정하는 때에는 환지계획에 이를 반영하여야 한다(동조 제4항).[27)]

한편, 도시개발법은 '입체환지'를 규정하고 있다. 즉 시행자는 도시개발사업

27) 대법원은 이해관계인이 제시한 의견에 따라 환지계획을 수정하고자 할 때에는 다시 공람절차를 거쳐야 하며, 이를 거치지 않은 환지예정지의 지정처분은 무효라고 판단하였다(대법원 1999. 8. 20. 선고 97누6889 판결).

을 원활히 시행하기 위하여 특히 필요한 경우에는 토지 또는 건축물 소유자의 신청을 받아 건축물의 일부와 그 건축물이 있는 토지의 공유지분을 부여할 수 있다(동법 제32조 제1항). 시행자는 입체환지로 건설된 주택 등 건축물을 인가된 환지계획에 따라 환지신청자에게 공급하여야 한다(동법 제32조의3 제1항).

그 밖에 시행자는 도시개발사업에 필요한 경비에 충당하거나 규약·정관·시행규정 또는 실시계획이 정하는 목적을 위하여 일정한 토지를 환지로 정하지 아니하고 '보류지'로 정할 수 있으며, 그 중의 일부를 '체비지'로 정하여 도시개발사업에 필요한 경비에 충당할 수 있다(동법 제34조).

(3) 환지예정지의 지정

시행자는 도시개발사업의 시행을 위하여 도시개발구역의 토지에 대하여 환지예정지를 지정할 수 있다(도시개발법 제35조 제1항). 환지처분은 종전의 토지에 대한 권리관계에 변동을 가져오고 도시개발사업이 완료될 때까지는 상당한 시일이 소요되므로 환지예정지의 지정제도가 필요하다. 도시개발사업의 완료와 그에 따른 환지처분이 있으면 환지예정지의 지정효과는 소멸된다. 종전의 토지에 대한 임차권자 등이 있으면 해당 환지예정지에 대하여 해당 권리의 목적인 토지 또는 그 부분을 아울러 지정하여야 한다(동법 제35조 제1항 제2문). 환지예정지가 지정되면 종전의 토지에 대한 토지소유자 및 임차권자 등은 환지예정지 지정의 효과발생일부터 환지처분의 공고가 있는 날까지 환지예정지 또는 해당 부분에 대하여 종전과 동일한 내용의 권리를 행사할 수 있으며 종전의 토지에 대하여 이를 사용하거나 수익할 수 없다(동법 제36조 제1항).

4. 환지처분

환지처분은 종전의 토지소유자에게 종전의 토지에 갈음하여 환지계획에 정해진 토지를 할당하여 이를 귀속시키는 처분이다. 이러한 환지처분은 형성적 행정행위의 성질을 가진다. 대법원은 환지처분의 내용이 이미 환지계획에 정하여져 있으므로, 환지계획에 없는 사항을 내용으로 하는 환지처분은 무효라고 보고 있다.[28] 환지계획에서 정하여진 '환지'는 그 환지처분이 공고된 날의 다음 날부터

---

28) "환지처분의 내용은 모두 환지계획에 의하여 미리 결정되는 것이며, 환지처분은 다만 공사가 완료되기를 기다려서 환지계획에 정하여져 있는 바를 토지소유자에게 통지하고 그 뜻을 공고함으로써 효력이 발생되는 것이다. 따라서 환지계획과는 별도의 내용을 가진 환지처분은 있을

종전의 토지로 보며, 종전의 토지에 대한 모든 권리는 환지로 이전하게 된다. 따라서 종전의 토지에 대한 권리는 그 환지처분이 공고된 날이 끝나는 날에 소멸한다(도시개발법 제42조 제1항). 이러한 환지처분은 행정상 또는 재판상의 처분으로서 종전의 토지에 전속하는 것에 영향을 미치지 아니한다(동조 제2항). 도시개발구역의 토지에 대한 지역권도 종전의 토지에 존속한다(동조 제3항). 환지계획에 정하여진 체비지는 시행자가, 보류지는 환지계획에 정한 자가 공고된 날의 다음 날에 각각 소유권을 취득한다(동조 제5항). 청산금은 환지처분이 공고된 날의 다음 날에 확정된다(동조 제6항). 환지계획에는 필지별 · 권리별로 된 청산금의 명세를 정하여야 한다. 청산금은 환지를 정하거나 그 대상에서 제외된 경우에 생기는 과부족분(過不足分)에 대하여 그 가치의 차이를 청산하기 위하여 교부하거나 징수하는 금액을 말한다(동법 제41조 참조). 즉 환지의 가격이 종전 토지의 가격보다 높은 경우에는 토지소유자로부터 청산금을 징수하고, 종전 토지의 가격이 환지의 가격보다 높은 경우에는 토지소유자에게 청산금을 교부하게 된다. 청산금을 납부할 자가 이를 이행하지 아니할 때에는 행정청인 시행자가 국세 또는 지방세 체납처분의 예에 따라 징수하고, 행정청이 아닌 시행자는 특별자치도지사 · 시장 · 군수 또는 구청장에게 청산금의 징수를 위탁할 수 있다(동법 제46조 제3항). 청산금의 소멸시효기간은 5년이다(동법 제47조).

Ⅲ. 도시 및 주거환경정비법에 의한 공용환권

1. 의의 및 현황

도시 및 주거환경정비법(이하 '도시정비법'이라 한다)은 2002년 12월 30일에 제정되어 2003년 7월 1일부터 시행되고 있다. 이 법률은 도시기능의 회복이 필요하거나 주거환경이 불량한 지역을 계획적 · 체계적으로 정비하고 노후 · 불량건축물을 효율적으로 개량하여 도시환경을 개선하고 주거생활의 질을 높이기 위해 제정된 것이다(도시정비법 제1조 참조). 이후 수차례의 개정을 거친 후, 2017년 2월 8일에 복잡한 정비사업 유형을 통합하여 단순화하고 분쟁을 유발하는 불명확한 규정을 명확히 개선하기 위해 도시정비법이 대폭 개정되었다. 즉 정비

수 없는 것이며, 환지계획에 의하지 아니하고 환지계획에도 없는 사항을 내용으로 하는 환지처분은 그 효력을 발생할 수 없다."(대법원 1993. 5. 27. 선고 92다14878 판결)

사업의 유형으로 주거환경개선사업과 주거환경관리사업을 통합하여 '주거환경개선사업'으로 하고, 주택재개발사업과 도시환경정비사업을 통합하여 '재개발사업'으로 하였다(동법 제2조). 또한 도시·주거환경정비기본계획의 수립절차에서 주민의 의견청취절차를 명확하게 규정하였고, 도시·주거환경정비기본계획이 확정·고시된 경우 일반인이 열람할 수 있도록 하였다(동법 제6조 및 제7조). 시공자, 기업형임대사업자, 정비사업전문관리업자 선정시 경쟁입찰 방식을 원칙으로 하되, 예외적인 경우에는 수의계약도 허용하고 있다(동법 제29조, 제30조 및 제32조). 조합장이 대의원회의 의장이 되는 경우 조합장도 대의원으로 인정하고 있다(동법 제42조). 조합총회에서 일반의결정족수를 신설하여, 조합원 과반수 출석과 출석 과반수 동의로 하였다(동법 제45조). 관리처분계획이 인가·고시된 날부터 90일 이내에 손실보상을 협의하되, 손실보상 협의 개시시점을 분양신청기간 종료일부터로 확대하였다. 또한 협의기간 종료 후 60일 이내에 수용재결을 신청하거나 매도청구소송을 제기하도록 하였고, 자연이자의 발생 시기 및 사유를 명확히 규정하였다(동법 제73조).

한편, 공용환권의 절차는 대체로 기본계획 → 정비계획의 수립 및 정비구역지정 → 추진위원회 → (안전진단) → 조합설립(인가) → 사업시행인가 → (시공사선정) → 관리처분계획(인가) → 착공 및 분양 → 준공 → 청산의 순으로 진행된다.

2. 정비사업의 유형

도시정비법에는 정비사업의 개념이 중요하다. 정비사업이란 이 법에서 정한 절차에 따라 "도시기능을 회복하기 위하여 정비구역 안에서 정비기반시설을 정비하고 주택 등 건축물을 개량하거나 건설하는 사업"을 말한다. 정비사업은 주거환경의 구조개선사업이다. 여기에는 주거환경개선사업, 재개발사업, 재건축사업이 있다(도시정비법 제2조 제2호). 그러나 현행 정비사업 제도의 한계로 인하여 주민 간의 갈등 및 사업성 부족이 발생하여 상당수의 정비사업이 조합설립도 하지 못하고 정체되고 있다. 또한 조합을 설립하더라도 복잡한 행정절차 등으로 인해 착공까지 상당한 기간이 소요되고 있는 실정이다. 이에 현행 제도로는 정비사업이 어려워 2021년 4월 13일 도시정비법의 개정을 통해 주거환경 개선이 어려운 지역의 주민들이 공공기관의 참여를 희망하는 경우, 공공기관이 사업시행자 등으로 참여하여 용적률 완화 등 특례를 토대로 사업을 촉진하는 새로운 정비사업으로 '공공재개발사업'과 '공공재건축사업'이라는 유형을 신설하였다.

(1) 주거환경개선사업

주거환경개선사업이란 "도시저소득 주민이 집단거주하는 지역으로서 정비기반시설이 극히 열악하고 노후·불량건축물이 과도하게 밀집한 지역의 주거환경을 개선하거나 단독주택 및 다세대주택이 밀집한 지역에서 정비기반시설과 공동이용시설 확충을 통하여 주거환경을 보전·정비·개량하기 위한 사업"을 말한다. 즉 도시저소득 주민이 집단으로 거주하는 지역의 낙후된 주거환경을 구조적으로 개선하는 사업을 말한다. 위에서 언급한 바와 같이 종전의 주거환경개선사업과 주거환경관리사업을 통합한 것이다. 여기에서 말하는 '정비기반시설'은 도로·상하수도·공원·공용주차장·공동구, 그 밖에 주민의 생활에 필요한 열·가스 등의 공급시설로서 대통령령으로 정하는 시설을 말한다. 이는 대체로 생존배려와 관련된 사회기반시설과 관련이 있다.

(2) 재개발사업

재개발사업이란 "정비기반시설이 열악하고 노후·불량건축물이 밀집한 지역에서 주거환경을 개선하거나 상업지역·공업지역 등에서 도시기능의 회복 및 상권활성화 등을 위하여 도시환경을 개선하기 위한 사업"을 말한다. 재개발사업은 정비기반시설이 열악하고 노후·불량건축물이 과도하게 밀접한 지역에서 실시하는 사업이라는 점에서는 주거환경개선사업과 유사하지만, 상업지역·공업지역 등에서 도시기능의 회복 및 상권활성화 등을 목적으로 한다는 점에서 차이가 있다. 한편, 현행 제도로는 재개발이 어려운 지역에서도 주민들이 희망할 경우에는 재개발사업을 보다 쉽게 추진할 수 있도록 한국토지주택공사 등이 재개발사업의 사업시행자로 참여하는 '공공재개발사업' 유형을 신설하였다(도시정비법 제2조 제2호 나목 참조).

(3) 재건축사업

재건축사업은 "정비기반시설은 양호하나 노후·불량건축물에 해당하는 공동주택이 밀집한 지역에서 주거환경을 개선하기 위한 사업"을 말한다. 재건축사업은 노후불량건축물이 밀집한 지역에서 주거환경을 개선하기 위한 사업이라는 점에서 재개발사업과 유사하나, 정비기반시설이 양호하다는 점에서 차이가 있다.

한편, 사업시행자가 한국토지주택공사 등으로 일정 세대수 이상을 건설·공급하는 재건축사업은 '공공재건축사업'으로 정의하고 있다(도시정비법 제2조 제2호 다목 참조).

3. 도시·주거환경정비 기본계획 및 정비구역의 지정

(1) 도시·주거환경정비 기본계획의 수립

특별시장·광역시장·특별자치시장·특별자치도지사 또는 시장(대통령령이 정하는 소규모 시의 시장은 제외)은 도시·주거환경정비 기본계획을 10년 단위로 수립하여야 한다(도시정비법 제4조 제1항). 기본계획에는 ① 정비사업의 기본방향, ② 계획기간, ③ 인구·건축물·토지이용·정비기반시설·지형 및 환경 등의 현황, ④ 주거지 관리계획, ⑤ 토지이용계획·정비기반시설계획·공동이용시설설치계획 및 교통계획, ⑥ 녹지·조경·에너지공급·폐기물처리 등에 관한 환경계획, ⑦ 사회복지시설 및 주민문화시설 등의 설치계획, ⑧ 도시의 광역적 재정비를 위한 기본방향, ⑨ 정비구역으로 지정할 예정인 구역의 개략적 범위, ⑩ 단계별 정비사업추진계획, ⑪ 건폐율·용적률 등에 관한 건축물의 밀도계획, ⑫ 세입자에 대한 주거안정대책, ⑬ 그 밖에 주거환경 등을 개선하기 위하여 필요한 사항으로 대통령령이 정하는 사항이 포함되어야 한다.

2017년 2월 8일 개정을 통해 기본계획의 수립절차에 있어서 주민의 의견수렴절차가 명확히 규정되었다. 즉 기본계획의 수립권자는 기본계획을 수립하거나 변경하려는 경우에는 14일 이상 주민에게 공람하여 의견을 들어야 하며, 제시된 의견이 타당하다고 인정되면 이를 기본계획에 반영하여야 한다(동법 제6조 제1항). 또한 기본계획의 수립권자는 제1항에 따른 공람과 함께 지방의회의 의견을 들어야 한다(동조 제2항). 이 경우 지방의회는 기본계획의 수립권자가 기본계획을 통지한 날부터 60일 이내에 의견을 제시하여야 하며, 의견제시 없이 60일이 지난 경우 이의가 없는 것으로 본다. 기본계획의 수립권자는 기본계획을 수립하거나 변경한 때에는 관계 행정기관의 장과 협의한 후 지방도시계획위원회의 심의를 거쳐야 하고, 이를 지체 없이 해당 지방자치단체의 공보에 고시하고 일반인이 열람할 수 있도록 하고 있다(동법 제7조 제1항 및 제3항).

(2) 정비계획의 수립 및 정비구역의 지정

정비구역은 정비사업을 계획적으로 시행하기 위하여 지정·고시된 구역을 말한다(도시정비법 제2조 제1호). 특별시장·광역시장·특별자치시장·특별자치도지사·시장 또는 군수(이하 "정비구역의 지정권자"라 한다)는 기본계획에 적합한 범위 안에서 노후·불량건축물이 밀집하는 등 대통령령이 정하는 요건에 해당하는 구역에 대하여 '정비계획'을 결정하여 정비구역을 지정할 수 있다(동법 제8조 제1항).

정비계획에는 정비사업의 명칭, 정비구역 및 그 면적, 도시·군계획시설의 설치에 관한 계획, 공공이용시설 설치계획 등이 포함된다(동법 제9조 제1항). 토지 등 소유자는 일정한 요건 하에 정비계획의 입안을 제안할 수 있다. 특히 토지 등 소유자의 3분의 2 이상의 동의로 정비계획의 변경을 요청하는 경우에 정비계획의 입안제안을 허용하고 있다(동법 제14조 참조).

정비계획의 입안권자는 정비계획을 입안하거나 변경하려면 주민에게 서면으로 통보한 후 주민설명회 및 30일 이상 주민에게 공람하여 의견을 들어야 하며, 제시된 의견이 타당하다고 인정되면 이를 정비계획에 반영하여야 한다(동법 제15조 제1항). 또한 정비계획의 입안권자는 주민공람과 함께 지방의회의 의견을 들어야 한다(동조 제2항). 정비구역의 지정권자는 정비구역을 지정(변경지정 포함)하거나 정비계획을 결정(변경결정 포함)한 때에는 정비계획을 포함한 정비구역 지정의 내용을 해당 지방자치단체의 공보에 고시하여야 한다(동법 제16조 제1항).

4. 정비사업의 시행

(1) 정비사업의 시행방법

도시정비법 제23조는 정비사업의 시행방법을 정비사업별로 구별하여 규정하고 있다. 즉 주거환경개선사업은 ① 사업시행자가 정비구역에서 정비기반시설 및 공동이용시설을 새로 설치하거나 확대하고 토지 등 소유자가 스스로 주택을 보전·정비하거나 개량하는 방법, ② 사업시행자가 도시정비법 제63조에 따라 정비구역의 전부 또는 일부를 수용하여 주택을 건설한 후 토지 등 소유자에게 우선 공급하거나 대지를 토지 등 소유자 또는 토지 등 소유자 외의 자에게 공급하는 방법, ③ 사업시행자가 도시정비법 제69조 제2항에 따라 환지로 공급하는 방법, ④ 사업시행자가 정비구역에서 도시정비법 제74조에 의해 인가받은 관리처분계획에 따라 주택 및 부대시설 · 복리시설을 건설하여 공급하는 방법이나 이를 혼용하는 방법으로 시행한다.

또한 재개발사업은 정비구역에서 인가받은 관리처분계획에 따라 건축물을 건설하여 공급하거나 도시정비법 제69조 제2항에 따라 환지로 공급하는 방법으로 시행한다. 그리고 재건축사업은 정비구역에서 인가받은 관리처분계획에 따라 주택, 부대시설 · 복리시설 및 오피스텔을 건설하여 공급하는 방법으로 한다.

(2) 시행자

a) 주거환경개선사업의 시행자

주거환경개선사업은 시장 · 군수 등이 직접 시행하되, 토지주택공사 등을 사업시행자로 지정하여 시행하려는 경우에는 공람공고일 현재 토지 등 소유자의 과반수의 동의를 얻어야 한다(도시정비법 제24조 제1항).

b) 재개발사업 · 재건축사업의 시행자

재개발사업의 시행자는 다음과 같은 시행 방식에 따라 정해진다. 재개발사업의 시행방식에는 ① 조합이 시행하거나 조합이 조합원의 과반수의 동의를 받아 시장 · 군수 등, 토지주택공사 등, 건설업자, 등록사업자 또는 대통령령으로 정하는 요건을 갖춘 자와 공동으로 시행하는 방법, ② 토지 등 소유자가 20인 미만인 경우에는 토지 등 소유자가 시행하거나 토지 등 소유자가 토지 등 소유자의 과반수의 동의를 받아 시장 · 군수 등, 토지주택공사 등, 건설업자, 등록사업자 또는 대통령령으로 정하는 요건을 갖춘 자와 공동으로 시행하는 방법이 있다(도시정비법 제25조 제1항). 재건축사업은 조합이 시행하거나 조합이 조합원의 과반수의 동의를 받아 시장 · 군수 등, 토지주택공사 등, 건설업자 또는 등록사업자와 공동으로 시행할 수 있다(동조 제2항).

한편, 시장 · 군수는 일정한 경우 직접 정비사업을 시행하거나 토지주택공사 등을 사업시행자로 지정하여 정비사업을 시행하게 할 수 있다(동법 제26조 제1항). 즉 ① 천재 · 지변, 재난 및 안전관리 기본법 제27조 또는 시설물의 안전 및 유지관리에 관한 특별법 제23조에 따른 사용제한 · 사용금지, 그 밖의 불가피한 사유로 긴급하게 정비사업을 시행할 필요가 있다고 인정하는 때, ② 도시정비법 제16조 제2항에 따라 고시된 정비계획에서 정한 정비사업시행 예정일부터 2년 이내에 사업시행계획인가를 신청하지 아니하거나 사업시행계획인가를 신청한 내용이 위법 또는 부당하다고 인정하는 때(재건축사업의 경우는 제외한다), ③ 추진위원회가 시장·군수 등의 구성승인을 받은 날부터 3년 이내에 조합설립인가를 신청하지 아니하거나 조합이 조합설립인가를 받은 날부터 3년 이내에 사업시행계획인가를 신청하지 아니한 때 등이 그러하다.

c) 재개발사업·재건축사업의 지정개발자

시장·군수 등은 재개발사업 및 재건축사업이 일정한 경우에 토지 등 소유자, 사회기반시설에 대한 민간투자법 제2조 제12호에 따른 민관합동법인 또는 신탁업자로서 대통령령으로 정하는 요건을 갖춘 자를 사업시행자로 지정하여 정비사업을 시행하게 할 수 있다(도시정비법 제27조). 즉 ① 천재·지변, 재난 및 안전관리 기본법 제27조 또는 시설물의 안전 및 유지관리에 관한 특별법 제23조에 따른 사용제한·사용금지, 그 밖의 불가피한 사유로 긴급하게 정비사업을 시행할 필요가 있다고 인정하는 때, ② 도시정비법 제16조 제2항 전단에 따라 고시된 정비계획에서 정한 정비사업시행 예정일부터 2년 이내에 사업시행계획인가를 신청하지 아니하거나 사업시행계획인가를 신청한 내용이 위법 또는 부당하다고 인정하는 때(재건축사업의 경우는 제외한다), ③ 도시정비법 제35조에 따른 재개발사업 및 재건축사업의 조합설립을 위한 동의요건 이상에 해당하는 자가 신탁업자를 사업시행자로 지정하는 것에 동의하는 때가 그러하다.

d) 재개발사업·재건축사업의 사업대행자

시장·군수 등은 일정한 경우에 해당 조합 또는 토지 등 소유자를 대신하여 직접 정비사업을 시행하거나 토지주택공사 등 또는 지정개발자에게 해당 조합 또는 토지 등 소유자를 대신하여 정비사업을 시행하게 할 수 있다(도시정비법 제28조 제1항). 이러한 경우로서 ① 장기간 정비사업이 지연되거나 권리관계에 관한 분쟁 등으로 해당 조합 또는 토지 등 소유자가 시행하는 정비사업을 계속 추진하기 어렵다고 인정하는 경우, ② 토지 등 소유자(조합을 설립한 경우에는 조합원을 말한다)의 과반수 동의로 요청하는 경우가 그러하다. 이 경우 정비사업을 대행하는 시장·군수 등, 토지주택공사 등 또는 지정개발자는 사업시행자에게 청구할 수 있는 보수 또는 비용의 상환에 대한 권리로써 사업시행자에게 귀속될 대지 또는 건축물을 압류할 수 있다(동조 제2항).

(3) 조합의 설립

시장·군수 등, 토지주택공사 등 또는 지정개발자가 아닌 자가 정비사업을 시행하려는 경우에는 토지 등 소유자로 구성된 조합을 설립하여야 한다(도시정비법 제35조 제1항). 조합은 도시개발조합과 같이 '공공조합'으로서의 성질을 가지며, 시행 구역 안의 토지 등 소유자는 그 설립에 대한 동의여부에 관계없이 조합원이 된다. 조합을 설립하려는 경우에는 정비구역 지정·고시 후 추진위원회 위원장을 포함한 5명 이상의 추진위원회 위원과 운영규정에 관한 사항에 대하여 토지 등 소유자 과반수의 동의를 받아 조합설립을 위한 '추진위원회'를 구성하여 국토교통부령으로 정하는 방법과 절차에 따라 시장·군수 등의 승인을 받아야 한다(동법 제31조 제1항). 추진위원회는 조합설립의 인가를 받기 위한 준비업무를 담당한다.

주택재개발사업의 추진위원회가 조합을 설립하고자 하는 때에는 토지 등 소유자의 4분의 3 이상 및 토지면적의 2분의 1 이상 토지소유자의 동의를 받아야 한다(동법 제35조 제2항).[29] 또한 주택재건축사업의 추진위원회가 조합을 설립하고자 하는 때에는 주택단지 안의 공동주택의 각 동별 구분소유자의 과반수 동의와 주택단지의 전체 구분소유자의 4분의 3 이상 및 토지면적의 4분의 3 이상의 토지소유자의 동의를 받아 시장·군수의 인가를 받아야 한다(동조 제3항). 이러한 인가를 받기 위해서는 정관, 정비사업비와 관련된 자료 등 국토교통부령으로 정하는 서류를 첨부하여야 한다.

이러한 조합설립의 인가를 종전에는 강학상 '인가'로 보았으나, 대법원은 이를 설권적 처분으로 보고 조합설립결의 등 조합설립과정에 하자가 있다면 조합설립인가처분을 다투어야 한다고 판시하였다.[30] 즉 조합설립인가를 강학상 '특허'로 판단한 것이다. 또한 사업시행계획 및 관리처분계획 수립을 위한 총회결

---

29) "재개발조합 설립인가 신청을 받은 행정청이 도시 및 주거환경정비법 제35조 제2항에서 정한 토지 등 소유자 동의 요건이 충족되었는지 심사하는 방법 및 재개발사업 추진위원회가 도시 및 주거환경정비법 시행규칙 제8조 제3항에 규정된 [별지 제6호 서식] '조합설립동의서'에 의하여 토지 등 소유자로부터 조합설립 동의를 받은 경우, 서식에 토지 등 소유자별로 구체적인 분담금 추산액이 기재되지 않았다거나 추진위원회가 그 서식 외에 토지 등 소유자별로 분담금 추산액 산출에 필요한 구체적인 정보나 자료를 충분히 제공하지 않았다는 사정만으로 개별 토지 등 소유자의 조합설립 동의를 무효라고 볼 수는 없다."(대법원 2020. 9. 7. 선고 2020두38744 판결)

30) 대법원 2009. 9. 24. 선고 2008다60568 판결.

의에 대한 소송도 전원합의체 판결로 민사소송에서 공법상 당사자소송으로 변경하였다.[31] 재건축정비사업조합 인가처분 후 조합설립결의의 하자를 둘러싼 분쟁이 계속되는 것을 방지하기 위해 패러다임의 구조를 민사소송에서 행정소송으로 변경한 것이다.

(4) 사업시행인가

사업시행자는 정비사업을 시행하려는 경우에 사업시행계획서에 정관 등과 그 밖에 국토교통부령이 정하는 서류를 첨부하여 시장·군수에게 제출하고 사업시행인가를 받아야 한다(도시정비법 제50조 제1항). 시장·군수 등은 특별한 사유가 없으면 사업시행계획서의 제출이 있은 날부터 60일 이내에 인가 여부를 결정하여 사업시행자에게 통보하여야 한다(동조 제2항). 사업시행자(시장·군수 등 또는 토지주택공사 등은 제외한다)는 사업시행계획인가를 신청하기 전에 미리 총회의 의결을 거쳐야 한다(동조 제3항). 토지 등 소유자가 재개발사업을 시행하려는 경우에는 사업시행계획인가를 신청하기 전에 사업시행계획서에 대하여 토지 등 소유자의 4분의 3 이상 및 토지면적의 2분의 1 이상의 토지소유자의 동의를 받아야 한다(동조 제4항).

한편, 대법원은 사업시행인가처분이 단순히 사업시행계획에 대한 보충행위로서의 성질을 가지는 것이 아니라 구 도시정비법상 정비사업을 시행할 수 있는 권한을 가지는 행정주체로서의 지위를 부여하는 일종의 '설권적' 처분의 성격을 가진다고 판시하였다.[32] 이는 사업시행인가처분도 강학상 '특허'에 해당한다는 의미를 가진다.

(5) 정비사업 시행을 위한 조치(임시거주시설·임시상가의 설치)

사업시행자는 주거환경개선사업 및 주택재개발사업의 시행으로 철거되는 주택의 소유자에 대하여 해당 정비구역 안과 밖에 위치한 임대주택 등의 시설에 임시로 거주하게 하거나 주택자금의 융자알선 등 임시수용에 상응하는 조치를 하여야 한다(도시정비법 제61조 제1항). 이 경우 사업시행자는 국가·지방자치단

31) "도시 및 주거환경정비법상 행정주체인 주택재건축정비사업조합을 상대로 관리처분계획안에 대한 조합 총회결의의 효력 등을 다투는 소송은 행정처분에 이르는 절차적 요건의 존부나 효력 유무에 관한 소송으로서 그 소송결과에 따라 행정처분의 위법 여부에 직접 영향을 미치는 공법상 법률관계에 관한 것이므로, 이는 행정소송법상의 당사자소송에 해당한다."(대법원 2009. 9. 17. 선고 2007다2428 전원합의체 판결)

32) 대법원 2013. 6. 13. 선고 2011두19994 판결.

체 그 밖의 공공단체 또는 개인의 시설이나 토지를 일시 사용할 수 있다(동조 제2항). 재개발사업의 사업시행자는 사업시행으로 이주하는 상가세입자가 사용할 수 있도록 정비구역 또는 정비구역 인근에 임시상가를 설치할 수 있다(동조 제5항).

임시수용시설의 설치를 위하여 공공단체 또는 개인의 시설이나 토지를 일시 사용함으로써 손실을 받은 자가 있는 경우에 사업시행자는 그 손실을 보상하여야 하며, 손실을 보상하는 경우에는 손실을 입은 자와 협의하여야 한다(동법 제62조 제1항). 그러나 협의가 성립되지 아니하거나 협의할 수 없는 경우에는 관할 토지수용위원회에 재결을 신청할 수 있다.

(6) 환권계획(관리처분계획)

환권계획이란 정비사업이 완료된 후에 실시하는 분양 등 환권처분에 관한 계획을 말한다. 환권처분의 내용은 환권계획으로 정해진다. 시행자는 '관리처분계획'을 수립하여 시장·군수 등의 인가를 받아야 한다(도시정비법 제74조 제1항). 관리처분계획에는 분양설계, 분양대상자의 주소 및 성명, 분양대상자별 부양예정인 대지 또는 건축물의 추산액, 보류지 등의 명세와 추산액 및 처분방법, 분양대상자별 종전의 토지 또는 건축물 명세 및 사업시행계획인가 고시가 있은 날을 기준으로 한 가격, 정비사업비의 추산액, 분양대상자의 종전 토지 또는 건축물에 관한 소유권 외의 권리명세, 세입자별 손실보상을 위한 권리명세 및 그 평가액, 그 밖에 정비사업과 관련한 권리 등에 관하여 대통령령으로 정하는 사항이 포함되어야 한다. 한편, 대법원은 주택재개발정비사업조합이 수립한 관리처분계획을 인가하는 행정청의 행위를 보충행위로서의 강학상 '인가'로 보고 있다.[33]

사업시행자는 사업시행계획인가의 고시가 있은 날부터 120일 이내에 토지 등 소유자에게 통지하고 분양의 대상이 되는 대지 또는 건축물의 내용 등을 해당 지역에서 발간하는 일간신문에 공고하여야 한다(동법 제72조 제1항). 사업시행자는 분양신청을 하지 아니한 자나 분양신청기간 종료 이전에 분양신청을 철회한 자, 도시정비법 제72조 제6항 본문에 따라 분양신청을 할 수 없는 자, 제74조에 따라 인가된 관리처분계획에 따라 분양대상에서 제외된 자에 대하여는 토지, 건축물 또는 그 밖의 권리의 손실보상에 관한 협의를 하여야 한다(동법

33) 대법원 2016. 12. 15. 선고 2015두51347 판결.

제73조 제1항).

(7) 환권처분

환권처분은 재개발사업의 완료로 사업시행자가 환권계획에 따라 분양처분 및 청산을 하는 형성적 행정행위이다.[34] 정비사업의 시행으로 조성된 대지 및 건축물은 관리처분계획에 따라 처분 또는 관리하여야 한다(도시정비법 제79조 제1항). 사업시행자는 정비사업의 시행으로 건설된 건축물을 도시정비법 제74조에 의해 인가받은 관리처분계획에 따라 토지 등 소유자에게 공급하여야 한다(동조 제2항). 시장·군수가 아닌 사업시행자는 정비사업에 관한 공사를 완료한 때에 시장·군수의 준공인가를 받아야 한다(동법 제83조 제1항). 이 경우 시장·군수는 효율적인 준공검사를 위하여 필요한 때에는 관계 행정기관·공공기관·연구기관, 그 밖의 전문기관 또는 단체에 준공검사의 실시를 의뢰할 수 있다(동조 제2항). 시장·군수는 준공검사의 실시결과 인가받은 사업시행계획대로 정비사업이 완료되었다고 판단될 때에는 준공인가를 하고 공사의 완료를 해당 지방자치단체의 공보에 고시하여야 한다(동조 제3항). 사업시행자는 이 고시가 있은 때에는 지체없이 대지확정측량을 하고 토지의 분할 절차를 거쳐 환권계획에 정한 사항을 분양받을 자에게 통지하며, 대지 또는 건축물의 소유권을 이전하여야 한다(동법 제86조 제1항).

사업시행자는 소유권이전의 고시가 있을 때에는 지체없이 대지 및 건축물에 관한 등기를 지방법원지원 또는 등기소에 촉탁 또는 신청하여야 한다(동법 제88조 제1항). 정비사업에 관하여 소유권이전의 고시가 있은 날로부터 위의 촉탁 또는 신청에 의한 등기가 있을 때까지는 저당권 등의 다른 등기는 하지 못한다(동조 제2항). 대지 또는 건축물을 분양받은 자가 종전에 소유하고 있던 토지 또는 건축물의 가격과 분양받은 대지 또는 건축물의 가격 사이에 차이가 있는 경우에는 사업시행자는 소유권이전의 고시가 있은 후에 그 차액에 상당하는 금액(청산금)을 분양받은 자로부터 징수하거나 분양받은 자에게 지급하여야 한다(동법 제89조 제1항).

---

34) 대법원 1989. 9. 12. 선고 88누9763 판결.

제5절 개발이익의 환수

Ⅰ. 개발이익환수제도의 의의 및 연혁

개발이익환수제도는 토지공개념의 3대 핵심요소 중의 하나로 '국토이용관리법'에 규정되어 있었으나, 1989년 12월 30일 제정된 '개발이익 환수에 관한 법률'(이하 '개발이익환수법'이라 한다)에 규정되어 유지되고 있다. 토지공개념의 3대 핵심요소는 토지초과이득세, 택지소유상한제 및 개발이익환수제이다. 이 중에서 개발이익환수제만 합헌으로 결정되었다. 헌법재판소는 개발이익을 보상액에서 배제하는 것이 정당보상의 원리에 위배되지 아니한다고 보았다.[35)]

개발이익은 개발사업의 시행이나 토지이용계획의 변경, 그 밖에 사회적·경제적 요인에 따라 정상지가(正常地價) 상승분을 초과하여 개발사업을 시행하는 자나 토지소유자에게 귀속되는 토지 가액의 증가분을 말한다(개발이익환수법 제2조 제1호). 이러한 개발이익은 일종의 불로소득이므로 이를 환수하여 사회에 환원시키는 것이 사회정의에 부합한다고 보는 견해가 있는 반면, 이러한 개발이익 환수제도는 재산권침해로서 위헌이라고 보는 견해도 있다.

Ⅱ. 개발이익환수의 방식(개발부담금)

1. 개발부담금의 의의 및 대상

개발이익환수의 방식에는 양도소득세와 같은 과세처분도 있지만 보상금산정에서 개발이익을 배제하는 공시지가제도도 있다.[36)] 개발이익환수법에는 개발부담금 제도를 규정하고 있다. 개발부담금이란 개발사업시행자의 개발이익에 부과·징수하여 사회에 환원되는 금액을 말한다(개발이익환수법 제2조 제4호 참조). 이러한 개발부담금의 법적 성질에 대해 견해 대립이 있다. 이를 일종의 조세 또

35) "구(舊) 토지수용법 제46조 제2항이 보상액을 산정함에 있어 개발이익을 배제하고, 기준지가의 고시일이후 시점보정(時點補正)을 인근토지의 가격변동율과 도매물가상승율 등에 의하여 행하도록 규정한 것은 헌법 제23조 제3항에 규정한 정당보상의 원리에 어긋나지 않는다."(헌재 1990. 6. 25. 89헌마107)

36) 이상규, 신행정법론(하), 628면.

는 준조세적 성질의 것으로 보는 견해와 인적 공용부담의 일종으로 보는 견해가 그러하다. 이러한 개발부담금은 일종의 '특별부담금'의 성격을 가진다.

개발부담금의 부과 대상인 개발사업에는 택지개발사업(주택단지조성사업), 산업단지개발사업, 관광단지조성사업(온천 개발사업 포함), 도시개발사업・지역개발사업 및 도시환경정비사업, 교통시설 및 물류시설 용지조성사업, 체육시설 부지조성사업(골프장 건설사업 및 경륜장・경정장 설치사업 포함), 지목 변경이 수반되는 사업으로서 대통령령으로 정하는 사업이 있다(개발이익환수법 제5조 제1항). 이러한 개발사업의 사업시행자는 원칙적으로 개발부담금을 납부할 의무가 있다(동법 제6조). 그러나 국가가 시행하는 개발사업과 지방자치단체가 공공의 목적을 위하여 시행하는 사업으로서 대통령령으로 정하는 개발사업에는 개발부담금을 부과하지 아니한다(동법 제7조 제1항). 또한 일정한 경우에는 개발부담금을 경감하거나 면제할 수 있다(동조 제2항 및 제3항).

2. 개발부담금의 부과기준 및 산정

개발부담금의 부과기준은 부과종료시점의 부과대상토지의 가액에서 부과개시시점의 부과대상토지 가액, 부가기간 동안의 정상지가상승분, 개발비용을 공제한 금액으로 한다(개발이익환수법 제8조). 부과개시시점은 사업시행자가 국가나 지방자치단체로부터 개발사업의 인가 등을 받은 날이다(동법 제9조 제1항). 부과종료시점은 관계 법령에 따라 국가나 지방자치단체로부터 개발사업의 준공인가 등을 받은 날로 한다(동조 제3항). 개발부담금은 개발이익환수법 제13조에 규정된 개발이익에 부담률을 곱하여 산정한다.

3. 개발부담금의 부과・징수

시장・군수・구청장은 부과종료시점부터 5개월 이내에 개발부담금을 결정・부과하여야 한다(개발이익환수법 제14조 제1항). 이 경우 미리 납부 의무자에게 그 부과 기준과 부과 금액을 알려야 한다(동조 제2항). 통지받은 개발부과금에 대해 이의가 있는자는 대통령령으로 정하는 바에 따라 심사를 청구할 수 있다(동조 제3항). 개발부담금을 징수할 수 있는 권리의 소멸시효는 5년이다(동법 제17조). 개발부담금의 납부 의무자는 부과일부터 6개월 이내에 개발부담금을 납부하여야 한다(동법 제18조).

제6절 부동산가격공시 및 감정평가

Ⅰ. 의의 및 연혁 – 지가체계의 일원화

종전 국토이용관리법에 의한 보상가격 산정기준으로서 기준지가, 토지시가, 과세시가표준액 등이 규정되어 있었다. 그러나 1989년 4월 1일 '지가공시 및 토지 등의 평가에 관한 법률'(이하 "지가공시법"이라 한다)의 제정으로 국토이용관리법상의 관련조항이 폐지되고, 지가공시법이 정하는 지가공시제로 다원화된 지가조사체계를 일원화시켰다. 그러나 지가공시법은 2005년 1월 14일 전면개정되어 '부동산가격공시 및 감정평가에 관한 법률'로 변경되었다. 부동산가격공시 및 감정평가에 관할 법률의 입법목적은 세부담의 형평성을 제고하기 위해 주택에 대한 토지·건물 통합과세를 내용으로 하는 부동산보유세제의 개편에 따라 공시지가제도 외에 토지와 건물의 적정가격을 통합·평가하여 공시하는 "주택가격공시제도"를 도입하고, 각 중앙기관별로 분산된 부동산가격 평가체계를 일원화하는데 있다.

이후 '부동산가격공시 및 감정평가에 관한 법률'에도 큰 변화가 생겼다. 2016년 1월 19일 법률 개정에 의하여 부동산 가격공시에 관한 사항과 감정평가 및 감정평가사의 업무에 관한 사항이 분리되었다. 이 법률의 개정에 의해 부동산 가격공시는 '부동산 가격공시에 관한 법률'(이하 "부동산공시법"이라 한다)에서 규율하고, 감정평가 및 감정평가사의 업무에 관한 사항은 '감정평가 및 감정평가사에 관한 법률'(이하 "감정평가법"이라 한다)에서 규율하고 있다. 이에 따라 부동산공시법은 표준주택가격의 조사·산정과 개별주택가격의 검증업무를 '한국감정원'(현 한국부동산원)에 의뢰하도록 하였다(부동산공시법 제16조 제4항 및 제17조 제6항). 또한 표준지공시지가를 조사·평가하는 경우에 지가 변동이 미미한 지역에서는 1인의 감정평가업자에게 의뢰할 수 있도록 하였다(동법 제3조 제5항 단서). 그 밖에 비주거용 부동산에 대한 가격공시제도를 도입하였다(동법 제4장). 감정평가법은 전문자격사 제도의 하나인 감정평가사에 관한 법적 근거를 마련하였다. 특히 국가, 지방자치단체, 공공기관, 금융회사 등이 감정평가를 의뢰하는 경우 '한국감정평가사협회'에 감정평가업자의 추천을 요청할 수 있도록 하고 있다.

Ⅱ. 표준지공시지가

1. 표준지공시지가의 의의

표준지공시지가는 "국토교통부장관이 토지이용상황이나 주변 환경, 그 밖의 자연적·사회적 조건이 일반적으로 유사하다고 인정되는 일단의 토지 중에서 선정한 표준지에 대하여 매년 공시기준일 현재의 단위면적당 적정가격"을 말한다(부동산공시법 제3조 제1항 참조). 국가 또는 지방자치단체, 공공기관의 운영에 관한 법률에 따른 공공기관 그 밖에 대통령령으로 정하는 공공단체가 지가를 산정할 때에는 그 토지와 유사한 이용가치를 지닌다고 인정되는 하나 또는 둘 이상의 표준지의 공시지가를 기준으로 토지가격비준표를 사용하여 지가를 산정하되, 필요하다고 인정할 때에는 산정된 지가를 목적에 따라 가감 조정하여 적용할 수 있다(동법 제8조). 또한 표준지공시지가는 토지시장의 지가정보를 제공하고 일반적인 토지거래의 지표가 되며, 국가·지방자치단체 등의 기관이 그 업무와 관련하여 지가를 산정하거나 감정평가법인 등이 개별적으로 토지를 감정평가하는 경우에 그 기준이 된다(동법 제9조). 그러나 표준지공시지가는 일반적인 토지거래에서 그 가격결정에 있어 지표가 되지만 법적 구속력을 가지는 것은 아니다.

종전에 국토이용관리법상의 토지평가사와 감정평가 자격을 가진 공인감정사로 이원화되어 있었으나, '지가공시 및 토지 등의 평가에 관한 법률'에 의하여 감정평가사로 일원화되었다. 그러나 지금은 '감정평가법'에서 규율하고 있다. 감정평가사는 1·2차 시험에 합격하고 2년 이상의 실무수습을 마친 자, 또는 감정평가법인 등에서 5년 이상 감정평가와 관련된 업무에 종사하고 2차 시험에 합격한 자가 그 자격을 가진다(감정평가법 제14조 및 제15조). 외국감정평가사는 국토교통부장관의 인가를 받아 업무를 할 수 있다(동법 제20조).

2. 지가의 조사·평가 및 공시

국토교통부장관은 표준지에 대하여 매년 공시기준일 현재의 단위면적당 적정가격을 조사·평가하고, 중앙부동산가격공시위원회의 심의를 거쳐 공시한다(부동산공시법 제3조 제1항). 국토교통부장관은 표준지공시지가를 공시하기 위하여 표준지의 가격을 조사·평가할 때에는 대통령령으로 정하는 바에 따라 해당 토지 소유자의 의견을 들어야 한다(동조 제2항). 표준지공시지가를 조사·평가하는 경우에는 인근 유사토지의 거래가격·임대료 및 해당 토지와 유사한 이용가치를 지닌다고 인정되는 토지의 조성에 필요한 비용추정액 등을 종합적으로 참작하여야 한다(동조 제4항). 국토교통부장관은 표준지의 적정가격을 조사·평가함에 있어서 업무실적, 신인도 등을 고려하여 둘 이상의 감정평가법인 등에 이를 의뢰하여야 한다(동조 제5항). 그러나 그 최종결정은 국토교통부장관에게 유보되어 있다. 다만, 지가 변동이 작은 경우 등 대통령령으로 정하는 기준에 해당하는 표준지에 대해서는 하나의 감정평가업자에게 의뢰할 수 있다(동법 제3조 제5항 단서).

3. 표준지공시지가의 열람 등

국토교통부장관은 표준지공시지가를 공시한 때에는 그 내용을 특별시장·광역시장 또는 도지사를 거쳐 시장·군수 또는 구청장(지방자치단체인 구의 구청장에 한한다)에게 송부하여 일반인이 열람할 수 있게 하고, 대통령령이 정하는 바에 따라 이를 도서·도표 등으로 작성하여 관계 행정기관 등에 공급하여야 한다(부동산공시법 제6조).

4. 이의신청

공시지가에 대하여 이의가 있는 자는 공시지가의 공시일로부터 30일 이내에 서면으로 국토교통부장관에게 이의를 신청할 수 있다(부동산공시법 제7조 제1항). 국토교통부장관은 제1항의 규정에 의한 이의신청기간이 만료된 날로부터 30일 이내에 이의신청을 심사하여 그 결과를 신청인에게 서면으로 통지하여야 한다(동조 제2항). 이 경우 국토교통부장관은 이의신청의 내용이 타당하다고 인정될 때에는 제3조에 따라 해당 표준지공시지가를 조정하여 다시 공시하어야 한다(동법 제8조 제2항). 이의신청에 대한 국토교통부장관의 결정에 대하여 불복하는 경우에는 행정소송을 제기하여 공시지가결정의 취소를 구할 수 있다.

5. 표준지공시지가의 법적 성질

표준지공시지가의 법적 성질에 대하여 행정계획설, 행정규칙설, 사실행위설 및 행정처분설이 대립하고 있다. 이와 관련하여 표준지공시지가를 두 가지 유형으로 구분하는 견해도 있다. 즉 개별공시지가의 산정기준이 되는 경우와 그 자체로 개별공시지가의 성질을 가지는 경우로 구분하여, 후자는 행정처분의 성질을 가지지만 전자의 처분성에 대해서는 회의적으로 보고 있다.[37] 판례는 대체로 표준지공시지가를 항고소송의 대상이 되는 행정처분으로 보는 입장이다.[38] 대법원은 표준지공시지가에 불복하기 위해서는 이의신청을 거쳐 처분청을 상대로 그 공시지가결정의 취소를 구하는 행정소송을 제기해야 하고 그러한 절차를 거치지 아니하고 개별토지가격 결정을 다투는 소송을 제기할 수 없다고 판시하고 있다.[39] 부동산 가격공시에 관한 법률에는 이의신청에 관한 절차 외에 행정소송에 관한 규정을 두고 있지 않다.

Ⅲ. 개별공시지가

1. 개별공시지가의 의의 및 법적 성질

시장·군수 또는 구청장은 시·군·구 부동산평가위원회의 심의를 거쳐 매년 공시지가의 공시기준일 현재 관할구역 안의 개별토지의 단위면적당 가격을 결정·공시한다(부동산공시법 제10조 제1항). 이를 '개별공시지가'라 한다. 개별공

---

37) 김남진, 전게서(Ⅱ), 630면.

38) "표준지공시지가결정은 이를 기초로 한 수용재결 등과는 별개의 독립된 처분으로서 서로 독립하여 별개의 법률효과를 목적으로 하지만, 표준지공시지가는 이를 인근 토지의 소유자나 기타 이해관계인에게 개별적으로 고지하도록 되어 있는 것이 아니어서 인근 토지의 소유자 등이 표준지공시지가결정 내용을 알고 있었다고 전제하기가 곤란할 뿐만 아니라, 결정된 표준지공시지가가 공시될 당시 보상금 산정의 기준이 되는 표준지의 인근 토지를 함께 공시하는 것이 아니어서 인근 토지 소유자는 보상금 산정의 기준이 되는 표준지가 어느 토지인지를 알 수 없으므로, 인근 토지 소유자가 표준지의 공시지가가 확정되기 전에 이를 다투는 것은 불가능하다."(대법원 2008. 8. 21. 선고 2007두13845 판결)

39) "표준지로 선정된 토지의 공시지가에 대하여 불복하기 위하여는 지가공시및토지등의평가에관한법률 제8조 제1항 소정의 이의절차를 거쳐 처분청을 상대로 그 공시지가결정의 취소를 구하는 행정소송을 제기하여야 하는 것이지, 그러한 절차를 밟지 아니한 채 개별토지가격 결정을 다투는 소송에서 그 개별토지가격 산정의 기초가 된 표준지 공시지가의 위법성을 다툴 수는 없다."(대법원 1996. 12. 6. 선고 96누1832 판결)

시지가는 국세·지방세 등 각종 세금 부과, 그 밖의 다른 법령에서 정하는 목적을 위한 지가산정에 사용되고 있다. 그러나 표준지로 선정된 토지, 조세 또는 부담금 등의 부과대상이 아닌 토지, 그 밖에 대통령령으로 정하는 토지에 대하여는 개별공시지가를 결정·공시하지 아니할 수 있다(동조 제2항 본문). 이 경우 표준지로 선정된 토지에 대하여는 해당 토지의 표준지공시지가를 개별공시지가로 본다. 한편, 개별공시지가의 법적 성질과 관련하여, 행정행위설, 행정규칙설, 사실행위설 및 행정계획설 등이 대립하고 있다. 대법원은 개별공시지가결정을 행정처분으로 보고 있다.[40]

2. 개별공시지가의 결정·공시

시장·군수 또는 구청장이 개별공시지가를 결정·공시하는 경우에는 해당 토지와 유사한 이용가치를 지닌다고 인정되는 하나 또는 둘 이상의 표준지의 공시지가를 기준으로 토지가격비준표를 사용하여 지가를 산정하되, 해당 토지의 가격과 표준지공시지가가 균형을 유지하도록 하여야 한다(부동산공시법 제10조 제4항). 개별토지의 가격을 산정할 때에 그 타당성에 대하여 감정평가법인 등의 검증을 받고 토지소유자, 그 밖의 이해관계인의 의견을 들어야 한다(동조 제5항). 국토교통부장관은 지가공시 행정의 합리적인 발전을 도모하고 표준지공시지가와 개별공시지가의 균형유지 등 적정한 지가형성을 위하여 필요하다고 인정하는 경우에는 개별공시지가의 결정·공시 등에 관하여 시장·군수 또는 구청장을 지도·감독할 수 있다(동조 제7항).

3. 개별공시지가결정에 대한 불복수단

개별공시지가에 대하여 이의가 있는 자는 개별공시지가의 결정 공시일로부터 30일 이내에 서면으로 시장·군수 또는 구청장에게 이의를 신청할 수 있다(부동산공시법 제11조 제1항). 이의신청을 받은 시장·군수·구청장은 이의신청 기간이 만료된 날로부터 30일 이내에 이의신청을 심사하여 그 결과를 신청인에게 서면으로 통지하여야 한다(동조 제2항). 이 경우 시장·군수·구청장은 이의신청의 내용이 타당하다고 인정될 때에는 제10조의2의 규정에 따라 해당 개별공시지가를 조정하여 다시 결정·공시하여야 한다(동법 제11조 제2항).

40) 대법원 1994. 2. 8. 선고 93누11 판결; 대법원 2013. 11. 14. 선고 2012두15364 판결.

Ⅳ. 주택공시가격

1. 표준주택가격의 조사 · 산정 및 공시

국토교통부장관은 용도지역, 건물구조 등이 일반적으로 유사하다고 인정되는 일단의 단독주택 중에서 선정한 표준주택에 대하여 매년 공시기준일 현재의 적정가격을 조사 · 산정하고, 중앙부동산가격공시위원회의 심의를 거쳐 이를 공시하여야 한다(부동산공시법 제16조 제1항). 표준주택가격 공시에는 표준주택의 지번, 표준주택가격, 표준주택의 대지면적 및 형상, 표준주택의 용도, 연면적 및 사용승인일, 그 밖에 대통령령으로 정하는 사항이 포함되어야 한다(동조 제2항).

국토교통부장관이 표준주택가격을 조사 · 산정하는 경우에는 인근 유사 단독주택의 거래가 · 임대료 및 해당 단독주택과 유사한 이용가치를 지닌다고 인정되는 단독주택의 건설에 필요한 비용추정액, 인근지역 및 다른 지역과의 형평성 · 특수성, 표준주택가격 변동의 예측 가능성 등 제반사항을 종합적으로 참작하여야 한다(동조 제5항). 한편, 국토교통부장관은 표준주택가격의 조사 및 산정을 '한국부동산원'에 의뢰한다(동조 제4항). 한국부동산원은 원칙적으로 감정평가의 업무를 수행할 수 없다. 그런 점에서 '산정'의 의미에 대해 실무상 논란이 있다. 표준주택가격은 국가 · 지방자치단체 등이 그 업무와 관련하여 개별주택가격을 산정하는 경우에 그 기준이 되고 있다(동법 제19조 제1항).

2. 개별주택가격의 결정 · 공시

시장 · 군수 또는 구청장은 시 · 군 · 구 부동산가격공시위원회의 심의를 거쳐 매년 표준주택가격의 공시기준일 현재 관할 구역 안의 개별주택의 가격을 결정 · 공시하여야 한다(부동산공시법 제17조 제1항). 국토교통부장관은 이러한 개별주택가격의 산정을 위하여 필요하다고 인정하는 경우에는 표준주택과 산정대상 개별주택의 가격형성요인에 관한 표준적인 비교표(이하 "주택가격비준표"라 한다)를 작성하여 시장 · 군수 또는 구청장에게 제공하여야 한다(동법 제16조 제6항). 시장 · 군수 · 구청장은 이러한 주택가격비준표를 사용하여 개별주택가격을 산정하되, 해당 주택의 가격과 표준주택가격이 균형을 유지하도록 해야 한다(동법 제17조 제3항). 이에 대해 시장 · 군수 · 구청장은 한국부동산원의 검증을 받고, 토지소유자이나 그 밖의 이해관계인의 의견을 들어야 한다(동조 제6항 본문). 그리고 국토교통부장관은 개별주택가격의 결정 · 공시 등에 대하여 시장 · 군수 또는 구청장을 지도 · 감독할 수 있다(동조 제7항).

3. 공동주택가격의 조사 · 산정 및 공시

국토교통부장관은 공동주택에 대하여 매년 공시기준일 현재의 적정가격(이하 "공동주택가격"이라 한다)을 조사 · 산정하여 중앙부동산가격공시위원회의 심의를 거쳐 공시하고, 이를 관계 행정기관 등에 제공하여야 한다(부동산공시법 제18조 제1항). 아파트, 다세대 및 연립 주택 등 공동주택가격의 공시는 토지소유자의 재산세와 종합부동산세, 건강보험료 등에 중요한 기준이 된다. 국토교통부장관은 공동주택가격를 공시하기 위하여 그 가격을 산정할 때에는 공동주택소유자와 그 밖의 이해관계인의 의견을 들어야 한다(동조 제2항). 국토교통부장관이 공동주택가격을 조사 · 산정하는 경우에는 인근 유사 공동주택의 거래가격 · 임대료 및 해당 공동주택과 유사한 이용가치를 지닌다고 인정되는 공동주택의 건설에 필요한 비용추정액, 인근지역 및 다른 지역과의 형평성 · 특수성, 공동주택가격 변동의 예측 가능성 등 제반사항을 종합적으로 참작하여야 한다(동조 제3항). 또한 국토교통부장관은 공동주택가격의 조사 · 산정을 '한국부동산원'에 의뢰하고 있다(동조 제6항). 그러나 공동주택가격은 국가나 지방자치단체 등이 과세와 관련하여 주택의 가격을 산정하는 경우에 그 기준이 될 수 있다(동법 제19조 제2항). 공동주택가격의 조사 · 산정에는 검증절차가 없는데, 지가공시제도와 같이 전문가인 '감정평가사'의 검증을 보완할 필요가 있다. 나아가 공동주택가격은 지방자치단체와 이해관계를 가지므로 공동주택가격의 조사 · 산정에 '지방자치단체'의 의견을 수렴할 수 있는 제도적 장치를 마련할 필요가 있다.

V. 비주거용 부동산가격의 공시

1. 비주거용 표준부동산가격의 조사 · 산정 및 공시 등

비주거용 부동산이란 주택을 제외한 건축물이나 건축물과 그 토지의 전부 또는 일부를 말한다. 여기에는 비주거용 집합부동산과 비주거용 일반부동산이 있다. 국토교통부장관은 용도지역, 이용상황, 건물구조 등이 일반적으로 유사하다고 인정되는 일단의 비주거용 일반부동산 중에서 선정한 비주거용 표준부동산에 대하여 매년 공시기준일 현재의 적정가격(비주거용 표준부동산가격)을 조사·산정하고, 중앙부동산가격공시위원회의 심의를 거쳐 이를 공시하고 있다(부동산공시법 제20조 제1항). 이러한 비주거용 표준부동산가격을 조사·산정하려는 경우 감정평가법인 등 또는 대통령령으로 정하는 부동산가격의 조사·산정에 관한 전문성이 있는 자에게 의뢰한다(동조 제4항).

2. 비주거용 개별부동산가격의 결정·공시

시장·군수 또는 구청장은 시·군·구 부동산가격공시위원회의 심의를 거쳐 매년 비주거용 표준부동산가격의 공시기준일 현재 관할 구역 안의 비주거용 개별부동산의 가격(비주거용 개별부동산가격)을 결정·공시할 수 있다(부동산공시법 제21조 제1항 본문). 다만, 대통령령으로 정하는 바에 따라 행정안전부장관 또는 국세청장이 국토교통부장관과 협의하여 비주거용 개별부동산의 가격을 별도로 결정·고시하는 경우는 제외한다.

3. 비주거용 집합부동산가격의 조사·산정 및 공시

국토교통부장관은 비주거용 집합부동산에 대하여 매년 공시기준일 현재의 적정가격(비주거용 집합부동산가격)을 조사·산정하여 중앙부동산가격공시위원회의 심의를 거쳐 공시할 수 있다. 이 경우 시장·군수 또는 구청장은 비주거용 집합부동산가격을 결정·공시한 경우에는 이를 관계 행정기관 등에 제공하여야 한다(부동산공시법 제22조 제1항). 국토교통부장관은 비주거용 집합부동산가격을 공시하기 위해 비주거용 집합부동산의 가격을 산정할 때에 대통령령으로 정하는 바에 따라 비주거용 집합부동산의 소유자와 그 밖의 이해관계인의 의견을 들어야 한다(동조 제3항). 국토교통부장관은 부동산공시법 제22조 제1항에 따라 비주거용 집합부동산가격을 조사·산정할 때에는 한국부동산원 또는 대통령령으로 정하는 부동산가격의 조사·산정에 관한 전문성이 있는 자에게 의뢰한다(동조 제7항).

4. 비주거용 부동산가격공시의 효력

비주거용 표준부동산가격은 국가·지방자치단체 등이 그 업무와 관련하여 비주거용 개별부동산가격을 산정하는 경우에 그 기준이 된다(부동산공시법 제23조 제1항). 또한 비주거용 개별부동산가격 및 비주거용 집합부동산가격은 비주거용 부동산시장에 가격정보를 제공하고, 국가·지방자치단체 등이 과세 등의 업무와 관련하여 비주거용 부동산의 가격을 산정하는 경우에 그 기준으로 활용될 수 있다.

제4장 환경행정법

제1절 총 설

Ⅰ. 환경문제의 등장과 환경법의 발전

기후변화와 에너지문제는 시대적 과제이다. 21세기에 들어와 인류는 오존층의 파괴, 열대우림의 훼손과 산성비, 지구온난화 및 해수면 상승 등의 심각한 환경문제를 야기하였다. 이러한 환경오염과 환경파괴를 통한 생태계의 위기는 현대국가의 중요한 과제로 등장하고 있다. 브로이어(Breuer) 교수는 일찍이 환경보전의 임무를 "현대국가의 숙명적 과제(Schicksalsaufgabe)"로서 표현한 바 있다.[1] 한국의 환경법은 당면한 환경문제의 해결을 위해 역동적으로 발전되어 왔으며, 3단계의 발전국면으로 전개되어 왔다. 우선 환경법전의 모태는 1963년 제정된 '공해방지법'이다. 이 법률은 환경오염에 대한 위험방지를 주요한 임무로 하였다. 그러한 공해방지법은 소극적인 수단만을 규율하였고, 1970년에 들어와서 공업화·산업화가 적극 추진되자 이러한 대증요법적 수단만으로는 당면한 환경문제를 해결할 수 없게 되었다. 이에 1977년 '환경보전법'과 '해양오염방지법'이 제정되었다. 그 후 산업화의 부산물로서 발생한 복잡다양한 환경문제를 단행법으로 대응하기는 어렵게 되었다. 이에 1990년에 들어와서 환경매체별로 대응하는 복수입법주의를 채택하기에 이르렀다. 환경정책기본법을 비롯한 대기환경보전법, 수질환경보전법, 소음·진동규제법, 유해화학물질관리법 및 환경오염피해분쟁조정법이 제정되었다.[2] 이를 '환경 6법'이라고 부른다.

1) Breuer, in: Schmidt-Aβmann, Besonderes Verwaltungsrecht, 11. Aufl., S. 466.
2) 이상규, 환경법론, 40면 이하.

Ⅱ. 환경법의 국제적 동향

1. UN인간환경회의

오늘날 환경문제는 국지적인 문제에 제한되지 않고 전지구적(global) 문제로 인식되고 있다. 국제적 차원에서 환경파괴로 인한 인류의 멸망을 경고한 것은 1972년 스웨덴 스톡홀름에서 개최된 유엔인간환경회의(UN Conference on the Human Environment)였다. 이 인간환경회의는 '하나뿐인 지구(Only One Earth)'라는 주제 하에 각국의 국가대표와 비(非)정부기구(NGO)가 참여한 최초의 국제환경회의였다. 이 회의의 폐막총회에서 채택된 '인간환경선언(Declaration on the Human Environment)'은 인류에게 환경파괴의 위험성을 경고하고 있다. 인간환경선언은 7개항에 걸친 인간환경보전에 관한 선언을 하고 있으며, 인간환경의 보전과 개선을 위한 26개 원칙을 천명하고 있다. 이러한 국제환경회의에 의해 1972년 제127차 유엔총회에서 유엔환경계획(United Nations Environment Program: UNEP)이 창설되었다. 인간환경선언은 법적 구속력을 가지지는 못하였지만, 범지구적인 국제적 합의를 문서화한 것으로 높이 평가받고 있다.

2. 지구환경회의

1987년에 개최된 유엔총회에서는 세계환경개발위원회(World Commission on Environment and Development)의 연구보고서인 '우리 공통의 미래(Our Common Future)'를 채택하였다. 또한 스톡홀름의 인간환경회의가 개최된지 20주년이 되는 해에 범세계적인 환경회의를 개최할 것을 촉구하였다. 이에 1992년 6월 브라질의 리우 데 자네이루에서 개최된 지구환경회의에서는 환경과 개발에 관한 리오선언(Rio Declaration on Development and Environment), 삼림원칙(Forest Principle) 및 21세기를 위한 세부실천 행동강령인 의제 21(Agenda 21)이 채택되었다. 그 밖에 지구환경회의에서는 기후변화협약(Framework Convention on Climate Change) 및 생물다양성협약이 채택되었다. 특히 리우선언은 환경보전원칙으로서 "생태적으로 건전하고 지속가능한 개발(Ecologically Sound and Sustainable)"[3]이라는 개

---

3) 지속가능한 개발은 1987년 세계환경개발위원회의 보고서(소위 Brundtland 보고서)에서 처음 사용되었다. Brundtland 보고서는 지속가능한 개발을 "다음 세대가 자기 자신들의 필요를 충

념을 중심테마로 선정하였다. 지구환경회의에서 채택된 리오선언과 의제21은 환경보전에 관한 범세계적인 주요원칙을 거의 망라하고 있다는 점에서 높이 평가할 만하다. 리오선언의 영향으로 우리나라에서도 1991년에 '오존층보호를 위한 특정물질의 제조규제 등에 관한 법률' 이 제정되었으며, 1992년에는 바젤협약의 시행을 위하여 '폐기물의 국가간 이동 및 그 처리에 관한 법률'이 제정·시행되고 있다. 그 후 2002년 8월 26일 남아프리카공화국 요하네스버그에서 지구정상회의가 개최되었다. 리오선언 이후 빈부격차, 선·후진국 간의 격차(남북문제) 등의 문제가 현존하고 있었다. 당시에 채택된 '요하네스버그 선언문'에는 이러한 문제점을 인식하고 있다. 즉 인간존엄성의 불가침성에 초점을 두고 깨끗한 물, 주거지, 에너지, 건강, 식품 안전성 등 기본적인 조건들을 가능한 한 빨리 충족시키며, 생물다양성이 보호될 수 있는 구체적인 목표와 시한 및 공동협력에 관한 사안에 대해 대비할 것을 결의하였다.[4)]

3. 기후변화협약

(1) 리오선언

지구온난화의 문제가 심각해지자, 1988년 11월 세계기상기구(WMO)와 유엔환경계획(UNEP)이 공동으로 기후변화에 관한 정부간 협의체(IPCC: Intergovernmental Panel of Climate Change)를 조직하여 기후변화에 대한 과학적 연구보고를 하였다. 1990년 11월 제2차 세계기후회의(제네바)는 IPCC의 보고서를 기초로 기후변화방지를 위한 기후협약체결에 합의하였고, 1990년 12월 제45차 UN총회는 정부간 협상위원회(INC)를 구성하여 기후변화방지를 위한 정부간 협상을 하도록 결의하였다. 그 협상결과, 1992년 리우 데 자이네루에서 개최된 제5차 협상위원회 2부 회의에서 전문과 26개조 및 2개 부속서[5)]로 구성된 유엔기후변화협약(UNFCCC: UN Framework Convention on Climate Change)을 채택하였다. 기후

족시킬 수 있는 능력을 손상시키지 않으면서 오늘날 우리 세대의 필요를 충족시킬 수 있는 개발"이라고 정의하였다. 또한 1989년 UN환경계획(UNEP)의 제15차 이사회에서도 지속가능한 개발을 "생태계의 안정과 경제적 성장을 뒷받침하는 자연자원토대의 유지와 합리적인 이용 및 증진은 물론, 국내적 및 국제적 형평을 향한 진전"으로 파악하였다. 지속가능한 개발이란 결국 무분별한 개발이나 남획이 아니라 환경과 개발이 조화를 이루는 절제된 개발을 의미한다고 볼 수 있다(이상규, 전게서, 208면 참조).

4) 노명준, 신국제환경법, 2003 24-25면.

5) 부속서는 부석서 I(Annex I)국가와 비부속서 I(Non-Annex I)국가로 구분하고, 이를 차별화하고 있다.

변화협약의 주요 내용은 온실가스배출의 농도 규제이다. 그 가운데 이산화탄소의 배출규제가 핵심이었다. 이러한 이산화탄소의 주요한 배출원은 화석연료였으므로 분명한 규제가 가능하였다.

(2) 교토의정서

한국은 1993년 12월에 47번째로 기후변화조약에 가입하였으나, 의무부담국가에서는 제외되었다. 1997년 12월에는 유엔기후변화기본협약의 문제점으로 지적된 구체적 감축목표의 흠결 등의 문제를 논의하기 위해 일본의 교토(京都)에서 개최된 제3차 당사국 총회(COP 3)에서 교토의정서(Kyoto Protocol)가 채택되었다. 교토의정서는 부속서 I 국가에 대해서 의무이행기간(2008년~2012년)에 평균 5.2%의 온실가스감축의무를 부여하였고, 시장메커니즘에 기초한 온실가스 감축수단으로서 청정개발체제(CDM), 배출권거래제(ETS), 공동이행제도(JI)의 3개 제도가 도입되었다.

(3) 파리협정

지난 2015년 12월 12일 프랑스 파리에서 기후변화의 전환점을 이루는 기념비적 사건이 있었다. 즉 제21차 당사국총회(COP 21)에서 소위 파리협정(Paris Agreement)을 채택함으로써 새로운 시대의 기후변화체제의 출범을 알린 것이다. 지난 2016년 4월 22일 미국 뉴욕(New York)의 유엔(UN) 본부에서 174개국과 유럽연합이 파리협정에 서명하였다. 파리협정에서는 산업화 이전에 대비하여 지구의 평균기온 상승을 섭씨 2℃ 이하의 수준으로 잘 유지하면서, 섭씨 1.5℃로 억제하기 위해 노력한다는 내용을 포함하고 있다.[6] 나아가 파리협정 이후에도 제22차 당사국총회가 모로코의 마라케쉬(Marrakech)에서, 제23차 당사국총회는 독일의 본(Bonn), 그리고 제24차 당사국총회가 폴란드 카토비체(Katowice)에서 개최된 바 있다. 2021년 11월 1일부터 12일까지 영국의 글래스고우(Glasgow)에서 제26차 당사국총회가 개최되었다.

---

6) 이에 대한 상세한 내용은 정남철 · 유승직 · 전훈 · 김성배, 신기후체제에서 기후변화대응의 현안과 법적 과제, 한국법제연구원, 2016 참조.

Ⅲ. 환경법의 대상으로서 환경

1. 환경개념의 다의성

환경개념은 다의적으로 사용되고 있다. 인간의 환경이란 인간의 생활조건에 영향을 주는 모든 요소들을 고려하여 파악해야 한다. 독일의 유력설은 인간의 환경을 경제적 · 사회적 · 기술적 · 심리적 생활조건이나 생활관계 등을 결정하는 모든 요소를 총합적으로 고려해서 파악해야 한다고 보고 있다.[7] 인간의 환경은 인간의 생활조건을 결정하는 외부현상을 총칭하는 것이 일반적이지만, 동 · 식물의 환경과 절연할 수는 없다. 이와 같이 인간은 동 · 식물의 환경과 밀접한 관계를 가지며, 지속적으로 상호작용을 하고 있다고 볼 수 있다. 따라서 환경개념에는 인간의 환경뿐만 아니라 동 · 식물의 환경 등이 모두 망라된다.

학설은 대립하고 있다. 좁은 의미의 환경개념은 자연환경(물 · 대기 · 바다 · 호수 등)만을 그 대상으로 하고 있다. 넓은 의미의 환경개념은 자연적 환경뿐만 아니라 문화적 · 역사적 유산, 그리고 사회적 환경(도로 · 공원 · 교육시설 등)을 포함하고 있다. 독일에서는 좁은 의미의 환경개념을 취하는 견해가 다수설이지만, 근래에는 실정법을 근거로 넓은 의미의 환경개념을 취하는 견해가 유력하다.[8] 국내에서도 자연적 환경과 문화적 유산뿐만 아니라, 사회적 환경도 포함한다는 견해가 유력하다. 판례는 대체로 넓은 의미의 환경개념을 취하고 있다. 즉 하급심인 부산고등법원은 자연적 환경은 물론이고 역사적 · 문화적 유산인 문화적 환경과 사회적 환경을 모두 포함하는 넓은 의미의 환경개념을 취하고 있다.[9] 이 사건의 상고심은 환경개념에 관하여 명확한 입장을 밝히고 있지 않으나, '교육환경'도 환경권의 보호대상에 포함시키고 있다.[10] 또한 봉은사사건에서 하급심은 사회적 · 문화적 환경을 환경개념에 포함하는 입장이다.[11] 그러나 이 판결을 자세히 살펴보면, 사회적 · 문화적 환경을 주거환경에 해당한다고 보고, 이러한 주거환경에 자연적 환경을 포함시키고 있는 것이다. 즉 자연적 환경이 사회

7) Hoppe/Beckmann/Kauch, Umweltrecht, 2. Aufl., 2000, § 1 Rn. 2.
8) Kloepfer, Umweltrecht, § 1 Rn. 14 ff.; Sparwasser/Engel/Voßkuhle, Umweltrecht, 5. Aufl., § 1 Rn. 6.
9) 부산고등법원 1995. 5. 18. 선고 95카합5 판결.
10) 대법원 1995. 9. 15. 선고 95다23378 판결.
11) 서울지방법원 1995. 9. 7. 선고 94카합6253 판결.

문화적 환경에 포함되는 모순을 보이고 있다. 상고심은 종교적 환경이 생활이익으로서의 가치를 가진다고 보고 있으나, 이러한 이익이 환경권의 보호대상에 해당한다고 명확히 밝히고 있지 않다.

2. 규범적 환경개념

규범적 환경개념은 중요한 의미를 가진다. 환경정책기본법 제3조에는 환경을 자연환경과 생활환경을 포함한 개념으로 규정하고 있다. 이에 의하면 자연환경은 "지하 · 지표(해양을 포함한다) 및 지상의 모든 생물과 이들을 둘러싸고 있는 비생물적인 것을 포함한 자연의 상태(생태계 및 자연경관을 포함한다)"를 말한다. 생활환경은 "대기, 물, 토양, 폐기물, 소음 · 진동, 악취, 일조, 인공조명, 화학물질 등 사람의 일상생활과 관계되는 환경"이라고 정의하고 있다. 생활환경의 의미는 다소 불명확하다. 독일 기본법 제20a조는 "자연적 생활근거"라고 규정하고 있다. 생활환경은 독일의 임미시온(Immissionen)이나 영미의 안온(安穩)방해(nuisance)와 관련된 일상생활의 환경을 의미한다고 볼 수 있다. 이와 달리 '자연환경'의 개념은 인간과 동 · 식물 외에 비생물적인 것을 포함한 자연의 상태를 말한다. 자연환경의 개념은 비교적 넓은 개념으로 이해될 수 있다. 규범적 의미의 환경개념은 자연환경 외에 인간과 동 · 식물을 포함한 생태계뿐만 아니라, 비생물적인 자연의 상태를 포함한다는 점에서 문화적 · 역사적 환경도 포함된다고 볼 수 있다. 또한 생활환경과 관련하여, 소음 · 진동 · 일조권 등이 문제될 수 있는 교육환경도 포함될 수 있다고 여겨진다. 환경분쟁조정법 제2조 제1호에서도 환경피해를 "사업활동, 그 밖에 사람의 활동에 의하여 발생하였거나 발생이 예상되는 대기오염, 수질오염, 토양오염, 해양오염, 소음 · 진동, 악취, 자연생태계 파괴, 일조 방해, 통풍 방해, 조망 저해, 인공조명에 의한 빛공해, 그 밖에 대통령령으로 정하는 원인으로 인한 건강상 · 재산상 · 정신상의 피해"라고 규정하고 있다. 이러한 정의에 의하는 경우에도 환경의 보호범위는 비교적 넓게 이해된다고 생각된다. 다만, 방사능오염으로 인한 피해는 여기에서 제외하고 있다.

3. 소 결

환경개념에 자연환경뿐만 아니라, 자연적 생활조건을 바탕으로 오랜 역사적 · 문화적 유산도 포함시켜 넓게 이해하는 견해가 타당하다. 다만, 환경개념을 인

공적으로 조성된 사회적 환경까지 그 외연을 확대하는 것은 환경의 고유한 이익을 확정하고 이를 다른 이익과 형량하는 것을 어렵게 할 수 있다. 따라서 구체적 사안에서는 실정법에 근거한 환경의 보호범위를 고찰하는 것이 필요하다.

Ⅳ. 환경권의 법적 근거

1. 환경권의 헌법적 근거

헌법 제35조는 환경권을 규정하고 있다. 헌법에 환경기본권을 규정한 입법례는 흔치 않다. 독일 기본법 제20a조는 환경보호를 국가목적조항으로 규정하고 있다. 환경권조항의 효력과 관련하여 방침규정설(입법방침설), 추상적 권리설, 구체적 권리설 및 양면적 권리설 등이 대립하고 있다. 헌법학자들은 헌법 제35조 상의 '환경권'을 다양하게 이해하고 있다. 즉 환경권을 인간의 존엄과 가치·행복추구권에서 파생된 기본권으로서 생존권적 기본권에 포함된다고 보면서도, 자유권적 성격과 생존권적 성격을 아울러 가진다는 보는 견해가 있다.[12] 또 다른 견해는 환경권을 총합적 기본권으로 이해하면서 주된 성격을 사회적 기본권으로 파악하고 있다.[13] 그 밖에 환경권을 국가와 국민의 환경보전의무를 전제로 하는 권리와 의무의 복합형태로서 "기본권의 전제조건을 보장"하는 기본권으로서의 성질과 기본권의 헌법적 한계로서의 성질을 함께 가지는 종합적 기본권으로 보는 견해가 있다.[14] 이러한 학설들은 대체로 복합적 기본권(적어도 자유권적 기본권과 사회적 기본권을 포함)의 성질을 인정하고 있다. 또한 국가·공공단체 또는 사인의 행위로 말미암아 환경이 오염되거나 공해가 발생하고, 이러한 환경오염이나 공해가 수인한도를 넘는 경우에는 공해배제청구권을 인정하고 있다.

한경권은 자유권적 측면에서는 구체적 권리로서 환경침해배제청구권을 가지고, 생존권적 측면에서는 추상적 권리로서 환경보호조치청구권의 성격을 동시에

12) 김철수, 헌법학개론, 2005, 876면; 계희열, 헌법학(중), 신정판, 박영사, 2004, 783면. 환경권을 국가와 국민을 수범자로 하며 부분적으로 방어권적 성격을 동시에 가지고 있는 사회적 기본권으로 보는 견해도 같은 입장이다(홍성방, 헌법학, 개정3판, 현암사, 2006, 588면).

13) 권영성, 헌법학원론, 2006, 686면. 이 견해는 또한 환경권이 사회적 기본권이라는 점을 강조하면서, 불완전하나마 '구체적 권리'로 이해해야 한다고 주장한다. 그리고 환경권의 총합적 기본권에 대하여 의문을 가지면서도, 환경권의 특성상 총합적 기본권성이 특히 강조된다는 견해도 대체로 총합적 기본권설에 서 있는 것으로 보인다(성낙인, 헌법학, 제5판, 법문사, 2005, 534면 참조).

14) 허 영, 한국헌법론, 제3판, 2003, 428면.

가진다고 보는 종합적 권리설이 다수설이다. 판례는 환경권을 추상적 권리로서 보는 입장이다. 대법원은 일련의 판결에서 "명문의 법률규정이나 관계 법령의 규정 취지 및 조리에 비추어 권리의 주체, 대상, 내용, 행사방법 등이 구체적으로 정립될 수 있어야만 인정되는 것이므로, 사법상의 권리로서의 환경권을 인정하는 명문의 규정이 없는데도 환경권에 기하여 직접 방해배제청구권을 인정할 수 없다"고 판시하고 있다.[15] 헌법 제35조의 환경권은 환경기본권이며, 근래에는 이를 구체적 권리로 파악하는 견해가 늘고 있다. 환경권의 구체적 내용은 입법자의 형성적 자유에 맡겨져 있다. 개인의 환경권이 침해당한 경우에는 개별법에 기초하여 방해배제청구권을 행사할 수 있다(적용우위). 그러나 개별 법률에 구체적인 규정이 없는 경우에는 헌법상의 환경권에 근거하여 보충적으로 방해배제를 청구할 수 있다고 보아야 한다.

2. 환경정책기본법 및 개별법의 제정

환경정책기본법은 환경분야의 정책법이자 일반법의 성격을 가진다. 환경오염규제에 관한 법률로는 대기환경보전법, 물환경보전법, 토양환경보전법, 자연환경보전법, 해양환경관리법, 폐기물관리법, 소음·진동관리법, 화학물질관리법, 화학물질의 등록 및 평가 등에 관한 법률, 환경분쟁조정법, 환경범죄 등의 단속 및 가중처벌에 관한 법률 등이 제정되어 있다.

V. 환경행정의 특징

1. 환경계획과 사전배려

환경행정은 공공의 안녕과 질서를 유지하는 것을 목적으로 하는 소극적인 질서행정과 달리 환경보전을 위한 적극적 활동을 내용으로 하고 있다. 근래에는 대규모공공사업과 같이 행정주체의 고권적 계획활동을 통해 환경문제가 발생하고 있다. 독일에서는 환경계획(Umweltplanung)이 중요한 역할을 하고 있다. 환경정책기본법에도 일찍이 환경계획의 수단이 체계적으로 정비되어 있다. 환경정책기본법은 국가에 환경오염 및 환경훼손과 그 위해를 예방하고 환경을 적정하

15) 대법원 1997. 7. 22. 선고 96다56153 판결(소위 봉은사사건); 대법원 1995. 5. 23. 선고 94마2218 판결; 대법원 1995. 9. 15. 선고 95다23378 판결(소위 부산대사건).

게 관리·보전하기 위하여 환경보전계획을 수립하여 시행할 책무를 부과하고 있다(동법 제4조). 또한 환경부장관은 국가 차원의 환경보전을 위한 종합계획(이하 '국가환경종합계획'이라 한다)을 20년마다 수립하도록 하고 있다(동법 제14조 제1항). 또한 시·도지사는 국가환경종합계획에 따라 관할 구역의 지역적 특성을 고려하여 시·도의 환경보전계획을 수립·시행하여야 한다(동법 제18조).

환경은 훼손되거나 파괴되면, 사후에 원래 상태로 복구하는 것이 쉽지 않다. 따라서 환경행정에서는 사후구제보다는 사전예방이 중요하다. 환경정책기본법 제1조 목적조항은 "환경오염과 환경훼손을 예방하고"라고 규정하여 사전배려의 성격을 강조하고 있다. 또한 환경정책기본법 제8조는 "국가 및 지방자치단체는 환경오염물질 및 환경오염원의 원천적인 감소를 통한 사전예방적 오염관리에 우선적인 노력을 기울여야 하며, 사업자로 하여금 환경오염을 예방하기 위하여 스스로 노력하도록 촉진하기 위한 시책을 마련하여야 한다"고 규정하고 있다. 행정계획은 사전배려의 원리와 밀접한 관련을 가진다. 이와 관련하여 환경정책기본법 제8조 제3항은 "국가, 지방자치단체 및 사업자는 행정계획이나 개발사업에 따른 국토 및 자연환경의 훼손을 예방하기 위하여 해당 행정계획 또는 개발사업이 환경에 미치는 해로운 영향을 최소화하도록 노력하여야 한다"고 규정하고 있다.

2. 개발이익과 환경이익의 충돌·조정

대부분의 환경분쟁에서는 개발이익과 환경이익이 첨예하게 대립하고 있다. 새만금간척사업은 그러한 점을 여실히 보여주고 있다. 지난 2006년 3월 16일 대법원은 전원합의체판결에 의해 4년 7개월의 법정분쟁에 대해 최종판단을 내린 바 있다. 대부분의 대형국책사업에서는 개발이익과 환경이익 중 그 하나를 쉽게 포기할 수 없고, 충돌하는 이익 사이의 조정이 중요한 문제로 부각된다. 그러한 이유로 대부분의 국책사업이 표류하거나 적시에 집행되지 못하고 지연됨으로써 사회경제적 비용을 증가시키고 있다. 따라서 가능한 한 대립하는 법익 사이에 최적점을 모색하여 친환경적 개발이 이루어질 수 있도록 노력해야 한다. 이와 관련하여 독일에서는 최적화명령(Optimierungsgebot)이 논의되고 있다.[16)]

16) 이에 대해서는 졸저, 행정구제의 기본원리, 325면 이하.

3. 환경행정 수단의 다양성

전통적인 질서행정법의 분야에서는 명령·금지 등의 수단에 의존하였다. 그러나 고도의 전문성과 기술성이 필요한 환경법 분야에서는 전통적인 행정작용 형식에 제한될 수 없다. 복잡다기한 환경문제에 효율적으로 대응하기 위해서는 행위형식이나 수단도 이에 상응할 필요가 있다. 오늘날 환경법분야에서는 직접적인 규제수단뿐만 아니라, 경제적 유인을 부여하는 간접적 규제수단, 그리고 비공식적 행정작용 등이 활용되고 있다.

제2절 환경법의 기본원리

환경법의 기본원리에 대하여 다양한 견해가 있다. 지속가능성의 원리가 국제환경법뿐만 아니라 국내환경법에서도 독자적인 원리로 발전하고 있음을 고려하여, 본서에서는 전통적인 3대 기본원리(사전배려의 원리, 원인자책임의 원리 및 협동의 원리) 외에 지속가능성의 원리를 포함하기로 한다.

Ⅰ. 사전배려의 원리

사전배려의 원리(Vorsorgeprinzip)란 "국가와 사회는 미래를 예측하고 계획성 있는 행위를 함으로써, 발생할 우려가 있는 위험과 리스크(risk, Risiko)에 사전에 대비하여야 하고, 생태계의 기초와 자연자원의 관리와 보전을 위해 사전에 배려해야 한다는 원칙"[17]으로 이해되고 있다. 사전배려의 원리는 미리 예견하여 환경위해나 환경훼손의 발생을 최대한 경감하는 것을 그 내용으로 한다. '사전배려'라는 용어는 독일어인 'Vorsorge'를 번역한 것이다. 포르스트호프(E. Forsthoff) 교수는 급부행정과 관련하여 생존배려(Daseinsvorsorge)라는 용어를 법학에서 처음 사용하였다. 그러나 그 개념파악이 쉽지 않은 것이 사실이다. 환경보전은 경찰질서법에서 보듯이 소극적으로 '위험방지'만으로는 부족하며, 사전에 환경오염

17) 김남진·김연태, 행정법 Ⅱ, 799면.

이나 파괴가 발생하지 않도록 충분한 대책을 수립할 필요가 있다. 환경정책기본법 제1조뿐만 아니라 제8조에도 사전예방의 원리에 관한 규정을 두고 있다. 이러한 사전예방의 원리와 사전배려의 원리가 동일한지에 대해 견해 대립이 있을 수 있다. 사전배려의 원리는 단순히 사전예방(prevention)을 넘어 국가가 위험뿐만 아니라 리스크에 대비하면서 환경보전을 위한 보호조치를 강구하는 것을 의미한다. 사전배려의 원리는 그러한 점에서 사전예방의 개념보다 더 포괄적이고 숙려적인 내용을 담고 있다. 영미국가에서도 이러한 사전예방과 구별되는 사전배려(precaution)의 개념을 사용하고 있다.

Ⅱ. 원인자책임의 원리

원인자책임의 원리(Verursacherprinzip)란 자신이나 자신의 보호·감독을 받는 사람의 행위 또는 물건의 상태로 인하여 환경오염의 원인을 발생시킨 사람이 그 환경오염의 제거나 손해전보 등에 관하여 책임을 지는 것을 말한다. 원인자책임의 원리는 환경정책기본법 제7조, 대기환경보전법 제35조 및 물환경보전법 제41조의 배출부과금, 환경개선비용부담법의 환경개선부담금 등에 의하여 구체화되고 있다. 영미의 오염자비용부담원리(Polluter Payment Principle), 독일의 비용귀속원리(Kostenzurechnungsprinzip) 등은 이러한 원인자책임의 원리를 의미한다.

한편, 대법원은 토지소유자가 토양오염물질을 토양에 누출·유출하거나 투기·방치함으로써 토양오염을 유발하였음에도 오염토양을 정화하지 않은 상태에서 오염토양이 포함된 토지를 거래에 제공함으로써 유통되게 하거나, 토지에 폐기물을 불법으로 매립하였음에도 처리하지 않은 상태에서 토지를 거래에 제공하는 등으로 유통되게 한 경우, 거래 상대방 및 토지를 전전 취득한 현재의 토지소유자에 대한 위법행위로서 원칙적으로 불법행위가 성립할 수 있다고 보고 있다.[18] 이 경우 현재의 토지소유자가 지출하였거나 지출해야 하는 오염토양 정화비용 또는 폐기물 처리비용 상당의 손해에 대하여 토양오염을 유발하거나 폐기물을 매립한 종전의 토지소유자는 불법행위자로서 손해배상책임을 진다고 판단하였다. 이러한 입장은 원인자책임의 원리를 엄격히 적용한 것이다. 이와 달리 헌법재판소는 구 토양환경보전법 제2조 제3호 등 위헌소원사건에서 헌법

18) 대법원 2016. 5. 19. 선고 2009다66549 전원합의체 판결.

불합치결정을 내린 바 있다.[19] 이 사건에서 오염원인자조항이 2002년 1월 1일 이전에 이루어진 토양오염관리대상시설의 양수에 대해 무제한적으로 적용되는 것에 대해 소극적으로 판단하였다. 즉 이 사건의 오염원인자조항이 추구하는 공익만으로 신뢰이익에 대한 침해를 정당화하기는 어렵다고 본 것이다.

Ⅲ. 협동의 원리

현대국가의 행정은 질서법상의 명령·금지 등을 통한 일방적 행태규율이 아니라, 점차 협상·협약·타협 등과 같은 협력적 행정작용[20] 또는 합의적 행정작용[21]을 통한 이익충돌의 극복을 강조하고 있다. 비공식적 행정작용에 연결되는 이러한 협력적 행정작용의 부상은 고권적 규율에 의존하고 있는 전통적인 피라미드구조의 계층질서모델에서 협상의 모델로 변해가고 있음을 의미한다.[22] 이러한 시대적 상황을 반영하여, 협력적 국가(kooperativer Staat)[23]라는 개념이 등장하고 있다. 이와 같이 현대행정은 수직적 구조에서 수평적 구조로 패러다임이 전환되고 있는 것이다.[24]

환경법상 협동의 원리는 대체로 다음과 같이 정의되고 있다. "환경정책적 목표를 가능한 합의에 의해 실현하는 것을 지향하는 정책적 절차의 과정"[25] 또는 "환경보호가 국가만의 임무이지만 경제나 사회에 대하여 일방적으로 집행하는 것이 아니라, 관련된 사회 제 세력의 공동협력이 필요한 것"[26] 등이 그러하다.

---

19) 헌재 2012. 8. 23. 2010헌마28, 판례집 24-2상, 420.

20) 비공식적 행정작용은 다시 일방적인 비공식적 행정작용(경고·권고 등)과 협력적인 비공식적 행정작용(협상·협약·타협·협정 등)으로 나눌 수 있다. 이와 관련하여 '비공식적' 이라는 표현이 주는 부정적 인상(부패·음모 등) 때문에 '협력적 행정작용(kooperatives Verwaltungshandeln)' 이라는 용어를 사용할 것을 권하는 견해도 있다(Bulling, Kooperatives Verwaltungshandeln (Vorverhandlungen, Arrangements, Agreements und Verträge) in der Verwaltungspraxis, DÖV 1989, S. 278).

21) 합의적 행정작용(konsensuales Verwaltungshandeln)의 개념에 대해서는 Schröder, Konsensuale Instrumente des Umweltschutzrechts, NVwZ 1998, S. 1011 ff. 참조.

22) Schmidt-Aßmann, Das allgemeine Verwaltungrecht als Ordnungsidee, 1998, S. 26 ff.

23) Ritter, Der kooperative Staat, AöR 104 (1979), S. 389 ff.; Joachim Jens Hesse, Verhandlungslösungen und kooperativer Staat, in: Hoffmann-Riem/Schmidt-Aßmann (Hg.), Konflikt- bewältigung durch Verhandlungen, Bd. 1, 1990, S. 97 ff.; Gusy, Kooperation als staatlicher Steuerungsmodus, ZUR 2001, S. 1 ff.

24) 졸고, "환경법상의 협동의 원칙", 환경법연구 제25권 1호, 375면 이하 참조.

25) Handwörterbuch des Umweltrechts, Kimminich/von Lersner/Storm (Hg.), 2. Aufl., Bd. 1, S. 1283 f.

협동의 원리는 환경정책의 결정과정에 대한 원리로서, 의사형성 및 결정과정 내지 환경정책의 목표달성을 위하여 모든 국가 및 사회세력의 공평한 협동작업을 요구하고 있다.[27] 따라서 환경보호가 현대국가의 숙명적 과제라 할지라도, 공적 임무로서의 환경보전의 임무를 전적으로 국가에 맡겨서는 안되고, 국가와 사회(시민·단체 및 경제)의 임무분배를 통해서 실현해야 된다는 것이다.[28] 이러한 점에서 협동의 원리는 책임귀속 내지 공동책임의 문제를 함축하고 있다고 볼 수 있다.

그러나 협동의 원리는 그 내용의 불확정성이나 다의성 등으로 인하여 "형체 없는 외관"만을 가지고 있다고 혹평(酷評)을 받기도 한다.[29] 법치국가원리에서 파생되는 법적 안정성 내지 법적 명확성에 비추어, 협동의 원리는 제도적 취약점을 보이고 있다. 또한 그 내용의 핵심적인 부분인 책임의 귀속 내지 분배에 있어서도 적지 않은 문제점을 던져 주고 있다. 즉 국가와 사회, 경제와의 공동책임의 범위를 어떻게 결정하는지가 중요하며, 이를 결정함에 있어 국가가 사회에 대하여 그 책임을 전가할 우려도 낳고 있다.

환경정책기본법은 환경보전을 위하여 노력해야 할 국가나 지방자치단체의 책무(제4조), 사업자의 책무(제5조)를 규정하고 있다. 또한 환경정책기본법 제6조 제2항은 국민이 국가와 지방자치단체의 환경보전시책에 협력할 의무를 규정하고 있다. 이러한 규정은 환경법상 협동의 원리를 규정한 것이다. 그러나 대등한 관계를 전제로 한 협력보다는 국가나 지방자치단체의 환경보전시책에 사회나 경제주체가 조력할 책무를 규정하고 있다. 이러한 협동의 원리는 행정과정이나 입법과정 등 환경정책의 형성과정에 국민이나 주민의 참여기회가 부여되고 이들 정책결정에 관련된 정보에 대한 자유로운 접근이 보장되는 경우에 비로소 실질적인 의미를 가진다. 그러나 환경법상의 협력적 작용은 결코 질서행정상의 규율수단(명령, 금지 등)을 완전히 대체할 수는 없으며, 보완적 기능을 가지고 있을 뿐이다.

---

26) Kloepfer, Umweltrecht, § 4 Rn. 45.

27) Hoppe/Beckmann/Kauch, Umweltrecht, § 1 Rn. 151.

28) Breuer, in: Schmidt-Aßmann(Hg.), Besonderes Verwaltungsrecht., 11. Aufl., 1999, 5. Abschn. Rn. 18.

29) Breuer, Empfiehlt es sich ein Umweltgesetzbuch zu schaffen, gegebenenfalls mit welchen Regelungsbereichen?, Gutachten zum 59. DJT, 1992, B 94 f.

Ⅳ. 지속가능성의 원리

전통적으로 환경법의 기본원리로는 사전배려의 원리, 원인자책임의 원리 및 협동의 원리를 언급하였으나, 오늘날에는 '지속가능성'이라는 용어가 보편적으로 사용되고 있다. 지속가능한 개발은 1992년 환경정상회의의 리오선언에서 공식적으로 채택된 후, 환경법의 핵심개념으로 부상하고 있다. 지속가능한 개발을 환경법의 지도원리로 소개하는 견해도 있다.[30] 환경정책기본법의 제1조 목적조항도 지속가능성의 원리를 함축하고 있다. 지속가능발전기본법 제2조도 지속가능성의 개념을 "현재 세대의 필요를 충족시키기 위하여 미래 세대가 사용할 경제·사회·환경 등의 자원을 낭비하거나 여건을 저하시키지 아니하고 서로 조화와 균형을 이루는 것"이라고 정의하고 있다. 그러나 지속가능한 개발의 원리는 규범적이고 실천적인 측면에서 불명확하고, 급진적 환경주의자의 입장에서는 대단히 불만족스럽고 타협적이고 절충적인 결과에 불과하다는 비판도 있다.[31] 지속가능한 개발의 법적 정의가 여전히 불명확하고 그 구체적인 내용이 정립되지 아니한 점도 문제이다. 지속가능성의 원리를 사전배려의 원리와 연결해서 이해하는 견해도 있다.[32] 그러나 지속가능한 개발의 원리가 리오선언 이후 국제환경법 차원에서 환경정책의 모범으로 제시되고 있음은 부인할 수 없는 사실이다.[33] 독일에서도 지속가능성의 원리를 환경법의 기본원리로 소개하는 견해가 늘고 있다.[34]

---

30) 이상규, 환경법론, 19-20면 참조.

31) 상세는 홍준형, 환경법, 71-72면.

32) 특히 독일의 대표적 환경법학자인 클뢰퍼(Kloepfer) 교수는 환경법의 기본원리로 ① 사전배려의 원리, ② 원인자책임의 원리, ③ 공동부담의 원리, ④ 협력의 원리 등을 제시하고, 지속가능한 개발의 원리를 사전배려의 원리와 관련하여 논의하고 있다(Kloepfer, Umweltrecht, 2. Aufl., § 4 Rn. 6, 24).

33) Hoppe/Beckmann/Kauch, Umweltrecht, 2. Aufl., § 1 Rn. 133.

34) Sparwasser/Engel/Voßkuhle, Umweltrecht, 5. Aufl., § 2 Rn. 23 ff.; Eifert, in: Schoch(Hg.), Besonderes Verwaltungsrecht, Kap. Rn. 66 f.

제3절 환경행정의 수단

Ⅰ. 환경계획

환경계획(environmental planning, Umweltplanung)이란 환경목표를 효과적으로 달성하기 위한 수단을 정합(整合)하는 미래형성적인 환경행정작용이다. 환경계획은 사전배려의 원리와 밀접한 관련을 가진다. 환경계획의 유형은 다양하다. 환경계획은 환경보전을 위한 종합계획, 환경보전을 위한 전문계획, 그리고 국토계획에 의한 환경보전으로 구분할 수 있다.

1. 환경보전을 위한 종합계획

정부는 환경보전종합계획(1996~2005)인 '환경비전 21'을 수립하여, 환경정책의 로드맵을 설정하였다. 그 구체적 실천방안으로는 사전배려의 원리, 개발과 보전의 조화, 원인자책임의 원리, 자발적 환경개선노력을 위한 경제적 유인책의 활용 및 정보공개와 참여로 인한 환경정책의 투명성과 신뢰성 확보 등을 담고 있다. '환경비전 21'은 환경프로그램의 성격을 가진다. 또한 환경정책기본법에는 국가환경종합계획, 환경보전중기종합계획, 시・도의 환경보전계획을 규정하고 있다. 그러나 이러한 종합계획은 대부분 행정내부적 구속력만을 가지고 있을 뿐이므로 그 실효성의 담보가 불확실하다. 이러한 장기종합계획은 환경보전을 위한 정책방향을 설정하는 프로그램적 성격을 가지고 있다. 개별법에도 이러한 종합계획을 규정한 경우가 있다. 즉 대기환경보전법 제11조의 대기환경개선 종합계획이 그러하다. 그 밖에도 기본계획을 규정한 경우도 있다. 토양환경보전법 제4조의 토양보전기본계획, 화학물질관리법 제6조의 화학물질의 관리에 관한 기본계획, 물관리기본법 제27조의 국가물관리기본계획 등이 그러하다. 이러한 종합계획이나 기본계획은 프로그램 내지 행정내부적 구속력을 가질 뿐이다.

2. 환경보전을 위한 전문계획

개별법에는 각 분야별로 환경보전에 관한 전문계획을 규정한 경우도 있다.

폐기물처리시설 설치계획(폐기물처리시설의 설치촉진 및 주변지역지원 등에 관한 법률 제11조의3) 등이 여기에 해당된다. 이러한 실시계획이나 설치계획은 사업자가 소관 행정기관의 승인이나 인가를 받는 경우가 대부분이다. 이러한 실시계획이나 설치계획은 구속력을 가진다. 폐기물처리시설 설치계획은 환경부장관이 직접 수립하는 경우도 있지만, 지방자치단체나 수도권매립지관리공사의 장이 수립하면 환경부장관의 승인을 받아야 한다. 이 경우 환경부장관은 이러한 폐기물처리시설 설치계획을 관보, 홈페이지 등 인터넷매체 및 한 개 이상의 중앙일간신문에 공고한다. 이러한 공고를 하면, 관계 법령에 따른 인허가를 받은 것으로 의제된다. 이러한 점에 비추어 폐기물처리시설 설치계획의 결정이나 승인 등은 행정처분의 성질을 가진 것으로 보아야 한다. 한편, 독일의 개별법에는 환경보전을 위한 전문계획을 규정하고 있다. 독일 연방자연보전법상 풍치계획, 독일 연방임미시온방지법상 대기정화계획(Luftreinhalteplanung) 및 소음저감계획(Lärmminderungsplanung) 등이 그러하다. 독일의 전문계획은 대부분 행정행위의 성질을 가지는 '계획확정절차'를 통해 실현된다(독일 행정절차법 제72조 이하 참조). 예컨대 대규모공공사업과 관련된 전문계획이 그러하다. 도로, 고속전철, 신공항 등의 건설계획(전문계획)은 환경에 적지 않은 영향을 미친다. 신공항건설사업 실시계획(구 수도권 신공항건설 촉진법 제7조), 전원개발사업 실시계획(전원개발촉진법 제5조) 등이 여기에 속한다. 예컨대 전원개발사업 실시계획에는 국토자연환경 보전에 관한 사항을 고려해야 한다(전원개발촉진법 제5조 제3항 제6호).

3. 환경보전을 위한 국토계획

국토계획도 환경보전과 밀접한 관련이 있다. 전체공간계획에 해당하는 대표적인 것으로는 국토기본법상 '국토종합계획'이 있다. 국토기본법은 국토관리의 기본이념으로 "개발과 환경의 조화"와 "국토의 지속가능한 발전"을 강조하고 있다(제2조). 또한 국토종합계획에는 "지속가능한 국토 발전을 위한 국토 환경의 보전 및 개선에 관한 사항"에 대해 기본적이고 장기적인 정책방향이 포함되도록 규정하고 있다(국토기본법 제10조 제10호). '국토의 계획 및 이용에 관한 법률'에는 도시계획으로 광역도시계획, 도시·군기본계획 및 도시·군관리계획을 규정하고 있다. 이러한 계획에도 환경의 보전 및 관리에 관한 사항이 포함되어 있다. 도시·군관리계획은 구속력이 있는 계획으로서 인근 주민의 환경상 이익을 침해할 수 있다. 이러한 환경상 이익이 침해되면, 해당 계획에 대한 취소소송이나 무효확인소송을 제기하여 권리구제를 받을 수 있다.

Ⅱ. 환경기준

1. 환경기준의 의의 및 법형식

환경기준이란 쾌적한 환경을 조성·보전하고 인간의 건강을 보호하기 위하여 확보될 것이 요청되는 기준으로서 환경행정이 추구하는 지침 또는 목표치를 말한다. 환경정책기본법 제12조 제1항은 "국가가 생태계 또는 인간의 건강에 미치는 영향 등을 고려하여 환경기준을 설정하여야 하며, 환경여건의 변화에 따라 그 적정성이 유지되도록 하여야 한다"고 규정하고 있다. 환경기준에는 국가 전체에 획일적·통일적으로 적용되는 '국가환경기준'과 지역환경의 특수성을 감안하여 특별시·광역시·특별자치시·도·특별자치도의 조례로 정하는 '지역환경기준'이 있다(환경정책기본법 제12조 제3항).

환경기준은 대통령령으로 정하도록 되어 있다(동법 제10조 제2항). 이에 따라 환경정책기본법 시행령 제2조는 [별표 1]에서 대기·수질·소음 3개 분야의 기준을 구체적 수치로 설정하고 있다. 환경기준을 달성하기 위한 가장 대표적인 수단은 배출시설에서 오염물질의 배출을 일정한 기준에 따라 규제하는 것이며, 그 기준을 '배출허용기준'이라 한다. 이러한 배출허용기준은 배출오염물질의 최대 허용농도로서, 법적으로 구속력이 있는 규제기준이다. 이를 위반한 경우에는 일정한 제재가 따른다. 또한 환경기준은 환경영향평가에 있어 평가기준으로 작용할 수 있다. 국가 및 지방자치단체는 환경에 관련되는 법령을 제정 또는 개정하거나 행정계획의 수립 또는 사업의 집행을 할 때에 환경기준이 적절히 유지되도록 다음의 사항을 고려하여야 한다. 즉 ① 환경악화의 예방 및 그 요인의 제거, ② 환경오염지역의 원상회복, ③ 새로운 과학기술의 사용으로 인한 환경오염 및 환경훼손의 예방, ④ 환경오염방지를 위한 재원의 적정 배분이 그러하다(환경정책기본법 제13조). 한편, 대법원은 수인한도의 기준을 판단함에 있어 주택건설기준보다 환경정책기본법에서 정하는 환경기준을 우선적으로 고려해야 한다고 보고 있다.[35)]

35) "수인한도의 기준을 결정함에 있어서는 일반적으로 침해되는 권리나 이익의 성질과 침해의 정

2. 지역환경기준의 허용과 한계

국가 법령과 같은 목적으로 규제하는 경우에 조례로 법령의 규제항목과 별도의 항목을 포함하여 규율하는 경우가 문제된다(소위 '추가조례'의 문제). 예컨대 법령은 이산화질소(NO2)만을 규제하고 있는데, 조례에서 이산화탄소(CO2)를 규제항목에 신설하는 경우가 그러하다. 또는 조례에서 정하는 배출허용기준이 법령의 기준보다 높은 경우에 이러한 조례가 허용되는지가 다투어지고 있다. 일본에서는 이러한 경우에 국가의 법령은 배타적·포괄적으로 규제하여 국가 차원의 최저기준(national minimum)을 정하는 것으로 이해하고, 지방자치단체의 필요에 따라 규제항목을 추가하는 것이 허용된다고 보고 있다.[36] 대법원은 "양자가 동일한 목적에서 출발한 것이라고 할지라도 국가의 법령이 반드시 그 규정에 의하여 전국에 걸쳐 일률적으로 동일한 내용을 규율하려는 취지가 아니고 각 지방자치단체가 그 지방의 실정에 맞게 별도로 규율하는" 경우에는 법령에 위반되지 아니한다고 판시하고 있다.[37] 한편, 환경정책기본법 제12조 제3항에는 해당 지역의 환경적 특수성을 고려하여 필요하다고 인정할 때에는 시·도의 조례로 국가환경기준보다 확대·강화된 별도의 환경기준(지역환경기준)을 설정 또는 변경할 수 있음을 규정하고 있다.

Ⅲ. 직접적 행위조종의 수단

환경행정의 직접적 행위조종 수단에는 명령·금지, 인·허가제, 신고, 감독 등이 있다. 환경법에서는 전통적으로 명령·금지 등과 같은 직접적 규제수단이 여전히 많이 활용되고 있다.

도뿐만 아니라 침해행위가 갖는 공공성의 내용과 정도, 그 지역환경의 특수성, 공법적인 규제에 의하여 확보하려는 환경기준, 침해를 방지 또는 경감시키거나 손해를 회피할 방안의 유무 및 그 난이 정도 등 여러 사정을 종합적으로 고려하여 구체적 사건에 따라 개별적으로 결정하여야 하는 바, 특히 차량이 통행하는 도로에서 유입되는 소음으로 인하여 인근 공동주택의 거주자에게 사회통념상 일반적으로 수인할 정도를 넘어서는 침해가 있는지 여부는 주택법 등에서 제시하는 주택건설기준 보다는 환경정책기본법 등에서 설정하고 있는 환경기준을 우선적으로 고려하여 판단하여야 한다."(대법원 2008. 8. 21. 선고 2008다9358, 9365(병합) 판결)

36) 宇賀克也, 地方自治法概說, 제2판, 140면.

37) 대법원 2007. 12. 13. 선고 2006추52 판결.

1. 배출규제조치

환경행정에서 작위 · 부작위 · 수인 등의 의무를 부과하는 행정처분(하명)이나 조치 등은 중요한 행위조종의 수단이다. 여기에는 개선명령 · 조업정지 등 배출규제조치가 해당된다. 사업자에게 해당 사업의 배출시설에서 나오는 오염원이 배출허용기준에 적합하게 시설을 운영하도록 의무를 부과하고 있으며, 배출허용기준을 초과하는 경우에 환경부장관은 개선명령(방지시설의 개선 · 대체 기타 조치 등)을 내릴 수 있다(대기환경보전법 제33조, 물환경보전법 제39조, 소음 · 진동규제법 제15조). 또한 환경부장관은 운영 · 관리기준을 준수하지 아니하는 측정기기부착사업자 등에게 대통령령으로 정하는 바에 따라 기간을 정하여 측정기기가 기준에 맞게 운영 · 관리되도록 필요한 조치를 할 것을 명할 수 있다. 이에 따른 조치명령을 이행하지 아니하는 자에게 6개월 이내의 기간을 정하여 해당 배출시설 등의 전부 또는 일부에 대한 조업정지를 명할 수 있다(물환경보전법 제38조의4). 그리고 배출시설의 운영에 있어 배출되는 오염원의 측정에 관한 의무를 부과할 수 있다(동법 제46조). 그 밖에 공공수역이나 하천 · 호소(湖沼) 등이 오염될 우려가 있다고 인정될 때에는 수질유해물질, 폐기물, 축산폐수 등을 투기하거나 토사를 유출하는 등의 행위를 하는 자에게 해당 물질을 제거하는 등 오염의 방지 · 제거를 위한 조치(소위 "방제조치")를 명할 수 있다(동법 제15조 제3항). 이러한 환경상의 배출규제에 관한 조치나 명령을 위반하거나 불이행하는 경우에는 그 실효성확보를 위하여 각 개별법에 일정한 제재조치가 규정되어 있다. 예컨대 대기환경보전법에는 규제명령위반에 대하여 조업정지명령(제34조), 허가취소(제36조) 및 위법한 시설의 폐쇄조치(제38조) 등이 규정되어 있다.

2. 인 · 허가제

인 · 허가제는 환경보전을 위한 대표적인 행정규제수단이다. 환경과 관련되는 일정한 공사나 사업의 시행에는 환경보전의 관점에서 일정한 요건을 충족하여야 한다. 예컨대 환경에 영향을 미치는 일정 규모 이상의 배출시설의 설치 또는 변경은 환경부장관의 '허가'를 받아야 한다(대기환경보전법 제23조, 물환경보전법 제33조, 소음 · 진동규제법 제9조 참조). 이러한 허가는 예방적 금지를 해제하는 수단이다(통제허가). 그러나 실정법상 허가라는 명칭을 사용하는 것 중에는 통제허가가 아니라 억제적 금지를 면제하는 예외적 승인(Ausnahmebewilligung)에 해당하는 경우도 있다. 통상의 허가는 예방적 금지와 관련이 있지만, 예외적 승인은 사회적·환경적으로 유해한 행위에 대한 억제적 금지와 관련이 있다. 예컨대 화학물질관리법 제28조의 유해화학물질 영업허가도 예외적 승인에 해당한다.[38]

3. 신고제

신고제는 환경보전을 위한 가장 완화된 규제수단이다. 본래적 의미의 신고제는 관계인이 신고의무로 되어 있는 사실을 행정청에 통고함으로써 그 의무를 이행한 것이 된다. 이러한 신고제는 허가제에 비하여 간소한 절차이므로, 환경에 대한 영향이 경미한 사업이나 공사 등의 경우에 인정된다. 예컨대 대기환경보전법 제23조의 신고, 대기환경보전법 제38조의2에 규정된 비산배출시설의 설치신고 등이 여기에 해당한다. 대법원은 악취방지법 제8조의2 제2항에 따른 악취배출시설 설치·운영신고에 대해 '수리를 요하는 신고'로 보고 있다.[39]

Ⅳ. 간접적 행위조종의 수단

간접적 행위조종의 수단으로는 공과금·자금조성 등 경제적 유인수단, 배출권거래제 및 배출상쇄제, 환경심사제, 행정청의 경고 및 권고, 비공식적 행정작용 등이 있다.[40] 경제적 유인수단, 즉 시장유인적 규제수단(regulation by market incentives)은 경제적 동기부여에 의해 개인이나 기업이 자발적이고 환경친화적인 행위를 하도록 유도하는 수단을 말한다.[41] 이를 통해 상대방에 대한 불필요한 강요를 하지 않고 원인자의 개별적인 비용사정이 고려되며, 동일한 또는 적은 비용으로 많은 효과를 가져다주는 장점이 있다. 이러한 점은 직접적 행위조종의 문제점을 보완할 수 있다. 그러나 경제유인적 수단은 질서행정의 수단에 비하여 많은 시간이 필요하다. 또한 그 효과의 불확실성과 불완전성이라는 단점을 가지고 있고, 법치국가적 관점에서도 문제점이 제기되고 있다.

---

38) 이에 대해서는 졸저, 행정법의 특수문제, 295면 참조.
39) 대법원 2022. 9. 7. 선고 2020두40327 판결. 이에 대한 평석은 졸고, "악취배출시설 설치·운영신고와 수리(修理) 심사권에 관한 법적 문제", 법치국가원리의 이상과 실제(조태제 교수 정년기념논문집), 2023. 3, 541면 이하.
40) Erbguth/Schlacke, Umweltrecht, 6. Aufl., § 5 Rn. 81 ff.
41) 최병선, 정부규제론, 457면 이하.

1. 환경부과금(배출부과금)

환경부과금은 환경유해적 행위에 대하여 공과금을 부과함으로써 환경친화적 행위를 하도록 동기를 유발하는 유도부과금으로서 간접적 행위조종을 위한 중요한 수단이다. 배출부과금이 그러한 전형적 사례이다. 이러한 환경부과금은 환경친화적 행위를 유도할 뿐 아니라, 환경보전을 위한 재정확보에도 기여한다(대기환경보전법 제35조, 물환경보전법 제41조 등). 배출부과금은 일정한 환경기준을 초과하는 오염원의 배출량이나 그 잔류량에 대하여 과하여지는 부과금으로서 환경오염방지를 목적으로 하고 있다. 종전에는 농도규제제도에 따라 배출허용기준을 초과하는 경우에만 배출부과금을 부과하였으나, 현행 대기환경보전법과 물환경보전법에서는 '총량규제제도'를 채택하고 있다.

한편, 배출부과금은 그 배출량에 따라 부과하도록 하고 있는데, 기본배출부과금과 초과배출부과금으로 구분된다(물환경보전법 제41조). 즉 배출시설(폐수무방류배출시설은 제외한다)에서 배출되는 폐수 중 수질오염물질이 배출허용기준 이하로 배출되나 방류수 수질기준을 초과하는 경우, 폐수종말처리시설 또는 공공하수처리시설에서 배출되는 폐수 중 수질오염물질이 방류수 수질기준을 초과하는 경우에는 '기본배출부과금'을 부과한다. 그러나 수질오염물질이 물환경보전법 제32조에 따른 배출허용기준을 초과하여 배출되는 경우, 수질오염물질이 공공수역에 배출되는 경우(폐수무방류배출시설로 한정한다)에는 '초과배출부과금'을 부과할 수 있다. 이러한 배출부과금은 금전적 급부의무의 부과라는 점에서 조세와 유사하다고 보아 "공해배출세"라고도 불린다. 이는 일정한 환경기준을 초과하는 오염물질의 배출사실에 대한 제재라는 점에서 행정제재금의 성질을 가지며, 이를 조세로 보기는 어렵다.

2. 과징금

과징금제도는 본래 경제적 이익을 박탈하는 금전적 제재수단이었으나, 근래에는 환경규제수단으로도 널리 활용되고 있다. 환경부장관은 배출허용기준을 초과하는 배출시설의 사업자에 대하여 개선명령을 발할 수 있으나, 해당 사업자가 이를 이행하지 않거나 일단 이를 이행했음에도 해당 시설에서 배출되는 오염물질의 정도가 배출허용기준을 초과할 때에는, 해당 배출시설의 전부 또는 일부의 조업정지처분을 할 수 있다. 그러나 해당 배출시설이 ① 의료법에 의한 의료기관의 배출시설, ② 사회복지시설 공동주택의 냉난방시설, ③ 발전소의 발전시설, ④ 집단에너지사업법에 따른 집단에너지시설, ⑤ 초·중등교육법에 의한 학교의 배출시설, ⑥ 제조업의 배출시설, ⑦ 그 밖에 대통령령으로 정하는 배출시설에 해당하는 경우에는 조업정지처분에 갈음하여 2억원 이하의 과징금을 부과할 수 있다(대기환경보전법 제37조 제1항). 물환경보전법에는 ①, ③, ⑤, ⑥, ⑦에 해당하는 시설에 대해서만 '변형과징금'을 부과할 수 있다(물환경보전법제20의2).

한편, 물환경보전법에는 '오염총량초과과징금' 제도를 두고 있다. 환경부장관 또는 오염총량관리시행 지방자치단체장은 할당오염부과량 등을 초과하여 배출한 자에게 '오염총량초과과징금'을 부과·징수할 수 있다(물환경보전법 제4조의7). 다만, 제1항에 따라 오염총량초과과징금을 부과하는 경우 제41조에 따른 배출부과금 또는 '환경범죄 등의 단속 및 가중처벌에 관한 법률' 제12조에 따른 과징금(수질 부분에 부과된 과징금만 해당한다)이 부과된 경우에는 그에 해당하는 금액을 감액한다(동조 제4항).

이러한 과징금제도는 해당 시설의 계속적 조업이 국민의 일상생활 그 밖에 경제적·사회적 관점에서 중요하고 시설의 조업정지가 중대한 공익을 해할 가능성이 있기 때문에 그 조업자체를 허용하면서 과징금을 부과하여 환경개선대책사업의 재원에 충당하려는 데에 있다. 그러나 제조업의 배출시설에 대해서는 조업정지를 갈음하는 변형과징금을 부과하는 것은 이해하기 어렵다. 징수된 과징금은 환경개선특별회계의 세입으로 한다(대기환경보전법 제37조 제5항, 물환경보전법 제43조 제4항). 이를 납부하지 않을 때에는 환경부장관은 국세체납처분의 예에 따라, 시·도지사는 '지방행정제재·부과금의 징수 등에 관한 법률'에 따라 징수한다(동조 제4항). 물환경보전법은 2019년 11월 26일 개정에 의해 조업정지처분을 갈음하여 '매출액'에 100분의 5를 곱한 금액을 초과하지 아니하는 범위에서 과징금을 부과할 수 있도록 변경되었다.

3. 자금조성(자금지원)

자금조성(Subventionen)이란 국가가 환경친화적 행위를 유도하기 위하여 개인 또는 기업에게 재산적 이익을 제공하는 것을 말한다. 환경정책기본법 제55조 이하에서 규정하고 있는 환경보전을 위한 시책사업 등에 대한 재정적 지원이 그러한 예이다. 그 밖에도 개별법에 환경보전을 위한 국고보조 내지 재정적 지원을 규정하고 있다(폐기물관리법 제53조, 자연환경보전법 제55조, 물환경보전법 제69조 참조). 이러한 자금조성은 '공동부담의 원리'에 속한다.[42] 간접적인 자금조성에는 환경친화적 기업에 대한 조세감면제도가 있다

4. 배출권거래제

배출권거래제(Zertifikatsmodell)는 환경당국이 특정한 오염물질의 배출에 대해 오염배출권 또는 오염배출면허를 부여하고 시장을 형성하여 이를 배출거래소에서 거래하도록 하는 방식이다. 온실가스감축을 위해 유럽연합은 2005년부터 배출권거래시스템(ETS)을 운영하고 있다. 유럽연합의 배출권거래시스템은 배출권의 상한을 설정하고, 그 잉여분이나 부족분을 거래하도록 하는 방식이다(Cap and Trade System). 할당기간은 제1기(2005~2007)와 제2기(2008~2012)를 거쳐 제3기(2013~2020)가 종료되었다. 2021년부터는 제4기(2021~2030)가 시작되는데, 지난 2018년 초에 관련 입법을 개정하였다. 제3기에 연간 할당량 1.74% 감축을 목표로 하였으나, 제4기가 시작되는 2021년에 연간 할당량 2.2%를 감축할 계획을 수립하였다. 유럽연합의 기후행동(Climate Action)은 유럽의 그린 뉴딜(European Green Deal)에 중점을 두고 있으며, 2050년까지 기후중립과 온실가스 배출제로를 목표로 하고 있다. 유럽연합은 2030년에 온실가스를 1990년 대비 40% 감축을 비롯해서 재생에너지의 비율을 적어도 32% 확보, 그리고 에너지효율성을 32.5% 향상을 목표로 하고 있었다. 그러나 이러한 목표를 넘어 보다 강력한 배출권 감축전략을 추진할 것으로 보인다. 이와 관련하여 2020년 5월 4일 기후중립을 달성하기 위한 체계의 설립과 명령 개정을 위한 제안을 제시한 바 있다.[43] 우리나라에도 '온실가스 배출권의 할당 및 거래에 관한 법률'(이하 "배출권거래법"이라 한다)이 제정되어 있다. 주무관청이 배출권을 할당하면, 이러한 배출권은 매매나 그 밖의 방법을 통해 거래될 수 있다(배출권거래법 제19조).

42) Kloepfer, Instrumente des staatlichen Umweltschutzes in der Bundesrepublik Deutschland, in; Jahrbuch des Umwelt- und Technikrechts 1987, S. 15; Erbguth/Schlacke, Umweltrecht, 6. Aufl., § 5 Rn. 85.
43) COM(2020) 80 final.

5. 배출상쇄제

배출상쇄제(Kompensationsmodelle)는 배출권거래제에서 발전된 것인데, 배출시설 상호 간의 조정이나 상쇄를 유도하는 제도이다. 특정한 지역 내에 여러 개의 기업을 가진 배출업자가 A기업에서 할당된 배출감소의무를 넘어 온실가스를 배출하는 경우 B기업에서 이에 상응하는 온실가스의 배출을 줄이는 것을 말한다. 배출상쇄제는 독일 연방임미시온방지법 제7조 제3항, 제17조 제3a항 등에서 채택하고 있다.[44] 우리나라에서도 이와 유사한 제도가 있다. 즉 할당대상업체는 국제적 기준에 부합하는 방식으로 외부사업에서 발생한 온실가스 감축량을 보유하거나 취득한 경우에 그 전부 또는 일부를 배출권으로 전환하여 줄 것을 주무관청에 신청할 수 있다(배출권거래법 제29조 제1항). 주무관청은 이러한 신청을 받으면 대통령령으로 정하는 기준에 따라 외부사업 온실가스 감축량을 그에 상응하는 배출권으로 전환하고, 그 내용을 배출권거래법 제31조에 따른 상쇄등록부에 등록하여야 한다(동조 제2항).

6. 환경심사제

미국 및 유럽연합(EU)에서 도입한 환경심사제(Öko-Audit)도 간접적 행위조종의 수단이다. 환경심사제는 기업이 자율적 환경심사에 참여함으로써 해당 기업은 환경보전에 관한 기업내부의 결함을 발견할 수 있고, 또한 자기책임과 자율통제를 강화하여 비용절감의 효과를 가져올 수 있다. 환경심사제에 참여하는 기업은 기업의 이미지를 개선하고 경쟁적 지위를 강화할 수 있다. 친환경기업으로 인정되면 금융기관이나 보험회사와의 관계에서 유리한 지위를 확보할 수 있는 장점도 가진다. 이러한 환경심사제는 소위 '규제된 자율규제(regulierte Selbstregulierung)'의 대표적 사례이다.

7. 정보작용 및 비공식적 행정작용

환경행정에서도 비권력적 행정작용이 부각되고 있다. 예컨대 권고·경고 등과 같은 정보제공작용은 환경행정에서 중요한 수단이 되고 있다. 이러한 권고나

---

44) Erbguth/Schlacke, Umweltrecht, 6. Aufl., § 5 Rn. 106.

경고 등은 독일에서 비공식적 행정작용과 더불어 단순행정작용 내지 단순고권작용으로 다루어지고 있다. 이러한 경고나 권고 등은 국민에게 환경정보를 제공하여 환경상 위해를 예방하는 효과를 가지지만, 사업자의 기본권(영업의 자유나 재산권 등)을 침해할 수도 있다. 공법상의 경고는 비권력적 사실행위로 다루어졌으나, 처분으로 인정된 사례가 있다.

환경행정에 있어서 비공식적 행정작용이 많이 활용되고 있다. 사업자가 환경규제 대신에 환경오염물질(석면 등)을 자발적으로 50% 감면하는 협약을 체결할 수도 있다. 이를 '자기제한적 협정'이라고 한다. 이러한 비공식적 행정작용은 탄력적인 환경행정에 기여하고 있다. 대기관리권역의 대기환경개선에 관한 특별법 제25조에는 자발적 협약체결기업에 대한 특례조항을 두고 있다. 즉 총량관리사업자가 총량관리대상 오염물질의 배출을 그 배출허용총량보다 더 줄이기 위한 계획을 수립하여 환경부장관과 협약(이하 "자발적 협약"이라 한다)을 체결하면, 환경부장관은 자발적 협약을 이행하기 위하여 필요한 재원의 지원이나 부과금을 부과하는 경우에 전년도에 할당된 배출허용총량보다 더 줄인 양에 해당하는 금액을 감액하는 혜택을 줄 수 있다.

제4절 환경영향평가제도

Ⅰ. 환경영향평가의 의의 및 연혁

환경영향평가(Environmental Impact Assessment, Umweltverträglichkeitsprüfung)란 "환경에 영향을 미치는 실시계획·시행계획 등의 허가·인가·승인·면허 또는 결정 등(이하 '승인 등'이라 한다)을 할 때에 해당 사업이 환경에 미치는 영향을 미리 조사·예측·평가하여 해로운 환경영향을 피하거나 제거 또는 감소시킬 수 있는 방안을 마련하는 것"을 말한다(환경영향평가법 제2조 제2호). 환경영향평가는 사전배려의 원리에 기초하여 환경파괴를 미리 예방하고 최소화하기 위한 제도로서 1969년 미국의 국가환경정책법(NEPA: National Environmental Policy Act)에서 유래하였다.

환경정책기본법에 환경영향평가제도를 처음 규율하였으나, 구체적인 법제정비의 필요성에 따라 1993년 6월 11일 '환경영향평가법'이 제정되었다. 그러나 환경, 교통, 재해, 인구에 관한 영향평가가 각각 다른 법률(도시교통정비촉진법, 자연재해대책법 및 수도권정비계획법)에 의하여 별도로 시행됨으로써 절차의 중복과 사업자의 과도한 경제적 부담이라는 문제점이 발생하였다. 이러한 문제점을 해소하기 위하여 종래의 환경영향평가법을 폐지하고, 1999년 12일 31일에 '환경·교통·재해 등에 관한 영향평가법'이 제정되었다. 그러나 서로 성격이 다른 평가제도를 통합·운영하면서 평가제도 상호 간에 중복현상이 발생하거나 각종 영향평가서 작성에 과다한 시간·비용·인력이 소요되는 등의 문제점이 제기되었다. 이를 개선하기 위하여 이 법에서 교통·재해·인구 영향평가 제도를 분리하고 2008년 3월 28일 다시 '환경영향평가법'이 별도로 제정되었다.

2011년 7월 21일 환경영향평가법의 전부개정에서는 유사한 목적의 평가제도가 이원화되어 있던 환경정책기본법상의 사전환경성검토제도와 환경영향평가법상의 환경영향평가제도를 일원화하여 환경영향평가법에서 통일적으로 규율하였다. 특히 이 개정에서는 '전략환경영향평가'제도와 '소규모 환경영향평가'제도를 도입하고 있다. 전략환경영향평가는 "환경에 영향을 미치는 계획을 수립할 때에 환경보전계획과의 부합 여부 확인 및 대안의 설정·분석 등을 통하여 환경적 측면에서 해당 계획의 적정성 및 입지의 타당성 등을 검토하여 국토의 지속가능한 발전을 도모하는 것"을 말한다(환경영향평가법 제2조 제1호). 전략환경영향평가는 개발기본계획을 수립하려는 행정기관의 장이 수립한다. 소규모 환경영향평가는 환경보전이 필요한 지역이나 난개발이 우려되어 계획적 개발이 필요한 지역에서 개발사업을 시행할 때에 입지의 타당성과 환경에 미치는 영향을 미리 조사·예측·평가하여 환경보전방안을 마련하는 것을 말한다(동조 제3호).

Ⅱ. 환경영향평가제도의 내용 및 특징

1. 환경영향평가의 기본원칙

환경영향평가제도는 환경법상 사전배려의 원리에 근거하고 있다. 환경영향평가법에도 그러한 내용을 확인할 수 있다. 특히 환경영향평가법 제4조는 환경영향평가 등의 기본원칙을 밝혀두고 있다. 즉 ① 보전과 개발이 조화와 균형을 이루는 지속가능한 발전이 되도록 할 것, ② 환경보전방안 및 그 대안은 과학적으로 조사·예측된 결과를 근거로 하여 경제적·기술적으로 실행할 수 있는 범위에서 마련되어야 할 것, ③ 환경영향평가 등의 대상이 되는 계획 또는 사업에 대하여 충분한 정보 제공 등을 함으로써 환경영향평가 등의 과정에 주민 등이 원활하게 참여할 수 있도록 노력할 것, ④ 환경영향평가 등의 결과는 지역주민 및 의사결정권자가 이해할 수 있도록 간결하고 평이하게 작성할 것, ⑤ 환경영향평가 등은 계획 또는 사업이 특정 지역 또는 시기에 집중될 경우에는 이에 대한 누적적 영향을 고려하여 실시할 것, ⑥ 환경영향평가등은 계획 또는 사업으로 인한 환경적 위해가 어린이·노인·임산부·저소득층 등 환경유해인자의 노출에 민감한 집단에게 미치는 사회·경제적 영향을 고려하여 실시할 것을 정하고 있다.

2. 환경영향평가의 대상사업

환경영향평가의 대상사업에는 ① 도시의 개발사업, ② 산업입지 및 산업단지의 조성사업, ③ 에너지개발사업, ④ 항만의 건설사업, ⑤ 도로의 건설사업, ⑥ 수자원의 개발사업, ⑦ 철도(도시철도를 포함)의 건설, ⑧ 공항의 건설사업, ⑨ 하천의 이용 및 개발사업, ⑩ 개간 및 공유수면의 매립사업, ⑪ 관광단지의 개발사업, ⑫ 산지의 개발사업, ⑬ 특정지역의 개발사업, ⑭ 체육시설의 설치사업, ⑮ 폐기물처리시설의 설치사업, ⑯ 국방·군사시설의 설치사업, ⑰ 토석·모래·자갈·광물 등의 채취사업, ⑱ 환경에 영향을 미치는 시설로서 대통령령으로 정하는 시설의 설치사업이 있다(환경영향평가법 제22조 제1항). 환경영향평가 대상사업의 구체적인 종류와 범위 등은 시행령에 위임하고 있다(동조 제2항). 그러나 재난 및 안전관리 기본법 제37조에 따른 응급조치를 위한 사업, 국방부장관이 군사상 고도의 기밀보호가 필요하거나 군사작전의 긴급한 수행을 위하여 필요하다고 인정하여 환경부장관과 협의한 사업, 국가정보원장이 국가안보를 위하여 고도의 기밀보호가 필요하다고 인정하여 환경부장관과 협의한 사업은 환경영향평가의 대상에서 제외된다.

3. 환경영향평가의 제도적 기능 및 문제점

환경영향평가는 사전배려의 원리를 실현함에 있어 중요한 기능을 수행한다. 첫째, 환경영향평가는 사전예방적 또는 사전배려적 환경보전에 기여한다. 환경영향평가의 대상이 되는 사업은 대부분 개발사업이나 공공사업 등이다. 이러한 개발사업이나 공공사업 등은 환경에 영향을 미칠 우려가 크다. 환경영향평가를 통해 환경에 미치는 결과를 조사·예측·분석하여 미연에 그 피해를 피하거나 줄일 수 있다. 둘째, 환경영향평가는 개발이익과 환경이익의 충돌을 조율하는 기능을 수행한다. 대규모공공사업은 대부분 개발이익과 환경이익이 첨예하게 대립하므로, 환경영향평가를 통해 이를 사전에 조율할 수 있다. 셋째, 공공사업이나 개발사업은 지방자치단체나 주민들의 이익과 충돌할 수 있다. 환경영향평가는 친환경적인 개발을 유도함으로써 공공갈등을 해소할 수 있다.

환경영향평가가 제대로 기능하는 경우에는 위에서 언급한 순기능을 수행하게 되고, 공공사업이나 개발사업이 환경피해를 최소화하면서 추진될 수 있는 장점을 가진다. 또한 환경영향평가로 인한 공공사업의 지연을 최소화하고, 사회경제적 비용을 절감할 수 있다. 그러나 다른 한편, 환경영향평가는 여러 가지 문제점을 가진다. 환경영향평가에 많은 비용과 시간이 소요되고 있어 공공사업의 지연을 초래할 수도 있다. 또한 환경영향평가업자의 대행을 통해 부실한 평가서가 작성되는 경우가 있다. 나아가 환경영향평가서 내용의 하자에 대해서는 사법심사가 엄격하지 않아 난개발이나 환경파괴 등을 초래하는 공공사업을 정당화시킬 수 있다.

Ⅲ. 환경영향평가의 절차

1. 환경영향평가서의 작성 및 주민 등의 의견수렴

승인 등을 받지 아니하여도 되는 사업자는 환경영향평가를 실시하기 전에 평가준비서를 작성하여 소정의 기간 내에 환경영향평가협의회의 심의를 거쳐 환경영향평가항목 등을 결정하여야 한다(환경영향평가법 제24조 제1항). 이러한 환경영향평가항목 등에는 환경영향평가 대상지역, 환경보전방안의 대안, 평가항목·범위·방법 등이 해당된다. 승인 등을 받아야 하는 사업자는 환경영향평가를 실시하기 전에 평가준비서를 작성하여 승인기관의 장에게 환경영향평가항목 등을 정하여 줄 것을 요청하여야 한다(동조 제2항). 또한 사업자는 환경영향평가항목 등에 따라 환경영향평가서 초안을 작성하여 주민이나 이해관계인 등의 의견을 수렴하여야 한다(동법 제25조). 환경영향평가서는 환경영향평가 대상사업의 주체(이하 '사업자'라 한다)가 이를 작성하여야 한다(동법 제22조). 환경영향평가서의 작성은 환경영향평가업자에 의해 대행될 수 있다(동법 제53조).

2. 환경영향평가서의 협의 및 검토

사업자나 승인기관의 장(이하 "승인기관장 등"이라 한다)은 환경영향평가 대상사업에 대한 승인 등을 하거나 환경영향평가 대상사업을 확정하기 전에 환경부장관에게 협의를 요청하여야 한다. 이 경우 승인기관의 장은 환경영향평가서에 대한 의견을 첨부할 수 있다(환경영향평가법 제27조 제1항). 환경영향평가 대상사업 중 승인 등을 받지 아니하여도 되는 사업자는 환경부장관에게 협의를 요청할 경우 환경영향평가서를 작성하여야 하며, 승인 등을 받아야 하는 사업자는 환경영향평가서를 작성하여 승인기관의 장에게 제출하여야 한다(동조 제2항).

환경부장관은 협의요청을 받은 경우 주민의견 수렴절차 등의 이행 여부 및 환경영향평가서의 내용 등을 검토한다(동법 제28조 제1항). 또한 환경부장관은 환경영향평가서를 검토할 때에 필요하면 환경영향평가에 필요한 전문성을 갖춘 기관으로서 대통령령으로 정하는 기관 또는 관계 전문가의 의견을 듣거나 현지조사를 의뢰할 수 있고, 승인기관장 등에게 관련 자료의 제출을 요청할 수 있다(동조 제2항). 환경부장관은 한국환경연구원과 해양수산부장관(해양환경에 영향을 미치는 사업으로서 대통령령으로 정하는 사업만 해당한다)의 의견을 듣도록 하고 있다(동조 단서).

3. 협의내용의 통보

환경부장관은 평가서의 검토가 완료된 때에는 협의를 요청받은 날부터 대통령령으로 정하는 기간 내에서 승인기관장 등에게 협의내용을 통보하여야 한다(환경영향평가법 제29조 제1항). 협의내용을 통보받은 승인기관의 장은 그 내용을 사업자에게 통보하여 협의내용에 따른 필요한 조치를 하도록 하여야 하며, 사업자는 협의내용에 따른 조치를 하여야 한다(동법 제30조). 사업계획의 승인신청이 있는 때에는 승인기관의 장은 협의내용이 사업계획 등에 반영되었는지의 여부를 확인하고, 반영되지 않은 때에는 이를 반영하도록 한다(동조 제2항). 협의내용에 대하여 이의가 있으면 사업자나 승인기관의 장은 환경부장관에게 협의내용을 조정하여 줄 것을 요청할 수 있고, 승인 등을 받아야 하는 사업자는 승인

기관의 장을 거쳐 조정을 요청하여야 한다(동법 제31조 제1항).

4. 평가서의 재협의

승인기관장 등은 협의한 사업계획 등을 변경하는 경우에 재협의를 요청할 수 있다. 그러한 경우로는 ① 사업계획 등을 승인하거나 사업계획 등을 확정한 후 대통령령으로 정하는 기간 내에 사업을 착공하지 아니한 경우(다만, 사업을 착공하지 아니한 기간 동안 주변 여건이 경미하게 변한 경우로서 승인기관장 등이 환경부장관과 협의한 경우는 그러하지 아니하다), ② 환경영향평가 대상사업의 면적 · 길이 등을 대통령령으로 정하는 규모 이상으로 증가시키는 경우, ③ 환경영향평가법 제29조 또는 제31조에 따라 통보받은 협의 내용에서 원형대로 보전하거나 제외하도록 한 지역을 대통령령으로 정하는 규모 이상으로 개발하거나 그 위치를 변경하는 경우, ④ 대통령령으로 정하는 사유가 발생하여 협의 내용에 따라 사업계획 등을 시행하는 것이 맞지 아니하는 경우가 있다(환경영향평가법 제32조).

5. 협의내용의 관리 · 감독

환경영향평가제도의 실효성을 확보하기 위해서는 일련의 사후관리제도가 요구된다. 즉 승인기관의 장은 협의 내용이 적정하게 이행되도록 사업자를 감독하여야 한다(환경영향평가법 제39조 제1항). 또한 환경부장관 또는 승인기관의 장은 사업자에게 협의내용의 이행에 관련된 자료를 제출하게 하거나, 소속 공무원으로 하여금 사업장에 출입하여 조사하게 할 수 있다(동조 제2항).

승인기관의 장은 사업자가 협의내용을 이행하지 않을 때에는 필요한 조치를 하여야 하고, 이러한 조치명령을 이행하지 아니하여 해당 사업이 환경에 중대한 영향을 미친다고 판단하는 경우에는 그 사업의 전부 또는 일부에 대한 '공사중지명령'을 하여야 한다(동법 제40조 제1항 및 제2항). 환경부장관은 협의내용의 이행관리를 위하여 필요하다고 인정하는 경우에는 사업자 또는 승인기관의 장에게 협의내용의 이행을 위하여 필요한 조치 또는 공사중지 · 원상복구 또는 필요한 조치를 명령할 것을 요청할 수 있다(동조 제4항). 이 경우 사업자 또는 승인기관의 장은 특별한 사유가 없는 한 이에 따라야 한다. 환경부장관 또는 승인기관의 장은 제40조 제4항에 따라 원상복구명령을 하는 경우에 해당하나, 그 원상복구가 주민의 생활, 국민경제, 그 밖에 공익에 현저한 지장을 초래하여 현실적으로 불가능할 경우에는 원상복구에 갈음하여 총 공사비의 3퍼센트 이하의 범위에서 과징금을 부과할 수 있다(동법 제40조의2).

환경부장관은 해당 사업을 착공한 후에 환경영향평가 협의 당시 예측하지 못한 사정이 발생하여 주변 환경에 중대한 영향을 미치는 경우로서 환경영향평가법 제36조 제2항 또는 제40조에 따른 조치나 조치명령으로는 환경보전방안을 마련하기 곤란한 경우에는 승인기관장 등과의 협의를 거쳐 한국환경연구원의 장 또는 관계 전문기관 등의 장에게 재평가를 하도록 요청할 수 있다(동법 제41조).

Ⅳ. 환경영향평가와 행정소송

1. 주민의 원고적격

판례는 환경영향평가 대상사업 내의 주민에 대해 원고적격을 인정하고 있다. 즉 대법원은 환경영향평가제도의 취지가 단순한 환경공익을 보호하려는 데 있는 것이 아니라, 환경영향평가 대상사업으로 인하여 직접적이고 중대한 환경피해를 입으리라고 예상되는 환경영향평가 대상지역 안의 주민들이 개발이전과 비교하여 수인한도를 넘는 환경침해를 받지 아니하고 쾌적한 환경에서 생활할 수 있는 개별적 이익까지도 보호하려는 데 있다고 보고 있다. 그러한 관점에서 대상사업의 승인처분과 관련하여 주민들이 가지는 이익이 추상적·평균적 일반적인 이익에 그치지 아니하고 개별적으로 보호되는 직접적·구체적 이익이라고 판단하고 있다.[45] 또한 이 판결에서 환경영향평가 대상지역 밖의 주민도 해당 처분으로 인하여 환경상 이익에 대한 침해 또는 침해우려가 있다는 것을 입증하면 그 처분 등의 무효확인을 구할 원고적격을 인정받을 수 있다고 보고 있다. 이러한 판결은 외관상 주민의 원고적격을 확대하는 취지로 볼 수 있지만, 실제는 원고적격의 문제를 입증책임의 전환문제로 본 것이다. 그러나 환경소송에서 입증책임의 어려움을 고려할 때에 원고적격이 인정되기는 쉽지 않을 것이다.

2. 환경영향평가의 하자

환경소송에서 환경영향평가의 하자는 절차상 하자에 준하는 것이다. 환경영

45) 대법원 2006. 3. 16. 선고 2006두330 판결.

향평가의 하자란 환경영향평가법이나 개별법에서 정한 절차나 형식을 거치지 아니하거나, 환경영향평가서의 내용이 부실한 경우를 말한다. 본서에서는 후자를 '내용의 하자'라 하고, 전자를 '절차의 하자'라 부르기로 한다.

(1) 절차의 하자

승인기관의 장이 환경부장관의 협의절차를 거치지 아니하고 환경영향평가 대상사업에 대해 승인하면, 그 승인처분은 절차상 하자로 인한 위법한 처분이 된다. 이러한 협의절차를 거치는 경우에도 환경부장관의 의사에 반하여 그 사업계획을 승인한 처분에 대한 적법성이 문제된다. 환경부장관의 협의의견은 동의가 아니므로, 승인기관의 장이 환경부장관의 협의를 거친 이상 그 의견에 반하는 처분을 하였다고 하여 그 처분이 위법하다고 볼 수는 없다. 그러나 환경영향평가법은 이러한 협의 내용을 사업계획 등에 적극적으로 반영하도록 하고 있다. 승인기관장 등은 사업계획 등에 대하여 승인 등을 하거나 확정을 하였을 때에 협의내용의 반영결과를 환경부장관에 통보하도록 하고 있으며, 통보받은 결과에 협의 내용이 반영되지 아니한 경우 환경부장관은 승인기관장 등에게 협의 내용을 반영하도록 요청할 수 있다(환경영향평가법 제30조 제3항 및 제4항). 이 경우 승인기관장 등은 특별한 사유가 없으면 이에 따라야 한다. 그러나 협의내용을 반영하기 어려운 특별한 사유가 있으면 이러한 협의내용을 반영하지 않을 수 있다. 따라서 특별한 사유는 매우 제한적으로 해석되어야 한다.

(2) 내용의 하자

내용의 하자는 환경영향평가서의 내용이 부실하게 작성된 경우를 말한다. 이를 "실체상의 하자"로 부르는 견해도 있지만, 오해의 소지가 있다. 환경영향평가의 하자는 그 자체로 절차상 하자에 준하여 판단되어야 하며, 실체적 하자와는 무관하다. 실체적 하자는 환경영향평가 대상사업의 승인 등의 실체적 위법과 관련이 있다. 대법원은 "그 부실의 정도가 환경영향평가제도를 둔 입법취지를 달성할 수 없을 정도이어서 환경영향평가를 하지 아니한 것과 다를 바 없는 정도의 것일 때에는 해당 사업계획 승인처분의 위법사유가 된다"고 보고 있다.[46] 그러나 경미한 부실은 해당 승인 등 처분에 재량권 일탈·남용의 위법이 있는지 여부를 판단하는 하나의 요소에 그칠 뿐, 그 부실로 인하여 당연히 해당 승

46) 대법원 2001. 6. 29. 선고 99두9902 판결.

인처분이 위법하게 되는 것은 아니다.

독일에서는 유럽법의 영향으로 계획법상의 환경영향평가를 강조하고 있다. 독일 환경영향평가법 제17조 제1항은 건설기본계획의 수립, 변경 및 보충의 경우에 환경영향평가가 실시되어야 한다고 규정하고 있다. 또한 건설기본계획이 환경에 미치는 영향의 평가결과는 계획상의 형량에서 고려되고 있다(독일 건설법전 제1조 제6항 제7호). 그 밖에도 도시계획에 있어 환경이익을 고려하는 규정이 다수 있다. 특히 독일 건설법전 제1조 제6항에는 형량에 있어 고려되어야 할 환경이익을 자세히 규정하고 있다. 이 경우에 환경영향평가의 하자로 인해 해당 계획결정이 위법하게 되는 것은 아니다. 환경영향평가의 결과는 계획적 형량의 중요한 요소일 뿐이다.

대법원은 환경영향평가가 부실한 경우에도 환경영향평가를 하지 아니한 것과 다를 바 없는 정도가 아닌 이상 그 부실로 해당 처분이 곧바로는 위법하게 되는 것은 아니라고 판단하고 있다. 그러나 환경영향평가의 부실은 대상사업의 승인처분 등을 정당화시키는 것이 아니며, 이러한 하자는 승인처분의 실체적 심사(형량명령 위반)에서 다시 고려되어야 한다. 이러한 점을 간과하면, 대부분의 판례처럼 부실한 환경영향평가를 거친 공공사업에 대해 면죄부를 부여해 주는 결과를 가져올 수 있다.

제5절 환경구제

Ⅰ. 환경분쟁과 지역이기주의

현대사회는 다양한 환경분쟁에 직면하고 있다. 환경보존을 위한 국가와 사회의 다양한 노력에도 불구하고 환경문제의 심각성은 점점 더해가고 있다. 이러한 환경문제의 심각성은 무엇보다 환경오염 내지 환경파괴에서 오는 피해가 중대하기 때문이다. 그리고 환경문제는 그 피해범위의 광역성으로 인하여 점차 복잡해지고 있는 것이 사실이다. 오늘날 환경분쟁은 지역이기주의(소위 Nimby현상)를 특징으로 하고 있다. 혐오시설(폐기물처리장 등)의 설치에 대한 지역주민의 반대도 여기에 해당한다. 예컨대 1990년 부산 산업쓰레기매립장건설에 대한 반송동주민의 반대시위, 김포 폐기물매립장 주변지역 주민의 시위, 울진의 핵폐기물 처리장 건설 및 부안의 방사성폐기물 처리장 유치반대 시위 등이 그러하다. 이러한 환경분쟁은 환경오염 배출시설의 설치를 둘러싸고 집단적 시위로 나아가고 있으며 첨예한 사회적 갈등을 초래하고 있다.

Ⅱ. 환경분쟁의 특징

1. 환경오염원인의 복잡다양성 · 불명료성

환경분쟁은 다른 법적 분쟁과 달리 그 원인조성자 및 원인 유형이 다양하다. 이와 같은 이유로 환경오염의 피해자는 그 원인을 규명하기가 어렵다. 또한 환경오염이나 환경파괴로 인한 피해는 바로 나타나는 것이 아니라 장기간에 걸쳐 매우 완만하게 나타나며, 또한 원인 발생지로부터 원격지까지 부유하여 영향을 미친다. 따라서 환경피해는 피해자 자신이 감지하지 못하는 것이 특징이다. 그러한 점에서 피해의 원인을 규명하기는 쉽지 않다. 따라서 일반불법행위와 마찬가지로 입증책임의 엄격성을 적용하기가 어렵다. 그러한 점에서 환경분쟁에 있어 입증책임을 완화할 필요가 있다.

2. 피해의 광역성

환경은 한 번 파괴되면 다시 완전히 회복하기가 어렵다. 환경피해는 다른 일반불법행위와 달리 그 피해의 범위가 광역적이고, 물 · 대기 · 토양 등 환경매체를 통하여 불특정다수인에게 영향을 미친다. 예컨대 환경오염 배출시설의 허가로 인하여 환경피해를 입은 인근주민이 행정쟁송을 제기하는 경우에, 이러한 환경피해를 구제하기 위해서는 환경소송에서 원고적격(standing)을 확대할 필요가 있다. 미국에서는 환경분쟁을 대표소송(class action)이나 시민소송(citizen suit)을 통해 해결하고 있다. 독일에서도 연방자연보호법(BNatSchG)이나 일부 주의 자연보호법에서 단체소송(Verbandsklage)을 인정하고 있다. 우리나라에서도 '환경공익소송'을 도입할 필요가 있다.

3. 소송의 지연 및 승소의 불확실성

환경분쟁의 해결은 다른 권리구제절차와 달리 많은 시간과 비용이 드는 것이 보통이다. 일반적으로 환경소송은 오래 걸리며 그 소송절차의 난해성이나 비용 등으로 인해 승소가능성이 불확실하다고 여겨지고 있다. 실제 1972년 진해화학의 공해방출로 김양식장의 피해를 입은 인근어민들이 제기한 손해배상소송은 14년 만인 1986년 10월에 와서야 최종 승소판결을 받았다.

Ⅲ. 민사소송에 의한 환경분쟁해결

환경오염으로 인하여 피해를 입은 경우 피해자는 가해자에 대해 손해배상, 방해배제 또는 방해예방 등을 구하는 민사소송을 제기할 수 있다. 이러한 민사소송에 의한 구제절차는 전통적인 환경분쟁해결수단이다. 민사상 구제로는 환경피해로 인한 손해배상청구(민법 제750조)와 유지(留止)청구가 대표적이다.

1. 민사상 손해배상

(1) 민사상 손해배상의 의의

환경오염으로 인해 신체나 재산에 손해를 입은 자는 그 환경오염의 원인행위 등이 불법행위를 구성하는 것을 전제로 하여 해당 원인행위자를 상대로 민사소송절차에 따라 손해배상을 청구할 수 있다. 즉 민법 제750조를 근거로 하여 ① 가해자의 고의·과실, ② 가해행위의 위법성, ③ 가해행위와 손해발생 사이의 인과관계 및 ④ 손해발생의 요건을 충족해야 한다.

(2) 과실 – 위험책임론

민사소송에 의한 환경피해배상은 가해자의 고의·과실이 중요한 의미를 가진다. 그러나 현대산업사회는 사회적 리스크(risk, Risiko)의 증가와 예측하기 어려운 환경오염의 위험 등으로 엄격한 과실책임주의를 적용할 수 없다. 따라서 환경피해의 구제를 확대하기 위하여 점차 위험책임 내지 무과실책임의 원칙이 적용되고 있다. 민법상 책임무능력자의 감독책임(제755조), 사용자책임(제757조), 공작물점유자 등의 책임(제758조) 등이 위험책임 내지 무과실책임을 인정하고 있다. 또한 환경정책기본법 제44조에는 환경오염피해에 대한 무과실책임 및 사업자의 연대책임 등 피해자구제를 위한 특별규정을 두고 있다.

(3) 위법성 – 수인한도론

환경피해에 대한 불법행위책임을 묻기 위해서는 가해행위가 위법하여야 한다. 그러나 환경피해의 경우에 가해행위의 위법성을 밝히는 것은 매우 어렵다. 이러한 환경피해에 대한 위법성 판단의 어려움을 극복하기 위하여 '수인한도론'이 등장하였다. 즉 가해자측의 사정과 피해자의 사정 및 지역성 등 기타의 사정을 형량하여 손해가 합리적인 평균인으로 하여금 통상 인용할 수 있는 한도를 넘어서 피해가 발생한 때에는 가해행위의 위법성이 인정된다는 것이다. 대법원은 배출허용기준을 준수하여 방출한 아황산가스가 인근농장의 관상수에 피해를 준 경우, 손해배상책임을 인정하였다.[47] 근래에는 위법성과 고의·과실을 일원적으로 파악하는 신(新)수인한도론이 주장되고 있다. 이 학설은 일본학설의 영향을 받은 것으로서 과실개념과 융합된 위법성을 광의의 위법성으로 파악하여 수인한도를 넘은 침해행위는 위법하다고 보는 것이다.[48]

(4) 인과관계의 입증정도(개연성이론)

불법행위로 인한 손해배상청구에 있어서 피해자가 환경오염의 원인자(가해자)를 상대로 해당 환경오염행위가 불법행위를 구성한다는 것을 주장하기 위해서는 가해자의 행위와 원고의 환경피해사이의 인과관계가 있음을 입증하여야 한다. 그러나 환경분쟁은 그 원인의 불명확성과 피해의 광역성으로 인하여 피해자는 환경피해의 인과관계를 입증하기가 어렵다. 그러한 이유에서 공정하고 타당한 환경피해구제를 위해 소송에서 인과관계의 입증책임을 완화하려는 노력이 있어 왔다.

대법원은 한국전력주식회사의 발전소에서 다량으로 분출 확산된 아황산가스로 인하여 과수원의 과수에 악영향을 미침으로써 결실이 불량하게 되어 손해를 입었다는 이유로 손해배상을 청구한 사건에서 개연성설을 처음 소개하였으나, 이를 명시적으로 인정하였다고 보기는 어렵다.[49] 그 후 대법원은 환경소송에 있어서 인과관계에 관한 입증정도를 전향적(轉向的)으로 완화하고 있다.[50] 개연성

47) 대법원 1991. 7. 23. 선고 89다카1275 판결.
48) 홍천룡, "환경오염피해의 구제", 환경법연구 제14권(1992), 16면 이하.
49) 대법원 1974. 12. 10. 선고 72다1774 판결.

이론이 판례에 명시적으로 인정된 것은 소위 '관상수' 사건부터이다.[51)]

환경피해배상소송에서 인과관계에 대한 입증정도에 관해서는 개연성설이 지배적이다. 개연성설이란 환경피해의 영역에 있어 현실적·과학적으로 인과관계의 입증이 곤란하여 피해자측의 엄격한 인과관계의 증명을 요하지 아니하고 일응의 개연성의 증명으로 족하도록 입증책임을 감경한다는 것이다. 환경소송에 있어 상당한 정도의 개연성으로 족하다고 보는 것이 일반적이나, 그 구체적인 내용이나 법적 구성에 있어 다툼이 있다. 여기에는 영미법상의 증거우월의 법리(preponderance of evidence)에 기초한 '증거우월설'과 사실상의 추정에 관한 이론을 원용한 '사실추정설'이 있다.[52)] 개연성설을 취하더라도 어느 정도의 증명이 있어야 일응의 입증이 있는 것으로 볼 수 있는지, 그리고 가해자의 반증의 구체적인 수준이 어느 정도인지는 여전히 불명확하다. 이러한 문제는 향후에 판례의 발전을 기대할 수밖에 없다.[53)]

(5) 공동불법행위책임

환경오염이나 환경훼손은 전문기술성을 그 특징으로 하기 때문에 그 원인을 규명하기가 쉽지 않다. 그러한 이유에서 환경오염 배출시설이 여러 개 있는 경우에 환경오염피해에 대한 공동불법행위책임이 고려될 수 있다. 민사상으로도 공동불법행위책임에 대하여 민법 제760조가 정하고 있기 때문에, 공동행위자 각자에게 불법행위의 요건이 충족되면 공동불법행위책임을 물을 수 있다. 또한 환경정책기본법 제44조 제2항은 환경피해배상에 관한 공동불법행위책임을 규정하고 있다. 즉 "환경오염 또는 환경훼손의 원인자가 둘 이상인 경우에 어느 원인자에 의하여 제1항에 따른 피해가 발생한 것인지를 알 수 없을 때에는 각 원

---

50) "공해소송에 있어서 피해자에게 사실적 인과관계의 존재에 관하여 과학적으로 엄밀한 증명을 요구한다는 것은 결과적으로 공해피해에 대한 사법적 구제를 사실상 거부하는 것이나 다름이 없게 될 우려가 있다"(대법원 1984. 6. 12. 선고 81다558 판결)

51) "일반적으로 불법행위로 인한 손해배상청구사건에 있어서 가해행위와 손해발생 간의 인과관계의 입증책임은 청구자인 피해자가 부담하나, 대기오염에 의한 공해를 원인으로 하는 손해배상청구소송에 있어서는 기업이 배출한 원인물질이 대기를 매개로 간접적으로 손해를 끼치는 경우가 많고 공해문제에 관하여는 현재의 과학수준으로 해명할 수 없는 분야가 있기 때문에 가해행위와 손해발생 간의 인과관계의 과정을 모두 자연과학적으로 증명하는 것은 극난 내지 불가능한 경우가 대부분인 점 등에 비추어 가해기업이 배출한 어떤 유해한 원인물질이 피해물건에 도달하여 손해가 발생하였다면 가해자측에서 그 무해함을 입증하지 못하는 한 책임을 면할 수 없다고 봄이 사회형평의 관념에 적합하다."(대법원 1991. 7. 23. 선고 89다카1275 판결)

52) 이상규, 환경법론, 241면.

53) 대법원 1984. 6. 12. 선고 81다558 판결 참조.

인자가 연대하여 배상하여야 한다"라고 규정하고 있다. 대법원은 실제 고려아연 주식회사 외 9개 회사의 공동불법행위책임을 인정한 바 있다.[54)]

2. 민사상 유지청구

민사상 구제수단으로는 손해배상청구 이외에도 유지(留止)청구가 고려된다. 민사상 유지청구는 독일의 방어청구권(Abwehrklage)나 영미의 유지명령(injunction)에 상응하는 것이다. 이를 '정지(停止)청구'라고 부르기도 한다. 민사상 유지청구는 환경피해의 원인인 오염물질의 배출행위로 인하여 손해가 발생하거나 발생할 우려가 있는 경우에 원인행위의 정지를 구하는 민사상 구제수단이다.[55)] 이러한 유지청구의 법적근거로서는 물권적청구권설, 인격권설 및 환경권설 등이 있다. 물권적 청구권으로 보는 것이 타당하다.

Ⅳ. 행정소송에 의한 환경분쟁해결

1. 환경분쟁의 구조 및 특징

배출시설의 허가와 같은 행정행위는 대체로 제3자효 행정행위인 경우가 많다. 즉 허가를 행하는 행정청과 그 상대방, 그리고 이러한 허가로 인하여 위법하게 권익을 침해당한 인근주민(제3자)이 존재할 수 있다. 위와 같이 환경문제를 둘러싼 법적 문제는 전형적인 삼각(삼면)관계(행정청-사업시행자-인근주민)를 형성하고 있다. 이 경우에 제3자(인근주민)가 행정청이 발급한 허가에 대하여 취소를 구할 법률상 이익이 있는지가 문제된다. 종전에는 이를 반사적 이익 또는 사실상 이익으로 보는 경향이 강하였다. 그러나 후술하는 연탄공장사건에서 보는 바와 같이 제3자가 연탄공장의 허가로 그 생활상의 이익이 침해되었다고 판시하여, 제3자의 원고적격을 인정하는 전기가 마련되었다. 그 이후에도 대법원은 주유소설치허가, LPG충전소건설허가 등에서 관계 규정의 이중적 성격을 인정하여, 기존업자 또는 인근주민의 원고적격을 인정하였다. 헌법은 신진국의 입법례와 달리 환경권조항을 명시적으로 규정하고 있다(제35조). 독일에서 논의되는 기본권의 방사효과를 근거로 제3자에 대한 원고적격의 인정가능성을 열어놓

54) 대법원 1991. 7. 26. 선고 90다카26607, 26614 판결.
55) 이상규, 환경법론, 245면.

고 있다. 그 외에 인근주민은 일정한 요건 하에 환경규제조치의 발동을 구하는 행정개입청구권을 고려할 수 있다.

2. 환경소송과 원고적격

대법원은 2006년 3월 16일 그 동안 개발이익과 환경이익이 첨예하게 대립하던 새만금간척사업에 관하여 최종판결을 내림으로써, 이를 둘러싼 4년 7개월 동안의 오랜 법정공방에 종지부를 찍었다.[56] 새만금사건에 대한 대법원 판결은 환경소송에 관한 기념비적인 사건이 될 것이다. 개발이익과 환경이익의 대립은 현대행정의 분쟁에 있어서 해결할 수 없는 어려운 과제 중의 하나이다. 그러나 현실적으로 이러한 갈등을 조정하기 위해서 법적·제도적·정책적으로 좀 더 합리적인 해결방안을 강구하여야 한다. 새만금사건에 관한 대법원 판결은 몇 가지 중요한 법적 쟁점을 던져 주고 있다. 우선 인근주민(제3자)의 원고적격의 문제이다. 대법원은 연탄공장사건[57] 이후 일련의 판례[58]에서 원고적격을 계속 확대하고 있다. 다수의 학자들은 개인의 '권리구제의 확대'라는 미명 아래 이러한 원고적격의 확대를 찬성하고 있는 것으로 보인다. 또한 이러한 주장은 행정소송법의 개정논의와 관련하여 대세가 되고 있는 느낌이다. 그러나 원고적격의 무분별한 확대주장은 입법적, 그리고 법리적으로 문제가 있는 것으로 보인다.

환경소송은 새만금사건이나 4대강 사건과 같이 행정소송으로 제기되고 있다. 취소소송은 해당 소송의 대상인 처분 등의 취소 또는 변경을 구할 법률상 이익이 있는 자가 제기할 수 있다(행정소송법 제12조). 지배적 견해는 법률상 보호이익설(법적보호이익설)을 따르고 있다. 대법원은 종전에 항고소송에서 원고적격의 바탕인 법률상 이익의 개념을 엄격하게 해석하였으나,[59] 근래에 들어와서 환경

56) 대법원 2006. 3. 16. 선고 2006두330 판결.

57) "주거지역안에서는 도시계획법 19조 1항과 개정전 건축법 32조 1항에 의하여 공익상 부득이하다고 인정될 경우를 제외하고는 거주의 안녕과 건전한 생활환경의 보호를 해치는 모든 건축이 금지되고 있을뿐 아니라 주거지역내에 거주하는 사람이 받는 위와 같은 보호이익은 법률에 의하여 보호되는 이익이라고 할 것이므로 주거지역내에 위 법조 소정 제한면적을 초과한 연탄공장 건축허가처분으로 불이익을 받고 있는 제3거주자는 비록 당해 행정처분의 상대자가 아니라 하더라도 그 행정처분으로 말미암아 위와 같은 법률에 의하여 보호되는 이익을 침해받고 있다면 당해행정 처분의 취소를 소구하여 그 당부의 판단을 받을 법률상의 자격이 있다."(대법원 1975. 5. 13. 선고 73누96, 97 판결)

58) 대법원 2001. 7. 27. 선고 99두2970 판결; 1998. 9. 4. 선고 97누19588 판결.

59) "행정처분의 취소나 변경을 구하는 행정소송은 위법한 행정처분으로 인하여 일정한 권리 또는 법률상의 이익을 침해받은 자가 그 처분의 취소 또는 변경을 청구하기 위하여 제기하는 것이

법 및 도시계획법 등의 분야에서 소의 이익의 범위를 점차 확대하고 있다. 과거에 반사적이익에 지나지 아니한 것을 법률상 보호되는 이익으로서 행정소송의 영역에 포용하는 경향을 보이고 있다.[60]

문제는 보호할 가치 있는 이익도 법률상 이익에 포함될 수 있는지에 있다. 보호할 가치 있는 이익이 무엇인지에 대한 객관적 기준이나 척도가 명확하지 않다. 목적론적 해석에 따라 법적보호이익설을 따르면서 관계 법령의 탄력적 해석을 통하여 원고적격의 범위를 확대하는 것이 타당하다. 처분의 상대방이 아닌 제3자도 해당 처분 등의 취소·변경에 대하여 법률상 이익을 가진 경우에 원고적격을 가진다.[61] 취소소송의 원고적격은 인인(隣人)소송(Nachbarklage)이나 경원자소송(Konkurrentenklage) 등에서 문제가 된다. 환경소송의 원고적격과 관련하여 주목할 판례가 있다. 이 사건은 김해시장이 공장설립 예정지인 김해시 상동면 일대 토지의 주변 하천수가 다른 하천(소감천)을 통해 낙동강에 합류하게 되는데, 상수원인 물금취수장은 소감천이 흘러 내려 낙동강 본류와 합류하는 하천수 주변의 토지에 공장설립을 승인하는 처분을 한 것이다. 대법원은 물금취수장에서 취수된 물을 공급받는 부산광역시 또는 양산시에 거주하는 주민들도 위 처분의 근거 법규 및 관련 법규에 의하여 원고적격이 인정된다고 판시하였다.[62]

므로, 위법한 행정처분이라 할지라도 이로 인하여 일정한 권리나 법률상의 이익의 침해를 받은 자가 아니면 이의 취소·변경의 소를 제기할 수 없다."(대법원 1971. 10. 11. 선고 71누83 판결)

60) "도시계획법 제12조 제3항의 위임에 따라 제정된 도시계획시설기준에관한규칙 제125조 제1항이 화장장의 구조 및 설치에 관하여는 매장및묘지등에관한법률이 정한 바에 의한다고 규정하고 있어, 도시계획의 내용이 화장장의 설치에 관한 것일 때에는 도시계획법 제12조 뿐만 아니라 매장및묘지등에관한법률 및 같은 법시행령 역시 그 근거법률이 된다고 보아야 할 것이므로, 같은 법시행령 제4조 제2호가 공설화장장은 20호 이상의 인가가 밀집한 지역, 학교 또는 공중이 수시 집합하는 시설 또는 장소로부터 1000m 이상 떨어진 곳에 설치하도록 제한을 가하고, 같은 법시행령 제9조가 국민보건상 위해를 끼칠 우려가 있는 지역, 도시계획법 제17조의 규정에 의한 주거지역·상업지역·공업지역 및 녹지지역 안의 풍치지구 등의 공설화장장 설치를 금지함에 의하여 보호되는 부근 주민들의 이익은 위 도시계획결정처분의 근거법률에 의하여 보호되는 법률상 이익이다."(대법원 1995. 9. 26. 선고 94누14544 판결)

61) 대법원 1992. 4. 24. 선고 91누6634 판결.

62) "상수원인 물금취수장이 소감천이 흘러 내려 낙동강 본류와 합류하는 지점 근처에 위치하고 있는 점, 수돗물은 수도관 등 급수시설에 의해 공급되는 것이어서 거주지역이 물금취수장으로부터 다소 떨어진 곳이라고 하더라도 수돗물의 수질악화 등으로 주민들이 갖게 되는 환경상 이익의 침해나 그 우려는 그 수돗물을 공급하는 취수시설이 입게 되는 수질오염 등의 피해나 그 우려와 동일하게 평가될 수 있는 점 등에 비추어, 공장설립으로 수질오염 등이 발생할 우려가 있는 물금취수장에서 취수된 물을 공급받는 부산광역시 또는 양산시에 거주하는 주민들도 위 처분의 근거 법규 및 관련 법규에 의하여 개별적·구체적·직접적으로 보호되는 환경상 이익, 즉 법률상 보호되는 이익이 침해되거나 침해될 우려가 있는 주민으로서 원고적격이

대법원은 지금까지 행정처분의 근거 법규 또는 관련 법규에 그 처분으로써 이루어지는 행위 등 사업으로 인하여 환경상 침해를 받으리라고 예상되는 영향권의 범위가 구체적으로 규정되어 있는 경우에 그 영향권 내의 주민들에 대하여는 특단의 사정이 없는 한 환경상 이익에 대한 침해 또는 침해 우려가 있는 것으로 사실상 추정하여 원고적격을 인정하여 왔다. 그러나 그 영향권 밖의 주민들은 해당 처분으로 인하여 그 처분 전과 비교하여 수인한도를 넘는 환경피해를 받거나 받을 우려가 있다는 자신의 환경상 이익에 대한 침해 또는 침해 우려가 있음을 증명하여야만 법률상 보호되는 이익으로 인정되어 원고적격이 인정된다고 보고 있다. 해당 사건은 해당 지역으로부터 상당히 떨어진 지역인 영향권 밖의 주민들에게도 법률상 이익이 침해되거나 침해될 우려가 있음을 인정하여 원고적격을 확대하고 있다는 점이 특징이다. 또한 원고적격의 근거를 근거 법규 외에 관련 법규도 망라해서 넓게 해석하고 있다.

한편, 행정소송법 개정안은 원고적격을 확대하기 위하여 "법률상 이익"의 개념 대신에 "법적 이익"의 개념을 사용하여 원고적격의 확대를 시도하고 있다. 그러나 이러한 개념이 무엇을 의미하는지에 대하여 또 다른 법해석이 필요하다. 행정소송법 제12조의 "법률상 이익"은 "법적으로 보호되는 이익(법적 보호이익)"으로 해석되는 것이 지배적이다. 그러나 판례는 도시계획법이나 환경법 분야에서 "법률상 이익"의 개념을 확대하여 해석하고 있다.[63] 입법정책적으로는 환경상 피해의 특수성(환경피해의 광역성 및 불명료성, 입증곤란 등)을 고려하여 환경소송의 원고적격에는 법률상 보호할 가치가 있는 이익도 포함할 필요가 있다.

3. 환경소송과 제3자 보호

대법원은 이미 쓰레기소각장입지지역결정고시 취소청구사건에서 부지경계선 300m 밖의 주민은 수인한도를 넘는 환경피해를 입었거나 입을 우려가 있다는 입증만 하면 원고적격을 인정할 수 있다고 판시하였다.[64] 즉 소각시설을 설치하려는 사업으로 인하여 중대한 환경상의 침해를 입을 것이 예상되는 직접영향권 내의 주민과 폐기물소각시설의 부지경계선으로부터 300m 이내의 간접영향권 내의 주민이 모두 법률상 이익을 가진 것으로 인정하고 있을 뿐만 아니라, 간접

인정된다."(대법원 2010. 4. 15. 선고 2007두16127 판결)

63) 대법원 2002. 10. 25. 선고 2001두4450 판결; 대법원 2001. 7. 27. 선고 99두2970 판결 등.

64) 대법원 2005. 3. 11. 선고 2003두13489 판결.

영향권을 벗어나는 300m 밖의 주민들도 수인한도를 넘는 환경피해를 입었거나 입을 우려가 있다는 입증만 하면 '법률상 이익'이 인정된다고 판시한 것이다.

이러한 판례의 입장은 새만금사건에서도 그대로 확인되고 있다. 대법원은 "환경영향평가대상지역 밖의 주민이라 할지라도 공유수면매립면허처분 등으로 인하여 그 처분 전과 비교하여 수인한도를 넘는 환경피해를 받거나 받을 우려가 있는 경우에는, 공유수면매립면허처분 등으로 인하여 환경상 이익에 대한 침해 또는 침해우려가 있다는 것을 입증함으로써 그 처분 등의 무효확인을 구할 원고적격을 인정받을 수 있다"고 판시하고 있다.[65] 즉 환경영향평가 밖의 주민도 수인한도를 넘는 환경피해를 받거나 받을 우려가 있는 경우에 그 입증만 하면 법률상 이익을 인정할 수 있다는 것이다.

원고적격은 소송을 제기할 수 있는 당사자적격의 문제로서, 적어도 법률상 이익이 침해되는 것을 전제로 한다. 즉 이러한 법률상 이익이 침해되었을 경우에 제소권이 발생한다. 그러나 개별법령 규정에서 도출할 수 없는 개인적 공권을 입증책임의 전환으로서 해결하려는 것은 환경법분야의 입증책임의 곤란 등으로 원고적격의 부인으로 이어질 수 있을 뿐만 아니라 남소의 문제를 야기할 수도 있다. 위 새만금사건은 오히려 원고적격이 부인된 사례이다. 개인적 공권이 성립하기 위해서는 강행법규상의 작위의무 등이 존재하여야 하고, 사익보호성이 인정되어야 한다. 따라서 이러한 개인적 공권을 규정할 수 있는 것은 입법자의 형성의 자유에 맡겨져 있다. 행정소송법의 개정논의와 관련하여 원고적격의 확대론에 찬성하는 견해가 늘고 있다. 입증책임의 곤란, 피해의 광역성, 소송의 지연 및 승소의 불확실성 등을 원고적격 확대의 논거로 삼고 있는 것으로 보인다. 그러나 원고적격의 무분별한 확대주장은 적어도 권력분립의 원리에 비추어 신중해야 한다.

독일 연방행정법원은 고려(考慮)명령(Rücksichtnahmegebot)과 관련하여, 모든 규범이 잠재적으로 제3자 보호를 규정한 것은 아니며 개인적 공권의 사익보호성은 규범의 문언에서 도출된다고 강조한 바 있다.[66] 즉 개별법령의 규범해석에 의해 개인적 공권이 인정될 수 있다는 것이다. 이러한 독일의 판례는 원고적격의 확대주장에 많은 시사점을 던져 준다. 독일의 보호규범론(Schutznormtheorie)을 통한 행정상 권익구제가 다소 협소하다는 지적도 있다. 또한 유럽연합(EU)법은

---

65) 대법원 2006. 3. 16. 선고 2006두330 판결.
66) BVerwG, DVBl. 1987, S. 476 f.

상대적으로 제소권을 확대하고 있는 추세이다.[67] 그러나 어떠한 방식이 입법정책적으로 타당한지는 행정소송법 개정과 관련하여 충분한 논의를 거쳐야 하며 입법적으로 확정되어야 한다.

Ⅴ. 손해전보를 통한 권리구제

1. 국가배상

국가·지방자치단체 등 행정주체의 위법한 작용으로부터 환경상 피해를 입은 경우 국가배상책임을 주장할 수 있다. 예컨대 공무원이 고의 또는 과실로 위법한 시설허가를 발급하여 인근주민(제3자)의 손해가 발생한 경우가 그러하다. 이 경우 위법한 시설허가에 대한 취소소송을 제기할 수도 있으며, 법원의 인용판결(취소판결)은 국가배상소송에서 선결적 효력을 가질 수도 있다. 그러나 이러한 취소판결에 의해 국가배상소송이 당연히 인정되는 것은 아니다. 대법원은 어떠한 행정처분이 이후에 항고소송에서 취소된 사실만으로 곧바로 해당 행정처분이 공무원의 불법행위를 구성하는 것은 아니라고 보고 있다.[68] 또한 행정청의 부작위로 인해 손해가 발생할 때에도 국가배상청구소송을 제기할 수 있다. 예컨대 주민이 인근 공장에서 심야에 심각한 환경오염물질이 배출되는 것을 목격하고 신고하였음에도 관할 행정청이 해당 공장에 대해 개선명령이나 시정조치 등을 적시(適時)에 내리지 않아 인근주민에 중대한 재산상 피해가 발생하는 경우가 그러하다. 긴급하고 중대한 환경상 피해가 발생한 경우에는 행정개입청구권의 법리가 적용될 수도 있다. 그 밖에 국가나 지방자치단체가 운영하는 공공시설에서 환경오염물질이 배출되거나 그 설치·관리상의 하자로 인해 재산상 피해가 발생한 경우에도 국가배상청구를 할 수 있다.[69]

2. 손실보상

환경보전을 위한 계획이나 명령·금지 등에 의하여 사인의 재산권에 특별한

67) Jarass, Europäisierung des Planungsrechts, DVBl. 2000, S. 945 ff.(952).
68) 대법원 2000. 5. 12. 선고 99다70600 판결.
69) 매향리 사격장 소음사건(대법원 2004. 3. 12. 선고 2002다14242 판결), 항공기 소음사건(대법원 2010. 11. 25. 선고 2007다74560 판결; 대법원 2005. 1. 27. 선고 2003다49566 판결) 등이 있다.

손실이 생길 수 있다. 예컨대 대기와 수질의 오염도를 측정하는 측정망을 설치하기 위하여 수용·사용하는 경우(대기환경보전법 제5조)가 그러하다. 이와 관련하여 문제가 되는 것은 환경정책기본법 제22조에 의한 특별대책지역에서의 토지이용제한이다. 즉 환경부장관은 환경의 오염 또는 자연생태계의 변화가 현저하거나 현저하게 될 우려가 있는 지역을 특별대책지역으로 지정하고, 이 지역안에서의 토지이용과 시설설치를 제한할 수 있도록 하고 있으나, 이에 대한 보상규정을 두고 있지는 않다. 우선 이러한 토지이용이 헌법 제23조의 제3항의 요건을 충족하는지를 검토해야 한다. 그러나 이러한 토지이용제한은 환경보전을 위한 토지이용규제로서 재산권에 대한 공권력적·강제적 박탈이나 제한에 해당하지 아니한다.

한편, 헌법재판소는 자연공원법 제4조에 의한 국립공원의 지정에 대해 손실보상 규정을 두지 않아 위헌소원이 제기된 사건에서 합헌결정을 내렸다.[70] 이 결정에서 재판관 4인은 이 사건 법률조항이 헌법에 합치하지 않는다고 보아 헌법불합치의견을, 재판관 4인은 이 사건 심판청구가 재판의 전제성이 없는 것으로 보아 부적법각하의 의견을 내었다. 또한 이 사건의 심판대상을 신법 제4조로 보는 위헌의견도 있다. 결국 법률의 위헌결정에 필요한 정족수 6인에 미달하여 합헌결정이 내려졌다. 헌법불합치의견은 국립공원구역지정 후 토지를 종래의 목적으로도 사용할 수 없거나 토지를 사적으로 사용할 수 있는 방법이 없이 공원구역내 일부 토지소유자에 대하여 가혹한 부담을 부과하면서 아무런 보상규정을 두지 않은 것이 비례의 원칙에 위반되어 해당 토지소유자의 재산권을 과도하게 침해하는 것이라고 보았다. 이는 '조정적 보상부 내용한계'에 해당한다고 판단한 것이다.

Ⅵ. 환경분쟁조정제도

1. 환경분쟁조정제도의 의의

환경소송에는 많은 시간과 비용이 소요되는 것이 일반적이다. 그러한 이유에서 오늘날 대체적 분쟁해결수단(ADR: Alternative Dispute Resolution)이 점차 강조되고 있다. 환경분쟁조정제도는 이러한 대체적 분쟁해결수단으로서의 의미를

70) 헌재 2003. 4. 24, 99헌바110, 판례집 제15권 1집, 371

가진다.

환경분쟁조정제도의 의의 내지 기능은 이러한 환경오염피해로 인한 분쟁을 신속하고 능률적으로 처리하고, 직권에 의한 증거조사와 자료수집이 가능하며, 이를 통하여 전문지식이 활용될 수 있다는 데서 찾을 수 있다. 환경정책기본법은 국가 및 지방자치단체는 환경오염 또는 환경훼손으로 인한 분쟁이나 그 밖에 환경 관련 분쟁이 발생한 경우에 그 분쟁이 신속하고 공정하게 해결되도록 필요한 시책을 마련하여야 할 것을 규정하고 있다(제42조). 또한 환경오염피해를 원활히 구제하기 위하여 필요한 시책을 강구하도록 하고 있다(동법 제43조). 이에 따라 1997년 8월 28일 '환경분쟁조정법'이 제정되었다.[71] 이 법률은 분쟁의 공정·신속한 해결을 위하여 환경분쟁의 알선·조정 및 재정 절차 등을 규정하고 있었다. 이후 2015년 12월 22일 환경분쟁조정법의 개정으로 '중재'제도가 도입되었다. 또한 지하수 수위 또는 이동경로의 변화를 환경피해 범위에 포함시켜 환경분쟁 조정 대상을 확대하고, 환경분쟁조정위원회 위원 정수도 15명에서 20명으로 확대하였다.

이러한 개정의 배경에는 당사자의 합의에 기초한 신속한 분쟁해결 수단인 중재제도를 도입하고, 지하수 수위 또는 이동경로의 변화로 인한 피해의 신속한 구제를 위하여 환경분쟁 조정 대상을 확대하며, 그 밖에 현행 제도의 운영상 나타난 일부 미비점을 개선·보완하려는 것이다. 이후 2018년 10월 16일 개정 법률을 통해 조정(調停)제도의 실효성을 높이기 위하여 환경분쟁조정위원회는 조정기일을 정하여 당사자에게 출석을 요구할 수 있도록 하고 있다. 또한 당사자 간에 합의가 이루어지지 아니한 경우에는 환경분쟁조정위원회가 조정을 갈음하는 결정을 할 수 있도록 하고 있다. 또한 환경분쟁의 신속한 해결을 도모하기 위하여 환경피해에 대한 분쟁 당사자 간의 손해배상 등의 책임의 존재와 그 범위 등을 결정하는 '책임재정' 제도 외에 환경피해를 발생시키는 행위와 환경피해 사이의 인과관계 존재 여부를 결정하는 '원인재정' 제도를 도입하였다.

그러나 최근에 '환경분쟁조정법'에 새로운 변화가 생겼다. 환경분쟁조정제도 외에 '환경보건법'에 따른 건강영향조사제도, '석면피해구제법'에 따른 석면으로 인한 건강피해구제제도, '환경오염피해 배상책임 및 구제에 관한 법률'에 따른 환경오염피해구제제도 및 '생활화학제품 및 살생물제의 안전관리에 관한 법률'

---

71) 동법은 환경오염피해분쟁조정법(1990. 8. 1. 법률 제4258)이 전문개정되어 1998년 3월 1일 부터 시행되고 있다.

에 따른 살생물제품피해 구제제도를 통합한 '환경분쟁 조정 및 환경피해 구제 등에 관한 법률'(이하 "환경분쟁조정피해구제법"이라 한다)으로 전문개정되었다. 이 법률은 2024년 3월 19일 개정되어 2025년 1월 1일부터 시행된다. 종전에 이러한 구제제도가 각각 다른 기관에 의해 분산적으로 운영됨에 따른 국민들의 불편을 해소하기 위하여 '환경분쟁조정피해구제위원회'(이하 "위원회"라 한다)가 신설된다. 앞으로 위원회는 위 제도들을 통합·운영하도록 하고, 환경분쟁조정 업무 외에 환경피해구제, 건강피해조사 업무 등을 전문적이고 효과적으로 수행하기 위하여 환경부에 중앙환경분쟁조정피해구제위원회(이하 "중앙위원회"라 한다)를 두고, 특별시·광역시·특별자치시·도·특별자치도에 지방환경분쟁조정피해구제위원회(이하 "지방위원회"라 한다)를 둔다(환경분쟁조정피해구제법 제4조). 이하에서는 전면개정된 '환경분쟁조정피해구제법'에 따라 환경분쟁조정제도를 설명하도록 한다.

2. 환경분쟁조정의 수단

(1) 알선

알선이란 알선위원이 분쟁당사자의 의견을 듣고 분쟁의 쟁점을 정리하여 사건이 공정하게 해결되도록 주선함으로써 분쟁당사자들의 화해를 유도하여 합의를 이끄는 절차이다. 대체적 분쟁해결수단 중 형식성이 가장 약한 약식절차이다. 환경오염피해를 입은 분쟁당사자는 관할 위원회에 알선을 신청할 수 있다(환경분쟁조정피해구제법 제30조 제1항). 알선은 3명 이내의 위원(알선위원)이 행하며, 알선위원은 위원회의 위원 중 위원장이 지명한다(동법 제43조 제2항). 또한 조정이 성립되거나 이의신청이 없는 조정결정이 내려지면, 재판상 화해와 동일한 효력이 있다(동법 제54조). 알선위원은 당사자 양쪽이 주장하는 요점을 확인하여 사건이 공정하게 해결되도록 노력하고, 분쟁해결의 가능성이 없다고 판단될 때에는 알선을 중단할 수도 있다(동법 제44조 및 제45조 제1항). 또한 알선 절차가 진행 중인 분쟁에 대하여 후술하는 조정, 재정 또는 중재의 신청이 있으면, 그 알선은 중단된 것으로 본다(동법 제45조 제2항).

(2) 조정

조정이란 중립적인 지위에 있는 제3자(조정기구)가 중개를 통하여 분쟁당사자들이 합의에 도달하도록 하는 제도이다. 조정은 일반적으로 조정위원회와 같은 합의기구를 구성하여 일정한 절차에 따라 분쟁당사자들의 의견을 청취하고 사실을 조사한 후 조정안을 작성하여 분쟁당사자들이 수락을 권고함으로써 쌍방의 양해를 통해 분쟁을 해결한다. 중앙위원회는 환경오염으로 인한 사람의 생명·신체에 대한 중대한 피해, 제2조 제3호의 환경시설의 설치 또는 관리와 관련된 다툼 등 사회적으로 파급효과가 클 것으로 우려되는 분쟁에 대하여는 당사자의 신청이 없는 경우에도 직권으로 조정절차를 개시할 수 있다(환경분쟁조정피해구제법 제46조). 조정은 3명의 위원으로 구성되는 조정위원회에서 행한다(동법 제47조). 조정위원회는 분쟁조정을 위하여 필요하다고 인정하는 때에는 조정위원회의 위원 또는 조사관으로 하여금 당사자가 점유하고 있는 공장·사업장 그 밖에 사건과 관련이 있는 장소에 출입하여 관계문서 또는 물건을 조사·열람 또는 복사하도록 하거나 참고인의 진술을 들을 수 있다(동법 제48조 제1항). 또한 이를 조정의 자료로 하는 경우에는 당사자의 의견을 들어야 한다(동조 제3항).

조정은 당사자 간에 합의된 사항을 조서에 적음으로써 성립된다(동법 제50조). 또한 환경분쟁조정피해구제법 제50조 제1항에 따라 성립된 조정과 제51조 제4항에 따른 이의신청이 없는 조정결정은 재판상 화해와 동일한 효력이 있다(동법 제54조). 조정위원회는 해당 분쟁이 그 성질상 조정을 하는 것이 적당하지 아니하다고 인정하거나 당사자가 부당한 목적으로 조정을 신청한 것으로 인정할 때에는 조정을 하지 아니할 수 있다(동법 제52조 제1항). 이 경우에 조정위원회는 그 사실을 당사자에게 통지하여야 한다(동조 제2항).

조정위원회는 해당 조정사건에 관하여 당사자 간에 합의가 이루어질 가능성이 없다고 인정할 때에는 조정을 하지 아니한다는 결정으로 조정을 종결시킬 수 있다(동법 제53조 제1항). 또한 조정결정에 대하여 이의신청이 있는 경우에는 당사자 간의 조정은 종결된다(동조 제2항). 그리고 조정절차가 진행 중인 분쟁에 대하여 재정 또는 중재 신청이 있으면 해당 조정은 종결된다(동조 제3항). 조정위원회는 조정사건이 종결된 때에는 당사자에게 통지하여야 하며, 통지를 받은 당사자가 통지받은 날부터 30일 이내에 소송을 제기한 경우 시효의 중단 및 제소기간의 계산에 있어서 조정의 신청을 재판상의 청구로 본다(동법 제53조 제4항 및 제5항).

(3) 재정

재정은 당사자 사이의 환경분쟁에 관하여 재정위원회가 소정의 절차에 따라 인과관계의 유무, 피해액 등에 관하여 법적 판단을 내리는 분쟁해결제도이다. 그러한 점에서 재정은 준사법적 성질을 가진다. 재정은 '원인재정'과 '책임재정'으로 구분된다. 원인재정이란 "환경피해를 발생시키는 행위와 환경피해 사이의 인과관계 존재 여부를 결정하는 재정"을 말하고, 책임재정은 "환경피해에 대한 분쟁 당사자 간의 손해배상 등의 책임의 존재와 그 범위 등을 결정하는 재정"을 의미한다(환경분쟁조정피해구제법 제56조).

재정은 5명의 위원으로 구성되는 위원회에서 하고, 회의는 위원장이 소집하며 구성원 전원의 출석으로 개의하고 구성원 과반수의 찬성으로 의결한다(동법 제57조 제1항 및 제4항). 재정위원회는 재정을 함에 있어 심문(審問) 기일을 정하여 당사자에게 의견을 진술하도록 하며, 심문기일 7일전까지 당사자에게 통지하여야 한다(동법 제58조 제1항 및 제2항). 심문은 공개가 원칙이지만, 재정위원회가 당사자의 사생활이나 사업상의 비밀일 유지할 필요가 있다고 인정하거나 절차의 공정을 해칠 우려가 있다고 인정할 때, 그 밖에 공익을 위하여 필요하다고 인정할 때에는 심문을 비공개로 할 수 있다(동조 제3항). 다만, 다수인의 생명·신체에 중대한 피해가 발생한 분쟁이나 환경시설의 설치 또는 관리와 관련된 다툼 등 사회적으로 파급효과가 클 것으로 우려되는 사건으로서 대통령령으로 정하는 사건은 10명 이상의 위원으로 구성되는 재정위원회가 담당한다. 또한 대통령령으로 정하는 경미한 사건은 3명의 위원으로 구성되는 재정위원회가 담당하도록 규정하고 있다(동법 제57조 제1항 단서 참조).

재정위원회는 재정신청사건을 조정에 회부하는 것이 적합하다고 인정하는 때에는 직권으로 직접 조정하거나 관할 위원회에 송부하여 조정하게 할 수 있다(동법 제64조 제1항). 이 경우 당사자 간에 합의가 이루어지지 아니하였을 때에는 재정절차를 계속 진행하고, 합의가 이루어졌을 때에는 재정의 신청은 철회된 것으로 본다(동조 제2항). 재정절차가 진행 중인 분쟁에 대하여 중재신청이 있으면 그 재정신청은 철회된 것으로 본다(동법 제65조). 당사자가 책임재정에 불복하여 소송을 제기한 경우 시효의 중단 및 제소기간의 계산에 있어서는 책임재정의 신청을 재판상의 청구로 본다(동법 제66조). 재정이 신청된 사건에 대하여 소송이 진행 중일 때에는 수소법원(受訴法院)이 재정이 있을 때까지 소송절차를 중지할 수 있다(동법 제67조 제1항). 그러나 이러한 소송절차의 중지가 없으면 재정위원회는 해당 사건의 재정절차를 중지하여야 한다(동조 제2항). 다만, 원인재정을 하는 경우는 제외된다. 재정위원회는 재정 신청된 사건과 같은 원인으로 다수인이 관련되는 같은 종류의 사건 또는 유사한 사건에 대한 소송이 진행 중인 경우에는 결정으로 재정절차를 중지할 수 있다(동조 제3항).

한편, 지방위원회의 재정위원회가 한 책임재정에 불복하는 당사자는 재정문서의 정본이 당사자에게 송달된 날부터 60일 이내에 중앙위원회에 책임재정을 신청할 수 있다(동법 제63조 제1항). 재정위원회가 재정을 행한 경우에 재정문서의 정본이 당사자에게 송달된 날부터 60일 이내에 당사자 쌍방 또는 일방으로부터 그 재정의 대상인 환경피해를 원인으로 하는 소송이 제기되지 아니하거나 그 소송이 철회된 경우 또는 제1항의 규정에 의한 신청이 되지 아니한 경우에 그 재정문서는 재판상 화해와 동일한 효력이 있다(동조 제3항).

(4) 중재

중재제도는 3명의 위원으로 구성되는 중재위원회에서 한다(환경분쟁조정피해구제법 제68조 제1항). 중재위원회의 위원(이하 "중재위원"이라 한다)은 사건마다 위원회 위원 중에서 위원회의 위원장이 지명하되, 당사자가 합의하여 위원을 선정한 경우에는 그 위원을 지명한다(동조 제2항). 그리고 위원회의 규칙 등에서 정하는 위원이 중재위원회의 위원장이 된다. 다만, 제2항에 따라 당사자가 합의하여 위원을 선정한 경우에는 그 위원 중에서 위원회의 위원장이 지명한 위원이 중재위원회의 위원장이 된다(동조 제3항). 중재위원회의 회의는 중재위원회의 위원장이 소집한다(동조 제4항). 중재위원회의 회의는 구성원 전원의 출석으로 개의하고, 구성원 과반수의 찬성으로 의결한다(동조 제5항). 이러한 중재는 법원의 확정판결과 동일한 효력이 인정된다(동법 제70조). 그 밖에 중재에 대한 불복과 중재의 취소, 그리고 중재와 관련된 절차에 대해서는 특별한 규정이 있는 경우를 제외하고 중재법을 준용하고 있다(동법 제71조 참조).

3. 다수인관련분쟁의 조정

(1) 제도적 의의 및 기능

환경분쟁조정피해구제법은 환경관련 집단분쟁의 해결을 위해 다수인관련환경분쟁의 조정규정을 두고 있다. 다수인관련환경분쟁이란 같은 원인으로 인한 환경피해를 주장하는 자가 다수인 환경분쟁을 말한다(동법 제2조 제4호). 환경분쟁조정피해구제법 제72조 이하에는 다수인관련분쟁에 있어 분쟁당사자 중 1인 또는 수인이 대표당사자로서 조정을 신청할 수 있도록 하고 있다. 또한 환경분쟁조정피해구제법에는 대표당사자의 감독 등에 관한 규정(제76조), 다수인관련분쟁 조정신청의 공고(제77조), 이해관계인의 참가신청(제78조), 조정의 효력범위(제79조), 그리고 조정에 의한 손해배상금의 배분(제82조 이하) 등에 관한 규정을 두고 있다.

(2) 다수인관련분쟁의 조정절차

a) 조정신청 및 허가

환경분쟁조정법은 다수인관련분쟁의 조정절차에 관한 특징을 규정하고 있다. 우선 다수인에게 동일한 원인으로 인한 환경피해가 발생하거나 발생할 우려가 있는 경우에는 그 중 1명 또는 수명이 대표당사자로서 조정을 서면으로 신청할 수 있다. 이 경우 조정을 신청하고자 하는 자는 위원회의 허가를 받아야 한다. 구체적인 허가는 ① 같은 원인으로 발생하였거나 발생할 우려가 있는 환경피해를 청구원인으로 할 것, ② 공동의 이해관계를 가진 자가 100명 이상이며, 선정대표자에 의한 조정이 현저하게 곤란할 것, ③ 피해배상을 신청하는 경우에는 1명당 피해배상요구액이 500만원 이하일 것, ④ 신청인이 대표하고자 하는 다수인 중 30명 이상이 동의할 것, ⑤ 신청인이 구성원의 이익을 공정하고 적절하게 대표할 수 있을 것을 요건으로 한다(환경분쟁조정피해구제법 제73조). 또한 다수인관련환경분쟁조정의 허가신청이 경합하는 경우에는 위원회가 사건의 분리 또는 병합 등의 방법을 각 신청인에게 권고할 수 있다(동법 제74조 제1항). 위원회가 다수인관련환경분쟁 조정의 허가결정을 한 때에는 환경분쟁조정피해구제법 제72조 규정에 의하여 조정이 신청된 것으로 본다(동법 제75조 제3항).

한편, 다수인관련분쟁에서 대표당사자의 독단적인 행동으로 대표성 시비가 발생하는 경우도 있다. 이를 해결하기 위한 방안으로 환경분쟁조정법에는 대표당사자의 감독제도를 두고 있다. 즉 위원회는 필요하다고 인정하는 때에 대표당사자에게 보고할 것을 요구할 수 있다(동법 제76조 제1항). 또한 위원회는 대표당사자가 구성원을 적절하고 공정하게 대표하지 아니한다고 인정할 때에는 구성원의 신청에 의하여 또는 직권으로 그 대표당사자를 변경하거나 허가를 취소할 수 있다(동조 제2항).

b) 공고 및 참가

다수인관련분쟁에 있어서는 분쟁당사자들이 분쟁조정의 신청을 알기 어려운 경우가 있다. 이러한 때에 분쟁당사자들이 분쟁조정신청에 참가할 기회를 제도적으로 보장하기 위해 공고제도를 두고 있다. 즉 분쟁이 발생한 지방자치단체의 사무소에서 해당 공고안을 공람할 수 있도록 하고 있다(환경분쟁조정피해구제법 제77조). 위 공고는 관보 또는 일반신문에 게재하거나 그 밖에 위원회가 상당하다고 인정하는 방법에 의하여 할 수 있으며 그 소요비용은 대표당사자로 하여금 부담하게 할 수 있다(동조 제2항 및 제3항).

c) 조정의 효력

다수인관련분쟁에 대한 조정의 효력은 대표당사자와 환경분쟁조정피해구제법 제78조 규정에 따라 조정절차에 참가를 신청한 자에 대하여만 미친다(동법 제79조). 또한 참가신청을 하지 아니한 자는 그 신청원인 및 신청취지상 동일한 분쟁으로 인정되는 사건에 대해서는 다시 조정을 신청할 수 없다(동법 제80조). 이는 다수인관련분쟁의 갈등이 장기화되는 것을 막기 위한 것이다.

d) 손해배상금의 배분

대표당사자가 조정에 의하여 손해배상금을 받은 경우에는 위원회가 정하는 기간 내에 배분계획을 작성하여 위원회의 인가를 받은 후 그 배분계획에 따라 배분하여야 한다(환경분쟁피해구제조정법 제82조). 배분계획에는 손해배상금을 지급 받을 자 및 1명당 채권액의 상한, 피신청인이 지급하는 금전의 총액, 공제항목(조정절차수행 및 배분에 소요되는 비용) 및 그 금액, 배분에 충당하는 금액, 배분기준, 지급신청기간 · 신청장소 및 신청방법에 관한 사항, 채권의 확인방법에 관한 사항, 배분금을 받는 기간 · 받을 장소 및 방법에 관한 사항, 그 밖에 위원회가 정하는 사항이 포함되어야 한다(동법 제83조).

손해배상금의 배분은 재정의 이유 또는 조정조서의 기재내용을 기준으로 하며, 확인된 채권총액이 배분에 충당하는 금액을 초과하는 경우에는 각 채권의 가액(價額)에 비례하여 배분하여야 한다(동법 제84조). 위원회는 이러한 배분계획을 인가한 경우에는 재정 또는 조정조서의 요지, 배분계획의 기재사항, 대표당사자의 주소 및 성명에 관한 사항을 공고하여야 한다(동법 제86조). 또한 공고된 배분계획에 이의가 있는 당사자는 공고 후 7일 이내에 의견을 제출할 수 있다(동법 제87조 제1항). 위원회는 배분계획을 인가한 후 이를 변경할 필요가 있다고 인정하는 경우에는 결정으로 배분계획을 변경할 수 있다(동조 제2항). 다만, 직권으로 변경하는 경우에는 대표당사자의 의견을 들어야 한다. 위원회는 배분계획이 변경된 내용을 공고하여야 한다(동조 제3항).

제5장 경제행정법

제1절 총 설

Ⅰ. 국가와 경제

1. 경제질서의 역사적 변천

경제질서는 시대적 변화와 더불어 발전해 왔다. 17세기 · 18세기에는 중상주의 경제정책이 주도하였다. 19세기의 야경국가(夜警國家) 시대에는 자유방임주의(laissez faire)가 강조되었고, 국가의 임무는 주로 국방이나 치안 등 소극적인 기능에 국한되었다. 그 당시에 지배하던 자유주의 경제사상은 국가(군주국)와 사회(시민사회)의 구분을 전제로 하여, 정치지배에 대한 경제의 자유를 폭넓게 장려하고 실현하는 것을 내용으로 하였다.[1] 그러나 19세기 후반에 접어들면서 자유주의 예찬론은 설득력을 잃게 되었고, 시장은 아담 스미스(Adam Smith)가 예견한 것과 달리 "보이지 않는 손(invisible hand)"에 의해 예정조화적(豫定調和的)으로 움직이지 않았다. 급속한 산업화와 도시화는 빈부격차(貧富隔差)와 안전 · 보건 등의 문제를 발생시켰다. 이러한 문제를 해결하기 위해 서구에서는 자유주의와 결별하고 '복지국가' 정책이 추진되었다.[2] 각국의 정부는 사회보장제도를 통

1) Badura, in: Schmidt-Aßmann(Hg.), Besonderes Verwaltungsrecht, 11. Aufl., 3. Abschn. Rn. 1.

2) 조순 · 정운찬 · 전성인 · 김영식, 경제학원론, 제8판, 율곡출판사, 29면. 복지국가(Wohlfahrtstaat, welfare state)의 개념은 사회국가와 유사하게 사용되지만, 양 개념이 완전히 일치하는 것은 아니다. 일부학설은 사회국가는 원칙으로 개인의 생활을 스스로 설계 · 형성하는 반면, 복지국가는 이러한 책임을 국가가 진다는 점에서 차이를 찾기도 한다(계희열, 헌법학(상), 359면). 또한 복지국가와 유사한 개념으로 '복리국가(福利國家)'라는 표현도 사용되고 있다(이상규, 신행정법론(상), 신판, 132면).

해 경제적 · 사회적 약자에 대한 배려를 위한 정책을 강구하였다. 독일에서는 생존배려(Daseinsvorsorge)[3]에 기초한 급부행정(給付行政)이 강조되었다.[4] 이후 인류는 제1차 세계대전을 거친 후 1930년대에 접어들면서 세계공황(世界恐慌)과 시장실패를 경험하게 되었다. 이를 해결하기 위해 경제학 분야에서는 정부의 개입을 강조하는 케인즈(J. M. Keynes)의 이론이 지배적이었고, 국가도 더 이상 국방이나 치안 등의 소극적인 역할에 만족할 수 없게 되었다. 이를 '수정자본주의'라고 한다. 특히 독일에서는 자유시장경제에 사회국가적 요소를 접목한 '사회적 시장경제(soziale Marktwirtschaft)'가 강조되었다.[5] 제2차 세계대전 후 냉전시대로 전환되면서 공산권 국가에서는 계획경제가 추진되었다.

1980년대에 들어오면서 일각(一角)에서는 이러한 복지정책의 확대가 국가경쟁력을 약화시킨다는 비판의 목소리가 높았고, 미국이나 영국에서는 복지정책의 확대를 반대하는 신자유주의(new liberalism)가 지배하기 시작하였다. 규제완화, 작은 정부 등을 핵심적 내용으로 하는 신자유주의의 등장은 당시 경기침체를 겪던 주요 선진국에게 경제적 부흥을 가져 왔다. 또한 1989년에 들어와서 베를린 장벽의 붕괴를 필두로 동(東)유럽혁명에 의해 공산국가가 무너지게 되자 자유주의 시장경제와 자본주의에 대한 신뢰는 최고조(最高潮)에 이르렀다. 그러나 2008년 미국에서는 서브프라임 모기지(subprime mortgage) 사태, 리먼 브라더스(Lehman Brothers)의 파산 등으로 국제금융위기를 발생시켰다. 이러한 세계적인 경기침체와 금융위기는 1930년대의 대공황(Great Depression)에 필적할 만한 것으로 볼 수 있다.[6] 특히 신자유주의의 영향으로 '자유지상주의'에 근거한 기업들의 극단적인 이윤추구는 도덕적 해이(moral hazard)와 빈부격차의 심화 등 심각한 부작용을 야기하였다.[7] 제4차 산업혁명과 인공지능(AI)의 시대에 들어선

---

3) 생존배려(生存配慮)는 원래 철학적 개념으로 탄생되었으나, 포르스트호프(Forsthoff) 교수가 이를 법학에 도입한 것이다(상세는 Ossenbühl, Daseinsvorsorge und Verwaltungsprivatrecht, DÖV 1971, S. 513 ff. 참조).

4) 오늘날 공행정(公行政)의 사화(私化) 내지 민영화(Privatisierung)가 확대되고 있는 것이 사실이나, 급부행정의 궁극적 책임은 국가에 있다는 점이 강조되고 있다. 이와 관련하여 독일에서는 보장책임(保障責任), 보장국가(Gewährleistungsstaat) 등의 개념이 강조되고 있다(졸고, "생존배려영역에서의 민관협력과 공법적 과제", 환경법연구 제32권 제2호 (2010. 8), 264면 등 참조).

5) Huber/Unger, in: Schoch(Hg.), Besonderes Verwaltungsrecht, Kap. 4, Rn. 11.

6) 이러한 금융위기의 원인을 두고 일각에서는 "정부정책의 실패"로 보고 있으나, 미 연방법원의 포스너(R. A. Posner) 판사는 『자본주의의 실패』라는 저서의 서문(序文)에서 '시장의 실패(market failure)'에 기인한다고 보고 있다(Richard A. Posner, A Failure of Capitalism, Harvard University Press, 2009).

글로벌 경제는 디지털화(Digitalisierung), 데이터 자본화 등의 새로운 도전에 직면하고 있다.

2. 헌법상의 경제질서와 경제헌법

헌법은 제9장에 '경제'에 관한 장을 두고 있으며, 헌법 제119조는 헌법상의 경제질서를 규정하고 있다. 독일에서는 "경제적 과정의 경과와 질서에 중요한 헌법규범의 총체"를 '경제헌법(Wirtschaftsverfassung)'이라고 부르고 있다.[8] 헌법 제119조는 개인과 기업의 경제상 자유와 창의를 존중함을 원칙으로 하면서도 경제주체 간의 조화를 통한 경제의 민주화를 위하여 경제에 관한 규제와 조정을 할 수 있다고 규정하고 있다. 헌법 제119조의 의미에 대해서는 견해가 대립하고 있다. 다수설은 헌법 제119조 제1항과 제2항을 원칙과 예외의 규정으로 이해하고 있다. 즉 헌법 제119조는 자유시장경제의 원칙을 선언하면서도 예외적으로 국가가 경제에 개입하고 규제할 수 있도록 하여, 헌법상의 경제질서는 전체적으로 '사회적 시장경제체제'를 지향하고 있다고 보고 있다.[9] 그러나 이러한 다수설에 대하여 헌법 제119조를 "(사회적) 시장경제의 헌법적 보장이 아닌, 경제헌법상의 근본적인 목표설정규정"으로 파악하는 견해도 있다.[10] 헌법재판소도 헌법상의 경제질서가 '사회적 시장경제질서'에 기초하고 있다고 보고 있다.[11]

헌법은 사유재산권을 보장하고 개인과 기업의 경제상의 자유를 존중하면서도 사유재산의 국유화나 사회화(Sozialisierung)를 금지하고 있다. 헌법 제126조는 "국방상 또는 국민경제상 긴절한 필요로 인하여 법률이 정하는 경우를 제외하고는, 사영기업을 국유 또는 공유로 이전하거나 그 경영을 통제 또는 관리할 수

7) 이에 대해서는 조순 · 정운찬 · 전성인 · 김영식, 전게서, 30면.

8) Badura, Wirtschaftsverfassung und Wirtschaftsverwaltung, 2. Aufl., Rn. 14. 독일에서 '경제헌법'이라는 개념은 Walter Eucken과 Franz Böhm에 의해 결정적으로 사용되었다(Huber/Unger, a.a.O., Kap. 4, Rn. 24).

9) 김철수, 헌법학개론, 제17전정신판, 231면; 권영성, 헌법학원론, 개정판, 2006, 170면 이하; 허영, 한국헌법론, 전정14판, 178면 이하.

10) 한수웅, "한국헌법상의 경제질서", 공법학의 현대적 지평(심천계희열박사화갑기념논문집), 박영사, 1995, 195면.

11) "우리 헌법의 경제질서 원칙에 비추어 보면, 사회보험방식에 의하여 재원을 조성하여 반대급부로 노후생활을 보장하는 강제저축 프로그램으로서의 국민연금제도는 상호부조의 원리에 입각한 사회연대성에 기초하여 고소득계층에서 저소득층으로, 근로세대에서 노년세대로, 현재세대에서 다음세대로 국민간에 소득재분배의 기능을 함으로써 오히려 위 사회적 시장경제질서에 부합하는 제도라 할 것이므로, 국민연금제도는 헌법상의 시장경제질서에 위배되지 않는다." (헌재 2001. 2. 22. 99헌마365, 판례집 13-1, 301)

없다"고 규정하고 있다. 이 조항은 대한민국 헌법의 경제질서가 사회주의국가의 계획경제방식이 아니라 '시장경제질서'에 기초하고 있음을 보여준다. 그러나 재산권 보장이 절대적인 것은 아니며, 법률에 의해 재산권의 내용이 제한될 수 있고, 재산권의 행사도 공공복리에 적합하여야 한다(헌법 제23조 제1항 제2문 및 제2항). 이를 재산권의 사회적 기속이라고 부른다. 또한 국가는 독과점이나 불공정거래 등 경제질서가 왜곡되거나 경제력이 남용되는 것을 방지하기 위해 경제에 대한 규제와 개입을 할 수 있다. 헌법상의 경제질서는 자유방임적 시장경제질서가 아니라 '수정된 시장경제질서'라고 볼 수 있다. 이는 경제구조나 경제체제의 측면에서 수정자본주의나 혼합경제체제에 근거하고 있다.

Ⅱ. 경제활동의 기본권 보호

1. 법치국가적 요청과 비례의 원칙

경제정책·경제행정 등에 관한 입법이나 경제행정을 위한 관할 행정청의 활동은 모두 기본권에 기속된다.[12] 이러한 기본권에는 직업의 자유와 기업활동의 자유, 재산권 보장, 경제활동의 일반적 행동의 자유 등이 있다. 또한 경제를 규율하는 입법은 평등원칙이나 법치국가원리에 근거한 비례의 원칙에도 적합해야 한다. 자의적인 입법이나 비례의 원칙(과잉금지의 원칙)에 위배되는 과잉규제는 허용되지 아니한다. 경제행정에도 행정의 법률적합성 원칙이 준수되어야 한다. 따라서 관할 행정청의 경제규제나 경제활동 등은 법률우위의 원칙뿐만 아니라 법률유보의 원칙에 위배되어서는 아니 된다. 헌법 제37조는 국민의 자유와 권리를 제한하는 경우에도 자유와 권리의 본질적인 내용을 침해할 수 없다고 규정하고 있다. 이 규정은 법률유보의 원칙(본질사항유보설)과 밀접한 관련을 가진다. 경제규제가 본질적인 사항에 해당하는지는 어려운 문제이지만, 기본권의 유형이나 보호범위 등과 관련하여 규명되어야 한다.

2. 기업의 자유 및 직업의 자유

헌법 제15조는 직업선택의 자유를 보장하고 있다. 그러나 이 규정은 직업선

12) Badura, in: Schmidt-Aßmann(Hg.), Besonderes Verwaltungsrecht, 11. Aufl., 3. Abschn. Rn. 34.

택의 자유뿐만 아니라 직업행사의 자유를 포함하고 있다.[13] 직업의 자유는 실질적인 생존의 기초와 생활의 영위를 어떠한 방식으로 실현할 것인지를 스스로 자유롭게 결정할 수 있는 자유를 말한다. 헌법재판소는 이러한 직업의 자유가 기업의 자유를 포함하며, 기업의 자유는 기업의 설립과 경영의 자유를 의미한다고 보고 있다.[14] 특정한 개인이나 집단에 대해 이러한 기업의 자유를 자의적으로 배제하거나 제한하는 것은 평등원칙에 위반될 수 있다. 직업의 자유를 제한할 때에는 직접 법률에 의하거나 법률에 근거하여야 한다. 이러한 법률은 법치국가원리에 근거한 명확성의 요청을 충족하여야 한다. 헌법재판소는 대형마트 영업 제한과 관련된 유통산업발전법 제12조의2에 대한 위헌소원에서 명확성원칙에 위배되지 않을 뿐만 아니라 과잉금지원칙에 위배되어 직업수행의 자유를 침해한다고 보기 어렵다고 결정한 바 있다.[15]

3. 재산권 보장

경제행정은 재산권 조항에도 기속된다. 재산권은 핵심적인 기본권에 속한다. 경제활동에 대한 규제, 경제행정 및 이에 관한 법령은 기업이나 개인의 재산권을 침해할 수 있다. 재산권에 대한 강제적·공권력적 박탈에 대해서는 정당보상이 실현되어야 한다. 보상이 필요한 공용수용은 의도된 고권적 법률행위에 의해 재산권을 전면적 또는 부분적으로 박탈하는 행위에 해당하여야 한다. 경제규제가 재산권을 제약하더라도 이러한 공용수용의 요건에 해당하지 아니하면 재산권의 내용한계에 불과하다. 이러한 행위에는 원칙적으로 보상이 필요하지 않다. 다만, 예외적으로 당사자에게 가혹한 부담을 주는 경우에는 조정적 보상이 고려될 수 있다. 이러한 조정적 보상의 실현과 그 범위는 전적으로 입법자의 판단에 달려 있다. 공법상의 인·허가도 재산권의 보호범위에 속하는지가 문제된다. 독일에서는 일본의 후쿠시마 사고 이후 제2차 원전폐쇄가 전격적으로 이루어졌는데, 이에 대한 헌법소원에서 공법상 인가(승인)가 재산권의 보호범위에 속

13) 계희열, 헌법학(중), 신정2판, 524면.

14) 헌재 1998. 10. 29. 97헌마345; 헌재 2019. 12. 27. 2017헌마1366 등; 헌재 2021. 3. 25. 2017헌바378 등.

15) "심판대상조항에 따라 대형마트 등이 경제적 손실을 입고, 소비자가 불편을 겪게 될 수도 있으나, 이는 입법목적을 달성하기 위하여 필요한 최소한의 범위에 그치고 있는 반면, 심판대상조항의 입법목적은 매우 중요하므로, 법익의 균형성도 충족한다. 따라서 심판대상조항은 과잉금지원칙에 위배되어 직업수행의 자유를 침해하지 않는다."(헌재 2018. 6. 28. 2016헌바77 등, 판례집 30-1하, 496)

하는지가 다투어졌다. 그러나 독일 연방헌법재판소는 이를 부정적으로 보았다.[16)]

Ⅲ. 경제법과 경제행정법

경제법은 공법과 사법의 경계영역이다. 경제법은 공정하고 자유로운 경쟁을 보호하는 '경쟁법'을 말하는 것이 보통이다. 여기에는 사업자의 시장지배적지위의 남용과 과도한 경제력의 집중을 방지하고, 부당한 공동행위 및 불공정거래행위를 규제하는 독점규제 및 공정거래에 관한 법률(이하 "공정거래법"이라 한다), 공정한 하도급의 거래질서를 보호하는 하도급거래 공정화에 관한 법률(이하 "하도급법"이라 한다) 등이 해당된다. 이러한 경제법은 상법 분야에서 다루기도 하였으나, 오늘날에는 독자적인 법영역으로 발전하고 있다. 그러나 공정거래법의 주된 규제수단은 시정명령이나 과징금 부과 등과 같이 대부분 행정처분이다(공정거래법 제16조 및 제17조 등). 개념적으로 경제법은 경제사법과 경제공법을 포괄하는 상위개념이지만, 국내에서 흔히 말하는 '경제법'은 대부분 '경제사법'을 의미한다. 오히려 경제행정법은 자유로운 경쟁질서를 확보하기 위한 각종 경제규제뿐만 아니라 국민경제의 성장과 발전을 위한 경제감독이나 경제유도 및 보조금 등을 망라한다.

경제행정법의 대상과 범위는 확립되어 있지 않다. 종전에는 경제행정을 경제규제행정으로 파악하였다. 이 견해는 경제규제행정을 "자본주의사회에 있어서의 사회조화적인 요구를 경제정책적으로 실현하고, 국민경제의 균형있는 발전을 도모하기 위하여 개인의 경제활동에 관여하고 규제하는 행정작용"이라고 이해하고 있다.[17)] 또한 이 견해는 경제규제행정을 경제질서규제, 경제활동규제 및 자원규제로 구분하고 있다. 경제행정법을 "경제생활에 참여하는 자와 공행정간의 관계를 규율하고 경제의 감시·유도·촉진 등을 위한 공행정기관의 설치 및 그 활동을 규율하는 규범의 총체"로 정의하는 견해도 있다.[18)] 경제행정법의 영역도 시대의 변화와 더불어 확대될 수 있다. 그러나 경제행정법의 주요한 규율대상은 확정되어야 한다. 독일에서는 영업법(Gewerberecht), 수공업법(Handwerksrecht),

---

16) BVerfGE 143, 246. 이에 대해서는 졸고, "문화재보호와 재산권보장에 관한 소고", 헌법논총 제28집(2017), 284면 이하 참조.
17) 이상규, 신행정법론(하), 신판, 543-544면.
18) 김남진·김연태, 행정법 Ⅱ, 774면.

숙박업법(Gaststättenrecht) 등을 경제행정법의 주된 대상으로 하면서, 근래에는 통신법이나 에너지법 등 사회기반시설의 영역까지 확대하고 있음을 알 수 있다. 나아가 국가 · 지방자치단체 등 행정주체뿐만 아니라 사인에 의한 경제행정의 수행도 포함하고 있다.

제2절 경제행정의 내용

경제행정의 주체에는 국가(정부), 지방자치단체를 비롯한 공공단체, 그리고 경제행정임무를 수행하는 사인(공무수탁사인) 등이 있다. 공공단체는 지방자치단체 외에 공법상의 사단법인(공공조합), 공법상의 영조물법인, 공법상의 재단(공재단)으로 구별된다.

Ⅰ. 경제행정의 조직

1. 국 가

국가는 경제행정의 주체로서 국가적 차원의 경제활동을 규제하거나 조정하고 있다. 경제행정의 조직은 국가가 직접 경제행정을 수행하는 '직접경제행정조직'과 다른 공공단체를 통하여 간접적으로 수행하는 경우인 '간접경제행정조직'으로 나눌 수 있다. 전자에는 대표적으로 기획재정부, 금융위원회 및 공정거래위원회 등이 있다. 또한 후자에는 공사나 공단, 공법상의 재단 등이 있다. 그 밖에 사인에 경제행정의 임무를 위탁하는 경우가 있다. 공정거래위원회는 정부조직법상 국무총리 소속이지만, '독점규제 및 공정거래에 관한 법률'이 정하는 업무의 전담기구로서 합의제행정기관의 지위를 가진다. 공정거래위원회는 ① 시장지배적 지위의 남용행위 규제, ② 기업결합의 제한 및 경제력집중의 억제, ③ 부당한 공동행위 및 사업자단체의 경쟁제한행위 규제, ④ 불공정거래행위 및 재판매가격 유지행위 규제, ⑤ 경쟁제한적인 법령 및 행정처분의 협의 조정 등 경쟁촉진정책에 관한 사항 및 ⑦ 기타 법령에 의하여 그 소관으로 규정한 사항 등의 임무를 수행한다(독점규제 및 공정거래에 관한 법률 제36조).

한편, 공사는 정부가 자본의 1/2 이상을 출자한 기업체이며, 공법인이다. 한국전력공사나 한국토지주택공사 등이 여기에 속한다. 또한 공단은 독립된 법인으로서 대부분 공공기관의 일종이다. 예컨대, 에너지이용 합리화사업을 효율적으로 추진하기 위하여 에너지이용 합리화법 제45조에 따라 설립된 한국에너지공단이 여기에 속한다. 이러한 공사나 공단은 대부분 공공기관의 운영에 관한 법률(이하 "공공기관운영법"이라 한다)에 따른 '공공기관'에 해당한다. 공공기관은 공기업·준정부기관 및 기타 공공기관으로 구분된다.

공기업은 시장형 공기업과 준시장형 공기업으로 구분된다. 시장형 공기업은 자산규모와 총수입액 중 자체수입액이 대통령령으로 정하는 기준 이상인 공기업을 말하고, 시장형 공기업이 아닌 공기업을 준시장형 공기업이라 한다. 공기업은 총수입액 중 자체수입액이 차지하는 비중이 100분의 50 이상인 공공기관을 말한다. 특히 시장형 공기업은 자산규모 2조원, 총수입액 중 자체수입액이 차지하는 비중이 100분의 85 이상이야 한다(공공기관운영법 시행령 제7조 참조). 여기에는 한국가스공사, 한국석유공사, 한국전력공사 및 인천국제공항공사 등이 속한다. 준시장형 공기업에는 한국토지주택공사, 한국도로공사 등이 있다. 준정부기관에는 국가재정법에 따라 기금을 관리하거나 기금의 관리를 위탁받은 준정부기관인 '기금관리형 준정부기관'과 그 외의 '위탁집행형 준정부기관'으로 구분된다. 전자에는 국민연금공단, 공무원연금공단, 한국자산관리공사 등이 있다. 후자에는 국민건강보험공단, 한국교통안전공단, 한국산업인력공단, 한국에너지공단, 한국환경공단 등이 속한다.

2. 지방자치단체

지방자치단체도 경제행정을 수행한다. 국가의 위임(기관위임사무)으로 수행하는 경우도 있지만, 지방자치단체의 자치사무와 관련하여 경제행정의 주체가 되기도 한다. 지방자치단체가 직접 경제행정을 수행하는 경우도 있고 지방공기업을 통해 수행하기도 한다. 서울교통공사, 서울특별시시설관리공단, 서울토지주택공사(SH) 등이 여기에 속한다.

3. 사인에 의한 경제행정

경제행정은 사인에 의해서도 수행될 수 있다. 공행정주체가 경제행정의 권한을 사인(사기업)에 이양하거나 위탁할 수도 있다. 공기업의 부패와 비효율성 등의 문제로 1980년대 이후 서구에서는 민영화(Privatisierung)가 확산되었다. 경제행정에 관한 사무를 처리할 수 있는 권한을 이전받은 사인을 공무수탁사인(Beliehene)이라고 한다. 이러한 공무수탁사인 외에도 행정보조인(Verwaltungshelfer)이 있다. 행정보조인은 자신의 이름으로 활동하지 못하고 행정주체를 위해 동원되어 행정청의 명령과 지시에 따라 행정과제를 수행한다. 근래에는 독립적인 행정보조인이 등장하여 공무수탁사인과의 구별을 어렵게 하고 있다. 그러나 행정보조인은 결정적인 권한을 행사하지 못하고, 준비적 · 집행적 업무만 담당한다.[19] 그 밖에 법령이 사인에게 특정한 의무만을 부담시키는 경우도 있다. 이를 공의무부담사인(Inpflichtnahme Privater)이라고 부른다.[20] 그러한 사례로 소득세법상 소득세의 원천징수의무가 부과된 자를 들고 있다.

Ⅱ. 경제행정의 임무

경제 분야에 국가가 개입하거나 영향을 미치는 방식은 다양하다. 경제행정의 임무는 대체로 경제감독, 경제유도 및 경제후원으로 구분된다. 경제감독은 자유주의 국가사상이 지배하던 시대에서 유래된 것으로서 시장경제에서의 경쟁 보장과 기업의 자유를 지향한다. 반면, 경제유도(Wirtschaftslenkung)는 국가가 경제적 삶의 목표나 방향, 나아가 시장질서나 경제계획 등을 확정하는 것을 말한다.[21] 경제후원은 국가가 국민경제의 성장과 발전을 위해 경제적 지원이나 조성 등을 하는 것을 말한다.

1. 경제감독

경제감독(Wirtschaftsaufsicht)은 경제질서의 보호와 유지를 위한 위험방지작용이다. 경제감독의 수단은 예방적이거나 억제적이다. 경제감독은 개별 사례에서 사경제적 자유를 제한하는 특정한 보호재에 대한 책임을 실현한다.[22] 이러한 예방적 감독수단에는 신고제를 비롯해서 허가제가 있다. 예컨대 식품업을 하는 경

19) Wolff/Bachof/Stober, Verwaltungsrecht, Bd. 3, 5. Aufl., § 90a Rn. 21; 졸저, 현대행정의 작용형식, 442면 이하.
20) Ziekow, Öffentliches Wirtschaftsrecht, 4. Aufl., § 4 Rn. 36.
21) Badura, Wirtschaftsverfassung und Wirtschaftsverwaltung, Rn. 172.
22) Ziekow, a.a.O., § 5 Rn. 6.

우에는 일정한 시설기준을 갖추고 영업허가를 받아야 한다(식품위생법 제37조). 여객자동차운수사업법에 의한 여객자동차운수사업의 면허(여객자동차운수사업법 제5조)도 여기에 해당한다. 여객자동차운수사업의 면허는 설권행위로서 재량행위의 성질을 가진다.[23] 또한 여객자동차운송사업의 면허를 받은 자는 국토교통부장관 또는 시·도지사가 정하는 기준과 요율의 범위에서 운임이나 요금을 정하여 국토교통부장관 또는 시·도지사에게 신고하여야 한다(여객자동차운수사업법 제8조 제1항). 억제적 금지의 수단에는 행정청의 거부권이 부여되어 있다. 허가를 받거나 허가가 면제된 영업활동을 계속하는 것을 거부하는 권한을 말한다. 신뢰성을 잃은 영업행위를 거부(금지)하는 것이 그러하다(독일 영업법 제35조). 경제감독은 법률의 요건이 대부분 위해방지를 목적으로 하고 있어 독일에서는 '영업경찰법'의 핵심 영역으로 다루어지고 있다.

2. 경제유도

경제유도(Wirtschaftslenkung)는 국가가 경제정책적으로나 사회정책적으로 원하는 경제상태를 달성하기 위해 경제과정에 영향을 미치는 작용의 총체를 말한다.[24] 국가는 국민생활의 균등한 향상을 기하여야 하며, 사회보장·사회복지의 증진에 노력할 의무를 진다(헌법 전문 및 제34조 제2항). 또한 국가는 균형 있는 국민경제의 성장 및 안정과 적정한 소득의 분배를 유지하도록 노력하여야 한다(헌법 제119조 제2항). 국가는 국민경제와 복지, 사회형성 등을 실현할 과제를 가지고 있다. 경제유도의 수단은 재정정책이나 통화정책 등에서 많이 활용된다. 물가규제를 위한 가격의 상한을 제한하는 것도 경제유도의 대표적 사례이다. 물가안정에 관한 법률 제2조는 "정부는 내우외환, 천재지변, 긴급한 재정·경제상의 위기 등 대통령령으로 정하는 사유가 있는 경우로서 국민생활과 국민경제의 안정을 위하여 필요하다고 인정할 때에는 특히 중요한 물품의 가격, 부동산

---

23) "자동차운수사업법에 의한 개인택시운송사업 면허는 특정인에게 권리나 이익을 부여하는 행정행위로서 법령에 특별한 규정이 없는 한 재량행위이고, 그 면허를 위하여 필요한 기준을 정하는 것도 역시 행정청의 재량에 속하는 것이므로, 그 설정된 기준이 객관적으로 보아 합리적이 아니라거나 타당하지 않다고 볼 만한 다른 특별한 사정이 없는 이상 행정청의 의사는 가능한 한 존중되어야 하나, 행정청이 어떤 면허신청에 대하여 이미 설정된 면허기준을 구체적으로 적용함에 있어서 그 해석상 당해 신청이 면허발급의 우선 순위에 해당함이 명백함에도 불구하고 이를 제외시켜 면허거부처분을 하였다면 특별한 사정이 없는 한 그 거부처분은 재량권을 남용한 위법한 처분이다."(대법원 1998. 3. 13. 선고 98두1321 판결)

24) Badura, a.a.O., Rn. 178.

등의 임대료 또는 용역의 대가에 대하여 최고가액을 지정할 수 있다"고 규정하고 있다.

3. 경제후원

경제후원(Wirtschaftsförderung)은 경제주체에 유용한 서비스나 물적 자원을 제공하는 것을 말한다. 경제후원의 대표적 수단은 자금조성 내지 자금지원(Subvention)이다. 중소기업 육성을 위한 지원과 투자(중소기업기본법 제18조의2), 중소기업기술 보호 지원, 환경기술 및 환경사업의 지원 등이 그러하다. 국가보조금의 지원과 관련하여 '보조금의 관리에 관한 법률'이 제정되어 있다.

Ⅲ. 경제행정의 수단

경제행정의 수단에는 다양한 법형식이 있다. 여기에는 경제법령 외에 행정행위·공법상 계약·행정계획·사실행위 등이 있다.

1. 집행권의 법제정

경제행정분야에서도 법령에 의해서 규율되는 경우가 많다. 예컨대 시장지배적지위의 남용금지(독점규제 및 공정거래에 관한 법률 제3조의2), 부당한 공동행위의 금지(동법 제19조) 및 불공정거래행위의 금지(동법 제23조) 등이 그러하다. 또한 조례·규칙 등 자치법규에 의해서도 경제에 대한 규제와 조정을 할 수 있다. 이를 위반한 행위는 일반적으로 행정벌의 대상이 된다(동법 제66조). 일정한 경우에 경제적 이익을 박탈하는 과징금을 부과할 수도 있다. 즉 공정거래위원회는 해당 사업자에 대하여 대통령령이 정하는 매출액에 100분의 10을 곱한 금액을 초과하지 아니하는 범위 안에서 과징금을 부과할 수도 있다(동법 제22조).

2. 행정행위

행정행위는 경제행정에 있어서 중요한 수단이다. 행정행위에는 인가, 허가, 특허, 하명 등이 있다. 여객자동차운수사업의 면허와 같이 강학상 특허도 있다. 또한 하명의 성격을 가지는 중지명령이나 시정명령 등을 부과하는 경우도 있다. 공정거래위원회는 독점규제 및 공정거래에 관한 법률 제19조(부당한 공동행위의 금지) 제1항의 규정을 위반하는 행위가 있을 때에는 해당 행위의 중지, 시정명령을 받은 사실의 공표 기타 시정을 위한 필요한 조치를 할 수 있다(동법 제21조). 은행업에 대한 금융위원회의 인가와 같이 보충행위의 성질을 가지는 강학상 인가도 있다.

한편, 여행업, 관광숙박업, 관광객 이용시설업 및 국제회의업을 경영하려는 자는 특별자치시장 · 특별자치도지사 · 시장 · 군수 · 구청장(자치구의 구청장을 말한다. 이하 같다)에게 등록하여야 한다(관광진흥법 제4조). 이러한 등록은 인 · 허가의제의 효과를 가진다. 그러나 관광숙박업의 등록을 한 자라고 하여 그 숙박시설 내에서 당연히 각종 유흥음식점 등 유흥시설을 설치 · 운영할 수 있다고 볼 수는 없다.[25] 대법원은 대규모점포의 개설 등록은 이른바 '수리를 요하는 신고'로서 행정처분에 해당한다고 보았다.[26] 등록은 신고와 허가의 중간영역에 속하는 것이 대부분이다. 수리를 요하는 신고 그 자체는 행정처분으로 보기 어렵다. 또한 관광숙박업을 경영하려는 자는 관광진흥법 제4조 제1항에 따른 등록을 하기 전에 그 사업에 대한 사업계획을 작성하여 특별자치시장 · 특별자치도지사 · 시장 · 군수 · 구청장의 승인을 받아야 한다(관광진흥법 제15조). 이러한 승인은 일종의 인가에 해당한다.[27]

3. 행정계획

경제행정의 분야에도 행정계획의 도구가 활용되고 있다. 산업화 시대의 경제개발 5개년 계획이 대표적인 사례이다. 그 밖에 이러한 행정계획의 사례로는 구 저탄소 녹색성장기본법 제41조에 따른 에너지기본계획, 게임산업진흥에 관한 법률 제3조에 따른 게임산업진흥종합계획, 중소기업기본법 제20조에 따른 중소기업 육성계획 등이 있다.

---

25) 대법원 1992. 5. 12. 선고 91누7378 판결.
26) 대법원 2015. 11. 19. 선고 2015두295 전원합의체 판결.
27) "관광진흥법 제4조 제1항, 제4항, 제8조, 같은법시행령 제4조 제1항 제1호의 각 규정에 비추어 보면 관광숙박업을 경영하고자 하는 자로 하여금 등록을 하기 전에 사업계획승인을 받도록 한 취지는 그 등록 전에 관광숙박업으로서의 입지, 경영상태, 수급계획등 관광진흥사항 이외에 이에 관련되는 건축, 도시계획, 위생, 교통 등 제반 사항과의 적법성, 합목적성을 종합적으로 검토하여 당해 사업이 관광진흥목적에 적합한지의 여부를 판단하는 사전심사를 거치도록 하기 위함이라 할 것이므로, 그 사업계획이 설사 같은법 제5조, 같은법시행규칙 제8조에 정한 관광숙박업 등록기준에 적합하다 하더라도 승인권자는 그 입지, 주위환경, 미관, 도시계획, 교통문제 등을 종합적으로 고려하여 승인 여부를 결정할 수 있는 것으로서, 그 승인 여부는 승인권자의 재량에 속한다."(부산고등법원 1991. 4. 24. 선고 90구332 판결)

4. 공법상 계약

행정주체도 공적 과제의 수행을 위해 계약을 체결하는 경우가 있다. 특히 행정주체가 계약의 당사자가 되는 공공계약이 그러하다. 이러한 공공계약에는 공공조달에 관한 계약이 대표적이다. 판례는 국가가 당사자가 되는 이러한 공공계약을 사법상 계약으로 보는 입장이다.[28] 또한 폐기물관리법 제14조에 의하면, 특별자치시장, 특별자치도지사, 시장·군수·구청장은 해당 지방자치단체의 조례로 정하는 바에 따라 생활폐기물의 처리를 대행할 수 있다. 대법원은 지방자치단체가 일방 당사자가 되는 이러한 '공공계약'을 사경제의 주체로서 상대방과 대등한 위치에서 체결하는 사법상 계약으로 보고 있다.[29] 그러나 A주식회사가 국책사업인 '한국형 헬기 개발사업'(Korean Helicopter Program)에 개발주관사업자 중 하나로 참여하여 국가 산하 중앙행정기관인 방위사업청과 체결한 '한국형 헬기 민군겸용 핵심구성품 개발협약'의 법률관계를 '공법관계'로 파악하여 행정소송의 대상으로 판시하고 있다.[30]

5. 비권력적 행정작용

경제분야에서는 권력적 수단 외에 권고·경고 등 정보작용, 행정조사, 행정지도 등과 같은 비권력적 행정작용을 사용하는 경우도 있다. 독일에서는 이러한 행위를 단순행정작용(Schlichtes Verwaltungshandeln)이나 단순고권작용(Schlicht-hoheitliches Handeln) 등으로 부르고 있다. 행정지도는 임의적 협력을 전제로 하는 비권력적 수단이지만, 규제적 성격을 가진 행정지도도 있다. 대법원은 행정지도의 처분성을 부정하고 있지만, 헌법재판소의 결정 중에는 규제적 성격을 가지는 행정지도에 대해 헌법소원의 대상을 인정한 바 있다.[31] 권고나 경고 등이 사실상 기본권을 침해하는 경우도 있다.[32] 대법원은 금융기관(여신전문금융회

28) "국가를 당사자로 하는 계약에 관한 법률에 따라 국가가 당사자가 되는 이른바 공공계약은 사경제 주체로서 상대방과 대등한 위치에서 체결하는 사법상 계약으로서 본질적인 내용은 사인 간의 계약과 다를 바가 없으므로, 그에 관한 법령에 특별한 정함이 있는 경우를 제외하고는 사적 자치와 계약자유의 원칙 등 사법의 원리가 그대로 적용된다."(대법원 2020. 5. 14. 선고 2018다298409 판결)

29) 대법원 2018. 2. 13. 선고 2014두11328 판결; 대법원 2012. 9. 20.자 2012마1097 결정, 대법원 2017. 1. 25. 선고 2015다205796 판결.

30) 대법원 2017. 11. 9. 선고 2015다215526 판결.

31) 헌재 2003. 6. 26. 2002헌마337 등.

사)의 임원에 대한 금융감독원장의 문책경고를 상대방에 대한 직업선택의 자유를 제한하는 행정처분으로 보고 있다.[33] 나아가 행정조사와 관련된 세무조사결정도 종전에는 사실행위로 다루어졌으나, 근래에 대법원은 이를 행정처분으로 보고 있다.[34] 한편, 헌법재판소는 소위 '국제그룹 해체사건'에서 제일은행장에 대한 재무부장관의 국제그룹 해체준비 착수지시와 언론발표지시를 권력적 사실행위로 보고, 이에 대해 헌법소원의 대상으로 인정한 바 있다.[35]

---

32) 이에 대해서는 졸고, "단순고권작용에 의한 기본권침해와 헌법소원의 위헌심사기준", 헌법논총 제31집(2020), 219-256면.

33) 대법원 2005. 2. 17. 선고 2003두14765 판결.

34) 대법원 2011. 3. 10. 선고 2009두23617, 23624 판결.

35) 헌재 1993. 7. 29. 89헌마31, 판례집 5-2, 87, 105.

사항색인

ㄱ

가구제 634
가명정보 294
가산금 354
가처분 642
가(假)행정행위 119
간소화지침 100
간접강제 668
간접국가행정조직 710
간접손실보상 451
감독처분 851
감봉 723
감사권 849
감사원 703
감사원규칙 82
감정평가 943
강임 721
강제면직 725
강제징수 331
개괄적 수권조항 869
개발부담금 941
개발이익환수제도 941
개발행위허가 910
개별공시지가 946
개별적 수권조항 873
개연성이론 987
개인정보보호 279
개인정보자기결정권 242, 287
객관소송 567
거부처분 588
거소 65
건축신고 69
결과제거청구권 473
결산 811
결정재량 132
결합규정 140
겸임 724
경제감독 1012
경제명령 84
경제법 1009
경제유도 1013
경제질서 1006
경제행정법 1009
경제헌법 1006
경제후원 1014
경찰 856
경찰개념 856, 859
경찰개입청구권 52
경찰명령 887
경찰비례의 원칙 877
경찰작용 881
경찰책임 878
경찰처분 882, 883
경찰하명 883, 884
경찰허가 884
계속확인소송 604
계획고권 899
계획변경청구권 216
계획보장청구권 215
계획재량 210
계획정당성 211
계획행정 9
계획확정결정 199
계획확정절차 208, 251

고권적 법률행위 417
고권적 조치 113
고권행정 9
고려(考慮)명령 993
고시 589
고유사무 792
고유식별정보 293
고지제도 540
고충심사 726
공공단체 40, 710
공공용물 756, 757
공공의 안녕 871
공공의 질서 871
공공조합 40, 711
공공필요 422
공과행정 8
공권 42
공권력행사 495
공급거부 354
공매 335
공매통지 335
공무담임권 716
공무수탁사인 42, 113, 367
공무원 367, 712
공물 753
공물관리권 766
공물의 보통사용 768
공물의 시효취득 61
공물의 특허사용 771
공물의 허가사용 770
공법상 계약 220
공법상 사단법인 40
공법상의 경고 235
공법상의 부당이득 65
공법상의 사무관리 71
공법상의 재단 41, 711
공사협력 221
공시지가결정 586
공용개시 757
공용물 756
공용수용 911
공용지정 757
공용침해 410
공용폐지 760
공용환권 926, 930
공용환지 926, 927
공의무부담사인 1012
공익사업의 전환 925
공재단 41, 711
공정력 38, 157
공제설 4
공증적(증명적) 행정행위 130
공청회 261
공표 356
과징금 353, 972
관련청구의 병합 626
관련청구의 이송 630
관리관계 36
관리작용 14
관리처분계획 939
관습법 20
관할법원 598
관허사업의 제한 358
광역도시계획 900
교원소청심사위원회 546, 547
교육감 825
교육규칙 110
교토의정서 955
교환계약 224
구상권 행사 392
구성요건적 효력 164
구속력 156
구제적(포괄적) 보상조항 442
국가경찰 862

국가경찰위원회 864
국가배상 363
국가배상청구권 365
국가보상법 362
국가수사본부장 866
국가위임사무 792
국가정보원 704
국가책임 361
국가책임설 387
국가행정조직법 702
국고관계 36, 37
국무총리 706
국무회의 706
국민고충처리절차 483
국참사원(國參事院) 11
국토계획 898
국토행정 894
권고 235
권력관계 36
권리보호필요 603
권한 686
권한규범 868
권한의 대리 687
권한의 위임 691
권한쟁의심판 853
규범구체화행정규칙 100
규범상 불법 372
규범적 수권론 138
규범적 환경개념 957
규범해석규칙 100
규율 113
규제적(規制的) 수용 411, 413
규준력 191
규칙 110, 804
규칙제정권 820
금지소송 302
급부행정 8, 34
기간의 계산 60
기관소송 577, 802, 851
기관위임사무 792
기관쟁의 802, 851
기속력 535, 640, 657
기속재량 132
기속행위 133
기판력 660
기한 142
기후변화협약 954
긴급명령 84
긴급재정 84

ㄴ

내부기관소송 802
내부위임 692

ㄷ

단순고권작용 231
단순행정작용 231
단체위임사무 792
당사자 600
당사자능력 601
당사자소송 573
당사자적격 601
당연승계 500
대결 693
대등계약 224
대리 129, 687
대북송금사건 6
대세효 640
대심주의(對審主義) 523, 524
대위책임설 386
대집행 323
대토(代土)보상 450, 453
데이터 3법 285
도시계획 900

도시・군계획시설 908
도시・군관리계획 903
도시・군기본계획 902
동의권유보 92
동의의제 200

ㄹ

리오선언 954

ㅁ

매립지 785
매립지의 관할구역 785
매수보상 455
메이지유신 11
면제 127
면직 725
명령적 행정행위 123
명백성보충요건설 173
목적프로그램 210
무명항고소송 572
무하자재량행사청구권 47
무효등확인소송 572
무효등확인심판 492
물적(物的) 행정행위 115
민간위탁 694
민감정보 293
민관협력 221
민원 483
민주적 공무원제 715
민주적 정통화론 680
민주주의원리 30
민중소송 577

ㅂ

반사적 이익 566
배출권거래제 974
배출규제조치 970
배출부과금 972
배출상쇄제 975
법관법 20
법규 15, 79
법규명령 79
법규명령 형식의 행정규칙 108
법규범 15
법규(法規)유보 33
법령개선요구권 511
법령보충적 행정규칙 106
법령위반 376
법률대위명령 80
법률선점론 797
법률우위의 원칙 32, 796
법률유보의 원칙 32, 797
법률의 우위 30
법률의 유보 30
법률종속명령 80
법률행위적 행정행위 122
법률효과의 일부배제 145
법원(法源) 15
법적용 131
법정대리 689
법정외항고소송 572
법치국가원리 29
법치행정 29
법학방법론 3
법효과재량 132
변론주의 643, 646
변상책임 750
보상금증감청구소송 457
보상부 공용제한 425
보수청구권 732
보장행정 9
보조금 809
보조기관 684
보존공물 756

보좌기관 684
보통지방자치단체 783
보호규범론 44
복대리 691
복위임금지의 원칙 79
복종의무 739
복직 722
본안심리 644
본질사항유보설 34
뵈켄훼르데(Ernst-Wolfgang Böckenförde) 680
부관 141, 590
부단체장 822
부담 143
부당결부금지의 원칙 28
부동산가격공시 943
부분허가 120
부수적 규범통제 93, 803
부작위 496
부작위로 인한 국가배상 369
부작위위법확인소송 572
분리된 취소소송 302
불가변력 163, 539
불가분조항 439, 440
불가쟁력 161, 538
불고불리(不告不理) 524
불고지(不告知) 514, 542
불심검문 873
불이익변경금지의 원칙 524
불확정법개념 137
뷜(Whyl) 판결 106
뷜러(O. Bühler) 43
비공식적 행정작용 236, 975
비례의 원칙 21

ㅅ

사건의 이송 599
사무구분 792
사무의 촉탁 700
사법상 불법 371
사실행위 231
사업손실보상 451
사업시행인가 938
사업인정 913
사인을 위한 수용 432
사인의 공법행위 67
사전결정 118
사전배려의 원리 961
사전보상 921
사전통지 259
사정재결 529
사정판결 556, 655
사회국가원리 31
사후부담의 유보 144
상고 669
상당보상설 443
상대적 위법성설 377
상린관계 765
상소 669
상태책임 878, 879
생존배려 1005
생활보상 446
선결문제 165, 379
선결적 효력 664
선결처분권 821
선결효 664
선례 27
선례구속성의 원리 20
선정대표자 501
선택재량 132
설립 · 운영되는 영업에 대한 권리 419
성실의무 738
소멸시효 61
소송물 664

소송비용 674
소의 변경 632
소의 취하 672
소청 543, 728
소청심사위원회 544, 729
손실보상 410, 437, 920
손해전보 361
수권법 79
수리를 요하는 신고 70
수용유사적 침해 411, 457
수용적 침해 411, 417, 464
수인한도론 987
수정부담 145
수정재결 594
스모그경고 116
승진 720
시·도 자치경찰위원회 866
시원적 집행권 102
시장유인적 규제수단 971
시정명령 846
시효취득 763
신고 69, 262
신고제 971
신뢰보호의 원칙 22
실질적 당사자소송 573
실질적 존속력 163
실효 63
심리 642
심리권 509
심사청구 550
심판청구 551
심판청구기간 513
심판청구의 변경 517
심판청구의 취하 518

ⓞ

안국선(安國善) 11
알권리 303
알선 997
압류 332
연금 733
연금청구권 733
영업권 418
영업상 비밀 315
영조물 397, 399
영조물법인 41, 711
예규(例規) 100
예방적 금지소송 569
예비결정 118
예산 810
예외적 승인 124, 910
오고지(誤告知) 514, 542
오상(誤想)위험 872
오쎈뷜(Fritz Ossenbühl) 102
오토 마이어(Otto Mayer) 16
옴부즈만 483
완전보상설 443
완전자동화(전자동화) 행정행위 141, 242
외관상 위험 872
요건심리 523, 643
용도구역 907
용도지구 906
용도지역 906
용도지역지구제 906
원고적격 601, 990
원인자책임의 원리 962
위임 691
위임명령 80, 82, 85
위임사무 792
위임전결 692
위험 871
위험원인조사조치 872
위험의 의심 872
위험조사조치 872

위험책임 468
위험책임론 986
유도행정 8
유지(留止)청구 989
의견공모절차 252
의견제출 262
의견청취 260
의무이행소송 568, 572
의무이행심판 493
의원면직 725
의회유보(議會留保) 33
의회제출절차 91
이유제시 182, 257
이의신청 481
이해관계인 502
이행강제금 328
이행의 소 570
인가 128
인과관계 987
인구조사판결 280, 287
인사교류 724
인인(隣人)소송 991
인접(隣接)주민의 고양(高揚)된 보통사용 769
인허가의제 198
일반재산 756
일반처분 114, 115
일일명령 101
임명 717
임시처분권 511
임용 717
임의대리 689
입법상 불법 372
입법수용 417
입법적 거부 91
입증책임 648

ㅈ

자갈채취결정 412, 458
자금조성 973
자금지원 973
자기완결적 신고 263
자기완결적 행위 69
자기책임설 387
자기책임성 782
자동적 처분 242
자력집행력 121
자연적 정의 251
자유재량 132
자치경찰 862
자치법규 18
자치사무 792
자치입법 110
자치입법권 795
자치재정권 805
자치조직권 793
자치행정권 794
잔여지 452
잔여지감가보상 922
잔여지보상 452, 922
잔여지수용청구 922
잠정적(임시적) 행정행위 119
장해조사조치 872
장헌식(張憲植) 11
재개발사업 932
재건축사업 932
재결 528, 591, 916
재결권 510
재결서 534
재량소멸 140
재량수축 136
재량의 감축 136
재량의 남용 136

재량의 불행사 136
재량의 오용 136
재량의 유월 135
재량의 일탈 135
재량의 하자 135
재량의 해태 136
재량준칙 99
재량행위 132, 133
재산권 418
재산권의 박탈 420
재심 671
재위임 86, 694
재정 999
재정자주권 805
재판관할 598
재항고 671
쟁송취소 175
적법절차 252
적용우위 17
적정재량결정소송(適正裁量決定訴訟) 50
전권한성 782
전문계획(專門計劃) 207
전보 720
전자적 행정행위 242, 251
전직 721
절차상 하자 270
정당한 보상 443
정보공개 302
정보공개청구권 303
정보제공 117
정제된 공제설 4
정직 723
제3자의 소송참가 616
제소기간 622
제척기간 62
조건 143
조건프로그램 210
조달행정 9
조례 110
조례제정권 18, 795
조세심판원 552
조정 532, 997
조정보상 766
조정적 보상부 내용한계 435
조정적 보상부 내용한계규정 417, 435
조종학 3
조직권력 678
조직규칙 99
존속력 38, 120, 160, 538
존속보장 415
종속계약 224
종합계획(綜合計劃) 207
주관적 공권 43
주민 827
주민소송 834
주민소송청구권 834
주민소환권 836
주민의 감사청구권 832
주민투표권 829
주소 64
주장책임 648
주택공시가격 948
준법률행위적 행정행위 146
중간행위 586
중대명백설 172
중앙행정심판위원회 506
중앙행정조직 702
즉결심판 348
즉시강제 338
즉시항고 670
증거조사권 509
증명책임 648
지구단위계획 909
지방교부세 808

지방의회 812
지방의회 의원 815
지방자치 777
지방자치단체 710
지방채 810
지속가능성의 원리 965
지시 100
지시문서 101
직권면직 725
직권명령 81
직권심리주의 525, 556, 646
직권주의 256
직권증거조사주의 646
직권취소 175
직권탐지주의 525
직무규범 868
직무명령 697
직무이행명령 846, 853
직무집행명령 572
직무책임 390
직무충실의 기본의무 738
직무행위 368
직업공무원제 716
직위해제 722
직접강제 330
직접국가행정조직법 702
직접처분 537
직제 99
진정 483
질서행정 8
집중효 199
집행권의 법제정작용 79
집행규범 95
집행력 668
집행명령 80, 82, 87
집행부정지의 원칙 518
집행정지 519, 635
징계책임 745

ㅊ

참가인 616
채권보상 454
처분 112
처분 개념 581
처분권주의 646
처분기준 256
처분기준의 설정·공표 256
처분사유의 추가·변경 652
처분적 조례 94
철회권의 유보 144
청구권협정 17
청구의 인낙 673
청구의 포기 672
청구인 498
청구인의 지위승계 500
청구인적격 498
청렴의무 742
청문 260
청원 482
청원권 840
촉탁 693
최적화명령 960
충실의무 736
취소소송 571
취소심판 492
치유 270
침해행정 9

ㅌ

토지보상 453
통고처분 347
통치행위 5
퇴직 724
특별권력관계 35, 54

특별명령 58
특별지방자치단체 783
특별한 희생 424
특별행정심판 480, 543
특별희생설 412
특수신분관계 35
특허 128

ㅍ

파견근무 724
파리협약 955
파울 라반트(Paul Laband) 54
판단여지 10, 137
판단여지론 137
판례법 20
평가특권 138
평등원칙 25
포괄위임금지원칙 85
포섭 131
표준조치 873
표준지공시지가 944
품위유지의무 741
프리츠 베르너(Fritz Werner) 16
피고경정 613
피고적격 612
피청구인 501
피청구인의 경정 501

ㅎ

하명 123
하자 169
하자승계 187
하자승계론 188
하자의 치유 184, 271
하자 있는 행정행위의 전환 186
항고 670
항고소송 578
항소 669
해석법학 3
해석지침 100
행위불법설 377
행위요건적 행위 69
행위책임 878
행위학 3
행정 3
행정개입청구권 52
행정객체 42
행정계획 204
행정계획 확정절차 269
행정구제 361
행정규칙 19, 98
행정기관 682
행정내부과정 312
행정벌 343
행정법 도그마틱 77
행정법관계 36
행정보조인 368, 1012
행정사법 10, 243, 244
행정상 강제집행 322
행정상 입법예고 266
행정상 즉시강제 338
행정소송 554
행정소송상의 화해 673
행정수단론 677
행정수용 417
행정심판 480
행정심판기록제출명령 647
행정심판위원회 503
행정심판의 대리인 502
행정심판의 심리 522
행정심판의 참가인 502
행정예고절차 267
행정응원 701
행정의 법률적합성의 원칙 32

행정의 실효성확보수단 321
행정의 자기구속 19, 25, 26
행정입법 79
행정입법부작위 96, 577
행정입법수속 99
행정자동결정 241
행정재량 132
행정재판소(行政裁判所) 11
행정절차 249
행정조사 273
행정조직법 677
행정조직 법정주의 681
행정주체 39
행정지도 237, 267
행정질서벌 348
행정청 112, 494
행정청의 소송참가 618
행정행위 111
행정행위의 무효 170
행정행위의 부관 141
행정행위의 실효 198
행정행위의 철회 193
행정행위의 취소 170, 175
행정행위의 하자 169
행정행위의 효력 156
행정형벌 345
허가 124
허가승계 500
허가의제 199
헌법대위명령 80
헌법소원 95
협동의 원리 963
협의성립 916
협의의 소익 603
협의취득 455, 916
형량 210
형량국가(衡量國家) 204
형량명령(衡量命令) 204, 211
형량하자론(衡量瑕疵論) 204, 212
형성력 538, 640, 659
형성의 소 570
형성적 행정행위 127
형식적 당사자소송 574
형식적 존속력 161
화해 919
화해계약 224
확약 117
확인의 소 570
확인적 행정행위 130
확정력 38, 121
확정효 165
환경개념 956
환경계획 959, 966
환경권 958
환경기준 968
환경부과금 972
환경분쟁조정제도 995
환경소송 990
환경심사제 975
환경영향평가 976
환권처분 940
환매권 924
환지계획 928
환지예정지 929
환지처분 929
황동준(黃東駿) 11
훈령 100, 696
휴직 722
희생보상청구권 411, 470

[저자 약력]

高麗大 法大 및 同 大學院 卒業
독일 베를린 훔볼트(Humboldt) 대학교(法學博士)
現 淑明女子大學校 法科大學 敎授

〈저·역서 및 논문〉

행정법입문, 법문사(2024)
환경법강의, 법문사(2023)
헌법재판과 행정소송(行政法硏究 4), 법문사(2022)
行政法의 特殊問題(行政法硏究 3), 法文社(2018)
現代行政의 作用形式(行政法硏究 2), 法文社(2016)
行政救濟의 基本原理(行政法硏究 1), 第1全訂版, 法文社(2015)
유타 림바흐(著)/정남철(譯), 독일연방헌법재판소, 고려대학교출판부(2007) 등 다수

〈수상경력〉

제24회 한국법학원 법학논문상(2020년), 헌법재판소 헌법논총 제2회 우수논문상(2017년),
한국공법학회 신진학술상(2007년)

한국행정법론 [제4판]

2020년 1월 20일 초판 발행
2021년 8월 20일 제2판 발행
2023년 8월 1일 제3판 발행
2024년 8월 25일 제4판 발행

저 자 정 남 철
발행인 배 효 선

발행처 도서출판 法 文 社

주 소 10881 경기도 파주시 회동길 37-29
등 록 1957년 12월 12일/제2-76호(윤)
전 화 (031)955-6500~6 FAX (031)955-6525
E-mail (영업) bms@bobmunsa.co.kr
(편집) edit66@bobmunsa.co.kr
홈페이지 http://www.bobmunsa.co.kr
조 판 법 문 사 전 산 실

정가 56,000원 ISBN 978-89-18-91546-3